刑法解释与适用指引

马　飞◎编著

XINGFA JIESHI
YU
SHIYONG ZHIYIN

法律出版社
LAW PRESS·CHINA
北京

图书在版编目(CIP)数据

刑法解释与适用指引 / 马飞编著. -- 北京 : 法律出版社, 2023
ISBN 978-7-5197-7435-6

Ⅰ. ①刑… Ⅱ. ①马… Ⅲ. ①刑法-法律解释-中国②刑法-法律适用-中国 Ⅳ. ①D924.05

中国版本图书馆CIP数据核字(2022)第241449号

刑法解释与适用指引
XINGFA JIESHI YU SHIYONG ZHIYIN

马 飞 编著

策划编辑 沈小英
责任编辑 陈 妮 王 鸿 王美懿
装帧设计 汪奇峰 贾丹丹

出版发行 法律出版社
编辑统筹 法治与经济出版分社
责任校对 晁明慧 王 皓
责任印制 吕亚莉
经 销 新华书店

开本 787毫米×1092毫米 1/16
印张 59.25 字数 1470千
版本 2023年2月第1版
印次 2023年2月第1次印刷
印刷 天津嘉恒印务有限公司

地址:北京市丰台区莲花池西里7号(100073)
网址:www.lawpress.com.cn
投稿邮箱:info@lawpress.com.cn
举报盗版邮箱:jbwq@lawpress.com.cn

销售电话:010-83938349
客服电话:010-83938350
咨询电话:010-63939796

书号:ISBN 978-7-5197-7435-6
定价:198.00元

前　言

研读法典和判例是学习法律的必修课。笔者编著此书的想法萌生于自己平时办案过程中查阅法条、案例的诸多不便,也与本人始终推崇发挥判例指导作用,融合成文法与判例法各自优势的执念有关。目前,各种“法律法规汇编”“法律适用一本通”“审判案例汇编”“裁判观点集成”等在市场上已极为常见,但像本书这样将法典条文、配套规定、权威案例、专家观点、实务操作疑难问题以法条适用情境为中心汇编一处,逐条解读的,还是较少见。这样做需要耗费大量的时间和精力对案例论述的观点进行提炼、分类和编排,但书成之后,也会极大便利读者理解和适用法条,以案释法,使法条变得鲜活、易懂,避免全文收录、简单堆砌带来的资料庞杂、观点分散,以及缺乏针对性、系统性、实用性的弊端,免受动辄十几本、几十本汇编丛书带来的阅读烦恼。作为一名司法工作者,笔者深谙法律从业人员之痛楚,尤其注重选取案例和专家观点的全面性和权威性。本书收录了包含《刑法修正案(十一)》在内的所有刑事立法文件,截至2023年2月所有有效的刑事司法解释、指导意见、批复、解答等解释性文件,最高人民法院刑事指导案例、最高人民法院公报案例、最高人民检察院指导案例、最高人民法院刑事审判庭主编的《刑事审判参考》案例,著名刑法学者关于法条适用的解释观点等,内容翔实,形式丰富,既注重理论又切合实际,不仅有助于司法从业人员准确理解和适用法条,也可为法学研究者提供丰富的研究素材,同时还可作为参加法律职业资格考试、法官遴选考试的广大考生的参考书目。

本书虽经多次修改,但鉴于时间仓促,笔者能力有限,疏漏之处在所难免,望各位读者不吝赐教、雅正。笔者也将不断完善本书内容,持续更新案例和法条,力争将本书打造成研习刑事法律的首选书目。

在此感谢法律出版社法治与经济出版分社沈小英社长、陈妮、王鸿、王美懿编辑,感谢石静霞老师、刘艳同学,感谢我的爱人和孩子,没有你们的支持,本书难以顺利问世。衷心感谢!

马飞

2023年2月于北京法官之家

目　录

第一编　总　则

第二编 分 则

第一编

总　则

第一章　刑法的任务、基本原则和适用范围

第一条　【立法宗旨】

为了惩罚犯罪，保护人民，根据宪法，结合我国同犯罪作斗争的具体经验及实际情况，制定本法。

第二条　【刑法的任务】

中华人民共和国刑法的任务，是用刑罚同一切犯罪行为作斗争，以保卫国家安全，保卫人民民主专政的政权和社会主义制度，保护国有财产和劳动群众集体所有的财产，保护公民私人所有的财产，保护公民的人身权利、民主权利和其他权利，维护社会秩序、经济秩序，保障社会主义建设事业的顺利进行。

第三条　【罪刑法定原则】

法律明文规定为犯罪行为的，依照法律定罪处刑；法律没有明文规定为犯罪行为的，不得定罪处刑。

◆ 解读与适用

【拓展关键词】类推解释　招标与挂牌

《刑法》第3条前后两个半段的含义是相同的，是一个问题的两个方面。这里并不存在积极的罪刑法定主义与消极的罪刑法定主义之分。前半句强调的是"依法"定罪处罚而不是"应当"定罪处罚。①

刑法理论一般认为，罪刑法定原则的形式要求是成文法主义（禁止习惯法）、禁止事后法（禁止溯及既往）、禁止类推解释、禁止不确定的刑法（禁止不定刑与绝对不定期刑）；罪刑法定的实质要求是明确性、实质合理性（禁止处罚不当罚行为；禁止不公正、残虐的刑罚）。②③

《刑事审判参考》④（以下简称《刑参》）第169号案例"俞某合同诈骗案——刑法修订后审理的实施于刑法修订前的单位贷款诈骗罪如何处理"相关论述：单位犯罪毕竟不同于自然人犯罪，对于单位实施的贷款诈骗行为按照自然人犯罪处罚违背了罪刑法定原则。对于罪刑法定原则应全面理解。单位实施贷款诈骗行为

---

① 全国人大常委会法律工作委员会刑法室编：《中华人民共和国刑法条文说明、立法理由及相关规定》，北京大学出版社2009年版，第6页。转引自陈兴良：《罪刑法定主义》，中国法制出版社2010年版，第26～62页。

② 参见张明楷：《罪刑法定与刑法解释》，北京大学出版社2009年版，第1～73页。

③ 参见陈兴良：《罪刑法定主义》，中国法制出版社2010年版，第50页。

④ 《刑参》系最高人民法院刑事审判庭主办的业务指导和研究性出版物，极具实用性和权威性，对司法实践具有重要的指导作用。本书有针对性地将该刊自1999年4月创办以来的所有案例进行了梳理，将相关裁判规则和论理观点进行了提炼和汇总，除涉及刑事诉讼法专章外，均呈现给读者。

不构成贷款诈骗罪但只要其行为符合刑法规定的其他犯罪的构成要件，就应按其他犯罪定罪处罚。

《刑参》第303号案例“李某组织卖淫案——组织男性从事同性性交易，是否构成组织卖淫罪”相关论述：坚持罪刑法定原则同样要求“法有明文规定应为罪，法有明文规定应处罚”。将罪刑法定原则中的“法无明文规定”曲解为“法无明确规定”是教条的、错误的。在很多场合下，即便刑法及刑法解释对某些行为并未作出明确、具体的规定，但能在准确把握刑法精神、科学运用刑法解释原理的前提下将该行为解释进刑法的明文规定之中，恰恰是贯彻罪刑法定原则的当然要求。

《刑参》第613号案例“王某抢劫、强奸、盗窃案——如何把握抢劫犯罪案件中加重情节的认定”相关论述：冒充保安不能认定为冒充警察。将军警类推至有一定维护安全职能的保安，系类推解释。

《刑参》第1136号案例“张某、刘某对非国家工作人员行贿案——在国有建设用地使用权挂牌出让过程中串通竞买的行为应如何定性”相关论述：招标与挂牌均系国有建设用地使用权出让的重要形式，《招标拍卖挂牌出让国有建设用地使用权规定》对此予以明确并加以区别。挂牌制度脱胎于拍卖制度，但又不同于拍卖制度。该制度有一个挂牌报价、更新报价的前置程序，而且不必然进入公开竞买程序。对法律没有明文规定为犯罪的行为，不能类推定罪。《刑法》第223条将串通投标罪限定在招投标领域。罪刑法定原则是刑法的基本原则，刑法的扩张解释不可避免，但应该遵循基本的文义解释规则。对法律概念进行扩张解释不能远远超出概念的核心含义，解释结论要在一般公民的预测可能性范围之内。挂牌出让与招投标的差异性远大于相似性。

实务中也有法院认为拍卖并未超出招投标的语义范围，串通竞买具有串通投标的社会危害性与本质属性。从社会危害性角度看，应当对刑法上的串通投标作出扩大解释，行为人的行为符合串通投标罪的构成要件。①

另见《刑法》第67条、第144条、第151条、第223条、第247条、第280条、第345条、第389条相关注释。

第四条 【适用刑法人人平等原则】

对任何人犯罪，在适用法律上一律平等。不允许任何人有超越法律的特权。

第五条 【罪责刑相适应原则】

刑罚的轻重，应当与犯罪分子所犯罪行和承担的刑事责任相适应。

◆ 解读与适用

【拓展关键词】以刑制罪与定罪量刑

司法实践中，罪责刑相适应原则被用以制约司法人员对刑法用语的解释、对证明标准的把握、对责任大小的认定等各种裁量行为，以避免片面、机械地理解和适用法条造成量刑畸轻、畸重的状况，最终实现实质正义。这种“以刑制罪”“以刑释罪”的解释方法在司法实践中广泛存在，也有着一定的理论基础。当然，也有反对意见认为只能定罪量刑，不能“以刑制罪”，否则会造成适用刑法的恣意性，违反罪刑法定原则。

《刑参》第205号案例“江某等妨害公务案——聚众以暴力手段抢回被依法查扣的制假设备应如何定罪”相关论述：追究刑事责任不能以刑论罪，只能定罪量刑。

《刑参》第435号案例“胡某等非法拘禁案——为寻找他人而挟持人质的行为构成何罪”相关论述：在理解具体犯罪构成要件的时候不仅要看罪状，而且要注意法定刑。因为法定刑的设置，往往与犯罪的本质，即

① 陈某甲、俞某甲等串通投标案，浙江省金华市金东区人民法院刑事判决书(2014)金东刑初字第367号。

罪质相联系。要重视法定刑的制约,不能脱离法定刑孤立地解释罪状,因为法定刑明确地表达了立法者对某种罪行的评价和惩罚意图,这对准确区分那些犯罪的外部形式特征比较接近的罪名是至关重要的,这就是所谓的法定刑对罪质解释的制约意义。在我国刑法中被科以重刑的绑架罪应当是那种勒索巨额赎金或者有其他重大不法要求的绑架类型,要求对绑架罪的客观行为进行严格解释,将其缩小到与典型的可以判处10年有期徒刑到死刑的那种行为的危害程度相匹配的范围。

《刑参》第517号案例“张某等寻衅滋事案——以轻微暴力强索硬要他人财物的行为如何定性”相关论述:罪刑相适应原则作为刑法的一项基本原则,不但对立法中刑罚的设定、司法中刑罚的具体裁量起着关键作用,而且对区分不同的犯罪也具有非常重要的意义。正确区分抢劫罪和寻衅滋事罪不仅要考量其犯罪构成的迥异,在行为性质不甚明确时,还要依据罪刑相适应原则,凭借社会一般观念,权衡行为人应受处罚的轻重和处罚后可能会产生的效果,以期最终准确认定行为人的行为性质和罪名。

《刑参》第611号案例“李某抢劫、故意杀人案——对既具有自动性又具有被迫性的放弃重复侵害行为,能否认定犯罪中止”相关论述:法官在面对现实中千差万别的刑事案件时,要解决的根本问题其实只有两个——依法和适当的定罪、量刑。处理疑难案件不能过于拘泥于以往的经验和现有的理论。在面对两难选择时,在不违背法律本意的前提下,法官应以最大限度地在各个方面均达到更好的裁判效果为目的,充分发挥好自由裁量权。

《刑参》第1248号案例“黄某等寻衅滋事案——使用轻微暴力帮他人抢回赌资的行为如何定性”相关论述:罪责刑相适应原则作为刑法的一项基本原则,不但对立法中刑罚的设定、司法中刑罚的具体裁量起着关键的作用,而且对区分认定不同的罪名也具有重要意义。

《刑参》第1260号“于某猥亵儿童案——从罪刑相适应的角度准确认定‘在公共场所当众猥亵’”相关论述:虽然被告人的部分猥亵行为形式上似乎也符合“在公共场所当众实施”的规定,但论其猥亵罪行的严重性,尚未达到应判处5年以上有期徒刑的程度。抛开事实证据因素不论,从罪刑相适应的实质角度考察,二审法院对被告人于某从轻改判,是合法、合理的。

《刑参》第1345号案例“朱某寻衅滋事案——多次拦截儿童强行夺取较低经济价值物品的行为如何定性”相关论述:要从罪刑相适应的角度实质把握抢劫罪与寻衅滋事罪的界限。罪刑相适应原则在一定条件下对定罪、区分此罪与彼罪也有重要指导意义。

第六条　【属地管辖权】

凡在中华人民共和国领域内犯罪的,除法律有特别规定的以外,都适用本法。

凡在中华人民共和国船舶或者航空器内犯罪的,也适用本法。

犯罪的行为或者结果有一项发生在中华人民共和国领域内的,就认为是在中华人民共和国领域内犯罪。

◆ 解读与适用

《刑参》第61号案例“陈某聚众扰乱社会秩序案——我国公民在我国领域外犯罪如何适用我国法律追究刑事责任”相关论述:我国对刑事管辖权采用的是折衷原则,即以属地原则为基础,以属人原则、保护原则和普遍管辖原则为补充。

第七条 【属人管辖权】

中华人民共和国公民在中华人民共和国领域外犯本法规定之罪的，适用本法，但是按本法规定的最高刑为3年以下有期徒刑的，可以不予追究。

中华人民共和国国家工作人员和军人在中华人民共和国领域外犯本法规定之罪的，适用本法。

◆ 解读与适用

【拓展关键词】自然人的国籍

《刑参》第61号案例“陈某聚众扰乱社会秩序案——我国公民在我国领域外犯罪如何适用我国法律追究刑事责任”相关论述：“最高刑为3年以下有期徒刑”是指条文的最高法定刑，即刑法规定的该罪名的最高刑罚为3年以下有期徒刑，而不是指对被告人实际判处的刑罚。也就是说，如果我国公民在我国领域外犯有刑法规定最高法定刑为3年以上有期徒刑罪行的，不论其可能被判处何种刑罚，刑期是多长，均须依照我国刑法追究被告人的刑事责任。本案被告人在科威特犯聚众扰乱社会秩序罪，因其不是首要分子，而是积极参加者，依照《刑法》第290条第1款的规定，该性质的罪名的法定最高刑期为3年以下有期徒刑，可以不予以追究其刑事责任。

《刑参》第69号案例“袁某等骗取出境证件案——具有中国国籍同时又持有外国护照的被告人的国籍如何认定”相关论述：自然人的国籍是指一个人为一个国家的国民或公民的法律资格。它体现了自然人同某一特定国家之间的固定的法律关系。当一个人处于同时具有不止一个国籍或根本不具有任何国籍的法律状态时，通常将此情况称为国籍的冲突。国籍问题是涉及国家主权和国家利益的重要问题，现行国际法关于此问题的一个重要原则是每个国家有权以自己的法律决定谁是它的国民。对于自然人国籍的积极冲突，原始国籍政府对国籍问题有优先管辖权。本案被告人只是购买他国护照，实际并未在他国定居，不符合自动丧失中国国籍的法定条件。在其未根据我国国籍法的规定办理退出中国国籍的申请并获有关部门批准以前，其仍具有中国国籍。我国政府不承认中国公民具有双重国籍。

第八条 【保护管辖权】

外国人在中华人民共和国领域外对中华人民共和国国家或者公民犯罪，而按本法规定的最低刑为三年以上有期徒刑的，可以适用本法，但是按照犯罪地的法律不受处罚的除外。

◆ 解读与适用

当中国公民在外国的行为并未侵犯中华人民共和国国家与公民的利益时，如果行为地的法律没有规定为犯罪，就应当类推适用本条的但书规定，而不应适用《刑法》第7条的规定。①

① 参见张明楷：《罪刑法定与刑法解释》，北京大学出版社2009年版，第116页。

第九条　【普遍管辖权】

对于中华人民共和国缔结或者参加的国际条约所规定的罪行,中华人民共和国在所承担条约义务的范围内行使刑事管辖权的,适用本法。

☞ 相关规定见章后二维码

◆ 解读与适用

《刑参》第245号案例"阿丹·奈姆等抢劫案——刑事普遍管辖权的适用"相关论述:根据普遍管辖的原则,世界上每个主权国家都有权对国际犯罪实行刑事管辖。只要罪犯在其领域内被发现,就可以行使刑事管辖权。普遍管辖在适用主体上具有限制,即不适用于享有外交特权和刑事管辖豁免权的外交代表。在适用对象上,普遍管辖仅限于世界各国普遍认同的国际犯罪,而不能适用于任何犯罪。普遍管辖只能在有关国际条约的缔约国之间适用,而不可以在任何国家间适用。根据条约的不同,适用的种类也不同。缔约国只能在本国主权所及的范围内适用。

第十条　【刑法适用的专属权】

凡在中华人民共和国领域外犯罪,依照本法应当负刑事责任的,虽然经过外国审判,仍然可以依照本法追究,但是在外国已经受过刑罚处罚的,可以免除或者减轻处罚。

第十一条　【刑事管辖豁免】

享有外交特权和豁免权的外国人的刑事责任,通过外交途径解决。

第十二条　【刑法的溯及力】【从旧兼从轻原则】

中华人民共和国成立以后本法施行以前的行为,如果当时的法律不认为是犯罪的,适用当时的法律;如果当时的法律认为是犯罪的,依照本法总则第四章第八节的规定应当追诉的,按照当时的法律追究刑事责任,但是如果本法不认为是犯罪或者处刑较轻的,适用本法。

本法施行以前,依照当时的法律已经作出的生效判决,继续有效。

◆ 相关规定

最高人民检察院

关于检察工作中具体适用修订刑法第十二条若干问题的通知

(1997年10月6日施行)

地方各级人民检察院、各级军事检察院:

根据修订刑法第十二条的规定,现对发生在1997年9月30日以前,1997年10月1日后尚未处理或者正在处理的行为如何适用法律的若干问题通知如下:

一、如果当时的法律(包括1979年刑法,中华人民共和国惩治军人违反职责罪暂行条例,全国人大常委会关于刑事法律的决定、补充规定,民事、经济、行政法律中"依照"、"比照"刑法有关条款追究刑事责任的法律条文,下同)、司法解释认为是犯罪,修订刑法不认为是犯罪的,依法不再追究刑事责任。已经立案、侦查的,撤销案件;已批准逮捕的,撤销批准逮捕决定,并建议公安机关撤销案件;审查起诉的,作出不起诉决定;已经起诉的,建议人民法院退回案件,予以撤销;已经抗诉的,撤回抗诉。

二、如果当时的法律、司法解释认为是犯罪,修订刑法也认为是犯罪的,按从旧兼从轻的原则依法追究刑事责任:

1. 罪名、构成要件、情节以及法定刑没有变化的,适用当时的法律追究刑事责任。

2. 罪名、构成要件、情节以及法定刑已经变化的,根据从轻原则,确定适用当时的法律或者修订刑法追究刑事责任。

三、如果当时的法律不认为是犯罪,修订刑法认为是犯罪的,适用当时的法律;但行为连续或者继续到1997年10月1日以后的,对10月1日以后构成犯罪的行为适用修订刑法追究刑事责任。

最高人民法院
关于适用刑法第十二条几个问题的解释

(1998年1月13日施行)

第一条 刑法第十二条规定的"处刑较轻",是指刑法对某种犯罪规定的刑罚即法定刑比修订前刑法轻。法定刑较轻是指法定最高刑较轻;如果法定最高刑相同,则指法定最低较轻。

第二条 如果刑法规定的某一犯罪只有一个法定刑幅度,法定最高刑或者最低刑是指该法定刑幅度的最高刑或者最低刑;如果刑法规定的某一犯罪有两个以上的法定刑幅度,法定最高刑或者最高低刑是指具体犯罪行为应当适用的法定刑幅度的最高刑或者最低刑。

第三条 1997年10月1日以后审理1997年9月30日以前发生的刑事案件,如果刑法规定的定罪处刑标准、法定刑与修订前刑法相同的,应当适用修订前的刑法。

最高人民检察院
关于对跨越修订刑法施行日期的继续犯罪、连续犯罪以及其他同种数罪应如何具体适用刑法问题的批复

(1998年12月2日施行)

四川省人民检察院:

你院川检发研〔1998〕10号《关于对连续犯罪、继续犯罪如何具体适用刑法第十二条的有关问题的请示》收悉,经研究,批复如下:

对于开始于1997年9月30日以前,继续或者连续到1997年10月1日以后的行为,以及在1997年10月1日前后分别实施同种类数罪,如果原刑法和修订刑法都认为是犯罪并且应当追诉,按照下列原则决定如何适用法律:

一、对于开始于1997年9月30日以前,继续到1997年10月1日以后终了的继续犯罪,应当适用修订刑法一并进行追诉。

二、对于开始于1997年9月30日以前,连续到1997年10月1日以后的连续犯罪,或者在1997年10月1日前后分别实施同种类数罪,其中罪名、构成要件、情节以及法定刑均没有变化的,应当适用修订刑法,一并进行追诉;罪名、构成要件、情节以及法定刑已经变化的,也应当适用修订刑法,一并进行追诉,但是修订刑法比原刑法所规定的构成要件和情节较为严格,或者法定刑较重的,在提起公诉时应当提出酌情从轻处理意见。

最高人民法院 最高人民检察院
关于适用刑事司法解释时间效力问题的规定

（2001年12月17日施行）

为正确适用司法解释办理案件，现对适用刑事司法解释时间效力问题提出如下意见：

一、司法解释是最高人民法院对审判工作中具体应用法律问题和最高人民检察院对检察工作中具体应用法律问题所作的具有法律效力的解释，自发布或者规定之日起施行，效力适用于法律的施行期间。

二、对于司法解释实施前发生的行为，行为时没有相关司法解释，司法解释施行后尚未处理或者正在处理的案件，依照司法解释的规定办理。

三、对于新的司法解释实施前发生的行为，行为时已有相关司法解释，依照行为时的司法解释办理，但适用新的司法解释对犯罪嫌疑人、被告人有利的，适用新的司法解释。

四、对于在司法解释施行前已办结的案件，按照当时的法律和司法解释，认定事实和适用法律没有错误的，不再变动。

☞ 其他相关规定见章后二维码

◆ 解读与适用

【拓展关键词】法定刑轻重的比较 交叉适用新旧法 从旧兼从轻 上诉不加刑

“处刑较轻”的主旨是按照有利于被告人的原则来适用刑法。有的条文修改的特点是：一方面，降低了法定最高刑；另一方面，也降低了犯罪的成立条件，这种变化难以概况是变轻还是变重。所谓有利于被告人，当然是指适用刑法的效果有利于被告人。①

《刑参》第1139号案例“周某武、周某贪污案——贪污特定款物的司法认定以及新旧法选择适用时罚金刑的判处”相关论述：适用新法对被告人量刑时应当附加判处罚金刑。适用新法当然要适用新法规定的全部法定刑。比较法定刑轻重的首要标准在于主刑的轻重而不在于刑种的多少。如果两个条文对应的主刑相同，再比较附加刑的轻重。从法定刑的性质来看，在同时规定有主刑和附加刑的情况下，二者是一个有机整体。适用某一法律条文，必须做到完整适用，而不能割裂开来。如果主刑用新法，附加刑用旧法，新法旧法同时适用，则违背了从旧兼从轻原则，造成法律适用上的混乱。适用附加刑时还有一个价值判断的问题，即主刑与附加刑的平衡问题。

《刑参》第1146号案例“李某受贿案——《刑法修正案（九）》施行后，二审在减轻犯受贿罪被告人主刑的同时，能否加重财产刑”相关论述：根据刑法及司法解释的适用原则以及其中蕴含的有利于被告人的精神，交叉引用新、旧刑法的不同法条在司法实践已经得到确认。例如关于《刑法修正案（八）》时间效力的解释规定普通累犯适用修正前《刑法》第65条的规定，关于坦白适用修正后《刑法》第67条的规定。如果一被告人同时具备上述两种情节，判决中必须分别适用新、旧刑法。交叉引用新、旧法应当以罪刑式法条为最基本的单位，不能继续进行拆分。法条作为刑法条文最基础的单位，相对独立并完整，条文内的罪状、法定刑的概念、文字、数字并没有独立的意义。并处罚金是贪污贿赂犯罪的法定刑构成中不可拆分的一部分，不具有独立的溯及力。主刑、附加刑分别适用新、旧法是对刑法条文完整性的侵害，同时也违背了罪刑法定原则。在确定整体适用修正后刑法、对被告人并处罚金的基础上，应当同时适用最高人民法院、最高人民检察院

① 参见陈兴良主编：《刑法各论精释》（上），人民法院出版社2015年版，第49页。

《关于办理贪污贿赂刑事案件适用法律若干问题的解释》第 19 条关于罚金幅度的规定。最高人民法院《关于适用财产刑若干问题的规定》第 2 条与最高人民法院、最高人民检察院《关于办理贪污贿赂刑事案件适用法律若干问题的解释》第 19 条并不是新、旧解释的关系，而是一般性规定与特殊性规定的关系。对贪污贿赂犯罪并处罚金是《刑法修正案(九)》在量刑上作出的调整，之前并无相关司法解释，因而最高人民法院《关于适用财产刑若干问题的规定》第 2 条和最高人民法院、最高人民检察院《关于办理贪污贿赂刑事案件适用法律若干问题的解释》第 19 条具有溯及力。司法解释是对司法工作中具体应用法律问题的解释，具有依附于法律的溯及力。既然刑法条文不可割裂使用，那么最高人民法院、最高人民检察院《关于办理贪污贿赂刑事案件适用法律若干问题的解释》第 1 条、第 19 条也不可以分开适用。从上诉不加刑的原则的设立本意和内在价值分析，其核心是“不得加重刑罚”。附加刑的加重同样是加重刑罚。刑罚轻重比较问题的实质在于主刑和附加刑并存时刑罚轻重的比较。若主刑、附加刑发生逆向变化，在这种情形下，刑罚轻重的比较原则上应当以主刑为比较对象。

《刑参》第 1305 号案例“林某寻衅滋事罪——吸毒致幻后持刀拦乘汽车、恐吓驾驶人员的行为定性”相关论述：改判后的寻衅滋事罪合并了原判的两罪，是两起基础事实的合并。原判对寻衅滋事罪和劫持汽车罪分别量刑，改判对寻衅滋事的量刑亦应建立在这两起事实量刑的基础上，即只要不超过原判两起事实量刑的总和，就应视为没有违反上诉不加刑原则。

《刑参》第 1380 号案例“张某光、张某荣虚假诉讼案——虚假诉讼犯罪案件中如何正确适用从旧兼从轻原则”相关论述：从旧兼从轻原则的具体内容包括：(1)“从旧”，即涉及新旧法律的选择问题时，应当优先适用旧法。(2)“从轻”，即优先适用处刑较轻的法律。以新法的颁布时间为界限，从有利于被追诉人的角度出发，从旧是原则，从轻是例外。适用对象是未经审判或者判决尚未确定的行为。判断两个以上罪名的刑罚轻重的标准是刑法针对各个罪名规定的法定刑，而非人民法院判决确定的宣告刑。判断时，应当首先比较不同罪名的主刑，主刑相同的，再比较附加刑。

【拓展关键词】连续犯的溯及力　继续犯的溯及力

《刑参》第 1163 号案例“刘某军、刘某伟、吕某包庇、纵容黑社会性质组织案——包庇、纵容黑社会性质组织犯罪案件中的相关具体应用法律问题”相关论述：被告人刘某军先后实施了多次包庇、纵容黑社会性质组织的犯罪行为，且每一起犯罪行为，均应依法追究刑事责任。被告人实施上述行为时，其主观目的上具有同一性、概括性，上述行为均系包庇、纵容刘某伟、黑社会性质组织，认定被告人为连续犯是适当的。对于连续犯，原则上仍适用修订后的刑法追诉。即使修订后的刑法所对应的法定刑较重，仍应当依法适用，只不过在提起公诉时应当提出酌情从轻处理意见。

【拓展关键词】立法解释的溯及力　司法解释的溯及力　施行时间

《刑参》第 5 号案例“杨某等贩卖淫秽物品牟利案——贩卖淫秽物品牟利如何适用法律”相关论述：由于司法解释是对法律本来含义作出的具体适用的解释，其溯及效力应当与法律的溯及力相同。只要案件起诉后，无论是在一审还是在二审阶段发布了有关司法解释，该案件均应当适用该解释，将该解释与有关法律一并作为定罪处刑的依据。

《刑参》第 34 号案例“王某等非法经营案——骗购国家外汇的犯罪行为如何适用法律”相关论述：司法解释是对法律规定进行解释，司法解释本身不涉及溯及力问题，其一经公布即施行，效力等同于其所解释的法律本身，对人民法院正在审理和尚未审理的案件具有法律效力。

《刑参》第 161 号案例“王某诈骗案——骗购电信卡贩卖给他人使用造成电信资费巨大损失的行为如何定性”相关论述：司法解释没有独立的时间效力，其时间效力与刑法的时间效力一致。刑事司法解释是最高司法机关对如何具体应用刑事法律的问题所作的阐释。司法解释依附于被解释的刑事法律规范。只要刑法的时间效力及于某一时间发生的犯罪行为,对刑法所作的司法解释也具有同样效力,而无须考虑正在审理的案件是发生在司法解释施行之前还是之后。司法解释的"施行时间"的作用在于明确该司法解释适用于其施行以后发生,以及虽在其施行以前发生但其施行以后尚未审结和正在审理的案件。对施行前发生的判决已经发生法律效力的案件,司法解释原则上不具有溯及力,即不再适用该司法解释改判。不能把司法解释的"施行时间"与刑法的时间效力等同起来。

《刑参》第 268 号案例"上海华源伊龙实业发展公司等走私普通货物案——擅自将'进料加工'的保税货物在境内销售牟利行为的定性"相关论述:司法解释是司法机关对司法活动中具体应用法律问题所作的具有法律效力的解释,本质上属于司法行为,而非立法行为,因而不存在禁止溯及问题。司法解释的施行时间是针对司法活动而言的,不同于针对犯罪行为的法律施行时间。司法解释依附于法律,能否适用某司法解释,根本上取决于其所解释的法律的适用时效,司法解释本身不具有独立的施行时效。

《刑参》第 328 号案例"朱某等非法买卖枪支、贪污案——对于 1997 年刑法施行以后、司法解释公布施行之前实施的非法买卖枪支罪,如何适用司法解释"相关论述:对于非法买卖枪支的刑事案件,最高人民法院先后公布了 1995 年司法解释和 2001 年司法解释。参照 1995 年司法解释对各被告人有利,但 1995 年司法解释是对 1979 年《刑法》的解释。而本案发生在 1997 年《刑法》实施之后,1995 年司法解释对 1997 年《刑法》施行以后发生的行为不具有法律效力。本案发生在 1997 年《刑法》施行期间,应当适用 2001 年司法解释。

《刑参》第 386 号案例"张某等妨害信用卡管理案——《刑法修正案(五)》第 1 条的适用"相关论述:处理案件援引法律条文时,应当具体援引到款。不能同时适用行为时法和审判时法。刑法修正案是对刑法法条进行修改,一经颁行,修正后的刑法条文内容即为现行刑法的内容,在裁判时可直接援引修改后的法律条文。当刑法修正案采取"——之一"的方式对刑法进行修正时,增加的法条与其前面的法条相互独立,两条文不能共用同一罪名。

《刑参》第 417 号"谭某等侵犯著作权案——对于司法解释是否需要适用从旧兼从轻原则"相关论述:司法解释施行后,即须按照解释去理解、适用法律。解释之所以必要是因为解释前司法者对法律的理解、适用不一致或者不正确。解释施行后,所有正在审理或尚未审理的案件,都必须一律适用解释。司法解释是法律条文含义的具体化,除有特殊规定外,司法解释本身没有自己独立的时间效力,因为司法解释是依据法律规定对法律的适用问题所作的解释。司法解释施行的时间规定,并不是说对施行之前的案件不适用,只是意味着施行之前已经审结的案件,即使判决结果与公布的司法解释不一致,也不属于错案,不能依据新解释提起审判监督程序,影响司法判决的严肃性和稳定性。对于在新的司法解释实施前发生的行为,行为时已有相关司法解释的,应当适用从旧兼从轻原则,依照行为时的司法解释办理,但适用新的司法解释对犯罪嫌疑人、被告人有利的,应适用新的司法解释。

《刑参》第 629 号案例"王某等组织、领导、参加黑社会性质组织案——如何认定黑社会性质组织及组织者、领导者对具体犯罪的罪责"相关论述:立法解释是对法律条文含义的解释,在法律规定本身未发生变化的情况下,法律条文的含义自法律施行之日起即存在。立法解释公布后,除对时间效力有特别规定的以外,应及于被解释的法律的整个施行期间。立法解释的效力高于司法解释,在二者产生冲突的情况下,应直接适用立法解释,不存在按照"从旧兼从轻"原则的问题。

《刑参》第 1150 号案例"耿某受贿案——二审期间因刑法修改及司法解释出台导致定罪量刑标准发生变化的,应如何适用法律"相关论述:刑法修正案亦应适用从旧兼从轻原则。司法解释具有依附性特征,不能创制新的法律,不得对刑法进行修改、补充,它的效力与其所解释的刑法效力同步。如果在同一问题上先后出台两个解释且内容出现矛盾时，应选择有利于犯罪嫌疑人、被告人的司法解释作为定罪量刑之依据。在兼有从重和从轻处罚情节时应在分别评判的基础上综合考虑量刑幅度。

《刑参》第1420号案例"刘某甲、刘某乙、刘某丙诈骗案——当被告人同时具有国家工作人员等多种身份时应如何认定其行为性质以及村民委员会是否属于单位犯罪的适格主体"相关论述：立法解释的效力应当适用于法律施行期间，具有溯及力。

本章其他相关规定

第二章　犯　　罪

封·李斯特有言:“最好的社会政策,就是最好的刑事政策。”因为社会生病,才会显现出犯罪问题,并不是因有犯罪而使社会生病。犯罪是社会病态的具体表象。要解决犯罪问题,必须找到造成犯罪的社会病因,对症下药。只有消除所有足以促成犯罪的社会病态,才有办法通过社会控制手段,将犯罪率降至最低限度,而为社会大众所接受。①

第一节　犯罪和刑事责任

第十三条　【犯罪的概念】

一切危害国家主权、领土完整和安全,分裂国家、颠覆人民民主专政的政权和推翻社会主义制度,破坏社会秩序和经济秩序,侵犯国有财产或者劳动群众集体所有的财产,侵犯公民私人所有的财产,侵犯公民的人身权利、民主权利和其他权利,以及其他危害社会的行为,依照法律应当受刑罚处罚的,都是犯罪,但是情节显著轻微危害不大的,不认为是犯罪。

◆ 解读与适用

刑法总则将值得科处刑罚的犯罪行为类型化为构成要件,故构成要件不可能成为价值中立的概念。刑法分则对构成要件的规定以刑法总则第 13 条关于犯罪的一般规定为指导。解释者对分则规定的构成要件必须作出实质的解释,必须使行为的社会危害性达到应受刑罚处罚的程度,而不能离开《刑法》第 13 条的规定,对分则条文进行形式主义的解释。②

在行为与刑法分则的规定相一致,符合犯罪成立条件的情况下,又根据“但书”的规定排除其犯罪性,是自相矛盾的说法。“但书”只不过是从属于评价犯罪的构成要件标准说的提示性、注意性规定,不是在认定行为是否构成犯罪的犯罪成立条件理论之外另行提出“出罪”标准。“但书”规定没有出罪功能。③

某种表面符合刑法分则规定的犯罪构成客观要件的行为,只要它属于《刑法》第 13 条规定的对社会危害不大不认为是犯罪的行为,就不具有刑事违法性和应受刑罚惩罚性。把握行为的社会危害性程度,是界定罪与非罪的关键。被告人在未能补办遗失居民身份证的情况下,雇用他人以本人的真实身份资料伪造居民

---

① 参见林山田、林东茂:《犯罪学》,台北,三民书局 1997 年版,第 514 页。

② 参见张明楷:《刑法分则的解释原理》,中国人民大学出版社 2004 年版,第 41 ~43 页。

③ 参见陈兴良主编:《刑法各论精释》(上),人民法院出版社 2015 年版,第 11 页。

身份证，供自己在日常生活中使用的行为，虽然违反身份证管理的法律规定，但情节显著轻微，危害不大，根据《刑法》第13条的规定，应认定不构成犯罪。①

第十四条 【故意犯罪】

明知自己的行为会发生危害社会的结果，并且希望或者放任这种结果发生，因而构成犯罪的，是故意犯罪。

故意犯罪，应当负刑事责任。

◆ 解读与适用

【拓展关键词】生活故意与刑法故意　假想防卫

一般生活意义上的故意与刑法上的故意并不等同。生活意义上的故意，只是表明行为人有意识地做某事，更多指的是对行为本身的态度，而不是指对危害结果的意志心态。刑法上的故意，则不仅要求行为人明知自己行为的内容与社会意义，而且要求行为人对自己所实施的法益侵害行为及其结果具有认识，并对此持希望或放任的心态。只具有一般殴打的意图，希望或放任被害人暂时的肉体疼痛或轻微的神经刺激，不能认定为有伤害故意。交通肇事的行为人对实施违反交通安全规范的行为往往是有意的，但交通肇事罪被公认为是过失犯罪，其原因根本上在于刑法上的故意主要是针对侵害法益的危害结果而言的。对于违反交通安全规范的行为人而言，其对违反交通安全规范所导致的人员伤亡的结果往往缺乏认识，或者即使有所认识，也对危害结果的出现在意志上持反对的态度。②

故意是认识因素与意志因素的统一，不能用意志因素代替故意。间接故意没有追求犯罪结果的目的，用目的代替故意可能将间接故意排斥在故意之外。认识到行为违反规章制度，并不表明行为人一定认识到了危害结果的发生，更不表明行为人希望或者放任危害结果发生，故对违反交通运输管理法规的行为单纯认识，并不等于刑法上的故意。③

《刑参》第127号案例“王某过失致人死亡案——假象防卫如何认定及处理”相关论述：不能把刑法理论上讲的故意与心理学理论上所讲的故意等同。假想防卫虽然是故意的行为，但这种故意是建立在对客观事实认识错误基础上的，行为人自以为是在对不法侵害实行防卫。行为人不仅没有认识到其行为会发生危害社会的后果，而且认为自己的行为是合法正当的。因此，假想防卫的故意只有心理学上的意义，而不是刑法上的犯罪故意。也就是说，假想防卫的行为人在主观上是为了保护自己的合法权益免遭侵害，其行为在客观上造成的危害是认识错误导致的，其主观上没有犯罪故意。因此，假想防卫是不可能存在故意犯罪的。

【拓展关键词】明知　认识　推定　知道与应当知道

刑法总则的“明知”是故意的一般构成因素，刑法分则中的“明知”是故意的特定构成因素。只有具备分则中的“明知”，才能产生总则中的“明知”，但分则中的“明知”不等于总则中的“明知”，只是总则中的“明知”的前提。当分则规定以“明知”为要件时，也不排除间接故意的可能性。不管是总则中的“明知”还是分则中的“明知”，

---

① 张某华伪造居民身份证案，载《最高人民法院公报》2004年第12期。

② 参见陈兴良主编：《刑法各论精释》(上)，人民法院出版社2015年版，第99~103页。

③ 参见张明楷：《刑法分则的解释原理》，中国人民大学出版社2004年版，第45页。

都是一种现实的认识,而不是潜在的认识,即"明知"是指行为人已经知道某种事实的存在或者可能存在,而不包括应当知道某种事实的存在,否则便混淆了故意与过失。不能将"明知"解释为"知道与应当知道"。[①] 也就是说,司法解释中规定的"应当知道"不能理解为有责任、有义务知道,只能理解为推定确实知道。

《刑参》第265号案例"严某收购赃物案——推定规则在刑事诉讼中的运用,'两罪存疑'案件的处理"相关论述:将"明知"解释为"知道或者应当知道"在用语上是有失严谨的。在我国的刑法中,"应当知道"一般是用来表达疏忽大意的过失的认识内容的。因此,将其解释为故意犯罪中的"明知"的一种类型,似乎不尽妥当。对"明知"更为严谨的解释应当是:确切地知道或者知道有可能。

《刑参》第329号"杨某等骗取出口退税案——如何认定明知他人具有骗取国家出口退税款的主观故意"相关论述:"明知"包括"知道"和"应当知道"。"应当知道",是法律上的一种推定,而不是一般意义上的明知,是对客观行为的一种法律评价。"四自三不见"是代理出口业务中一种违规操作的行为。有进出口经营权的公司明知他人可能骗取国家出口退税款,在"四自三不见"的情况下仍然代理出口业务,致使国家税款被骗的,应当认定为具有骗取国家出口退税款的主观故意。

《刑参》第344号案例"官某故意杀人案——如何判定行为人的犯罪故意"相关论述:犯罪故意的主观认识为事实性认识。事实性认识包括:(1)对行为客观方面的认识,即知道自己在干什么;(2)对法律所规定的危险或结果的认识,如行为人因琐事与他人互相推搡,他人因气愤而心脏病突发死亡,行为人缺乏对故意杀人罪所设定的致人死亡的结果的认识,不能成立杀人故意;(3)对行为对象的认识;(4)对行为时间、地点、方法、手段的认识。合理的主观说认为,事实性认识的判断以行为人自身的认识为基础,同时参考一般人的认识。

《刑参》第606号案例"房某、许某非法买卖制毒物品案——如何认定非法买卖制毒物品罪"相关论述:对行为人主观明知的认定不能仅凭被告人的口供,而应当结合具体案情、综合审查各方面证据。如果基于一定的客观事实根据行为人的认知水平、文化程度、社会阅历能够认识到的,一般可以推定其主观上具有"明知"。

《刑参》第715号案例"王某等生产、销售有毒、有害食品案——生产、销售有毒、有害食品罪与相关罪名的辨析及办理生产、销售有毒、有害食品犯罪案件时对行为人主观'明知'的认定"相关论述:总则中的"明知"是对犯罪故意成立的总的要求或者说是所有故意犯罪的一般构成要素,的内容是"自己的行为会发生危害社会的结果"。而分则中的"明知"的内容较为特定。现行《刑法》分则中约有27个刑法条文含有"明知"的规定。分则中的"明知"不能局限于犯罪故意的认定,还涉及定罪量刑标准等问题。

《刑参》第832号案例"李某故意伤害案——如何通过主观认识要素区分故意伤害罪与故意杀人罪"相关论述:意识要素即对犯罪事实的认识,包括对实行行为、对象、结果、因果关系等的认识。意识要素还要求行为人对危害结果发生的可能性具有一定的认识。意志要素即行为人对犯罪结果的主观态度,是持希望还是无所谓抑或否定之态度。

《刑参》第952号案例"甲某、乙某走私毒品案——走私毒品案件中被告人主观明知的认定"相关论述:二被告人采用高度隐蔽的方式携带、运输毒品且未能作出合理解释,可以认定二被告人明知所携带的手提公文箱中藏有毒品,依法构成走私毒品罪。刑事推定是一种不得已的证明方法,有"末位的证明方式"之称。

【拓展关键词】间接故意与既遂标准　概括故意

《刑参》第132号"曹某故意杀人案——间接故意犯罪是否存在未遂形态"相关论述:间接故意犯罪不存在未遂形态。是否发生犯罪分子所追求的危害结果是区别犯罪未遂与既遂的主要标志。间接故意中,行为人对危害结果的发生与否持一种放任态度,当危害结果发生时,行为人则成立犯罪既遂。如果没有造成人员

---

① 参见张明楷:《刑法分则的解释原理》,中国人民大学出版社2004年版,第54页。

伤亡，这也是行为人这种放任心理所包含的，而不是什么意志以外的原因所致的，无所谓“得逞”与否，犯罪未遂也就无从谈起了。

《刑参》第432号案例“杨某某故意伤害案——明知先行行为会引发危害后果而不予以防止的行为构成故意犯罪”相关论述：间接故意的认识因素是指行为人认识到自己的行为可能发生危害社会的结果，而不包括行为人认识到自己的行为必然发生危害社会的结果。

《刑参》第1214号案例“翟某、杨某等盗窃、抢劫案——共同预谋并实施盗窃后离开，对同伙的二次盗窃行为是否担责”相关论述：刑法理论中的概括故意是指行为人明知自己的行为会发生危害社会的结果，但对侵害范围和侵害性质的认识尚不明确，而希望或者放任结果发生的心理态度。概括故意从认识内容上可以分为对行为手段、性质认识不明确的概括故意，对行为对象认识不明确的概括故意和对危害结果认识不明确的概括故意。行为人故意实施危害行为，明知自己的行为会导致某种危害结果的发生，但对自己的行为会造成多大的危害结果，波及多少犯罪对象的认识处于不确定状态，此种主观状态也可以理解为具有犯罪的间接故意，即行为人虽未直接希望并追求危害结果的发生，但是对发生危害后果存在放任的心态。

关于“非法占有目的”的论述另见《刑法》第266条诈骗罪的相关注释。

第十五条　【过失犯罪】

应当预见自己的行为可能发生危害社会的结果，因为疏忽大意而没有预见，或者已经预见而轻信能够避免，以致发生这种结果的，是过失犯罪。

过失犯罪，法律有规定的才负刑事责任。

◆ 解读与适用

【拓展关键词】故意与过失

只要行为人具有预见可能性，就意味着其应当预见。即使不能查明行为人是否已经预见，也仅意味着不能认定行为人构成故意犯罪或过于自信的过失犯罪，但不影响将其行为认定为疏忽大意的过失犯罪。“因为疏忽大意而没有预见”是一种表面的构成要件要素。只要行为人已经预见结果发生的可能性，即使不能查明行为人是否轻信能够避免，也只是意味着不能认定行为人构成故意犯罪，但不影响将其行为认定为过于自信的过失犯罪。“轻信能够避免”，只是表面的构成要件要素。刑法规定“因为疏忽大意而没有预见”与“轻信能够避免”只是为了使过失犯罪与故意犯罪相区别，而不是为过失犯罪提供处罚根据。故意与过失之间的关系，是回避可能性的高低度的关系，是责任的高低度的关系，是一种位阶关系。当案件事实表明行为人至少有过失，但又不能证明行为人具有故意时，行为人当然只能以过失犯罪论处。这并不意味着一个犯罪的主观要件既可以是故意，也可以是过失，这只是意味着故意与过失不是对立关系，而是位阶关系，可以将故意评价为过失。①

过失行为导致危险，故意不消除危险，希望或者放任结果发生，定故意的不作为犯。过失行为导致实害结果，已经成立过失犯罪，能够防止加重结果发生，却希望或放任其发生，对加重结果成立故意犯罪。过失行为可以成为先行行为进而产生作为义务。对先行行为做双重评价没有违反禁止双重评价原则，一次是评价为犯罪，另一次只是将其评价为作为义务的来源，而且不会数罪并罚。先行行为之后的不作为行为是否构成

① 参见张明楷：《犯罪构成体系与构成要件要素》，北京大学出版社2010年版，第261～263页。

犯罪,还有等价性要件。①

《刑参》第 24 号案例"于某爆炸案——危害后果严重但受害人有明显过错的案件如何适用刑罚"相关论述:过于自信的过失中的"轻信"绝不是毫无根据的主观臆想,而应是行为人根据一定的条件相信自己可以避免危害社会结果的发生,其认识应有一定的现实依据。对被告人明知手榴弹爆炸的危害后果,却仍拧开手榴弹的后盖,持弹威胁他人,放任危害后果发生的行为,应以爆炸罪(间接故意)定罪。

《刑参》第 370 号案例"李某等过失致人死亡案——如何区分间接故意杀人与过失致人死亡之间的界限"相关论述:过于自信的过失行为人不仅不希望发生危害结果,而且完全反对这种结果的发生。被害人跳水虽是二被告人侵害行为所致,但被害人作为成年人,有完全的判断和认知能力,能够控制自己的行为和意识,其选择跳水逃走,说明其具备一定的自我救助条件和能力。而且二被告人并不具备救助被害人的能力,故二被告人不负有某种特定义务,不属于不作为的间接故意犯。二被告人离开现场的目的是让被害人消除顾虑,尽快脱离危险之地,并非置被害人于水中不顾。

第十六条 【意外事件和不可抗力】

行为在客观上虽然造成了损害结果,但是不是出于故意或者过失,而是由于不能抗拒或者不能预见的原因所引起的,不是犯罪。

◆ 解读与适用

【拓展关键词】故意犯罪、过失犯罪及意外事件的辨析

《刑参》第 344 号案例"官某故意杀人案——如何判定行为人的犯罪故意"相关论述:行为人的认识是刑法归责的要素之一,也是判定行为人主观状态的基础。如果行为人认识到存在已然性,行为人属于明知故犯,具有犯罪的故意。行为人虽然没有认识到事实的存在或者发生,但行为人主观上使自己处于谨慎的状态就能认识到事实存在或发生的可能性,则属于不知误犯,具有犯罪的过失。如果行为人在充分的谨慎状态仍无法认识到事实存在或发生的可能性的,就不能进行非难。

《刑参》第 346 号案例"朱某过失致人死亡案——如何区分疏忽大意的过失与意外事件"相关论述:区分疏忽大意的过失与意外事件的关键是判断行为人是否应当预见、能够预见危害结果的发生。有注意能力未尽注意义务是疏忽大意过失的行为人承担刑事责任的根据。判断疏忽大意的过失,不是判断行为人是否疏忽大意,而是判断行为人是否应当预见、能够预见危害结果的发生。如果能够预见而没有预见就表明行为人疏忽大意了。疏忽大意过失中的注意义务是为一般人所设定的,不需要考虑具体情况。注意义务不仅来源于法律等确定的义务,而且包括社会生活上必要的注意。预见能力因人而异,需要具体判断。判断的标准应当在考察一般人的预见能力的基础上充分考虑行为人的具体情况。

《刑参》第 450 号案例"蒋某等过失致人死亡案——如何区分共同间接故意杀人与过失致人死亡"相关论述:区分共同故意杀人与过失致人死亡的关键是查清行为人主观上对造成他人死亡结果的心理态度,即希望避免还是持放任态度。区分时应注意以下几点:一是搞清双方关系,双方是否有明显矛盾,矛盾是否达到了希望对方死亡的程度。二是根据案发现场情况,结合行为人感知能力及当时状况,判断是否确实存在可能

① 参见陈兴良主编:《刑法各论精释》(上),人民法院出版社 2015 年版,第 31 ~ 33 页。

避免死亡结果发生的主客观条件、条件是否明显。蒋某的低速驾车行为和李某扳开被害人双手以摆脱纠缠的行为与被害人跌地被碾压致死之间存在承继性的因果关系。二人在主观上并不希望危害结果发生，客观上均过于轻信自己和另一方一定的节制性行为可以避免结果的发生，终因没有采取有效的避免措施而发生了致人死亡的结果，均属于过于自信的过失。共同过失犯罪案件，不能以共同犯罪论处，只能分别定罪处罚。

以下案例亦探讨了在具体案件中行为人主观心态的证明和推定问题，虽对法律适用问题概括性的阐述较少，但对具体案件中证据规则的运用等仍有重要的参考意义，读者可自行查阅。

《刑参》第287号案例“中国包装进出口陕西公司、侯某骗取出口退税案——‘明知他人意欲骗取出口退税款’的司法认定”相关论述：“四自三不见”业务究其实质是一种“买单”行为，为国家明令禁止。

《刑参》第439号案例“韩某故意杀人案——如何认定交通肇事转化为故意杀人的主观故意”相关论述：一般可以从行为人实施的客观行为、肇事后被害人的伤害情况、当时的特定环境以及社会一般人的通常认识程度等方面综合分析判断其主观内容。

第十七条　【刑事责任年龄】①

已满十六周岁的人犯罪，应当负刑事责任。

已满十四周岁不满十六周岁的人，犯故意杀人、故意伤害致人重伤或者死亡、强奸、抢劫、贩卖毒品、放火、爆炸、投放危险物质罪的，应当负刑事责任。

已满十二周岁不满十四周岁的人，犯故意杀人、故意伤害罪，致人死亡或者以特别残忍手段致人重伤造成严重残疾，情节恶劣，经最高人民检察院核准追诉的，应当负刑事责任。

对依照前三款规定追究刑事责任的不满十八周岁的人，应当从轻或者减轻处罚。

因不满十六周岁不予刑事处罚的，责令其父母或者其他监护人加以管教；在必要的时候，依法进行专门矫治教育。

◆ 相关规定

最高人民检察院
关于“骨龄鉴定”能否作为确定刑事责任年龄证据使用的批复

（2000年2月21日）

宁夏回族自治区人民检察院：

你院《关于“骨龄鉴定”能否作为证据使用的请示》收悉，经研究批复如下：

---

① 根据《刑法修正案（十一）》（由中华人民共和国第十三届全国人民代表大会常务委员会第二十四次会议于2020年12月26日通过，自2021年3月1日起施行）修订。修订前内容为：

已满十六周岁的人犯罪，应当负刑事责任。

已满十四周岁不满十六周岁的人，犯故意杀人、故意伤害致人重伤或者死亡、强奸、抢劫、贩卖毒品、放火、爆炸、投毒罪的，应当负刑事责任。

已满十四周岁不满十八周岁的人犯罪，应当从轻或者减轻处罚。

因不满十六周岁不予刑事处罚的，责令他的家长或者监护人加以管教；在必要的时候，也可以由政府收容教养。

犯罪嫌疑人不讲真实姓名、住址，年龄不明的，可以委托进行骨龄鉴定或其他科学鉴定，经审查，鉴定结论能够准确确定犯罪嫌疑人实施犯罪行为时的年龄的，可以作为判断犯罪嫌疑人年龄的证据使用。如果鉴定结论不能准确确定犯罪嫌疑人实施犯罪行为时的年龄，而且鉴定结论又表明犯罪嫌疑人年龄在刑法规定的应负刑事责任年龄上下的，应当依法慎重处理。

此复。

全国人民代表大会常务委员会法制工作委员会
关于已满十四周岁不满十六周岁的人承担刑事责任范围问题的答复意见

（法工委复字〔2002〕12 号）

最高人民检察院：

关于你单位 4 月 8 日来函收悉，经研究，现答复如下：

刑法第十七条第二款规定的八种犯罪，是指具体犯罪行为而不是具体罪名。对于刑法第十七条中规定的“犯故意杀人、故意伤害致人重伤或者死亡”，是指只要故意实施了杀人、伤害行为并且造成了致人重伤、死亡后果的，都应负刑事责任。而不是指只有犯故意杀人罪、故意伤害罪的，才负刑事责任，绑架撕票的，不负刑事责任。对司法实践中出现的已满十四周岁不满十六周岁的人绑架人质后杀害被绑架人、拐卖妇女、儿童而故意造成被拐卖妇女、儿童重伤或死亡的行为，依据刑法是应当追究其刑事责任的。

最高人民检察院
关于相对刑事责任年龄的人承担刑事责任范围有关问题的答复

（2003 年 4 月 18 日施行）

四川省人民检察院研究室：

你院关于相对刑事责任年龄的人承担刑事责任范围问题的请示（川检发办〔2002〕47 号）收悉。经研究，答复如下：

一、相对刑事责任年龄的人实施了刑法第十七条第二款规定的行为，应当追究刑事责任的，其罪名应当根据所触犯的刑法分则具体条文认定。对于绑架后杀害被绑架人的，其罪名应认定为绑架罪。

二、相对刑事责任年龄的人实施了刑法第二百六十九条规定的行为的，应当依照刑法第二百六十三条的规定，以抢劫罪追究刑事责任。但对情节显著轻微，危害不大的，可根据刑法第十三条的规定，不予追究刑事责任。

☞ 其他相关规定见章后二维码

◆ 解读与适用

对刑事案件被告人年龄认定尤其是临界年龄认定发生争议，穷尽证据调查和证明手段仍无法查明，或者查实的证据有瑕疵、相互矛盾或者证明力较低的，一般采用以下规则处理：一是户籍优先原则。《出生医学证明》是户口登记机关登记出生的重要依据，公安机关作出的确认当事人身份关系包括年龄的具体行政行为具有法律效力。在调取的户籍资料与其他书证如学籍资料记载的入学日期、其他证人证言等存在矛盾时，以认定户籍登记资料为原则，以对户籍登记资料不予采信为例外。二是书证优先原则。有关部门存档的书证，尤其是在案发前形成的书证客观性较强，其证明的内容与证人证言存在矛盾时，以书证认定优于证人证言为原则，以对书证不予采信为例外。三是参考鉴定原则。司法骨龄鉴定意见对判断被鉴定人年龄有科学参考价值。如果骨龄鉴定意见不能准确确定被告人实施犯罪行为时的实际年龄，存在一定的跨龄鉴定幅度，该鉴定意见不能单独作为认定年龄的证据加以适用,应当结合其他证据且必须是有效证据慎重判断作出综合认定。不能排除证据之间的矛盾,无充分证据证明被告人实施被指控犯罪时已满 18 周岁且确实无法查明的,应按有利于被告人的原则,推定其不满 18 周岁。①

【拓展关键词】未成年人犯罪审理原则

未成年人犯罪案件的审理方式与成年人犯罪案件不同,应根据实际情况适用《刑事诉讼法》"未成年人刑事案件诉讼程序"专章中的相关规定,结合心理疏导、法律援助等方式,对犯罪的未成年人进行教育、感化和挽救,做到教育为主、惩罚为辅。同时通过加强社会调查,了解其个人成长经历,将案外犯罪原因、羁押表现情况以及监护落实情况和社区矫治意见等作为是否适用缓刑的量刑参考依据。②

办理未成年人与成年人共同犯罪案件时,一般应当将未成年人与成年人分案起诉,但若未成年人系犯罪集团的组织者或者其他共同犯罪中的主犯,或者具有其他不宜分案起诉情形的,可以不分案起诉。办理未成年人与成年人共同犯罪案件,应当根据未成年人在共同犯罪中的地位、作用,综合考量未成年人实施犯罪行为的动机和目的、犯罪时的年龄、是否属于初犯、是否属于偶犯、犯罪后的悔罪表现、个人成长经历和一贯表现等因素,依法从轻或者减轻处罚。未成年人犯罪不构成累犯。③

第十七条之一 【老年人的刑事责任】④

已满七十五周岁的人故意犯罪的,可以从轻或者减轻处罚;过失犯罪的,应当从轻或者减轻处罚。

◆ 解读与适用

《刑参》第 830 号案例"胡某故意杀人案——如何理解《刑法》第 49 条'以特别残忍手段致人死亡'"相关论述:由于《刑法》第 17 条之一的规定可以延伸出适用从轻或者减轻处罚和不适用从轻或者减轻处罚的可能,故同时引用《刑法》第 17 条之一和第 49 条第 2 款是妥当的。

第十八条 【刑事责任能力与刑责】

精神病人在不能辨认或者不能控制自己行为的时候造成危害结果,经法定程序鉴定确认的,不负刑事责任,但是应当责令他的家属或者监护人严加看管和医疗;在必要的时候,由政府强制医疗。

间歇性的精神病人在精神正常的时候犯罪,应当负刑事责任。

---

① 参见韩某某盗窃案,载《最高人民法院公报》2018 年第 1 期。

② 参见李某某盗窃案,载《最高人民法院公报》2016 年第 8 期。

③ 张某、沈某某等七人抢劫案,最高人民检察院指导性案例第 19 号(高检发研字〔2014〕4 号)。

④ 根据《刑法修正案(八)》(经中华人民共和国第十一届全国人民代表大会常务委员会第十九次会议于 2011 年 2 月 25 日通过公布,自 2011 年 5 月 1 日起施行)新增。

尚未完全丧失辨认或者控制自己行为能力的精神病人犯罪的,应当负刑事责任,但是可以从轻或者减轻处罚。

醉酒的人犯罪,应当负刑事责任。

☞ 相关规定见章后二维码

◆ 解读与适用

【拓展关键词】强制医疗

审理强制医疗案件时,对被申请人或者被告人是否"有继续危害社会可能",应当综合被申请人或者被告人所患精神病的种类、症状,案件审理时其病情是否已经好转,以及其家属或者监护人有无严加看管和自行送医治疗的意愿和能力等情况予以判定。必要时,可以委托相关机构或者专家进行评估。①②

以下参考案例主要对强制医疗的程序性要求作了详细探讨,读者可另行查阅:

《刑参》第886号案例"朱某被强制医疗案——如何理解和适用强制医疗的条件"。

《刑参》第887号案例"宋某被强制医疗案——如何认定被申请人具有'继续危害社会的可能'以及如何处理被申请人亲属提出的自行治疗、看管的申请"。

《刑参》第888号案例"荣某被强制医疗案——如何理解和掌握强制医疗的实质性条件"。

《刑参》第889号案例"高某被强制医疗案——强制医疗决定程序、机制的改进与完善"。

【拓展关键词】原因自由行为

行为人因吸毒后产生神志异常而实施危害社会的行为,构成犯罪的,依法应当承担刑事责任。③

《刑参》第431号案例"彭某故意杀人案——被告人吸收毒品后影响其控制、辨别能力而实施犯罪行为的,是否要承担刑事责任"相关论述:具有辨认和控制能力的行为人故意或过失使自己一时陷入丧失或者尚未完全丧失辨认和控制能力的状态,并在该状态下实施了符合犯罪构成的行为,依法应当承担刑事责任,刑法理论称此为"原因自由行为"。吸食毒品而致精神障碍的,不属刑法意义上的精神病人。吸食毒品后犯罪的,不需要作司法精神鉴定。

《刑参》第1242号案例"陈某故意杀人案——吸食毒品致精神障碍后故意杀人案件的处理原则"相关论述:被告人陈某作案时,处于精神活性物质所致精神障碍发病期,其发病的主要原因是其常年吸食毒品。其吸毒行为属于可控制行为,具有违法性和自陷性。其因常年吸毒而产生幻觉实施的故意杀人的行为,属刑法

---

① 参见徐某富强制医疗案,最高人民法院指导案例63号(最高人民法院审判委员会讨论通过,2016年6月30日发布)。

② 最高人民法院《〈关于案例指导工作的规定〉实施细则》(节选)(法〔2015〕130号)

第九条 各级人民法院正在审理的案件,在基本案情和法律适用方面,与最高人民法院发布的指导性案例相类似的,应当参照相关指导性案例的裁判要点作出裁判。

第十条 各级人民法院审理类似案件参照指导性案例的,应当将指导性案例作为裁判理由引述,但不作为裁判依据引用。

第十一条 在办理案件过程中,案件承办人员应当查询相关指导性案例。在裁判文书中引述相关指导性案例的,应在裁判理由部分引述指导性案例的编号和裁判要点。

公诉机关、案件当事人及其辩护人、诉讼代理人引述指导性案例作为控(诉)辩理由的,案件承办人员应当在裁判理由中回应是否参照了该指导性案例并说明理由。

③ 参见彭某故意杀人案,载《最高人民法院公报》2007年第7期。

理论上的“原因自由行为”，也称“自陷行为”。“原因自由行为”是指具有责任能力的行为人故意或者过失使自己一时陷入丧失或者尚未完全丧失责任能力的状态并在该状态下实施了符合客观构成要件的违法行为。刑法理论将使自己陷入丧失或者尚未完全丧失责任能力状态的行为称为原因行为；在该状态下实施的符合客观构成要件的违法行为，称为结果行为。行为人可以自由决定自己是否陷入上述状态，故将上述行为称为“原因自由行为”。陈某虽然因吸毒导致其辨认、控制能力受损，但其自愿吸毒使自己陷入精神障碍而实施杀人行为与被迫、被诱骗吸毒而实施犯罪的情况不同，其对危害结果的发生持放任态度，具有完全责任能力，应承担故意杀人罪的刑事责任。

《刑参》第 917 号案例“叶某以危险方法危害公共安全案——因吸毒长期处于精神障碍状态，在病情缓解期再次吸毒并驾驶机动车，致使发生交通事故的，如何认定行为人的刑事责任能力以及主观罪过”相关论述：因吸毒长期处于精神障碍状态，在病情缓解期再次吸毒陷于精神障碍过程中驾驶机动车的，宜认定行为人具有限定责任能力。本案被告人有长达 5 年的精神病史，即便在病情缓解期，其辨认和控制能力也较正常人有所削弱。其在最后一次吸食毒品之时，其辨认能力和控制能力就异于常人，处于限制能力状态。根据原因自由行为理论分析，即使对自陷行为人按照吸食毒品时的责任能力认定其刑事责任能力，叶某也应被认定为限制责任能力人。对于自陷于精神障碍的行为人，应当根据其自陷时对危害结果的认识和意志状态认定其对结果所持的主观罪过。当原因行为是吸毒行为时，判断行为人对危害结果的态度，有必要对行为人是否存在吸毒史进行重点考察。吸毒史较长的人，其对吸毒后会出现精神障碍症状一般具有较深认识，故具有知道或者应当知道其自陷行为导致精神障碍状态的高度盖然性，在这种情况下行为人实施自陷行为并实施犯罪行为的，一般宜认为行为人对危害结果持希望或者放任态度。

《刑参》第 152 号案例“甲某故意杀人案——对限制刑事责任能力的精神病人应如何处罚”相关论述：对《刑法》第 18 条规定的精神病人应作广义理解，即应理解为司法精神病学中所说的精神障碍或精神病患。只有经过司法人员审查确定的鉴定结论，才能作为认定行为人是否应当负刑事责任或者负何种程度的刑事责任的证据。

《刑参》第 925 号案例“杜某故意杀人案——在严重暴力犯罪案件中，对具有轻度精神障碍，认识和控制能力所受影响不大的被告人，是否可以不从轻处罚”相关论述：从罪行严重程度分析，应当判处杜某死刑立即执行。从审判效果分析，判处杜某死刑立即执行能够获得更好的法律效果和社会效果。如果实施的犯罪受到辨认和控制能力减弱的影响，可以根据所受影响程度的大小决定是否从轻或者减轻处罚。精神病的种类很多，不可认为所有的精神病人都没有责任能力。“尚未完全丧失辨认或者控制自己行为的能力”，表明行为人对自己实施的行为具有一定的辨认和控制能力，只是这种能力有所减弱而已。虽然行为人患有精神病，但如果行为人对其实施的行为具有与正常人相同的辨认和控制能力，或者完全不具有辨认控制能力，均不能适用《刑法》第 18 条第 3 款的规定。对责任能力减弱的精神病人犯罪只是“可以”从轻或者减轻处罚而不是“应当”从轻或者减轻处罚。

《刑参》第 948 号案例“被告人李某盗窃案——如何审查智力障碍者的刑事责任能力”相关论述：审查智力障碍主要从行为人的犯罪动机是否有现实基础、作案后的表现、社会适应能力、犯罪性质、行为人的一贯品质和前科行为角度入手。

《刑参》第 554 号案例“房某故意杀人案——醉酒状态下实施犯罪，量刑时可否酌情考虑导致行为人醉酒的原因”相关论述：被告人系受被害人的邀请而大量饮酒导致醉酒并在醉酒状态下实施杀人行为，量刑时可以对此情况予以考虑酌情从轻处罚，可不判处死刑立即执行。在造成同样后果的醉酒犯罪中，为实施犯罪而故意制造醉酒假象、借酒壮胆等故意醉酒行为的主观恶性最为严重，过失醉酒者次之，因不能预见或无法抗拒的原因醉酒的人最轻。在醉酒人犯罪的案件中，应当适当考察其醉酒的原因。

《刑参》第610号案例"侯某故意杀人案——在故意杀人犯罪中醉酒状态能否作为酌定从轻处罚情节"相关论述：醉酒的人犯罪，应当承担刑事责任，但一般情况下应严格控制死刑的适用。醉酒杀人与正常状态下杀人所造成的社会负面影响不同，社会危害性也相应存在差异。在辨认、控制能力受到削弱的情况下实施杀人犯罪，与正常状态相比，行为人的主观恶性相应较小，道德非难程度也相应减少。醉酒状态下易出现情绪兴奋、行为失控等表现，行为人多系初犯，行为人的人身危险性也相对较小。那些预谋犯罪而故意借酒行凶的犯罪，不属于酌情考虑的范畴。

第十九条 【聋哑人或盲人犯罪的处理】

又聋又哑的人或者盲人犯罪，可以从轻、减轻或者免除处罚。

◆ 解读与适用

《刑参》第469号案例"苏某等敲诈勒索案——如何理解'盲人'犯罪"相关论述：医学上或者刑法上对"盲人"的认定应当有一定的标准，不会同生活意义上对"盲人"的理解完全一样。可以参照医学标准，以最好眼的校正视力低于0.05作为认定"盲人"的依据。具体案件中的盲人是否一定具有明显减弱的辨认和控制能力，则因人而异。盲人被告人也可能实施与"盲人"身份无关或者无直接关系的犯罪。本案被告人不属于盲人，而是视力残疾，不属于法律规定的"应当"为其指定辩护的对象。

第二十条 【正当防卫】

为了使国家、公共利益、本人或者他人的人身、财产和其他权利免受正在进行的不法侵害，而采取的制止不法侵害的行为，对不法侵害人造成损害的，属于正当防卫，不负刑事责任。

正当防卫明显超过必要限度造成重大损害的，应当负刑事责任，但是应当减轻或者免除处罚。

对正在进行行凶、杀人、抢劫、强奸、绑架以及其他严重危及人身安全的暴力犯罪，采取防卫行为，造成不法侵害人伤亡的，不属于防卫过当，不负刑事责任。

◆ 相关规定

最高人民法院 最高人民检察院 公安部

关于依法适用正当防卫制度的指导意见(节选)

(2020年8月28日)

二、正当防卫的具体适用

5.准确把握正当防卫的起因条件。正当防卫的前提是存在不法侵害。不法侵害既包括侵犯生命、健康权利的行为,也包括侵犯人身自由、公私财产等权利的行为;既包括犯罪行为,也包括违法行为。不应将不法侵害不当限缩为暴力侵害或者犯罪行为。对于非法限制他人人身自由、非法侵入他人住宅等不法侵害,可以实行防卫。不法侵害既包括针对本人的不法侵害,也包括危害国家、公共利益或者针对他人的不法侵害。对于正在进行的拉拽方向盘、殴打司机等妨害安全驾驶、危害公共安全的违法犯罪行为,可以实行防卫。成年人对于未成年人正在实施的针对其他未成年人的不法侵害,应当劝阻、制止;劝阻、制止无效的,可以实行防卫。

6. 准确把握正当防卫的时间条件。正当防卫必须是针对正在进行的不法侵害。对于不法侵害已经形成现实、紧迫危险的,应当认定为不法侵害已经开始;对于不法侵害虽然暂时中断或者被暂时制止,但不法侵害人仍有继续实施侵害的现实可能性的,应当认定为不法侵害仍在进行;在财产犯罪中,不法侵害人虽已取得财物,但通过追赶、阻击等措施能够追回财物的,可以视为不法侵害仍在进行;对于不法侵害人确已失去侵害能力或者确已放弃侵害的,应当认定为不法侵害已经结束。对于不法侵害是否已经开始或者结束,应当立足防卫人在防卫时所处情境,按照社会公众的一般认知,依法作出合乎情理的判断,不能苛求防卫人。对于防卫人因为恐慌、紧张等心理,对不法侵害是否已经开始或者结束产生错误认识的,应当根据主客观相统一原则,依法作出妥当处理。

7. 准确把握正当防卫的对象条件。正当防卫必须针对不法侵害人进行。对于多人共同实施不法侵害的,既可以针对直接实施不法侵害的人进行防卫,也可以针对在现场共同实施不法侵害的人进行防卫。明知侵害人是无刑事责任能力人或者限制刑事责任能力人的,应当尽量使用其他方式避免或者制止侵害;没有其他方式可以避免、制止不法侵害,或者不法侵害严重危及人身安全的,可以进行反击。

8. 准确把握正当防卫的意图条件。正当防卫必须是为了使国家、公共利益、本人或者他人的人身、财产和其他权利免受不法侵害。对于故意以语言、行为等挑动对方侵害自己再予以反击的防卫挑拨,不应认定为防卫行为。

9. 准确界分防卫行为与相互斗殴。防卫行为与相互斗殴具有外观上的相似性,准确区分两者要坚持主客观相统一原则,通过综合考量案发起因、对冲突升级是否有过错、是否使用或者准备使用凶器、是否采用明显不相当的暴力、是否纠集他人参与打斗等客观情节,准确判断行为人的主观意图和行为性质。

因琐事发生争执,双方均不能保持克制而引发打斗,对于有过错的一方先动手且手段明显过激,或者一方先动手,在对方努力避免冲突的情况下仍继续侵害的,还击一方的行为一般应当认定为防卫行为。

双方因琐事发生冲突,冲突结束后,一方又实施不法侵害,对方还击,包括使用工具还击的,一般应当认定为防卫行为。不能仅因行为人事先进行防卫准备,就影响对其防卫意图的认定。

10. 防止将滥用防卫权的行为认定为防卫行为。对于显著轻微的不法侵害,行为人在可以辨识的情况下,直接使用足以致人重伤或者死亡的方式进行制止的,不应认定为防卫行为。不法侵害系因行为人的重大过错引发,行为人在可以使用其他手段避免侵害的情况下,仍故意使用足以致人重伤或者死亡的方式还击的,不应认定为防卫行为。

三、防卫过当的具体适用

11. 准确把握防卫过当的认定条件。根据刑法第二十条第二款的规定,认定防卫过当应当同时具备"明显超过必要限度"和"造成重大损害"两个条件,缺一不可。

12. 准确认定"明显超过必要限度"。防卫是否"明显超过必要限度",应当综合不法侵害的性质、手段、强度、危害程度和防卫的时机、手段、强度、损害后果等情节,考虑双方力量对比,立足防卫人防卫时所处情境,结合社会公众的一般认知作出判断。在判断不法侵害的危害程度时,不仅要考虑已经造成的损害,还要考虑造成进一步损害的紧迫危险性和现实可能性。不应当苛求防卫人必须采取与不法侵害基本相当的反击方式和强度。通过综合考量,对于防卫行为与不法侵害相差悬殊、明显过激的,应当认定防卫明显超过必要限度。

13. 准确认定"造成重大损害"。"造成重大损害"是指造成不法侵害人重伤、死亡。造成轻伤及以下损害的,不属于重大损害。防卫行为虽然明显超过必要限度但没有造成重大损害的,不应认定为防卫过当。

14. 准确把握防卫过当的刑罚裁量。防卫过当应当负刑事责任,但是应当减轻或者免除处罚。要综合考虑案件情况,特别是不法侵害人的过错程度、不法侵害的严重程度以及防卫人面对不法侵害的恐慌、紧张等心理,确保刑罚裁量适当、公正。对于因侵害人实施严重贬损他人人格尊严、严重违反伦理道德的不法侵害,或者多次、长期实施不法侵害所引发的防卫过当行为,在量刑时应当充分考虑,以确保案件处理既经得起法律检验,又符合社会公平正义观念。

四、特殊防卫的具体适用

15. 准确理解和把握"行凶"。根据刑法第二十条第三款的规定,下列行为应当认定为"行凶":(1)使用致命性凶器,严重危及他人人身安全的;(2)未使用凶器或者未使用致命性凶器,但是根据不法侵害的人数、打击部位和力度等情况,确已严重危及他人人身安全的。虽然尚未造成实际损害,但已对人身安全造成严重、紧迫危险的,可以认定为"行凶"。

16. 准确理解和把握"杀人、抢劫、强奸、绑架"。刑法第二十条第三款规定的"杀人、抢劫、强奸、绑架",是指具体犯罪行为而不是具体罪名。在实施不法侵害过程中存在杀人、抢劫、强奸、绑架等严重危及人身安全的暴力犯罪行为的,如以暴力手段抢劫枪支、弹药、爆炸物或者以绑架手段拐卖妇女、儿童的,可以实行特殊防卫。有关行为没有严重危及人身安全的,应当适用一般防卫的法律规定。

17. 准确理解和把握"其他严重危及人身安全的暴力犯罪"。刑法第二十条第三款规定的"其他严重危及人身安全的暴力犯罪",应当是与杀人、抢劫、强奸、绑架行为相当,并具有致人重伤或者死亡的紧迫危险和现实可能的暴力犯罪。

18. 准确把握一般防卫与特殊防卫的关系。对于不符合特殊防卫起因条件的防卫行为,致不法侵害人伤亡的,如果没有明显超过必要限度,也应当认定为正当防卫,不负刑事责任。

◈ 解读与适用

【拓展关键词】特殊防卫　防卫过当　严重危及人身安全的暴力犯罪　必要限度　行凶　重大损害

公民对深夜非法闯入住地,暴力伤害其本人和他人者采取防卫行为,造成不法侵害人死亡的,不承担刑事责任和民事赔偿责任。本案被告人吴某某于夜深人静之时和孤立无援之地遭受殴打和欺辱,身心处于极大的屈辱和恐慌中。此时,李某某又举起铁锁向其砸来。面对这种情况,吴某某使用手中的刀子进行防卫,没有超过必要限度。对于要求吴某某慎重选择其他方式制止或避免当时的不法侵害的意见,因其没有充分考虑侵害发生的时间、地点和具体侵害的情节等客观因素,不予采纳。①

对正在进行的非法限制他人人身自由的行为,应当认定为《刑法》第 20 条第 1 款规定的"不法侵害",可以进行正当防卫。对非法限制他人人身自由并伴有侮辱、轻微殴打的行为,不应当认定为《刑法》第 20 条第 3 款规定的"严重危及人身安全的暴力犯罪"。判断防卫是否过当,应当综合考虑不法侵害的性质、手段、强度、危害程度,以及防卫行为的性质、时机、手段、强度、所处环境和损害后果等情节。对非法限制他人人身自由并伴有侮辱、轻微殴打,且并不十分紧迫的不法侵害进行防卫致人死亡重伤的,应当认定为《刑法》第 20 条第 2 款规定的"明显超过必要限度造成重大损害"。防卫过当案件,如系因被害人实施的严重贬损他人人格尊严或者亵渎人伦的不法侵害引发的,量刑时对此应予充分考虑,以确保司法裁判既经得起法律检验,也符合社会公平正义观念。②

对使用致命性凶器攻击他人要害部位,严重危及他人人身安全的行为,应当认定为《刑法》第 20 条第 3

① 参见吴某某故意伤害案,载《最高人民法院公报》2004 年第 11 期。

② 参见于某故意伤害案,最高人民法院指导案例 93 号(最高人民法院审判委员会讨论通过,2018 年 6 月 20 日发布)。

款规定的“行凶”，可以适用特殊防卫的有关规定。对多人共同实施不法侵害，部分不法侵害人已被制伏，但其他不法侵害人仍在继续实施侵害的情形，仍然可以进行防卫。张某甲为制止正在进行的不法侵害，顺手从身边抓起一把平时生活所用的刀具捅刺不法侵害人，具有正当性，属于正当防卫。另外，监控录像显示陈某新倒地后，周某某跑向屋外后仍然挥舞砍刀，此时张某甲及其兄张某乙人身安全面临的危险并没有完全排除，其在屋外打伤周某某的行为仍然属于防卫行为。①

在防卫人被人殴打、人身权利受到不法侵害的情况下，其防卫行为虽然造成了重大损害的客观后果，但是防卫措施并未明显超过必要限度的，不属于防卫过当，依法不负刑事责任。陈某为了保护自己的人身安全而持刀反击，就所要保护的权利性质以及与侵害方的手段强度比较来看，不能认为防卫措施明显超过了必要限度。正当防卫既可以是为了保护自己的合法权益，也可以是为了保护他人的合法权益。②

在民间矛盾激化过程中，对正在进行的非法侵入住宅、轻微人身侵害行为，可以进行正当防卫，但防卫行为的强度不具有必要性并致不法侵害人重伤、死亡的，属于明显超过必要限度造成重大损害，防卫人应当负刑事责任，但是应当减轻或者免除处罚。防卫过当中，重大损害是指造成不法侵害人死亡、重伤，造成不法侵害人轻伤及以下损伤的不属于重大损害。明显超过必要限度是指，对所保护的权利性质、不法侵害的强度和紧迫程度等进行综合衡量，防卫措施缺乏必要性，防卫强度与侵害程度对比也相差悬殊。本案中，朱某某为保护住宅安宁和免受可能的一定人身侵害，而致侵害人丧失生命，就防卫与侵害的性质、手段、强度和结果等因素的对比来看，既不必要也相差悬殊，属于明显超过必要限度造成重大损害。③

对犯罪故意的具体内容不确定，但其足以严重危及人身安全的暴力侵害行为，应当认定为《刑法》第 20 条第 3 款规定的“行凶”。行凶已经造成严重危及人身安全的紧迫危险的，即使没有发生严重的实害后果，也不影响正当防卫的成立。刑法作出特殊防卫的规定，目的在于进一步体现“法不能向不法让步”的秩序理念，同时肯定防卫人以对等或超过侵害的强度予以反击，即使其造成不法侵害人伤亡，也不必顾虑可能成立防卫过当因而构成犯罪的问题。司法实践中，如果面对不法侵害人“行凶”性质的侵害行为，仍对防卫人限制过苛，不仅有违立法本意，也难以取得制止犯罪，保护公民人身权利不受侵害的效果。④

单方聚众斗殴的，属于不法侵害，没有斗殴故意的一方可以进行正当防卫。单方持械聚众斗殴，对他人的人身安全造成严重危险的，应当认定为《刑法》第 20 条第 3 款规定的“其他严重危及人身安全的暴力犯罪”。对“其他严重危及人身安全的暴力犯罪”的认定，除了在方法上，以《刑法》第 20 条第 3 款列举的 4 种罪行为参照，通过比较暴力程度、危险程度和刑法给予惩罚的力度作出判断以外，还应当注意把握以下几点：一是不法行为侵害的对象是人身安全，即危害人的生命权、健康权、自由权和性权利。人身安全之外的财产权利、民主权利等其他合法权利不在其内，这也是特殊防卫区别于一般防卫的一个重要特征。二是不法侵害行为具有暴力性，且应达到犯罪的程度。对《刑法》第 20 条第 3 款列举的杀人、抢劫、强奸、绑架应作广义的理解，即其不仅指这 4 种具体犯罪行为，也包括以此种暴力行为为手段，触犯其他罪名的犯罪行为，如以抢劫为手段的抢劫枪支、弹药、爆炸物的行为，以绑架为手段的拐卖妇女、儿童的行为，以及针对人的生命、健康而采取的放火、爆炸、决水等行为。三是不法侵害行为应当达到一定的严重程度，即有可能造成他人重伤或死亡的后果。需要强调的是，不法侵害行为是否已经造成实际伤害后果，不必然影响特殊防卫的成立。此外，

---

① 参见张某正当防卫案，最高人民法院指导案例 144 号（最高人民法院审判委员会讨论通过，2020 年 12 月 29 日发布）。

② 参见陈某正当防卫案，最高人民检察院指导性案例第 45 号（2018 年 12 月 18 日）。

③ 参见朱某某故意伤害（防卫过当）案，最高人民检察院指导性案例第 46 号（2018 年 12 月 18 日）。

④ 参见于某某正当防卫案，最高人民检察院指导性案例第 47 号（2018 年 12 月 18 日）。

针对不法侵害行为对他人人身安全造成的严重危险，可以实施特殊防卫。在共同不法侵害案件中，“行凶”与“其他严重危及人身安全的暴力犯罪”，在认定上可以有一定交叉，具体可结合全案行为特征和各侵害人的具体行为特征作综合判定。另外，对寻衅滋事行为，不宜直接认定为“其他严重危及人身安全的暴力犯罪”，寻衅滋事行为暴力程度较高、严重危及他人人身安全的，可分别将其认定为《刑法》第20条第3款规定中的行凶、杀人或抢劫。需要说明的是，侵害行为最终成立何种罪名，对防卫人正当防卫的认定没有影响。①

《刑参》第40号案例“叶某故意杀人案——《刑法》第20条第3款规定的正当防卫应如何理解与适用”相关论述：对行凶、杀人等应作广义上的理解，其不仅仅指这4种犯罪行为，也包括以此种暴力行为为手段而触犯其他罪名的犯罪行为。这种不法侵害行为应当达到一定的严重程度。对一些充其量只能造成轻伤害的轻微暴力侵害，不能适用特殊防卫。

《刑参》第261号案例“李某等故意伤害案——特殊防卫的条件以及对‘行凶’的正确理解”相关论述：“必要限度”一般要求防卫行为的性质、手段、强度与不法侵害的性质、手段、强度基本相当。“重大损害”一般应理解为造成不法侵害人重伤、死亡或财产重大损失。特殊防卫又称“无限防卫”“无过当防卫”。对非以暴力为手段实施的其他严重犯罪行为不能实施特殊防卫。对非针对他人人身安全的暴力犯罪行为不能实施特殊防卫。“行凶”必须是一种已着手的暴力侵害行为，必须足以严重危及他人的重大人身安全。

《刑参》第297号案例“赵某故意伤害案——正当防卫致不法侵害人轻伤的不负刑事责任”相关论述：对非法侵入住宅的行为，住宅主人有权自行采取相应的制止措施，包括实施必要的正当防卫。“明显超过”表明立法强调对防卫人所采取的防卫措施不必过于苛求。“重大损害”不等于一般损害，应当把握在没有造成不法侵害人人身重大损害，包括重伤以上这一限度内。以上两个标准必须同时具备，才能认定为防卫过当。

《刑参》第1126号案例“李某故意伤害案——在自家院内搜寻藏匿的不法侵害人时发生打斗，致人死亡的，构成正当防卫”相关论述：构成无过当防卫，防卫人除了在防卫目的、防卫起因、防卫客体、防卫时间等方面要符合正当防卫的一般要求外，还要具备两个条件：一是行为人面临行凶、杀人、抢劫、强奸、绑架以及与前述行为危害程度相当的严重暴力犯罪，行为人的人身安全受到严重威胁甚至是侵害。二是行为人实施防卫不受防卫限度的条件限制。刘某躲进玉米地后其实施的不法侵害并未结束，被告人李某在多名村民前来帮助的情况下持械进入玉米地寻找刘某的行为具有正当性、合理性，不应认定其具有加害故意。

《形参》第1436号案例“张某故意伤害案——如何准确区分特殊防卫与防卫过当，以及认定行为人属于正当防卫的，法院判决应当如何表述”相关论述：“严重危及人身安全的暴力犯罪”应该是与行凶、抢劫、强奸、绑架四种犯罪行为暴力危害程度相当的犯罪行为。防卫行为是否明显超过必要限度，应以普通人的认识水平并结合现场实际情况判断，而不是从事后的角度分析侵害程度来确定防卫行为是否超过必要限度。判断防卫行为是否明显超出必要限度的标准，应以侵害行为可能造成的危害程度是否与正在进行的行凶、抢劫、强奸、绑架4种犯罪相当，而不是以实际危害结果是否与上述4种犯罪的既遂结果相当。在判断是否构成特殊防卫时不能“唯结果论”，不能简单地从防卫人与不法侵害人实际受到的损伤对比来判断不法侵害是否“严重危及人身安全”。

《刑参》第1456号案例“石某故意伤害案——在互相打斗过程中，一方为了使前来劝阻的妻子免受不法侵害，造成另一方死亡的如何认定”相关论述：在判断不法侵害的危害程度时，不仅要考虑已经造成的损害，还要考虑造成进一步损害的紧迫危险性和现实可能性。

---

① 参见侯某某正当防卫案，最高人民检察院指导性案例第48号(2018年12月18日)。

【拓展关键词】假想防卫　事后防卫　不法侵害正在进行

正当防卫以不法侵害正在进行为前提。所谓正在进行,是指不法侵害已经开始但尚未结束。不法侵害行为多种多样、性质各异,判断是否正在进行,应就具体行为和现场情境作具体分析。判断标准不能机械地对刑法上的着手与既遂作出理解、判断,因为着手与既遂侧重的是侵害人可罚性的行为阶段问题,而侵害行为正在进行,侧重的是防卫人的利益保护问题。所以,不能要求不法侵害行为已经加诸被害人身上,只要不法侵害的现实危险已经迫在眼前,或者已达既遂状态但侵害行为没有实施终了的,就应当认定为正在进行。①

《刑参》第124号案例"王某过失致人死亡案——假想防卫如何认定及处理"相关论述:"正在进行的不法侵害",是客观实际存在的真实的侵害而不是行为人主观想象或者推测的侵害,且已经着手实施或者直接面临的侵害而不是尚未开始或者结束了的侵害。如果不法侵害并不真实存在,只是行为人主观上想象或者推测认为发生了某种不法侵害进而对误认的"侵害人"实行了"防卫",这在理论上叫"假象防卫"。这种主观想象或推测,绝不是脱离实际情形的任意想象,而是需要一定的客观前提。"假象防卫"是过失犯罪,不能以故意犯罪论处。"假象防卫"是不可能存在故意犯罪的。

《刑参》第569号案例"韩某故意伤害案——如何认定防卫过当"相关论述:"不法侵害"应包括犯罪行为但不止于犯罪的一切违法、危害社会行为。这些行为给社会秩序和公民权益带来现实危害均属于不法侵害的范围。"不法侵害正在进行",其起止时间应以不法侵害人着手实行侵害行为时始至不法侵害停止或已不可能继续侵害或威胁合法权益时止。

《刑参》第600号案例"闫某故意伤害案——将正在实施盗窃的犯罪分子追打致死的行为如何量刑"相关论述:被害人已停止盗窃,如果被告人因对其抓捕,为有效阻止其逃跑而实施了适当、必要且有限的轻微伤害行为是法律允许的。但被告人不仅用刀将被害人打入水沟,还与他人共同用砖块将被害人砸死,其行为显然已经不属于为使他人的财产权利"免受正在进行不法侵害,而采取的制止不法侵害"的行为,不能适用防卫过当的规定对其减轻或者免除处罚。只能根据《刑法》第63条第2款的规定,根据案件特殊情况在法定刑以下量刑。

《形参》第1436号案例"张某故意伤害案——如何准确区分特殊防卫与防卫过当,以及认定行为人属于正当防卫的,法院判决应当如何表述"相关论述:被告人在屋内的捅刺行为和屋外鱼塘边的打斗行为没有间隔、系连贯行为,张某实施的反击行为、实施场所具有连续性,行为对象虽然分别是陈某、周某,但二人的不法侵害行为系共同行为,被告人进行防卫的行为对象具有一致性,三人虽然退至屋外,但仍手持凶器,周某见到张某后向其挥舞砍刀,仍未放弃不法侵害行为,不法侵害尚未结束。

【拓展关键词】对精神病人的防卫　正当防卫与紧急避险辨析

《刑参》第353号案例"范某故意伤害案——对精神病人实施侵害行为的反击能否成立正当防卫"相关论述:为了保护自己的人身权利而直接对侵害人实施的制止行为不属于紧急避险。对精神病人实施的不法侵害可以实施正当防卫。不法侵害不仅包括犯罪行为还包括一般违法行为。精神病人实施的侵害行为也是危害社会的行为,仍属于不法侵害。虽然精神病人对其造成的危害结果,不负刑事责任,但刑法并没有免除精神病人的民事违法责任。民事违法行为仍是一种不法行为,不能完全将其排除在正当防卫的对象之外。但对精神病人的侵害行为实施正当防卫时应当尽一切努力避免对精神病人造成不应有的身体或精神损害。一般情况下,如果明知侵害者是精神病人并有条件用逃跑等其他方法避免侵害的,不得实施正当防卫。

---

① 于某正当防卫案,最高人民检察院指导性案例第47号(2018年12月18日)。

《刑参》第400号案例"张某故意伤害案——见义勇为引发他人伤亡的如何处理"相关论述:"见义勇为"不是严格的法律概念,不具有独立的刑法意义,应以正当防卫、紧急避险等制度规定来认定。人民群众将正在实行犯罪或者犯罪后逃跑的罪犯,扭送国家机关处理既是法律赋予公民的权利,也是公民应尽的义务,是符合法律规定和道德规范的行为,应认定被告人无罪也无须承担民事赔偿责任。成立刑事附带民事诉讼只有刑事诉讼成立后才能提起民事诉讼。

【拓展关键词】互殴与正当防卫

《刑参》第130号案例"苏某故意伤害案——互殴中的故意伤害行为是否具有防卫性质"相关论述:防卫过当以正当防卫为前提条件,只是行为人在实施防卫过程中针对不法侵害采取的防卫行为明显超过必要限度才造成重大损害。在打架斗殴中,一般情况下,双方都是出于主动,双方都有侵害对方的故意,双方的行为都是不法侵害行为,都不属于正当防卫的范畴。

《刑参》第138号案例"张某故意伤害案——互殴停止后为制止他方突然袭击而防卫的行为是否属于正当防卫"相关论述:对于某些危险的犯罪而言,如果其已经对合法权益造成了威胁,则不法行为已经开始。互殴是指双方均具有侵害故意实施的相互侵害行为。但是,互殴停止后又加害对方的,性质就可能发生变化。互殴转变为一方殴打另一方,被殴打方已从互殴时的侵害者转变为被侵害者。互殴停止后,一方突然袭击或者继续实施侵害行为,另一方依法享有正当防卫的权利。被侵害人出于防卫目的而依法实施的制止不法侵害的行为依法具有正当防卫的性质。需要指出的是,由双方互殴转变为一方自动放弃斗殴或主动退出斗殴现场,应该具有彻底性并表现出明显的阶段性,不包括互殴双方打斗中的此消彼长、强弱转化等情形变化。

《刑参》第221号案例"姜某非法持有枪支、故意伤害案——被告人对事实性质的辩解不影响如实供述的成立"相关论述:基于斗殴故意实施的反击行为不能认定为正当防卫。防卫目的正当性是确保防卫行为合法性的要件之一。斗殴双方都不具有正当防卫的目的,因而无论谁先谁后动手都不能认定为防卫行为。认定是否属于斗殴不能仅以人数来判断,而应看双方的主观故意。

《刑参》第224号案例"胡某故意伤害案——当人身安全受到威胁后便准备防卫工具是否影响防卫性质的认定"相关论述:当人身安全受到威胁后可以准备防卫工具。行为人在人身安全受到威胁后准备工具的行为并不能说明其是为了防卫还是为了斗殴。公力救济手段毕竟有限,当其人身安全面临威胁时应当允许其作必要的防卫准备。刑法应当遵循惩恶扬善的价值取向。面对人多势众一方的恶意挑衅,事先准备防卫工具以防不测是自然的反应,对此不应有过度的苛求与限制。要注意防卫准备行为本身不能触发法律的禁止性规定,如不能非法持有枪支防身,不能采用私设电网防盗等方法。对"正在进行的不法侵害"不是等其必须达到相当的严重性时才能实施防卫。防卫人所遭受的正在进行的不法侵害的程度,不是能否进行正当防卫的前提条件而是正当防卫的限度条件。对已然开始且正在进行的不法侵害,即使其程度相当轻微,防卫人也有权采取相应的制止措施即防卫行为,此种情形不属于"事先防卫"。

《刑参》第433号案例"李某故意伤害案——为预防不法侵害而携带防范性工具能否阻挡防卫的成立"相关论述:不能因为被告人携带管制刀具是违法的就否定其行为的防卫性质。被告人为预防不法侵害的发生携带防范性刀具不能阻却其在遭遇不法侵害时运用该刀实施的防卫行为成立正当防卫。区分正当防卫和互殴的关键在于有无防卫意图,包括防卫认识和防卫目的两方面内容。防卫认识是防卫意图产生的前提,防卫目的是防卫意图的核心。对不法侵害是一般违法行为还是犯罪行为,行为人没有时间也没有义务加以判断。对不法侵害所侵害的法益的性质,行为人也无须确认。正当防卫的宗旨在于有效制止不法侵害,而不是以加害不法侵害人为目的。如果行为人以加害他人为目的,其主观意图就是非法的,当然不能成立正当防卫。斗殴双方缺乏防卫意图,都具有攻击、伤害对方的故意,都以侵害对方为目的,任何一方均不得主张正当防卫的权利。谁先动手并不能改变互殴的法律性质,只要双方都有着互相侵害对方的犯罪意图而故意互相侵害，就都不能成立正当防卫。当然，如果一方本无侵害对方的故意，完全是由于对方的不法侵害而被迫还手，则不能认定为互殴。此外，如果一方已退出互殴现场而另一方穷追不舍并加大侵害力度，对于退出一方来说，对方的攻击行为就变成了一种正在进行的不法侵害，退出一方有权实行正当防卫。互殴行为一般多具有预谋性、主动性和不法侵害性。

第二十一条 【紧急避险】

为了使国家、公共利益、本人或者他人的人身、财产和其他权利免受正在发生的危险，不得已采取的紧急避险行为，造成损害的，不负刑事责任。

紧急避险超过必要限度造成不应有的损害的，应当负刑事责任，但是应当减轻或者免除处罚。

第一款中关于避免本人危险的规定，不适用于职务上、业务上负有特定责任的人。

◆ 解读与适用

【拓展关键词】紧急避险能否成为不作为犯罪的义务来源

《刑参》第295号案例“王某破坏交通设施案——不履行因紧急避险行为引起的作为义务可以构成不作为犯罪”相关论述：在两个合法权益发生冲突又只能保存其中一个的紧急情况下，法律允许为了保护较大的权益而牺牲较小的权益。从整体上看紧急避险是有益于社会的合法行为。被告人为了保护渔船上人员的安全不得已解开航标船的缆绳致使船只漂流，这虽然会造成其他过往船舶倾覆的危险，但这种损害的权益是期待权益不是现实权益。被告人解开航标船缆绳的行为即是先行行为，该先行行为在消除自身危险的同时造成对交通设施的破坏，使其他船舶处于危险状态，此时该先行行为就引起了被告人在其正当权益得以保全的情况下负有的采取积极措施消除危险状态的作为义务。被告人有条件、有能力履行这一任务却采取放任态度，听之任之，符合刑法不作为的特征，主观上属于间接故意。虽然本案危险状态发生系由紧急避险的合法行为所引起，但本案从紧急避险行为实施完毕后到航标船复位危险状态一直持续存在，足以造成其他过往船只危险，而这种危险状态与被告人不采取任何补救措施有直接的因果关系。不作为犯罪一般要造成实际的损害后果才构成犯罪，但破坏交通设施是一种危害公共安全的犯罪，是危险犯，只要行为人的破坏行为使船只存在倾覆、毁坏等危险即可构成犯罪，实际造成的损害后果只是量刑时加重处罚的情节。先行行为是合法行为并不能免除行为人因其先行行为所引起的作为义务。

【拓展关键词】被害人过错　违法性阻却事由　被害人承诺

《刑参》第344号案例“官某故意杀人案——如何判定行为人的犯罪故意”相关论述：刑事案件中被害人过错是指被害人作出的，与被告人的犯罪行为的发生有着直接或间接的应受非难的行为。

《刑参》第556号案例“刘某故意杀人案——如何认定被害人过错”相关论述：被害人因盗窃分赃不均数次带人暴力威胁刘某索拿赃款的行为不能认定为被害人过错。刑法意义上的被害人过错是指被害人出于故意实施的违背社会伦理或违反法律的行为，侵犯了被告人的合法权利或正当利益，引发被告人实施犯罪或者激化加害行为危害程度的情形，形成条件有：(1)过错方系被害人，被告人的犯罪行为针对的必须是有过错的被害人；(2)被害人必须出于故意，单纯的过失行为或者不可归咎于被害人的其他行为不能认定为被害人过错；(3)被害人须实施了较为严重的违背社会伦理或违反法律的行为；(4)被害人的过错行为须侵犯了被告人的合法权利或者正当利益；(5)被害人的过错行为须引起被告人实施犯罪行为或激化了加害行为的程度。诸如被害人疏于防范、误入犯罪圈套等行为不属于刑法意义上的被害人过错。如果被害人的上述行为由被告人的先行侵犯行为所引起，其行为属于“以不法制不法”的，就不能简单地将该行为认定为过错行为。

《刑参》第1060号案例“周某等人组织出卖人体器官案——在获得被害人承诺的犯罪案件中，如何确定被告人的附带民事赔偿责任”相关论述：获得被害人承诺的犯罪，被害人仍可提起附带民事诉讼。有些情况下，被害人承诺因被害人不具有承诺能力或被害人所作承诺违反法律的禁止性规定及公序良俗而无效，该承诺不影响犯罪的成立。本案被告人同意摘除器官的承诺仅具有否定故意伤害罪成立的作用，对构成组织出卖人体器官罪并无实质影响。

《刑参》第1368号案例“余某故意伤害案——被害人过错的认定标准”相关论述：刑法意义上的被害人过错是指被害人出于主观上的过错实施了错误或不当的行为，且该行为违背了法律或者社会公序良俗、伦理规范等，侵犯了被告人的合法权益或者其他正当权益，客观上激发了犯罪行为的发生。刑法意义上的被害人过错应具备以下条件：（1）过错行为实施者是被害人。（2）被害人实施的行为应当受到社会的否定评价，同时这种应受谴责性应当达到一定的程度。（3）被害人主观上具有过错。（4）过错行为与犯罪行为的发生之间具有关联性。

第二节　犯罪的预备、未遂和中止

第二十二条　【犯罪预备】

为了犯罪，准备工具、制造条件的，是犯罪预备。

对于预备犯，可以比照既遂犯从轻、减轻处罚或者免除处罚。

◆ 解读与适用

【拓展关键词】犯罪预备与犯意表示、犯罪未遂辨析

《刑参》第139号案例“黄某等抢劫（预备）案——犯罪预备如何认定及处理”相关论述：预备犯具有犯罪的目的性，这是预备犯在一定条件下要承担刑事责任的主观根据。行为人必须实施了准备工具或制造条件的行为，这是区别犯罪预备与犯意表示的根本所在。是否已经着手实行犯罪是犯罪预备和犯罪未遂的本质区别。由于各罪的实行行为千差万别，各罪的“着手”也各有不同。两被告人虽与欲抢劫的对象同在一车并具有随时实行抢劫犯罪的条件和可能，但其毕竟尚未开始实施暴力、威胁等行为，被告人的行为仍停留在预备阶段，还不是抢劫罪的着手。未着手实行犯罪是否由于行为人意志以外的原因，这是犯罪预备与犯罪预备阶段的犯罪中止的根本区别。被告人出于抢劫出租车的目的，共同策划，准备刀、绳等凶器，选定抢劫对象，并将出租车诱骗至既定路线，但这只是为了抢劫准备工具和制造条件。被告人未着手实施抢劫行为，并非是他们自动放弃而是他们一直觉得时机不成熟的缘故，该行为最终因司机警觉报案被迫停顿在犯罪的预备阶段，行为人属于预备犯。预备犯如何处理，总体来说要看其预备行为的社会危害性程度。

《刑参》第467号案例“张某等抢劫案——如何正确认定犯罪预备”相关论述：犯意表示与犯罪预备的本质区别在于犯罪预备是对实行犯罪起促进作用的行为，也就是有实现其犯罪故意的行为，而犯意表示行为只是单纯流露犯意，不是实现犯意的具体行为，没有对法益构成现实威胁。因此，犯意表示并不是我国刑法所规定的可以构成犯罪的“危害社会的行为”。禁止重复评价原则是指在定罪量刑时禁止对同一犯罪构成事实予以两次或两次以上的法律评价。如果同一行为既为抢劫犯罪的预备行为又为强奸犯罪的预备行为，则不能被抢劫、强奸的犯罪构成所同时评价，即行为人不能同时成立抢劫罪(预备)和强奸罪(预备)，而应按照择一重罪的原则定罪处罚。

《刑参》第1424号案例“董某故意毁坏财物案——后罪的预备行为发生在前罪的缓刑考验期内、实行行为发生在缓刑考验期满后，应否撤销缓刑将前后罪并罚”相关论述：故意犯罪既存在犯罪形态也存在犯罪阶段。故意犯罪行为是一个过程，由相互连接的预备阶段与实行阶段组成。前者是为后者做准备的阶段，后者是前者的发展。处在预备阶段的行为是预备行为，处在实行阶段的行为是实行行为。犯罪行为与犯罪阶段相互依存，相互制约。在预备阶段只能出现犯罪预备与中止形态，在实行阶段只能出现犯罪未遂、中止与既遂形态。犯罪形态与犯罪阶段又相互区别。前者是静止的行为形态，后者是动态的发展过程。前者没有先后连续性，后者具有连续性。一个故意犯罪行为不可能出现几种犯罪形态，但可能经过几个阶段。

第二十三条 【犯罪未遂】

已经着手实行犯罪，由于犯罪分子意志以外的原因而未得逞的，是犯罪未遂。

对于未遂犯，可以比照既遂犯从轻或者减轻处罚。

◆ 解读与适用

【拓展关键词】未得逞　认识错误与犯罪停止形态　对象不能犯

既然要求“未得逞”，就不能完全离开行为人的主观心理态度确定“未得逞”的含义。“未得逞”实际上意味着行为人已经开始实施可能导致得逞的行为。①

“未得逞”既不为违法性提供根据，也不为有责性提供根据，只是未遂犯与既遂犯相区别的要素。在不能查明行为是否造成了法益侵害后果时，必须将“未得逞”作为未遂犯的表面的构成要件要素，即已经着手实行犯罪，由于犯罪分子意志以外的原因没有既遂的，就可以认定为犯罪未遂。②

《刑参》第37号案例“胡某等故意杀人，运输毒品(未遂)案——误认为尸块为毒品予以运输的行为如何定罪处刑”相关论述：对象不能犯是事实认识错误的一种。不能犯分绝对不能犯与相对不能犯。绝对不能犯是指行为人出于极端迷信、愚昧无知而采取没有任何客观根据、在任何情况下都不可能产生实际危害结果的手段、方法企图实现其犯罪意图的情况。相对不能犯是指行为人在对自己行为的性质及实现行为目的的方法、手段和性质没有发生错误认识的前提下，由于疏忽大意等心理状态对实施犯罪的工具或手段产生了误认，以致实际上不可能实现犯罪意图。例如误把白糖当砒霜毒人等。前者意欲实施的行为与其实际实施的行为是一致的，但因因果关系建立在反科学的基础之上，故任何情况下都不会引发危害结果。后者所认识到的因果关系是真实的，有科学依据的，只是因偶然的情形未能造成犯罪结果，否则其使用的手段或工具就能合乎规律地引起危害结果的发生，实现其犯罪目的。刑法理论一般认为，绝对不能犯不构成犯罪而相对不能犯构成犯罪未遂。因对象不能犯形成的犯罪未遂可以从轻处罚。

---

① 参见张明楷：《刑法分则的解释原理》，中国人民大学出版社2004年版，第483页。

② 参见张明楷：《犯罪构成体系与构成要件要素》，北京大学出版社2010年版，第276页。

《刑参》第296号案例"曾某、黄某保险诈骗、故意伤害案——保险诈骗罪主体、犯罪形态的认定"相关论述：保险诈骗罪是结果犯，结果犯是仅就犯罪既遂标准而言的。我国对未遂犯的处置原则是一般需要定罪处罚，只不过可以比照既遂犯从轻或者减轻处罚。

《刑参》第795号案例"陈某盗窃案——窃取公司提供充值服务的密保卡数据，并进行非法充值，使公司QQ密保卡对应的等值服务资费遭受损失的，是否构成盗窃罪？如何确定该类行为的盗窃数额"相关论述：一个犯罪行为既遂之后就不可能再存在预备、中止、未遂等犯罪形态更不可能出现部分行为既遂、部分行为未遂的情况。既然犯罪行为已经既遂，那么行为人事后对赃物的处置以及被害人事后为防止损失扩大而采取的止损措施都是犯罪实施后的行为，对盗窃行为人的犯罪停止形态不构成任何影响。

《刑参》第835号案例"王某、刘某拐卖儿童案——出卖亲生子女的行为如何定性"相关论述：出卖亲生子女的行为应当构成拐卖儿童罪。所谓的收养方实际上是打拐志愿者，收养人在与二被告人约定好见面时间和地点后即报警并协助抓捕被告人，致使被告人在等待买主时被公安人员当场抓获，所以二被告人的犯罪行为客观上不具备既遂的条件，应当认定为犯罪未遂。本案中的收养人对刘某进行了引诱但这属于机会提供型引诱，即被诱惑者已有犯罪倾向，诱惑者只是为其实现犯罪意图提供了机会并且这种做法并非针对特定人，该引诱情节并不影响刘某构成拐卖儿童罪。

《刑参》第964号案例"郭某故意杀人案——如何认定故意杀人未遂情形下行为人的主观心态"相关论述：对于行为人的主观故意内容，必须将行为人置于行为实施时的特定情境中，综合各种情节要素进行认定。主观内容包含认识因素和意志因素两个方面。前者体现行为人对行为结果的预见情况，后者体现行为人对该结果所持态度。主观故意内容只有外化为行为人具体的外在行为才具有刑法评价的意义。本案属于典型的事实认识错误，属于因果关系的认识错误，即特定的犯罪结果未发生而行为人误以为已经发生，从而停止犯罪活动。判断"意志以外的原因"不要求该原因客观上足以阻止犯罪结果发生，而应当以行为人主观感受为标准。尽管本案被告人客观上本可继续实施导致死亡结果发生的杀人行为，但其因认识错误而"放弃"犯罪，符合犯罪实行终了的未遂。

【拓展关键词】数额犯中既遂　未遂并存时的量刑问题

在数额犯中，犯罪既遂部分与未遂部分分别对应不同法定刑幅度的，应当先决定对未遂部分是否减轻处罚，确定未遂部分对应的法定刑幅度，再与既遂部分对应的法定刑幅度进行比较，选择适用处罚较重的法定刑幅度，并酌情从重处罚。二者在同一量刑幅度的，以犯罪既遂酌情从重处罚。①

《刑参》第1020号案例"王某合同诈骗案——在数额犯中，行为既遂部分与未遂部分并存且分别构成犯罪的，如何准确量刑"相关论述：对《刑法》第23条第2款，不能仅仅理解为对全案适用的未遂量刑情节，还有必要理解为确定未遂部分法定刑幅度的原则。既、未遂并存且分别构成犯罪的应当贯彻择一重处的原则，不能以犯罪总数额或者一概以既遂数额确定法定刑幅度。根据犯罪形态的一般理论，在既、未遂并存且既遂部分构成犯罪的情况下，由于部分行为已经既遂且构成犯罪，整个犯罪就已经既遂，就不存在未遂的问题。为了解决实践中存在的部分行为已经既遂且既遂部分已经达到定罪数额标准，仅因存在未遂部分又认定整个犯罪属于未遂的理论困境，同时避免因对全案运用部分行为未遂情节减轻处罚导致量刑畸轻的问题，司法解释确定了不以既未遂累计的犯罪总数额确定法定刑幅度而对既遂部分和未遂部分分别对应的法定刑幅度择一重处的处理原则，具体分以下几种情况：(1)全案只有既遂或者只有未遂的，确定法定刑幅度的数额与全案犯罪总数额是一致的。(2)既、未遂并存但只有一者符合定罪条件的，这种情况下不单独构成的既遂部

---

① 参见王某合同诈骗案，最高人民法院指导案例62号（最高人民法院审判委员会讨论通过，2016年6月30日发布）。

分或者未遂部分并不存在确定法定刑幅度的问题。确定法定刑幅度的数额为单独构罪的既遂数额或者未遂数额，与既、未遂累计的全案犯罪总数额不一致。(3)既、未遂并存二者均单独符合定罪条件的，这种情况下，既遂部分与未遂部分均对应相应的法定刑幅度，全案的法定刑幅度根据二者对应的法定刑幅度较重的确定。确定全案适用的法定刑幅度的数额并非全案犯罪总数额。(4)既、未遂并存，均未单独构罪但总数额符合定罪条件的。这时根据既、未遂累计的犯罪总数额确定全案适用的法定刑幅度，并认定全案具有未遂情节。犯罪总数额与确定法定刑幅度的数额是一致的。但这种处理方式仅适用于解决既、未遂均不构罪但总数额构罪的入罪问题，如果未遂部分已经达到第二刑档，则依据第二种处理原则处理。对于未遂部分，先进行是否减轻处罚的评价，确定未遂部分对应的法定刑幅度，再与既遂部分比较确定全案适用的法定刑幅度，将未作评价的既遂数额或者未遂数额在量刑时予以考虑。未遂部分对应的法定刑幅度重于既遂部分对应的法定刑幅度的，应当允许减轻处罚，否则在既遂部分与未遂部分分别对应的法定刑幅度差别较大的情况下将导致量刑畸重。在对未遂部分与既遂部分对应的法定刑幅度进行比较时先行就未遂部分考虑是否减轻处罚，有利于发挥既遂部分对未遂部分从宽幅度过大的限制功能，避免量刑畸轻的现象。

【拓展关键词】行为犯的未遂形态

《刑参》第1415号案例“王某等销售假药案——未及销售的假药应否计入销售金额及其犯罪形态的认定”相关论述：《刑法修正案(八)》将销售假药罪从具体危险犯修改为行为犯。假药未及销售时成立犯罪既遂、未遂还是预备的争议点在于行为犯是否存在犯罪未遂。行为犯以法定的犯罪行为是否完成作为犯罪是否既遂的标志。而行为完成与否的判断应紧密结合犯罪构成要件，以对法益的侵害是否实现为标准。这种法益侵害的实现有一定的过程，且要达到一定的程度才能过渡到既遂形态，并非一着手即能完成。在这个过程中，完全可能出现因各种情况而停止的情形。因此，行为犯也存在预备、未遂、中止的停止形态。对未完成法定的犯罪行为或者实行行为未达到一定程度的情形，应认定为犯罪未遂。

第二十四条　【犯罪中止】

在犯罪过程中，自动放弃犯罪或者自动有效地防止犯罪结果发生的，是犯罪中止。

对于中止犯，没有造成损害的，应当免除处罚；造成损害的，应当减轻处罚。

◆ 解读与适用

【拓展关键词】犯意表示、犯罪预备、犯罪未遂、犯罪中止的构成与辨析

《刑参》第125号案例“张某等强奸、强制猥亵妇女案——如何认定共同犯罪的中止”相关论述：强奸罪构成要件的既遂标准是插入说，而不是性满足说。所以，即使被告人中途发现被害人有经血后暂停了奸淫行为，其强奸既遂仍然成立。

《刑参》第570号案例“白某、肖某绑架案——绑架罪未完成形态的区分”相关论述：是否着手犯罪是区分犯罪实行前阶段和实行阶段的标准。已经着手实行犯罪是指被告人已经开始实施《刑法》分则规定的具体犯罪构成要件的行为，这种行为已经使刑法所保护的具体法益初步受到危害或者面临实际的威胁。接近犯罪对象的行为是很多犯罪的共性行为，应属于创造便利条件的预备行为。绑架罪中只要行为人实施了劫持人质的行为，就属于犯罪着手。劫持的方式一般表现为暴力、胁迫以及其他剥夺自由的手段。凡是为劫持人质创造条件的行为均属于绑架罪的预备行为，而不应当将其认定为实行行为。本案行为人将被害人骗至某地挟持中的欺骗行为尚不属于劫持行为。是否具有停止犯罪的“主动性”是区分犯罪预备与犯罪中止的标准。虽然客观上不存在犯罪的障碍,但是被告人误认为存在犯罪的障碍,认为犯罪不可能继续进行,在这种情况下停止犯罪的,被告人不具有停止犯罪的主动性。若其因为认识错误而认为存在继续进行犯罪的障碍,存在被当场抓获的现实危险,此时这种认识错误本身就是一个客观存在的障碍,且这种障碍是重大的,足以打破2被告人的犯罪计划使犯罪无法继续,这正是“意志以外的原因”迫使被告人停止了犯罪,属于犯罪预备。

《刑参》第601号案例“朱某强奸、故意杀人案——中止犯罪中‘损害’认定”相关论述:被告人故意杀人的中止行为没有对被害人造成刑法意义上的损害,依法应当免予刑事处罚。那些情节显著轻微、危害不大的行为,不能被认定为犯罪,自然也谈不上中止的问题。这是确立中止犯惩罚标准“损害”的基本点,造成“损害”是建立在犯罪成立评价前提下的,不能等同于一般意义上的损伤。从质的方面来说,损害是指犯罪行为对犯罪对象造成的破坏,根据犯罪对象不同可以分为物质性损害和非物质性损害。从量的方面来说,损害是为刑法所评价的达到一定严重社会危害程度的后果,而不是一般意义上的损伤,否则将存在刑法对中止犯的评价比既遂犯更严苛的可能。虽然被告人的故意杀人行为客观上给被害人造成勒痕等轻微伤结果,但刑法对侵犯公民人身权利犯罪追究刑事责任的损害结果要求至少达到轻伤标准,应对故意杀人犯罪中止的损害进行相应的要求,不能将上述损伤认定为故意杀人罪犯罪中止所造成损害。

《刑参》第611号案例“李某抢劫、故意杀人案——对既具有自动性又具有被迫性的放弃重复侵害行为,能否认定犯罪中止”相关论述:放弃重复侵害行为并不必然属于犯罪中止,要客观判断其究竟是以自动性为主还是以被迫性为主。

《刑参》第649号案例“詹某等诈骗案——利用手机群发诈骗短信,后因逃避侦查丢弃银行卡而未取出卡内他人所汇款项,能否认定为诈骗罪的未遂形态”相关论述:对犯罪既遂标准采“失控+控制”说,不仅要求被害人基于错误认识交付财物,而且该财物应为行为人所占有。本案中,行为人为逃避侦查丢弃银行卡后已无法通过银行卡来实现对被害人财物的控制,故应认定为犯罪未遂。银行卡同时具有易查控的风险,行为人为逃避侦查一般在占有钱款后即将卡弃用,这种放弃形式上是自动丢弃,主观上是被动放弃。虽行为人丢弃了银行卡,但这并未自动有效地防止犯罪结果的发生,如确认其行为是犯罪中止,则忽略了其行为造成的被害人对财物的失控及动用公权力的司法成本后果,不利于惩治犯罪。

第三节　共同犯罪

第二十五条　【共同犯罪的概念】

共同犯罪是指二人以上共同故意犯罪。

二人以上共同过失犯罪,不以共同犯罪论处;应当负刑事责任的,按照他们所犯的罪分别处罚。

◆ 解读与适用

【拓展关键词】对向犯

原则上只有同向行为才能成立共同犯罪,对向行为只有在《刑法》分则有明文规定的情况下,才成立共同犯罪。对购买伪造的居民身份证的行为，不宜认定为犯罪。不能将购买者认定为从犯或者帮助犯。但如果购买者唆使原本没有贩卖意图的人贩卖，则其可能成立教唆犯。购买淫秽物品、购买不符合标准的医用器材等行为充其量只是销售的对向行为。当《刑法》分则条文对多众犯只处罚部分行为人时，对没有规定的其他人也不能根据总则的规定科处刑罚。例如《刑法》规定的聚众犯罪和集团犯罪等，有的条文只规定首要分子和积极参加者的法定刑，不能根据总则的规定处罚其他参与行为。① 实务中有法院认为，行为人提供本人照片及相关信息给非法办证人员，是伪造证件的犯意提起者，且已经与非法办证人员形成了伪造证件的共同故意，为伪造证件提供了积极的帮助，后来还购买了假证，其行为已分别构成伪造国家机关证件罪、伪造居民身份证罪；行为人所实施的诈骗及伪造行为，均为行为人在独立犯意支配下所实施的犯罪行为，依法分别构成诈骗罪、伪造国家机关证件罪、伪造居民身份证罪，应数罪并罚。②

【拓展关键词】同时犯　事中共犯　间接正犯　片面共犯

共同犯罪的故意，是指各共同犯罪人通过意思联络，知道自己是和他人配合共同实施犯罪，认识到共同犯罪行为的性质以及该行为所导致的危害社会的结果，并且希望或者放任这种结果的发生。如果行为人并不了解他人真正的犯罪意图，不清楚他人所实施的犯罪行为的性质，而是被他人蒙骗或者出于自己的错误认识，在错误理解犯罪性质的情况下参与他人实施的犯罪，则不能认定该行为人与他人实施了共同犯罪，而应当依据该行为人的犯罪实际情况，按照主客观一致的原则正确定罪处罚。本案被告人燕某某、刘某等未参与绑架犯罪共谋，系受袁某某纠集，出于帮助他人索取债务的目的参与本案犯罪，具体实施了非法扣押、拘禁他人的行为，其行为构成非法拘禁罪。③

《刑参》第 115 号案例“陈某等销售伪劣产品案——销售假冒他人注册商标的产品行为如何定性”相关论述：雇佣关系在民事责任上具有可替代性。但在刑事法律关系中，由于犯罪行为被认为是对国家和社会利益的侵犯，只要行为人具有主观故意和客观侵害行为，其刑事责任就不能被排斥。被雇佣人在雇佣人指使下实行的故意犯罪行为不具有刑事免责性，除非被雇佣人不明知其行为的违法性。帮助犯只要明知实行犯实施犯罪行为仍帮助其实施就构成共同犯罪。

《刑参》第 121 号案例“徐某、罗某贪污案——在国有企业改制中隐瞒资产真实情况造成巨额国有资产损失的行为如何处理”相关论述：认定共同故意时不需要证明共犯之间有积极的共谋行为。两被告人在隐瞒真相的前提下缴清国资款，并共同积极办理资产转移手续，足以表明其具有非法占有的共同故意。

《刑参》第 143 号案例“韩俊某、付某、韩某生生产伪劣产品案——为他人加工伪劣产品的行为如何定罪处罚”相关论述：3 被告人与崔某等人在销售故意的具体内容上存在不同。后者出于销售牟利目的，而前者不具有该目的，仅仅是加工取酬。这种目的的不同决定了本案 3 被告人对销售行为所持的是一种不同于崔某等人的放任的态度。对于行为人这种主观意志、目的不同的情形，能够认定其具有共同犯罪的故意。共同犯罪故意并不要求各共同犯罪人在故意内容上完全一致。认定共同犯罪故意的关键在于各共同犯罪人是否均出于故意，并且彼此之间是否存在犯意联络，对具体犯罪故意的内容及犯意联络的内容则不要求保持一致。也就是说，在有认识的前提下，在具体犯罪的内容以及犯意联络的故意内容上，各共同犯罪人既可以是“希望”的也可以是“放任”的，既可以是出于这种目的也可以是出于那种目的，均不影响共同犯罪故意的认定。

---

① 参见张明楷：《刑法分则的解释原理》，中国人民大学出版社 2004 年版，第 58 页。

② 王某犯伪造国家机关证件、伪造居民身份证罪、诈骗罪案，广东省广州市中级人民法院刑事裁定书（2014）穗中法刑一终字第 255 号。

③ 参见李某、袁某京等绑架案，载《最高人民法院公报》2008 年第 8 期。

《刑参》第 165 号案例“鞠某、张某等生产、销售伪劣产品案——生产、销售假药行为的定罪量刑”相关论述：无论是在单一罪名还是在选择性罪名中，并不要求每个被告人全部实施构成要件行为，其实施的构成犯罪的部分行为乃至帮助行为等，同样构成共同犯罪行为。共同犯罪中各个共同犯罪人具体分取的数额只对量刑有意义，而定罪需以全部犯罪数额为准。

《刑参》第 168 号案例“刘某、王某、庄某金融凭证诈骗案——犯罪故意内容不一致的能否构成共同犯罪”相关论述：各共同犯罪人之间的犯意联络及对行为危害结果的预见是构成共同犯罪故意的实质性内容，其对危害结果的态度有希望或者放任两种不同形式。也就是说，在共同犯罪故意的认定中，并不要求各共同犯罪人的犯罪故意内容完全一致也并不要求各个共同犯罪人分别独自具备某具体犯罪的主观要件的全部内容，如特定目的等，而只以各共同犯罪人的犯意相互连接、共同形成某一具体犯罪的主观要件整体为满足。实际上，各个共同犯罪人由于其地位、角色的不同，他们的犯罪故意内容往往有所不同。对于帮助故意的认定，只要求证明帮助犯明知他人将要实行犯罪并积极提供帮助、创造条件即可，至于其有无特定的犯罪目的、犯罪结果是否其所积极追求的均不影响帮助故意的认定。

《刑参》第 225 号案例“杨某等故意伤害案——寻衅滋事随意殴打他人致人重伤、死亡的应如何定罪”相关论述：2 人以上共同寻衅滋事随意殴打他人致人重伤或死亡的，对直接致人重伤、死亡的行为人，应以故意伤害罪或者故意杀人罪论处，对其他参与殴打的人应具体案情具体分析。参与共同殴打行为本身，仅表明他们具有明确的共同寻衅滋事的故意，尚不能充分肯定他们就一定具有共同伤害的故意。判断他们是否具有共同伤害的故意，关键是要看各行为人之间在共同殴打过程中所形成的临时共同故意中是否包含伤害的内容以及他们各自的行为与被害人的重伤、死亡是否具有相当的因果关系。如果这两方面的条件都满足，就应当以故意伤害罪的共犯论处，反之就只应以寻衅滋事罪论处。没有特定的共同故意内容，就不可能形成该故意内容的共同犯罪。

《刑参》第 254 号案例“冉某超等故意杀人、包庇案——如何理解和认定事前同谋的共同犯罪”相关论述：根据共同犯罪故意形成的时间，将共同犯罪分为事前同谋的共同犯罪与事前无同谋的共同犯罪。事前就是在着手实行犯罪以前。同谋是指为犯罪而同谋共议。窝藏、包庇犯罪中的事前，应当理解为被窝藏、包庇的犯罪人实行犯罪之前，而不是实施窝藏、包庇行为之前。共同犯罪的意思联络是相互的和双向的。如果行为人仅仅认识到自己在实施犯罪，而没有认识到其他人在配合其实施犯罪，或者行为人虽然认识到他人在实施犯罪，但自己并未以其言行向其他犯罪人表明自己决意参与该犯罪，那么不构成共同犯罪。冉某超未表明自己的态度并不等于其已经同意并支持冉某成报复被害人。以冉某超未表明态度的事实来推定其已默许了冉某成的报复念头是不恰当的。冉某成向冉某超流露犯意，而冉某超对此未置可否，这表明冉某超未将是否支持的意思反馈给对方，没有犯意回应。这种单向的犯意流露不能称为两者之间的沟通谋划，没有形成犯罪合意，不属于“事先同谋”。

《刑参》第 374 号案例“吕某等运输毒品案——如何准确区分共犯和同时犯”相关论述：二被告人虽然主观上都有运输毒品的故意，客观上也乘坐同一趟列车运输毒品，但 2 被告人是各自出资购买和运输毒品，即使存在替垫资买毒，也应视为各自买毒。二被告人的运输行为所指向的目标为各自所携带的毒品，毒品运回后 2 被告人各自携带毒品回家，犯罪目标不具有同一性，也没有证据证实 2 被告人在运输毒品过程中实施了相互掩护、协作等配合行为，车费及路上花销也是各自负责。犯罪目的的同一性及在实施犯罪过程中相互配合是共同犯罪的重要特征。

《刑参》第 495 号案例“谭某等强奸、抢劫、盗窃案——强迫他人性交、猥亵供其观看的行为如何定性”相关论述：共同犯罪的实行犯有两种，一种是直接实行犯，另一种是将他人作为犯罪工具实行犯罪行为的间接实行犯。行为人虽然没有亲自实施强奸、猥亵行为，但其强迫他人实施上述行为，实际上是将无犯罪意图的人作为犯罪工具实施了其本人意欲实施的犯罪行为，属于间接实行犯，应当按照实行正犯来处理。蒙某在生命受到现实威胁的情况下，被迫与他人性交的行为，系紧急避险，不构成犯罪。

《刑参》第 571 号案例“李某、袁某、胡某等绑架、非法拘禁、敲诈勒索案——帮人‘讨债’参与绑架，与人质谈好‘报酬’后将其释放，事后索要‘报酬’的如何定罪处罚”相关论述：误以为索要债务而实施了帮助他人绑架人质的行为，行为人主观上没有绑架的犯罪故意，应当以非法拘禁罪定罪处罚。对于 2 人以上共同故意实施的犯罪行为，如果行为人的主观故意内容不属于同一个犯罪构成，则不成立共犯。

《刑参》第 388 号案例“于某等故意杀人案——受杀人犯指使将可能的目击证人带离现场能否构成共犯”相关论述：共同犯罪故意是指共同犯罪人通过意思联络，认识到他们共同的犯罪行为会发生危害社会的结果，并决意共同实施犯罪，希望或放任该结果发生的心理态度。“共同”不仅有“相同”的含义而且有“合意”的含义。直接故意和间接故意，实行犯和帮助犯都可以构成共同犯罪。复杂共同行为是指行为具有明确的分工，每一个行为主体的单独行为并不完全具备完整的行为结构，甚至并不属于犯罪构成要件的行为，但经过组合后，整体的行为不仅能够全面满足具体的行为要件，并且成为危害结果的合一原因的共同行为。

《刑参》第 633 号案例“焦某根、焦某林故意杀人案——以欺骗手段诱使他人产生犯意，并创造犯罪条件的，构成共同犯罪”相关论述：“共同故意”意味着各行为人都明知共同犯罪行为的性质、危害结果，并且希望或者放任危害结果的发生，其也要求行为人主观上都有意思联络，都认识到自己不是独立地实施犯罪，而是同他人一起共同犯罪。至于各行为人的犯罪动机是否一致，并不影响共同犯罪的成立。“共同行为”不仅指各行为人都实施了属于同一犯罪构成的行为，而且指各行为人的行为在共同故意支配下相互配合、相互协调、相互补充，形成一个整体。焦某林虽然没有直接动手实施杀人行为，但其在诱使、刺激焦某根形成故意杀人犯意后，将被害人骗至山场，并故意与被害人谈论购买山场之事，使被害人成为焦某根杀害的对象，客观上为焦某根杀害被害人创造了必不可少的条件，这是一种教唆且重要的帮助行为。被告人焦某林不属于间接正犯或者片面共犯。间接正犯的本质是将他人作为工具来实现自己的犯罪意图，而被利用者通常缺乏刑事责任能力或者犯罪故意，故利用者与被利用者之间不构成共同犯罪。如果被利用者具有自由意志，不完全属于犯罪工具，利用者和被利用者之间可以形成共犯关系，不能认定利用者属于间接正犯。片面共犯中一方没有认识到有他人和自己共同犯罪，故片面共犯不属于共同犯罪。焦某根虽不明知自己系被利用，但很清楚焦某林将买山场的人带上山来，就是为了让其实施杀人行为，故二被告人之间存在共同犯罪故意，焦某林不属于片面共犯。焦某林对焦某根的杀人行为并不具有明显的控制力，应认定焦某根的罪责大于焦某林，核准焦某根死刑。

《刑参》第 658 号案例“刘正某、刘海某强奸案——欠缺犯意联络和协同行为的同时犯罪不能认定为共同犯罪”相关论述：各行为人为共同实现预期的犯罪目的，基于犯意联络通过相互协作和配合实施特定的犯罪行为，才成立共同犯罪。各行为人的协同犯罪行为彼此联系、相互配合作为一个有机统一的整体，与犯罪结果之间均存在刑法上的因果关系，这也是整体论哲学理念下共犯的归责基础。

《刑参》第 792 号案例“苑某、李某等绑架、强奸案——行为人实施强奸行为完毕离开现场后，其他帮助犯起意并对同一被害人实施轮奸行为的，能否认定该行为人构成轮奸”相关论述：对共同犯罪故意的认定需要关注以下两方面的内容，一是共同犯罪故意的认识因素和意志因素；二是共同犯罪行为人之间的犯意联络。共同犯罪行为人之间的犯意联络是指各行为人关于相互协同实施特定犯罪行为的意思沟通，这种意思沟通可以采用明示或者默示的方式进行。被告人苑某民为李某实施强奸提供帮助，其已经构成强奸罪的共犯，之后其又单独实施强奸行为，完全符合轮奸的认定条件。

《刑参》第 1074 号案例“杨某销售假药案——联系制作假药销售网站的行为是否构成生产、销售假药罪的共犯”相关论述：生产、销售假药罪中的“主观明知”既包括有证据证明行为人知道生产、销售的是假药也包括有证据证明行为人应当知道生产、销售的是假药。一切有偿提供假药的行为,都是销售假药的行为。本案中,被告人明知杨某等人制作假药仍然联系制作企业宣传网站,这应当被认定为借助互联网为销售假药提供广告宣传的行为,行为人构成销售假药罪的共同犯罪。

【拓展关键词】实行过限

《刑参》第 189 号案例"郭某等抢劫案——在共同抢劫中,部分行为人引起的致人重伤、死亡后果,其余未在场的行为人应否对此后果承担责任"相关论述:被告人虽未实施持刀杀害行为,但因抢劫罪所侵犯的系双重客体,其他共同犯罪人所致使的被害人死亡后果并未超出其主观认识范围,故其同样应承担致人死亡后果的刑事责任。实行过限指的是实行犯实施了超出共同犯罪故意的行为,因没有犯罪的共同故意,故未参与实行过限行为的其他共同犯罪人无须就过限行为承担刑事责任。客观方面,过限行为必须是独立于共同犯罪行为之外的行为。过限行为与共同犯罪必须是两个分别受到刑法评价,在法律上具有独立意义的行为。内含于共同犯罪行为之中或者仅仅表现为共同犯罪行为的具体行为方式的行为,不得视为过限行为。主观方面,过限行为必须是共同犯罪故意之外的行为。即使某一实行犯临时起意实施了超出预谋范围的行为,但其他共同犯罪人可以预见或者知悉、了解而未加以阻止的,因其主观上系一种认可的态度,故也需承担责任。共同犯罪行为所造成的过失后果,不存在实行过限。因为该过失后果是从属于共同犯罪行为的,只具有量刑上的意义而无定罪上的意义。具体到共同抢劫犯罪,各共同犯罪人应对其他共同犯罪人的暴力行为所造成的人身伤亡这一加重结果承担刑事责任。抢劫罪中的暴力伤害行为不是一个独立行为,不具备适用实行过限的前提条件。抢劫罪本身就蕴含暴力伤害或者暴力威胁的故意。在共同抢劫犯罪中,即使部分行为人不希望使用暴力,但其对其他共同犯罪人可能使用暴力应当是有预见并予以认可的,这也是抢劫罪与非暴力性财产犯罪的一个重要不同。因此,要求抢劫犯罪的共同犯罪人共同对其他共同犯罪人使用暴力造成的伤亡后果承担责任,并不违背主、客观一致原则。

《刑参》第 566 号案例"卜某、郭某故意杀人、抢劫案——共同抢劫中故意杀人案件的认定和处理"相关论述:各共同犯罪人对所要共同实施的犯罪行为很难有绝对同一的认识,因此,在判断共同犯罪故意的界限时不能过于拘泥与教条。通常来说,只要故意指向的行为性质没有发生质的改变就可以认定行为没有超出共同犯罪故意的范围。部分共同犯罪人主观上的犯意超出与共同犯罪的犯意转化不同,后者是指所有共同犯罪人在新的犯意基础上达成合意,改变原来谋议的内容。共同犯罪的犯意转化不影响共同犯罪的成立。各共同犯罪人在新的犯意基础上成立共同犯罪。郭某对杀害被害人明确表示否定。尽管郭某预先知晓卜某意欲抢劫后杀人灭口,但卜某系在其不在场的情况下独立实施了杀人行为,郭某完全没有参与实施,可谓对被害人的死亡不知情。卜某超出共同犯罪故意之外独立实施的杀人行为,构成实行过限。假设郭某在现场旁观,容忍卜某的杀人行为,也应认定其为杀人罪的共犯。

《刑参》第 740 号案例"陈某抢劫、刘某等人盗窃案——共同盗窃犯罪中转化型抢劫罪的认定"相关论述:个别行为人在未与其他人事先约定的情形下,临时决定采取的暴力威胁手段,属于实行过限,不能认定符合其他人的意志。即使把事后分赃的行为理解为追认,但其他人客观上并没有参与实施过限行为,其事后追认与危害结果之间没有因果关系,若对其按共犯处理则违背主客观一致原则,属于主观归罪。其他人发现个别人采取暴力威胁行为抗拒抓捕后,仍停留现场继续参与盗窃等犯罪的,尽管其他人没有实施暴力威胁行为,但其行为表明其原有盗窃犯意已经发生了改变,彼此之间形成了新的抢劫犯意。在共同犯罪中,各共犯的犯意和行为之间存在一种动态的联络和相互作用,一人临时改变行为,其他犯罪人随即表明自己的态度,共同犯罪人在最初共同犯意的基础上经过调整,例如默认、放任或追加同意而达成新的一致。如果其他犯罪人发现过限行为之后随即明确表示反对或阻止则没有形成新的犯意。其他人发现个别人采取暴力威胁手段抗拒抓捕后未予制止便逃离现场的,主观上对个别人的过限行为并未给予追加认同,客观上对过限行为亦未产生精神支持或鼓励,故对逃离现场的人不能认定为转化型抢劫。

《刑参》第1214号案例"翟某、杨某等盗窃、抢劫案——共同预谋并实施盗窃后离开,对同伙的二次盗窃行为是否担责"相关论述:本案中,被告人杨某参与共谋盗窃后仅参与了第一次盗窃行为未直接参与第二次盗窃行为,而第二次盗窃行为却是在其提议下形成的盗窃共同故意内容之下的犯罪行为。因此,杨某对第二次盗窃行为属于共谋共同正犯。杨某应当对同案被告人的第二次盗窃行为负刑事责任,理由如下:(1)被告人杨某主观上对实施盗窃犯罪具有概括故意且同案被告人的盗窃行为在其策划的共同故意范围内。盗窃的具体数量、财物总价值是难以事先确定的,即杨某具有对危害结果的范围认识不明确的概括故意。换言之,杨某在主观上对第二次盗窃行为是一种放任的心态,属于间接故意。(2)行为人积极参与销赃表明其主观上具有强烈的非法占有该部分财物的意图并积极追求该非法利益。积极参与销赃系对全部盗窃活动的一种事后追认,即该行为后果的发生不但不违背其主观意愿反而得到其默认。除非其在第一次盗窃后明确提出不再盗窃,那么其犯罪数额仅以第一次盗窃已经得手的财物为限。但是,对第二次盗窃行为,杨某不仅没有排斥之意反而在第二次盗窃得手后负责联系销赃,使盗窃的利益目的得以实现。因此,杨某对翟某等人的第二次盗窃行为虽没有明确、具体的认识,但该盗窃行为完全包含在其实施盗窃的概括故意之中,而非实行过限行为。

《形参》第1439号案例"徐某诈骗案——间接正犯是否存在实行行为过限"相关论述:在具体行为实施者不承担刑事责任的情况下,间接正犯要对实施者的行为所造成的犯罪结果承担刑事责任。张某等人具体收取学费的行为是没有犯罪意图的行为,不构成徐某诈骗罪的共同犯罪人,徐某单独构成诈骗罪。实行行为过限不仅仅局限于行为性质的过限,也包括数额的过限。张某等人单独"加码"额外获利的行为超出了徐某的授意范围,而且多收取的财物也没有交给徐某,徐某对此毫不知情,属于实行过限中数额过限的情形。根据主客观相一致的原则,徐某不应对张某等人超出其授意范围获得的财物承担刑事责任。

【拓展关键词】承继的共犯　继续犯　状态犯

《刑参》第156号案例"章某等绑架案——基于索债目的帮助他人实施绑架行为的应如何定罪"相关论述:2人以上同时对同一对象实施相互支持、帮助的犯罪行为,因双方的犯罪故意内容不同,没有形成共同的犯罪故意,不构成共同犯罪。被告人王某虽然与章某一起互相配合,共同实施了"绑架"被害人的犯罪行为,但由于其主观上认为这是为了向被害人的亲属"索取债务",与共同行为人章某"勒索财物"的主观故意内容不同,2人没有共同的犯罪故意,因此2人不构成共同绑架犯罪,只能按各自所构成的犯罪分别定罪量刑。绑架罪是继续犯,勒索型绑架罪以勒索财物为目的,为实现犯罪目的,行为人的绑架行为从绑架实施终了到实现其勒索目的为止,--直处于继续状态。在绑架行为持续过程中加入帮助实施勒索行为的,构成绑架罪的共犯。承继的共同犯罪人对共同犯罪意思发生以前的原先的共同犯罪人的行为如有加以利用而继续共同实行犯罪的意思即应对原先的共同犯罪人的行为负共同的责任,因为这种行为也包括在其共同意思之内。负何种罪责与具体量刑并不是一回事。负同种罪责的各个共同犯罪人由于在共同犯罪中所起的作用不同,其处刑轻重应有所区别。

《刑参》第491号案例"侯某等抢劫案——在明知他人抢劫的情况下,于暴力行为结束后参与共同搜取被害人财物的行为如何定罪量刑"相关论述:在事先无通谋但行为人在明知他人抢劫的情况下于其暴力行为致被害人死亡后参与共同搜取被害人财物的,应以抢劫罪共犯论处。在事中参与他人共同犯罪行为的,有两种行为:一种是行为人在不知道他人前期犯罪行为的具体动机、目的、性质的情况下,参与他人后续犯罪行为。如果行为人在主观犯罪故意的内容上与他人并不一致则应当根据主客观一致的原则结合行为人主观故意的内容和实施的客观行为确定其具体罪名。另一种是行为人虽在事先未与他人形成共同犯意但其在明知他人犯罪性质的情况下于事中参与了他人犯罪的后续行为,其行为一方面形成事中对他人犯罪目的的认可和主观故意内容上的沟通,另一方面其客观行为对他人实现犯罪目的起到积极帮助作用,根据主客观一致的原则,应与他人以共同犯罪论处。事先无通谋,行为人在他人抢劫致被害人死亡后参与共同犯罪的,应适用一般抢劫罪的规定对其量刑。行为人基于事先分工或意思联络而参与共同犯罪的,应与他人对共同犯罪的后果共同承担刑事责任,并适用同一法条规定的量刑幅度。对于事前无通谋,事中未实施暴力行为的行为人,根据罪责自负的原则,其不应对暴力行为致死的后果承担刑事责任。

《刑参》第644号案例"叶某非法持有枪支案——邀约非法持枪者携枪帮忙能否构成非法持有枪支罪的共犯"相关论述:被告人因与他人发生纠纷,邀约他人携枪帮忙使得原本放在其他地方的枪支发生了转移,具有了新的潜在危险,具有明确的使用意图,具有较大的社会危害性。非法持有枪支属于继续犯,只要行为人非法持有着枪支这种不法行为就一直处于持续状态即一直处于犯罪过程中。被告人主观上有非法使用枪支的意图,而使用的前提是持有。自受邀约者同意携枪前去帮忙之时,2人就非法持有枪支达成合意,形成非法持有枪支的共同犯罪故意。而后由谁直接持有枪支,这只是具体行为方式的不同,并不影响共同犯罪故意的形成。被告人通过受邀者非法持有枪支达到枪支的间接控制,属于非法持有枪支的方式之一。"持有"是一种事实或法律上的支配,不管持有的具体形式如何其根本特征都是行为人对物的支配。

【拓展关键词】犯罪集团的认定 共犯与身份

跨境电信网络诈骗犯罪往往涉及大量的境外证据和庞杂的电子数据。对境外获取的证据应着重审查合法性,对电子数据应着重审查客观性。对主要成员固定,其他人员有一定流动性的电信网络诈骗犯罪组织,可认定为犯罪集团。①

《刑参》第52号案例"高某盗窃案——外部人员与银行工作人员勾结窃取银行现金的行为如何定性"相关论述:无法定特殊身份的被告人与有特定身份的被告人互相勾结、伙同窃取银行现金不能简单地以贪污罪定性。按照过去的司法解释全案应以主犯的犯罪性质确定。这种主犯犯罪性质确定案件性质的做法已被现行刑法所否定。共同犯罪案件性质的确定取决于共同故意与共同行为是否符合法定某一具体犯罪的构成要件。确定本案系共同贪污犯罪,则行为人必须具备共同利用职务便利非法占有公共财物的共同行为,要点有二:一是各共同犯罪人实施犯罪都利用了职务上的便利,不具备特定身份的其他共犯则必须利用了有特定身份的犯罪人的职务之便。二是各共同犯罪人实施了共同的贪污行为。所有行为都必须围绕着一个犯罪目的而彼此配合、相互衔接。只有同时具备共同贪污的故意和共同利用职务便利的贪污行为,全案才能以共同贪污犯罪定性。

《刑参》第113号案例"张某等抢劫、杀人犯罪集团案——犯罪集团如何认定?犯罪集团案件是否应全案审判?"相关论述:犯罪集团是指3人以上为实施犯罪而组成的较为固定的犯罪组织。犯罪集团一般具有5个特征:(1)人数较多。重要成员固定或基本固定。(2)经常纠集在一起进行一种或数种严重的刑事犯罪活动。(3)有明显的首要分子。(4)有预谋地实施犯罪活动。(5)危害性严重。对集团犯罪案件要坚持全案审判的原则。一般情况下,对共同犯罪案件、集团犯罪案件应坚持一案审理。

《刑参》第367号案例"张某等贩毒案——在毒品犯罪死刑复核案件中,对于毒品数量掺假的情况,在量刑时是否应予以考虑"相关论述:不能因为其他共同犯罪人未归案而不认定其为从犯甚至将其认定为主犯或者按主犯处罚。只要认定了从犯,无论主犯是否到案均应援引从犯的规定。共同犯罪与那些仅仅在客观上有关联的犯罪有本质的区别。如毒品买卖双方虽然在客观上有一定联系,但因为缺乏共同的犯罪故意,故并不构成毒品共同犯罪而是分别构成贩卖毒品罪。

《刑参》第413号案例"练某等贩卖毒品案——如何区分犯罪集团和普通共同犯罪"相关论述:被告人对

---

① 参见张某闵等52人电信网络诈骗案,最高人民检察院指导性案例第67号(2020年4月8日)。

其他犯罪分子并无突出的控制和领导作用，内部约束并不严格，组织程度较低，尚未达到犯罪集团的程度。家庭成员参与共同犯罪，依法均可判处死刑的，一般不宜对所有参与犯罪的家庭成员适用死刑立即执行。

《刑参》第 939 号案例“徐某等私分国有资产罪案——在仅能由单位构成犯罪的情形下，能否认定非适格主体与单位构成共犯”相关论述：从定罪角度分析，非适格主体可以成为由适格主体实施的犯罪的共犯。刑法所规定的特定犯罪必须符合特定的主体要素，其是仅针对单独犯而言的。教唆犯、帮助犯则不需要具备特定的主体要素。不要求行为人共同实施特定的犯罪，只要其行为具有共同性就可以成立共同犯罪。至于共犯人的责任问题，则需要个别认定。从量刑角度分析，对共犯中非适格主体的量刑一般按照普通主体适用刑罚或者以从犯身份适用刑罚。在仅由适格主体实施的犯罪案件中，如果刑法规定对适格主体适用从重的刑罚，对不适格主体的共犯人，只能适用通常之刑罚。

《刑参》第 951 号案例“范某等诈骗案——公司化运作的犯罪集团中各行为人刑事责任的区分”相关论述：集团成员分工协作，共享犯罪利益，均应对集团全部诈骗数额承担刑事责任。应当综合考虑“职务”等因素认定公司化运作的犯罪集团中的主从犯。对于通过两岸司法协助途径调取的涉台刑事证据，依据现行证据规则能够采信的，可作为定案依据。

《刑参》第 1421 号案例“何某等人诈骗案——利用传销性质组织实施网络交友诈骗的犯罪数额如何认定”相关论述：集团犯罪是指由犯罪集团实施的犯罪。本案主要犯罪分子通过公司化运作，招募并控制多人，以传销和交友诈骗两套手段形成了与实施犯罪相关的严格、成熟的规程，符合集团犯罪的特征。本案中，犯罪集团成员的作案方式是一种交叉组合兼独立的作案方式。通过确立集团犯罪的成员均构成犯罪的基本原则，将成员参与期间集团的犯罪数额作为认定成员犯罪数额的基础，此时有必要重视集团成员之间的有机统一体、共同体特征。在此基础上，再认定各被告人在集团犯罪中的主犯、从犯地位，对各个被告人进行量刑上的个别评价。由于不同被告人加入集团的时间不同，故应以各被告人加入集团的时间为起算点分别计算各被告人加入集团后集团总的犯罪数额。对于中途退出的普通集团成员，原则上犯罪数额计算至其退出时点，因为后续集团的犯罪与其参与行为无刑法上的因果关系。对于中途退出的集团骨干成员，因为骨干成员的参与行为的危害后果能够继续延伸，故除非其采取措施尽力消除其行为对犯罪集团的影响和作用，如及时向公安机关报警等，否则其犯罪数额不计算至其退出时点。为解决个别参与人参与时间较短、犯罪数额畸高的问题，一是应注意贯彻宽严相济的刑事政策，对参与时间明显较短的，我们认为其产生犯罪的主观故意尚未形成，一般不认定为犯罪，故应排除参与时间较短，主观故意尚不明确的参与人员。二是注意结合参与人员直接实施的诈骗行为进行评价。对于未直接实施诈骗的行政人员或直接实施诈骗数额较小、行为较少的参与人员应当认定为从犯。

【拓展关键词】主从犯的划分　死刑的适用

《刑参》第 347 号案例“乌某、吐某故意伤害案——没有共同犯罪故意不构成共同犯罪”。

《刑参》第 380 号案例“王某等故意杀人、抢劫案——对共同故意杀人致人死亡的多名主犯如何区别量刑”相关论述：在有多个主犯的共同犯罪中，只对起最主要作用的主犯判处死刑立即执行，这符合我国少杀、慎杀的死刑政策。

《刑参》第 790 号案例“张甲、张乙强奸案——共谋轮奸，一人得逞，未得逞的人是否构成强奸既遂？如何区分该类犯罪案件中主、从犯地位”相关论述：对强奸行为未得逞的行为人是否认定为共同犯罪的从犯，应当根据其在犯罪中的地位、作用等多方面因素综合认定。对主从犯的区分应当遵循“尽量分、不强分”的原则。对犯罪集团中的首要分子和一般共同犯罪中组织、策划、指挥他人实施犯罪的人，即使其没有直接实施实行行为一般也应认定为主犯。在其他同案犯都是实行犯的案件中，应当审查行为人是不是犯意的提起者，考虑各实行犯在案件中的具体分工、地位、作用，考察各实行犯在案件中的活跃程度、参与犯罪过程的时间长短,以确定其刑事责任。

《刑参》第1224号案例"郭某、李某抢劫案——共同致一人死亡的案件中,如何认定罪责最严重的主犯"相关论述:对于共同致死一人的案件,一般不应判处两名以上被告人死刑。一案中有两名以上主犯的,要区分出罪责最大者和较大者。除犯罪手段特别残忍、情节及后果特别严重、社会影响特别恶劣、严重危害社会治安的外,一般不应同时判处两名以上被告人死刑。区分被告人罪责时,综合考虑下列因素:(1)犯罪动机;(2)犯意产生;(3)参与犯罪积极程度;(4)犯罪准备;(5)实施致死行为,实施最核心和最重要致死行为的被告人罪责相对较大;(6)案后抛尸、毁灭罪证等;(7)赃款赃物处理;(8)案外因素;(9)犯罪后的表现。如果仍然难以区分罪责大小的,也不宜一律判处两名以上被告人死刑立即执行。如果犯罪性质不是特别恶劣,情节、后果不是特别严重的,基于"严格控制、慎重适用"的死刑政策,也可以对各被告人均不判处死刑立即执行。

《刑参》第1454号案例"叶某、孙某故意杀人、孙某窝藏案——网络雇凶杀人案件中罪责最为严重主犯的认定及死刑适用"相关论述:雇凶杀人案件中罪责最为严重主犯的认定应着眼于行为人的地位和作用。决定对雇凶者是否适用死刑时应以案中情节为主兼顾案外情节。有违社会道德的感情纠纷不能作为从宽事由。受雇者被"反杀"应纳入对雇凶者的量刑评价。坦白、立功情节一般的可以不予从宽。赔偿并获得谅解并不能绝对排除死刑的适用。

第二十六条　【主犯】

组织、领导犯罪集团进行犯罪活动的或者在共同犯罪中起主要作用的,是主犯。

三人以上为共同实施犯罪而组成的较为固定的犯罪组织,是犯罪集团。

对组织、领导犯罪集团的首要分子,按照集团所犯的全部罪行处罚。

对于第三款规定以外的主犯,应当按照其所参与的或者组织、指挥的全部犯罪处罚。

第二十七条　【从犯】

在共同犯罪中起次要或者辅助作用的,是从犯。

对于从犯,应当从轻、减轻处罚或者免除处罚。

第二十八条　【胁从犯】

对于被胁迫参加犯罪的,应当按照他的犯罪情节减轻处罚或者免除处罚。

第二十九条　【教唆犯】

教唆他人犯罪的,应当按照他在共同犯罪中所起的作用处罚。教唆不满十八周岁的人犯罪的,应当从重处罚。

如果被教唆的人没有犯被教唆的罪,对于教唆犯,可以从轻或者减轻处罚。

◆ 解读与适用

【拓展关键词】雇凶犯罪的处理　实行过限　教唆未遂

《刑参》第88号案例"包某等故意伤害、抢劫案——教唆他人抢劫自己与妻子的共同财产是否构成抢劫罪"相关论述:教唆行为应当是具体的,教唆内容可以是一罪也可以是数罪。主观方面须有教唆他人实施犯罪的故意。教唆故意包括两方面因素：一是认识到自己的教唆行为会使被教唆人产生相应的犯罪意图或坚定其犯罪决心；二是希望被教唆人实施相应的犯罪，或者放任这种结果发生。被抢财物的夫妻共同财产属性，不影响其抢劫罪（教唆）的成立，只可能影响具体犯罪数额的认定。教唆他人抢劫自己与妻子的共同财产，同样可以成为抢劫罪的主体。无暴力的“亲亲相盗”与有暴力的“亲亲相抢”有质的不同。“一般可不按犯罪处理”，并不等于绝对不按犯罪论处。

《刑参》第200号案例“吴某故意伤害案——被雇佣人实施的行为未达到犯罪的程度又超出授意的范围，对雇佣人应如何定罪处罚”相关论述：被雇佣人所实施的被雇佣的行为虽未达到犯罪程度，但对雇佣人一般也应追究刑事责任。雇佣犯罪的意图、程度、对象、类型等都是由雇佣人提起和决定的，被雇佣人要去实施何种犯罪完全取决于雇佣人的雇佣要求。雇佣犯罪的本质无异于教唆他人实施犯罪。雇佣犯罪一般有以下三种情况：一是被雇佣人按雇佣意图完成犯罪行为；二是被雇佣人未按雇佣意图和要求去实施犯罪或者没有达到雇佣人的预期；三是被雇佣人超出了雇佣意图或雇佣人要求的程度。而本案被教唆人出现了既不及又超出的情形。原则上讲，教唆犯的成立不以被教唆人实际产生犯罪意图或者实行被教唆之罪为必要，只要教唆人基于教唆的故意实施了教唆行为即可。如果被教唆者接受了教唆实施了犯罪，则二者成立共同犯罪。反之二者不存在共犯关系，对教唆犯单独论处。对教唆未遂的教唆犯一般都需要定罪处罚。教唆未遂既可表现为被教唆者未实施被教唆之罪，也可以表现为被教唆者虽实施了被教唆之罪但未达到犯罪程度等。此外，教唆A罪，实施了B罪，也都可以视为“没有犯被教唆之罪”。教唆A罪的加重形态，而只实施了基本形态，教唆基本形态，却实施了加重形态。前种情况，教唆者只对已发生的实际后果负责，不按加重形态论处。后种情况，被教唆人虽超出了教唆授意的程度，但被教唆人所犯之罪确系按教唆人授意所为，教唆人仍应对被教唆人实际实行的犯罪后果承担责任。“教唆犯”不是罪名，应当按照其所教唆的实际内容确定罪名。对雇佣犯罪中的雇佣人而言，只要其具备了雇佣犯罪的意图而且实施了雇佣犯罪的行为，不论被雇佣的人有无按其雇佣要求实行了雇佣犯罪行为或实行到何种程度，一般都应按其所雇佣的犯罪罪名来追究雇佣犯罪未遂的刑事责任。对被雇佣人超出雇佣范围实施的他种罪行，雇佣人不承担刑事责任。在被雇佣者实行了所雇佣的犯罪的情况下，除要求雇佣行为与被雇佣者的实行行为之间具有因果关系外，还要求雇佣人所授意之罪与被雇佣人实行之罪具有同一性。只有在这种情况下，雇佣人和被雇佣人才能就雇佣之罪成立共同犯罪。

《刑参》第408号案例“陈某等故意杀人案——对明显超出共同犯罪故意内容的过限行为如何处理”相关论述：余某仅要求陈某前去“教训”被害人。虽然“教训”的具体含义有多种，但在没有证据证实余某有要求杀人的主观故意的情况下，不能认定包括杀人。余某对陈某实施的持刀杀人行为既缺乏刑法意义上的认识也没有事中的共同故意杀人行为，不构成故意杀人犯罪的共犯。余某的行为构成故意伤害罪，并应对被害人的死亡结果承担刑事责任。

《刑参》第409号案例“王某等故意伤害案——共同故意伤害犯罪中如何判定实行过限行为”相关论述：实行过限是指共同犯罪人实施了超出共同犯罪故意的行为。雇佣犯罪关系属于教唆犯罪的一种。在教唆犯罪中，判定实行行为是否过限的基本原则是看被教唆人的行为是否超出教唆的范围。如果教唆的内容不够明确，对于这种盖然性教唆，实际的危害结果取决于实行行为的具体实施情况，无论哪一种结果的出现都是由教唆犯的授意所引起，均可涵盖在教唆犯的犯意中，只要没有明显超出教唆范围的，都不应视为实行过限。在共同实行犯罪的情形下，判定实行行为过限的基本原则是看其他实行犯对个别“过限行为”是否知情。如果其他实行犯知情，除非其有明确、有效的制止行为，否则一般认为实行犯之间在实施犯罪当场临时达成了犯意沟通，其他人对实行者的行为予以默认和支持，个别犯罪人的行为不属于实行过限，由各实行犯共同承担责任。被告人预谋找人教训一下被害人，至于怎么教训，教训到什么程度，并没有特别明确的正面要求，也没有明确禁止用什么手段，达到什么程度的反面要求，属于盖然性的教唆，不能判定韩某的行为属于过限行为。教唆者仍应对被害人的死亡承担刑事责任。

《刑参》第555号案例“胡某、胡学某、童某故意杀人案——如何确定雇凶者与受雇者的罪责”相关论述：雇凶犯罪是共同犯罪的一种形式也是教唆犯罪的一种特殊形式。根据雇凶者与受雇者在共同犯罪中的地位和作用确定各自罪责的大小是正确量刑的前提。对于“只动口不动手”的雇凶者，虽然从直接造成危害结果角度考虑其作用一般比受雇者要小，但其作为这一罪行的始作俑者，是引发整个犯罪的根源和幕后主使，其主观恶性要比实行犯更大，地位作用也更重要，不能因为“不动手”而减轻雇凶者的罪责。对于“既动口又动手”的雇凶者，一般而言，其罪责要比受雇者重。判断受雇者是否实行过限，对于“只动口不动手”的雇凶犯罪，关键看受雇者是否明显超出了雇凶者的授意范围；对于“既动口又动手”而言，要看雇凶者在当场发现受雇者将要或正在实施超出其犯意的实行行为时，是否有制止的意思表示和行为。对于授意范围不明确、比较含糊的雇凶犯罪，这种概括性的授意，实际的危害后果完全取决于实行行为的具体实施状况，致人轻伤、重伤甚至死亡的结果都可能发生，这都是雇凶者的授意所引起的，均可涵盖在雇凶者的授意范围之内。除非雇凶者在授意时明确要求不得打死人，而受雇者不计后果，明显超出雇凶者的授意范围或希望达到的结果的，可以认定为实行行为过限，否则一般不宜认定实行行为过限。当然，认定雇凶者明显出于某种犯意有困难或有重大分歧的，应按照有利于被告的原则予以认定。

《刑参》第634号案例“龙某、吴某故意杀人、抢劫案——共同抢劫杀人致一人死亡案件，如何准确区分主犯之间的罪责”相关论述：根据死刑政策精神应从多角度进一步区分主犯之间的罪责大小，进而准确适用死刑。

《刑参》第1224号案例“郭某、李某抢劫案——共同致一人死亡的案件中，如何认定罪责最严重的主犯”相关论述：一般而言，下列情形可以认定雇凶者是罪责最严重的主犯：(1)雇凶者不仅雇佣他人犯罪，而且与受雇者共同直接实施；(2)雇凶者虽没有直接实施犯罪，但参与了共同犯罪的策划，实施了具体组织、指挥行为；(3)雇凶者雇用未成年人实施犯罪；(4)多名受雇者地位作用相当，责任相对分散或者责任难以分清，雇凶者应对全案负责，应认定雇凶者为罪责最严重的主犯。一般而言，下列情形可以认定受雇者是罪责最严重的主犯：(1)雇凶者只是笼统提出犯意，没有实施组织、指挥行为，而受雇者积极主动实施杀人、伤害行为的；(2)受雇者明显超出雇凶者授意范围实施故意杀人、故意伤害犯罪，因行为过限造成更严重危害后果的。

【拓展关键词】共同犯罪的停止形态

《刑参》第125号案例“张某等强奸、强制猥亵妇女案——如何认定共同犯罪的中止”相关论述：共同犯罪的中止要求行为人在放弃本人的犯罪行为时还必须有效地制止其他共同犯罪人的犯罪行为防止结果的发生。

《刑参》第156号案例“章某等绑架案——基于索债目的帮助他人实施绑架行为的应如何定罪”相关论述：共同犯罪是一个整体，放弃犯罪者如果未能有效地防止犯罪结果的发生就不能按犯罪中止处理。章某一经实施勒索财物的行为，即构成绑架罪既遂。虽然章某后来自动放弃打电话勒索财物的行为，但无法有效地防止犯罪结果的发生，其行为不属于犯罪中止。

《刑参》第199号案例“黄某等故意伤害案——如何认定教唆犯的犯罪中止”相关论述：实行阶段的中止，如不足以产生危害结果，只要自动停止即可，如足以产生危害结果，就必须以“自动有效地防止犯罪结果发生”为必要。对行为人而言，自动放弃犯罪或自动有效防止犯罪结果的发生，只要满足其中一项即构成犯罪中止。但上述关于犯罪中止的规定，主要是针对单独犯罪这种情形作出的。共同犯罪中止有区别于单独犯罪中止的复杂性。教唆犯要成立犯罪中止，单其本人主观上消极地放弃犯罪意图，客观上消极地不参与实行犯罪或不予提供事前所承诺的帮助、佣金等还不够，其必须还要对被教唆人实施积极的补救行为，及时有效地说服、制止被教唆人，使其停止犯罪预备或实施犯罪行为，彻底放弃犯罪意图，使之没有发生犯罪结果。但如果被教唆人拒不放弃或阳奉阴违，仍然接续实施了该种犯罪，对此，应视为被教唆人单独决意犯罪，教唆人成立犯罪中止。教唆犯要构成犯罪中止，其在教唆的预备阶段，只要放弃教唆意图即可，而在其已将犯意灌输给他人以后，则需要对被教唆人采取积极的补救措施从而有效防止犯罪或犯罪结果的发生。在多层次雇佣的情况下，要考虑教唆者对再雇佣、再教唆是否明知。如果明知，教唆犯要成立犯罪中止，需对所有被教唆者积极采取相应补救措施，至少要确保被其直接教唆者能及时有效地通知下家停止犯罪预备或制止实施犯罪并产生犯罪结果。

《刑参》第242号案例“王某、邵某抢劫、故意杀人案——犯罪中止与犯罪未遂的区别”相关论述：在当时的环境、条件下邵某能够完成犯罪，但其从主观上自动、彻底地打消了原有的杀人灭口的犯罪意图。因惧怕王某，邵某未敢当场将被害人放走，而是采取浅埋等方法给被害人制造逃脱的机会，从客观上看其也未实行致被害人死亡的行为。邵某主观意志的变化及所采取的措施与被害人未死有直接的因果关系，有效的防止了犯罪结果的发生，其行为属于犯罪中止。王某杀人灭口意志坚定，被害人未死完全是其意志以外的原因造成的，构成故意杀人犯罪行为实施终了的未遂。由此可见共同犯罪中各行为人的犯罪形态未必一致。

《刑参》第658号案例“刘正某、刘海某强奸案——欠缺犯意联络和协同行为的同时犯不能认定为共同犯罪”相关论述：司法实践中可以从犯罪停止原因及行为人心理状态两个方面区分犯罪未遂与犯罪中止。犯罪未遂是基于意志以外的原因而没有得逞。一方面，这种意志以外的原因违背行为人的犯罪本意，行为人当时在主观上并非主动停止犯罪行为，而是在该原因的影响下被动地停止犯罪行为。另一方面，这种意志以外的原因足以阻止行为人的犯罪意志。这种意志以外的原因作为一种客观障碍使行为人无法继续实施犯罪行为进而避免行为人所追求的犯罪结果出现。相比之下，犯罪中止是指行为人认识到客观上可能继续实施犯罪或者可能既遂但基于自己的意志决定自愿放弃原来的犯罪意图，不再希望犯罪结果的发生。

《刑参》第750号案例“韩某等抢劫、强奸案——指认被害人住址并多次参与蹲守，但此后未参与实施抢劫的，是否属于犯罪中止”相关论述：对于共同实行犯，其责任原理是部分实行全部责任。只有当共同犯罪人均中止犯罪没有发生犯罪结果时构成整个共同犯罪的中止。关于部分人主动放弃犯罪，分为以下几种情形：第一，如果共同犯罪中部分人主动放弃犯罪，并有效阻止他人继续犯罪，或者阻止结果发生的，主动放弃者属于犯罪中止，其他共犯人如果系经劝说后自动停止犯罪的，也属于犯罪中止。如果系因客观原因未完成犯罪的，属于犯罪未遂。第二，如果共同犯罪中部分人主动退出但没有采取任何措施阻止其他共犯继续犯罪的，对主动退出者仍应当认定为犯罪既遂。如因其提前退出而所起作用较小的，可从轻处罚。第三，如果部分人在实行过程中主动停止犯罪且积极阻止他人继续犯罪，但最终未有效阻止结果发生的，对此实践中比较普遍的做法是对主动退出者仍认定为犯罪既遂，符合从犯特征的认定为从犯。教唆者在被教唆者产生犯意之后实施犯罪之前撤回自己的教唆，并劝说被教唆者放弃犯罪，但最终未能有效阻止被教唆者继续实行犯罪的，教唆者认定为既遂。如果被教唆者接受教唆犯的劝说，最终放弃或者有效阻止结果发生的，教唆犯和实行犯均成立犯罪中止。如果撤回教唆后，原有的教唆无法对教唆者提供心理上的支持，被教唆者的犯罪行为是在新的动机作用下实施的，教唆犯成立中止。帮助可以分为物理帮助和心理帮助。如果帮助犯在实行犯着手前主动退出犯罪且已消除帮助行为与结果行为的因果关系的，属于预备阶段的中止。如果帮助犯仅是自行退出而没有消除已提供的帮助与犯罪结果之间的因果关系的，则属于既遂。如果帮助犯付出了真挚的努力，但仍未能阻止结果发生的，虽构成既遂但可以从轻处罚。

《刑参》第949号案例“刘某抢劫案——在犯罪预备阶段单独停止犯罪，未积极阻止同案犯继续实施犯罪，也未有效防止共同犯罪结果发生的，能否成立犯罪中止”相关论述：在犯罪预备阶段为共同犯罪准备工具、制造条件，即使未参与实行的，也应当承担共同犯罪刑事责任。共同犯罪人单纯放弃个人继续犯罪未阻止他人的实行行为或者有效防止危害结果发生的，不能成立犯罪中止。

第四节 单位犯罪

第三十条 【单位犯罪的认定】

公司、企业、事业单位、机关、团体实施的危害社会的行为，法律规定为单位犯罪的，应当负刑事责任。

◆ 相关规定

最高人民法院研究室
关于如何理解“直接负责的主管人员”和“直接责任人员”问题的复函
（1994年1月27日）

公安部法制司：

你司《关于如何理解“直接负责的主管人员”和“直接责任人员”的批复》收悉，经研究，提出以下意见供参考：

所谓“直接负责的主管人员”，是指在企业事业单位、机关、团体中，对本单位实施走私犯罪起决定作用的、负有组织、决策、指挥责任的领导人员。单位的领导人如果没有参与单位走私的组织、决策、指挥，或者仅是一般参与，并不起决定作用的，则不应对单位的走私罪负刑事责任。

所谓“直接负责人员”，是指直接实施本单位走私犯罪行为或者虽对单位走私犯罪负有部分组织责任，但对本单位走私犯罪行为不起决定作用，只是具体执行、积极参与的该单位的部门负责人或者一般工作人员。

最高人民法院
关于审理单位犯罪案件具体应用法律有关问题的解释
（1999年7月3日施行）

为依法惩治单位犯罪活动，根据刑法的有关规定，现对审理单位犯罪案件具体应用法律的有关问题解释如下：

第一条 刑法第三十条规定的“公司、企业、事业单位”，既包括国有、集体所有的公司、企业、事业单位，也包括依法设立的合资经营、合作经营企业和具有法人资格的独资、私营等公司、企业、事业单位。

第二条 个人为进行违法犯罪活动而设立的公司、企业、事业单位实施犯罪的，或者公司、企业、事业单位设立后，以实施犯罪为主要活动的，不以单位犯罪论处。

第三条 盗用单位名义实施犯罪，违法所得由实施犯罪的个人私分的，依照刑法有关自然人犯罪的规定定罪处罚。

最高人民法院
关于审理单位犯罪案件对其直接负责的主管人员和其他直接责任人员是否区分主犯、从犯问题的批复

（2000年10月10日施行）

湖北省高级人民法院：

你院鄂高法〔1999〕374号《关于单位犯信用证诈骗罪案件中对其"直接负责的主管人员"和"其他直接责任人员"是否划分主从犯问题的请示》收悉。经研究，答复如下：

在审理单位故意犯罪案件时，对其直接负责的主管人员和其他直接责任人员，可不区分主犯、从犯，按照其在单位犯罪中所起的作用判处刑罚。

此复

全国法院审理金融犯罪案件工作座谈会纪要（节选）

（2001年1月21日）

详见《刑法》第170条伪造货币罪的相关规定

二、（一）关于单位犯罪问题

根据刑法和《最高人民法院关于审理单位犯罪案件具体应用法律有关问题的解释》的规定，以单位名义实施犯罪，违法所得归单位所有的，是单位犯罪。

1. 单位的分支机构或者内设机构、部门实施犯罪行为的处理。以单位的分支机构或者内设机构、部门的名义实施犯罪，违法所得亦归分支机构或者内设机构、部门所有的，应认定为单位犯罪。不能因为单位的分支机构或者内设机构、部门没有可供执行罚金的财产，就不将其认定为单位犯罪，而按照个人犯罪处理。

2. 单位犯罪直接负责的主管人员和其他直接责任人员的认定：直接负责的主管人员，是在单位实施的犯罪中起决定、批准、授意、纵容、指挥等作用的人员，一般是单位的主管负责人，包括法定代表人。其他直接责任人员，是在单位犯罪中具体实施犯罪并起较大作用的人员，既可以是单位的经营管理人员，也可以是单位的职工，包括聘任、雇佣的人员。应当注意的是，在单位犯罪中，对于受单位领导指派或奉命而参与实施了一定犯罪行为的人员，一般不宜作为直接责任人员追究刑事责任。对单位犯罪中的直接负责的主管人员和其他直接责任人员，应根据其在单位犯罪中的地位、作用和犯罪情节，分别处以相应的刑罚，主管人员与直接责任人员，在个案中，不是当然的主、从犯关系，有的案件，主管人员与直接责任人员在实施犯罪行为的主从关系不明显的，可不分主、从犯。但具体案件可以分清主、从犯，且不分清主、从犯，在同一法定刑档次、幅度内量刑无法做到罪刑相适应的，应当分清主、从犯，依法处罚。

3. 对未作为单位犯罪起诉的单位犯罪案件的处理。对于应当认定为单位犯罪的案件，检察机关只作为自然人犯罪案件起诉的，人民法院应及时与检察机关协商，建议检察机关对犯罪单位补充起诉。如检察机关不补充起诉的，人民法院仍应依法审理，对被起诉的自然人根据指控的犯罪事实、证据及庭审查明的事实，依法按单位犯罪中的直接负责的主管人员或者其他直接责任人员追究刑事责任，并应引用刑法分则关于单位犯罪追究直接负责的主管人员和其他直接责任人员刑事责任的有关条款。

4. 单位共同犯罪的处理。两个以上单位以共同故意实施的犯罪，应根据各单位在共同犯罪中的地位、作用大小，确定犯罪单位的主、从犯。

最高人民检察院
关于涉嫌犯罪单位被撤销、注销、吊销营业执照或者宣告破产的应如何进行追诉问题的批复

(2002 年 7 月 15 日施行)

四川省人民检察院:

你院《关于对已注销的单位原犯罪行为是否应当追诉的请示》(川检发研〔2001〕25 号)收悉。经研究,批复如下:

涉嫌犯罪的单位被撤销、注销、吊销营业执照或者宣告破产的,应当根据刑法关于单位犯罪的相关规定,对实施犯罪行为的该单位直接负责的主管人员和其他直接责任人员追究刑事责任,对该单位不再追诉。

公安部
关于村民委员会可否构成单位犯罪主体问题的批复

(公复字〔2007〕1 号)

内蒙古自治区公安厅:

你厅《关于村支书、村主任以村委会的名义实施犯罪可否构成单位犯罪的请示》(内公字〔2006〕164 号)收悉。现批复如下:

根据《刑法》第三十条的规定,单位犯罪主体包括公司、企业、事业单位、机关、团体。按照《村民委员会组织法》第二条的规定,村民委员会是村民自我管理、自我教育、自我服务的基层群众性自治组织,不属于《刑法》第三十条列举的范围。因此,对以村民委员会名义实施犯罪的,不应以单位犯罪论,可以依法追究直接负责的主管人员和其他直接责任人员的刑事责任。

全国人民代表大会常务委员会
关于《中华人民共和国刑法》第三十条的解释

公司、企业、事业单位、机关、团体等单位实施刑法规定的危害社会的行为,刑法分则和其他法律未规定追究单位的刑事责任的,对组织、策划、实施该危害社会行为的人依法追究刑事责任。

☞ 其他相关规定见章后二维码

第三十一条 【单位犯罪的刑罚】

单位犯罪的,对单位判处罚金,并对其直接负责的主管人员和其他直接责任人员判处刑罚。本法分则和其他法律另有规定的,依照规定。

◆ 解读与适用

《刑参》第 3 号案例“朱某投机倒把案——承包经理虚开增值税专用发票是否构成单位犯罪”相关论述:“公司、企业”包括非国有、集体性质的公司、企业。

《刑参》第 18 号案例“林某等走私普通货物案——以公司名义进行走私,违法所得归个人所有的,是个

人犯罪"。

《刑参》第 72 号案例"河南省三星实业公司集资诈骗案——犯罪后单位被注销如何追究相关人员的刑事责任"相关论述：三星公司被依法注销后，其诉讼能力已经丧失，但不能因此免除有关责任人员的刑事责任。被告人在案发前辞职离开三星公司不属于犯罪中止。

《刑参》第 86 号案例"张某虚开增值税专用发票案——单位犯罪与自然人犯罪的区别如何界定"相关论述：单位犯罪必须同时具备两个条件，一是以单位名义实施，二是违法所得归单位所有。此特征是区别单位犯罪与自然人犯罪的关键所在。

《刑参》第 99 号案例"周某虚报注册资本案——检察机关以自然人犯罪起诉的单位犯罪案件应如何正确处理"相关论述：对检察机关以自然人犯罪起诉的单位犯罪案件，法院不能直接对检察院未指控的单位进行处罚。对被起诉的自然人，应根据庭审查明的事实依法按单位犯罪中的直接负责的主管人员或者其他责任人员追究刑事责任。

《刑参》第 231 号案例"吴某、郭某等虚开增值税专用发票案——税务机关利用代管监开的增值税专用发票'高开低征'的行为如何定罪处罚"相关论述：单位名称的变化只是形式，单位犯罪的实质并未改变，原单位名称已经不再使用，应以新单位名称确定被告单位。虽不再将原单位列为被告，但对其中的责任人员仍然应按照单位犯罪的主管人员或者直接责任人员予以追究。认定直接责任人员的四个条件：(1) 必须是单位内部工作人员。如果实施单位犯罪的自然人不是单位内部的人员而是单位外部人员，则属于单位和自然人共同犯罪。对自然人不能认定为单位犯罪的直接责任人员。(2) 必须参与实施了单位犯罪行为。(3) 必须对所实施的单位故意犯罪是明知的。(4) 必须是在单位犯罪实行过程中起重要作用的人员。

《刑参》第 232 号案例"普宁市流沙经济发展公司等单位虚开增值税专用发票案——单位共同虚开增值税专用发票如何定罪处罚"相关论述：被依法撤销的镇政府不能再作为诉讼主体追究刑事责任，但对该单位的主管人员和其他直接责任人员仍应依法追究刑事责任。

《刑参》第 251 号案例"北京匡达制药厂偷税案——如何认定单位犯罪直接负责的主管人员"相关论述：认定单位犯罪直接负责的主管人员的要点有两个，一是直接负责的主管人员是在单位中实际行使管理职权的负责人员；二是对单位具体犯罪行为负有主管责任的人员。单位法定代表人是否承担责任仍需视其是否具体介入了单位犯罪行为，在单位犯罪中是否起到了组织、指挥、决策作用而定。

《刑参》第 269 号案例"沈某等挪用资金、妨害清算罪——妨害清算罪的具体认定"相关论述：妨害清算行为须由单位实施，个人行为不构成本罪。单位犯罪中的单位，不以法人资格为要件。公司的分支机构，只要具有相对独立的经营权，可以单独对外发生民事法律关系，其行为同样应认定为单位行为，其实施的犯罪同样应认定为单位犯罪。

《刑参》第 271 号案例"黄某合同诈骗案——如何认定诈骗犯罪中的非法占有目的"相关论述：单位存在的真实与否及单位行为的认定与单位的所有权性质、经营形式无关，同时不得以出资未到位而将之简单地认定为违法设立的单位，应当将关注点放在对单位设立的意图、有无具体经营行为及主要经营行为合法与否的判断上。

《刑参》第 328 号案例"朱某等非法买卖枪支、贪污案——对于 1997 年刑法施行以后，司法解释公布施行之前实施的非法买卖枪支罪，如何适用司法解释"相关论述：单位负责人个人决定，以单位名义实施，没有证据证实犯罪所得归实施犯罪的个人占有的，应当认定为单位犯罪。

《刑参》第 336 号案例"王某等走私普通货物、虚开增值税专用发票案——以单位名义实施走私犯罪，现有证据只能证实少量违法所得用于单位经营活动，绝大部分违法所得的去向无法查清的，是单位犯罪还是个人犯罪"相关论述：以单位名义实施走私犯罪，没有证据证实违法所得被实施犯罪的个人占有或者私分的，应当根据有利于被告人的原则认定为单位走私犯罪。

《刑参》第725号案例“上海新客派信息技术有限公司、王某虚开增值税专用发票案——依法成立的一人公司能否成为单位犯罪主体”相关论述：一人公司在依法成立的情况下，可以成为单位犯罪的主体。对单位犯罪的解释应当符合时代发展的要求。第一，单位犯罪判断标准的理论基础——公司社团性理论的调整和发展决定了单位犯罪理论的发展和深化。股东的复数性并非公司的社团性。公司的本质是其不同于其股东的独立的人格，即公司人格独立，而公司独立人格的实质是财产独立和意志独立。一人公司只要严格按照公司法成立并依法经营，就能做到财产独立和意志独立，也即具有独立人格。第二，从公司运作机制看，投资者与经营者分立的运作模式决定公司的股东身份在公司犯罪中不起决定作用。这决定了公司股东的多少对单位犯罪的认定没有决定性作用。公司犯罪实施的主体主要不是体现在公司股东层面，而是体现在公司的管理者层面。单位犯罪意志的整体性与其说体现为决策人员的复数性还不如说体现为决策权限的法定性、程序性和决策者身份的独立性。如果这种决策是在职权范围内依照一定程序作出的且为了公司利益，则应视为公司的决策而不是自然人个人的决策。公司犯罪的收益与公司所有成员的利益密切相关。从这个意义上讲，一人公司实施犯罪，也具有利益归属的团体性。利益归属的团体性本质不在于享受利益主体的复数性而在于利益归属主体的独立性，即利益直接而完整的归公司所有。至于公司承受这些利益后将利益进行再分配，这是公司对自己财产的处分，不影响利益初始归属的属性。第三，从最根本上说，公司是否能够成为单位犯罪的主体，要从公司是否具有公司所应当具有的最本质的特征——公司人格独立来判断，具体条件：(1)一人公司必须严格依法成立。(2)一人公司必须具有独立的人格。首先，一人公司必须达到公司成立规定的最低注册资本数。其次，公司的财产必须和股东的财产能够分离。如果股东的财产和公司的财产混合，则公司会成为股东的另外一个自我甚至成为股东实施不法行为的一个工具，没有独立的人格，既没有自己的独立意志也不能独立承担责任，不可能成为单位犯罪的主体。对公司的财产是否与股东的个人财产相分离，股东应承担证明责任。(3)一人公司必须具有公司法所要求的法人治理结构。公司的经营行为应当以公司的名义进行。凡是以股东个人的名义进行的行为，均应当视为股东的个人行为。(4)一人公司成立的目的必须是依法从事经营活动。

《刑参》第726号案例“周某合同诈骗案——如何理解和把握一人公司单位犯罪主体的认定”相关论述：刑法设置单位犯罪，根本上是因为单位具有独立的人格，具有独立于管理人或者所有人的意志。单位犯罪必须是为了单位的利益而实施，如果不处罚单位，无异于认可单位可以从犯罪中获益，违背法的精神。公司有无独立人格是单位行为能否被作为单位犯罪处理的决定因素。判断公司是否具有独立人格主要通过：第一，看其是否具有独立的财产利益。第二，看其是否具有独立的意志。公司的意志体现为决策权限的法定性和程序性。如果股东为了公司利益在法律及公司章程规定的职权范围内依照一定程序实施特定行为，这种行为应当视为公司的决策而不是股东的个人意志。如果股东滥用公司形式违背公司的根本利益或者超越权限、程序作出决策，则股东的意志与公司的意志相背离，公司就失去独立的意志，而与股东、管理人员混同，这种情形只能处罚个人。第三，看其是否具有公司法所要求的法人治理机构。第四，看其是否依照章程规定的宗旨运转。第五，看其是否依照法定的条件和程序成立。

《刑参》第1109号案例“牡丹江再生资源开发有限责任公司第十七收购站及朱富良掩饰、隐瞒犯罪所得案——单位犯掩饰、隐瞒犯罪所得罪的认定和处理”相关论述：区分单位犯罪与自然人犯罪的重要界限就是犯罪所得利益归属单位还是归属参与犯罪的自然人。

《刑参》第1282号案例“被告单位成都主导科技有限责任公司、被告人王某单位行贿案——‘在被追诉前主动交待行贿行为’以及揭发他人犯罪行为构成立功的认定”相关论述：虽然王某占有大部分股份，收益最大，但是，在法律上自然人的人格与单位是不同的，即便是同一个公司也不能将两个不同主体混用从而否认单位行为的性质。

《刑参》第1284号案例“苏州市安派精密电子有限公司、庞某、罗某虚开增值税专用发票案——如何认定单位犯罪中直接负责的主管人员，以及开票单位未到案时能否认定受票单位构成犯罪”相关论述：直接负责的主管人员应为单位的管理人员，不包括一般工作人员。单位决策机构的成员范围并不及于单位的全体成员。在一般情况下，能够跻身单位决策层的往往是管理人员，单位的管理人员应对单位犯罪直接负责。在强调“负责”的同时，不能忽视“直接”。对因受蒙蔽不当履行职责或者虽然知晓他人意图实施犯罪但本人并未实际参与重要工作，只是出于下级对上级的服从，受上级指派或者奉命完成本职工作的管理人员，因其缺乏犯罪的故意或主动性，且其权限通常仅涉及程序性事项，难以对单位犯罪的最终决策产生实质影响，一般不宜认定为直接责任人员，以避免不当扩大打击范围。开票单位未到案的，可依证据认定受票单位构成虚开增值税专用发票罪。

《刑参》第1388号案例“兴证期货大连营业部背信运用受托财产案——背信运用受托财产罪的法律适用”相关论述：单位犯罪应结合单位的行为与意志加以认定。2被告人的主观目的是完成公司业绩目标，均是以营业部名义与高某进行接洽协商，系代表单位的职务行为，服从于单位意志，犯罪所得收益归营业部所享有，符合单位犯罪的构成要件。

《刑参》第1420号案例“刘楚某、刘某某、刘立某诈骗案——当被告人同时具有国家工作人员等多种身份时应如何认定其行为性质以及村民委员会是否属于单位犯罪的适格主体”相关论述：村民委员会符合“单位”的构成要件和法律特征，属于单位犯罪的适格主体。以村民委员会为主体实施的危害社会的行为，应当认定为单位犯罪。但由于《刑法》第30条没有规定村民委员会可以作为追诉对象承担刑事责任，且《刑法》第266条未规定以诈骗罪追究单位的刑事责任，本着对罪刑法定原则的严格遵守，无法对村民委员会进行追诉，只能在认定为单位犯罪的情况下，依照《全国人民代表大会常务委员会关于〈中华人民共和国刑法〉第三十条的解释》对组织、策划、实施该危害行为的人依法追究刑事责任，但对村民委员会的违法所得，可以依照《刑法》第64条的规定进行追缴。

【拓展关键词】单位和个人共同犯罪

《刑参》第253号案例“孟某、李某、金某侵犯著作权案——普通法条与特别法条竞合的法律适用原则”相关论述：单位和个人共同犯罪，检察机关未起诉犯罪单位的，应当分别适用《刑法》分则有关条款定罪处罚。根据不告不理的审判原则，人民法院不能直接将单位列为被告更不能直接对其定罪处罚。应当根据罪刑相适应的原则，认定单位中有关直接负责的主管人员和其他直接责任人员承担单位犯罪中的相应刑事责任。

《刑参》第455号案例“张某等走私普通货物案——单位责任人员在实施单位犯罪的同时，其个人又犯与单位犯罪相同之罪的，应数罪并罚”相关论述：行为人以一个概括的犯罪故意或过失实施一个行为或数个行为符合一个犯罪构成的为一罪，以数个犯罪故意或过失实施数个行为，符合数个犯罪构成的为数罪。单位犯罪与其相应的自然人犯同种罪的罪名相同，但这并不等于单位实施与自然人实施罪名相同的犯罪二者就是同种犯罪。

《形参》第1445号案例“杜某、李某贪污、非法转让土地使用权、诈骗案——法定刑以下判处刑罚案件的相关程序问题”相关论述：杜某、李某直接组织、策划、实施了相关诈骗行为，应当依法对此承担个人责任，但是在量刑中可以充分考虑单位犯罪的因素。

本章其他相关规定

第三章 刑　　罚

◆ 解读与适用

有社会生活,就有社会制度。先有禁止和命令,然后才有犯罪。有了犯罪,然后才有刑罚。犯罪是对社会制度的否定,刑罚是对犯罪的再否定。刑罚的意义在于通过惩罚犯罪来预防犯罪、肯定和巩固统治阶级的意志和利益。从社会制度到犯罪,从犯罪到刑罚,再从刑罚到社会制度的更高发展,这是不以人的意志为转移的客观规律,是社会历史发展的辩证法。刑罚的历史实是所有制的历史在上层建筑的反映。社会制度如有进步意义,刑罚的历史作用便是督促前进。如果社会制度已成为生产力的桎梏,刑罚便阻碍了历史前进。刑罚乃两刃之剑,生产力越发展,劳动者越受尊重,刑罚带来的损害越受重视。"刑为盛世所不能废,而亦盛世所不尚",刑罚谦抑性实是发展生产力,提升人的价值的必然。①

刑罚的目的既不是要摧残折磨一个感知者,也不是消除业已犯下的罪行。刑罚的目的仅仅在于阻止罪犯再重新侵害公民,并规诫其他人不要重蹈覆辙。惩罚犯罪的刑罚越是迅速和及时,就越是公正和有益,诉讼本身应该在尽可能短的时间内结束。犯罪与刑罚之间的时间间隔越短,在人们心中,犯罪与刑罚这两个概念的联系就越紧密,人们很自然地会把犯罪看作起因,把刑罚看作不可缺少的必然结果。推迟刑罚给人造成的印象不像惩罚,倒更像表演。刑罚应尽量符合犯罪的本性,这样特别有利于人们把犯罪动机同刑罚的报应进行对比。对于犯罪最强有力的约束力量不是刑罚的严酷性,而是刑罚的必定性。即便最小的恶果,一旦成了确定的,就总令人心悸。严峻的刑罚造成罪犯所面临的恶果越大,也就越敢于逃避刑罚。为了摆脱对一次罪行的刑罚,会犯下更多的罪行。随着刑场变得日益残酷,这些心灵也变得日益麻木。只要刑罚的恶果大于犯罪所带来的好处,刑罚就可以收到它的效果。这种大于好处的恶果包括刑罚的必定性和既得利益的丧失。除此之外的一切都是多余的、暴虐的。②

刑罚是一种不得已的恶。用之不当,个人与社会均受其害。对刑法之可能的扩张和滥用,必须保持足够的警惕。不得已的恶只能不得已而用之,此乃用刑之道也。对刑罚的迷信,是各种政治迷信中最根深蒂固的一种。刑罚的进化历史就是刑之逐渐谦抑的过程,谦抑性成为现代刑罚追求的价值目标。③

如何采用刑罚,是文化与价值观的反映,必须尊重文化的独特性。当然,经不起理性检验的刑罚,就难以称为文明。废除死刑的国家,不能一律赞之为和平进步。保留死刑的国家不能称为落伍与野蛮。④

---

① 参见蔡枢衡:《中国刑法史》,中国法制出版社2005年版,前序与引言部分。

② [意]切萨雷·贝卡利亚:《论犯罪与刑罚》,黄风译,北京大学出版社2008年版。

③ 参见陈兴良:《刑法的价值构造》,中国人民大学出版社2006年版,题记、第292~338页。

④ 参见林东茂:《刑法综览》,中国人民大学出版社2009年版,第16~19页。

第一节　刑罚的种类

第三十二条　【刑罚的分类】

刑罚分为主刑和附加刑。

第三十三条　【主刑的种类】

主刑的种类如下：

（一）管制；

（二）拘役；

（三）有期徒刑；

（四）无期徒刑；

（五）死刑。

第三十四条　【附加刑的种类和适用】

附加刑的种类如下：

（一）罚金；

（二）剥夺政治权利；

（三）没收财产。

附加刑也可以独立适用。

第三十五条　【驱逐出境】

对于犯罪的外国人，可以独立适用或者附加适用驱逐出境。

☞ 相关规定见章后二维码

第三十六条　【刑事附带民事赔偿】

由于犯罪行为而使被害人遭受经济损失的，对犯罪分子除依法给予刑事处罚外，并应根据情况判处赔偿经济损失。

承担民事赔偿责任的犯罪分子，同时被判处罚金，其财产不足以全部支付的，或者被判处没收财产的，应当先承担对被害人的民事赔偿责任。

◆ 相关规定

全国法院维护农村稳定刑事审判工作座谈会纪要（节选）

（1999年10月27日）

三、（五）关于刑事附带民事诉讼问题

关于附带民事诉讼的赔偿范围，在没有司法解释规定之前，应注意把握以下原则：一是要充分运用现有法律规定,在法律许可的范围内最大限度地补偿被害人因被告人的犯罪行为而遭受的物质损失。物质损失应包括已造成的损失,也包括将来必然遭受的损失。二是赔偿只限于犯罪行为直接造成的物质损失,不包括精神损失和间接造成的物质损失。三是要适当考虑被告人的赔偿能力。被告人的赔偿能力包括现在的赔偿能力和将来的赔偿能力,对未成年被告人还应考虑到其监护人的赔偿能力,以避免数额过大的空判引起的负面效应,被告人的民事赔偿情况可作为量刑的酌定情节。四是要切实维护被害人的合法权益。附带民事原告人提出起诉的,对于没有构成犯罪的共同致害人,也要追究其民事赔偿责任。未成年致害人由其法定代理人或者监护人承担赔偿责任。但是,在逃的同案犯不应列为附带民事诉讼的被告人。关于赔偿责任的分担:共同致害人应当承担连带赔偿责任;在学校等单位内部发生犯罪造成受害人损失,在管理上有过错责任的学校等单位有赔偿责任,但不承担连带赔偿责任;交通肇事犯罪的车辆所有人(单位)在犯罪分子无赔偿能力的情况下,承担代为赔偿或者垫付的责任。

最高人民法院研究室
关于对参加聚众斗殴受重伤或者死亡的人及其家属提出的
民事赔偿请求能否予以支持问题的答复

(法研〔2004〕179号)

江苏省高级人民法院:

你院苏高法〔2004〕296号《关于对聚众斗殴案件中受伤或死亡的当事人及其家属提出的民事赔偿请求能否予以支持问题的请示》收悉。经研究,答复如下:

根据《刑法》第二百九十二条第一款的规定,聚众斗殴的参加者,无论是否首要分子,均明知自己的行为有可能产生伤害他人以及自己被他人的行为伤害的后果,其仍然参加聚众斗殴的,应当自行承担相应的刑事和民事责任。根据《刑法》第二百九十二条第二款的规定,对于参加聚众斗殴,造成他人重伤或者死亡的,行为性质发生变化,应认定为故意伤害罪或者故意杀人罪。聚众斗殴中受重伤或者死亡的人,既是故意伤害罪或者故意杀人罪的受害人,又是聚众斗殴犯罪的行为人。对于参加聚众斗殴受重伤或者死亡的人或其家属提出的民事赔偿请求,依法应予支持,并适用混合过错责任原则。

最高人民法院研究室
关于交通肇事刑事案件附带民事赔偿范围问题的答复

(法研〔2014〕30号)

湖北省高级人民法院:

你院鄂高法〔2013〕280号《关于交通肇事刑事案件附带民事赔偿范围的请示》收悉,经研究,答复如下:

根据刑事诉讼法第九十九条、第一百零一条和《最高人民法院关于适用〈中华人民共和国刑事诉讼法〉的解释》第一百五十五条的规定,交通肇事刑事案件的附带民事诉讼当事人未能就民事赔偿问题达成调解、和解协议的,无论附带民事诉讼被告人是否投保机动车第三者强制责任保险,均可将死亡赔偿金、残疾赔偿金纳入判决赔偿的范围。

此复。

法规指引

另见《刑法》第64条、《最高人民法院关于刑事裁判涉财产部分执行的若干规定》部分。

☞ 其他相关规定见章后二维码

◆ 解读与适用

【拓展关键词】附带民事赔偿主体和范围

行为人从停车场偷开他人的机动车造成车辆损坏，构成故意毁坏财物罪的，虽然开办停车场的单位与车主之间存在车辆保管合同关系，但该单位不属于依法负有刑事附带民事赔偿责任的主体，其与车主之间发生的合同纠纷同因犯罪行为引起的刑事附带民事赔偿责任系不同的法律关系。车主以该单位为刑事附带民事诉讼被告，并主张该单位对犯罪人应负的刑事附带民事赔偿责任承担连带责任的，依法不予支持。附带民事赔偿的范围应当限定为被害人因犯罪行为遭受的直接经济损失。①

《刑参》第 26 号案例“于某故意伤害案——附带民事诉讼案件的范围、当事人以及民事赔偿范围、数额应如何确定”相关论述：被害人因被告人的犯罪行为遭受的物质损失分为两类：一类是被害人因犯罪行为遭受了物质损失，但被告人并未因此占有或者获得被害人的财物，此类的损害行为主要有杀人、伤害、故意毁坏财物等。另一类是被害人因犯罪行为遭受的物质损失是由被告人非法占有、处置而造成的，此类的损害行为主要有抢劫、盗窃、诈骗、贪污、挪用等。对因前一类犯罪行为遭受的物质损失，被害人可以提起附带民事诉讼请求赔偿，而对后一类犯罪只能按照《刑法》第 64 条规定追缴赃款赃物，责令退赔，已无法退赔的，应参照《刑法》第 61 条的规定，在量刑时予以考虑。对被害人因犯罪行为而遭受的物质受损失的范围应理解为凡属被害人由于被告人的犯罪行为遭受的物质损失原则上都应在赔偿之列，包括死亡补偿费等。赔偿的范围只能是“物质损失”。赔偿范围只限于犯罪行为直接造成的物质损失即直接损失。一般把犯罪行为必然造成的损失认定为直接损失。刑事案件的被害人在没有丧失诉讼能力的情况下，是附带民事诉讼当然的原告人。对于被害人已死亡的案件，其近亲属可以起诉。被害人近亲属都拥有独立的、完整的诉权，即每个近亲属都有权就被告人给被害人造成的全部物质损失单独提起附带民事诉讼，多名近亲属还可以作为共同原告人共同起诉。

《刑参》第 67 号案例“昌达公司侵犯商业秘密案——侵犯商业秘密犯罪行为所造成的损失数额如何认定”相关论述：受害人提起附带民事诉讼以及人民法院作出附带民事判决并不是以被告人的行为是否实际构成犯罪为条件而是以被告人涉嫌犯罪、成立刑事案件为条件。只要刑事案件成立，被害人依法提起了附带民事诉讼，不论刑事判决是否实际判决被告人的行为构成犯罪，人民法院都应依法对附带民事诉讼进行调解或者做出附带民事判决。

《刑参》第 79 号案例“李某贪污、挪用公款案——对贪污、挪用犯罪行为直接造成的财产损失能否提起附带民事诉讼”相关论述：对于犯罪分子贪污、挪用公款而使被害单位遭受财产损失的案件，不能通过附带民事诉讼途径解决。被害人的物质损失应是被告人涉嫌犯罪的行为直接造成的，即犯罪行为是造成物质损失的唯一和主要原因，并且物质损失是已经产生或者必然产生的，在数量上是可以计算和有确定数额的，可得利益的损失不能要求赔偿。附带民事诉讼的受案范围不包括因犯罪分子非法占有、处置被害人财产而使其遭受的物质损失。

《刑参》第 141 号案例“陈某、邵某重婚案——自行调查重婚犯罪而遭受的物质损失应否获得附带民事赔偿”相关论述：“结婚”既包括经过国家婚姻登记机关批准履行法律手续的结婚也包括事实上形成的婚姻关系。“物质损失”具有下列特点：(1)系犯罪行为所造成，物质损失与犯罪行为之间有关联，这是提起附带民事诉讼的前提。(2)系因犯罪行为必然遭受的损失。(3)不属于追缴或退赔的范畴。被害人为调查两被告人而支付的律师费等与被告人的重婚行为无必然联系，被告人的重婚行为并不必然使被害人遭受这些损

---

① 参见李某故意毁坏财物案，载《最高人民法院公报》2007 年第 4 期。

失，故被害人的此类损失不在附带民事诉讼范围之内。

《刑参》第 185 号案例“刘某等诈骗案——为获取回扣费以虚假身份证件办理入网手续并使用移动电话拨打国际声讯台造成电信资费损失的行为应如何定罪量刑”相关论述：对犯罪分子诈骗所得并非法占有、处置的被害人财产，人民法院应当通过追缴或责令退赔的方式处理，而不宜采用附带民事诉讼判决的方式解决。当追缴、退赔仍不能弥补被害人物质损失时，让被害人另行提起民事诉讼。

《刑参》第 341 号案例“李某故意杀人案——人民法院判处附带民事诉讼案件的赔偿，应当实行全额赔偿的原则”相关论述：实行人承担赔偿责任的范围应当与侵权行为造成损失的范围对等。不能因被告人赔偿能力有限或没有赔偿能力而少赔或者不赔。

《刑参》第 348 号案例“耿某故意伤害案——限制民事行为能力人、无民事行为能力人能否独立参加附带民事诉讼；限制民事行为能力人、无民事行为能力人的监护人应否被列为附带民事诉讼的共同被告人”相关论述：限制民事行为能力人、无民事行为能力人不能独立参加附带民事诉讼，应由其监护人作为法定代理人代为诉讼。在民事诉讼中，只有具有完全民事行为能力的公民才具有诉讼行为能力。法定诉讼代理权产生的基础是实体法上的监护权。限制民事行为能力人、无民事行为能力人为刑事附带民事诉讼中的被告人时，其监护人也应被列为附带民事诉讼的被告人。

《刑参》第 350 号案例“倪某等聚众斗殴案——如何把握聚众斗殴罪的犯罪构成及转化要件”相关论述：由于刑事优先、先刑后民、无罪推定等原则的制约，不能将在逃的犯罪嫌疑人确定为承担民事责任的侵权行为人。若将在逃被告人强行追加为共同侵权行为人，在程序上明知其在逃无法到庭应诉而为，这样既不利于被追加人，也不利于被害人。若被告人在 18 周岁以前实施侵权行为，而在审判时被告人已满 18 周岁，则被告人的法定代理人承担的民事责任是补充民事责任。

《刑参》第 513 号案例“程某等故意伤害案——共同犯罪案件中附带民事诉讼原告人与部分被告人达成调解协议的如何处理”相关论述：应当允许刑事附带民事诉讼原告人与部分被告人自愿达成调解协议。此种情形的调解宜采取部分撤诉的方式结案。对调解不成的其他被告人应当按照其应承担的赔偿份额依法作出判决。

《刑参》第 1123 号案例“马某某故意杀人案——限制民事行为能力人、无民事行为能力人参加刑事附带民事诉讼的若干问题”相关论述：如果不负刑事责任的未成年人、无刑事责任能力的精神病人单独实施“犯罪”行为，因其不能成为刑事被告人，因而不能对其提起附带民事诉讼，对其侵权行为造成的损失只能单独提起民事诉讼。限制民事行为能力人、无民事行为能力人在刑事附带民事诉讼中属于无民事责任能力人，应由其监护人承担民事责任。监护人应被列为附带民事诉讼的被告人。

【拓展关键词】雇主责任

《刑参》第 25 号案例“刘某交通肇事案——雇主应否对其雇员的非职务行为造成的损害结果负连带赔偿责任”相关论述：“其他对刑事被告人的犯罪行为依法应当承担民事赔偿责任的单位和个人”一般是指刑事被告人在其执行职务或者业务活动中实施了犯罪行为，其所属单位或者雇佣他的人对其犯罪行为所造成的物质损失应负赔偿责任。刑事被告人在执行法人的经营或业务活动中犯罪的，应以该法人为附带民事诉讼被告人。本案中被告人作为交通肇事的责任人，李某作为肇事车辆所有人，根据《道路交通事故处理办法》的规定，李某也应为本案附带民事诉讼被告人。刑事附带民事诉讼中的损害赔偿的归责原则不能适用一般的民事侵权损害赔偿责任原则，即刑事附带民事诉讼中的损害赔偿只能适用过错责任原则，不能适用无过错责任和公平责任原则。这是因为刑事附带民事诉讼中的损害赔偿以行为人的行为构成犯罪为前提。行为人主观上无罪过，就不构成犯罪，因而也就不存在刑事附带民事诉讼中的损害赔偿。本案被告人动用车辆既非正常业务也没有得到雇主同意，并且酒后驾驶发生事故，李某对此没有任何过错，因而不承担连带赔偿责任。但是,因交通肇事责任人没有经济赔偿能力,李某作为车辆所有人,其垫付被害人损失的民事责任是不能免除的。

《刑参》第 371 号案例“高某故意伤害案——法人或其他组织的工作人员在执行职务中致人伤害的,应由该法人或组织承担民事责任”相关论述:只要行为人实施犯罪行为的目的或起因是执行职务或实施业务活动,其行为引起的损失就应当由其单位承担。但若行为人在实施业务活动或执行职务的过程中并非出于实施业务活动和执行职务的目的或并非因实施业务活动和执行职务而实施犯罪行为,其造成的损失就应由行为人自己承担。由法人或其他组织对刑事被告人的犯罪行为承担的民事赔偿责任是一种特殊侵权责任。责任人与侵权行为人相分离,由责任人代替行为人承担赔偿责任。这是一种替代责任,造成损害的行为人自己不承担责任。如果造成损害的行为人存在过错,法人承担责任后,有权进行追偿。这不是连带责任,不适用一般连带责任原理。

《刑参》第 390 号案例“马某故意伤害案——雇主是否应对雇员在从事雇佣活动中致人损害行为承担连带赔偿责任”相关论述:刑事附带民事诉讼所要解决的因犯罪行为而引起的损害赔偿问题在本质上仍属民事诉讼,在实体法上仍应适用民事法律规范,在赔偿范围上应当适用《最高人民法院关于刑事附带民事诉讼范围问题的规定》,在责任确定上应适用《最高人民法院关于审理人身损害赔偿案件适用法律若干问题的解释》。雇主应承担责任是因为雇员的伤害行为是雇员在雇佣活动中的职务行为引起的。其重点强调的是将雇员在非上班时间、非上班场所从事的和雇佣活动无关的个人行为引发的伤害行为排除在雇佣活动外。只要该致害行为发生在从事雇佣活动中,雇主就应负责,而不能说这种致害行为本身应是职务行为,雇员实施的行为均是其自主选择实施的,不可能是雇主的授权行为,否则这就是共同侵权行为。雇佣关系是双方关系,不是雇主单方面恣意解除即可。雇佣关系是一种内部关系,雇主以内部关系的突然解除来对抗第三人是无效的。雇主承担无过错的严格责任决定了其制止行为不能成为阻却其责任的理由。雇主的制止行为只能减少其在与雇员共同承担的连带赔偿责任中的连带份额,而不能阻却其责,只能以此对抗雇员。

《刑参》第 1416 号案例“廖某故意伤害案——无偿提供劳务的帮工人在帮工过程中故意伤害致人死亡的,被帮工人应当承担赔偿责任”相关论述:被帮工人属于应当代替或者与刑事被告人共同承担附带民事赔偿责任的“其他单位和个人”。在帮工人致人伤亡的案件中,认定被帮工人承担民事赔偿责任的事实基础的关键是审查被帮工人“是否明确拒绝帮工”以及帮工人的行为是否发生在“帮工过程中”。被帮工人的附带民事赔偿责任,主要涉及两个问题:一是被帮工人对被害人的外部赔偿责任;二是被帮工人承担责任后的内部追偿权。

【拓展关键词】“两金”赔偿问题

《刑参》第 225 号案例“杨某等故意伤害案——寻衅滋事随意殴打他人致人重伤、死亡的应如何定罪”相关论述:附带民事诉讼中的经济损失赔偿不包括死亡补偿费。有关部门预先支付的部分安抚金不属于经济损失赔偿,不应在判决中折抵。精神安抚功能是刑罚的主要功能之一,通过对犯罪法分子适用刑罚,满足被害人及其亲友的报应情感,抚慰其受到的精神创伤,并使其从痛苦中解脱出来,这样就没有再单独规定精神赔偿的必要。

《刑参》第 314 号案例“宋某交通肇事案——审理被害人因犯罪行为致死的附带民事诉讼案件,应判处死亡赔偿金(死亡补偿费)”相关论述:人身损害包括财产损失和精神损害。自然人因被侵害而死亡,其权利能力消灭,死者不能以权利主体资格主张死亡赔偿。但这并不意味着财产损失不存在,只不过此时的权利赔偿人成了死者的近亲属即间接受害者。一条生命被不法侵害,不但有财产损失且损失重大。不能因不知如何计算财产损失而否定财产损失的存在。死亡补偿费不是精神损害抚慰金而是对因被害人死亡遭受的财产损失的赔偿。自然人因不法侵害致死既存在财产损失也存在精神损失。财产损失既包括积极的损失也包括消极的损失。积极损失是受害人因不法侵害致死已经造成的实际损失。消极损失是指受害人因不法侵害致死必然遭受的损失,即"财产的消极不增加"。财产损失是客观存在的,并不因法律规定而改变。法律和司法解释规定的是财产损失的赔偿范围及计算标准。精神损失是指没有直接财产内容或者不具有财产上价值的损害。自然人因不法侵害致死造成的精神损失,并非直接被害人遭受的精神损失而是受害人的近亲属即间接受害人的精神损失。死亡补偿费不是对被害人近亲属因被害人死亡遭受精神损失的赔偿——精神抚慰金,而是对被害人因不法侵害致死必然遭受的财产损失的赔偿费用。凡是被害人死亡的附带民事诉讼案件,均应判处死亡赔偿金。

《刑参》第 363 号案例"周某故意杀人案——如何理解正当防卫中'正在进行的不法侵害'"相关论述:《最高人民法院关于审理人身损害赔偿案件适用法律若干问题的解释》明确将"死亡补偿费"从原来的"精神损害抚慰金"中分离出来,不再属于精神损害,而列入财产损害的范畴。"死亡补偿费"已被视为对财产性质收入损失的赔偿。

《刑参》第 1060 号案例"周某等人组织出卖人体器官案——在获得被害人承诺的犯罪案件中,如何确定被告人的附带民事赔偿责任"相关论述:附带民事诉讼赔偿范围的确定,在现行法律框架内可适当体现原则性与灵活性的统一。关于死亡赔偿金和残疾赔偿金,根据最高人民法院 2001 年制定的《关于确定民事侵权精神损害赔偿责任若干问题的解释》第 9 条,"两金"属于精神损害抚慰金,故不属于附带民事诉讼的赔偿范围。但最高人民法院 2004 年实施的《关于审理人身损害赔偿案件适用法律若干问题的解释》又将死亡赔偿金、残疾赔偿金界定为物质损失,是对未来可期待收入损失的赔偿,因而属于财产损害赔偿范围。2007 年施行的《侵权责任法》第 16 条再次确定了"两金"属于物质损失的范围。至此,"两金"属于物质损失具备了法律上的依据。但在实践中存在"空判"易引起信访,一定程度上造成双重处罚的问题。但从法理上讲,赔偿责任和赔偿能力是两回事。最高人民法院在 2013 年《关于适用〈中华人民共和国刑事诉讼法〉的解释》中对此作了相对模糊的规定,用"等"字兜底,允许法院在审理案件时灵活把握。最高人民法院在《关于审理人身损害赔偿案件适用法律若干问题的解释》中明确认可,对于驾驶机动车致人伤亡构成犯罪的,附带民事诉讼的赔偿范围包括"两金"。

【拓展关键词】保险责任免责范围

《刑参》第 915 号案例"李某以危险方法危害公共安全案——醉酒驾驶机动车致使被害人遭受人身伤害的,被害方能否基于交通事故责任强制保险向相关保险公司主张赔偿责任"相关论述:醉酒驾驶机动车致使被害人遭受人身伤害的,保险公司应当在交通事故责任强制保险责任限额内承担赔偿责任,但可以向被告人追偿。在理解和适用《机动车交通事故责任强制保险条例》第 22 条第 2 款"财产损失"免责的规定时应充分考虑《道路交通安全法》的相关规定,对其作限制解释,即仅指财物毁损而不包括人身伤亡所致的经济损失。行为人存在违法驾驶机动车等严重过错的,不能免除交强险保险人在保险责任限额内对受害人人身损害的赔偿责任。保险公司承担赔偿责任与交强险保障受害人权益的设立目的相吻合。在被告人已全额赔偿受害人的情况下,保险公司无须再承担赔偿责任。

【拓展关键词】刑事附带民事诉讼的性质、时效 赔偿与量刑

《刑参》第 418 号案例"张某故意伤害案——刑事附带民事诉讼案件民事部分的诉讼时效如何计算"相关论述:附带民事诉讼案件的时效应当遵从刑事诉讼追诉时效。刑事案件发生后,被害人可能不知道侵权人也可能以为向公安机关报案就是提出民事赔偿权,不能对刑事、民事诉讼时效作出明确的区分。除非能够达成调解协议否则被害人在案件进入审判程序阶段前向法院提起民事诉讼是没有实质意义的。附带民事诉讼的性质本质上属于损害赔偿之债,但它的存在以刑事诉讼的存在为前提,刑事附带民事诉讼实际上就是刑、民合并之诉。"附带"民事诉讼主要体现为程序上的从属性,在这种程序中必须遵循刑事程序优先的原则。

当刑事法律的规定与民事法律的规定发生冲突时应当优先适用刑事诉讼的规定。案件的管辖、审判组织、期间和送达、诉讼费用、起诉时间等均应服从、受制于刑事诉讼。被害人只要在一审判决宣告以前提起刑事附带民事诉讼就没有超出刑事附带民事诉讼提起的时效。如果被害人单独提起民事诉讼,则应当遵循民法关于诉讼时效的规定。无论提起何种诉讼,在现行法律关于民事诉讼时效中止、中断的规定的理解和适用上,既不能将民事诉讼时效中断的法定事由中的"提起诉讼"仅仅理解为提起独立的民事诉讼,而将被害人向公安机关控告等排除在外,也不能将犯罪嫌疑人尚未查获排除在中止诉讼时效的法定事由之外。

《刑参》第636号案例"林某强奸案——在死刑案件中,被告人家属积极赔偿,取得被害方谅解,能否作为应当从轻处罚情节"相关论述:如何处理民事赔偿与量刑之间的关系是刑事审判中一个重要而敏感的问题。亲属代为赔偿可视同于被告人赔偿。因民间纠纷激化引发的犯罪,因为发生在特定的当事人之间,其社会危害性与严重危害社会治安的犯罪有区别,在处理时,如果被害方对被告人表示谅解,原则上应从轻处罚,而且应加大对此类案件的民事调解工作力度,化解当事人双方的矛盾,促成被害方的谅解。只要赔偿得好,被害方又谅解的,就可以大胆从轻,一般都不考虑判处死刑立即执行,这是贯彻宽严相济刑事政策的要求,不属于"以钱买命"。

第三十七条 【非刑罚处理方法】

对于犯罪情节轻微不需要判处刑罚的,可以免予刑事处罚,但是可以根据案件的不同情况,予以训诫或者责令具结悔过、赔礼道歉、赔偿损失,或者由主管部门予以行政处罚或者行政处分。

◆ 相关规定

最高人民法院 最高人民检察院

关于办理职务犯罪案件严格适用缓刑、免予刑事处罚若干问题的意见

(法发〔2012〕17号)

详见《刑法》第72条缓刑适用的相关规定

☞ 其他相关规定见章后二维码

第三十七条之一 【职业禁止】①

因利用职业便利实施犯罪,或者实施违背职业要求的特定义务的犯罪被判处刑罚的,人民法院可以根据犯罪情况和预防再犯罪的需要,禁止其自刑罚执行完毕之日或者假释之日起从事相关职业,期限为三年至五年。

被禁止从事相关职业的人违反人民法院依照前款规定作出的决定的,由公安机关依法给予处罚;情节严重的,依照本法第三百一十三条的规定定罪处罚。

其他法律、行政法规对其从事相关职业另有禁止或者限制性规定的,从其规定。

---

① 根据《刑法修正案(九)》(中华人民共和国第十二届全国人民代表大会常务委员会第十六次会议于2015年8月29日通过,自2015年11月1日起施行)新增。

◆ **解读与适用**

《形参》第 1435 号案例“丹东欣泰电气股份有限公司及温某、刘某欺诈发行股票、违规披露重要信息案——上市公司在申请上市前后连续财务造假的行为如何认定”相关论述：本案中证监会已经依据证券法对被告人采取终身证券市场禁入措施，为避免重复处罚，不宜再依据刑法第 37 条另行判处从业禁止。

第二节 管 制

第三十八条 【管制的刑期和禁止令】[①]

管制的期限，为三个月以上二年以下。

判处管制，可以根据犯罪情况，同时禁止犯罪分子在执行期间从事特定活动，进入特定区域、场所，接触特定的人。

被判处管制的犯罪分子，依法实行社区矫正。

违反第二款规定的禁止令的，由公安机关依照《中华人民共和国治安管理处罚法》的规定处罚。

☞ 相关规定见章后二维码

第三十九条 【管制的执行】

被判处管制的犯罪分子，在执行期间，应当遵守下列规定：

（一）遵守法律、行政法规，服从监督；

（二）未经执行机关批准，不得行使言论、出版、集会、结社、游行、示威自由的权利；

（三）按照执行机关规定报告自己的活动情况；

（四）遵守执行机关关于会客的规定；

（五）离开所居住的市、县或者迁居，应当报经执行机关批准。

对于被判处管制的犯罪分子，在劳动中应当同工同酬。

第四十条 【管制的解除】

被判处管制的犯罪分子，管制期满，执行机关应即向本人和其所在单位或者居住地的群众宣布解除管制。

---

① 根据《刑法修正案（八）》修订。原条文主要内容为：
管制的期限，为三个月以上二年以下。
被判处管制的犯罪分子，由公安机关执行。

第四十一条 【管制刑期的计算】

管制的刑期,从判决执行之日起计算;判决执行以前先行羁押的,羁押一日折抵刑期二日。

第三节 拘　役

第四十二条 【拘役的期限】

拘役的期限,为一个月以上六个月以下。

第四十三条 【拘役的执行】

被判处拘役的犯罪分子,由公安机关就近执行。

在执行期间,被判处拘役的犯罪分子每月可以回家一天至两天;参加劳动的,可以酌量发给报酬。

☞ 相关规定见章后二维码

第四十四条 【拘役期限的计算】

拘役的刑期,从判决执行之日起计算;判决执行以前先行羁押的,羁押一日折抵刑期一日。

第四节 有期徒刑、无期徒刑

第四十五条 【有期徒刑的期限】

有期徒刑的期限,除本法第五十条、第六十九条规定外,为六个月以上十五年以下。

第四十六条 【有期徒刑和无期徒刑的执行】

被判处有期徒刑、无期徒刑的犯罪分子,在监狱或者其他执行场所执行;凡有劳动能力的,都应当参加劳动,接受教育和改造。

◆ 解读与适用

《刑参》第184号案例“扎某等抢劫案——对罪行及其严重的未成年犯罪人能否判处无期徒刑”相关论述:对罪行极其严重的未成年被告人除另有从重情节外,一般可不判处无期徒刑。

第四十七条 【有期徒刑的刑期】

有期徒刑的刑期，从判决执行之日起计算；判决执行以前先行羁押的，羁押一日折抵刑期一日。

◆ 解读与适用

【拓展关键词】刑期折抵 同一行为的认定

《刑参》第916号案例“徐某危险驾驶案——已将无证驾驶机动车和使用伪造的机动车号牌等违法行为作为危险驾驶罪的量刑情节予以考虑，基于前述违法行为所处行政拘留的期间，能否折抵刑期”相关论述：危险驾驶罪是行政犯。徐某无证驾驶、使用伪造的机动车号牌等行为与醉驾行为均以驾驶行为为基础，系“同一行为”，可以作为危险驾驶罪的量刑情节。其被行政拘留的时间应当折抵危险驾驶罪的刑期。对于依附于驾驶行为的行政违法行为，行为人在实施这些行为的同时也在实施醉驾行为，故行政违法行为在物理状态上与醉驾犯罪行为是“同一行为”，不宜区分为两种性质的行为分别作出法律评价。在法律评价上，其他违反道路交通安全法的行为加大了醉驾行为的危险性，不宜单独评价为行政违法行为，而应当作为危险驾驶罪的从重处罚情节一并进行刑事责任上的评价。

《刑参》第1280号案例“陈某贩卖毒品案——先前被羁押行为与最终定罪行为并非同一行为时，羁押日期可否折抵刑期”相关论述：被告人最终被判处刑罚的犯罪行为如果与之前被采取刑事或行政拘留措施的行为系同一行为，其被刑事或行政拘留的期间应予折抵刑期。我国《行政处罚法》（1996年版）第28条明确规定：“违法行为构成犯罪，人民法院判处拘役或者有期徒刑时，行政机关已经给予当事人行政拘留的，应当依法折抵相应刑期。违法行为构成犯罪，人民法院判处罚金时，行政机关已经给予当事人罚款的，应当折抵相应罚金。”最高人民法院早在1957年9月30日给浙江省高级人民法院的《关于行政拘留日期应否折抵刑期等问题的批复》（〔1957〕法研字第20358号，已废止）中即指出：“如果被告人被判处刑罚的犯罪行为和以前受行政拘留处分的行为系同一行为，其被拘留的日期，应予折抵刑期；如果被判处刑罚的是另一犯罪行为，则其被拘留的日期当然不应折抵刑期。”此后，最高人民法院研究室于1988年2月23日在《关于行政拘留日期折抵刑期问题的电话答复》中提到：“同一行为”既可以是判决认定同一性质的全部犯罪行为，也可以是同一性质的部分犯罪行为。只要是以前受行政拘留处分的行为，后又作为犯罪事实的全部或者一部分加以认定，其行政拘留的日期即应予折抵刑期。针对并案处理或先后处理的数个犯罪行为，“同一行为”标准无法适用，此时可以采用“关联性”标准来进行刑期折抵。只要被采取先行羁押的数行为之间存在某种事实或程序上的关联就可以将先行羁押时间进行刑期折抵，从而达成一种国家与被告人双赢的结果。其中，事实上的关联是指先前被强制剥夺或限制人身自由的事实理由与最终被处罚的犯罪行为之间罪名相同或者属于同一选择性罪名或者在法律、事实上有密切关联。这种密切关联体现在不同犯罪的构成要件存在交叉或者是犯罪行为之间存在因果关系、手段目的关系、条件关系等牵连关系上，如洗钱犯罪与上游犯罪，抢劫罪、盗窃罪与之后处理赃物的掩饰、隐瞒犯罪所得罪。程序上的关联是指前罪羁押与后罪的侦查、起诉、审判活动是连续进行的，且前罪羁押为后罪的刑事诉讼活动提供了一定保障，则不论先前羁押的行为与最终定罪行为是否一致，都应视羁押与该犯罪嫌疑人的犯罪行为存在关联，可以将羁押的时间折抵刑期。针对行为人所实施的数个行为，公安机关不一定均采取刑事强制措施，完全可能针对甲行为采取行政强制措施或者予以行政拘留，而对乙行为采取刑事拘留、逮捕等刑事强制措施。此时需要区分情况来折抵刑期。如果甲行为不构成犯罪,针对甲行为所采取的行政强制措施不能折抵刑期。因为被告人的行政违法行为应当承担相应的行政法律责任,这是违法必究原则的体现,如果再予以折抵刑期,则在事实上使行为人的行政违法行为未受到追究,放纵了行为人的违法行为。

第五节 死 刑

第四十八条 【死刑的适用和核准】

死刑只适用于罪行极其严重的犯罪分子。对于应当判处死刑的犯罪分子,如果不是必须立即执行的,可以判处死刑同时宣告缓期二年执行。

死刑除依法由最高人民法院判决的以外,都应当报请最高人民法院核准。死刑缓期执行的,可以由高级人民法院判决或者核准。

◆ 解读与适用

【拓展关键词】民间矛盾引发的犯罪 罪行极其严重

死刑依法只适用于罪行极其严重的犯罪分子。对故意杀人、故意伤害、绑架、爆炸等涉黑、涉恐、涉暴刑事案件中罪行极其严重,严重危害国家安全和公共安全,严重危害公民生命权,或者严重危害社会秩序的被告人,依法应当判处死刑,人民法院未判处死刑的,人民检察院应当依法提出抗诉。①

《刑参》第 240 号案例"张某、杨某故意杀人案——公安机关待犯罪嫌疑人分娩后再采取强制措施的,能否视为审判时怀孕的妇女"相关论述:对限定刑事责任能力的精神病人一般不宜适用死刑。

《刑参》第 362 号案例"贾某故意杀人案——在被害方有明显过错的杀人案件中对被告人一般不应判处死刑立即执行"。

《刑参》第 393 号案例"闫某故意杀人、盗窃案——对既有法定从轻又具有法定从重处罚情节的被告人应当慎用死刑立即执行"。

《刑参》第 405 号案例"宋某运输毒品案——因同案犯在逃致使被告人在共同犯罪中地位、作用不明的应慎用死刑"。

《刑参》第 524 号案例"索某故意伤害案——故意伤害致死尊亲属的如何量刑"相关论述:对发生在家庭内部的案件应根据具体情形区别对待并不意味着对所有因婚姻家庭、邻里纠纷等民间矛盾激化引发的案件都要不分情况一律从宽处罚。被告人故意致死其父的手段特别残忍,情节特别恶劣,行为严重违背伦理道德的,在量刑时应充分考虑处罚的法律效果与社会效果。

《刑参》第 636 号案例"林某强奸案——在死刑案件中,被告人家属积极赔偿,取得被害方谅解,能否作为应当型从轻处罚情节"相关论述:对于那些严重危害社会治安、严重影响人民群众安全感的案件,犯罪情节特别恶劣、犯罪后果特别严重的案件以及犯罪分子的主观恶性极深、人身危险性极大的案件,即使被告人

---

① 参见郭某某参加黑社会性质组织、故意杀人、故意伤害案,最高人民检察院指导性案例第 18 号(高检发研字〔2014〕4 号)。

积极赔偿获得被害方谅解但论罪应当判处死刑的还是应依法判处死刑。

《刑参》第 657 号案例“覃某强奸、故意杀人案——对罪行极其严重的故意杀人未遂犯,能否适用死刑立即执行”相关论述:犯罪未遂只是“可以”并非“应当”比照既遂犯从轻或者减轻处罚。被告人虽然故意杀人未遂但其作案动机卑劣,犯罪手段极其残忍,情节极其恶劣,对被害人的身心造成了极大伤害,当地群众强烈要求严惩的,应以故意杀人罪判处死刑。

《刑参》第 1033 号案例“叶某、跑某走私、贩卖、运输毒品案——毒品犯罪中,有地位、作用突出的嫌疑人在逃的,是否影响对被告人死刑的适用”。

《刑参》第 1239 号案例“被告人胡某故意杀人、非法拘禁案——对严重危害社会治安和影响人民群众安全感的犯罪,应慎重把握被告人亲属代为赔偿情节对被告人量刑的影响”相关论述:被告人积极赔偿和被害人及其亲属谅解是重要的酌定从宽处罚情节,但要注意准确、全面把握。(1)被告人案发后对被害人积极进行赔偿,“可以”从宽量刑,而非“必须”从宽处罚。被告人不仅要有实际的赔偿,还应当认罪、悔罪。(2)若被害人及其亲属谅解而对被告人从轻处罚的上述规定,一般适用于“因婚姻家庭等民间纠纷激化引发的犯罪”。(3)被害人及其亲属谅解的本质是被告人与被害人及其亲属双方在自愿协商一致的基础上,通过被告人真诚悔罪,赔礼道歉并支付被害人的损失,以此来取得被害人及其亲属的谅解,从而修复被破坏的社会关系。在被害人死亡或者无法独立表达意志的情况下,对被害人亲属谅解的背景、原因是否确系真实、自愿,更要从严审查和把握,要注意审查是否违背社会良好风尚和公众朴素的正义情感。(4)被告人积极赔偿和被害人及其亲属谅解虽然是重要的酌定从宽处罚情节,但在严重刑事犯罪中,是否对被告人从宽处罚及从宽的幅度,必须结合犯罪事实、性质及其他情节进行综合衡量,给予适当、准确的评价,尤其是对并未认罪、悔罪的被告人,不能仅因其积极赔偿、取得谅解而从轻处罚。

《刑参》第 1240 号案例“张某故意杀人案——对于依法可以不核准死刑但被害方强烈要求核准死刑的案件如何裁判”相关论述:对因民间矛盾激化引发、被害方在案件前因上负有一定责任的案件,在量刑时应酌情从宽处罚。对依法可不判处死刑立即执行的案件,应当妥善处理被害方要求严惩的意愿与严格控制和慎重适用死刑政策之间的关系。在审理死刑案件时,应当考虑社情民意,但是当部分群众尤其是部分被害人亲属的要求带有强烈的个人感情色彩,背离法律、政策精神,甚至无原则地上访、闹访时,则不能一味地退让,对不应当判处死刑立即执行的案件,绝不能作出违反法律政策的判决,要坚决维护法治的权威。

《刑参》第 1241 号案例“张某故意杀人案——民间矛盾引发的死刑案件中,如何做好民事调解工作化解矛盾”相关论述:审理民间矛盾引发的死刑案件,不能仅看危害后果,还应综合考虑全案因素,严格贯彻宽严相济的刑事政策,依法、谨慎作出裁判。被告人是否具有从轻、从重处罚情节,直接决定法院能否主动出面做民事调解工作以及调解的力度和方式方法。因此,吃透案情,区分案件性质,判明被告人具有的量刑情节,是确定能否调解、如何调解的基础。

《刑参》第 1242 号案例“陈某故意杀人案——吸食毒品致精神障碍后故意杀人案件的处理原则”相关论述:一般来说,原因自由行为引起的犯罪,在处罚上可作为酌定从宽处罚的情节。毕竟在这种情形下实施的犯罪行为与正常情况下实施的犯罪行为,在罪质上特别是主观恶性上是有一定区别的。但是,原因自由行为产生的原因,行为人对原因自由行为的态度及行为所造成的危害后果也是必须考虑的因素。原因自由行为不能成为一律从宽处罚的理由。被告人陈某挟持幼童并不顾他人劝阻当众加以杀害,作案手段残忍,情节、后果严重。经司法精神病鉴定,陈某具有完全刑事责任能力,亦没有其他从轻处罚情节,依法判处其死刑是适当的。

《刑参》第 1257 号案例“崔某故意杀人案——被告人始终供述伙同他人作案,且在案证据不排除他人参与共同犯罪的,能否对其适用死刑”相关论述:对刑事案件的证明要求要始终坚持高标准、严要求的宗旨,即要求侦查终结移送审查起诉、提起公诉、作出有罪判决的证明标准都要达到“犯罪事实清楚,证据确实、充分”。而对死刑案件的证据要求，更是坚守“经得起历史检验”的底线和“必须得出唯一性结论”的红线。本案一、二审法院在现有证据证明不排除崔某伙同张某某共同犯罪，不能得出崔某是唯一作案人结论的情况下，认定崔某单独作案，继而以故意杀人罪判处崔某死刑显然不妥。

《刑参》第1258号案例“张某故意杀人案——故意杀人犯罪事实清楚，但不能排除其行为具有防卫性质的，能否适用死刑”相关论述：防卫行为属于阻却犯罪事由，是应当有证据证明的定罪量刑事实。在案证据不能排除被告人的行为存在防卫性质的可能性。最高人民法院以本案部分事实不清，证据不够确实、充分为由，依法作出不核准张某死刑的刑事裁定，是适当的。

《刑参》第1275号案例“牛某、张某、郭某等人绑架案——对多人共同致死一人的严重暴力犯罪案件，如何准确把握宽严相济刑事政策和死刑政策”相关论述：对多人共同致死一人的案件，应当充分考虑宽严相济和“严格控制、慎重适用死刑”的政策要求，在准确认定全案整体罪质和各被告人各自罪责大小的前提下，准确适用死刑，实现法律效果与社会效果的有机统一。对严重暴力犯罪案件的裁判，整体上要体现宽严相济刑事政策中依法“从严”的政策要求。在共同犯罪案件中判处一名以上被告人死刑的，要充分考虑罪行的整体严重程度和各主犯的具体罪责。

《刑参》第1279号案例“高某等贩卖、运输毒品，介绍卖淫案——共同犯罪中作用相对较大的主犯因具有法定从轻情节而未判处死刑的，对其他主犯能否适用死刑”相关论述：要从预谋、出资、分配利润、购买和出售毒品等多个角度准确区分各被告人在毒品共同犯罪中的地位、作用。在毒品共同犯罪中作用相对较大的主犯因具有法定从宽情节而未被判处死刑的，对其他罪责相对较小的主犯不应“升格”判处死刑。

《刑参》第1287号案例“刘某故意伤害案——对采用灌、泼硫酸方式故意伤害他人的，如何把握死刑适用标准”相关论述：对故意伤害犯罪适用死刑整体上应十分慎重。泼硫酸通常被认为属于特别残忍的犯罪手段，但如果行为后果不属于极其严重，则一般不判处行为人死刑立即执行。

《刑参》第1307号案例“常某、吴某运输毒品案——对毒品共同犯罪案件如何准确把握死刑政策”相关论述：判处2名以上主犯死刑符合罪刑相适应原则的，对罪责稍次的主犯亦可适用死刑。

第四十九条　【死刑的限制】①

犯罪的时候不满十八周岁的人和审判的时候怀孕的妇女，不适用死刑。

审判的时候已满七十五周岁的人，不适用死刑，但以特别残忍手段致人死亡的除外。

◆ 相关规定

最高人民法院研究室
关于如何理解“审判的时候怀孕的妇女不适用死刑”问题的电话答复
（1991年3月18日）

广东省高级人民法院：

你院（1990）粤法刑一文字第16号《关于如何理解“审判的时候怀孕的妇女不适用死刑”问题的请示》已

① 根据《刑法修正案（八）》新增第二款。

收悉。经研究,现答复如下:

在羁押期间已是孕妇的被告人,无论其怀孕是否属于违反国家计划生育政策,也不论其是否自然流产或者经人工流产以及流产后移送起诉或审判期间的长短,仍应执行我院(83)法研字第18号《关于人民法院审判严重刑事犯罪案件中具体应用法律的若干问题的答复》中对第三个问题的答复:"对于这类案件,应当按照刑法第四十四条和刑事诉讼法第一百五十四条的规定办理,即:人民法院对'审判的时候怀孕的妇女,不适用死刑'。如果人民法院在审判时发现,在羁押受审时已是孕妇的,仍应依照上述法律规定,不适用死刑。"

最高人民法院

关于对怀孕妇女在羁押期间自然流产审判时是否可以适用死刑问题的批复

(法释〔1998〕18号)

河北省高级人民法院:

你院冀高法〔1998〕40号《关于审判时对怀孕妇女在公安预审羁押期间自然流产,是否适用死刑的请示》收悉。经研究,答复如下:

怀孕妇女因涉嫌犯罪在羁押期间自然流产后,又因同一事实被起诉、交付审判的,应当视为"审判的时候怀孕的妇女",依法不适用死刑。

此复。

◆ 解读与适用

《刑参》第250号案例"韩某贩卖毒品、韩某平窝藏毒品案——被告人在羁押期间人工流产后脱逃,多年后又被抓获审判的,能否适用死刑"相关论述:所谓"审判时怀孕的妇女",不仅包括审判时正在怀孕的妇女也包括因犯罪被羁押时已怀孕但在审判前因某种原因自然或人工流产的妇女,即其范围包括刑事诉讼法的整个过程。怀孕妇女在羁押期间做人工流产时脱逃,之后又交付审判的,仍应当视为审判时怀孕的妇女。脱逃行为导致的是原诉讼程序的中止,并非结束,在其被抓捕归案后,原诉讼程序继续进行,而不是开始一个新的诉讼。如果起诉及审判的是流产之后的犯罪,则不属于同一事实的范围,不受上述规定的限制。

《刑参》第358号案例"古某等投放危险物质案——在危害公共安全罪中,没有造成一人以上死亡或多人以上重伤后果的,一般可不判处死刑立即执行"相关论述:被告人利用铱射线工业探伤机对人照射构成投放危险物质罪。核辐射损伤确有远后效应和遗传效应两大特点,但对于被辐射的某个个人而言,远后效应和遗传效应未必会出现,尚无法对此进行确切评价。

《刑参》第830号案例"胡某故意杀人案——如何理解刑法第49条'以特别残忍手段致人死亡'"相关论述:被告人在作案手段上选择的是持刀杀人,而并非其他非常见的凶残狠毒的方法,被告人仅仅捅刺了一刀并非连续捅刺,犯罪手段一般,不属于"以特别残忍手段致人死亡"。对"特别残忍手段"与"情节特别恶劣"应当区别认定。以"特别残忍手段致人死亡"仅仅是"情节特别恶劣"的情形之一。一审法院将有预谋、在公共场合行凶等事实作为"特别残忍手段"的认定依据混淆了"特别残忍的手段"与"情节特别恶劣"的认定,不当地扩大了老年人犯罪死刑适用的范围。由于《刑法》第17条之一的规定可以延伸出适用从轻或者减轻处罚和不适用从轻或者减轻处罚的可能,故同时引用《刑法》第17条之一和第49条第2款的规定是妥当的。

《刑参》第1022号案例"尹某故意杀人案——如何理解和适用审判的时候已满75周岁的人一般不判处死刑的法律规定"相关论述:被告人在侦查、起诉以及一审、二审期间未满75周岁,但在死刑符合程序中年龄达到75周岁的,仍然应当认定其为"审判的时候"年满75周岁。对"特别残忍手段"的认定不能泛化。一般认为,出自冷酷坚决的犯意,给被害人的肉体和精神造成特别严重的痛苦、折磨、恐惧的,可视为特别残忍手段。

《刑参》第 1220 号案例“依某等组织、领导、参加恐怖组织，故意杀人案——如何把握恐怖活动组织成员的罪责认定及暴恐犯罪的死刑适用”相关论述：在严惩恐怖活动犯罪的同时，不能因为强调严厉打击而对罪行严重但依法不适用死刑的暴恐犯罪分子判处死刑。《刑法》第 49 条第 1 款规定：“犯罪的时候不满 18 周岁的人和审判的时候怀孕的妇女，不适用死刑。”该款规定的“不适用死刑”，既包括不适用死刑立即执行，也包括不适用死刑缓期 2 年执行，因为死刑缓期 2 年执行不是独立的刑种，而是死刑的一种执行方式。同时，该款规定的“不适用死刑”是绝对不适用死刑，即对犯罪的时候不满 18 周岁的人和审判的时候怀孕的妇女一律不适用死刑，不存在适用死刑的例外情况。“审判的时候怀孕的妇女”应理解为在审判的时候被告人是怀孕的妇女，包括审判前在羁押时已经怀孕的妇女，也包括在羁押期间已怀孕但自然流产或人工流产的妇女。具体到本案，被告人帕某属于恐怖活动组织的积极参加者和恐怖杀人行为的直接实施者，罪行极其严重，但鉴于其作案时系怀孕的妇女，依法不适用死刑（包括死刑缓期 2 年执行），人民法院最终判处其无期徒刑。

《刑参》第 1256 号案例“白某、谭某故意杀人、抢劫、强奸案——共同故意杀人犯罪中各被告人地位、作用的区分”相关论述：共同致一人死亡的，原则上判处一人死刑，这是司法实践和刑法理论界已经普遍认同的原则。这个原则也适用于严重危害社会治安、严重影响人民群众安全感的故意杀人案件。该原则对共同故意杀人案中判处死刑的人数能够起到有效的控制作用，是准确贯彻“严格控制和慎重适用死刑”政策的体现和要求。换言之，共同故意杀人致一人死亡的，判处 2 人死刑应当作为例外情况。对于共同故意杀人致一人死亡的案件，如果杀人手段特别残忍，情节特别恶劣，被害人家属、当地群众或者社会舆论反映很强烈的，也可以判处两人死刑，但作出判决时一定要慎之又慎。二被告人实施强奸犯罪后为灭口将被害少女杀害，犯罪动机卑劣，情节、后果特别严重，社会影响极其恶劣，属于应当适用死刑予以严惩的案件。但由于被告人谭某在被采取强制措施时已怀孕数月，属于“审判的时候怀孕的妇女”，对其依法不能适用死刑。在共同故意杀人犯罪中，有两名以上主犯的，应进一步细分其地位、作用。

《刑参》第 1273 号案例“刘某故意伤害案——故意伤害致人死亡且被告人有多次前科的，如何正确适用死刑”相关论述：对故意伤害致人死亡的案件，犯罪手段特别残忍，情节特别恶劣的才可以考虑判处被告人死刑。被告人具有前科的，要根据前科的具体情形客观评估其人身危险性，不能一概而论。

第五十条 【死缓的执行】①②

判处死刑缓期执行的，在死刑缓期执行期间，如果没有故意犯罪，二年期满以后，减为无期徒刑；如果确有重大立功表现，二年期满以后，减为二十五年有期徒刑；如果故意犯罪，情节恶劣的，报请最高人民法院核准后执行死刑；对于故意犯罪未执行死刑的，死刑缓期执行的期间重新计算，并报最高人民法院备案。

---

① 根据《刑法修正案八》修订。原条文主要内容为：判处死刑缓期执行的，在死刑缓期执行期间，如果没有故意犯罪，二年期满以后，减为无期徒刑；如果确有重大立功表现，二年期满以后，减为十五年以上二十年以下有期徒刑；如果故意犯罪，查证属实的，由最高人民法院核准，执行死刑。

② 根据《刑法修正案（九）》对第一款进行了修订。原条文第一款主要内容为：判处死刑缓期执行的，在死刑缓期执行期间，如果没有故意犯罪，二年期满以后，减为无期徒刑；如果确有重大立功表现，二年期满以后，减为二十五年有期徒刑；如果故意犯罪，查证属实的，由最高人民法院核准，执行死刑。

对被判处死刑缓期执行的累犯以及因故意杀人、强奸、抢劫、绑架、放火、爆炸、投放危险物质或者有组织的暴力性犯罪被判处死刑缓期执行的犯罪分子，人民法院根据犯罪情节等情况可以同时决定对其限制减刑。

◆ 法律法规指引

《最高人民法院关于死刑复核及执行程序中保障当事人合法权益的若干规定》(法释〔2019〕12号)

《最高人民法院关于死刑缓期执行限制减刑案件审理程序若干问题的规定》(法释〔2011〕8号)

《最高人民法院、最高人民检察院关于对死刑判决提出上诉的被告人在上诉期满后宣判前提出撤回上诉人民法院是否准许的批复》(法释〔2010〕10号)

《关于办理死刑案件审查判断证据若干问题的规定》和《关于办理刑事案件排除非法证据若干问题的规定》(法发〔2010〕20号)

《最高人民法院关于对被判处死刑的被告人未提出上诉、共同犯罪的部分被告人或者附带民事诉讼原告人提出上诉的案件应适用何种程序审理的批复》(法释〔2010〕6号)

《最高人民法院关于统一行使死刑案件核准权有关问题的决定》(法释〔2006〕12号)

◆ 解读与适用

【拓展关键词】限制减刑

“判处死刑缓期执行的，在死刑缓期执行期间，如果没有故意犯罪，二年期满以后，减为无期徒刑”，即没有满二年的不得减为无期徒刑。此为反对解释，即根据刑法条文的正面表述，推导其反面含义。反对解释只有在法条所确定的条件为法律效果的全部条件，是法律效果的必要条件时才能采用。①

对于因民间矛盾引发的故意杀人案件，被告人犯罪手段残忍，且系累犯，论罪应当判处死刑，但被告人亲属主动协助公安机关将其抓捕归案，并积极赔偿的，人民法院根据案件具体情节，从尽量化解社会矛盾角度考虑，可以依法判处被告人死刑，缓期2年执行，同时决定限制减刑。②

《刑参》第59号案例“庄某抢劫案——犯罪嫌疑人一经传唤即如实供认犯罪事实的可否认定为自首”相关论述：死刑缓期2年执行不是独立的刑种，而是死刑的一种执行方式，对被告人适用死刑缓期2年执行不是从轻处罚。如从轻处罚则应在死刑以下选择较轻的刑种量刑。在被告人因具有自首情节而对其判处死刑缓期2年执行的裁判文书中，不可表述为“从轻处罚”，而应表述为“被告人的行为论罪应当判处死刑，但鉴于被告人有自首情节，对被告人判处死刑可不立即执行”。

《刑参》第739号案例“宋某、平某抢劫、盗窃案——对共同犯罪中判处死刑缓期执行的被告人如何决定限制减刑”相关论述：决定限制减刑遵循三项原则：一是罪刑法定原则。对判处死刑缓期执行的被告人只在三种情形下可以同时决定限制减刑。二是罪刑相适应原则。要全面分析量刑情节，对于判处死缓不需要限制减刑就能做到有效制裁犯罪的案件，绝不应当对被告人限制减刑。三是有利于严格执行死刑政策原则。对判处死刑缓期执行的被告人适用限制减刑，针对的是以往应判处死刑立即执行的案件，而不是以往论罪当

---

① 参见张明楷：《刑法分则的解释原理》，中国人民大学出版社2004年版，第27页。

② 参见李某故意杀人案，最高人民法院指导案例12号(最高人民法院审判委员会讨论通过，2012年9月18日发布)。

判处死刑缓期执行的案件。

《刑参》第 1369 号案例“高某某故意伤害案——死刑缓期执行期间故意犯罪案件‘情节恶劣’的把握”相关论述:《刑法修正案(九)》关于死刑缓期执行期间故意犯罪“情节恶劣的”才能执行死刑的规定应当适用于该修正案实施之前已经判决并生效的死刑缓期执行罪犯。“情节恶劣”的认定应当根据故意犯罪的动机、手段、造成的危害后果等犯罪情节并结合罪犯在缓期执行期间的改造、悔罪表现等综合作出判断。现行《刑法》分则中关于“情节恶劣”的规定共有 10 条。其中危险驾驶罪等九个条文将“情节恶劣”规定为入罪条件,针对的是故意犯罪的一般情形。另外强奸罪中的“情节恶劣”是加重处罚情节。在死缓罪犯是否变更执行死刑的问题上,不能“一刀切”,设置死缓制度的目的决定了死缓的适用条件同样也就决定了死缓的撤销条件。“情节恶劣”的认定既包括对被告人主观心态和人格的判断也包括对其客观行为表现的判断。对死刑缓期执行期间故意犯罪的罪犯决定不执行死刑的,不需再经过高级人民法院的复核程序;决定执行死刑的,则需要经过最高人民法院核准。

第五十一条 【死缓刑期的起算时间】

死刑缓期执行的期间,从判决确定之日起计算。死刑缓期执行减为有期徒刑的刑期,从死刑缓期执行期满之日起计算。

◆ 解读与适用

《刑参》第 402 号案例“范某抢劫、盗窃案——死刑缓期执行期间发现漏罪被判决后仍决定死刑缓期二年执行的是否需要重新核准”相关论述:新的死缓判决应报请高级人民法院重新核准。被告人死刑缓期执行的期间应从新的死缓判决确定之日起计算,已经执行的死缓期间不应计算在新的死缓判决的执行期间之内。

《刑参》第 775 号案例“陈某故意伤害案——死刑缓期执行期间因有漏罪而被起诉,在漏罪审理期间又故意犯新罪,是否属于死刑缓期执行期间故意犯罪情形”相关论述:被告人的故意伤害行为客观上实施于前罪判决确定之后的死刑缓期执行期间且主观上明知自己先前所犯罪行已经被法院判处死刑缓期执行、自己正处于死刑缓期执行期间,这应当属于在死刑缓期执行期间故意犯罪的情形,应当依法核准执行死刑。在死刑缓期执行期间因有漏罪而被起诉,在漏罪审理期间又故意犯新罪的,认定其属于在死刑缓期执行期间故意犯罪的情节。在死刑缓期执行期间因有漏罪被起诉,在漏罪审理期间又故意犯新罪,并不改变罪犯因前罪被判处死刑缓期执行期间的起算日期。

《刑参》第 1278 号案例“张某脱逃案——死刑缓期执行期间犯脱逃罪的,追诉时效及死缓执行期间的计算问题”相关论述:因认定张某脱逃罪已过追诉时效裁定终止审理,即表明刑法对张某的此项犯罪已经不再追诉,不需要数罪并罚重新判决,故不能适用死刑缓期执行期间重新计算的规定。因过追诉时效法院裁定终止审理,即应当视其为无罪处理,不能理解为构成故意犯罪免予刑事处罚。我国的时效制度规定仅限于追诉时效,而不包括行刑时效。任何人未经审判不得被认定为有罪。本案裁定终止审理的情形不同于一审认定被告人有罪,二审期间因被告人死亡而裁定终止审理的情形,因后一种情形一审已经认定被告人有罪。本案的终止审理是对犯罪不予追诉,不能适用关于犯新罪的重新计算死缓执行期间的规定。对于本案,其案情既不符合重新计算死刑缓期执行期间的规定又不能依据漏罪的规定直接将已执行期间计入死刑缓期执行期间内,属于尚无明确规定的情形。我们认为,应坚持从旧兼从轻,从有利于被告人的原则出发,按照《刑法修正案(九)》规定的思路、目的对张某的死刑缓期执行期间应连续计算,但其脱逃的期间必须予以扣除,并适用《最高人民法院关于办理减刑、假释案件具体应用法律的规定》第12条,即死刑缓期执行罪犯在缓期执行期间不服从监管、抗拒改造,尚未构成犯罪的,在减为无期徒刑后再减刑时应当适当从严。

第六节 罚 金

第五十二条 【罚金数额】

判处罚金,应当根据犯罪情节决定罚金数额。

第五十三条 【罚金缴纳】①

罚金在判决指定的期限内一次或者分期缴纳。期满不缴纳的,强制缴纳。对于不能全部缴纳罚金的,人民法院在任何时候发现被执行人有可以执行的财产,应当随时追缴。

由于遭遇不能抗拒的灾祸等原因缴纳确实有困难的,经人民法院裁定,可以延期缴纳、酌情减少或者免除。

◆ 相关规定

最高人民法院
关于适用财产刑若干问题的规定
(法释〔2000〕45号)

第一条 刑法规定“并处”没收财产或者罚金的犯罪,人民法院在对犯罪分子判处主刑的同时,必须依法判处相应的财产刑;刑法规定“可以并处”没收财产或者罚金的犯罪,人民法院应当根据案件具体情况及犯罪分子的财产状况,决定是否适用财产刑。

第二条 人民法院应当根据犯罪情节,如违法所得数额、造成损失的大小等,并综合考虑犯罪分子缴纳罚金的能力,依法判处罚金。刑法没有明确规定罚金数额标准的,罚金的最低数额不能少于一千元。

对未成年人犯罪应当从轻或者减轻判处罚金,但罚金的最低数额不能少于五百元。

第三条 依法对犯罪分子所犯数罪分别判处罚金的,应当实行并罚,将所判处的罚金数额相加,执行总和数额。

一人犯数罪依法同时并处罚金和没收财产的,应当合并执行;但并处没收全部财产的,只执行没收财产刑。

第四条 犯罪情节较轻,适用单处罚金不致再危害社会并具有下列情形之一的,可以依法单处罚金:

(一)偶犯或者初犯;

(二)自首或者有立功表现的;

(三)犯罪时不满十八周岁的;

(四)犯罪预备、中止或者未遂的;

---

① 根据《刑法修正案(九)》修订。

（五）被胁迫参加犯罪的；

（六）全部退赃并有悔罪表现的；

（七）其他可以依法单处罚金的情形。

第五条 刑法第五十三条规定的"判决指定的期限"应当在判决书中予以确定；"判决指定的期限"应为从判决发生法律效力第二日起最长不超过三个月。

第六条 刑法第五十三条规定的"由于遭遇不能抗拒的灾祸缴纳确实有困难的"，主要是指因遭受火灾、水灾、地震等灾祸而丧失财产；罪犯因重病、伤残等而丧失劳动能力，或者需要罪犯抚养的近亲属患有重病，需支付巨额医药费等，确实没有财产可供执行的情形。

具有刑法第五十三条规定"可以酌情减少或者免除"事由的，由罪犯本人、亲属或者犯罪单位向负责执行的人民法院提出书面申请，并提供相应的证明材料。人民法院审查以后，根据实际情况，裁定减少或者免除应当缴纳的罚金数额。

第七条 刑法第六十条规定的"没收财产以前犯罪分子所负的正当债务"，是指犯罪分子在判决生效前所负他人的合法债务。

第八条 罚金刑的数额应当以人民币为计算单位。

第九条 人民法院认为依法应当判处被告人财产刑的，可以在案件审理过程中，决定扣押或者冻结被告人的财产。

第十条 财产刑由第一审人民法院执行。

犯罪分子的财产在异地的，第一审人民法院可以委托财产所在地人民法院代为执行。

第十一条 自判决指定的期限届满第二日起，人民法院对于没有法定减免事由不缴纳罚金的，应当强制其缴纳。

对于隐藏、转移、变卖、损毁已被扣押、冻结财产情节严重的，依照刑法第三百一十四条的规定追究刑事责任。

☞ 其他相关规定见章后二维码

◆ 解读与适用

《刑参》第82号案例"杨某等走私毒品案——仅因形迹可疑被公安机关盘问即如实交代罪行的应认定为自首"相关论述：刑法规定的是"并处"而非"可以并处"，人民法院在对犯罪分子判处主刑的同时必须"并处没收财产"或"并处罚金"。

《刑参》第596号案例"法院裁定终结执行被执行人龙某罚金案——《刑法》第53条规定的罚金减免程序如何操作"相关论述：在地震中受灾严重可以成为减免罚金的提起事由。减免罚金的启动程序原则上应该由被执行人或其家属向人民法院提出申请并由被执行人承担相关举证责任。并不排除特殊情况下司法机关了解到相关情况后根据法律向当事人进行释明、提醒，甚至帮助申请人履行证明责任。现行的由一审法院执行机构或刑庭负责的做法都无所谓违法，不同的观点都是在对这一问题寻求一种更优的解决方案。在实践中，尚未交付执行的，可由原审判庭办理。因为从罚金的减免是对既定刑罚的变更这一角度来看，这一问题属于对实体问题的处分，由原审法院刑庭负责更符合职能划分。已交付执行庭的，由执行庭办理。虽然由原审法院刑庭决定后再交由执行部门多了一道流转程序，但由于法定的财产刑减免事由明确，审查并不需要多长时间，应当能够实现提高诉讼效率的要求。

《刑参》第829号案例"朱某等非法经营案——如何依据法定情节对罚金刑减轻适用"相关论述：在对主刑选择从轻的同时对罚金刑也可以适用减轻。审判实践中，刑事裁判文书表述的"从轻、减轻处罚"仅指对主刑从轻或者减轻适用。鉴于量刑情节的调节结果理应在裁判文书中明确表述，对罚金刑受量刑情节调节的结果也应当在裁判文书中进行表述，特别是在自由刑与罚金刑不同时从轻、减轻处罚时，更应当表述清楚。

第七节 剥夺政治权利

第五十四条 【剥夺政治权利的内容】

剥夺政治权利是剥夺下列权利：

（一）选举权和被选举权；

（二）言论、出版、集会、结社、游行、示威自由的权利；

（三）担任国家机关职务的权利；

（四）担任国有公司、企业、事业单位和人民团体领导职务的权利。

第五十五条 【剥夺政治权利的期限】

剥夺政治权利的期限，除本法第五十七条规定外，为一年以上五年以下。

判处管制附加剥夺政治权利的，剥夺政治权利的期限与管制的期限相等，同时执行。

第五十六条 【剥夺政治权利适用的对象】

对于危害国家安全的犯罪分子应当附加剥夺政治权利；对于故意杀人、强奸、放火、爆炸、投毒、抢劫等严重破坏社会秩序的犯罪分子，可以附加剥夺政治权利。

独立适用剥夺政治权利的，依照本法分则的规定。

◆ 相关规定

最高人民法院
关于对故意伤害、盗窃等严重破坏社会秩序的犯罪分子
能否附加剥夺政治权利问题的批复
（1997年12月31日发布）

福建省高级人民法院：

你院《关于对故意伤害、盗窃（重大）等犯罪分子被判处有期徒刑的，能否附加剥夺政治权利的请示》收悉。经研究，答复如下：

根据刑法第五十六条规定，对于故意杀人、强奸、放火、爆炸、投毒、抢劫等严重破坏社会秩序的犯罪分子，可以附加剥夺政治权利。对故意伤害、盗窃等其他严重破坏社会秩序的犯罪，犯罪分子主观恶性较深、犯罪情节恶劣、罪行严重的，也可以依法附加剥夺政治权利。

最高人民法院
关于审理未成年人刑事案件具体应用法律若干问题的解释(节选)

(2006年1月23日施行)

详见《刑法》第17条刑事责任年龄的相关规定

第十四条 除刑法规定"应当"附加剥夺政治权利外,对未成年罪犯一般不判处附加剥夺政治权利。

如果对未成年罪犯判处附加剥夺政治权利的,应当依法从轻判处。

对实施被指控犯罪时未成年、审判时已成年的罪犯判处附加剥夺政治权利,适用前款的规定。

最高人民法院
关于在执行附加刑剥夺政治权利期间犯新罪应如何处理的批复

(法释〔2009〕10号)

上海市高级人民法院:

你院《关于被告人在执行附加刑剥夺政治权利期间重新犯罪适用法律问题的请示》(沪高法〔2008〕24号)收悉。经研究,批复如下:

一、对判处有期徒刑并处剥夺政治权利的罪犯,主刑已执行完毕,在执行附加刑剥夺政治权利期间又犯新罪,如果所犯新罪无须附加剥夺政治权利的,依照刑法第七十一条的规定数罪并罚。

二、前罪尚未执行完毕的附加刑剥夺政治权利的刑期从新罪的主刑有期徒刑执行之日起停止计算,并依照刑法第五十八条规定从新罪的主刑有期徒刑执行完毕之日或者假释之日起继续计算;附加刑剥夺政治权利的效力施用于新罪的主刑执行期间。

三、对判处有期徒刑的罪犯,主刑已执行完毕,在执行附加刑剥夺政治权利期间又犯新罪,如果所犯新罪也剥夺政治权利的,依照刑法第五十五条、第五十七条、第七十一条的规定并罚。

◆ 解读与适用

对于犯诈骗、受贿等罪能否附加剥夺政治权利的问题,实务中有的法院认为受贿罪不属于《刑法》第56条规定的剥夺政治权利的范畴;①有的法院认为立法机关和最高裁判机关将适用剥夺政治权利附加刑的案件范围授权于司法审判机关。人民法院在审理案件时,对哪些罪名适用剥夺政治权利附加刑或是否对被告人适用剥夺政治权利附加刑,并不限于刑法或司法解释相关条文所明列的罪名。②

《刑参》第98号案例"方某投毒案——针对特定的被害人投放毒物致死伤多人的行为应如何定性及对犯罪的外国人能否附加剥夺政治权利"相关论述:被告人系外国人,不享有政治权利,不能附加剥夺政治权利。

---

① 王某受贿、贪污、滥用职权一案,湖北省随州市中级人民法院刑事判决书(2016)鄂13终93号。

② 陈某某等犯诈骗罪一案,四川省绵阳市中级人民法院刑事裁定书(2018)川07刑终217号。

第五十七条 【剥夺政治权利终身的适用】

对于被判处死刑、无期徒刑的犯罪分子，应当剥夺政治权利终身。

在死刑缓期执行减为有期徒刑或者无期徒刑减为有期徒刑的时候，应当把附加剥夺政治权利的期限改为三年以上十年以下。

第五十八条 【剥夺政治权利刑的刑期计算和监管】

附加剥夺政治权利的刑期，从徒刑、拘役执行完毕之日或者从假释之日起计算；剥夺政治权利的效力当然施用于主刑执行期间。

被剥夺政治权利的犯罪分子，在执行期间，应当遵守法律、行政法规和国务院公安部门有关监督管理的规定，服从监督；不得行使本法第五十四条规定的各项权利。

◆ 解读与适用

《刑参》第442号案例“焦某盗窃案——剥夺政治权利执行期间重新犯罪如何计算未执行完毕的剥夺政治权利的刑期”相关论述：剥夺政治权利的执行可以发生中止，在计算前罪尚未执行完毕的剥夺政治权利的刑期时应以被告人重新犯罪的被羁押时间为中止时间。被告人因重新犯罪被羁押后，前罪尚未执行完毕的剥夺政治权利的执行可以中止。如果不认为可以中止，将会放任因重新犯罪被异地羁押的被告人在剥夺政治权利期间行使其政治权利。

《刑参》第1418号案例“王某盗窃案——前罪判决因漏罪判附加剥夺政治权利被再审纠正的，数罪并罚时剩余剥夺政治权利刑期应如何计算”相关论述：在剥夺政治权利执行期间犯新罪，主刑执行期间应停止计算剥夺政治权利刑期。前罪再审改判确认的剥夺政治权利执行期间，不必然影响本罪应予并罚的剩余剥夺政治权利刑期的计算。王某因本案被羁押的期间不能视为执行主刑，故该期间应计入剥夺政治权利执行刑期；而在本案判决时，其被羁押的期间已经折抵为主刑，剥夺政治权利的效力当然施用于此，故不应将该期间计入剥夺政治权利的刑期。因此本案判决中应予并罚的尚未执行完毕的剥夺政治权利刑期应作相应延长。

第八节 没收财产

第五十九条 【没收财产的范围】

没收财产是没收犯罪分子个人所有财产的一部或者全部。没收全部财产的，应当对犯罪分子个人及其扶养的家属保留必需的生活费用。

在判处没收财产的时候，不得没收属于犯罪分子家属所有或者应有的财产。

☞ 相关规定见章后二维码

◆ 解读与适用

最高人民法院研究室
关于如何执行没收个人全部财产问题的研究意见①(节选)

经认真研究,最高人民法院研究室认为:根据《刑法》第59条、第64条的规定,没收个人全部财产,应当是没收犯罪分子个人合法所有的全部财产。如相关财产属于违法所得,应通过追缴、退赔程序予以追回;如相关财产确属犯罪分子家属所有或者应有的财产,也不得作为没收对象。在没收财产前,如犯罪分子的财产与其他家庭成员的财产处于共有状态,应当从中分割出属于犯罪分子个人所有的财产后予以没收。主要考虑如下:

(1)作为附加刑的没收财产,只能是没收犯罪分子的合法财产。《刑法》第59条虽然没有明确规定没收财产是没收犯罪分子个人合法所有的财产,但第64条规定:"犯罪分子违法所得的一切财物,应当予以追缴或者责令退赔;对被害人的合法财产,应当及时返还;违禁品和供犯罪所用的本人财物,应当予以没收。"可见,如果是犯罪分子违法所得的财产,应当通过追缴、退赃、退赔程序解决;如果是犯罪分子所有的违禁品和供犯罪所用的本人财物,应当予以没收,均不属于财产刑的范畴。作为附加刑的没收财产,只能是没收犯罪分子的合法财产。

(2)没收财产只能没收犯罪分子个人所有的财产。《刑法》第59条规定:"没收财产是没收犯罪分子个人所有财产的一部或者全部。没收全部财产的,应当对犯罪分子个人及其扶养的家属保留必需的生活费用。""在判处没收财产的时候,不得没收属于犯罪分子家属所有或者应有的财产。"因此,在没收财产前,如犯罪分子的财产与其他家庭成员的财产处于共有状态的,应当根据民事分割财产的规则,从中分割出属于犯罪分子个人所有的财产后予以没收。对于确属犯罪分子家属所有或者应有的财产,不得作为没收对象。

(3)在执行没收财产刑时发现犯罪分子的财产系违法所得或者系来源不明的巨额财产的,应当依法处置。刑法规定对经济犯罪、职务犯罪等并处财产刑,以及第64条规定"犯罪分子违法所得的一切财物,应当予以追缴或者责令退赔"的主要目的,是为了不让犯罪分子在经济上占便宜,并且剥夺其再犯罪的经济能力。如果在执行阶段,发现犯罪分子的财产系违法所得或者系来源不明的巨额财产的,不能简单地以刑事判决没有认定和判决为由,推定为犯罪分子的合法财产,并让其家属占有巨额的非法财产。对于能够认定为违法所得的,应当根据《刑法》第64条的规定裁定予以追缴;对于有证据证明确系国家工作人员来源不明的巨额财产,而没有依法追诉和判决的,应当建议检察机关依法追诉,人民法院依法作出判决后根据《刑法》第395条的规定予以追缴。

第六十条 【债务优先偿还】

没收财产以前犯罪分子所负的正当债务,需要以没收的财产偿还的,经债权人请求,应当偿还。

---

① 参见黄应生:《关于如何执行没收个人全部财产问题的研究意见》,载张军主编、最高人民法院研究室编著:《司法研究与指导》第2辑,人民法院出版社2012年版。

◆ 相关规定

最高人民法院
关于刑事裁判涉财产部分执行的若干规定(节选)
(法释〔2014〕13号)

详见《刑法》第52条罚金刑和第64条财产处置相关规定

第十三条 被执行人在执行中同时承担刑事责任、民事责任,其财产不足以支付的,按照下列顺序执行:

(一)人身损害赔偿中的医疗费用;

(二)退赔被害人的损失;

(三)其他民事债务;

(四)罚金;

(五)没收财产。

债权人对执行标的依法享有优先受偿权,其主张优先受偿的,人民法院应当在前款第(一)项规定的医疗费用受偿后,予以支持。

▶▶▶ 本章其他相关规定

第四章　刑罚的具体运用

第一节　量　　刑

第六十一条　【量刑的原则】

对于犯罪分子决定刑罚的时候，应当根据犯罪的事实、犯罪的性质、情节和对于社会的危害程度，依照本法的有关规定判处。

☞ 相关规定见章后二维码

第六十二条　【从轻、从重情节】

犯罪分子具有本法规定的从重处罚、从轻处罚情节的，应当在法定刑的限度以内判处刑罚。

◆ 解读与适用

【拓展关键词】优势情节　逆向情节　定罪情节　量刑情节

《刑参》第27号案例"金某等贩卖毒品案——对于有立功表现的毒品犯罪分子应如何适用刑罚"相关论述：立法规定的"可以从轻、减轻处罚或者免除处罚"，应理解为在没有其他特殊情况的条件下，对有立功表现的犯罪分子一般均应当从轻、减轻处罚或者免除处罚。

《刑参》第58号案例"阎某等故意杀人案——被告人同时具备多种法定从轻、减轻、免除处罚情节和其他酌定情节的如何具体量刑"相关论述：犯罪情节是指犯罪构成必要要件以外能够影响社会危害程度的各种具体事实情况。量刑情节分为法定情节和酌定情节两种。

《刑参》第615号案例"郝某盗窃案——如何认定盗窃犯罪案件中的'情节轻微，不需要判处刑罚'"相关论述：数额是认定盗窃犯罪情节轻微的主要依据但不是唯一依据。犯罪情节包括定罪情节和量刑情节。犯罪情节是否轻微应结合定罪情节和量刑情节综合判定。定罪情节是案件事实中具有犯罪构成要件内容的要素，能够说明犯罪的基本性质。量刑情节是指对构成犯罪的行为，决定对行为人是否需要判处刑罚以及判刑轻重的情节。刑法中关于数额犯的规定基本上采取了以犯罪数额为基础决定基准刑的方式。犯罪数额对法定刑幅度的选择具有直接的决定力并且是决定具体宣告刑的依据。但数额的客观度量标准功能是相对的，在不具备其他法定从宽情节的情况下，数额是判定犯罪行为严重程度的主要标准，但有特殊情况，《刑法》第13条、第37条、第63条第2款等法律明确规定根据具体情节可以突破数额减刑、免刑，甚至是不作为犯罪处理。量刑情节不仅包括犯罪构成事实而且包括犯罪构成事实以外的与行为的社会危害性与人身危险性有关的所有事实。①

---

① 参见郝某盗窃案，载《最高人民法院公报》2011年第5期。

《刑参》第 994 号案例“黄某故意杀人案——逆向情节并存时如何把握量刑的一般原则以及因民间纠纷激化行凶杀人，既具有杀死纠纷一方成年人，杀死、杀伤无辜儿童等从重处罚情节，又具有自首等从轻处罚情节的，如何准确把握量刑尺度”相关论述：逆向情节并存时量刑的基本步骤：一是考察案件各量刑情节对量刑的影响程度。二是将这些情节对量刑的影响程度的大小进行分析比较。对于显著优势情节，一般应当在综合案情的前提下优先适用。三是如果逆向情节相互间并无优势且大致相当（主要是指只有从轻情节和从重情节并存的情形），则先考虑从重情节，估量出刑种与刑度，然后考虑从轻情节，确定最终的刑罚。适用优势量刑情节应当把握罪中情节一般优于罪前、罪后情节。单一的应当型情节与可以型情节相比，单一的法定情节与酌定情节相比，前者一般为优势情节。从重与减轻情节并存时，减轻情节一般为优势情节。从重与免刑情节并存时，免刑情节一般为优势情节。优势情节可以由多个同向情节累计形成。应当型情节相对于可以型情节、法定情节相对与酌定情节的优势不是绝对的。从重情节与从轻情节并存难以确定优势情节时一般应当先考虑所有的从重处罚的情节，在此基础上先拟定一个要判处的刑罚，之后在从重处罚的基础上再考虑所有的从轻处罚情节，即“先从重再从轻”。

第六十三条　【减轻情节】①

犯罪分子具有本法规定的减轻处罚情节的，应当在法定刑以下判处刑罚；本法规定有数个量刑幅度的，应当在法定量刑幅度的下一个量刑幅度内判处刑罚。

犯罪分子虽然不具有本法规定的减轻处罚情节，但是根据案件的特殊情况，经最高人民法院核准，也可以在法定刑以下判处刑罚。

◆ 解读与适用

【拓展关键词】补正解释　法定刑与刑种

结合《刑法》第 99 条的规定，该条规定的“以下”用语错误，应解释为“低于法定刑判处刑罚”，此为补正解释。②

法定刑与刑种不是等同概念。例如故意杀人罪共有两档法定刑，前一档法定刑为：“死刑、无期徒刑或者十年以上有期徒刑”，其中包含了三个刑种，但应认为其只是一个法定刑，而不能认为其中有三个法定刑。因此，当适用这一法定刑减轻处罚时，只能判处低于十年有期徒刑的刑罚，判处死缓、无期徒刑或者十年以上有期徒刑时，不属于减轻处罚。③

【拓展关键词】特殊情况在法定最低刑以下量刑

《刑参》第 111 号案例“李某等人故意伤害案——对不具有法定减轻处罚情节的犯罪分子应如何适用刑罚”相关论述：“特殊情况”主要是指案件的处理具有特殊性，一般应是涉及政治、外交、统战、民族、宗教等国家利益的特殊需要。

《刑参》第 182 号案例“程某绑架案——特殊情况下减轻处罚的适用”相关论述：“特殊情况”当然应是指

---

① 根据《刑法修正案（八）》对第一款进行修订。原条文第一款主要内容为：犯罪分子具有本法规定的减轻处罚情节的，应当在法定刑以下判处刑罚。

② 张明楷：《刑法分则的解释原理》，中国人民大学出版社 2004 年版，第 23 页。

③ 张明楷：《刑法分则的解释原理》，中国人民大学出版社 2004 年版，第 77 页。

政治、外交等特殊情况但也不应绝对化。理解的过宽过严都不行。1979 年《刑法》规定的“判处法定刑的最低刑还是过重的，经人民法院审判委员会决定，也可以在法定刑以下判处刑罚”是符合实际的。对极个别在法定最低刑内判处确实明显罪刑不相适应的案件，也可以适用 1979 年《刑法》第 63 条的规定，但一定要从严掌握，绝不能滥用。最高人民法院对报请核准的减刑处罚案件认为原判量刑仍然过重的，可以直接改判。

《刑参》第 772 号案例“王某走私珍贵动物制品案——《刑法修正案(八)》实施后《刑法》第 63 条第 2 款的适用”相关论述：一审法院根据案件特殊情况对被告人在法定刑以下判处刑罚，而未适用《刑法》第 63 条第 2 款程序的，属于程序违法，二审法院应当视是否影响公正审判作出处理。对未影响公正审判的，可以依法纠正程序，逐级向最高人民法院报请核准。《刑法修正案(八)》实施后，适用《刑法》第 63 条第 2 款对被告人在法定刑以下判处刑罚的，不受《刑法》第 63 条第 1 款规定的减轻幅度的限制。

《刑参》第 1237 号案例“王某非法经营案——特殊情况下减轻处罚的理解与适用”相关论述：在法定刑以下判处刑罚是我国刑法规定的特别宽宥制度，即不存在法定减轻处罚情节，但是考虑到案件的特殊情况在法定刑以下判处刑罚的一项制度安排。刑法没有明确何为“特殊情况”，这为个案量刑更好地实现法、理、情的融合和平衡提供了弹性空间，而运用不当又有可能损及刑罚适用的统一性和规范性，这也是刑法规定法定刑以下判处刑罚须经最高人民法院核准的原因所在。

《刑参》第 1428 号案例“刘某、朱某非法收购、运输、出售珍贵、濒危野生动物案——法定刑以下判处刑罚案件核准过程中应如何处理事实认定和法律适用中的瑕疵”相关论述：考虑到法定刑以下核准与死刑复核程序设置方面有很多相似之处，且死刑复核程序的规定较为严格规范，故部分问题可以参考适用。

【拓展关键词】减轻处罚能否减至免予处罚

《刑参》第 786 号案例“刘某贪污案——适用减轻处罚情节能否减至免予刑事处罚”相关论述：对具有法定减轻处罚情节而在法定刑以下判处刑罚的案件应当在法定量刑幅度的下一个量刑幅度内判处刑罚，不能减至免予刑事处罚。对不具有法定减轻处罚情节的案件在减轻处罚时更应当遵循在法定量刑幅度的下一个量刑幅度内判处刑罚的原则。但是对个别特殊情况的案件，决定减轻处罚的幅度，不受在法定量刑幅度的下一个量刑幅度内判处刑罚原则的限制。如果具体罪行所对应的法定量刑幅度已是最低量刑幅度，根据《最高人民法院研究室关于适用刑法第五十九条第二款减轻处罚能否判处刑法分则条文没有规定的刑罚问题的答复》，在法定刑以下判处刑罚，包括判处《刑法》分则条文没有规定的不同种的刑罚。如果与具体罪行对应的法定量刑幅度中最低的法定刑已是最低刑种，即没有再适用减轻处罚的空间，则可以直接适用《刑法》第 37 条免予刑事处罚的规定，不必以适用减轻处罚情节的方式判处免予刑事处罚。

第六十四条　【涉案财产的处理】

犯罪分子违法所得的一切财物，应当予以追缴或者责令退赔；对被害人的合法财产，应当及时返还；违禁品和供犯罪所用的本人财物，应当予以没收。没收的财物和罚金，一律上缴国库，不得挪用和自行处理。

◆ 相关规定

最高人民法院
关于适用刑法第六十四条有关问题的批复
（法〔2013〕229号）

河南省高级人民法院：

你院关于刑法第六十四条法律适用问题的请示收悉。经研究，批复如下：

根据刑法第六十四条和《最高人民法院关于适用〈中华人民共和国刑事诉讼法〉的解释》第一百三十八条、第一百三十九条的规定，被告人非法占有、处置被害人财产的，应当依法予以追缴或者责令退赔。据此，追缴或者责令退赔的具体内容，应当在判决主文中写明；其中，判决前已经发还被害人的财产，应当注明。被害人提起附带民事诉讼，或者另行提起民事诉讼请求返还被非法占有、处置的财产的，人民法院不予受理。

最高人民法院
关于刑事裁判涉财产部分执行的若干规定
（法释〔2014〕13号）

第一条　本规定所称刑事裁判涉财产部分的执行，是指发生法律效力的刑事裁判主文确定的下列事项的执行：

（一）罚金、没收财产；

（二）责令退赔；

（三）处置随案移送的赃款赃物；

（四）没收随案移送的供犯罪所用本人财物；

（五）其他应当由人民法院执行的相关事项。

刑事附带民事裁判的执行，适用民事执行的有关规定。

第二条　刑事裁判涉财产部分，由第一审人民法院执行。第一审人民法院可以委托财产所在地的同级人民法院执行。

第三条　人民法院办理刑事裁判涉财产部分执行案件的期限为六个月。有特殊情况需要延长的，经本院院长批准，可以延长。

第四条　人民法院刑事审判中可能判处被告人财产刑、责令退赔的，刑事审判部门应当依法对被告人的财产状况进行调查；发现可能隐匿、转移财产的，应当及时查封、扣押、冻结其相应财产。

第五条　刑事审判或者执行中，对于侦查机关已经采取的查封、扣押、冻结，人民法院应当在期限届满前及时续行查封、扣押、冻结。人民法院续行查封、扣押、冻结的顺位与侦查机关查封、扣押、冻结的顺位相同。

对侦查机关查封、扣押、冻结的财产，人民法院执行中可以直接裁定处置，无需侦查机关出具解除手续，但裁定中应当指明侦查机关查封、扣押、冻结的事实。

第六条　刑事裁判涉财产部分的裁判内容，应当明确、具体。涉案财物或者被害人人数较多，不宜在判决主文中详细列明的，可以概括叙明并另附清单。

判处没收部分财产的，应当明确没收的具体财物或者金额。

判处追缴或者责令退赔的，应当明确追缴或者退赔的金额或财物的名称、数量等相关情况。

第七条　由人民法院执行机构负责执行的刑事裁判涉财产部分，刑事审判部门应当及时移送立案部门审查立案。

移送立案应当提交生效裁判文书及其附件和其他相关材料，并填写《移送执行表》。《移送执行表》应当载明以下内容：

（一）被执行人、被害人的基本信息；

（二）已查明的财产状况或者财产线索；

（三）随案移送的财产和已经处置财产的情况；

（四）查封、扣押、冻结财产的情况；

（五）移送执行的时间；

（六）其他需要说明的情况。

人民法院立案部门经审查，认为属于移送范围且移送材料齐全的，应当在七日内立案，并移送执行机构。

第八条 人民法院可以向刑罚执行机关、社区矫正机构等有关单位调查被执行人的财产状况，并可以根据不同情形要求有关单位协助采取查封、扣押、冻结、划拨等执行措施。

第九条 判处没收财产的，应当执行刑事裁判生效时被执行人合法所有的财产。

执行没收财产或罚金刑，应当参照被扶养人住所地政府公布的上年度当地居民最低生活费标准，保留被执行人及其所扶养家属的生活必需费用。

第十条 对赃款赃物及其收益，人民法院应当一并追缴。

被执行人将赃款赃物投资或者置业，对因此形成的财产及其收益，人民法院应予追缴。

被执行人将赃款赃物与其他合法财产共同投资或者置业，对因此形成的财产中与赃款赃物对应的份额及其收益，人民法院应予追缴。

对于被害人的损失，应当按照刑事裁判认定的实际损失予以发还或者赔偿。

第十一条 被执行人将刑事裁判认定为赃款赃物的涉案财物用于清偿债务、转让或者设置其他权利负担，具有下列情形之一的，人民法院应予追缴：

（一）第三人明知是涉案财物而接受的；

（二）第三人无偿或者以明显低于市场的价格取得涉案财物的；

（三）第三人通过非法债务清偿或者违法犯罪活动取得涉案财物的；

（四）第三人通过其他恶意方式取得涉案财物的。

第三人善意取得涉案财物的，执行程序中不予追缴。作为原所有人的被害人对该涉案财物主张权利的，人民法院应当告知其通过诉讼程序处理。

第十二条 被执行财产需要变价的，人民法院执行机构应当依法采取拍卖、变卖等变价措施。

涉案财物最后一次拍卖未能成交，需要上缴国库的，人民法院应当通知有关财政机关以该次拍卖保留价予以接收；有关财政机关要求继续变价的，可以进行无保留价拍卖。需要退赔被害人的，以该次拍卖保留价以物退赔；被害人不同意以物退赔的，可以进行无保留价拍卖。

第十三条 被执行人在执行中同时承担刑事责任、民事责任，其财产不足以支付的，按照下列顺序执行：

（一）人身损害赔偿中的医疗费用；

（二）退赔被害人的损失；

（三）其他民事债务；

（四）罚金；

（五）没收财产。

债权人对执行标的依法享有优先受偿权，其主张优先受偿的，人民法院应当在前款第（一）项规定的医疗费用受偿后，予以支持。

第十四条 执行过程中，当事人、利害关系人认为执行行为违反法律规定，或者案外人对执行标的主张足以阻止执行的实体权利，向执行法院提出书面异议的，执行法院应当依照民事诉讼法第二百二十五条的规定处理。

人民法院审查案外人异议、复议，应当公开听证。

第十五条　执行过程中，案外人或被害人认为刑事裁判中对涉案财物是否属于赃款赃物认定错误或者应予认定而未认定，向执行法院提出书面异议，可以通过裁定补正的，执行机构应当将异议材料移送刑事审判部门处理；无法通过裁定补正的，应当告知异议人通过审判监督程序处理。

第十六条　人民法院办理刑事裁判涉财产部分执行案件，刑法、刑事诉讼法及有关司法解释没有相应规定的，参照适用民事执行的有关规定。

第十七条　最高人民法院此前发布的司法解释与本规定不一致的，以本规定为准。

☞ 其他相关规定见章后二维码

◆ 解读与适用

【拓展关键词】违法所得　非法获利　被害人的合法财产

检察机关提出没收违法所得申请，应有证据证明申请没收的财产直接或者间接来源于犯罪所得，或者能够排除财产合法来源的可能性。人民检察院出席申请没收违法所得案件庭审，应当重点对于申请没收的财产属于违法所得进行举证。对于专业性较强的案件，可以申请鉴定人出庭。①

对于跨境转移贪污贿赂所得的洗钱犯罪案件，检察机关应当依法适用特别程序追缴贪污贿赂违法所得。对于犯罪嫌疑人、被告人转移至境外的财产，如果有证据证明具有高度可能属于违法所得及其他涉案财产的，可以依法申请予以没收。对于共同犯罪的主犯逃匿境外，其他共同犯罪人已经在境内依照普通刑事诉讼程序处理的案件，应当充分考虑主犯应对全案事实负责以及国际刑事司法协助等因素，依法审慎适用特别程序追缴违法所得。②

检察机关在适用违法所得没收程序中，应当承担证明有犯罪事实以及申请没收的财产属于违法所得及其他涉案财产的举证责任。利害关系人及其诉讼代理人参加诉讼并主张权利，但不能提供合法证据或者其主张明显与事实不符的，应当依法予以辩驳。善意第三方对申请没收财产享有合法权利的，应当依法予以保护。③

涉嫌巨额财产来源不明犯罪的人在立案前死亡，依照刑法规定应当追缴其违法所得及其他涉案财产的，可以依法适用违法所得没收程序。对涉案的巨额财产，可以由其近亲属或其他利害关系人说明来源。没有近亲属或其他利害关系人主张权利或者说明来源，或者近亲属或其他利害关系人主张权利所提供的证据达不到相应证明标准，或说明的来源经查证不属实的，依法认定为违法所得予以申请没收。违法所得与合法财产混同并产生孳息的，可以按照违法所得占比计算孳息予以申请没收。④

实务中有观点认为，组织卖淫、协助组织卖淫犯罪中的非法获利指全部嫖资。卖淫行为是组织卖淫犯罪的一部分，卖淫人员所得嫖资分成部分当然包含在组织卖淫犯罪总的非法利益中，在认定组织者量刑时不应予以扣除。组织卖淫、协助组织卖淫犯罪中的犯罪所得指行为人实际获得的扣除卖淫人员分成后的嫖资。卖淫人员分成系其个人违法所得，应在行政处罚中追缴，在刑事判决中不应重复追缴。组织卖淫者、协助组织卖淫者购买统一服装、工具、支付房租等投入系犯罪成本，不应在犯罪所得中扣除。⑤ 该观点是否合理，值得商榷。值得注意的是，需要区分在定罪量刑与追赃挽损过程中使用的"犯罪数额""非法获利""违法所得""犯罪所得"等概念的不同含义。

---

① 白某贪污违法所得没收案，最高人民检察院指导性案例第127号（2021年12月9日）。

② 彭某受贿，贾某受贿、洗钱违法所得没收案，最高人民检察院指导性案例第128号（2021年12月9日）。

③ 黄某贪污违法所得没收案，最高人民检察院指导性案例第129号（2021年12月9日）。

④ 任某受贿、巨额财产来源不明违法所得没收案，最高人民检察院指导性案例第130号（2021年12月9日）。

⑤ 参见朱敏明、李跃华：《组织卖淫、协助组织卖淫犯罪中非法获利、犯罪所得的界分》，载《人民司法》2020年第2期。

《刑参》第 44 号案例“秦某抢劫、流氓、诈骗、侵占案——被告人在审理期间死亡的,刑事责任、违法所得、民事责任应如何处理”相关论述:案件终止审理,违法所得应依法追缴,刑事附带民事诉讼部分,仍应当由原审判组织继续审理。追缴违法所得与对被告人判处刑罚不同,刑法中关于违法所得一切财物应当予以追缴或者责令退赔的规定不以行为人构成犯罪、承担刑事责任为前提,违法所得不因行为人的死亡而消失,法律规定的对违法所得的剥夺也同样不因行为人的死亡而取消。

《刑参》第 57 号案例“戴某销售假冒注册商标的商品案——销售假冒注册商标的商品罪的认定标准”相关论述:“违法所得数额”是指行为人非法获利的数额。“销售金额数额”是指销售者实际销售假冒注册商标的商品的全部货款,即销售收入。“违法所得的一切财物”在司法实践中也称“赃款赃物”,指犯罪分子实施犯罪行为所获得的全部财物。“违禁品”是指依照有关规定不得私自持有、使用的物品。“供犯罪所用的本人财物”是指供犯罪分子进行犯罪活动使用的属于犯罪分子本人所有的钱款和物品。对上述物品的追缴和没收不是行政处罚,其与刑罚中的没收财产、罚金也有本质不同,它属于刑事司法活动。被追缴、没收财物的人不能因为不服而提起行政诉讼。罚金和没收财产是刑法规定的具体刑罚,执行的财产只能是与犯罪无关的财物。在司法实践中,应先行追缴,再并处或者单处财产刑。

《刑参》第 595 号案例“张某受贿案——村民组组长依法从事公务的认定”相关论述:对于被告人退出的犯罪所得,由于其犯的是非国家人员受贿罪,其犯罪所得系源于他人的行贿行为,而《刑法》第 164 条并未如《刑法》第 389 条第 3 款那样对非国家工作人员索贿行为之相对人的行为性质作出特别规定,故该犯罪所得不属于被侵害的他人财产,不能返还给行贿方,应当按照《刑法》第 64 条的规定,予以追缴上缴国库。

《刑参》第 836 号案例“王某、黄某诈骗案——设置圈套控制赌博输赢并从中获取钱财的行为,如何定性”相关论述:设置圈套控制赌博输赢并从中获取钱财的行为应当定性为诈骗罪。对于此类案件中的赃款,如果被害人本来不具有赌博的意思,而是基于被骗产生赌博意愿并陷入赌博陷井被骗钱财,因被害人不具有通过赌博进行营利的目的,对其合法财产权益应予保护,对赃款应发还给被害人。如果被害人本身也是参赌人员,由于其具有通过赌博进行营利的目的,其本身积极参与赌博行为,其所输钱款属于赌资,可以借鉴抢劫赌资案件的处理方法处理,对于赌资无须通过行政处罚程序予以没收,可以直接在刑事程序中予以追缴没收。

《刑参》第 1215 号案例“任某受贿、贪污、巨额财产来源不明违法所得没收申请案——关于违法所得没收程序具体操作规范和裁判要点解析”相关论述:犯罪嫌疑人任某实施犯罪所得钱款与其家庭合法财产混合,且大部分被存入银行账户以及用于购买理财产品,因此收益中来自违法所得的相应部分应当视为“违法所得”。参照《刑法》第 64 条的规定,与犯罪具有关联的财产被分为“违法所得”和“违禁品和供犯罪所用的本人财物”两类,其中“违禁品和供犯罪所用的本人财物”与违法所得没收程序中的“其他涉案财产”相互对应。根据《刑事诉讼法》(2012 年版)第 282 条,人民法院经审理,对不属于应当追缴的财产的,应当裁定驳回申请,解除查封、扣押、冻结措施。该规定与《刑法》第 64 条的规定不同,对不属于应当追缴的财产仅规定了“应当裁定驳回申请,解除查封、扣押、冻结措施”而未规定“责令退赔”的处理办法。本案中,法院经公开开庭审理查明,检察机关申请没收的犯罪嫌疑人任某受贿、贪污违法所得中,有 230 余万元系任某为特定用途索要、套取所得,相关款项均被直接用于支付贿选及旅游、疗养费用。对该 230 余万元不能裁定没收。本案现有证据足以证明任某上述实施受贿、贪污犯罪所得 230 余万元未与任某家庭财产混同,亦未包含在检察机关查扣、冻结财产之中,任某收受、套取的相关钱款用途特定、流向明确,该钱款并未与任某其他财产发生混同,依照相关法律及司法解释规定,不能对任某合法财产等价没收。

《刑参》第 1425 号案例“罗某等人组织、领导、参加黑社会性质组织案——黑恶势力犯罪案件中如何依法处置涉案财物”相关论述:对涉案财物的处置,意味着要追缴全部违法所得,及时退赔被害人损失并剥夺犯罪分子全部或部分财产权益，这体现了国家对被害人权益的保护和对犯罪分子经济上的制裁。对涉案财产的处置分五种方式：一是用于附带民事赔偿款的执行。二是作为违法所得进行追缴及追缴不能时责令退赔。三是用于没收财产刑和罚金刑的执行。四是作为供犯罪所用的财物即犯罪工具没收。如用于联系犯罪的手机等，只要财产被认定为犯罪工具且属被告人所有，就应当没收。犯罪工具的认定与权属、用途有关，只能是被告人所有且须是用于犯罪的财物。五是作为违禁品的没收。以上五种处置方式根据各自作用的不同分为三类：第一类是补偿性的刑法手段，包含附带民事赔偿、违法所得的追缴和责令退赔。在适用时应当坚持赔偿额、追缴额分别与被害人损失、被告人收益对等的原则。第二类是惩罚性的刑法手段，包含没收财产和罚金刑。第三类是行政强制措施类的刑法手段，包含对犯罪工具和违禁品的没收。处置涉案财物应贯彻以下原则：一是从严处置原则。有时被告人的违法所得或被害人的财产损失难以准确认定，对被告人拒不供认，亦无其他证据材料证明，导致确实无法查清的，也可在财产刑中予以适当考虑，确保被告人不从犯罪中获益。二是依法处置原则。仅能将财产中属于被告人的部分用于执行财产性判项。三是平衡处置原则。对被告人判罚的财产刑应尽量与其主刑相适应，兼顾各被告人之间的平衡，同时结合具体案情决定财产刑，避免财产刑数额的畸高畸低。在涉黑恶刑事案件的财产执行中，也应坚持“民事优先”原则，补偿性的刑法手段优于惩罚性的刑法手段，被害人人身损害赔偿优于财产权益补偿，当被执行人承担多种赔偿责任，其财产不足以支付时，应按以下顺序支付：首先，执行附带民事赔偿款和退赔被害人损失。判决生效后，附带民事原告人没有及时申请执行的，法院要通知其提交申请执行材料，怠于申请的，法院也要在执行财物中保留可分配的份额。其次，执行追缴违法所得的没收。最后，执行罚金和没收财产刑。对于后续追查到的被告人新的财产线索，亦应按照上述顺序依次执行。对犯罪工具和违禁品的没收，原则上应当独立执行。在有的案件中犯罪工具存在一定价值，可予以变卖，可以考虑将变卖款作为赔偿被害人损失的执行标的。

《刑参》第1464号案例“王甲受贿案——收受情人款项的性质认定”相关论述：对于违法所得，一般应当追缴原物。对于受贿款的增值部分应当一并追缴。对于财物贬值的，被告人以其他财物折抵，可以允许，并视情况作为被告人积极退赃的一种表现。对被告人判处财产刑的，可以查封、扣押的在案财物进行折抵。对于其他查封、扣押的在案财物，应当依法返还给被告人及其家属。

【拓展关键词】供犯罪所用的本人财物

实务中，对黑社会性质组织用于运输人员，装载钢管、砍刀等物品的车辆如何处置存在争议。有法院认为，涉案车辆并不是直接用于砍杀被害人、扰乱社会秩序的作案工具，亦并非完全系被告人个人财产，参考处理法的价值冲突时的比例原则综合考虑，对该车辆未予没收并无明显不当。但是，因该车辆系扣押的涉案财物，原判未予处理不当。鉴于检察机关随案移送的仅为该车辆的扣押清单，故应由公安机关依法予以发还。①

《刑参》第1089号案例“杨某滥用职权、受贿案——滥用职权造成恶劣社会影响及供犯罪所用的本人财物如何认定，受贿既、未遂并存的如何处罚”相关论述：“供犯罪所用的本人财物”是指供犯罪分子进行犯罪活动使用的属于其本人所有的钱款和物品，一般认为，包括犯罪工具以及组成犯罪之物。“本人财物”一般是指被告人对财物享有所有权。在充分考虑“比例对等”“罪罚相当”原则及公正司法理念的基础上，对恶意第三人或者重大过失的第三人所有的以及共同所有的用于犯罪行为的财物，也可以予以没收。(1)在“交易型”受贿、“投资型”受贿、“委托理财型”受贿犯罪中，“交易”“投资”“委托理财”只是贿赂双方规避法律制裁的手段，受贿人虽然有个人财产支出，但其目的是掩盖权钱交易，即使受贿人收受的贿赂包含一部分合法

---

① 付某某、范某某犯强迫交易、寻衅滋事罪一案，四川省成都市中级人民法院刑事裁定书(2017)川01刑终1281号。

成本，但对价成本主要是权钱交易的结果，其行为符合受贿犯罪的本质特征。(2)受贿人象征性支付对价的，即使产生了增值利益，也不是受贿人的善意取得，不符合“善意取得不予追缴原则”。(3)整体剥夺受贿犯罪全部经济收益，符合当前从严惩治腐败的现实需要。所以，在“交易型”受贿、“投资型”受贿、“委托理财型”受贿犯罪中，对受贿数额的认定应将受贿人支付的对价予以扣除，认定的受贿数额应依照《刑法》第64条的规定予以没收；对于受贿人支付的对价，应按照上述“供犯罪所用的本人财物”的认定标准，结合具体的个案情况审慎判断，属于“犯罪所用的本人财物”的，亦应依法没收。

《刑参》第1302号案例“郗某、李某、蒋某、林某盗窃案——‘供犯罪所用的本人财物’的司法认定”相关论述：“供犯罪所用的财物”应是与犯罪有经常性或密切性联系，对犯罪实施具有重要作用的财物。予以没收的主要目的是特殊预防、剥夺被告人再犯能力，当然这实际上也会产生一定惩罚效果。对于专门用于犯罪的财物，可以从两个方面判断：第一，财物与犯罪应该存在直接或者密切联系。直接联系就是该财物对犯罪行为或结果的发生起到决定或者直接作用，或者说该财物是实施或者完成犯罪行为的必要条件或重要条件。所谓密切关系，即财物和犯罪存在经常性的联系，财物经常用于犯罪，被反复使用。第二，被告人有将财物用于犯罪的主观认识，必须发生在故意犯罪中。没收的财物应为本人所有且予以没收对第三人的合法权利不会构成损害。应坚持相当性原则衡量拟没收财物的价值是否与犯罪的危害性相当。

【拓展关键词】善意取得

《刑参》第876号案例“周某、陈某合同诈骗案——通过支付预付款获得他人房产后以抵押方式向第三人借款的，既有欺骗卖房人的行为，也有欺骗抵押权人的行为，应当如何认定被害人”相关论述：本案抵押权人取得抵押权的行为属于善意取得，抵押权应当受到法律保护。从司法处理的角度看，不应同等对待原房主与抵押权人。司法机关应从被告人处追缴赃款发还原房主，以弥补剩余房款的损失。被告人将房产抵押给他人的行为本质上相当于销赃，但由于抵押权人是善意第三人，这种“销赃”又演变为受法律保护的民事法律行为。涉案房产在清偿抵押权人的债务后多余的价值才能作为被告人的财产弥补被害人损失。对于被告人可供执行的财产，抵押权人的抵押权实现优先于司法机关的追赃。在被告人财产不足以同时支付的情况下，司法机关如果按照原房主和抵押权人损失的比例发还，将缺乏法律依据。按比例发还适用于诈骗财物权属及其孳息不明确的时候。本案房产权属明确，让抵押权人与原房主共担损失是司法机关变相侵害抵押权人利益的体现，将导致担保物权的从属权利性质的丧失。

第二节　累　　犯

第六十五条①【一般累犯】

被判处有期徒刑以上刑罚的犯罪分子，刑罚执行完毕或者赦免以后，在五年以内再犯应当判处有期徒刑以上刑罚之罪的，是累犯，应当从重处罚，但是过失犯罪和不满十八周岁的人犯罪的除外。

前款规定的期限，对于被假释的犯罪分子，从假释期满之日起计算。

---

① 《刑法修正案(八)》对第一款进行了修订。修订前内容为：被判处有期徒刑以上刑罚的犯罪分子，刑罚执行完毕或者赦免以后，在五年以内再犯应当判处有期徒刑以上刑罚之罪的，是累犯，应当从重处罚，但是过失犯罪除外。

◆ 相关规定

最高人民检察院
关于认定累犯如何确定刑罚执行完毕以后"五年以内"起始日期的批复(节选)
(2018年12月30日施行)

刑法第六十五条第一款规定的"刑罚执行完毕",是指刑罚执行到期应予释放之日。认定累犯,确定刑罚执行完毕以后"五年以内"的起始日期,应当从刑满释放之日起计算。

最高人民法院　最高人民检察院
关于缓刑犯在考验期满后五年内再犯应当判处有期徒刑以上刑罚之罪应否认定为累犯问题的批复
(2020年1月20日施行)

各省、自治区、直辖市高级人民法院、人民检察院,解放军军事法院、军事检察院,新疆维吾尔自治区高级人民法院生产建设兵团分院、新疆生产建设兵团人民检察院:

近来,部分省、自治区、直辖市高级人民法院、人民检察院请示缓刑犯在考验期满后五年内再犯应当判处有期徒刑以上刑罚之罪应否认定为累犯的问题。经研究,批复如下:

被判处有期徒刑宣告缓刑的犯罪分子,在缓刑考验期满后五年内再犯应当判处有期徒刑以上刑罚之罪的,因前罪判处的有期徒刑并未执行,不具备刑法第六十五条规定的"刑罚执行完毕"的要件,故不应认定为累犯,但可作为对新罪确定刑罚的酌定从重情节予以考虑。

此复。

☞ 其他相关规定见章后二维码

第六十六条　【特殊累犯】①

危害国家安全犯罪、恐怖活动犯罪、黑社会性质的组织犯罪的犯罪分子,在刑罚执行完毕或者赦免以后,在任何时候再犯上述任一类罪的,都以累犯论处。

◆ 解读与适用

【拓展关键词】刑罚执行完毕

《刑参》第119号案例"买某盗窃案——如何理解累犯制度、数罪并罚制度中的'刑罚执行完毕'"相关论述:《刑法》第65条规定的"刑罚"应当理解为"有期徒刑以上刑罚",不能扩大理解为包括"主刑和附加刑"。只要罚金未执行,从数罪并罚、前罪刑罚执行情况的角度看就不能视为"刑罚执行完毕"。因此,对于犯罪分子在主刑执行完毕以后附加罚金刑未执行完毕以前又犯新罪的,应当根据《刑法》第71条的规定将前罪没有执行的罚金刑与后罪所判处的刑罚并罚。如果后罪也判处了罚金刑,则应将所判处的罚金数额相加,执行总和数额。

《刑参》第1068号"周某贩卖毒品案——二审裁判文书生效后,发现被告人在因一审判处的有期徒刑届

---

① 根据《刑法修正案(八)》修订。原条文主要内容为:危害国家安全的犯罪分子在刑罚执行完毕或者赦免以后,在任何时候再犯危害国家安全罪的,都以累犯论处。

满被取保候审期间又犯新罪的，在对新罪进行审判时不应认定该被告人构成累犯”相关论述：构成累犯所要求的“刑罚执行完毕”仅指主刑执行完毕。附加刑是否执行完毕不影响累犯的构成。刑罚执行的前提是裁判发生效力。刑罚的执行起点是裁判发生法律效力之时。刑罚执行完毕，既包括有期徒刑实际执行完毕也包括假释考验期满。被判处缓刑的人在缓刑考验期期满后再犯罪的不构成累犯。因缓刑考验期满意味着所判处的主刑不再执行，其本质上区别于刑罚执行完毕。要准确区分刑罚执行完毕与羁押期限届满。因案件进入二审程序或复核程序，一审判决尚未生效的，人民法院应当对被告人变更强制措施或予以释放，但这并不属于刑罚执行完毕。该案判决生效进入执行阶段时，其所确定的刑期为基于法律规定经先前羁押的期间折抵后已无可供执行的余刑。本案原判刑罚的执行，系从判决生效之日开始亦在该日结束，此为执行过程。而被告人在取保候审期间实施本案贩卖毒品罪，系在原判决生效前所为，亦即在刑罚执行前犯新罪，故在本案审理时被告人不符合累犯“前罪刑罚执行完毕后”的时间条件。被告人属于在判决生效前又犯新罪，表面上看这似乎符合《刑法》第 69 条数罪并罚的规定，但在前罪二审裁定书宣告前，并未发现被告人另犯本案新罪，且前罪判决生效时已无余刑可执行，故该案不具备实行数罪并罚的客观条件和必要性。相对而言，认定被告人为毒品再犯从重处罚是正确的。

《刑参》第 1173 号案例“钟某抢劫案——被告人前次犯罪跨越十八周岁且被判处有期徒刑，在刑罚执行完毕后五年内再犯应当判处有期徒刑以上刑罚之罪的，是否构成累犯”相关论述：既不能因为前罪中有 18 周岁前实施的犯罪就一概不认为构成累犯，也不能完全不考虑 18 周岁前后数罪的罪质及应判处的刑罚只根据宣告刑或合并执行的刑罚是否是有期徒刑以上刑罚来认定是否构成累犯。应以 18 周岁后实施的犯罪的罪质及应判处的刑罚为判断的侧重点，结合 18 周岁前所犯之罪合并执行的刑罚执行完毕的期限判断被告人是否构成累犯。

【拓展关键词】再犯应当判处有期徒刑以上刑罚之罪

《刑参》第 273 号案例“南某洙、南某男盗窃案——对累犯‘再犯应当判处有期徒刑以上刑罚之罪’要件的理解”相关论述：累犯作为一项量刑制度，是针对需要依法裁量决定刑罚的具体犯罪行为而言的。“再犯应当判处有期徒刑以上之罪”即是构成累犯的基本条件也是累犯应当从重处罚的法律后果的必要载体。刑罚规定的“应当判处有期徒刑以上之罪”必须是依法应予追究刑事责任之罪，否则累犯法律制度将无从适用。被告人刑满释放后实施的第一起盗窃行为，由于已经过追诉时效，依法不应再追究刑事责任，不能认定为“再犯应当判处有期徒刑以上之罪”。

【拓展关键词】毒品再犯　累犯

《刑参》第 839 号案例“李某等贩卖、运输毒品案——被告人未满 18 周岁时曾因毒品犯罪被判刑，在《刑法修正案（八）》实施后是否构成毒品再犯”相关论述：《刑法修正案（八）》将“不满 18 周岁的人”排除在累犯之外，但并未对毒品再犯作出与累犯同步的修改。对毒品再犯从严惩处的态度没有改变。

第三节　自首和立功

第六十七条[①] **【自首】**

犯罪以后自动投案，如实供述自己的罪行的，是自首。对于自首的犯罪分子，可以从轻或者减轻处罚。其中，犯罪较轻的，可以免除处罚。

被采取强制措施的犯罪嫌疑人、被告人和正在服刑的罪犯，如实供述司法机关还未掌握的本人其他罪行的，以自首论。

犯罪嫌疑人虽不具有前两款规定的自首情节，但是如实供述自己罪行的，可以从轻处罚；因其如实供述自己罪行，避免特别严重后果发生的，可以减轻处罚。

◆ 相关规定

最高人民法院

关于处理自首和立功具体应用法律若干问题的解释（节选）

（1998年5月9日施行）

为正确认定自首和立功，对具有自首或者立功表现的犯罪分子依法适用刑罚，现就具体应用法律的若干问题解释如下：

第一条　根据刑法第六十七条第一款的规定，犯罪以后自动投案，如实供述自己的罪行的，是自首。

（一）自动投案，是指犯罪事实或者犯罪嫌疑人未被司法机关发觉，或者虽被发觉，但犯罪嫌疑人尚未受到讯问、未被采取强制措施时，主动、直接向公安机关、人民检察院或者人民法院投案。

犯罪嫌疑人向其所在单位、城乡基层组织或者其他有关负责人员投案的；犯罪嫌疑人因病、伤或者为了减轻犯罪后果，委托他人先代为投案，或者先以信电投案的；罪行尚未被司法机关发觉，仅因形迹可疑，被有关组织或者司法机关盘问、教育后，主动交代自己的罪行的；犯罪后逃跑，在被通缉、追捕过程中，主动投案的；经查实确已准备去投案，或者正在投案途中，被公安机关捕获的，应当视为自动投案。

并非出于犯罪嫌疑人主动，而是经亲友规劝、陪同投案的；公安机关通知犯罪嫌疑人的亲友，或者亲友主动报案后，将犯罪嫌疑人送去投案的，也应当视为自动投案。

犯罪嫌疑人自动投案后又逃跑的，不能认定为自首。

（二）如实供述自己的罪行，是指犯罪嫌疑人自动投案后，如实交代自己的主要犯罪事实。

犯有数罪的犯罪嫌疑人仅如实供述所犯数罪中部分犯罪的，只对如实供述部分犯罪的行为，认定为自首。

共同犯罪案件中的犯罪嫌疑人，除如实供述自己的罪行，还应当供述所知的同案犯，主犯则应当供述所知其他同案犯的共同犯罪事实，才能认定为自首。

犯罪嫌疑人自动投案并如实供述自己的罪行后又翻供的，不能认定为自首；但在一审判决前又能如实供

---

① 根据《刑法修正案（八）》新增第三款。

述的,应当认定为自首。

第二条 根据刑法第六十七条第二款的规定,被采取强制措施的犯罪嫌疑人、被告人和已宣判的罪犯,如实供述司法机关尚未掌握的罪行,与司法机关已掌握的或者判决确定的罪行属不同种罪行的,以自首论。

第三条 根据刑法第六十七条第一款的规定,对于自首的犯罪分子,可以从轻或者减轻处罚;对于犯罪较轻的,可以免除处罚。具体确定从轻、减轻还是免除处罚,应当根据犯罪轻重,并考虑自首的具体情节。

第四条 被采取强制措施的犯罪嫌疑人、被告人和已宣判的罪犯,如实供述司法机关尚未掌握的罪行,与司法机关已掌握的或者判决确定的罪行属同种罪行的,可以酌情从轻处罚;如实供述的同种罪行较重的,一般应当从轻处罚。

最高人民法院
关于被告人对行为性质的辩解是否影响自首成立问题的批复

(2004年4月1日)

广西壮族自治区高级人民法院:

你院2003年6月10日《关于被告人对事实性质的辩解是否影响投案自首的成立的请示》收悉。经研究,答复如下:

根据刑法第六十七条第一款和最高人民法院《关于处理自首和立功具体应用法律若干问题的解释》第一条的规定,犯罪以后自动投案,如实供述自己的罪行的,是自首。被告人对行为性质的辩解不影响自首的成立。

最高人民法院　最高人民检察院
关于办理职务犯罪案件认定自首、立功等量刑情节若干问题的意见(节选)

(2009年3月12日)

一、关于自首的认定和处理

根据刑法第六十七条第一款的规定,成立自首需同时具备自动投案和如实供述自己的罪行两个要件。犯罪事实或者犯罪分子未被办案机关掌握,或者虽被掌握,但犯罪分子尚未受到调查谈话、讯问,或者未被宣布采取调查措施或者强制措施时,向办案机关投案的,是自动投案。在此期间如实交代自己的主要犯罪事实的,应当认定为自首。

犯罪分子向所在单位等办案机关以外的单位、组织或者有关负责人员投案的,应当视为自动投案。

没有自动投案,在办案机关调查谈话、讯问、采取调查措施或者强制措施期间,犯罪分子如实交代办案机关掌握的线索所针对的事实的,不能认定为自首。

没有自动投案,但具有以下情形之一的,以自首论:(1)犯罪分子如实交代办案机关未掌握的罪行,与办案机关已掌握的罪行属不同种罪行的;(2)办案机关所掌握线索针对的犯罪事实不成立,在此范围外犯罪分子交代同种罪行的。

单位犯罪案件中,单位集体决定或者单位负责人决定而自动投案,如实交代单位犯罪事实的,或者单位直接负责的主管人员自动投案,如实交代单位犯罪事实的,应当认定为单位自首。单位自首的,直接负责的主管人员和直接责任人员未自动投案,但如实交代自己知道的犯罪事实的,可以视为自首;拒不交代自己知道的犯罪事实或者逃避法律追究的,不应当认定为自首。单位没有自首,直接责任人员自动投案并如实交代自己知道的犯罪事实的,对该直接责任人员应当认定为自首。

对于具有自首情节的犯罪分子,办案机关移送案件时应当予以说明并移交相关证据材料。

对于具有自首情节的犯罪分子,应当根据犯罪的事实、性质、情节和对于社会的危害程度,结合自动投案的动机、阶段、客观环境，交代犯罪事实的完整性、稳定性以及悔罪表现等具体情节，依法决定是否从轻、减轻或者免除处罚以及从轻、减轻处罚的幅度。

三、关于如实交代犯罪事实的认定和处理

犯罪分子依法不成立自首，但如实交代犯罪事实，有下列情形之一的，可以酌情从轻处罚：(1)办案机关掌握部分犯罪事实，犯罪分子交代了同种其他犯罪事实的；(2)办案机关掌握的证据不充分，犯罪分子如实交代有助于收集定案证据的。

犯罪分子如实交代犯罪事实，有下列情形之一的，一般应当从轻处罚：(1)办案机关仅掌握小部分犯罪事实，犯罪分子交代了大部分未被掌握的同种犯罪事实的；(2)如实交代对于定案证据的收集有重要作用的。

最高人民法院
关于处理自首和立功若干具体问题的意见(节选)

(2010年12月22日)

为规范司法实践中对自首和立功制度的运用，更好地贯彻落实宽严相济刑事政策，根据刑法、刑事诉讼法和最高人民法院《关于处理自首和立功具体应用法律若干问题的解释》(以下简称《解释》)等规定，对自首和立功若干具体问题提出如下处理意见：

一、关于"自动投案"的具体认定

《解释》第一条第(一)项规定七种应当视为自动投案的情形，体现了犯罪嫌疑人投案的主动性和自愿性。根据《解释》第一条第(一)项的规定，犯罪嫌疑人具有以下情形之一的，也应当视为自动投案：(1)犯罪后主动报案，虽未表明自己是作案人，但没有逃离现场，在司法机关询问时交代自己罪行的；(2)明知他人报案而在现场等待，抓捕时无拒捕行为，供认犯罪事实的；(3)在司法机关未确定犯罪嫌疑人，尚在一般性排查询问时主动交代自己罪行的；(4)因特定违法行为被采取劳动教养、行政拘留、司法拘留、强制隔离戒毒等行政、司法强制措施期间，主动向执行机关交代尚未被掌握的犯罪行为的；(5)其他符合立法本意，应当视为自动投案的情形。

罪行未被有关部门、司法机关发觉，仅因形迹可疑被盘问、教育后，主动交代了犯罪事实的，应当视为自动投案，但有关部门、司法机关在其身上、随身携带的物品、驾乘的交通工具等处发现与犯罪有关的物品的，不能认定为自动投案。

交通肇事后保护现场、抢救伤者，并向公安机关报告的，应认定为自动投案，构成自首的，因上述行为同时系犯罪嫌疑人的法定义务，对其是否从宽、从宽幅度要适当从严掌握。交通肇事逃逸后自动投案，如实供述自己罪行的，应认定为自首，但应依法以较重法定刑为基准，视情决定对其是否从宽处罚以及从宽处罚的幅度。

犯罪嫌疑人被亲友采用捆绑等手段送到司法机关，或者在亲友带领侦查人员前来抓捕时无拒捕行为，并如实供认犯罪事实的，虽然不能认定为自动投案，但可以参照法律对自首的有关规定酌情从轻处罚。

二、关于"如实供述自己的罪行"的具体认定

《解释》第一条第(二)项规定如实供述自己的罪行，除供述自己的主要犯罪事实外，还应包括姓名、年龄、职业、住址、前科等情况。犯罪嫌疑人供述的身份等情况与真实情况虽有差别，但不影响定罪量刑的，应认定为如实供述自己的罪行。犯罪嫌疑人自动投案后隐瞒自己的真实身份等情况，影响对其定罪量刑的，不能认定为如实供述自己的罪行。

犯罪嫌疑人多次实施同种罪行的，应当综合考虑已交代的犯罪事实与未交代的犯罪事实的危害程度，决定是否认定为如实供述主要犯罪事实。虽然投案后没有交代全部犯罪事实，但如实交代的犯罪情节重于未交代的犯罪情节，或者如实交代的犯罪数额多于未交代的犯罪数额，一般应认定为如实供述自己的主要犯罪

事实。无法区分已交代的与未交代的犯罪情节的严重程度，或者已交代的犯罪数额与未交代的犯罪数额相当，一般不认定为如实供述自己的主要犯罪事实。

犯罪嫌疑人自动投案时虽然没有交代自己的主要犯罪事实，但在司法机关掌握其主要犯罪事实之前主动交代的，应认定为如实供述自己的罪行。

三、关于"司法机关还未掌握的本人其他罪行"和"不同种罪行"的具体认定

犯罪嫌疑人、被告人在被采取强制措施期间，向司法机关主动如实供述本人的其他罪行，该罪行能否认定为司法机关已掌握，应根据不同情形区别对待。如果该罪行已被通缉，一般应以该司法机关是否在通缉令发布范围内作出判断，不在通缉令发布范围内的，应认定为还未掌握，在通缉令发布范围内的，应视为已掌握；如果该罪行已录入全国公安信息网络在逃人员信息数据库，应视为已掌握。如果该罪行未被通缉、也未录入全国公安信息网络在逃人员信息数据库，应以该司法机关是否已实际掌握该罪行为标准。

犯罪嫌疑人、被告人在被采取强制措施期间如实供述本人其他罪行，该罪行与司法机关已掌握的罪行属同种罪行还是不同种罪行，一般应以罪名区分。虽然如实供述的其他罪行的罪名与司法机关已掌握犯罪的罪名不同，但如实供述的其他犯罪与司法机关已掌握的犯罪属选择性罪名或者在法律、事实上密切关联，如因受贿被采取强制措施后，又交代因受贿为他人谋取利益行为，构成滥用职权罪的，应认定为同种罪行。

七、关于自首、立功证据材料的审查

人民法院审查的自首证据材料，应当包括被告人投案经过、有罪供述以及能够证明其投案情况的其他材料。投案经过的内容一般应包括被告人投案时间、地点、方式等。证据材料应加盖接受被告人投案的单位的印章，并有接受人员签名。

人民法院审查的立功证据材料，一般应包括被告人检举揭发材料及证明其来源的材料、司法机关的调查核实材料、被检举揭发人的供述等。被检举揭发案件已立案、侦破，被检举揭发人被采取强制措施、公诉或者审判的，还应审查相关的法律文书。证据材料应加盖接收被告人检举揭发材料的单位的印章，并有接收人员签名。

人民法院经审查认为证明被告人自首、立功的材料不规范、不全面的，应当由检察机关、侦查机关予以完善或者提供补充材料。

上述证据材料在被告人被指控的犯罪一、二审审理时已形成的，应当经庭审质证。

八、关于对自首、立功的被告人的处罚

对具有自首、立功情节的被告人是否从宽处罚、从宽处罚的幅度，应当考虑其犯罪事实、犯罪性质、犯罪情节、危害后果、社会影响、被告人的主观恶性和人身危险性等。自首的还应考虑投案的主动性、供述的及时性和稳定性等。立功的还应考虑检举揭发罪行的轻重、被检举揭发的人可能或者已经被判处的刑罚、提供的线索对侦破案件或者协助抓捕其他犯罪嫌疑人所起作用的大小等。

具有自首或者立功情节的，一般应依法从轻、减轻处罚；犯罪情节较轻的，可以免除处罚。类似情况下，对具有自首情节的被告人的从宽幅度要适当宽于具有立功情节的被告人。

虽然具有自首或者立功情节，但犯罪情节特别恶劣、犯罪后果特别严重、被告人主观恶性深、人身危险性大，或者在犯罪前即为规避法律、逃避处罚而准备自首、立功的，可以不从宽处罚。

对于被告人具有自首、立功情节，同时又有累犯、毒品再犯等法定从重处罚情节的，既要考虑自首、立功的具体情节，又要考虑被告人的主观恶性、人身危险性等因素，综合分析判断，确定从宽或者从严处罚。累犯的前罪为非暴力犯罪的，一般可以从宽处罚，前罪为暴力犯罪或者前、后罪为同类犯罪的，可以不从宽处罚。

在共同犯罪案件中，对具有自首、立功情节的被告人的处罚，应注意共同犯罪人以及首要分子、主犯、从犯之间的量刑平衡。犯罪集团的首要分子、共同犯罪的主犯检举揭发或者协助司法机关抓捕同案地位、作用较次的犯罪分子的，从宽处罚与否应当从严掌握，如果从轻处罚可能导致全案量刑失衡的，一般不从轻处罚；如果检举揭发或者协助司法机关抓捕的是其他案件中罪行同样严重的犯罪分子，一般应依法从宽处罚。对于犯罪集团的一般成员、共同犯罪的从犯立功的，特别是协助抓捕首要分子、主犯的，应当充分体现政策，依

法从宽处罚。

◆ 解读与适用

【拓展关键词】类推解释

罪刑法定原则形式上禁止类推解释，但实质上允许有利于被告人的类推解释，形式上禁止溯及既往，但实质上不禁止有利于被告人的溯及既往。可以将被治安拘留的人解释为《刑法》第 67 条第 2 款被采取强制措施的主体，将被治安拘留的人，在拘留期间主动如实供述司法机关还未掌握的本人其他罪行的行为以自首论。①

【拓展关键词】被传唤到案　投案时间节点

《刑参》第 354 号案例“王某盗窃案——犯罪嫌疑人被公安机关传唤到案后，如实供述自己的罪行的，能否认定为自首”相关论述：被传唤后归案符合“在未受到讯问、未被采取强制措施之前”的时间范围。传唤和拘传不同。传唤是使用传票通知犯罪嫌疑人到指定地点接受讯问的诉讼行为，它强调被传唤人到案的自觉性，且传唤不得使用戒具。传唤和拘传有着本质不同。传唤不是强制措施。经传唤归案的犯罪嫌疑人具有归案的自动性和主动性。被告人经传唤后，自主选择的余地还是很大的，其可以选择归案也可拒不到案甚至逃离，而其能主动归案，就表明其有认罪悔改、接受惩罚的主观目的。犯罪后逃跑，在被通缉、抓捕过程中主动投案的视为自动投案，而仅仅受到传唤便直接归案的，理应视为自动投案。

[本书观点]经电话传唤到案未必均系“自动投案”，须注意个案情况与《刑参》第 354 号案例的差别。“讯问时”“采取强制措施时”不宜局限为某个具体时间点，而应作为一个动态过程整体把握。电话通知到案有时是讯问犯罪嫌疑人或对其采取强制措施的预备活动，在此特殊时间节点履行配合传唤的义务不能完全等同于“自动投案”。

《刑参》第 394 号案例“陈某故意伤害案——实施犯罪行为后滞留犯罪现场等候警方处理的行为能否认定自动投案”相关论述：被告人在实施犯罪过程中报警，实施犯罪行为后滞留现场等待警方处理并在警方讯问后如实供述的，应当认定为自首。被告人滞留作案现场等候警方处理的行为具有自动性，应当视为自动投案。

《刑参》第 468 号案例“沈某抢劫案——行政拘留期间交代犯罪行为的能否认定自首”相关论述：“一般自首”要求的自动投案中有一种是侦查机关已经确定某人为犯罪嫌疑人，但在还未对其人身进行控制的情况下，其主动归案。“对其人身进行控制”并不限于刑事强制措施，只要是能够起到实际控制人身自由的效果并服务于刑事侦查活动的一切措施均包括在内。自首的实质在于犯罪人主动到司法机关投案接受依法处理。

《刑参》第 522 号案例“翁某故意杀人案——被告人报警后又继续实施犯罪行为，是否构成自首”相关论述：被告人砍击被害人后，误以为已将被害人打死，便打电话报警，之后看见被害人又继续砍剁被害人致被害人死亡的，被告人的行为虽然有别于典型的自动投案，但仍符合自动投案的本质特征，应认定为自动投案。在主动接受刑事追诉这一效果上，被告人的行为与实施完犯罪后再报警没有区别。“犯罪以后”这一规定并不是从犯罪是否完成的角度作出的，而是一种立法技术上的提示性规定，其逻辑性要大于时间性，并未限制自首必须发生在犯罪既遂之后，没有排除犯罪过程中存在自动投案的可能。

《刑参》第 701 号案例“周某故意杀人案——不明知自己已被公安机关实际控制而投案的，不认定为自

---

① 参见张明楷：《罪刑法定与刑法解释》，北京大学出版社 2009 年版，第 63 页。

首,但可酌情从轻处罚”相关论述:犯罪嫌疑人客观上具有“主动到案”的外在表象,但“到案”后却否认或隐瞒与其相关的犯罪事实,企图蒙混过关逃避处罚,或者掩盖真相,避重就轻,试图减轻罪责,均没有投案的主动性和自愿性,不能认定为自动投案。被告人醒来时,公安机关对其采取的人身控制措施应视为已对其实施了“强制措施”。“讯问”是指侦查人员以言词方式向犯罪嫌疑人查问犯罪事实和其他与案件有关情况的一种侦查措施。区分讯问、盘问与询问,应以侦查人员是否掌握了足以合理怀疑查问对象实施犯罪的证据为标准。掌握的证据足以合理怀疑被查问对象实施犯罪的,是讯问,否则是询问、盘问。只要司法机关已对犯罪嫌疑人实施了实际的人身控制,即使这种控制措施不完全符合或严格履行刑事诉讼法所规定的“强制措施”的条件和程序,但也是对其采取了“强制措施”。相反,犯罪嫌疑人在投案时,只要其还有行为自由决定能力,即使其已经被采取了法律规定的五种“强制措施”,其投案仍应当视为自动投案。如果犯罪嫌疑人在实施投案行为时,司法机关尚未将其作为犯罪嫌疑对象对其人身予以强制控制,则即使其已被采取刑事诉讼法规定的五种“强制措施”之一,也应当认为犯罪嫌疑人未被采取“强制措施”。在犯罪嫌疑人被取保候审后脱保、监视居住后潜逃或者羁押期间脱逃这些情况下,司法机关对犯罪嫌疑人并未形成事实上的控制,犯罪嫌疑人对其行为和活动仍能作自由决定,只要其实施了投案行为,就应当认为其是在被采取“强制措施”前的自动投案。

《刑参》第831号案例“李某故意杀人案——杀人后主动报警表示投案,等待抓捕期间又实施犯罪的,能否认定为自首”相关论述:认定犯罪嫌疑人是否属于自动投案,不仅要看其是否有投案的意思表示和行为还要看其投案行为是否符合其真实意愿。对于投案符合犯罪嫌疑人的真实意愿的,即使其没有明确的投案行为,但如果其行为符合司法解释规定情形,也应当认定为自动投案。相反,若投案不符合犯罪嫌疑人的真实意愿,即使其实施了投案的行为,也不能认定为自首。被告人打电话报警后又实施与报警所涉之罪系同种的罪行或者存在密切关联的罪行,表明其不具备自动投案的主动性和自愿性,不构成自首。

《刑参》第880号案例“杨某、赵某等诈骗案——自动投案的行为发生在犯罪嫌疑人被办案机关控制之后的是否成立自首”相关论述:办案机关根据确切犯罪事实或者线索对犯罪嫌疑人实施强制性约束、讯问并告知犯罪嫌疑人必须接受调查的行为,称为“侦查管控”,具有确定性、针对性,与一般排查询问或者因形迹可疑盘问情形有区别。“侦查管控”具有强制性、义务性,包括但不限于刑事诉讼法规定的五种强制措施,与电话传唤、犯罪嫌疑人发觉但没有接受讯问或者被强制措施等情形有区别。“自动投案”的时间应当限制在犯罪嫌疑人“被办案机关控制”之前。办案机关掌握犯罪事实,对嫌疑人调查谈话、讯问、宣布调查措施或者强制措施的行为,均系办案机关控制犯罪嫌疑人的行为,具有强制性、义务性、针对性、明确性的特征,而犯罪嫌疑人在上述情形下向办案机关投案的行为,均不属于自动投案。只有犯罪嫌疑人自动投案发生在其被办案机关控制之前,其才有可能构成自首。被告人经办案人员同意后前往幼儿园接孩子回家后又返还案发地点接受调查,虽然表面上看具有自动投案的形式,但该行为发上在被办案机关控制之后,不符合自动投案的时间特征。

《形参》第1435号案例“丹东欣泰电气股份有限公司及温某、刘某欺诈发行股票、违规披露重要信息案——上市公司在申请上市前后连续财务造假的行为如何认定”相关论述:无论犯罪线索是否被司法机关发觉,行为人尚具有人身自由或者具有选择余地的时候,基于自愿主动将自己置于办案机关的合法控制之下,均可以视为自动投案。本案被告人在公安机关电话告知了解欣泰公司上市的相关情况后,在茶馆等候侦查人员,在此期间可以选择等候也可能选择逃脱,故其选择在茶馆等候体现了一定的主动性,可认定自首。但鉴于其到案的主动性和自愿性与标准自首有很大区别,在量刑上可酌情从轻处罚。

【拓展关键词】犯罪嫌疑与形迹可疑

《刑参》第59号案例“庄某抢劫案——犯罪嫌疑人一经传唤即如实供认犯罪事实的可否认定为自首”相

关论述：如果行为人是因形迹可疑受到公安机关的盘问，如实供述了自己的罪行，应认定为自首。如果是被作为犯罪嫌疑人被侦查机关讯问，供认了犯罪事实的，就不应认定其自首。本案被告人是公安机关在侦破案件中确认的犯罪嫌疑人，而不是公安人员因偶然原因接触到的形迹可疑人。

《刑参》第465号案例“刘某故意杀人案——如何认定自动投案中的‘形迹可疑’”相关论述：如果有关侦查人员从行为人身边或者住处找到客观性证据如赃物、作案工具、带血迹的衣物等，或者目击证人直接指认行为人，从而在行为人与具体犯罪案件间建立起直接、明确、紧密的联系，由于当时已有一定的证据指向行为人，其具有较其他排查对象更高的作案嫌疑，行为人就会升级为犯罪嫌疑人。因为对侦查机关来讲，案件侦查到这个程度就可以对其采取一定强制措施或者进行传讯了。判断行为人是否属于“形迹可疑”关键看司法机关能否依凭现有证据特别是客观性证据在行为人与具体案件之间建立起直接、明确、紧密的联系。

《刑参》第525号案例“王某故意伤害案——被告人在案发后电话报警的行为是否成立自首”相关论述：被告人在确认被害人死亡后，虽在公安机关并未发现犯罪事实之前拨打电话报警，但其在报警时并未向公安机关主动交代是他实施的犯罪行为，只是称在医院急诊室有人死亡，而且在公安机关到达后也未主动如实供述案件发生经过，被告人的这种行为属于报案而非投案。公安人员在展开其他辅助性调查走访工作后，已经将被告人确定为犯罪嫌疑人并随即对其讯问，在对其讯问中被告人才交代了犯罪事实，被告人不属于“因形迹可疑被盘问主动交代罪行的自首”情形。

《刑参》第565号案例“闫某故意杀人案——犯罪嫌疑人在公安机关通知后到案，但在公安机关掌握部分证据后始供述的，不能认定为自首”相关论述：自动投案的时间可以是犯罪被发现之前，也可以是被发现之后。区分形迹可疑与犯罪嫌疑的关键在于司法机关是否已掌握了一定的具体证据，根据已掌握的证据是否能够把行为人同发生的犯罪案件联系起来，也即根据现有证据能否认定行为人具有犯罪嫌疑。在被告人交代所犯罪行前，公安机关已经掌握了认定被告人具有犯罪嫌疑的一定具体证据，足以认定被告人具有重大作案嫌疑，而不再是单纯的形迹可疑，被告人此时交代所犯罪行不能认定其为自首。

《刑参》第702号案例“张某等抢劫、盗窃案——接受公安人员盘问时，当场被搜出与犯罪有关的物品后，才交代犯罪事实的，不视为自动投案”相关论述：区分“形迹可疑”与“犯罪嫌疑”的关键在于：一是司法机关是否掌握了行为人犯罪的一定证据和线索；二是行为人当时不如实交代能否自圆其说，能否作出合理解释。如果行为人不如实交代犯罪仍然能自圆其说，足以消除司法机关对其产生的合理怀疑的，那随后交代犯罪即具有主动性，可以视为自动投案。

《刑参》第704号案例“刘某抢劫案——如何判断行为人是属于‘形迹可疑’还是‘犯罪嫌疑’”相关论述：判断行为人是属于“形迹可疑”还是“犯罪嫌疑”的关键在于司法机关是否掌握客观并据此足以合理怀疑行为人实施某种犯罪的证据，能否在行为人与具体案件之间建立起直接、明确、紧密的联系。犯罪嫌疑指的是司法机关掌握足以认定行为人实施某种犯罪的证据或者线索，通过逻辑判断认定行为人有作案的重大嫌疑。一旦确立犯罪嫌疑，“形迹可疑”型自首便无法成立。

《刑参》第944号案例“张某故意杀人案——如何区分‘形迹可疑人’与‘犯罪嫌疑人’”相关论述：“形迹可疑”和“犯罪嫌疑”之间的区别主要在于：(1)产生怀疑的依据不同。对“形迹可疑”的判断主要依据工作经验和常识、常情、常理，有时甚至依据直觉猜测。“犯罪嫌疑”则是对所掌握的证据分析、判断后形成的推定，有被合理怀疑的事实根据。(2)对证据和线索的要求程度不同。行为人如实供述罪行之前司法机关是否已经掌握足以合理怀疑行为人实施某种犯罪的证据或者线索，从而在行为人与具体案件之间建立起直接、明确的联系，是区分“形迹可疑”和“犯罪嫌疑”的关键。不能认为行为人一旦被司法机关认为与待侦案件有一定的联系，此时其犯罪事实就属于被司法机关发觉，就成了“犯罪嫌疑人”，也不能认为凡是在例行盘查中发现的犯罪人都一律属于“形迹可疑人”。在难以确切判断行为人是“形迹可疑人”还是“犯罪嫌疑人”的情况下，本着有利于被告人和鼓励自首的刑事政策精神，认定属于“形迹可疑人”。

《刑参》第1212号案例“孟某故意杀人案——作案后逃往他处自杀被救起后主动交代罪行的，能否成立自首”相关论述：“在司法机关未确定犯罪嫌疑人，尚在一般性排查询问时主动交代自己罪行的”成立自首应当满足以下条件：(1)进行盘问的司法机关尚未掌握犯罪人的罪行。司法机关未掌握犯罪事实应包括两种情形：①犯罪事实尚未被司法机关发现；②犯罪事实虽已被发现，但司法机关尚未通过相关法律程序将被盘问人确定为犯罪嫌疑人。(2)犯罪人仅因形迹可疑接受一般性的盘问，而非有针对性的盘查。如果公安人员接到通缉令或协查通报，对犯罪人的身份信息或相貌特征有了初步的了解，而有针对性地对相关人员进行排查，此种情形下犯罪人已丧失了投案的主动性，查获的结果也是因犯罪人被动接受盘查而形成的，故犯罪人不能成立“自动投案”。(3)犯罪人主动、如实供述犯罪事实。犯罪人犯罪后，其罪行虽被公安机关发现，但罪行和犯罪人之间的关联尚不明朗，或者存在前文中提到的获知犯罪人身份时间差的问题的，此时，犯罪人面对公安人员的一般性盘查，如实供述犯罪事实，表明其自愿归于公安机关控制之下，这将会对案件的侦破起到实质的作用，亦是犯罪人主动投案欲实现认罪、悔罪目的的直接体现，应当视为“自动投案”。对畏罪自杀被救起后向不知晓具体案情的公安人员主动供述犯罪事实的行为是否认定为自首，应当按照形迹可疑型自首的上述构成要件，综合考虑犯罪人的自杀动机、行凶与自杀的时间空间距离、侦查人员与盘问人员的同一关系、案件事实的知晓范围与程度等予以客观认定，而不能将犯罪人放弃生命的行为简单地等同于逃避法律制裁，从而一概地排除适用自首制度。

【拓展关键词】投案对象

《刑参》第437号案例“周某盗窃案——向被害人投案的行为是否认定为自首”相关论述：仅仅向被害人承认作案，没有接受司法机关处理意愿的行为不能认定为自首。接受国家的审查和裁判，当然寓含在自动投案、如实交代自己的罪行这两个条件之中。

《刑参》第1050号案例“台州市黄岩恒光金属加工有限公司、周某污染环境案——如何认定行政主管部门与公安机关联合执法案件中的自动投案”相关论述：环保部门是污染环境罪的办案机关之一，环保部门在进行调查谈话时已经初步掌握了本案的犯罪事实，被告人接受谈话的行为不能认定自动投案，案件移送到公安机关后，被告人再主动投案，更不能认定为自动投案，从而不能成立自首。行政执法机关是具有法定职能的办案机关。案件移送内容是涉嫌刑事犯罪的违法事实。移送的法律后果是依照刑事法律规定审查。犯罪嫌疑人在行政执法检查过程中被发觉犯罪事实，并在受到办案机关调查后再到司法机关投案，表明犯罪嫌疑人此时投案的主动性不够明显。同时，在办案机关掌握了相关犯罪事实，并向公安机关移送案件后，犯罪嫌疑人此时投案客观上也不能满足及时侦破案件的政策理由。

【拓展关键词】现场待捕型自首

《刑参》第696号案例“谭某交通肇事案——交通肇事后报警并留在现场等候处理的，应认定为自动投案”。

《刑参》第698号案例“熊某故意伤害案——现场待捕型自首的认定条件”相关论述：认定现场待捕型自首应具备的条件：(1)现场待捕的非被动性；(2)对他人报案的明知性；(3)被抓捕时行为的服从性；(4)供认犯罪事实的彻底性。

《刑参》第780号案例“尚某盗窃案——明知他人报案而留在现场，抓捕时亦无拒捕行为，且如实供认犯罪事实的，是否构成自首”相关论述：“明知他人报案而在现场等待”成立自首必须是犯罪嫌疑人能逃而不逃。“能逃而不逃”应当依据客观条件进行认定。对客观上不具备逃跑条件的犯罪嫌疑人，即使其存在投案的主动性、自愿性，也不应认定为自首。“现场等待”中的“现场”不限于作案现场，在作案现场以外的其他场合，如果犯罪嫌疑人明知他人报案而自愿等待抓捕，且无拒捕行为，如实供述罪行的，也应当认定为自首。

《刑参》第 1059 号案例“韩某故意伤害案——‘明知他人报案而在现场等待’情形的具体认定”相关论述：行为人根据现场情况，有合理依据判断有人及时报案的，属于“明知他人报案”。行为人在案发后有足够的时间、条件能逃跑而未逃跑，自愿在现场等待被抓捕的，属于“在现场等待”。对并非主动报案，在现场等待抓捕型的自首，从宽幅度不宜过大。

《刑参》第 1236 号案例“金某以危险方法危害公共安全、故意杀人案——不同犯意支配下实施的连续行为定性及现场待捕型自首的认定”相关论述：作为“视为自动投案”的一种情形，现场待捕型自首的基础是行为人投案的主动性和自愿性，这种主动性和自愿性是通过明知司法机关必然到案发现场而在现场等待的形式表现出来的，包括相互依托的两个方面：一是明知他人报案；二是留在现场等待归案。两者的结合体现出行为人主动将自己置于司法机关控制之下的主观愿望和客观行为，在一定意义上等同于行为人自动投案，故可视为自动投案。现有证据既无法确定金某明知具体的报案人员和报案的事实，也无法确定金某概括或笼统地知道有人报案的情况。金某是因为其所驾车辆撞到了停在路边的白色金杯车而无法继续行驶，这表明金某系因缺乏逃离现场的客观条件而滞留现场，并非“等待归案”。当日，金某在被抓捕时并未完全予以配合，不能认定金某成立现场待捕性自首。

《形参》第 1455 号案例“赵某故意杀人案——如何准确把握自首制度适用中‘送亲投案’和‘现场等待’等问题”相关论述：“现场”应指犯罪现场，而非其他场所。在此基础上，认定“现场”的具体范围根据个案情况而有所不同，但范围不宜过大，且犯罪嫌疑人没有藏匿行为，侦查人员到达犯罪现场后即可发现，或者通过简单排查、走访、询问便能找到犯罪嫌疑人，方可视为“现场等待”。

【拓展关键词】对行为性质的辩解　翻供　投案动机　主要犯罪事实的认定　如实供述的时间节点　强制措施

《刑参》第 41 号案例“张某故意杀人案——犯罪后由亲属送司法机关归案并在一审宣判前如实供述罪行的应认定为自首”。

《刑参》第 42 号案例“张某故意杀人案——被告人投案后未如实供述罪行但有抢救被害人情节的应如何处理”相关论述：被告人投案后，未如实供述罪行，不构成自首。本案被告人关于正当防卫的辩解实属为自己开脱罪责的狡辩，不能认定为如实供述罪行。被告人杀人后抢救被害人的行为属酌定从轻情节。

《刑参》第 66 号案例“姚某等非法制造注册商标标识案——举报同案犯并如实交代自己参与共同犯罪事实的应否认定为自首”相关论述：被告人为泄愤向公安机关举报同案犯的共同犯罪事实且查证属实，不属于有立功表现。但被告人在举报同案犯时如实供述自己参与共同犯罪的事实，应当认定有自首情节并可依法从轻处罚。自动投案的动机不影响自首的成立。只要不是故意隐瞒或者编造事实为自己开脱罪责，犯罪嫌疑人或被告人所作的解释，就不应当被认为是不如实供述自己的罪行，也不能否定自首的成立。自动投案的犯罪嫌疑人或被告人在如实供述自己的主要犯罪事实的前提下在犯罪的动机、在犯罪中的作用、罪责的大小和有无等问题上为自己所作的辩解，是在行使辩护权利，不影响对自首的认定。

《刑参》第 80 号案例“王某故意杀人案——到公安机关报假案与自动投案的区别应如何掌握”相关论述：本案被告人随同他人将被害人送往医院的行为，不属积极抢救被害人。报假案，编造虚假情况欺骗司法机关，不属于自动投案。在供述过程中推诿责任，避重就轻，掩盖真相，企图减轻罪责，不能认定为如实供述。

《刑参》第 134 号案例“明某抢劫案——子女进入父母居室内抢劫的能否认定为‘入户抢劫’”相关论述：犯罪后到公安机关了解案情不属于自动投案。必须明确告知到司法机关的目的是投案，这是成立自动投案不言而喻的要件。若行为人是以投案为目的主动来司法机关的，无论司法机关是否已掌握了其犯罪事实、是否已决定对其采取强制措施，均应认定为自动投案。

《刑参》第 172 号案例“刘某诉江某故意伤害案——自诉案件中的自首情节如何认定”相关论述：自诉案

件不排斥自首的存在。对于实体问题的认定，无论是公诉案件还是自诉案件，其认定依据只能是刑法的规定。本案中，虽然江某是以受害人和报案人的身份陈述案件事实，但因其如实陈述了自己砸伤自诉人的经过，在其陈述的这一事实被认定为犯罪的情况下，应当认定其如实供述了自己的罪行，其报案行为已表明其对自己的行为负责，应属自动投案。至于对自己行为的认识错误，不应影响对自首的认定。对于如实供述自己行为的被告人，刑事诉讼法允许其在法庭上自辩其行为系正当防卫、无罪，这不影响对其如实供述"犯罪行为"的认定。江某到公安机关陈述案件事实时，既是放火案的报案人，又是故意伤害案的投案人，与正当防卫致人死亡后自己到司法机关投案，如实陈述案件过程并无两样，江某的行为应认定为自首。

《刑参》第 189 号案例"郭某等抢劫案——在共同抢劫中，部分行为人引起的致人重伤、死亡后果，其余未在现场的行为人应否对此后果承担责任"相关论述：被告人虽如实供述杀人抢劫行为，但在审理中对持刀加害被害人一节事实予以否认，因持刀杀害被害人行为属本案主要犯罪事实，故不应认定为自首。否认主要犯罪事实的，可认定翻供。对案情细节的否认以及合理辩解均不得视为翻供。

《刑参》第 221 号案例"姜某非法持有枪支、故意伤害案——被告人对事实性质的辩解不影响如实供述的成立"相关论述：被告人供述的变化并不影响对案件主要事实的认定，也不影响对行为性质的认定，而所谓翻供应当是就犯罪构成的主要事实先前作了承认而后进行否认的行为，对不影响犯罪构成的次要事实先后作不同的供述不能认定为翻供。对方砍击被告人是一人还是多人并不影响被告人故意伤害罪的认定。如实供述与被告人行使辩解权并没有根本的冲突。对行为性质乃至对法律的认识是因人而异的，无论辩解为无罪（认识上的无罪而非事实上的无罪）还是正当防卫、紧急避险，都属于对行为性质的不同认识和理解，不能轻易认定为翻供。行为是否属于正当防卫，最终是司法裁定的问题。即使被告人对司法机关作了前后不同的供述，也不能轻易认定为翻供。悔罪表现与被告人行使辩解权是一个问题的两个方面，同属行使刑事诉讼权利的范畴，并不相互排斥。

《刑参》第 255 号案例"杜某、周某抢劫案——自动投案后没有如实供述同案犯是否构成自首"相关论述：自动投案后没有如实供述同案犯不能认定自首。

《刑参》第 363 号案例"周某故意杀人案——如何理解正当防卫中'正在进行的不法侵害'"相关论述：设立自首制度的目的是通过鼓励行为人自动投案，一方面，使案件及时被侦破与审判，节约司法资源，提高诉讼效率；另一方面，促使行为人悔过自新，不再继续作案，从而有效实现预防犯罪的目的。被告人供述自己持刀杀死被害人的事实，犯罪的性质和主要情节已经清楚，犯罪的动机也已经讲明，应当认定为对主要犯罪事实作了供述，被告人辩解自己的行为属正当防卫不构成犯罪，以及作案的具体细节与有关证据不尽一致，只是其对犯罪性质的认识理解和记忆的问题，这与否认犯罪或避重就轻不同。不能苛求被告人的供述与其他证据达到完全一致的程度。

《刑参》第 381 号案例"董某等盗窃、收购赃物案——投案动机和目的是否影响自首成立"相关论述：犯罪分子的投案动机和目的不影响自首成立。被告人因少得赃款而去举报以获取奖金，但其在举报过程中如实交代了案件事实经过，也没有逃避可能的司法审查，这客观上造成了协助公安机关破获此案的结果，提高了破案效率，节约了司法成本，应认定被告人为自动投案。如实供述是指如实交代案件事实，此一事实是指客观事实，即案件的客观情况，有无预谋、预谋内容、犯罪参与人及实施犯罪的过程。至于被告人辩解其主观上没有实施此犯罪行为的故意或自认为其行为不构成犯罪或强调实施该行为的各种主客观原因等均属于对其行为的一种合法辩解，是其行使辩护权的体现，不影响自首的成立。如实供述的核心内容是"客观事实"而非"主观心理"。在共同犯罪中，犯罪故意的串通，即共谋本身不仅是一种主观心理态度，而且是一种客观行为，属于应如实交代的"客观事实"。

《刑参》第 459 号案例"杜某故意伤害致人死亡案——共同故意伤害致人死亡案件中，被告人如实供述公安机关没有掌握的其致人死亡的关键情节，是否酌情从轻处罚"相关论述：被告人的供认对认定致命伤是谁形成的这一关键事实有重要作用,其归案后如实供述自己犯罪事实的行为,应属于认罪态度好,一定程度上反映了其悔罪心理及人身危险性的降低。

《刑参》第699号案例"吕某故意杀人、强奸、放火案——如何认定'送亲归案'情形下的自动投案"相关论述:"自动投案"对投案目的有特定要求,即行为人必须明确告知其到司法机关的目的是投案,接受司法机关的处理。如果行为人主动到司法机关的目的是为自己开脱罪责或者表明自己是"清白"的,则不符合自动投案的本质要求,不能认定为自动投案。

《刑参》第705号案例"李某故意杀人案——如实供述杀人罪行后,又翻供称被害人先实施严重伤害行为的,能否认定为对主要犯罪事实的翻供"相关论述:被告人的翻供不能成立,其改变供述系为了歪曲主要犯罪事实,意图加重被害人的过错,不能认定为如实供述主要犯罪事实。"主要犯罪事实"一般是指对认定行为人的行为性质有决定意义以及对量刑有重大影响的事实、情节等。

《刑参》第899号案例"黄某危险驾驶案——如何认定醉驾型危险驾驶犯罪案件中的自首以及如何根据具体的自首情形决定对被告人的从宽处罚程度"相关论述:对于公安机关例行检查的,即使犯罪嫌疑人在被公安人员询问、呼气酒精检查之前主动交代醉酒驾驶,也不构成自首,因为其归案具有被动性,应当认定为坦白。是否饮酒是最基本的事实。

《刑参》第928号案例"喻某等故意杀人案——在共同犯罪案件中如何认定'如实供述主要犯罪事实'"相关论述:犯罪事实既包括定罪事实也包括量刑事实。一般应当根据犯罪嫌疑人、被告人所供述的犯罪事实对定罪量刑的影响程度区分出主要犯罪事实和次要犯罪事实。如果无法区分已交代事实与未交代事实的主次或者未交代的犯罪事实对定罪量刑的影响明显大于已交代的犯罪事实,则不应认定被告人、犯罪嫌疑人如实供述了主要犯罪事实。共同犯罪人自首时,除了交代自己所犯的罪行外,还需交代其所知的同案犯实施的共同犯罪事实。从"如实供述自己罪行"的相关规定看,的确没有关于如实供述的时间节点的明确规定。如实供述的时间节点能够体现出供述者是否具有将其主动交付于司法机关监管的意愿。如果犯罪嫌疑人如实供述的时间节点是在其他同案犯已作相关供述之后,其是被迫作出如实供述的,那么不能认定其构成自首。

《刑参》第943号案例"冯某、周某故意杀人案——行为人对其主观心态的辩解是否影响自首的成立"相关论述:主观心态属于"主要犯罪事实"。犯罪事实包括犯罪构成事实和非犯罪构成事实。犯罪构成事实包括犯罪客体、客观要件、主体要件、客观要件的事实。犯罪构成事实是认定犯罪所必须具体的事实,因此它属于主要犯罪事实。在犯罪构成事实中,尽管犯罪客观要件事实是定罪的基础,但犯罪主观要件事实对区分罪与非罪、一罪与数罪、轻罪与重罪具有重要意义。行为人自动投案后是否如实供述犯罪主观心态必然影响自首的认定。"对行为性质的辩解"与"是否如实供述主观心态"本质上是两个问题。"对行为性质的辩解"是对犯罪行为的定性即对犯罪行为在法律上是否应当被认定为犯罪所作的辩解,而不是对主观心态内容的辩解。对行为性质的辩解不影响自首的成立的前提是在行为人已经"如实供述自己的罪行",其在本质上是对法律适用方面的辩解,而不是对犯罪事实本身是否存在的辩解。对行为性质的辩解与对主观心态的辩解是两个不同层次的问题。对"如实供述"的判断应当以在案证据查明的案件事实为认定标准,应当按照主客观相统一原则把握行为人是否"如实供述"犯罪主观心态,即以行为人对主观心态的辩解是否改变或者否定依照在案证据认定的案件事实为标准。如果行为人的辩解具有合理的根据能够成立或者不能被在案证据排除的,其辩解就属于没有改变或者否定案件事实,不影响"如实供述"的成立。

《刑参》第1019号案例"杨某内幕交易案——如何理解内幕交易犯罪案件中的'自动投案'和'如实供述主要罪行'"相关论述:主要罪行系指主要犯罪事实,包括罪质事实和重大罪量事实。罪质事实是指对犯罪嫌疑人行为性质认定具有重大影响的事实、情节。重大罪量事实,是指对量刑具有重大影响的事实、情节。在内幕交易犯罪案件中,行为人如实供述内容,应当包括行为人的主体身份,所购买的相关股票名称、数量,行为人获悉内幕信息等相关情况。

《刑参》第 1037 号案例"杨某非法持有毒品案——因形迹可疑被盘查时发现持有可疑物品,在被带至公安机关接受调查时如实供述了非法持有毒品事实的,是否成立自首"相关论述:侦查人员已从被告人随身携带的挎包内查获可疑物品,此时被告人交代非法持有毒品的事实,不应当视为自动投案。非法持有毒品罪中持有的毒品数量并无上限,认定被告人是否"如实供述自己罪行"首先要看其所携带的毒品是否明显超出自吸的合理范围。如果超出自吸范围,仅因为没有其他证据证明贩卖而认定为持有的,一般不认定被告人具有"如实供述自己罪行"的情节。非法持有毒品罪是一种持有型犯罪,只要行为人如实交代了其非法持有毒品状态的事实,即可认定其交代了主要犯罪事实。至于毒品的来源与去向,因不属于本罪的构成要件事实,可以排除于主要犯罪事实之外。从刑事证明角度看,在被告人所携带毒品并未明显超出自吸合理范围的前提下,虽无证据证明被告人关于自吸的供述是真实的,但同样无证据证明其供述是虚假的。从有利于被告人的角度考虑,不能认定被告人未如实供述自己的罪行。

《刑参》第 1244 号案例"许某故意杀人案——自动投案后将性质恶劣的故意杀人行为编造为相约自杀,能否成立自首"相关论述:主要犯罪事实包括定罪事实和重大量刑事实两部分。故意杀人案件的案发起因及犯罪嫌疑人的作案动机可以反映犯罪嫌疑人的主观恶性与人身危险性的大小,属于重要的酌定量刑情节。但在多数情况下案发起因及作案动机对量刑不会产生重大影响。除特定情况下的教唆自杀外,其他相约自杀的行为通常被认定为情节较轻的杀人行为。如实供述属于事实判断,要求犯罪嫌疑人对作案过程的叙述与客观情况相符合,不得虚构事实、隐瞒真相以逃避或包揽罪责。只要犯罪嫌疑人的供述与经审理查明的事实一致,就应当认定为如实供述。犯罪嫌疑人对行为性质的辩解属于规范判断,是犯罪嫌疑人对其行为的法律意义和价值的个人见解,涉及其行为是否构成犯罪、此罪彼罪及罪轻罪重等方面。因此,对行为性质的辩解是犯罪嫌疑人在客观供述自己罪行的基础上对其罪责有无及大小所作出的阐释、主张。被告人许某在事实叙述中隐瞒其冒充债主身份以还债为由将仟某某骗至案发现场的事实并编造与任某某相约自杀的情节,从而将典型的、性质恶劣的故意杀人行为辩解为相约自杀行为,属于对犯罪事实的直接否认,而非对行为性质的辩解。相关司法解释为犯罪嫌疑人如实供述自己罪行设定了一个重要时间节点,即从案件侦破进度上要求在司法机关掌握其主要犯罪事实前。犯罪嫌疑人逾越该时间节点,即使其再如实供述,亦不能认定为自首。

《刑参》第 776 号案例"徐某抢劫案——'自动投案'和'如实供述'的理解和适用"相关论述:主要犯罪事实是指对犯罪嫌疑人行为性质的认定有决定意义的事实、情节以及对量刑有重大影响的事实、情节。重大量刑事实主要是指对犯罪嫌疑人应适用的法定刑档次升高或降格具有重大影响的事实、情节,以及在总体危害程度上比其他部分事实、情节更大的事实、情节。对行为性质的从轻、减轻辩解主要是指行为人关于从轻、减轻情节的辩解在事实上是存在或成立的,行为人对该情节的性质以及从轻、减轻幅度提出自己的意见。对从轻、减轻情节的虚假供述是指行为人供述的情节不存在或无证据证明。对于虚假供述的从轻、减轻情节没有证据印证,也无相反证据予以否定的情形,从有利于被告人的原则出发,不能认定其"未如实交代主要犯罪事实"。翻供是指行为人就犯罪事实部分推翻自己的先前供述作出与先前内容不一致的供述,其仅指用虚假的事实供述推翻先前真实的事实供述这种情形。如果先前的供述为假,那么后来的翻供无论真假,均不能构成自首。须以生效判决认定的事实来判断先前供述是否属实。翻供的内容须涉及主要犯罪事实。法律对如实供述的时间作了两个节点的规定:(1)自动投案后作出过如实供述的时间节点一般为第一次讯问时,除非第一次讯问未能完成对所有事实的讯问。(2)如实供述后又翻供的时间节点为一审判决前。一审判决后的供述不再纳入自首制度中如实供述的评价,但仍可以作为对被告人认罪态度的评价。到案后如实供述,无论在一审判决前任何阶段翻供,只要在一审判决前又恢复如实供述的,仍可以认定为自首制度中的如实供述。一审判决前还未重新回到如实供述的,先前的如实供述以及此后的供述均不再认定为如实供述。影响自首成立的翻供的作出时间必须是在第一次如实供述后至一审判决前，如果行为人自动投案，但在第一次供述中没有如实供述，而是在侦查机关通过侦查后才促使行为人供述的，这样的供述既不能体现行为人主观上有认罪悔罪的主动性和自愿性，也没有达到节约司法资源的效果，不能认定自首。

《刑参》第 1268 号案例"方某等组织卖淫案——组织卖淫共同犯罪中的主犯认定及组织卖淫罪与协助组织卖淫罪的区分"相关论述：自动投案后在公安机关掌握其主要犯罪事实前未如实供述犯罪事实的，不能认定为自首。犯罪分子自动投案后应当"及时"如实供述自己的主要犯罪事实。关于"及时"如实供述，根据有关司法解释，有两种情形：第一种情形是，被告人在自动投案后，第一次供述时即如实交代自己的主要犯罪事实的，构成自首；即使其在如实供述后又翻供的，只要在一审判决前又能如实供述的，仍然可以认定为自首。第二种情形是，犯罪嫌疑人自动投案时虽然没有如实交代自己的主要犯罪事实，但在司法机关掌握其主要犯罪事实之前主动交代的，应认定为如实供述自己的罪行。但在司法机关掌握其主要犯罪事实之后，其迫于压力才如实供述的，则不构成自首。犯罪嫌疑人在侦查机关掌握证据后才交代的，不能体现出其悔罪态度，案件侦破主要依靠侦查机关的努力，未体现出节约司法资源的宗旨，故这种情况不能认定为自首。

[本书观点]构成自首的两个条件，即"自动投案"与"如实供述"，是有机结合的关系，而非机械相加的关系。自动投案时未如实供述，在侦查机关掌握证据后才如实供述的，不宜认定为自首。

《刑参》第 1272 号案例"康某故意杀人案——如何审查判断 DNA 鉴定意见的关联性及被告人的翻供"相关论述：对被告人曾做过有罪供述，后又翻供的案件，要高度重视审查翻供理由和有罪供述的证明力。

【拓展关键词】亲友协助型投案

《刑参》第 225 号案例"杨某等故意伤害案——寻衅滋事随意殴打他人致人重伤、死亡的应如何定罪"相关论述：逃跑途中给公安局的亲友打电话，亲友劝其自首没有拒绝，其表示回来再说，但回来再说并不能代表其有明确的投案意思，只能证明其将来有自动投案的可能。但自动投案不以不能确定的可能性为条件，故行为人不能认为自动投案。

《刑参》第 241 号案例"张某故意杀人案——犯罪嫌疑人的亲属报案后，由于客观原因没能将犯罪嫌疑人送去投案，但予以看守并带领公安人员将其抓获的，能否视为自动投案"相关论述：只要犯罪嫌疑人的亲友能够将犯罪嫌疑人置于司法机关的有效控制之下，都应当看作"将犯罪嫌疑人送去投案"。"送去投案"并不排除亲友强行将犯罪嫌疑人送去投案的情形。如果犯罪嫌疑人本人自愿投案，这属于典型的自动投案，没有解释为视为自动投案的必要。如果犯罪嫌疑人明确拒绝并强烈反抗投案，且其在被强制到案后拒不如实供述犯罪事实，则是否构成自动投案乃至自首，就另当别论了。

《刑参》第 369 号案例"孙某故意杀人案——亲友带领公安人员抓获犯罪嫌疑人能否认定自首"相关论述：犯罪嫌疑人的亲友带领公安人员抓获犯罪嫌疑人，应视为犯罪嫌疑人自动投案。条件是亲友有积极协助侦查人员与抓获犯罪嫌疑人的行为；犯罪嫌疑人在亲友带领公安人员抓获时，要予以配合，没有明显反抗的表现。

《刑参》第 464 号案例"田某集资诈骗案——亲属提供线索抓获犯罪嫌疑人的能否认定自首"相关论述：亲属提供线索抓获犯罪嫌疑人的能否认定自首，不能一概而论，需要根据具体情况进行判断。这种犯罪人亲属协助抓捕行为与一般的社会公众协助抓捕行为是有差别的，司法机关在量刑当中对此应当予以考虑。

《刑参》第 511 号案例"张某故意杀人案——同事间纠纷引发的杀人案件应慎重死刑"相关论述：被告人家属虽报案，但并未送被告人归案，且在警方到达现场后被告人未自愿将自己置于司法机关控制之下，依法不能成立自首。

《刑参》第 598 号案例"张某故意杀人案——被告人具备自首要件，其亲属不配合抓捕的不影响自首的成立"。

《刑参》第 699 号案例"吕某故意杀人、强奸、放火案——如何认定'送亲归案'情形下的自动投案"相关论述："送亲归案"被认定为自动投案的重要前提条件是，犯罪嫌疑人的亲友已经知道犯罪嫌疑人实施了犯罪行为，仍然主动"陪首"或者"送首"，其目的是将犯罪嫌疑人有效地置于司法机关的控制之下，使犯罪嫌疑人承担相应的法律后果。如果亲友并不明知犯罪嫌疑人实施了犯罪行为，亲友主动与司法机关联系的目的并不是让犯罪嫌疑人接受司法机关的处理，而是为了撤销犯罪嫌疑，则不应认定为自动投案。

《刑参》第700号案例"袁某故意杀人案——对亲属报警并协助公安机关抓获被告人行为的认定"相关论述：允许犯罪嫌疑人到案时持有相对消极的主观心态，甚至可以带有一定的被迫性，但是只要犯罪嫌疑人不反对其亲属的报警及公安机关的抓捕，客观上没有实施逃避侦查的对抗性行为，就可以视为自动投案。该案认定更加强调客观行为和实际效果，确立了"非对抗性"的认定标准。投案的非对抗性标准充分体现了投案自动性的核心价值。

《刑参》第1223号案例"王某故意杀人案——亲属主动报案并带领民警抓获被告人的如何量刑"相关论述：亲属主动报案并带领公安人员抓获被告人的，被告人并非自动投案，不构成自首，但可据此对被告人从轻处罚。

【拓展关键词】逃逸后自首　被采取强制措施

《刑参》第76号案例"魏某等故意杀人、脱逃案——单人劫狱的行为如何定罪"相关论述：接受审查和裁判，是自首成立的当然条件，刑法不必再重复规定。

《刑参》第373号案例"梁某等贩卖毒品案——为贩卖毒品者交接毒品行为的定性及自首、立功的认定问题"相关论述：实践中，犯罪嫌疑人脱逃，只要其能够再到司法机关投案，就应认定其具有投案情节。

《刑参》第697号案例"王某交通肇事案——交通肇事后逃逸又自动投案的构成自首，应在逃逸情节的法定刑幅度内视情况决定是否从轻处罚"相关论述：行为人交通肇事后逃逸，后又自动投案、如实供述罪行的，构成自首，但应以"交通肇事后逃逸"的法定刑为基准，视情况决定对其自首是否从轻处罚。

《刑参》第1081号案例"吴某强奸、故意伤害案——行为人在取保候审期间犯新罪而逃跑，被公安机关依法通缉后又自动投案并如实供述罪行的，是否认定全案构成自首"相关论述：涉嫌强奸犯罪的吴某在被取保候审期间逃跑，后又主动投案的行为，不符合自首的成立要件。被取保候审期间，属已被采取刑事强制措施。被告人因涉嫌犯故意伤害罪，在未被讯问、采取强制措施之前逃跑，后又自动投案并如实供述自己犯罪事实的，可以对该新罪认定为自首。

《刑参》第1303案例"潘某盗窃案——取保候审期间脱逃又主动投案并如实供述罪行的，不能认定为自首"相关论述：犯罪嫌疑人在取保候审期间逃跑，逃避侦查，不具备成立自首情节要求的自动性。逃跑后再次投案的，不符合成立自首所要求的自动投案。被告人不属于"犯罪后逃跑"的情形，而是在被采取强制措施后逃跑。

【拓展关键词】余罪自首　数罪　选择性罪名　同种罪行

《刑参》第32号案例"余某受贿案——被告人被采取强制措施后交代司法机关尚未掌握的同种犯罪应如何量刑"相关论述：主动坦白交代的罪行重于检察机关已掌握的其同种罪行的，按照"应当从轻"的原则处理。受贿犯罪分子退赃不能与盗窃犯罪分子退赃一样无条件作为酌情从轻处罚的理由。

《刑参》第86号案例"王某等抢劫、故意伤害、盗窃案——转化型抢劫罪的法律适用"相关论述：在一人犯数罪且只对其中一罪有自首的情况下，自首从轻的效力仅及于自首之罪。

《刑参》第411号案例"何某强奸、盗窃案——如何理解'如实供述司法机关还未掌握的本人其他罪行'"相关论述："尚未掌握"一般是指司法机关还未有一定的客观线索、证据合理怀疑被采取强制措施的犯罪嫌疑人、被告人、罪犯还犯有其他罪行。"司法机关"不仅仅指正在侦查、起诉、审判的司法机关，也包括其他司法机关。如果被告人所犯余罪尚未被查明、通缉或者资料不全、内容不明，现行犯的处置机关并不掌握或者难以掌握其所犯余罪的，则此时的司法机关只指直接办案机关。如果被告人所犯前罪已被通缉，对现行犯的办案司法机关可以通过通缉资料掌握的，此时的"司法机关"应当包括通缉令覆盖范围内的所有司法机关。

“尚未掌握”的司法机关不能仅理解为其交代事实的那个司法机关没有掌握，也包括其他司法机关尚未掌握。但如果被告人罪行虽已被其他司法机关掌握，但因地处偏僻、路途遥远或通讯不便等原因，客观上使现行羁押的司法机关难以了解和发现的，可以视为司法机关尚未掌握的罪行，这时的司法机关其实是指直接办案的司法机关。本案被告人盗窃时虽然使用化名，但同案犯知晓其真实身份且交代了被告人之前的强奸事实。侦查机关发现被告人对其化名的身份难以自圆其说，已经开始注意并开始核实。即使其不交代，由于网上通缉资料齐全及同案犯如实交代，侦查机关也可以很快掌握，故不认定被告人构成自首。

《刑参》第584号案例“周某受贿案——特定关系人在受贿案件中的认定问题”相关论述：检察机关掌握的事实未被法院认定为犯罪，被告人主动交代其余同种犯罪事实的，构成自首。检察机关掌握的犯罪事实经查不能成立，即应视为检察机关并未掌握被告人的受贿事实，对被告人应以自首论。

《刑参》第593号案例“彭某贩卖、运输毒品案——因运输毒品被抓获后又如实供述司法机关未掌握的贩卖毒品罪行不构成自首”相关论述：行为人实施的走私、贩卖、运输不同宗毒品的行为，属于同种罪行。判断某一条款中的数个罪行是否属于同种罪行，应以刑法规定是否按一罪判处为标准。选择性罪名中包含的数个不同罪名属于刑法规定的同种罪行。对于并列罪名（如《刑法》第114条放火罪、决水罪、爆炸罪、投放危险物质罪、以危险方法危害公共安全罪），行为人实施该条款中两个以上犯罪行为就构成数罪，应实行数罪并罚而不能合并为一罪。而对于选择性罪名，数个罪名既可以单独定罪也可以合并组合为一罪（复合性罪名），事实上是两个以上的罪行按一罪判处不数罪并罚。这种情况实质上是数个犯罪构成合并为一个复合性犯罪构成而成为一罪，该罪名中的各罪行系同种罪行。选择性罪名规定的数个犯罪行为是有内在联系、互为条件的，实践中经常交错实施，且对社会的危害程度是相同的。刑法简便、概括地规定了选择性罪名。对如实供述司法机关尚未掌握的选择性罪名中的某一罪名以自首论会导致量刑上的不均衡，故对被告人如实供述司法机关尚未掌握的选择性罪名中的某一罪行不以自首论。

《刑参》第703号案例“蒋某爆炸、敲诈勒索案——余罪自首中如何认定‘不同种罪行’和‘司法机关已掌握的罪行’”相关论述：罪名不同的一般属于不同种罪行。但如实供述的其他犯罪与司法机关已掌握的犯罪属选择性罪名或者在法律、事实上密切关联的，应认定为同种罪行。司法机关已掌握的罪行是指司法机关已了解到一定的线索、证据可以形成合理怀疑的罪行。“罪名”不限于法院判决确定的罪名。认定罪名的法律标准是犯罪构成，数行为符合同一犯罪构成的，就是同一罪名，符合不同构成的，就是不同罪名。公安机关已经掌握了被告人涉嫌爆炸并敲诈勒索的罪行，该罪行构成爆炸罪、敲诈勒索罪，但属于牵连犯，应择一重罪处罚。被告人归案后主动如实供述的另两起敲诈勒索案，与公安机关已经掌握的部分罪行都构成敲诈勒索罪，属于同种罪行，不能认定为自首。

《刑参》第718号案例“张某故意杀人、盗窃案——交代司法机关尚未掌握的案发起因构成其他犯罪的，是否属于自首”相关论述：法律上密切关联是指已掌握的犯罪的构成要件中包含着易于构成其他犯罪的情形。如受贿罪中“为他人谋取利益”而构成的滥用职权罪，应当认定其与受贿罪属同种罪行。事实上密切关联是指已掌握的犯罪与未掌握的犯罪之间存在手段与目的等关系且易结合发生的情形。如因持枪杀人被采取强制措施后又交代其盗窃或私自制造枪支的行为，因交代枪支来源而另构成涉枪犯罪，应当认定其与故意杀人属同种罪行。本案被告人实施的盗窃犯罪与故意杀人犯罪客观上具有一定关联，故意杀人系因盗窃分赃不均，盗窃是故意杀人的前因，但是，被告人实施的盗窃犯罪与故意杀人犯罪是两个独立的两个犯罪，盗窃犯罪并不必然导致故意杀人犯罪的发生。司法机关掌握其故意杀人犯罪事实并不必然能够推断或知晓其曾实施盗窃犯罪。两者不属于在法律上、事实上密切相关的情形，应当认定为不同种罪行。认定被告人是否构成自首与对其是否从宽处罚是两个不同层面的问题。

《刑参》第747号案例“汪某故意杀人、敲诈勒索案——如实供述的罪行与司法机关已经掌握的罪行在事实上密切关联的,不构成自首”相关论述:罪行是指犯罪行为及其相应的罪恶、罪责。罪名则是指刑法根据犯罪行为的性质和特征所规定的犯罪名称,是对犯罪本质特征或者主要特征的高度概括。“密切关联”是指事物相互之间的牵连和影响十分紧密,不可分割。在法律上密切关联的犯罪是指不同犯罪的构成要件有交叉或不同犯罪之间存在对合关系、因果关系、目的关系、条件关系等牵连关系。在自首认定中讨论的“在法律、事实上密切关联的犯罪”仅指同一主体实施的犯罪。侦查人员的提问只要与其所实施的犯罪事实有关,如起因、动机、时间、地点、目的、方法、结果等均是犯罪自然发展过程中的要素,犯罪嫌疑人就均有如实回答的义务。如果涉及其中任何一个要素的行为单独构成另一犯罪,就应当认定涉嫌的两个犯罪在法律、事实上有密切联系,作案人均有义务如实交代。这几个不同犯罪实质是同一犯罪过程中连续实施、衔接紧密的不同部分。例如合同诈骗过程中伪造印章、持枪抢劫中购买枪支的过程、交代赃物去向时交代销售赃物行为都不能成立自首。行为人在交代赃物去向时交代他人购买赃物的行为,既不构成自首,也不构成立功。在特定的时空范围内连续实施的两个犯罪行为前后衔接、紧密相连,构成一个完整的犯罪过程,说明两个罪行密切关联。

《刑参》第 965 号案例“孟某故意杀人、故意伤害案——主动如实供述本人真实身份及所犯不同种余罪的,能否认定为自首”相关论述:余罪自首要求所供述余罪必须为司法机关不掌握。如果行为人潜逃期间或者因新罪到案后为掩盖漏罪或者前科,长期使用化名或者自报虚假身份,即便该行为人被公安机关上网通缉,该余罪亦难以被司法机关所掌握。不能简单将“是否在司法机关通缉令发布范围内”或者“该罪行是否录入全国公安网络在逃人员信息数据库”作为司法机关是否掌握罪行的标准,而应当本着实事求是、具体问题具体分析的态度审查判断,不宜搞“一刀切”。

《刑参》第 986 号案例“杜某强奸、强制猥亵妇女、猥亵儿童案——行为人因涉嫌强制猥亵妇女到案后如实供述司法机关尚未掌握的猥亵儿童事实的,不构成自首”相关论述:“同种罪行”包括三种情况:罪名相同的罪行、属于同一选择性罪名的罪行以及法律或者事实上密切关联的罪行。强制猥亵妇女罪与猥亵儿童罪罪名不同,也不属于选择性罪名,但是这两种犯罪在法律上、事实上均有密切关联,可以视为同种罪行。认定数种罪行在法律上具有密切关联,一般应当以犯罪构成要件为依据。

《刑参》第 1044 号案例“黄某故意杀人、诈骗案——打电话报警但未承认自己实施犯罪行为的是否认定为自首以及如何审查判断经鉴定属于被害人真实签名的保证书等书证的真实性”相关论述:打电话报警但未承认自己实施犯罪行为的不构成自首。黄某本人食用有毒猫汤后呈中毒状,前往医院抢救,黄某打电话报警称 3 人食物中毒,但并未称其投毒,黄某的报警并不必然将自己置于犯罪嫌疑人的地位,公安机关经大量排查后,才拘留黄某,被告人的报警与公安机关将其作为犯罪嫌疑人采取强制措施之间没有关联性,黄某缺乏自动投案的要件。视为自动投案的情形,必须体现行为人投案的主动性和自愿性。公安机关虽然以诈骗罪立案并拘留黄某,但实际上已掌握了相当证据证明黄某实施了投毒杀人的行为。黄某在被以诈骗罪立案刑事拘留后交代的投毒杀人犯罪,不属于交代公安机关尚未掌握的犯罪事实。

《刑参》第 1236 号案例“金某以危险方法危害公共安全、故意杀人案——不同犯意支配下实施的连续行为定性及现场待捕型自首的认定”相关论述:虽然金某驾车撞人的行为在时间上具有连续性,但其撞击康某的行为具有针对性,构成故意杀人罪,该犯罪行为与之后所犯的以危险方法危害公共安全罪相比无论是在行为方式、后果上还是在主观故意、侵犯的客体上都有着明显不同,触犯的也是不同罪名,在犯罪事实上也不具有因果关系,因此属于如实供述司法机关尚未掌握的本人其他罪行的,以自首论。但金某主动供述的司法机关尚未掌握的撞击吴某的事实应认定为坦白。金某在第二现场撞击吴某的行为和在第三现场的行为是连续的整体行为,构成以危险方法危害公共安全罪,在犯罪事实上也有着密切联系,与司法机关掌握的罪行属于同种罪行。

《刑参》第 1348 号案例“赛某、王某贩卖毒品,赛某非法持有毒品案——如何认定毒品犯罪中的同种罪行及非法持有毒品罪中的‘持有’”相关论述:在自首的认定中同种罪行不等同于同种罪名。在法律上、事实上存在密切联系的罪行属同种罪行。判断犯罪在法律上是否密切关联一般应从犯罪构成要件考察数种罪行在犯罪主体、客体、客观方面的行为、结果、对象要素上是否具有相近性或包容性。在事实上密切关联的犯罪一般依托司法实践，结合日常经营，考察数种行为在发生概率、逻辑以及关系上是否具有关联性来判断。

【拓展关键词】确已准备去投案

《刑参》第191号案例"薛某等盗窃案——盗窃毒品如何定罪量刑"相关论述：犯罪嫌疑人及代为投案人由于客观原因未能与司法机关联系上，后被抓获的，应视为自动投案。

《刑参》第243号案例"李某过失致人死亡案——驾驶交通工具在非公共交通范围内撞人死亡的应如何定罪"相关论述：行为人因抢救被害人未来得及自动投案即被抓获，到案后主动如实供述犯罪事实的能否认定为自首，关键看行为人是否有投案的准备行为或是否具有准备投案的意思表示。本案被告人在送被害人到医院抢救后，应该说是有时间和条件先行电话投案或委托他人投案的，但其没有实施任何投案准备行为，也没有向任何人表示过准备投案，因此，仅凭其辩称有准备投案的内心意愿尚不足以认定其准备投案，不能认定被告人具有自首情节。

《刑参》第476号案例"赵某故意杀人案——如何认定'经查实确已准备去投案'的自首"相关论述："经查确实已准备去投案"必须从主观上讲，犯罪嫌疑人要有真实的投案意愿；从客观上讲，犯罪嫌疑人要有准备投案的客观表现。犯罪嫌疑人没有实施自动投案行为是因为被公安机关及时抓获，也就是说，如果没有公安机关的及时介入犯罪嫌疑人将会实施向有关机关主动投案的行为。"准备投案"不能仅是犯罪嫌疑人的一种纯心理活动，必须有一定的言语或行为表现来佐证。

《刑参》第811号案例"赵某故意杀人案——如何认定'已准备去投案'和'正在投案途中'"相关论述："准备去投案"不仅是一种心理活动，行为人还必须为投案进行了"安排和筹划"，必须通过行为人实施一定的行为得以体现。"确已准备"与"确曾准备"有本质的区别。"确曾准备"阻断了投案的自动性。

《刑参》第1078号案例"徐某故意杀人案——关于自首情节'确已准确去投案'的认定"相关论述：准备行为必须是与投案相关的必要行为。准备行为必须能够清楚地反映投案意愿。投案意愿必须具有连续性。准备投案必须有相应的证据加以证明。对准备投案的证明标准当然不能要求过高，不能以"事实清楚，证据确实、充分"的定罪标准来衡量，但也不能动辄以有利于被告人为由，对其辩解在既无法查实也无法排除的情况下一律采信。徐某作案后准备回家与家人告别后再去投案，有准备投案的客观行为，而且此行为系为投案解除后顾之忧、安排后事，属于与投案相关的必要行为。

【拓展关键词】单位自首

《刑参》第151号案例"陈某走私普通货物案——犯罪单位的自首如何认定"相关论述：认定犯罪单位自首的关键是看该自首行为是否出于犯罪单位的意志以及投案人是否代表犯罪单位。单位犯罪是经由集体研究决定实施的，犯罪单位又经由集体研究决定由能够代表单位意志的直接负责的主管人员自动投案并如实交代单位所实施的全部罪行的，或者单位经集体决定委派其他自然人去投案并如实交代单位所实施的全部罪行的，应认定单位的自首。单位犯罪事先未经集体研究决定，而是由能够代表单位意志的直接负责的主管人员自行以单位名义决定实施，犯罪所得归单位的，能够代表单位意志的直接负责的主管人员自行决定自动投案，如实供述单位犯罪以及其个人全部犯罪事实的，应认定为单位自首和其个人自首。单位犯罪是单位直接负责的主管人员和其他直接责任人员共同实施的，其他直接责任人员中有人自行主动投案并如实交待单位犯罪及其个人参与单位犯罪事实的，单位直接负责的主管人员和其他直接责任人员未自动投案的，由于投案人的投案行为不能代表单位意志，仅系其个人意志，因此，只认定自动投案并如实交待自己罪行的直接责任人员的自首，不能认定单位自首和其他参与单位犯罪决策和实施人的个人自首。同样，不具有代表单位意志身份的或未参与单位犯罪的单位内部人举报单位犯罪的，也不能认定单位自首。

【拓展关键词】职务犯罪的自首

《刑参》第79号案例“李某贪污、挪用公款案——对贪污、挪用犯罪行为直接造成的财产损失能否提起附带民事诉讼”相关论述：贪污罪的主体范围宽于挪用公款罪。挪用公款罪的主体仅限于国家工作人员。被告人犯罪后逃跑，在司法机关发现其贪污的犯罪事实以前又主动回到单位，在其所在单位对其盘问、教育后只交代部分犯罪事实的，不能成立自首。供述同案犯的共同犯罪事实不构成立功。

《刑参》第709号案例“吴某、李某挪用公款案——职务犯罪中自首及协助抓捕型重大立功的认定”相关论述：职务犯罪案件中，被告人须在纪律监察部门对其采取明确的调查措施前投案方能构成自动投案。

《刑参》第755号案例“刘某、姚某挪用公款案——如何认定职务犯罪案件中的自首及把握办案机关掌握的线索范围”相关论述：职务犯罪案件中“办案机关掌握的线索”不限于直接查证犯罪事实的线索，还包括与查证犯罪事实有关联的线索。对职务案件中“自动投案”进行认定时，要注意此类案件的特殊性。

【拓展关键词】自首与犯罪中止

《刑参》第1084号案例“周某非法持有毒品案——非法持有毒品者主动向公安机关上交毒品的，如何量刑”相关论述：非法持有毒品者主动向公安机关上交毒品的，构成自首。持有型犯罪在犯罪形态方面的特点是一经持有即达成既遂，不可能再向另外一种停止形态逆向转化。在持有犯罪行为实施时，因不存在明显的行为终了与犯罪既遂之间的时间间隔，故不具备形成犯罪中止的时间条件。被告人虽系毒品再犯，但结合具体案情可认定其真诚悔罪，犯罪行为无实质危害，属于自首条款中的“犯罪较轻”，对其可免除处罚。

第六十八条[①] **【立功】**

犯罪分子有揭发他人犯罪行为，查证属实的，或者提供重要线索，从而得以侦破其他案件等立功表现的，可以从轻或者减轻处罚；有重大立功表现的，可以减轻或者免除处罚。

◆ 相关规定

最高人民法院
关于处理自首和立功具体应用法律若干问题的解释（节选）
（1998年5月9日施行）

详见《刑法》第67条自首制度相关规定

第五条 根据刑法第六十八条第一款的规定，犯罪分子到案后有检举、揭发他人犯罪行为，包括共同犯罪案件中的犯罪分子揭发同案犯共同犯罪以外的其他犯罪，经查证属实；提供侦破其他案件的重要线索，经查证属实；阻止他人犯罪活动；协助司法机关抓捕其他犯罪嫌疑人（包括同案犯）；具有其他有利于国家和社会的突出表现的，应当认定为有立功表现。

第六条 共同犯罪案件的犯罪分子到案后，揭发同案犯共同犯罪事实的，可以酌情予以从轻处罚。

---

① 根据《刑法修正案（八）》删除了原第二款，即犯罪后自首又有重大立功表现的，应当减轻或者免除处罚。

第七条　根据刑法第六十八条第一款的规定，犯罪分子有检举、揭发他人重大犯罪行为，经查证属实；提供侦破其他重大案件的重要线索，经查证属实；阻止他人重大犯罪活动；协助司法机关抓捕其他重大犯罪嫌疑人（包括同案犯）；对国家和社会有其他重大贡献等表现的，应当认定为有重大立功表现。

前款所称“重大犯罪”、“重大案件”、“重大犯罪嫌疑人”的标准，一般是指犯罪嫌疑人、被告人可能被判处无期徒刑以上刑罚或者案件在本省、自治区、直辖市或者全国范围内有较大影响等情形。

全国部分法院审理毒品犯罪案件工作座谈会纪要（节选）

（2008 年 12 月 1 日）

详见《刑法》第 347 条走私、贩卖、运输、制造毒品罪的相关规定

七、毒品案件的立功问题

共同犯罪中同案犯的基本情况，包括同案犯姓名、住址、体貌特征、联络方式等信息，属于被告人应当供述的范围。公安机关根据被告人供述抓获同案犯的，不应认定其有立功表现。被告人在公安机关抓获同案犯过程中确实起到协助作用的，例如，经被告人现场指认、辨认抓获了同案犯；被告人带领公安人员抓获了同案犯；被告人提供了不为有关机关掌握或者有关机关按照正常工作程序无法掌握的同案犯藏匿的线索，有关机关据此抓获了同案犯；被告人交代了与同案犯的联系方式，又按要求与对方联络，积极协助公安机关抓获了同案犯等，属于协助司法机关抓获同案犯，应认定为立功。

关于立功从宽处罚的把握，应以功是否足以抵罪为标准。在毒品共同犯罪案件中，毒枭、毒品犯罪集团首要分子、共同犯罪的主犯、职业毒犯、毒品惯犯等，由于掌握同案犯、从犯、马仔的犯罪情况和个人信息，被抓获后往往能协助抓捕同案犯，获得立功或者重大立功。对其是否从宽处罚以及从宽幅度的大小，应当主要看功是否足以抵罪，即应结合被告人罪行的严重程度、立功大小综合考虑。要充分注意毒品共同犯罪人以及上、下家之间的量刑平衡。对于毒枭等严重毒品犯罪分子立功的，从轻或者减轻处罚应当从严掌握。如果其罪行极其严重，只有一般立功表现，功不足以抵罪的，可不予从轻处罚；如果其检举、揭发的是其他犯罪案件中罪行同样严重的犯罪分子，或者协助抓获的是同案中的其他首要分子、主犯，功足以抵罪的，原则上可以从轻或者减轻处罚；如果协助抓获的只是同案中的从犯或者马仔，功不足以抵罪，或者从轻处罚后全案处刑明显失衡的，不予从轻处罚。相反，对于从犯、马仔立功，特别是协助抓获毒枭、首要分子、主犯的，应当从轻处罚，直至依法减轻或者免除处罚。

被告人亲属为了使被告人得到从轻处罚，检举、揭发他人犯罪或者协助司法机关抓捕其他犯罪人的，不能视为被告人立功。同监犯将本人或者他人尚未被司法机关掌握的犯罪事实告知被告人，由被告人检举揭发的，如经查证属实，虽可认定被告人立功，但是否从宽处罚、从宽幅度大小，应与通常的立功有所区别。通过非法手段或者非法途径获取他人犯罪信息，如从国家工作人员处贿买他人犯罪信息，通过律师、看守人员等非法途径获取他人犯罪信息，由被告人检举揭发的，不能认定为立功，也不能作为酌情从轻处罚情节。

最高人民法院　最高人民检察院
关于办理职务犯罪案件认定自首、立功等量刑情节若干问题的意见（节选）

（2009 年 3 月 12 日）

详见《刑法》第 67 条自首制度相关规定

二、关于立功的认定和处理

立功必须是犯罪分子本人实施的行为。为使犯罪分子得到从轻处理，犯罪分子的亲友直接向有关机关

揭发他人犯罪行为,提供侦破其他案件的重要线索,或者协助司法机关抓捕其他犯罪嫌疑人的,不应当认定为犯罪分子的立功表现。

据以立功的他人罪行材料应当指明具体犯罪事实;据以立功的线索或者协助行为对于侦破案件或者抓捕犯罪嫌疑人要有实际作用。犯罪分子揭发他人犯罪行为时没有指明具体犯罪事实的;揭发的犯罪事实与查实的犯罪事实不具有关联性的;提供的线索或者协助行为对于其他案件的侦破或者其他犯罪嫌疑人的抓捕不具有实际作用的,不能认定为立功表现。

犯罪分子揭发他人犯罪行为,提供侦破其他案件重要线索的,必须经查证属实,才能认定为立功。审查是否构成立功,不仅要审查办案机关的说明材料,还要审查有关事实和证据以及与案件定性处罚相关的法律文书,如立案决定书、逮捕决定书、侦查终结报告、起诉意见书、起诉书或者判决书等。

据以立功的线索、材料来源有下列情形之一的,不能认定为立功:(1)本人通过非法手段或者非法途径获取的;(2)本人因原担任的查禁犯罪等职务获取的;(3)他人违反监管规定向犯罪分子提供的;(4)负有查禁犯罪活动职责的国家机关工作人员或者其他国家工作人员利用职务便利提供的。

犯罪分子检举、揭发的他人犯罪,提供侦破其他案件的重要线索,阻止他人的犯罪活动,或者协助司法机关抓捕的其他犯罪嫌疑人,犯罪嫌疑人、被告人依法可能被判处无期徒刑以上刑罚的,应当认定为有重大立功表现。其中,可能被判处无期徒刑以上刑罚,是指根据犯罪行为的事实、情节可能判处无期徒刑以上刑罚。案件已经判决的,以实际判处的刑罚为准。但是,根据犯罪行为的事实、情节应当判处无期徒刑以上刑罚,因被判刑人有法定情节经依法从轻、减轻处罚后判处有期徒刑的,应当认定为重大立功。

对于具有立功情节的犯罪分子,应当根据犯罪的事实、性质、情节和对于社会的危害程度,结合立功表现所起作用的大小、所破获案件的罪行轻重、所抓获犯罪嫌疑人可能判处的法定刑以及立功的时机等具体情节,依法决定是否从轻、减轻或者免除处罚以及从轻、减轻处罚的幅度。

最高人民法院
关于处理自首和立功若干具体问题的意见(节选)

(2010年12月22日)

详见《刑法》第67条自首制度相关规定

为规范司法实践中对自首和立功制度的运用,更好地贯彻落实宽严相济刑事政策,根据刑法、刑事诉讼法和最高人民法院《关于处理自首和立功具体应用法律若干问题的解释》(以下简称《解释》)等规定,对自首和立功若干具体问题提出如下处理意见:

……

四、关于立功线索来源的具体认定

犯罪分子通过贿买、暴力、胁迫等非法手段,或者被羁押后与律师、亲友会见过程中违反监管规定,获取他人犯罪线索并"检举揭发"的,不能认定为有立功表现。

犯罪分子将本人以往查办犯罪职务活动中掌握的,或者从负有查办犯罪、监管职责的国家工作人员处获取的他人犯罪线索予以检举揭发的,不能认定为有立功表现。

犯罪分子亲友为使犯罪分子"立功",向司法机关提供他人犯罪线索、协助抓捕犯罪嫌疑人的,不能认定为犯罪分子有立功表现。

五、关于"协助抓捕其他犯罪嫌疑人"的具体认定

犯罪分子具有下列行为之一,使司法机关抓获其他犯罪嫌疑人的,属于《解释》第五条规定的"协助司法机关抓捕其他犯罪嫌疑人":(1)按照司法机关的安排,以打电话、发信息等方式将其他犯罪嫌疑人(包括同案犯)约至指定地点的;(2)按照司法机关的安排,当场指认、辨认其他犯罪嫌疑人(包括同案犯)的;(3)带

领侦查人员抓获其他犯罪嫌疑人(包括同案犯)的;(4)提供司法机关尚未掌握的其他案件犯罪嫌疑人的联络方式、藏匿地址的,等等。

犯罪分子提供同案犯姓名、住址、体貌特征等基本情况,或者提供犯罪前、犯罪中掌握、使用的同案犯联络方式、藏匿地址,司法机关据此抓捕同案犯的,不能认定为协助司法机关抓捕同案犯。

六、关于立功线索的查证程序和具体认定

被告人在一、二审审理期间检举揭发他人犯罪行为或者提供侦破其他案件的重要线索,人民法院经审查认为该线索内容具体、指向明确的,应及时移交有关人民检察院或者公安机关依法处理。

侦查机关出具材料,表明在三个月内还不能查证并抓获被检举揭发的人,或者不能查实的,人民法院审理案件可不再等待查证结果。

被告人检举揭发他人犯罪行为或者提供侦破其他案件的重要线索经查证不属实,又重复提供同一线索,且没有提出新的证据材料的,可以不再查证。

根据被告人检举揭发破获的他人犯罪案件,如果已有审判结果,应当依据判决确认的事实认定是否查证属实;如果被检举揭发的他人犯罪案件尚未进入审判程序,可以依据侦查机关提供的书面查证情况认定是否查证属实。检举揭发的线索经查确有犯罪发生,或者确定了犯罪嫌疑人,可能构成重大立功,只是未能将犯罪嫌疑人抓获归案的,对可能判处死刑的被告人一般要留有余地,对其他被告人原则上应酌情从轻处罚。

被告人检举揭发或者协助抓获的人的行为构成犯罪,但因法定事由不追究刑事责任、不起诉、终止审理的,不影响对被告人立功表现的认定;被告人检举揭发或者协助抓获的人的行为应判处无期徒刑以上刑罚,但因具有法定、酌定从宽情节,宣告刑为有期徒刑或者更轻刑罚的,不影响对被告人重大立功表现的认定。

◆ 解读与适用

【拓展关键词】协助抓捕型立功

《刑参》第249号案例"梁某等贩卖、运输毒品案——如何认定被告人协助公安机关抓获同案犯构成立功问题"相关论述:对何种情形属于被告人协助公安机关抓获同案犯,《全国法院审理毒品犯罪案件工作座谈会纪要》的基本精神就是,如果没有被告人的协助公安机关难以抓获同案犯,正是有了被告人的协助才使得公安机关得以抓获同案犯。被告人提供了同案犯可能藏匿地点,该藏匿处事先不为公安机关掌握,公安机关正是根据被告人提供的线索抓获了同案犯,被告人构成重大立功。被告人向公安机关提供的同案犯可能藏匿地点并非双方约定的贩毒场所,不属于认定其如实供述犯罪事实中所必须提供的情况。被告人当时被采取强制措施,能否带领公安机关前去抓捕同案犯不由其自己决定。不能简单地认为"未带领公安人员前去抓捕"就不属于协助司法机关抓获同案犯。

《刑参》第373号案例"梁某等贩卖毒品案——为贩卖毒品者交接毒品行为的定性及自首、立功的认定问题"相关论述:被告人虽然协助司法机关抓捕买主但未能抓捕成功,不能认定该协助行为为协助司法机关抓捕其他犯罪嫌疑人的立功表现。同时,因被告人和毒品买主是同案犯,该协助行为也不属于提供侦破其他案件重要线索的立功,但被告人及时提供买家的住址和活动情况,使公安机关追回毒品,防止流入社会,属于犯罪分子对国家和社会有其他重大贡献的表现,认定重大立功。

《刑参》第438号案例"陈某等贩卖、运输毒品案——协助司法机关稳住被监控的犯罪嫌疑人是否构成立功"相关论述:认定已归案的犯罪分子协助公安机关抓捕其他犯罪嫌疑人是否构成立功的标准在于,犯罪分子是否有协助行为以及协助行为对抓捕其他犯罪嫌疑人是否起了作用,而不是协助行为所起作用的大小。

《刑参》第539号案例"马某、魏某贩卖毒品案——被告人提供的在逃犯的藏匿地点与被告人亲属协助公安机关抓获该人的实际地点不一致的,能否认定为立功"相关论述:刑法意义上的立功主体只能是犯罪嫌疑人、被告人及正在服刑的罪犯。法律和司法解释对立功行为还要求具有实效性。即使行为人主观上有立功愿望，客观上也提供线索或协助抓捕，但如果没有产生实际效果，也不能认定为立功。立功中协助抓捕的形式多种多样，并不以被告人亲自带领抓捕为要件。如果被告人将准确的线索转给亲属，由亲属根据该线索抓获犯罪嫌疑人或者亲属协助公安机关根据该线索将犯罪嫌疑人抓获，可认定被告人立功。但是如果告知的线索不准确，亲属和公安机关是根据其他线索抓获犯罪嫌疑人的，被告人对抓获犯罪嫌疑人没有产生实际作用的，则不能认定被告人构成立功。

《刑参》第 607 号案例"汪某受贿案——没有利用查禁犯罪职责获取的线索可以构成立功"相关论述：虽然行为人检举的其他犯罪嫌疑人的藏匿地点是其户籍所在地，公安机关对户籍所在地的情况亦已掌握，但只要其提供的线索对公安机关抓获犯罪嫌疑人起到实际帮助作用，依法就应当认定其为"协助司法机关抓获其他犯罪嫌疑人"。协助抓捕行为既包括为司法机关抓捕其他犯罪嫌疑人提供重要线索的行为也包括直接带领司法人员去抓捕的行为。对于被告人在担任看守所副所长期间获得的立功线索，只要线索来源不是基于职务获取，可依法认定为立功。

《刑参》第 706 号案例"王某、刘某敲诈勒索案——'协助司法机关抓捕其他犯罪嫌疑人'立功情节的具体认定"相关论述：如果被告人只是提供了同案犯的姓名、住址、体貌特征等基本情况或者提供了其与同案犯用于联系作案的电话号码、谋议地点，而没有当场辨认、指认同案犯，或者没有按照司法机关安排将同案犯约至指定地点或者没有带领被告人抓获同案犯的，不能认定为"协助司法机关抓捕同案犯"。

《刑参》第 709 号案例"吴某、李某挪用公款案——职务犯罪中自首及协助抓捕型重大立功的认定"相关论述：被告人在被采取强制措施接受讯问的同时，通过电话指引侦查人员到同案犯的住处将其抓获与其本人带领侦查人员抓获同案犯的性质和效果无异，被告人符合立功的构成条件。

《刑参》第 711 号案例"胡某抢劫案——自首后主动交代获悉的同案犯的关押场所并予以指认的，构成立功"相关论述："供述所知的同案犯"通常指供述同案犯的姓名、住址、联系方式等身份情况和在共同犯罪中的具体表现。

《刑参》第 712 号案例"刘某等抢劫案——带领公安人员抓捕同案犯，未指认同案犯极其住所的，不认定为立功"相关论述：被告人的行为对抓获姬某没有起到更实质性的作用，其行为不属于协助抓捕同案犯。

《刑参》第 720 号案例"韩某等抢劫案——提供同案犯的藏匿地点，但对抓捕同案犯未起实质作用的，是否构成立功"相关论述：(1) 被告人提供的同案犯的藏匿信息应当真实、具体，而不能漫无边际，若提供的只是大致方位，仅是为抓捕提供方向，公安机关通过具体排查抓获同案犯的，不能认定为立功。(2) 被告人提供的线索对抓捕起到实质作用，有因果关系，没有被告人提供的信息难以抓捕到同案犯。(3) 被告人提供的信息事先不为有关机关掌握。(4) 有同案犯被实际抓获的结果。被告人虽提供线索但司法机关未抓获成功的，不能认定为立功。

《刑参》第 801 号案例"胡某走私、贩卖、运输毒品，走私武器、弹药案——毒品犯罪案件中如何具体认定立功情节以及如何把握基于立功情节对被告人从轻处罚的界限"相关论述：公安机关根据被告人供述抓获同案犯的，不应认定被告人有立功表现。被告人如实供述并协助抓获上、下家，应当认定被告人有立功表现。被告人协助延伸侦查的行为应当构成立功。要特别注意区分被告人供述其本人实施的犯罪涉及的上、下家和供述上、下家实施其他犯罪两种情形。对被告人的立功行为是否从宽处罚，应当根据"功是否足以抵罪"的情况而定。

《刑参》第 1125 号案例"李某、李某东等故意伤害案——故意隐瞒自己参与共同犯罪的事实而以'证人'身份按照司法机关安排指认同案犯的行为是否构成立功"相关论述：虽然协助行为对司法机关抓捕其他犯罪嫌疑人的确起到了一定作用，但不具有决定作用，而是可有可无，那么就不宜不加以区分，一律认定不构成立功。例如公安机关实际上已经控制犯罪嫌疑人但为防止错误抓捕，安排行为人进行指认以确定嫌疑人身份,不宜认定构成立功。被告人实施的协助抓捕行为并非发生在到案后,不符合构成立功的时间条件。"到案后"一般意味着犯罪分子的人身自由已受到一定程度的控制,应理解为犯罪分子在有关机关或个人控制之下或者其自愿置于有关机关或个人的控制之下。对"到案后"不能机械地理解为司法机关为办案之目的而控制犯罪分子之后,还包括其他有关机关、单位等发现犯罪分子有违法犯罪嫌疑而接触、控制犯罪分子之后。实践中犯罪分子主动到有关机关投案交代自己的罪行并揭露他人犯罪,只是由于种种原因公安司法机关对其犯罪行为未及时立案的,也不影响对立功情节的认定。立功和重大立功在构成立功的最低条件要求上,不存在也不应有区别。

《刑参》第1259号案例"张某、曲某等故意杀人案——虽然现场指认同案犯,但对抓捕未起到实际作用的,不构成立功"相关论述:典型的协助抓捕型立功有下列几种情形:一是诱捕。二是当场指认。常见的如公安机关已经掌握了其他犯罪嫌疑人将在火车站乘车的线索,但火车站系开放空间,人来人往,遂安排被告人当场指认进而将其他犯罪嫌疑人抓获。三是带领抓捕。四是提供线索。其他非典型形式也可构成协助抓捕型立功。例如,毒品上下家约定要定时联络"报平安",公安机关抓获下家后,为免打草惊蛇,安排其打电话稳住上家进而采取技术侦查手段将上家抓获的,虽然这不属于将上家"约至指定地点",但一般也可以认定为立功。不论哪种形式的协助抓捕型立功,都必须符合以下三个条件:一是客观上有协助行为。需要注意的是,如果是通过提供各类抓捕线索进行协助,线索来源应当有正当性。此外,行为人提供的信息也不能是犯罪前、犯罪中掌握或者使用的同案犯联络方式、藏匿地址,以及同案犯的基本情况。如本案中曲某主动提供同案犯孟某的工作单位,就属于如实交代同案犯基本情况,不构成立功。二是成功抓获其他犯罪嫌疑人。三是协助行为确实起到实际作用,而非可有可无、无关紧要。换言之,如果没有被告人的协助公安机关难以抓获其他犯罪嫌疑人,正是有了被告人的协助公安机关才能顺利抓获。因此,对协助行为,不仅要从形式上或者类型上进行把握还要从实质上对协助作用的有无和大小进行"量"的把握,而不宜不加区分,简单援引相关规范性文件规定的协助行为类型,一律认定为立功。

《刑参》第1365号案例"江某、余某、陈某保险诈骗、诈骗案——带领侦查人员抓捕同案犯,但并未当场捕获的,能否认定有立功表现"相关论述:江某于犯罪行为完成后在正常社会交往中知晓同案犯新的租住地点,该地点与本案的犯罪行为之间没有关联性,江某对该地点的供述已经超出了其应当如实供述的范畴。带领公安机关抓捕同案犯的行为与如实供述不能混同。未当场抓获不影响立功的认定。相关司法解释只强调需有其他犯罪嫌疑人被抓获的实际结果,并没有规定需要当场抓获才构成立功。被告人带领抓捕的行为客观上节约了司法资源,符合立功制度的本质。

【拓展关键词】亲属协助型立功

《刑参》第414号案例"田某、崔某等贩卖毒品案——犯罪分子亲属代为立功的能否作为从轻处罚的依据"相关论述:被告人亲属代为"立功"的,不构成刑法上的立功,但应给予一定的鼓励和奖励,作为酌定从轻情节予以适当考虑。

《刑参》第539号案例"马某、魏某贩卖毒品案——被告人提供的在逃犯的藏匿地点与被告人亲属协助公安机关抓获该人的实际地点不一致的,能否认定为立功"相关论述:被告人的亲属不是立功的主体,不能由此认定被告人的行为构成立功,但"代为立功"应当鼓励,可以考虑从轻处罚。

《刑参》第713号案例"冯某等强奸案——被告人亲属协助公安机关抓获其他犯罪嫌疑人的,不认定为立功"相关论述:被告人亲属代为立功可以对被告人从轻处罚的条件:(1)被告人亲属的立功结果是基于被告人提供的线索或者相关信息。(2)被告人及其亲属在获取线索来源时及亲属代为立功过程中,不能通过非法手段或有违法行为。

《刑参》第1170号案例"曹某、杨某、张某等故意伤害案——被告人投案后,委托家属动员同案人投案的，能否认定为立功”相关论述：立功的主体原则上应限定为犯罪嫌疑人、被告人本人。对“协助抓捕其他犯罪嫌疑人”的其他情形，应当采取缩小解释。

【拓展关键词】检举揭发型立功的认定　事后不可罚的行为　对合犯　对偶犯　连累犯

实务中，对于行为人归案后检举自己犯罪所得被他人敲诈勒索的情形，有法院认为行为人实施的诈骗犯罪起因及赃款去向与范某对其实施的敲诈勒索犯罪在客观上虽具有一定关联，但行为人诈骗行为的实施和完成并非基于范某敲诈勒索犯罪，二者仍然是独立存在的案件，并非对合型犯罪。行为人作为敲诈勒索案的被害人，法律赋予其向司法机关控告的权利，但这非其法定义务，且本案中行为人被敲诈勒索以及将部分赃款给予范某亦不是行为人必须交代的诈骗犯罪的主要事实。侦查机关根据行为人有关诈骗犯罪的供述并不能必然推断或知晓范某实施敲诈勒索犯罪，仍是基于行为人归案后供述范某对其敲诈勒索才追诉了范某。刑法及相关司法解释中对犯罪分子检举揭发他人对其本人犯罪构成立功并无禁止性规定，故行为人的行为构成立功。①

《刑参》第178号案例“谢某等强奸、奸淫幼女案——行为人既实施了强奸妇女的行为又实施了奸淫幼女的行为应如何定罪”相关论述：被告人检举他人较轻的罪行，审查中司法机关又发现被检举人另有重大罪行的，被告人的检举行为不构成重大立功。

《刑参》第213号案例“董某、岑某等伪造有价票证、职务侵占案——以假充真侵占门票收入款行为如何定性”相关论述：检举同案犯本身不构成立功，但协助抓捕同案犯的行为应当认定为立功。检举揭发同案犯是如实交代本人涉及犯罪的一个组成部分，检举行为说明的是犯罪分子对自己所犯罪行的认罪态度较好。

《刑参》第223号案例“蔡某、李某等故意伤害、窝藏案——被窝藏人主动供述他人窝藏犯罪的不能认定为立功”相关论述：“揭发他人犯罪行为”应理解为揭发与本人的违法犯罪行为无关的他人犯罪行为。对偶犯是指必须由犯罪行为人双方共同实施对应行为才能完成的某种犯罪，比如重婚罪、行受贿罪等。对偶犯中的任何一方在供述自己的犯罪行为时必然要涉及相对一方的犯罪行为，属于如实供述的范畴，不属于揭发他人犯罪行为，不能认定为立功。连累犯是指事先与他人无通谋也未曾允诺事后会提供帮助，但在事后明知他人已经实施了犯罪，仍然向其提供帮助，帮助其逃避司法机关的刑事追诉的行为人，比如窝藏犯、包庇犯等。接受连累犯帮助的犯罪分子对连累犯实施犯罪具有原因力，实际上是连累犯的制造者，双方的犯罪相辅相成，缺一不可，存在因果关系。犯罪分子实际上是连累犯的参与者，同样具有社会危害性，只是我国刑法未将其规定为共犯犯罪行为而已。揭发连累犯犯罪行为的，不能认定为立功。

《刑参》第499号案例“吴某等抢劫案——揭发型立功中‘他人犯罪行为’的认定”相关论述：根据与本人犯罪行为是否具有关联性，可将他人犯罪行为区分为无关联性的他人犯罪行为与有关联的他人犯罪行为。具有关联性的他人犯罪行为主要包括：一是共同犯罪中的他人行为。二是具有对合关系的犯罪中的他人犯罪行为。三是连累犯与基本犯中的他人犯罪行为。揭发同案犯共同犯罪事实的不能认定为立功。对合关系的犯罪是指双方主体各自实施的犯罪行为之间存在对应关系，共同促进双方犯罪行为的完成，缺少一方的犯罪行为，另一方的犯罪行为就无法实施或完成的犯罪。揭发对应方的犯罪行为并未超出如实供述的范围，不构成立功。连累犯是指在犯罪构成上以基本犯的相关人或物为犯罪对象的一种事后帮助型犯罪。没有基本犯就没有连累犯。抢劫为基本犯，窝藏抢劫犯为连累犯。连累犯不同于共同犯罪，不存在共同的犯罪故意和行为，也不同于对合犯，不存在对应关系。如果连累犯与基本犯事前通谋，则超出了事后帮助的范围，应按照共犯论处。如果：(1)基本犯揭发连累犯。应当将基本犯接受连累犯帮助的行为视为不可罚的事后行为。

---

① 胡某艳诈骗案，江苏省盐城市中级人民法院刑事裁定书(2015)盐刑二终字第0086号。

基本犯在供述其基本犯罪事实时应当一并如实供述其接受连累犯所提供帮助的行为。所谓事后不可罚的行为，是指犯罪成立后，即使实施与该犯罪相关联的事后的一定违法行为，也不处罚的情况。对于这些事后行为，由于基本犯的行为人是在一个犯意的支配下实施的，这些事后行为未对基本犯罪行为侵害的法益予以加深，而且法律对基本犯罪行为的处罚，足以涵摄事后行为的不法内涵，不再对该事后行为进行处罚。立法者在确立基本犯罪行为的法定刑时，就已将这些具有一定社会危害性的事后行为一并加以考虑，不再另行定罪处罚。从这个意义上讲，基本犯应当一并供述不可罚的事后行为。基本犯揭发连累犯不属于揭发"他人犯罪行为"，不能认定为立功。(2)连累犯揭发基本犯。应当根据连累犯的犯罪构成是否能够涵摄基本犯罪来判断。成立连累犯主观上都要求行为人明知对象系犯罪的人等。这种主观明知包括确定性明知，例如洗钱、包庇黑社会性质组织罪等均属于这类连累犯。对于要求对基本犯确定性明知的连累犯而言，基本犯的具体犯罪行为就已经为连累犯的犯罪构成所涵摄，那么连累犯就应当一并供述其所知的基本犯的具体犯罪事实，不属于揭发"他人犯罪行为"。这种明知也包括概括性明知。例如掩饰、隐瞒犯罪所得，帮助犯罪分子逃避处罚罪只要求行为人明知系犯罪的人、犯罪所得即可，不需要对基本犯的具体犯罪行为有明确的认识。这种犯罪构成并不能涵摄基本犯的具体犯罪行为，行为人并无如实供述基本犯的具体犯罪行为的义务，揭发基本犯的犯罪行为超出了应当供述的范围，属于揭发"他人犯罪行为"，应当认定为立功。

《刑参》第710号案例"石某偷税、贪污案——被羁押期间将他人串供字条交给监管人员，对进一步查证他人犯罪起了一定的协助作用，虽不认定为立功，但可酌情从轻处罚"相关论述：被告人向监管人员提供他人串供字条的行为不属于"检举、揭发他人犯罪行为""提供侦破其他案件的重要线索，经查证属实"的情形。检举及提供线索均应发生在司法机关侦破被检举、揭发的案件之前。被告人在案件侦破以后才向监管人员提供与同案犯的串供字条，客观上对公安机关进一步侦查2人贩卖毒品案件得以顺利进行有所帮助，但公安机关并不是因此而侦破该起案件，不能认定立功。

《刑参》第714号案例"杨某故意杀人案——如实供述自己所参与的对合型犯罪中对方的犯罪行为，不构成立功"。

《刑参》第936号案例"康某贩卖毒品案——案发前，行为人检举揭发他人违法行为，公安机关根据该线索查获系行为人自己实施犯罪的，是否构成立功"相关论述：因吸毒投案且自愿隔离戒毒，但未主动如实供述自己贩卖毒品行为的，不能构成自首。案发前，行为人自愿置于有关机关和个人控制之下并提供线索检举、揭发他人违法行为，公安机关根据该线索查获系行为人自己实施犯罪行为的，不能构成立功。

《刑参》第1020号案例"刘某受贿案——因受贿案发后又主动交代用受贿款向他人行贿事实，使其他贿赂案件得以侦破的，是否构成立功"相关论述：行为人因涉嫌受贿到案后如实供述所收受财物的使用情况的，不属于其对受贿犯罪实施的如实供述范围，由此又涉嫌其他犯罪或者揭发他人犯罪的，可能构成自首、立功。应当以齐备犯罪构成要件包含的全部构成要件要素为标准，来界定行为人对某一犯罪的供述是否完整、充分。例如参与非法交易的一方到案后，如果供述对方情况的，这仍然属于对其本人实施的非法交易行为的供述范围。贿赂犯罪也具有这样的特点，供述受贿事实，必须交代行贿人的情况，供述行贿事实必须交代受贿人的情况。如果行为人因涉嫌犯罪到案后，供述该罪事实时又供述了超出该罪犯罪构成要件相关事实的，其后续供述构成自首或者立功。刘某因涉嫌受贿被捕后交代自己使用部分受贿款向其上级领导行贿的事实，已超出其对受贿犯罪承担的如实供述范围。主动供述行贿事实并由此破获他人受贿案件的，其中揭发他人受贿犯罪的内容属于如实供述行贿事实的一部分，可构成行贿罪的自首，不构成立功。

《刑参》第1036号案例"朱某贩卖毒品案——被告人协助公安机关抓获同案犯，但同案犯未被作为犯罪处理的，能否认定被告人构成立功"相关论述：被协助抓获者的犯罪行为是否"查证属实"应当由法院依据事实和法律作出认定。人民法院有审查认定被协助抓获者的犯罪行为是否被"查证属实"的职责。人民法院应当对被告人的立功材料进行形式和实质审查，应当从刑法设立立功制度的原意进行分析，对立功中的“查证属实”要件作有利于被告人的解释。认定被告人是否构成立功的关键即在于该行为是否客观上对打击犯罪起到辅助和促进作用。对被检举者的犯罪行为是否“查证属实”的认定，不宜一概要求依据相应的刑事判决，可以由审理检举人的人民法院根据现有证据认定被检举人是否构成犯罪以及可能判处的刑罚，并据此认定检举人是否构成立功。

《刑参》第1225号案例“张某等抢劫、盗窃案——检举本人与他人共同盗窃中他人超出犯意致人死亡的行为是否构成立功”相关论述：张某检举盗窃同伙超出犯意致人死亡的行为属于与共同盗窃犯罪事实密切关联的行为，因而属于应当如实供述的内容。立功的内容仅限于法定内容。立功有五种类型：检举揭发型、提供线索型、协助抓捕型、阻止犯罪型、其他表现型。超出该解释范围以外的事项都不宜认定为有立功表现。检举揭发型立功有两种情形：一是犯罪分子到案后揭发案外人犯罪行为，经查证属实的；二是犯罪分子到案后揭发同案犯犯共同犯罪以外的其他犯罪，经查证属实的。这里所谓的揭发“案外人犯罪行为”和“共同犯罪以外的其他犯罪”，应当理解为揭发本人没有参加的案外人的犯罪行为或者是完全独立于共同犯罪的他人犯罪行为。所谓共同犯罪以外的其他犯罪指的是检举揭发人没有参与而由被检举人实施的独立于检举揭发人和被检举揭发人均参与的共同犯罪以外的犯罪。不能单纯地因为共同犯罪所触犯的罪名与实行过限行为所触犯的罪名不同就简单地认定实行过限行为属于“检举揭发共同犯罪以外的其他犯罪”。我国并没有实行被告人的“沉默权制度”。在共同犯罪中，共同犯罪人应如实供述的不仅有自己的犯罪事实还应如实供述其他共同犯罪人相应的犯罪事实，包括其他共同犯罪人的基本信息、犯罪行为、犯罪后果等。共同犯罪事实不仅仅指共同犯罪人共同实施的犯罪行为，也包括共同犯罪人所实施的实行过限行为。实行过限行为在罪责上由过限行为实施人自己承担，但并不能就此认为过限行为是游离于共同犯罪行为之外的完全独立的行为。过限行为与共同犯罪行为之间在因果关系上存在紧密的事实关联关系。要把“共同犯罪以外的其他犯罪”和“与共同犯罪密切联系的关联犯罪”区分开来，其主要判断依据就是关联犯罪与共同犯罪存在密切联系或者说关联犯罪是在共同犯罪基础上实施的犯罪。由于被告人“如实供述”的司法机关尚未掌握的与杨某等人共同盗窃的行为与司法机关已经掌握的其单独盗窃犯罪行为属于同一种罪行，因而被告人不构成自首，可以酌情从轻处罚。

《刑参》第1282号案例“被告单位成都主导科技有限责任公司、被告人王某单位行贿案——‘在被追诉前主动交待行贿行为’以及揭发他人犯罪行为构成立功的认定”相关论述：行贿人构成立功，必须揭发受贿人与其行贿无关的其他犯罪事实。本案中，王某因行贿犯罪（向刘某行贿）归案后，又主动供述司法机关尚未掌握的本人其他行贿事实（向戴某行贿），该事实属于与其行贿在法律上、事实上有紧密关联的事实，而非揭发他人其他犯罪，故不应认定为立功。王某如实供述自己行贿的犯罪事实，依法应当认定为坦白，可以从轻处罚。王某虽然不具有立功情节，但王某的主动交代行为在客观上对司法机关查明戴某受贿案件起到了积极作用，在量刑时应予考虑。

【拓展关键词】重大立功　立功的主观目的

《刑参》第289号案例“刘某、李某抢劫、诈骗案——对有重大立功表现的犯罪分子一般不应适用死刑立即执行”。

《刑参》第614号案例“张某、樊某抢劫、盗窃案——协助抓获盗窃同案犯，该同案犯因抢劫罪被判处死缓，能否认定为重大立功”相关论述：立功并非“不问主观”，而是对主观方面的要求有一定的特殊性。立功对行为人在主观上是否认罪、悔罪没有特定要求。立功不要求犯罪分子对立功的结果有明确的认识。主客观相统一原则是贯穿我国刑事立法和司法总的基本原则，立功制度也必须坚持这一原则。立功必须有主观目的，要求犯罪分子必须是有意识地为减轻罪责而实施的行为。犯罪分子无意间透露了他人的犯罪线索或者在不能控制自己的意志时碰巧阻止了他人的犯罪行为，都不能认定为立功。犯罪分子需对立功的内容有一个概括的认知，对他人犯罪事实有一定的了解，对立功内容必须不是持反对态度。认定是否属于重大犯罪嫌疑人应当有一定的时间要求，即应当以实施协助抓捕行为时犯罪分子所揭发的犯罪事实或者侦查机关所掌握的犯罪事实为依据。如果根据当时犯罪分子揭发的犯罪事实或者侦查机关已经掌握的犯罪事实不能确定行为人为重大犯罪嫌疑人，而是根据抓捕之后查明的其他犯罪事实才确定其为重大犯罪嫌疑人的，不属于重大立功。

《刑参》第 695 号案例"王某贪污、受贿案——余罪自首的证据要求与证据审查"相关论述：认定被告人检举揭发他人犯罪行为是否构成重大立功表现，应当以其所检举、揭发的他人具体犯罪行为在实际上是否可能被判处无期徒刑以上刑罚为标准，此处的刑罚，不是指所揭发犯罪事实的量刑幅度中有无期徒刑这一刑种，也不是指被揭发人的实际宣告刑。在未经终审判决的情况下，应根据行为人所揭发具体犯罪行为的社会危害性大小判断是否可能被判处无期徒刑以上刑罚。在已经判决的情况下，应以实际判决情况确定。实际判决情况是指在不考虑被告人所具有的法定、酌定从宽情节下，被告人可能判处的刑罚。

【拓展关键词】立功从宽的把握　立功证明标准　定罪事实与量刑事实

《刑参》第 540 号案例"张某等走私、贩卖、运输毒品案——对有重大立功表现但罪行极其严重的被告人如何量刑"相关论述：对有立功表现的犯罪分子是否从宽处罚，应结合犯罪分子所犯罪行及全案情节进行综合考虑。对于犯罪分子虽有立功表现，但罪行极其严重的，也可不予从轻处罚。从宽的把握，应以功是否足以抵罪为标准。

《刑参》第 541 号案例"吴某贩卖毒品案——罪行及其严重，虽有重大立功，但功不抵罪，不予从轻处罚"。

《刑参》第 1035 号案例"李某、刘某贩卖毒品案——立功等从轻处罚事实的认定是适用严格证明标准还是优势证明标准"相关论述：对立功等从轻处罚事实的认定可以采用自由证明而非一律适用最严格证明。犯罪事实包括定罪事实与量刑事实，后者又包括不利于被告人的从重量刑事实和有利于被告人的从宽量刑事实。当讨论具体个案中的量刑事实时，默认该被告人的行为已经构成犯罪，不宜再将严格证明应用于所有量刑事实，特别是从轻处罚事实。对由控诉机关提供的从重量刑事实的证明，从限制国家司法权的理念出发，应坚持适用最严格的证明标准。而对被告人提供的从轻、减轻等有利于被告人量刑事实的证明，本着有利于被告人的原则，应当允许进行自由证明，在证据种类、提出和调查方式上不应进行苛刻要求。对用于证明有利于被告人量刑事实的证据的证明能力不应作严格的限制。对立功等从轻处罚事实的认定可以适用优势证明标准。

【拓展关键词】阻止他人犯罪活动

《刑参》第 707 号案例"沈某受贿案——阻止他人犯罪活动，他人因未达刑事责任年龄而未被追究刑事责任的，行为人的阻止行为仍构成立功"相关论述："阻止他人犯罪活动"立功的认定，并未要求"他人犯罪活动"实际上构成犯罪。

【拓展关键词】其他有利于国家和社会的突出表现　劝说同案犯自首型立功　量刑情节的证明标准

对案发后按照公安机关的安排通知同案犯到案的行为能否构成立功，实务中存在较大争议。[①]

《刑参》第 331 号案例"陆某、茅某、石某抢劫案——带领侦查人员抓捕同案犯未果后电话劝说自首的是否属于有立功表现"相关论述：劝说自首行为成为协助司法机关抓捕同案犯的具体表现，在同案犯据此归案

① 葛某祥、葛某武聚众斗殴案，安徽省蚌埠市中级人民法院刑事裁定书(2017)皖 03 刑终 264 号。

后，应当认定陆某在使同案犯到案的问题上确实起到了协助作用。至于同案犯的行为是否成立自首则是另一层面的问题，不影响陆某具有立功表现的认定。

《刑参》第 708 号案例“霍某等虚开用于抵扣税款发票案——劝说、陪同同案犯自首的，可以认定为立功”相关论述：被告人劝说并陪同同案犯自首的行为属于具有其他有利于国家和社会的突出表现，可认定其属于刑法上的立功，因为劝说并陪同同案犯自首比“协助司法机关抓捕其他犯罪嫌疑人”更具有效性。

《刑参》第 710 号案例“石某偷税、贪污案——被羁押期间将他人串供字条交给监管人员，对进一步查证他人犯罪起了一定的协助作用，虽不认定为立功，但可酌情从轻处罚”相关论述：案件的侦破与审判在证据标准上有一定区别，侦破案件的证据标准是“有证据证明”，而审判案件的证据标准是“确实、充分，形成完整的证据锁链，排除合理怀疑”。对那些已经侦破或犯罪嫌疑人已被抓获的案件，如果行为人检举或提供的线索对司法机关进一步收集证据、对案件的追诉和审判起到至关重要的协助作用的，可以以“具有其他有利于国家和社会的突出表现”的情形来认定立功。伪证罪的主体是特殊主体，不包括犯罪嫌疑人以及刑事被告人。破坏监管秩序罪的主体是依法被关押的罪犯，不包括正在受刑事追究的犯罪嫌疑人。包庇罪的成立以不成立共同犯罪为前提。犯罪嫌疑人被抓获后避重就轻或包揽责任，开脱自己或他人罪责，这都是犯罪嫌疑人认罪态度不好的表现，我国目前尚未将这种行为规定为犯罪。被告人向监管人员提供他人串供的字条的行为，是有利于国家和社会的行为，但未达到“突出表现”的程度。

《刑参》第 753 号案例“魏某等走私运输毒品案——提供线索并协助查获大量案外毒品，但无法查明毒品持有人的，是否构成立功”相关论述：虽未能根据线索查获毒品的持有人，但被告人提供的线索使数量巨大的毒品被及时缴获，没有流入社会，被告人的行为属于有利于国家和社会的行为，构成重大立功。

《刑参》第 1216 号案例“刘某等诈骗案——积极救助同监室自杀人员的能否认定为立功”相关论述：被告人在案件审理期间积极救助他人的行为，可以认定为《刑法》第 68 条规定的立功，理由如下：(1) 符合立功制度的本质特征。犯罪分子在日常生产生活中作出的有益于国家和社会的突出表现，虽然与刑事案件无关，但能够体现出其人身危险性的减小，符合立功的本质特征，在一定条件下应当认定为立功。(2) 符合文义解释的原则。《刑法》第 78 条第 1 款规定的“立功”与第 68 条“立功”的概念内涵是一致的。关于量刑立功和减刑立功，两者根本上仅是从功能角度进行区分，体现的仅是前者在审理阶段适用，就立功所要求的人身危险性降低和社会效用这两个要素而言，二者应该是没有根本区别的。(3)“非舍己”救助行为可以认定为立功。《刑法》第 78 条第 1 款规定“舍己救人”系重大立功，也就是说，“舍己”情节是“重大”这个量上的限制而非对是否构成“立功”的质上的限定。因为舍己救人的社会价值重点在“救人”而非“舍己”。并非所有救助行为均可以被认定为刑事意义上的立功。应当从被救助人的伤势及急迫程度、行为效用等方面进行考量，强调有利于国家和社会的“突出”表现，对立功认定严格进行界定。在司法实践中，对此类行为的认定需要注意几个问题：(1) 行为的真实性问题。需要明确查实救助行为确实发生，且非犯罪人与被救助人之间故意制造救助事实的情况。(2) 行为的效用性问题。效用性即救助行为与被救助结果的因果关系即作用力大小问题。(3) 行为比例性问题。司法实践中的部分救助行为系多人共同实施（不同于提供案件线索的立功情况，此种情况能够以时间先后认定立功），而相关机关在报送立功材料时又多为分别报送，这导致一行为多立功的情况出现。对此，需要由报送机关对是否系共同救助，拟报送立功人数及相关人员实施的具体行为进行说明，这些事实的确定，对避免多人立功及犯罪人从宽处理幅度的衡量均具有意义。

《刑参》第 1236 号案例“金某以危险方法危害公共安全、故意杀人案——不同犯意支配下实施的连续行为定性及现场待捕型自首的认定”相关论述：金某起夜时发现同监室在押人员高某在监室内将病号服裤子的弹性松紧带拴在床位护栏上，坐在地面。金某迅速报告并与同监室人员一起将高某扶起。因金某及时报告，民警对高某企图自缢情况进行了有效处置，故金某救人的行为属于"有利于国家和社会的突出表现"的情形，可以认定为有立功表现。被告人金某到案后虽能如实供述自己的犯罪事实，且在被羁押期间有立功表现，但因其所犯以危险方法危害公共安全罪性质极为恶劣，情节、后果特别严重，不足以根据前述情形对其从轻处罚。

第四节　数罪并罚

第六十九条　【判决前的数罪并罚】①②

判决宣告以前一人犯数罪的，除判处死刑和无期徒刑的以外，应当在总和刑期以下、数刑中最高刑期以上，酌情决定执行的刑期，但是管制最高不能超过三年，拘役最高不能超过一年，有期徒刑总和刑期不满三十五年的，最高不能超过二十年，总和刑期在三十五年以上的，最高不能超过二十五年。

数罪中有判处有期徒刑和拘役的，执行有期徒刑。数罪中有判处有期徒刑和管制，或者拘役和管制的，有期徒刑、拘役执行完毕后，管制仍须执行。

数罪中有判处附加刑的，附加刑仍须执行，其中附加刑种类相同的，合并执行，种类不同的，分别执行。

◆ 解读与适用

【拓展关键词】数罪的认定　数罪并罚规则

《刑参》第 125 号案例"张某等强奸、强制猥亵妇女案——如何认定共同犯罪的中止"相关论述：认定罪数的标准有行为标准说、法益标准说、目的标准说、因果关系标准说、法规标准说、混合标准说等，我国形成了普遍认可的主客观相统一的犯罪构成标准说。确定罪数的单复应该以犯罪构成的个数为依据，即行为人的犯罪事实具备一个犯罪构成的为一罪，具备数个犯罪构成的则为数罪。在着手实施强奸前及实行强奸过程中的强制猥亵行为应当为强奸所包容、吸收，因为这种强制猥亵行为可以作为强奸罪的预备行为或实行行为中自然可能具有的附随行为来理解。但在共同强奸行为完成后另起犯意猥亵被害人的就不能被先前的强奸行为所包容吸纳，当然此猥亵行为更不是强奸行为的必然延伸，二者之间不存在吸收或者牵连关系。行为人后来对被害人进行强制猥亵的行为，是在强奸既遂后产生的新的犯意的基础上实施的新的犯罪行为，构成新的犯罪。犯罪过程不同于一般的行为活动过程。犯罪过程是一个法律的概念，是指犯罪从预备到实行再到完成的全过程，而不是一般的行为过程，一般行为过程可以是一个事件发生的全过程，它不是一个法律概念。

---

① 根据《刑法修正案（八）》第一次修订。原条文主要内容为：判决宣告以前一人犯数罪的，除判处死刑和无期徒刑的以外，应当在总和刑期以下、数刑中最高刑期以上，酌情决定执行的刑期，但是管制最高不能超过三年，拘役最高不能超过一年，有期徒刑最高不能超过二十年。如果数罪中有判处附加刑的，附加刑仍须执行。

② 根据《刑法修正案（九）》第二次修订。原条文主要内容为：判决宣告以前一人犯数罪的，除判处死刑和无期徒刑的以外，应当在总和刑期以下、数刑中最高刑期以上，酌情决定执行的刑期，但是管制最高不能超过三年，拘役最高不能超过一年，有期徒刑总和刑期不满三十五年的，最高不能超过二十年，总和刑期在三十五年以上的，最高不能超过二十五年。

数罪中有判处附加刑的，附加刑仍须执行，其中附加刑种类相同的，合并执行，种类不同的，分别执行。

《刑参》第372号案例"袁某编造虚假恐怖信息案——以编造爆炸威胁等恐怖信息的方式向有关单位进行敲诈勒索的，如何定罪处罚"相关论述：判断行为人是否只实施了一个行为，不应以犯罪构成要件为出发点进行评价，而应该基于自然的观察，从社会的一般观念上作出判断。行为人打了一个电话，编造爆炸威胁等恐怖信息进行敲诈勒索，从一般普通人的观念认识上对该行为进行观察和评价，可以得出行为人只实施了打电话一个行为的结论。不能因为该行为具有多重属性，符合编造虚假恐怖信息和敲诈勒索罪的犯罪构成，就机械地将上述行为分割成编造虚假恐怖信息和敲诈勒索财物两个行为。与之相较，假如行为人通过投放虚假危险物质的方式实施敲诈勒索，那么基于自然的观察，从时间和空间上看，行为人实际上实施了两个行为，即投放虚假危险物质的行为和威胁他人勒索财物的行为，分别触犯投放虚假危险物质罪和敲诈勒索罪，两者具有牵连关系，行为人符合牵连犯的特征。以编造虚假恐怖信息的方式实施敲诈勒索的，行为人只实施了一个行为，该行为具有多重属性，触犯了两个罪名，行为人符合想象竞合犯的特征。

《刑参》第1243号案例"张某故意杀人案——概括故意下实施的连续行为可认定为一罪"相关论述：一罪与数罪的认定并非以单纯的行为个数为标准，而是根据行为人外在的客观行为与内在的主观犯意的结合。犯罪构成标准说系区分一罪与数罪的标准的通说，亦为司法实践所认可。该标准又称为主客观相统一标准。其中，作为犯罪的主观要件的犯罪心态以及在该犯罪心态支配下的犯罪的客观要件在犯罪构成中居于主导地位。在一定意义上可以说，犯罪构成的标准就是行为人在主观心态支配下实施客观行为的认定标准。不同主观心态与不同客观行为的结合决定了某一犯罪行为究竟是一罪还是数罪。其中尤其是客观行为，它在很大程度上决定着犯罪的个数。但刑法意义上的一罪与数罪并非以单纯的行为个数为标准，客观行为必须与主观犯意相结合，即刑法意义上的行为必须是行为人在主观犯意支配下的身体举止。主观犯意是行为人实施特定行为时的主观心理状态。就故意犯罪而言，行为人在实施多个连续的、近似的自然行为时其主观心理有两种表现形式：同一的犯罪故意和概括的犯罪故意。同一的犯罪故意是指行为人具有数次实施同一犯罪的故意，刑法理论上所称的连续犯多是基于同一的犯罪故意（少部分是概括的犯罪故意），即犯罪心态同一。在该犯罪心态支配下实施的犯罪行为所触犯的罪名亦同一（其实是犯罪行为同一）。概括的犯罪故意则是指行为人对认识的具体内容并不明确，但明知自己的行为会发生危害社会的结果，而希望或者放任该结果发生的心理态度。概括故意可以分为对行为性质认识不明确的概括故意、对行为对象认识不明确的概括故意以及对危害结果认识不明确的概括故意三种。对行为性质和对行为对象认识不明确一般不影响犯罪的成立，在此种犯罪心态支配下实施的行为仍可构成数罪，这便是我们通常所称的概括的犯罪故意作用下的连续犯。对危害结果认识不明确的概括故意，具体是指行为人故意实施危害行为，明知自己的行为会导致某种危害结果的发生但对自己的行为会造成多大的危害结果，波及多少犯罪对象，其认识处于不确定状态。这种概括故意作用下的行为人实施行为时的客观表现以及危害后果可用一罪进行综合评判。换言之，在一定的概括故意下实施的连续行为，如果行为人对行为性质和行为对象均有明确认识，仅对危害结果存在不明确认识，可认定行为人实施的行为系在一个主观犯意下实施的整体行为，构成处断的一罪。本案是在概括故意支配下的同一行为，行为人对危害结果范围认识不明确不影响定罪。张某对其行为的性质及行为对象均有明确的认识。张某作案时是将两名被害人作为一个整体，对其要害部位实施不间断的攻击，可认定该行为为系在一个主观犯意下实施的整体行为，构成处断的一罪，对其以故意杀人罪定罪处罚具有法理上的依据。

【拓展关键词】想象竞合犯　牵连犯　吸收犯　连续犯

《刑参》第463号案例"庄某等非法买卖枪支、贩卖毒品案——非法买卖枪支时以毒品冲抵部分价款行为如何定性"相关论述：以毒品冲抵买卖枪支价款的行为构成贩卖毒品罪。牵连关系必须能够说明不同的犯罪行为具有一罪的内在本质。先后实施的两个行为若分别符合不同的犯罪构成，其主观上必然具有不同的罪过，客观上必然具有不同的危害行为，因而可能发生重合的构成要件，只能是客观要件。行为对法益的侵害是一个渐进的过程，具有不同的行为阶段。刑法为了能够全面地保护法益，往往对侵犯法益的不同行为阶段设置不同的犯罪构成加以评价。因此，在同一法益的同一被侵犯过程中，往往可能存在不同的行为符合不同的犯罪构成之现象。当两个犯罪行为处于对同一法益的同一次侵犯过程中时，这两个犯罪行为能够充足一个犯罪构成，可以成立一罪。被告人以毒品冲抵部分买卖枪支价款为其实施非法买卖枪支犯罪的方法行为，与非法买卖枪支的目的行为侵犯的法益不属于同一法益，这两个犯罪行为不能够充足一个犯罪构成，而分别符合不同的犯罪构成，不能成立牵连关系，应数罪并罚。

《刑参》第495号案例"谭某等强奸、抢劫、盗窃案——强迫他人性交、猥亵供其观看的行为如何定性"相关论述：对为寻求精神刺激，在同一时间内强迫他人对同一对象实施性交和猥亵行为供其观看的行为，应当依照吸收犯的处理原则，在强奸罪和强制猥亵妇女罪中择一重处。吸收关系主要基于两种情况：一种是基于一般观念，依据具体的犯罪性质，一罪为他罪当然实行的方法或当然发生的结果，即前行为是后行为的发展阶段，后行为是前行为的当然结果。另一种是基于法条的规定。一般情况下，行为人强奸未遂心有不甘，继续实施猥亵行为，或者强奸既遂后又继续对同一对象实施猥亵行为，此时的猥亵行为是强奸行为的自然延伸，当然被强奸罪吸收。但在一些特殊情况下，由于行为人采取的猥亵手段残忍、性质恶劣或者强奸未遂或中止，而猥亵既遂，强奸行为可能会被猥亵行为吸收。如果行为人实施强制猥亵行为与强奸行为时间间隔较长，已经超过生理上两种行为的自然延续过程的，或者强奸对象和猥亵对象不是同一人的，则不具备吸收关系，而应数罪并罚。

《刑参》第1222号案例"秦某故意杀人、故意伤害、放火、抢劫、盗窃案——行为人短时间内实施一系列具有关联性犯罪行为的如何认定"相关论述：被告人秦某对王某实施的暴力行为可以分为报复施暴、劫取财物、劫财后的施暴三个阶段。秦某劫财的故意内容产生于其第一阶段的暴力实施过程，而基于其第一阶段的暴力所形成的对被害人精神上的胁迫，其行为足以满足抢劫罪的"胁迫"这一手段要件。"胁迫"作用与取得财物之间存在因果关系。因此，秦某的劫财行为构成抢劫罪。不能因为秦某实施第一阶段的暴力行为时仅有报复故意没有劫财故意而无视其犯意的发展变化。犯意由报复变化为劫财是其主观故意的完整内容。定罪的主客观一致原则，应当包括主客观内容发展变化，以变化后的主观、客观内容为定罪的事实基础的内容。抢劫既遂后又实施的故意伤害行为，应另行定故意伤害罪。应当区分"犯罪的后续行为"与"罪后的独立犯罪行为"。前者如犯罪人本身所实施的掩饰、隐瞒犯罪所得行为，毁灭罪证行为，由于该后续行为没有侵犯新的法益，缺乏期待可能性，是不可罚的行为。后者则是侵犯了新的法益并且独立于前罪的犯罪行为，符合数罪的构成条件。秦某对王某实施抢劫、故意伤害犯罪行为后，唯恐罪行败露，遂持刀捅刺王某的妻子李某要害部位数十刀致李某倒地，后又纵火焚烧现场，在焚烧时发现现场床上装有现金的女士包又实施了将现金占为己有的行为。秦某实施的上述行为中，危害李某的行为构成故意杀人罪，纵火焚烧现场的行为构成放火罪，秦某取走现金时，被害人已处于濒死状态，已丧失反抗意识，秦某的行为符合盗窃罪秘密窃取的行为特征。认定被告人构成盗窃罪符合有利于被告人的原则。判决认定的罪名不受起诉指控罪名的限制包括两种情形：(1)指控甲罪名，判决认定为乙罪名的；(2)判决认定罪名数少于指控罪名数的。

《刑参》第1236号案例"金某以危险方法危害公共安全、故意杀人案——不同犯意支配下实施的连续行为定性及现场待捕型自首的认定"相关论述：对在不同犯意支配下实施的连续行为应综合考量行为发生、发展至结束的全过程，按照主客观相一致原则予以准确评价。虽然案发在不同的地点且金某针对不同对象实施了驾车撞击行为，但从在案证据来看，金某的相关行为不宜截然分开。首先，金某撞击第一被害人康某的行为构成故意杀人罪(未遂)。金某在本案第一现场驾车撞人的行为是有预谋实施的故意杀人行为，该行为也是其当初谋划的自认为可控制的行为。该行为没有达到其犯罪目的，仅造成被害人康某轻微伤，故属于犯罪未遂。其次，金某在第一现场的行为结束后先是为逃跑而在繁华地段高速行驶以致撞人，后为制造影响在工体院内连续对不特定的无辜行人进行冲撞，其故意或放任危害结果发生的主观心态是贯穿始终的。金某作为有多年驾驶经验的老司机，明知驾车在有行人穿行的繁华路段高速行驶有可能撞到行人，但其先放任撞人结果的发生，再追求撞人结果的发生，故对其后续行为可以进行整体评价，即金某在本案第二现场和第三现场的行为是连续的整体行为，金某构成以危险方法危害公共安全罪。

《刑参》第 1243 号案例“张某故意杀人案——概括故意下实施的连续行为可认定为一罪”相关论述：被告人虽有连续的行为但其与连续犯不同。连续犯是处断的一罪，连续犯的行为虽具有连续性但数次行为必须触犯同一具体罪名。连续犯是不典型的数罪，实践中一般按一罪定罪，在量刑时再对犯罪人已构成数罪的情形予以考虑。如果将被告人的行为分开定性，有伤害结果的定故意伤害罪，有死亡结果的定故意杀人罪，仅仅着眼于被告人独立的两个自然行为及其结果，不但与本案实际发生和发展的过程不符，也很难证明被告人在作案过程中存在两个不同的主观心理过程。

【拓展关键词】限制加重原则的理解　不同刑种的并罚方法、并罚程序　保外就医刑期折抵

《刑参》第 46 号案例“林某等受贿、玩忽职守案——玩忽职守罪适用法律时效应如何理解”相关论述：对数罪分别量刑时，先考虑立功情节对个罪依法从轻或者减轻处罚，然后再按照数罪并罚的原则，决定执行的刑罚。在决定执行的刑罚时，达到从轻或者减轻处罚的目的就可以了，不须一定对所有数罪均分别予以从轻或者减轻处罚。一般情况下，如果决定对被告人予以减轻处罚，那么在对数罪中的个罪分别量刑时，应只能减轻而不能对有的罪予以减轻有的予以从轻。

《刑参》第 230 号案例“苗某抢劫案——被告人在被执行死刑前交代司法机关尚未掌握的其伙同他人共同犯罪事实的应如何处理”相关论述：被告人在被执行前交代司法机关尚未掌握的其伙同他人抢劫、敲诈勒索的犯罪事实的，应当对前罪所作裁判暂停执行，并依照《刑法》第 70 条的规定对新发现的罪行作出判决，把前后两个罪所判处的刑罚依照《刑法》第 69 条的规定决定执行的刑罚。

《刑参》第 493 号案例“吴某盗窃案——保外就医期间重新犯罪的如何计算前罪未执行的刑罚”相关论述：保外就医期间时刑期持续计算，即罪犯在监外治疗疾病的期间计入刑罚执行期间。应以犯罪之日为起算未执行刑期的时点。从罪犯的人身危险性而言，犯罪之日的界点更为科学。从刑罚执行的目的看，以犯罪之日为界点更为合理。

《刑参》第 613 号案例“王某抢劫、强奸、盗窃案——如何把握抢劫犯罪案件中加重情节的认定”相关论述：数罪并罚体现的的原则是限制加重，不能对所犯情节“估堆”评价，从而增加刑期甚至提高刑种。

《刑参》第 902 号案例“吴某危险驾驶案——在判处有期徒刑缓刑考验期内又犯危险驾驶罪的如何处理以及有期徒刑与拘役如何并罚”相关论述：《刑法修正案(八)》实施后，被宣告缓刑的犯罪分子在缓刑考验期内醉酒驾驶机动车，构成危险驾驶罪的，属于又犯新罪，应当撤销缓刑，数罪并罚。对于有期徒刑和拘役的并罚，应当并科，分别执行，按照从重到轻的顺序，先执行有期徒刑再执行拘役。数罪并罚时将拘役折抵为有期徒刑的做法缺乏法律依据。数罪并罚情形不属于必须折抵的情形。不能得出有期徒刑与拘役之间可进行同值换算的结论。拘役与有期徒刑在服刑处遇、执行场所、法律后果等方面依然区别明显。有期徒刑不宜吸收拘役。吸收原则仅适用于两种以上刑罚不能同时或者不能相继执行的情形，如死刑与其他主刑。当刑罚可以相继执行时，采用吸收原则，有轻纵犯罪之虞。拘役与有期徒刑之间应当按照先重后轻的顺序分别执行。犯罪分子的处遇逐步趋好，有利于教育改造。但并科做法也存在一定问题。

《刑参》第 921 号案例“房某信用卡诈骗案——有效催收如何认定，透支行为发生在缓刑考验期之前但银行催收的截止期在缓刑考验期内的应当认定为漏罪还是新罪以及前罪判处的拘役与后罪判处的有期徒刑如何并罚”相关论述：若对有期徒刑和拘役进行并罚，则应采用分别执行的做法。由于没有司法解释对有期徒刑和拘役如何并罚作出明确规定，个案处理仍需具体情况具体分析。

《刑参》第 1127 号案例“潘某、赖某抢劫案——保外就医期限届满后未归监又重新犯罪的应如何计算余刑”相关论述:被告人保外就医的一年时间应计入已执行刑期。被告人保外就医期满后的时间不应计入已执行刑期。被告人在保外就医期间违反相关监管规定脱管、脱逃的,脱管、脱逃期间不计入执行刑期。被告人的余刑应从保外就医一年期满后第二日起算。

《刑参》第1191号案例“陈某非法进行节育手术案——判决宣告前犯有同种数罪但被分案起诉,后罪判决时能否与前罪并罚”相关论述:判决宣告前犯有同种数罪的,一般应并案按照一案处理,不实行并罚。最高人民法院1993年发布的《关于判决宣告后又发现被判刑的犯罪分子的同种漏罪是否实行数罪并罚问题的批复》对此有明确规定。在审理过程中,法院发现被告人犯有同种数罪但被人为分案处理的,可以建议检察机关并案起诉,检察机关不予并案处理的,应仅就起诉的犯罪事实作出裁判。在审理后起诉的犯罪事实时,可以适用《刑法》第70条关于漏罪并罚的规定。对同种数罪并案处理,并非一种强制性规定。对人为分案处理的同种数罪实行并罚时,决定执行的刑罚应当与并案以一罪处理时应判处的刑罚基本相当,不得加重被告人的处罚。

第七十条　【漏罪的数罪并罚】

判决宣告以后,刑罚执行完毕以前,发现被判刑的犯罪分子在判决宣告以前还有其他罪没有判决的,应当对新发现的罪作出判决,把前后两个判决所判处的刑罚,依照本法第六十九条的规定,决定执行的刑罚。已经执行的刑期,应当计算在新判决决定的刑期以内。

◆ 相关规定

最高人民法院
关于判决宣告后又发现被判刑的犯罪分子的同种漏罪是否实行数罪并罚问题的批复

(1993年4月16日)

江西省高级人民法院:

你院赣高法〔1992〕39号《关于判决宣告后又发现被判刑的犯罪分子的同种漏罪是否按数罪并罚处理的请示》收悉。经研究,批复如下:

人民法院的判决宣告并已发生法律效力以后,刑罚还没有执行完毕以前,发现被判刑的犯罪分子在判决宣告以前还有其他罪没有判决的,不论新发现的罪与原判决的罪是否属于同种罪,都应当依照刑法第六十五条的规定实行数罪并罚。但如果在第一审人民法院的判决宣告以后,被告人提出上诉或者人民检察院提出抗诉,判决尚未发生法律效力的,第二审人民法院在审理期间,发现原审被告人在第一审判决宣告以前还有同种漏罪没有判决的,第二审人民法院应当依照刑事诉讼法第一百三十六条第(三)项的规定,裁定撤销原判,发回原审人民法院重新审判,第一审人民法院重新审判时,不适用刑法关于数罪并罚的规定。

最高人民法院
关于罪犯因漏罪、新罪数罪并罚时原减刑裁定应如何处理的意见(节选)

(法〔2012〕44号)

罪犯被裁定减刑后,因被发现漏罪或者又犯新罪而依法进行数罪并罚时,经减刑裁定减去的刑期不计入已经执行的刑期。

在此后对因漏罪数罪并罚的罪犯依法减刑，决定减刑的频次、幅度时，应当对其原经减刑裁定减去的刑期酌予考虑。

◆ 解读与适用

《刑参》第 1027 号案例"沈某、王某盗取案——刑罚执行期间发现漏罪，判决作出时原判刑罚已经执行完毕的情况如何处理"相关论述：对漏罪数罪并罚要求发现漏罪的时间节点必须是在前判"判决宣告以后，刑罚执行完毕以前"。在此期间发现漏罪的应当适用数罪并罚否则可能单独就漏罪进行追诉。"发现"的主体通常是侦查机关，自诉案件中也可以是人民法院。"发现"有相应的程序性要求，且需到达一定证明程度。只有通过一定调查，掌握相关证据证明相关犯罪事实系服刑犯实施的才达到"发现"漏罪的程度要求。"发现"不等于"定罪"。刑罚执行期间发现漏罪，判决作出时原判刑罚已执行完毕的应当适用漏罪数罪并罚。

《刑参》第 1028 号案例"王某盗窃案——刑罚执行期间发现漏罪，判决作出时原判刑罚已执行完毕的情况如何处理"相关论述：在判决宣告以后、刑罚执行完毕以前发现漏罪，无论漏罪判决作出时前罪刑罚是否已执行完毕均应依法实行数罪并罚。该漏罪必须未超过刑法规定的追诉时效。该漏罪既可以是一罪也可以是数罪。一般情形下应当以刑事立案时间为发现时间。但有些案件因其复杂性和特殊性，缺少明确的犯罪嫌疑人，在这种情况下，应当以公安机关通过侦查等方式明确犯罪嫌疑人的时间为发现时间。发现漏罪，一是确立了实行数罪并罚法律规定的基本前提，二是确立了发现漏罪时间为前罪原判刑罚执行的界点，即发现漏罪之前为前罪原判刑罚已执行的刑期，发现漏罪之后为前罪原判刑罚未执行的刑期，发现漏罪之后所羁押的时间应在数罪并罚所确定的刑罚期间中予以折抵。

《刑参》第 1217 号案例"朱某、郭某诈骗案——刑罚执行完毕后对以前未能依法并案处理的犯罪行为如何裁判"相关论述：刑罚执行完毕后，发现被告人在判决宣告以前还有其他犯罪没有判决的，应当就漏罪单独进行定罪处罚，理由如下：第一，对漏罪必须依法定罪处罚。第二，服刑期满后发现漏罪的，将漏罪与前罪数罪并罚不符合法律规定。第三，漏罪产生的原因与被告人供述不完整有很大的关系。被告人没有如实交代所有犯罪事实以逃避刑罚，相当于放弃了如实供述所带来的数罪并罚的利益，不实行数罪并罚更符合刑法的立法精神。第四，将刑罚执行完毕后发现的漏罪与前罪实行并罚未必一律对被告人有利，在某些情况下甚至对被告人更为不利。

《刑参》第 1370 号案例"岳某盗窃案——无期徒刑减为有期徒刑后在执行期间发现漏罪，应当如何处理"相关论述：《刑法》第 70 条规定的"前后两个判决"是指前罪判决和漏罪判决，不包括减刑裁定。经减刑裁定减去的刑期以及无期徒刑减为有期徒刑后已被执行的刑期，属于刑罚执行问题。该问题虽然在数罪并罚后的新判决中无法体现，但可在新判决执行过程中予以考虑。最高人民法院在《关于刘某占减刑一案的答复》中明确规定在将前罪与漏罪刑罚进行并罚作出新判决时无须撤销原减刑裁定。减刑裁定不应比照假释的情况予以撤销。

第七十一条 【新罪的数罪并罚】

判决宣告以后，刑罚执行完毕以前，被判刑的犯罪分子又犯罪的，应当对新犯的罪作出判决，把前罪没有执行的刑罚和后罪所判处的刑罚，依照本法第六十九条的规定，决定执行的刑罚。

◆ 相关规定

全国人民代表大会常务委员会法制工作委员会
关于对被告人在罚金刑执行完毕前
又犯新罪的罚金应否与未执行完毕的罚金适用数罪并罚问题的答复意见

（法工办复〔2017〕2号）

最高人民检察院办公厅：

你厅《关于对被告人在罚金刑执行完毕前又犯新罪的罚金应否与未执行完毕的罚金适用数罪并罚问题征求意见的函》（高检办字〔2017〕281号）收悉。经研究，答复如下：

刑法第七十一条中的“刑罚执行完毕以前”应是指主刑执行完毕以前。如果被告人主刑已执行完毕，只是罚金尚未执行完毕的，根据刑法第五十三条的规定，人民法院在任何时候发现有可以执行的财产，应当随时追缴。因此，被告人前罪主刑已执行完毕，罚金尚未执行完毕的，应当由人民法院继续执行尚未执行完毕的罚金，不必与新罪判处的罚金数罪并罚。

特此函复。

☞ 其他相关规定见章后二维码

◆ 解读与适用

【拓展关键词】不同刑种的并罚原则　监外执行期间犯新罪

《刑参》第119号案例“买某盗窃案——如何理解累犯制度、数罪并罚制度中的‘刑罚执行完毕’”相关论述：虽然附加刑既可以独立适用又可以附加适用，但附加刑是从刑，是补充、增强主刑适用效果的刑罚种类。由附加刑的属性所决定，数罪中被判处的附加刑不能被主刑所吸收，不同附加刑之间一般也不能相互吸收，否则会使刑法对某种犯罪专门规定附加刑的意义丧失。同理，因不同种刑罚之间无可比性，附加刑与主刑之间、不同种附加刑之间不能采用限制加重原则合并处罚。如果数罪种有判处附加刑的，附加刑仍须执行。可以参照《最高人民法院关于在附加剥夺政治权利执行期间重新犯罪的被告人是否适用数罪并罚问题的批复》进行处理。

《刑参》第797号案例“田某敲诈勒索案——暂予监外执行期满后发现在暂予监外执行期间犯新罪的，不应当数罪并罚”相关论述：暂予监外执行期满应当视为刑罚已经执行完毕，无须进行数罪并罚。暂予监外执行是一种特殊的刑罚执行方式。罪犯的刑期不因执行场所、执行方式的变更而中断，依然连续计算。暂予监外执行的实质仍然是对罪犯监禁刑的执行过程，与缓刑有本质的区别。暂予监外执行不是对服刑人员的鼓励性措施，其实施条件与刑罚执行过程中的假释存在区别。被告人在暂予监外执行期间犯新罪，暂予监外执行并不当然中止。只要暂予监外执行没有终止，暂予监外执行期就应计入刑罚执行期，不管是否发现暂予监外执行期间罪犯是否犯罪。在刑罚执行完毕后，发现罪犯在刑罚执行期间又犯新罪的，不符合《刑法》第71条的立法本意，应对新罪单独定罪量刑，并酌定从重处罚。

《刑参》第1085号案例“沙某容留他人吸毒案——在暂予执行期间犯新罪被抓获，应如何计算前罪余刑”相关论述：被告人在监外执行期间因犯新罪而被采取强制措施的，新罪强制措施采取之日即为前罪监外执行中止之时。暂予监外执行制度具有明显的临时性特征，随时可能因法定情形的出现而中止。被告人在暂予监外执行期间犯新罪并在暂予监外执行期满前被发现的，自有权机关依法定程序作出收监决定之日起，前罪的暂予监外执行期间中止。被告人在被公安机关抓获后继续履行的接受社区校正的时间不计入其刑期。被告人没有切实履行社区校正的义务，在暂予监外执行期间没有如实报告犯新罪的情况，导致社区矫正机构作出错误的校正期满证明书的，法院应不认可该社会校正刑满证明书，应根据事实依法认定被告人被抓后其前罪的暂予监外执行期间中止,其在中止后继续接受社会校正的期间不计入前罪服刑期间。应以被告人被抓获之日为计算前罪剩余刑期的界点。暂予监外执行期间的中止不等于刑期计算的中止。被告人因疾病治愈等被收监后在监狱内继续服刑,即虽然暂予监外执行中止但是刑期却是连续计算的。但是,如果被告人是因为犯新罪而被中止前罪的暂予监外执行期间的,应以被告人犯新罪被抓获并被采取强制措施之日为界点,中断前罪刑期的计算。案件应优先处理新罪,因为新罪的处理比旧罪的服刑更加紧迫。

【拓展关键词】减刑、假释期间犯新罪

《刑参》第202号案例"丁某强奸、抢劫、盗窃案——在假释考验期间直至期满后连续实施犯罪是否应撤销假释并构成累犯"相关论述:被告人在假释考验期间直至期满后连续犯罪的,应撤销假释,数罪并罚。《最高人民法院关于人民法院审判严重刑事犯罪案件中具体应用法律的若干问题的答复(三)》规定,对于被假释的犯罪分子,如果在假释考验期满后才发现该罪犯在假释考验期内又犯新罪的,对尚未超过追诉时效期限的,应当撤销假释,把前罪没有执行的刑罚和后罪所判的刑罚,按照1979年《刑法》第64条的规定决定执行的刑罚。对于罪犯在假释考验期间直至期满后连续实施的新的犯罪行为,我们认为假释是附条件的提前释放,不论行为人的犯罪行为连续与否,也不论其犯罪行为是在何时被发现,只要有一项罪行是在假释考验期内实施且未超过追诉时效,就应当依法撤销其假释,实行数罪并罚。即使被告人的大部分犯罪行为是在假释考验期满后实施的,也不能因为在考验期内被告人实施的犯罪没有被及时发现这一客观原因,从而对其不予撤销假释。相反,应当基于被告人是在假释考验期间内就已开始犯新罪这一事实,根据《刑法》第86条对假释考验期又犯新罪的处理原则,以及该答复三的精神,对被告人撤销假释按照《刑法》第71条实行并罚。从另一个角度讲,被告人的犯罪行为一直处于连续状态。从整体上考虑被告人的社会危害性较为适当,不宜再分假释期满前后两个阶段分别处罚。被告人的连续犯罪中的一部分是在假释考验期内所犯,对此应首先依法撤销假释。被告人前罪的余刑仍须执行,而不是"刑罚已经执行完毕",其整个连续犯罪缺乏构成累犯的前提条件且作为连续犯不宜分为前后两个阶段分别定罪量刑,按照"先减后并"的原则进行并罚已体现从重处罚的精神,无须再按累犯对待。

《刑参》第1011号案例"朱某等盗窃案——罪犯在假释期间又犯新罪,数罪并罚时原减刑裁定如何处理"相关论述:罪犯在假释期间又犯新罪数罪并罚时原减刑裁定不计入已执行的刑期。假释是一种刑罚的执行方式,只有被告人在假释期间遵守法定的义务假释期限届满后剩余的刑期才不予执行。假释在性质上是一种附条件的不执行。在原判刑罚视为执行完毕之后,行为人再犯新罪,可能成立累犯,但是不可能再与已经执行完毕的犯罪进行数罪并罚。

《刑参》第1082号案例"石某盗窃案——前罪原审判决被撤销后的刑罚适用若干问题"相关规定:前罪因审判监督程序的启动和生效而被加重刑事处罚,不等于前罪刑罚执行完毕,后罪自然不构成累犯。漏罪的发现和新罪的实施均是对被告人人身危险性可能弱化的否定,与减刑的初衷相悖,故前罪减刑裁定减去的刑期不应计入已经执行的刑期当中。后罪实施于前罪执行过程中(因客观原因刑罚执行中断),属于刑罚执行过程中再犯新罪,应适用"先减后并"的原则数罪并罚。在被告人隐瞒个人信息导致法院未正确认定累犯情节,量刑不当,启动审判监督程序并增加了刑罚量的情况下,增量刑罚尚未执行完毕的,不能认定前罪刑罚执行完毕。再审裁判一经作出,已经生效的原审裁判就不再有效。本质上,减刑是对原判执行过程的改变并非对原判判决的改变。刑罚执行本身具有相对独立性。再审判决的生效虽然否定了原审判决的效力,但不能消灭原审判决所产生的所有影响。如刑罚执行的起刑日期的影响不能改变。原审判决和再审判决在刑罚执行的起始止日期上应当保持一致。

第五节　缓　　刑

第七十二条　【缓刑的适用和禁止令】①

对于被判处拘役、三年以下有期徒刑的犯罪分子,同时符合下列条件的,可以宣告缓刑,对其中不满十八周岁的人、怀孕的妇女和已满七十五周岁的人,应当宣告缓刑:

(一)犯罪情节较轻;

(二)有悔罪表现;

(三)没有再犯罪的危险;

(四)宣告缓刑对所居住社区没有重大不良影响。

宣告缓刑,可以根据犯罪情况,同时禁止犯罪分子在缓刑考验期限内从事特定活动,进入特定区域、场所,接触特定的人。

被宣告缓刑的犯罪分子,如果被判处附加刑,附加刑仍须执行。

◆ 相关规定

最高人民法院　最高人民检察院

关于办理职务犯罪案件严格适用缓刑、免予刑事处罚若干问题的意见(节选)

(法发〔2012〕17号)

二、具有下列情形之一的职务犯罪分子,一般不适用缓刑或者免予刑事处罚:

(一)不如实供述罪行的;

(二)不予退缴赃款赃物或者将赃款赃物用于非法活动的;

(三)属于共同犯罪中情节严重的主犯的;

(四)犯有数个职务犯罪依法实行并罚或者以一罪处理的;

(五)曾因职务违纪违法行为受过行政处分的;

(六)犯罪涉及的财物属于救灾、抢险、防汛、优抚、扶贫、移民、救济、防疫等特定款物的;

(七)受贿犯罪中具有索贿情节的;

(八)渎职犯罪中徇私舞弊情节或者滥用职权情节恶劣的;

(九)其他不应适用缓刑、免予刑事处罚的情形。

三、不具有本意见第二条规定的情形,全部退缴赃款赃物,依法判处三年有期徒刑以下刑罚,符合刑法规定的缓刑适用条件的贪污、受贿犯罪分子,可以适用缓刑;符合刑法第三百八十三条第一款第(三)项的规定,依法不需要判处刑罚的,可以免予刑事处罚。

---

① 根据《刑法修正案(八)》修订。原条文主要内容为:对于被判处拘役、三年以下有期徒刑的犯罪分子,根据犯罪分子的犯罪情节和悔罪表现,适用缓刑确实不致再危害社会的,可以宣告缓刑。

被宣告缓刑的犯罪分子,如果被判处附加刑,附加刑仍须执行。

不具有本意见第二条所列情形，挪用公款进行营利活动或者超过三个月未还构成犯罪，一审宣判前已将公款归还，依法判处三年有期徒刑以下刑罚，符合刑法规定的缓刑适用条件的，可以适用缓刑；在案发前已归还，情节轻微，不需要判处刑罚的，可以免予刑事处罚。

四、人民法院审理职务犯罪案件时应当注意听取检察机关、被告人、辩护人提出的量刑意见，分析影响性案件案发前后的社会反映，必要时可以征求案件查办等机关的意见。对于情节恶劣、社会反映强烈的职务犯罪案件，不得适用缓刑、免予刑事处罚。

五、对于具有本意见第二条规定的情形之一，但根据全案事实和量刑情节，检察机关认为确有必要适用缓刑或者免予刑事处罚并据此提出量刑建议的，应经检察委员会讨论决定；审理法院认为确有必要适用缓刑或者免予刑事处罚的，应经审判委员会讨论决定。

☞ 其他相关规定见章后二维码

◆ 解读与适用

《刑法》第72条修订带来的问题是：如果怀孕的妇女或已满75周岁的人属于累犯，又应当判处拘役、三年以下有期徒刑，是否可以适用缓刑？对此尚需坚持有利于被告人的原则，按照“新法优于旧法”原则进行处理，即《刑法修正案（八）》对“必须适用缓刑的情况”的规定，属于新法，而“累犯不得适用缓刑”的规定属于旧法，当两者出现冲突时，应当对上述被告人适用缓刑。①

【拓展关键词】禁止令　犯罪情节较轻与情节严重

对判处管制或者宣告缓刑的未成年被告人，可以根据其犯罪的具体情况以及禁止事项与所犯罪行的关联程度，对其适用“禁止令”。未成年人因上网诱发犯罪的，可以禁止其在一定期限内进入网吧等特定场所。②

《刑参》第1003号案例“谭某非法持有枪支案——作为情节加重犯适用条件的‘情节严重’与缓刑适用条件中的‘犯罪情节较轻’在适用时是否相互矛盾”相关论述：认定缓刑适用条件中的“犯罪情节较轻”与作为情节加重犯的“情节严重”在评价目的、参照标准和评价内容等方面有所不同。情节加重犯中的“情节严重”是与该罪的基本构成相比较而言的，本质上属于量刑层面的问题，一般情况下与刑罚的执行方式关联不大。而作为缓刑适用条件的“犯罪情节较轻”是一种能够综合反映犯罪分子所犯罪行的社会危害程度和主观恶性大小并影响刑罚执行方式的条件，是对刑罚执行方式的评价。宜将缓刑适用条件中的“犯罪情节较轻”界定为立法的特别提示性规定，意在限制缓刑的适用，将一些虽然被判处拘役、三年以下有期徒刑，但经整体评价社会危害性大、主观恶性深的罪犯排除在适用缓刑之外。认定缓刑适用条件的“犯罪情节较轻”所考虑的因素通常比认定情节加重犯所考虑的因素更为广泛，不能认为情节加重犯罪就必然是一种具有严重社会危害性的犯罪行为，行为人就必然不符合缓刑适用条件。

《刑参》第1188号案例“毛某等非法吸收公众存款案——非法吸收公众存款罪从轻处罚的适用”相关论述：“犯罪情节较轻”之“犯罪情节”，侧重于反映犯罪的整体社会危害性，是对犯罪主体、犯罪主观方面、犯罪客体和犯罪对象以及犯罪客观方面的全面考察和综合评价，其中不乏体现法官自由裁量权的酌定性。而《刑法》分则具体罪状中的犯罪情节，一般表述为情节一般、情节严重、情节特别严重三个层次。它们是决定刑罚档次的犯罪量因素，刑法理论上又叫基本构成和加重构成，体现为对犯罪客观方面的评价一般不关涉犯罪主体、犯罪客体等其他犯罪构成要素。尤其是在数额犯中，为防范司法擅断一般都经由司法解释对犯罪数

---

① 参见姜涛：《缓刑适用条件的法条冲突与解决》，载《检察日报》2020年8月4日，第3版。

② 参见董某某、宋某某抢劫案，最高人民法院指导案例14号（最高人民法院审判委员会讨论通过，2013年1月31日发布）。

额作出较为明确的规定，犯罪数额具有法定性和确定性，法律自由裁量的空间相对较小。缓刑适用条件中的“犯罪情节”与具体罪状中的“犯罪情节”含义不同，在逻辑上不具有同一性和当然的对应性。

【拓展关键词】缓刑的效力

《刑参》第65号案例“朱某、卢某假冒注册商标案——对符合法定条件的被告人适用缓刑不能成为再审的理由”相关论述：在符合缓刑适用条件的情况下，适用缓刑不属于适用法律错误。既然原审已经作出了适用缓刑的判决，在没有出现法定应撤销缓刑条件的情况下就应维护人民法院裁判的严肃性和稳定性，不应以“适用缓刑不当”为由，按照审判监督程序提起再审。

《刑参》第1217号案例“朱某、郭某诈骗案——刑罚执行完毕后对以前未能依法并案处理的犯罪行为如何裁判”相关论述：人民法院量刑时应当科学、客观地对待司法行政机关的“社区矫正调查评估”。本案中，被告人朱某、郭某在刑罚执行完毕之后被发现漏罪，这既有两人自身的原因又有公安机关未及时依法并案处理的原因。当地司法行政机关出具了“建议对被告人不适用社区矫正”的《调查评估意见书》，但对被告人朱某、郭某可以依法适用缓刑。一般而言人民法院对被告人适用缓刑应当充分考虑司法局的社区调查评估意见。但是，在对被告人判处刑罚的同时决定是否适用缓刑归根结底是人民法院审判权的内容之一，人民法院完全可以依法独立行使该项权力。同时，人民法院也可以自己认定对被告人适用缓刑是否对社区有重大不良影响。因为《社区矫正实施办法》第4条规定的是“可以”，而并非“应当”。

《刑参》第1282号案例“被告单位成都主导科技有限责任公司、被告人王某单位行贿案——‘在被追诉前主动交待行贿行为’以及揭发他人犯罪行为构成立功的认定”相关论述：王某系多次向多人行贿而公诉机关未予追诉。公诉机关指控的行贿数额明显少于实际数额。前后行贿的情形和性质类似，公诉机关以未牟取不正当利益为不追诉的理由不够充分。根据刑事诉讼法不诉不理的原则，人民法院只能就公诉机关指控的事实进行裁判，但在量刑时可以酌情考虑。在当前反腐败斗争形势依然严峻的情况下，为遏制腐败源头，深入贯彻打击行受贿并重的政策精神，在严厉打击受贿犯罪的同时有必要加大对行贿犯罪的打击力度。本案行贿数额达数百万元，如果判处缓刑，社会效果不好。

第七十三条　【缓刑考验期限】

拘役的缓刑考验期限为原判刑期以上一年以下，但是不能少于二个月。

有期徒刑的缓刑考验期限为原判刑期以上五年以下，但是不能少于一年。

缓刑考验期限，从判决确定之日起计算。

第七十四条　【不适用缓刑的情形】①

对于累犯和犯罪集团的首要分子，不适用缓刑。

第七十五条　【缓刑犯的义务】

被宣告缓刑的犯罪分子，应当遵守下列规定：

（一）遵守法律、行政法规，服从监督；

（二）按照考察机关的规定报告自己的活动情况；

（三）遵守考察机关关于会客的规定；

---

① 根据《刑法修正案（八）》修订。原条文主要内容为：对于累犯，不适用缓刑。

(四)离开所居住的市、县或者迁居,应当报经考察机关批准。

第七十六条 【缓刑的考察】①

对宣告缓刑的犯罪分子,在缓刑考验期限内,依法实行社区矫正,如果没有本法第七十七条规定的情形,缓刑考验期满,原判的刑罚就不再执行,并公开予以宣告。

第七十七条 【缓刑的撤销】②

被宣告缓刑的犯罪分子,在缓刑考验期限内犯新罪或者发现判决宣告以前还有其他罪没有判决的,应当撤销缓刑,对新犯的罪或者新发现的罪作出判决,把前罪和后罪所判处的刑罚,依照本法第六十九条的规定,决定执行的刑罚。

被宣告缓刑的犯罪分子,在缓刑考验期限内,违反法律、行政法规或者国务院有关部门关于缓刑的监督管理规定,或者违反人民法院判决中的禁止令,情节严重的,应当撤销缓刑,执行原判刑罚。

◆ 解读与适用

【拓展关键词】缓刑的撤销　刑期折抵　在缓刑考验期内犯罪

《刑参》第 238 号案例“王某被撤销缓刑案——撤销缓刑案件的管辖、审理和羁押时间折抵”相关论述:被宣告缓刑的犯罪分子在缓刑考验期内因再犯新罪或者发现漏罪依法被撤销缓刑的,首先应当按照《刑法》第 77 条第 1 款的规定,对新罪作出判决,再依照第 69 条确定应当实际执行的刑期,然后再将因犯前罪被先行羁押的时间和因犯新罪被先行羁押的时间一并从最终宣告的刑罚中予以折抵扣除。先行羁押时间不是刑罚的执行,不能把先行羁押时间的折抵问题和刑罚执行等同。“在缓刑考验期内”再犯新罪或发现漏罪,虽不属于“在判决宣告以前一人犯数罪”的情形,但也不属于“在判决宣告后,刑罚执行完毕前”再犯新罪或发现漏罪的情形。被宣告缓刑的犯罪分子在缓刑考验期内因违反法律、法规等被依法撤销缓刑的,一般只应将因前罪被先行羁押的时间从撤销缓刑执行原判刑期中予以折抵扣除。在缓刑考验期内因违反规定而被依法采取行政强制措施或行政处罚而羁押的时间,由于针对的是另一个行为,因此,不能从撤销缓刑后实际执行的刑期中予以折抵。罪犯在缓刑考验期内因涉嫌盗窃而被依法羁押的时间同样不能从撤销缓刑后原行为所要实际执行的刑期中予以折抵。刑法所规定的折抵都是针对同一犯罪行为所判刑罚而言的,针对不同性质行为的羁押时间,显然是不能一并折抵的。在没有新的犯罪和对新罪判处刑罚的情况下,无法折抵并非不利于被告人。

《刑参》第 515 号案例“徐某等盗窃案——先前宣告的数个缓刑均符合撤销条件的,审判新罪的人民法院可以同时撤销缓刑”相关论述:被告人在交通肇事罪的缓刑考验期内实施本案所指控的犯罪,其又在前次盗窃罪判决宣告前隐瞒已犯交通肇事罪的前科,导致法院对其错误判处缓刑。上述事实说明被告人不具备

---

① 根据《刑法修正案(八)》修订。原条文主要内容为:被宣告缓刑的犯罪分子,在缓刑考验期限内,由公安机关考察,所在单位或者基层组织予以配合,如果没有本法第七十七条规定的情形,缓刑考验期满,原判的刑罚就不再执行,并公开予以宣告。

② 根据《刑法修正案(八)》对第二款进行了修订。原第二款主要内容为:被宣告缓刑的犯罪分子,在缓刑考验期限内,违反法律、行政法规或者国务院公安部门有关缓刑的监督管理规定,情节严重的,应当撤销缓刑,执行原判刑罚。

适用缓刑的条件,之前存在的两次缓刑宣告均符合法律规定的撤销条件,均应予以撤销。撤销后应根据《刑法》第69条数罪并罚。对于适用缓刑的被告人又犯新罪并发现漏罪的,可能错误的缓刑宣告不需通过审判监督程序纠正。在被告人根本违背缓刑适用条件时,法律为司法机关预设了一条便捷的救济途径即直接撤销缓刑,而无须启动审判监督程序。尤其是在判决宣告缓刑后,发现宣告前有漏罪的情况下,法院所作出的判决宣告本身是建立在未能全面掌握前科事实基础之上的。从理论角度来说,这个可能错误的缓刑宣告需通过审判监督程序纠正,但若裁判的"瑕疵"仅在于行为人不具备缓刑适用条件,而事实上予以缓刑宣告,法律就提供法院以直接撤销缓刑的方式取代审监程序来快速高效解决此类问题的程序途径。也就是说,"发现漏罪撤销缓刑"的规定本身就蕴含着不需通过审判监督程序来纠正已经作出的错误缓刑宣告判决的内涵。本案被告人隐瞒的交通肇事的犯罪事实虽然在第一次盗窃罪宣告之前已作出判决,但对这个被隐瞒、未为判决所知悉的"前罪",从缓刑适用角度处罚,其本质与"漏罪"有异曲同工之义,均是在判决宣告前不为司法机关所知,对缓刑的作出本应起到阻滞作用,而事实上却未能阻滞缓刑的适用。因此,存在"漏罪"和存在被隐瞒的"前罪"均是缓刑撤销的原因。锡山区人民法院作为审判新罪的法院有权直接撤销缓刑,这有利于实现公正前提下高效率的价值目标。锡山区法院有权同时撤销先前的两个缓刑。缓刑是附条件的不执行原判刑罚。对于本案之前的两个生效判决,撤销缓刑后不涉及"先减后并"还是"先并后减"的方式选择。最终的量刑结果不会因不同的程序选择而有实质性的差异。唯有区别在于三罪并罚较前两罪先并再与后一罪并罚的刑期上限为高,但此微小差距可以平衡,在罪责相当的容许范围之内。在确保公正前提下尽可能地提高审判效率,也是刑事诉讼追求的价值目标。

《刑参》第648号案例"代某盗窃案——缓刑考验期内犯新罪如何数罪并罚"相关论述:缓刑考验期间不同于刑罚执行期间。羁押时间也不同于已执行刑期。先行羁押的时间应当在数罪并罚决定执行的刑罚之后予以折抵。

《刑参》第1073号案例"包某危险驾驶案——被判处缓刑后上诉期内又犯新罪的法律适用"相关论述:行为人在缓刑判决生效前又犯新罪,不再符合缓刑的实质条件,应撤销缓刑后数罪并罚。犯罪分子的悔罪表现是考量其行为社会危险性的主要因素之一,其表现决定缓刑适用与否。行为人没有再犯罪的危险是宣告缓刑所期待的重要目标宗旨。开启刑事审判监督程序的目的在于纠正生效裁判的错误。在生效裁判没有错误或者裁判尚未发生效力但被告人又犯新罪的情况下,是不能适用审判监督程序而撤销缓刑的。被告人危险驾驶的行为发生在原审判决宣告后、生效前,因此不符合启动刑事审判监督程序的要件。缓刑判决生效前又犯新罪的,应参照适用《刑法》第77条。事实要件和时间要件相比较,事实要件是实质要件,是撤销缓刑的根本理由。法律条文永远涵括不了现实,立法者未能预料的是在缓刑判决宣告后至确定前,缓刑考验期还未开始计算,这是《刑法》第77条的漏洞。参照适用完全不同于传统刑法中的类推。参照适用的前提是行为人的几个行为均构成犯罪且均需判处刑罚。

《刑参》第1266号案例"尹某、李某非国家工作人员受贿案——被告人在缓刑考验期内与行贿人达成贿赂合意,在缓刑执行期满后收取财物的,能否认定'在缓刑考验期内犯新罪'"相关论述:被告人在缓刑考验期内与行贿人达成贿赂合意,在缓刑执行期满后收取财物的,可以认定"在缓刑考验期内犯新罪"。

《刑参》第1424号案例"董某故意毁坏财物案——后罪的预备行为发生在前罪的缓刑考验期内、实行行为发生在缓刑考验期满后,应否撤销缓刑将前后罪并罚"相关论述:应当将犯罪预备行为与实行行为作为一个完整的犯罪过程来考察。故意犯罪既存在犯罪形态,也存在犯罪阶段。故意犯罪行为是一个过程,由相互连接的预备阶段与实行阶段组成。前者是为后者做准备的阶段,后者是前者的发展。处在预备阶段的行为是预备行为,处在实行阶段的行为是实行行为。犯罪行为与犯罪阶段相互依存,相互制约。在预备阶段只能出现犯罪预备与中止形态,在实行阶段只能出现犯罪未遂、中止与既遂形态。犯罪形态与犯罪阶段又相互区别。前者是静止的行为形态,后者是动态的发展过程。前者没有先后连续性,后者具有连续性。一个故意犯罪行为不可能出现几种犯罪形态,但可能经过几个阶段。2 被告人在董某立前罪缓刑考验期内实施犯罪预备行为,在缓刑考验期满后实施犯罪实行行为,此时应当认定犯罪行为在董某立前罪缓刑考验期内就开始实施。如果行为人在缓刑考验期内只实施了犯罪预备行为而没有后续的实行行为,是否撤销前罪缓刑应当具体分析,必须对具体故意犯罪预备行为的可罚性进行考察。

《刑参》第 1460 号案例"董某寻衅滋事案——在缓刑考验期间犯新罪但在新罪判决前缓刑已被撤销的,新罪判决仍应援引刑法第七十七条"相关论述:缓刑考验期间不存在刑罚执行的问题。在新罪判决前,前罪判处缓刑部分已经司法行政机关建议予以撤销,但这并未超出《刑法》第 77 条的调整范围。缓刑是附条件地不执行所判决刑罚的量刑制度,撤销缓刑方在实质上进入刑罚执行环节。

第六节 减 刑

第七十八条 【减刑的适用】①

被判处管制、拘役、有期徒刑、无期徒刑的犯罪分子,在执行期间,如果认真遵守监规,接受教育改造,确有悔改表现的,或者有立功表现的,可以减刑;有下列重大立功表现之一的,应当减刑:

(一)阻止他人重大犯罪活动的;

(二)检举监狱内外重大犯罪活动,经查证属实的;

(三)有发明创造或者重大技术革新的;

(四)在日常生产、生活中舍己救人的;

(五)在抗御自然灾害或者排除重大事故中,有突出表现的;

(六)对国家和社会有其他重大贡献的。

减刑以后实际执行的刑期不能少于下列期限:

(一)判处管制、拘役、有期徒刑的,不能少于原判刑期的二分之一;

(二)判处无期徒刑的,不能少于十三年;

(三)人民法院依照本法第五十条第二款规定限制减刑的死刑缓期执行的犯罪分子,缓期执行期满后依法减为无期徒刑的,不能少于二十五年,缓期执行期满后依法减为二十五年有期徒刑的,不能少于二十年。

---

① 根据《刑法修正案(八)》对第二款进行了修订。原第二款主要内容为:减刑以后实际执行的刑期,判处管制、拘役、有期徒刑的,不能少于原判刑期的二分之一;判处无期徒刑的,不能少于十年。

◆ 相关规定

最高人民法院
关于死刑缓期执行限制减刑案件审理程序若干问题的规定
（2011年5月1日施行）

第一条　根据刑法第五十条第二款的规定，对被判处死刑缓期执行的累犯以及因故意杀人、强奸、抢劫、绑架、放火、爆炸、投放危险物质或者有组织的暴力性犯罪被判处死刑缓期执行的犯罪分子，人民法院根据犯罪情节、人身危险性等情况，可以在作出裁判的同时决定对其限制减刑。

第二条　被告人对第一审人民法院作出的限制减刑判决不服的，可以提出上诉。被告人的辩护人和近亲属，经被告人同意，也可以提出上诉。

第三条　高级人民法院审理或者复核判处死刑缓期执行并限制减刑的案件，认为原判对被告人判处死刑缓期执行适当，但判决限制减刑不当的，应当改判，撤销限制减刑。

第四条　高级人民法院审理判处死刑缓期执行没有限制减刑的上诉案件，认为原判事实清楚、证据充分，但应当限制减刑的，不得直接改判，也不得发回重新审判。确有必要限制减刑的，应当在第二审判决、裁定生效后，按照审判监督程序重新审判。

高级人民法院复核判处死刑缓期执行没有限制减刑的案件，认为应当限制减刑的，不得以提高审级等方式对被告人限制减刑。

第五条　高级人民法院审理判处死刑的第二审案件，对被告人改判死刑缓期执行的，如果符合刑法第五十条第二款的规定，可以同时决定对其限制减刑。

高级人民法院复核判处死刑后没有上诉、抗诉的案件，认为应当改判死刑缓期执行并限制减刑的，可以提审或者发回重新审判。

第六条　最高人民法院复核死刑案件，认为对被告人可以判处死刑缓期执行并限制减刑的，应当裁定不予核准，并撤销原判，发回重新审判。

一案中两名以上被告人被判处死刑，最高人民法院复核后，对其中部分被告人改判死刑缓期执行的，如果符合刑法第五十条第二款的规定，可以同时决定对其限制减刑。

第七条　人民法院对被判处死刑缓期执行的被告人所作的限制减刑决定，应当在判决书主文部分单独作为一项予以宣告。

第八条　死刑缓期执行限制减刑案件审理程序的其他事项，依照刑事诉讼法和有关司法解释的规定执行。

最高人民法院
关于办理减刑、假释案件具体应用法律的规定（节选）
（法释〔2016〕23号）

第一条　减刑、假释是激励罪犯改造的刑罚制度，减刑、假释的适用应当贯彻宽严相济刑事政策，最大限度地发挥刑罚的功能，实现刑罚的目的。

第二条　对于罪犯符合刑法第七十八条第一款规定“可以减刑”条件的案件，在办理时应当综合考察罪犯犯罪的性质和具体情节、社会危害程度、原判刑罚及生效裁判中财产性判项的履行情况、交付执行后的一贯表现等因素。

第三条　“确有悔改表现”是指同时具备以下条件：

（一）认罪悔罪；

（二）遵守法律法规及监规，接受教育改造；

（三）积极参加思想、文化、职业技术教育；

（四）积极参加劳动，努力完成劳动任务。

对职务犯罪、破坏金融管理秩序和金融诈骗犯罪、组织（领导、参加、包庇、纵容）黑社会性质组织犯罪等罪犯，不积极退赃、协助追缴赃款赃物、赔偿损失，或者服刑期间利用个人影响力和社会关系等不正当手段意图获得减刑、假释的，不认定其"确有悔改表现"。

罪犯在刑罚执行期间的申诉权利应当依法保护，对其正当申诉不能不加分析地认为是不认罪悔罪。

第四条 具有下列情形之一的，可以认定为有"立功表现"：

（一）阻止他人实施犯罪活动的；

（二）检举、揭发监狱内外犯罪活动，或者提供重要的破案线索，经查证属实的；

（三）协助司法机关抓捕其他犯罪嫌疑人的；

（四）在生产、科研中进行技术革新，成绩突出的；

（五）在抗御自然灾害或者排除重大事故中，表现积极的；

（六）对国家和社会有其他较大贡献的。

第（四）项、第（六）项中的技术革新或者其他较大贡献应当由罪犯在刑罚执行期间独立或者为主完成，并经省级主管部门确认。

第五条 具有下列情形之一的，应当认定为有"重大立功表现"：

（一）阻止他人实施重大犯罪活动的；

（二）检举监狱内外重大犯罪活动，经查证属实的；

（三）协助司法机关抓捕其他重大犯罪嫌疑人的；

（四）有发明创造或者重大技术革新的；

（五）在日常生产、生活中舍己救人的；

（六）在抗御自然灾害或者排除重大事故中，有突出表现的；

（七）对国家和社会有其他重大贡献的。

第（四）项中的发明创造或者重大技术革新应当是罪犯在刑罚执行期间独立或者为主完成并经国家主管部门确认的发明专利，且不包括实用新型专利和外观设计专利；第（七）项中的其他重大贡献应当由罪犯在刑罚执行期间独立或者为主完成，并经国家主管部门确认。

第六条 被判处有期徒刑的罪犯减刑起始时间为：不满五年有期徒刑的，应当执行一年以上方可减刑；五年以上不满十年有期徒刑的，应当执行一年六个月以上方可减刑；十年以上有期徒刑的，应当执行二年以上方可减刑。有期徒刑减刑的起始时间自判决执行之日起计算。

确有悔改表现或者有立功表现的，一次减刑不超过九个月有期徒刑；确有悔改表现并有立功表现的，一次减刑不超过一年有期徒刑；有重大立功表现的，一次减刑不超过一年六个月有期徒刑；确有悔改表现并有重大立功表现的，一次减刑不超过二年有期徒刑。

被判处不满十年有期徒刑的罪犯，两次减刑间隔时间不得少于一年；被判处十年以上有期徒刑的罪犯，两次减刑间隔时间不得少于一年六个月。减刑间隔时间不得低于上次减刑减去的刑期。

罪犯有重大立功表现的，可以不受上述减刑起始时间和间隔时间的限制。

第七条 对符合减刑条件的职务犯罪罪犯，破坏金融管理秩序和金融诈骗犯罪罪犯，组织、领导、参加、包庇、纵容黑社会性质组织犯罪罪犯，危害国家安全犯罪罪犯，恐怖活动犯罪罪犯，毒品犯罪集团的首要分子及毒品再犯，累犯，确有履行能力而不履行或者不全部履行生效裁判中财产性判项的罪犯，被判处十年以下有期徒刑的，执行二年以上方可减刑，减刑幅度应当比照本规定第六条从严掌握，一次减刑不超过一年有期徒刑，两次减刑之间应当间隔一年以上。

对被判处十年以上有期徒刑的前款罪犯，以及因故意杀人、强奸、抢劫、绑架、放火、爆炸、投放危险物质或者有组织的暴力性犯罪被判处十年以上有期徒刑的罪犯，数罪并罚且其中两罪以上被判处十年以上有期徒刑的罪犯，执行二年以上方可减刑，减刑幅度应当比照本规定第六条从严掌握，一次减刑不超过一年有期徒刑，两次减刑之间应当间隔一年六个月以上。

罪犯有重大立功表现的，可以不受上述减刑起始时间和间隔时间的限制。

第八条　被判处无期徒刑的罪犯在刑罚执行期间，符合减刑条件的，执行二年以上，可以减刑。减刑幅度为：确有悔改表现或者有立功表现的，可以减为二十二年有期徒刑；确有悔改表现并有立功表现的，可以减为二十一年以上二十二年以下有期徒刑；有重大立功表现的，可以减为二十年以上二十一年以下有期徒刑；确有悔改表现并有重大立功表现的，可以减为十九年以上二十年以下有期徒刑。无期徒刑罪犯减为有期徒刑后再减刑时，减刑幅度依照本规定第六条的规定执行。两次减刑间隔时间不得少于二年。

罪犯有重大立功表现的，可以不受上述减刑起始时间和间隔时间的限制。

第九条　对被判处无期徒刑的职务犯罪罪犯，破坏金融管理秩序和金融诈骗犯罪罪犯，组织、领导、参加、包庇、纵容黑社会性质组织犯罪罪犯，危害国家安全犯罪罪犯，恐怖活动犯罪罪犯，毒品犯罪集团的首要分子及毒品再犯，累犯以及因故意杀人、强奸、抢劫、绑架、放火、爆炸、投放危险物质或者有组织的暴力性犯罪的罪犯，确有履行能力而不履行或者不全部履行生效裁判中财产性判项的罪犯，数罪并罚被判处无期徒刑的罪犯，符合减刑条件的，执行三年以上方可减刑，减刑幅度应当比照本规定第八条从严掌握，减刑后的刑期最低不得少于二十年有期徒刑；减为有期徒刑后再减刑时，减刑幅度比照本规定第六条从严掌握，一次不超过一年有期徒刑，两次减刑之间应当间隔二年以上。

罪犯有重大立功表现的，可以不受上述减刑起始时间和间隔时间的限制。

第十条　被判处死刑缓期执行的罪犯减为无期徒刑后，符合减刑条件的，执行三年以上方可减刑。减刑幅度为：确有悔改表现或者有立功表现的，可以减为二十五年有期徒刑；确有悔改表现并有立功表现的，可以减为二十四年以上二十五年以下有期徒刑；有重大立功表现的，可以减为二十三年以上二十四年以下有期徒刑；确有悔改表现并有重大立功表现的，可以减为二十二年以上二十三年以下有期徒刑。

被判处死刑缓期执行的罪犯减为有期徒刑后再减刑时，比照本规定第八条的规定办理。

第十一条　对被判处死刑缓期执行的职务犯罪罪犯，破坏金融管理秩序和金融诈骗犯罪罪犯，组织、领导、参加、包庇、纵容黑社会性质组织犯罪罪犯，危害国家安全犯罪罪犯，恐怖活动犯罪罪犯，毒品犯罪集团的首要分子及毒品再犯，累犯以及因故意杀人、强奸、抢劫、绑架、放火、爆炸、投放危险物质或者有组织的暴力性犯罪的罪犯，确有履行能力而不履行或者不全部履行生效裁判中财产性判项的罪犯，数罪并罚被判处死刑缓期执行的罪犯，减为无期徒刑后，符合减刑条件的，执行三年以上方可减刑，一般减为二十五年有期徒刑，有立功表现或者重大立功表现的，可以比照本规定第十条减为二十三年以上二十五年以下有期徒刑；减为有期徒刑后再减刑时，减刑幅度比照本规定第六条从严掌握，一次不超过一年有期徒刑，两次减刑之间应当间隔二年以上。

第十二条　被判处死刑缓期执行的罪犯经过一次或者几次减刑后，其实际执行的刑期不得少于十五年，死刑缓期执行期间不包括在内。

死刑缓期执行罪犯在缓期执行期间不服从监管、抗拒改造，尚未构成犯罪的，在减为无期徒刑后再减刑时应当适当从严。

第十三条　被限制减刑的死刑缓期执行罪犯，减为无期徒刑后，符合减刑条件的，执行五年以上方可减刑。减刑间隔时间和减刑幅度依照本规定第十一条的规定执行。

第十四条　被限制减刑的死刑缓期执行罪犯，减为有期徒刑后再减刑时，一次减刑不超过六个月有期徒刑，两次减刑间隔时间不得少于二年。有重大立功表现的，间隔时间可以适当缩短，但一次减刑不超过一年有期徒刑。

第十五条　对被判处终身监禁的罪犯，在死刑缓期执行期满依法减为无期徒刑的裁定中，应当明确终身监禁，不得再减刑或者假释。

第十六条 被判处管制、拘役的罪犯，以及判决生效后剩余刑期不满二年有期徒刑的罪犯，符合减刑条件的，可以酌情减刑，减刑起始时间可以适当缩短，但实际执行的刑期不得少于原判刑期的二分之一。

第十七条 被判处有期徒刑罪犯减刑时，对附加剥夺政治权利的期限可以酌减。酌减后剥夺政治权利的期限，不得少于一年。

被判处死刑缓期执行、无期徒刑的罪犯减为有期徒刑时，应当将附加剥夺政治权利的期限减为七年以上十年以下，经过一次或者几次减刑后，最终剥夺政治权利的期限不得少于三年。

第十八条 被判处拘役或者三年以下有期徒刑，并宣告缓刑的罪犯，一般不适用减刑。

前款规定的罪犯在缓刑考验期内有重大立功表现的，可以参照刑法第七十八条的规定予以减刑，同时应当依法缩减其缓刑考验期。缩减后，拘役的缓刑考验期限不得少于二个月，有期徒刑的缓刑考验期限不得少于一年。

第十九条 对在报请减刑前的服刑期间不满十八周岁，且所犯罪行不属于刑法第八十一条第二款规定情形的罪犯，认罪悔罪，遵守法律法规及监规，积极参加学习、劳动，应当视为确有悔改表现。

对上述罪犯减刑时，减刑幅度可以适当放宽，或者减刑起始时间、间隔时间可以适当缩短，但放宽的幅度和缩短的时间不得超过本规定中相应幅度、时间的三分之一。

第二十条 老年罪犯、患严重疾病罪犯或者身体残疾罪犯减刑时，应当主要考察其认罪悔罪的实际表现。

对基本丧失劳动能力，生活难以自理的上述罪犯减刑时，减刑幅度可以适当放宽，或者减刑起始时间、间隔时间可以适当缩短，但放宽的幅度和缩短的时间不得超过本规定中相应幅度、时间的三分之一。

第二十一条 被判处有期徒刑、无期徒刑的罪犯在刑罚执行期间又故意犯罪，新罪被判处有期徒刑的，自新罪判决确定之日起三年内不予减刑；新罪被判处无期徒刑的，自新罪判决确定之日起四年内不予减刑。

罪犯在死刑缓期执行期间又故意犯罪，未被执行死刑的，死刑缓期执行的期间重新计算，减为无期徒刑后，五年内不予减刑。

被判处死刑缓期执行罪犯减刑后，在刑罚执行期间又故意犯罪的，依照第一款规定处理。

……

第三十二条 人民法院按照审判监督程序重新审理的案件，裁定维持原判决、裁定的，原减刑、假释裁定继续有效。

再审裁判改变原判决、裁定的，原减刑、假释裁定自动失效，执行机关应当及时报请有管辖权的人民法院重新作出是否减刑、假释的裁定。重新作出减刑裁定时，不受本规定有关减刑起始时间、间隔时间和减刑幅度的限制。重新裁定时应综合考虑各方面因素，减刑幅度不得超过原裁定减去的刑期总和。

再审改判为死刑缓期执行或者无期徒刑的，在新判决减为有期徒刑之时，原判决已经实际执行的刑期一并扣减。

再审裁判宣告无罪的，原减刑、假释裁定自动失效。

第三十三条 罪犯被裁定减刑后，刑罚执行期间因故意犯罪而数罪并罚时，经减刑裁定减去的刑期不计入已经执行的刑期。原判死刑缓期执行减为无期徒刑、有期徒刑，或者无期徒刑减为有期徒刑的裁定继续有效。

第三十四条 罪犯被裁定减刑后，刑罚执行期间因发现漏罪而数罪并罚的，原减刑裁定自动失效。如漏罪系罪犯主动交代的，对其原减去的刑期，由执行机关报请有管辖权的人民法院重新作出减刑裁定，予以确认；如漏罪系有关机关发现或者他人检举揭发的，由执行机关报请有管辖权的人民法院，在原减刑裁定减去的刑期总和之内，酌情重新裁定。

第三十五条 被判处死刑缓期执行的罪犯，在死刑缓期执行期内被发现漏罪，依据刑法第七十条规定数罪并罚，决定执行死刑缓期执行的，死刑缓期执行期间自新判决确定之日起计算，已经执行的死刑缓期执行期间计入新判决的死刑缓期执行期间内，但漏罪被判处死刑缓期执行的除外。

第三十六条 被判处死刑缓期执行的罪犯，在死刑缓期执行期满后被发现漏罪，依据刑法第七十条规定数罪并罚,决定执行死刑缓期执行的,交付执行时对罪犯实际执行无期徒刑,死缓考验期不再执行,但漏罪被判处死刑缓期执行的除外。

在无期徒刑减为有期徒刑时,前罪死刑缓期执行减为无期徒刑之日起至新判决生效之日止已经实际执行的刑期,应当计算在减刑裁定决定执行的刑期以内。

原减刑裁定减去的刑期依照本规定第三十四条处理。

第三十七条　被判处无期徒刑的罪犯在减为有期徒刑后因发现漏罪,依据刑法第七十条规定数罪并罚,决定执行无期徒刑的,前罪无期徒刑生效之日起至新判决生效之日止已经实际执行的刑期,应当在新判决的无期徒刑减为有期徒刑时,在减刑裁定决定执行的刑期内扣减。

无期徒刑罪犯减为有期徒刑后因发现漏罪判处三年有期徒刑以下刑罚,数罪并罚决定执行无期徒刑的,在新判决生效后执行一年以上,符合减刑条件的,可以减为有期徒刑,减刑幅度依照本规定第八条、第九条的规定执行。

原减刑裁定减去的刑期依照本规定第三十四条处理。

第三十八条　人民法院作出的刑事判决、裁定发生法律效力后,在依照刑事诉讼法第二百五十三条、第二百五十四条的规定将罪犯交付执行刑罚时,如果生效裁判中有财产性判项,人民法院应当将反映财产性判项执行、履行情况的有关材料一并随案移送刑罚执行机关。罪犯在服刑期间本人履行或者其亲属代为履行生效裁判中财产性判项的,应当及时向刑罚执行机关报告。刑罚执行机关报请减刑时应随案移送以上材料。

人民法院办理减刑、假释案件时,可以向原一审人民法院核实罪犯履行财产性判项的情况。原一审人民法院应当出具相关证明。

刑罚执行期间,负责办理减刑、假释案件的人民法院可以协助原一审人民法院执行生效裁判中的财产性判项。

第三十九条　本规定所称"老年罪犯",是指报请减刑、假释时年满六十五周岁的罪犯。

本规定所称"患严重疾病罪犯",是指因患有重病,久治不愈,而不能正常生活、学习、劳动的罪犯。

本规定所称"身体残疾罪犯",是指因身体有肢体或者器官残缺、功能不全或者丧失功能,而基本丧失生活、学习、劳动能力的罪犯,但是罪犯犯罪后自伤致残的除外。

对刑罚执行机关提供的证明罪犯患有严重疾病或者有身体残疾的证明文件,人民法院应当审查,必要时可以委托有关单位重新诊断、鉴定。

第四十条　本规定所称"判决执行之日",是指罪犯实际送交刑罚执行机关之日。

本规定所称"减刑间隔时间",是指前一次减刑裁定送达之日起至本次减刑报请之日止的期间。

第四十一条　本规定所称"财产性判项"是指判决罪犯承担的附带民事赔偿义务判项,以及追缴、责令退赔、罚金、没收财产等判项。

第四十二条　本规定自2017年1月1日起施行。以前发布的司法解释与本规定不一致的,以本规定为准。

最高人民法院
关于办理减刑、假释案件具体应用法律的补充规定

(法释〔2019〕6号)

详见《刑法》第81条假释制度相关规定

第一条　对拒不认罪悔罪的,或者确有履行能力而不履行或者不全部履行生效裁判中财产性判项的,不予假释,一般不予减刑。

第二条　被判处十年以上有期徒刑,符合减刑条件的,执行三年以上方可减刑;被判处不满十年有期徒

刑,符合减刑条件的,执行二年以上方可减刑。

确有悔改表现或者有立功表现的,一次减刑不超过六个月有期徒刑;确有悔改表现并有立功表现的,一次减刑不超过九个月有期徒刑;有重大立功表现的,一次减刑不超过一年有期徒刑。

被判处十年以上有期徒刑的,两次减刑之间应当间隔二年以上;被判处不满十年有期徒刑的,两次减刑之间应当间隔一年六个月以上。

第三条 被判处无期徒刑,符合减刑条件的,执行四年以上方可减刑。

确有悔改表现或者有立功表现的,可以减为二十三年有期徒刑;确有悔改表现并有立功表现的,可以减为二十二年以上二十三年以下有期徒刑;有重大立功表现的,可以减为二十一年以上二十二年以下有期徒刑。

无期徒刑减为有期徒刑后再减刑时,减刑幅度比照本规定第二条的规定执行。两次减刑之间应当间隔二年以上。

第四条 被判处死刑缓期执行的,减为无期徒刑后,符合减刑条件的,执行四年以上方可减刑。

确有悔改表现或者有立功表现的,可以减为二十五年有期徒刑;确有悔改表现并有立功表现的,可以减为二十四年六个月以上二十五年以下有期徒刑;有重大立功表现的,可以减为二十四年以上二十四年六个月以下有期徒刑。

减为有期徒刑后再减刑时,减刑幅度比照本规定第二条的规定执行。两次减刑之间应当间隔二年以上。

第五条 罪犯有重大立功表现的,减刑时可以不受上述起始时间和间隔时间的限制。

第六条 对本规定所指贪污贿赂罪犯适用假释时,应当从严掌握。

第七条 本规定自2019年6月1日起施行。此前发布的司法解释与本规定不一致的,以本规定为准。

☞ 其他相关规定见章后二维码

第七十九条 【减刑的程序】

对于犯罪分子的减刑,由执行机关向中级以上人民法院提出减刑建议书。人民法院应当组成合议庭进行审理,对确有悔改或者立功事实的,裁定予以减刑。非经法定程序不得减刑。

第八十条 【减刑刑期的计算】

无期徒刑减为有期徒刑的刑期,从裁定减刑之日起计算。

第七节 假　　释

第八十一条 【假释的适用】[①]

被判处有期徒刑的犯罪分子,执行原判刑期二分之一以上,被判处无期徒刑的犯罪分

① 根据《刑法修正案(八)》修订。原条文主要内容为:被判处有期徒刑的犯罪分子,执行原判刑期二分之一以上,被判处无期徒刑的犯罪分子,实际执行十年以上,如果认真遵守监规,接受教育改造,确有悔改表现,假释后不致再危害社会的,可以假释。如果有特殊情况,经最高人民法院核准,可以不受上述执行刑期的限制。

对累犯以及因杀人、爆炸、抢劫、强奸、绑架等暴力性犯罪被判处十年以上有期徒刑、无期徒刑的犯罪分子,不得假释。

子，实际执行十三年以上，如果认真遵守监规，接受教育改造，确有悔改表现，没有再犯罪的危险的，可以假释。如果有特殊情况，经最高人民法院核准，可以不受上述执行刑期的限制。

对累犯以及因故意杀人、强奸、抢劫、绑架、放火、爆炸、投放危险物质或者有组织的暴力性犯罪被判处十年以上有期徒刑、无期徒刑的犯罪分子，不得假释。

对犯罪分子决定假释时，应当考虑其假释后对所居住社区的影响。

◆ 相关规定

最高人民法院
关于办理减刑、假释案件具体应用法律的规定（节选）
（法释〔2016〕23 号）

详见《刑法》第 78 条减刑制度相关规定

第二十二条　办理假释案件，认定"没有再犯罪的危险"，除符合刑法第八十一条规定的情形外，还应当根据犯罪的具体情节、原判刑罚情况，在刑罚执行中的一贯表现，罪犯的年龄、身体状况、性格特征，假释后生活来源以及监管条件等因素综合考虑。

第二十三条　被判处有期徒刑的罪犯假释时，执行原判刑期二分之一的时间，应当从判决执行之日起计算，判决执行以前先行羁押的，羁押一日折抵刑期一日。

被判处无期徒刑的罪犯假释时，刑法中关于实际执行刑期不得少于十三年的时间，应当从判决生效之日起计算。判决生效以前先行羁押的时间不予折抵。

被判处死刑缓期执行的罪犯减为无期徒刑或者有期徒刑后，实际执行十五年以上，方可假释，该实际执行时间应当从死刑缓期执行期满之日起计算。死刑缓期执行期间不包括在内，判决确定以前先行羁押的时间不予折抵。

第二十四条　刑法第八十一条第一款规定的"特殊情况"，是指有国家政治、国防、外交等方面特殊需要的情况。

第二十五条　对累犯以及因故意杀人、强奸、抢劫、绑架、放火、爆炸、投放危险物质或者有组织的暴力性犯罪被判处十年以上有期徒刑、无期徒刑的罪犯，不得假释。

因前款情形和犯罪被判处死刑缓期执行的罪犯，被减为无期徒刑、有期徒刑后，也不得假释。

第二十六条　对下列罪犯适用假释时可以依法从宽掌握：

（一）过失犯罪的罪犯、中止犯罪的罪犯、被胁迫参加犯罪的罪犯；

（二）因防卫过当或者紧急避险过当而被判处有期徒刑以上刑罚的罪犯；

（三）犯罪时未满十八周岁的罪犯；

（四）基本丧失劳动能力、生活难以自理，假释后生活确有着落的老年罪犯、患严重疾病罪犯或者身体残疾罪犯；

（五）服刑期间改造表现特别突出的罪犯；

（六）具有其他可以从宽假释情形的罪犯。

罪犯既符合法定减刑条件，又符合法定假释条件的，可以优先适用假释。

第二十七条　对于生效裁判中有财产性判项，罪犯确有履行能力而不履行或者不全部履行的，不予假释。

第二十八条 罪犯减刑后又假释的，间隔时间不得少于一年；对一次减去一年以上有期徒刑后，决定假释的，间隔时间不得少于一年六个月。

罪犯减刑后余刑不足二年，决定假释的，可以适当缩短间隔时间。

第二十九条 罪犯在假释考验期内违反法律、行政法规或者国务院有关部门关于假释的监督管理规定的，作出假释裁定的人民法院，应当在收到报请机关或者检察机关撤销假释建议书后及时审查，作出是否撤销假释的裁定，并送达报请机关，同时抄送人民检察院、公安机关和原刑罚执行机关。

罪犯在逃的，撤销假释裁定书可以作为对罪犯进行追捕的依据。

第三十条 依照刑法第八十六条规定被撤销假释的罪犯，一般不得再假释。但依照该条第二款被撤销假释的罪犯，如果罪犯对漏罪曾作如实供述但原判未予认定，或者漏罪系其自首，符合假释条件的，可以再假释。

被撤销假释的罪犯，收监后符合减刑条件的，可以减刑，但减刑起始时间自收监之日起计算。

第三十一条 年满八十周岁、身患疾病或者生活难以自理、没有再犯罪危险的罪犯，既符合减刑条件，又符合假释条件的，优先适用假释；不符合假释条件的，参照本规定第二十条有关的规定从宽处理。

☞ 其他相关规定见章后二维码

第八十二条 【假释的程序】

对于犯罪分子的假释，依照本法第七十九条规定的程序进行。非经法定程序不得假释。

第八十三条 【假释考验期】

有期徒刑的假释考验期限，为没有执行完毕的刑期；无期徒刑的假释考验期限为十年。

假释考验期限，从假释之日起计算。

第八十四条 【假释犯的义务】

被宣告假释的犯罪分子，应当遵守下列规定：

（一）遵守法律、行政法规，服从监督；

（二）按照监督机关的规定报告自己的活动情况；

（三）遵守监督机关关于会客的规定；

（四）离开所居住的市、县或者迁居，应当报经监督机关批准。

第八十五条 【假释的考察】①

对假释的犯罪分子，在假释考验期限内，依法实行社区矫正，如果没有本法第八十六条规定的情形，假释考验期满，就认为原判刑罚已经执行完毕，并公开予以宣告。

第八十六条 【假释的撤销】②

被假释的犯罪分子，在假释考验期限内犯新罪，应当撤销假释，依照本法第七十一条的规定实行数罪并罚。

① 根据《刑法修正案（八）》修订。原条文主要内容为：被假释的犯罪分子，在假释考验期限内，由公安机关予以监督，如果没有本法第八十六条规定的情形，假释考验期满，就认为原判刑罚已经执行完毕，并公开予以宣告。

② 根据《刑法修正案（八）》对第三款进行了修订。原第三款主要内容为：被假释的犯罪分子，在假释考验期限内，有违反法律、行政法规或者国务院公安部门有关假释的监督管理规定的行为，尚未构成新的犯罪的，应当依照法定程序撤销假释，收监执行未执行完毕的刑罚。

在假释考验期限内,发现被假释的犯罪分子在判决宣告以前还有其他罪没有判决的,应当撤销假释,依照本法第七十条的规定实行数罪并罚。

被假释的犯罪分子,在假释考验期限内,有违反法律、行政法规或者国务院有关部门关于假释的监督管理规定的行为,尚未构成新的犯罪的,应当依照法定程序撤销假释,收监执行未执行完毕的刑罚。

第八节　时　　效

第八十七条　【追诉时效】

犯罪经过下列期限不再追诉:

(一)法定最高刑为不满五年有期徒刑的,经过五年;

(二)法定最高刑为五年以上不满十年有期徒刑的,经过十年;

(三)法定最高刑为十年以上有期徒刑的,经过十五年;

(四)法定最高刑为无期徒刑、死刑的,经过二十年。如果二十年以后认为必须追诉的,须报请最高人民检察院核准。

◆ 相关规定

最高人民法院

关于被告人林某钦受贿请示一案的答复

(〔2016〕最高法刑他 5934 号)

福建省高级人民法院:

你院闽高法〔2016〕250 号《关于立案追诉后因法律司法解释修改导致追诉时效发生变化的案件法律适用问题的请示》收悉。经研究,答复如下:

追诉时效是依照法律规定对犯罪分子追究刑事责任的期限,在追诉时效期限内,司法机关应当依法追究犯罪分子刑事责任。对于法院正在审理的贪污贿赂案件,应当依据司法机关立案侦查时的法律规定认定追诉时效。依据立案侦查时的法律规定未过时效,且已经进入诉讼程序的案件,在新的法律规定生效后应当继续审理。

此复。

2017 年 2 月 13 日

◆ 解读与适用

【拓展关键词】经过20年的追诉

故意杀人、抢劫、强奸、绑架、爆炸等严重危害社会治安的犯罪，经过20年追诉期限，仍然严重影响人民群众安全感，被害方、案发地群众、基层组织等强烈要求追究犯罪嫌疑人刑事责任，不追诉可能影响社会稳定或者产生其他严重后果的，对犯罪嫌疑人应当追诉。①

涉嫌犯罪情节恶劣、后果严重，并且犯罪后积极逃避侦查，经过20年追诉期限，犯罪嫌疑人没有明显悔罪表现，也未通过赔礼道歉、赔偿损失等获得被害方谅解，其犯罪行为造成的社会影响没有消失，不追诉可能影响社会稳定或者产生其他严重后果的，对犯罪嫌疑人应当追诉。②

因婚姻家庭等民间矛盾激化引发的犯罪，经过20年追诉期限，犯罪嫌疑人没有再犯罪危险性，被害人及其家属对犯罪嫌疑人表示谅解，不追诉有利于化解社会矛盾、恢复正常社会秩序，同时不会影响社会稳定或者产生其他严重后果的，对犯罪嫌疑人可以不再追诉。对于须报请最高人民检察院核准追诉的案件，侦查机关在核准之前可以依法对犯罪嫌疑人采取强制措施。侦查机关报请核准追诉并提请逮捕犯罪嫌疑人，人民检察院经审查认为必须追诉而且符合法定逮捕条件的，可以依法批准逮捕。③

涉嫌犯罪已过20年追诉期限，犯罪嫌疑人没有再犯罪危险性，并且通过赔礼道歉、赔偿损失等方式积极消除犯罪影响，被害方对犯罪嫌疑人表示谅解，犯罪破坏的社会秩序明显恢复，不追诉不会影响社会稳定或者产生其他严重后果的，对犯罪嫌疑人可以不再追诉。1997年9月30日以前实施的共同犯罪，已被司法机关采取强制措施的犯罪嫌疑人逃避侦查或者审判的，不受追诉期限限制。在追诉期限内未被司法机关发现或者未被采取强制措施的犯罪嫌疑人，应当受追诉期限限制；涉嫌犯罪应当适用的法定量刑幅度的最高刑为无期徒刑、死刑，犯罪行为发生20年以后认为必须追诉的，须报请最高人民检察院核准。④

【拓展关键词】从旧兼从轻　追诉期限

《刑参》第174号案例"沈某挪用资金案——追诉时效应适用从旧兼从轻原则"相关论述：对于集体经济组织工作人员利用职务上的便利挪用本单位资金的行为，我国刑法立法经历了一个从挪用公款罪到挪用资金罪的演变过程。本案被告人利用职务便利挪用资金借贷给他人进行营利活动的行为依据行为时的法律法定最高刑是15年有期徒刑，根据1979年《刑法》第76条第5项的规定，其追诉期限是15年，本案被告人的行为没有过追诉期。但根据处理时的法律，被告人行为的法定最高刑是3年，根据1997年《刑法》第87条第1项的规定，其追诉期限是5年，被告人的行为已经超过追诉期限。《刑法》(2020年修正)第12条第1款规定的从旧兼从轻原则的实质是要求在对被告人追究刑事责任时应采取有利于被告人的原则。这绝不是仅体现在定罪量刑方面而应体现在决定被告人刑事责任的有无、罪行轻重的各个方面，如追诉时效、自首、立功、累犯、减刑、假释等。本案被告人的行为应适用1997年《刑法》，其追诉期为5年。在1979年《刑法》中，"不受追诉期限的限制"的情形仅限于"在采取强制措施之后，逃避侦查或者审判"这一前提条件。本案中，由于公安机关没有立案，谈不上逃避侦查或者审判，因此对于被告人在1997年前实施的行为，被害人在追诉期限内提出控告，司法机关应当立案而没有立案的，仍然受到追诉期限的限制，但已超过追诉期限的，依法不得追究刑事责任。

《刑参》第175号案例"朱某交通肇事案——超过1979年刑法规定的追诉时效但根据新刑法又应当追

---

① 参见马某龙(抢劫)核准追诉案，最高人民检察院指导性案例第20号(高检发研字〔2015〕3号)。

② 参见丁某某等(故意伤害)核准追诉案，最高人民检察院指导性案例第21号(高检发研字〔2015〕3号)。

③ 参见杨某云(故意杀人)不核准追诉案，最高人民检察院指导性案例第22号(高检发研字〔2015〕3号)。

④ 参见蔡某星、陈某辉等(抢劫)不核准追诉案，最高人民检察院指导性案例第23号(高检发研字〔2015〕3号)。

诉的应如何处理”相关论述：犯罪行为发生在新《刑法》实施以前且超过1979年《刑法》规定的追诉时效的，不应追究刑事责任。对犯罪行为超过追诉期限但已进入刑事诉讼程序的案件，1979年《刑事诉讼法》没有规定终止审理的处理方式，这是不科学的。宣告无罪是人民法院通过审理后认为被告人无罪或者不能证明被告人有罪的实体问题。用这种实体判决的方式来解决非实体的程序问题显然是不合适的。在行为人的行为已构成犯罪，只是由于已经超过追诉时效而不再予以追究的情况下，如果宣告行为人无罪，否定其行为的犯罪性质，在法理上难以讲通。

【拓展关键词】法定刑与宣告刑　量刑幅度与量刑档次

《刑参》第745号案例“杨某故意伤害案——如何确定犯罪行为对应的法定最高刑及追诉期限”相关论述：对于在1997年9月30日以前实施的犯罪行为，行为人没有逃避侦查或者审判，侦查机关没有立案侦查人民法院也没有受理案件，超过追诉期限的，不再追究行为人的刑事责任。被害人即使在追诉期内提出控告，侦查机关应当立案而不立案，超过追诉期限的，也不再追究行为人的刑事责任。同一量刑幅度内的三个量刑档次，对犯罪行为对应的法定刑的确定不应计入从轻、减轻、免除处罚情节，即不应根据实际可能判处的刑期确定法定最高刑。量刑幅度是与刑法规定的具体犯罪后果相对应的，例如数额较大、数额巨大以及数额特别巨大三种情形，刑法根据这三种危害后果一般均会规定三个对应的量刑幅度。而量刑档次是同一量刑幅度内高低不同的刑期。例如处10年以上有期徒刑、无期徒刑或者死刑，就是同一量刑幅度内的三个量刑档次，而非三个量刑幅度。追诉期限规定为长短不同的四档，根据所犯罪行的轻重，应当分别适用刑法规定的不同条款或相应的量刑幅度，按其法定最高刑来计算追诉期限。如果对行为人所犯罪行的刑罚，分别规定有几条或几款时，即按其罪行应当适用的条或款的法定最高刑计算。如果是同一条文中，有几个量刑幅度时即按照其罪行应当适用的量刑幅度的法定最高刑计算。法定刑是根据犯罪性质、危害后果、情节等确定的刑罚。而宣告刑是行为人在接受审判后，人民法院根据其犯罪性质，综合各种从重或者从轻、减轻、免除处罚情节，以法定刑为基准而判定的刑罚。追诉时效期限的长短是根据犯罪行为对应的法定最高刑确定的，而不是根据犯罪行为对应的宣告刑确定的。行为人追诉前，不可能确切知道对其应适用的宣告刑，故只能根据其行为的一般情形确定法定最高刑，再根据法定最高刑确定追诉时效。具体有以下几种情形：第一，对于数额犯，应根据犯罪数额对应的刑法条款规定的刑罚幅度确定法定最高刑。第二，对于情节犯，应根据犯罪情节对应的刑法条款规定的刑罚幅度确定法定最高刑。第三，对于结果犯，应根据犯罪结果所对应的刑法条款规定的刑罚幅度确定法定最高刑。例如轻伤、重伤、死亡等。对“情节恶劣”的认定只能综合具体案情把握，所以该类情节原则上只会影响宣告刑的判定而不涉及法定刑。第四，对于集团犯罪，应在甄别身份后确定法定最高刑。对于共同犯罪，确定从犯追诉期限时所适用的条款与确定主犯追诉期限所适用的条款应当同一。

《刑参》第1296号案例“林某受贿案——新的司法解释降低受贿行为对应的法定刑幅度后，已经立案侦查并进入诉讼程序的受贿案件是否需要重新计算诉讼时效”相关论述：追诉时效制度具有独立的程序价值，追诉行为开始后不再受追诉时效的限制，也无须根据新生效的法律重新计算追诉期限。将刑事立案作为追诉行为的起点符合我国法律规定。立案是判定刑事追诉行为开始的标志性诉讼活动。已经立案侦查并进入诉讼程序的追诉行为不再受追诉期限的限制，这没有违反有利于被告人的原则。有利于被告人原则在定罪量刑规则和追诉时效规则中保护的法益并不相同。同样的具体行为，新的刑事实体法降低了旧法对应罪名的入罪条件、法定刑，在不认为行为是犯罪时实质是立法者对具体行为侵害法益的可能性及行为的刑事可罚性有了新的减轻评价，行为人应根据新法享有评价利益。而刑事程序法则不同，追诉行为发动或者不发动涉及国家、被害人、社会公众和犯罪行为人四类主体的信赖利益，不可能通过牺牲三方的信赖利益来保障犯罪行为人这一项信赖利益，否则有利于被告人原则就变成了“仅利于被告人的原则”，这样的解释结论显然与平衡惩治犯罪和保障人权的刑事程序法功能定位是不相符的。

第八十八条 【追诉时效延长】

在人民检察院、公安机关、国家安全机关立案侦查或者在人民法院受理案件以后,逃避侦查或者审判的,不受追诉期限的限制。

被害人在追诉期限内提出控告,人民法院、人民检察院、公安机关应当立案而不予立案的,不受追诉期限的限制。

◆ 解读与适用

【拓展关键词】不受追诉期限的限制　共同犯罪追诉期限的起算　数罪的追诉期限起算

《刑参》第945号案例"林某故意伤害案——被害人在追诉期内提出控告,公安机关应当立案而未立案的案件,是否受追诉时效的限制"相关论述:被害人在追诉时效内提出控告,公检法应当立案而不予立案,不受追诉时效的限制。被害人不能狭义的理解为被害人本人,应理解为包括被害人本人及其法定代理人、近亲属。被害人必须在追诉期内提出控告。追诉期限是指《刑法》第87条所规定的期限。被害人进行控告的前提是必须知道具体的犯罪嫌疑人,如果被害人不知道犯罪嫌疑人是谁,而只是报案反映自己被侵害的事实的,则不能适用《刑法》第88条第2款的规定。刑事立案必须具备两个条件:一是有犯罪事实发生,二是需要追究刑事责任。为防止个别机关推卸责任,不作任何记载,控告人只要提供相关证据能够证明其曾向某机关提出控告,控告行为就成立。行为人的甲罪被被害人控告,应当立案而未立案,其后又犯了乙罪,先前的甲罪虽然不受追诉期限的限制,但后来的乙罪仍然受追诉期限的限制。刑法中关于追诉时效的规定具有溯及力。

《刑参》第1116号案例"张某、方某强非法买卖枪支案——对于发生在1997年10月1日以前的非法买卖枪支行为应当如何适用法律及该罪追诉时效的起算时间节点"相关论述:追诉时效消灭时行为的法律后果、行为的性质并不会因为时间的流逝而发生变化,只是基于自然法的观念认为行为人实施犯罪后一直遵纪守法,对其进行处罚已无必要。所以,追诉时效从来不是绝对的制度,某些特别严重的犯罪不存在追诉时效。

《刑参》第1200号案例"袁某、王某恩故意杀人案——如何理解'被采取强制措施以后逃避侦查或者审判的,不受追诉期限的限制'"相关论述:本案被告人的犯罪行为是否超过追诉期限,判断的法律依据应为1979年《刑法》。被告人虽然被采取强制措施,但未逃避侦查和审判,应受追诉期限限制。《最高人民检察院关于刑法第七十七条有关采取强制措施的规定应如何适用的批复》既适用于执行强制措施后逃避侦查或审判的情形,也适用于决定采取强制措施后由于犯罪分子逃避而无法执行以及犯罪分子在逃经决定逮捕并发布通缉令后拒不到案的情形。2002年2月25日《最高人民检察院关于废止部分司法解释和规范性文件的决定》废止了上述批复,原因表述为"该批复内容已在《刑法》第88条、第89条作出明确规定","立案侦查以后"涵盖的情形范围显然宽于"被批准逮捕以后"。上述批复内容不与《刑法》相悖,可参照适用。

第八十九条 【追诉时效起算】

追诉期限从犯罪之日起计算;犯罪行为有连续或者继续状态的,从犯罪行为终了之日起计算。

在追诉期限以内又犯罪的,前罪追诉的期限从犯后罪之日起计算。

◆ 解读与适用

【拓展关键词】共同犯罪追诉期限的起算 数罪的追诉期限起算

《刑参》第244号案例“张某抢劫、李某盗窃案——盗窃共同犯罪中部分共犯因抗拒抓捕当场实施暴力转化为抢劫罪，其他共犯是否随之转化”相关论述：本案公安人员当场抓获张某，但李某等却逃跑直至1999年自动投案，其间虽未撤案，但公安机关并未对李某采取任何强制措施。故对李某不能适用1979年《刑法》第77条关于追诉时效的规定，更不能适用1997年《刑法》第87条关于追诉时效的规定。本案被告人张某犯抢劫罪，没有超过追诉时效。但本案被告人李某犯盗窃罪，依法应当适用5年以下有期徒刑，已超过追诉时效，应裁定终止审理。

《刑参》第1200号案例“袁某、王某故意杀人案——如何理解‘被采取强制措施以后，逃避侦查或者审判的，不受追诉期限的限制’”相关论述：对共同犯罪中部分被告人的追诉期限延长或中断或者不受追诉期限限制是否必然影响共同犯罪中其他被告人的追诉期限，法律没有明确规定。我们认为应当对共同犯罪中各被告人的追诉时效分别评价判断。本案中，袁某的犯罪已过追诉期限，王某不受追诉期限的限制。2人均被提起公诉，公诉机关未启动对袁某报请最高人民检察院核准追诉的程序，故法院依法裁定对袁某终止审理，对王某依法定罪判刑，是合适的。

【拓展关键词】追诉时效中断 连续犯、继续犯的追诉时效

《刑参》第273号案例“南某洙、南某男盗窃案——对累犯‘再犯应当判处有期徒刑以上刑罚之罪’要件的理解”相关论述：行为人于1998年3月犯盗窃罪，最高刑为3年，追诉时效应为5年，而被告人于2003年8月被侦查，已经超过追诉期限。2003年8月被告人再犯盗窃罪，但不能重新起算该起盗窃的追诉期限。首先，被告人的两次盗窃行为不属于追诉时效中断的情形。被告人1998年3月实施的盗窃犯罪在2003年3月追诉期限即已届满，此后所犯新罪，已经不属于“在追诉期限以内又犯罪”，不能因此再重新计算前罪的追诉期限。其次，实施两次盗窃行为的被告人不是连续犯。判断连续犯的数个犯罪行为之间是否存在连续性，时间先后只是一个外在的判断因素，关键的因素是行为人所实施的数个犯罪行为是否基于同一或者某一概括的犯罪故意，行为人所实施的数个犯罪行为之间是否具有主观上的连续关系。在连续犯中，行为人在开始实施第一个犯罪行为时即有连续实施数个犯罪行为的犯罪意图或者是为完成一个预定的犯罪计划或者是为实现一个总的目标或者是预见了总的犯罪结果，这是连续犯与同种数罪的主要区别所在。

《刑参》第1062号案例“田某某重婚案——已婚的被告人与他人建立事实婚姻关系后，又单方终止事实婚姻关系的，如何计算重婚犯罪行为的追诉期限”相关论述：重婚罪属继续犯，其追诉期限应当从犯罪行为终了之日起计算。重婚登记或者事实婚姻关系的确立只意味着重婚行为的开始而不是终了。重婚罪的追诉期限应当从重婚行为终了之日起计算。后婚系事实婚姻的，重婚行为是否终了应当以一方作出解除事实婚姻关系的意思表示且婚姻关系因该意思表示实质上得以解除为判断标准。后婚系登记结婚的，一般以婚姻关系经法定程序解除为准。事实婚姻的解除一般要求行为人有相对明确的意思表示，该表示包括以实际行动表明解除婚姻关系的意思。另一方是否原意维持婚姻关系，双方是否解决财产分割、子女抚养等重大问题等因素，在认定婚姻关系是否解除时也要予以考虑。

《刑参》第1116号案例“张某、方某非法买卖枪支案——对于发生在1997年10月1日以前的非法买卖枪支行为应当如何适用法律及该罪追诉时效的起算时间节点”相关论述：非法买卖枪支罪的追诉时效应从犯罪行为完成之日起计算。对于追诉时效而言，有意义的仅仅是行为人在犯罪后的表现，至于犯罪结果何时出现并不影响诉讼时效的起算。对非法买卖枪支罪而言，该罪的客观行为仅指买卖枪支的交易行为。该行为宣告完成则追诉时效开始计算。“其他情形”仅属于客观超过要素，与行为人的主观心态无关也非行为人可控状态,该要素虽然是犯罪成立条件之一,但与追诉时效的计算无关。

《刑参》第 1278 号案例"张某脱逃案——死刑缓期执行期间犯脱逃罪的,追诉时效及死缓执行期间的计算问题"相关论述:被告人张某因犯故意杀人罪被判处死刑,缓期2 年执行,核准裁定送达后死刑缓期执行期间已经开始计算,其又故意犯罪。因张某所犯脱逃罪法定最高刑为 5 年有期徒刑,其追诉时效应为 10 年。公安机关在其脱逃犯罪后的 10 年内(1993 年 9 月 8 日至 2003 年 9 月 7 日)没有对张某采取强制措施,其犯罪行为已超过追诉期限,不应再追诉,对公诉机关提出的张某犯脱逃罪的指控,应裁定终止审理。张某脱逃时虽被羁押但被羁押的依据是前罪的生效判决,属于服刑而非被采取刑事强制措施。对于脱逃的犯罪类型,主流的观点均认为其系状态犯而不是持续犯,张某脱逃获得"自由"后即为犯罪既遂,后续表现为脱逃的状态。

本章其他相关规定

第五章 其他规定

第九十条 【刑法的变通或补充】

民族自治地方不能全部适用本法规定的，可以由自治区或者省的人民代表大会根据当地民族的政治、经济、文化的特点和本法规定的基本原则，制定变通或者补充的规定，报请全国人民代表大会常务委员会批准施行。

第九十一条 【公共财产】

本法所称公共财产，是指下列财产：

（一）国有财产；

（二）劳动群众集体所有的财产；

（三）用于扶贫和其他公益事业的社会捐助或者专项基金的财产。

在国家机关、国有公司、企业、集体企业和人民团体管理、使用或者运输中的私人财产，以公共财产论。

◆ 解读与适用

【拓展关键词】注意规定与法律拟制

对刑法中的解释性规定可以作出拟制规定，而立法解释不可能作出拟制规定，否则便是类推解释。"在国家机关、国有公司、企业、集体企业和人民团体管理、使用或者运输中的私人财产，以公共财产论"的规定属于法律拟制。刑法中的解释性特别规定不可"推而广之"。但立法解释是遵循罪刑法定原则作出的解释，因而可以"推而广之"。①

第九十二条 【公民私有财产】

本法所称公民私人所有的财产，是指下列财产：

（一）公民的合法收入、储蓄、房屋和其他生活资料；

（二）依法归个人、家庭所有的生产资料；

（三）个体户和私营企业的合法财产；

（四）依法归个人所有的股份、股票、债券和其他财产。

☞ 相关规定见章后二维码

---

① 参见张明楷：《罪刑法定与刑法解释》，北京大学出版社2009年版，第76页。

第九十三条 【国家工作人员】

本法所称国家工作人员，是指国家机关中从事公务的人员。

国有公司、企业、事业单位、人民团体中从事公务的人员和国家机关、国有公司、企业、事业单位委派到非国有公司、企业、事业单位、社会团体从事公务的人员，以及其他依照法律从事公务的人员，以国家工作人员论。

◆ 相关规定

全国人民代表大会常务委员会
关于《中华人民共和国刑法》第九十三条第二款的解释（节选）

全国人民代表大会常务委员会讨论了村民委员会等村基层组织人员在从事哪些工作时属于刑法第九十三条第二款规定的“其他依照法律从事公务的人员”，解释如下：

村民委员会等村基层组织人员协助人民政府从事下列行政管理工作，属于刑法第九十三条第二款规定的“其他依照法律从事公务的人员”：

（一）救灾、抢险、防汛、优抚、扶贫、移民、救济款物的管理；

（二）社会捐助公益事业款物的管理；

（三）国有土地的经营和管理；

（四）土地征收、征用补偿费用的管理；

（五）代征、代缴税款；

（六）有关计划生育、户籍、征兵工作；

（七）协助人民政府从事的其他行政管理工作。

……

☞ 其他相关规定见章后二维码

◆ 解读与适用

【拓展关键词】国有公司

《刑参》第187号案例“杨某非法经营同类营业案——非法经营同类营业罪与为亲友非法牟利罪之区分”相关论述：被害单位系中外合资经营公司，不应认定为国有公司。《刑法》第93条所称的国有公司、企业应限制为资产全部为国有的公司、企业。如果把国家控股的股份有限公司、国有资产占多数的有限责任公司认定为“国有公司”，不但否定了公司的独立法律人格同时也忽视了其他投资者的主体资格和股权利益。国家控股或占多数股份只是国家参股的表现形式，并不能由此把公司性质定为国有。所以，国有公司的出资人必须全部为国有单位。

第九十四条 【司法工作人员】

本法所称司法工作人员，是指有侦查、检察、审判、监管职责的工作人员。

第九十五条 【重伤】

本法所称重伤，是指有下列情形之一的伤害：

(一)使人肢体残废或者毁人容貌的;
(二)使人丧失听觉、视觉或者其他器官机能的;
(三)其他对于人身健康有重大伤害的。

◆ 相关规定

详见《刑法》第36条刑事附带民事赔偿的相关规定

第九十六条　【违反国家规定】

本法所称违反国家规定,是指违反全国人民代表大会及其常务委员会制定的法律和决定,国务院制定的行政法规、规定的行政措施、发布的决定和命令。

◆ 相关规定

最高人民法院
关于准确理解和适用刑法中"国家规定"的有关问题的通知

(法发〔2011〕155号)

一、根据刑法第九十六条的规定,刑法中的"国家规定"是指,全国人民代表大会及其常务委员会制定的法律和决定,国务院制定的行政法规、规定的行政措施、发布的决定和命令。其中,"国务院规定的行政措施"应当由国务院决定,通常以行政法规或者国务院制发文件的形式加以规定。以国务院办公厅名义制发的文件,符合以下条件的,亦应视为刑法中的"国家规定":(1)有明确的法律依据或者同相关行政法规不相抵触;(2)经国务院常务会议讨论通过或者经国务院批准;(3)在国务院公报上公开发布。

二、各级人民法院在刑事审判工作中,对有关案件所涉及的"违反国家规定"的认定,要依照相关法律、行政法规及司法解释的规定准确把握。对于规定不明确的,要按照本通知的要求审慎认定。对于违反地方性法规、部门规章的行为,不得认定为"违反国家规定"。对被告人的行为是否"违反国家规定"存在争议的,应当作为法律适用问题,逐级向最高人民法院请示。

三、各级人民法院审理非法经营犯罪案件,要依法严格把握刑法第二百二十五条第(四)的适用范围。对被告人的行为是否属于刑法第二百二十五条第(四)规定的"其它严重扰乱市场秩序的非法经营行为",有关司法解释未作明确规定的,应当作为法律适用问题,逐级向最高人民法院请示。

第九十七条　【首要分子】

本法所称首要分子,是指在犯罪集团或者聚众犯罪中起组织、策划、指挥作用的犯罪分子。

第九十八条　【告诉才处理的概念】

本法所称告诉才处理,是指被害人告诉才处理。如果被害人因受强制、威吓无法告诉的，人民检察院和被害人的近亲属也可以告诉。

第九十九条 【以上、以下、以内的含义】

本法所称以上、以下、以内，包括本数。

第一百条 【前科报告义务】①

依法受过刑事处罚的人，在入伍、就业的时候，应当如实向有关单位报告自己曾受过刑事处罚，不得隐瞒。

犯罪的时候不满十八周岁被判处五年有期徒刑以下刑罚的人，免除前款规定的报告义务。

◆ 解读与适用

【拓展关键词】犯罪记录封存制度

《刑参》第1300号案例"沈某故意杀人、抢劫案——前罪符合犯罪记录封存条件，在假释考验期限内犯新罪应如何处理"相关论述：犯罪记录封存并非犯罪记录消灭，在封存后的刑事诉讼中可以对已封存的犯罪记录进行法律评价。司法机关为办案需要使用已封存之犯罪记录也是实践中通行的做法。一项有利于罪犯的刑法制度（减刑、假释制度），却因为有利于罪犯的另一项刑事诉讼法制度（犯罪记录封存制度）的存在无法适用，从法理和情理上来讲都是不妥当的。尽管犯罪记录已经封存，但在审理减刑、假释案件的诉讼中仍应对犯罪记录进行援引和评价，不至于因为未成年人的犯罪记录被封存而架空《刑法》关于减刑、假释的规定。除非法条有明确规定，如未成年人犯罪不构成累犯的规定，否则以犯罪记录封存为由杜绝未成年人案件减刑、假释的适用，既违背了设立该制度的初衷，也不利于打击犯罪和保护未成年人权益。

《刑参》第1034号案例"姚某贩卖毒品案——不满18周岁的人因毒品犯罪被判处五年有期徒刑以下刑罚，其再次实施毒品犯罪的，是否能够认定为毒品再犯"相关论述：不满18周岁的人因毒品犯罪被判处5年有期徒刑以下刑罚，其再次实施毒品犯罪的，不能认定为毒品再犯而予以从重处罚。《刑法》（2011年修正）第100条第2款、《刑事诉讼法》（2012年修正）第275条的规定被视为未成年犯罪记录封存制度在我国程序法和实体法上正式确立的标志。

第一百零一条 【总则适用原则】

本法总则适用于其他有刑罚规定的法律，但是其他法律有特别规定的除外。

▶▶▶ 本章其他相关规定

① 根据《刑法修正案（八）》新增第二款。

第二编

分 则

第一章　危害国家安全罪

第一百零二条　【背叛国家罪】

勾结外国，危害中华人民共和国的主权、领土完整和安全的，处无期徒刑或者十年以上有期徒刑。

与境外机构、组织、个人相勾结，犯前款罪的，依照前款的规定处罚。

第一百零三条　【分裂国家罪】

组织、策划、实施分裂国家、破坏国家统一的，对首要分子或者罪行重大的，处无期徒刑或者十年以上有期徒刑；对积极参加的，处三年以上十年以下有期徒刑；对其他参加的，处三年以下有期徒刑、拘役、管制或者剥夺政治权利。

【煽动分裂国家罪】

煽动分裂国家、破坏国家统一的，处五年以下有期徒刑、拘役、管制或者剥夺政治权利；首要分子或者罪行重大的，处五年以上有期徒刑。

☞ 相关规定见章后二维码

第一百零四条　【武装叛乱、暴乱罪】

组织、策划、实施武装叛乱或者武装暴乱的，对首要分子或者罪行重大的，处无期徒刑或者十年以上有期徒刑；对积极参加的，处三年以上十年以下有期徒刑；对其他参加的，处三年以下有期徒刑、拘役、管制或者剥夺政治权利。

策动、胁迫、勾引、收买国家机关工作人员、武装部队人员、人民警察、民兵进行武装叛乱或者武装暴乱的，依照前款的规定从重处罚。

第一百零五条　【颠覆国家政权罪】

组织、策划、实施颠覆国家政权、推翻社会主义制度的，对首要分子或者罪行重大的，处无期徒刑或者十年以上有期徒刑；对积极参加的，处三年以上十年以下有期徒刑；对其他参加的，处三年以下有期徒刑、拘役、管制或者剥夺政治权利。

【煽动颠覆国家政权罪】

以造谣、诽谤或者其他方式煽动颠覆国家政权、推翻社会主义制度的，处五年以下有期徒刑、拘役、管制或者剥夺政治权利；首要分子或者罪行重大的，处五年以上有期徒刑。

◆ 解读与适用

《刑参》第123号案例“刘某某煽动颠覆国家政权案——对利用互联网煽动颠覆国家政权的案件如何审查判断证据”。

第一百零六条 【从重情节】

与境外机构、组织、个人相勾结，实施本章第一百零三条、第一百零四条、第一百零五条规定之罪的，依照各该条的规定从重处罚。

第一百零七条 【资助危害国家安全犯罪活动罪】①

境内外机构、组织或者个人资助实施本章第一百零二条、第一百零三条、第一百零四条、第一百零五条规定之罪的，对直接责任人员，处五年以下有期徒刑、拘役、管制或者剥夺政治权利；情节严重的，处五年以上有期徒刑。

第一百零八条 【投敌叛变罪】

投敌叛变的，处三年以上十年以下有期徒刑；情节严重或者带领武装部队人员、人民警察、民兵投敌叛变的，处十年以上有期徒刑或者无期徒刑。

第一百零九条 【叛逃罪】②

国家机关工作人员在履行公务期间，擅离岗位，叛逃境外或者在境外叛逃的，处五年以下有期徒刑、拘役、管制或者剥夺政治权利；情节严重的，处五年以上十年以下有期徒刑。

掌握国家秘密的国家工作人员叛逃境外或者在境外叛逃的，依照前款的规定从重处罚。

第一百一十条 【间谍罪】

有下列间谍行为之一，危害国家安全的，处十年以上有期徒刑或者无期徒刑；情节较轻的，处三年以上十年以下有期徒刑：

（一）参加间谍组织或者接受间谍组织及其代理人的任务的；

（二）为敌人指示轰击目标的。

第一百一十一条 【为境外窃取、刺探、收买、非法提供国家秘密、情报罪】

为境外的机构、组织、人员窃取、刺探、收买、非法提供国家秘密或者情报的，处五年以上十年以下有期徒刑；情节特别严重的，处十年以上有期徒刑或者无期徒刑；情节较轻的，处五年以下有期徒刑、拘役、管制或者剥夺政治权利。

---

① 根据《刑法修正案（八）》修订。原条文主要内容为：境内外机构、组织或者个人资助境内组织或者个人实施本章第一百零二条、第一百零三条、第一百零四条、第一百零五条规定之罪的，对直接责任人员，处五年以下有期徒刑、拘役、管制或者剥夺政治权利；情节严重的，处五年以上有期徒刑。

② 根据《刑法修正案（八）》修订。原条文主要内容为：国家机关工作人员在履行公务期间，擅离岗位，叛逃境外或者在境外叛逃，危害中华人民共和国国家安全的，处五年以下有期徒刑、拘役、管制或者剥夺政治权利；情节严重的，处五年以上十年以下有期徒刑。

掌握国家秘密的国家工作人员犯前款罪的，依照前款的规定从重处罚。

☞ 相关规定见章后二维码

◆ 解读与适用

【拓展关键词】限缩解释　情报

限制解释也称缩小解释，一般是指刑法条文所使用的文字失于宽泛，不足以表明刑法的真实含义，于是限制其含义，使其符合刑法的真正意义的解释方法。应将此处的“情报”限制解释为“关系国家安全和利益、尚未公开或者依照有关规定不应公开的事项”，否则将过于限制公民的自由。①

第一百一十二条　【资敌罪】

战时供给敌人武器装备、军用物资资敌的，处十年以上有期徒刑或者无期徒刑；情节较轻的，处三年以上十年以下有期徒刑。

第一百一十三条　【危害国家安全罪适用死刑、没收财产的规定】

本章上述危害国家安全罪行中，除第一百零三条第二款、第一百零五条、第一百零七条、第一百零九条外，对国家和人民危害特别严重、情节特别恶劣的，可以判处死刑。

犯本章之罪的，可以并处没收财产。

▶▶ 本章其他相关规定

① 参见张明楷：《刑法分则的解释原理》，中国人民大学出版社2004年版，第21页。

第二章　危害公共安全罪

第一百一十四条　【放火罪】【决水罪】【爆炸罪】【投放危险物质罪】【以危险方法危害公共安全罪】①

放火、决水、爆炸以及投放毒害性、放射性、传染病病原体等物质或者以其他危险方法危害公共安全，尚未造成严重后果的，处三年以上十年以下有期徒刑。

◆ 相关规定

最高人民法院
关于醉酒驾车犯罪法律适用问题的意见
（法发〔2009〕47号）

一、准确适用法律，依法严惩醉酒驾车犯罪

刑法规定，醉酒的人犯罪，应当负刑事责任。行为人明知酒后驾车违法、醉酒驾车会危害公共安全，却无视法律醉酒驾车，特别是在肇事后继续驾车冲撞，造成重大伤亡，说明行为人主观上对持续发生的危害结果持放任态度，具有危害公共安全的故意。对此类醉酒驾车造成重大伤亡的，应依法以以危险方法危害公共安全罪定罪。

2009年9月8日公布的两起醉酒驾车犯罪案件中，被告人黎景全和被告人孙伟铭都是在严重醉酒状态下驾车肇事，连续冲撞，造成重大伤亡。其中，黎景全驾车肇事后，不顾伤者及劝阻他的众多村民的安危，继续驾车行驶，致2人死亡，1人轻伤；孙伟铭长期无证驾驶，多次违反交通法规，在醉酒驾车与其他车辆追尾后，为逃逸继续驾车超限速行驶，先后与4辆正常行驶的轿车相撞，造成4人死亡、1人重伤。被告人黎景全和被告人孙伟铭在醉酒驾车发生交通事故后，继续驾车冲撞行驶，其主观上对他人伤亡的危害结果明显持放任态度，具有危害公共安全的故意。二被告人的行为均已构成以危险方法危害公共安全罪。

二、贯彻宽严相济刑事政策，适当裁量刑罚

根据刑法第一百一十五条第一款的规定，醉酒驾车，放任危害结果发生，造成重大伤亡事故，构成以危险方法危害公共安全罪的，应处以十年以上有期徒刑、无期徒刑或者死刑。具体决定对被告人的刑罚时，要综合考虑此类犯罪的性质、被告人的犯罪情节、危害后果及其主观恶性、人身危险性。一般情况下，醉酒驾车构成本罪的，行为人在主观上并不希望、也不追求危害结果的发生，属于间接故意犯罪，行为的主观恶性与以制

① 根据《刑法修正案（三）》（经由中华人民共和国第九届全国人民代表大会常务委员会第二十五次会议于2001年12月29日通过公布，自公布之日起施行）修订。原条文主要内容为：放火、决水、爆炸、投毒或者以其他危险方法破坏工厂、矿场、油田、港口、河流、水源、仓库、住宅、森林、农场、谷场、牧场、重要管道、公共建筑物或者其他公私财产，危害公共安全，尚未造成严重后果的，处三年以上十年以下有期徒刑。

造事端为目的而恶意驾车撞人并造成重大伤亡后果的直接故意犯罪有所不同，因此，在决定刑罚时，也应当有所区别。此外，醉酒状态下驾车，行为人的辨认和控制能力实际有所减弱，量刑时也应酌情考虑。

被告人黎景全和被告人孙伟铭醉酒驾车犯罪案件，依法没有适用死刑，而是分别判处无期徒刑，主要考虑到二被告人均系间接故意犯罪，与直接故意犯罪相比，主观恶性不是很深，人身危险性不是很大；犯罪时驾驶车辆的控制能力有所减弱；归案后认罪、悔罪态度较好，积极赔偿被害方的经济损失，一定程度上获得了被害方的谅解。广东省高级人民法院和四州省高级人民法院的终审裁判对二被告人的量刑是适当的。

三、统一法律适用，充分发挥司法审判职能作用

为依法严肃处理醉酒驾车犯罪案件，遏制酒后和醉酒驾车对公共安全造成的严重危害，警示、教育潜在违规驾驶人员，今后，对醉酒驾车，放任危害结果的发生，造成重大伤亡的，一律按照本意见规定，并参照附发的典型案例，依法以以危险方法危害公共安全罪定罪量刑。

为维护生效裁判的既判力，稳定社会关系，对于此前已经处理过的将特定情形的醉酒驾车认定为交通肇事罪的案件，应维持终审裁判，不再变动。

最高人民法院　最高人民检察院　公安部
关于依法惩治妨害公共交通工具安全驾驶违法犯罪行为的指导意见(节选)

（公通字〔2019〕1号）

一、准确认定行为性质，依法从严惩处妨害安全驾驶犯罪

（一）乘客在公共交通工具行驶过程中，抢夺方向盘、变速杆等操纵装置，殴打、拉拽驾驶人员，或者有其他妨害安全驾驶行为，危害公共安全，尚未造成严重后果的，依照刑法第一百一十四条的规定，以以危险方法危害公共安全罪定罪处罚；致人重伤、死亡或者使公私财产遭受重大损失的，依照刑法第一百一十五条第一款的规定，以以危险方法危害公共安全罪定罪处罚。

实施前款规定的行为，具有以下情形之一的，从重处罚：

1. 在夜间行驶或者恶劣天气条件下行驶的公共交通工具上实施的；
2. 在临水、临崖、急弯、陡坡、高速公路、高架道路、桥隧路段及其他易发生危险的路段实施的；
3. 在人员、车辆密集路段实施的；
4. 在实际载客10人以上或者时速60公里以上的公共交通工具上实施的；
5. 经他人劝告、阻拦后仍然继续实施的；
6. 持械袭击驾驶人员的；
7. 其他严重妨害安全驾驶的行为。

实施上述行为，即使尚未造成严重后果，一般也不得适用缓刑。

（二）乘客在公共交通工具行驶过程中，随意殴打其他乘客，追逐、辱骂他人，或者起哄闹事，妨害公共交通工具运营秩序，符合刑法第二百九十三条规定的，以寻衅滋事罪定罪处罚；妨害公共交通工具安全行驶，危害公共安全的，依照刑法第一百一十四条、第一百一十五条第一款的规定，以以危险方法危害公共安全罪定罪处罚。

（三）驾驶人员在公共交通工具行驶过程中，与乘客发生纷争后违规操作或者擅离职守，与乘客厮打、互殴，危害公共安全，尚未造成严重后果的，依照刑法第一百一十四条的规定，以以危险方法危害公共安全罪定罪处罚；致人重伤、死亡或者使公私财产遭受重大损失的，依照刑法第一百一十五条第一款的规定，以以危险方法危害公共安全罪定罪处罚。

（四）对正在进行的妨害安全驾驶的违法犯罪行为，乘客等人员有权采取措施予以制止。制止行为造成违法犯罪行为人损害，符合法定条件的，应当认定为正当防卫。

（五）正在驾驶公共交通工具的驾驶人员遭到妨害安全驾驶行为侵害时，为避免公共交通工具倾覆或者

人员伤亡等危害后果发生，采取紧急制动或者躲避措施，造成公共交通工具、交通设施损坏或者人身损害，符合法定条件的，应当认定为紧急避险。

（六）以暴力、威胁方法阻碍国家机关工作人员依法处置妨害安全驾驶违法犯罪行为、维护公共交通秩序的，依照刑法第二百七十七条的规定，以妨害公务罪定罪处罚；暴力袭击正在依法执行职务的人民警察的，从重处罚。

（七）本意见所称公共交通工具，是指公共汽车、公路客运车，大、中型出租车等车辆。

☞ 其他相关规定见章后二维码

◆ 解读与适用

【拓展关键词】危害公共安全　不特定多数人　危害公共安全犯罪与其他罪辨析　犯罪目的与间接故意　危险犯

“危害公共安全”应是对行为及其性质的描述，而不是对结果的描述。因为放火、决水、爆炸以及投放毒害性、放射性、传染病病原体等物质的行为，并不一定危害公共安全。①

“尚未造成严重后果的”不是为违法性、有责性提供根据的要素，更非表明“倘若造成严重后果”便不构成犯罪之意，仅仅在于说明该条规定的违法程度轻于《刑法》第 115 条规定的违法程度，因而属于表面的构成要件要素。表面的构成要件要素只是为了区分相关犯罪的界限，不是成立犯罪必须具备的要素，是不需要证明的要素。②

危害公共安全罪的保护法益是不特定或者多数人的生命、身体或者财产。“多数”是公共安全这一概念的核心。“不特定”意味着随时有向“多数”发展的现实可能性，会使社会一般成员感到危险，可能使多数人遭受侵害。不特定或者多数人的生命、健康、财产的安全，就是公共安全。③

如果能确定犯罪行为只会侵害一两个人的安全，但无法确定具体是哪个人，这种情形不属于危害公共安全中的“不特定”。例如楼上向楼下扔一块砖头，至多会砸伤一两个人，不属于危害公共安全。④

行为人明知楼下系人流密集的学校操场，仍故意从高空连续抛物，其行为足以危及不特定多数人的生命健康和财产安全，并实际造成一人重伤的严重后果，应依法以以危险方法危害公共安全罪追究刑事责任。⑤

《刑参》第 17 号案例“李某等投毒案——毒死耕牛后再出售有毒牛肉的案件如何定性”相关论述：本案被告人为牟取非法利益故意毒死耕牛后低价收购有毒的死牛肉出售牟利只能以破坏集体生产罪和销售有毒食品罪数罪并罚，不符合投毒罪的构成要件。以投毒的方式毒死耕牛是否构成投毒罪关键在于能否危害不特定的公私财产安全。破坏集体生产罪不能吸收销售有毒牛肉的行为。对于发生在 1997 年之前的共同犯罪，1997 年《刑法》删除了主犯从重处罚的规定，故应适用修订后的《刑法》。

《刑参》第 98 号案例“方某投毒案——针对特定的被害人投放毒物致死致伤多人的行为应如何定性及对犯罪的外国人能否附加剥夺政治权利”相关论述：投毒罪指向不特定多数人，而故意杀人罪以特定的人为对象。被告人数次投毒均在被害人家中，非公共场所，投在被害人所有的餐具内，非公共所用器具内，尽管多人误食，但这些被害人并非被告人追求杀害的不特定对象，故被告人采用投毒的手段非法剥夺他人生命的行为构成故意杀人罪。

《刑参》第 137 号案例“赖某爆炸案——以报复特定人为目的而实施的不计危害后果的爆炸行为如何定

① 参见张明楷：《刑法分则的解释原理》，中国人民大学出版社 2004 年版，第 167 页。

② 参见张明楷：《犯罪构成体系与构成要件要素》，北京大学出版社 2010 年版，第 256 页。

③ 参见张明楷：《刑法分则的解释原理》，中国人民大学出版社 2004 年版，第 143 页。

④ 参见陈兴良主编：《刑法各论精释》（上），人民法院出版社 2015 年版，第 27 页。

⑤ 李某以危险方法危害公共安全案，载《最高人民法院公报》2020 年第 5 期。

性"相关论述：以杀人为目的而实施的爆炸行为危害了公共安全，构成爆炸罪。区分爆炸罪和故意杀人罪的关键在于是否危害公共安全。

《刑参》第239号案例"叶某等放火案——以盗窃为目的放火烧毁货物列车的行为应如何定罪"相关论述：对危害结果心理状态的不同是区别间接故意犯罪和过失犯罪的关键。是否危及公共安全是区别放火罪与故意毁坏财物罪的关键。判断行为人的放火行为是否足以危及公共安全，要结合放火的地点以及放火时周围的具体环境等因素来分析。以放火的方法破坏正在使用中的公共交通工具，行为人既具备放火罪的犯罪构成又同时具备破坏交通工具罪的犯罪构成，一行为触犯两罪名，形成竞合，"从一重处断"。在法定刑完全相同的情况下，分析行为人的主观目的对于罪名的选择显得特别重要。犯罪目的虽不是犯罪构成要件但它却是直接故意犯罪和间接故意犯罪的区分点，只有直接故意犯罪中才存在犯罪目的。用放火的方法破坏交通工具其犯罪目的直接指向交通工具本身。本案被告人行为目的是盗窃，放火行为所直接指向的是货物。本案不符合破坏交通工具罪的直接故意特征，定放火罪更为适合。

《刑参》第587号案例"李某等以危险方法危害公共安全案——在城市主干路采用故意驾驶机动车撞击他人车辆制造交通事故的手段勒索钱财的行为如何定罪"相关论述："不特定"是相对其他犯罪的后果是"特定"而言的。以危险方法危害公共安全罪侵害的对象往往具有不特定性或虽然对象特定但是危害后果具有不特定性而且绝大多数犯罪往往在行为前无法确定其侵害对象的范围也无法预料和控制可能造成的后果及程度。"不特定性"并不否认行为人在实施犯罪行为时有特定的对象。只要其行为具有危害或足以危害公共安全的不特定性，即使行为人实施的犯罪对象是明确的，也应当认定此行为属于危害公共安全的犯罪。发生在道路交通事故中的"碰瓷"案件情况多样，不能一概认定为危害公共安全犯罪。被告人驾驶车辆"碰瓷"，对危害公共安全的结果持一种"放任"的态度，属于间接故意。对于"碰瓷"类案件一般以非法获取钱财为目的，同时构成敲诈勒索罪或诈骗罪等，属于牵连犯，择一重罪处。"其他危险方法"应与放火等行为具有可罚的相当性。使用这些方法，同放火等一样一经实施就可能危及不特定多数人的生命、健康或者重大公私财产的安全。

《刑参》第588号案例"胡某交通肇事案——超速驾车撞死人行道内行人的如何定罪量刑"相关论述：以危险方法危害公共安全罪是故意犯罪。被告人主观上不希望交通事故的发生，也没有放任事故发生的表现，对被害人的死亡是持否定和排斥态度，属于过失的心态，其行为不能构成以危险方法危害公共安全罪。过失以危险方法危害公共安全罪是针对行为人实施了《刑法》分则没有明确规定具体危险方法的过失危害公共安全行为。在交通运输过程中，行为人违反交通运输管理法规过失造成危害结果的，应当以交通肇事罪定罪处罚。

《刑参》第603号案例"曾某、陈某非法狩猎案——私拉电网非法狩猎并危及公共安全的，应当如何处理"相关论述：被告人在林场私拉电网捕猎野生动物的行为虽已危及公共安全，但仅造成一人轻微伤，未达到入罪标准，不构成过失以危险方法危害公共安全罪。被告人的行为构成非法狩猎罪。以私拉电网的方法猎捕野生动物，并致人重伤、死亡或者使公私财产遭受重大损失，同时触犯了非法狩猎罪和过失以危险方法危害共同安全罪的，应按照想象竞合，择一重罪处理。

《刑参》第731号案例"周某妨害公务案——以投掷点燃汽油瓶的方式阻碍城管队员依法执行职务的行为，如何定罪处罚"相关论述：投掷点燃汽油瓶的行为明确指向在场特定对象且在当时客观环境下不足以产生危害公共安全的结果，不构成放火罪。放火罪中的放火行为必须足以引起在时间上和空间上失去控制的燃烧状态，这种状态是危害公共安全的体现，并不是一形成"独立燃烧"就构成放火罪。是否足以危害公共安全，危及不特定多数人的人身、财产安全，是放火罪与其他用放火方法实施的犯罪的主要区别。其行为虽然为法律所否定，但其维护自身利益的动机容易获得他人的同情。法律具有社会性，它的施行只有越接近社会目的，才能获得更大的社会效益。司法机关在处理案件时应对案件所涉及的经济、道德、政治因素给予必要的关注。从社会主流价值取向、社会整体道德情感等方面对司法裁判的社会效果、可能对现实生活造成的各种影响给予应有的关注与估量。

《刑参》第 912 号案例“黄某以危险方法危害公共安全案——如何理解危害公共安全犯罪中的‘不特定多数人’以及如何把握醉驾案件中以危险方法危害公共安全罪的死刑适用标准”相关论述：被告人醉酒驾车肇事后为逃避处罚而驾车冲撞其他车辆致人员伤亡与财产损失的行为构成以危险方法危害公共安全罪。“不特定多数人”是指不特定并且多数的人。“不特定”是一种客观的判断，它包含犯罪对象的不确定性和危害结果的不确定性两方面的内容。“不特定”是相对于其他犯罪对象的“特定”而言的，而“多数”则是相对于其他犯罪只能危害到个别少数对象而言的。侵害不特定多数人并不是说行为人没有特定的侵犯对象或者目的。在行为人具有特定侵犯对象或者目标的犯罪中，应当采取客观主义的立场，不论行为人主观上是否针对特定的对象，只要在一定条件下造成公共安全损失或威胁，就应当认定其构成危害公共安全犯罪。被告人醉驾追尾他人车辆后驾车逃逸，在他人追赶上与其理论时，不顾他人人身安危，强行启动汽车，将被害人顶在引擎盖上高速行驶，至少有放任被害人伤亡的故意，符合故意伤害罪或者故意杀人罪的构成特征，但结合案发时的时空环境，其主观上虽系想摆脱被害人但客观上对该路段不特定多数人构成重大威胁，虽然看似是针对特定对象实施犯罪行为，但无视了不特定多数人的安全，故其之前针对特定对象和之后造成不特定对象伤亡的行为应当从整体上评价为一个法律行为，以以危险方法危害公共安全罪一罪论处。综合考察醉酒驾车犯罪行为人的主观恶性、人身危险性及犯罪行为的社会危害性，其一般不属于“罪行极其严重的犯罪分子”，一般不适用死刑。但这一原则的使用在实践中必须保留例外。

《刑参》第 1007 号案例“孙某故意杀人案——如何把握投毒案件中的证据确实、充分标准以及投毒后造成目标之外他人死亡发生的，如何定性”相关论述：投毒后放任目标之外他人死亡的，应当认定为间接故意杀人。

《刑参》第 1072 号案例“郑某以危险方法危害公共安全案——如何理解以危险方法危害公共安全罪中的‘不特定多数人’”相关论述：危害公共安全罪最突出的特点是其“社会性”。以危险方法危害公共安全罪保护的是公众的生命、健康，而“公众”与“社会性”均要求重视量的“多数”，“多数”是“公共”概念的核心。“不特定”也意味着随时有向“多数”发展的现实可能性。司法实践中一般有两种情况会认定为“不特定多数人”。一是行为人针对的对象是不特定的，且行为人事先也没有预料到具体的危害后果。二是行为人针对的对象是相对特定的，但实际造成的后果是行为人没有预料的，不能控制的。侵害“不特定多数人”并不是说行为人没有特定的侵犯对象或目标，而是行为人对损害的可能范围有一定的预判，但对最终造成或者可能造成的危害后果难以控制，从而危害特定人之外的人身或者财产安全。“公共安全”不等同于“公共场所的安全”。公共安全包括信息安全、食品安全、公共卫生安全等，是一个抽象的概念。公共安全的核心在于“多数”，而无论是封闭的场所还是开放的公共场所。

《刑参》第 1117 号案例“杨某、杜某放火案——刑法上因果关系的认定”相关论述：以杀害特定少数人为目的而实施放火行为，对这类案件的定性关键在于准确判断行为人所实施的以放火为手段的杀人行为是否危及不特定或多数人的生命、健康或者重大公私财产安全。

《刑参》第 1198 号案例“阎某以危险方法危害公共安全案——在家中释放天然气用以自杀，但引发室内室外数次爆炸的，如何认定因果关系”相关论述：既要全面审查、判断证实行为人实施故意释放天然气行为的相关证据是否确实、充分，也要综合运用在案证据排除由其他因素引发爆炸的可能性，同时还要对有关疑问作出科学、合理的解释，最终得出唯一的结论。

《刑参》第 1314 号案例“支某以危险方法危害公共安全案——故意驾车冲撞疫情防控站的行为定性”相关论述：本案中被告人并未组织或者不配合防疫检查，或者强行闯卡进入小区，而是在核实、登记、备案等防疫公务行为即将结束后因对防控措施不满而针对防控人员实施的泄愤报复行为,其行为侵犯的法益不仅仅是疫情防控这一公务行为的正常执行,更重要的是侵犯了疫情防控人员的生命健康安全。妨害公务罪无法全面评价其行为。寻衅滋事罪在殴打对象的选择上具有不特定性和随意性。而本案被告人行为目标明确,直接针对防疫工作人员,行为人驾车冲撞也很难评价为"殴打",其行为社会危害性明显严重于寻衅滋事罪。认定故意杀人未遂与间接故意的主观罪过相矛盾。故意杀人罪无法全面评价被告人行为方式的社会危害性。被告人的行为在客观上危害了不特定多人的生命、健康和重大公私财产的安全,构成以危险方法危害公共安全罪。疫情防控期间针对疫情防控措施实施犯罪的,应予从重处罚。

《刑参》第1448号案例"陈某放火案——醉酒后点燃停放在居民住宅旁电动车的行为定性"相关论述:一般认为,危险犯是指以发生某种危险状态作为构成要件的犯罪,分为具体危险犯和抽象危险犯。如果危险属于行为之外的独立构成要件要素,系具体危险犯,反之则是抽象危险犯。如果危险的存在需要司法者进行个别化判断,系具体危险犯,如果仅需立法者进行类型化的判断,则系抽象危险犯。放火罪属于具体危险犯,是否存在具体危险,应当采取一般人的标准,立足行为当时的具体情况,判断行为所造成的危险在客观上是否已经处于逼近实现的阶段或状态。就放火罪而言,因果关系的判断主要表现为直接性、不可控性与盖然性。

第一百一十五条 【放火罪】【决水罪】【爆炸罪】【投放危险物质罪】【以危险方法危害公共安全罪】①

放火、决水、爆炸以及投放毒害性、放射性、传染病病原体等物质或者以其他危险方法致人重伤、死亡或者使公私财产遭受重大损失的,处十年以上有期徒刑、无期徒刑或者死刑。

【失火罪】【过失决水罪】【过失爆炸罪】【过失投放危险物质罪】【过失以危险方法危害公共安全罪】

过失犯前款罪的,②处三年以上七年以下有期徒刑;情节较轻的,处三年以下有期徒刑或者拘役。

◆ 相关规定

国家林业局 公安部

关于森林和陆生野生动物刑事案件管辖及立案标准(节选)

(2001年5月9日)

详见《刑法》第341条危害珍贵、濒危野生动物罪相关规定

(六)放火案

凡故意放火造成森林或者其他林木火灾的都应当立案;过火有林地面积2公顷以上为重大案件;过火有

---

① 依据《刑法修正案(三)》修订。原条文第一款主要内容为:放火、决水、爆炸、投毒或者以其他危险方法致人重伤、死亡或者使公私财产遭受重大损失的,处十年以上有期徒刑、无期徒刑或者死刑。

第二款未变动。

② 刑法理论称为引证罪状,即引用同一法律中的其他条款来说明和确定某一犯罪构成特征的罪状。

林地面积10公顷以上,或者致人重伤、死亡的,为特别重大案件。

(七)失火案

失火造成森林火灾,过火有林地面积2公顷以上,或者致人重伤、死亡的应当立案;过火有林地面积为10公顷以上,或者致人死亡、重伤5人以上的为重大案件;过火有林地面积为50公顷以上,或者死亡2人以上的,为特别重大案件。

最高人民检察院　公安部

关于公安机关管辖的刑事案件立案追诉标准的规定(一)(节选)

(公通字〔2008〕36号)

第一条　【失火案(刑法第一百一十五条第二款)】过失引起火灾,涉嫌下列情形之一的,应予立案追诉:

(一)造成死亡一人以上,或者重伤三人以上的;

(二)造成公共财产或者他人财产直接经济损失五十万元以上的;

(三)造成十户以上家庭的房屋以及其他基本生活资料烧毁的;

(四)造成森林火灾,过火有林地面积二公顷以上,或者过火疏林地、灌木林地、未成林地、苗圃地面积四公顷以上的;

(五)其他造成严重后果的情形。

本条和本规定第十五条规定的"有林地"、"疏林地"、"灌木林地"、"未成林地"、"苗圃地",按照国家林业主管部门的有关规定确定。

☞ 其他相关规定见章后二维码

◆ 解读与适用

【拓展关键词】过失投放危险物质罪　过失致人死亡与过失以危险方法危害公共安全罪

《刑参》第1041号案例"许某过失以危险方法危害公共安全案——食品销售人员对亚硝酸盐未尽妥善保管义务导致亚硝酸盐混入食品中出售,致人伤亡的行为如何定性"相关论述:根据被告人的认知能力和经营情况,特别是基于其对危险物品的保管和监督店内人员所产生的义务,其应当预见将亚硝酸盐放在食品销售区可能造成亚硝酸盐与白糖混淆的危险后果却没有预见到,最终导致亚硝酸盐被当作白糖对外销售产生了危害后果,不属于意外事件。被告人的罪过形式是犯罪过失。被告人的行为不构成过失投放危险物质罪、过失致人死亡罪。过失投放危险物质罪要求被告人有过失投放的行为,即行为人主动实施了一定的行为导致危险物质混入食物中。本案被告人只是在拿出亚硝酸盐使用后没有及时将这种危险物质放回、保管好,客观上并没有实施投放的行为。是其他店员在不知情的情况下将亚硝酸盐混入白糖中出售的,投放行为并非被告人实施。过失致人死亡罪侵犯的客体是公民个人生命健康,危害的对象具有特定性。被告人未妥善保管行为发生在食品销售流通流域,对社会公共安全造成潜在的和现实的威胁,该行为构成刑法上的"其他危险方法",符合过失以危险方法危害公共安全罪的构成要件。

第一百一十六条　【破坏交通工具罪】

破坏火车、汽车、电车、船只、航空器,足以使火车、汽车、电车、船只、航空器发生倾覆、毁坏危险,尚未造成严重后果的,处三年以上十年以下有期徒刑。

◆ 解读与适用

"尚未造成严重后果的"的规定属于《刑法》分则对未遂犯已经规定了独立的法定刑，不能再适用总则关于未遂犯从轻、减轻处罚的规定。①

第一百一十七条　【破坏交通设施罪】

破坏轨道、桥梁、隧道、公路、机场、航道、灯塔、标志或者进行其他破坏活动，足以使火车、汽车、电车、船只、航空器发生倾覆、毁坏危险，尚未造成严重后果的，处三年以上十年以下有期徒刑。

☞ 相关规定见章后二维码

◆ 解读与适用

【拓展关键词】其他危险方法

《刑参》第764号案例"刘某抢劫案——驾驶机动车'碰瓷'行为如何定性"相关论述："其他危险方法"应当与放火等在客观危害程度方面具有相当性。例如，偷盗井盖带来的危险不具有扩散性和广泛的杀伤力、破坏性，与放火等能够造成不特定多数人重大伤亡和财产损失的本质特征存在明显差异。即使在个别情况下，偷盗井盖行为确实造成人员伤亡，也可考虑以破坏交通设施罪或（间接故意）故意伤害罪处理。手段的相当性是指作案手段在性质上与放火等具有可比性。危害结果的相当性是指行为的实施足以使不特定多数人的人身和财产遭受重大损害。是否足以严重危害公共安全的问题，属于对危险发生的一种可能性判断，应当以认识和判断力处于正常、平均水平的人来判断。获取财物的方式是准确认定"碰瓷"案件行为性质的重要因素。由于"碰瓷"的特点，其目的行为可能触犯不同的罪名，应当根据行为人获取财物的方式，结合具体案情，准确认定"碰瓷"行为的性质。

第一百一十八条　【破坏电力设备罪】【破坏易燃易爆设备罪】

破坏电力、燃气或者其他易燃易爆设备，危害公共安全，尚未造成严重后果的，处三年以上十年以下有期徒刑。

◆ 相关规定

最高人民法院　最高人民检察院

关于办理盗窃油气、破坏油气设备等刑事案件具体应用法律若干问题的解释(节选)

（法释〔2007〕3号）

第一条　在实施盗窃油气等行为过程中，采用切割、打孔、撬砸、拆卸、开关等手段破坏正在使用的油气

① 参见张明楷：《刑法分则的解释原理》，中国人民大学出版社2004年版，第49页。

设备的，属于刑法第一百一十八条规定的“破坏燃气或者其他易燃易爆设备”的行为；危害公共安全，尚未造成严重后果的，依照刑法第一百一十八条的规定定罪处罚。

……

第五条 明知是盗窃犯罪所得的油气或者油气设备，而予以窝藏、转移、收购、加工、代为销售或者以其他方法掩饰、隐瞒的，依照刑法第三百一十二条的规定定罪处罚。

实施前款规定的犯罪行为，事前通谋的，以盗窃犯罪的共犯定罪处罚。

第六条 违反矿产资源法的规定，非法开采或者破坏性开采石油、天然气资源的，依照刑法第三百四十三条以及《最高人民法院关于审理非法采矿、破坏性采矿刑事案件具体应用法律若干问题的解释》的规定追究刑事责任。

第八条 本解释所称的“油气”，是指石油、天然气。其中，石油包括原油、成品油；天然气包括煤层气。

本解释所称“油气设备”，是指用于石油、天然气生产、储存、运输等易燃易爆设备。

最高人民法院
关于审理破坏电力设备刑事案件具体应用法律若干问题的解释（节选）

（法释〔2007〕15号）

详见《刑法》第119条破坏交通工具罪的相关规定

第三条 盗窃电力设备，危害公共安全，但不构成盗窃罪的，以破坏电力设备罪定罪处罚；同时构成盗窃罪和破坏电力设备罪的，依照刑法处罚较重的规定定罪处罚。

盗窃电力设备，没有危及公共安全，但应当追究刑事责任的，可以根据案件的不同情况，按照盗窃罪等犯罪处理。

第四条 本解释所称电力设备，是指处于运行、应急等使用中的电力设备；已经通电使用，只是由于枯水季节或电力不足等原因暂停使用的电力设备；已经交付使用但尚未通电的电力设备。不包括尚未安装完毕，或者已经安装完毕但尚未交付使用的电力设备。

最高人民法院　最高人民检察院　公安部
关于办理盗窃油气、破坏油气设备等刑事案件适用法律若干问题的意见

（2018年9月28日）

一、关于危害公共安全的认定

在实施盗窃油气等行为过程中，破坏正在使用的油气设备，具有下列情形之一的，应当认定为刑法第一百一十八条规定的“危害公共安全”：

（一）采用切割、打孔、撬砸、拆卸手段的，但是明显未危害公共安全的除外；

（二）采用开、关等手段，足以引发火灾、爆炸等危险的。

二、关于盗窃油气未遂的刑事责任

着手实施盗窃油气行为，由于意志以外的原因未得逞，具有下列情形之一的，以盗窃罪（未遂）追究刑事责任：

（一）以数额巨大的油气为盗窃目标的；

（二）已将油气装入包装物或者运输工具，达到“数额较大”标准三倍以上的；

（三）携带盗油卡子、手摇钻、电钻、电焊枪等切割、打孔、撬砸、拆卸工具的；

（四）其他情节严重的情形。

三、关于共犯的认定

在共同盗窃油气、破坏油气设备等犯罪中,实际控制、为主出资或者组织、策划、纠集、雇佣、指使他人参与犯罪的,应当依法认定为主犯;对于其他人员,在共同犯罪中起主要作用的,也应当依法认定为主犯。

在输油输气管道投入使用前擅自安装阀门,在管道投入使用后将该阀门提供给他人盗窃油气的,以盗窃罪、破坏易燃易爆设备罪等有关犯罪的共同犯罪论处。

四、关于内外勾结盗窃油气行为的处理

行为人与油气企业人员勾结共同盗窃油气,没有利用油气企业人员职务便利,仅仅是利用其易于接近油气设备、熟悉环境等方便条件的,以盗窃罪的共同犯罪论处。

实施上述行为,同时构成破坏易燃易爆设备罪的,依照处罚较重的规定定罪处罚。

五、关于窝藏、转移、收购、加工、代为销售被盗油气行为的处理

明知是犯罪所得的油气而予以窝藏、转移、收购、加工、代为销售或者以其他方式掩饰、隐瞒,符合刑法第三百一十二条规定的,以掩饰、隐瞒犯罪所得罪追究刑事责任。

"明知"的认定,应当结合行为人的认知能力、所得报酬、运输工具、运输路线、收购价格、收购形式、加工方式、销售地点、仓储条件等因素综合考虑。

实施第一款规定的犯罪行为,事前通谋的,以盗窃罪、破坏易燃易爆设备罪等有关犯罪的共同犯罪论处。

六、关于直接经济损失的认定

《最高人民法院、最高人民检察院关于办理盗窃油气、破坏油气设备等刑事案件具体应用法律若干问题的解释》第二条第三项规定的"直接经济损失"包括因实施盗窃油气等行为直接造成的油气损失以及采取抢修堵漏等措施所产生的费用。

对于直接经济损失数额,综合油气企业提供的证据材料、犯罪嫌疑人、被告人及其辩护人所提辩解、辩护意见等认定;难以确定的,依据价格认证机构出具的报告,结合其他证据认定。

油气企业提供的证据材料,应当有工作人员签名和企业公章。

七、关于专门性问题的认定

对于油气的质量、标准等专门性问题,综合油气企业提供的证据材料、犯罪嫌疑人、被告人及其辩护人所提辩解、辩护意见等认定;难以确定的,依据司法鉴定机构出具的鉴定意见或者国务院公安部门指定的机构出具的报告,结合其他证据认定。

油气企业提供的证据材料,应当有工作人员签名和企业公章。

◆ 解读与适用

【拓展关键词】盗窃罪与危害公共安全罪　破坏电力设备罪与破坏交通设施罪　想象竞合犯

《刑参》第219号案例"彭某破坏电力设备案——盗割铁路电气化接触网回流线的行为如何定性"相关论述:物理属性同一的犯罪对象在不同的条件下可以呈现为不同的犯罪客体。被告人盗割的正在使用中的铁路电气化接触网回流线是保障电气化铁路交通运行安全的附属设施之一,关系到铁路安全,其行为不仅侵犯了公私财产权,更主要的是直接威胁到了铁路交通安全,系想象竞合犯。作为犯罪对象的铁路电气化接触网回流线是交通设施还是电力设备?行政法规的电力设施毕竟不完全等同于刑法规定的电力设备。刑法所讲的电力设备应当是指发电设备、供电设备、变电设备及输电线路。但行为人如果破坏的是与上述电力设备相关的辅助设施却不一定构成破坏电力设备罪,如破坏火力发电厂用于运输煤炭的铁路专用线等。火力发电厂用于运输煤炭的铁路专用线,虽然也是电力设备的相关辅助设施,但其本身仍具有独立的属性,应归属于刑法所讲的交通设施,故破坏火力发电厂用于运输煤炭的铁路专用线,应定破坏交通设施罪,而不是定破坏电力设备罪。铁路电气化接触网回流线与轨道、桥梁、标志灯设施不同,它实质上起着保障电力输送畅通的作用,盗割回流线有可能造成电力供应中断,牵引机车失去动力而停车,但其本身并不会足以使列车发生

倾覆、毁坏的危险。铁路电气化接触网回流线虽然是交通设施的辅助设施，但其本身又具有独立的属性，故将铁路电气化接触网回流线认定为电力设备更符合司法实际。铁路电气化接触网回流线作为输电线路，属于广义交通设施中的附属电力设备，由于刑法已经将电力设备作为有别于交通设施的犯罪对象单独予以规定，因此以破坏电力设备罪定罪是恰当的。

第一百一十九条　【破坏交通工具罪】【破坏交通设施罪】【破坏电力设备罪】【破坏易燃易爆设备罪】

破坏交通工具、交通设施、电力设备、燃气设备、易燃易爆设备，造成严重后果的，处十年以上有期徒刑、无期徒刑或者死刑。

【过失损坏交通工具罪】【过失损坏交通设施罪】【过失损坏电力设备罪】【过失损坏易燃易爆设备罪】

过失犯前款罪的，处三年以上七年以下有期徒刑；情节较轻的，处三年以下有期徒刑或者拘役。

◆ 相关规定

最高人民法院　最高人民检察院

关于办理盗窃油气、破坏油气设备等刑事案件具体应用法律若干问题的解释(节选)

(法释〔2007〕3号)

详见《刑法》第118条破坏电力设备罪的相关规定

第二条　实施本解释第一条规定的行为，具有下列情形之一的，属于刑法第一百一十九条第一款规定的“造成严重后果”，依照刑法第一百一十九条第一款的规定定罪处罚：

(一)造成一人以上死亡、三人以上重伤或者十人以上轻伤的；

(二)造成井喷或者重大环境污染事故的；

(三)造成直接经济损失数额在五十万元以上的；

(四)造成其他严重后果的。

最高人民法院

关于审理破坏电力设备刑事案件具体应用法律若干问题的解释

(法释〔2007〕15号)

第一条　破坏电力设备，具有下列情形之一的，属于刑法第一百一十九条第一款规定的“造成严重后果”，以破坏电力设备罪判处十年以上有期徒刑、无期徒刑或者死刑：

(一)造成一人以上死亡、三人以上重伤或者十人以上轻伤的；

(二)造成一万以上用户电力供应中断六小时以上，致使生产、生活受到严重影响的；

(三)造成直接经济损失一百万元以上的；

（四）造成其他危害公共安全严重后果的。

第二条　过失损坏电力设备，造成本解释第一条规定的严重后果的，依照刑法第一百一十九条第二款的规定，以过失损坏电力设备罪判处三年以上七年以下有期徒刑；情节较轻的，处三年以下有期徒刑或者拘役。

第三条　盗窃电力设备，危害公共安全，但不构成盗窃罪的，以破坏电力设备罪定罪处罚；同时构成盗窃罪和破坏电力设备罪的，依照刑法处罚较重的规定定罪处罚。

盗窃电力设备，没有危及公共安全，但应当追究刑事责任的，可以根据案件的不同情况，按照盗窃罪等犯罪处理。

第四条　本解释所称电力设备，是指处于运行、应急等使用中的电力设备；已经通电使用，只是由于枯水季节或电力不足等原因暂停使用的电力设备；已经交付使用但尚未通电的电力设备。不包括尚未安装完毕，或者已经安装完毕但尚未交付使用的电力设备。

本解释中直接经济损失的计算范围，包括电量损失金额，被毁损设备材料的购置、更换、修复费用，以及因停电给用户造成的直接经济损失等。

第一百二十条　【组织、领导、参加恐怖活动组织罪】①②

组织、领导恐怖活动组织的，处十年以上有期徒刑或者无期徒刑，并处没收财产；积极参加的，处三年以上十年以下有期徒刑，并处罚金；其他参加的，处三年以下有期徒刑、拘役、管制或者剥夺政治权利，可以并处罚金。

犯前款罪并实施杀人、爆炸、绑架等犯罪的，依照数罪并罚的规定处罚。

☞ 相关规定见章后二维码

◆ 解读与适用

【拓展关键词】死刑适用

《刑参》第1220号案例“依某等组织、领导、参加恐怖组织，故意杀人案——如何把握恐怖活动组织成员的罪责认定及暴恐犯罪的死刑适用”相关论述：一般认为，组织者、领导者是指发起、创建恐怖活动组织的人员以及对组织的运转、活动起策划、指挥、决定作用的人员；积极参加者是指在恐怖活动组织中行为积极并起重要作用的成员，如“自愿多次参加恐怖活动组织实施的恐怖活动或者虽然是偶尔参加恐怖组织的活动，但在其参加的恐怖活动中起主要作用”的成员；其他参加者是指除组织者、领导者、积极参加者之外的恐怖活动组织成员。被告人依某、吐某、玉某虽未参与实施昆明火车站恐怖杀人行为，但3人是恐怖活动组织的组织者、领导者且系昆明火车站恐怖袭击活动的策划者，在此次暴恐事件发生前因涉嫌其他犯罪被抓获后，隐瞒组织成员即将实施恐怖袭击活动的情况，造成极其严重的犯罪后果，故均应当按照组织所犯的全部罪行处罚。不能为了判处重刑或者因为组织者、领导者已死亡或在逃而将积极参加者拔高认定为组织者、领导者；

---

① 根据《刑法修正案（三）》第一次修订。原条文第一款主要内容为：组织、领导和积极参加恐怖活动组织的，处三年以上十年以下有期徒刑；其他参加的，处三年以下有期徒刑、拘役或者管制。

第二款未变动。

② 根据《刑法修正案（九）》第二次修订。原条文第一款主要内容为：组织、领导恐怖活动组织的，处十年以上有期徒刑或者无期徒刑；积极参加的，处三年以上十年以下有期徒刑；其他参加的，处三年以下有期徒刑、拘役、管制或者剥夺政治权利。

第二款未变动。

同时,即便只是积极参加者,如果在实施杀人、放火、爆炸等恐怖活动时行为积极、作用突出,而相关恐怖活动造成严重后果,仍可根据其实施的恐怖活动的行为性质以故意杀人罪、放火罪、爆炸罪等罪名依法判处重刑乃至死刑。

第一百二十条之一 【帮助恐怖活动罪】①②

资助恐怖活动组织、实施恐怖活动的个人的,或者资助恐怖活动培训的,处五年以下有期徒刑、拘役、管制或者剥夺政治权利,并处罚金;情节严重的,处五年以上有期徒刑,并处罚金或者没收财产。

为恐怖活动组织、实施恐怖活动或者恐怖活动培训招募、运送人员的,依照前款的规定处罚。

单位犯前两款罪的,对单位判处罚金,并对其直接负责的主管人员和其他直接责任人员,依照第一款的规定处罚。

◆ 相关规定

最高人民法院
关于审理洗钱等刑事案件具体应用法律若干问题的解释(节选)
(2009年11月11日施行)

详见《刑法》第191条洗钱罪的相关规定

第五条 刑法第一百二十条之一规定的"资助",是指为恐怖活动组织或者实施恐怖活动的个人筹集、提供经费、物资或者提供场所以及其他物质便利的行为。

刑法第一百二十条之一规定的"实施恐怖活动的个人",包括预谋实施、准备实施和实际实施恐怖活动的个人。

最高人民法院 最高人民检察院 公安部 司法部
关于办理恐怖活动和极端主义犯罪案件适用法律若干问题的意见
(2018年3月16日)

详见《刑法》第120条组织、领导、参加恐怖组织罪的相关规定

---

① 根据《刑法修正案(三)》新增。

② 根据《刑法修正案(九)》修订。原条文主要内容为:资助恐怖活动组织或者实施恐怖活动的个人的,处五年以下有期徒刑、拘役、管制或者剥夺政治权利,并处罚金;情节严重的,处五年以上有期徒刑,并处罚金或者没收财产。

单位犯前款罪的,对单位判处罚金,并对其直接负责的主管人员和其他直接责任人员,依照前款的规定处罚。

最高人民检察院　公安部
关于公安机关管辖的刑事案件立案追诉标准的规定(二)(节选)
(公通字〔2022〕12号)

第一条　【帮助恐怖活动案(刑法第一百二十条之一第一款)】资助恐怖活动组织、实施恐怖活动的个人的,或者资助恐怖活动培训的,应予立案追诉。

☞ 其他相关规定见章后二维码

第一百二十条之二　【准备实施恐怖活动罪】①

有下列情形之一的,处五年以下有期徒刑、拘役、管制或者剥夺政治权利,并处罚金;情节严重的,处五年以上有期徒刑,并处罚金或者没收财产:

(一)为实施恐怖活动准备凶器、危险物品或者其他工具的;

(二)组织恐怖活动培训或者积极参加恐怖活动培训的;

(三)为实施恐怖活动与境外恐怖活动组织或者人员联络的;

(四)为实施恐怖活动进行策划或者其他准备的。

有前款行为,同时构成其他犯罪的,依照处罚较重的规定定罪处罚。

◆ 相关规定

最高人民法院　最高人民检察院　公安部　司法部
关于办理恐怖活动和极端主义犯罪案件适用法律若干问题的意见
(2018年3月16日)

详见《刑法》第120条组织、领导、参加恐怖组织罪的相关规定

第一百二十条之三　【宣扬恐怖主义、极端主义、煽动实施恐怖活动罪】②

以制作、散发宣扬恐怖主义、极端主义的图书、音频视频资料或者其他物品,或者通过讲授、发布信息等方式宣扬恐怖主义、极端主义的,或者煽动实施恐怖活动的,处五年以下有期徒刑、拘役、管制或者剥夺政治权利,并处罚金;情节严重的,处五年以上有期徒刑,并处罚金或者没收财产。

---

① 根据《刑法修正案(九)》新增。

② 根据《刑法修正案(九)》新增。

◆ 相关规定

最高人民法院　最高人民检察院　公安部　司法部
关于办理恐怖活动和极端主义犯罪案件适用法律若干问题的意见
（2018 年 3 月 16 日）

详见《刑法》第 120 条组织、领导、参加恐怖组织罪的相关规定

第一百二十条之四　【利用极端主义破坏法律实施罪】[①]
利用极端主义煽动、胁迫群众破坏国家法律确立的婚姻、司法、教育、社会管理等制度实施的，处三年以下有期徒刑、拘役或者管制，并处罚金；情节严重的，处三年以上七年以下有期徒刑，并处罚金；情节特别严重的，处七年以上有期徒刑，并处罚金或者没收财产。

◆ 相关规定

最高人民法院　最高人民检察院　公安部　司法部
关于办理恐怖活动和极端主义犯罪案件适用法律若干问题的意见
（2018 年 3 月 16 日）

详见《刑法》第 120 条组织、领导、参加恐怖组织罪的相关规定

第一百二十条之五　【强制穿戴宣扬恐怖主义、极端主义服饰、标志罪】[②]
以暴力、胁迫等方式强制他人在公共场所穿着、佩戴宣扬恐怖主义、极端主义服饰、标志的，处三年以下有期徒刑、拘役或者管制，并处罚金。

◆ 相关规定

最高人民法院　最高人民检察院　公安部　司法部
关于办理恐怖活动和极端主义犯罪案件适用法律若干问题的意见
（2018 年 3 月 16 日）

详见《刑法》第 120 条组织、领导、参加恐怖组织罪的相关规定

---

① 根据《刑法修正案（九）》新增。
② 根据《刑法修正案（九）》新增。

第一百二十条之六　【非法持有宣扬恐怖主义、极端主义物品罪】[①]

明知是宣扬恐怖主义、极端主义的图书、音频视频资料或者其他物品而非法持有，情节严重的，处三年以下有期徒刑、拘役或者管制，并处或者单处罚金。

◆ 相关规定

最高人民法院　最高人民检察院　公安部　司法部
关于办理恐怖活动和极端主义犯罪案件适用法律若干问题的意见
（2018年3月16日）

详见《刑法》第120条组织、领导、参加恐怖组织罪的相关规定

第一百二十一条　【劫持航空器罪】

以暴力、胁迫或者其他方法劫持航空器的，处十年以上有期徒刑或者无期徒刑；致人重伤、死亡或者使航空器遭受严重破坏的，处死刑。

第一百二十二条　【劫持船只、汽车罪】

以暴力、胁迫或者其他方法劫持船只、汽车的，处五年以上十年以下有期徒刑；造成严重后果的，处十年以上有期徒刑或者无期徒刑。

◆ 解读与适用

【拓展关键词】抢劫罪与劫持汽车罪辨析

《刑参》第866号案例"陈某故意杀人、劫持汽车案——杀人后劫车逃跑的行为如何定性"相关论述：为实施抢劫犯罪或者其他犯罪而劫取机动车辆当作犯罪工具或者逃跑工具使用的，该劫车行为均构成抢劫罪。该抢劫罪的构成同样需要具备"非法占有目的"这一根本主观构成要件，是将车辆作为实施犯罪的工具非法占有，一般用后即废弃，基本上不存在返还的情形，本质上具有非法占有目的。如果行为人对所劫车辆没有非法占有目的，则不能认定构成抢劫罪。非为实施犯罪而劫车逃跑的一般仅是将所劫车辆作为逃跑工具使用，并不将原驾车人赶下车辆，往往不具有非法占有车辆的主观目的。被告人在实施杀人行为后，持刀胁迫车主驾车带其逃离现场，既没有非法占有汽车的目的也未实际占有该车辆，其对汽车实施的行为属于劫持，而非劫取，其行为构成劫持汽车罪而不构成抢劫罪。只要行为人实施了劫持汽车的行为，足以对公共安全造成威胁，即可构成劫持汽车罪。

---

① 根据《刑法修正案（九）》新增。

第一百二十三条　【暴力危及飞行安全罪】

对飞行中的航空器上的人员使用暴力，危及飞行安全，尚未造成严重后果的，处五年以下有期徒刑或者拘役；造成严重后果的，处五年以上有期徒刑。

第一百二十四条　【破坏广播电视设施、公用电信设施罪】

破坏广播电视设施、公用电信设施，危害公共安全的，处三年以上七年以下有期徒刑；造成严重后果的，处七年以上有期徒刑。

【过失损坏广播电视设施、公用电信设施罪】

过失犯前款罪的，处三年以上七年以下有期徒刑；情节较轻的，处三年以下有期徒刑或者拘役。

◆ 相关规定

最高人民法院
关于审理破坏公用电信设施刑事案件具体应用法律若干问题的解释(节选)

(2005 年 1 月 11 日施行)

第一条　采用截断通信线路、损毁通信设备或者删除、修改、增加电信网计算机信息系统中存储、处理或者传输的数据和应用程序等手段，故意破坏正在使用的公用电信设施，具有下列情形之一的，属于刑法第一百二十四条规定的“危害公共安全”，依照刑法第一百二十四条第一款规定，以破坏公用电信设施罪处三年以上七年以下有期徒刑：

(一)造成火警、匪警、医疗急救、交通事故报警、救灾、抢险、防汛等通信中断或者严重障碍，并因此贻误救助、救治、救灾、抢险等，致使人员死亡一人、重伤三人以上或者造成财产损失三十万元以上的；

(二)造成二千以上不满一万用户通信中断一小时以上，或者一万以上用户通信中断不满一小时的；

(三)在一个本地网范围内，网间通信全阻、关口局至某一局向全部中断或网间某一业务全部中断不满二小时或者直接影响范围不满五万(用户×小时)的；

(四)造成网间通信严重障碍，一日内累计二小时以上不满十二小时的；

(五)其他危害公共安全的情形。

第二条　实施本解释第一条规定的行为，具有下列情形之一的，属于刑法第一百二十四条第一款规定的“严重后果”，以破坏公用电信设施罪处七年以上有期徒刑：

(一)造成火警、匪警、医疗急救、交通事故报警、救灾、抢险、防汛等通信中断或者严重障碍，并因此贻误救助、救治、救灾、抢险等，致使人员死亡二人以上、重伤六人以上或者造成财产损失六十万元以上的；

(二)造成一万以上用户通信中断一小时以上的；

(三)在一个本地网范围内，网间通信全阻、关口局至某一局向全部中断或网间某一业务全部中断二小时以上或者直接影响范围五万(用户×小时)以上的；

(四)造成网间通信严重障碍，一日内累计十二小时以上的；

(五)造成其他严重后果的。

……

第四条　指使、组织、教唆他人实施本解释规定的故意犯罪行为的，按照共犯定罪处罚。

第五条　本解释中规定的公用电信设施的范围、用户数、通信中断和严重障碍的标准和时间长度，依据国家电信行业主管部门的有关规定确定。

最高人民法院
关于审理破坏广播电视设施等刑事案件具体应用法律若干问题的解释

（2011年6月13日施行）

第一条　采取拆卸、毁坏设备，剪割缆线，删除、修改、增加广播电视设备系统中存储、处理、传输的数据和应用程序，非法占用频率等手段，破坏正在使用的广播电视设施，具有下列情形之一的，依照刑法第一百二十四条第一款的规定，以破坏广播电视设施罪处三年以上七年以下有期徒刑：

（一）造成救灾、抢险、防汛和灾害预警等重大公共信息无法发布的；

（二）造成县级、地市（设区的市）级广播电视台中直接关系节目播出的设施无法使用，信号无法播出的；

（三）造成省级以上广播电视传输网内的设施无法使用，地市（设区的市）级广播电视传输网内的设施无法使用三小时以上，县级广播电视传输网内的设施无法使用十二小时以上，信号无法传输的；

（四）其他危害公共安全的情形。

第二条　实施本解释第一条规定的行为，具有下列情形之一的，应当认定为刑法第一百二十四条第一款规定的“造成严重后果”，以破坏广播电视设施罪处七年以上有期徒刑：

（一）造成救灾、抢险、防汛和灾害预警等重大公共信息无法发布，因此贻误排除险情或者疏导群众，致使一人以上死亡、三人以上重伤或者财产损失五十万元以上，或者引起严重社会恐慌、社会秩序混乱的；

（二）造成省级以上广播电视台中直接关系节目播出的设施无法使用，信号无法播出的；

（三）造成省级以上广播电视传输网内的设施无法使用三小时以上，地市（设区的市）级广播电视传输网内的设施无法使用十二小时以上，县级广播电视传输网内的设施无法使用四十八小时以上，信号无法传输的；

（四）造成其他严重后果的。

第三条　过失损坏正在使用的广播电视设施，造成本解释第二条规定的严重后果的，依照刑法第一百二十四条第二款的规定，以过失损坏广播电视设施罪处三年以上七年以下有期徒刑；情节较轻的，处三年以下有期徒刑或者拘役。

过失损坏广播电视设施构成犯罪，但能主动向有关部门报告，积极赔偿损失或者修复被损坏设施的，可以酌情从宽处罚。

第四条　建设、施工单位的管理人员、施工人员，在建设、施工过程中，违反广播电视设施保护规定，故意或者过失损毁正在使用的广播电视设施，构成犯罪的，以破坏广播电视设施罪或者过失损坏广播电视设施罪定罪处罚。其定罪量刑标准适用本解释第一至三条的规定。

第五条　盗窃正在使用的广播电视设施，尚未构成盗窃罪，但具有本解释第一条、第二条规定情形的，以破坏广播电视设施罪定罪处罚；同时构成盗窃罪和破坏广播电视设施罪的，依照处罚较重的规定定罪处罚。

第六条　破坏正在使用的广播电视设施未危及公共安全，或者故意毁坏尚未投入使用的广播电视设施，造成财物损失数额较大或者有其他严重情节的，以故意毁坏财物罪定罪处罚。

第七条　实施破坏广播电视设施犯罪，并利用广播电视设施实施煽动分裂国家、煽动颠覆国家政权、煽动民族仇恨、民族歧视或者宣扬邪教等行为，同时构成其他犯罪的，依照处罚较重的规定定罪处罚。

第八条　本解释所称广播电视台中直接关系节目播出的设施、广播电视传输网内的设施，参照国家广播电视行政主管部门和其他相关部门的有关规定确定。

◆ 解读与适用

【拓展关键词】伪基站　补正解释

破坏广播电视设施、公用电信设施，危害公共安全的，处三年以上七年以下有期徒刑；造成严重后果的，处七年以上有期徒刑。过失犯前款罪的……按照故意犯罪与过失犯罪的基本关系，此处规定有误，应解释为“过失犯前款罪中造成严重后果的犯罪”，此为补正解释。①

《刑参》第 957 号案例“郝某、黄某破坏公用电信设施案——对非法使用‘伪基站’设备干扰公用电信网络信号的行为如何定罪量刑”相关论述：非法使用“伪基站”干扰公用电信网络信号，危害公共安全的，构成破坏公用电信设施罪。

第一百二十五条　【非法制造、买卖、运输、邮寄、储存枪支、弹药、爆炸物罪】②

非法制造、买卖、运输、邮寄、储存枪支、弹药、爆炸物的，处三年以上十年以下有期徒刑；情节严重的，处十年以上有期徒刑、无期徒刑或者死刑。

【非法制造、买卖、运输、储存危险物质罪】

非法制造、买卖、运输、储存毒害性、放射性、传染病病原体等物质，危害公共安全的，依照前款的规定处罚。

单位犯前两款罪的，对单位判处罚金，并对其直接负责的主管人员和其他直接责任人员，依照第一款的规定处罚。

◆ 相关规定

最高人民检察院　公安部

关于公安机关管辖的刑事案件立案追诉标准的规定(一)(节选)

(公通字〔2008〕36 号)

第二条　【非法制造、买卖、运输、储存危险物质案(刑法第一百二十五条第二款)】非法制造、买卖、运输、储存毒害性、放射性、传染病病原体等物质，危害公共安全，涉嫌下列情形之一的，应予立案追诉：

(一)造成人员重伤或者死亡的；

(二)造成直接经济损失十万元以上的；

(三)非法制造、买卖、运输、储存毒鼠强、氟乙酰胺、氟乙酸钠、毒鼠硅、甘氟原粉、原液、制剂五十克以上，或者饵料二千克以上的；

(四)造成急性中毒、放射性疾病或者造成传染病流行、暴发的；

(五)造成严重环境污染的；

(六)造成毒害性、放射性、传染病病原体等危险物质丢失、被盗、被抢或者被他人利用进行违法犯罪活动的；

---

① 参见张明楷：《刑法分则的解释原理》，中国人民大学出版社 2004 年版，第 23 页。

② 根据《刑法修正案(三)》修订。原条文第二款主要内容为：非法买卖、运输核材料的，依照前款的规定处罚。

（七）其他危害公共安全的情形。

最高人民法院
关于审理非法制造、买卖、运输枪支、弹药、爆炸物等刑事案件具体应用法律若干问题的解释（节选）

（法释〔2009〕18号）

第一条　个人或者单位非法制造、买卖、运输、邮寄、储存枪支、弹药、爆炸物，具有下列情形之一的，依照刑法第一百二十五条第一款的规定，以非法制造、买卖、运输、邮寄、储存枪支、弹药、爆炸物罪定罪处罚：

（一）非法制造、买卖、运输、邮寄、储存军用枪支一支以上的；

（二）非法制造、买卖、运输、邮寄、储存以火药为动力发射枪弹的非军用枪支一支以上或者以压缩气体等为动力的其他非军用枪支二支以上的；

（三）非法制造、买卖、运输、邮寄、储存军用子弹十发以上、气枪铅弹五百发以上或者其他非军用子弹一百发以上的；

（四）非法制造、买卖、运输、邮寄、储存手榴弹一枚以上的；

（五）非法制造、买卖、运输、邮寄、储存爆炸装置的；

（六）非法制造、买卖、运输、邮寄、储存炸药、发射药、黑火药一千克以上或者烟火药三千克以上、雷管三十枚以上或者导火索、导爆索三十米以上的；

（七）具有生产爆炸物品资格的单位不按照规定的品种制造，或者具有销售、使用爆炸物品资格的单位超过限额买卖炸药、发射药、黑火药十千克以上或者烟火药三十千克以上、雷管三百枚以上或者导火索、导爆索三百米以上的；

（八）多次非法制造、买卖、运输、邮寄、储存弹药、爆炸物的；

（九）虽未达到上述最低数量标准，但具有造成严重后果等其他恶劣情节的。

介绍买卖枪支、弹药、爆炸物的，以买卖枪支、弹药、爆炸物罪的共犯论处。

第二条　非法制造、买卖、运输、邮寄、储存枪支、弹药、爆炸物，具有下列情形之一的，属于刑法第一百二十五条第一款规定的"情节严重"：

（一）非法制造、买卖、运输、邮寄、储存枪支、弹药、爆炸物的数量达到本解释第一条第（一）、（二）、（三）、（六）、（七）项规定的最低数量标准五倍以上的；

（二）非法制造、买卖、运输、邮寄、储存手榴弹三枚以上的；

（三）非法制造、买卖、运输、邮寄、储存爆炸装置，危害严重的；

（四）达到本解释第一条规定的最低数量标准，并具有造成严重后果等其他恶劣情节的。

……

第七条　非法制造、买卖、运输、邮寄、储存、盗窃、抢夺、持有、私藏、携带成套枪支散件的，以相应数量的枪支计；非成套枪支散件以每三十件为一成套枪支散件计。

第八条　刑法第一百二十五条第一款规定的"非法储存"，是指明知是他人非法制造、买卖、运输、邮寄的枪支、弹药而为其存放的行为，或者非法存放爆炸物的行为。

刑法第一百二十八条第一款规定的"非法持有"，是指不符合配备、配置枪支、弹药条件的人员，违反枪支管理法律、法规的规定，擅自持有枪支、弹药的行为。

刑法第一百二十八条第一款规定的"私藏"，是指依法配备、配置枪支、弹药的人员，在配备、配置枪支、弹药的条件消除后，违反枪支管理法律、法规的规定，私自藏匿所配备、配置的枪支、弹药且拒不交出的行为。

第九条　因筑路、建房、打井、整修宅基地和土地等正常生产、生活需要，以及因从事合法的生产经营活动而非法制造、买卖、运输、邮寄、储存爆炸物，数量达到本解释第一条规定标准，没有造成严重社会危害，并确有悔改表现的,可依法从轻处罚;情节轻微的,可以免除处罚。

具有前款情形,数量虽达到本解释第二条规定标准的,也可以不认定为刑法第一百二十五条第一款规定的"情节严重"。

在公共场所、居民区等人员集中区域非法制造、买卖、运输、邮寄、储存爆炸物,或者因非法制造、买卖、运输、邮寄、储存爆炸物三年内受到两次以上行政处罚又实施上述行为,数量达到本解释规定标准的,不适用前两款量刑的规定。

第十条 实施非法制造、买卖、运输、邮寄、储存、盗窃、抢夺、持有、私藏其他弹药、爆炸物品等行为,参照本解释有关条文规定的定罪量刑标准处罚。

最高人民法院 最高人民检察院 公安部 司法部
关于依法严厉打击传播艾滋病病毒等违法犯罪行为的指导意见(节选)

公通字〔2019〕23号

详见《刑法》第234条故意伤害罪的相关规定

二、准确认定行为性质

(九)非法买卖危险物质罪。非法买卖含有艾滋病病毒的血液,危害公共安全的,依照刑法第一百二十五条第二款的规定,以非法买卖危险物质罪定罪处罚。

☞ 其他相关规定见章后二维码

◆ 解读与适用

【拓展关键词】危险物质的认定 "非法买卖"的认定 文义解释 实质解释 "其他情形" 客观超过要素

国家严格监督管理的氰化钠等剧毒化学品,易致人中毒或者死亡,对人体、环境具有极大的毒害性和危险性,属于《刑法》第125条第2款规定的"毒害性"物质。"非法买卖"毒害性物质,是指违反法律和国家主管部门规定,未经有关主管部门批准许可,擅自购买或者出售毒害性物质的行为,并不需要兼有买进和卖出的行为。①

《刑参》第360号案例"徐某非法买卖爆炸物案——确因生产、生活所需非法买卖爆炸物的,应当如何适用刑罚"相关论述:对被告人应在10年有期徒刑以上刑罚幅度内量刑,但鉴于被告人购买爆炸物确系为了用于开采山石,未造成严重社会危害后果,且归案后能够如实供述自己的犯罪事实,确有悔罪表现,不致危害社会,考虑本案具体情况,对被告人可以在法定刑以下判处刑罚,并适用缓刑。

《刑参》第361号案例"吴某等非法制造、买卖爆炸物案——非法制造、买卖大量炸药,炸药在买方存储中发生爆炸的,应当如何量刑"相关论述:炸药的爆炸是在炸药卖出后的存储中发生,非法制造、买卖炸药的行为与爆炸的发生不是典型的直接的因果关系。

《刑参》第759号案例"王某等非法买卖、储存危险物质案——非法买卖、储存危险物质中'危险物质'的认定"相关论述:氰化钠属于《刑法》第125条第2款规定的毒害性物质。《刑法》规定的"毒害性物质"不限于司法解释规定的"毒鼠强"等五种物质。对毒害性物质的理解不能完全等同于"国家命令禁止的物质"。有些物质虽然国家没有命令禁止但如果加以买卖其毒害性足以危害公共安全,也应属于"毒害性物质"。非

① 王某等非法买卖、储存危险物质案,最高人民法院指导案例13号(2013年)。

法买卖、储存危险物质不以实际造成危害后果或严重事故为要件。买卖危险物质罪的成立只要有买的行为或者卖的行为即可。买卖毒害性等危险物质的社会危害，主要体现在买进或者卖出危险物质对公共安全构成的危险。对该类行为是否定罪关键在于行为是否足以危及公共安全而不在于毒害性物质买进后行为人有否卖出意图或者卖出行为。“买卖”既可以是名词，表示买进再卖出的商业经营活动，又可以是并列标识“买”和“卖”两个行为的词，表示单一的买进或者卖出行为，这一点与“毒害性物质”等固定名词的用法不同。单一的买进或者卖出行为均可能危害公共安全，符合非法买卖危险物质罪的客体特征。

《刑参》第1075号案例“王某等走私武器、弹药、非法买卖枪支、弹药，非法持有枪支、弹药案——因个人爱好，以收藏为目的购买枪支、弹药的行为如何定性”相关论述：按照文义解释的规则，对《刑法》第125条第1款规定的“买卖”应理解为买进或者卖出。实施非法购买或者出售枪支、弹药行为之一的均构成非法买卖枪支、弹药行为。从实质解释的角度看，行为人是否具有牟利目的，不影响对非法买卖枪支、弹药行为的定性。刑法规定非法买卖枪支、弹药罪，是基于此类行为对公共安全造成的抽象危险，并不要求造成实际损害。

《刑参》第1116号案例“张某、方某非法买卖枪支案——对于发生在1997年10月1日以前的非法买卖枪支行为应当如何适用法律及该罪追诉时效的起算时间节点”相关论述：对于发生在1997年10月1日以前的非法买卖枪支行为，应当适用1979年《刑法》和1995年《最高人民法院关于办理非法制造、买卖、运输非军用枪支、弹药刑事案件适用法律问题的解释》。犯罪概念同时包含定性和定量因素。在行为人仅出售1支枪支的情况下，不具有“其他情形”的不构成犯罪。“其他情形”无疑是犯罪成立条件，但是出售枪支的行为人对作为“其他情形”的严重后果无须存在故意或过失，其出售枪支的行为与购买枪支者利用枪支实施犯罪行为所造成的严重后果之间也不要求存在刑法上的因果关系。对非法买卖枪支罪而言，该罪的客观行为仅指买卖枪支的交易行为，该行为宣告完成则追诉时效开始计算。“其他情形”仅属于客观超过要素，与行为人的主观心态无关也非行为人可控状态，该要素虽然是犯罪成立条件之一，但与追诉时效的计算无关。《最高人民法院关于办理非法制造、买卖、运输非军用枪支、弹药刑事案件适用法律问题的解释》对非法买卖枪支罪所规定的“其他情形”在性质上属于犯罪构成的客观要素，无论方某利用购买的枪支实施了多么严重的危害行为，其行为只能作为一个整体被评价为“其他情形”，即作为犯罪成立的条件。而不能在作为入罪条件后，再次作为量刑情节进行评价，否则违背“禁止重复评价”原则。

第一百二十六条 【违规制造、销售枪支罪】

依法被指定、确定的枪支制造企业、销售企业，违反枪支管理规定，有下列行为之一的，对单位判处罚金，并对其直接负责的主管人员和其他直接责任人员，处五年以下有期徒刑；情节严重的，处五年以上十年以下有期徒刑；情节特别严重的，处十年以上有期徒刑或者无期徒刑：

（一）以非法销售为目的，超过限额或者不按照规定的品种制造、配售枪支的；

（二）以非法销售为目的，制造无号、重号、假号的枪支的；

（三）非法销售枪支或者在境内销售为出口制造的枪支的。

◆ 相关规定

最高人民法院
关于审理非法制造、买卖、运输枪支、弹药、爆炸物等
刑事案件具体应用法律若干问题的解释(节选)
(法释〔2009〕18号)

详见《刑法》第125条非法制造、买卖、运输、邮寄、储存枪支、弹药、爆炸物罪的相关规定

第三条 依法被指定或者确定的枪支制造、销售企业,实施刑法第一百二十六条规定的行为,具有下列情形之一的,以违规制造、销售枪支罪定罪处罚:

(一)违规制造枪支五支以上的;

(二)违规销售枪支二支以上的;

(三)虽未达到上述最低数量标准,但具有造成严重后果等其他恶劣情节的。

具有下列情形之一的,属于刑法第一百二十六条规定的"情节严重":

(一)违规制造枪支二十支以上的;

(二)违规销售枪支十支以上的;

(三)达到本条第一款规定的最低数量标准,并具有造成严重后果等其他恶劣情节的。

具有下列情形之一的,属于刑法第一百二十六条规定的"情节特别严重":

(一)违规制造枪支五十支以上的;

(二)违规销售枪支三十支以上的;

(三)达到本条第二款规定的最低数量标准,并具有造成严重后果等其他恶劣情节的。

第一百二十七条 【盗窃、抢夺枪支、弹药、爆炸物、危险物质罪】①

盗窃、抢夺枪支、弹药、爆炸物的,或者盗窃、抢夺毒害性、放射性、传染病病原体等②物质,危害公共安全的,处三年以上十年以下有期徒刑;情节严重的,处十年以上有期徒刑、无期徒刑或者死刑。

【抢劫枪支、弹药、爆炸物、危险物质罪】

抢劫枪支、弹药、爆炸物的,或者抢劫毒害性、放射性、传染病病原体等物质,危害公共安全的,或者盗窃、抢夺国家机关、军警人员、民兵的枪支、弹药、爆炸物的,处十年以上有期徒刑、无期徒刑或者死刑。

---

① 根据《刑法修正案(三)》修订。原条文主要内容为:盗窃、抢夺枪支、弹药、爆炸物的,处三年以上十年以下有期徒刑;情节严重的,处十年以上有期徒刑、无期徒刑或者死刑。

抢劫枪支、弹药、爆炸物或者盗窃、抢夺国家机关、军警人员、民兵的枪支、弹药、爆炸物的,处十年以上有期徒刑、无期徒刑或者死刑。

② 刑法理论一般认为按照体系解释的同类规则原理,对于"等""其他"必须作出与所列举的要素性质相同的解释。体系解释一般是根据刑法条文在整个刑法中的地位,联系相关法条的含义,阐明其规范意旨的解释方法。使刑法相协调是最好的解释方法。参见张明楷:《刑法分则的解释原理》,中国人民大学出版社2004年版,第28页。

◆ 相关规定

最高人民法院
关于审理非法制造、买卖、运输枪支、弹药、爆炸物等
刑事案件具体应用法律若干问题的解释(节选)
(法释〔2009〕18号)

详见《刑法》第125条非法制造、买卖、运输、邮寄、储存枪支、弹药、爆炸物罪的相关规定

第四条　盗窃、抢夺枪支、弹药、爆炸物,具有下列情形之一的,依照刑法第一百二十七条第一款的规定,以盗窃、抢夺枪支、弹药、爆炸物罪定罪处罚:

(一)盗窃、抢夺以火药为动力的发射枪弹非军用枪支一支以上或者以压缩气体等为动力的其他非军用枪支二支以上的;

(二)盗窃、抢夺军用子弹十发以上、气枪铅弹五百发以上或者其他非军用子弹一百发以上的;

(三)盗窃、抢夺爆炸装置的;

(四)盗窃、抢夺炸药、发射药、黑火药一千克以上或者烟火药三千克以上、雷管三十枚以上或者导火索、导爆索三十米以上的;

(五)虽未达到上述最低数量标准,但具有造成严重后果等其他恶劣情节的。

具有下列情形之一的,属于刑法第一百二十七条第一款规定的"情节严重":

(一)盗窃、抢夺枪支、弹药、爆炸物的数量达到本条第一款规定的最低数量标准五倍以上的;

(二)盗窃、抢夺军用枪支的;

(三)盗窃、抢夺手榴弹的;

(四)盗窃、抢夺爆炸装置,危害严重的;

(五)达到本条第一款规定的最低数量标准,并具有造成严重后果等其他恶劣情节的。

◆ 解读与适用

【拓展关键词】同类解释　体系解释

"盗窃、抢夺枪支、弹药、爆炸物的,或者盗窃、抢夺毒害性、放射性、传染病病原体等物质",刑法理论一般认为按照体系解释的同类规则原理,对于"等""其他"必须作出与所列举的要素性质相同的解释。体系解释一般是根据刑法条文在整个刑法中的地位,联系相关法条的含义,阐明其规范意旨的解释方法。使刑法相协调是最好的解释方法。①

第一百二十八条　【非法持有、私藏枪支、弹药罪】

违反枪支管理规定,非法持有、私藏枪支、弹药的,处三年以下有期徒刑、拘役或者管制;情节严重的,处三年以上七年以下有期徒刑。

【非法出租、出借枪支罪】

依法配备公务用枪的人员,非法出租、出借枪支的,依照前款的规定处罚。

---

① 参见张明楷:《刑法分则的解释原理》,中国人民大学出版社2004年版,第28页。

依法配置枪支的人员,非法出租、出借枪支,造成严重后果的,依照第一款的规定处罚。

单位犯第二款、第三款罪的,对单位判处罚金,并对其直接负责的主管人员和其他直接责任人员,依照第一款的规定处罚。

◆ 相关规定

最高人民法院
关于审理非法制造、买卖、运输枪支、弹药、爆炸物等刑事案件具体应用法律若干问题的解释(节选)
(法释〔2009〕18号)

详见《刑法》第125条非法制造、买卖、运输、邮寄、储存枪支、弹药、爆炸物罪的相关规定

第五条 具有下列情形之一的,依照刑法第一百二十八条第一款的规定,以非法持有、私藏枪支、弹药罪定罪处罚:

(一)非法持有、私藏军用枪支一支的;

(二)非法持有、私藏以火药为动力发射枪弹的非军用枪支一支或者以压缩气体等为动力的其他非军用枪支二支以上的;

(三)非法持有、私藏军用子弹二十发以上,气枪铅弹一千发以上或者其他非军用子弹二百发以上的;

(四)非法持有、私藏手榴弹一枚以上的;

(五)非法持有、私藏的弹药造成人员伤亡、财产损失的。

具有下列情形之一的,属于刑法第一百二十八条第一款规定的"情节严重":

(一)非法持有、私藏军用枪支二支以上的;

(二)非法持有、私藏以火药为动力发射枪弹的非军用枪支二支以上或者以压缩气体等为动力的其他非军用枪支五支以上的;

(三)非法持有、私藏军用子弹一百发以上,气枪铅弹五千发以上或者其他非军用子弹一千发以上的;

(四)非法持有、私藏手榴弹三枚以上的;

(五)达到本条第一款规定的最低数量标准,并具有造成严重后果等其他恶劣情节的。

最高人民检察院 公安部
关于公安机关管辖的刑事案件立案追诉标准的规定(一)(节选)
(公通字〔2008〕36号)

第四条 **【非法持有、私藏枪支、弹药案(刑法第一百二十八条第一款)】**违反枪支管理规定,非法持有、私藏枪支、弹药,涉嫌下列情形之一的,应予立案追诉:

(一)非法持有、私藏军用枪支一支以上的;

(二)非法持有、私藏以火药为动力发射枪弹的非军用枪支一支以上,或者以压缩气体等为动力的其他非军用枪支二支以上的;

(三)非法持有、私藏军用子弹二十发以上、气枪铅弹一千发以上或者其他非军用子弹二百发以上的;

（四）非法持有、私藏手榴弹、炸弹、地雷、手雷等具有杀伤性弹药一枚以上的；

（五）非法持有、私藏的弹药造成人员伤亡、财产损失的。

本条规定的“非法持有”，是指不符合配备、配置枪支、弹药条件的人员，擅自持有枪支、弹药的行为；“私藏”，是指依法配备、配置枪支、弹药的人员，在配备、配置枪支、弹药的条件消除后，私自藏匿所配备、配置的枪支、弹药且拒不交出的行为。

第五条　【非法出租、出借枪支案（刑法第一百二十八条第二、三、四款）】依法配备公务用枪的人员或单位，非法将枪支出租、出借给未取得公务用枪配备资格的人员或者单位，或者将公务用枪用作借债质押物的，应予立案追诉。

依法配备公务用枪的人员或单位，非法将枪支出租、出借给具有公务用枪配备资格的人员或单位，以及依法配置民用枪支的人员或单位，非法出租、出借民用枪支，涉嫌下列情形之一的，应予立案追诉：

（一）造成人员轻伤以上伤亡事故的；

（二）造成枪支丢失、被盗、被抢的；

（三）枪支被他人利用进行违法犯罪活动的；

（四）其他造成严重后果的情形。

最高人民检察院

关于将公务用枪用作借债质押的行为如何适用法律问题的批复（节选）

（1998年11月3日）

依法配备公务用枪的人员，违反法律规定，将公务用枪用作借债质押物，使枪支处于非依法持枪人的控制、使用之下，严重危害公共安全，是刑法第一百二十八条第二款所规定的非法出借枪支行为的一种形式，应以非法出借枪支罪追究刑事责任；对接受枪支质押的人员，构成犯罪的，根据刑法第一百二十八条第一款的规定，应以非法持有枪支罪追究其刑事责任。

◆ 解读与适用

【拓展关键词】非法买卖枪支罪情节严重　死刑适用　私藏枪支与非法持有枪支罪辨析

私藏只是持有的一种表现形式，持有概念包含了私藏概念。①

《刑参》第218号案例“姜某受贿案——逢年过节收受下级单位‘慰问金’的行为如何定性”相关论述：被告人曾向有关领导说明、汇报过家中有子弹一事，主观上不具有私藏的故意，子弹未交出系一时找不到，客观上不存在拒不交出的行为，故其私自夹带子弹回家的行为不应认定为私藏弹药罪。非法持有与私藏行为的区别在于主体身份的不同。拒不交出仍是构成私藏的必要条件。

《刑参》第221号案例“姜某非法持有枪支、故意伤害案——被告人对事实性质的辩解不影响如实供述的成立”相关论述：不符合配备、配置枪支条件的人员违反枪支管理法律、法规的规定擅自持有枪支的行为应定非法持有枪支罪。私藏枪支罪的主体是特殊主体。非法持有枪支罪无论是否主动交出均构成犯罪。

《刑参》第359号案例“郭某私藏枪支弹药宣告无罪案——如何理解私藏枪支弹药罪中‘配备、配置枪支的条件消除’”相关论述：根据《枪支管理法》等规定，配备枪支条件的消除应当是指出现法律、法规规定的情形，经相关部门审查，取消其配枪资格，收回其持枪证件。枪支使用完毕后及时交回是在依法配备、配置枪支期间对枪支使用的管理规定，不能理解为配备、配置枪支条件消除。否则每次执行任务结束后再接受任务时

---

① 参见张明楷：《刑法分则的解释原理》，中国人民大学出版社2004年版，第315页。

需要重新具备配备、配置枪支的条件，这种理解不符合法律规定。

《刑参》第631号案例“吴某非法制造、买卖枪支、弹药案——如何认定非法制造、买卖枪支、弹药罪的‘情节严重’”相关论述：认定“情节严重”的程度有单纯数量标准和数量加情节标准两种。“其他恶劣情节”包括：枪支弹药流散到社会后是否造成人身伤亡的结果；是否针对妇女、儿童等特定对象犯罪；是否被他人用于犯罪活动；是否出于自己实施犯罪的目的或意图为犯罪分子提供枪支、弹药等。非法制造、买卖枪支、弹药罪适用死刑必须达到情节特别严重。枪支、弹药数量是量刑的重要情节，但不是唯一情节。是否判处死刑，还要综合考虑数量以外的其他严重情节。

第一百二十九条　【丢失枪支不报罪】

依法配备公务用枪的人员，丢失枪支不及时报告，造成严重后果的，处三年以下有期徒刑或者拘役。

◆ 相关规定

最高人民检察院　公安部

关于公安机关管辖的刑事案件立案追诉标准的规定(一)(节选)

(公通字〔2008〕36号)

第六条　【丢失枪支不报案(刑法第一百二十九条)】依法配备公务用枪的人员，丢失枪支不及时报告，涉嫌下列情形之一的，应予立案追诉：

(一)丢失的枪支被他人使用造成人员轻伤以上伤亡事故的；

(二)丢失的枪支被他人利用进行违法犯罪活动的；

(三)其他造成严重后果的情形。

◆ 解读与适用

【拓展关键词】客观的超过要素

当一种犯罪由过失实施也成立犯罪时，那么出于故意实施该行为的，一定会构成某种故意犯罪。倘若将丢失枪支不报罪确定为过失犯罪，则并不存在与之相对应的故意犯罪。因此，将该罪确定为故意犯罪更合适。丢失枪支虽然是本罪的客观要件，但不能要求行为人对丢失枪支本身具有故意或过失，丢失枪支事实上就是与故意无关的客观要件的要素，属于客观的超过要素。本罪中的“造成严重后果”虽然是构成要件，但不需要行为人对严重后果具有认识与希望或放任态度。“造成严重后果”便成为超出故意内容的客观要素，属于“客观的超过要素”。①

① 参见张明楷：《刑法分则的解释原理》，中国人民大学出版社2004年版，第47、214页。

第一百三十条　【非法携带枪支、弹药、管制刀具、危险物品危及公共安全罪】

非法携带枪支、弹药、管制刀具或者爆炸性、易燃性、放射性、毒害性、腐蚀性物品，进入公共场所或者公共交通工具，危及公共安全，情节严重的，处三年以下有期徒刑、拘役或者管制。

◆ 相关规定

最高人民检察院　公安部

关于公安机关管辖的刑事案件立案追诉标准的规定（一）（节选）

（公通字〔2008〕36号）

第七条　【非法携带枪支、弹药、管制刀具、危险物品危及公共安全案（刑法第一百三十条）】非法携带枪支、弹药、管制刀具或者爆炸性、易燃性、放射性、毒害性、腐蚀性物品，进入公共场所或者公共交通工具，危及公共安全，涉嫌下列情形之一的，应予立案追诉：

（一）携带枪支一支以上或者手榴弹、炸弹、地雷、手雷等具有杀伤性弹药一枚以上的；

（二）携带爆炸装置一套以上的；

（三）携带炸药、发射药、黑火药五百克以上或者烟火药一千克以上、雷管二十枚以上或者导火索、导爆索二十米以上，或者虽未达到上述数量标准，但拒不交出的；

（四）携带的弹药、爆炸物在公共场所或者公共交通工具上发生爆炸或者燃烧，尚未造成严重后果的；

（五）携带管制刀具二十把以上，或者虽未达到上述数量标准，但拒不交出，或者用来进行违法活动尚未构成其他犯罪的；

（六）携带的爆炸性、易燃性、放射性、毒害性、腐蚀性物品在公共场所或者公共交通工具上发生泄漏、遗洒，尚未造成严重后果的；

（七）其他情节严重的情形。

最高人民法院

关于审理非法制造、买卖、运输枪支、弹药、爆炸物等刑事案件具体应用法律若干问题的解释（节选）

（法释〔2009〕18号）

详见《刑法》第125条非法制造、买卖、运输、邮寄、储存枪支、弹药、爆炸物罪的相关规定

第六条　非法携带枪支、弹药、爆炸物进入公共场所或者公共交通工具，危及公共安全，具有下列情形之一的，属于刑法第一百三十条规定的“情节严重”：

（一）携带枪支或者手榴弹的；

（二）携带爆炸装置的；

（三）携带炸药、发射药、黑火药五百克以上或者烟火药一千克以上、雷管二十枚以上或者导火索、导爆索二十米以上的；

（四）携带的弹药、爆炸物在公共场所或者公共交通工具上发生爆炸或者燃烧，尚未造成严重后果的；

（五）具有其他严重情节的。

行为人非法携带本条第一款第（三）项规定的爆炸物进入公共场所或者公共交通工具，虽未达到上述数量标准，但拒不交出的，依照刑法第一百三十条的规定定罪处罚；携带的数量达到最低数量标准，能够主动、全部交出的，可不以犯罪论处。

☞ 其他相关规定见章后二维码

◆ 解读与适用

【拓展关键词】非法运输、储存爆炸物罪与非法携带危险物品危及公共安全罪辨析　选择性构成要件

如何确定“爆炸性、易燃性、放射性、毒害性、腐蚀性物品”的范围，有观点认为在选择性构成要件中，应当将刑法列举的若干选择要素作为一类来解释，提升出一个类的上位概念，比如“足以严重危害不特定或者多数人生命、健康或者重大财产安全的物品”，从而较为合理的确定选择要素的内涵与外延，适应不断发展变化的社会生活。①

《刑参》第368号案例“孔某非法携带危险物品危及公共安全罪——如何区分非法运输、储存爆炸物罪和非法携带危险物品危及公共安全罪”相关论述：司法解释对“非法储存”作了限制解释，即行为人所储存的枪支等是经他人非法制造、买卖、运输或邮寄的并且是为他人存放的行为。被告人私自存放的炸药并非他人非法制造的，而是他人为了施工以合法手续领取的，此外被告人获取的炸药是自己私藏，非为他人存放。因此按非法储存爆炸物定性不妥。被告人一直将炸药存放在船上，其驾船从甲地到乙地的目的是装运货物而非将炸药从此地运往彼地，其在装运货物过程中与他人发生纠纷时拿出炸药相威胁，所以属于携带而非运输炸药。

第一百三十一条　【重大飞行事故罪】

航空人员违反规章制度，致使发生重大飞行事故，造成严重后果的，处三年以下有期徒刑或者拘役；造成飞机坠毁或者人员死亡的，处三年以上七年以下有期徒刑。

第一百三十二条　【铁路运营安全事故罪】

铁路职工违反规章制度，致使发生铁路运营安全事故，造成严重后果的，处三年以下有期徒刑或者拘役；造成特别严重后果的，处三年以上七年以下有期徒刑。

第一百三十三条　【交通肇事罪】

违反交通运输管理法规，因而发生重大事故，致人重伤、死亡或者使公私财产遭受重大损失的，处三年以下有期徒刑或者拘役；交通运输肇事后逃逸或者有其他特别恶劣情节的，处三年以上七年以下有期徒刑；因逃逸致人死亡的，处七年以上有期徒刑。

---

① 参见张明楷：《刑法分则的解释原理》，中国人民大学出版社2004年版，第15～16页。

◆ 相关规定

最高人民法院
关于审理交通肇事刑事案件具体应用法律若干问题的解释(节选)
(法释〔2000〕33号)

第一条 从事交通运输人员或者非交通运输人员,违反交通运输管理法规发生重大交通事故,在分清事故责任的基础上,对于构成犯罪的,依照刑法第一百三十三条的规定定罪处罚。

第二条 交通肇事具有下列情形之一的,处三年以下有期徒刑或者拘役:

(一)死亡一人或者重伤三人以上,负事故全部或者主要责任的;

(二)死亡三人以上,负事故同等责任的;

(三)造成公共财产或者他人财产直接损失,负事故全部或者主要责任,无能力赔偿数额在三十万元以上的。

交通肇事致一人以上重伤,负事故全部或者主要责任,并具有下列情形之一的,以交通肇事罪定罪处罚:

(一)酒后、吸食毒品后驾驶机动车辆的;

(二)无驾驶资格驾驶机动车辆的;

(三)明知是安全装置不全或者安全机件失灵的机动车辆而驾驶的;

(四)明知是无牌证或者已报废的机动车辆而驾驶的;

(五)严重超载驾驶的;

(六)为逃避法律追究逃离事故现场的。

第三条 "交通运输肇事后逃逸",是指行为人具有本解释第二条第一款规定和第二款第(一)至(五)项规定的情形之一,在发生交通事故后,为逃避法律追究而逃跑的行为。

第四条 交通肇事具有下列情形之一的,属于"有其他特别恶劣情节",处三年以上七年以下有期徒刑:

(一)死亡二人以上或者重伤五人以上,负事故全部或者主要责任的;

(二)死亡六人以上,负事故同等责任的;

(三)造成公共财产或者他人财产直接损失,负事故全部或者主要责任,无能力赔偿数额在六十万元以上的。

第五条 "因逃逸致人死亡",是指行为人在交通肇事后为逃避法律追究而逃跑,致使被害人因得不到救助而死亡的情形。

交通肇事后,单位主管人员、机动车辆所有人、承包人或者乘车人指使肇事人逃逸,致使被害人因得不到救助而死亡的,以交通肇事罪的共犯论处。

第七条 单位主管人员、机动车辆所有人或者机动车辆承包人指使、强令他人违章驾驶造成重大交通事故,具有本解释第二条规定情形之一的,以交通肇事罪定罪处罚。

……

第九条 各省、自治区、直辖市高级人民法院可以根据本地实际情况,在三十万元至六十万元、六十万元至一百万元的幅度内,确定本地区执行本解释第二条第一款第(三)项、第四条第(三)项的起点数额标准,并报最高人民法院备案。

◆ 解读与适用

【拓展关键词】纵容他人醉酒驾驶

经认真研究,最高人民法院研究室认为,对"纵容他人在道路上醉酒驾驶机动车造成重大交通事故"的,不宜以交通肇事罪追究刑事责任。理由如下:(1)纵容他人酒后驾驶只是违反《道路交通安全法》的行为,对此行为能否构成犯罪，刑事法律和相关解释均未明确规定。(2)从行为性质看，“纵容”是一种放任行为，应由民法、行政法调整，有别于纳入刑法调整的“指使、强令他人违章驾驶”的积极行为。只有“指使、强令他人违章驾驶”才可以纳入刑法调整。否则，与酒后驾驶之人一起饮酒者、酒后驾驶之人所驾机动车上的乘员，明知此人饮酒后驾驶而不加制止，任其发展，均属于纵容他人酒后驾驶机动车，均可能构成犯罪。若此，刑法的打击面显然过宽，实不可取。虽然第二种意见为了克服打击面过宽问题，设置了“将机动车交给他人”的限制性条件，但是，“将机动车交给他人”后，他人是否亲自驾驶、是否醉酒驾驶等，都不由出借方掌控，如果他人出了交通事故，出借方就得连带承担刑事责任，仍难以避免将来司法实践中随意扩大打击面。中国系人情社会，此种现象较普遍，在法律未作明确规定的情况下，若将此种行为纳入刑法惩治范围，可能引发负面的评论。(3)交通肇事罪是过失犯罪，该罪的成立以行为人对事故负相应责任并造成一定危害后果为前提。如果认为纵容他人醉酒驾车者亦可构成本罪，则无法判定其对事故所负责任，将造成定罪量刑上的极大困难。①

【拓展关键词】交通肇事后逃逸　逃离现场　逃逸后自首　中止逃逸

交通肇事案件中，已作为入罪要件的逃逸行为，不能再作为对被告人加重处罚的量刑情节而予以重复评价。②

《刑参》第176号案例“周某交通肇事案——如何认定交通肇事后逃逸”相关论述：成立“交通肇事后逃逸”必须同时具备以下条件：(1)行为人的交通肇事行为首先必须已构成交通肇事罪的基本犯。如果其事前的肇事行为因不具备交通肇事罪基本犯的某项构成条件而达不到犯罪的程度，则认定属“交通肇事后逃逸”无从谈起。“交通肇事后逃逸”这一行为不能同时既作为定罪的考虑情节，又作为法定加重量刑的情形，否则违反刑法禁止对一行为作重复评价的原理。(2)行为人必须是基于为逃避法律追究的目的而逃跑。尽管从理论上说，逃逸行为一经实施即告完成。但是，从本案具体情况看，被告人离开现场时并不确知其已肇事，就此无法肯定或排他地推断出被告人离开事故现场的行为就一定是以逃避法律追究为目的，本着存疑有利于被告人的一般规则，本案不宜认定属于“交通肇事后逃逸”。如果行为人确已构成交通肇事后逃逸，那么即便行为人在逃逸过程中或是在逃逸状态持续过程中，能及时放弃其逃避法律追究的目的，主动投案，如实供述，听候处理，且也不论其中止逃逸是基于良心发现还是害怕罪责加重等何种缘故，该事后“中止逃逸”的行为均不得推翻对其先前逃逸行为的认定，而仅能认定其事后的行为为自首，即分开认定，而不宜相互冲抵。交通肇事是过失犯，不可能存在犯罪中止的情形。对中止逃逸的行为不能与犯罪中止相类比。“逃逸中止”实质上是行为人主动结束逃逸继续状态，与犯罪人事后主动并无本质差异。该事后行为在能成立自首的情况下，应当认定为自首。

《刑参》第342号案例“钱某交通肇事案——交通肇事逃逸致人死亡的司法认定。”相关论述：逃避抢救义务和其后逃避责任追究是逃逸者的两个根本动机。行为人客观上表现为逃脱、躲避。逃逸行为的本质是对抢救义务的不作为和对责任归结的逃避。认定是否属于逃逸行为并非是考察行为人是在现场或在非现场。在客观上，逃逸行为与死亡结果之间应当具有因果关系。“救助”没有特定的指向，既可以是肇事者的救助，也可以是其他人的救助。

《刑参》第415号案例“孙某交通肇事案——交通肇事逃离现场后又投案自首的行为能否认定‘肇事逃逸’”相关论述：认定“逃逸”不能仅看肇事人是否离开现场，其关键在于肇事人是否同时具备“积极履行救助

① 参见黄应生：《关于纵容他人醉酒驾驶造成重大交通事故定性问题的研究意见》，载张军主编、最高人民法院研究室编著：《司法研究与指导》第2辑，人民法院出版社2012年版。

② 龚某交通肇事案，载《最高人民法院公报》2017年第6期。

义务”和“立即投案”的行为特征。如果积极履行救助义务后逃跑或者立即投案但有能力履行却没有履行救助义务,均属于肇事后“为逃避法律追究”的“逃逸”行为。肇事人离开现场时是否“积极履行救助义务”是认定“逃逸”性质的本质要件。肇事人离开现场时是否“立即投案”是评判“逃逸”性质的形式要件。如果是惧怕受害人家属殴打而离开现场,或因报案或抢救被害人需要而离开现场等,均不属于“逃逸”。如果肇事人逃离现场后没有立即投案,而是经过一段时间后“事后投案”,则说明肇事人的“逃离”和“投案”是分属两个独立的行为,这种“事后投案”不能成为否定其肇事后“逃逸”的理由。“积极履行救助义务”与“立即投案”均是“接受法律追究”的表现形式,两者具有内在联系,缺一不可。

《刑参》第697号案例“王某交通肇事案——交通肇事后逃逸又自动投案的构成自首,应在逃逸情节的法定刑幅度内视情决定是否从轻处罚”相关论述:判断行为人是否构成“交通肇事后逃逸”应从以下几点分析:(1)考察行为人的交通肇事行为是否已构成交通肇事罪的基本犯。如果其行为不构成交通肇事罪的基本犯,即使其在交通肇事后逃逸,也不构成“交通肇事后逃逸”。(2)考察行为人是否明知自己造成了交通事故。(3)考察行为人是否具有逃避法律追究的目的。(4)考察行为人客观上是否实施了逃离现场的行为。“逃逸的时间”界定,只有发生在交通发生后、行为人接受交通事故处理机关首次处理前这段时间内的逃跑行为方能成立“交通肇事后逃逸”。如果行为人交通肇事后隐瞒事实,事故处理机关并未将其列为犯罪嫌疑人,其事后逃跑的也应认定为交通肇事后逃逸。如果行为人接受首次处理后逃跑,由于被害人一般都已经得到救治,事故行为人也已确定,行为人的逃跑实为逃离监管的脱逃行为,不应再认定为交通肇事后逃逸的行为。行为人为逃避法律追究,在事故发生后、被作为肇事嫌疑人接受处理前,实施逃离现场行为的,一经实施即告成立,不论其逃离多远或逃逸的时间有多久,也不论其逃逸后有何举动,均不影响对其逃逸行为性质的认定。“逃逸的空间”界定,交通肇事逃逸的现场不仅包括事故发生现场,而且包括与事故发生现场具有紧密联系的场所,如抢救伤亡者的医院、调查事故责任的交警部门等。行为人交通肇事后将伤者送往医院抢救后擅自离开医院的,属逃离现场,应认定为逃逸。

《刑参》第788号案例“刘某交通肇事案——交通肇事后,行为人因受伤在医院治疗,公安机关向其询问案情时,拒不交代肇事经过,并虚构身份信息,后逃离医院的行为,是否应当认定为‘交通肇事后逃逸’”相关论述:只要是在交通肇事后为逃避法律追究而逃离的行为,都应当认定为“交通肇事后逃逸”。法律、法规及相关规范性文件均未对逃逸的时间和地点作限制性规定。对事后逃逸行为有必要与事故现场逃逸行为一样予以打击。

《刑参》第857号案例“龚某交通肇事案——‘交通肇事后逃逸’情节的认定”相关论述:被告人案发后留在现场积极配合查处且及时救助受伤人员,已经履行了《道路交通安全法》规定的肇事者必须履行的法定义务。龚某离开案发地的行为客观上没有影响到案发时对被害人的及时救助,没有导致事故损失的扩大。龚某离开案发地的时间是在交警已经对事故现场勘查后,被害人在医院治疗期间,这个期间事故的危害后果和龚某的责任处于待定状态,公安机关未对其采取任何强制措施,龚某在得知被害人死亡后,主动向公安机关投案,接受处罚,并没有妨害民警对事故的查处,不符合“交通肇事后逃逸”的情节。

《刑参》第858号案例“马某交通肇事案——对致人重伤交通肇事案件中的逃逸行为如何评价”相关论述:马某无证驾驶机动车且违章停车致一人重伤负事故的全部责任,已构成交通肇事罪的基本犯。在此基础上又有逃逸情节,应当将逃逸作为加重处罚情节对待。马某肇事后虽然逃逸,但时隔一天后又自动投案,并如实供述自己的罪行,依法应当认定为自首。

《刑参》第1169号案例“赵某故意杀人、赵某齐交通肇事案——车辆所有人在交通肇事后将被害人隐藏致使被害人无法得到救助而死亡的如何定性”相关论述:认定“交通肇事后逃逸”应当定位于为“为逃避法律追究而逃跑”,且“逃跑”并不限于“当即从现场逃跑”。即使其肇事后在医院醒来才知道撞了人,也应当在知情后立即报警。

【拓展关键词】交通肇事其他恶劣情节

《刑参》第918号案例"张某交通肇事案——吸毒后驾驶机动车致使发生交通事故的行为如何定性以及是否属于刑法第一百三十三条的规定的'其他特别恶劣情节'"相关论述:对于吸食毒品后驾驶机动车发生重大交通事故的行为,应当结合具体案情进行定性分析。被告人对交通事故的发生在意志状态上系反对、否定态度,即罪过形式为过失,其行为构成交通肇事罪。在认识因素上,被告人仅认识到交通事故发生的可能性而非高度盖然性。对危害结果发生可能性大小的认识程度是区分间接故意与过于自信过失的重要因素。吸毒后驾驶机动车交通肇事造成特别严重后果的,属于《刑法》第133条规定的"其他特别恶劣情节"。对"其他特别恶劣情节"的把握,要采取原则性和灵活性相统一的原则。

【拓展关键词】交通肇事罪共犯的认定　交通肇事罪主体

《刑参》第84号案例"梁某、周某等交通肇事案——肇事交通工具的单位主管人员能否构成交通肇事罪"相关论述:交通肇事罪的犯罪主体是一般主体。非交通运输管理人员违反交通运输管理法规也可以引起重大交通事故。如行人在借道通行时未避让在本道内行使的车辆致使在本道内行使的车辆发生碰撞造成重大损失的,应以交通肇事罪追究行为人的刑事责任。船舶所有人属于对船舶的营运安全负有管理职责的人员,无论船舶的所有人是否亲自、直接经营交通运输业,都应当对船舶的营运安全负责。船舶的所有权人不履行或者不正确履行自己的职责,指使或者强令船舶的经营人违章驾驶,造成重大交通事故的,应当以交通肇事罪定罪处罚。

《刑参》第1297号案例"胡某交通肇事案——行人引起的交通肇事案件的司法认定"相关论述:行人可以成为交通肇事罪的主体。被告人未按交通信号灯指使穿越马路,并在穿越马路时一直低头使用手机,未尽到注意义务,符合交通肇事罪的客观要件。其行为与一人死亡的后果之间存在因果关系,承担此次事故的主要责任,构成交通肇事罪。

【拓展关键词】道路

《刑参》第760号案例"谢某危险驾驶案——对危险驾驶罪状中的'道路'如何理解"相关论述:对危险驾驶罪中"道路"的理解应重点把握驾驶行为发生地是否具有"公共性",只要具有"公共性",就应当认定为"道路"。

《刑参》第892号案例"李某交通肇事案——校园道路是否属于道路交通安全法规定的'道路'以及如何在舆论压力和理性判罚之间寻求最佳审判效果"相关论述:允许社会车辆通行的校园道路属于《道路交通安全法》规定的"道路"。

《刑参》第893号案例"廖某危险驾驶案——在小区道路醉驾是否构成危险驾驶罪"相关论述:刑法设置危险驾驶罪时并没有对"道路"作限制性规定,故"道路"的范围应当与《道路交通安全法》的规定保持一致。小区道路是否属于危险驾驶罪罪状中的"道路",关键看该道路是否允许社会车辆通行。危险驾驶罪属于行政犯,如果没有特别需要扩张或者限制解释的理由,对概念性法律术语的规定应当与其所依附的行政法规保持一致。对"道路"的认定,关键在于对"公共性"的理解,其最本质的特征在于对象的不特定性。只要允许不特定社会车辆自由通行,就属于"道路"。

【拓展关键词】交通事故致本人伤亡

《刑参》第900号案例"郑某危险驾驶案——醉酒驾驶机动车致使本人重伤的是否构成交通肇事罪"相关论述:犯罪一般是对他人法益的侵害,单纯的自损行为不构成犯罪。我国《刑法》及司法解释中以伤亡人数作为定罪量刑条件的,一般不包含对本人造成的伤亡。例外的情形是,如果这种自损行为同时侵害他人的权益,危及国家和公共安全,则应当处罚,如军人战时自伤、行为人充当“人体炸弹”等。对司法解释中“致一人以上重伤”中的“人”应当作不包括本人的限缩解释。故意伤害自己的行为不构成犯罪,举重以明轻,过失致本人重伤的亦不应构成犯罪。过失致人重伤罪要求致他人重伤才构成犯罪,同为过失犯罪,若在交通案件中过失致本人重伤就构成犯罪,则将破坏罪刑阶梯构建的平衡。被告人醉驾致本人重伤的结果,不应作为交通肇事罪的构成要件进行评价。

《刑参》第917号案例“杨某危险驾驶案——醉酒驾驶仅致本人受伤的如何处理”相关论述:危险驾驶罪不以发生危害结果为入罪要件,醉酒后驾驶机动车即可构成本罪。危险驾驶罪是抽象危险犯,只要实施了刑罚所类型化的危险行为,即该行为只要具有发生危害结果的高度危险就达到了纳入刑法评价的严重程度。危险驾驶案件中发生交通事故后果是否作为从重处罚情节,需要结合具体情形而定。危险驾驶行为入刑主要是因其侵害了公共安全,危险驾驶仅造成本人死亡的,失去了刑法评价的意义。危险驾驶仅造成本人伤害或者财产损失的,也宜将这一后果视为行为人为自己犯罪行为付出的代价,而不宜作为从重处罚情节。对于危险驾驶仅致本人受伤且不具有从重处罚情节的,从刑罚谦抑精神出发,可以酌情从宽处罚。

【拓展关键词】交通肇事罪与故意杀人罪辨析

《刑参》第220号案例“倪某交通肇事案——如何准确把握‘交通肇事后将被害人带离事故现场后遗弃,致使被害人无法得到救助而死亡’的情形”相关论述:“隐藏”是指将被害人置于隐蔽的、秘密的地点、场所或者进行掩盖、伪装,使人在正常情况下难以发现或根本不能发现。“遗弃”是指将被害人转移到其他非隐蔽、非秘密的场所抛弃。没有将被害人带离事故现场,只是将被害人留在现场听之任之自己逃逸的,不是遗弃。行为人实施上述行为的主观目的是逃避法律追究。如果被害人虽被隐藏或者遗弃,但因有他力救助或其他原因而没有发生死亡或严重残疾的后果,对肇事者就不能以故意杀人罪或者故意伤害罪定罪处罚。如果被害人死亡或者严重残疾的后果在被带离现场隐藏或遗弃之前发生,不是由于被隐藏或者遗弃而无法得到救助所致,如事故当场即亡或因伤势严重,被隐藏或者遗弃前后不可避免地要发生死亡的,也同样不能对肇事人以故意杀人罪或者故意伤害罪定罪处罚。被告人虽有为逃避法律追究遗弃被害人的行为,客观上也发生了被害人死亡的后果,但是被害人死亡的具体、确切时间,其死亡后果是否系因被告人遗弃而无法得到救助所致,均无法证实。被害人在被遗弃时是否尚未死亡是判定被告人可否构成故意杀人罪的前提因素之一。被害人的死亡后果在能够得到及时有效的救治的情况下是否必然能够避免,同样无法定论。本着有利于被告人的原则,应以交通肇事罪处理。认定被告人是否出于逃避法律追究的目的,只能根据其最终如何处置被害人的行为来确定,而不能以其将被害人带离事故现场当时的行为目的来认定。本案被告人肇事后将被害人带离现场,其目的虽然一直是救治被害人,但当其认为被害人已经死亡后,又将被害人遗弃后逃跑,其时被告人的主观心态已经发生了变化,从积极救治被害人到为逃避法律追究弃尸逃逸,符合交通肇事后逃逸的特征。

【拓展关键词】因逃逸致人死亡 二次碾压的因果关系 因果关系与介入因素 基本犯与加重犯

《刑参》第276号案例“陈某投放危险物质案——介入因素与刑法因果关系的认定”相关论述:因果关系具有条件性和具体性。一种行为能引起什么样的结果,得取决于行为时的具体条件,并没有一个固定不变的模式。即便在通常情况下,某一行为不足以导致某种看似异常的结果,但若因行为时的具体条件特殊,最终造成该异常结果出现的,则并不能以行为时所存在的特殊具体条件为由,否定行为与结果之间的因果关系。相反,仍然应当肯定两者之间存在刑法意义上的因果关系。一般认为,在因果关系发展进程中,如果介入第三者的行为、被害人的行为或特殊自然事实等其他因素,则应当考察介入情况的异常性大小、对结果发生的作用力大小、行为人的行为导致结果发生的可能性大小等情形,进而判断前行为与结果之间是否存在因果关系。其中,如果介入情况非常异常、对结果发生的作用力较小、行为人的行为本身具有导致结果发生的较大可能性的,则应当肯定前行为与结果之间存在刑法上的因果关系;反之,则应当认为前行为与结果之间不存在刑法上的因果关系,或者说因果关系已经断绝。首先被害人的投毒行为所诱发的疾病较为罕见,出现误诊是较难避免的。其次医疗条件有限,医院误诊并非异常,该介入因素对死亡结果发生的作用力较小。本案存在诊治失误这一介入因素,并不足以切断被告人的投毒行为与被害人死亡结果之间的因果关系。

《刑参》第 342 号案例"钱某交通肇事案——交通肇事逃逸致人死亡的司法认定"相关论述:及时的"救助"是确定逃逸与死亡之间是否存在刑法上因果关系的一个中介。被告人交通肇事行为发生后,主动停车,了解伤情,无逃避法律追究的故意。其与被害人交谈后,认为并无大碍,遂驾车离开,后又再次驾车路过事发地。被告人因过于自信导致对后果认识错误,致被害人未得到及时救治而死亡,其主观上没有逃避法律追究的故意,只是由于主观上认识错误,才驾车离开现场,不能认定为逃匿。但被告人因过失导致认识错误,不影响责任的承担,其应对被害人死亡的结果承担责任。

《刑参》第 434 号案例"赵某等故意伤害案——持刀追砍致使他人泅水逃避导致溺水死亡的如何定罪"相关论述:刑法上所关注的因果关系是危害行为同危害结果的关系,其目的是确定危害社会的结果是由谁的行为引起的,从而为追究刑事责任提供客观基础,关注的是行为人的行为对危害结果是否起了作用,起了多大作用,行为人应承担多大的责任,即:(1)行为人的行为是否属于引起危害结果的原因,即是否存在事实上的因果关系。(2)行为对于危害结果产生所起作用的程度。因果关系除了有无之外,还存在程度之别。必须根据行为与结果联系的紧密程度、行为导致结果产生的力量大小、犯罪构成对行为与结果之间联系的要求程度等综合评判。(3)行为的社会危害程度。一是客观上危害行为实际造成的危害结果的严重程度;二是危害行为本身所具有的造成特定危害结果产生的可能性程度,即具体危险性;三是危害行为本身客观上违反社会规范的程度。本案被告人主观上有伤害故意,持刀追砍的行为与被害人溺水死亡之间具有刑法意义上的因果关系。

《刑参》第 440 号案例"韩某过失致人死亡案——无充分证据证实伤害行为与伤害后果有因果关系的,不能认定成立故意伤害罪"相关论述:因果关系的客观性是指事物现象之间的普遍联系与相互作用不以人的意志为转移而客观存在。因果关系的条件性是指因果关系只能在一定条件下存在。同一行为在一般场合下可能不会引起某种结果,但在特殊条件下会合乎规律地导致某种危害结果的发生。在考察行为与结果的因果关系时,要进行具体分析。因果关系的多样性是指某种危害结果的发生由多种原因导致,即通常所说的多因一果。要考虑行为人的行为是否为原因之一,是主要还是次要原因,以确定责任大小。

《刑参》第 685 号案例"张某抢劫案——医院抢救中的失误能否中断抢劫行为与被害人死亡结果之间的因果关系"相关论述:刑法上的因果关系从形式上可以区分为简单因果关系、复杂因果关系、中断的因果关系三种。成立中断的因果关系必须具备以下条件:(1)须有另一原因的介入;(2)介入原因须为异常原因,即通常情况下不会介入的某种行为或自然力;(3)中途介入的原因须合乎规律地引起最后结果的发生。具体判断标准为:一是先前行为对结果发生所起的作用大小。作用大,则先前行为与结果之间有因果关系,反之则无。二是介入因素的异常性大小。过于异常,则先前行为与结果之间无因果关系,反之则有。三是介入因素本身对结果发生所起的作用大小。作用大,则先前行为与结果之间无因果关系,反之则有。本案因果关系中,被告人实施的行为本身就具有足以造成危害结果产生的效力,至少是被害人死亡的主要原因。医院的失误并没有使抢劫行为的效果缓和或超越替代了抢劫行为而引起结果。医院的抢救行为并不能中断因果关系。医院在抢救过程中虽存在失误之处,但不足以影响对被告人的量刑。

《刑参》第 925 号案例"李某故意杀人案——如何认定交通肇事逃逸案件中的间接故意杀人犯罪"相关论述:刑法上的因果关系,是指危害行为与危害结果之间引起与被引起的关系,因具有一定普遍性而应当纳入刑法评价的因果关系。在有第三人介入的情形中,对前行为与最终结果之间刑法上因果关系的判断要考虑:(1)最早出现的实行行为导致最后结果发生的可能性高低。(2)介入因素异常性的大小。(3)介入因素对结果发生的影响力的大小。被告人作为一名机动车驾驶人,在其交通肇事后,应当负有救助、报警的法定作为义务,但其有能力履行而不履行,并在明知不履行可能导致被害人死亡结果发生的情况下,仍然放任该危害结果的发生,最终导致被害人死亡,应当构成故意杀人罪。

《刑参》第1117号案例"杨某某、杜某某放火案——刑法上因果关系的认定"相关论述:刑法上的因果关系是指危害行为与危害结果之间引起与被引起的合乎规律的联系。因果关系研究的是行为与结果之间的引起与被引起的关系,而不是对行为与结果本身的研究。因果关系是一种客观联系,并且是一种特定条件下的客观联系,不能离开客观条件认定因果关系。一个危害结果完全可能由数个危害行为造成,在认定某种行为造成了某一危害结果时,不能轻易否认该危害结果可能同时由其他行为造成。在行为人的行为介入其他因素时,要根据具体情况综合判断行为人的行为与结果之间的关系。

《刑参》第1118号案例"邵某交通肇事案——交通肇事撞伤他人后逃离现场,致被害人被后续车辆碾压致死的如何定性"相关论述:"因逃逸致人死亡"的认定不以逃逸前的交通肇事行为构成犯罪为前提。《刑法》第133条先后列明了交通肇事罪的三种类型且量刑逐步加重,但刑法并未明确规定三者系递进关系,认定后两者应以前者为前提。情节加重犯、结果加重犯均系对基本构成要件的修正,但情节加重犯系在基本构成要件基础上增加了加重情节,其构成要件完全覆盖了基本构成要件。从这个意义上,可以说是以基本构成要件为基础。例如在公共交通工具上抢劫,除加重情节外,其他要素完全符合基本构成要件。但结果加重犯不同,其系对犯罪结果这一要素的变更或替代,就不能简单理解为以基本构成要件为基础了。例如抢劫致人重伤,其构成要件中就没有"轻伤"这一要素的存在空间,刑法和相关司法解释也没有规定必须抢得财物才可成立;又如非法拘禁致人死亡的,即使行为人的拘禁行为不构成基本犯,但只要与死亡结果之间存在相当因果关系,罪名即可成立。刑法所规定的"因逃逸致人死亡"类型中,逃逸为加重情节,"死亡"则为加重结果,因此,其同时存在对基本构成要件的变更和涵盖,就不能认为其应以交通肇事罪基本构成要件为基础了。从犯罪构成角度来看,一个犯罪行为只能有一种确定结果,因逃逸致人死亡的结果只能是逃逸行为导致的"死亡"。怎么能同时出现可以构成一般交通肇事的重伤结果和加重处罚死亡结果的情形呢?对交通肇事中"逃离现场"这一客观行为,在三种场合有相应不同的表述,其含义和法律后果也是不一样的。(1)作为构罪要件。交通肇事致一人重伤,在一般情况下不构成犯罪,但为逃避法律追究逃离事故现场的,应当以交通肇事罪定罪处罚。(2)作为法定加重情节。逃逸前的交通肇事行为已经达到了犯罪的程度,为逃避法律追究而逃跑的,以"以交通肇事后逃逸"论处。(3)作为重罪构成要件。不以逃逸前的交通肇事行为已经构成交通肇事罪的一般情形为前提条件。"因逃逸致人死亡"的构成要件有四个:一是行为人逃逸前的行为构成了交通肇事。二是肇事的结果不论是否有人死亡,但肯定有一名被害人当时没有死亡。三是行为人为逃避法律追究而逃跑。四是被害人因行为人的逃逸得不到救助而死亡。"因逃逸致人死亡"的认定不以行为人在逃逸前的交通肇事行为中的责任大小为前提条件。"交通肇事后逃逸"和"因逃逸致人死亡"的加重处罚基础虽然均为未履行法定义务,但在实践层面,前者的基础侧重于未履行报警、保护现场等义务,以及对其后交通状况所造成的抽象危险等。而后者的救助义务更加突出,并非仅仅是抽象的危险,其作为要求要高于后者。法律规定抢救伤员等作为义务时,并没有提及事故责任的大小。在二次碰撞事故中,即使不考虑将逃逸推定为全责的情况,第一次肇事者的责任大小,也不能阻却"因逃逸致人死亡"认定的事由。介入因素一般不能阻断逃逸行为与被害人死亡之间的因果关系。被害人的介入有异常才阻断行为人的行为与结果间的因果关系。被告人的逃逸行为对后续二次碰撞具有较大的危险和原因力。经认定,两次碰撞对死亡负同等责任,不能认为后续碰撞具有异常性。不作为故意杀人对被害人的死亡持放任态度,对被害人实施了隐藏或者遗弃等主动作为行为的，被害人死亡的直接原因是无法救助。而“因逃逸致人死亡”主观上不希望被害人死亡结果的发生。除了逃跑外，未实施其他不利于被害人救助的行为，被害人死亡的原因是被害人得不到及时救助。不作为行为与结果之间的关系，至少应达到相当的程度，即被害人死亡的概率非常高，生还具有异常性。在“移置性逃逸”中，移置致被害人死亡的风险升高，相当于“拿走溺水者唯一求生的木板”，等价于故意杀人。在二次碰撞事故中，也应重点考量被害人因何种原因处于危险状态、危险程度，被害人对逃逸者的依赖程度、逃逸者履行义务的难易程度、逃逸者不履行义务对结果的原因力、将结果仅归责于逃逸是否合适等因素，综合判断逃逸行为与故意杀人间是否具有等价性。

《刑参》第1169号案例“赵某江故意杀人、赵某齐交通肇事案——车辆所有人在交通肇事后将被害人隐藏致使被害人无法得到救助而死亡的如何定性”相关论述：“因逃逸致人死亡”是指行为人在交通肇事后为逃避法律追究而逃逸致使被害人因得不到救助而死亡的情形。本案中被害人即使得到及时救治，被救活的可能性也很小，其死亡原因主要是交通肇事。就被告人赵某齐而言，其逃逸行为在前不具有主动性，是被赵某江搭载离开现场的。其在医院醒来后，即使报了警也已经无法救活被害人。据此，对赵某齐而言，其逃逸行为与被害人的死亡结果之间没有因果关系，不能认定“因逃逸致人死亡”。车辆所有人在交通肇事后将被害人隐藏致使被害人无法得到救助而死亡的，应当以故意杀人罪论处。赵某江作为肇事车辆所有者，虽然没有指使肇事人逃逸但其搭载交通肇事直接行为人逃逸，应当以交通肇事罪的共犯论处。被害人即使得到及时救助也基本没有被救活的可能性，赵某江的行为并不必然造成被害人死亡结果的发生。赵某江只是实施了法律拟制的“故意杀人”行为，构成故意杀人罪。赵某江与发生交通事故后已经昏迷的赵某齐不同，其是在明知被害人还有呼吸的情况下，将被害人拽入沟中从而使其完全失去了被抢救的可能，可以认定为“致使被害人因得不到救助而死亡”。

《刑参》第1271号案例“李某交通肇事案——如何认定醉驾致人死亡案件中行为人的主观心态”相关论述：在司法实践中可大体遵循以下标准区分交通肇事罪和以危险方法危害公共安全罪：(1)仅有一次碰撞行为的，除非有充分的证据证明行为人对危害结果的发生持希望或放任态度，否则不能认定其具有危害公共安全的直接或间接故意，只能认定为过失，以交通肇事罪论处。其中，对造成特别重大伤亡后果的案件，不能仅因后果极其严重就认定行为人当时出于故意心态，即不能仅凭结果认定主观心态，还要综合案件的具体情节来认定。(2)有两次以上碰撞行为的，说明行为人出于逃逸等目的，将他人的生命置于高度危险之中，其本人已没有能力对这种危险进行有效控制，但依然不管不顾，为逃脱罪责放任危害结果的发生，一般可认定具有危害公共安全的间接故意，可以以危险方法危害公共安全罪论处。

《刑参》第1364号案例“汪某交通肇事案——肇事者交通事故后滞留现场不履行救助义务，在二次事故发生后，隐瞒身份并离开现场，可以构成因逃逸致人死亡”相关论述：认定“因逃逸致人死亡”的条件：(1)被告人交通事故后有救助义务及救助能力。(2)被告人在交通事故发生后逃逸，未履行救助义务。肇事者具有救助行为但履行救助义务后为逃避法律追究又逃跑，被害人因抢救无效而死亡，不能认定“因逃逸致人死亡”，只能认定“交通肇事逃逸”。认定“因逃逸致人死亡”中的逃逸，不应仅限于交通事故后逃离事故现场，逃离现场不是交通肇事逃逸的唯一要件，核心问题仍在于是否逃避法律的追究。在事故现场躲避、指使他人冒名顶替等情形，仍然可以构成“逃逸”。认定“因逃逸致人死亡”中“逃逸”的关键是有救助能力而不履行救助义务。(3)被告人的逃逸行为与被害人死亡之间存在因果关系。要判断后车的第二次碰撞行为是否阻断前车的因果关系要考虑：(1)逃逸行为导致被害人死亡结果发生的危险性大小；(2)后者第二次碰撞行为的异常性大小；(3)后车第二次碰撞行为对结果发生的作用大小；(4)后车第二次碰撞行为是否为逃逸行为的可控范围，但最重要的是判断哪个行为对结果的发生起了决定性作用，同时也要考虑后车行为的可能性；(5)被告人的逃逸行为与故意杀人行为不具有相当性。

《刑参》第1450号案例"王某、陈某交通肇事案——车主指使驾驶人员逃逸致被害人遭连环碾轧死亡的刑事责任认定"相关论述：由于不能确定被害人在遭到第一次碾轧时是否死亡，根据刑法谦抑原则，从有利于被告人角度出发，不认定"逃逸致人死亡"，从而认定陈某交通肇事后逃逸。

第一百三十三条之一　【危险驾驶罪】①②

在道路上驾驶机动车，有下列情形之一的，处拘役，并处罚金：

（一）追逐竞驶，情节恶劣的；

（二）醉酒驾驶机动车的；

（三）从事校车业务或者旅客运输，严重超过额定乘员载客，或者严重超过规定时速行驶的；

（四）违反危险化学品安全管理规定运输危险化学品，危及公共安全的。

机动车所有人、管理人对前款第三项、第四项行为负有直接责任的，依照前款的规定处罚。

有前两款行为，同时构成其他犯罪的，依照处罚较重的规定定罪处罚。

◆ 相关规定

最高人民法院
关于审理交通肇事刑事案件具体应用法律若干问题的解释
（2000年11月21日施行）

详见《刑法》第133条交通肇事罪的相关规定

最高人民法院　最高人民检察院　公安部
关于办理醉酒驾驶机动车刑事案件适用法律若干问题的意见
（法发〔2013〕15号）

一、在道路上驾驶机动车，血液酒精含量达到80毫克/100毫升以上的，属于醉酒驾驶机动车，依照刑法第一百三十三条之一第一款的规定，以危险驾驶罪定罪处罚。

前款规定的"道路""机动车"，适用道路交通安全法的有关规定。

二、醉酒驾驶机动车，具有下列情形之一的，依照刑法第一百三十三条之一第一款的规定，从重处罚：

（一）造成交通事故且负事故全部或者主要责任，或者造成交通事故后逃逸，尚未构成其他犯罪的；

（二）血液酒精含量达到200毫克/100毫升以上的；

---

① 根据《刑法修正案（八）》新增。

② 根据《刑法修正案（九）》修订。原条文主要内容为：在道路上驾驶机动车追逐竞驶，情节恶劣的，或者在道路上醉酒驾驶机动车的，处拘役，并处罚金。

有前款行为，同时构成其他犯罪的，依照处罚较重的规定定罪处罚。

（三）在高速公路、城市快速路上驾驶的；

（四）驾驶载有乘客的营运机动车的；

（五）有严重超员、超载或者超速驾驶，无驾驶资格驾驶机动车，使用伪造或者变造的机动车牌证等严重违反道路交通安全法的行为的；

（六）逃避公安机关依法检查，或者拒绝、阻碍公安机关依法检查尚未构成其他犯罪的；

（七）曾因酒后驾驶机动车受过行政处罚或者刑事追究的；

（八）其他可以从重处罚的情形。

三、醉酒驾驶机动车，以暴力、威胁方法阻碍公安机关依法检查，又构成妨害公务罪等其他犯罪的，依照数罪并罚的规定处罚。

四、对醉酒驾驶机动车的被告人判处罚金，应当根据被告人的醉酒程度、是否造成实际损害、认罪悔罪态度等情况，确定与主刑相适应的罚金数额。

五、公安机关在查处醉酒驾驶机动车的犯罪嫌疑人时，对查获经过、呼气酒精含量检验和抽取血样过程应当制作记录；有条件的，应当拍照、录音或者录像；有证人的，应当收集证人证言。

六、血液酒精含量检验鉴定意见是认定犯罪嫌疑人是否醉酒的依据。犯罪嫌疑人经呼气酒精含量检验达到本意见第一条规定的醉酒标准，在抽取血样之前脱逃的，可以以呼气酒精含量检验结果作为认定其醉酒的依据。

犯罪嫌疑人在公安机关依法检查时，为逃避法律追究，在呼气酒精含量检验或者抽取血样前又饮酒，经检验其血液酒精含量达到本意见第一条规定的醉酒标准的，应当认定为醉酒。

七、办理醉酒驾驶机动车刑事案件，应当严格执行刑事诉讼法的有关规定，切实保障犯罪嫌疑人、被告人的诉讼权利，在法定诉讼期限内及时侦查、起诉、审判。

对醉酒驾驶机动车的犯罪嫌疑人、被告人，根据案件情况，可以拘留或者取保候审。对符合取保候审条件，但犯罪嫌疑人、被告人不能提出保证人，也不交纳保证金的，可以监视居住。对违反取保候审、监视居住规定的犯罪嫌疑人、被告人，情节严重的，可以予以逮捕。

◆ 解读与适用

【拓展关键词】追逐竞驶情节恶劣的认定

机动车驾驶人员出于竞技、追求刺激、斗气或者其他动机，在道路上曲折穿行、快速追赶行驶的，属于《刑法》第133条之一规定的“追逐竞驶”。追逐竞驶虽未造成人员伤亡或财产损失，但综合考虑超过限速、闯红灯、强行超车、抗拒交通执法等严重违反《道路交通安全法》的行为，足以威胁他人生命、财产安全的，属于危险驾驶罪中“情节恶劣”的情形。①

《刑参》第906号案例“张某、金某危险驾驶案——如何认定刑法第一百三十三条之一规定的追逐竞驶情节恶劣”相关论述：对“追逐竞驶”的认定应当坚持主客观相统一原则。对本罪“情节恶劣”的认定应当重点考察追逐竞驶行为对道路交通安全造成的危险程度。②

【拓展关键词】醉酒驾驶超标电动车

《刑参》第894号案例“林某危险驾驶案——醉酒驾驶超标电动自行车的，是否构成危险驾驶罪”相关论述：危险驾驶罪属于行政犯。对“机动车”等概念性法律术语的理解应当与其所对应的行政法规保持一致，不能随意扩大解释。对于超标电动自行车是否属于机动车相关行政法规并未作出明确规定。《机动车运行

---

① 张某、金某危险驾驶案，最高人民法院指导案例32号（2014年）。

② 张某、金某危险驾驶案，载《最高人民法院公报》2013年第12期。

安全技术条件》(以下简称《机动车国标》)并未明确规定超标电动自行车属于机动车,只是规定符合国家标准的残疾人机动轮椅车、电动自行车属于摩托车。即使《机动车国标》明确规定超标电动自行车属于机动车,其法律性质与效力也存在疑问。《机动车国标》属于强制性国家标准,但是否属于行政法规、部门规章,法律并无明确规定。其只是接近于行政规范性文件,不具有法律规范意义上的约束力。只有行政法规或者部门规章明确规定超标电动自行车属于机动车后,法院才能据此认定超标电动车属于法律意义上的机动车。《道路交通安全法》规定无证驾驶机动车应当受到行政处罚,但公安机关从未颁发过超标电动自行车驾驶证,无权进行处罚。将超标电动自行车作为机动车进行规定和管理存在较多困难。当前尚不具备将超标电动自行车规定为机动车的现实条件。公众普遍认为超标电动自行车不属于机动车,此类醉酒驾驶或者追逐竞驶的行为人往往不具有相关违法性认识。国家既未对超标电动自行车的法律属性作出明确规定,又未对其按照机动车进行管理,在此情况下要求普通民众认识到超标电动自行车属于机动车,既不现实也不妥当,甚至有些强人所难。有些地方由交通管理部门出具情况说明或鉴定意见,称涉案的超标电动自行车属于机动车,然而,这种做法既不能证明行为人认识到自己驾驶的电动自行车属于超标电动自行车,更不能证明行为人认识到超标电动自行车属于机动车。况且,在相关行政法规未明确规定超标电动自行车属于机动车的情况下,地方交通管理部门或者鉴定机构认定超标电动自行车属于机动车超出了其权限范围。将醉驾超标车等行为以危险驾驶罪定罪处罚,打击面过大,社会效果不好。

【拓展关键词】醉驾相关罪名辨析

《刑参》第197号案例"陆某某、张某某以危险方法危害公共安全、交通肇事案——公交司机离开驾驶岗位与乘客斗殴引发交通事故的如何定性"相关论述:公交车司机在车辆行驶中擅离职守足以危及公共安全的行为应按以危险方法危害公共安全罪定罪处罚。酒后驾车等违反交通规则的行为,往往也包含着一定程度危及公共安全的危险,但这种危险仅仅只是可能,而非必然。酒后驾车人虽然有应当预见可能危及公共安全的义务,但这种预见仅仅只是一种可能,无法预见到必然会危及公共安全。酒后驾车人往往基于某种自信,设想自己可以避免可能发生的交通事故,其既不希望也不放任危害公共安全的后果发生。交通肇事罪的主观方面只能是过失,而以危险方法危害公共安全罪的主观方面只能是故意。

《刑参》第586号案例"孙某以危险方法危害公共安全案——醉酒驾车连续冲撞致多人伤亡的,如何定罪处罚"相关论述:要严格按照主客观相一致的定罪原则来认定醉酒驾车肇事行为的性质。应结合行为人是否具有驾驶能力,是否正常行驶、行驶速度快慢、所驾车辆的车况如何、路况和能见度如何、案发地点车辆及行人多少、肇事后的表现以及行为人关于主观心态的供述等方面,进行综合分析认定。构成以危险方法危害公共安全罪的行为是指那些与"放火、决水等"具有同等严重破坏性的危害公共安全行为而不是泛指所有危害公共安全的行为。不能把醉酒驾车肇事简单地一律认定为以危险方法危害公共安全罪。一般情况下,醉酒驾车构成以危险方法危害公共安全罪属于间接故意犯罪,不能与直接驾车撞人的故意犯罪等同。醉酒驾车犯罪行为人的辨认和控制能力实际有所减弱,处理上要体现区别。行为人积极赔偿被害人的损失,不仅反映出行为人认罪、悔罪的诚意而且一定程度上减轻了犯罪行为所造成的社会危害,这与并非真诚认罪、悔罪,通过不正当手段逃避刑事追究获得从轻处罚的"花钱买刑"不同。

《刑参》第856号案例"田某等以危险方法危害公共安全、妨害公务案——如何区别对待犯罪后为逃避法律制裁引发与醉驾引发的以危险方法危害公共安全案件的量刑"相关论述:量刑情节既包括《刑法》中规定的各类法定情节,也包括《刑法》未明确规定的犯罪动机、起因、手段、故意程度等酌定量刑情节。本案与前述醉驾引发的案件均属于间接故意犯罪,且造成的实害后果相近,但犯罪情节、行为人的主观恶性和人身危险性有显著区别。首先从案件起因看,本案的起因是暴力抗法,充分反映出被告人对于国家法律和公共安全利益的藐视。其次,被告人这种为抗法又实施犯罪的行为所造成的社会影响更为恶劣,对社会素质和人民群众安全感的破坏明显大于醉酒驾车案件。最后被告人犯罪时神志清醒、控制力正常，对其行为的性质、后果均有清楚的认识。依法判处死刑立即执行量刑适当。

《刑参》第 895 号案例“唐某危险驾驶案——醉酒后在道路上挪动车位的行为是否构成危险驾驶罪”相关论述：行为人只要在道路上醉酒驾驶机动车即具有法律拟制的危险性，符合危险驾驶罪的客观要件。危险驾驶罪不以发生具体危害后果为构成要件，理论上属于抽象危险犯。该危险不需要司法上的具体判断。行为人明知自己饮酒仍在道路上驾驶机动车，具有危险驾驶罪的主观故意。对于为挪动车位而在道路上醉酒驾驶机动车且行驶距离较短、速度较慢、未发生严重后果的，可以不作为犯罪处理。

《刑参》第 901 号案例“于某危险驾驶、妨害公务案——醉酒驾驶并抗拒检查的是应当从一重处还是数罪并罚”相关论述：只有当被告人实施的危险驾驶行为符合危险驾驶罪构成要件的同时又符合“其他犯罪”构成要件的，才属于第 3 款规定的“同时构成其他犯罪”的情形。如危险驾驶发生重大事故，既构成危险驾驶罪又构成交通肇事罪或者以危险方法危害公共安全罪等，这种情况下应以处罚较重的罪名定罪处罚，又如将危险驾驶行为作为故意杀人等其他犯罪的手段或者出于赌博等不法动机追逐竞驶的等。醉酒驾驶并抗拒检查的行为在刑法上应当评价为两个独立的行为，而非一个行为。符合构成要件的各个自然行为至少在其主要部分相互重合时才能认定是一个行为。如果于某采取驾驶汽车冲撞的方式抗拒检查，则驾驶行为与抗拒检查行为相互重合，具有一致性特征。但于某醉驾行为和抗拒检查行为相继发生，其下车后抗拒检查时醉驾行为已经终结，相互间不存在任何的重合。同时，于某醉酒驾驶和抗拒检查的行为系出于不同的犯罪动机。醉酒驾驶并抗拒检查，符合数罪构成要件的，应当数罪并罚。

《刑参》第 904 号案例“孔某危险驾驶案——醉驾逃逸后找人‘顶包’并指使他人提供虚假证言，导致无法及时检验血液酒精含量的案件如何处理”相关论述：本案根据间接证据可以认定孔某构成危险驾驶罪，且对其肇事后实施的妨害作证行为可以单独评价为妨害作证罪，应当数罪并罚。但在公诉机关未指控妨害作证犯罪事实及罪名的情况下，二审法院不宜径行改判孔某构成妨害作证罪。应发回重审由原审法院建议公诉机关追加起诉。行为人酒后在道路上驾驶机动车，因逃逸而无法及时检验其驾驶时的血液酒精含量，但根据其他间接证据能够认定其驾车时已处于醉酒状态的，可以认定其行为构成危险驾驶罪。

《刑参》第 907 号案例“彭某危险驾驶案——追逐竞驶造成交通事故尚不构成交通肇事罪的，是构成危险驾驶罪还是以危险方法危害公共安全罪”相关论述：被告人虽实施了危险驾驶行为并造成一定的财产损失，但该行为尚未达到与放火等行为相当的危害程度，应当认定其行为构成危险驾驶罪。一要看行为人对追逐竞驶造成的交通事故后果是持过于自信的过失意志还是持希望或者放任的意志。二要看追逐竞驶的行为是否达到与放火等行为相当的危害程度。行为人对危险驾驶行为持希望或放任的意志，并不意味着行为人对危险驾驶行为造成的危害后果也持希望或者放任的意志。

《刑参》第 908 号案例“黎某以危险方法危害公共安全案——在醉酒驾驶发生严重事故的案件中如何区别交通肇事罪和以危险方法危害公共安全罪以及确保量刑适当”相关论述：在醉驾发生严重事故的案件中应当全面、客观地认定主观意志，并据此准确区别认定交通肇事罪和以危险方法危害公共安全罪。被告人为逃离现场不顾站在车旁群众的生命安危锁闭车门、打转方向、加大油门继续行驶，导致未及时躲避和在车旁劝阻其继续驾驶的人被撞身亡，此时被告人对可能发生致人死亡的结果持放任心态，其主观罪过已转化为间接故意。对醉酒驾车肇事构成以危险方法危害公共安全罪的，应当结合行为人主观恶性和社会危害性等方面综合评定，不能只看造成后果的严重程度。

《刑参》第 909 号案例“杜某交通肇事案——对酒后驾驶造成重大伤亡的案件，如何区分交通肇事罪与以危险方法危害公共安全罪”相关论述：杜某在主观上系过于自信的过失，而非间接故意。应根据“主观支配客观，客观反映主观”的原理，结合案件具体情况进行认定。杜某在客观上仅实施了一次撞击行为。行为人对造成的后果持反对、否定的可能性大，倾向认定为交通肇事罪。

《刑参》第 910 号案例“陆某故意杀人案——在醉酒驾驶致人死亡的案件中如何区分交通肇事罪与（间接）故意杀人罪”相关论述：被告人先后实施了两个行为，即交通肇事行为和肇事后驾车拖拽被害人致被害人死亡的行为。陆某醉酒后驾车撞倒被害人的行为，仅是一般的交通肇事，被害人并未严重受伤。陆某停止行驶，交通肇事这一行为已经完成。但此后陆某又实施了启动汽车向前行驶拖行被害人的行为，该行为独立于前行为且直接导致被害人死亡，应当从刑法上单独评价。被告人在主观意志上对被害人的死亡结果持放任态度而非反对、否定态度。

《刑参》第 911 号案例“任某以危险方法危害公共安全案——对为逃避酒驾检查而驾车冲撞警察和他人车辆的行为如何定性”相关论述：被告人所实施的一系列行为不但侵害了特定对象张某等的人身、财产安全同时还对其他不特定多数人构成严重威胁，且其冲撞警察执法的行为，符合妨害公务罪、故意伤害罪和以危险方法危害公共安全罪等数个罪名的构成特征，应当以危险方法危害公共安全罪定罪处罚。现有证据不能证实被告人对被害人死亡的结果具有直接故意。被告人虽然实施了用车辆撞击被害人的行为，且明知被害人趴在引擎盖上仍继续行驶 1.9 公里，车速高达 108.63 公里/小时，最后突然停车将被害人甩出，但这些行为尚不足以造成被害人必然死亡的结果，难以证实被告人有杀人的直接故意。以危险方法危害公共安全罪可以完整评价被告人实施的全部行为。为避免重复评价，对妨害公务罪、故意伤害罪不宜另行认定。

《刑参》第 913 号案例“孙某以危险方法危害公共安全案——对醉酒驾驶机动车构成以危险方法危害公共安全罪的处罚，如何贯彻体现宽严相济刑事政策”相关论述：被告人在严重醉酒的状态下行驶于车辆密集的城市道路上，在与其他车辆发生追尾碰撞后不仅不及时停车，反而继续驾车行驶，并在长达数公里的行驶途中多次与同向车道正常行驶的机动车发生碰撞，造成严重后果，构成以危险方法危害公共安全罪。

【拓展关键词】醉驾案件免刑、缓刑适用

《刑参》第 896 号案例“吴某危险驾驶案——如何认定醉驾型危险驾驶案件中的犯罪情节轻微”相关论述：可以尝试从醉驾行为的社会危害程度和行为人的人身危险性大小入手，以“定性 + 定量”的方式明确区分原则。

《刑参》第 897 号案例“魏某危险驾驶案——在醉驾型危险驾驶案件中如何把握缓刑适用标准”相关论述：只要被告人系初犯、偶犯，没有曾因酒后驾驶受过行政处罚或者刑事追究，且符合法律规定其他条件时，就有适用缓刑的余地，但不能失之过宽。对具有肇事后逃匿、无证驾驶等从重处罚情节的，一般不适用缓刑。

《刑参》第 898 号案例“罗某危险驾驶案——如何把握醉驾型危险驾驶犯罪案件中的量刑情节”相关论述：应考察醉酒驾驶的危险程度、行为人的主观恶性和人身危险大小。

第一百三十三条之二① 【妨害安全驾驶罪】

对行驶中的公共交通工具的驾驶人员使用暴力或者抢控驾驶操纵装置，干扰公共交通工具正常行驶，危及公共安全的，处一年以下有期徒刑、拘役或者管制，并处或者单处罚金。

前款规定的驾驶人员在行驶的公共交通工具上擅离职守，与他人互殴或者殴打他人，危及公共安全的，依照前款的规定处罚。

有前两款行为，同时构成其他犯罪的，依照处罚较重的规定定罪处罚。

---

① 根据《刑法修正案（十一）》新增。

◈ 解读与适用

【拓展关键词】妨害驾驶

《刑参》第197号案例"陆某、张某以危险方法危害公共安全、交通肇事案——公交司机离开驾驶岗位与乘客斗殴引发交通事故的如何定性"相关论述：公交车司机在车辆行驶中擅离职守足以危及公共安全的行为应按以危险方法危害公共安全罪定罪处罚。乘客殴打正在驾驶车辆的司机引发交通事故的应根据情况分别定罪。乘客殴打正在驾驶车辆的司机引发事故大致分两种：一是殴打行为足以致驾驶人失去对车辆的有效控制从而直接引发事故。二是殴打行为不足以致司机失去对车辆的有效控制但引发驾驶人擅离岗位进行互殴间接引发事故。张某殴打正在驾驶车辆司机的行为本身就是一种可能危及公共安全的高度危险行为，是一种典型的包含着可能危及公共安全危险的方法。这种危险行为或方法不能与一般的交通违规行为等量齐观。交通肇事罪主体主要应当是那些违反了交通规则并因此而导致交通责任事故的驾驶人员或是其他交通运输管理相关人员。本案被告人张某的身份是一名公交车的乘客，其殴打正在驾驶车辆司机的行为并不属于通常意义上的交通规则所要规范的对象和范围，所以应以过失以危险方法危害公共安全罪为宜。肇事结果正是二被告人各自的过错行为竞合所致。刑法上的因果关系可以有两种表现形式：一是单一的因果关系。二是竞合的因果关系，即两个或两个以上的行为人的不法行为结合到一起共同造成了危害结果。虽然数个行为人各自的原因力可能不同，但对危害结果的发生都要承担相应的法律责任，除非一方责任过小依法可以免责。将《刑法》上的行为仅理解为某种动作是不准确的。

《刑参》第1283号案例"张某、冯某以危险方法危害公共安全案——在公交车行驶过程中驾乘人员互殴行为如何定性"相关论述：被告人对于在公交车上相互厮打造成的危害后果持放任态度，属于间接故意。客观上被告人实施了以危险方法危害公共安全的行为。被告人的行为对公共安全造成了现实危害。因尚未造成严重后果，应在3年以上10年以下幅度内量刑。

第一百三十四条　【重大责任事故罪】[①][②]

在生产、作业中违反有关安全管理的规定，因而发生重大伤亡事故或者造成其他严重后果的，处三年以下有期徒刑或者拘役；情节特别恶劣的，处三年以上七年以下有期徒刑。

【强令、组织他人违章冒险作业罪】

强令他人违章冒险作业，或者明知存在重大事故隐患而不排除，仍冒险组织作业，因而发生重大伤亡事故或者造成其他严重后果的，处五年以下有期徒刑或者拘役；情节特别恶劣的，处五年以上有期徒刑。

---

① 根据《刑法修正案（六）》（经中华人民共和国第十届全国人民代表大会常务委员会第二十二次会议于2006年6月29日通过公布，自公布之日起施行）第一次修订。原条文主要内容为：工厂、矿山、林场、建筑企业或者其他企业、事业单位的职工，由于不服管理、违反规章制度，或者强令工人违章冒险作业，因而发生重大伤亡事故或者造成其他严重后果的，处三年以下有期徒刑或者拘役；情节特别恶劣的，处三年以上七年以下有期徒刑。

② 根据《刑法修正案（十一）》第二次修改，原条文主要内容为：在生产、作业中违反有关安全管理的规定，因而发生重大伤亡事故或者造成其他严重后果的，处三年以下有期徒刑或者拘役；情节特别恶劣的，处三年以上七年以下有期徒刑。

强令他人违章冒险作业，因而发生重大伤亡事故或者造成其他严重后果的，处五年以下有期徒刑或者拘役；情节特别恶劣的，处五年以上有期徒刑。

◆ 相关规定

最高人民检察院　公安部
关于公安机关管辖的刑事案件立案追诉标准的规定(一)(节选)

(公通字〔2008〕36号)

第八条　【重大责任事故案(刑法第一百三十四条第一款)】在生产、作业中违反有关安全管理的规定,涉嫌下列情形之一的,应予立案追诉:

(一)造成死亡一人以上,或者重伤三人以上;

(二)造成直接经济损失五十万元以上的;

(三)发生矿山生产安全事故,造成直接经济损失一百万元以上的;

(四)其他造成严重后果的情形。

第九条　【强令违章冒险作业案(刑法第一百三十四条第二款)】强令他人违章冒险作业,涉嫌下列情形之一的,应予立案追诉:

(一)造成死亡一人以上,或者重伤三人以上;

(三)造成直接经济损失五十万元以上的;

(三)发生矿山生产安全事故,造成直接经济损失一百万元以上的;

(四)其他造成严重后果的情形。

最高人民法院
关于进一步加强危害生产安全刑事案件审判工作的意见(节选)

(法发〔2011〕20号)

为依法惩治危害生产安全犯罪,促进全国安全生产形势持续稳定好转,保护人民群众生命财产安全,现就进一步加强危害生产安全刑事案件审判工作,制定如下意见。

一、高度重视危害生产安全刑事案件审判工作(略)

二、危害生产安全刑事案件审判工作的原则(略)

三、正确确定责任

6. 审理危害生产安全刑事案件,政府或相关职能部门依法对事故原因、损失大小、责任划分作出的调查认定,经庭审质证后,结合其他证据,可作为责任认定的依据。

7. 认定相关人员是否违反有关安全管理规定,应当根据相关法律、行政法规,参照地方性法规、规章及国家标准、行业标准,必要时可参考公认的惯例和生产经营单位制定的安全生产规章制度、操作规程。

8. 多个原因行为导致生产安全事故发生的,在区分直接原因与间接原因的同时,应当根据原因行为在引发事故中所具作用的大小,分清主要原因与次要原因,确认主要责任和次要责任,合理确定罪责。

一般情况下,对生产、作业负有组织、指挥或者管理职责的负责人、管理人员、实际控制人、投资人,违反有关安全生产管理规定,对重大生产安全事故的发生起决定性、关键性作用的,应当承担主要责任。

对于直接从事生产、作业的人员违反安全管理规定,发生重大生产安全事故的,要综合考虑行为人的从业资格、从业时间、接受安全生产教育培训情况、现场条件、是否受到他人强令作业、生产经营单位执行安全生产规章制度的情况等因素认定责任,不能将直接责任简单等同于主要责任。

对于负有安全生产管理、监督职责的工作人员,应根据其岗位职责、履职依据、履职时间等,综合考察工作职责、监管条件、履职能力、履职情况等,合理确定罪责。

四、准确适用法律

9. 严格把握危害生产安全犯罪与以其他危险方法危害公共安全罪的界限,不应将生产经营中违章违规的故意不加区别地视为对危害后果发生的故意。

10. 以行贿方式逃避安全生产监督管理,或者非法、违法生产、作业,导致发生重大生产安全事故,构成数罪的,依照数罪并罚的规定处罚。

违反安全生产管理规定,非法采矿、破坏性采矿或排放、倾倒、处置有害物质严重污染环境,造成重大伤亡事故或者其他严重后果,同时构成危害生产安全犯罪和破坏环境资源保护犯罪的,依照数罪并罚的规定处罚。

11. 安全事故发生后,负有报告职责的国家工作人员不报或者谎报事故情况,贻误事故抢救,情节严重,构成不报、谎报安全事故罪,同时构成职务犯罪或其他危害生产安全犯罪的,依照数罪并罚的规定处罚。

12. 非矿山生产安全事故中,认定"直接负责的主管人员和其他直接责任人员"、"负有报告职责的人员"的主体资格,认定构成"重大伤亡事故或者其他严重后果"、"情节特别恶劣",不报、谎报事故情况,贻误事故抢救,"情节严重"、"情节特别严重"等,可参照最高人民法院、最高人民检察院《关于办理危害矿山生产安全刑事案件具体应用法律若干问题的解释》的相关规定。

五、准确把握宽严相济刑事政策

13. 审理危害生产安全刑事案件,应综合考虑生产安全事故所造成的伤亡人数、经济损失、环境污染、社会影响、事故原因与被告人职责的关联程度、被告人主观过错大小、事故发生后被告人的施救表现、履行赔偿责任情况等,正确适用刑罚,确保裁判法律效果和社会效果相统一。

14. 造成《关于办理危害矿山生产安全刑事案件具体应用法律若干问题的解释》第四条规定的"重大伤亡事故或者其他严重后果",同时具有下列情形之一的,也可以认定为刑法第一百三十四条、第一百三十五条规定的"情节特别恶劣":

(一)非法、违法生产的;

(二)无基本劳动安全设施或未向生产、作业人员提供必要的劳动防护用品,生产、作业人员劳动安全无保障的;

(三)曾因安全生产设施或者安全生产条件不符合国家规定,被监督管理部门处罚或责令改正,一年内再次违规生产致使发生重大生产安全事故的;

(四)关闭、故意破坏必要安全警示设备的;

(五)已发现事故隐患,未采取有效措施,导致发生重大事故的;

(六)事故发生后不积极抢救人员,或者毁灭、伪造、隐藏影响事故调查的证据,或者转移财产逃避责任的;

(七)其他特别恶劣的情节。

15. 相关犯罪中,具有以下情形之一的,依法从重处罚:

(一)国家工作人员违反规定投资入股生产经营企业,构成危害生产安全犯罪的;

(二)贪污贿赂行为与事故发生存在关联性的;

(三)国家工作人员的职务犯罪与事故存在直接因果关系的;

(四)以行贿方式逃避安全生产监督管理,或者非法、违法生产、作业的;

(五)生产安全事故发生后,负有报告职责的国家工作人员不报或者谎报事故情况,贻误事故抢救,尚未构成不报、谎报安全事故罪的;

(六)事故发生后,采取转移、藏匿、毁灭遇难人员尸体,或者毁灭、伪造、隐藏影响事故调查的证据,或者转移财产,逃避责任的;

(七)曾因安全生产设施或者安全生产条件不符合国家规定,被监督管理部门处罚或责令改正,一年内再次违规生产致使发生重大生产安全事故的。

16. 对于事故发生后,积极施救,努力挽回事故损失,有效避免损失扩大;积极配合调查,赔偿受害人损失的,可依法从宽处罚。

六、依法正确适用缓刑和减刑、假释

17. 对于危害后果较轻,在责任事故中不负主要责任,符合法律有关缓刑适用条件的,可以依法适用缓刑,但应注意根据案件具体情况,区别对待,严格控制,避免适用不当造成的负面影响。

18. 对于具有下列情形的被告人,原则上不适用缓刑:

(一)具有本意见第14条、第15条所规定的情形的;

(二)数罪并罚的。

19. 宣告缓刑,可以根据犯罪情况,同时禁止犯罪分子在缓刑考验期限内从事与安全生产有关的特定活动。

20. 办理与危害生产安全犯罪相关的减刑、假释案件,要严格执行刑法、刑事诉讼法和有关司法解释规定。是否决定减刑、假释,既要看罪犯服刑期间的悔改表现,还要充分考虑原判认定的犯罪事实、性质、情节、社会危害程度等情况。

七、加强组织领导,注意协调配合(略)

最高人民法院　最高人民检察院
关于办理危害生产安全刑事案件适用法律若干问题的解释(节选)

(2015年12月16日施行)

第一条　刑法第一百三十四条第一款规定的犯罪主体,包括对生产、作业负有组织、指挥或者管理职责的负责人、管理人员、实际控制人、投资人等人员,以及直接从事生产、作业的人员。

第二条　刑法第一百三十四条第二款规定的犯罪主体,包括对生产、作业负有组织、指挥或者管理职责的负责人、管理人员、实际控制人、投资人等人员。

……

第五条　明知存在事故隐患、继续作业存在危险,仍然违反有关安全管理的规定,实施下列行为之一的,应当认定为刑法第一百三十四条第二款规定的“强令他人违章冒险作业”:

(一)利用组织、指挥、管理职权,强制他人违章作业的;

(二)采取威逼、胁迫、恐吓等手段,强制他人违章作业的;

(三)故意掩盖事故隐患,组织他人违章作业的;

(四)其他强令他人违章作业的行为。

第六条　实施刑法第一百三十二条、第一百三十四条第一款、第一百三十五条、第一百三十五条之一、第一百三十六条、第一百三十九条规定的行为,因而发生安全事故,具有下列情形之一的,应当认定为“造成严重后果”或者“发生重大伤亡事故或者造成其他严重后果”,对相关责任人员,处三年以下有期徒刑或者拘役:

(一)造成死亡一人以上,或者重伤三人以上的;

(二)造成直接经济损失一百万元以上的;

(三)其他造成严重后果或者重大安全事故的情形。

实施刑法第一百三十四条第二款规定的行为,因而发生安全事故,具有本条第一款规定情形的,应当认定为“发生重大伤亡事故或者造成其他严重后果”,对相关责任人员,处五年以下有期徒刑或者拘役。

实施刑法第一百三十七条规定的行为,因而发生安全事故,具有本条第一款规定情形的,应当认定为“造成重大安全事故”,对直接责任人员,处五年以下有期徒刑或者拘役,并处罚金。

实施刑法第一百三十八条规定的行为,因而发生安全事故,具有本条第一款第一项规定情形的,应当认定为“发生重大伤亡事故”，对直接责任人员，处三年以下有期徒刑或者拘役。

第七条 实施刑法第一百三十二条、第一百三十四条第一款、第一百三十五条、第一百三十五条之一、第一百三十六条、第一百三十九条规定的行为，因而发生安全事故，具有下列情形之一的，对相关责任人员，处三年以上七年以下有期徒刑：

（一）造成死亡三人以上或者重伤十人以上，负事故主要责任的；

（二）造成直接经济损失五百万元以上，负事故主要责任的；

（三）其他造成特别严重后果、情节特别恶劣或者后果特别严重的情形。

实施刑法第一百三十四条第二款规定的行为，因而发生安全事故，具有本条第一款规定情形的，对相关责任人员，处五年以上有期徒刑。

实施刑法第一百三十七条规定的行为，因而发生安全事故，具有本条第一款规定情形的，对直接责任人员，处五年以上十年以下有期徒刑，并处罚金。

实施刑法第一百三十八条规定的行为，因而发生安全事故，具有下列情形之一的，对直接责任人员，处三年以上七年以下有期徒刑：

（一）造成死亡三人以上或者重伤十人以上，负事故主要责任的；

（二）具有本解释第六条第一款第一项规定情形，同时造成直接经济损失五百万元以上并负事故主要责任的，或者同时造成恶劣社会影响的。

……

第十三条 实施刑法第一百三十二条、第一百三十四条至第一百三十九条之一规定的犯罪行为，在安全事故发生后积极组织、参与事故抢救，或者积极配合调查、主动赔偿损失的，可以酌情从轻处罚。

第十四条 国家工作人员违反规定投资入股生产经营，构成本解释规定的有关犯罪的，或者国家工作人员的贪污、受贿犯罪行为与安全事故发生存在关联性的，从重处罚；同时构成贪污、受贿犯罪和危害生产安全犯罪的，依照数罪并罚的规定处罚。

……

第十七条 本解释自2015年12月16日起施行。本解释施行后，《最高人民法院、最高人民检察院关于办理危害矿山生产安全刑事案件具体应用法律若干问题的解释》（法释〔2007〕5号）同时废止。最高人民法院、最高人民检察院此前发布的司法解释和规范性文件与本解释不一致的，以本解释为准。

第一百三十四条之一 【危险作业罪】①

在生产、作业中违反有关安全管理的规定，有下列情形之一，具有发生重大伤亡事故或者其他严重后果的现实危险的，处一年以下有期徒刑、拘役或者管制：

（一）关闭、破坏直接关系生产安全的监控、报警、防护、救生设备、设施，或者篡改、隐瞒、销毁其相关数据、信息的；

（二）因存在重大事故隐患被依法责令停产停业、停止施工、停止使用有关设备、设施、场所或者立即采取排除危险的整改措施，而拒不执行的；

（三）涉及安全生产的事项未经依法批准或者许可，擅自从事矿山开采、金属冶炼、建筑施工，以及危险物品生产、经营、储存等高度危险的生产作业活动的。

---

① 根据《刑法修正案（十一）》新增。

第一百三十五条 【重大劳动安全事故罪】①

安全生产设施或者安全生产条件不符合国家规定,因而发生重大伤亡事故或者造成其他严重后果的,对直接负责的主管人员和其他直接责任人员,处三年以下有期徒刑或者拘役;情节特别恶劣的,处三年以上七年以下有期徒刑。

◆ 相关规定

最高人民检察院 公安部

关于公安机关管辖的刑事案件立案追诉标准的规定(一)(节选)

(公通字〔2008〕36号)

第十条 【重大劳动安全事故案(刑法第一百三十五条)】安全生产设施或者安全生产条件不符合国家规定,涉嫌下列情形之一的,应予立案追诉:

(一)造成死亡一人以上,或者重伤三人以上;

(二)造成直接经济损失五十万元以上的;

(三)发生矿山生产安全事故,造成直接经济损失一百万元以上的;

(四)其他造成严重后果的情形。

最高人民法院

关于进一步加强危害生产安全刑事案件审判工作的意见

(法发〔2011〕20号)

详见《刑法》第134条重大责任事故罪的相关规定

最高人民法院 最高人民检察院

关于办理危害生产安全刑事案件适用法律若干问题的解释(节选)

(2015年12月16日施行)

详见《刑法》第134条重大责任事故罪的相关规定

第三条 刑法第一百三十五条规定的"直接负责的主管人员和其他直接责任人员",是指对安全生产设施或者安全生产条件不符合国家规定负有直接责任的生产经营单位负责人、管理人员、实际控制人、投资人,以及其他对安全生产设施或者安全生产条件负有管理、维护职责的人员。

---

① 根据《刑法修正案(六)》修订。原条文主要内容为:工厂、矿山、林场、建筑企业或者其他企业、事业单位的劳动安全设施不符合国家规定,经有关部门或者单位职工提出后,对事故隐患仍不采取措施,因而发生重大伤亡事故或者造成其他严重后果的,对直接责任人员,处三年以下有期徒刑或者拘役;情节特别恶劣的,处三年以上七年以下有期徒刑。

◆ 解读与适用

【拓展关键词】重大责任事故罪相关罪名辨析

重大责任事故罪与重大劳动安全事故的差异主要在于行为特征不同，重大责任事故罪是行为人“在生产、作业中违反有关安全管理的规定”；重大劳动安全事故罪是生产经营单位的“安全生产设施或者安全生产条件不符合国家规定”。实践中，如果事故发生系上述两方面混合因素所致，两罪会出现竞合，此时，应当根据相关涉案人员的工作职责和具体行为来认定其罪名。对企业安全生产负有责任的人员，在生产、作业过程中违反安全管理规定的，应认定为重大责任事故罪；对企业安全生产设施或者安全生产条件不符合国家规定负有责任的人员，应认定为重大劳动安全事故罪；如果行为人的行为同时包括在生产、作业中违反有关安全管理的规定和提供安全生产设施或条件不符合国家规定，为全面评价其行为，应认定为重大责任事故罪。①

交通肇事罪与重大责任事故罪均属于危害公共安全犯罪，前罪违反的是“交通运输法规”，后罪违反的是“有关安全管理的规定”。一般情况下，在航道、公路等公共交通领域，构成犯罪的，应认定为交通肇事罪；在停车场、修理厂、进行农耕生产的田地等非公共交通领域，构成犯罪的，应区分情况，分别认定为重大责任事故罪、重大劳动安全事故罪、过失致人死亡罪等罪名。需要指出的是，对于从事营运活动的交通运输组织来说，航道、公路既是公共交通领域，也是其生产经营场所，“交通运输法规”同时亦属交通运输组织的“安全管理的规定”，交通运输活动的负责人、投资人、驾驶人员等违反有关规定导致在航道、公路上发生交通事故，可能同时触犯交通肇事罪与重大责任事故罪。要综合考虑行为人对交通运输活动是否负有安全管理职责、对事故发生是否负有直接责任、所实施行为违反的主要是交通运输法规还是其他安全管理的法规等，准确选择适用罪名。在具有营运性质的交通运输活动中，行为人既违反交通运输法规，也违反其他安全管理规定，发生重大事故的，由于该类运输活动主要是一种生产经营活动，并非单纯的交通运输行为，为全面准确评价行为人的行为，一般可按照重大责任事故罪认定。交通运输活动的负责人、投资人等负有安全监管职责的人员违反有关安全管理规定，造成重大事故发生，应认定为重大责任事故罪；驾驶人员等一线运输人员违反交通运输法规造成事故发生的，应认定为交通肇事罪。②

《刑参》第505号案例“尚某等重大劳动安全事故案——重大劳动安全事故罪与重大责任事故罪出现竞合时应如何处理”相关论述：重大责任事故罪的行为特征是“在生产、作业中违反有关安全管理的规定”。重大劳动安全事故罪的行为特征是“安全生产设施或者安全生产条件不符合国家规定”。然而“在安全生产设施或者安全生产条件不符合国家规定”的情况下进行生产、作业，其本身就是“在生产、作业中违反有关安全管理的规定”，这种情况客观方面实际是竞合的。主体上“对矿山生产、作业负有组织、指挥或者管理职责的负责人、管理人员、实际控制人、投资人等人员”对矿山安全生产设施或者安全生产条件不符合国家规定负有不同程度的直接责任，同时其又是“对矿山安全生产设施或者安全生产条件不符合国家规定负有直接责任的矿山生产经营单位负责人、管理人员、实际控制人、投资人”，这种情况下主体实际也存在一定竞合。按以下原则处理：(1)在完全是由于安全生产设施或者安全生产条件不符合国家规定的情况下进行生产、作业因而发生后果的情况下，应当以重大劳动安全事故罪定罪量刑；(2)在安全生产设施或者安全生产条件不符合国家规定的情况下，在生产、作业中又违反具体的安全管理规定因而发生后果的，应区分不同情况选择较为恰当的罪名：当二罪中某一罪的情节明显重于另一罪时，按较重的定罪量刑；当二罪的情节基本相当的情况下，一般以重大劳动安全事故罪定罪为宜。在构成重大劳动安全事故罪的前提下又构成重大责任事故罪，

---

① 余某某等人重大劳动安全事故重大责任事故案，最高人民检察院指导性案例第94号(2021年)。

② 夏某某等人重大责任事故案，最高人民检察院指导性案例第97号(2021年)。

由于二罪法定刑是相同的，无法区分轻重，如果以重大责任事故罪定罪就无法全面评价"安全生产设施或者安全生产条件不符合国家规定"的罪责。因为重大责任事故罪并不以"安全生产设施或者安全生产条件不符合国家规定"为前提。以重大劳动安全事故罪定罪，将"在生产、作业中违反有关安全管理的规定"的行为作为从重处罚的情节，可以做到两种罪责的兼顾评价。但是，当出现法律规定的"强令他人违章冒险作业"的情况时，由于法律有特别规定且法定刑较重，应以强令他人违章冒险作业罪定罪量刑。

【拓展关键词】重大责任事故因果关系认定

危害生产安全案件往往多因一果，投资人、实际控制人等一般并非现场作业人员。如果投资人、实际控制人等实施了未取得经营资质和安全生产许可证、未制定安全生产管理规定或规章制度、不提供安全生产条件和必要设施等不履行安全监管职责的行为，在此情况下进行生产、作业，导致发生重大伤亡事故或者造成其他严重后果的，不论事故发生是否介入第三人违规行为或者其他因素，均不影响认定其行为与事故后果之间存在刑法上的因果关系，应当依法追究其刑事责任。对发案单位的生产、作业负有安全监管、查处等职责的国家工作人员，不履行或者不正确履行工作职责，致使发案单位违规生产、作业或者在危险状态下生产、作业，发生重大安全事故的，其行为也是造成危害结果发生的重要原因，应以渎职犯罪追究其刑事责任。①

《刑参》第39号案例"赵某工程重大安全事故案——人民法院可否变更起诉罪名定罪处刑"相关论述：工程质量监督站属于工程监理单位。

第一百三十五条之一 【大型群众性活动重大安全事故罪】②

举办大型群众性活动违反安全管理规定，因而发生重大伤亡事故或者造成其他严重后果的，对直接负责的主管人员和其他直接责任人员，处三年以下有期徒刑或者拘役；情节特别恶劣的，处三年以上七年以下有期徒刑。

◆ 相关规定

最高人民检察院 公安部

关于公安机关管辖的刑事案件立案追诉标准的规定(一)(节选)

(公通字〔2008〕36号)

第十一条 【大型群众性活动重大安全事故案(刑法第一百三十五条之一)】举办大型群众性活动违反安全管理规定，涉嫌下列情形之一的，应予立案追诉：

(一)造成死亡一人以上，或者重伤三人以上；

(二)造成直接经济损失五十万元以上的；

(三)其他造成严重后果的情形。

① 夏某某等人重大责任事故案，最高人民检察院指导性案例第97号(2021年)。

② 根据《刑法修正案(六)》新增。

最高人民法院　最高人民检察院
关于办理危害生产安全刑事案件适用法律若干问题的解释
（2015年12月16日）

详见《刑法》第134条重大责任事故罪的相关规定

第一百三十六条　【危险物品肇事罪】

违反爆炸性、易燃性、放射性、毒害性、腐蚀性物品的管理规定，在生产、储存、运输、使用中发生重大事故，造成严重后果的，处三年以下有期徒刑或者拘役；后果特别严重的，处三年以上七年以下有期徒刑。

◆ 相关规定

最高人民检察院　公安部
关于公安机关管辖的刑事案件立案追诉标准的规定（一）（节选）
（公通字〔2008〕36号）

第十二条　【危险物品肇事案（刑法第一百三十六条）】违反爆炸性、易燃性、放射性、毒害性、腐蚀性物品的管理规定，在生产、储存、运输、使用中发生重大事故，涉嫌下列情形之一的，应予立案追诉：

（一）造成死亡一人以上，或者重伤三人以上；

（二）造成直接经济损失五十万元以上的；

（三）其他造成严重后果的情形。

最高人民法院　最高人民检察院
关于办理危害生产安全刑事案件适用法律若干问题的解释
（2015年12月16日）

详见《刑法》第134条重大责任事故罪的相关规定

☞ 其他相关规定见章后二维码

◆ 解读与适用

有危险货物运输从业资格的人员，明知使用具有安全隐患的机动车超载运输剧毒化学品，有可能引发危害公共安全的事故，却轻信能够避免，以致这种事故发生并造成严重后果的，构成危险物品肇事罪。从事剧毒化学品运输工作的专业人员，在发生交通事故致使剧毒化学品泄漏后，有义务利用随车配备的应急处理器材和防护用品抢救对方车辆上的受伤人员，有义务防止、减轻以致消除危害，有义务在现场等待抢险人员的到来，协助处置突发事故。从事剧毒化学品运输工作的专业人员不履行这些义务，应当对由此造成的特别严重后果承担责任。①

第一百三十七条　【工程重大安全事故罪】

建设单位、设计单位、施工单位、工程监理单位违反国家规定，降低工程质量标准，造成重大安全事故的，对直接责任人员，处五年以下有期徒刑或者拘役，并处罚金；后果特别严重的，处五年以上十年以下有期徒刑，并处罚金。

◆ 相关规定

最高人民检察院　公安部

关于公安机关管辖的刑事案件立案追诉标准的规定(一)(节选)

(公通字〔2008〕36号)

第十三条　【工程重大安全事故案(刑法第一百三十七条)】建设单位、设计单位、施工单位、工程监理单位违反国家规定，降低工程质量标准，涉嫌下列情形之一的，应予立案追诉：

(一)造成死亡一人以上，或者重伤三人以上；

(二)造成直接经济损失五十万元以上的；

(三)其他造成严重后果的情形。

最高人民法院　最高人民检察院

关于办理危害生产安全刑事案件适用法律若干问题的解释

(2015年12月16日)

详见《刑法》第134条重大责任事故罪的相关规定

第一百三十八条　【教育设施重大安全事故罪】

明知校舍或者教育教学设施有危险，而不采取措施或者不及时报告，致使发生重大伤亡事故的，对直接责任人员，处三年以下有期徒刑或者拘役；后果特别严重的，处三年以上七年以下有期徒刑。

① 康某、王某危险物品肇事案，载《最高人民法院公报》2006年第8期。

◆ 相关规定

最高人民检察院　公安部
关于公安机关管辖的刑事案件立案追诉标准的规定(一)(节选)
(公通字〔2008〕36号)

第十四条　【教育设施重大安全事故案(刑法第一百三十八条)】明知校舍或者教育教学设施有危险,而不采取措施或者不及时报告,涉嫌下列情形之一的,应予立案追诉:

(一)造成死亡一人以上、重伤三人以上或者轻伤十人以上的;

(二)其他致使发生重大伤亡事故的情形。

最高人民法院　最高人民检察院
关于办理危害生产安全刑事案件适用法律若干问题的解释
(2015年12月16日施行)

详见《刑法》第134条重大责任事故罪的相关规定

◆ 解读与适用

【拓展关键词】明知的认定

"明知校舍或者教育教学设施有危险"中"明知"肯定是对主观要素的表述,但是表述的是故意还是过失尚存疑问。一般来说"明知"标明了故意的心态,但也不尽然,此处表示过失。①

【拓展关键词】重大安全事故相关罪名辨析

被告人高某某、乔某某对车辆起火人员伤亡的严重后果虽然都有过失,但刑法对二被告人的过失都另有规定,因此二被告人的行为不构成过失致人死亡罪。主管人员、肇事车辆的管理所有人,只有在指使、强令他人违章驾驶而造成重大交通事故的情况下,才能以交通肇事罪定罪处罚。被告人乔某某作为司机,明知车辆存在严重问题,不符合上路要求,当该车辆发生故障后,又违反交通运输管理法规的规定,采用直接为汽化器供油的办法继续行驶,以致造成车毁人亡的后果,其行为构成交通肇事罪。高某某既不是交通事故中的直接肇事者,也不能证明高某某指使乔某某违规操作,相反却在得知车辆出现故障后,租用其他车辆将故障车上的幼儿送走,并告知乔某某修车,不应构成交通肇事罪。高某某作为幼儿教育单位的负责人,明知本单位接送幼儿的专用车辆有安全隐患,不符合行车要求,而不采取必要的检修措施,仍让他人使用该车接送幼儿,以致在车辆发生故障后,驾驶人员违规操作引起车辆失火,使被接送的幼儿多人伤亡,该负责人的行为构成教育设施重大安全事故罪。②

---

① 参见张明楷:《刑法分则的解释原理》,中国人民大学出版社2004年版,第161页。

② 高某某、乔某某过失致人死亡案,载《最高人民法院公报》2005年第1期。

第一百三十九条　【消防责任事故罪】

违反消防管理法规[①],经消防监督机构通知采取改正措施而拒绝执行,造成严重后果的,对直接责任人员,处三年以下有期徒刑或者拘役;后果特别严重的,处三年以上七年以下有期徒刑。

◆ 相关规定

最高人民检察院　公安部

关于公安机关管辖的刑事案件立案追诉标准的规定(一)(节选)

(公通字〔2008〕36号)

第十五条　【消防责任事故案(刑法第一百三十九条)】违反消防管理法规,经消防监督机构通知采取改正措施而拒绝执行,涉嫌下列情形之一的,应予立案追诉:

(一)造成死亡一人以上,或者重伤三人以上;

(二)造成直接经济损失五十万元以上的;

(三)造成森林火灾,过火有林地面积二公顷以上,或者过火疏林地、灌木林地、未成林地、苗圃地面积四公顷以上的;

(四)其他造成严重后果的情形。

最高人民法院　最高人民检察院

关于办理危害生产安全刑事案件适用法律若干问题的解释

(2015年12月16日施行)

详见《刑法》第134条重大责任事故罪的相关规定

第一百三十九条之一　【不报、谎报安全事故罪】[②]

在安全事故发生后,负有报告职责的人员不报或者谎报事故情况,贻误事故抢救,情节严重的,处三年以下有期徒刑或者拘役;情节特别严重的,处三年以上七年以下有期徒刑。

---

① 此为空白罪状,即在条文中指明要参照其他法律、法规的规定,来确定某一犯罪构成特征的罪状。

② 根据《刑法修正案(六)》新增。

◆ 相关规定

最高人民法院　最高人民检察院

关于办理危害生产安全刑事案件适用法律若干问题的解释(节选)

(法释〔2015〕22 号)

详见《刑法》第 134 条重大责任事故罪的相关规定

第四条　刑法第一百三十九条之一规定的"负有报告职责的人员",是指负有组织、指挥或者管理职责的负责人、管理人员、实际控制人、投资人,以及其他负有报告职责的人员。

……

第八条　在安全事故发生后,负有报告职责的人员不报或者谎报事故情况,贻误事故抢救,具有下列情形之一的,应当认定为刑法第一百三十九条之一规定的"情节严重":

(一)导致事故后果扩大,增加死亡一人以上,或者增加重伤三人以上,或者增加直接经济损失一百万元以上的;

(二)实施下列行为之一,致使不能及时有效开展事故抢救的:

1. 决定不报、迟报、谎报事故情况或者指使、串通有关人员不报、迟报、谎报事故情况的;

2. 在事故抢救期间擅离职守或者逃匿的;

3. 伪造、破坏事故现场,或者转移、藏匿、毁灭遇难人员尸体,或者转移、藏匿受伤人员的;

4. 毁灭、伪造、隐匿与事故有关的图纸、记录、计算机数据等资料以及其他证据的;

(三)其他情节严重的情形。

具有下列情形之一的,应当认定为刑法第一百三十九条之一规定的"情节特别严重":

(一)导致事故后果扩大,增加死亡三人以上,或者增加重伤十人以上,或者增加直接经济损失五百万元以上的;

(二)采用暴力、胁迫、命令等方式阻止他人报告事故情况,导致事故后果扩大的;

(三)其他情节特别严重的情形。

第九条　在安全事故发生后,与负有报告职责的人员串通,不报或者谎报事故情况,贻误事故抢救,情节严重的,依照刑法第一百三十九条之一的规定,以共犯论处。

最高人民检察院　公安部

关于公安机关管辖的刑事案件立案追诉标准的规定(一)的补充规定(节选)

(公通字〔2017〕12 号)

一、在《最高人民检察院、公安部关于公安机关管辖的刑事案件立案追诉标准的规定(一)》(以下简称《立案追诉标准(一)》)第 15 条后增加一条,作为第 15 条之一:[不报、谎报安全事故案(刑法第 139 条之一)]在安全事故发生后,负有报告职责的人员不报或者谎报事故情况,贻误事故抢救,涉嫌下列情形之一的,应予立案追诉:

(一)导致事故后果扩大,增加死亡 1 人以上,或者增加重伤 3 人以上,或者增加直接经济损失 100 万元以上的;

(二)实施下列行为之一,致使不能及时有效开展事故抢救的:

1. 决定不报、迟报、谎报事故情况或者指使、串通有关人员不报、迟报、谎报事故情况的;

2. 在事故抢救期间擅离职守或者逃匿的;

3. 伪造、破坏事故现场,或者转移、藏匿、毁灭遇难人员尸体,或者转移、藏匿受伤人员的;

4. 毁灭、伪造、隐匿与事故有关的图纸、记录、计算机数据等资料以及其他证据的;

(三)其他不报、谎报安全事故情节严重的情形。

本条规定的"负有报告职责的人员",是指负有组织、指挥或者管理职责的负责人、管理人员、实际控制人、投资人,以及其他负有报告职责的人员。

◆ 解读与适用

【拓展关键词】安全事故相关罪名辨析

本罪主体为特殊主体,是指对安全事故负有报告职责的人员,一般为发生安全事故的单位中负有组织、指挥或者管理职责的负责人、管理人员、实际控制人、投资人以及其他负有报告职责的人员,不包括没有法定或者职务要求报告义务的普通工人。认定本罪,应重点审查谎报事故的行为与贻误事故抢救结果之间是否存在刑法上的因果关系。只有谎报事故的行为造成贻误事故抢救的后果,即造成事故后果扩大或致使不能及时有效开展事故抢救的,才可能构成本罪。如果事故已经完成抢救,或者没有抢救时机(危害结果不可能加重或扩大),则不构成本罪。构成重大责任事故罪同时又构成谎报安全事故罪的,应当数罪并罚。①

本章其他相关规定

① 黄某某等人重大责任事故、谎报安全事故案,最高人民检察院指导性案例第96号(2021年)。

第三章　破坏社会主义市场经济秩序罪

第一节　生产、销售伪劣商品罪

第一百四十条　【生产、销售伪劣产品罪】

生产者、销售者在产品中掺杂、掺假，以假充真，以次充好或者以不合格产品冒充合格产品，销售金额五万元以上不满二十万元的，处二年以下有期徒刑或者拘役，并处或者单处销售金额百分之五十以上二倍以下罚金；销售金额二十万元以上不满五十万元的，处二年以上七年以下有期徒刑，并处销售金额百分之五十以上二倍以下罚金；销售金额五十万元以上不满二百万元的，处七年以上有期徒刑，并处销售金额百分之五十以上二倍以下罚金；销售金额二百万元以上的，处十五年有期徒刑或者无期徒刑，并处销售金额百分之五十以上二倍以下罚金或者没收财产。

◆ 相关规定

最高人民法院　最高人民检察院
关于办理生产、销售伪劣商品刑事案件具体应用法律若干问题的解释
（法释〔2001〕10号）

第一条　刑法第一百四十条规定的"在产品中掺杂、掺假"，是指在产品中掺入杂质或者异物，致使产品质量不符合国家法律、法规或者产品明示质量标准规定的质量要求，降低、失去应有使用性能的行为。

刑法第一百四十条规定的"以假充真"，是指以不具有某种使用性能的产品冒充具有该种使用性能的产品的行为。

刑法第一百四十条规定的"以次充好"，是指以低等级、低档次产品冒充高等级、高档次产品，或者以残次、废旧零配件组合、拼装后冒充正品或者新产品的行为。

刑法第一百四十条规定的"不合格产品"，是指不符合《中华人民共和国产品质量法》第二十六条第二款规定的质量要求的产品。

对本条规定的上述行为难以确定的，应当委托法律、行政法规规定的产品质量检验机构进行鉴定。

第二条　刑法第一百四十条、第一百四十九条规定的"销售金额"，是指生产者、销售者出售伪劣产品后所得和应得的全部违法收入。

伪劣产品尚未销售，货值金额达到刑法第一百四十条规定的销售金额三倍以上的，以生产、销售伪劣产品罪（未遂）定罪处罚。

货值金额以违法生产、销售的伪劣产品的标价计算;没有标价的,按照同类合格产品的市场中间价格计算。货值金额难以确定的,按照国家计划委员会、最高人民法院、最高人民检察院、公安部1997年4月22日联合发布的《扣押、追缴、没收物品估价管理办法》的规定,委托指定的估价机构确定。

多次实施生产、销售伪劣产品行为,未经处理的,伪劣产品的销售金额或者货值金额累计计算。

……

第八条　国家机关工作人员徇私舞弊,对生产、销售伪劣商品犯罪不履行法律规定的查处职责,具有下列情形之一的,属于刑法第四百一十四条规定的"情节严重":

(一)放纵生产、销售假药或者有毒、有害食品犯罪行为的;

(二)放纵依法可能判处二年有期徒刑以上刑罚的生产、销售、伪劣商品犯罪行为的;

(三)对三个以上有生产、销售伪劣商品犯罪行为的单位或者个人不履行追究职责的;

(四)致使国家和人民利益遭受重大损失或者造成恶劣影响的。

第九条　知道或者应当知道他人实施生产、销售伪劣商品犯罪,而为其提供贷款、资金、账号、发票、证明、许可证件,或者提供生产、经营场所或者运输、仓储、保管、邮寄等便利条件,或者提供制假生产技术的,以生产、销售伪劣商品犯罪的共犯论处。

第十条　实施生产、销售伪劣商品犯罪,同时构成侵犯知识产权、非法经营等其他犯罪的,依照处罚较重的规定定罪处罚。

第十一条　实施刑法第一百四十条至第一百四十八条规定的犯罪,又以暴力、威胁方法抗拒查处,构成其他犯罪的,依照数罪并罚的规定处罚。

第十二条　国家机关工作人员参与生产、销售伪劣商品犯罪的,从重处罚。

最高人民法院
关于审理生产、销售伪劣商品刑事案件有关鉴定问题的通知

(2001年5月21日)

一、对于提起公诉的生产、销售伪劣产品、假冒商标、非法经营等严重破坏社会主义市场经济秩序的犯罪案件,所涉生产、销售的产品是否属于"以假充真"、"以次充好"、"以不合格产品冒充合格产品"难以确定的,应当根据《解释》第一条第五款的规定,由公诉机关委托法律、行政法规规定的产品质量检验机构进行鉴定。

二、根据《解释》第三条和第四条的规定,人民法院受理的生产、销售假药犯罪案件和生产、销售不符合卫生标准的食品犯罪案件,均需有"省级以上药品监督管理部门设置或者确定的药品检验机构"和"省级以上卫生行政部门确定的机构"出具的鉴定结论。

三、经鉴定确系伪劣商品,被告人的行为既构成生产、销售伪劣产品罪,又构成生产、销售假药罪或者生产、销售不符合卫生标准的食品罪,或者同时构成侵犯知识产权、非法经营等其他犯罪的,根据刑法第一百四十九条第二款和《解释》第十条的规定,应当依照处罚较重的规定定罪处罚。

最高人民检察院　公安部
关于公安机关管辖的刑事案件立案追诉标准的规定(一)(节选)

(公通字〔2008〕36号)

第十六条　【生产、销售伪劣产品案(刑法第一百四十条)】生产者、销售者在产品中掺杂、掺假,以假充真,以次充好或者以不合格产品冒充合格产品,涉嫌下列情形之一的,应予立案追诉:

(一)伪劣产品销售金额五万元以上的;

(二)伪劣产品尚未销售,货值金额十五万元以上的;

（三）伪劣产品销售金额不满五万元，但将已销售金额乘以三倍后，与尚未销售的伪劣产品货值金额合计十五万元以上的。

本条规定的"掺杂、掺假"，是指在产品中掺入杂质或者异物，致使产品质量不符合国家法律、法规或者产品明示质量标准规定的质量要求，降低、失去应有使用性能的行为；"以假充真"，是指以不具有某种使用性能的产品冒充具有该种使用性能的产品的行为；"以次充好"，是指以低等级、低档次产品冒充高等级、高档次产品，或者以残次、废旧零配件组合、拼装后冒充正品或者新产品的行为；"不合格产品"，是指不符合《中华人民共和国产品质量法》规定的质量要求的产品。

对本条规定的上述行为难以确定的，应当委托法律、行政法规规定的产品质量检验机构进行鉴定。本条规定的"销售金额"，是指生产者、销售者出售伪劣产品后所得和应得的全部违法收入；"货值金额"，以违法生产、销售的伪劣产品的标价计算；没有标价的，按照同类合格产品的市场中间价格计算。货值金额难以确定的，按照《扣押、追缴、没收物品估价管理办法》的规定，委托估价机构进行确定。

最高人民法院　最高人民检察院
关于办理非法生产、销售烟草专卖品等刑事案件具体应用法律若干问题的解释（节选）

（法释〔2010〕7 号）

详见《刑法》第 225 条非法经营罪的相关规定

第二条　伪劣卷烟、雪茄烟等烟草专卖品尚未销售，货值金额达到刑法第一百四十条规定的销售金额定罪起点数额标准的三倍以上的，或者销售金额未达到五万元，但与未销售货值金额合计达到十五万元以上的，以生产、销售伪劣产品罪（未遂）定罪处罚。

销售金额和未销售货值金额分别达到不同的法定刑幅度或者均达到同一法定刑幅度的，在处罚较重的法定刑幅度内酌情从重处罚。

查获的未销售的伪劣卷烟、雪茄烟，能够查清销售价格的，按照实际销售价格计算。无法查清实际销售价格，有品牌的，按照该品牌卷烟、雪茄烟的查获地省级烟草专卖行政主管部门出具的零售价格计算；无品牌的，按照查获地省级烟草专卖行政主管部门出具的上年度卷烟平均零售价格计算。

国家食品药品监管总局　公安部　最高人民法院　最高人民检察院　国务院食品安全办
关于印发《食品药品行政执法与刑事司法衔接工作办法》的通知（略）

（食药监稽〔2015〕271 号）

☞ 其他相关规定见章后二维码

◆ 解读与适用

【拓展关键词】伪劣产品　伪而不劣　掺杂　掺假　以假充真　以次充好　以不合格产品冒充合格产品　货值金额　违法所得数额　法条竞合与想象竞合　明知的认定

对创新产品要进行实质性审查判断，不宜简单套用现有产品标准认定为"伪劣产品"。认定"不合格产品"要以违反《产品质量法》规定的相关质量要求为前提。根据《产品质量法》要求，对于已有国家标准、行业标准的传统产品，只有符合标准的才能认定为合格产品；对于尚无国家标准、行业标准的创新产品，应当本着既鼓励创新，又保证人身、财产安全的原则，听取多方意见，进行实质性研判。创新产品在使用性能方面与传统产品存在实质性差别，不宜简单化套用传统产品的标准认定是否"合格"。创新产品不存在危及人身、财产安全隐患且具备应有使用性能的，不应当认定为伪劣产品。相关质量检验机构作出鉴定意见的，检察机关应当进行实质审查。①

《刑参》第 8 号案例“王某生产、销售伪劣产品案——对于生产、销售不具有生产者、销售者所许诺的使用性能的新产品的行为如何适用法律”相关论述：由于被告人生产销售的重油膨化剂是其开发的“新产品”，没有国际标准、国家标准、行业标准、地方标准可供执行，当然应执行企业标准。根据企业标准，生产、销售的产品应当具备其许诺的使用性能，否则就是不合格产品。违法所得数额不等于销售金额，一般情况下，销售金额要大于违法所得数额。“销售金额”是指生产者、销售者生产、销售伪劣产品没有扣除成本、税收等的所有违法收入。

《刑参》第 115 号案例“陈某等销售伪劣产品案——销售假冒他人注册商标的产品行为如何定性”相关论述：销售伪劣产品罪的犯罪对象只能是伪劣产品。伪劣产品有广义和狭义之分。广义的伪劣产品包括假冒他人品牌但本身质量合格的产品，即所谓“假冒不伪劣”的产品。狭义的伪劣产品仅指《刑法》第 140 条规定的“在产品中掺杂、掺假，以假充真，以次充好或者以不合格冒充合格的产品”。生产、销售伪劣产品罪的犯罪对象不包括只是“假”但不“劣”的产品。其中判断产品质量是否“劣”的具体标准应当按照《标准化法》规定的标准来认定。销售假冒注册商标产品的行为具体构成何罪关键在于所销售商品的质量是否合格，是否适用法条竞合“择一重处”的原则。被告人受雇运输伪劣产品收取运费的行为构成销售伪劣产品罪的共犯。司法解释确定的货值金额的计算方法不是任选的，而是递进性的，只有在按照前种方法无法认定伪劣产品的价格时，才应适用相应的后种计算方法。

《刑参》第 266 号案例“李某盗掘古文化遗址案——盗割石窟寺内壁刻头像的行为如何定罪”相关论述：在刑事立法中使用有关专业术语以及在刑事司法中对刑法条文有关专业术语的解释，都应当尽量与相关部门法的专业用语保持一致，这是保持各部门法律整体内在统一性的需要。但考虑到刑法规范与行政规范等规制的目的不同，有时二者虽使用同一术语，但在含义上有所不同，或者说需要作出不同的解释，这也是常见现象。比如刑法中的伪劣产品就不能等同于《产品质量法》中的伪劣产品，前者是狭义的，后者是广义的。

《刑参》第 677 号案例“杨某销售假冒注册商标的商品案——如何区分销售假冒注册商标的商品与销售伪劣产品罪，以及如何认定‘以假卖假’尚未销售情形下假冒注册商标商品的销售金额、非法经营数额和犯罪停止形态”相关论述：区分销售假冒注册商标的商品罪与销售伪劣产品罪应根据行为人对消费者是否具有欺诈故意来认定。如果销售的假冒注册商标的商品不能认定为伪劣产品，则不能以销售伪劣产品罪论处。假冒注册商标的商品并非必然属于伪劣产品。“伪劣”一词并未出现在销售伪劣产品罪的罪状中，而是有权解释机关在对罪名进行概括时根据罪状提炼出来的。销售伪劣产品的行为必然影响消费者对产品的使用。行为人为了销售伪劣产品，在主观上必然有假冒、欺诈的故意。要想销售假冒注册商标的商品，如果品质太差则有可能无人问津，对于那些崇尚品牌的消费者来说，相对低廉的价格使他们对于假冒商品心知肚明、知假买假，销售者不需要对消费者进行欺诈。本案被告人销售的包具有包的一般使用性能，没有证据证明包的质量低劣或者不符合普通非品牌商品的质量标准。虽然其销售的包假冒了品牌，但不影响消费者对该包的使用，而且消费者知假买假，被告人的行为应认定为销售假冒注册商标的商品罪。

《刑参》第 1210 号案例“朱某、周某、谢某非法经营案——未经许可生产摩托车以及以燃油助力车名义销售摩托车的行为如何定性”相关论述：判断某一产品是否系伪劣产品的关键，在于该产品的质量是否存在问题。本案中的涉案车辆经鉴定符合国家关于摩托车技术规范和安全标准的规定，就其质量本身而言，并不属于“不合格产品”，是因为被告人宋某等人将其以燃油助力车的名义销售导致车辆脱离了应有监管的销售方式而非产品质量问题导致涉案车辆存在安全隐患。不能简单地以实际产品与标注不一致就认定存在质量

① 刘某涉嫌生产、销售“伪劣产品”（不起诉）案，最高人民检察院指导性案例第 85 号（2020 年）。

问题。实践中经常出现生产销售产品的实际规格与标注不一致的情况，对此应根据实际情况分析认定，不能简单地一概认定质量有问题，更不能以销售方式来决定产品质量，进而认定产品属于“以次充好”的产品。产品质量主要是由生产过程决定的，单纯的销售方式无法影响产品质量。本案涉案车辆虽然是以燃油助力车的名义对外销售，附随的合格证上标注的也是助力车，但是其各项技术指标是按照摩托车的标准进行配置，经鉴定在属性上为摩托车，符合国家关于摩托车技术规范和安全标准的规定，不属于“以次充好”的情形。涉案车辆具有正常的道路行驶功能和使用性能，也不属于“以假充真”的情形。生产、销售伪劣产品罪的犯罪分子对消费者往往具有欺骗行为，侵害了消费者的知情权。但在本案中，被告人朱某等人在销售时不仅对涉案车辆的排量等真实情况作了说明，而且还以“大排小标”这一特征作为吸引消费者的噱头加以宣传，消费者对车辆的真实属性有明确的认识，其知情权并未受到侵犯。被告人朱某等人的行为不构成生产、销售伪劣产品罪。

《刑参》第1315号案例“方某销售伪劣产品案——利用疫情销售‘三无’口罩的罪名适用和‘伪劣产品’标准的认定”相关论述：疫情防控期间以出售非医用口罩的名义销售“三无”劣质口罩的，应认定为销售伪劣产品罪。销售伪劣产品罪与诈骗罪区分：(1)考察交易是否实际完成；(2)判断实际交付的财物与对方所支付财物价值差距是否较大；(3)从二者侵犯客体进行区分、把握。“三无”产品并不必然等同于销售伪劣产品罪中的“伪劣产品”。被告人销售的是非医用的一次性口罩，使用功能主要在于隔离、过滤等，而其效果难以通过肉眼或者生活经验辨别，故需要委托专门的产品质量检验机构，参照相应的产品检验、检测标准进行判断。

《刑参》第1317号案例“白某销售假冒注册商标的商品案——防疫期间销售冒牌口罩的行为认定问题”相关论述：销售冒牌口罩的行为同时触犯销售假冒注册商标的商品罪、销售伪劣产品罪等罪名的，应择一重罪处罚。销售假冒注册商标的商品不要求产品质量问题，如产品质量合格、性能达标，行为人销售“伪而不劣”的商品，甚至是质量优于原注册商标商品的，仍应认定为销售假冒注册商标的商品罪。对于销售“既假又劣”的商品，构成想象竞合犯，择一重罪处罚。法条竞合是包容评价关系，触犯此罪必然触犯彼罪。想象竞合关系是一行为偶然符合多个罪名，是动态的竞合。从认识的判断方法来说，“明知”不仅可以根据被告人供述进行认定，也可以根据客观的事实进行推定。从认识的程度来说，“明知”不仅包括对事实的确知还应当包括对一种高度可能性的认识。

《刑参》第1453号案例“徐某、桑某等非法经营案——仅凭产品系非法入境、印制张贴虚假内容标签等行为不能推定系伪劣产品”相关论述：不能以产品系非法入境、制作张贴含有虚假内容的商品标签等行为，即推定系伪劣产品。

【拓展关键词】生产、销售伪劣产品相关罪名辨析　假药

《刑参》第143号案例“韩某1、付某、韩某2生产伪劣产品案——为他人加工伪劣产品的行为如何定罪处罚”相关论述：为他人加工伪劣产品的行为构成生产、销售伪劣产品罪。当法律没有在故意之外明文规定行为的意图或者目的时还不能断然肯定该犯罪不需要特定的意图或者目的。如果从法律规定的客观要件上看，要求行为人必须具有与某种客观要件相对应的主观意图或者目的时就应当肯定这种主观意图或目的是主观要件。来料加工行为与买卖行为在民法上是有着明确界定的两类不同性质的行为，两者不可混淆，不得将交付加工成果的行为视为销售行为。根据生产、销售伪劣产品罪的立法规定，单纯的生产伪劣产品罪是无从成立的。因为如果生产者只是生产了伪劣产品而并没有推向市场就谈不上销售金额较大，因而不符合本罪的客观要件。单从法理上说，本案三被告人定生产伪劣产品罪是妥当的。但在实践中，与立法及司法解释的现有规定不尽吻合，与法定罪状相冲突，只能定生产、销售伪劣产品罪。

《刑参》第503号案例“王某以危险方法危害公共安全、销售伪劣产品、虚报注册资本案——向药品生产企业销售假冒的药品辅料的行为如何定性"相关论述：被告人以二甘醇冒充药用丙二醇进行销售属于以一种工业产品冒充药品辅料进行销售的，既不属于销售"假药"，也不属于销售"按假药处理的药品"。由于认定为销售"按假药处理的非药品"亦缺乏明确的法律依据且未得到有关专业部门的认可，故不宜按销售假药罪处理。被告人以假充真、以二甘醇冒充药用丙二醇进行销售，其行为属于销售伪劣产品性质，但若视为销售伪劣产品，以销售金额评价其社会危害性，有违罪刑相适应。作为医用产品，如果质量不合格不但会贻误使用该药品患者的诊治而且可能会给患者的健康造成巨大危害甚至死亡的后果，一旦这些伪劣药品流入市场被患者使用，这种危害往往会涉及不特定人的生命健康，具有危害公共安全的性质，应当以危险方法危害公共安全罪定罪处罚。①

《刑参》第 1316 号案例"王某、陈某销售伪劣产品案——疫情防控期间以'三无'产品冒充'KN95'口罩进行销售行为的认定"相关论述：销售伪劣产品罪和销售不符合标准的医用器材罪是一般与特殊的关系，后者除了威胁最普通、最基础的国家产品质量保障制度之外还会直接威胁国家医用器材的安全保障制度。伪劣产品主要包括两类：一是以假充真，即冒用商标、模仿外观，引发消费者误解。二是伪造劣质，即在安全标准、性能指标、成分含量、实用价值等质量方面以及生产经营主体资质上未能达到应有要求。刑法规范意义中的"足以严重危害人体健康"是指行为人实施的生产、销售不合标准的医用器材行为客观上具有对这些医用器材使用者的人体健康造成严重危害的危险，这种危险的性质是现实的、直接的，但这种危险尚未转化为实际的危害后果。销售伪劣产品罪是较为典型的结果犯，要求销售额达到 5 万元以上才构成本罪。一次性使用医用口罩等口罩，已列入原国家药监局发布的医疗器械分类目录公告，故销售不符合标准的一次性使用医用口罩等，可以构成销售不符合标准的医用器材罪。并不是所有的"KN95"口罩都是医用防护口罩，只有医用防护口罩、外科口罩、医用口罩（一次性使用医用口罩）才属于销售不符合标准的医用器材犯罪中的医用器材。本案中被告人出售的口罩标示的口罩类型系特种劳动保护用品而非医用防护口罩，且涉案口罩外观、包装上均看不出医用等字样，亦无执行标准等情况，经鉴定过滤效果亦不符合标准要求，为不合格产品，构成销售伪劣产品罪。

第一百四十一条　【生产、销售、提供假药罪】②③

生产、销售假药的，处三年以下有期徒刑或者拘役，并处罚金；对人体健康造成严重危害或者有其他严重情节的，处三年以上十年以下有期徒刑，并处罚金；致人死亡或者有其他特别严重情节的，处十年以上有期徒刑、无期徒刑或者死刑，并处罚金或者没收财产。

药品使用单位的人员明知是假药而提供给他人使用的，依照前款的规定处罚。

---

① 王某以危险方法危害公共安全、销售伪劣产品、虚报注册资本案，载《最高人民法院公报》2009 年第 1 期。

② 根据《刑法修正案（八）》第一次修订。原条文主要内容为：生产、销售假药，足以严重危害人体健康的，处三年以下有期徒刑或者拘役，并处或者单处销售金额百分之五十以上二倍以下罚金；对人体健康造成严重危害的，处三年以上十年以下有期徒刑，并处销售金额百分之五十以上二倍以下罚金；致人死亡或者对人体健康造成特别严重危害的，处十年以上有期徒刑、无期徒刑或者死刑，并处销售金额百分之五十以上二倍以下罚金或者没收财产。

本条所称假药，是指依照《中华人民共和国药品管理法》的规定属于假药和按假药处理的药品、非药品。

③ 根据《刑法修正案（十一）》第二次修订。原条文主要内容为：生产、销售假药的，处三年以下有期徒刑或者拘役，并处罚金；对人体健康造成严重危害或者有其他严重情节的，处三年以上十年以下有期徒刑，并处罚金；致人死亡或者有其他特别严重情节的，处十年以上有期徒刑、无期徒刑或者死刑，并处罚金或者没收财产。

本条所称假药，是指依照《中华人民共和国药品管理法》的规定属于假药和按假药处理的药品、非药品。

◆ 相关规定

最高人民法院　最高人民检察院
关于办理生产、销售伪劣商品刑事案件具体应用法律若干问题的解释(节选)
(法释〔2001〕10号)

详见生产、销售伪劣产品罪部分

第三条　经省级以上药品监督管理部门设置或者确定的药品检验机构鉴定,生产、销售的假药具有下列情形之一的,应认定为刑法第一百四十一条规定的“足以严重危害人体健康”:

(一)含有超标准的有毒有害物质的;

(二)不含所标明的有效成份,可能贻误诊治的;

(三)所标明的适应症或者功能主治超出规定范围,可能造成贻误诊治的;

(四)缺乏所标明的急救必需的有效成份的。

生产、销售的假药被使用后,造成轻伤、重伤或者其他严重后果的,应认定为“对人体健康造成严重危害”。

生产、销售的假药被使用后,致人严重残疾,三人以上重伤、十人以上轻伤或者造成其他特别严重后果的,应认定为“对人体健康造成特别严重危害”。

最高人民法院　最高人民检察院
关于办理危害药品安全刑事案件适用法律若干问题的解释(已废止)
(法释〔2014〕14号)

最高人民检察院　公安部
关于公安机关管辖的刑事案件立案追诉标准的规定(一)的补充规定(节选)
(公通字〔2017〕12号)

二、将《立案追诉标准(一)》第17条修改为:[生产、销售假药案(刑法第141条)]生产、销售假药的,应予立案追诉。但销售少量根据民间传统配方私自加工的药品,或者销售少量未经批准进口的国外、境外药品,没有造成他人伤害后果或者延误诊治,情节显著轻微危害不大的除外。

以生产、销售假药为目的,具有下列情形之一的,属于本条规定的“生产”:

(一)合成、精制、提取、储存、加工炮制药品原料的;

(二)将药品原料、辅料、包装材料制成成品过程中,进行配料、混合、制剂、储存、包装的;

(三)印制包装材料、标签、说明书的。

医疗机构、医疗机构工作人员明知是假药而有偿提供给他人使用,或者为出售而购买、储存的,属于本条规定的“销售”。

本条规定的“假药”,是指依照《中华人民共和国药品管理法》的规定属于假药和按假药处理的药品、非药品。是否属于假药难以确定的,可以根据地市级以上药品监督管理部门出具的认定意见等相关材料进行认定。必要时,可以委托省级以上药品监督管理部门设置或者确定的药品检验机构进行检验。

最高人民法院　最高人民检察院
关于办理药品、医疗器械注册申请材料造假刑事案件适用法律若干问题的解释(节选)(已废止)

(法释〔2017〕15号)

最高人民法院　最高人民检察院
关于办理危害药品安全刑事案件适用法律若干问题的解释

(高检发释字〔2022〕1号)

第一条　生产、销售、提供假药,具有下列情形之一的,应当酌情从重处罚:

(一)涉案药品以孕产妇、儿童或者危重病人为主要使用对象的;

(二)涉案药品属于麻醉药品、精神药品、医疗用毒性药品、放射性药品、生物制品,或者以药品类易制毒化学品冒充其他药品的;

(三)涉案药品属于注射剂药品、急救药品的;

(四)涉案药品系用于应对自然灾害、事故灾难、公共卫生事件、社会安全事件等突发事件的;

(五)药品使用单位及其工作人员生产、销售假药的;

(六)其他应当酌情从重处罚的情形。

第二条　生产、销售、提供假药,具有下列情形之一的,应当认定为刑法第一百四十一条规定的"对人体健康造成严重危害":

(一)造成轻伤或者重伤的;

(二)造成轻度残疾或者中度残疾的;

(三)造成器官组织损伤导致一般功能障碍或者严重功能障碍的;

(四)其他对人体健康造成严重危害的情形。

第三条　生产、销售、提供假药,具有下列情形之一的,应当认定为刑法第一百四十一条规定的"其他严重情节":

(一)引发较大突发公共卫生事件的;

(二)生产、销售、提供假药的金额二十万元以上不满五十万元的;

(三)生产、销售、提供假药的金额十万元以上不满二十万元,并具有本解释第一条规定情形之一的;

(四)根据生产、销售、提供的时间、数量、假药种类、对人体健康危害程度等,应当认定为情节严重的。

第四条　生产、销售、提供假药,具有下列情形之一的,应当认定为刑法第一百四十一条规定的"其他特别严重情节":

(一)致人重度残疾以上的;

(二)造成三人以上重伤、中度残疾或者器官组织损伤导致严重功能障碍的;

(三)造成五人以上轻度残疾或者器官组织损伤导致一般功能障碍的;

(四)造成十人以上轻伤的;

(五)引发重大、特别重大突发公共卫生事件的;

(六)生产、销售、提供假药的金额五十万元以上的;

(七)生产、销售、提供假药的金额二十万元以上不满五十万元,并具有本解释第一条规定情形之一的;

(八)根据生产、销售、提供的时间、数量、假药种类、对人体健康危害程度等,应当认定为情节特别严重的。

第六条　以生产、销售、提供假药、劣药为目的,合成、精制、提取、储存、加工炮制药品原料,或者在将药品原料、辅料、包装材料制成成品过程中，进行配料、混合、制剂、储存、包装的，应当认定为刑法第一百四十一条、第一百四十二条规定的“生产”。

药品使用单位及其工作人员明知是假药、劣药而有偿提供给他人使用的，应当认定为刑法第一百四十一条、第一百四十二条规定的“销售”；无偿提供给他人使用的，应当认定为刑法第一百四十一条、第一百四十二条规定的“提供”。

【深度解析】

【拓展关键词】销售行为　销售假药罪的既遂判断

《刑参》第1415号案例“王某等销售假药案——未及销售的假药应否计入销售金额及其犯罪形态的认定”相关论述：一般意义上的“销售”是指售出的行为。但是，法定的犯罪行为往往不同于生活行为。因此，刑法语境下的“销售”除了具有一般意义上的出售含义外还应包括“有偿提供”以及“为出售而购买、储存”的中间环节行为。该解释第6条第2款是一种提示性规定。该款规定与第1条第4项的目标一致，均在于加大对医疗机构或医疗机构工作人员实施危害药品安全犯罪的打击力度而非将医疗机构、医疗机构工作人员以外的主体为出售而购买、储存假劣药的行为排除在刑事打击范围之外。对“销售金额”作广义理解，将货值金额也计入其中是合理、必要的。现场查获的行为人已购进但尚未销售的假药的可得销售金额应当计入销售金额，否则会影响打击销售假药犯罪的力度。销售假药罪既遂与否应以假药是否进入交易环节为准。销售假药罪的构成要件行为或者实行行为是销售行为。在刑法规范中，出售、无偿提供给他人使用或者为出售而购买、储存都是销售的实行行为。着手本质上是造成侵害法益的紧迫危险的行为。为出售而购入假药即意味着随时可以上架进行销售，此时已经对国家药品监督制度产生了现实的严重侵害危险，只要该行为进一步实施即可造成法益侵害结果，所以，购入假药的行为应当认定为着手实行犯罪。当然，购入假药只是手段，对外出售才是目的。将假药置入销售环节进行销售则是直接造成法益侵害结果、最充分地实现构成要件的行为，标志着实行行为的完成，构成犯罪既遂。

……

第九条　明知他人实施危害药品安全犯罪，而有下列情形之一的，以共同犯罪论处：

（一）提供资金、贷款、账号、发票、证明、许可证件的；

（二）提供生产、经营场所、设备或者运输、储存、保管、邮寄、销售渠道等便利条件的；

（三）提供生产技术或者原料、辅料、包装材料、标签、说明书的；

（四）提供虚假药物非临床研究报告、药物临床试验报告及相关材料的；

（五）提供广告宣传的；

（六）提供其他帮助的。

第十条　办理生产、销售、提供假药、生产、销售、提供劣药、妨害药品管理等刑事案件，应当结合行为人的从业经历、认知能力、药品质量、进货渠道和价格、销售渠道和价格以及生产、销售方式等事实综合判断认定行为人的主观故意。具有下列情形之一的，可以认定行为人有实施相关犯罪的主观故意，但有证据证明确实不具有故意的除外：

（一）药品价格明显异于市场价格的；

（二）向不具有资质的生产者、销售者购买药品，且不能提供合法有效的来历证明的；

（三）逃避、抗拒监督检查的；

（四）转移、隐匿、销毁涉案药品、进销货记录的；

（五）曾因实施危害药品安全违法犯罪行为受过处罚，又实施同类行为的；

（六）其他足以认定行为人主观故意的情形。

第十一条　以提供给他人生产、销售、提供药品为目的，违反国家规定，生产、销售不符合药用要求的原料、辅料，符合刑法第一百四十条规定的，以生产、销售伪劣产品罪从重处罚；同时构成其他犯罪的，依照处罚较重的规定定罪处罚。

第十二条　广告主、广告经营者、广告发布者违反国家规定，利用广告对药品作虚假宣传，情节严重的，依照刑法第二百二十二条的规定，以虚假广告罪定罪处罚。

第十三条　明知系利用医保骗保购买的药品而非法收购、销售，金额五万元以上的，应当依照刑法第三百一十二条的规定，以掩饰、隐瞒犯罪所得罪定罪处罚；指使、教唆、授意他人利用医保骗保购买药品，进而非法收购、销售，符合刑法第二百六十六条规定的，以诈骗罪定罪处罚。

对于利用医保骗保购买药品的行为人是否追究刑事责任，应当综合骗取医保基金的数额、手段、认罪悔罪态度等案件具体情节，依法妥当决定。利用医保骗保购买药品的行为人是否被追究刑事责任，不影响对非法收购、销售有关药品的行为人定罪处罚。

对于第一款规定的主观明知，应当根据药品标志、收购渠道、价格、规模及药品追溯信息等综合认定。

第十四条　负有药品安全监督管理职责的国家机关工作人员，滥用职权或者玩忽职守，构成药品监管渎职罪，同时构成商检徇私舞弊罪、商检失职罪等其他渎职犯罪的，依照处罚较重的规定定罪处罚。

负有药品安全监督管理职责的国家机关工作人员滥用职权或者玩忽职守，不构成药品监管渎职罪，但构成前款规定的其他渎职犯罪的，依照该其他犯罪定罪处罚。

负有药品安全监督管理职责的国家机关工作人员与他人共谋，利用其职务便利帮助他人实施危害药品安全犯罪行为，同时构成渎职犯罪和危害药品安全犯罪共犯的，依照处罚较重的规定定罪从重处罚。

第十五条　对于犯生产、销售、提供假药罪、生产、销售、提供劣药罪、妨害药品管理罪的，应当结合被告人的犯罪数额、违法所得，综合考虑被告人缴纳罚金的能力，依法判处罚金。罚金一般应当在生产、销售、提供的药品金额二倍以上；共同犯罪的，对各共同犯罪人合计判处的罚金一般应当在生产、销售、提供的药品金额二倍以上。

第十六条　对于犯生产、销售、提供假药罪、生产、销售、提供劣药罪、妨害药品管理罪的，应当依照刑法规定的条件，严格缓刑、免予刑事处罚的适用。对于被判处刑罚的，可以根据犯罪情况和预防再犯罪的需要，依法宣告职业禁止或者禁止令。《中华人民共和国药品管理法》等法律、行政法规另有规定的，从其规定。

对于被不起诉或者免予刑事处罚的行为人，需要给予行政处罚、政务处分或者其他处分的，依法移送有关主管机关处理。

第十七条　单位犯生产、销售、提供假药罪、生产、销售、提供劣药罪、妨害药品管理罪的，对单位判处罚金，并对直接负责的主管人员和其他直接责任人员，依照本解释规定的自然人犯罪的定罪量刑标准处罚。

单位犯罪的，对被告单位及其直接负责的主管人员、其他直接责任人员合计判处的罚金一般应当在生产、销售、提供的药品金额二倍以上。

第十八条　根据民间传统配方私自加工药品或者销售上述药品，数量不大，且未造成他人伤害后果或者延误诊治的，或者不以营利为目的实施带有自救、互助性质的生产、进口、销售药品的行为，不应当认定为犯罪。

对于是否属于民间传统配方难以确定的，根据地市级以上药品监督管理部门或者有关部门出具的认定意见，结合其他证据作出认定。

第十九条　刑法第一百四十一条、第一百四十二条规定的"假药""劣药"，依照《中华人民共和国药品管理法》的规定认定。

对于《中华人民共和国药品管理法》第九十八条第二款第二项、第四项及第三款第三项至第六项规定的假药、劣药，能够根据现场查获的原料、包装，结合犯罪嫌疑人、被告人供述等证据材料作出判断的，可以由地市级以上药品监督管理部门出具认定意见。对于依据《中华人民共和国药品管理法》第九十八条第二款、第三款的其他规定认定假药、劣药，或者是否属于第九十八条第二款第二项、第三款第六项规定的假药、劣药存在争议的，应当由省级以上药品监督管理部门设置或者确定的药品检验机构进行检验，出具质量检验结论。司法机关根据认定意见、检验结论，结合其他证据作出认定。

第二十条 对于生产、提供药品的金额，以药品的货值金额计算；销售药品的金额，以所得和可得的全部违法收入计算。

第二十一条 本解释自2022年3月6日起施行。本解释公布施行后，《最高人民法院、最高人民检察院关于办理危害药品安全刑事案件适用法律若干问题的解释》（法释〔2014〕14号）、《最高人民法院、最高人民检察院关于办理药品、医疗器械注册申请材料造假刑事案件适用法律若干问题的解释》（法释〔2017〕15号）同时废止。

☞ 其他相关规定见章后二维码

◆ 解读与适用

【拓展关键词】主观故意的认定

行为人有无生产、销售假药的故意，是认定生产、销售假药罪成立与否的主观要件。在审理时，被告人供述是重要但不是唯一的证据。对于行为人主观故意的判断，可以根据涉案药品交易的销售渠道是否正规、销售价格是否合理、药品包装是否完整、药品本身是否存在明显瑕疵，结合行为人的职业、文化程度等因素，进行全面分析。①

【拓展关键词】民间配方药

《刑参》第165号案例"鞠某、张某等生产、销售伪劣产品案——生产、销售假药行为的定罪量刑"相关论述：足以严重危害人体健康，是生产、销售假药罪的法定构成要件。本案被告人销售的药品均不含国家规定的成分，系假药，根据相关的检验报告，本案依法不能认定足以严重危害人体健康，不应以生产、销售假药罪定罪处罚。

《刑参》第429号案例"孟某医疗事故案——具有执业资格的医生根据民间验方、偏方制成药物诊疗，造成就诊人死亡的行为如何定性"相关论述：具有执业资格的医生在诊疗过程中，出于医治病患的目的根据民间配方制成药物用于诊疗的行为一般不构成生产、销售假药罪。被告人所用的药物为假药，其行为也属于生产、销售行为。但这种自产自销的行为与生产、销售假药罪中的实行行为在法律内涵上不能等同。生产、销售假药罪被规定在破坏社会主义市场经济秩序罪一章，从立法意图出发，该章中所涉的生产和销售都属于市场行为，应该以市场流通为基础。被告人只是在一个非常小的特定范围内针对前来就诊的个别患者进行诊疗，不是单纯的向社会公开销售的行为。其生产和销售的数量、规模和范围远未达到进入药品市场流通领域的程度，远不足以破坏社会主义市场经济秩序，不属于生产、销售假药罪的实行行为。生产、销售假药罪作为一种故意犯罪，行为人主观上必须明知是假药而故意生产、销售才构成本罪。如果行为人不知道或主观上没有意识到自己生产、销售的药品是假药，则阻却犯罪故意。被告人是在学医时从一位教授处获得此药方，虽然是在未按有关规定获得批准的情况下生产、销售假药，但其主观上并不认为其生产、销售的是假药。法律不强人所难，在有证据表明被告人确实存在合理相信民间配方疗效的情况下一般不应认定存在主观故意。具有执行资格的医生在诊疗过程中，出于医治病患的目的使用民间配方致人伤亡的行为可以医疗事故罪定罪处罚。

---

① 申某生产、销售假药，赵某等销售假药案，载《最高人民法院公报》2010年第12期。

第一百四十二条　【生产、销售、提供劣药罪】①

生产、销售劣药，对人体健康造成严重危害的，处三年以上十年以下有期徒刑，并处罚金；后果特别严重的，处十年以上有期徒刑或者无期徒刑，并处罚金或者没收财产。

药品使用单位的人员明知是劣药而提供给他人使用的，依照前款的规定处罚。

◆ 相关规定

最高人民检察院　公安部

关于公安机关管辖的刑事案件立案追诉标准的规定(一)(节选)

(公通字〔2008〕36号)

第十八条　【生产、销售劣药案(刑法第一百四十二条)】生产(包括配制)、销售劣药，涉嫌下列情形之一的，应予立案追诉：

(一)造成人员轻伤、重伤或者死亡的；

(二)其他对人体健康造成严重危害的情形。

本条规定的"劣药"，是指依照《中华人民共和国药品管理法》的规定，药品成份的含量不符合国家药品标准的药品和按劣药论处的药品。

最高人民法院　最高人民检察院

关于办理危害药品安全刑事案件适用法律若干问题的解释(节选)(已废止)

(法释〔2014〕14号)

最高人民法院　最高人民检察院

关于办理危害药品安全刑事案件适用法律若干问题的解释

(高检发释字〔2022〕1号)

第五条　生产、销售、提供劣药，具有本解释第一条规定情形之一的，应当酌情从重处罚。

生产、销售、提供劣药，具有本解释第二条规定情形之一的，应当认定为刑法第一百四十二条规定的"对人体健康造成严重危害"。

生产、销售、提供劣药，致人死亡，或者具有本解释第四条第一项至第五项规定情形之一的，应当认定为刑法第一百四十二条规定的"后果特别严重"。

---

① 根据《刑法修正案(十一)》修订。原条文的主要内容为：生产、销售劣药，对人体健康造成严重危害的，处三年以上十年以下有期徒刑，并处销售金额百分之五十以上二倍以下罚金；后果特别严重的，处十年以上有期徒刑或者无期徒刑，并处销售金额百分之五十以上二倍以下罚金或者没收财产。

本条所称劣药，是指依照《中华人民共和国药品管理法》的规定属于劣药的药品。

第一百四十二条之一 【妨害药品管理罪】①

违反药品管理法规,有下列情形之一,足以严重危害人体健康的,处三年以下有期徒刑或者拘役,并处或者单处罚金;对人体健康造成严重危害或者有其他严重情节的,处三年以上七年以下有期徒刑,并处罚金:

(一)生产、销售国务院药品监督管理部门禁止使用的药品的;

(二)未取得药品相关批准证明文件生产、进口药品或者明知是上述药品而销售的;

(三)药品申请注册中提供虚假的证明、数据、资料、样品或者采取其他欺骗手段的;

(四)编造生产、检验记录的。

有前款行为,同时又构成本法第一百四十一条、第一百四十二条规定之罪或者其他犯罪的,依照处罚较重的规定定罪处罚。

◆ 相关规定

最高人民法院 最高人民检察院
关于办理危害药品安全刑事案件适用法律若干问题的解释

(高检发释字〔2022〕1号)

第七条 实施妨害药品管理的行为,具有下列情形之一的,应当认定为刑法第一百四十二条之一规定的"足以严重危害人体健康":

(一)生产、销售国务院药品监督管理部门禁止使用的药品,综合生产、销售的时间、数量、禁止使用原因等情节,认为具有严重危害人体健康的现实危险的;

(二)未取得药品相关批准证明文件生产药品或者明知是上述药品而销售,涉案药品属于本解释第一条第一项至第三项规定情形的;

(三)未取得药品相关批准证明文件生产药品或者明知是上述药品而销售,涉案药品的适应症、功能主治或者成分不明的;

(四)未取得药品相关批准证明文件生产药品或者明知是上述药品而销售,涉案药品没有国家药品标准,且无核准的药品质量标准,但检出化学药成分的;

(五)未取得药品相关批准证明文件进口药品或者明知是上述药品而销售,涉案药品在境外也未合法上市的;

(六)在药物非临床研究或者药物临床试验过程中故意使用虚假试验用药品,或者瞒报与药物临床试验用药品相关的严重不良事件的;

(七)故意损毁原始药物非临床研究数据或者药物临床试验数据,或者编造受试动物信息、受试者信息、主要试验过程记录、研究数据、检测数据等药物非临床研究数据或者药物临床试验数据,影响药品的安全性、有效性和质量可控性的;

(八)编造生产、检验记录,影响药品的安全性、有效性和质量可控性的;

(九)其他足以严重危害人体健康的情形。

---

① 根据《刑法修正案(十一)》增加。

对于涉案药品是否在境外合法上市,应当根据境外药品监督管理部门或者权利人的证明等证据,结合犯罪嫌疑人、被告人及其辩护人提供的证据材料综合审查,依法作出认定。

对于“足以严重危害人体健康”难以确定的,根据地市级以上药品监督管理部门出具的认定意见,结合其他证据作出认定。

第八条　实施妨害药品管理的行为,具有本解释第二条规定情形之一的,应当认定为刑法第一百四十二条之一规定的“对人体健康造成严重危害”。

实施妨害药品管理的行为,足以严重危害人体健康,并具有下列情形之一的,应当认定为刑法第一百四十二条之一规定的“有其他严重情节”:

(一)生产、销售国务院药品监督管理部门禁止使用的药品,生产、销售的金额五十万元以上的;

(二)未取得药品相关批准证明文件生产、进口药品或者明知是上述药品而销售,生产、销售的金额五十万元以上的;

(三)药品申请注册中提供虚假的证明、数据、资料、样品或者采取其他欺骗手段,造成严重后果的;

(四)编造生产、检验记录,造成严重后果的;

(五)造成恶劣社会影响或者具有其他严重情节的情形。

实施刑法第一百四十二条之一规定的行为,同时又构成生产、销售、提供假药罪、生产、销售、提供劣药罪或者其他犯罪的,依照处罚较重的规定定罪处罚。

第一百四十三条　【生产、销售不符合安全标准的食品罪】①

生产、销售不符合食品安全标准的食品,足以造成严重食物中毒事故或者其他严重食源性疾病的,处三年以下有期徒刑或者拘役,并处罚金;对人体健康造成严重危害或者有其他严重情节的,处三年以上七年以下有期徒刑,并处罚金;后果特别严重的,处七年以上有期徒刑或者无期徒刑,并处罚金或者没收财产。

◆ 相关规定

最高人民法院　最高人民检察院

关于办理生产、销售伪劣商品刑事案件具体应用法律若干问题的解释(节选)

(法释〔2001〕10号)

详见《刑法》第141条生产、销售、提供假药罪的相关规定

第四条　经省级以上卫生行政部门确定的机构鉴定,食品中含有可能导致严重食物中毒事故或者其他严重食源性疾患的超标准的有害细菌或者其他污染物的,应认定为刑法第一百四十三条规定的“足以造成严重食物中毒事故或者其他严重食源性疾患”。

---

①　根据《刑法修正案(八)》修订。原条文主要内容为:生产、销售不符合卫生标准的食品,足以造成严重食物中毒事故或者其他严重食源性疾患的,处三年以下有期徒刑或者拘役,并处或者单处销售金额百分之五十以上二倍以下罚金;对人体健康造成严重危害的,处三年以上七年以下有期徒刑,并处销售金额百分之五十以上二倍以下罚金;后果特别严重的,处七年以上有期徒刑或者无期徒刑,并处销售金额百分之五十以上二倍以下罚金或者没收财产。

生产、销售不符合卫生标准的食品被食用后,造成轻伤、重伤或者其他严重后果的,应认定为“对人体健康造成严重危害”。

生产、销售不符合卫生标准的食品被食用后,致人死亡、严重残疾、三人以上重伤,十人以上轻伤或者造成其他特别严重后果的。应认定为“后果特别严重”。

最高人民检察院 公安部
关于公安机关管辖的刑事案件立案追诉标准的规定(一)的补充规定(节选)

(公通字〔2017〕12 号)

三、将《立案追诉标准(一)》第 19 条修改为:[生产、销售不符合安全标准的食品案(刑法第 143 条)]生产、销售不符合食品安全标准的食品,涉嫌下列情形之一的,应予立案追诉:

(一)食品含有严重超出标准限量的致病性微生物、农药残留、兽药残留、重金属、污染物质以及其他危害人体健康的物质的;

(二)属于病死、死因不明或者检验检疫不合格的畜、禽、兽、水产动物及其肉类、肉类制品的;

(三)属于国家为防控疾病等特殊需要明令禁止生产、销售的食品的;

(四)婴幼儿食品中生长发育所需营养成分严重不符合食品安全标准的;

(五)其他足以造成严重食物中毒事故或者严重食源性疾病的情形。

在食品加工、销售、运输、贮存等过程中,违反食品安全标准,超限量或者超范围滥用食品添加剂,足以造成严重食物中毒事故或者其他严重食源性疾病的,应予立案追诉。

在食用农产品种植、养殖、销售、运输、贮存等过程中,违反食品安全标准,超限量或者超范围滥用添加剂、农药、兽药等,足以造成严重食物中毒事故或者其他严重食源性疾病的,应予立案追诉。

最高人民法院
关于审理走私、非法经营、非法使用兴奋剂刑事案件适用法律若干问题的解释(节选)

(法释〔2019〕16 号)

详见《刑法》第 397 条滥用职权罪的相关规定

第五条 生产、销售含有兴奋剂目录所列物质的食品,符合刑法第一百四十三条、第一百四十四条规定的,以生产、销售不符合安全标准的食品罪,生产、销售有毒、有害食品罪定罪处罚。

最高人民法院 最高人民检察院
关于办理危害食品安全刑事案件适用法律若干问题的解释(节选)

(法释〔2021〕24 号)

第一条 生产、销售不符合食品安全标准的食品,具有下列情形之一的,应当认定为刑法第一百四十三条规定的“足以造成严重食物中毒事故或者其他严重食源性疾病”:

(一)含有严重超出标准限量的致病性微生物、农药残留、兽药残留、生物毒素、重金属等污染物质以及其他严重危害人体健康的物质的;

(二)属于病死、死因不明或者检验检疫不合格的畜、禽、兽、水产动物肉类及其制品的;

(三)属于国家为防控疾病等特殊需要明令禁止生产、销售的;

(四)特殊医学用途配方食品、专供婴幼儿的主辅食品营养成分严重不符合食品安全标准的;

(五)其他足以造成严重食物中毒事故或者严重食源性疾病的情形。

第二条　生产、销售不符合食品安全标准的食品,具有下列情形之一的,应当认定为刑法第一百四十三条规定的"对人体健康造成严重危害":

(一)造成轻伤以上伤害的;

(二)造成轻度残疾或者中度残疾的;

(三)造成器官组织损伤导致一般功能障碍或者严重功能障碍的;

(四)造成十人以上严重食物中毒或者其他严重食源性疾病的;

(五)其他对人体健康造成严重危害的情形。

第三条　生产、销售不符合食品安全标准的食品,具有下列情形之一的,应当认定为刑法第一百四十三条规定的"其他严重情节":

(一)生产、销售金额二十万元以上的;

(二)生产、销售金额十万元以上不满二十万元,不符合食品安全标准的食品数量较大或者生产、销售持续时间六个月以上的;

(三)生产、销售金额十万元以上不满二十万元,属于特殊医学用途配方食品、专供婴幼儿的主辅食品的;

(四)生产、销售金额十万元以上不满二十万元,且在中小学校园、托幼机构、养老机构及周边面向未成年人、老年人销售的;

(五)生产、销售金额十万元以上不满二十万元,曾因危害食品安全犯罪受过刑事处罚或者二年内因危害食品安全违法行为受过行政处罚的;

(六)其他情节严重的情形。

第四条　生产、销售不符合食品安全标准的食品,具有下列情形之一的,应当认定为刑法第一百四十三条规定的"后果特别严重":

(一)致人死亡的;

(二)造成重度残疾以上的;

(三)造成三人以上重伤、中度残疾或者器官组织损伤导致严重功能障碍的;

(四)造成十人以上轻伤、五人以上轻度残疾或者器官组织损伤导致一般功能障碍的;

(五)造成三十人以上严重食物中毒或者其他严重食源性疾病的;

(六)其他特别严重的后果。

第五条　在食品生产、销售、运输、贮存等过程中,违反食品安全标准,超限量或者超范围滥用食品添加剂,足以造成严重食物中毒事故或者其他严重食源性疾病的,依照刑法第一百四十三条的规定以生产、销售不符合安全标准的食品罪定罪处罚。

在食用农产品种植、养殖、销售、运输、贮存等过程中,违反食品安全标准,超限量或者超范围滥用添加剂、农药、兽药等,足以造成严重食物中毒事故或者其他严重食源性疾病的,适用前款的规定定罪处罚。

……

第十二条　在食品生产、销售、运输、贮存等过程中,使用不符合食品安全标准的食品包装材料、容器、洗涤剂、消毒剂,或者用于食品生产经营的工具、设备等,造成食品被污染,符合刑法第一百四十三条、第一百四十四条规定的,以生产、销售不符合安全标准的食品罪或者生产、销售有毒、有害食品罪定罪处罚。

第十三条　生产、销售不符合食品安全标准的食品,有毒、有害食品,符合刑法第一百四十三条、第一百四十四条规定的,以生产、销售不符合安全标准的食品罪或者生产、销售有毒、有害食品罪定罪处罚。同时构成其他犯罪的,依照处罚较重的规定定罪处罚。

生产、销售不符合食品安全标准的食品,无证据证明足以造成严重食物中毒事故或者其他严重食源性疾病,不构成生产、销售不符合安全标准的食品罪,但构成生产、销售伪劣产品罪,妨害动植物防疫、检疫罪等其他犯罪的，依照该其他犯罪定罪处罚。

第十四条 明知他人生产、销售不符合食品安全标准的食品，有毒、有害食品，具有下列情形之一的，以生产、销售不符合安全标准的食品罪或者生产、销售有毒、有害食品罪的共犯论处：

（一）提供资金、贷款、账号、发票、证明、许可证件的；

（二）提供生产、经营场所或者运输、贮存、保管、邮寄、销售渠道等便利条件的；

（三）提供生产技术或者食品原料、食品添加剂、食品相关产品或者有毒、有害的非食品原料的；

（四）提供广告宣传的；

（五）提供其他帮助行为的。

第十五条 生产、销售不符合食品安全标准的食品添加剂，用于食品的包装材料、容器、洗涤剂、消毒剂，或者用于食品生产经营的工具、设备等，符合刑法第一百四十条规定的，以生产、销售伪劣产品罪定罪处罚。

生产、销售用超过保质期的食品原料、超过保质期的食品、回收食品作为原料的食品，或者以更改生产日期、保质期、改换包装等方式销售超过保质期的食品、回收食品，适用前款的规定定罪处罚。

实施前两款行为，同时构成生产、销售不符合安全标准的食品罪，生产、销售不符合安全标准的产品罪等其他犯罪的，依照处罚较重的规定定罪处罚。

……

第二十一条 犯生产、销售不符合安全标准的食品罪，生产、销售有毒、有害食品罪，一般应当依法判处生产、销售金额二倍以上的罚金。

共同犯罪的，对各共同犯罪人合计判处的罚金一般应当在生产、销售金额的二倍以上。

第二十二条 对实施本解释规定之犯罪的犯罪分子，应当依照刑法规定的条件，严格适用缓刑、免予刑事处罚。对于依法适用缓刑的，可以根据犯罪情况，同时宣告禁止令。

对于被不起诉或者免予刑事处罚的行为人，需要给予行政处罚、政务处分或者其他处分的，依法移送有关主管机关处理。

第二十三条 单位实施本解释规定的犯罪的，对单位判处罚金，并对直接负责的主管人员和其他直接责任人员，依照本解释规定的定罪量刑标准处罚。

第二十四条 “足以造成严重食物中毒事故或者其他严重食源性疾病”“有毒、有害的非食品原料”等专门性问题难以确定的，司法机关可以依据鉴定意见、检验报告、地市级以上相关行政主管部门组织出具的书面意见，结合其他证据作出认定。必要时，专门性问题由省级以上相关行政主管部门组织出具书面意见。

第二十五条 本解释所称“二年内”，以第一次违法行为受到行政处罚的生效之日与又实施相应行为之日的时间间隔计算确定。

第二十六条 本解释自2022年1月1日起施行。本解释公布实施后，《最高人民法院、最高人民检察院关于办理危害食品安全刑事案件适用法律若干问题的解释》（法释〔2013〕12号）同时废止；之前发布的司法解释与本解释不一致的，以本解释为准。

☞ 其他相关规定见章后二维码

◆ 解读与适用

【拓展关键词】不符合安全标准的产品与伪劣产品辨析　有毒有害食品与不符合安全标准的食品辨析

《刑参》第47号案例“刘某、王某等生产、销售不符合安全标准的产品罪——不符合安全标准的产品如何具体界定”相关论述：生产、销售不符合安全标准的产品罪的犯罪对象是不符合保障人身、财产安全的国家标准、行业标准的产品。生产、销售伪劣产品罪的犯罪对象则不涉及人身、财产安全。

《刑参》第1205号案例“田某、谭某生产、销售不符合安全标准的食品案——在生产、销售的食品中超限量加入食品添加剂并造成严重后果的行为如何定性”相关论述：生产、销售有毒、有害食品罪与生产、销售不符合安全标准的食品罪存在本质区别：(1)犯罪客观方面不同。生产、销售有毒、有害食品罪往食品中掺入的必须是有毒、有害的非食品原料；而生产、销售不符合安全标准的食品罪在食品中掺入的原料也可能有毒有害但其本身是食品原料。两罪在客观方面属于包含关系，即后罪包含前罪，凡是有毒、有害的食品必然属于不符合安全标准的食品，但是不符合安全标准的食品不一定是有毒、有害的食品。(2)构成犯罪的条件不同。前罪是行为犯，行为人只要实施《刑法》第144条所规定的行为就构成犯罪；而后罪是危险犯，只有"足以造成严重食物中毒事故或者其他严重食源性疾病"的才构成本罪。因此两罪区分的关键在于行为人往食品中掺入的是否属于"有毒、有害的非食品原料"。只有行为人往食品中掺入的是有毒、有害非食品原料的，才可以构成生产、销售有毒、有害食品罪。如果"足以造成严重食物中毒事故或者其他严重食源性疾病"，则可以构成生产、销售不符合安全标准的食品罪。亚硝酸钠不属于法律、法规禁止在食品生产经营活动中添加、使用的物质，也不是"食品中可能违法添加的非食用物质名单"上的物质，故亚硝酸钠不属于《刑法》第144条所规定的"有毒、有害的非食品原料"。虽然原卫生部、原国家食品药品监督管理局于2012年5月28日下发的2012年第10号公告明令禁止餐饮服务单位采购、贮存、使用食品添加剂亚硝酸盐(亚硝酸钠、亚硝酸钾)，但亚硝酸钠本身的属性仍属于食品添加剂，这在国家有关食品添加剂的标准中是明确的。根据《食品安全国家标准食品添加剂使用标准》(GB 2760—2014)的规定，亚硝酸钠属于国家允许使用的食品添加剂。《食品安全国家标准食品添加剂使用标准》(GB 2760—2014)规定了食品添加剂的使用原则，允许使用的食品添加剂品种、使用范围以及最大使用量或残留量。本案中，根据相关规定，田某在食品中添加的亚硝酸钠不属于"有毒有害的非食品原料"，故田某的行为不能构成生产、销售有毒、有害食品。在生产、销售的食品中加入国家允许使用的食品添加剂但超出允许使用的范围或超过允许的最大使用量或残留量，有危害食品安全的现实风险或造成严重后果的，构成生产、销售不符合安全标准的食品罪。

第一百四十四条　【生产、销售有毒、有害食品罪】[①]

在生产、销售的食品中掺入有毒、有害的非食品原料的，或者销售明知掺有有毒、有害的非食品原料的食品的，处五年以下有期徒刑，并处罚金；对人体健康造成严重危害或者有其他严重情节的，处五年以上十年以下有期徒刑，并处罚金；致人死亡或者有其他特别严重情节的，依照本法第一百四十一条的规定处罚。

---

① 根据《刑法修正案(八)》修订。原条文主要内容为：在生产、销售的食品中掺入有毒、有害的非食品原料的，或者销售明知掺有有毒、有害的非食品原料的食品的，处五年以下有期徒刑或者拘役，并处或者单处销售金额百分之五十以上二倍以下罚金；造成严重食物中毒事故或者其他严重食源性疾患，对人体健康造成严重危害的，处五年以上十年以下有期徒刑，并处销售金额百分之五十以上二倍以下罚金；致人死亡或者对人体健康造成特别严重危害的，依照本法第一百四十一条的规定处罚。

◆ 相关规定

最高人民法院　最高人民检察院
关于办理生产、销售伪劣商品刑事案件具体应用法律若干问题的解释(节选)
(法释〔2001〕10号)

详见《刑法》第140条生产、销售伪劣产品罪的相关规定

第五条　生产、销售的有毒、有害食品被食用后,造成轻伤、重伤或者其他严重后果的,应认定为刑法第一百四十四条规定的"对人体健康造成严重危害"。

生产、销售的有毒、有害食品被食用后,致人严重残疾、三人以上重伤、十人以上轻伤或者造成其他特别严重后果的,应认定为"对人体健康造成特别严重危害"。

最高人民法院　最高人民检察院
关于办理非法生产、销售、使用禁止在饲料和动物饮用水中使用的药品等刑事案件具体应用法律若干问题的解释(节选)
(法释〔2002〕26号)

为依法惩治非法生产、销售、使用盐酸克仑特罗(Clenbuterol Hydrochloride,俗称"瘦肉精")等禁止在饲料和动物饮用水中使用的药品等犯罪活动,维护社会主义市场经济秩序,保护公民身体健康,根据刑法有关规定,现就办理这类刑事案件具体应用法律的若干问题解释如下:

……

第三条　使用盐酸克仑特罗等禁止在饲料和动物饮用水中使用的药品或者含有该类药品的饲料养殖供人食用的动物,或者销售明知是使用该类药品或者含有该类药品的饲料养殖的供人食用的动物的,依照刑法第一百四十四条的规定,以生产、销售有毒、有害食品罪追究刑事责任。

第四条　明知是使用盐酸克仑特罗等禁止在饲料和动物饮用水中使用的药品或者含有该类药品的饲料养殖的供人食用的动物,而提供屠宰等加工服务,或者销售其制品的,依照刑法第一百四十四条的规定,以生产、销售有毒、有害食品罪追究刑事责任。

第五条　实施本解释规定的行为,同时触犯刑法规定的两种以上犯罪的,依照处罚较重的规定追究刑事责任。

第六条　禁止在饲料和动物饮用水中使用的药品,依照国家有关部门公告的禁止在饲料和动物饮用水中使用的药物品种目录确定。

附:农业部、卫生部、国家药品监督管理局公告的《禁止在饲料和动物饮用水中使用的药物品种目录》。(略)

最高人民法院　最高人民检察院　公安部
关于依法严惩"地沟油"犯罪活动的通知(节选)
(公通字〔2012〕1号)

二、准确理解法律规定,严格区分犯罪界限

(一)对于利用"地沟油"生产"食用油"的,依照刑法第144条生产有毒、有害食品罪的规定追究刑事责任。

(二)明知是利用"地沟油"生产的"食用油"而予以销售的,依照刑法第144条销售有毒、有害食品罪的规定追究刑事责任。认定是否"明知",应当结合犯罪嫌疑人、被告人的认知能力,犯罪嫌疑人、被告人及其同案人的供述和辩解,证人证言,产品质量,进货渠道及进货价格、销售渠道及销售价格等主、客观因素予以综合判断。

（三）对于利用“地沟油”生产的“食用油”，已经销售出去没有实物，但是有证据证明系已被查实生产、销售有毒、有害食品犯罪事实的上线提供的，依照刑法第144条销售有毒、有害食品罪的规定追究刑事责任。

（四）虽无法查明“食用油”是否系利用“地沟油”生产、加工，但犯罪嫌疑人、被告人明知该“食用油”来源可疑而予以销售的，应分别情形处理：经鉴定，检出有毒、有害成分的，依照刑法第144条销售有毒、有害食品罪的规定追究刑事责任；属于不符合安全标准的食品的，依照刑法第143条销售不符合安全标准的食品罪追究刑事责任；属于以假充真、以次充好、以不合格产品冒充合格产品或者假冒注册商标，构成犯罪的，依照刑法第140条销售伪劣产品罪或者第213条假冒注册商标罪、第214条销售假冒注册商标的商品罪追究刑事责任。

（五）知道或应当知道他人实施以上第（一）、（二）、（三）款犯罪行为，而为其掏捞、加工、贩运“地沟油”，或者提供贷款、资金、账号、发票、证明、许可证件，或者提供技术、生产、经营场所、运输、仓储、保管等便利条件的，依照本条第（一）、（二）、（三）款犯罪的共犯论处。

（六）对违反有关规定，掏捞、加工、贩运“地沟油”，没有证据证明用于生产“食用油”的，交由行政部门处理。

（七）对于国家工作人员在食用油安全监管和查处“地沟油”违法犯罪活动中滥用职权、玩忽职守、徇私枉法，构成犯罪的，依照刑法有关规定追究刑事责任。

三、准确把握宽严相济刑事政策在食品安全领域的适用

在对“地沟油”犯罪定罪量刑时，要充分考虑犯罪数额、犯罪分子主观恶性及其犯罪手段、犯罪行为对人民群众生命安全和身体健康的危害、对市场经济秩序的破坏程度、恶劣影响等。对于具有累犯、前科、共同犯罪的主犯、集团犯罪的首要分子等情节，以及犯罪数额巨大、情节恶劣、危害严重，群众反映强烈，给国家和人民利益造成重大损失的犯罪分子，依法严惩，罪当判处死刑的，要坚决依法判处死刑。对在同一条生产销售链上的犯罪分子，要在法定刑幅度内体现严惩源头犯罪的精神，确保生产环节与销售环节量刑的整体平衡。对于明知是“地沟油”而非法销售的公司、企业，要依法从严追究有关单位和直接责任人员的责任。对于具有自首、立功、从犯等法定情节的犯罪分子，可以依法从宽处理。要严格把握适用缓刑、免予刑事处罚的条件。对依法必须适用缓刑的，一般同时宣告禁止令，禁止其在缓刑考验期内从事与食品生产、销售等有关的活动。

最高人民法院　最高人民检察院
关于办理危害食品安全刑事案件适用法律若干问题的解释（节选）（已废止）

（法释〔2013〕12号）

最高人民法院　最高人民检察院
关于办理危害食品安全刑事案件适用法律若干问题的解释（节选）

（法释〔2021〕24号）

详见《刑法》第143条生产、销售不符合安全标准的食品罪的相关规定

第六条　生产、销售有毒、有害食品，具有本解释第二条规定情形之一的，应当认定为刑法第一百四十四条规定的“对人体健康造成严重危害”。

第七条　生产、销售有毒、有害食品，具有下列情形之一的，应当认定为刑法第一百四十四条规定的“其他严重情节”：

（一）生产、销售金额二十万元以上不满五十万元的；

（二）生产、销售金额十万元以上不满二十万元，有毒、有害食品数量较大或者生产、销售持续时间六个月以上的；

（三）生产、销售金额十万元以上不满二十万元，属于特殊医学用途配方食品、专供婴幼儿的主辅食品的；

（四）生产、销售金额十万元以上不满二十万元，且在中小学校园、托幼机构、养老机构及周边面向未成

年人、老年人销售的；

(五)生产、销售金额十万元以上不满二十万元，曾因危害食品安全犯罪受过刑事处罚或者二年内因危害食品安全违法行为受过行政处罚的；

(六)有毒、有害的非食品原料毒害性强或者含量高的；

(七)其他情节严重的情形。

第八条 生产、销售有毒、有害食品，生产、销售金额五十万元以上，或者具有本解释第四条第二项至第六项规定的情形之一的，应当认定为刑法第一百四十四条规定的"其他特别严重情节"。

第九条 下列物质应当认定为刑法第一百四十四条规定的"有毒、有害的非食品原料"：

(一)因危害人体健康，被法律、法规禁止在食品生产经营活动中添加、使用的物质；

(二)因危害人体健康，被国务院有关部门列入《食品中可能违法添加的非食用物质名单》《保健食品中可能非法添加的物质名单》和国务院有关部门公告的禁用农药、《食品动物中禁止使用的药品及其他化合物清单》等名单上的物质；

(三)其他有毒、有害的物质。

第十条 刑法第一百四十四条规定的"明知"，应当综合行为人的认知能力、食品质量、进货或者销售的渠道及价格等主、客观因素进行认定。

具有下列情形之一的，可以认定为刑法第一百四十四条规定的"明知"，但存在相反证据并经查证属实的除外：

(一)长期从事相关食品、食用农产品生产、种植、养殖、销售、运输、贮存行业，不依法履行保障食品安全义务的；

(二)没有合法有效的购货凭证，且不能提供或者拒不提供销售的相关食品来源的；

(三)以明显低于市场价格进货或者销售且无合理原因的；

(四)在有关部门发出禁令或者食品安全预警的情况下继续销售的；

(五)因实施危害食品安全行为受过行政处罚或者刑事处罚，又实施同种行为的；

(六)其他足以认定行为人明知的情形。

第十一条 在食品生产、销售、运输、贮存等过程中，掺入有毒、有害的非食品原料，或者使用有毒、有害的非食品原料生产食品的，依照刑法第一百四十四条的规定以生产、销售有毒、有害食品罪定罪处罚。

在食用农产品种植、养殖、销售、运输、贮存等过程中，使用禁用农药、食品动物中禁止使用的药品及其他化合物等有毒、有害的非食品原料，适用前款的规定定罪处罚。

在保健食品或者其他食品中非法添加国家禁用药物等有毒、有害的非食品原料的，适用第一款的规定定罪处罚。

最高人民检察院 公安部
关于公安机关管辖的刑事案件立案追诉标准的规定(一)的补充规定(节选)

(公通字〔2017〕12号)

四、将《立案追诉标准(一)》第20条修改为：[生产、销售有毒、有害食品案(刑法第144条)]在生产、销售的食品中掺入有毒、有害的非食品原料的，或者销售明知掺有有毒、有害的非食品原料的食品的，应予立案追诉。

在食品加工、销售、运输、贮存等过程中，掺入有毒、有害的非食品原料，或者使用有毒、有害的非食品原料加工食品的，应予立案追诉。

在食用农产品种植、养殖、销售、运输、贮存等过程中，使用禁用农药、兽药等禁用物质或者其他有毒、有害物质的，应予立案追诉。

在保健食品或者其他食品中非法添加国家禁用药物等有毒、有害物质的，应予立案追诉。

下列物质应当认定为本条规定的“有毒、有害的非食品原料”：

（一）法律、法规禁止在食品生产经营活动中添加、使用的物质；

（二）国务院有关部门公布的《食品中可能违法添加的非食用物质名单》《保健食品中可能非法添加的物质名单》中所列物质；

（三）国务院有关部门公告禁止使用的农药、兽药以及其他有毒、有害物质；

（四）其他危害人体健康的物质。

◆ 解读与适用

【拓展关键词】在渎职过程中受贿

实施生产、销售有毒、有害食品犯罪，为逃避查处向负有食品安全监管职责的国家工作人员行贿的，应当以生产、销售有毒、有害食品罪和行贿罪实行数罪并罚。负有食品安全监督管理职责的国家机关工作人员，滥用职权，向生产、销售有毒、有害食品的犯罪分子通风报信，帮助逃避处罚的，应当认定为食品监管渎职罪；在渎职过程中受贿的，应当以食品监管渎职罪和受贿罪实行数罪并罚。①

负有食品安全监督管理职责的国家机关工作人员，滥用职权或玩忽职守，导致发生重大食品安全事故或者造成其他严重后果的，应当认定为食品监管渎职罪。在渎职过程中受贿的，应当以食品监管渎职罪和受贿罪实行数罪并罚。②

【拓展关键词】新型“地沟油”　“口水油”　“瘦肉精”　生产、销售伪劣商品罪名辨析

行为人在食品生产经营中添加的虽然不是国务院有关部门公布的《食品中可能违法添加的非食用物质名单》和《保健食品中可能非法添加的物质名单》中的物质，但如果该物质与上述名单中所列物质具有同等属性，并且根据检验报告和专家意见等相关材料能够确定该物质对人体具有同等危害的，应当认定为《刑法》第144条规定的“有毒、有害的非食品原料”。③④

明知对方是食用油经销者，仍将用餐厨废弃油（俗称“地沟油”）加工而成的劣质油脂销售给对方，导致劣质油脂流入食用油市场供人食用的，构成生产、销售有毒、有害食品罪；明知油脂经销者向饲料生产企业和药品生产企业等单位销售豆油等食用油，仍将用餐厨废弃油加工而成的劣质油脂销售给对方，导致劣质油脂流向饲料生产企业和药品生产企业等单位的，构成生产、销售伪劣产品罪。⑤

在食品加工过程中，使用有毒、有害的非食品原料加工食品并出售的，应当认定为生产、销售有毒、有害食品罪；明知是他人使用有毒、有害的非食品原料加工出的食品仍然购买并出售的，应当认定为销售有毒、有害食品罪。⑥

明知盐酸克伦特罗（俗称“瘦肉精”）是国家禁止在饲料和动物饮用水中使用的药品，而用以养殖供人食用的动物并出售的，应当认定为生产、销售有毒、有害食品罪。明知盐酸克伦特罗是国家禁止在饲料和动物饮用水中使用的药品，而买卖和代买盐酸克伦特罗片，供他人用以养殖供人食用的动物的，应当认定为生产、

---

① 胡某等人生产、销售有毒、有害食品，行贿；骆某、刘某销售伪劣产品；朱某、曾某生产、销售伪劣产品；黎某等人受贿、食品监管渎职案，最高人民检察院指导性案例第15号（2014年）。

② 赛某、韩某受贿、食品监管渎职案，最高人民检察院指导性案例第16号（2014年）。

③ 北京阳光一佰生物科技开发有限公司、习某等生产、销售有毒、有害食品案，载《最高人民法院公报》2017年第2期。

④ 北京阳光一佰生物技术开发有限公司、习某等生产、销售有毒、有害食品案，最高人民法院指导案例70号（2016年）。

⑤ 柳某等人生产、销售有毒、有害食品，生产、销售伪劣产品案，最高人民检察院指导性案例第12号（2014年）。

⑥ 徐某等人生产、销售有害食品案，最高人民检察院指导性案例第13号（2014年）。

销售有毒、有害食品罪的共犯。①

《刑参》第91号案例"林某、何某等销售有害食品案——以工业用猪油冒充食用猪油予以销售致人死亡的行为如何定性"相关论述：立法者考虑到各种伪劣商品的属性和社会危害性的不同，在《刑法》分则第三章第一节"生产销售伪劣商品罪"中设置了多个罪名并规定了相应的法定刑。例如从种属关系来看，有毒、有害的食品属于不符合卫生标准的食品，而不符合卫生标准的食品又属于伪劣产品；从社会危害性角度看，有毒、有害食品的社会危害大于不符合卫生标准的食品，而不符合卫生标准食品的社会危害又大于伪劣产品。因被告人主观目的是牟取非法利益而不是以此种有害物质投放社会危害特定或者不特定多数人的生命健康安全，不构成以危险方法危害公共安全罪。在处理此种生产、销售有毒、有害食品造成严重危害后果的案件时，应着重分析行为人的主观目的并以此确定罪名。生产、销售有毒、有害食品罪不要求特定的结果发生，只要行为人实施了在生产、销售的食品中掺入有毒、有害的非食品原料的行为或者销售明知掺有有毒、有害的非食品原料的食品的行为就构成犯罪既遂。生产、销售有毒、有害食品罪是选择性罪名，既包含行为方式的选择也包括犯罪对象的选择，不能一律简单地定为生产、销售有毒、有害食品罪。生产、销售不符合卫生标准的食品不能再包括"含有有毒、有害的非食品原料的食品"。食品既包括一般食物也包括食物添加剂、调味品、色素、保鲜剂还包括油脂和饮料等。生产、销售有毒、有害的食品犯罪对象是"有毒、有害的非食品原料"和"含有有毒、有害的非食品原料的食品"。从犯罪结果上来看，生产、销售不符合卫生标准的食品罪是危险犯，即需要有危险结果的风险作为构成犯罪的条件。

《刑参》第166号案例"俞某生产、销售有毒、有害食品案——销售以"瘦肉精"饲养的猪肉致多人中毒的行为如何定罪处罚"相关论述："瘦肉精"是用于治疗支气管哮喘等疾病的人用药品，不属于食品范畴，故属非食品原料。将"瘦肉精"当作饲料添加剂饲养肉猪后会形成残留，导致人体中毒。因此，"瘦肉精"属于有毒的非食品原料。肉猪属于食品。《食品卫生法》(已失效)将养殖业和种植业排除于食品生产的概念之外本意在于表明养殖业和种植业是属于农业行政部门管理而不属于卫生行政部门管理的行业，而不是表明养殖业和种植业客观上不生产食品。使用"瘦肉精"喂养肉猪的实际结果就是导致猪肉中含有有毒物质，与在猪肉中直接掺入有毒物质并无二致，完全可以认定为生产有毒食品行为。

《刑参》第715号案例"王某等生产、销售有毒、有害食品案——生产、销售有毒、有害食品罪与相关罪名的辨析及办理生产、销售有毒、有害食品犯罪案件时对行为人主观'明知'的认定"相关论述：以危险方法危害公共安全罪与生产、销售有毒、有害食品罪的关系通常被认为是一般与特殊的关系，在具体认定时一般是根据特别法优于普通法的原则，以生产、销售有毒、有害食品罪定罪。区分生产、销售有毒、有害食品罪与生产、销售不符合卫生标准的食品罪的关键在于：一是毒源不同。前者的"毒害"来自食品中的非食品原料的毒性，而后者的"毒害"来自食品原料本身、非食品原料或受到污染而有毒性或本身含有毒性，由于量大而对人体有害。二是掺入的方式不同。前者是故意掺入，是行为人积极的作用，而后者是食品在生产、销售中受到污染或者变质引起的，是行为人消极不作为的作用。

《刑参》第1004号案例"张某、郑某生产、销售有毒、有害食品，李某、何某生产有毒、有害食品，王某等销售有毒、有害食品案——'新型地沟油'的司法认定与法律适用"相关论述：利用含有淋巴的花油等、含有伤肉的膘肉碎、"肚下塌"等肉制品加工废弃物生产、加工的"食用油"应当视为"新型地沟油"。"废弃物"不是法律概念，其范畴亦不需要法律明确界定，凭日常生活常识分辨即可。同时，"废弃物"是一个相对的概念，不能因被告人可用来炼制劣质猪油而否认其肉制品加工废弃物的性质。"地沟油"的检测报告不应是司法机关认定"有毒、有害食品"的唯一依据，应当结合技术标准和法学标准对"有毒、有害食品"进行判定。"掺入"的行为不仅限于产品本身还可能

① 孙某等人生产、销售有毒、有害食品案，最高人民检察院指导性案例第14号(2014年)。

针对产品的原料、半成品等甚至还可以指向食品添加剂,即在食品添加剂内掺入有毒、有害物质。李某明知张某生成、加工“猪油”供人食用仍向其提供肉制品加工废弃物作为原料,生猪屠宰行为的合法性不影响李某共犯地位的认定。张某的行为虽然跨越《刑法修正案(八)》施行日期,但其行为是一个不间断的过程,应当视为一个整体看待,不能将其割裂开来分析定性。《刑法修正案(八)》对其施行前的行为具有溯及力。

《刑参》第1335号案例“邓某、符某生产、销售有毒、有害食品案——在食品加工中使用‘口水油’并销售的,应认定为生产、销售有毒、有害食品罪”相关论述:使用“口水油”会对人体健康造成严重危害。“口水油”属于废弃食用油脂,属于国家卫生主管机关明令禁止使用的非食用物质,属于刑法概念中的有毒、有害的非食品原料。使用“口水油”这一非食品原料加工食品并用于出售,构成生产、销售有毒、有害食品罪。

第一百四十五条　【生产、销售不符合标准的医用器材罪】①

生产不符合保障人体健康的国家标准、行业标准的医疗器械、医用卫生材料,或者销售明知是不符合保障人体健康的国家标准、行业标准的医疗器械、医用卫生材料,足以严重危害人体健康的,处三年以下有期徒刑或者拘役,并处销售金额百分之五十以上二倍以下罚金;对人体健康造成严重危害的,处三年以上十年以下有期徒刑,并处销售金额百分之五十以上二倍以下罚金;后果特别严重的,处十年以上有期徒刑或者无期徒刑,并处销售金额百分之五十以上二倍以下罚金或者没收财产。

◆ 相关规定

最高人民法院　最高人民检察院

关于办理生产、销售伪劣商品刑事案件具体应用法律若干问题的解释(节选)

(法释〔2001〕10号)

详见《刑法》第140条生产、销售伪劣产品罪的相关规定

第六条　生产、销售不符合标准的医疗器械、医用卫生材料,致人轻伤或者其他严重后果的,应认定为刑法第一百四十五条规定的“对人体健康造成严重危害”。

生产、销售不符合标准的医疗器械、医用卫生材料,造成感染病毒性肝炎等难以治愈的疾病、一人以上重伤、三人以上轻伤或者其他严重后果的,应认定为“后果特别严重”。

生产、销售不符合标准的医疗器械、医用卫生材料,致人死亡、严重残疾、感染艾滋病、三人以上重伤、十人以上轻伤或者造成其他特别严重后果的,应认定为“情节特别恶劣”。

医疗机构或者个人,知道或者应当知道是不符合保障人体健康的国家标准、行业标准的医疗器械、医用

---

① 依据《刑法修正案(四)》(经中华人民共和国第九届全国人民代表大会常务委员会第三十一次会议于2002年12月28日通过公布,自公布之日起施行)修订。原条文主要内容为:生产不符合保障人体健康的国家标准、行业标准的医疗器械、医用卫生材料,或者销售明知是不符合保障人体健康的国家标准、行业标准的医疗器械、医用卫生材料,对人体健康造成严重危害的,处五年以下有期徒刑,并处销售金额百分之五十以上二倍以下罚金;后果特别严重的,处五年以上十年以下有期徒刑,并处销售金额百分之五十以上二倍以下罚金,其中情节特别恶劣的,处十年以上有期徒刑或者无期徒刑,并处销售金额百分之五十以上二倍以下罚金或者没收财产。

卫生材料而购买、使用,对人体健康造成严重危害的,以销售不符合标准的医用器材罪定罪处罚。

【深度解析】

【拓展关键词】类推解释

将购买、使用也解释为销售,这显然是一种越权解释,实际上具有一种补充立法的性质,这是司法解释对罪刑法定主义的破坏。① 购买与销售是对向行为。将购买评价为销售,或者将销售解释为包括购买,实际上属于类推解释。基于同样的理由,也不能认为购买是销售的帮助行为。虽然单纯出售毒品的行为也构成贩卖毒品罪,但"贩卖"一词本身可能包含了买进后卖出的含义。但是销售行为只能是单纯的出卖行为。②

没有国家标准、行业标准的医疗器械,注册产品标准可视为"保障人体健康的行业标准"。

最高人民法院　最高人民检察院
关于办理妨害预防、控制突发传染病疫情等灾害的刑事案件具体应用法律若干问题的解释(节选)

(2003 年 5 月 15 日施行)

详见《刑法》第 330 条妨害传染病防治罪的相关规定

第三条　在预防、控制突发传染病疫情等灾害期间,生产用于防治传染病的不符合保障人体健康的国家标准、行业标准的医疗器械、医用卫生材料,或者销售明知是用于防治传染病的不符合保障人体健康的国家标准、行业标准的医疗器械、医用卫生材料,不具有防护、救治功能,足以严重危害人体健康的,依照刑法第一百四十五条的规定,以生产、销售不符合标准的医用器材罪定罪,依法从重处罚。

医疗机构或者个人,知道或者应当知道系前款规定的不符合保障人体健康的国家标准、行业标准的医疗器械、医用卫生材料而购买并有偿使用的,以销售不符合标准的医用器材罪定罪,依法从重处罚。

【深度解析】

有偿使用医用器材,并不当然等同于销售医用器材。医疗机构收取的只是服务费用,而不是医用器材的对价。购买并有偿使用也不当然属于销售行为。医疗机构知道或者应当知道是假药或者劣药而使用或者销售的,以销售假药、劣药罪追究刑事责任。这一解释则符合罪刑法定原则,因为医疗机构使用假药、劣药,实际上是将假药、劣药销售给患者,因而属于"销售"。③

最高人民检察院　公安部
关于公安机关管辖的刑事案件立案追诉标准的规定(一)(节选)

(公通字〔2008〕36 号)

第二十一条　【生产、销售不符合标准的医用器材案(刑法第一百四十五条)】生产不符合保障人体健康的国家标准、行业标准的医疗器械、医用卫生材料,或者销售明知是不符合保障人体健康的国家标准、行业标

① 参见陈兴良:《罪刑法定主义》,中国法制出版社 2010 年版,第 65 页。
② 参见张明楷:《罪刑法定与刑法解释》,北京大学出版社 2009 年版,第 101 页。
③ 参见张明楷:《罪刑法定与刑法解释》,北京大学出版社 2009 年版,第 102 页。

准的医疗器械、医用卫生材料，涉嫌下列情形之一的，应予立案追诉：

（一）进入人体的医疗器械的材料中含有超过标准的有毒有害物质的；

（二）进入人体的医疗器械的有效性指标不符合标准要求，导致治疗、替代、调节、补偿功能部分或者全部丧失，可能造成贻误诊治或者人体严重损伤的；

（三）用于诊断、监护、治疗的有源医疗器械的安全指标不符合强制性标准要求，可能对人体构成伤害或者潜在危害的；

（四）用于诊断、监护、治疗的有源医疗器械的主要性能指标不合格，可能造成贻误诊治或者人体严重损伤的；

（五）未经批准，擅自增加功能或者适用范围，可能造成贻误诊治或者人体严重损伤的；

（六）其他足以严重危害人体健康或者对人体健康造成严重危害的情形。

医疗机构或者个人知道或者应当知道是不符合保障人体健康的国家标准、行业标准的医疗器械、医用卫生材料而购买并有偿使用的，视为本条规定的"销售"。

◆ 解读与适用

【拓展关键词】

"生产不符合保障人体健康的国家标准、行业标准的医疗器械、医用卫生材料，或者销售明知是不符合保障人体健康的国家标准、行业标准的医疗器械、医用卫生材料，足以严重危害人体健康的"，因前面的情形没有使用"的"，不能表明前面的罪状表述已经完结，又由于销售不符合标准的医用器材的行为，对法益的侵犯并不轻于生产不符合标准的医用器材的行为，所以"足以严重危害人体健康"既是对销售行为的要求，也是对生产行为的要求。①

《刑参》第1319号案例"倪某诈骗案——利用疫情实施电信网络诈骗行为的认定和刑事政策把握"相关论述：行为人销售的是什么样的劣质口罩是认定案件性质的关键问题之一。重点审查行为人所销售的口罩质量是否符合保障人体健康的国家标准、行业标准，此类口罩是否具有实质防护作用。尤其对"三无"口罩不能简单地将之归类于不合格产品。鉴于一次性医用口罩在重大疫情防控期间的实际功能，一次性医用口罩可以成为生产、销售不符合标准的医用器材罪的犯罪对象。无经营资质，未经行政主管部门许可，违反国家规定，无证销售医疗器械和销售未经注册的医疗器械的行为，情节严重的，可以非法经营罪追究刑事责任。疫情期间，可以非法经营罪追究高价销售口罩的行为。对于将废弃口罩回收后再加工出售，或者非法买卖、运输、储存、携带废弃口罩，危害公共安全，可以危险方法危害公共安全罪、非法买卖危险物质罪等定罪处罚。

第一百四十六条　【生产、销售不符合安全标准的产品罪】

生产不符合保障人身、财产安全的国家标准、行业标准的电器、压力容器、易燃易爆产品或者其他不符合保障人身、财产安全的国家标准、行业标准的产品，或者销售明知是以上不符合保障人身、财产安全的国家标准、行业标准的产品，造成严重后果的，处五年以下有期徒刑，并处销售金额百分之五十以上二倍以下罚金；后果特别严重的，处五年以上有期徒刑，并处销售金额百分之五十以上二倍以下罚金。

---

① 参见张明楷：《刑法分则的解释原理》，中国人民出版社2004年版，第65页。

◆ 相关规定

最高人民检察院　公安部
关于公安机关管辖的刑事案件立案追诉标准的规定(一)(节选)
(公通字〔2008〕36号)

第二十二条　【生产、销售不符合安全标准的产品案(刑法第一百四十六条)】生产不符合保障人身、财产安全的国家标准、行业标准的电器、压力容器、易燃易爆产品或者其他不符合保障人身、财产安全的国家标准、行业标准的产品,或者销售明知是以上不符合保障人身、财产安全的国家标准、行业标准的产品,涉嫌下列情形之一的,应予立案追诉:

(一)造成人员重伤或者死亡的;

(二)造成直接经济损失十万元以上的;

(三)其他造成严重后果的情形。

最高人民法院　最高人民检察院
关于办理危害生产安全刑事案件适用法律
若干问题的解释(节选)
(2015年12月16日施行)

详见《刑法》第134条重大责任事故罪的相关规定

第十一条　生产不符合保障人身、财产安全的国家标准、行业标准的安全设备,或者明知安全设备不符合保障人身、财产安全的国家标准、行业标准而进行销售,致使发生安全事故,造成严重后果的,依照刑法第一百四十六条的规定,以生产、销售不符合安全标准的产品罪定罪处罚。

第一百四十七条　【生产、销售伪劣农药、兽药、化肥、种子罪】

生产假农药、假兽药、假化肥,销售明知是假的或者失去使用效能的农药、兽药、化肥、种子,或者生产者、销售者以不合格的农药、兽药、化肥、种子冒充合格的农药、兽药、化肥、种子,使生产遭受较大损失的,处三年以下有期徒刑或者拘役,并处或者单处销售金额百分之五十以上二倍以下罚金;使生产遭受重大损失的,处三年以上七年以下有期徒刑,并处销售金额百分之五十以上二倍以下罚金;使生产遭受特别重大损失的,处七年以上有期徒刑或者无期徒刑,并处销售金额百分之五十以上二倍以下罚金或者没收财产。

◆ 相关规定

最高人民法院　最高人民检察院
关于办理生产、销售伪劣商品刑事案件具体应用法律若干问题的解释(节选)
(法释〔2001〕10号)

详见《刑法》第140条生产、销售伪劣产品罪的相关规定

第七条　刑法第一百四十七条规定的生产、销售伪劣农药、兽药、化肥、种子罪中"使生产遭受较大损失",一般以二万元为起点;"重大损失",一般以十万元为起点;"特别重大损失",一般以五十万元为起点。

最高人民检察院　公安部
关于公安机关管辖的刑事案件立案追诉标准的规定(一)(节选)
(公通字〔2008〕36号)

第二十三条　【生产、销售伪劣农药、兽药、化肥、种子案(刑法第一百四十七条)】生产假农药、假兽药、假化肥,销售明知是假的或者失去使用效能的农药、兽药、化肥、种子,或者生产者、销售者以不合格的农药、兽药、化肥、种子冒充合格的农药、兽药、化肥、种子,涉嫌下列情形之一的,应予立案追诉:

(一)使生产遭受损失二万元以上的;

(二)其他使生产遭受较大损失的情形。

◆ 解读与适用

以此种子冒充彼种子应认定为假种子。假种子有不符型假种子(种类、名称、产地与标注不符)和冒充型假种子(以甲冒充乙、非种子冒充种子)。以同一科属的此品种种子冒充彼品种种子,属于刑法上的"假种子"。行为人对假种子进行小包装分装销售,使农业生产遭受较大损失的,应当以生产、销售伪劣种子罪追究刑事责任。伪劣种子造成的损失可由专业人员根据现场勘查情况,对农业生产产量及其损失进行综合计算。具体可考察以下几方面:一是分析鉴定农作物生育期异常的原因,能否正常结实,是减产还是绝收等,分析减产或者绝收面积、产量。二是通过审定的农作物区试平均产量与根据现场调查的往年产量,结合当年可能影响产量的气候、土肥等因素,综合评估平均产量。三是根据农作物市场行情及平均单价等,确定直接经济损失。①

未取得农药登记证的企业或者个人,借用他人农药登记证、生产许可证、质量标准证等许可证明文件生产、销售农药,使生产遭受较大损失的,以生产、销售伪劣农药罪追究刑事责任。农药生产企业将"农药三证"出借给未取得生产资质的企业或者个人,且明知借用方生产、销售伪劣农药的,构成生产、销售伪劣农药罪共同犯罪。对于使用伪劣农药造成的农业生产损失,可采取田间试验的方法确定受损原因,并以农作物绝收折损面积、受害地区前3年该类农作物的平均亩产量和平均销售价格为基准,综合计算认定损失金额。②

《刑参》第106号案例"李某销售伪劣种子案——生产、销售伪劣种子犯罪的法律适用"相关论述:以此

① 王某生产、销售伪劣种子案,最高人民检察院指导性案例第61号(2019年)。

② 南京百分百公司等生产、销售伪劣农药案,最高人民检察院指导性案例第62号(2019年)。

品种种子冒充他种品种种子属伪劣种子。生产、销售伪劣种子使生产遭受较大损失的,应以生产、销售伪劣种子罪定罪。

第一百四十八条 【生产、销售不符合卫生标准的化妆品罪】

生产不符合卫生标准的化妆品,或者销售明知是不符合卫生标准的化妆品,造成严重后果的,处三年以下有期徒刑或者拘役,并处或者单处销售金额百分之五十以上二倍以下罚金。

◆ 相关规定

最高人民检察院 公安部
关于公安机关管辖的刑事案件立案追诉标准的规定(一)(节选)
(公通字〔2008〕36号)

第二十四条 【生产、销售不符合卫生标准的化妆品案(刑法第一百四十八条)】生产不符合卫生标准的化妆品,或者销售明知是不符合卫生标准的化妆品,涉嫌下列情形之一的,应予立案追诉:

(一)造成他人容貌毁损或者皮肤严重损伤的;

(二)造成他人器官组织损伤导致严重功能障碍的;

(三)致使他人精神失常或者自杀、自残造成重伤、死亡的;

(四)其他造成严重后果的情形。

第一百四十九条 【对生产、销售伪劣商品行为的法条适用】

生产、销售本节第一百四十一条至第一百四十八条所列产品,不构成各该条规定的犯罪,但是销售金额在五万元以上的,依照本节第一百四十条的规定定罪处罚。

生产、销售本节第一百四十一条至第一百四十八条所列产品,构成各该条规定的犯罪,同时又构成本节第一百四十条规定之罪的,依照处罚较重的规定定罪处罚。

第一百五十条 【单位犯本节规定之罪的处理】

单位犯本节第一百四十条至第一百四十八条规定之罪的,对单位判处罚金,并对其直接负责的主管人员和其他直接责任人员,依照各该条的规定处罚。

第二节　走　私　罪

第一百五十一条　【走私武器、弹药罪】【走私核材料罪】【走私假币罪】[①②③]

走私武器、弹药、核材料或者伪造的货币的，处七年以上有期徒刑，并处罚金或者没收财产；情节特别严重的，处无期徒刑，并处没收财产；情节较轻的，处三年以上七年以下有期徒刑，并处罚金。

【走私文物罪】【走私贵重金属罪】【走私珍贵动物、珍贵动物制品罪】

走私国家禁止出口的文物、黄金、白银和其他贵重金属或者国家禁止进出口的珍贵动物及其制品的，处五年以上十年以下有期徒刑，并处罚金；情节特别严重的，处十年以上有期徒刑或者无期徒刑，并处没收财产；情节较轻的，处五年以下有期徒刑，并处罚金。

【走私国家禁止进出口的货物、物品罪】

走私珍稀植物及其制品等国家禁止进出口的其他货物、物品的，处五年以下有期徒刑或者拘役，并处或者单处罚金；情节严重的，处五年以上有期徒刑，并处罚金。

单位犯本条规定之罪的，对单位判处罚金，并对其直接负责的主管人员和其他直接责任人员，依照本条各款的规定处罚。

---

① 根据《刑法修正案(七)》(经中华人民共和国第十一届全国人民代表大会常务委员会第七次会议于 2009 年 2 月 28 日通过公布，自公布之日起施行)对第三款进行修订。原条文第三款主要内容为：

走私国家禁止进出口的珍稀植物及其制品的，处五年以下有期徒刑，并处或者单处罚金；情节严重的，处五年以上有期徒刑，并处罚金。

② 根据《刑法修正案(八)》进行了修订。原条文第三款主要内容为：走私珍稀植物及其制品等国家禁止进出口的其他货物、物品的，处五年以下有期徒刑或者拘役，并处或者单处罚金；情节严重的，处五年以上有期徒刑，并处罚金。其他款同上。

③ 根据《刑法修正案(九)》对第一款进行修订。原条文主要内容为：走私武器、弹药、核材料或者伪造的货币的，处七年以上有期徒刑，并处罚金或者没收财产；情节特别严重的，处无期徒刑或者死刑，并处没收财产；情节较轻的，处三年以上七年以下有期徒刑，并处罚金。

走私国家禁止出口的文物、黄金、白银和其他贵重金属或者国家禁止进出口的珍贵动物及其制品的，处五年以上十年以下有期徒刑，并处罚金；情节特别严重的，处十年以上有期徒刑或者无期徒刑，并处没收财产；情节较轻的，处五年以下有期徒刑，并处罚金。

走私珍稀植物及其制品等国家禁止进出口的其他货物、物品的，处五年以下有期徒刑或者拘役，并处或者单处罚金；情节严重的，处五年以上有期徒刑，并处罚金。

单位犯本条规定之罪的，对单位判处罚金，并对其直接负责的主管人员和其他直接责任人员，依照本条各款的规定处罚。

◆ 相关规定

国家林业局① 公安部
关于森林和陆生野生动物刑事案件管辖及立案标准(节选)
(2001 年 5 月 9 日)

详见《刑法》第 341 条危害珍贵、濒危野生动物罪的相关规定

一、森林和陆生野生动物刑事案件的立案标准

……

(五)走私珍稀植物、珍稀植物制品案

走私国家禁止进出口的珍稀植物、珍稀植物制品的应当立案;走私珍稀植物 2 株以上、珍稀植物制品价值在 2 万元以上的,为重大案件;走私珍稀植物 10 株以上、珍稀植物制品价值在 10 万元以上的,为特别重大案件。

……

(十一)走私珍贵动物、珍贵动物制品案

走私国家重点保护和《濒危野生动植物种国际贸易公约》附录一、附录二的陆生野生动物及其制品的应当立案;走私国家重点保护的陆生野生动物重大案件和特别重大案件按附表的标准执行。

走私国家重点保护和《濒危野生动植物种国际贸易公约》附录一、附录二的陆生野生动物制品价值 10 万元以上的,应当立为重大案件;走私国家重点保护和《濒危野生动植物种国际贸易公约》附录一、附录二的陆生野生动物制品价值 20 万元以上的,应当立为特别重大案件。

最高人民法院 最高人民检察院 海关总署
关于办理走私刑事案件适用法律若干问题的意见
(法〔2002〕139 号)

一、关于走私犯罪案件的管辖问题

根据刑事诉讼法的规定,走私犯罪案件由犯罪地的走私犯罪侦查机关立案侦查。走私犯罪案件复杂,环节多,其犯罪地可能涉及多个犯罪行为发生地,包括货物、物品的进口(境)地、出口(境)地、报关地、核销地等。如果发生刑法第一百五十四条、第一百五十五条规定的走私犯罪行为的,走私货物、物品的销售地、运输地、收购地和贩卖地均属于犯罪行为的发生地。对有多个走私犯罪行为发生地的,由最初受理的走私犯罪侦查机关或者由主要犯罪地的走私犯罪侦查机关管辖。对管辖有争议的,由共同的上级走私犯罪侦查机关指定管辖。

对发生在海(水)上的走私犯罪案件由该辖区的走私犯罪侦查机关管辖,但对走私船舶有跨辖区连续追缉情形的,由缉获走私船舶的走私犯罪侦查机关管辖。

人民检察院受理走私犯罪侦查机关提请批准逮捕、移送审查起诉的走私犯罪案件,人民法院审理人民检察院提起公诉的走私犯罪案件,按照《最高人民法院、最高人民检察院、公安部、司法部、海关总署关于走私犯罪侦查机关办理走私犯罪案件适用刑事诉讼程序若干问题的通知》(署侦〔1998〕742 号)的有关规定执行。

二、关于电子数据证据的收集、保全问题

走私犯罪侦查机关对于能够证明走私犯罪案件真实情况的电子邮件、电子合同、电子帐册、单位内部的电子信息资料等电子数据应当作为刑事证据予以收集、保全。

---

① 国家林业局现已撤销。

侦查人员应当对提取、复制电子数据的过程制作有关文字说明,记明案由、对象、内容,提取、复制的时间、地点,电子数据的规格、类别、文件格式等,并由提取、复制电子数据的制作人、电子数据的持有人和能够证明提取、复制过程的见证人签名或者盖章,附所提取、复制的电子数据一并随案移送。

电子数据的持有人不在案或者拒绝签字的,侦查人员应当记明情况;有条件的可将提取、复制有关电子数据的过程拍照或者录像。

三、关于办理走私普通货物、物品刑事案件偷逃应缴税额的核定问题

在办理走私普通货物、物品刑事案件中,对走私行为人涉嫌偷逃应缴税额的核定,应当由走私犯罪案件管辖地的海关出具《涉嫌走私的货物、物品偷逃税款海关核定证明书》(以下简称《核定证明书》)。海关出具的《核定证明书》,经走私犯罪侦查机关、人民检察院、人民法院审查确认,可以作为办案的依据和定罪量刑的证据。

走私犯罪侦查机关、人民检察院和人民法院对《核定证明书》提出异议或者因核定偷逃税额的事实发生变化,认为需要补充核定或者重新核定的,可以要求原出具《核定证明书》的海关补充核定或者重新核定。

走私犯罪嫌疑人、被告人或者辩护人对《核定证明书》有异议,向走私犯罪侦查机关、人民检察院或者人民法院提出重新核定申请的,经走私犯罪侦查机关、人民检察院或者人民法院同意,可以重新核定。重新核定应当另行指派专人进行。

四、关于走私犯罪嫌疑人的逮捕条件

对走私犯罪嫌疑人提请逮捕和审查批准逮捕,应当依照刑事诉讼法第六十条规定的逮捕条件来办理。一般按照下列标准掌握:

(一)有证据证明有走私犯罪事实

1.有证据证明发生了走私犯罪事实

有证据证明发生了走私犯罪事实,须同时满足下列两项条件:

(1)有证据证明发生了违反国家法律、法规,逃避海关监管的行为;

(2)查扣的或者有证据证明的走私货物、物品的数量、价值或者偷逃税额达到刑法及相关司法解释规定的起刑点。

2.有证据证明走私犯罪事实系犯罪嫌疑人实施的

有下列情形之一,可认为走私犯罪事实系犯罪嫌疑人实施的:

(1)现场查获犯罪嫌疑人实施走私犯罪的;

(2)视听资料显示犯罪嫌疑人实施走私犯罪的;

(3)犯罪嫌疑人供认的;

(4)有证人证言指证的;

(5)有同案的犯罪嫌疑人供述的;

(6)其他证据能够证明犯罪嫌疑人实施走私犯罪的。

3.证明犯罪嫌疑人实施走私犯罪行为的证据已经查证属实的符合下列证据规格要求之一,属于证明犯罪嫌疑人实施走私犯罪行为的证据已经查证属实的:

(1)现场查获犯罪嫌疑人实施犯罪,有现场勘查笔录、留置盘问记录、海关扣留查问笔录或者海关查验(检查)记录等证据证实的;

(2)犯罪嫌疑人的供述有其他证据能够印证的;

(3)证人证言能够相互印证的;

(4)证人证言或者同案犯供述能够与其他证据相互印证的;

(5)证明犯罪嫌疑人实施走私犯罪的其他证据已经查证属实的。

(二)可能判处有期徒刑以上的刑罚

是指根据刑法第一百五十一条、第一百五十二条、第一百五十三条、第三百四十七条、第三百五十条等规

定和《最高人民法院关于审理走私刑事案件具体应用法律若干问题的解释》等有关司法解释的规定，结合已查明的走私犯罪事实，对走私犯罪嫌疑人可能判处有期徒刑以上的刑罚。

（三）采取取保候审、监视居住等方法，尚不足以防止发生社会危险性而有逮捕必要的

主要是指：走私犯罪嫌疑人可能逃跑、自杀、串供、干扰证人作证以及伪造、毁灭证据等妨碍刑事诉讼活动的正常进行的，或者存在行凶报复、继续作案可能的。

五、关于走私犯罪嫌疑人、被告人主观故意的认定问题

行为人明知自己的行为违反国家法律法规，逃避海关监管，偷逃进出境货物、物品的应缴税额，或者逃避国家有关进出境的禁止性管理，并且希望或者放任危害结果发生的，应认定为具有走私的主观故意。

走私主观故意中的"明知"是指行为人知道或者应当知道所从事的行为是走私行为。具有下列情形之一的，可以认定为"明知"，但有证据证明确属被蒙骗的除外：

（一）逃避海关监管，运输、携带、邮寄国家禁止进出境的货物、物品的；

（二）用特制的设备或者运输工具走私货物、物品的；

（三）未经海关同意，在非设关的码头、海（河）岸、陆路边境等地点，运输（驳载）、收购或者贩卖非法进出境货物、物品的；

（四）提供虚假的合同、发票、证明等商业单证委托他人办理通关手续的；

（五）以明显低于货物正常进（出）口的应缴税额委托他人代理进（出）口业务的；

（六）曾因同一种走私行为受过刑事处罚或者行政处罚的；

（七）其他有证据证明的情形。

六、关于行为人对其走私的具体对象不明确的案件的处理问题

走私犯罪嫌疑人主观上具有走私犯罪故意，但对其走私的具体对象不明确的，不影响走私犯罪构成，应当根据实际的走私对象定罪处罚。但是，确有证据证明行为人因受蒙骗而对走私对象发生认识错误的，可以从轻处罚。

七、关于走私珍贵动物制品行为的处罚问题

走私珍贵动物制品的，应当根据刑法第一百五十一条第二、四、五款和《最高人民法院关于审理走私刑事案件具体应用法律若干问题的解释》（以下简称《解释》）第四条的有关规定予以处罚，但同时具有下列情形，情节较轻的，一般不以犯罪论处：

（一）珍贵动物制品购买地允许交易；

（二）入境人员为留作纪念或者作为礼品而携带珍贵动物制品进境，不具有牟利目的的。

同时具有上述两种情形，达到《解释》第四条第三款规定的量刑标准的，一般处五年以下有期徒刑，并处罚金；达到《解释》第四条第四款规定的量刑标准的，一般处五年以上有期徒刑，并处罚金。

八、关于走私旧汽车、切割车等货物、物品的行为的定罪问题

走私刑法第一百五十一条、第一百五十二条、第三百四十七条、第三百五十条规定的货物、物品以外的，已被国家明令禁止进出口的货物、物品，例如旧汽车、切割车、侵犯知识产权的货物、来自疫区的动植物及其产品等，应当依照刑法第一百五十三条的规定，以走私普通货物、物品罪追究刑事责任。

九、关于利用购买的加工贸易登记手册、特定减免税批文等涉税单证进口货物行为的定性处理问题

加工贸易登记手册、特定减免税批文等涉税单证是海关根据国家法律法规以及有关政策性规定，给予特定企业用于保税货物经营管理和减免税优惠待遇的凭证。利用购买的加工贸易登记手册、特定减免税批文等涉税单证进口货物，实质是将一般贸易货物伪报为加工贸易保税货物或者特定减免税货物进口，以达到偷逃应缴税款的目的，应当适用刑法第一百五十三条以走私普通货物、物品罪定罪处罚。如果行为人与走私分子通谋出售上述涉税单证，或者在出卖批文后又以提供印章、向海关伪报保税货物、特定减免税货物等方式帮助买方办理进口通关手续的，对卖方依照刑法第一百五十六条以走私罪共犯定罪处罚。买卖上述涉税单证情节严重尚未进口货物的，依照刑法第二百八十条的规定定罪处罚。

十、关于在加工贸易活动中骗取海关核销行为的认定问题

在加工贸易经营活动中，以假出口、假结转或者利用虚假单证等方式骗取海关核销，致使保税货物、物品脱离海关监管，造成国家税款流失，情节严重的，依照刑法第一百五十三条的规定，以走私普通货物、物品罪追究刑事责任。但有证据证明因不可抗力原因导致保税货物脱离海关监管，经营人无法办理正常手续而骗取海关核销的，不认定为走私犯罪。

十一、关于伪报价格走私犯罪案件中实际成交价格的认定问题

走私犯罪案件中的伪报价格行为，是指犯罪嫌疑人、被告人在进出口货物、物品时，向海关申报进口或者出口的货物、物品的价格低于或者高于进出口货物的实际成交价格。

对实际成交价格的认定，在无法提取真、伪两套合同、发票等单证的情况下，可以根据犯罪嫌疑人、被告人的付汇渠道、资金流向、会计账册、境内外收发货人的真实交易方式，以及其他能够证明进出口货物实际成交价格的证据材料综合认定。

十二、关于出售走私货物已缴纳的增值税应否从走私偷逃应缴税额中扣除的问题

走私犯罪嫌疑人为出售走私货物而开具增值税专用发票并缴纳增值税，是其走私行为既遂后在流通领域获取违法所得的一种手段，属于非法开具增值税专用发票。对走私犯罪嫌疑人因出售走私货物而实际缴纳走私货物增值税的，在核定走私货物偷逃应缴税额时，不应当将其已缴纳的增值税额从其走私偷逃应缴税额中扣除。

十三、关于刑法第一百五十四条规定的“销售牟利”的理解问题

刑法第一百五十四条第(一)、(二)项规定的“销售牟利”，是指行为人主观上为了牟取非法利益而擅自销售海关监管的保税货物、特定减免税货物。该种行为是否构成犯罪，应当根据偷逃的应缴税额是否达到刑法第一百五十三条及相关司法解释规定的数额标准予以认定。实际获利与否或者获利多少并不影响其定罪。

十四、关于海上走私犯罪案件如何追究运输人的刑事责任问题

对刑法第一百五十五条第(二)项规定的实施海上走私犯罪行为的运输人、收购人或者贩卖人应当追究刑事责任。对运输人，一般追究运输工具的负责人或者主要责任人的刑事责任，但对于事先通谋的、集资走私的、或者使用特殊的走私运输工具从事走私犯罪活动的，可以追究其他参与人员的刑事责任。

十五、关于刑法第一百五十六条规定的“与走私罪犯通谋”的理解问题

通谋是指犯罪行为人之间事先或者事中形成的共同的走私故意。下列情形可以认定为通谋：

(一)对明知他人从事走私活动而同意为其提供贷款、资金、账号、发票、证明、海关单证，提供运输、保管、邮寄或者其他方便的；

(二)多次为同一走私犯罪分子的走私行为提供前项帮助的。

十六、关于放纵走私罪的认定问题

依照刑法第四百一十一条的规定，负有特定监管义务的海关工作人员徇私舞弊，利用职权，放任、纵容走私犯罪行为，情节严重的，构成放纵走私罪。放纵走私行为，一般是消极的不作为。如果海关工作人员与走私分子通谋，在放纵走私过程中以积极的行为配合走私分子逃避海关监管或者在放纵走私之后分得赃款的，应以共同走私犯罪追究刑事责任。

海关工作人员收受贿赂又放纵走私的，应以受贿罪和放纵走私罪数罪并罚。

十七、关于单位走私犯罪案件诉讼代表人的确定及其相关问题

单位走私犯罪案件的诉讼代表人，应当是单位的法定代表人或者主要负责人。单位的法定代表人或者主要负责人被依法追究刑事责任或者因其他原因无法参与刑事诉讼的，人民检察院应当另行确定被告单位的其他负责人作为诉讼代表人参加诉讼。

接到出庭通知的被告单位的诉讼代表人应当出庭应诉。拒不出庭的，人民法院在必要的时候，可以拘传到庭。

对直接负责的主管人员和其他直接责任人员均无法归案的单位走私犯罪案件，只要单位走私犯罪的事实清楚、证据确实充分，且能够确定诉讼代表人代表单位参与刑事诉讼活动的，可以先行追究该单位的刑事责任。

被告单位没有合适人选作为诉讼代表人出庭的，因不具备追究该单位刑事责任的诉讼条件，可按照单位犯罪的条款先行追究单位犯罪中直接负责的主管人员或者其他直接责任人员的刑事责任。人民法院在对单位犯罪中直接负责的主管人员或者直接责任人员进行判决时，对于扣押、冻结的走私货物、物品、违法所得以及属于犯罪单位所有的走私犯罪工具，应当一并判决予以追缴、没收。

十八、关于单位走私犯罪及其直接负责的主管人员和直接责任人员的认定问题

具备下列特征的，可以认定为单位走私犯罪：

(1)以单位的名义实施走私犯罪，即由单位集体研究决定，或者由单位的负责人或者被授权的其他人员决定、同意；

(2)为单位谋取不正当利益或者违法所得大部分归单位所有。

依照《最高人民法院关于审理单位犯罪案件具体应用法律有关问题的解释》第二条的规定，个人为进行违法犯罪活动而设立的公司、企业、事业单位实施犯罪的，或者个人设立公司、企业、事业单位后，以实施犯罪为主要活动的，不以单位犯罪论处。单位是否以实施犯罪为主要活动，应根据单位实施走私行为的次数、频度、持续时间、单位进行合法经营的状况等因素综合考虑认定。

根据单位人员在单位走私犯罪活动中所发挥的不同作用，对其直接负责的主管人员和其他直接责任人员，可以确定为一人或者数人。对于受单位领导指派而积极参与实施走私犯罪行为的人员，如果其行为在走私犯罪的主要环节起重要作用的，可以认定为单位犯罪的直接责任人员。

十九、关于单位走私犯罪后发生分立、合并或者其他资产重组情形以及单位被依法注销、宣告破产等情况下，如何追究刑事责任的问题

单位走私犯罪后，单位发生分立、合并或者其他资产重组等情况的，只要承受该单位权利义务的单位存在，应当追究单位走私犯罪的刑事责任。走私单位发生分立、合并或者其他资产重组后，原单位名称发生更改的，仍以原单位(名称)作为被告单位。承受原单位权利义务的单位法定代表人或者负责人为诉讼代表人。

单位走私犯罪后，发生分立、合并或者其他资产重组情形，以及被依法注销、宣告破产等情况的，无论承受该单位权利义务的单位是否存在，均应追究原单位直接负责的主管人员和其他直接责任人员的刑事责任。

人民法院对原走私单位判处罚金的，应当将承受原单位权利义务的单位作为被执行人。罚金超出新单位所承受的财产的，可在执行中予以减除。

二十、关于单位与个人共同走私普通货物、物品案件的处理问题

单位和个人(不包括单位直接负责的主管人员和其他直接责任人员)共同走私的，单位和个人均应对共同走私所偷逃应缴税额负责。

对单位和个人共同走私偷逃应缴税额为5万元以上不满25万元的，应当根据其在案件中所起的作用，区分不同情况做出处理。单位起主要作用的，对单位和个人均不追究刑事责任，由海关予以行政处理；个人起主要作用的，对个人依照刑法有关规定追究刑事责任，对单位由海关予以行政处理。无法认定单位或个人起主要作用的，对个人和单位分别按个人犯罪和单位犯罪的标准处理。

单位和个人共同走私偷逃应缴税额超过25万元且能区分主、从犯的，应当按照刑法关于主、从犯的有关规定，对从犯从轻、减轻处罚或者免除处罚。

二十一、关于单位走私犯罪案件自首的认定问题

在办理单位走私犯罪案件中，对单位集体决定自首的，或者单位直接负责的主管人员自首的，应当认定单位自首。认定单位自首后，如实交代主要犯罪事实的单位负责的其他主管人员和其他直接责任人员，可视为自首，但对拒不交代主要犯罪事实或逃避法律追究的人员，不以自首论。

二十二、关于共同走私犯罪案件如何判处罚金刑问题

审理共同走私犯罪案件时，对各共同犯罪人判处罚金的总额应掌握在共同走私行为偷逃应缴税额的一倍以上五倍以下。

最高人民法院　最高人民检察院
关于办理走私刑事案件适用法律若干问题的解释

（法释〔2014〕10号）

第一条　走私武器、弹药，具有下列情形之一的，可以认定为刑法第一百五十一条第一款规定的“情节较轻”：

（一）走私以压缩气体等非火药为动力发射枪弹的枪支二支以上不满五支的；

（二）走私气枪铅弹五百发以上不满二千五百发，或者其他子弹十发以上不满五十发的；

（三）未达到上述数量标准，但属于犯罪集团的首要分子，使用特种车辆从事走私活动，或者走私的武器、弹药被用于实施犯罪等情形的；

（四）走私各种口径在六十毫米以下常规炮弹、手榴弹或者枪榴弹等分别或者合计不满五枚的。

具有下列情形之一的，依照刑法第一百五十一条第一款的规定处七年以上有期徒刑，并处罚金或者没收财产：

（一）走私以火药为动力发射枪弹的枪支一支，或者以压缩气体等非火药为动力发射枪弹的枪支五支以上不满十支的；

（二）走私第一款第二项规定的弹药，数量在该项规定的最高数量以上不满最高数量五倍的；

（三）走私各种口径在六十毫米以下常规炮弹、手榴弹或者枪榴弹等分别或者合计达到五枚以上不满十枚，或者各种口径超过六十毫米以上常规炮弹合计不满五枚的；

（四）达到第一款第一、二、四项规定的数量标准，且属于犯罪集团的首要分子，使用特种车辆从事走私活动，或者走私的武器、弹药被用于实施犯罪等情形的。

具有下列情形之一的，应当认定为刑法第一百五十一条第一款规定的“情节特别严重”：

（一）走私第二款第一项规定的枪支，数量超过该项规定的数量标准的；

（二）走私第一款第二项规定的弹药，数量在该项规定的最高数量标准五倍以上的；

（三）走私第二款第三项规定的弹药，数量超过该项规定的数量标准，或者走私具有巨大杀伤力的非常规炮弹一枚以上的；

（四）达到第二款第一项至第三项规定的数量标准，且属于犯罪集团的首要分子，使用特种车辆从事走私活动，或者走私的武器、弹药被用于实施犯罪等情形的。

走私其他武器、弹药，构成犯罪的，参照本条各款规定的标准处罚。

第二条　刑法第一百五十一条第一款规定的“武器、弹药”的种类，参照《中华人民共和国进口税则》及《中华人民共和国禁止进出境物品表》的有关规定确定。

第三条　走私枪支散件，构成犯罪的，依照刑法第一百五十一条第一款的规定，以走私武器罪定罪处罚。成套枪支散件以相应数量的枪支计，非成套枪支散件以每三十件为一套枪支散件计。

第四条　走私各种弹药的弹头、弹壳，构成犯罪的，依照刑法第一百五十一条第一款的规定，以走私弹药罪定罪处罚。具体的定罪量刑标准，按照本解释第一条规定的数量标准的五倍执行。

走私报废或者无法组装并使用的各种弹药的弹头、弹壳，构成犯罪的，依照刑法第一百五十三条的规定，以走私普通货物、物品罪定罪处罚；属于废物的，依照刑法第一百五十二条第二款的规定，以走私废物罪定罪处罚。

弹头、弹壳是否属于前款规定的“报废或者无法组装并使用”或者“废物”，由国家有关技术部门进行

鉴定。

【深度解析】

【拓展关键词】类推解释

走私弹药的弹头、弹壳的，以走私弹药罪定罪处罚，这一解释不是类推解释。但是，如果认为持有弹头、弹壳的行为构成非法持有弹药罪，就属于类推解释。因为走私弹药罪与非法持有弹药罪的保护法益不同，故对于弹药的范围应作出不同的解释。由此可见，某规定相对于此条文属于类推解释，相对于彼条文则可能属于扩大解释。①

第五条 走私国家禁止或者限制进出口的仿真枪、管制刀具，构成犯罪的，依照刑法第一百五十一条第三款的规定，以走私国家禁止进出口的货物、物品罪定罪处罚。具体的定罪量刑标准，适用本解释第十一条第一款第六、七项和第二款的规定。

走私的仿真枪经鉴定为枪支，构成犯罪的，依照刑法第一百五十一条第一款的规定，以走私武器罪定罪处罚。不以牟利或者从事违法犯罪活动为目的，且无其他严重情节的，可以依法从轻处罚；情节轻微不需要判处刑罚的，可以免予刑事处罚。

第六条 走私伪造的货币，数额在二千元以上不满二万元，或者数量在二百张（枚）以上不满二千张（枚）的，可以认定为刑法第一百五十一条第一款规定的"情节较轻"。

具有下列情形之一的，依照刑法第一百五十一条第一款的规定处七年以上有期徒刑，并处罚金或者没收财产：

（一）走私数额在二万元以上不满二十万元，或者数量在二千张（枚）以上不满二万张（枚）的；

（二）走私数额或者数量达到第一款规定的标准，且具有走私的伪造货币流入市场等情节的。

具有下列情形之一的，应当认定为刑法第一百五十一条第一款规定的"情节特别严重"：

（一）走私数额在二十万元以上，或者数量在二万张（枚）以上的；

（二）走私数额或者数量达到第二款第一项规定的标准，且属于犯罪集团的首要分子，使用特种车辆从事走私活动，或者走私的伪造货币流入市场等情形的。

第七条 刑法第一百五十一条第一款规定的"货币"，包括正在流通的人民币和境外货币。伪造的境外货币数额，折合成人民币计算。

第八条 走私国家禁止出口的三级文物二件以下的，可以认定为刑法第一百五十一条第二款规定的"情节较轻"。

具有下列情形之一的，依照刑法第一百五十一条第二款的规定处五年以上十年以下有期徒刑，并处罚金：

（一）走私国家禁止出口的二级文物不满三件，或者三级文物三件以上不满九件的；

（二）走私国家禁止出口的三级文物不满三件，且具有造成文物严重毁损或者无法追回等情节的。

具有下列情形之一的，应当认定为刑法第一百五十一条第二款规定的"情节特别严重"：

（一）走私国家禁止出口的一级文物一件以上，或者二级文物三件以上，或者三级文物九件以上的；

（二）走私国家禁止出口的文物达到第二款第一项规定的数量标准，且属于犯罪集团的首要分子，使用特种车辆从事走私活动，或者造成文物严重毁损、无法追回等情形的。

第九条 走私国家一、二级保护动物未达到本解释附表中（一）规定的数量标准，或者走私珍贵动物制品数额不满二十万元的，可以认定为刑法第一百五十一条第二款规定的"情节较轻"。

具有下列情形之一的，依照刑法第一百五十一条第二款的规定处五年以上十年以下有期徒刑，并处罚金：

① 参见张明楷：《罪刑法定与刑法解释》，北京大学出版社 2009 年版，第 124 页。

（一）走私国家一、二级保护动物达到本解释附表中（一）规定的数量标准的；

（二）走私珍贵动物制品数额在二十万元以上不满一百万元的；

（三）走私国家一、二级保护动物未达到本解释附表中（一）规定的数量标准，但具有造成该珍贵动物死亡或者无法追回等情节的。

具有下列情形之一的，应当认定为刑法第一百五十一条第二款规定的"情节特别严重"：

（一）走私国家一、二级保护动物达到本解释附表中（二）规定的数量标准的；

（二）走私珍贵动物制品数额在一百万元以上的；

（三）走私国家一、二级保护动物达到本解释附表中（一）规定的数量标准，且属于犯罪集团的首要分子，使用特种车辆从事走私活动，或者造成该珍贵动物死亡、无法追回等情形的。

不以牟利为目的，为留作纪念而走私珍贵动物制品进境，数额不满十万元的，可以免予刑事处罚；情节显著轻微的，不作为犯罪处理。

第十条　刑法第一百五十一条第二款规定的"珍贵动物"，包括列入《国家重点保护野生动物名录》中的国家一、二级保护野生动物，《濒危野生动植物种国际贸易公约》附录Ⅰ、附录Ⅱ中的野生动物，以及驯养繁殖的上述动物。

走私本解释附表中未规定的珍贵动物的，参照附表中规定的同属或者同科动物的数量标准执行。

走私本解释附表中未规定珍贵动物的制品的，按照《最高人民法院、最高人民检察院、国家林业局、公安部、海关总署关于破坏野生动物资源刑事案件中涉及的CITES附录Ⅰ和附录Ⅱ所列陆生野生动物制品价值核定问题的通知》（林濒发〔2012〕239号）的有关规定核定价值。

第十一条　走私国家禁止进出口的货物、物品，具有下列情形之一的，依照刑法第一百五十一条第三款的规定处五年以下有期徒刑或者拘役，并处或者单处罚金：

（一）走私国家一级保护野生植物五株以上不满二十五株，国家二级保护野生植物十株以上不满五十株，或者珍稀植物、珍稀植物制品数额在二十万元以上不满一百万元的；

（二）走私重点保护古生物化石或者未命名的古生物化石不满十件，或者一般保护古生物化石十件以上不满五十件的；

（三）走私禁止进出口的有毒物质一吨以上不满五吨，或者数额在二万元以上不满十万元的；

（四）走私来自境外疫区的动植物及其产品五吨以上不满二十五吨，或者数额在五万元以上不满二十五万元的；

（五）走私木炭、硅砂等妨害环境、资源保护的货物、物品十吨以上不满五十吨，或者数额在十万元以上不满五十万元的；

（六）走私旧机动车、切割车、旧机电产品或者其他禁止进出口的货物、物品二十吨以上不满一百吨，或者数额在二十万元以上不满一百万元的；

（七）数量或者数额未达到本款第一项至第六项规定的标准，但属于犯罪集团的首要分子，使用特种车辆从事走私活动，造成环境严重污染，或者引起甲类传染病传播、重大动植物疫情等情形的。

具有下列情形之一的，应当认定为刑法第一百五十一条第三款规定的"情节严重"：

（一）走私数量或者数额超过前款第一项至第六项规定的标准的；

（二）达到前款第一项至第六项规定的标准，且属于犯罪集团的首要分子，使用特种车辆从事走私活动，造成环境严重污染，或者引起甲类传染病传播、重大动植物疫情等情形的。

第十二条　刑法第一百五十一条第三款规定的"珍稀植物"，包括列入《国家重点保护野生植物名录》《国家重点保护野生药材物种名录》《国家珍贵树种名录》中的国家一、二级保护野生植物、国家重点保护的野生药材、珍贵树木，《濒危野生动植物种国际贸易公约》附录Ⅰ、附录Ⅱ中的野生植物，以及人工培育的上述植物。

本解释规定的"古生物化石"，按照《古生物化石保护条例》的规定予以认定。走私具有科学价值的古脊椎动物化石、古人类化石，构成犯罪的，依照刑法第一百五十一条第二款的规定，以走私文物罪定罪处罚。

……

第二十三条 实施走私犯罪，具有下列情形之一的，应当认定为犯罪既遂：

（一）在海关监管现场被查获的；

（二）以虚假申报方式走私，申报行为实施完毕的；

（三）以保税货物或者特定减税、免税进口的货物、物品为对象走私，在境内销售的，或者申请核销行为实施完毕的。

……

第二十五条 本解释发布实施后，《最高人民法院关于审理走私刑事案件具体应用法律若干问题的解释》（法释〔2000〕30号）、《最高人民法院关于审理走私刑事案件具体应用法律若干问题的解释（二）》（法释〔2006〕9号）同时废止。之前发布的司法解释与本解释不一致的，以本解释为准。

最高人民法院　最高人民检察院
关于办理妨害文物管理等刑事案件适用法律若干问题的解释（节选）

（2015年11月18日通过）

详见《刑法》第324条故意损毁文物罪的相关规定

第一条 刑法第一百五十一条规定的“国家禁止出口的文物”，依照《中华人民共和国文物保护法》规定的“国家禁止出境的文物”的范围认定。

走私国家禁止出口的二级文物的，应当依照刑法第一百五十一条第二款的规定，以走私文物罪处五年以上十年以下有期徒刑，并处罚金；走私国家禁止出口的一级文物的，应当认定为刑法第一百五十一条第二款规定的“情节特别严重”；走私国家禁止出口的三级文物的，应当认定为刑法第一百五十一条第二款规定的“情节较轻”。

走私国家禁止出口的文物，无法确定文物等级，或者按照文物等级定罪量刑明显过轻或者过重的，可以按照走私的文物价值定罪量刑。走私的文物价值在二十万元以上不满一百万元的，应当依照刑法第一百五十一条第二款的规定，以走私文物罪处五年以上十年以下有期徒刑，并处罚金；文物价值在一百万元以上的，应当认定为刑法第一百五十一条第二款规定的“情节特别严重”；文物价值在五万元以上不满二十万元的，应当认定为刑法第一百五十一条第二款规定的“情节较轻”。

最高人民法院　最高人民检察院
关于涉以压缩气体为动力的枪支、气枪铅弹刑事案件定罪量刑问题的批复

（法释〔2018〕8号）

一、对于非法制造、买卖、运输、邮寄、储存、持有、私藏、走私以压缩气体为动力且枪口比动能较低的枪支的行为，在决定是否追究刑事责任以及如何裁量刑罚时，不仅应当考虑涉案枪支的数量，而且应当充分考虑涉案枪支的外观、材质、发射物、购买场所和渠道、价格、用途、致伤力大小、是否易于通过改制提升致伤力，以及行为人的主观认知、动机目的、一贯表现、违法所得、是否规避调查等情节，综合评估社会危害性，坚持主客观相统一，确保罪责刑相适应。

二、对于非法制造、买卖、运输、邮寄、储存、持有、私藏、走私气枪铅弹的行为，在决定是否追究刑事责任以及如何裁量刑罚时，应当综合考虑气枪铅弹的数量、用途以及行为人的动机目的、一贯表现、违法所得、是否规避调查等情节，综合评估社会危害性，确保罪责刑相适应。

此复。

最高人民法院
关于审理走私、非法经营、非法使用兴奋剂刑事案件适用法律若干问题的解释(节选)

(法释〔2019〕16号)

详见《刑法》第397条滥用职权罪的相关规定

第一条　运动员、运动员辅助人员走私兴奋剂目录所列物质，或者其他人员以在体育竞赛中非法使用为目的走私兴奋剂目录所列物质，涉案物质属于国家禁止进出口的货物、物品，具有下列情形之一的，应当依照刑法第一百五十一条第三款的规定，以走私国家禁止进出口的货物、物品罪定罪处罚：

(一)一年内曾因走私被给予二次以上行政处罚后又走私的；

(二)用于或者准备用于未成年人运动员、残疾人运动员的；

(三)用于或者准备用于国内、国际重大体育竞赛的；

(四)其他造成严重恶劣社会影响的情形。

实施前款规定的行为，涉案物质不属于国家禁止进出口的货物、物品，但偷逃应缴税额一万元以上或者一年内曾因走私被给予二次以上行政处罚后又走私的，应当依照刑法第一百五十三条的规定，以走私普通货物、物品罪定罪处罚。

对于本条第一款、第二款规定以外的走私兴奋剂目录所列物质行为，适用《最高人民法院、最高人民检察院关于办理走私刑事案件适用法律若干问题的解释》(法释〔2014〕10号)规定的定罪量刑标准。

最高人民法院　最高人民检察院
关于办理破坏野生动物资源刑事案件适用法律若干问题的解释(节选)

(法释〔2022〕12号)

详见《刑法》第141条危害珍贵、濒危野生动物罪的相关规定

第一条　具有下列情形之一的，应当认定为刑法第一百五十一条第二款规定的走私国家禁止进出口的珍贵动物及其制品：

(一)未经批准擅自进出口列入经国家濒危物种进出口管理机构公布的《濒危野生动植物种国际贸易公约》附录一、附录二的野生动物及其制品；

(二)未经批准擅自出口列入《国家重点保护野生动物名录》的野生动物及其制品。

第二条　走私国家禁止进出口的珍贵动物及其制品，价值二十万元以上不满二百万元的，应当依照刑法第一百五十一条第二款的规定，以走私珍贵动物、珍贵动物制品罪处五年以上十年以下有期徒刑，并处罚金；价值二百万元以上的，应当认定为"情节特别严重"，处十年以上有期徒刑或者无期徒刑，并处没收财产；价值二万元以上不满二十万元的，应当认定为"情节较轻"，处五年以下有期徒刑，并处罚金。

实施前款规定的行为，具有下列情形之一的，从重处罚：

(一)属于犯罪集团的首要分子的；

(二)为逃避监管，使用特种交通工具实施的；

(三)二年内曾因破坏野生动物资源受过行政处罚的。

实施第一款规定的行为，不具有第二款规定的情形，且未造成动物死亡或者动物、动物制品无法追回，行为人全部退赃退赔，确有悔罪表现的，按照下列规定处理：

(一)珍贵动物及其制品价值二百万元以上的，可以处五年以上十年以下有期徒刑，并处罚金；

（二）珍贵动物及其制品价值二十万元以上不满二百万元的，可以认定为“情节较轻”，处五年以下有期徒刑，并处罚金；

（三）珍贵动物及其制品价值二万元以上不满二十万元的，可以认定为犯罪情节轻微，不起诉或者免予刑事处罚；情节显著轻微危害不大的，不作为犯罪处理。

最高人民检察院　公安部
关于公安机关管辖的刑事案件立案追诉标准的规定（二）（节选）
（公通字〔2022〕12号）

第二条　【走私假币案（刑法第一百五十一条第一款）】走私伪造的货币，涉嫌下列情形之一的，应予立案追诉：

（一）总面额在二千元以上或者币量在二百张（枚）以上的；

（二）总面额在一千元以上或者币量在一百张（枚）以上，二年内因走私假币受过行政处罚，又走私假币的；

（三）其他走私假币应予追究刑事责任的情形。

☞ 其他相关规定见章后二维码

◆ 解读与适用

【拓展关键词】古生物化石是否属于文物　走私文物　刑法用语

《刑参》第416号案例“蓑某走私文物案——走私古脊椎动物、古人类化石的行为应以走私文物罪定罪处罚，走私古脊椎动物、古人类化石以外的其他古生物化石的行为不能以走私文物罪定罪处罚”相关论述：古生物化石不是文物。古生物化石能否同文物一样受到保护应根据有关法律规定予以确认。词语在刑法中设定时的含义、适用范围与实际生活中的需要不一定完全一致。例如信用卡在生活中一般不包括没有透支功能的借记卡，但全国人大常委会则将信用卡明确为包括借记卡。我们在确定刑法中某个词语的含义和范围时首先应根据刑法相关规定予以确定。在刑事法律无相应规定但其他法律、法规有明确规定时就应以其他法律规定为参照来明确该词语的含义及范围。只有当缺乏上述规定时方可在通常含义的基础上，结合有关立法精神和刑法基本原理确定该词语在刑法中的具体含义。文物保护法规定具有科学价值的古脊椎动物化石和古人类化石同文物一样受国家保护。不仅同等地受行政法保护，而且同等地受刑法保护。以文物为对象的犯罪行为，如果针对的是上述化石同样也构成文物犯罪行为。如果古脊椎动物化石被确定为视同于国家一级文物，在量刑时不应有所区别。文物鉴定是一种比较特殊的鉴定形式，需要多名专家分别鉴定后再讨论，最终作出集体意见并以集体名义出具相关鉴定结论。

《刑参》第744号案例“朱某走私国家禁止出口的物品案——走私年代久远且与人类活动无关的古脊椎动物化石的行为如何定性”相关论述：与人类活动无关的白垩纪鸟类化石不属于刑法规定的“文物”，不能适用走私文物罪的相关条款。但涉案化石为珍惜古生物化石，属于国家禁止出口的物品，应按照走私国家禁止出口的物品罪定罪处罚。

【拓展关键词】走私气枪铅弹　文义解释　罪责刑相一致原则

《刑参》第940号案例“戴某走私弹药、非法持有枪支案——走私气枪铅弹构成犯罪，量刑标准是否应当有别于一般的走私非军用子弹”相关论述：气枪铅弹属于走私弹药罪中的“弹药”。虽然词典的定义不同于刑法学对于刑法概念的解释，但是对刑法概念进行解释时，文义解释是最基础的方法。文义解释的基本原则有三个：一是在刑法用语的核心含义以内；二是不超过国民预测的可能性；三是具有处罚必要性。气枪铅弹无疑具有杀伤力，在结构上有弹头，尾部有部分弹壳，可以借助气枪等武器发射至目标区域，将其认定为非军用子弹并不会超出国民的预测可能性。刑罚轻重必须与犯罪危害程度相适应。气枪铅弹没有火药、炸药等装填物，杀伤力有限。将走私气枪铅弹的量刑标准有别于一般的走私非军用子弹，是保持刑法解释协调性的需要。

【拓展关键词】走私故意　对走私对象不明知　概括故意　主观故意的证明

《刑参》第616号案例"岑某等走私珍贵动物、马某非法收购珍贵野生动物、赵某等非法运输珍贵野生动物案——具有走私的故意，但对走私的具体对象认识不明确如何定罪处罚"相关论述：认定主观故意的方法有两种：一是直接的证明方法，二是间接的推定方法。直接证明是指直接证明行为人具有走私的故意，如行为人承认或证人证明行为人曾向其提到要走私或者有书证、录音等资料证明其走私。间接推定方法是指通过与主观故意相关的因素来证明主观故意的存在。行为人明知其行为违反了相关法律法规，明知其行为是逃避海关监管的行为而决意实施，就推定其主观上具有走私的故意。行为人主观上具有走私的犯罪故意，但对走私的具体对象认识不明确的，可称为"概括的主观故意"。此种故意支配下的走私行为应当以实际走私对象来定罪。行为人虽然不明确知道其走私的具体对象是什么，但是对走私对象可能是什么有一个模糊认识的范围，而实际走私的对象就在此范围内，行为人对此范围内所有的走私对象都是持容忍态度的，实施其中任何一类走私犯罪都不违背其意志。根据实际走私对象定罪处罚便于司法操作，有利于打击犯罪。

《刑参》第773号案例"程某等走私废物案——走私的废物中混有普通货物的，如何定罪处罚"相关论述：行为人基于概括故意而实施走私犯罪的，应当根据实际查获的物品性质来定罪。概括故意是一种不确定的故意。在概括故意犯罪中发生行为人预见或应当预见范围内的各种犯罪后果均不违背其意志，故可以根据实际发生的后果定罪处罚。行为人在走私普通货物、物品中藏匿刑法规定的特殊货物、物品的，以实际走私的货物、物品定罪处罚，构成数罪的，应予并罚。行为人受他人雇佣实施走私犯罪且知道走私货物、物品的性质，但因受蒙骗而不知走私的货物、物品中混有其他特殊货物的，应当根据其主观认识的走私货物、物品的特性来定罪处罚。抽象的认识错误应当根据行为人主观认识的犯罪对象的性质定罪处罚。本案被告人主观上仅具有走私废物罪的犯罪故意而不是基于概括性故意实施走私犯罪。被告人不知道走私的废旧电器中混有全新的电器等普通货物，主观上没有走私普通货物的故意，因此只构成走私废物罪而不构成走私普通货物罪。

《刑参》第840号案例"应某、陆某走私废物、走私普通货物案——在走私犯罪案件中，如何认定行为人对夹藏物品是否具有走私故意以及对走私对象中夹藏的物品确实不明知的，是否适用相关规范性文件中根据实际走私对象定罪处罚的规定"相关论述：在走私犯罪案件中应当根据相关合同约定、夹藏物品归属主体及所占体积、行为所收取报酬等情况综合认定行为人对夹藏物品是否具有走私故意。对走私对象中夹藏物品确实不明知的，不应按照实际走私的对象定罪处罚，即对夹藏物品不构成走私犯罪。相关规范文件中"应当根据实际的走私对象定罪处罚"的规定仅适用于概括故意情形。对于主观认识与实际犯罪对象不同的情形，一律以实际犯罪对象定罪，违背了主客观相统一原则，也与故意犯罪的规定不符。概括故意的情形：一是意识上，行为人没有走私具体对象的意思；二是意志上，行为人对实际走私对象不反对，有没有都无所谓。如果行为人对走私犯罪对象的认识非常明确并在此基础上形成了确定的故意并对其他走私对象明确反对，不能适用根据实际发现的走私物品定罪处罚的规定。不具有走私的概括故意，对走私对象中夹带的其他货物确实不明知的，就夹带的货物部分不应认定行为人走私犯罪。①

---

① 应某、陆某走私废物、走私普通货物案，载《最高人民法院公报》2014年第5期。

第一百五十二条 【走私淫秽物品罪】[1]

以牟利或者传播为目的，走私淫秽的影片、录像带、录音带、图片、书刊或者其他淫秽物品的，处三年以上十年以下有期徒刑，并处罚金；情节严重的，处十年以上有期徒刑或者无期徒刑，并处罚金或者没收财产；情节较轻的，处三年以下有期徒刑、拘役或者管制，并处罚金。

【走私废物罪】

逃避海关监管将境外固体废物、液态废物和气态废物运输进境，情节严重的，处五年以下有期徒刑，并处或者单处罚金；情节特别严重的，处五年以上有期徒刑，并处罚金。

单位犯前两款罪的，对单位判处罚金，并对其直接负责的主管人员和其他直接责任人员，依照前两款的规定处罚。

◆ 相关规定

最高人民法院 最高人民检察院 海关总署
办理走私刑事案件适用法律若干问题的意见
（法〔2002〕139 号）

详见《刑法》第 151 条走私武器、弹药罪的相关规定

最高人民检察院 公安部
关于公安机关管辖的刑事案件立案追诉标准的规定（一）（节选）
（公通字〔2008〕36 号）

第二十五条 【走私淫秽物品案（刑法第一百五十二条第一款）】以牟利或者传播为目的，走私淫秽的影片、录像带、录音带、图片、书刊或者其他通过文字、声音、形象等形式表现淫秽内容的影碟、音碟、电子出版物等物品，涉嫌下列情形之一的，应予立案追诉：

（一）走私淫秽录像带、影碟五十盘（张）以上的；

（二）走私淫秽录音带、音碟一百盘（张）以上的；

（三）走私淫秽扑克、书刊、画册一百副（册）以上的；

（四）走私淫秽照片、图片五百张以上的；

（五）走私其他淫秽物品相当于上述数量的；

（六）走私淫秽物品数量虽未达到本条第（一）项至第（四）项规定标准，但分别达到其中两项以上标准的百分之五十以上的。

---

① 依据《刑法修正案（四）》增加了第二款。

最高人民法院　最高人民检察院
关于办理走私刑事案件适用法律若干问题的解释（节选）

（法释〔2014〕10号）

详见《刑法》第151条走私武器、弹药罪的相关规定

第十三条　以牟利或者传播为目的，走私淫秽物品，达到下列数量之一的，可以认定为刑法第一百五十二条第一款规定的“情节较轻”：

（一）走私淫秽录像带、影碟五十盘（张）以上不满一百盘（张）的；

（二）走私淫秽录音带、音碟一百盘（张）以上不满二百盘（张）的；

（三）走私淫秽扑克、书刊、画册一百副（册）以上不满二百副（册）的；

（四）走私淫秽照片、画片五百张以上不满一千张的；

（五）走私其他淫秽物品相当于上述数量的。

走私淫秽物品在前款规定的最高数量以上不满最高数量五倍的，依照刑法第一百五十二条第一款的规定处三年以上十年以下有期徒刑，并处罚金。

走私淫秽物品在第一款规定的最高数量五倍以上，或者在第一款规定的最高数量以上不满五倍，但属于犯罪集团的首要分子，使用特种车辆从事走私活动等情形的，应当认定为刑法第一百五十二条第一款规定的“情节严重”。

第十四条　走私国家禁止进口的废物或者国家限制进口的可用作原料的废物，具有下列情形之一的，应当认定为刑法第一百五十二条第二款规定的“情节严重”：

（一）走私国家禁止进口的危险性固体废物、液态废物分别或者合计达到一吨以上不满五吨的；

（二）走私国家禁止进口的非危险性固体废物、液态废物分别或者合计达到五吨以上不满二十五吨的；

（三）走私国家限制进口的可用作原料的固体废物、液态废物分别或者合计达到二十吨以上不满一百吨的；

（四）未达到上述数量标准，但属于犯罪集团的首要分子，使用特种车辆从事走私活动，或者造成环境严重污染等情形的。

具有下列情形之一的，应当认定为刑法第一百五十二条第二款规定的“情节特别严重”：

（一）走私数量超过前款规定的标准的；

（二）达到前款规定的标准，且属于犯罪集团的首要分子，使用特种车辆从事走私活动，或者造成环境严重污染等情形的；

（三）未达到前款规定的标准，但造成环境严重污染且后果特别严重的。

走私置于容器中的气态废物，构成犯罪的，参照前两款规定的标准处罚。

第十五条　国家限制进口的可用作原料的废物的具体种类，参照国家有关部门的规定确定。

第一百五十三条　【走私普通货物、物品罪】①

走私本法第一百五十一条、第一百五十二条、第三百四十七条规定以外的货物、物品的，根据情节轻重，分别依照下列规定处罚：

（一）走私货物、物品偷逃应缴税额较大或者一年内曾因走私被给予二次行政处罚后又走私的，处三年以下有期徒刑或者拘役，并处偷逃应缴税额一倍以上五倍以下罚金。

（二）走私货物、物品偷逃应缴税额巨大或者有其他严重情节的，处三年以上十年以下有期徒刑，并处偷逃应缴税额一倍以上五倍以下罚金。

（三）走私货物、物品偷逃应缴税额特别巨大或者有其他特别严重情节的，处十年以上有期徒刑或者无期徒刑，并处偷逃应缴税额一倍以上五倍以下罚金或者没收财产。

单位犯前款罪的，对单位判处罚金，并对其直接负责的主管人员和其他直接责任人员，处三年以下有期徒刑或者拘役；情节严重的，处三年以上十年以下有期徒刑；情节特别严重的，处十年以上有期徒刑。

对多次走私未经处理的，按照累计走私货物、物品的偷逃应缴税额处罚。

◆ 相关规定

最高人民法院　最高人民检察院　海关总署
关于办理走私刑事案件适用法律若干问题的意见
（法〔2002〕139 号）

详见《刑法》第 151 条走私武器、弹药罪的相关规定

最高人民法院　最高人民检察院
关于办理走私刑事案件适用法律若干问题的解释（节选）
（法释〔2014〕10 号）

详见《刑法》第 151 条走私武器、弹药罪的相关规定

第十六条　走私普通货物、物品，偷逃应缴税额在十万元以上不满五十万元的，应当认定为刑法第一百

---

① 根据《刑法修正案（八）》对第一款修订。修订前条文第一款主要内容为：走私本法第一百五十一条、第一百五十二条、第三百四十七条规定以外的货物、物品的，根据情节轻重，分别依照下列规定处罚：

（一）走私货物、物品偷逃应缴税额在五十万元以上的，处十年以上有期徒刑或者无期徒刑，并处偷逃应缴税额一倍以上五倍以下罚金或者没收财产；情节特别严重的，依照本法第一百五十一条第四款的规定处罚。

（二）走私货物、物品偷逃应缴税额在十五万元以上不满五十万元的，处三年以上十年以下有期徒刑，并处偷逃应缴税额一倍以上五倍以下罚金；情节特别严重的，处十年以上有期徒刑或者无期徒刑，并处偷逃应缴税额一倍以上五倍以下罚金或者没收财产。

（三）走私货物、物品偷逃应缴税额在五万元以上不满十五万元的，处三年以下有期徒刑或者拘役，并处偷逃应缴税额一倍以上五倍以下罚金。

五十三条第一款规定的“偷逃应缴税额较大”；偷逃应缴税额在五十万元以上不满二百五十万元的，应当认定为“偷逃应缴税额巨大”；偷逃应缴税额在二百五十万元以上的，应当认定为“偷逃应缴税额特别巨大”。

走私普通货物、物品，具有下列情形之一，偷逃应缴税额在三十万元以上不满五十万元的，应当认定为刑法第一百五十三条第一款规定的“其他严重情节”；偷逃应缴税额在一百五十万元以上不满二百五十万元的，应当认定为“其他特别严重情节”：

（一）犯罪集团的首要分子；

（二）使用特种车辆从事走私活动的；

（三）为实施走私犯罪，向国家机关工作人员行贿的；

（四）教唆、利用未成年人、孕妇等特殊人群走私的；

（五）聚众阻挠缉私的。

第十七条　刑法第一百五十三条第一款规定的“一年内曾因走私被给予二次行政处罚后又走私”中的“一年内”，以因走私第一次受到行政处罚的生效之日与“又走私”行为实施之日的时间间隔计算确定；“被给予二次行政处罚”的走私行为，包括走私普通货物、物品以及其他货物、物品；“又走私”行为仅指走私普通货物、物品。

第十八条　刑法第一百五十三条规定的“应缴税额”，包括进出口货物、物品应当缴纳的进出口关税和进口环节海关代征税的税额。应缴税额以走私行为实施时的税则、税率、汇率和完税价格计算；多次走私的，以每次走私行为实施时的税则、税率、汇率和完税价格逐票计算；走私行为实施时间不能确定的，以案发时的税则、税率、汇率和完税价格计算。

刑法第一百五十三条第三款规定的“多次走私未经处理”，包括未经行政处理和刑事处理。

☞ 其他相关规定见章后二维码

◆ 解读与适用

【拓展关键词】转口贸易　来料加工　走私仿真枪　贵金属纪念币　走私货物和物品

《刑参》第267号案例“宋某被控走私普通货物案——在代理转口贸易中未如实报关的行为不构成走私罪”相关论述：走私普通货物罪的社会危害性不仅表现在违反国家海关监管制度方面，更主要是表现在偷逃关税给国家造成税收损失。行为人为进口转口贸易将普通货物暂时转运进境，其行为在表面上虽采用了不如实报关的手段逃避海关监管，但由于在客观上没有偷逃税款，亦不会给国家造成关税损失，不应以走私普通货物罪论处。

《刑参》第268号案例“上海华源伊龙实业发展公司等走私普通货物案——擅自将‘进料加工’的保税货物在境内销售牟利行为的定性”相关论述：擅自在境内销售进料加工的保税货物与销售来料加工的保税货物两者在行为性质及社会危害性等方面均无不同。进料的所有权属于境内单位，来料则属于境外单位。

《刑参》第423号案例“林某、卢某等走私普通货物案——走私仿真枪案件的有关鉴定和计税依据问题”相关论述：仿真枪的鉴定应该以公安部门作出的鉴定结论为准。对于海关计税依据仍应以中国进出口商品检验公司等的鉴定结论为准。走私仿真枪的应以走私普通货物、物品罪定罪。

《刑参》第873号案例“广州顺亨汽车配件贸易有限公司等走私普通货物案——在刑事案件中如何审查电子数据的证据资格以及如何认定走私共同犯罪中主、从犯”相关论述：可以从两个层面对本案主、从犯问题予以辨析：一是被告单位之间主、从犯的认定；二是单位内部责任人员主、从犯的认定。

《刑参》第1199号案例“吕某走私普通物品案——携带贵金属纪念币入境的行为如何定性”相关论述：贵金属纪念币作为国家货币具有法定性，但是贵金属纪念币又不同于流通人民币可以买卖，其既有货币属性，也有商品属性。走私普通货物、物品罪是选择性罪名。货物在进出境环节或进出境目的上属于贸易性质，物品属于非贸易性质。货物应当签有合同或协议，物品不存在合同或协议。纪念币属于商品，可以成为走私普通货物、物品罪的对象。走私关税为零的普通货物、物品的行为可以构成走私罪。走私对象包括有关税的货物、物品和无关税但在进口环节由海关代征税款的货物、物品。走私罪侵犯的客体是对外贸易的管制即通过对进出口货物的监督、管理和控制，防止偷逃关税及阻止或限制不该进出口的物资进出口。本案纪念币应归入"硬币"税则计算税款。

【拓展关键词】走私非法自捕水产品

《刑参》第1119号案例"舟山市某远洋渔业有限公司、李某某走私普通货物案——冒用远洋渔业项目确认的船舶名义，将自捕水产品作为不征税货物报关入境的行为如何定性"相关论述：无证捕捞的行政违法属性不对后续走私普通货物犯罪的行为的定性产生影响。冒名报关入境的非法自捕水产品亦应被课税。虽然该自捕水产品应被行政部门罚没，但就海关征管环节而言，被告单位用伪报的行为使这批"非法自捕水产品"取得了形式上的入境资格，且享受了不征税的优惠政策。由于该自捕水产品实际源于已不具有免税优惠资格的船，根据原产地规则，应对其按照普通货物征收进口关税和进口环节增值税。至于该自捕水产品实质上的应然归属，则不对海关的征税行为产生认定及合法性上的阻碍。在被告单位的行政违法行为未被行政机关发现并加以处罚的情况下，其冒名将非法捕捞的水产品用形式合法的手段报关入境，达到偷逃税款目的的行为，独立构成走私普通货物罪。该非法自捕水产品仅是被告单位实施犯罪的物质载体，后者的构罪不受前者行政违法行为的影响，行政机关可对被告单位在公海上的违法捕捞行为另行定罪。被告单位违反海关法规，冒用远洋自捕产品免税资格，逃避海关监管，侵害了海关监管秩序。远洋渔业企业享受运回自捕水产品不征税政策的必要条件之一是捕捞水产品的渔船经农业部远洋项目批准。被告人使用的渔船确认已经超过有效期，其自捕水产品属于普通货物，入境不再享受不征税政策，应征税。

《刑参》第1号案例"北京太子纺织工业有限公司、姚某等走私普通货物案——单位走私犯罪在法律文书中如何表述"相关论述：（略）

第一百五十四条　【走私货物、物品罪的特殊形式】

下列走私行为，根据本节规定构成犯罪的，依照本法第一百五十三条的规定定罪处罚：

（一）未经海关许可并且未补缴应缴税额，擅自将批准进口的来料加工、来件装配、补偿贸易的原材料、零件、制成品、设备等保税货物，在境内销售牟利的；

（二）未经海关许可并且未补缴应缴税额，擅自将特定减税、免税进口的货物、物品，在境内销售牟利的。

◆ 相关规定

最高人民法院　最高人民检察院　海关总署
关于办理走私刑事案件适用法律若干问题的意见
（法〔2002〕139号）

详见《刑法》第151条走私武器、弹药罪的相关规定

最高人民法院　最高人民检察院
关于办理走私刑事案件适用法律若干问题的解释(节选)
(法释〔2014〕10号)

详见《刑法》第151条走私武器、弹药罪的相关规定

第十九条　刑法第一百五十四条规定的“保税货物”,是指经海关批准,未办理纳税手续进境,在境内储存、加工、装配后应予复运出境的货物,包括通过加工贸易、补偿贸易等方式进口的货物,以及在保税仓库、保税工厂、保税区或者免税商店内等储存、加工、寄售的货物。

第一百五十五条　【以走私罪论处的间接走私行为】[①]

下列行为,以走私罪论处,依照本节的有关规定处罚:

(一)直接向走私人非法收购国家禁止进口物品的,或者直接向走私人非法收购走私进口的其他货物、物品,数额较大的;

(二)在内海、领海、界河、界湖运输、收购、贩卖国家禁止进出口物品的,或者运输、收购、贩卖国家限制进出口货物、物品,数额较大,没有合法证明的。

◆ 相关规定

最高人民法院　最高人民检察院　海关总署
办理走私刑事案件适用法律若干问题的意见
(法〔2002〕139号)

详见《刑法》第151条走私武器、弹药罪的相关规定

最高人民法院　最高人民检察院
关于办理走私刑事案件适用法律若干问题的解释(节选)
(法释〔2014〕10号)

详见《刑法》第151条走私武器、弹药罪的相关规定

第二十条　直接向走私人非法收购走私进口的货物、物品,在内海、领海、界河、界湖运输、收购、贩卖国

---

① 根据《刑法修正案(四)》修订。原条文的主要内容为:下列行为,以走私罪论处,依照本节的有关规定处罚:

(一)直接向走私人非法收购国家禁止进口物品的,或者直接向走私人非法收购走私进口的其他货物、物品,数额较大的;

(二)在内海、领海运输、收购、贩卖国家禁止进出口物品的,或者运输、收购、贩卖国家限制进出口货物、物品,数额较大,没有合法证明的;

(三)逃避海关监管将境外固体废物运输进境的。

家禁止进出口的物品，或者没有合法证明，在内海、领海、界河、界湖运输、收购、贩卖国家限制进出口的货物、物品，构成犯罪的，应当按照走私货物、物品的种类，分别依照刑法第一百五十一条、第一百五十二条、第一百五十三条、第三百四十七条、第三百五十条的规定定罪处罚。

刑法第一百五十五条第二项规定的“内海”，包括内河的入海口水域。

第二十一条 未经许可进出口国家限制进出口的货物、物品，构成犯罪的，应当依照刑法第一百五十一条、第一百五十二条的规定，以走私国家禁止进出口的货物、物品罪等罪名定罪处罚；偷逃应缴税额，同时又构成走私普通货物、物品罪的，依照处罚较重的规定定罪处罚。

取得许可，但超过许可数量进出口国家限制进出口的货物、物品，构成犯罪的，依照刑法第一百五十三条的规定，以走私普通货物、物品罪定罪处罚。

租用、借用或者使用购买的他人许可证，进出口国家限制进出口的货物、物品的，适用本条第一款的规定定罪处罚。

【深度解析】

《刑参》第1434号案例“佛山市格利华经贸有限公司、王某东、李某雄走私废物案——利用他人许可证进口可用作原料的固体废物行为性质的认定”相关论述：即便行为人在未告知委托其代理合法进口可用作原料的固体废物的企业的情况下，使用了该企业存放在行为人处的许可证，即所谓的“利用”了他人的许可证，本质上还是一种“借用”行为。

第二十二条 在走私的货物、物品中藏匿刑法第一百五十一条、第一百五十二条、第三百四十七条、第三百五十条规定的货物、物品，构成犯罪的，以实际走私的货物、物品定罪处罚；构成数罪的，实行数罪并罚。

……

第二十四条 单位犯刑法第一百五十一条、第一百五十二条规定之罪，依照本解释规定的标准定罪处罚。

单位犯走私普通货物、物品罪，偷逃应缴税额在二十万元以上不满一百万元的，应当依照刑法第一百五十三条第二款的规定，对单位判处罚金，并对其直接负责的主管人员和其他直接责任人员，处三年以下有期徒刑或者拘役；偷逃应缴税额在一百万元以上不满五百万元的，应当认定为“情节严重”；偷逃应缴税额在五百万元以上的，应当认定为“情节特别严重”。

第一百五十六条 【走私共犯】

与走私罪犯通谋，为其提供贷款、资金、帐号、发票、证明，或者为其提供运输、保管、邮寄或者其他方便的，以走私罪的共犯论处。

第一百五十七条 【武装掩护走私、抗拒缉私的规定】①

武装掩护走私的，依照本法第一百五十一条第一款的规定从重处罚。

以暴力、威胁方法抗拒缉私的，以走私罪和本法第二百七十七条规定的阻碍国家机关工作人员依法执行职务罪，依照数罪并罚的规定处罚。

① 根据《刑法修正案（八）》对第一款修订。修订前的条文第一款主要内容为：武装掩护走私的，依照本法第一百五十一条第一款、第四款的规定从重处罚。

第三节　妨害对公司、企业的管理秩序罪

第一百五十八条　【虚报注册资本罪】

申请公司登记使用虚假证明文件或者采取其他欺诈手段虚报注册资本，欺骗公司登记主管部门，取得公司登记，虚报注册资本数额巨大、后果严重或者有其他严重情节的，处三年以下有期徒刑或者拘役，并处或者单处虚报注册资本金额百分之一以上百分之五以下罚金。

单位犯前款罪的，对单位判处罚金，并对其直接负责的主管人员和其他直接责任人员，处三年以下有期徒刑或者拘役。

◆ 相关规定

公安部办公厅
关于若干经济犯罪案件如何统计涉案总价值、挽回经济损失数额的批复
（公经〔2008〕214号）

详见《刑法》第151条走私武器、弹药罪的相关规定

全国人民代表大会常务委员会
关于《中华人民共和国刑法》第一百五十八条、第一百五十九条的解释
（2014年4月24日第十二届全国人民代表大会常务委员会第八次会议通过）

全国人民代表大会常务委员会讨论了公司法修改后刑法第一百五十八条、第一百五十九条对实行注册资本实缴登记制、认缴登记制的公司的适用范围问题，解释如下：

刑法第一百五十八条、第一百五十九条的规定，只适用于依法实行注册资本实缴登记制的公司。

最高人民检察院　公安部
关于公安机关管辖的刑事案件立案追诉标准的规定（二）（节选）
（公通字〔2022〕12号）

第三条　【虚报注册资本案（刑法第一百五十八条）】申请公司登记使用虚假证明文件或者采取其他欺诈手段虚报注册资本，欺骗公司登记主管部门，取得公司登记，涉嫌下列情形之一的，应予立案追诉：

（一）法定注册资本最低限额在六百万元以下，虚报数额占其应缴出资数额百分之六十以上的；

（二）法定注册资本最低限额超过六百万元，虚报数额占其应缴出资数额百分之三十以上的；

（三）造成投资者或者其他债权人直接经济损失累计数额在五十万元以上的；

（四）虽未达到上述数额标准，但具有下列情形之一的：

1. 二年内因虚报注册资本受过二次以上行政处罚，又虚报注册资本的；

2. 向公司登记主管人员行贿的；
3. 为进行违法活动而注册的。
（五）其他后果严重或者有其他严重情节的情形。
本条只适用于依法实行注册资本实缴登记制的公司。

☞ 其他相关规定见章后二维码

◆ 解读与适用

《刑参》第 70 号案例“管某虚报注册资本案——虚报注册资本构成犯罪的标准如何掌握”相关论述：为登记成立有限公司虚报注册资本才能构成犯罪。无限公司是指合伙企业、个人独资企业等。没有发生公司登记这一结果的，不构成虚报注册资本罪。虚报注册资本罪不存在未遂形态。

《刑参》第 127 号案例“薛某虚报注册资本案——开具银行进账单虚报注册资本的行为如何定性”相关论述：公款的控制权是否转移，是判定挪用公款行为能否成立的关键因素。对公款的收益是否造成损失，不是判定挪用公款行为罪与非罪的标准。虚报注册资本罪是否成立，应以是否取得公司登记结果为标准。

《刑参》第 774 号案例“卜某虚报注册资本案——对委托他人代为垫资骗取公司登记的行为，如何定性”相关论述：采用代垫资手段骗取公司登记的应当认定为虚报注册资本罪。虚报注册资本罪侵犯的客体是工商行政管理登记制度，虚报出资侵犯的客体是公司出资制度。虚报注册资本使潜在债权人的利益受到威胁，而虚报出资则不仅将潜在债权人的利益置于危险之中，同时还侵犯公司其他股东的实际利益。虚报注册资本是公司整体行为，具有对外欺骗性。虚假出资为公司发起人、股东的个人行为，具有对内欺骗性。

第一百五十九条　【虚假出资、抽逃出资罪】

公司发起人、股东违反公司法的规定未交付货币、实物或者未转移财产权，虚假出资，或者在公司成立后又抽逃其出资，数额巨大、后果严重或者有其他严重情节的，处五年以下有期徒刑或者拘役，并处或者单处虚假出资金额或者抽逃出资金额百分之二以上百分之十以下罚金。

单位犯前款罪的，对单位判处罚金，并对其直接负责的主管人员和其他直接责任人员，处五年以下有期徒刑或者拘役。

◆ 相关规定

全国人民代表大会常务委员会
关于《中华人民共和国刑法》第一百五十八条、第一百五十九条的解释
（2014 年 4 月 24 日第十二届全国人民代表大会常务委员会第八次会议通过）

详见《刑法》第 158 条虚报注册资本罪的相关规定

最高人民检察院　公安部
关于严格依法办理虚报注册资本和虚假出资抽逃出资刑事案件的通知
（公经〔2014〕247 号）

详见《刑法》第 158 条虚报注册资本罪的相关规定

最高人民检察院　公安部
关于公安机关管辖的刑事案件立案追诉标准的规定（二）（节选）
（公通字〔2022〕12 号）

第四条　【虚假出资、抽逃出资案（刑法第一百五十九条）】公司发起人、股东违反公司法的规定未交付货币、实物或者未转移财产权，虚假出资，或者在公司成立后又抽逃其出资，涉嫌下列情形之一的，应予立案追诉：

（一）法定注册资本最低限额在六百万元以下，虚假出资、抽逃出资数额占其应缴出资数额百分之六十以上的；

（二）法定注册资本最低限额超过六百万元，虚假出资、抽逃出资数额占其应缴出资数额百分之三十以上的；

（三）造成公司、股东、债权人的直接经济损失累计数额在五十万元以上的；

（四）虽未达到上述数额标准，但具有下列情形之一的：

1. 致使公司资不抵债或者无法正常经营的；

2. 公司发起人、股东合谋虚假出资、抽逃出资的；

3. 二年内因虚假出资、抽逃出资受过二次以上行政处罚，又虚假出资、抽逃出资的；

4. 利用虚假出资、抽逃出资所得资金进行违法活动的。

（五）其他后果严重或者有其他严重情节的情形。

本条只适用于依法实行注册资本实缴登记制的公司。

第一百六十条　【欺诈发行证券罪】①

在招股说明书、认股书、公司、企业债券募集办法等发行文件中隐瞒重要事实或者编造重大虚假内容，发行股票或者公司、企业债券、存托凭证或者国务院依法认定的其他证券，数额巨大、后果严重或者有其他严重情节的，处五年以下有期徒刑或者拘役，并处或者单处罚金；数额特别巨大、后果特别严重或者有其他特别严重情节的，处五年以上有期徒刑，并处罚金。

---

① 根据《刑法修正案（十一）》修订。原条文主要内容为：在招股说明书、认股书、公司、企业债券募集办法中隐瞒重要事实或者编造重大虚假内容，发行股票或者公司、企业债券，数额巨大、后果严重或者有其他严重情节的，处五年以下有期徒刑或者拘役，并处或者单处非法募集资金金额百分之一以上百分之五以下罚金。

单位犯前款罪的，对单位判处罚金，并对其直接负责的主管人员和其他直接责任人员，处五年以下有期徒刑或者拘役。

控股股东、实际控制人组织、指使实施前款行为的，处五年以下有期徒刑或者拘役，并处或者单处非法募集资金金额百分之二十以上一倍以下罚金；数额特别巨大、后果特别严重或者有其他特别严重情节的，处五年以上有期徒刑，并处非法募集资金金额百分之二十以上一倍以下罚金。

单位犯前两款罪的，对单位判处非法募集资金金额百分之二十以上一倍以下罚金，并对其直接负责的主管人员和其他直接责任人员，依照第一款的规定处罚。

◆ 相关规定

最高人民检察院　公安部

关于公安机关管辖的刑事案件立案追诉标准的规定(二)(节选)

(公通字〔2022〕12 号)

第五条　【欺诈发行证券案(刑法第一百六十条)】在招股说明书、认股书、公司、企业债券募集办法等发行文件中隐瞒重要事实或者编造重大虚假内容，发行股票或者公司、企业债券、存托凭证或者国务院依法认定的其他证券，涉嫌下列情形之一的，应予立案追诉：

(一)非法募集资金金额在一千万元以上的；

(二)虚增或者虚减资产达到当期资产总额百分之三十以上的；

(三)虚增或者虚减营业收入达到当期营业收入总额百分之三十以上的；

(四)虚增或者虚减利润达到当期利润总额百分之三十以上的；

(五)隐瞒或者编造的重大诉讼、仲裁、担保、关联交易或者其他重大事项所涉及的数额或者连续十二个月的累计数额达到最近一期披露的净资产百分之五十以上的；

(六)造成投资者直接经济损失数额累计在一百万元以上的；

(七)为欺诈发行证券而伪造、变造国家机关公文、有效证明文件或者相关凭证、单据的；

(八)为欺诈发行证券向负有金融监督管理职责的单位或者人员行贿的；

(九)募集的资金全部或者主要用于违法犯罪活动的；

(十)其他后果严重或者有其他严重情节的情形。

◆ 解读与适用

《刑参》第 1387 号案例“江苏北极皓天科技有限公司、杨某欺诈发行债券案——如何把握欺诈发行债券罪的构成要件”相关论述：公司债券按发行方式可分为公募债券和私募债券。私募债券一般不能公开上市交易。但究其本质，私募债券仍然符合“依照法定程序发行、约定在一定期限内还本付息”的公司债券的基本特征，理应属于欺诈发行债券罪的规制对象。欺诈发行债券罪的犯罪主体是特殊主体。侵犯的客体是国家对债券发行市场的管理制度以及投资者的合法权益。主观方面必须出于故意，过失不构成本罪。客观方面表现为在公司、企业债券募集办法中隐瞒或者编造重大虚假内容的行为。欺诈发行私募债券犯罪的数额存在备案数额、销售数额和结果数额三种类型，结果数额是行为人实际募集的数额，除案发前归还的以外，往往也是投资人实际遭受损失的数额，应当将结果数额作为欺诈发行债券罪的发行数额进行定罪量刑。

《形参》第 1435 号案例“丹东欣泰电气股份有限公司及温某、刘某欺诈发行股票、违规披露重要信息案——上市公司在申请上市前后连续财务造假的行为如何认定”相关论述：行政执法与刑事司法间应有效衔接，不能以罚代刑，已经作出的行政处罚决定不影响司法机关追究刑事责任。欺诈发行股票罪与违规披露重要信息罪是两个独立的罪名。欺诈发行不意味着一定会违规披露，而违规披露也不一定是因为前后有欺诈发行行为。如果同时符合两个犯罪构成，就应当数罪并罚。

第一百六十一条　【违规披露、不披露重要信息罪】①②

依法负有信息披露义务的公司、企业向股东和社会公众提供虚假的或者隐瞒重要事实的财务会计报告，或者对依法应当披露的其他重要信息不按照规定披露，严重损害股东或者其他人利益，或者有其他严重情节的，对其直接负责的主管人员和其他直接责任人员，处五年以下有期徒刑或者拘役，并处或者单处罚金；情节特别严重的，处五年以上十年以下有期徒刑，并处罚金。

前款规定的公司、企业的控股股东、实际控制人实施或者组织、指使实施前款行为的，或者隐瞒相关事项导致前款规定的情形发生的，依照前款的规定处罚。

犯前款罪的控股股东、实际控制人是单位的，对单位判处罚金，并对其直接负责的主管人员和其他直接责任人员，依照第一款的规定处罚。

◆ 相关规定

最高人民检察院　公安部

关于公安机关管辖的刑事案件立案追诉标准的规定(二)(节选)

(公通字〔2022〕12号)

第六条　【违规披露、不披露重要信息案(刑法第一百六十一条)】依法负有信息披露义务的公司、企业向股东和社会公众提供虚假的或者隐瞒重要事实的财务会计报告，或者对依法应当披露的其他重要信息不按照规定披露，涉嫌下列情形之一的，应予立案追诉：

(一)造成股东、债权人或者其他人直接经济损失数额累计在一百万元以上的；

(二)虚增或者虚减资产达到当期披露的资产总额百分之三十以上的；

(三)虚增或者虚减营业收入达到当期披露的营业收入总额百分之三十以上的；

(四)虚增或者虚减利润达到当期披露的利润总额百分之三十以上的；

(五)未按照规定披露的重大诉讼、仲裁、担保、关联交易或者其他重大事项所涉及的数额或者连续十二个月的累计数额达到最近一期披露的净资产百分之五十以上的；

---

① 根据《刑法修正案(六)》第一次修订。原条文主要内容为：公司向股东和社会公众提供虚假的或者隐瞒重要事实的财务会计报告，严重损害股东或者其他人利益的，对其直接负责的主管人员和其他直接责任人员，处三年以下有期徒刑或者拘役，并处或者单处二万元以上二十万元以下罚金。

② 根据《刑法修正案(十一)》第二次修订。原条文主要内容为：依法负有信息披露义务的公司、企业向股东和社会公众提供虚假的或者隐瞒重要事实的财务会计报告，或者对依法应当披露的其他重要信息不按照规定披露，严重损害股东或者其他人利益，或者有其他严重情节的，对其直接负责的主管人员和其他直接责任人员，处三年以下有期徒刑或者拘役，并处或者单处二万元以上二十万元以下罚金。

（六）致使不符合发行条件的公司、企业骗取发行核准或者注册并且上市交易的；

（七）致使公司、企业发行的股票或者公司、企业债券、存托凭证或者国务院依法认定的其他证券被终止上市交易的；

（八）在公司财务会计报告中将亏损披露为盈利，或者将盈利披露为亏损的；

（九）多次提供虚假的或者隐瞒重要事实的财务会计报告，或者多次对依法应当披露的其他重要信息不按照规定披露的；

（十）其他严重损害股东、债权人或者其他人利益，或者有其他严重情节的情形。

◆ 解读与适用

【拓展关键词】单位犯罪

违规披露、不披露重要信息犯罪的不追究单位的刑事责任。由于上市公司所涉利益群体的多元性，为避免中小股东利益遭受双重损害，刑法规定对违规披露、不披露重要信息罪只追究直接负责的主管人员和其他直接责任人员的刑事责任，不追究单位的刑事责任。《刑法》第162条妨害清算罪、第162条之二虚假破产罪、第185条之一中违法运用资金罪等也属于此种情形。刑法没有规定追究单位刑事责任的，应当对单位作出不起诉决定。①

《刑参》第824号案例"于某违规不披露重要信息案——依法负有披露义务的公司、企业对依法应披露的重要信息不按规定披露的，对直接负责的主管人员如何处理以及上市公司直接负责的主管人员违规向不具有清偿能力的控股股东提供担保的行为，如何定性"相关论述：违规披露、不披露重要信息罪虽然是单位犯罪，但本罪实行单罚制，仅对"直接负责的主管人员和其他直接责任人员"进行刑事处罚。上市公司直接负责的主管人员违规向不具有清偿能力的控股股东提供担保，未造成实际损失的，不构成背信损害上市公司利益罪。

第一百六十二条 【妨害清算罪】

公司、企业进行清算时，隐匿财产，对资产负债表或者财产清单作虚伪记载或者在未清偿债务前分配公司、企业财产，严重损害债权人或者其他人利益的，对其直接负责的主管人员和其他直接责任人员，处五年以下有期徒刑或者拘役，并处或者单处二万元以上二十万元以下罚金。

◆ 相关规定

最高人民检察院 公安部

关于公安机关管辖的刑事案件立案追诉标准的规定（二）（节选）

（公通字〔2022〕12号）

第七条 【妨害清算案（刑法第一百六十二条）】公司、企业进行清算时，隐匿财产，对资产负债表或者财产清单作虚伪记载或者在未清偿债务前分配公司、企业财产，涉嫌下列情形之一的，应予立案追诉：

（一）隐匿财产价值在五十万元以上的；

① 博元投资股份有限公司、余某等人违规披露、不披露重要信息案，最高人民检察院指导性案例第66号（2020年）。

（二）对资产负债表或者财产清单作虚伪记载涉及金额在五十万元以上的；

（三）在未清偿债务前分配公司、企业财产价值在五十万元以上的；

（四）造成债权人或者其他人直接经济损失数额累计在十万元以上的；

（五）虽未达到上述数额标准，但应清偿的职工的工资、社会保险费用和法定补偿金得不到及时清偿，造成恶劣社会影响的；

（六）其他严重损害债权人或者其他人利益的情形。

◆ 解读与适用

《刑参》第269号案例"沈某等挪用资金、妨害清算罪——妨害清算罪的具体认定"相关论述：以分公司名义擅自处理、转移分公司库存及代销物资，且拒绝移交分公司账簿的行为，不属妨害清算行为。拒不交出会计账册的行为并无隐瞒公司实际财产之故意，亦未对公司财产构成实质损害，不应认定为妨害清算行为。清理小组与清算组并不完全相同。公司、企业是否进入清算阶段，应从清算事由、清算组织、清算内容及清算目的等方面加以具体判别。清理行为对内不对外，既没有终止公司的主观意思，亦无终止之具体行为，不应认定为法律意义上的清算。

第一百六十二条之一　【隐匿、故意销毁会计凭证、会计账簿、财务会计报告罪】①

隐匿或者故意销毁依法应当保存的会计凭证、会计账簿、财务会计报告，情节严重的，处五年以下有期徒刑或者拘役，并处或者单处二万元以上二十万元以下罚金。

单位犯前款罪的，对单位判处罚金，并对其直接负责的主管人员和其他直接责任人员，依照前款的规定处罚。

◆ 相关规定

最高人民检察院　公安部

关于公安机关管辖的刑事案件立案追诉标准的规定（二）（节选）

（公通字〔2022〕12号）

第八条　【隐匿、故意销毁会计凭证、会计帐簿、财务会计报告案（刑法第一百六十二条之一）】隐匿或者故意销毁依法应当保存的会计凭证、会计帐簿、财务会计报告，涉嫌下列情形之一的，应予立案追诉：

（一）隐匿、故意销毁的会计凭证、会计帐簿、财务会计报告涉及金额在五十万元以上的；

（二）依法应当向监察机关、司法机关、行政机关、有关主管部门等提供而隐匿、故意销毁或者拒不交出会计凭证、会计帐簿、财务会计报告的；

（三）其他情节严重的情形。

☞ 其他相关规定见章后二维码

---

① 根据《刑法修正案》（中华人民共和国第九届全国人民代表大会常务委员会第十三次会议于1999年12月25日公布，自公布之日起施行）新增。

◆ 解读与适用

会计凭证、会计账簿是会计法规定依法应当保存的会计资料，任何单位与个人不得隐匿或者故意销毁。①

《刑参》第1206号案例“林某、金某隐匿会计凭证、会计账簿、财务会计报告，非法持有枪支、弹药案——未实施对抗监管部门监督检查的‘隐匿’行为是否构成隐匿会计凭证、会计账簿、财务会计报告罪”相关论述：从会计法规定的角度可以窥见《刑法》设立该罪名的目的。《会计法》第35条规定：“各单位必须依照有关法律、行政法规的规定，接受有关监督检查部门依法实施的监督检查，如实提供会计凭证、会计帐簿、财务会计报告和其他会计资料以及有关情况，不得拒绝、隐匿、谎报。”也就是说，为了逃避有关监督检查部门依法实施的监督检查而实施的隐匿才可能构成会计法意义上的“隐匿”。由于隐匿会计凭证、会计账簿、财务报告罪属于行政犯而非自然犯，《刑法》规定的该罪中的“隐匿”宜参照有关行政法来理解。因而，评价某一行为是否构成隐匿会计凭证、会计账簿、财务报告罪首先需要判断行为人所实施的隐匿行为是否为了逃避有关监督检查部门依法实施的监督检查。本案中，被告人林某之所以要求被告人金某安排公司人员将本公司的会计资料运往郑州关联公司，是因为公司内部股东之间正在争夺公司控制权，其转运并非为了逃避主管部门的监督检查。换言之，本案二被告人不具有刑法意义上的隐匿会计凭证、会计账簿、财务报告所要求的主观故意。从客观方面来看，本案涉案的会计材料整个转运过程也未脱离兰州正林公司的实际控制，不存在隐匿的客观事实。故不能认定被告人林某、金某实施了隐匿会计凭证、会计账簿、财务会计报告的行为。

第一百六十二条之二　【虚假破产罪】②

公司、企业通过隐匿财产、承担虚构的债务或者以其他方法转移、处分财产，实施虚假破产，严重损害债权人或者其他人利益的，对其直接负责的主管人员和其他直接责任人员，处五年以下有期徒刑或者拘役，并处或者单处二万元以上二十万元以下罚金。

◆ 相关规定

最高人民检察院　公安部

关于公安机关管辖的刑事案件立案追诉标准的规定(二)(节选)

(公通字〔2022〕12号)

第九条　【虚假破产案(刑法第一百六十二条之二)】公司、企业通过隐匿财产、承担虚构的债务或者以其他方法转移、处分财产，实施虚假破产，涉嫌下列情形之一的，应予立案追诉：

(一)隐匿财产价值在五十万元以上的；

(二)承担虚构的债务涉及金额在五十万元以上的；

(三)以其他方法转移、处分财产价值在五十万元以上的；

(四)造成债权人或者其他人直接经济损失数额累计在十万元以上的；

---

① 江山市造纸厂、杨某销毁会计资料案，载《最高人民法院公报》2002年第4期。

② 根据《刑法修正案(六)》新增。

（五）虽未达到上述数额标准，但应清偿的职工的工资、社会保险费用和法定补偿金得不到及时清偿，造成恶劣社会影响的；

（六）其他严重损害债权人或者其他人利益的情形。

第一百六十三条　【非国家工作人员受贿罪】①②

公司、企业或者其他单位的工作人员，利用职务上的便利，索取他人财物或者非法收受他人财物，为他人谋取利益，数额较大的，处三年以下有期徒刑或者拘役，并处罚金；数额巨大或者有其他严重情节的，处三年以上十年以下有期徒刑，并处罚金；数额特别巨大或者有其他特别严重情节的，处十年以上有期徒刑或者无期徒刑，并处罚金。

公司、企业或者其他单位的工作人员在经济往来中，利用职务上的便利，违反国家规定，收受各种名义的回扣、手续费，归个人所有的，依照前款的规定处罚。

国有公司、企业或者其他国有单位中从事公务的人员和国有公司、企业或者其他国有单位委派到非国有公司、企业以及其他单位从事公务的人员有前两款行为的，依照本法第三百八十五条、第三百八十六条的规定定罪处罚。

◆ 相关规定

全国法院审理经济犯罪案件工作座谈会纪要

（法发〔2003〕167号）

详见《刑法》第382条贪污罪的相关规定

最高人民法院　最高人民检察院
关于办理商业贿赂刑事案件适用法律若干问题的意见（节选）

（2008年11月20日）

二、刑法第一百六十三条、第一百六十四条规定的“其他单位”，既包括事业单位、社会团体、村民委员会、居民委员会、村民小组等常设性的组织，也包括为组织体育赛事、文艺演出或者其他正当活动而成立的组委会、筹委会、工程承包队等非常设性的组织。

---

① 根据《刑法修正案（六）》第一次修订。原条文主要内容为：公司、企业的工作人员利用职务上的便利，索取他人财物或者非法收受他人财物，为他人谋取利益，数额较大的，处五年以下有期徒刑或者拘役；数额巨大的，处五年以上有期徒刑，可以并处没收财产。

公司、企业的工作人员在经济往来中，违反国家规定，收受各种名义的回扣、手续费，归个人所有的，依照前款的规定处罚。

国有公司、企业中从事公务的人员和国有公司、企业委派到非国有公司、企业从事公务的人员有前两款行为的，依照本法第三百八十五条、第三百八十六条的规定定罪处罚。

② 根据《刑法修正案（十一）》第二次修订。原条文第一款主要内容为：公司、企业或者其他单位的工作人员利用职务上的便利，索取他人财物或者非法收受他人财物，为他人谋取利益，数额较大的，处五年以下有期徒刑或者拘役；数额巨大的，处五年以上有期徒刑，可以并处没收财产。其他款未改动。

三、刑法第一百六十三条、第一百六十四条规定的“公司、企业或者其他单位的工作人员”，包括国有公司、企业以及其他国有单位中的非国家工作人员。

四、医疗机构中的国家工作人员，在药品、医疗器械、医用卫生材料等医药产品采购活动中，利用职务上的便利，索取销售方财物，或者非法收受销售方财物，为销售方谋取利益，构成犯罪的，依照刑法第三百八十五条的规定，以受贿罪定罪处罚。

医疗机构中的非国家工作人员，有前款行为，数额较大的，依照刑法第一百六十三条的规定，以非国家工作人员受贿罪定罪处罚。

医疗机构中的医务人员，利用开处方的职务便利，以各种名义非法收受药品、医疗器械、医用卫生材料等医药产品销售方财物，为医药产品销售方谋取利益，数额较大的，依照刑法第一百六十三条的规定，以非国家工作人员受贿罪定罪处罚。

五、学校及其他教育机构中的国家工作人员，在教材、教具、校服或者其他物品的采购等活动中，利用职务上的便利，索取销售方财物，或者非法收受销售方财物，为销售方谋取利益，构成犯罪的，依照刑法第三百八十五条的规定，以受贿罪定罪处罚。

学校及其他教育机构中的非国家工作人员，有前款行为，数额较大的，依照刑法第一百六十三条的规定，以非国家工作人员受贿罪定罪处罚。

学校及其他教育机构中的教师，利用教学活动的职务便利，以各种名义非法收受教材、教具、校服或者其他物品销售方财物，为教材、教具、校服或者其他物品销售方谋取利益，数额较大的，依照刑法第一百六十三条的规定，以非国家工作人员受贿罪定罪处罚。

六、依法组建的评标委员会、竞争性谈判采购中谈判小组、询价采购中询价小组的组成人员，在招标、政府采购等事项的评标或者采购活动中，索取他人财物或者非法收受他人财物，为他人谋取利益，数额较大的，依照刑法第一百六十三条的规定，以非国家工作人员受贿罪定罪处罚。

依法组建的评标委员会、竞争性谈判采购中谈判小组、询价采购中询价小组中国家机关或者其他国有单位的代表有前款行为的，依照刑法第三百八十五条的规定，以受贿罪定罪处罚。

七、商业贿赂中的财物，既包括金钱和实物，也包括可以用金钱计算数额的财产性利益，如提供房屋装修、含有金额的会员卡、代币卡(券)、旅游费用等。具体数额以实际支付的资费为准。

八、收受银行卡的，不论受贿人是否实际取出或者消费，卡内的存款数额一般应全额认定为受贿数额。使用银行卡透支的，如果由给予银行卡的一方承担还款责任，透支数额也应当认定为受贿数额。

九、在行贿犯罪中，“谋取不正当利益”，是指行贿人谋取违反法律、法规、规章或者政策规定的利益，或者要求对方违反法律、法规、规章、政策、行业规范的规定提供帮助或者方便条件。

在招标投标、政府采购等商业活动中，违背公平原则，给予相关人员财物以谋取竞争优势的，属于“谋取不正当利益”。

十、办理商业贿赂犯罪案件，要注意区分贿赂与馈赠的界限。主要应当结合以下因素全面分析、综合判断：(1)发生财物往来的背景，如双方是否存在亲友关系及历史上交往的情形和程度；(2)往来财物的价值；(3)财物往来的缘由、时机和方式，提供财物方对于接受方有无职务上的请托；(4)接受方是否利用职务上的便利为提供方谋取利益。

十一、非国家工作人员与国家工作人员通谋，共同收受他人财物，构成共同犯罪的，根据双方利用职务便利的具体情形分别定罪追究刑事责任：

(1)利用国家工作人员的职务便利为他人谋取利益的，以受贿罪追究刑事责任。

(2)利用非国家工作人员的职务便利为他人谋取利益的，以非国家工作人员受贿罪追究刑事责任。

(3)分别利用各自的职务便利为他人谋取利益的，按照主犯的犯罪性质追究刑事责任，不能分清主从犯的，可以受贿罪追究刑事责任。

最高人民法院　最高人民检察院
关于办理贪污贿赂刑事案件适用法律若干问题的解释(节选)

(2016年4月18日施行)

详见《刑法》第382条贪污罪的相关规定

第十一条　刑法第一百六十三条规定的非国家工作人员受贿罪、第二百七十一条规定的职务侵占罪中的"数额较大""数额巨大"的数额起点,按照本解释关于受贿罪、贪污罪相对应的数额标准规定的二倍、五倍执行。

最高人民检察院　公安部
关于公安机关管辖的刑事案件立案追诉标准的规定(二)(节选)

(公通字〔2022〕12号)

第十条　【非国家工作人员受贿案(刑法第一百六十三条)】公司、企业或者其他单位的工作人员利用职务上的便利,索取他人财物或者非法收受他人财物,为他人谋取利益,或者在经济往来中,利用职务上的便利,违反国家规定,收受各种名义的回扣、手续费,归个人所有,数额在三万元以上的,应予立案追诉。

◆ 解读与适用

"公司、企业或者其他单位的工作人员,利用职务上的便利,索取他人财物或者非法收受他人财物"中"索取他人财物"之后没有使用"的"这一标识,说明为他人谋取利益与数额较大这两个条件,同时适用于索取他人财物与非法收受他人财物。这与《刑法》第385条的规定有显著区别。①

【拓展关键词】注意规定与法律拟制

《刑法》第163条第3款属于注意规定。注意规定是在刑法已作基本规定的前提下,提示司法工作人员注意,以免司法工作人员忽略的规定。注意规定只具有提示性,其表述的内容与基本规定的内容完全相同,因而不会导致将原本不符合相关基本规定的行为也按基本规定论处。《刑法》第156条、第183条、第184条、第185条、第198条第4款、第242条第1款、第248条第2款、第272条第2款都属于注意规定。分则关于"明知"的规定,都属于注意规定。②

【拓展关键词】筹备中的企业　感情投资　非国家工作人员索贿　国家工作人员身份的判定

《刑参》第15号案例"刘某被控受贿案——索要正当合伙承包经营的分成不构成受贿罪"。

《刑参》第320号案例"杨某企业人员受贿案——筹建中的企业工作人员利用职务便利为他人谋取利益非法收受、索取财物的能否以企业人员受贿罪定罪处罚"相关论述:《刑法》第163条没有限定企业的性质也没有限定企业的存在状态。企业的成立需要一个过程,不能将依法设立理解为取得营业执照。没有领取营业执照不应影响其企业的性质。筹建中的公司企业因管理不规范更容易出现侵占、受贿等问题,如不将筹建中的公司企业认定为刑法意义上的公司企业,会放纵此类犯罪。被告人作为筹建组的负责人实际履行了经

① 参见张明楷:《刑法分则的解释原理》,中国人民大学出版社2004年版,第67页。

② 参见张明楷:《刑法分则的解释原理》,中国人民大学出版社2004年版,第247~250页。

营管理权，应当认定为企业工作人员。

《刑参》第470号案例“马某、沈某等受贿案——以房产交易形式收受贿赂的犯罪数额认定问题”相关论述：以“感情投资”方式多次收受数额巨大的财物最后被告人接受具体请托为请托人谋利的，应当将多次收受的财物数额予以累计，以受贿犯罪论处。“为他人谋取利益”的时间是在非法收受他人财物的同时还是之前或者之后均不影响受贿罪的成立。只要受贿人明知所收受的财物具有与之相对应的具体请托事项也即受贿人明知收受的财物与具体的请托事项具有因果关系的，就成立受贿罪。以房产交易形式收受贿赂的，受贿数额应当按照交易时该房产的市场价格与实际交付价格的差额计算。

《刑参》第959号案例“宋某非国家工作人员受贿案——如何认定国有控股企业中一般中层管理干部的国家工作人员身份”相关论述：判断宋某是否具有国家工作人员身份可以从两方面展开分析：(1)形式要件：经国家出资企业中负有管理、监督国有资产职责的组织批准或者研究决定。国有控股、参股公司的股东会、董事会、监事会是整个公司的管理、决策和执行机构，代表了包括非国有资产在内的全公司利益，而非单纯的管理、监督国有资产的组织。2010年最高人民法院、最高人民检察院《关于办理国家出资企业中职务犯罪案件具体应用法律若干问题的意见》第6条已对刑法的规定有了突破，对其理解应当从严把握，否则将导致国家工作人员认定的宽泛化。我们认为“负有管理、监督国有资产职责的组织”一般是指上级或者本级国家出资企业领导部门和联席会议。改制后的国家出资企业一般仍设有领导部门，并由本级或者上级领导部门决定人事任免。由其任命并代表其从事公务的人员应当认定为国家工作人员。而国家出资公司的股东会、董事会、监事会包括公司的人事组织部门均不是适格的任命主体。(2)实质要件：代表负有管理、监督国有资产职责的组织在国有控股、参股公司及其分支机构中从事组织、领导、监督、经营、管理工作。行为人的身份如果符合形式要件，即使从事的是公司性的公务也应以国家工作人员从事公务论。因为在国家出资企业中，国家性的公务必然包含在公司性的公务中。如果行为人的身份不符合形式要件，但从事本质上属于国家性的公务，原则上也应以国家工作人员从事公务论。刑事实体法对犯罪概念的界定更强调实质原则。

《刑参》第960号案例“高某非国家工作人员受贿案——村民委员会主任在村自行修建道路中收受他人贿赂的如何定性”相关论述：经村民代表会议决定在村集体土地上自行修建道路属于村民自治范围内的事务。被告人不属于“其他依照法律从事公务的人员，以国家工作人员论”的情形。

《刑参》第1207号案例“周某、朱某非国家工作人员受贿案——行政管理职权转委托情形受托方的滥用职权及收受财物行为如何认定”相关论述：滥用职权罪的主体是国家机关工作人员，受贿罪的主体是国家工作人员，二者的范围都应当严格根据法律规定来界定，恪守罪刑法定的原则。2012年12月7日最高人民法院、最高人民检察院发布的《关于办理渎职刑事案件适用法律若干问题的解释(一)》规定的受委托情形，应当是根据法律规定的直接委托，而不包括转委托。本案中，受国有公司的委托管理相关事务的主体因为并非直接接受国家机关的委托而不属于国家机关工作人员和国家工作人员的范畴，不属于滥用职权罪和受贿罪的适格主体，故对被告人应以非国家工作人员受贿罪定罪处罚。

第一百六十四条　【对非国家工作人员行贿罪】①②③

为谋取不正当利益,给予公司、企业或者其他单位的工作人员以财物,数额较大的,处三年以下有期徒刑或者拘役,并处罚金;数额巨大的,处三年以上十年以下有期徒刑,并处罚金。

【对外国公职人员、国际公共组织官员行贿罪】

为谋取不正当商业利益,给予外国公职人员或者国际公共组织官员以财物的,依照前款的规定处罚。

单位犯前两款罪的,对单位判处罚金,并对其直接负责的主管人员和其他直接责任人员,依照第一款的规定处罚。

行贿人在被追诉前主动交待行贿行为的,可以减轻处罚或者免除处罚。

◆ 相关规定

最高人民法院　最高人民检察院

关于办理贪污贿赂刑事案件适用法律若干问题的解释(节选)

(2016 年 4 月 18 日施行)

第十一条　……

刑法第一百六十四条第一款规定的对非国家工作人员行贿罪中的"数额较大""数额巨大"的数额起点,按照本解释第七条、第八条第一款关于行贿罪的数额标准规定的二倍执行。

最高人民检察院　公安部

关于公安机关管辖的刑事案件立案追诉标准的规定(二)(节选)

(公通字〔2022〕12 号)

第十一条　【对非国家工作人员行贿案(刑法第一百六十四条第一款)】为谋取不正当利益,给予公司、企业或者其他单位的工作人员以财物,个人行贿数额在三万元以上的,单位行贿数额在二十万元以上的,应予立案追诉。

---

① 根据《刑法修正案(六)》对第一款修订。修订前条文主要内容为:为谋取不正当利益,给予公司、企业的工作人员以财物,数额较大的,处三年以下有期徒刑或者拘役;数额巨大的,处三年以上十年以下有期徒刑,并处罚金。

单位犯前款罪的,对单位判处罚金,并对其直接负责的主管人员和其他直接责任人员,依照前款的规定处罚。

行贿人在被追诉前主动交待行贿行为的,可以减轻处罚或者免除处罚。

② 根据《刑法修正案(八)》修订。修订前条文内容为:为谋取不正当利益,给予公司、企业或者其他单位的工作人员以财物,数额较大的,处三年以下有期徒刑或者拘役;数额巨大的,处三年以上十年以下有期徒刑,并处罚金。

单位犯前款罪的,对单位判处罚金,并对其直接负责的主管人员和其他直接责任人员,依照前款的规定处罚。

行贿人在被追诉前主动交待行贿行为的,可以减轻处罚或者免除处罚。

③ 根据《刑法修正案(九)》修订。修订前主要内容为:为谋取不正当利益,给予公司、企业或者其他单位的工作人员以财物,数额较大的,处三年以下有期徒刑或者拘役;数额巨大的,处三年以上十年以下有期徒刑,并处罚金。

为谋取不正当商业利益,给予外国公职人员或者国际公共组织官员以财物的,依照前款的规定处罚。

单位犯前两款罪的,对单位判处罚金,并对其直接负责的主管人员和其他直接责任人员,依照第一款的规定处罚。

行贿人在被追诉前主动交待行贿行为的,可以减轻处罚或者免除处罚。

第十二条 【对外国公职人员、国际公共组织官员行贿案（刑法第一百六十四条第二款）】为谋取不正当商业利益，给予外国公职人员或者国际公共组织官员以财物，个人行贿数额在三万元以上的，单位行贿数额在二十万元以上的，应予立案追诉。

第一百六十五条 【非法经营同类营业罪】

国有公司、企业的董事、经理利用职务便利，自己经营或者为他人经营与其所任职公司、企业同类的营业，获取非法利益，数额巨大的，处三年以下有期徒刑或者拘役，并处或者单处罚金；数额特别巨大的，处三年以上七年以下有期徒刑，并处罚金。

☞ 相关规定见章后二维码

◆ 解读与适用

【拓展关键词】非法经营同类营业罪与为亲友非法牟利罪　非法经营同类营业罪与贪污罪辨析　国有公司企业、经理

《刑参》第187号案例“杨某非法经营同类营业案——非法经营同类营业罪与为亲友非法牟利罪之区分”相关论述：被告人利用职务便利将所在公司的业务交由以其亲属名义设立的公司进行经营，就其行为的客观方面，应当认定为非法经营同类营业，而非为亲友非法牟利。其一，非法经营同类营业罪要求行为人具有具体的经营活动。经营行为必须是自己积极作为并且其经营行为具有实质性的意义且经营活动必须是利用职务之便，如利用本单位经营的信息为自己经营的企业营利等。其二，非法经营同类营业罪要求行为人获取非法利益。所获取的利益必须与其经营活动具有直接的对应关系，表现为经营利润或经营报酬。为亲友非法牟利罪的目的在于为自己的亲友牟取非法利益，行为人虽然也可能从中得到一定的好处，但是该报酬并非直接源于行为人在本单位的具体经营行为，而是其利用职务便利行为所获，具有受贿性质。两罪的构成要件不同，一为获利，二为造成损失。如只具一项，则以具备者定罪，如两项行为都具备，可以定非法经营同类营业罪。被告人系中外合资经营公司的部门副经理，不符合非法经营同类营业罪的主体要件，不构成非法经营同类营业罪。作为法定犯，非法经营同类营业罪的主体要件应直接援引相关法律规定，而不宜作出扩大解释。国有公司、企业的部门经理等中层管理人员，一般不构成非法经营同类营业罪的主体。

《刑参》第1087号案例“祝某等贪污案——如何区分非法经营同类营业罪和贪污罪”相关论述：虽然获取购销差价的非法经营同类营业行为与增设中间环节截留国有财产的贪污行为在增设中间环节、获取购销差价上具有共同性，但存在以下区别：(1)对增设的中间环节是否客观存在要求不同。(2)对增设的中间环节是否具有经营能力要求不同。(3)对增设的中间环节是否进行了实际经营活动并承担一定的经营责任风险要求不同。如果增设的中间环节进行了实际经营活动并承担了一定的经营责任风险，则行为人所获取的购销差价系通过利用国有公司、企业让渡的商业机会所进行的经营所得，属于获取购销差价的非法经营同类营业行为。如果增设的中间环节没有进行实际经营活动，而是由国有公司、企业一手操办或者进行了相关的经营活动，但只管盈利而由国有公司、企业承担经营责任风险的，则此时行为人所获取的购销差价性质不是经营所得而是截留的国有财产，属于增设中间环节截留国有财产的贪污行为。(4)对获取的购销差价是否合理要求不同。区分获取购销差价的非法经营同类营业行为与增设中间环节截留国有财产的贪污行为的关键在于行为人是采取何种方式取得非法利益的。

《刑参》第1298号案例“吴某非法经营同类营业、对非国家工作人员行贿案——非法经营同类营业罪的主体范围及对‘同类营业’的准确理解”相关论述：非法经营同类营业罪中的“国有公司、企业”不限于国有独资公司、企业。“国有公司、企业的董事、经理”并非“国有公司、企业”与“董事、经理”两个词语的简单拼接组合。刑法意义上的“国有公司、企业”还仅限于国有独资公司、企业，但“国有公司、企业人员”的外延已经有了调整。“同类营业”并非“同样营业”。被告人利用其职务便利获得交易信息及前期所作的工作通过其他公司运作苏宁集团的融资项目，将本应属于农银国联的交易机会据为己有，其行为构成非法经营同类营业罪而非受贿罪。

第一百六十六条　【为亲友非法牟利罪】

国有公司、企业、事业单位的工作人员，利用职务便利，有下列情形之一，使国家利益遭受重大损失的，处三年以下有期徒刑或者拘役，并处或者单处罚金；致使国家利益遭受特别重大损失的，处三年以上七年以下有期徒刑，并处罚金：

（一）将本单位的盈利业务交由自己的亲友进行经营的；

（二）以明显高于市场的价格向自己的亲友经营管理的单位采购商品或者以明显低于市场的价格向自己的亲友经营管理的单位销售商品的；

（三）向自己的亲友经营管理的单位采购不合格商品的。

☞ 相关规定见章后二维码

第一百六十七条　【签订、履行合同失职被骗罪】

国有公司、企业、事业单位直接负责的主管人员，在签订、履行合同过程中，因严重不负责任被诈骗，致使国家利益遭受重大损失的，处三年以下有期徒刑或者拘役；致使国家利益遭受特别重大损失的，处三年以上七年以下有期徒刑。

◆ 相关规定

全国人民代表大会常务委员会
关于惩治骗购外汇、逃汇和非法买卖外汇犯罪的决定(节选)
(1998 年 12 月 29 日施行)

详见《关于惩治骗购外汇、逃汇和非法买卖外汇犯罪的决定》第 1 条骗购外汇罪的相关规定

七、金融机构、从事对外贸易经营活动的公司、企业的工作人员严重不负责任，造成大量外汇被骗购或者逃汇，致使国家利益遭受重大损失的，依照刑法第一百六十七条的规定定罪处罚。

最高人民法院刑二庭审判长会议纪要
关于签订、履行合同失职被骗犯罪是否以对方当事人的行为构成诈骗犯罪为要件的意见
(2001 年 4 月)

关于刑法第一百六十七条规定的“签订、履行合同失职被骗罪”和第四百零六条规定的“国家机关工作

人员签订、履行合同”是否以对方构成诈骗犯罪为要件的问题，最高人民法院刑二庭审判长会议进行了研究，纪要如下：

认定签订、履行合同失职被骗罪和国家机关工作人员签订、履行合同失职被骗罪应当以对方当事人涉嫌诈骗，行为构成犯罪为前提。

但司法机关在办理或者审判行为人被指控犯有上述两罪的案件过程中，不能以对方当事人已经被人民法院判决构成诈骗犯罪作为认定本案当事人构成签订、履行合同失职被骗罪或者国家机关工作人员签订、履行合同失职被骗罪的前提。

也就是说，司法机关在办理案件过程中，只要认定对方当事人的行为已经涉嫌构成诈骗犯罪，就可依法认定认为人构成签订、履行合同失职被骗罪或者国家机关工作人员签订、履行合同失职被骗罪，而不需要搁置或者中止审理，直至对方当事人被人民法院审理并判决构成诈骗犯罪。

☞ 其他相关规定见章后二维码

◆ 解读与适用

【拓展关键词】直接负责的主管人员　重大损失

《刑参》第 270 号案例“高某、梁某信用证诈骗，签订、履行合同失职被骗罪——如何理解签订、履行合同失职被骗罪的客观条件”相关论述：行为人作为国企部门经理，进口合同的签订、履行由其签章负责，属于单位直接负责的主管人员。直接负责的主管人员有别于一般的国家工作人员。与国家工作人员对应的应为国有公司、企业、事业单位的工作人员。应当将作为犯罪主体的直接负责的主管人员与作为处罚主体的直接负责的主管人员作同一解释。不能将一般的民事欺诈行为直接造成的损失或者直接造成的损失对象是第三方，但最终责任将落在该国有单位的损失理解为间接损失。诈骗行为需以构成犯罪为条件，但无须以合同对方已经被人民法院判决构成诈骗罪作为前提，不能将一般的民事欺诈行为理解为这里的诈骗行为。在程序上仅需认定对方当事人已经涉嫌构成诈骗罪即可。

第一百六十八条　【国有公司、企业、事业单位人员失职罪】【国有公司、企业、事业单位人员滥用职权罪】①

国有公司、企业的工作人员，由于严重不负责任或者滥用职权，造成国有公司、企业破产或者严重损失，致使国家利益遭受重大损失的，处三年以下有期徒刑或者拘役；致使国家利益遭受特别重大损失的，处三年以上七年以下有期徒刑。

国有事业单位的工作人员有前款行为，致使国家利益遭受重大损失的，依照前款的规定处罚。

国有公司、企业、事业单位的工作人员，徇私舞弊，犯前两款罪的，依照第一款的规定从重处罚。

---

① 根据《刑法修正案》修订。原条文主要内容为：国有公司、企业直接负责的主管人员，徇私舞弊，造成国有公司、企业破产或者严重亏损，致使国家利益遭受重大损失的，处三年以下有期徒刑或者拘役。

◆ 相关规定

最高人民检察院研究室
关于中国农业发展银行及其分支机构的工作人员法律适用问题的答复
(2002 年 9 月 23 日)

湖北省人民检察院研究室:

你院关于中国农业发展银行工作人员法律适用问题的请示(鄂检文〔2001〕50 号)收悉。经研究,答复如下:

中国农业发展银行及其分支机构的工作人员严重不负责任或者滥用职权,构成犯罪的,应当依照刑法第一百六十八条的规定追究刑事责任。

☞ 其他相关规定见章后二维码

第一百六十九条　【徇私舞弊低价折股、出售国有资产罪】

国有公司、企业或者其上级主管部门直接负责的主管人员,徇私舞弊,将国有资产低价折股或者低价出售,致使国家利益遭受重大损失的,处三年以下有期徒刑或者拘役;致使国家利益遭受特别重大损失的,处三年以上七年以下有期徒刑。

☞ 相关规定见章后二维码

第一百六十九条之一　【背信损害上市公司利益罪】①

上市公司的董事、监事、高级管理人员违背对公司的忠实义务,利用职务便利,操纵上市公司从事下列行为之一,致使上市公司利益遭受重大损失的,处三年以下有期徒刑或者拘役,并处或者单处罚金;致使上市公司利益遭受特别重大损失的,处三年以上七年以下有期徒刑,并处罚金:

(一)无偿向其他单位或者个人提供资金、商品、服务或者其他资产的;

(二)以明显不公平的条件,提供或者接受资金、商品、服务或者其他资产的;

(三)向明显不具有清偿能力的单位或者个人提供资金、商品、服务或者其他资产的;

(四)为明显不具有清偿能力的单位或者个人提供担保,或者无正当理由为其他单位或者个人提供担保的;

(五)无正当理由放弃债权、承担债务的;

(六)采用其他方式损害上市公司利益的。

上市公司的控股股东或者实际控制人,指使上市公司董事、监事、高级管理人员实施前款行为的,依照前款的规定处罚。

犯前款罪的上市公司的控股股东或者实际控制人是单位的,对单位判处罚金,并对其直接负责的主管人员和其他直接责任人员,依照第一款的规定处罚。

---

① 根据《刑法修正案(六)》新增。

◆ 相关规定

最高人民法院
关于如何认定国有控股、参股股份有限公司中的国有公司、企业人员的解释

（2005 年 8 月 11 日施行）

为准确认定刑法分则第三章第三节中的国有公司、企业人员，现对国有控股、参股的股份有限公司中的国有公司、企业人员解释如下：

国有公司、企业委派到国有控股、参股公司从事公务的人员，以国有公司、企业人员论。

最高人民检察院　公安部
关于公安机关管辖的刑事案件立案追诉标准的规定（二）（节选）

（公通字〔2022〕12 号）

第十三条　【背信损害上市公司利益案（刑法第一百六十九条之一）】上市公司的董事、监事、高级管理人员违背对公司的忠实义务，利用职务便利，操纵上市公司从事损害上市公司利益的行为，以及上市公司的控股股东或者实际控制人，指使上市公司董事、监事、高级管理人员实施损害上市公司利益的行为，涉嫌下列情形之一的，应予立案追诉：

（一）无偿向其他单位或者个人提供资金、商品、服务或者其他资产，致使上市公司直接经济损失数额在一百五十万元以上的；

（二）以明显不公平的条件，提供或者接受资金、商品、服务或者其他资产，致使上市公司直接经济损失数额在一百五十万元以上的；

（三）向明显不具有清偿能力的单位或者个人提供资金、商品、服务或者其他资产，致使上市公司直接经济损失数额在一百五十万元以上的；

（四）为明显不具有清偿能力的单位或者个人提供担保，或者无正当理由为其他单位或者个人提供担保，致使上市公司直接经济损失数额在一百五十万元以上的；

（五）无正当理由放弃债权、承担债务，致使上市公司直接经济损失数额在一百五十万元以上的；

（六）致使公司、企业发行的股票或者公司、企业债券、存托凭证或者国务院依法认定的其他证券被终止上市交易的；

（七）其他致使上市公司利益遭受重大损失的情形。

第四节　破坏金融管理秩序罪

第一百七十条　【伪造货币罪】①

伪造货币的，处三年以上十年以下有期徒刑，并处罚金；有下列情形之一的，处十年以上有期徒刑或者无期徒刑，并处罚金或者没收财产：

（一）伪造货币集团的首要分子；

（二）伪造货币数额特别巨大的；

（三）有其他特别严重情节的。

◆ 相关规定

最高人民法院
关于审理伪造货币等案件具体应用法律若干问题的解释（节选）
（法释〔2000〕26号）

详见《刑法》第171条出售、购买、运输假币罪的相关规定

第一条　伪造货币的总面额在二千元以上不满三万元或者币量在二百张（枚）以上不足三千张（枚）的，依照刑法第一百七十条的规定，处三年以上十年以下有期徒刑，并处五万元以上五十万元以下罚金。

伪造货币的总面额在三万元以上的，属于"伪造货币数额特别巨大"。

行为人制造货币版样或者与他人事前通谋，为他人伪造货币提供版样的，依照刑法第一百七十条的规定定罪处罚。

第二条　行为人购买假币后使用，构成犯罪的，依照刑法第一百七十一条的规定，以购买假币罪定罪，从重处罚。

行为人出售、运输假币构成犯罪，同时有使用假币行为的，依照刑法第一百七十一条、第一百七十二条的规定，实行数罪并罚。

全国法院审理金融犯罪案件工作座谈会纪要（节选）
（2001年1月21日）

二、座谈会重点研究讨论了人民法院审理金融犯罪案件中遇到的一些有关适用法律问题。与会同志认

---

① 根据《刑法修正案（九）》修订。修订前内容为：伪造货币的，处三年以上十年以下有期徒刑，并处五万元以上五十万元以下罚金；有下列情形之一的，处十年以上有期徒刑、无期徒刑或者死刑，并处五万元以上五十万元以下罚金或者没收财产：

（一）伪造货币集团的首要分子；

（二）伪造货币数额特别巨大的；

（三）有其他特别严重情节的。

为,对于修订后的刑法实施过程中遇到的具体适用法律问题,在最高法院相应的新的司法解释出台前,原有司法解释与现行刑法不相冲突的仍然可以参照执行。对于法律和司法解释没有具体规定或规定不够明确,司法实践中又亟需解决的一些问题,与会同志结合审判实践进行了深入的探讨,并形成了一致意见:

(一)关于单位犯罪问题

(二)关于破坏金融管理秩序罪

1. 非金融机构非法从事金融活动案件的处理

1998年7月13日,国务院发布了《非法金融机构和非法金融业务活动取缔办法》。1998年8月11日,国务院办公厅转发了中国人民银行整顿乱集资、乱批设金融机构和乱办金融业务实施方案,对整顿金融"三乱"工作的政策措施等问题做出了规定。各地根据整顿金融"三乱"工作实施方案的规定,对于未经中国人民银行批准,但是根据地方政府或有关部门文件设立并从事或变相从事金融业务的各类基金会、互助会、储金会等机构和组织,由各地人民政府和各有关部门限期进行清理整顿。超过实施方案规定期限继续从事非法金融业务活动的,依法予以取缔;情节严重、构成犯罪的,依法追究刑事责任。因此,上述非法从事金融活动的机构和组织只要在实施方案规定期限之前停止非法金融业务活动的,对有关单位和责任人员,不应以擅自设立金融机构罪处理;对其以前从事的非法金融活动,一般也不作犯罪处理;这些机构和组织的人员利用职务实施的个人犯罪,如贪污罪、职务侵占罪、挪用公款罪、挪用资金罪等,应当根据具体案情分别依法定罪处罚。

2. 关于假币犯罪

假币犯罪的认定。假币犯罪是一种严重破坏金融管理秩序的犯罪。只要有证据证明行为人实施了出售、购买、运输、使用假币行为,且数额较大,就构成犯罪。伪造货币的,只要实施了伪造行为,不论是否完成全部印制工序,即构成伪造货币罪;对于尚未制造出成品,无法计算伪造、销售假币面额的,或者制造、销售用于伪造货币的版样的,不认定犯罪数额,依据犯罪情节决定刑罚。明知是伪造的货币而持有,数额较大,根据现有证据不能认定行为人是为了进行其他假币犯罪的,以持有假币罪定罪处罚;如果有证据证明其持有的假币已构成其他假币犯罪的,应当以其他假币犯罪定罪处罚。

假币犯罪罪名的确定。假币犯罪案件中犯罪分子实施数个相关行为的,在确定罪名时应把握以下原则:

(1)对同一宗假币实施了法律规定为选择性罪名的行为,应根据行为人所实施的数个行为,按相关罪名刑法规定的排列顺序并列确定罪名,数额不累计计算,不实行数罪并罚。

(2)对不同宗假币实施法律规定为选择性罪名的行为,并列确定罪名,数额按全部假币面额累计计算,不实行数罪并罚。

(3)对同一宗假币实施了刑法没有规定为选择性罪名的数个犯罪行为,择一重罪从重处罚。如伪造货币或者购买假币后使用的,以伪造货币罪或购买假币罪定罪,从重处罚。

(4)对不同宗假币实施了刑法没有规定为选择性罪名的数个犯罪行为,分别定罪,数罪并罚。出售假币被查获部分的处理。在出售假币时被抓获的,除现场查获的假币应认定为出售假币的犯罪数额外,现场之外在行为人住所或者其他藏匿地查获的假币,亦应认定为出售假币的犯罪数额。但有证据证实后者是行为人有实施其他假币犯罪的除外。

制造或者出售伪造的台币行为的处理。对于伪造台币的,应当以伪造货币罪定罪处罚;出售伪造的台币的,应当以出售假币罪定罪处罚。

3. 用账外客户资金非法拆借、发放贷款行为的认定和处罚

银行或者其他金融机构及其工作人员以牟利为目的,采取吸收客户资金不入账的方式,将客户资金用于非法拆借、发放贷款,造成重大损失的,构成用账外客户资金非法拆借、发放贷款罪。以牟利为目的,是指金融机构及其工作人员为本单位或者个人牟利,不具有这种目的,不构成该罪。这里的"牟利",一般是指谋取用账外客户资金非法拆借、发放贷款所产生的非法收益,如利息、差价等。对于用款人为取得贷款而支付的回扣、手续费等,应根据具体情况分别处理:银行或者其他金融机构用账外客户资金非法拆借、发放贷款,收

取的回扣、手续费等,应认定为“牟利”;银行或者其他金融机构的工作人员利用职务上的便利,用账外客户资金非法拆借、发放贷款,收取回扣、手续费等,数额较小的,以“牟利”论处;银行或者其他金融机构的工作人员将用款人支付给单位的回扣、手续费秘密占为己有,数额较大的,以贪污罪定罪处罚;银行或者其他金融机构的工作人员利用职务便利,用账外客户资金非法拆借、发放贷款,索取用款人的财物,或者非法收受其他财物,或者收取回扣、手续费等,数额较大的,以受贿罪定罪处罚。吸收客户资金不入账,是指不记入金融机构的法定存款账目,以逃避国家金融监管,至于是否记入法定账目以外设立的账目,不影响该罪成立。

审理银行或者其他金融机构及其工作人员用账外客户资金非法拆借、发放贷款案件,要注意将用账外客户资金非法拆借、发放贷款的行为与挪用公款罪和挪用资金罪区别开来。对于利用职务上的便利,挪用已经记入金融机构法定存款账户的客户资金归个人使用的,或者吸收客户资金不入账,却给客户开具银行存单,客户也认为将款已存入银行,该款却被行为人以个人名义借贷给他人的,均应认定为挪用公款罪或者挪用资金罪。

……

(四)死刑的适用

刑法对危害特别严重的金融诈骗犯罪规定了死刑。人民法院应当运用这一法律武器,有力地打击金融诈骗犯罪。对于罪行极其严重、依法该判死刑的犯罪分子,一定要坚决判处死刑。但需要强调的是,金融诈骗犯罪的数额特别巨大不是判处死刑的惟一标准,只有诈骗“数额特别巨大并且给国家和人民利益造成特别重大损失”的犯罪分子,才能依法选择适用死刑。对于犯罪数额特别巨大,但追缴、退赔后,挽回了损失或者损失不大的,一般不应当判处死刑立即执行;对具有法定从轻、减轻处罚情节的,一般不应当判处死刑。

(五)财产刑的适用

金融犯罪是图利型犯罪,惩罚和预防此类犯罪,应当注重同时从经济上制裁犯罪分子。刑法对金融犯罪都规定了财产刑,人民法院应当严格依法判处。罚金的数额,应当根据被告人的犯罪情节,在法律规定的数额幅度内确定。对于具有从轻、减轻或者免除处罚情节的被告人,对于本应并处的罚金刑原则上也应当从轻、减轻或者免除。

单位金融犯罪中直接负责的主管人员和其他直接责任人员,是否适用罚金刑,应当根据刑法的具体规定。刑法分则条文规定有罚金刑,并规定对单位犯罪中直接负责的主管人员和其他直接责任人员依照自然人犯罪条款处罚的,应当判处罚金刑,但是对直接负责的主管人员和其他直接责任人员判处罚金的数额,应当低于对单位判处罚金的数额;刑法分则条文明确规定对单位犯罪中直接负责的主管人员和其他直接责任人员只判处自由刑的,不能附加判处罚金刑。

公安部经济犯罪侦查局
关于制造、销售用于伪造货币的版样的行为如何定性问题的批复

(公经〔2003〕660号)

广东省公安厅经侦总队:

你总队《关于对买卖假币胶片行为定性问题的请示》(广公(经)字〔2003〕439号)收悉。经研究并征询最高人民检察院、最高人民法院有关部门的意见,现批复如下:

根据《最高人民法院关于审理伪造货币等案件具体应用法律若干问题的解释》(法释〔2000〕26号)以及《全国法院审理金融犯罪案件工作座谈会纪要》的有关规定,对制造、销售用于伪造货币的版样的行为以伪造货币罪定罪处罚。

公安部经济犯罪侦查局
关于马党权变造货币案中变造货币数额认定问题的批复

（公经〔2003〕1329号）

江西省公安厅经侦总队：

你总队《关于马党权变造货币一案有关司法解释的请示》（赣公传发〔2003〕569号）收悉。经研究，现批复如下：

犯罪嫌疑人以货币为基本材料，采用挖补、撕揭、拼凑等方法，改变货币的外在形态，变造货币的数额应以实际变造出的货币的票面数额计算，包括被因挖补、撕揭而改变了外在形态的货币，但已灭失的货币除外。

最高人民法院
关于审理伪造货币等案件具体应用法律若干问题的解释（二）（节选）

（法释〔2010〕14号）

第一条　仿照真货币的图案、形状、色彩等特征非法制造假币，冒充真币的行为，应当认定为刑法第一百七十条规定的"伪造货币"。

对真货币采用剪贴、挖补、揭层、涂改、移位、重印等方法加工处理，改变真币形态、价值的行为，应当认定为刑法第一百七十三条规定的"变造货币"。

第二条　同时采用伪造和变造手段，制造真伪拼凑货币的行为，依照刑法第一百七十条的规定，以伪造货币罪定罪处罚。

第三条　以正在流通的境外货币为对象的假币犯罪，依照刑法第一百七十条至第一百七十三条的规定定罪处罚。

假境外货币犯罪的数额，按照案发当日中国外汇交易中心或者中国人民银行授权机构公布的人民币对该货币的中间价折合成人民币计算。中国外汇交易中心或者中国人民银行授权机构未公布汇率中间价的境外货币，按照案发当日境内银行人民币对该货币的中间价折算成人民币，或者该货币在境内银行、国际外汇市场对美元汇率，与人民币对美元汇率中间价进行套算。

第四条　以中国人民银行发行的普通纪念币和贵金属纪念币为对象的假币犯罪，依照刑法第一百七十条至第一百七十三条的规定定罪处罚。

假普通纪念币犯罪的数额，以面额计算；假贵金属纪念币犯罪的数额，以贵金属纪念币的初始发售价格计算。

第六条　此前发布的司法解释与本解释不一致的，以本解释为准。

最高人民检察院　公安部
关于公安机关管辖的刑事案件立案追诉标准的规定（二）（节选）

（公通字〔2022〕12号）

第十四条　【伪造货币案（刑法第一百七十条）】伪造货币，涉嫌下列情形之一的，应予立案追诉：

（一）总面额在二千元以上或者币量在二百张（枚）以上的；

（二）总面额在一千元以上或者币量在一百张（枚）以上，二年内因伪造货币受过行政处罚，又伪造货币的；

（三）制造货币版样或者为他人伪造货币提供版样的；

（四）其他伪造货币应予追究刑事责任的情形。

第七十九条　本规定中的"货币"是指在境内外正在流通的以下货币：

(一)人民币(含普通纪念币、贵金属纪念币)、港元、澳门元、新台币;

(二)其他国家及地区的法定货币。

贵金属纪念币的面额以中国人民银行授权中国金币总公司的初始发售价格为准。

☞ 其他相关规定见章后二维码

◆ 解读与适用

伪造货币的法益既可以是货币的公共信用,也可以是货币发行权,二者是一种选择关系,而不是并列关系。①

《刑参》第23号案例"杨某伪造货币案——伪造美元的行为如何适用法律"相关论述:伪造货币罪的犯罪对象是"货币",不仅包括人民币也包括外币,是指正在流通使用的货币。即使伪造了货币所属国家未发行过的面值的货币不应视为犯罪,因为没有这样的真币也就不存在这样的假币。只要伪造出假美元,不管是成品还是半成品均应视为犯罪行为,对此部分金额应予以认定。500元面值的美元虽然已不在市场中流通,但通过银行仍可兑换成流通面值美元,因此伪造行为仍应以犯罪论处。

第一百七十一条　【出售、购买、运输假币罪】

出售、购买伪造的货币或者明知是伪造的货币而运输,数额较大的,处三年以下有期徒刑或者拘役,并处二万元以上二十万元以下罚金;数额巨大的,处三年以上十年以下有期徒刑,并处五万元以上五十万元以下罚金;数额特别巨大的,处十年以上有期徒刑或者无期徒刑,并处五万元以上五十万元以下罚金或者没收财产。

【金融工作人员购买假币、以假币换取货币罪】

银行或者其他金融机构的工作人员购买伪造的货币或者利用职务上的便利,以伪造的货币换取货币的,处三年以上十年以下有期徒刑,并处二万元以上二十万元以下罚金;数额巨大或者有其他严重情节的,处十年以上有期徒刑或者无期徒刑,并处二万元以上二十万元以下罚金或者没收财产;情节较轻的,处三年以下有期徒刑或者拘役,并处或者单处一万元以上十万元以下罚金。

伪造货币并出售或者运输伪造的货币的,依照本法第一百七十条的规定定罪从重处罚。

◆ 相关规定

最高人民法院

关于审理伪造货币等案件具体应用法律若干问题的解释(节选)

(2000年9月14日)

第二条　行为人购买假币后使用,构成犯罪的,依照刑法第一百七十一条的规定,以购买假币罪定罪,从重处罚。

行为人出售、运输假币构成犯罪,同时有使用假币行为的,依照刑法第一百七十一条、第一百七十二条的规定,实行数罪并罚。

---

① 张明楷:《刑法分则的解释原理》,中国人民大学出版社2004年版,第145页。

第三条 出售、购买假币或者明知是假币而运输,总面额在四千元以上不满五万元的,属于“数额较大”;总面额在五万元以上不满二十万元的,属于“数额巨大”;总面额在二十万元以上的,属于“数额特别巨大”,依照刑法第一百七十一条第一款的规定定罪处罚。

第四条 银行或者其他金融机构的工作人员购买假币或者利用职务上的便利,以假币换取货币,总面额在四千元以上不满五万元或者币量在四百张(枚)以上不足五千张(枚)的,处三年以上十年以下有期徒刑,并处二万元以上二十万元以下罚金;总面额在五万元以上或者币量在五千张(枚)以上或者有其他严重情节的,处十年以上有期徒刑或者无期徒刑,并处二万元以上二十万元以下罚金或者没收财产;总面额不满人民币四千元或者币量不足四百张(枚)或者具有其他情节较轻情形的,处三年以下有期徒刑或者拘役,并处或者单处一万元以上十万元以下罚金。

最高人民检察院　公安部
关于公安机关管辖的刑事案件立案追诉标准的规定(二)(节选)
(公通字〔2022〕12号)

第十五条 **【出售、购买、运输假币案(刑法第一百七十一条第一款)】**出售、购买伪造的货币或者明知是伪造的货币而运输,涉嫌下列情形之一的,应予立案追诉:

(一)总面额在四千元以上或者币量在四百张(枚)以上的;

(二)总面额在二千元以上或者币量在二百张(枚)以上,二年内因出售、购买、运输假币受过行政处罚,又出售、购买、运输假币的;

(三)其他出售、购买、运输假币应予追究刑事责任的情形。

在出售假币时被抓获的,除现场查获的假币应认定为出售假币的数额外,现场之外在行为人住所或者其他藏匿地查获的假币,也应认定为出售假币的数额。

第十六条 **【金融工作人员购买假币、以假币换取货币案(刑法第一百七十一条第二款)】**银行或者其他金融机构的工作人员购买伪造的货币或者利用职务上的便利,以伪造的货币换取货币,总面额在二千元以上或者币量在二百张(枚)以上的,应予立案追诉。

第一百七十二条　【持有、使用假币罪】

明知是伪造的货币而持有、使用,数额较大的,处三年以下有期徒刑或者拘役,并处或者单处一万元以上十万元以下罚金;数额巨大的,处三年以上十年以下有期徒刑,并处二万元以上二十万元以下罚金;数额特别巨大的,处十年以上有期徒刑,并处五万元以上五十万元以下罚金或者没收财产。

◆ 相关规定

最高人民法院
关于审理伪造货币等案件具体应用法律若干问题的解释(节选)
(2000年9月14日)

第五条 明知是假币而持有、使用,总面额在四千元以上不满五万元的,属于“数额较大”;总面额在五万元以上不满二十万元的，属于“数额巨大”；总面额在二十万元以上的，属于“数额特别巨大”，依照刑法第一百七十二条的规定定罪处罚。

最高人民检察院　公安部
关于公安机关管辖的刑事案件立案追诉标准的规定(二)(节选)
(公通字〔2022〕12号)

第十七条　【持有、使用假币案(刑法第一百七十二条)】明知是伪造的货币而持有、使用，涉嫌下列情形之一的，应予立案追诉：

(一)总面额在四千元以上或者币量在四百张(枚)以上的；

(二)总面额在二千元以上或者币量在二百张(枚)以上，二年内因持有、使用假币受过行政处罚，又持有、使用假币的；

(三)其他持有、使用假币应予追究刑事责任的情形。

◆ 解读与适用

【拓展关键词】牵连犯

《刑参》第188号案例“张某持有、使用假币案——购买并使用假币行为应以购买假币罪从重处罚”相关论述：购买假币后持有、使用的行为应以购买假币罪定罪，从重处罚。购买、持有、使用该三种行为在客观上存在内在的联系。对于这种为实施某种犯罪其手段行为或者结果行为又触犯其他罪名的犯罪形态，称为牵连犯。对于牵连犯一般认为在刑法没有特别规定的情况下，应从一重罪从重处罚。购买和持有、使用是一个连贯的行为，购买并已使用的假币如属于同一宗假币，就表明购买是为了使用。购买假币后使用的假币数额应当包括已经使用和准备使用的数额。只要购买的数额构成了购买假币罪，那么通常也就同时构成使用假币罪，购买假币后使用的，不能将使用的“数额”仅仅理解为已使用的假币数额还包括准备使用但因各种原因未使用出去的假币数额。

第一百七十三条　【变造货币罪】

变造货币，数额较大的，处三年以下有期徒刑或者拘役，并处或者单处一万元以上十万元以下罚金；数额巨大的，处三年以上十年以下有期徒刑，并处二万元以上二十万元以下罚金。

◆ 相关规定

最高人民法院
关于审理伪造货币等案件具体应用法律若干问题的解释
(2000年9月14日)

第六条　变造货币的总面额在二千元以上不满三万元的，属于“数额较大”；总面额在三万元以上的，属于“数额巨大”，依照刑法第一百七十三条的规定定罪处罚。

第七条 本解释所称“货币”是指可在国内市场流通或者兑换的人民币和境外货币。

货币面额应当以人民币计算，其他币种以案发时国家外汇管理机关公布的外汇牌价折算成人民币。

最高人民检察院 公安部

关于公安机关管辖的刑事案件立案追诉标准的规定(二)(节选)

(公通字〔2022〕12号)

第十八条 【变造货币案(刑法第一百七十三条)】变造货币，涉嫌下列情形之一的，应予立案追诉：

(一)总面额在二千元以上或者币量在二百张(枚)以上的；

(二)总面额在一千元以上或者币量在一百张(枚)以上，二年内因变造货币受过行政处罚，又变造货币的；

(三)其他变造货币应予追究刑事责任的情形。

◆ 解读与适用

最高人民法院研究室《关于对外国残损、变形硬币进行加工修复是否属于“变造货币”问题的研究意见》①

有关部门就对外国残损、变形硬币进行加工修复是否属于“变造货币”问题征求最高人民法院研究室意见。我室经研究认为：对从废旧金属、洋垃圾中分拣的外国残损、变形硬币进行加工修复行为所涉情形较为复杂，应当区分情况处理：对其中内芯、外圈分离的硬币进行重新拼装，加工修复的，可以认定为“变造货币”；对分拣出的外国硬币进行清洗、挑选，或者对扭曲变形的外国硬币进行敲打、压平，不应认定为“变造货币”。

第一百七十四条 【擅自设立金融机构罪】②

未经国家有关主管部门批准，擅自设立商业银行、证券交易所、期货交易所、证券公司、期货经纪公司、保险公司或者其他金融机构的，处三年以下有期徒刑或者拘役，并处或者单处二万元以上二十万元以下罚金；情节严重的，处三年以上十年以下有期徒刑，并处五万元以上五十万元以下罚金。

【伪造、变造、转让金融机构营业许可证、批准文件罪】

伪造、变造、转让商业银行、证券交易所、期货交易所、证券公司、期货经纪公司、保险公司或者其他金融机构经营许可证或者批准文件的，依照前款的规定处罚。

---

① 喻海松：《关于对外国残损、变形硬币进行加工修复是否属于“变造货币”问题的研究意见》，载《司法研究与指导》2012年第2期。

② 依据1999年《刑法修正案》修订。原条文主要内容为：未经国家有关主管部门批准，擅自设立商业银行、证券交易所、期货交易所、证券公司、期货经纪公司、保险公司或者其他金融机构的，处三年以下有期徒刑或者拘役，并处或者单处二万元以上二十万元以下罚金；情节严重的，处三年以上十年以下有期徒刑，并处五万元以上五十万元以下罚金。

伪造、变造、转让商业银行、证券交易所、期货交易所、证券公司、期货经纪公司、保险公司或者其他金融机构的经营许可证或者批准文件的，依照前款的规定处罚。

单位犯前两款罪的，对单位判处罚金，并对其直接负责的主管人员和其他直接责任人员，依照第一款的规定处罚。

单位犯前两款罪的，对单位判处罚金，并对其直接负责的主管人员和其他直接责任人员，依照第一款的规定处罚。

◆ 相关规定

最高人民检察院　公安部
关于公安机关管辖的刑事案件立案追诉标准的规定（二）（节选）
（公通字〔2022〕12 号）

第十九条　【擅自设立金融机构案（刑法第一百七十四条第一款）】未经国家有关主管部门批准，擅自设立金融机构，涉嫌下列情形之一的，应予立案追诉：

（一）擅自设立商业银行、证券交易所、期货交易所、证券公司、期货公司、保险公司或者其他金融机构的；

（二）擅自设立金融机构筹备组织的。

第二十条　【伪造、变造、转让金融机构经营许可证、批准文件案（刑法第一百七十四条第二款）】伪造、变造、转让商业银行、证券交易所、期货交易所、证券公司、期货公司、保险公司或者其他金融机构的经营许可证或者批准文件的，应予立案追诉。

☞ 其他相关规定见章后二维码

第一百七十五条　【高利转贷罪】

以转贷牟利为目的，套取金融机构信贷资金高利转贷他人，违法所得数额较大的，处三年以下有期徒刑或者拘役，并处违法所得一倍以上五倍以下罚金；数额巨大的，处三年以上七年以下有期徒刑，并处违法所得一倍以上五倍以下罚金。

单位犯前款罪的，对单位判处罚金，并对其直接负责的主管人员和其他直接责任人员，处三年以下有期徒刑或者拘役。

◆ 相关规定

最高人民检察院　公安部
关于公安机关管辖的刑事案件立案追诉标准的规定（二）（节选）
（公通字〔2022〕12 号）

第二十一条　【高利转贷案（刑法第一百七十五条）】以转贷牟利为目的，套取金融机构信贷资金高利转贷他人，违法所得数额在五十万元以上的，应予立案追诉。

◆ 解读与适用

【拓展关键词】高利转贷

《刑参》第 487 号案例“姚某高利转贷案——套取银行的承兑汇票是否属于套取银行信贷资金”相关论

述：被告人以转贷牟利为目的编造虚假交易关系并出具虚假购销合同取得银行承兑汇票的，属于“套取金融机构信贷资金”的行为。凡是将金融机构贷款用于信贷牟取非法收入的行为均属于套取金融机构信贷资金。这里的套取实际上是一种骗取。虽然银行承兑汇票与银行贷款表现形式不同，借贷关系与票据关系也有不同，但银行承兑汇票是纳入借贷科目管理的，在银行内部的管理模式和性质上是相同的。银行承兑汇票贴现时使用的资金属于银行的信贷资金，票据贴现也是银行借出信贷资金的一种表现形式。套取银行承兑汇票然后转让他人进行贴现的实质上属于套取了银行的信贷资金。鉴于该罪是以转贷牟利为目的，因此只要转贷的利率高于银行的利率就应当属于“高利”，不必要求转贷利率必须达到一定的倍数，刑法关注的是违法所得数额。高利转贷是一种扰乱金融秩序的行为，其与民间借贷领域理解的高利具有本质区别。

第一百七十五条之一 【骗取贷款、票据承兑、金融票证罪】①②

以欺骗手段取得银行或者其他金融机构贷款、票据承兑、信用证、保函等，给银行或者其他金融机构造成重大损失的，处三年以下有期徒刑或者拘役，并处或者单处罚金；给银行或者其他金融机构造成特别重大损失或者有其他特别严重情节的，处三年以上七年以下有期徒刑，并处罚金。

单位犯前款罪的，对单位判处罚金，并对其直接负责的主管人员和其他直接责任人员，依照前款的规定处罚。

◆ 相关规定

最高人民检察院 公安部

关于公安机关管辖的刑事案件立案追诉标准的规定(二)(节选)

(公通字〔2022〕12号)

第二十二条 【骗取贷款、票据承兑、金融票证案(刑法第一百七十五条之一)】以欺骗手段取得银行或者其他金融机构贷款、票据承兑、信用证、保函等，给银行或者其他金融机构造成直接经济损失数额在五十万元以上的，应予立案追诉。

◆ 解读与适用

【拓展关键词】金融机构 非法占有目的的认定

《刑参》第962号案例“江某骗取贷款案——骗取小额贷款公司贷款的行为是否构成骗取贷款罪”相关论述：小额贷款公司的企业法人性质不影响其金融机构性质的认定。小额贷款公司是经银行业监督管理机构授权的省级政府主管部门批准设立和主管的其他金融机构。中国人民银行的相关规定已经明确认可小额

---

① 根据《刑法修正案(六)》新增。

② 根据《刑法修正案(十一)》对第一款修订。原条文第一款主要内容为：以欺骗手段取得银行或者其他金融机构贷款、票据承兑、信用证、保函等，给银行或者其他金融机构造成重大损失或者有其他严重情节的，处三年以下有期徒刑或者拘役，并处或者单处罚金；给银行或者其他金融机构造成特别重大损失或者有其他特别严重情节的，处三年以上七年以下有期徒刑，并处罚金。

贷款公司为金融机构。是否取得金融许可证并不影响小额贷款公司金融机构性质的认定。骗取贷款罪与贷款诈骗罪、合同诈骗罪的主要区别在于行为人是否具有非法占有目的。贷款诈骗罪与合同诈骗罪的主体不同。贷款诈骗罪的主体只能是自然人,合同诈骗罪的主体可以是自然人也可以是单位。骗取贷款罪的主观方面表现为故意,但不包括非法占有的目的。

《刑参》第963号案例"陈某骗取贷款案——如何认定骗取贷款案件中行为人是否具有非法占有目的"相关论述:非法占有目的是指行为人实施犯罪行为的目的,在于使财物脱离其合法所有人或者持有人的控制而将其据为己有,质言之,是指行为人改变公私财物所有权的目的。非法占有目的是行为人的一种主观心理状态,但主观最终必须见诸客观,不可能完全脱离客观外在活动而存在。

《刑参》第1208号案例"钢浓公司、武某某骗取贷款、诈骗案——使用虚假资料获取银行贷款的,如何认定行为人的非法占有目的"相关论述:刑法本身并不孤立看待申请贷款时的造假行为,只有行为人主观上具备非法占有之目的才可能因客观上的造假行为以诈骗犯罪论处。换言之,审理此类案件的关键在于界定行为人是否有非法占有目的。应当主要根据以下三方面情况来判断行为人的主观故意:(1)贷款之前的经济状况。通常情况下,借款人贷款之前的经济状况并不能直接反映借款人是否存有非法占有目的。但其经济状况和借款缘由可以在一定程度上反映借款人的后期还款能力和借款用途的真实性。(2)获取贷款后的款项用途。行为人获取贷款后的用款方式、有无擅自改变贷款用途的行为可以在一定程度上反映行为人的主观状态。不能简单采取客观归罪的方式直接以诈骗罪处理。对于擅自改变贷款用途导致贷款资金脱离银行等金融机构所能预期的经营状况后,因正常经营风险无力偿还的,既要考虑实际用款项目的正常盈利可能,也要结合行为人贷款前的实际经济状况,申请贷款时有无欺诈行为等具体情节准确界定行为人是否具有非法占有之故意。对于获取贷款后将资金用于偿还个人债务、赌博、挥霍,后又实际未能偿还贷款的,除有证据证明行为人确有可靠资金来源保证偿贷能力,后因不可抗力或者意外事件等难以预料的因素导致偿贷资金灭失的,一般可以推定其主观上具有非法占有目的。(3)款项到期后的还款意愿和实际还款效果。按照主观见之于客观的原则,借款人在款项到期后的还款意愿和实际还款效果,一方面反映借款人的客观行为所造成的实际后果,另一方面也能直接反映行为人对所借款项是否具有非法占有的主观故意。但违约责任的成立并不必然导致刑事责任的承担。对于抽逃、转移资金,隐匿财产,隐匿、销毁账目或者以假破产、假倒闭等方式逃避还贷的,以及获取贷款后逃跑的,实际造成数额较大的资金不能偿还的,可以认定行为人有非法占有的目的。

第一百七十六条　【非法吸收公众存款罪】①

非法吸收公众存款或者变相吸收公众存款,扰乱金融秩序的,处三年以下有期徒刑或者拘役,并处或者单处罚金;数额巨大或者有其他严重情节的,处三年以上十年以下有期徒刑,并处罚金;数额特别巨大或者有其他特别严重情节的,处十年以上有期徒刑,并处罚金。

单位犯前款罪的,对单位判处罚金,并对其直接负责的主管人员和其他直接责任人员,依照前款的规定处罚。

有前两款行为,在提起公诉前积极退赃退赔,减少损害结果发生的,可以从轻或者减轻处罚。

---

① 根据《刑法修正案(十一)》修订。原条文第一款内容:"非法吸收公众存款或者变相吸收公众存款,扰乱金融秩序的,处三年以下有期徒刑或者拘役,并处或者单处二万元以上二十万元以下罚金;数额巨大或者有其他严重情节的,处三年以上十年以下有期徒刑,并处五万元以上五十万元以下罚金。";第二款未变动;新增现在的第三款。

◆ 相关规定

最高人民法院　最高人民检察院　公安部
关于办理非法集资刑事案件适用法律若干问题的意见(节选)

(公通字〔2014〕16号)

一、关于行政认定的问题

行政部门对于非法集资的性质认定,不是非法集资刑事案件进入刑事诉讼程序的必经程序。行政部门未对非法集资作出性质认定的,不影响非法集资刑事案件的侦查、起诉和审判。

公安机关、人民检察院、人民法院应当依法认定案件事实的性质,对于案情复杂、性质认定疑难的案件,可参考有关部门的认定意见,根据案件事实和法律规定作出性质认定。

二、关于"向社会公开宣传"的认定问题

《最高人民法院关于审理非法集资刑事案件具体应用法律若干问题的解释》第一条第一款第二项中的"向社会公开宣传",包括以各种途径向社会公众传播吸收资金的信息,以及明知吸收资金的信息向社会公众扩散而予以放任等情形。

三、关于"社会公众"的认定问题

下列情形不属于《最高人民法院关于审理非法集资刑事案件具体应用法律若干问题的解释》第一条第二款规定的"针对特定对象吸收资金"的行为,应当认定为向社会公众吸收资金:

(一)在向亲友或者单位内部人员吸收资金的过程中,明知亲友或者单位内部人员向不特定对象吸收资金而予以放任的;

(二)以吸收资金为目的,将社会人员吸收为单位内部人员,并向其吸收资金的。

四、关于共同犯罪的处理问题

为他人向社会公众非法吸收资金提供帮助,从中收取代理费、好处费、返点费、佣金、提成等费用,构成非法集资共同犯罪的,应当依法追究刑事责任。能够及时退缴上述费用的,可依法从轻处罚;其中情节轻微的,可以免除处罚;情节显著轻微、危害不大的,不作为犯罪处理。

六、关于证据的收集问题

办理非法集资刑事案件中,确因客观条件的限制无法逐一收集集资参与人的言词证据的,可结合已收集的集资参与人的言词证据和依法收集并查证属实的书面合同、银行账户交易记录、会计凭证及会计账簿、资金收付凭证、审计报告、互联网电子数据等证据,综合认定非法集资对象人数和吸收资金数额等犯罪事实。

七、关于涉及民事案件的处理问题

对于公安机关、人民检察院、人民法院正在侦查、起诉、审理的非法集资刑事案件,有关单位或者个人就同一事实向人民法院提起民事诉讼或者申请执行涉案财物的,人民法院应当不予受理,并将有关材料移送公安机关或者检察机关。

人民法院在审理民事案件或者执行过程中,发现有非法集资犯罪嫌疑的,应当裁定驳回起诉或者中止执行,并及时将有关材料移送公安机关或者检察机关。

公安机关、人民检察院、人民法院在侦查、起诉、审理非法集资刑事案件中,发现与人民法院正在审理的民事案件属同一事实,或者被申请执行的财物属于涉案财物的,应当及时通报相关人民法院。人民法院经审查认为确属涉嫌犯罪的,依照前款规定处理。

八、关于跨区域案件的处理问题

跨区域非法集资刑事案件,在查清犯罪事实的基础上,可以由不同地区的公安机关、人民检察院、人民法院分别处理。

对于分别处理的跨区域非法集资刑事案件,应当按照统一制定的方案处置涉案财物。

国家机关工作人员违反规定处置涉案财物,构成渎职等犯罪的,应当依法追究刑事责任。

最高人民检察院
关于办理涉互联网金融犯罪案件有关问题座谈会纪要(节选)

(高检诉〔2017〕14 号)

(一)非法吸收公众存款行为的认定

6. 涉互联网金融活动在未经有关部门依法批准的情形下,公开宣传并向不特定公众吸收资金,承诺在一定期限内还本付息的,应当依法追究刑事责任。其中,应重点审查互联网金融活动相关主体是否存在归集资金、沉淀资金,致使投资人资金存在被挪用、侵占等重大风险等情形。

7. 互联网金融的本质是金融,判断其是否属于"未经有关部门依法批准",即行为是否具有非法性的主要法律依据是《商业银行法》、《非法金融机构和非法金融业务活动取缔办法》(国务院令第 247 号)等现行有效的金融管理法律规定。

8. 对以下网络借贷领域的非法吸收公众资金的行为,应当以非法吸收公众存款罪分别追究相关行为主体的刑事责任:

(1)中介机构以提供信息中介服务为名,实际从事直接或间接归集资金、甚至自融或变相自融等行为,应当依法追究中介机构的刑事责任。特别要注意识别变相自融行为,如中介机构通过拆分融资项目期限、实行债权转让等方式为自己吸收资金的,应当认定为非法吸收公众存款。

(2)中介机构与借款人存在以下情形之一的,应当依法追究刑事责任:①中介机构与借款人合谋或者明知借款人存在违规情形,仍为其非法吸收公众存款提供服务的;中介机构与借款人合谋,采取向出借人提供信用担保、通过电子渠道以外的物理场所开展借贷业务等违规方式向社会公众吸收资金的;②双方合谋通过拆分融资项目期限、实行债权转让等方式为借款人吸收资金的。在对中介机构、借款人进行追诉时,应根据各自在非法集资中的地位、作用确定其刑事责任。中介机构虽然没有直接吸收资金,但是通过大肆组织借款人开展非法集资并从中收取费用数额巨大、情节严重的,可以认定为主犯。

(3)借款人故意隐瞒事实,违反规定,以自己名义或借用他人名义利用多个网络借贷平台发布借款信息,借款总额超过规定的最高限额,或将吸收资金用于明确禁止的投资股票、场外配资、期货合约等高风险行业,造成重大损失和社会影响的,应当依法追究借款人的刑事责任。对于借款人将借款主要用于正常的生产经营活动,能够及时清退所吸收资金,不作为犯罪处理。

9. 在非法吸收公众存款罪中,原则上认定主观故意并不要求以明知法律的禁止性规定为要件。特别是具备一定涉金融活动相关从业经历、专业背景或在犯罪活动中担任一定管理职务的犯罪嫌疑人,应当知晓相关金融法律管理规定,如果有证据证明其实际从事的行为应当批准而未经批准,行为在客观上具有非法性,原则上就可以认定其具有非法吸收公众存款的主观故意。在证明犯罪嫌疑人的主观故意时,可以收集运用犯罪嫌疑人的任职情况、职业经历、专业背景、培训经历、此前任职单位或者其本人因从事同类行为受到处罚情况等证据,证明犯罪嫌疑人提出的"不知道相关行为被法律所禁止,故不具有非法吸收公众存款的主观故意"等辩解不能成立。除此之外,还可以收集运用以下证据进一步印证犯罪嫌疑人知道或应当知道其所从事行为具有非法性,比如犯罪嫌疑人故意规避法律以逃避监管的相关证据:自己或要求下属与投资人签订虚假的亲友关系确认书,频繁更换宣传用语逃避监管,实际推介内容与宣传用语、实际经营状况不一致,刻意向投资人夸大公司兑付能力,在培训课程中传授或接受规避法律的方法,等等。

10. 对于无相关职业经历、专业背景,且从业时间短暂,在单位犯罪中层级较低,纯属执行单位领导指令的犯罪嫌疑人提出辩解的,如确实无其他证据证明其具有主观故意的,可以不作为犯罪处理。另外,实践中还存在犯罪嫌疑人提出因信赖行政主管部门出具的相关意见而陷入错误认识的辩解。如果上述辩解确有证据证明,不应作为犯罪处理,但应当对行政主管部门出具的相关意见及其出具过程进行查证,如存在以下情形之一,仍应认定犯罪嫌疑人具有非法吸收公众存款的主观故意:

(1)行政主管部门出具意见所涉及的行为与犯罪嫌疑人实际从事的行为不一致的;

(2)行政主管部门出具的意见未对是否存在非法吸收公众存款问题进行合法性审查,仅对其他合法性问题进行审查的;

(3)犯罪嫌疑人在行政主管部门出具意见时故意隐瞒事实、弄虚作假的;

(4)犯罪嫌疑人与出具意见的行政主管部门的工作人员存在利益输送行为的;

(5)犯罪嫌疑人存在其他影响和干扰行政主管部门出具意见公正性的情形的。

对于犯罪嫌疑人提出因信赖专家学者、律师等专业人士、主流新闻媒体宣传或有关行政主管部门工作人员的个人意见而陷入错误认识的辩解,不能作为犯罪嫌疑人判断自身行为合法性的根据和排除主观故意的理由。

11. 负责或从事吸收资金行为的犯罪嫌疑人非法吸收公众存款金额,根据其实际参与吸收的全部金额认定。但以下金额不应计入该犯罪嫌疑人的吸收金额:

(1)犯罪嫌疑人自身及其近亲属所投资的资金金额;

(2)记录在犯罪嫌疑人名下,但其未实际参与吸收且未从中收取任何形式好处的资金。

吸收金额经过司法会计鉴定的,可以将前述不计入部分直接扣除。但是,前述两项所涉金额仍应计入相对应的上一级负责人及所在单位的吸收金额。

12. 投资人在每期投资结束后,利用投资账户中的资金(包括每期投资结束后归还的本金、利息)进行反复投资的金额应当累计计算,但对反复投资的数额应当作出说明。对负责或从事行政管理、财务会计、技术服务等辅助工作的犯罪嫌疑人,应当按照其参与的犯罪事实,结合其在犯罪中的地位和作用,依法确定刑事责任范围。

13. 确定犯罪嫌疑人的吸收金额时,应当重点审查、运用以下证据:

(1)涉案主体自身的服务器或第三方服务器上存储的交易记录等电子数据;

(2)会计账簿和会计凭证;

(3)银行账户交易记录、POS机支付记录;

(4)资金收付凭证、书面合同等书证。仅凭投资人报案数据不能认定吸收金额。

最高人民法院　最高人民检察院　公安部
关于办理非法集资刑事案件若干问题的意见(节选)

(2019年1月30日)

一、关于非法集资的"非法性"认定依据问题

人民法院、人民检察院、公安机关认定非法集资的"非法性",应当以国家金融管理法律法规作为依据。对于国家金融管理法律法规仅作原则性规定的,可以根据法律规定的精神并参考中国人民银行、中国银行保险监督管理委员会、中国证券监督管理委员会等行政主管部门依照国家金融管理法律法规制定的部门规章或者国家有关金融管理的规定、办法、实施细则等规范性文件的规定予以认定。

四、关于主观故意的认定问题

认定犯罪嫌疑人、被告人是否具有非法吸收公众存款的犯罪故意,应当依据犯罪嫌疑人、被告人的任职情况、职业经历、专业背景、培训经历、本人因同类行为受到行政处罚或者刑事追究情况以及吸收资金方式、宣传推广、合同资料、业务流程等证据,结合其供述,进行综合分析判断。

犯罪嫌疑人、被告人使用诈骗方法非法集资,符合《最高人民法院关于审理非法集资刑事案件具体应用法律若干问题的解释》第四条规定的,可以认定为集资诈骗罪中"以非法占有为目的"。

办案机关在办理非法集资刑事案件中,应当根据案件具体情况注意收集运用涉及犯罪嫌疑人、被告人的以下证据:是否使用虚假身份信息对外开展业务;是否虚假订立合同、协议;是否虚假宣传,明显超出经营范

围或者夸大经营、投资、服务项目及盈利能力；是否吸收资金后隐匿、销毁合同、协议、账目；是否传授或者接受规避法律、逃避监管的方法，等等。

五、关于犯罪数额的认定问题

非法吸收或者变相吸收公众存款构成犯罪，具有下列情形之一的，向亲友或者单位内部人员吸收的资金应当与向不特定对象吸收的资金一并计入犯罪数额：

（一）在向亲友或者单位内部人员吸收资金的过程中，明知亲友或者单位内部人员向不特定对象吸收资金而予以放任的；

（二）以吸收资金为目的，将社会人员吸收为单位内部人员，并向其吸收资金的；

（三）向社会公开宣传，同时向不特定对象、亲友或者单位内部人员吸收资金的。

非法吸收或者变相吸收公众存款的数额，以行为人所吸收的资金全额计算。集资参与人收回本金或者获得回报后又重复投资的数额不予扣除，但可以作为量刑情节酌情考虑。

六、关于宽严相济刑事政策把握问题

办理非法集资刑事案件，应当贯彻宽严相济刑事政策，依法合理把握追究刑事责任的范围，综合运用刑事手段和行政手段处置和化解风险，做到惩处少数、教育挽救大多数。要根据行为人的客观行为、主观恶性、犯罪情节及其地位、作用、层级、职务等情况，综合判断行为人的责任轻重和刑事追究的必要性，按照区别对待原则分类处理涉案人员，做到罚当其罪、罪责刑相适应。

重点惩处非法集资犯罪活动的组织者、领导者和管理人员，包括单位犯罪中的上级单位（总公司、母公司）的核心层、管理层和骨干人员，下属单位（分公司、子公司）的管理层和骨干人员，以及其他发挥主要作用的人员。

对于涉案人员积极配合调查、主动退赃退赔、真诚认罪悔罪的，可以依法从轻处罚；其中情节轻微的，可以免除处罚；情节显著轻微、危害不大的，不作为犯罪处理。

……

十二、关于国家工作人员相关法律责任问题

国家工作人员具有下列行为之一，构成犯罪的，应当依法追究刑事责任：

（一）明知单位和个人所申请机构或者业务涉嫌非法集资，仍为其办理行政许可或者注册手续的；

（二）明知所主管、监管的单位有涉嫌非法集资行为，未依法及时处理或者移送处置非法集资职能部门的；

（三）查处非法集资过程中滥用职权、玩忽职守、徇私舞弊的；

（四）徇私舞弊不向司法机关移交非法集资刑事案件的；

（五）其他通过职务行为或者利用职务影响，支持、帮助、纵容非法集资的。

最高人民法院
关于审理非法集资刑事案件具体应用法律若干问题的解释
（法释〔2022〕5号）

第一条　违反国家金融管理法律规定，向社会公众（包括单位和个人）吸收资金的行为，同时具备下列四个条件的，除刑法另有规定的以外，应当认定为刑法第一百七十六条规定的“非法吸收公众存款或者变相吸收公众存款”：

（一）未经有关部门依法许可或者借用合法经营的形式吸收资金；

（二）通过网络、媒体、推介会、传单、手机信息等途径向社会公开宣传；

（三）承诺在一定期限内以货币、实物、股权等方式还本付息或者给付回报；

（四）向社会公众即社会不特定对象吸收资金。

未向社会公开宣传，在亲友或者单位内部针对特定对象吸收资金的，不属于非法吸收或者变相吸收公众存款。

第二条 实施下列行为之一，符合本解释第一条第一款规定的条件的，应当依照刑法第一百七十六条的规定，以非法吸收公众存款罪定罪处罚：

（一）不具有房产销售的真实内容或者不以房产销售为主要目的，以返本销售、售后包租、约定回购、销售房产份额等方式非法吸收资金的；

（二）以转让林权并代为管护等方式非法吸收资金的；

（三）以代种植（养殖）、租种植（养殖）、联合种植（养殖）等方式非法吸收资金的；

（四）不具有销售商品、提供服务的真实内容或者不以销售商品、提供服务为主要目的，以商品回购、寄存代售等方式非法吸收资金的；

（五）不具有发行股票、债券的真实内容，以虚假转让股权、发售虚构债券等方式非法吸收资金的；

（六）不具有募集基金的真实内容，以假借境外基金、发售虚构基金等方式非法吸收资金的；

（七）不具有销售保险的真实内容，以假冒保险公司、伪造保险单据等方式非法吸收资金的；

（八）以网络借贷、投资入股、虚拟币交易等方式非法吸收资金的；

（九）以委托理财、融资租赁等方式非法吸收资金的；

（十）以提供“养老服务”、投资“养老项目”、销售“老年产品”等方式非法吸收资金的；

（十一）利用民间“会”“社”等组织非法吸收资金的；

（十二）其他非法吸收资金的行为。

第三条 非法吸收或者变相吸收公众存款，具有下列情形之一的，应当依法追究刑事责任：

（一）非法吸收或者变相吸收公众存款数额在100万元以上的；

（二）非法吸收或者变相吸收公众存款对象150人以上的；

（三）非法吸收或者变相吸收公众存款，给存款人造成直接经济损失数额在50万元以上的。

非法吸收或者变相吸收公众存款数额在50万元以上或者给存款人造成直接经济损失数额在25万元以上，同时具有下列情节之一的，应当依法追究刑事责任：

（一）曾因非法集资受过刑事追究的；

（二）二年内曾因非法集资受过行政处罚的；

（三）造成恶劣社会影响或者其他严重后果的。

第四条 非法吸收或者变相吸收公众存款，具有下列情形之一的，应当认定为刑法第一百七十六条规定的“数额巨大或者有其他严重情节”：

（一）非法吸收或者变相吸收公众存款数额在500万元以上的；

（二）非法吸收或者变相吸收公众存款对象500人以上的；

（三）非法吸收或者变相吸收公众存款，给存款人造成直接经济损失数额在250万元以上的。

非法吸收或者变相吸收公众存款数额在250万元以上或者给存款人造成直接经济损失数额在150万元以上，同时具有本解释第三条第二款第三项情节的，应当认定为“其他严重情节”。

第五条 非法吸收或者变相吸收公众存款，具有下列情形之一的，应当认定为刑法第一百七十六条规定的“数额特别巨大或者有其他特别严重情节”：

（一）非法吸收或者变相吸收公众存款数额在5000万元以上的；

（二）非法吸收或者变相吸收公众存款对象5000人以上的；

（三）非法吸收或者变相吸收公众存款，给存款人造成直接经济损失数额在2500万元以上的。

非法吸收或者变相吸收公众存款数额在2500万元以上或者给存款人造成直接经济损失数额在1500万元以上，同时具有本解释第三条第二款第三项情节的，应当认定为“其他特别严重情节”。

第六条 非法吸收或者变相吸收公众存款的数额，以行为人所吸收的资金全额计算。在提起公诉前积极退赃退赔，减少损害结果发生的，可以从轻或者减轻处罚；在提起公诉后退赃退赔的，可以作为量刑情节酌情考虑。

非法吸收或者变相吸收公众存款,主要用于正常的生产经营活动,能够在提起公诉前清退所吸收资金,可以免予刑事处罚;情节显著轻微危害不大的,不作为犯罪处理。

对依法不需要追究刑事责任或者免予刑事处罚的,应当依法将案件移送有关行政机关。

……

第九条　犯非法吸收公众存款罪,判处三年以下有期徒刑或者拘役,并处或者单处罚金的,处五万元以上一百万元以下罚金;判处三年以上十年以下有期徒刑的,并处十万元以上五百万元以下罚金;判处十年以上有期徒刑的,并处五十万元以上罚金。

犯集资诈骗罪,判处三年以上七年以下有期徒刑的,并处十万元以上五百万元以下罚金;判处七年以上有期徒刑或者无期徒刑的,并处五十万元以上罚金或者没收财产。

……

第十三条　通过传销手段向社会公众非法吸收资金,构成非法吸收公众存款罪或者集资诈骗罪,同时又构成组织、领导传销活动罪的,依照处罚较重的规定定罪处罚。

第十四条　单位实施非法吸收公众存款、集资诈骗犯罪的,依照本解释规定的相应自然人犯罪的定罪量刑标准,对单位判处罚金,并对其直接负责的主管人员和其他直接责任人员定罪处罚。

第十五条　此前发布的司法解释与本解释不一致的,以本解释为准。

☞ 其他相关规定见章后二维码

◆ 解读与适用

【拓展关键词】变相吸收公众存款　非法占有目的的认定　非法吸收公众存款罪相关罪名辨析

向不特定社会公众吸收存款是商业银行专属金融业务。任何单位或个人,包括非银行金融机构,未经国务院银行业监督管理机构批准,面向社会吸收公众存款或者变相吸收公众存款均属非法。国务院金融监管机构于2016年发布了《网络借贷信息中介机构业务活动管理暂行办法》等"一个办法、三个指引",允许单位或个人在规定的借款余额范围内通过网络借贷信息中介机构进行小额借贷,并且对单一组织、单一个人在单一平台、多个平台的借款余额上限作了明确限定。金融创新必须遵守金融管理法律规定,不得触犯刑法规定。必须遵守金融管理法律法规,尤其是须经许可才能从事的金融业务,不允许未经许可而以创新的名义擅自开展。网络借贷中介机构非法控制、支配资金,构成非法吸收公众存款。网络借贷信息中介机构依法只能从事信息中介业务,为借款人与出借人实现直接借贷提供服务。信息中介机构不得提供增信服务,不得直接或间接归集资金,包括设立资金池,控制、支配资金或者为自己控制的公司融资。网络借贷信息中介机构利用互联网发布信息归集资金,不仅超出了信息中介业务范围,同时也触犯了《刑法》第176条的规定。①

《刑参》第56号案例"高某非法吸收公众存款案——利用经济互助会非法集资的行为如何定性"相关论述:集资诈骗的犯罪目的是非法占有所募集的资金,而非法吸收公众存款罪的目的则是通过吸收公众存款的方式,进行营利。这是二者最本质的区别。前者必须使用诈骗的方法,后者不以此为要件。尤其是在吸收存款或筹集资金的目的上没有遮掩赢利的意图。

《刑参》第488号案例"惠某等非法吸收公众存款案——如何认定非法变相吸收公众存款"相关论述:未经中国人民银行批准向社会不特定对象吸收资金,虽然不以吸收公众存款的名义,但承诺在一定期限内还本付息的,属于变相吸收公众存款。《刑法》是规定犯罪及其刑事责任的法律规范,即刑法规定的是犯罪行为,而其他法律规定的都是一般违法行为。非法吸收公众存款罪尽管也表现为一定民间借贷的特征,但因为其

① 杨某等人非法吸收公众存款案,最高人民检察院指导性案例第64号(2020年)。

借贷的范围具有不特定的公众性且扰乱了国家金融秩序，所以具有民间借贷不会造成的严重社会危害性，这是二者的根本区别。如果民间借贷的对象范围满足“非法性”和“广延性”，扰乱国家金融秩序就超出了民间借贷的范畴，演化为非法吸收公众存款。民间借贷只能是针对社会中少数个人或者特定对象之间的“借贷”行为。①

《刑参》第1188号案例“毛某等非法吸收公众存款案——非法吸收公众存款罪从轻处罚的适用”相关论述：《刑法》第176条虽将“数额巨大”与“其他严重情节”两者并列，共同作为非法吸收公众存款罪提档处罚的情节，但社会危害性方面存在区别。“数额巨大”与基本犯之间仅有量的区别而无质的差别。在法益侵害方面具有单一与多元的区别，两者在缓刑适用的可能性方面应予以区别对待。对于纯粹因“数额巨大”提档处罚的，可在符合条件时考虑缓刑适用。对于具有“其他严重情节”的一般不宜对其适用缓刑。非法吸收公众存款犯罪的危害性主要体现在不能归还所吸收资金及由此引发的社会稳定问题。在刑罚裁量上，应侧重考量集资目的及清退资金两个关键要素，在量刑幅度上适当灵活把握。根据“举重以明轻”的原理，既然具备上述条件司法解释规定可以免予刑事处罚或者作无罪处理，那么更可以对被告人予以从轻处罚。

第一百七十七条　【伪造、变造金融票证罪】

有下列情形之一，伪造、变造金融票证的，处五年以下有期徒刑或者拘役，并处或者单处二万元以上二十万元以下罚金；情节严重的，处五年以上十年以下有期徒刑，并处五万元以上五十万元以下罚金；情节特别严重的，处十年以上有期徒刑或者无期徒刑，并处五万元以上五十万元以下罚金或者没收财产：

（一）伪造、变造汇票、本票、支票的；

（二）伪造、变造委托收款凭证、汇款凭证、银行存单等其他银行结算凭证的；

（三）伪造、变造信用证或者附随的单据、文件的；

（四）伪造信用卡的。

单位犯前款罪的，对单位判处罚金，并对其直接负责的主管人员和其他直接责任人员，依照前款的规定处罚。

◆ 相关规定

最高人民法院　最高人民检察院

关于办理妨害信用卡管理刑事案件具体应用法律若干问题的解释（节选）

（法释〔2018〕19号）

详见《刑法》第196条信用卡诈骗罪的相关规定

第一条　复制他人信用卡、将他人信用卡信息资料写入磁条介质、芯片或者以其他方法伪造信用卡一

① 渭南市尤湖塔园有限责任公司、惠某、陈某、冯某非法吸收公众存款，惠某挪用资金案，载《最高人民法院公报》2008年第6期。

张以上的，应当认定为刑法第一百七十七条第一款第四项规定的“伪造信用卡”，以伪造金融票证罪定罪处罚。

伪造空白信用卡十张以上的，应当认定为刑法第一百七十七条第一款第四项规定的“伪造信用卡”，以伪造金融票证罪定罪处罚。

伪造信用卡，有下列情形之一的，应当认定为刑法第一百七十七条规定的“情节严重”：

（一）伪造信用卡五张以上不满二十五张的；

（二）伪造的信用卡内存款余额、透支额度单独或者合计数额在二十万元以上不满一百万元的；

（三）伪造空白信用卡五十张以上不满二百五十张的；

（四）其他情节严重的情形。

伪造信用卡，有下列情形之一的，应当认定为刑法第一百七十七条规定的“情节特别严重”：

（一）伪造信用卡二十五张以上的；

（二）伪造的信用卡内存款余额、透支额度单独或者合计数额在一百万元以上的；

（三）伪造空白信用卡二百五十张以上的；

（四）其他情节特别严重的情形。

本条所称“信用卡内存款余额、透支额度”，以信用卡被伪造后发卡行记录的最高存款余额、可透支额度计算。

最高人民检察院　公安部

关于公安机关管辖的刑事案件立案追诉标准的规定（二）（节选）

（公通字〔2022〕12号）

第二十四条　【伪造、变造金融票证案（刑法第一百七十七条）】伪造、变造金融票证，涉嫌下列情形之一的，应予立案追诉：

（一）伪造、变造汇票、本票、支票，或者伪造、变造委托收款凭证、汇款凭证、银行存单等其他银行结算凭证，或者伪造、变造信用证或者附随的单据、文件，总面额在一万元以上或者数量在十张以上的；

（二）伪造信用卡一张以上，或者伪造空白信用卡十张以上的。

◆ 解读与适用

具有制作权的银行工作人员，制作内容虚假的文书等行为属于无形伪造行为，同样构成本罪。不应作出不合理的限制解释导致刑法漏洞。①

【拓展关键词】牵连犯　法定刑轻重比较

《刑参》第71号案例“王某变造金融票证案——涂改、变造存折后再进行金融凭证诈骗的行为如何定性”相关论述：牵连犯，分则有特别规定的，应当适用特别规定定罪处罚，刑法分则没有规定的，按照择一重罪从重处罚。现行刑法分则特别规定分为三种：一是按照手段行为定罪处罚，例如，伪造货币并出售的，以伪造货币罪定罪处罚。二是以目的行为定罪处罚，例如，使用伪造、变造的银行结算凭证，以金融凭证诈骗罪定罪处罚。三是数罪并罚，例如，以暴力、威胁方法抗拒缉私的，以走私罪和妨害公务罪并罚。尽管伪造、变造的行为也可单独构成伪造、变造金融票证罪，但《刑法》第194条第2款已规定，使用伪造、变造的银行结算凭证的，以金融凭证诈骗罪定罪处罚。从立法上排除了伪造、变造金融凭证罪的适用。在刑法规定的法定刑

---

① 参见张明楷：《刑法分则的解释原理》，中国人民大学出版社2004年版，第108页。

种及其幅度都相同的情况下，可以通过法定刑适用方式的不同来比较法定刑的轻重。这里的法定刑不仅是指主刑还包括附加刑。

第一百七十七条之一 【妨害信用卡管理罪】①

有下列情形之一，妨害信用卡管理的，处三年以下有期徒刑或者拘役，并处或者单处一万元以上十万元以下罚金；数量巨大或者有其他严重情节的，处三年以上十年以下有期徒刑，并处二万元以上二十万元以下罚金：

（一）明知是伪造的信用卡而持有、运输的，或者明知是伪造的空白信用卡而持有、运输，数量较大的；

（二）非法持有他人信用卡，数量较大的；

（三）使用虚假的身份证明骗领信用卡的；

（四）出售、购买、为他人提供伪造的信用卡或者以虚假的身份证明骗领的信用卡的。

【窃取、收买、非法提供信用卡信息罪】

窃取、收买或者非法提供他人信用卡信息资料的，依照前款规定处罚。

银行或者其他金融机构的工作人员利用职务上的便利，犯第二款罪的，从重处罚。

◆ 相关规定

全国人民代表大会常务委员会 关于《中华人民共和国刑法》有关信用卡规定的解释

（2004年12月29日）

全国人民代表大会常务委员会根据司法实践中遇到的情况，讨论了刑法规定的“信用卡”的含义问题，解释如下：

刑法规定的“信用卡”，是指由商业银行或者其他金融机构发行的具有消费支付、信用贷款、转账结算、存取现金等全部功能或者部分功能的电子支付卡。

公安部经济犯罪侦查局 关于对以虚假的工作单位证明及收入证明骗领信用卡是否可以认定为妨害信用卡管理罪请示的批复

（公经金融〔2008〕107号）

山东省公安厅经侦总队：

你总队《关于以虚假的工作单位证明及收入证明骗领信用卡是否可以认定为妨害信用卡管理罪的请示》（鲁公经〔2008〕335号）收悉。经研究，并征求人民银行意见，以虚假的工作单位证明及收入证明骗领信

---

① 根据《刑法修正案（五）》（经中华人民共和国第十届全国人民代表大会常务委员会第十四次会议于2005年2月28日通过公布，自公布之日起施行）新增。

用卡不能认定为妨害信用卡管理罪。

此复。

最高人民法院　最高人民检察院　公安部
关于办理电信网络诈骗等刑事案件适用法律若干问题的意见(节选)

(法发〔2016〕32号)

详见《刑法》第266条诈骗罪的相关规定

三、全面惩处关联犯罪

(四)非法持有他人信用卡,没有证据证明从事电信网络诈骗犯罪活动,符合刑法第一百七十七条之一第一款第(二)项规定的,以妨害信用卡管理罪追究刑事责任。

最高人民法院　最高人民检察院
关于办理妨害信用卡管理刑事案件具体应用法律若干问题的解释(节选)

(法释〔2018〕19号)

详见《刑法》第196条信用卡诈骗罪的相关规定

第二条　明知是伪造的空白信用卡而持有、运输十张以上不满一百张的,应当认定为刑法第一百七十七条之一第一款第一项规定的"数量较大";非法持有他人信用卡五张以上不满五十张的,应当认定为刑法第一百七十七条之一第一款第二项规定的"数量较大"。

有下列情形之一的,应当认定为刑法第一百七十七条之一第一款规定的"数量巨大":

(一)明知是伪造的信用卡而持有、运输十张以上的;

(二)明知是伪造的空白信用卡而持有、运输一百张以上的;

(三)非法持有他人信用卡五十张以上的;

(四)使用虚假的身份证明骗领信用卡十张以上的;

(五)出售、购买、为他人提供伪造的信用卡或者以虚假的身份证明骗领的信用卡十张以上的。

违背他人意愿,使用其居民身份证、军官证、士兵证、港澳居民往来内地通行证、台湾居民来往大陆通行证、护照等身份证明申领信用卡的,或者使用伪造、变造的身份证明申领信用卡的,应当认定为刑法第一百七十七条之一第一款第三项规定的"使用虚假的身份证明骗领信用卡"。

第三条　窃取、收买、非法提供他人信用卡信息资料,足以伪造可进行交易的信用卡,或者足以使他人以信用卡持卡人名义进行交易,涉及信用卡一张以上不满五张的,依照刑法第一百七十七条之一第二款的规定,以窃取、收买、非法提供信用卡信息罪定罪处罚;涉及信用卡五张以上的,应当认定为刑法第一百七十七条之一第一款规定的"数量巨大"。

最高人民法院　最高人民检察院　公安部
关于办理电信网络诈骗等刑事案件适用法律若干问题的意见(二)(节选)

(法发〔2021〕22号)

详见《刑法》第266条诈骗罪的相关规定

四、无正当理由持有他人的单位结算卡的,属于刑法第一百七十七条之一第一款第(二)项规定的"非法持有他人信用卡"。

最高人民检察院　公安部
关于公安机关管辖的刑事案件立案追诉标准的规定(二)(节选)

(公通字〔2022〕12号)

第二十五条　【妨害信用卡管理案(刑法第一百七十七条之一第一款)】妨害信用卡管理,涉嫌下列情形之一的,应予立案追诉:

(一)明知是伪造的信用卡而持有、运输的;

(二)明知是伪造的空白信用卡而持有、运输,数量累计在十张以上的;

(三)非法持有他人信用卡,数量累计在五张以上的;

(四)使用虚假的身份证明骗领信用卡的;

(五)出售、购买、为他人提供伪造的信用卡或者以虚假的身份证明骗领的信用卡的。

违背他人意愿,使用其居民身份证、军官证、士兵证、港澳居民往来内地通行证、台湾居民来往大陆通行证、护照等身份证明申领信用卡的,或者使用伪造、变造的身份证明申领信用卡的,应当认定为"使用虚假的身份证明骗领信用卡"。

第二十六条　【窃取、收买、非法提供信用卡信息案(刑法第一百七十七条之一第二款)】窃取、收买或者非法提供他人信用卡信息资料,足以伪造可进行交易的信用卡,或者足以使他人以信用卡持卡人名义进行交易,涉及信用卡一张以上的,应予立案追诉。

◆ 解读与适用

【拓展关键词】刑法修正案　新旧法适用　从旧兼从轻

《刑参》第386号案例"张某等妨害信用卡管理案——《刑法修正案(五)》第1条的适用"相关论述:适用《刑法修正案(五)》第1条处理案件时,不需要在裁判文书中同时援引《刑法》第177条和《刑法修正案(五)》第1条,只须援引《刑法》第177条之一。被告人实施的收集信用卡磁条信息的行为还是明知是伪造的空白信用卡而予以运输的行为,都是伪造信用卡犯罪中不可或缺的环节。根据从旧兼从轻的原则应适用《刑法修正案(五)》第1条。刑法修正案是对刑法法条进行修改,一经颁行,被修正后的刑法条文内容即为现行刑法的内容,在裁判时可直接援引修改后的法律条文。罪名应由司法解释确定,审判时司法解释未及确定的,应当根据准确、简明的原则确定罪名,《刑法修正案(五)》第1条确定为"妨害信用卡管理罪"是妥当的。

第一百七十八条　【伪造、变造国家有价证券罪】

伪造、变造国库券或者国家发行的其他有价证券，数额较大的，处三年以下有期徒刑或者拘役，并处或者单处二万元以上二十万元以下罚金；数额巨大的，处三年以上十年以下有期徒刑，并处五万元以上五十万元以下罚金；数额特别巨大的，处十年以上有期徒刑或者无期徒刑，并处五万元以上五十万元以下罚金或者没收财产。

【伪造、变造股票、公司、企业债券罪】

伪造、变造股票或者公司、企业债券，数额较大的，处三年以下有期徒刑或者拘役，并处或者单处一万元以上十万元以下罚金；数额巨大的，处三年以上十年以下有期徒刑，并处二万元以上二十万元以下罚金。

单位犯前两款罪的，对单位判处罚金，并对其直接负责的主管人员和其他直接责任人员，依照前两款的规定处罚。

◆ 相关规定

最高人民检察院　公安部

关于公安机关管辖的刑事案件立案追诉标准的规定(二)(节选)

(公通字〔2022〕12号)

第二十七条　【伪造、变造国家有价证券案(刑法第一百七十八条第一款)】伪造、变造国库券或者国家发行的其他有价证券，总面额在二千元以上的，应予立案追诉。

第二十八条　【伪造、变造股票、公司、企业债券案(刑法第一百七十八条第二款)】伪造、变造股票或者公司、企业债券，总面额在三万元以上的，应予立案追诉。

第一百七十九条　【擅自发行股票、公司、企业债券罪】

未经国家有关主管部门批准，擅自发行股票或者公司、企业债券，数额巨大、后果严重或者有其他严重情节的，处五年以下有期徒刑或者拘役，并处或者单处非法募集资金金额百分之一以上百分之五以下罚金。

单位犯前款罪的，对单位判处罚金，并对其直接负责的主管人员和其他直接责任人员，处五年以下有期徒刑或者拘役。

◆ 相关规定

国务院办公厅

关于严厉打击非法发行股票和非法经营证券业务有关问题的通知(节选)

(国办发〔2006〕99号)

三、明确政策界限,依法进行监管

(一)严禁擅自公开发行股票。向不特定对象发行股票或向特定对象发行股票后股东累计超过200人的,为公开发行,应依法报经证监会核准。未经核准擅自发行的,属于非法发行股票。

(二)严禁变相公开发行股票。向特定对象发行股票后股东累计不超过200人的,为非公开发行。非公开发行股票及其股权转让,不得采用广告、公告、广播、电话、传真、信函、推介会、说明会、网络、短信、公开劝诱等公开方式或变相公开方式向社会公众发行。严禁任何公司股东自行或委托他人以公开方式向社会公众转让股票。向特定对象转让股票,未依法报经证监会核准的,转让后,公司股东累计不得超过200人。

(三)严禁非法经营证券业务。股票承销、经纪(代理买卖)、证券投资咨询等证券业务由证监会依法批准设立的证券机构经营,未经证监会批准,其他任何机构和个人不得经营证券业务。

违反上述三项规定的,应坚决予以取缔,并依法追究法律责任。

证监会要根据公司法和证券法有关规定,尽快研究制订有关公开发行股票但不在证券交易所上市的股份有限公司管理规定,明确非上市公众公司设立和发行的条件、发行审核程序、登记托管及转让规则等,将非上市公众公司监管纳入法制轨道。

最高人民检察院　公安部

关于公安机关管辖的刑事案件立案追诉标准的规定(二)(节选)

(公通字〔2022〕12号)

第二十九条　【擅自发行股票、公司、企业债券案(刑法第一百七十九条)】未经国家有关主管部门批准或者注册,擅自发行股票或者公司、企业债券,涉嫌下列情形之一的,应予立案追诉:

(一)非法募集资金金额在一百万元以上的;

(二)造成投资者直接经济损失数额累计在五十万元以上的;

(三)募集的资金全部或者主要用于违法犯罪活动的;

(四)其他后果严重或者有其他严重情节的情形。

本条规定的"擅自发行股票或者公司、企业债券",是指向社会不特定对象发行、以转让股权等方式变相发行股票或者公司、企业债券,或者向特定对象发行、变相发行股票或者公司、企业债券累计超过二百人的行为。

最高人民法院

关于审理非法集资刑事案件具体应用法律若干问题的解释(节选)

(法释〔2022〕5号)

第十条　未经国家有关主管部门批准,向社会不特定对象发行、以转让股权等方式变相发行股票或者公司、企业债券,或者向特定对象发行、变相发行股票或者公司、企业债券累计超过200人的,应当认定为刑法第一百七十九条规定的"擅自发行股票或者公司、企业债券"。构成犯罪的,以擅自发行股票、公司、企业债券罪定罪处罚。

◆ 解读与适用

非上市股份有限公司为筹集经营资金，在未经证券监管部门批准的情况下，委托中介机构向不特定社会公众转让公司股东的股权，其行为属于未经批准擅自发行股票的行为，数额巨大，后果严重或者有其他严重情节的，应当以擅自发行股票罪定罪处罚。①

第一百八十条　【内幕交易、泄露内幕信息罪】②③

证券、期货交易内幕信息的知情人员或者非法获取证券、期货交易内幕信息的人员，在涉及证券的发行，证券、期货交易或者其他对证券、期货交易价格有重大影响的信息尚未公开前，买入或者卖出该证券，或者从事与该内幕信息有关的期货交易，或者泄露该信息，或者明示、暗示他人从事上述交易活动，情节严重的，处五年以下有期徒刑或者拘役，并处或者单处违法所得一倍以上五倍以下罚金；情节特别严重的，处五年以上十年以下有期徒刑，并处违法所得一倍以上五倍以下罚金。

单位犯前款罪的，对单位判处罚金，并对其直接负责的主管人员和其他直接责任人员，处五年以下有期徒刑或者拘役。

内幕信息、知情人员的范围，依照法律、行政法规的规定确定。

【利用未公开信息交易罪】

证券交易所、期货交易所、证券公司、期货经纪公司、基金管理公司、商业银行、保险公司等金融机构的从业人员以及有关监管部门或者行业协会的工作人员，利用因职务便利获取的内幕信息以外的其他未公开的信息，违反规定，从事与该信息相关的证券、期货交易活动，或者明示、暗示他人从事相关交易活动，情节严重的，依照第一款的规定处罚。

---

① 上海安基生物科技股份有限公司、郑某擅自发行股票案，载《最高人民法院公报》2010年第9期。

② 依据《刑法修正案》修订。原条文主要内容为：证券交易内幕信息的知情人员或者非法获取证券交易内幕信息的人员，在涉及证券的发行、交易或者其他对证券的价格有重大影响的信息尚未公开前，买入或者卖出该证券，或者泄露该信息，情节严重的，处五年以下有期徒刑或者拘役，并处或者单处违法所得一倍以上五倍以下罚金；情节特别严重的，处五年以上十年以下有期徒刑，并处违法所得一倍以上五倍以下罚金。

单位犯前款罪的，对单位判处罚金，并对其直接负责的主管人员和其他直接责任人员，处五年以下有期徒刑或者拘役。

内幕信息的范围，依照法律、行政法规的规定确定。

知情人员的范围，依照法律、行政法规的规定确定。

③ 根据《刑法修正案（七）》对第一款进行了修订。原条文第一款主要内容为：证券、期货交易内幕信息的知情人员或者非法获取证券、期货交易内幕信息的人员，在涉及证券的发行，证券、期货交易或者其他对证券、期货交易价格有重大影响的信息尚未公开前，买入或者卖出该证券，或者从事与该内幕信息有关的期货交易，或者泄露该信息，情节严重的，处五年以下有期徒刑或者拘役，并处或者单处违法所得一倍以上五倍以下罚金；情节特别严重的，处五年以上十年以下有期徒刑，并处违法所得一倍以上五倍以下罚金。

增加一款作为第四款。

◆ 相关规定

最高人民检察院　公安部
关于公安机关管辖的刑事案件立案追诉标准的规定(二)(节选)

(公通字〔2022〕12号)

第三十条　【内幕交易、泄露内幕信息案(刑法第一百八十条第一款)】证券、期货交易内幕信息的知情人员、单位或者非法获取证券、期货交易内幕信息的人员、单位,在涉及证券的发行,证券、期货交易或者其他对证券、期货交易价格有重大影响的信息尚未公开前,买入或者卖出该证券,或者从事与该内幕信息有关的期货交易,或者泄露该信息,或者明示、暗示他人从事上述交易活动,涉嫌下列情形之一的,应予立案追诉:

(一)获利或者避免损失数额在五十万元以上的;

(二)证券交易成交额在二百万元以上的;

(三)期货交易占用保证金数额在一百万元以上的;

(四)二年内三次以上实施内幕交易、泄露内幕信息行为的;

(五)明示、暗示三人以上从事与内幕信息相关的证券、期货交易活动的;

(六)具有其他严重情节的。

内幕交易获利或者避免损失数额在二十五万元以上,或者证券交易成交额在一百万元以上,或者期货交易占用保证金数额在五十万元以上,同时涉嫌下列情形之一的,应予立案追诉:

(一)证券法规定的证券交易内幕信息的知情人实施或者与他人共同实施内幕交易行为的;

(二)以出售或者变相出售内幕信息等方式,明示、暗示他人从事与该内幕信息相关的交易活动的;

(三)因证券、期货犯罪行为受过刑事追究的;

(四)二年内因证券、期货违法行为受过行政处罚的;

(五)造成其他严重后果的。

第三十一条　【利用未公开信息交易案(刑法第一百八十条第四款)】证券交易所、期货交易所、证券公司、期货公司、基金管理公司、商业银行、保险公司等金融机构的从业人员以及有关监管部门或者行业协会的工作人员,利用因职务便利获取的内幕信息以外的其他未公开的信息,违反规定,从事与该信息相关的证券、期货交易活动,或者明示、暗示他人从事相关交易活动,涉嫌下列情形之一的,应予立案追诉:

(一)获利或者避免损失数额在一百万元以上的;

(二)二年内三次以上利用未公开信息交易的;

(三)明示、暗示三人以上从事相关交易活动的;

(四)具有其他严重情节的。

利用未公开信息交易,获利或者避免损失数额在五十万元以上,或者证券交易成交额在五百万元以上,或者期货交易占用保证金数额在一百万元以上,同时涉嫌下列情形之一的,应予立案追诉:

(一)以出售或者变相出售未公开信息等方式,明示、暗示他人从事相关交易活动的;

(二)因证券、期货犯罪行为受过刑事追究的;

(三)二年内因证券、期货违法行为受过行政处罚的;

(四)造成其他严重后果的。

最高人民法院　最高人民检察院
关于贯彻执行《关于办理证券期货违法犯罪案件工作若干问题的意见》有关问题的通知(节选)

(法发〔2012〕8号)

一、《意见》第十条中的“证券期货犯罪”,是指刑法第一百六十条、第一百六十一条、第一百六十九条之一、第一百七十八条第二款、第一百七十九条、第一百八十条、第一百八十一条、第一百八十二条、第一百八十五条之一第一款规定的犯罪。

二、2012年1月1日以后,证券期货犯罪的第一审案件,适用《意见》第十条的规定,由中级人民法院管辖,同级人民检察院负责提起公诉。

三、2011年12月31日以前已经提起公诉的证券期货犯罪案件,不适用《意见》第十条关于级别管辖的规定。

……

特此通知。

最高人民法院　最高人民检察院
关于办理内幕交易、泄露内幕信息刑事案件具体应用法律若干问题的解释(节选)

(法释〔2012〕6号)

第一条　下列人员应当认定为刑法第一百八十条第一款规定的“证券、期货交易内幕信息的知情人员”:

(一)证券法第七十四条规定的人员;

(二)期货交易管理条例第八十五条第十二项规定的人员。

第二条　具有下列行为的人员应当认定为刑法第一百八十条第一款规定的“非法获取证券、期货交易内幕信息的人员”:

(一)利用窃取、骗取、套取、窃听、利诱、刺探或者私下交易等手段获取内幕信息的;

(二)内幕信息知情人员的近亲属或者其他与内幕信息知情人员关系密切的人员,在内幕信息敏感期内,从事或者明示、暗示他人从事,或者泄露内幕信息导致他人从事与该内幕信息有关的证券、期货交易,相关交易行为明显异常,且无正当理由或者正当信息来源的;

(三)在内幕信息敏感期内,与内幕信息知情人员联络、接触,从事或者明示、暗示他人从事,或者泄露内幕信息导致他人从事与该内幕信息有关的证券、期货交易,相关交易行为明显异常,且无正当理由或者正当信息来源的。

第三条　本解释第二条第二项、第三项规定的“相关交易行为明显异常”,要综合以下情形,从时间吻合程度、交易背离程度和利益关联程度等方面予以认定:

(一)开户、销户、激活资金账户或者指定交易(托管)、撤销指定交易(转托管)的时间与该内幕信息形成、变化、公开时间基本一致的;

(二)资金变化与该内幕信息形成、变化、公开时间基本一致的;

(三)买入或者卖出与内幕信息有关的证券、期货合约时间与内幕信息的形成、变化和公开时间基本一致的;

(四)买入或者卖出与内幕信息有关的证券、期货合约时间与获悉内幕信息的时间基本一致的;

(五)买入或者卖出证券、期货合约行为明显与平时交易习惯不同的;

(六)买入或者卖出证券、期货合约行为,或者集中持有证券、期货合约行为与该证券、期货公开信息反映的基本面明显背离的；

（七）账户交易资金进出与该内幕信息知情人员或者非法获取人员有关联或者利害关系的；

（八）其他交易行为明显异常情形。

第四条 具有下列情形之一的，不属于刑法第一百八十条第一款规定的从事与内幕信息有关的证券、期货交易：

（一）持有或者通过协议、其他安排与他人共同持有上市公司百分之五以上股份的自然人、法人或者其他组织收购该上市公司股份的；

（二）按照事先订立的书面合同、指令、计划从事相关证券、期货交易的；

（三）依据已被他人披露的信息而交易的；

（四）交易具有其他正当理由或者正当信息来源的。

第五条 本解释所称"内幕信息敏感期"是指内幕信息自形成至公开的期间。

证券法第六十七条第二款所列"重大事件"的发生时间，第七十五条规定的"计划"、"方案"以及期货交易管理条例第八十五条第十一项规定的"政策"、"决定"等的形成时间，应当认定为内幕信息的形成之时。

影响内幕信息形成的动议、筹划、决策或者执行人员，其动议、筹划、决策或者执行初始时间，应当认定为内幕信息的形成之时。

内幕信息的公开，是指内幕信息在国务院证券、期货监督管理机构指定的报刊、网站等媒体披露。

第六条 在内幕信息敏感期内从事或者明示、暗示他人从事或者泄露内幕信息导致他人从事与该内幕信息有关的证券、期货交易，具有下列情形之一的，应当认定为刑法第一百八十条第一款规定的"情节严重"：

（一）证券交易成交额在五十万元以上的；

（二）期货交易占用保证金数额在三十万元以上的；

（三）获利或者避免损失数额在十五万元以上的；

（四）三次以上的；

（五）具有其他严重情节的。

第七条 在内幕信息敏感期内从事或者明示、暗示他人从事或者泄露内幕信息导致他人从事与该内幕信息有关的证券、期货交易，具有下列情形之一的，应当认定为刑法第一百八十条第一款规定的"情节特别严重"：

（一）证券交易成交额在二百五十万元以上的；

（二）期货交易占用保证金数额在一百五十万元以上的；

（三）获利或者避免损失数额在七十五万元以上的；

（四）具有其他特别严重情节的。

第八条 二次以上实施内幕交易或者泄露内幕信息行为，未经行政处理或者刑事处理的，应当对相关交易数额依法累计计算。

第九条 同一案件中，成交额、占用保证金额、获利或者避免损失额分别构成情节严重、情节特别严重的，按照处罚较重的数额定罪处罚。

构成共同犯罪的，按照共同犯罪行为人的成交总额、占用保证金总额、获利或者避免损失总额定罪处罚，但判处各被告人罚金的总额应掌握在获利或者避免损失总额的一倍以上五倍以下。

第十条 刑法第一百八十条第一款规定的"违法所得"，是指通过内幕交易行为所获利益或者避免的损失。

内幕信息的泄露人员或者内幕交易的明示、暗示人员未实际从事内幕交易的，其罚金数额按照因泄露而获悉内幕信息人员或者被明示、暗示人员从事内幕交易的违法所得计算。

第十一条 单位实施刑法第一百八十条第一款规定的行为，具有本解释第六条规定情形之一的，按照刑法第一百八十条第二款的规定定罪处罚。

最高人民法院　最高人民检察院
关于办理利用未公开信息交易刑事案件适用法律若干问题的解释(节选)

(法释〔2019〕10号)

第一条　刑法第一百八十条第四款规定的“内幕信息以外的其他未公开的信息”,包括下列信息:

(一)证券、期货的投资决策、交易执行信息;

(二)证券持仓数量及变化、资金数量及变化、交易动向信息;

(三)其他可能影响证券、期货交易活动的信息。

第二条　内幕信息以外的其他未公开的信息难以认定的,司法机关可以在有关行政主(监)管部门的认定意见的基础上,根据案件事实和法律规定作出认定。

第三条　刑法第一百八十条第四款规定的“违反规定”,是指违反法律、行政法规、部门规章、全国性行业规范有关证券、期货未公开信息保护的规定,以及行为人所在的金融机构有关信息保密、禁止交易、禁止利益输送等规定。

第四条　刑法第一百八十条第四款规定的行为人“明示、暗示他人从事相关交易活动”,应当综合以下方面进行认定:

(一)行为人具有获取未公开信息的职务便利;

(二)行为人获取未公开信息的初始时间与他人从事相关交易活动的初始时间具有关联性;

(三)行为人与他人之间具有亲友关系、利益关联、交易终端关联等关联关系;

(四)他人从事相关交易的证券、期货品种、交易时间与未公开信息所涉证券、期货品种、交易时间等方面基本一致;

(五)他人从事的相关交易活动明显不具有符合交易习惯、专业判断等正当理由;

(六)行为人对明示、暗示他人从事相关交易活动没有合理解释。

第五条　利用未公开信息交易,具有下列情形之一的,应当认定为刑法第一百八十条第四款规定的“情节严重”:

(一)违法所得数额在一百万元以上的;

(二)二年内三次以上利用未公开信息交易的;

(三)明示、暗示三人以上从事相关交易活动的。

第六条　利用未公开信息交易,违法所得数额在五十万元以上,或者证券交易成交额在五百万元以上,或者期货交易占用保证金数额在一百万元以上,具有下列情形之一的,应当认定为刑法第一百八十条第四款规定的“情节严重”:

(一)以出售或者变相出售未公开信息等方式,明示、暗示他人从事相关交易活动的;

(二)因证券、期货犯罪行为受过刑事追究的;

(三)二年内因证券、期货违法行为受过行政处罚的;

(四)造成恶劣社会影响或者其他严重后果的。

第七条　刑法第一百八十条第四款规定的“依照第一款的规定处罚”,包括该条第一款关于“情节特别严重”的规定。

利用未公开信息交易,违法所得数额在一千万元以上的,应当认定为“情节特别严重”。

违法所得数额在五百万元以上,或者证券交易成交额在五千万元以上,或者期货交易占用保证金数额在一千万元以上,具有本解释第六条规定的四种情形之一的,应当认定为“情节特别严重”。

第八条　二次以上利用未公开信息交易,依法应予行政处理或者刑事处理而未经处理的,相关交易数额或者违法所得数额累计计算。

第九条 本解释所称“违法所得”,是指行为人利用未公开信息从事与该信息相关的证券、期货交易活动所获利益或者避免的损失。

行为人明示、暗示他人利用未公开信息从事相关交易活动,被明示、暗示人员从事相关交易活动所获利益或者避免的损失,应当认定为“违法所得”。

第十条 行为人未实际从事与未公开信息相关的证券、期货交易活动的,其罚金数额按照被明示、暗示人员从事相关交易活动的违法所得计算。

第十一条 符合本解释第五条、第六条规定的标准,行为人如实供述犯罪事实,认罪悔罪,并积极配合调查,退缴违法所得的,可以从轻处罚;其中犯罪情节轻微的,可以依法不起诉或者免予刑事处罚。

符合刑事诉讼法规定的认罪认罚从宽适用范围和条件的,依照刑事诉讼法的规定处理。

第十二条 本解释自2019年7月1日起施行。

☞ 其他相关规定见章后二维码

◆ 解读与适用

【拓展关键词】利用未公开信息交易罪的法定刑

《刑法》第180条第4款规定的利用未公开信息交易罪援引法定刑的情形,应当是对第一款内幕交易、泄露内幕信息罪全部法定刑的引用,即利用未公开信息交易罪应有“情节严重”“情节特别严重”两种情形和两个量刑档次。援引法定刑是指对某一犯罪并不规定独立的法定刑,而是援引其他犯罪的法定刑作为该犯罪的法定刑。《刑法》第180条第4款援引法定刑的目的是为了避免法条文字表述重复,并不属于法律规定不明确的情形。综上,《刑法》第180条第4款虽然没有明确表述“情节特别严重”,但是根据本条款设立的立法目的、法条文意及立法技术,应当包含“情节特别严重”的情形和量刑档次。①

《刑法》第180条第4款对于利用未公开信息交易罪援引法定刑的情形,应当是对第1款法定刑的全部援引。其中,“情节严重”是入罪标准,在处罚上应当依照本条第1款内幕交易、泄露内幕信息罪的全部法定刑处罚,即区分不同情形分别依照第1款规定的“情节严重”和“情节特别严重”两个量刑档次处罚。从法条文义理解,《刑法》第180条第4款中的“情节严重”是入罪条款,为犯罪构成要件,表明该罪情节犯的属性,具有限定处罚范围的作用,以避免“情节不严重”的行为也入罪,而非量刑档次的限缩。本条款中“情节严重”之后并未列明具体的法定刑,不兼具量刑条款的性质,量刑条款为“依照第1款的规定处罚”,应当理解为对第1款法定刑的全部援引而非部分援引,即同时存在“情节严重”“情节特别严重”两种情形和两个量刑档次。从刑法体系的协调性考量,一方面,《刑法》中存在与第180条第4款表述类似的条款,印证了援引法定刑为全部援引。如《刑法》第285条第3款规定“情节严重的,依照前款的规定处罚”,2011年《最高人民法院、最高人民检察院关于办理危害计算机信息系统安全刑事案件应用法律若干问题的解释》第3条明确了本款包含有“情节严重”“情节特别严重”两个量刑档次。另一方面,从《刑法》其他条文的反面例证看,法定刑设置存在细微差别时即无法援引。如《刑法》第180条第2款关于内幕交易、泄露内幕信息罪单位犯罪的规定,没有援引前款个人犯罪的法定刑,而是单独明确规定处5年以下有期徒刑或者拘役。这是因为第1款规定了情节严重、情节特别严重两个量刑档次,而第2款只有一个量刑档次,并且不对直接负责的主管人员和其他直接责任人员并处罚金。在这种情况下,为避免发生歧义,立法不会采用援引法定刑的方式,而是对相关法定刑作出明确表述。从设置利用未公开信息交易罪的立法目的分析,《刑法》将本罪与内幕交易、泄

---

① 马某利用未公开信息交易案,最高人民法院指导案例61号(2016年)。

露内幕信息罪一并放在第180条中分款予以规定,就是由于两罪虽然信息范围不同,但是其通过信息的未公开性和价格影响性获利的本质相同,对公众投资者利益和金融管理秩序的实质危害性相当,行为人的主观恶性相当,应当适用相同的法定量刑幅度,具体量刑标准也应一致。①

【拓展关键词】内幕信息　非法获取证券交易内幕信息的人员　内幕交易违法所得

国家工作人员因履行工作职责而获取对证券交易价格具有重大影响的、尚未公开的信息的,属于内幕信息的知情人员。在内幕信息敏感期内,知情人员与关系密切人共同从事证券交易活动,情节严重的,应当以内幕交易罪定罪处罚。②

行为人在担任基金经理期间,违反规定,利用掌握的未公开的信息,从事与该信息相关的证券交易活动,先于或同步多次买入、卖出相同个股,情节严重,应当以利用未公开信息交易罪定罪处罚。③

具有获取未公开信息职务便利条件的金融机构从业人员及其近亲属从事相关证券交易行为明显异常,且与未公开信息相关交易高度趋同,即使其拒不供述未公开信息传递过程等犯罪事实,但其他证据之间相互印证,能够形成证明利用未公开信息犯罪的完整证明体系,足以排除其他可能的,可以依法认定犯罪事实。④

《刑参》第48号案例"赵某操纵证券交易价格案——非法侵入计算机信息系统抬高股票价格获利的行为如何处理"相关论述:非法入侵证券公司的计算机信息系统修改系统存储数据,人为地操纵股票价格扰乱股市交易秩序造成他人巨大经济损失,属于情节严重,依法构成操纵证券交易价格罪。

《刑参》第735号案例"李某等内幕交易、泄露内幕信息案——如何确定内部信息价格敏感期、建议他人买卖与内幕信息有关的证券行为如何定性以及如何区分洗钱罪与掩饰、隐瞒犯罪所得罪"相关论述:内幕信息敏感期应自内幕信息形成之时起至内幕信息公开时止。在司法实践中一般将《证券法》第80条规定的"重大事件""计划""方案"等正式形成的时间认定为内幕信息形成之时。然而,对于影响内幕信息形成的决策者、策划者、推动者或执行者,其决意、筹划、推动或者执行行为往往影响内幕信息的形成,足以影响证券期货交易价格。因此,上述人员决意、决策、动议或执行之时应认定为内幕信息形成之时。内幕信息知情人员建议他人买卖与内幕信息有关的证券,但没有获利的行为,构成内幕交易罪。泄露内幕信息的行为所指向的对象是内幕信息本身,建议他人买卖证券的行为,已不再是仅仅向他人提供内幕信息本身,不构成泄露内幕信息罪。内幕信息知情人建议他人买卖证券,极有可能是内幕交易实施者的教唆者,构成内幕交易罪的共犯。

《刑参》第756号案例"肖某内幕交易案——因获取让壳信息而指使他人购买让壳公司股票后借壳公司改变的是否影响内幕信息的认定"相关论述:因获取让壳重组信息而指使他人购买让壳公司股票,后借壳公司改变的,不影响内幕信息的认定。内幕信息以真实性为构成特征,但对真实性的认定应当坚持二元标准。对于最终公开的内幕信息,应当以相对真实为认定标准。相对于国务院证券监管机构指定的报刊、媒体首次公开的信息是真实的,就应当认定信息具有真实性。至于指定报刊、媒体公开的信息是否准确在所不问。对于因谈判失败或公司高管人员故意违规不予披露等因素而最终未在指定报刊、媒体公开的内幕信息,应当以客观真实为认定标准。本案借壳公司的改变不影响内幕信息真实性的认定。根据成交额量刑要比根据获利额量刑更为准确。对于是基于专业知识的研判还是基于对内幕信息的确信而从事有关交易的认定,要准确

---

① 马某利用未公开信息交易案,最高人民检察院指导性案例第24号(2016年)。

② 刘某、陈某内幕交易案,载《最高人民法院公报》2013年第1期。

③ 许某利用未公开信息交易案,载《最高人民法院公报》2012年第10期。

④ 王某等人利用未公开信息交易案,最高人民检察院指导性案例第65号(2020年)。

分析促使行为人作出交易决定的关键因素。对内幕信息的影响力不应作程度限制，不要求内幕信息对行为人交易决定的影响是唯一的，只要有一定影响，就应当认定行为人是利用内幕信息从事内幕交易。中国证监会应对司法机关的需要就内幕信息有关问题作出的认定，经审查具有客观性、合法性的，可以作为定案依据。

《刑参》第 757 号案例“杜某、刘某内幕交易案及刘某某泄露内幕信息案——内幕信息、内幕信息的知情人和非法获取人员的认定以及相关法律适用问题的把握”相关论述：收购信息对股票价格有重大影响，在公开披露前应当认定为内幕信息。利用专业知识判断出重组对象的人员是否认定为内幕信息的知情人员，关键看该类人员在利用专业知识判断时是否依据职务行为获取的信息。被告人作为内幕信息知情人员的配偶，从知情人处获取信息且在内幕信息尚未公开前从事和泄露内幕信息致使他人从事与该内幕交易信息有关的证券交易，侵犯了投资者的合法权益，内幕信息知情人员的近亲属或关系密切的人，即便是被动获悉内幕信息，也应当依法认定为非法获取内幕信息的人员。

《刑参》第 758 号案例“赵某等内幕交易案——内幕信息知情人员的近亲属或与其关系密切的人被动获悉内幕信息的，能否认定为‘非法获取证券交易内幕信息的人员’”相关论述：内幕信息知情人员的近亲属或与其关系密切的人被动获悉内幕信息的应当认定为“非法获取证券交易内幕信息的人员”。利用内幕信息知情人员和非法获取内幕信息人员的违法结果，行为在整体上应当属于禁止情形。“交易行为明显异常”要综合把握时间吻合程度、交易背离程度和利益关联程度等方面。

《刑参》第 920 号案例“王某等内幕交易、泄露内幕信息案——对利好型内幕信息公开后继续持股未卖的，内幕交易的违法所得如何认定”相关论述：对利好型内幕信息在复牌后兑现的，不论在复牌日还是复牌日之后抛售股票均应以抛售后的实际获利认定为内幕交易的违法所得。如果复牌后没有抛售而是选择继续持股的，则应以复牌日收盘价计算账目获利认定为违法所得。内幕信息知情人员进行内幕交易必然是在掌握利好消息时买入股票以谋取股票上涨的利益，在掌握利空信息时卖出股票以避免股票下跌的损失。对于利好型内幕信息在复牌后兑现的，对已抛售的股票按照实际所得计算；如果没有抛售的，则应按照案发日的账面所得计算。对于利好型内幕信息在复牌后兑现的，如果行为人为了逃避处罚而故意低价卖亏股票的，应当按照抛售日的账面所得计算违法所得。由于利好型内幕信息未兑现，往往不会对复牌后的股价产生直接影响，即后续的股价变化与内幕信息之间没有因果关系。对于利好型内幕信息从事股票买卖，如果以账目的获利认定为违法所得，应以收盘价计算账目获利。如果行为人在知悉利空内幕信息之前即已持有股票，对与在内幕信息公开前尚未抛售的部分属于继续持有，不存在需要核定规避风险的利益，即不属于内幕交易的归责范围，不能作为违法所得认定。

《刑参》第 941 号案例“李某利用未公开信息交易案——利用未公开信息交易罪司法认定中的证据和法律问题”相关论述：没有被告人或者操盘手的供述或证言综合全案相关客观证据能够认定被告人实施了利用未公开信息交易犯罪行为的，可以认定有罪。构成利用未公开信息交易罪不以“先买先卖”同时具备为要件。典型的“老鼠仓”是利用未公开信息交易犯罪的一种形式但利用未公开信息罪的外延要大于典型“老鼠仓”的范围。只要行为人利用因职务便利获取的未公开信息违反规定从事与该信息相关的证券、期货交易活动达到“情节严重”的程度就构成该罪。相关基金公司对涉案股票的买入行为是否影响涉案股票的价格及行为人是否实际获利均非决定利用未公开信息交易犯罪是否构成的因素。《刑法》第 180 条第 4 款的表述是“违反规定”而不是“违反国家规定”，两者存在很大区别。利用未公开信息交易罪中的违反“规定”不仅包括法律、行政法规，还包括部门规章、地方性法规及行业规范，但公司的内部章程不包括在内。

第一百八十一条　【编造并传播证券、期货交易虚假信息罪】①

编造并且传播影响证券交易的虚假信息，扰乱证券交易市场、期货交易市场，造成严重后果的，处五年以下有期徒刑或者拘役，并处或者单处一万元以上十万元以下罚金。

【诱骗投资者买卖证券、期货合约罪】

证券交易所、期货交易所、证券公司、期货经纪公司的从业人员，证券业协会或者证券期货管理部门的工作人员，故意提供虚假信息或者伪造、变造、销毁交易记录，诱骗投资者买卖证券、期货合约，造成严重后果的，处五年以下有期徒刑或者拘役，并处或者单处一万元以上十万元以下罚金；情节特别恶劣的，处五年以上十年以下有期徒刑，并处二万元以上二十万元以下罚金。

单位犯前两款罪的，对单位判处罚金，并对其直接负责的主管人员和其他直接责任人员，处五年以下有期徒刑或者拘役。

◆ 相关规定

最高人民检察院　公安部

关于公安机关管辖的刑事案件立案追诉标准的规定(二)(节选)

(公通字〔2022〕12号)

第三十二条　【编造并传播证券、期货交易虚假信息案(刑法第一百八十一条第一款)】编造并且传播影响证券、期货交易的虚假信息，扰乱证券、期货交易市场，涉嫌下列情形之一的，应予立案追诉：

(一)获利或者避免损失数额在五万元以上的；

(二)造成投资者直接经济损失数额在五十万元以上的；

(三)虽未达到上述数额标准，但多次编造并且传播影响证券、期货交易的虚假信息的；

(四)致使交易价格或者交易量异常波动的；

(五)造成其他严重后果的。

第三十三条　【诱骗投资者买卖证券、期货合约案(刑法第一百八十一条第二款)】证券交易所、期货交易所、证券公司、期货公司的从业人员，证券业协会、期货业协会或者证券期货监督管理部门的工作人员，故意提供虚假信息或者伪造、变造、销毁交易记录，诱骗投资者买卖证券、期货合约，涉嫌下列情形之一的，应予立案追诉：

(一)获利或者避免损失数额在五万元以上的；

(二)造成投资者直接经济损失数额在五十万元以上的；

---

① 根据《刑法修正案》修订。原条文主要内容为：编造并且传播影响证券交易的虚假信息，扰乱证券交易市场、期货交易市场，造成严重后果的，处五年以下有期徒刑或者拘役，并处或者单处一万元以上十万元以下罚金。

证券交易所、证券公司的从业人员，证券业协会或者证券管理部门的工作人员，故意提供虚假信息或者伪造、变造、销毁交易记录，诱骗投资者买卖证券，造成严重后果的，处五年以下有期徒刑或者拘役，并处或者单处一万元以上十万元以下罚金；情节特别恶劣的，处五年以上十年以下有期徒刑，并处二万元以上二十万元以下罚金。

单位犯前两款罪的，对单位判处罚金，并对其直接负责的主管人员和其他直接责任人员，处五年以下有期徒刑或者拘役。

（三）虽未达到上述数额标准，但多次诱骗投资者买卖证券、期货合约的；
（四）致使交易价格或者交易量异常波动的；
（五）造成其他严重后果的。

第一百八十二条 【操纵证券、期货市场罪】①②③

有下列情形之一，操纵证券、期货市场，影响证券、期货交易价格或者证券、期货交易量，情节严重的，处五年以下有期徒刑或者拘役，并处或者单处罚金；情节特别严重的，处五年以上十年以下有期徒刑，并处罚金：

（一）单独或者合谋，集中资金优势、持股或者持仓优势或者利用信息优势联合或者连续买卖的；

（二）与他人串通，以事先约定的时间、价格和方式相互进行证券、期货交易的；

（三）在自己实际控制的帐户之间进行证券交易，或者以自己为交易对象，自买自卖期货合约的；

---

① 根据《刑法修正案》第一次修订。原条文主要内容为：有下列情形之一，操纵证券交易价格，获取不正当利益或者转嫁风险，情节严重的，处五年以下有期徒刑或者拘役，并处或者单处违法所得一倍以上五倍以下罚金：

（一）单独或者合谋，集中资金优势、持股优势或者利用信息优势联合或者连续买卖，操纵证券交易价格的；

（二）与他人串通，以事先约定的时间、价格和方式相互进行证券交易或者相互买卖并不持有的证券，影响证券交易价格或者证券交易量的；

（三）以自己为交易对象，进行不转移证券所有权的自买自卖，影响证券交易价格或者证券交易量的；

（四）以其他方法操纵证券交易价格的。

单位犯前款罪的，对单位判处罚金，并对其直接负责的主管人员和其他直接责任人员，处五年以下有期徒刑或者拘役。

② 根据《刑法修正案（六）》第二次修订。原条文主要内容为：有下列情形之一，操纵证券、期货交易价格，获取不正当利益或者转嫁风险，情节严重的，处五年以下有期徒刑或者拘役，并处或者单处违法所得一倍以上五倍以下罚金：

（一）单独或者合谋，集中资金优势、持股或者持仓优势或者利用信息优势联合或者连续买卖，操纵证券、期货交易价格的；

（二）与他人串通，以事先约定的时间、价格和方式相互进行证券、期货交易，或者相互买卖并不持有的证券，影响证券、期货交易价格或者证券、期货交易量的；

（三）以自己为交易对象，进行不转移证券所有权的自买自卖，或者以自己为交易对象，自买自卖期货合约，影响证券、期货交易价格或者证券、期货交易量的；

（四）以其他方法操纵证券、期货交易价格的。

单位犯前款罪的，对单位判处罚金，并对其直接负责的主管人员和其他直接责任人员，处五年以下有期徒刑或者拘役。

③ 根据《刑法修正案（十一）》第二次修订。原条文内容为：有下列情形之一，操纵证券、期货市场，情节严重的，处五年以下有期徒刑或者拘役，并处或者单处罚金；情节特别严重的，处五年以上十年以下有期徒刑，并处罚金：

（一）单独或者合谋，集中资金优势、持股或者持仓优势或者利用信息优势联合或者连续买卖，操纵证券、期货交易价格或者证券、期货交易量的；

（二）与他人串通，以事先约定的时间、价格和方式相互进行证券、期货交易，影响证券、期货交易价格或者证券、期货交易量的；

（三）在自己实际控制的账户之间进行证券交易，或者以自己为交易对象，自买自卖期货合约，影响证券、期货交易价格或者证券、期货交易量的；

（四）以其他方法操纵证券、期货市场的。

单位犯前款罪的，对单位判处罚金，并对其直接负责的主管人员和其他直接责任人员，依照前款的规定处罚。

（四）不以成交为目的，频繁或者大量申报买入、卖出证券、期货合约并撤销申报的；

（五）利用虚假或者不确定的重大信息，诱导投资者进行证券、期货交易的；

（六）对证券、证券发行人、期货交易标的公开作出评价、预测或者投资建议，同时进行反向证券交易或者相关期货交易的；

（七）以其他方法操纵证券、期货市场的。

单位犯前款罪的，对单位判处罚金，并对其直接负责的主管人员和其他直接责任人员，依照前款的规定处罚。

◆ 相关规定

最高人民检察院　公安部
关于公安机关管辖的刑事案件立案追诉标准的规定（二）（节选）

（公通字〔2022〕12号）

第三十四条　【操纵证券、期货市场案（刑法第一百八十二条）】操纵证券、期货市场，影响证券、期货交易价格或者证券、期货交易量，涉嫌下列情形之一的，应予立案追诉：

（一）持有或者实际控制证券的流通股份数量达到该证券的实际流通股份总量百分之十以上，实施刑法第一百八十二条第一款第一项操纵证券市场行为，连续十个交易日的累计成交量达到同期该证券总成交量百分之二十以上的；

（二）实施刑法第一百八十二条第一款第二项、第三项操纵证券市场行为，连续十个交易日的累计成交量达到同期该证券总成交量百分之二十以上的；

（三）利用虚假或者不确定的重大信息，诱导投资者进行证券交易，行为人进行相关证券交易的成交额在一千万元以上的；

（四）对证券、证券发行人公开作出评价、预测或者投资建议，同时进行反向证券交易，证券交易成交额在一千万元以上的；

（五）通过策划、实施资产收购或者重组、投资新业务、股权转让、上市公司收购等虚假重大事项，误导投资者作出投资决策，并进行相关交易或者谋取相关利益，证券交易成交额在一千万元以上的；

（六）通过控制发行人、上市公司信息的生成或者控制信息披露的内容、时点、节奏，误导投资者作出投资决策，并进行相关交易或者谋取相关利益，证券交易成交额在一千万元以上的；

（七）实施刑法第一百八十二条第一款第一项操纵期货市场行为，实际控制的帐户合并持仓连续十个交易日的最高值超过期货交易所限仓标准的二倍，累计成交量达到同期该期货合约总成交量百分之二十以上，且期货交易占用保证金数额在五百万元以上的；

（八）通过囤积现货，影响特定期货品种市场行情，并进行相关期货交易，实际控制的帐户合并持仓连续十个交易日的最高值超过期货交易所限仓标准的二倍，累计成交量达到同期该期货合约总成交量百分之二十以上，且期货交易占用保证金数额在五百万元以上的；

（九）实施刑法第一百八十二条第一款第二项、第三项操纵期货市场行为，实际控制的帐户连续十个交易日的累计成交量达到同期该期货合约总成交量百分之二十以上，且期货交易占用保证金数额在五百万元以上的；

（十）利用虚假或者不确定的重大信息，诱导投资者进行期货交易，行为人进行相关期货交易，实际控制的帐户连续十个交易日的累计成交量达到同期该期货合约总成交量百分之二十以上，且期货交易占用保证金数额在五百万元以上的；

（十一）对期货交易标的公开作出评价、预测或者投资建议，同时进行相关期货交易，实际控制的帐户连续十个交易日的累计成交量达到同期该期货合约总成交量的百分之二十以上，且期货交易占用保证金数额在五百万元以上的；

（十二）不以成交为目的，频繁或者大量申报买入、卖出证券、期货合约并撤销申报，当日累计撤回申报量达到同期该证券、期货合约总申报量百分之五十以上，且证券撤回申报额在一千万元以上、撤回申报的期货合约占用保证金数额在五百万元以上的；

（十三）实施操纵证券、期货市场行为，获利或者避免损失数额在一百万元以上的。

操纵证券、期货市场，影响证券、期货交易价格或者证券、期货交易量，获利或者避免损失数额在五十万元以上，同时涉嫌下列情形之一的，应予立案追诉：

（一）发行人、上市公司及其董事、监事、高级管理人员、控股股东或者实际控制人实施操纵证券、期货市场行为的；

（二）收购人、重大资产重组的交易对方及其董事、监事、高级管理人员、控股股东或者实际控制人实施操纵证券、期货市场行为的；

（三）行为人明知操纵证券、期货市场行为被有关部门调查，仍继续实施的；

（四）因操纵证券、期货市场行为受过刑事追究的；

（五）二年内因操纵证券、期货市场行为受过行政处罚的；

（六）在市场出现重大异常波动等特定时段操纵证券、期货市场的；

（七）造成其他严重后果的。

对于在全国中小企业股份转让系统中实施操纵证券市场行为，社会危害性大，严重破坏公平公正的市场秩序的，比照本条的规定执行，但本条第一款第一项和第二项除外。

最高人民法院　最高人民检察院
关于办理操纵证券、期货市场刑事案件适用法律若干问题的解释（节选）

（法释〔2019〕9号）

第一条　行为人具有下列情形之一的，可以认定为刑法第一百八十二条第一款第四项规定的“以其他方法操纵证券、期货市场”：

（一）利用虚假或者不确定的重大信息，诱导投资者作出投资决策，影响证券、期货交易价格或者证券、期货交易量，并进行相关交易或者谋取相关利益的；

（二）通过对证券及其发行人、上市公司、期货交易标的公开作出评价、预测或者投资建议，误导投资者作出投资决策，影响证券、期货交易价格或者证券、期货交易量，并进行与其评价、预测、投资建议方向相反的证券交易或者相关期货交易的；

（三）通过策划、实施资产收购或者重组、投资新业务、股权转让、上市公司收购等虚假重大事项，误导投资者作出投资决策，影响证券交易价格或者证券交易量，并进行相关交易或者谋取相关利益的；

（四）通过控制发行人、上市公司信息的生成或者控制信息披露的内容、时点、节奏，误导投资者作出投资决策，影响证券交易价格或者证券交易量，并进行相关交易或者谋取相关利益的；

（五）不以成交为目的，频繁申报、撤单或者大额申报、撤单，误导投资者作出投资决策，影响证券、期货交易价格或者证券、期货交易量，并进行与申报相反的交易或者谋取相关利益的；

（六）通过囤积现货，影响特定期货品种市场行情，并进行相关期货交易的；

（七）以其他方法操纵证券、期货市场的。

第二条　操纵证券、期货市场，具有下列情形之一的，应当认定为刑法第一百八十二条第一款规定的“情节严重”：

（一）持有或者实际控制证券的流通股份数量达到该证券的实际流通股份总量百分之十以上，实施刑法第一百八十二条第一款第一项操纵证券市场行为，连续十个交易日的累计成交量达到同期该证券总成交量百分之二十以上的；

（二）实施刑法第一百八十二条第一款第二项、第三项操纵证券市场行为，连续十个交易日的累计成交量达到同期该证券总成交量百分之二十以上的；

（三）实施本解释第一条第一项至第四项操纵证券市场行为，证券交易成交额在一千万元以上的；

（四）实施刑法第一百八十二条第一款第一项及本解释第一条第六项操纵期货市场行为，实际控制的账户合并持仓连续十个交易日的最高值超过期货交易所限仓标准的二倍，累计成交量达到同期该期货合约总成交量百分之二十以上，且期货交易占用保证金数额在五百万元以上的；

（五）实施刑法第一百八十二条第一款第二项、第三项及本解释第一条第一项、第二项操纵期货市场行为，实际控制的账户连续十个交易日的累计成交量达到同期该期货合约总成交量百分之二十以上，且期货交易占用保证金数额在五百万元以上的；

（六）实施本解释第一条第五项操纵证券、期货市场行为，当日累计撤回申报量达到同期该证券、期货合约总申报量百分之五十以上，且证券撤回申报额在一千万元以上、撤回申报的期货合约占用保证金数额在五百万元以上的；

（七）实施操纵证券、期货市场行为，违法所得数额在一百万元以上的。

第三条　操纵证券、期货市场，违法所得数额在五十万元以上，具有下列情形之一的，应当认定为刑法第一百八十二条第一款规定的“情节严重”：

（一）发行人、上市公司及其董事、监事、高级管理人员、控股股东或者实际控制人实施操纵证券、期货市场行为的；

（二）收购人、重大资产重组的交易对方及其董事、监事、高级管理人员、控股股东或者实际控制人实施操纵证券、期货市场行为的；

（三）行为人明知操纵证券、期货市场行为被有关部门调查，仍继续实施的；

（四）因操纵证券、期货市场行为受过刑事追究的；

（五）二年内因操纵证券、期货市场行为受过行政处罚的；

（六）在市场出现重大异常波动等特定时段操纵证券、期货市场的；

（七）造成恶劣社会影响或者其他严重后果的。

第四条　具有下列情形之一的，应当认定为刑法第一百八十二条第一款规定的“情节特别严重”：

（一）持有或者实际控制证券的流通股份数量达到该证券的实际流通股份总量百分之十以上，实施刑法第一百八十二条第一款第一项操纵证券市场行为，连续十个交易日的累计成交量达到同期该证券总成交量百分之五十以上的；

（二）实施刑法第一百八十二条第一款第二项、第三项操纵证券市场行为，连续十个交易日的累计成交量达到同期该证券总成交量百分之五十以上的；

（三）实施本解释第一条第一项至第四项操纵证券市场行为，证券交易成交额在五千万元以上的；

（四）实施刑法第一百八十二条第一款第一项及本解释第一条第六项操纵期货市场行为，实际控制的账户合并持仓连续十个交易日的最高值超过期货交易所限仓标准的五倍，累计成交量达到同期该期货合约总成交量百分之五十以上，且期货交易占用保证金数额在二千五百万元以上的；

（五）实施刑法第一百八十二条第一款第二项、第三项及本解释第一条第一项、第二项操纵期货市场行为，实际控制的账户连续十个交易日的累计成交量达到同期该期货合约总成交量百分之五十以上，且期货交易占用保证金数额在二千五百万元以上的；

（六）实施操纵证券、期货市场行为，违法所得数额在一千万元以上的。

实施操纵证券、期货市场行为，违法所得数额在五百万元以上，并具有本解释第三条规定的七种情形之一的，应当认定为“情节特别严重”。

第五条 下列账户应当认定为刑法第一百八十二条中规定的“自己实际控制的账户”：

（一）行为人以自己名义开户并使用的实名账户；

（二）行为人向账户转入或者从账户转出资金，并承担实际损益的他人账户；

（三）行为人通过第一项、第二项以外的方式管理、支配或者使用的他人账户；

（四）行为人通过投资关系、协议等方式对账户内资产行使交易决策权的他人账户；

（五）其他有证据证明行为人具有交易决策权的账户。

有证据证明行为人对前款第一项至第三项账户内资产没有交易决策权的除外。

第六条 二次以上实施操纵证券、期货市场行为，依法应予行政处理或者刑事处理而未经处理的，相关交易数额或者违法所得数额累计计算。

第七条 符合本解释第二条、第三条规定的标准，行为人如实供述犯罪事实，认罪悔罪，并积极配合调查，退缴违法所得的，可以从轻处罚；其中犯罪情节轻微的，可以依法不起诉或者免予刑事处罚。

符合刑事诉讼法规定的认罪认罚从宽适用范围和条件的，依照刑事诉讼法的规定处理。

第八条 单位实施刑法第一百八十二条第一款行为的，依照本解释规定的定罪量刑标准，对其直接负责的主管人员和其他直接责任人员定罪处罚，并对单位判处罚金。

第九条 本解释所称“违法所得”，是指通过操纵证券、期货市场所获利益或者避免的损失。

本解释所称“连续十个交易日”，是指证券、期货市场开市交易的连续十个交易日，并非指行为人连续交易的十个交易日。

第十条 对于在全国中小企业股份转让系统中实施操纵证券市场行为，社会危害性大，严重破坏公平公正的市场秩序的，比照本解释的规定执行，但本解释第二条第一项、第二项和第四条第一项、第二项除外。

第十一条 本解释自2019年7月1日起施行。

◆ 解读与适用

【拓展关键词】反向操作 “抢帽子”交易

证券公司、证券咨询机构、专业中介机构及其工作人员违背从业禁止规定，买卖或者持有证券，并在对相关证券作出公开评价、预测或者投资建议后，通过预期的市场波动反向操作，谋取利益，构成“抢帽子”交易操纵行为，情节严重的，以操纵证券市场罪追究其刑事责任。①

被告人为操纵股票，在有关证券公司营业部分别设立资金账户，并在资金账户下非法开立多个股东账户，在操纵股票的过程中，虽然发生了股票在不同股东账户间的转移，但这种转移或发生在上述非法开立的账户之间，或与丁某等人的操纵行为有关，丁某等人以这种方式进行交易，不但没有使股票所有权发生转移，而且造成该股票交易活跃的假象，属于不转移证券所有权的自买自卖行为。②

《刑参》第325号案例“钱某盗窃案——盗买盗卖股票案件的盗窃数额如何认定”相关论述：盗买盗卖股票行为在客观上会影响交易股票的交易价格和交易量，但并不具备《刑法》规定的操纵特征，没有利用优势，未和被害人串通，转卖后改变了所有权，不属于自买自卖股票，不构成操纵证券市场罪。

---

① 朱某操纵证券市场案，最高人民检察院指导性案例第39号（2018年）。

② 上海华亚公司和丁某等人操纵交易价格案，载《最高人民法院公报》2003年第4期。

第一百八十三条 【职务侵占罪】

保险公司的工作人员利用职务上的便利,故意编造未曾发生的保险事故进行虚假理赔,骗取保险金归自己所有的,依照本法第二百七十一条的规定定罪处罚。

【贪污罪】

国有保险公司工作人员和国有保险公司委派到非国有保险公司从事公务的人员有前款行为的,依照本法第三百八十二条、第三百八十三条的规定定罪处罚。

第一百八十四条 【非国家工作人员受贿罪】

银行或者其他金融机构的工作人员在金融业务活动中索取他人财物或者非法收受他人财物,为他人谋取利益的,或者违反国家规定,收受各种名义的回扣、手续费,归个人所有的,依照本法第一百六十三条的规定定罪处罚。

【受贿罪】

国有金融机构工作人员和国有金融机构委派到非国有金融机构从事公务的人员有前款行为的,依照本法第三百八十五条、第三百八十六条的规定定罪处罚。

第一百八十五条 【挪用资金罪】①

商业银行、证券交易所、期货交易所、证券公司、期货经纪公司、保险公司或者其他金融机构的工作人员利用职务上的便利,挪用本单位或者客户资金的,依照本法第二百七十二条的规定定罪处罚。

【挪用公款罪】

国有商业银行、证券交易所、期货交易所、证券公司、期货经纪公司、保险公司或者其他国有金融机构的工作人员和国有商业银行、证券交易所、期货交易所、证券公司、期货经纪公司、保险公司或者其他国有金融机构委派到前款规定中的非国有机构从事公务的人员有前款行为的,依照本法第三百八十四条的规定定罪处罚。

第一百八十五条之一 【背信运用受托财产罪】②

商业银行、证券交易所、期货交易所、证券公司、期货经纪公司、保险公司或者其他金融机构,违背受托义务,擅自运用客户资金或者其他委托、信托的财产,情节严重的,对单位判处罚金,并对其直接负责的主管人员和其他直接责任人员,处三年以下有期徒刑或者拘役,并处三万元以上三十万元以下罚金;情节特别严重的,处三年以上十年以下有期徒刑,并处五万元以上五十万元以下罚金。

【违法运用资金罪】

社会保障基金管理机构、住房公积金管理机构等公众资金管理机构,以及保险公司、保

---

① 根据《刑法修正案》修订。原条文主要内容为:银行或者其他金融机构的工作人员利用职务上的便利,挪用本单位或者客户资金的,依照本法第二百七十二条的规定定罪处罚。

国有金融机构工作人员和国有金融机构委派到非国有金融机构从事公务的人员有前款行为的,依照本法第三百八十四条的规定定罪处罚。

② 根据《刑法修正案(六)》新增。

险资产管理公司、证券投资基金管理公司，违反国家规定运用资金的，对其直接负责的主管人员和其他直接责任人员，依照前款的规定处罚。

◆ 相关规定

最高人民检察院 公安部

关于公安机关管辖的刑事案件立案追诉标准的规定（二）（节选）

（公通字〔2022〕12 号）

第三十五条 【背信运用受托财产案（刑法第一百八十五条之一第一款）】商业银行、证券交易所、期货交易所、证券公司、期货公司、保险公司或者其他金融机构，违背受托义务，擅自运用客户资金或者其他委托、信托的财产，涉嫌下列情形之一的，应予立案追诉：

（一）擅自运用客户资金或者其他委托、信托的财产数额在三十万元以上的；

（二）虽未达到上述数额标准，但多次擅自运用客户资金或者其他委托、信托的财产，或者擅自运用多个客户资金或者其他委托、信托的财产的；

（三）其他情节严重的情形。

第三十六条 【违法运用资金案（刑法第一百八十五条之一第二款）】社会保障基金管理机构、住房公积金管理机构等公众资金管理机构，以及保险公司、保险资产管理公司、证券投资基金管理公司，违反国家规定运用资金，涉嫌下列情形之一的，应予立案追诉：

（一）违反国家规定运用资金数额在三十万元以上的；

（二）虽未达到上述数额标准，但多次违反国家规定运用资金的；

（三）其他情节严重的情形。

◆ 解读与适用

【拓展关键词】背信运用受托财产罪与挪用资金罪辨析

《刑参》第 1388 号案例“兴证期货大连营业部背信运用受托财产案——背信运用受托财产罪的法律适用”相关论述：背信运用受托财产罪与相关罪名的区分，首先，是主体不同，如果挪用客户的资金的行为是以单位名义，为单位利益实施的，应视情形以背信运用受托财产罪论处。如果该行为是金融机构中有关工作人员个人的行为，则应视情况以挪用资金类犯罪论处。挪用资金类犯罪等行为指向的资金为公司或国家所有，而背信运用受托财产罪等行为指向的资金为客户所有。

第一百八十六条　【违法发放贷款罪】①

银行或者其他金融机构的工作人员违反国家规定发放贷款，数额巨大或者造成重大损失的，处五年以下有期徒刑或者拘役，并处一万元以上十万元以下罚金；数额特别巨大或者造成特别重大损失的，处五年以上有期徒刑，并处二万元以上二十万元以下罚金。

银行或者其他金融机构的工作人员违反国家规定，向关系人发放贷款的，依照前款的规定从重处罚。

单位犯前两款罪的，对单位判处罚金，并对其直接负责的主管人员和其他直接责任人员，依照前两款的规定处罚。

关系人的范围，依照《中华人民共和国商业银行法》和有关金融法规确定。

◆ 相关规定

公安部经济犯罪侦查局
关于对违法发放贷款案件中损失认定问题的批复

（公经〔2007〕1458 号）

福建省公安厅经侦总队：

你总队《关于违法发放贷款案件中损失认定问题的请示》（闽公经〔2007〕157 号）已收悉。经研究，现批复如下：

在案件侦办过程中，如有证据证明犯罪嫌疑人实施了违法、违规发放贷款的行为，只要发生贷款已无法收回的情况且达到追诉标准的，就应视为《刑法》第一百八十六条所规定的造成损失。案中提及的未到期贷款及其利息，如确定不能追回，应视为犯罪损失。

最高人民检察院　公安部
关于公安机关管辖的刑事案件立案追诉标准的规定（二）（节选）

（公通字〔2022〕12 号）

第三十七条　【违法发放贷款案（刑法第一百八十六条）】银行或者其他金融机构及其工作人员违反国家规定发放贷款，涉嫌下列情形之一的，应予立案追诉：

（一）违法发放贷款，数额在二百万元以上的；

---

①　根据《刑法修正案（六）》修订。原条文主要内容为：银行或者其他金融机构的工作人员违反法律、行政法规规定，向关系人发放信用贷款或者发放担保贷款的条件优于其他借款人同类贷款的条件，造成较大损失的，处五年以下有期徒刑或者拘役，并处一万元以上十万元以下罚金；造成重大损失的，处五年以上有期徒刑，并处二万元以上二十万元以下罚金。

银行或者其他金融机构的工作人员违反法律、行政法规规定，向关系人以外的其他人发放贷款，造成重大损失的，处五年以下有期徒刑或者拘役，并处一万元以上十万元以下罚金；造成特别重大损失的，处五年以上有期徒刑，并处二万元以上二十万元以下罚金。

单位犯前两款罪的，对单位判处罚金，并对其直接负责的主管人员和其他直接责任人员，依照前两款的规定处罚。

关系人的范围，依照《中华人民共和国商业银行法》和有关金融法规确定。

（二）违法发放贷款，造成直接经济损失数额在五十万元以上的。

☞ 其他相关规定见章后二维码

◆ 解读与适用

【拓展关键词】违法发放贷款与挪用资金辨析

《刑参》第825号案例“刘某等违法发放贷款案——在发放贷款案件中挪用资金罪和违法发放贷款罪的区分”相关论述：如果行为人挪用的单位资金没有归自然人使用或者行为人没有以个人名义将资金挪用给其他单位使用就不构成挪用资金罪。四被告人事先通谋，具有共同犯罪故意，刘某在产生将违法贷款用于缓解爱建证券资金紧张的故意后其他被告人均表示同意。马某作为金融机构工作人员存在超越贷款审批权限等行为，其他被告人申请贷款出具虚假证明材料，实施了共同犯罪行为，构成违法发放贷款罪。对犯罪所造成损失的认定应当以侦查机关立案时为界点。

第一百八十七条　【吸收客户资金不入账罪】①

银行或者其他金融机构的工作人员吸收客户资金不入账，数额巨大或者造成重大损失的，处五年以下有期徒刑或者拘役，并处二万元以上二十万元以下罚金；数额特别巨大或者造成特别重大损失的，处五年以上有期徒刑，并处五万元以上五十万元以下罚金。

单位犯前款罪的，对单位判处罚金，并对其直接负责的主管人员和其他直接责任人员，依照前款的规定处罚。

◆ 相关规定

最高人民检察院　公安部

关于公安机关管辖的刑事案件立案追诉标准的规定（二）（节选）

（公通字〔2022〕12号）

第三十八条　【吸收客户资金不入帐案（刑法第一百八十七条）】银行或者其他金融机构及其工作人员吸收客户资金不入帐，涉嫌下列情形之一的，应予立案追诉：

（一）吸收客户资金不入帐，数额在二百万元以上的；

（二）吸收客户资金不入帐，造成直接经济损失数额在五十万元以上的。

① 根据《刑法修正案（六）》对第一款进行修订。原条文第一款主要内容为：银行或者其他金融机构的工作人员以牟利为目的，采取吸收客户资金不入账的方式，将资金用于非法拆借、发放贷款，造成重大损失的，处五年以下有期徒刑或者拘役，并处二万元以上二十万元以下罚金；造成特别重大损失的，处五年以上有期徒刑，并处五万元以上五十万元以下罚金。

第一百八十八条　【违规出具金融票证罪】①

银行或者其他金融机构的工作人员违反规定，为他人出具信用证或者其他保函、票据、存单、资信证明，情节严重的，处五年以下有期徒刑或者拘役；情节特别严重的，处五年以上有期徒刑。

单位犯前款罪的，对单位判处罚金，并对其直接负责的主管人员和其他直接责任人员，依照前款的规定处罚。

◆ 相关规定

最高人民检察院　公安部

关于公安机关管辖的刑事案件立案追诉标准的规定(二)(节选)

(公通字〔2022〕12号)

第三十九条　【违规出具金融票证案(刑法第一百八十八条)】银行或者其他金融机构及其工作人员违反规定，为他人出具信用证或者其他保函、票据、存单、资信证明，涉嫌下列情形之一的，应予立案追诉：

(一)违反规定为他人出具信用证或者其他保函、票据、存单、资信证明，数额在二百万元以上的；

(二)违反规定为他人出具信用证或者其他保函、票据、存单、资信证明，造成直接经济损失数额在五十万元以上的；

(三)多次违规出具信用证或者其他保函、票据、存单、资信证明的；

(四)接受贿赂违规出具信用证或者其他保函、票据、存单、资信证明的；

(五)其他情节严重的情形。

☞ 其他相关规定见章后二维码

第一百八十九条　【对违法票据予以承兑、付款、保证罪】

银行或者其他金融机构的工作人员在票据业务中，对违反票据法规定的票据予以承兑、付款或者保证，造成重大损失的，处五年以下有期徒刑或者拘役；造成特别重大损失的，处五年以上有期徒刑。

单位犯前款罪的，对单位判处罚金，并对其直接负责的主管人员和其他直接责任人员，依照前款的规定处罚。

---

① 根据《刑法修正案(六)》对第一款进行了修订。原条文第一款主要内容为：银行或者其他金融机构的工作人员违反规定，为他人出具信用证或者其他保函、票据、存单、资信证明，造成较大损失的，处五年以下有期徒刑或者拘役；造成重大损失的，处五年以上有期徒刑。

◆ 相关规定

最高人民检察院　公安部
关于公安机关管辖的刑事案件立案追诉标准的规定(二)(节选)
(公通字〔2022〕12 号)

第四十条　【对违法票据承兑、付款、保证案(刑法第一百八十九条)】银行或者其他金融机构及其工作人员在票据业务中,对违反票据法规定的票据予以承兑、付款或者保证,造成直接经济损失数额在五十万元以上的,应予立案追诉。

第一百九十条　【逃汇罪】

公司、企业或者其他单位,违反国家规定,擅自将外汇存放境外,或者将境内的外汇非法转移到境外,数额较大的,对单位判处逃汇数额百分之五以上百分之三十以下罚金,并对其直接负责的主管人员和其他直接责任人员,处五年以下有期徒刑或者拘役;数额巨大或者有其他严重情节的,对单位判处逃汇数额百分之五以上百分之三十以下罚金,并对其直接负责的主管人员和其他直接责任人员,处五年以上有期徒刑。

◆ 相关规定

全国人民代表大会常务委员会
关于惩治骗购外汇、逃汇和非法买卖外汇犯罪的决定(节选)
(1998 年 12 月 29 日施行)

为了惩治骗购外汇、逃汇和非法买卖外汇的犯罪行为,维护国家外汇管理秩序,对刑法作如下补充修改:

一、有下列情形之一,骗购外汇,数额较大的,处五年以下有期徒刑或者拘役,并处骗购外汇数额百分之五以上百分之三十以下罚金;数额巨大或者有其他严重情节的,处五年以上十年以下有期徒刑,并处骗购外汇数额百分之五以上百分之三十以下罚金;数额特别巨大或者有其他特别严重情节的,处十年以上有期徒刑或者无期徒刑,并处骗购外汇数额百分之五以上百分之三十以下罚金或者没收财产:

(一)使用伪造、变造的海关签发的报关单、进口证明、外汇管理部门核准件等凭证和单据的;

(二)重复使用海关签发的报关单、进口证明、外汇管理部门核准件等凭证和单据的;

(三)以其他方式骗购外汇的。

伪造、变造海关签发的报关单、进口证明、外汇管理部门核准件等凭证和单据,并用于骗购外汇的,依照前款的规定从重处罚。

明知用于骗购外汇而提供人民币资金的,以共犯论处。

单位犯前三款罪的,对单位依照第一款的规定判处罚金,并对其直接负责的主管人员和其他直接责任人员,处五年以下有期徒刑或者拘役;数额巨大或者有其他严重情节的,处五年以上十年以下有期徒刑;数额特别巨大或者有其他特别严重情节的,处十年以上有期徒刑或者无期徒刑。①

三、将刑法第一百九十条修改为:公司、企业或者其他单位,违反国家规定,擅自将外汇存放境外,或者将境内的外汇非法转移到境外,数额较大的,对单位判处逃汇数额百分之五以上百分之三十以下罚金,并对其直接负责的主管人员和其他直接责任人员处五年以下有期徒刑或者拘役;数额巨大或者有其他严重情节的,对单位判处逃汇数额百分之五以上百分之三十以下罚金,并对其直接负责的主管人员和其他直接责任人员处五年以上有期徒刑。

五、海关、外汇管理部门以及金融机构、从事对外贸易经营活动的公司、企业或者其他单位的工作人员与骗购外汇或者逃汇的行为人通谋,为其提供购买外汇的有关凭证或者其他便利的,或者明知是伪造、变造的凭证和单据而售汇、付汇的,以共犯论,依照本决定从重处罚。

八、犯本决定规定之罪,依法被追缴、没收的财物和罚金,一律上缴国库。

九、本决定自公布之日起施行。

最高人民法院
关于审理骗购外汇、非法买卖外汇刑事案件具体应用法律若干问题的解释(节选)

(1998年9月1日施行)

为依法惩处骗购外汇、非法买卖外汇的犯罪行为,根据刑法的有关规定,现对审理骗购外汇、非法买卖外汇案件具体应用法律的若干问题解释如下:

第一条　以进行走私、逃汇、洗钱、骗税等犯罪活动为目的,使用虚假、无效的凭证、商业单据或者采取其他手段向外汇指定银行骗购外汇的,应当分别按照刑法分则第三章第二节、第一百九十条、第一百九十一条和第二百零四条等规定定罪处罚。

非国有公司、企业或者其他单位,与国有公司、企业或者其他国有单位勾结逃汇的,以逃汇罪的共犯处罚。

第五条　海关、银行、外汇管理机关工作人员与骗购外汇的行为人通谋,为其提供购买外汇的有关凭证,或者明知是伪造、变造的凭证和商业单据而出售外汇,构成犯罪的,按照刑法的有关规定从重处罚。

第六条　实施本解释规定的行为,同时触犯二个以上罪名的,择一重罪从重处罚。

第七条　根据刑法第六十四条规定,骗购外汇、非法买卖外汇的,其违法所得予以追缴,用于骗购外汇、非法买卖外汇的资金予以没收,上缴国库。

第八条　骗购、非法买卖不同币种的外汇的,以案发时国家外汇管理机关制定的统一折算率折合后依照本解释处罚。

最高人民检察院　公安部
关于公安机关管辖的刑事案件立案追诉标准的规定(二)(节选)

(公通字〔2022〕12号)

第四十一条　【逃汇案(刑法第一百九十条)】公司、企业或者其他单位,违反国家规定,擅自将外汇存放境外,或者将境内的外汇非法转移到境外,单笔在二百万美元以上或者累计数额在五百万美元以上的,应予立案追诉。

---

①　根据《最高人民法院、最高人民检察院关于执行〈中华人民共和国刑法〉确定罪名的补充规定》(法释〔2002〕7号)的规定,该决定第1条确定罪名为骗购外汇罪。

第四十二条　【骗购外汇案(《全国人民代表大会常务委员会关于惩治骗购外汇、逃汇和非法买卖外汇犯罪的决定》第一条)】骗购外汇,数额在五十万美元以上的,应予立案追诉。

☞ 其他相关规定见章后二维码

◆ 解读与适用

《刑参》第2号案例"刘某骗购国家外汇额度案——倒卖骗购的外汇额度行为如何定罪"相关论述:买卖调剂外汇都必须在国家指定的交易场所进行,国家严禁在此之外进行任何外汇非法交易,以防止外汇投机。

第一百九十一条　【洗钱罪】①②③

为掩饰、隐瞒毒品犯罪、黑社会性质的组织犯罪、恐怖活动犯罪、走私犯罪、贪污贿赂犯罪、破坏金融管理秩序犯罪、金融诈骗犯罪的所得及其产生的收益的来源和性质,有下列行为之一的,没收实施以上犯罪的所得及其产生的收益,处五年以下有期徒刑或者拘役,并处或者单处罚金;情节严重的,处五年以上十年以下有期徒刑,并处罚金:

(一)提供资金账户的;

---

① 根据《刑法修正案(三)》第一次修订。原条文主要内容为:明知是毒品犯罪、黑社会性质的组织犯罪、走私犯罪的违法所得及其产生的收益,为掩饰、隐瞒其来源和性质,有下列行为之一的,没收实施以上犯罪的违法所得及其产生的收益,处五年以下有期徒刑或者拘役,并处或者单处洗钱数额百分之五以上百分之二十以下罚金;情节严重的,处五年以上十年以下有期徒刑,并处洗钱数额百分之五以上百分之二十以下罚金:

(一)提供资金账户的;

(二)协助将财产转换为现金或者金融票据的;

(三)通过转账或者其他结算方式协助资金转移的;

(四)协助将资金汇往境外的;

(五)以其他方法掩饰、隐瞒犯罪的违法所得及其收益的性质和来源的。

单位犯前款罪的,对单位判处罚金,并对其直接负责的主管人员和其他直接责任人员,处五年以下有期徒刑或者拘役。

② 根据《刑法修正案(六)》第二次修订。原条文内容为:明知是毒品犯罪、黑社会性质的组织犯罪、恐怖活动犯罪、走私犯罪的违法所得及其产生的收益,为掩饰、隐瞒其来源和性质,有下列行为之一的,没收实施以上犯罪的违法所得及其产生的收益,处五年以下有期徒刑或者拘役,并处或者单处洗钱数额百分之五以上百分之二十以下罚金;情节严重的,处五年以上十年以下有期徒刑,并处洗钱数额百分之五以上百分之二十以下罚金:(一)提供资金帐户的;(二)协助将财产转换为现金或者金融票据的;(三)通过转帐或者其他结算方式协助资金转移的;(四)协助将资金汇往境外的;(五)以其他方法掩饰、隐瞒犯罪的违法所得及其收益的来源和性质的。

单位犯前款罪的,对单位判处罚金,并对其直接负责的主管人员和其他直接责任人员,处五年以下有期徒刑或者拘役;情节严重的,处五年以上十年以下有期徒刑。

③ 根据《刑法修正案(十一)》第三次修订。原条文内容:明知是毒品犯罪、黑社会性质的组织犯罪、恐怖活动犯罪、走私犯罪、贪污贿赂犯罪、破坏金融管理秩序犯罪、金融诈骗犯罪的所得及其产生的收益,为掩饰、隐瞒其来源和性质,有下列行为之一的,没收实施以上犯罪的所得及其产生的收益,处五年以下有期徒刑或者拘役,并处或者单处洗钱数额百分之五以上百分之二十以下罚金;情节严重的,处五年以上十年以下有期徒刑,并处洗钱数额百分之五以上百分之二十以下罚金:

(一)提供资金账户的;

(二)协助将财产转换为现金、金融票据、有价证券的;

(三)通过转账或者其他结算方式协助资金转移的;

(四)协助将资金汇往境外的;

(五)以其他方法掩饰、隐瞒犯罪所得及其收益的来源和性质的。单位犯前款罪的,对单位判处罚金,并对其直接负责的主管人员和其他直接责任人员,处五年以下有期徒刑或者拘役;情节严重的,处五年以上十年以下有期徒刑。

（二）将财产转换为现金、金融票据、有价证券的；
（三）通过转账或者其他支付结算方式转移资金的；
（四）跨境转移资产的；
（五）以其他方法掩饰、隐瞒犯罪所得及其收益的来源和性质的。
单位犯前款罪的，对单位判处罚金，并对其直接负责的主管人员和其他直接责任人员，依照前款的规定处罚。

◆ 相关规定

最高人民法院
关于审理洗钱等刑事案件具体应用法律若干问题的解释（节选）

（2009年11月11日施行）

为依法惩治洗钱，掩饰、隐瞒犯罪所得、犯罪所得收益，资助恐怖活动等犯罪活动，根据刑法有关规定，现就审理此类刑事案件具体应用法律的若干问题解释如下：

第一条 刑法第一百九十一条、第三百一十二条规定的"明知"，应当结合被告人的认知能力，接触他人犯罪所得及其收益的情况，犯罪所得及其收益的种类、数额，犯罪所得及其收益的转换、转移方式以及被告人的供述等主、客观因素进行认定。

具有下列情形之一的，可以认定被告人明知系犯罪所得及其收益，但有证据证明确实不知道的除外：

（一）知道他人从事犯罪活动，协助转换或者转移财物的；
（二）没有正当理由，通过非法途径协助转换或者转移财物的；
（三）没有正当理由，以明显低于市场的价格收购财物的；
（四）没有正当理由，协助转换或者转移财物，收取明显高于市场的"手续费"的；
（五）没有正当理由，协助他人将巨额现金散存于多个银行账户或者在不同银行账户之间频繁划转的；
（六）协助近亲属或者其他关系密切的人转换或者转移与其职业或者财产状况明显不符的财物的；
（七）其他可以认定行为人明知的情形。

被告人将刑法第一百九十一条规定的某一上游犯罪的犯罪所得及其收益误认为刑法第一百九十一条规定的上游犯罪范围内的其他犯罪所得及其收益的，不影响刑法第一百九十一条规定的"明知"的认定。

第二条 具有下列情形之一的，可以认定为刑法第一百九十一条第一款第（五）项规定的"以其他方法掩饰、隐瞒犯罪所得及其收益的来源和性质"：

（一）通过典当、租赁、买卖、投资等方式，协助转移、转换犯罪所得及其收益的；
（二）通过与商场、饭店、娱乐场所等现金密集型场所的经营收入相混合的方式，协助转移、转换犯罪所得及其收益的；
（三）通过虚构交易、虚设债权债务、虚假担保、虚报收入等方式，协助将犯罪所得及其收益转换为"合法"财物的；
（四）通过买卖彩票、奖券等方式，协助转换犯罪所得及其收益的；
（五）通过赌博方式，协助将犯罪所得及其收益转换为赌博收益的；
（六）协助将犯罪所得及其收益携带、运输或者邮寄出入境的；
（七）通过前述规定以外的方式协助转移、转换犯罪所得及其收益的。

第三条 明知是犯罪所得及其产生的收益而予以掩饰、隐瞒，构成刑法第三百一十二条规定的犯罪，同时又构成刑法第一百九十一条或者第三百四十九条规定的犯罪的，依照处罚较重的规定定罪处罚。

第四条 刑法第一百九十一条、第三百一十二条、第三百四十九条规定的犯罪，应当以上游犯罪事实成立为认定前提。上游犯罪尚未依法裁判，但查证属实的，不影响刑法第一百九十一条、第三百一十二条、第三百四十九条规定的犯罪的审判。

上游犯罪事实可以确认，因行为人死亡等原因依法不予追究刑事责任的，不影响刑法第一百九十一条、第三百一十二条、第三百四十九条规定的犯罪的认定。

上游犯罪事实可以确认，依法以其他罪名定罪处罚的，不影响刑法第一百九十一条、第三百一十二条、第三百四十九条规定的犯罪的认定。

本条所称"上游犯罪"，是指产生刑法第一百九十一条、第三百一十二条、第三百四十九条规定的犯罪所得及其收益的各种犯罪行为。

最高人民检察院　公安部
关于公安机关管辖的刑事案件立案追诉标准的规定(二)(节选)

(公通字〔2022〕12 号)

第四十三条　【洗钱案(刑法第一百九十一条)】为掩饰、隐瞒毒品犯罪、黑社会性质的组织犯罪、恐怖活动犯罪、走私犯罪、贪污贿赂犯罪、破坏金融管理秩序犯罪、金融诈骗犯罪的所得及其产生的收益的来源和性质，涉嫌下列情形之一的，应予立案追诉：

(一)提供资金帐户的；

(二)将财产转换为现金、金融票据、有价证券的；

(三)通过转帐或者其他支付结算方式转移资金的；

(四)跨境转移资产的；

(五)以其他方法掩饰、隐瞒犯罪所得及其收益的来源和性质的。

◆ 解读与适用

【拓展关键词】明知的认定　认识错误　上下游犯罪关系　不可罚的事后行为　吸收犯

被告人为获得不法利益，明知他人从事毒品犯罪活动，且掌握的大量资金可能是毒品犯罪所得，仍积极协助其以购买股份的方式投资企业经营，掩饰、隐瞒资金的性质及来源，其行为构成洗钱罪。①

《刑参》第 286 号案例"汪某洗钱案——洗钱罪主观明知要件的理解与认定"相关论述：明知不以确知为限，既可以是确定性认识也可以是可能性认识。在洗钱罪中明知的对象内容对属于 4 类犯罪的违法所得及其产生的收益具有概括性认识即告充足。将明知对象内容严格限定为 4 类上游犯罪中的具体类别犯罪的违法所得及其产生的收益与我国刑法关于认识错误的一般理论不符。行为人在 4 类上游犯罪的范围内将此类犯罪所得及收益误认为彼类犯罪所得，因两者在法律性质上是一致的，不属于对犯罪构成要件对象的认识错误，故不影响案件定性。相反，如行为人将 4 类上游犯罪所得及收益误认为其他犯罪所得及收益的，因存在法定构成要件的认识错误，则不以洗钱罪定罪处罚。确定性认识和可能性认识存在程度上的差异，但两者都应纳入明知的范畴。只要证明行为人在当时确实知道或者根据事实足以推定行为人对所经手的财产系犯罪

① 汪某洗钱案，载《最高人民法院公报》2004 年第 10 期。

所得的赃款的可能性有所认识，都可成立明知。应注意避免以应当知道的证明取代可能性明知的证明，后者属于实然层面上的心理状态，前者属于应然层面上的注意义务，两者不可混为一谈。洗钱罪的犯罪主体应当限定在上游犯罪以外的自然人或单位。洗钱罪与隐瞒毒赃罪的根本区别在于前者所隐瞒的系毒赃的非法性质和来源，后者所隐瞒的系毒赃本身。

《刑参》第471号案例"潘某等洗钱案——上游犯罪行为人尚未定罪判刑的如何定洗钱罪"相关论述：上游犯罪行为人虽未定罪判刑，但洗钱行为的证据确实、充分的，可以认定洗钱罪。洗钱罪属于行为犯。当然，如果行为人涉案金额很小，情节显著轻微危害不大的，可以不认定为犯罪。没有上游犯罪就没有洗钱犯罪等派生犯罪。只要有证据证明确实发生了上游犯罪，行为人明知系上游犯罪所得仍掩饰、隐瞒的，就可以认定洗钱罪成立。洗钱罪虽和上游犯罪有联系，但各有不同的犯罪构成，需要分别进行独立评价。如果根据洗钱犯罪中的证据足以认定上游行为符合上游犯罪的要件，那么就应当成立洗钱罪。在上游犯罪行为人尚未归案的情况下可能难以确定其行为性质，此时应当慎重处理。如果根据现有的证据材料，尚难以判定上游行为是否构成犯罪、构成何种犯罪，则不宜认定洗钱罪。因为如果法院尚不能判断上游犯罪是否构成犯罪以及是否属于特定上游犯罪，就无法断定行为人"明知"。当然，如果根据证据足以断定上游犯罪不属于特定类型的犯罪，就可以依法认定为掩饰、隐瞒犯罪所得罪。是否通谋是区分上游犯罪共犯与洗钱罪的关键。毒品犯罪等犯罪分子自己掩饰、隐瞒犯罪所得的，是前一个行为的自然延续，为前一个犯罪行为所吸收，属于"不可罚的事后行为"，不单独成立洗钱罪。洗钱罪的犯罪主体可以是个人也可以是单位。成立洗钱犯罪必须造成对国家金融管理秩序的侵害。《刑法》第191条列举的方式，前四种借助了金融机构的相关行为，第五种虽为兜底条款但仍需要该行为体现出对国家金融管理秩序的侵害才构成。

第五节　金融诈骗罪

第一百九十二条　【集资诈骗罪】①

以非法占有为目的，使用诈骗方法非法集资，数额较大的，处三年以上七年以下有期徒刑，并处罚金；数额巨大或者有其他严重情节的，处七年以上有期徒刑或者无期徒刑，并处罚金或者没收财产。

单位犯前款罪的，对单位判处罚金，并对其直接负责的主管人员和其他直接责任人员，依照前款的规定处罚。

---

① 根据《刑法修正案(十一)》修订。原条文第一款为："以非法占有为目的，使用诈骗方法非法集资，数额较大的，处五年以下有期徒刑或者拘役，并处二万元以上二十万元以下罚金；数额巨大或者有其他严重情节的，处五年以上十年以下有期徒刑，并处五万元以上五十万元以下罚金；数额特别巨大或者有其他特别严重情节的，处十年以上有期徒刑或者无期徒刑，并处五万元以上五十万元以下罚金或者没收财产。"；修正案新增了第二款关于单位犯罪的规定。

◆ 相关规定

全国法院审理金融犯罪案件工作座谈会纪要(节选)

(2001 年 1 月 21 日)

详见《刑法》第 170 条伪造货币罪的相关规定

(三)关于金融诈骗罪

1. 金融诈骗罪中非法占有目的的认定

金融诈骗犯罪都是以非法占有为目的的犯罪。在司法实践中,认定是否具有非法占有为目的,应当坚持主客观相一致的原则,既要避免单纯根据损失结果客观归罪,也不能仅凭被告人自己的供述,而应当根据案件具体情况具体分析。根据司法实践,对于行为人通过诈骗的方法非法获取资金,造成数额较大资金不能归还,并具有下列情形之一的,可以认定为具有非法占有的目的:

(1)明知没有归还能力而大量骗取资金的;

(2)非法获取资金后逃跑的;

(3)肆意挥霍骗取资金的;

(4)使用骗取的资金进行违法犯罪活动的;

(5)抽逃、转移资金、隐匿财产,以逃避返还资金的;

(6)隐匿、销毁账目,或者搞假破产、假倒闭,以逃避返还资金的;

(7)其他非法占有资金、拒不返还的行为。但是,在处理具体案件的时候,对于有证据证明行为人不具有非法占有目的的,不能单纯以财产不能归还就按金融诈骗罪处罚。

3. 集资诈骗罪的认定和处理:集资诈骗罪和欺诈发行股票、债券罪、非法吸收公众存款罪在客观上均表现为向社会公众非法募集资金。区别的关键在于行为人是否具有非法占有的目的。对于以非法占有为目的而非法集资,或者在非法集资过程中产生了非法占有他人资金的故意,均构成集资诈骗罪。但是,在处理具体案件时要注意以下两点:一是不能仅凭较大数额的非法集资款不能返还的结果,推定行为人具有非法占有的目的;二是行为人将大部分资金用于投资或生产经营活动,而将少量资金用于个人消费或挥霍的,不应仅以此便认定具有非法占有的目的。

4. 金融诈骗犯罪定罪量刑的数额标准和犯罪数额的计算。金融诈骗的数额不仅是定罪的重要标准,也是量刑的主要依据。在没有新的司法解释之前,可参照 1996 年《最高人民法院关于审理诈骗案件具体应用法律的若干问题的解释》的规定执行。在具体认定金融诈骗犯罪的数额时,应当以行为人实际骗取的数额计算。对于行为人为实施金融诈骗活动而支付的中介费、手续费、回扣等,或者用于行贿、赠与等费用,均应计入金融诈骗的犯罪数额。但应当将案发前已归还的数额扣除。

最高人民法院
关于非法集资刑事案件性质认定问题的通知(节选)

(法〔2011〕262 号)

一、行政部门对于非法集资的性质认定,不是非法集资案件进入刑事程序的必经程序。行政部门未对非法集资作出性质认定的,不影响非法集资刑事案件的审判。

二、人民法院应当依照刑法和最高人民法院《关于审理非法集资刑事案件具体应用法律若干问题的解释》等有关规定认定案件事实的性质,并认定相关行为是否构成犯罪。

三、对于案情复杂、性质认定疑难的案件,人民法院可以在有关部门关于是否符合行业技术标准的行政认定意见的基础上,根据案件事实和法律规定作出性质认定。

四、非法集资刑事案件的审判工作涉及领域广、专业性强,人民法院在审理此类案件当中要注意加强与有关行政主(监)管部门以及公安机关、人民检察院的配合。审判工作中遇到重大问题难以解决的,请及时报告最高人民法院。

最高人民检察院
关于办理涉互联网金融犯罪案件有关问题座谈会纪要
（高检诉〔2017〕14号）

详见《刑法》第176条非法吸收公众存款罪的相关规定

（二）集资诈骗行为的认定

14. 以非法占有为目的,使用诈骗方法非法集资,是集资诈骗罪的本质特征。是否具有非法占有目的,是区分非法吸收公众存款罪和集资诈骗罪的关键要件,对此要重点围绕融资项目真实性、资金去向、归还能力等事实进行综合判断。犯罪嫌疑人存在以下情形之一的,原则上可以认定具有非法占有目的:

（1）大部分资金未用于生产经营活动,或名义上投入生产经营但又通过各种方式抽逃转移资金的;

（2）资金使用成本过高,生产经营活动的盈利能力不具有支付全部本息的现实可能性的;

（3）对资金使用的决策极度不负责任或肆意挥霍造成资金缺口较大的;

（4）归还本息主要通过借新还旧来实现的;

（5）其他依照有关司法解释可以认定为非法占有目的的情形。

15. 对于共同犯罪或单位犯罪案件中,不同层级的犯罪嫌疑人之间存在犯罪目的发生转化或者犯罪目的明显不同的,应当根据犯罪嫌疑人的犯罪目的分别认定。

（1）注意区分犯罪目的发生转变的时间节点。犯罪嫌疑人在初始阶段仅具有非法吸收公众存款的故意,不具有非法占有目的,但在发生经营失败、资金链断裂等问题后,明知没有归还能力仍然继续吸收公众存款的,这一时间节点之后的行为应当认定为集资诈骗罪,此前的行为应当认定为非法吸收公众存款罪。

（2）注意区分犯罪嫌疑人的犯罪目的的差异。在共同犯罪或单位犯罪中,犯罪嫌疑人由于层级、职责分工、获取收益方式、对全部犯罪事实的知情程度等不同,其犯罪目的也存在不同。在非法集资犯罪中,有的犯罪嫌疑人具有非法占有的目的,有的则不具有非法占有目的,对此,应当分别认定为集资诈骗罪和非法吸收公众存款罪。

16. 证明主观上是否具有非法占有目的,可以重点收集、运用以下客观证据:

（1）与实施集资诈骗整体行为模式相关的证据:投资合同、宣传资料、培训内容等;

（2）与资金使用相关的证据:资金往来记录、会计账簿和会计凭证、资金使用成本(包括利息和佣金等)、资金决策使用过程、资金主要用途、财产转移情况等;

（3）与归还能力相关的证据:吸收资金所投资项目内容、投资实际经营情况、盈利能力、归还本息资金的主要来源、负债情况、是否存在虚构业绩等虚假宣传行为等;

（4）其他涉及欺诈等方面的证据:虚构融资项目进行宣传、隐瞒资金实际用途、隐匿销毁账簿;等等。司法会计鉴定机构对相关数据进行鉴定时,办案部门可以根据查证犯罪事实的需要提出重点鉴定的项目,保证司法会计鉴定意见与待证的构成要件事实之间的关联性。

17. 集资诈骗的数额,应当以犯罪嫌疑人实际骗取的金额计算。犯罪嫌疑人为吸收公众资金制造还本付息的假象,在诈骗的同时对部分投资人还本付息的,集资诈骗的金额以案发时实际未兑付的金额计算。案发后,犯罪嫌疑人主动退还集资款项的,不能从集资诈骗的金额中扣除,但可以作为量刑情节考虑。

最高人民法院
关于审理非法集资刑事案件具体应用法律若干问题的解释(节选)
(法释〔2022〕5号)

详见《刑法》第176条非法吸收公众存款罪的相关规定

第七条 以非法占有为目的,使用诈骗方法实施本解释第二条规定所列行为的,应当依照刑法第一百九十二条的规定,以集资诈骗罪定罪处罚。

使用诈骗方法非法集资,具有下列情形之一的,可以认定为"以非法占有为目的":

(一)集资后不用于生产经营活动或者用于生产经营活动与筹集资金规模明显不成比例,致使集资款不能返还的;

(二)肆意挥霍集资款,致使集资款不能返还的;

(三)携带集资款逃匿的;

(四)将集资款用于违法犯罪活动的;

(五)抽逃、转移资金、隐匿财产,逃避返还资金的;

(六)隐匿、销毁账目,或者搞假破产、假倒闭,逃避返还资金的;

(七)拒不交代资金去向,逃避返还资金的;

(八)其他可以认定非法占有目的的情形。

集资诈骗罪中的非法占有目的,应当区分情形进行具体认定。行为人部分非法集资行为具有非法占有目的的,对该部分非法集资行为所涉集资款以集资诈骗罪定罪处罚;非法集资共同犯罪中部分行为人具有非法占有目的,其他行为人没有非法占有集资款的共同故意和行为的,对具有非法占有目的的行为人以集资诈骗罪定罪处罚。

第八条 集资诈骗数额在10万元以上的,应当认定为"数额较大";数额在100万元以上的,应当认定为"数额巨大"。

集资诈骗数额在50万元以上,同时具有本解释第三条第二款第三项情节的,应当认定为刑法第一百九十二条规定的"其他严重情节"。

集资诈骗的数额以行为人实际骗取的数额计算,在案发前已归还的数额应予扣除。行为人为实施集资诈骗活动而支付的广告费、中介费、手续费、回扣,或者用于行贿、赠与等费用,不予扣除。行为人为实施集资诈骗活动而支付的利息,除本金未归还可予折抵本金以外,应当计入诈骗数额。

最高人民检察院 公安部
关于公安机关管辖的刑事案件立案追诉标准的规定(二)(节选)
(公通字〔2022〕12号)

第四十四条 【集资诈骗案(刑法第一百九十二条)】以非法占有为目的,使用诈骗方法非法集资,数额在十万元以上的,应予立案追诉。

◆ 解读与适用

【拓展关键词】间接故意和非法占有目的

行为人以非法占有为目的,采取虚构集资用途,以虚假的证明文件和高回报率为诱饵,未经有关机关批准，向社会公众非法筹集资金，骗取集资款的行为，构成集资诈骗罪。在认定行为人是否具有非法占有目的时，应当坚持主客观相统一的认定标准，既要避免单纯根据损失结果客观归罪，也不能仅凭被告人自己的供述，应当根据案件具体情况全面分析行为人无法偿还集资款的原因。若行为人没有进行实体经营或实体经营的比例极小，根本无法通过正常经营偿还前期非法筹集的本金及约定利息，将筹集的款项隐匿、挥霍的，应当认定行为人具有非法占有的目的。①

网络借贷信息中介机构或其控制人，利用网络借贷平台发布虚假信息，非法建立资金池募集资金，所得资金大部分未用于生产经营活动，主要用于借新还旧和个人挥霍，最终无法归还所募资金数额巨大，应认定为具有非法占有目的，以集资诈骗罪追究刑事责任。是否具有非法占有目的，是正确区分非法吸收公众存款罪和集资诈骗罪的关键。对非法占有目的的认定，应当围绕融资项目真实性、资金去向、归还能力等事实、证据进行综合判断。行为人将所吸收资金大部分未用于生产经营活动，或名义上投入生产经营，但又通过各种方式抽逃转移资金，或供其个人肆意挥霍，归还本息主要通过借新还旧来实现，造成数额巨大的募集资金无法归还的，可以认定具有非法占有的目的。②

第一百九十三条　【贷款诈骗罪】

有下列情形之一，以非法占有为目的，诈骗银行或者其他金融机构的贷款，数额较大的，处五年以下有期徒刑或者拘役，并处二万元以上二十万元以下罚金；数额巨大或者有其他严重情节的，处五年以上十年以下有期徒刑，并处五万元以上五十万元以下罚金；数额特别巨大或者有其他特别严重情节的，处十年以上有期徒刑或者无期徒刑，并处五万元以上五十万元以下罚金或者没收财产：

（一）编造引进资金、项目等虚假理由的；

（二）使用虚假的经济合同的；

（三）使用虚假的证明文件的；

（四）使用虚假的产权证明作担保或者超出抵押物价值重复担保的；

（五）以其他方法诈骗贷款的。

◆ 相关规定

全国法院审理金融犯罪案件工作座谈会纪要（节选）

（2001年1月21日）

详见《刑法》第192条集资诈骗罪的相关规定

（三）关于金融诈骗罪

……

① 许某1、许某2、马某集资诈骗案，载《最高人民法院公报》2009年第10期。

② 周某集资诈骗案，最高人民检察院指导性案例第40号（2018年）。

2. 贷款诈骗罪的认定和处理。贷款诈骗犯罪是目前案发较多的金融诈骗犯罪之一。审理贷款诈骗犯罪案件,应当注意以下两个问题:

一是单位不能构成贷款诈骗罪。根据刑法第三十条和第一百九十三条的规定,单位不构成贷款诈骗罪。对于单位实施的贷款诈骗行为,不能以贷款诈骗罪定罪处罚,也不能以贷款诈骗罪追究直接负责的主管人员和其他直接责任人员的刑事责任。但是,在司法实践中,对于单位十分明显地以非法占有为目的,利用签订、履行借款合同诈骗银行或其他金融机构贷款,符合刑法第二百二十四条规定的合同诈骗罪构成要件的,应当以合同诈骗罪定罪处罚。

二是要严格区分贷款诈骗与贷款纠纷的界限。对于合法取得贷款后,没有按规定的用途使用贷款,到期没有归还贷款的,不能以贷款诈骗罪定罪处罚;对于确有证据证明行为人不具有非法占有的目的,因不具备贷款的条件而采取了欺骗手段获取贷款,案发时有能力履行还贷义务,或者案发时不能归还贷款是因为意志以外的原因,如因经营不善、被骗、市场风险等,不应以贷款诈骗罪定罪处罚。

最高人民检察院　公安部

关于公安机关管辖的刑事案件立案追诉标准的规定(二)(节选)

(公通字〔2022〕12 号)

第四十五条　【贷款诈骗案(刑法第一百九十三条)】以非法占有为目的,诈骗银行或者其他金融机构的贷款,数额在五万元以上的,应予立案追诉。

☞ 其他相关规定见章后二维码

◆ 解读与适用

【拓展关键词】非法占有目的的认定　贷款诈骗与民事欺诈的区分

《刑参》第 88 号案例"郭某被控贷款诈骗案——贷款诈骗罪中的'以非法占有为目的'应如何把握"相关论述:对于合法取得贷款后没有按规定的用途使用贷款,到期没有归还贷款的,不能以贷款诈骗罪定罪处罚。对于确有证据证明行为人不具有非法占有目的的,因不具备贷款的条件而采取了欺骗手段获取贷款,案发时有能力履行还贷义务或者案发时不能归还贷款是因为意志以外的原因,如因经营不善、被骗、市场风险等,不应以贷款诈骗罪定罪处罚。

《刑参》第 95 号案例"吴某贷款诈骗案——如何区分贷款诈骗罪和贷款纠纷"相关论述:判断行为人主观上具有非法占有贷款的目的必须同时具备:其一,行为人是通过欺诈的手段来取得贷款的。其二,行为人到期没有归还贷款。其三,行为人贷款时即明知不具有归还能力或者贷款后实施了某种特定行为,如携款逃跑、肆意挥霍、抽逃、转移资金等以逃避返还贷款。只有同时具备上述三个条件才能认定借款人在主观上具有非法占有贷款的目的。

《刑参》第 306 号案例"张某贷款诈骗案——贷款诈骗罪与贷款民事欺诈的区分"相关论述:《刑法》上的"非法占有"不仅是指行为人意图使财物脱离相对人而非法实际控制和管理,而且意图非法所有或者不法所有相对人的财物,为使用、收益、处分之表示。应坚持主客观相一致的原则具体分析行为人贷款时的履约能力、取得贷款的手段、贷款的使用去向、贷款无法归还的原因等方面。对于行为人利用欺诈手段取得款物后用于经营活动,即使是高风险的经营活动,如炒股、炒期货、开发房地产等活动,造成资金客观上无法归还的,如果无其他证据证明行为人非法占有目的的事实,也不能以金融诈骗罪处罚。

【拓展关键词】两头骗行为　一罪与数罪

《刑参》第 192 号案例"潘某、王某职务侵占、虚报注册资本、贷款诈骗案——以非法侵占物进行抵押贷款,逾期不还贷行为的定性"相关论述:被告人在贷款行为人提供了"真实的"抵押担保,虽隐瞒了抵押物的非法性质但银行方面并不会因之遭受实际的经济损失,根据《刑法》禁止重复评价的原则,不应也不宜在追究其职务侵占罪的刑事责任的同时再行追究其贷款诈骗的刑事责任。首先,作为抵押物的车辆虽系非法侵占所得,但这对于提供贷款的银行的担保物权的实现并不构成妨碍,银行完全可以通过拍卖等形式实现其债权。作为抵押权人的贷款银行,对于抵押行为不存在任何过失,属于善意第三人。黄河公司只能以侵权之债要求被告人赔偿损失。其次,被告人将非法占有的轿车用作贷款抵押的行为,应认定是一种对赃物的处置行为,属于职务侵占行为的延伸。不管其主观上是否具有非法占有银行贷款不予归还的目的,因其贷款抵押行为的非法性直接源于职务侵占行为的非法性,也不宜对该种违法性进行二次评价。如果被告人为非法骗取银行贷款而侵占本单位车辆用作抵押则其侵占行为与骗取银行贷款行为之间也构成牵连关系,只能以一重罪论处。

【拓展关键词】单位实施贷款诈骗行为

《刑参》第103号案例"陈某、邹某贷款诈骗案——对于1997年《刑法》施行前单位实施的贷款诈骗行为应如何处理"相关论述:1997年《刑法》将贷款诈骗罪的主体限定于自然人,被告单位利用签订、履行合同骗取贷款的行为构成合同诈骗罪。

《刑参》第169号案例"俞某合同诈骗案——刑法修订后审理的实施于刑法修订前的单位贷款诈骗罪如何处理"相关论述:被告人在本单位因经营状况逆转而发生资金周转困难、没有偿还能力的情况下,不顾亏损的现实,先后以公司名义多次签订虚假合同从银行取得贷款用于炒卖高风险的期货和以新贷还旧贷最终造成巨额损失,其行为符合"明知没有归还能力而大量骗取资金"。由于俞某的行为经公司会议决定故其行为属于单位贷款诈骗行为。根据修订前《刑法》的规定,实施单位贷款诈骗行为的单位不能构成犯罪,而单位直接负责的主管人员和其他责任人员可以构成诈骗罪。1979年《刑法》只规定了普通诈骗罪,1995年全国人大常委会《关于惩治破坏金融秩序犯罪的决定》规定了自然人贷款诈骗罪,但没有规定单位可以构成贷款诈骗罪,1996年《关于审理诈骗案件具体应用法律若干问题的解释》第1条第4款、第2条第1款作了相关规定。根据1997年《刑法》的规定单位不能构成贷款诈骗罪。但对于单位实施的贷款诈骗行为,符合合同诈骗罪构成要件的,应以合同诈骗罪定罪,对单位及直接负责的主管人员和其他直接责任人员实行双罚制。本案被告人以单位名义采用签订虚假合同等方式诈骗银行贷款,非法所得归单位所有,已构成合同诈骗罪,对被告人俞某应按单位合同诈骗犯罪中负直接责任的主管人员追究刑事责任。单位作为犯罪主体,在双罚制的情况下,存在犯罪单位和直接负责的主管人员或其他直接责任人员两个责任主体,其刑事责任可以分离。因此在不追究单位刑事责任的情况下,仍然可以实事求是地追究直接负责的主管人员或者其他直接责任人员的刑事责任。根据"从旧兼从轻"原则,《刑法》修订后审理的实施于《刑法》修订前的单位贷款诈骗行为,单位不能构成犯罪,对于其中的有关自然人可以单位合同诈骗罪的直接负责的主管人员和其他责任人员追究刑事责任。

《刑参》第305号案例"马某等贷款诈骗、违法发放贷款、挪用资金案——单位与自然人共同实施贷款诈骗行为的定性"相关论述:被告人共同诈骗银行贷款的行为是在单位意志支配下为单位利益实施的,且犯罪所得为单位所用,故应认定为单位犯罪。单位与自然人共同诈骗银行贷款的行为,符合合同诈骗罪的规定,应以合同诈骗罪定罪处罚。单位与单位,单位与自然人可以构成共同犯罪。《刑法》未将单位规定为贷款诈骗罪的主体,从犯罪人马某的角度看本案应认定为贷款诈骗罪,从犯罪单位公司的角度则应以合同诈骗罪定罪。应根据全面评价的法律适用原则,结合主犯的犯罪性质来加以具体确定。本案中涉案公司属于共同犯罪中的主犯,尽管公诉机关未起诉犯罪单位,但依照共同犯罪触犯的罪名对三名被告人以合同诈骗罪处罚。

第一百九十四条 【票据诈骗罪】

有下列情形之一，进行金融票据诈骗活动，数额较大的，处五年以下有期徒刑或者拘役，并处二万元以上二十万元以下罚金；数额巨大或者有其他严重情节的，处五年以上十年以下有期徒刑，并处五万元以上五十万元以下罚金；数额特别巨大或者有其他特别严重情节的，处十年以上有期徒刑或者无期徒刑，并处五万元以上五十万元以下罚金或者没收财产：

（一）明知是伪造、变造的汇票、本票、支票而使用的；

（二）明知是作废的汇票、本票、支票而使用的；

（三）冒用他人的汇票、本票、支票的；

（四）签发空头支票或者与其预留印鉴不符的支票，骗取财物的；

（五）汇票、本票的出票人签发无资金保证的汇票、本票或者在出票时作虚假记载，骗取财物的。

【金融凭证诈骗罪】

使用伪造、变造的委托收款凭证、汇款凭证、银行存单等其他银行结算凭证的，依照前款的规定处罚。

◆ 相关规定

最高人民检察院　公安部

关于公安机关管辖的刑事案件立案追诉标准的规定（二）（节选）

（公通字〔2022〕12 号）

第四十六条 【票据诈骗案（刑法第一百九十四条第一款）】进行金融票据诈骗活动，数额在五万元以上的，应予立案追诉。

第四十七条 【金融凭证诈骗案（刑法第一百九十四条第二款）】使用伪造、变造的委托收款凭证、汇款凭证、银行存单等其他银行结算凭证进行诈骗活动，数额在五万元以上的，应予立案追诉。

☞ 其他相关规定见章后二维码

◆ 解读与适用

【拓展关键词】金融凭证　票据　印鉴　盗窃罪、侵占罪与诈骗罪辨析　金融凭证诈骗罪和贷款诈骗罪辨析　法条竞合　牵连犯　伪造票证　盗窃罪与金融凭证诈骗罪辨析

应对印鉴作扩大解释，使之包括签名式样。印，除具有印章的含义外，还有痕迹与相互符合之意。预留密码也应认定为预留印鉴。应当将预留印鉴解释为出票人预留在银行用于核对持票人提示的支票是否由出票人签发的印记、标记。①

被告人伙同他人使用伪造的银行信汇凭证，骗取储户存款，其行为构成金融凭证诈骗罪。②

---

① 参见张明楷：《罪刑法定与刑法解释》，北京大学出版社 2009 年版，第 183 页。

② 张某金融凭证诈骗案，载《最高人民法院公报》2001 年第 1 期。

《刑参》第4号案例“曹某金融凭证诈骗案——使用变造的金融凭证进行诈骗的行为如何适用法律”相关论述：被告人采用变造银行存单、伪造汇票中资金转让内容的手段诈骗存款单位钱款的行为已构成金融凭证诈骗罪。《票据法》明确规定“票据”只包括汇票、本票、支票三种金融凭证。

《刑参》第33号案例“朱某等金融凭证诈骗、贷款诈骗案——使用伪造的银行存单作抵押诈骗银行贷款的行为如何定性”相关论述：被告人使用伪造的银行存单作抵押骗取贷款的行为应以金融凭证诈骗罪认定。其一，从立法本意看，《刑法》设立金融凭证诈骗罪对该罪的规定是广义的，只要是使用伪造的金融凭证进行诈骗的，即构成此罪。而对贷款诈骗罪的规定有一定的限制，主要是针对以非法占有为目的骗取银行贷款的个人犯罪行为。贷款诈骗罪中的“证明文件”主要是指银行的存款证明、担保函、划款证明等在向银行或者其他金融机构申请贷款时所需的文件，不包括金融凭证。其二，从司法实践看，使用伪造的金融凭证诈骗贷款与使用虚假的经济合同、证明文件等诈骗贷款有所不同。前者可信度更高，社会危害性更大。使用伪造的金融凭证诈骗贷款的同时触犯贷款诈骗罪和金融凭证诈骗罪，应从一重处，定金融凭证诈骗罪。在认定诈骗数额时不能简单以存单上的数额认定，因为那只是担保的数额不一定是直接骗取的数额。

《刑参》第93号案例“季某票据诈骗、合同诈骗案——骗取货物后以空头支票付款的行为如何定性”相关论述：法条竞合是指一个犯罪行为同时触犯两个分则条文，其中某一法条规定的全部内容包含于另一法条的内容之中或者两个法条的部分内容相同的情形。票据诈骗、合同诈骗与诈骗罪之间就属于一种包含关系。票据诈骗与合同诈骗是一种交叉关系。对于法条竞合一般按照《刑法》规定的法定刑较重的法条定罪处刑，如数个法条的法定刑相同，则按照特别法优于普通法的原则，以特别法的法条定罪处罚。骗取贷款与使用空头支票付款的先后顺序不应影响票据诈骗罪的成立。行为人完成诈骗犯罪的行为是在其签发空头支票之后，而其一旦完成整个诈骗行为，其诈骗犯罪的具体行为，侵犯的客体才能最终确定。

《刑参》第145号案例“姚某票据诈骗案——票据诈骗罪是否属于以非法占有为目的的犯罪”相关论述：具有非法占有目的是票据诈骗罪的必要构成要件。

《刑参》第168号案例“刘某、王某、庄某金融凭证诈骗案——犯罪故意内容不一致的能否构成共同犯罪”相关论述：变造银行存单并使用的，应以金融凭证诈骗罪定罪处罚，不以变造金融票证罪和金融凭证诈骗罪实行数罪并罚。对于牵连犯的处理，除《刑法》有明确规定的以外，一般择一重处。

《刑参》第277号案例“周某票据诈骗案——盗取空白现金支票伪造后使用的如何定性”相关论述：被告人潜入会计室盗窃未果发现空白现金支票后另起犯意，利用该空白现金支票伪造印章诈骗财物，实际上具备了多个犯罪构成，即盗窃未遂以及伪造企业印章罪、伪造金融票证罪、票据诈骗罪未遂。其中，伪造企业印章、伪造金融票证是服务于票据诈骗这一犯罪目的，只有这些行为才具有同一犯罪目的，而先前的盗窃行为与后述的这些行为并不具有犯罪目的上的同一性。判定牵连关系的标准应当以是否同时具备牵连意图和因果关系为依据。牵连意图是指行为人对实现一个犯罪目的的数个犯罪行为之间所具有的手段和目的或者原因与结果关系的认识。行为人在主观认识上是把直接实施犯罪目的的本罪行为作为主行为，而把为实现这一犯罪目的而创造条件或加以辅助的犯罪行为作为从行为。考虑到被告人盗窃指向的目标不太可能是涉及数额巨大的财物且盗窃未遂行为与窃取空白支票之间具有自然的连续性，因此对其盗窃未遂行为不予定罪处罚是可以的。行为人盗窃印章齐全，已填写好票面金额且数额较大的现金支票，本质上与盗窃等额的现金无异，即使未及时兑现也应以盗窃罪处罚。行为人进而持该现金支票从金融部门骗取现金的，属于兑现盗窃物品价值的行为，其盗窃行为自然牵连出结果行为，仍应定盗窃罪。盗窃数额以票面数额为准。

《刑参》第301号案例“田某诈骗案——银行出纳员用自制‘高额利率定单’对外虚构单位内部有高额利率存款的事实，将吸存的亲朋好友的现金占为己有的行为如何定性”相关论述：本案的“高额利率订单”虽然盖有银行的公章，但因是被告人私自制作的虚假单据，银行不存在这样的订单格式，故此订单不属于伪造或变造的银行存单，更谈不上使用伪造、变造的银行存单问题，所以不构成金融凭证诈骗罪。

《刑参》第 307 号案例“李某票据诈骗案——利用保管证章的便利条件，以他公司名义申领、签发支票并非法占有他公司财物行为的定性”相关论述：使用虚假证明文件取得工商登记的公司可以认定为本案的被害单位。在公司登记过程中存在的瑕疵并不必然意味着公司设立登记无效。在公司登记机关未作出公司登记无效的决定之前，在刑事司法中认定公司设立登记有效是妥当的。委托事项完成后，被告人利用保管公司证章的便利条件以该公司名义申领、签发支票并非法占有该公司财物的行为，应以票据诈骗罪定罪处罚。被告人仅是受委托办理登记手续，只是临时持有公司有关证章，而无权使用这些证章，对公司的财物不享有经营管理权，不能认定公司财物由其保管。侵占罪的对象应当是具体的财产或财产凭证。本案被告人代为保管的是证章而非注册资金。被告人不是基于对物的保管关系实现对物的直接侵占。被告人仅依据保管的证章并不能实现对公司注册资金的非法占有。被告人主要通过骗领、签发、使用支票的行为取得公司资金，不是通过拒不退还或拒不交出合法持有的财物的方式。没有代理权或者超越代理权以及利用所保管的出票权利人的印章开具票据并使用的行为应认定为使用伪造支票行为，不属于冒用他人支票的行为。冒用他人支票以真实、有效的支票存在为前提，是一种单纯的使用行为。而使用管理他人印章等便利条件冒用他人名义开具并使用支票，实际上包含着一个出票行为，尽管该出票行为具有表面上的真实性，但因未经权利人授权，非权利人的意志所为，从根本上是一个伪造支票的行为，即假冒他人名义伪造票据，因而也是无效的。同时触犯了伪造金融票证罪和票据诈骗罪两个罪名，按牵连犯处。

《刑参》第 387 号案例“王某票据诈骗挪用资金案——勾结银行工作人员使用已贴现的真实票据质押贷款的行为如何处理”相关论述：被告人没有利用贷款合同或者质押合同“骗取对方当事人财物”。其以非法占有为目的使用已经贴现的真实票据质押贷款，不构成合同诈骗罪。以非法占有为目的使用已经贴现的真实票据质押贷款的行为，属于“冒用他人的汇票”进行诈骗活动，应当以票据诈骗罪定罪处罚。

《刑参》第 424 号案例“张某等人贷款诈骗、金融凭证诈骗案——伪造企业网上银行转账授权书骗取资金的行为如何定罪处罚”相关论述：网上银行企业客户账户查询、转账授权书等属于金融凭证。

《刑参》第 425 号案例“李某金融诈骗案——金融机构工作人员利用工作之便，以换折方式支取储户资金的行为构成盗窃罪还是金融凭证诈骗罪”相关论述：盗窃罪的行为方式不存在被害人处分财产的事实，行为人对被害人财产的占有，无论是表面上还是实质上都是违背被害人意志的。金融凭证诈骗罪中存在被害人处分财产的事实。行为人对被害人财产的占有，虽然在表面上是基于被害人的自愿，但实质上却违背了被害人的真实意志。被告人利用窃取的他人存款信息资料擅自为储户换折的行为属于伪造银行存单，依法构成伪造金融票证罪。伪造金融票证分为有形伪造和无形伪造。无形伪造是以真实的金融凭证为基础，以涂改等方式改变其内容冒充真实有效的金融票证的行为。被告人超越制作权限，未经储户同意，利用窃取的储户信息擅自为储户换折，并将储户的存款秘密转移到新折上，制作出与原存折内容基本一致的存折，符合无形伪造的特征。被告人使用伪造的银行卡、存折冒用他人名义取款的行为属于诈骗行为而非窃取行为，应构成金融凭证诈骗罪。伪造银行存折与使用伪造的存折冒用取款的行为属于牵连关系，应当择一重罪论处。

《刑参》第 861 号案例“颜某票据诈骗案——城市信用社工作人员，采取欺骗手段取得客户印鉴后，以现金支票的形式将客户账户内的资金取出非法占有的行为如何定性”相关论述：主管、管理、经手公共财物都是由行为人所担负的职责所产生。行为人利用与自己职责、职权无直接关系或者说不是以职责为基础的便利条件等作案的，不属于利用职务便利。50 万元贷款已划入金光塑印厂基本存款账户，不属于公共财产。被告人的行为同时符合盗窃罪和票据诈骗罪的构成要件，应当以票据诈骗罪论处。颜某在明知金光塑印厂的贷款已经到账的情况下对该事实予以隐瞒，骗取金某单位和个人印鉴后，采取自认为不为金某所知的手段将到账贷款取走，其取现过程虽有合法书证支持并通过银行会计等的审查，具备形式上的合法性、公开性和透明性,但该环节是银行操作规程的必经手续,手续的完备不等于该过程被被害人或财物处分权人所知,不影响秘密窃取手段的成立。票据的伪造就是指票据签章的伪造,即以他人名义或者虚构人名义签章的票据行为。票据的使用包括出示、交付、兑现或者转让等形式,均属于对伪造、变造的票据的使用。无论如何使用其实质都是采取欺骗手段,使他人误将伪造、变造的票据当作真实的票据而与行为人进行交易,以骗取他人的交易对价。被告人以金某的名义签名、印章的出票行为,构成伪造票据,之后持伪造的支票到银行兑现系票据使用的形式之一,构成明知是伪造的支票而使用。在此环节中,被欺骗的对象是银行,但最终承受损失的是金某等。该情况的出现缘于立法上对票据诈骗罪构成要件的规定,票据诈骗罪并不关心谁是被欺骗的对象,谁最终承担财产损失。实际上,在刑法意义上被欺骗的银行仍可视为被害人。因为其交付了财产,只不过根据《票据法》的规定,将财产损失的风险和责任转移给了真正的权利人,这是一种风险责任的分配,不属于刑法评价的内容。被告人的行为属实质的一罪,不过盗窃罪和票据诈骗罪的构成要件发生了重合和交叉,使一个行为触犯了两种罪名。盗窃罪无法涵盖和准确评价使用伪造的支票从银行取现这一行为,以票据诈骗罪论处更为准确。

第一百九十五条　【信用证诈骗罪】

有下列情形之一,进行信用证诈骗活动的,处五年以下有期徒刑或者拘役,并处二万元以上二十万元以下罚金;数额巨大或者有其他严重情节的,处五年以上十年以下有期徒刑,并处五万元以上五十万元以下罚金;数额特别巨大或者有其他特别严重情节的,处十年以上有期徒刑或者无期徒刑,并处五万元以上五十万元以下罚金或者没收财产:

(一)使用伪造、变造的信用证或者附随的单据、文件的;

(二)使用作废的信用证的;

(三)骗取信用证的;

(四)以其他方法进行信用证诈骗活动的。

◆ 相关规定

最高人民检察院　公安部

关于公安机关管辖的刑事案件立案追诉标准的规定(二)(节选)

(公通字〔2022〕12 号)

第四十八条　【信用证诈骗案(刑法第一百九十五条)】进行信用证诈骗活动,涉嫌下列情形之一的,应予立案追诉:

(一)使用伪造、变造的信用证或者附随的单据、文件的;

(二)使用作废的信用证的;

(三)骗取信用证的;

(四)以其他方法进行信用证诈骗活动的。

第一百九十六条 【信用卡诈骗罪】①

有下列情形之一,进行信用卡诈骗活动,数额较大的,处五年以下有期徒刑或者拘役,并处二万元以上二十万元以下罚金;数额巨大或者有其他严重情节的,处五年以上十年以下有期徒刑,并处五万元以上五十万元以下罚金;数额特别巨大或者有其他特别严重情节的,处十年以上有期徒刑或者无期徒刑,并处五万元以上五十万元以下罚金或者没收财产:

(一)使用伪造的信用卡,或者使用以虚假的身份证明骗领的信用卡的;

(二)使用作废的信用卡的;

(三)冒用他人信用卡的;

(四)恶意透支的。

前款所称恶意透支,是指持卡人以非法占有为目的,超过规定限额或者规定期限透支,并且经发卡银行催收后仍不归还的行为。

【盗窃罪】

盗窃信用卡并使用的,依照本法第二百六十四条的规定定罪处罚。

◆ 相关规定

全国人民代表大会常务委员会
关于《中华人民共和国刑法》有关信用卡规定的解释
(2004年12月29日)

全国人民代表大会常务委员会根据司法实践中遇到的情况,讨论了刑法规定的"信用卡"的含义问题,解释如下:

刑法规定的"信用卡",是指由商业银行或者其他金融机构发行的具有消费支付、信用贷款、转账结算、存取现金等全部功能或者部分功能的电子支付卡。

① 根据《刑法修正案(五)》修订。原条文主要内容为:有下列情形之一,进行信用卡诈骗活动,数额较大的,处五年以下有期徒刑或者拘役,并处二万元以上二十万元以下罚金;数额巨大或者有其他严重情节的,处五年以上十年以下有期徒刑,并处五万元以上五十万元以下罚金;数额特别巨大或者有其他特别严重情节的,处十年以上有期徒刑或者无期徒刑,并处五万元以上五十万元以下罚金或者没收财产:

(一)使用伪造的信用卡的;

(二)使用作废的信用卡的;

(三)冒用他人信用卡的;

(四)恶意透支的。

前款所称恶意透支,是指持卡人以非法占有为目的,超过规定限额或者规定期限透支,并且经发卡银行催收后仍不归还的行为。

盗窃信用卡并使用的,依照本法第二百六十四条的规定定罪处罚。

最高人民检察院
关于拾得他人信用卡并在自动柜员机（ATM机）上使用的行为如何定性问题的批复

（高检发释字〔2008〕1号）

浙江省人民检察院：

你院《关于拾得他人信用卡并在ATM机上使用的行为应如何定性的请示》（浙检研〔2007〕227号）收悉。经研究，批复如下：

拾得他人信用卡并在自动柜员机（ATM机）上使用的行为，属于刑法第一百九十六条第一款第（三）项规定的"冒用他人信用卡"的情形，构成犯罪的，以信用卡诈骗罪追究刑事责任。

最高人民法院研究室
关于信用卡犯罪法律适用若干问题的复函

（法研〔2010〕105号）

公安部经济犯罪侦查局：

你局公经金融〔2010〕110号《关于公安机关办理信用卡犯罪案件法律适用若干问题征求意见的函》收悉。经研究，提出以下意见供参考：

一、对于一人持有多张信用卡进行恶意透支，每张信用卡透支数额均未达到1万元的立案追诉标准的，原则上可以累计数额进行追诉。但考虑到一人办多张信用卡的情况复杂，如累计透支数额不大的，应分别不同情况慎重处理。

二、发卡银行的"催收"应有电话录音、持卡人或其家属签字等证据证明。"两次催收"一般应分别采用电话、信函、上门等两种以上催收形式。

三、若持卡人在透支大额款项后，仅向发卡行偿还远低于最低还款额的欠款，具有非法占有目的的，可以认定为"恶意透支"；行为人确实不具有非法占有目的的，不能认定为"恶意透支"。

四、非法套现犯罪的证据规格，仍应遵循刑事诉讼法规定的证据确实、充分的证明标准。原则上应向各持卡人询问并制作笔录。如因持卡人数量众多、下落不明等客观原因导致无法取证，且其他证据已能确实、充分地证明使用信用卡非法套现的犯罪事实及套现数额的，则可以不向所有持卡人询问并制作笔录。

最高人民法院　最高人民检察院
关于办理妨害信用卡管理刑事案件具体应用法律若干问题的解释（节选）

（法释〔2018〕19号）

第五条　使用伪造的信用卡、以虚假的身份证明骗领的信用卡、作废的信用卡或者冒用他人信用卡，进行信用卡诈骗活动，数额在五千元以上不满五万元的，应当认定为刑法第一百九十六条规定的"数额较大"；数额在五万元以上不满五十万元的，应当认定为刑法第一百九十六条规定的"数额巨大"；数额在五十万元以上的，应当认定为刑法第一百九十六条规定的"数额特别巨大"。

刑法第一百九十六条第一款第三项所称"冒用他人信用卡"，包括以下情形：

（一）拾得他人信用卡并使用的；

（二）骗取他人信用卡并使用的；

（三）窃取、收买、骗取或者以其他非法方式获取他人信用卡信息资料，并通过互联网、通讯终端等使用的；

（四）其他冒用他人信用卡的情形。

第六条 持卡人以非法占有为目的，超过规定限额或者规定期限透支，经发卡银行两次有效催收后超过三个月仍不归还的，应当认定为刑法第一百九十六条规定的“恶意透支”。

对于是否以非法占有为目的，应当综合持卡人信用记录、还款能力和意愿、申领和透支信用卡的状况、透支资金的用途、透支后的表现、未按规定还款的原因等情节作出判断。不得单纯依据持卡人未按规定还款的事实认定非法占有目的。

具有以下情形之一的，应当认定为刑法第一百九十六条第二款规定的“以非法占有为目的”，但有证据证明持卡人确实不具有非法占有目的的除外：

（一）明知没有还款能力而大量透支，无法归还的；

（二）使用虚假资信证明申领信用卡后透支，无法归还的；

（三）透支后通过逃匿、改变联系方式等手段，逃避银行催收的；

（四）抽逃、转移资金，隐匿财产，逃避还款的；

（五）使用透支的资金进行犯罪活动的；

（六）其他非法占有资金，拒不归还的情形。

第七条 催收同时符合下列条件的，应当认定为本解释第六条规定的“有效催收”：

（一）在透支超过规定限额或者规定期限后进行；

（二）催收应当采用能够确认持卡人收悉的方式，但持卡人故意逃避催收的除外；

（三）两次催收至少间隔三十日；

（四）符合催收的有关规定或者约定。

对于是否属于有效催收，应当根据发卡银行提供的电话录音、信息送达记录、信函送达回执、电子邮件送达记录、持卡人或者其家属签字以及其他催收原始证据材料作出判断。

发卡银行提供的相关证据材料，应当有银行工作人员签名和银行公章。

第八条 恶意透支，数额在五万元以上不满五十万元的，应当认定为刑法第一百九十六条规定的“数额较大”；数额在五十万元以上不满五百万元的，应当认定为刑法第一百九十六条规定的“数额巨大”；数额在五百万元以上的，应当认定为刑法第一百九十六条规定的“数额特别巨大”。

第九条 恶意透支的数额，是指公安机关刑事立案时尚未归还的实际透支的本金数额，不包括利息、复利、滞纳金、手续费等发卡银行收取的费用。归还或者支付的数额，应当认定为归还实际透支的本金。

检察机关在审查起诉、提起公诉时，应当根据发卡银行提供的交易明细、分类账单（透支账单、还款账单）等证据材料，结合犯罪嫌疑人、被告人及其辩护人所提辩解、辩护意见及相关证据材料，审查认定恶意透支的数额；恶意透支的数额难以确定的，应当依据司法会计、审计报告，结合其他证据材料审查认定。人民法院在审判过程中，应当在对上述证据材料查证属实的基础上，对恶意透支的数额作出认定。

发卡银行提供的相关证据材料，应当有银行工作人员签名和银行公章。

第十条 恶意透支数额较大，在提起公诉前全部归还或者具有其他情节轻微情形的，可以不起诉；在一审判决前全部归还或者具有其他情节轻微情形的，可以免予刑事处罚。但是，曾因信用卡诈骗受过两次以上处罚的除外。

第十一条 发卡银行违规以信用卡透支形式变相发放贷款，持卡人未按规定归还的，不适用刑法第一百九十六条“恶意透支”的规定。构成其他犯罪的，以其他犯罪论处。

第十二条 违反国家规定，使用销售点终端机具（POS机）等方法，以虚构交易、虚开价格、现金退货等方式向信用卡持卡人直接支付现金，情节严重的，应当依据刑法第二百二十五条的规定，以非法经营罪定罪处罚。

实施前款行为，数额在一百万元以上的，或者造成金融机构资金二十万元以上逾期未还的，或者造成金融机构经济损失十万元以上的,应当认定为刑法第二百二十五条规定的"情节严重";数额在五百万元以上的,或者造成金融机构资金一百万元以上逾期未还的,或者造成金融机构经济损失五十万元以上的,应当认定为刑法第二百二十五条规定的"情节特别严重"。

持卡人以非法占有为目的,采用上述方式恶意透支,应当追究刑事责任的,依照刑法第一百九十六条的规定,以信用卡诈骗罪定罪处罚。

第十三条　单位实施本解释规定的行为,适用本解释规定的相应自然人犯罪的定罪量刑标准。

最高人民检察院　公安部
关于公安机关管辖的刑事案件立案追诉标准的规定(二)(节选)

(公通字〔2022〕12号)

第四十九条　【信用卡诈骗案(刑法第一百九十六条)】进行信用卡诈骗活动,涉嫌下列情形之一的,应予立案追诉:

(一)使用伪造的信用卡、以虚假的身份证明骗领的信用卡、作废的信用卡或者冒用他人信用卡,进行诈骗活动,数额在五千元以上的;

(二)恶意透支,数额在五万元以上的。

本条规定的"恶意透支",是指持卡人以非法占有为目的,超过规定限额或者规定期限透支,经发卡银行两次有效催收后超过三个月仍不归还的。

恶意透支的数额,是指公安机关刑事立案时尚未归还的实际透支的本金数额,不包括利息、复利、滞纳金、手续费等发卡银行收取的费用。归还或者支付的数额,应当认定为归还实际透支的本金。

恶意透支,数额在五万元以上不满五十万元的,在提起公诉前全部归还或者具有其他情节轻微情形的,可以不起诉。但是,因信用卡诈骗受过二次以上处罚的除外。

◆ 解读与适用

【拓展关键词】信用卡的范围　盗窃信用卡并使用　盗窃罪与信用卡诈骗罪辨析　法律拟制

盗窃信用卡并使用的,依照《刑法》第264条的规定定罪处罚的规定属于法律拟制,不得推而广之。如果抢劫信用卡并使用的,应认定为信用卡诈骗罪。行为人盗窃信用卡并使用且恶意透支的,应按盗窃罪与信用卡诈骗罪实行数罪并罚。①

《刑参》第472号案例"张某信用卡诈骗案——如何认定信用卡诈骗罪中的信用卡范围"相关论述:金融机构发行的具有消费支付、信用贷款、转账结算、存取现金等全部功能或者部分功能的电子支付卡均属于刑法意义上的信用卡。信用卡作为刑法用语的含义范围认定,在没有专门解释的情况下一般是依据相关金融法规来确定。1999年中国人民银行《银行卡业务管理办法》中信用卡与借记卡被区分为两种不同的银行卡,借记卡不具有透支功能。行政立法的变化引发了对借记卡能否称为信用卡诈骗工具的争议。2004年全国人大常委会立法机关通过立法解释进一步扩大并统一刑法意义上的"信用卡"的范围认定。包括不具有透支功能的银行借记卡。

《刑参》第874号案例"王某等信用卡诈骗案——窃取他人开卡邮件并激活信用卡使用的行为如何定性"相关论述:邮件属于具有明确所有权指向的特殊物品。由于被告人窃取邮件时银行卡尚未被激活,银行对卡主的授信额度尚未生效,财物价值尚未生成,可透支额度不能等同于该信件价值,不符合盗窃罪的入罪

---

① 参见张明楷:《刑法分则的解释原理》,中国人民大学出版社2004年版,第256页。

标准。窃取他人信用卡后激活并使用的行为构成信用卡诈骗罪。私自激活他人信用卡并使用属于冒用他人信用卡行为。未被激活的信用卡不属于“盗窃信用卡并使用”调整的范围。“盗窃信用卡并使用”中的“信用卡”应当是已被激活、能正常使用的信用卡,本身已经具有财产的价值属性,能够直接转化成相应价值的资金或者财物。盗窃不记名、不挂失的财产权利载体物,因能即时兑现财产权利,行为人窃取后,就拥有了对相对应财物的控制权,以盗窃罪论处。盗窃记名的票据、金融凭证、信用卡,在兑现时,须冒充权利人行使权利从而取得载体物财产价值,且“冒用”情形是票据诈骗罪、金融凭证诈骗罪、信用卡诈骗罪客观方面均要求的行为,行为人如果冒充权利人兑现财产价值,则以上述金融诈骗罪定罪量刑。盗窃其他记名的权利载体物,如果采用伪造银行预留印鉴、印章,仿冒持票人签名等形式兑现财产价值的,由于其后续欺骗行为是取得财产的关键行为,以票据诈骗罪追究刑事责任。如果盗窃的是印鉴齐全的载体物,兑现时无须另行提供资料,将其兑现行为视为盗窃的事后不可罚行为,以盗窃罪处理。

《刑参》第1389号案例“潘某信用卡诈骗案——行为人利用他人遗忘在ATM机内已输好密码的信用卡取款行为的定性问题”相关论述:在《刑法》上把借记卡归入信用卡的范围。信用卡具有明显的专有身份属性。ATM机(银行)对持卡人的身份验证包括在持卡人插卡后的一系列操作环节。本案中持卡人输入密码后,ATM机在等待持卡人进一步发出指令期间,被告人未经持卡人授权,冒用持卡人身份发出取款指令,欺骗ATM机“交付”钱款。被告人冒名登录他人信用卡的行为实质就是冒用他人信用卡,这也是使ATM机(银行)陷入错误认识的关键所在,符合信用卡诈骗罪的构成特征。被告人的行为侵害了双重客体,即他人财产所有权和信用卡管理秩序。信用卡取款及ATM机设置的原理是银行事实占有和持卡人法律占有并存。被告人冒用他人信用卡,首先欺骗的是银行。ATM机体现的是相关银行的单位意志,银行通过计算机终端指挥控制ATM机按照预先设置的步骤逐步验证依次操作,ATM机属于法律拟制的“法人”的属性。事实层面,被告人也欺骗了持卡人。与许某案相比,许某并没有“冒用”行为,银行机器错误支付不是银行的真实意志,而是许某利用机器故障自以为秘密“获取”银行的财物。许某主观上以非法占有为目的,采取了自以为不为人知的方法,符合盗窃罪的构成。

【拓展关键词】恶意透支数额计算　非法占有目的的认定

《刑参》第841号案例“陈某信用卡诈骗案——恶意透支型信用卡诈骗案件中对透支本金产生的费用如何处理”相关论述:恶意透支型信用卡诈骗罪是一种数额犯,犯罪数额只限于透支本金。透支本金所产生的复利等不属于犯罪行为造成的直接经济损失。只是银行与持卡人约定承担的违约责任。对于透支本金产生的正常利息实际上也只是双方依据民事借款合同约定的利息,不能称为银行的直接损失。对于透支本金所产生的复利、滞纳金等间接损失,应当通过民事救济途径解决。

《刑参》第1120号案例“梁某1、梁某2信用卡诈骗案——透支信用卡用于经营活动导致无法归还是否构成信用卡诈骗罪”相关论述:行为人将透支款项用于合法经营,因客观原因导致无法归还透支款项的不能认定“以非法占有为目的”。是否具有非法占有目的重点考察以下三方面:第一,行为人申领信用卡时有无虚构实施、隐瞒真相的行为。第二,行为人透支款项的用途。第三,透支款项时行为人的还款态度及是否逃避催收。恶意透支被停卡后至催收后未满3个月期间所偿还款项应视为偿还本金且应从犯罪数额中予以扣除。在“经两次催收后超过3个月未归还”这一犯罪成立要件达成之前,行为人处于一种从正常民事合约关系到成立犯罪的过渡状态,其在此期间的还款在《刑事诉讼法》中应视为优先偿还本金,而不是优先偿还发卡行所收取的费用,并应将该期间的还款数额从犯罪数额中予以扣除。在“经两次催收后超过3个月未归还”这一要件成立后,行为人所偿还的款项亦视为优先偿还本金,但该部分还款计入犯罪数额,只是在量刑时予以酌情从轻处罚。

【拓展关键词】有效催收的认定　恶意透支非法占有目的的认定

《刑参》第921号案例"房某信用卡诈骗案——有效催收如何认定,透支行为发生在缓刑考验期之前但银行催收的截止期在缓刑考验期内的应当认定为漏罪还是新罪以及前罪判处的拘役与后罪判处的有期徒刑如何并罚"相关论述:认定有效催收应当对银行是否实施催收、持卡人本人是否获悉催收信息进行审查。催收信函记载了详细信息,可直接证实催收的内容。但银行电话催收记录具有其单方面性,往往无录音或其他证据佐证,难以反映催收内容。银行必须提供证据证明持卡人收悉银行催收信函的信息,否则不能认定催收的有效性。这种证明最有效的方式就是持卡人在催收函回执上签字认可或者有电话录音的印证。如果持卡人透支以后故意更换住址、电话号码逃避银行催收的,则只要银行有证据证明按照信用卡协议约定的持卡人地址寄送了催收函或者拨打过电话,即可认定催收的效力。恶意透支行为发生在缓刑考验期前,但银行催收的截止期发生在缓刑考验期内的,其所犯罪行系新罪,应当撤销缓刑,予以并罚。从构成特征分析,"非法占有目的"和"经催收不还"是认定"恶意透支"必须同时具备的两个要件。从行为特征分析,仅有透支行为尚不符合信用卡诈骗的行为特征。行为人是否归还欠款尚属于不确定状态,只有同时具备"经催收不还"这一不作为行为才符合恶意透支型信用卡的行为特征。因银行催收因素导致银行催收的截止日期在缓刑考验期内所引起的后果,亦是被告人"经催收不还"所应承担的法律责任。

第一百九十七条　【有价证券诈骗罪】

使用伪造、变造的国库券或者国家发行的其他有价证券,进行诈骗活动,数额较大的,处五年以下有期徒刑或者拘役,并处二万元以上二十万元以下罚金;数额巨大或者有其他严重情节的,处五年以上十年以下有期徒刑,并处五万元以上五十万元以下罚金;数额特别巨大或者有其他特别严重情节的,处十年以上有期徒刑或者无期徒刑,并处五万元以上五十万元以下罚金或者没收财产。

◆ 相关规定

最高人民检察院　公安部

关于公安机关管辖的刑事案件立案追诉标准的规定(二)(节选)

(公通字〔2022〕12号)

第五十条　【有价证券诈骗案(刑法第一百九十七条)】使用伪造、变造的国库券或者国家发行的其他有价证券进行诈骗活动,数额在五万元以上的,应予立案追诉。

最高人民法院

关于审理非法集资刑事案件具体应用法律若干问题的解释(节选)

(2011年1月4日施行)

详见《刑法》第176条非法吸收公众存款罪的相关规定

第六条　未经国家有关主管部门批准,向社会不特定对象发行、以转让股权等方式变相发行股票或者公司、企业债券，或者向特定对象发行、变相发行股票或者公司、企业债券累计超过200人的，应当认定为刑法第一百七十九条规定的“擅自发行股票、公司、企业债券”。构成犯罪的，以擅自发行股票、公司、企业债券罪定罪处罚。

第一百九十八条 【保险诈骗罪】

有下列情形之一，进行保险诈骗活动，数额较大的，处五年以下有期徒刑或者拘役，并处一万元以上十万元以下罚金；数额巨大或者有其他严重情节的，处五年以上十年以下有期徒刑，并处二万元以上二十万元以下罚金；数额特别巨大或者有其他特别严重情节的，处十年以上有期徒刑，并处二万元以上二十万元以下罚金或者没收财产：

（一）投保人故意虚构保险标的，骗取保险金的；

（二）投保人、被保险人或者受益人对发生的保险事故编造虚假的原因或者夸大损失的程度，骗取保险金的；

（三）投保人、被保险人或者受益人编造未曾发生的保险事故，骗取保险金的；

（四）投保人、被保险人故意造成财产损失的保险事故，骗取保险金的；

（五）投保人、受益人故意造成被保险人死亡、伤残或者疾病，骗取保险金的。

有前款第四项、第五项所列行为，同时构成其他犯罪的，依照数罪并罚的规定处罚。

单位犯第一款罪的，对单位判处罚金，并对其直接负责的主管人员和其他直接责任人员，处五年以下有期徒刑或者拘役；数额巨大或者有其他严重情节的，处五年以上十年以下有期徒刑；数额特别巨大或者有其他特别严重情节的，处十年以上有期徒刑。

保险事故的鉴定人、证明人、财产评估人故意提供虚假的证明文件，为他人诈骗提供条件的，以保险诈骗的共犯论处。

◆ 相关规定

最高人民检察院法律政策研究室
关于保险诈骗未遂能否按犯罪处理问题的答复
（〔1998〕高检研发第20号）

河南省人民检察院：

你院《关于保险诈骗未遂能否按犯罪处理的请示》（豫检捕〔1998〕11号）收悉。经研究，并经高检院领导同意，答复如下：

行为人已经着手实施保险诈骗行为，但由于其意志以外的原因未能获得保险赔偿的，是诈骗未遂，情节严重的，应依法追究刑事责任。

最高人民检察院　公安部
关于公安机关管辖的刑事案件立案追诉标准的规定(二)(节选)
(公通字〔2022〕12号)

第五十一条　【保险诈骗案(刑法第一百九十八条)】进行保险诈骗活动,数额在五万元以上的,应予立案追诉。

☞ 其他相关规定见章后二维码

◆ 解读与适用

【拓展关键词】身份犯共犯问题　想象竞合犯　牵连犯　法律拟制与提示性规定　结果犯既遂标准

《刑参》第150号案例"王某等放火案——以诈骗保险金为目的放火烧毁投保汽车的行为如何定罪"相关论述:是否危及公共安全是危险犯形态的放火罪区别于以纵火方法实施的故意毁坏财物罪的关键。放火罪的危险犯和实害犯的区别在于放火行为是否造成严重的后果。保险诈骗罪是特殊主体,不具有特定身份的人不能单独构成保险诈骗罪。保险合同的投保人和被保险人是汽车站,被告人只是汽车站的一辆客车的承包人,并非该客车的投保人,根本不具备保险诈骗罪的主体资格,其主观上欲以放火毁物的手段骗取保险金的想法和做法,其实是其对保险合同的一种误解。因被告人不具备保险诈骗罪的主体资格,其放火行为只能构成放火罪而不能同时构成保险诈骗罪。被告人的犯罪目的是骗取保险金,但他们只实施了放火烧毁客车这一个行为,并未实施诈骗保险金的行为,只是这个放火行为具有双重性质,触犯了两个罪名,即对于诈骗保险金而言,它是预备行为,构成预备犯,而行为本身又构成放火罪,符合想象竞合犯的特征。只有被告人在放火销毁汽车之后又向保险公司索赔,前者是方法行为,后者是目的行为,两者之间具有牵连关系,属于牵连犯。

《刑参》第296号案例"曾某、黄某保险诈骗、故意伤害案——保险诈骗主体、犯罪形态的认定"相关论述:保险诈骗罪的犯罪主体是特殊主体,这是从单独犯罪的角度而言的,但从共同犯罪角度看,无上述身份的人完全可能成为有此身份的人的共犯。尽管该帮助人未参与进行索赔等事项,仍可以成为保险诈骗罪的共犯。《刑法》第198条第4款规定的保险事故鉴定人等以保险诈骗罪的共犯论处,该条实质是一项提示性规定,即提示司法者应当以保险诈骗罪的共犯论处而不能以其他罪,如提供虚假证明文件罪等论处。并不意味者只有上述主体才能成为共犯。被告人黄某只实施了帮助曾某实施自残的行为,同时具有故意伤害和为保险诈骗提供条件的性质,构成故意伤害罪和保险诈骗罪(犯罪预备中的帮助犯),系想象竞合,以故意伤害罪一罪处理即可。保险诈骗罪是结果犯,但所谓结果犯仅是就犯罪既遂标准而言的。我国对未遂犯的处置原则是一般需要定罪处罚,只不过可以比照既遂犯从轻或者减轻处罚而已。1996年《关于审理诈骗案件具体应用法律若干问题的解释》规定"已经着手实行诈骗行为,只是由于行为人意志之外的原因而未获取财物的,是诈骗未遂。诈骗未遂,情节严重的,也应当定罪并依法处罚"。该解释虽已失效,但不失参照作用。

【拓展关键词】保险诈骗罪的主体　保险利益归属　间接正犯

《刑参》第198号案例"王某1、王某2故意杀人、保险诈骗案——为骗取保险金而抢劫、杀人的应如何定罪"相关论述:被告人杀死被害人后劫取其随身携带钱财又以抢来的钱为自己购买人寿保险,然后再杀死另一被害人,并焚烧尸体,造成自己意外烧死的假象,由他人出面向公安机关报假案获取证明,以骗取保险金。被告人的两次杀人行为都可以从两个方面进行评价,虽然其最终目的是骗取保险金,但两次已经实施并完成的都是一个完整的行为,依据禁止重复评价的原则或是根据想象竞合的理论,在裁判时只能选择定一个罪,而不能对同一行为既定抢劫罪或故意杀人罪,又定保险诈骗罪(预备),本案以两个重罪抢劫罪和故意杀人罪对被告人定罪处罚是正确的。区分保险诈骗罪是预备还是未遂关键是看行为人是否“着手”实施保险诈骗行为。只有行为人开始向保险公司申请赔付保险金时才可能对保险诈骗罪所保护法益造成实际的威胁。如果投保人、受益人故意杀害被保险人，骗取保险金的，应当以保险诈骗罪和故意杀人罪实行数罪并罚，但本案并不属于这种情形，因为死亡被害人并非被保险人，被保险人是被告人自己。杀死被害人并焚烧尸体只是以此制造假象，编造未发生的保险事故骗取保险金。

《刑参》第 479 号案例“徐某保险诈骗案——被保险车辆的实际所有人利用挂靠单位的名义实施保险诈骗行为的，构成保险诈骗罪”相关论述：挂靠车辆的实际所有者作为实际投保人和被保险人，对于保险标的具有直接的保险利益，完全可以成为保险诈骗罪的主体。挂靠者作为隐名被保险人和实际投保人，是保险合同权利义务的实际承受人。权利的隐名主体同样受法律保护。没有对外公示并不影响在一定情况下民事主体对民事权利的享有。对保险标的享有的保险利益实际属于挂靠者。“损害是利益的反面”常作为判断保险利益归属的方法，即谁会因为保险事故的发生而受到损害谁就是保险利益的归属方。挂靠者是实际的投保人和被保险人。被告人利用挂靠单位从保险公司骗得盗窃险保险金的行为属于隐名被保险人利用显名被保险人名义实施的保险诈骗行为，构成保险诈骗的间接正犯。间接正犯是指行为人利用他人作为中介实施犯罪行为，其所利用的他人由于具有某些情节而不负刑事责任，间接正犯对于其通过他人所实施的犯罪行为完全承担刑事责任的情况。间接正犯与被利用者之间不存在共同犯罪故意，间接正犯不属于共同犯罪的范畴。利用者应对被利用者所实施的行为承担全部责任。教唆故意和帮助故意是一种共犯的故意，以明知被教唆人或被帮助人的行为构成犯罪为前提，具有主观上的犯意联络。而在间接正犯的情况下，行为人明知被利用者的行为不构成犯罪或者与之不存在共犯关系，因而具有单独犯罪的故意，即正犯的故意。

第一百九十九条①② **【已删除】**

第二百条 【单位犯金融诈骗罪的处罚规定】③④

单位犯本节第一百九十四条、第一百九十五条规定之罪的，对单位判处罚金，并对其直接负责的主管人员和其他直接责任人员，处五年以下有期徒刑或者拘役，可以并处罚金；数额巨大或者有其他严重情节的，处五年以上十年以下有期徒刑，并处罚金；数额特别巨大或者有其他特别严重情节的，处十年以上有期徒刑或者无期徒刑，并处罚金。

---

① 根据《刑法修正案(八)》修订。修订前条文主要内容为：犯本节第一百九十二条、第一百九十四条、第一百九十五条规定之罪，数额特别巨大并且给国家和人民利益造成特别重大损失的，处无期徒刑或者死刑，并处没收财产。

② 根据《刑法修正案(九)》删除该条。修订前条文主要内容为：犯本节第一百九十二条规定之罪，数额特别巨大并且给国家和人民利益造成特别重大损失的，处无期徒刑或者死刑，并处没收财产。

③ 根据《刑法修正案(八)》修订。修订前条文主要内容为：单位犯本节第一百九十二条、第一百九十四条、第一百九十五条规定之罪的，对单位判处罚金，并对其直接负责的主管人员和其他直接责任人员，处五年以下有期徒刑或者拘役；数额巨大或者有其他严重情节的，处五年以上十年以下有期徒刑；数额特别巨大或者有其他特别严重情节的，处十年以上有期徒刑或者无期徒刑。

④ 根据《刑法修正案(十一)》修订。修订前条文内容为：单位犯本节第一百九十二条、第一百九十四条、第一百九十五条规定之罪的，对单位判处罚金，并对其直接负责的主管人员和其他直接责任人员，处五年以下有期徒刑或者拘役，可以并处罚金；数额巨大或者有其他严重情节的，处五年以上十年以下有期徒刑，并处罚金；数额特别巨大或者有其他特别严重情节的，处十年以上有期徒刑或者无期徒刑，并处罚金。

第六节　危害税收征管罪

第二百零一条　【逃税罪】①

纳税人采取欺骗、隐瞒手段进行虚假纳税申报或者不申报，逃避缴纳税款数额较大并且占应纳税额百分之十以上的，处三年以下有期徒刑或者拘役，并处罚金；数额巨大并且占应纳税额百分之三十以上的，处三年以上七年以下有期徒刑，并处罚金。

扣缴义务人采取前款所列手段，不缴或者少缴已扣、已收税款，数额较大的，依照前款的规定处罚。

对多次实施前两款行为，未经处理的，按照累计数额计算。

有第一款行为，经税务机关依法下达追缴通知后，补缴应纳税款，缴纳滞纳金，已受行政处罚的，不予追究刑事责任；但是，五年内因逃避缴纳税款受过刑事处罚或者被税务机关给予二次以上行政处罚的除外。

◆ 相关规定

公安部
关于如何理解《刑法》第二百零一条规定的"应纳税额"问题的批复
（公复字〔1999〕4号）

河北省公安厅：

你厅《关于青县磷肥厂涉嫌偷税案有关问题的请示》（冀公刑〔1999〕函字240号）收悉。现就如何理解《刑法》第二百零一条规定的"应纳税额"问题批复如下：

《刑法》第二百零一条规定的"应纳税额"是指某一法定纳税期限或者税务机关依法核定的纳税期间内应纳税额的总和。偷税行为涉及两个以上税种的，只要其中一个税种的偷税数额、比例达到法定标准的，即构成偷税罪，其他税种的偷税数额累计计算。

---

① 根据《刑法修正案（七）》修订。原条文主要内容为：纳税人采取伪造、变造、隐匿、擅自销毁帐簿、记帐凭证，在帐簿上多列支出或者不列、少列收入，经税务机关通知申报而拒不申报或者进行虚假的纳税申报的手段，不缴或者少缴应纳税款，偷税数额占应纳税额的百分之十以上不满百分之三十并且偷税数额在一万元以上不满十万元的，或者因偷税被税务机关给予二次行政处罚又偷税的，处三年以下有期徒刑或者拘役，并处偷税数额一倍以上五倍以下罚金；偷税数额占应纳税额的百分之三十以上并且偷税数额在十万元以上的，处三年以上七年以下有期徒刑，并处偷税数额一倍以上五倍以下罚金。

扣缴义务人采取前款所列手段，不缴或者少缴已扣、已收税款，数额占应缴税额的百分之十以上并且数额在一万元以上的，依照前款的规定处罚。

对多次犯有前两款行为，未经处理的，按照累计数额计算。

公安部经济犯罪侦查局
关于对既涉嫌非法经营又涉嫌偷税的经济犯罪案件如何适用法律的请示的批复
（公经〔2001〕253号）

辽宁省公安厅经济犯罪侦查总队：

你总队《关于对既涉嫌非法经营又涉嫌偷税的经济犯罪案件如何适用法律的请示》收悉，经商最高人民法院研究室，现答复如下：

行为人在实施非法经营犯罪过程中，又涉嫌偷税构成犯罪的，应以处罚较重的犯罪依法追究刑事责任，不实行数罪。

公安部经济犯罪侦查局
关于对两种涉税违法行为适用法律问题的批复
（公经〔2003〕1449号）

广东省公安厅经侦总队：

你总队广公（经）字〔2003〕1188号《关于持有非法制造的发票行为如何适用法律的请示》和广公（经）字〔2003〕1191号《关于使用伪造擅自制造的普通发票如何适用法律的请示》收悉。经研究并征求最高人民法院研究室意见，现批复如下：

1. 行为人没有实施其他违法犯罪行为，仅仅持有非法制造的发票的行为，不宜按照犯罪处理。

2. 行为人使用非法制造的发票的行为，应视具体情况而定：如果行为人不知道是非法制造的发票，主观上也没有偷逃税款的目的，即使客观上使用了该发票，也不宜按照犯罪处理；如果行为人明知是非法制造的发票而使用，且偷逃税款达到了法定数额、比例要求，根据刑法第二百零一条和最高人民法院《关于审理偷税抗税刑事案件具体应用法律若干问题的解释》第二条的规定，应当以偷税罪追究刑事责任。

此复。

公安部
关于对未依法办理税务登记的纳税人能否成为偷税犯罪主体问题的批复
（公复字〔2007〕3号）

甘肃省公安厅：

你厅《关于无证经营的行为能否构成偷税主体的请示》（甘公（法）发〔2007〕17号）收悉。现批复如下：

根据《中华人民共和国税收管理法》第四条、第三十七条的规定，未按照规定办理税务登记的从事生产、经营的纳税人以及临时从事经营的纳税人，可以构成偷税罪的犯罪主体。其行为触犯《中华人民共和国刑法》第二百零一条规定的，公安机关应当以偷税罪立案侦查，依法追究刑事责任。

2002年1月23日公安部《关于无证经营的行为人能否成为偷税主体问题的批复》（公复字〔2002〕1号）不再适用。

公安部办公厅
关于若干经济犯罪案件如何统计涉案总价值、挽回经济损失数额的批复
（公经〔2008〕214号）

详见走私武器、弹药罪部分

最高人民检察院　公安部
关于公安机关管辖的刑事案件立案追诉标准的规定(二)(节选)
(公通字〔2022〕12号)

第五十二条　【逃税案(刑法第二百零一条)】逃避缴纳税款,涉嫌下列情形之一的,应予立案追诉:

(一)纳税人采取欺骗、隐瞒手段进行虚假纳税申报或者不申报,逃避缴纳税款,数额在十万元以上并且占各税种应纳税总额百分之十以上,经税务机关依法下达追缴通知后,不补缴应纳税款、不缴纳滞纳金或者不接受行政处罚的;

(二)纳税人五年内因逃避缴纳税款受过刑事处罚或者被税务机关给予二次以上行政处罚,又逃避缴纳税款,数额在十万元以上并且占各税种应纳税总额百分之十以上的;

(三)扣缴义务人采取欺骗、隐瞒手段,不缴或者少缴已扣、已收税款,数额在十万元以上的。

纳税人在公安机关立案后再补缴应纳税款、缴纳滞纳金或者接受行政处罚的,不影响刑事责任的追究。

◆ 解读与适用

【拓展关键词】当然解释

刑法理论一般认为,对于数额巨大但应纳税额比例不足30%等情况,应当按照当然解释的原理予以处理。对于同一性质的行为,应允许举重以明轻和举轻以明重的当然解释。一个行为如果没有达到法条的要求,当然不能适用该法条。但一个行为如果在符合法条要求的前提下超出了该法条的要求,也没有其他可适用的法条,则依然应适用该法条。①

纳税人采取不申报的手段,不缴纳税款,充其量只是税法上的偷税行为,而不是刑法上的偷税行为。单纯不申报而偷税的行为,不是刑法所规定的偷税罪中的偷税行为。②

【拓展关键词】税额计算

《刑参》第447号案例"樟树市大京九加油城、黄某等偷税案——行为人购进货物时应当取得增值税专用发票而未索要,销售货物后没有按照增值税征管规定纳税,从而偷逃纳税款的,在计算偷税数额时,应当减除按照增值税征管规定可以申报抵扣的税额"。

第二百零二条　【抗税罪】

以暴力、威胁方法拒不缴纳税款的,处三年以下有期徒刑或者拘役,并处拒缴税款一倍以上五倍以下罚金;情节严重的,处三年以上七年以下有期徒刑,并处拒缴税款一倍以上五倍以下罚金。

---

① 参见张明楷:《刑法分则的解释原理》,中国人民大学出版社2004年版,第26页。
② 参见张明楷:《罪刑法定与刑法解释》,北京大学出版社2009年版,第105页。

◆ 相关规定

最高人民法院
关于审理偷税抗税刑事案件具体应用法律若干问题的解释(节选)
(2002 年 11 月 7 日施行)

第五条 实施抗税行为具有下列情形之一的,属于刑法第二百零二条规定的“情节严重”:

(一)聚众抗税的首要分子;

(二)抗税数额在十万元以上的;

(三)多次抗税的;

(四)故意伤害致人轻伤的;

(五)具有其他严重情节。

第六条 实施抗税行为致人重伤、死亡,构成故意伤害罪、故意杀人罪的,分别依照刑法第二百三十四条第二款、第二百三十二条的规定定罪处罚。

与纳税人或者扣缴义务人共同实施抗税行为的,以抗税罪的共犯依法处罚。

公安部办公厅
关于若干经济犯罪案件如何统计涉案总价值、挽回经济损失数额的批复
(公经〔2008〕214 号)

详见《刑法》第 151 条走私武器、弹药罪的相关规定

最高人民检察院 公安部
关于公安机关管辖的刑事案件立案追诉标准的规定(二)(节选)
(公通字〔2022〕12 号)

第五十三条 【抗税案(刑法第二百零二条)】以暴力、威胁方法拒不缴纳税款,涉嫌下列情形之一的,应予立案追诉:

(一)造成税务工作人员轻微伤以上的;

(二)以给税务工作人员及其亲友的生命、健康、财产等造成损害为威胁,抗拒缴纳税款的;

(三)聚众抗拒缴纳税款的;

(四)以其他暴力、威胁方法拒不缴纳税款的。

第二百零三条 【逃避追缴欠税罪】

纳税人欠缴应纳税款,采取转移或者隐匿财产的手段,致使税务机关无法追缴欠缴的税款,数额在一万元以上不满十万元的,处三年以下有期徒刑或者拘役,并处或者单处欠缴税款一倍以上五倍以下罚金;数额在十万元以上的,处三年以上七年以下有期徒刑,并处欠缴税款一倍以上五倍以下罚金。

◆ 相关规定

最高人民检察院　公安部
关于公安机关管辖的刑事案件立案追诉标准的规定(二)(节选)
(公通字〔2022〕12号)

第五十四条　【逃避追缴欠税案(刑法第二百零三条)】纳税人欠缴应纳税款,采取转移或者隐匿财产的手段,致使税务机关无法追缴欠缴的税款,数额在一万元以上的,应予立案追诉。

第二百零四条　【骗取出口退税罪】【逃税罪】

以假报出口或者其他欺骗手段,骗取国家出口退税款,数额较大的,处五年以下有期徒刑或者拘役,并处骗取税款一倍以上五倍以下罚金;数额巨大或者有其他严重情节的,处五年以上十年以下有期徒刑,并处骗取税款一倍以上五倍以下罚金;数额特别巨大或者有其他特别严重情节的,处十年以上有期徒刑或者无期徒刑,并处骗取税款一倍以上五倍以下罚金或者没收财产。

纳税人缴纳税款后,采取前款规定的欺骗方法,骗取所缴纳的税款的,依照本法第二百零一条的规定定罪处罚;骗取税款超过所缴纳的税款部分,依照前款的规定处罚。

◆ 相关规定

最高人民法院
关于审理骗取出口退税刑事案件具体应用法律若干问题的解释(节选)
(2002年9月23日施行)

第一条　刑法第二百零四条规定的"假报出口",是指以虚构已税货物出口事实为目的,具有下列情形之一的行为:

(一)伪造或者签订虚假的买卖合同;

(二)以伪造、变造或者其他非法手段取得出口货物报关单、出口收汇核销单、出口货物专用缴款书等有关出口退税单据、凭证;

(三)虚开、伪造、非法购买增值税专用发票或者其他可以用于出口退税的发票;

(四)其他虚构已税货物出口事实的行为。

第二条　具有下列情形之一的,应当认定为刑法第二百零四条规定的"其他欺骗手段":

(一)骗取出口货物退税资格的;

(二)将未纳税或者免税货物作为已税货物出口的;

(三)虽有货物出口,但虚构该出口货物的品名、数量、单价等要素,骗取未实际纳税部分出口退税款的;

(四)以其他手段骗取出口退税款的。

第三条　骗取国家出口退税款5万元以上的,为刑法第二百零四条规定的"数额较大";骗取国家出口退税款50万元以上的,为刑法第二百零四条规定的"数额巨大";骗取国家出口退税款250万元以上的,为刑法第二百零四条规定的"数额特别巨大"。

第四条　具有下列情形之一的,属于刑法第二百零四条规定的"其他严重情节":

（一）造成国家税款损失30万元以上并且在第一审判决宣告前无法追回的；

（二）因骗取国家出口退税行为受过行政处罚，两年内又骗取国家出口退税款数额在30万元以上的；

（三）情节严重的其他情形。

第五条 具有下列情形之一的，属于刑法第二百零四条规定的“其他特别严重情节”：

（一）造成国家税款损失150万元以上并且在第一审判决宣告前无法追回的；

（二）因骗取国家出口退税行为受过行政处罚，两年内又骗取国家出口退税款数额在150万元以上的；

（三）情节特别严重的其他情形。

第六条 有进出口经营权的公司、企业，明知他人意欲骗取国家出口退税款，仍违反国家有关进出口经营的规定，允许他人自带客户、自带货源、自带汇票并自行报关，骗取国家出口退税款的，依照刑法第二百零四条第一款、第二百一十一条的规定定罪处罚。

第七条 实施骗取国家出口退税行为，没有实际取得出口退税款的，可以比照既遂犯从轻或者减轻处罚。

第八条 国家工作人员参与实施骗取出口退税犯罪活动的，依照刑法第二百零四条第一款的规定从重处罚。

第九条 实施骗取出口退税犯罪，同时构成虚开增值税专用发票罪等其他犯罪的，依照刑法处罚较重的规定定罪处罚。

最高人民检察院　公安部
关于公安机关管辖的刑事案件立案追诉标准的规定（二）（节选）

（公通字〔2022〕12号）

第五十五条　【骗取出口退税案（刑法第二百零四条）】以假报出口或者其他欺骗手段，骗取国家出口退税款，数额在十万元以上的，应予立案追诉。

第二百零五条　【虚开增值税专用发票、用于骗取出口退税、抵扣税款发票罪】①

虚开增值税专用发票或者虚开用于骗取出口退税、抵扣税款的其他发票的，处三年以下有期徒刑或者拘役，并处二万元以上二十万元以下罚金；虚开的税款数额较大或者有其他严重情节的，处三年以上十年以下有期徒刑，并处五万元以上五十万元以下罚金；虚开的税款数额巨大或者有其他特别严重情节的，处十年以上有期徒刑或者无期徒刑，并处五万元以上五十万元以下罚金或者没收财产。

单位犯本条规定之罪的，对单位判处罚金，并对其直接负责的主管人员和其他直接责任人员，处三年以下有期徒刑或者拘役；虚开的税款数额较大或者有其他严重情节的，处三年以上十年以下有期徒刑；虚开的税款数额巨大或者有其他特别严重情节的，处十年以上有期徒刑或者无期徒刑。

虚开增值税专用发票或者虚开用于骗取出口退税、抵扣税款的其他发票，是指有为他人虚开、为自己虚开、让他人为自己虚开、介绍他人虚开行为之一的。

---

① 根据《刑法修正案（八）》删除原第二款。修订前条文第二款主要内容为：有前款行为骗取国家税款，数额特别巨大，情节特别严重，给国家利益造成特别重大损失的，处无期徒刑或者死刑，并处没收财产。

◆ 相关规定

最高人民法院
关于对《审计署关于咨询虚开增值税专用发票罪问题的函》的复函
（2001 年 10 月 17 日）

国家审计署：

你署审函〔2001〕75 号《审计署关于咨询虚开增值税专用发票罪问题的函》收悉。经研究，现提出以下意见供参考：

地方税务机关实施“高开低征”或者“开大征小”等违规开具增值税专用发票的行为，不属于刑法第二百零五条规定的虚开增值税专用发票的犯罪行为，造成国家税款重大损失的，对有关主管部门的国家机关工作人员，应当根据刑法有关渎职罪的规定追究刑事责任。

公安部经济犯罪侦查局
关于对购买非法制造的用于抵扣税款的其他发票又虚开的行为适用法律问题的批复
（公经〔2003〕1448 号）

江苏省公安厅经侦总队：

你总队《关于对购买非法制造的用于抵扣税款的其他发票又虚开的行为应如何适用法律的请示》（苏公经〔2003〕333 号）收悉。经研究并征求最高人民法院研究室的意见，现批复如下：

行为人购买非法制造的用于抵扣税款的其他发票又虚开的行为，根据刑法第二百零五条的规定，构成犯罪的，以虚开用于抵扣税款发票罪追究刑事责任。因此，犯罪嫌疑人彭某购买非法制造的运输业发票后又虚开的行为，已经构成犯罪，应以虚开用于抵扣税款发票罪追究其刑事责任。

此复。

全国人民代表大会常务委员会
关于《中华人民共和国刑法》有关出口退税、抵扣税款的其他发票规定的解释
（2005 年 12 月 29 日第十届全国人民代表大会常务委员会第十九次会议通过）

全国人民代表大会常务委员会根据司法实践中遇到的情况，讨论了刑法规定的“出口退税、抵扣税款的其他发票”的含义问题，解释如下：

刑法规定的“出口退税、抵扣税款的其他发票”，是指除增值税专用发票以外的，具有出口退税、抵扣税款功能的收付款凭证或者完税凭证。

现予公告。

公安部办公厅
关于若干经济犯罪案件如何统计涉案总价值、挽回经济损失数额的批复
（公经〔2008〕214 号）

详见《刑法》第 151 条走私武器、弹药罪的相关规定

最高人民法院
关于虚开增值税专用发票定罪量刑标准有关问题的通知
（法〔2018〕226号）

……

一、自本通知下发之日起，人民法院在审判工作中不再参照执行《最高人民法院关于适用〈全国人民代表大会常务委员会关于惩治虚开、伪造和非法出售增值税专用发票犯罪的决定〉的若干问题的解释》（法发〔1996〕30号）第一条规定的虚开增值税专用发票罪的定罪量刑标准。

二、在新的司法解释颁行前，对虚开增值税专用发票刑事案件定罪量刑的数额标准，可以参照《最高人民法院关于审理骗取出口退税刑事案件具体应用法律若干问题的解释》（法释〔2002〕30号）第三条的规定执行，即虚开的税款数额在五万元以上的，以虚开增值税专用发票罪处三年以下有期徒刑或者拘役，并处二万元以上二十万元以下罚金；虚开的税款数额在五十万元以上的，认定为刑法第二百零五条规定的"数额较大"；虚开的税款数额在二百五十万元以上的，认定为刑法第二百零五条规定的"数额巨大"。

以上通知，请遵照执行。执行中发现的新情况、新问题，请及时报告我院。

最高人民检察院　公安部
关于公安机关管辖的刑事案件立案追诉标准的规定（二）（节选）
（公通字〔2022〕12号）

第五十六条　【虚开增值税专用发票、用于骗取出口退税、抵扣税款发票案（刑法第二百零五条）】虚开增值税专用发票或者虚开用于骗取出口退税、抵扣税款的其他发票，虚开的税款数额在十万元以上或者造成国家税款损失数额在五万元以上的，应予立案追诉。

☞ 其他相关规定见章后二维码

◆ 解读与适用

关于虚开增值税专用发票损失数额的认定。在虚开增值税专用发票犯罪中，损失数额的性质属于量刑数额，影响量刑的轻重。多数代表倾向认为：作为量刑数额的损失数额，其时间的划定应当不同于定罪数额。审判机关应本着实事求是的态度，从有利于被告的原则出发，损失计算的截止时间还可以适当延伸。骗取国家税款并且在法院判决之前仍无法追回的，应认为给国家利益造成损失，法院判决之前追回的被骗税款，应当从损失数额中扣除。一审判决以后，二审或复核生效裁判作出之前追回的被骗税款，也应从一审认定的损失数额中扣除，并以扣除后的损失数额作为最终量刑的基础。①

【拓展关键词】行为无价值与结果无价值

根据行为无价值论的观点，只要行为人违反税法规范，虚开增值税专用发票，就构成本罪的既遂。按照结果无价值论的观点，本罪属于抽象的危险犯，司法机关应以一般的经济运行方式为根据，判断行为是否产生骗取国家税款的危险。②

---

① 最高人民法院：《经济犯罪案件中的法律适用问题——全国部分法院经济犯罪案件审判工作座谈会研究综述》，载《刑事审判参考》总第41集，法律出版社2004年版。

② 参见张明楷：《行为无价值论与结果无价值论》，北京大学出版社2012年版，第21页。

【拓展关键词】牵连犯　共犯明知的认定　想象竞合犯　虚开份数和票面金额

《刑参》第336号案例“王某走私普通货物案——走私犯罪行为完成后,为抵扣税款,以所走私的货物为内容,让他人为自己虚开增值税专用发票的,是否数罪并罚”相关论述:走私犯罪行为完成后,行为人再以该走私货物让人虚开增值税专用发票以抵扣税款的行为,由于不具有同一犯罪目的,因而不构成牵连犯罪。牵连犯条件:其一,必须有两个独立行为。其二,数行为必须出于一个犯罪目的。其三,客观上有牵连关系。其四,必须触犯不同的罪名。走私行为完成后根本不会为了走私货物这一犯罪目的而再出现虚开增值税专用发票这一结果行为,两者之间不存在原因与结果的关系。基于走私目的而向海关人员行贿的行为,构成牵连犯罪,不实行数罪并罚。

《刑参》第337号案例“邓某非法出售增值税专用发票案——非法出售增值税专用发票份数和票面金额分别达到不同的量刑档次如何量刑”相关论述:被告人虽然没有直接实施非法出售增值税专用发票的行为,但其作为国家税务机关的工作人员,明知他人实施增值税专用发票犯罪,仍接受请托实施帮助行为,构成共犯。而构成帮助犯的这种“明知”不需要确切知道他人实施的是何种犯罪,只要明知他人正在或将会实施犯罪即可。在司法实践中对明知的认定,既要避免单纯根据结果客观归罪,也不能仅凭被告人自己的供述,而应主客观一致进行判断。对于非法出售增值税专用发票的份数和票面金额分别达到不同的量刑档次的应适用处罚较重的规定进行量刑。增值税专用发票作为销货方纳税义务和购货方进项税额的依据,是购货方或出口方据以向国家税务机关抵扣税款或申请出口退税的凭证。一般纳税人必须按规定如实开具,如果任何一方虚构事实而被其他一般纳税人用于进项抵扣或出口退税,在纳税申报人事实上并未缴纳该笔税款的情况下,国家据之进行了所谓的税款抵扣或出口退税,就会造成国家税款流失。可见,增值税专用发票具有其他一般发票所不具备的作为抵扣税款和出口退税依据的功能,可以说刑法分则规定的所有有关增值税专用发票的犯罪直接侵犯的是国家对增值税专用发票的管理制度,最终会造成国家税款流失的后果。

【拓展关键词】用于抵扣税款的发票

《刑参》第107号案例“芦某虚开抵扣税款发票案——虚开可以用于抵扣税款的发票冲减营业额偷逃税款的行为如何定性”相关论述:被告人挂靠的公司属于交通运输企业,无申报抵扣税款资格,其为自己和其他交通运输企业开具的运输发票不能用于抵扣税款。虚开抵扣税款发票罪的成立必须具备:(1)行为人实施了虚开用于抵扣税款的发票的行为。(2)犯罪对象必须是可以用于抵扣税款的发票。“抵扣税款”是指增值税纳税义务人抵扣增值税进项税额的行为。根据《增值税暂行条例》第8条的规定,增值税纳税人购进货物或者接受应税劳务支付或者负担的增值税额即进项税额,准予从销项税额中抵扣。能够用于抵扣税款的发票除增值税专用发票外还有运输发票、废旧物品收购发票以及农业产品收购发票等其他特定发票。被告人为自己和他人虚开可以用于抵扣税款的运输发票,可以构成虚开抵扣税款发票罪。(3)行为人必须具有抵扣税款的资格。为非增值税纳税义务人虚开可以用于抵扣税款的发票不能以虚开抵扣税款发票罪追究刑事责任。非增值税纳税义务人,如营业税、所得税、城市建设维护税的纳税人不存在抵扣税款问题,其为自己虚开或者让他人为自己虚开可以用于抵扣税款的发票不能以虚开抵扣税款发票罪定罪处罚。只有为增值税纳税人虚开或者介绍他人为增值税纳税人虚开可以用于抵扣税款发票的,才能以虚开抵扣税款发票罪定罪处罚。(4)行为人必须具有抵扣税款的故意。虽然虚开抵扣税款发票罪是行为犯,只要行为人实施了虚开用于抵扣税款的发票就可构成犯罪,至于是否已将发票用于抵扣税款不影响犯罪的成立。但行为人没有抵扣税款的故意,即使实施了虚开行为也不能定罪处罚。“用于”应指主观上想用于和客观上实际用于。而不包括虽然可以用于但行为人主观上不想用于。被告人主观上是为了少缴应纳税款而不是为了抵扣税款,在客观上因无申报抵扣税款的资格,既没有也不可能用于抵扣税款,不能以虚开抵扣税款发票罪定罪处罚。被告人通过虚开运输发票,虚增营业开支,冲减营业数额,以偷逃应纳税款的行为,构成偷税罪。

【拓展关键词】虚开增值税专用发票数额和造成的损失认定

《刑参》第116号案例“何某虚开增值税专用发票罪——虚开增值税专用发票给国家造成的经济损失如何计算”相关论述：增值税专用发票既是一般纳税人从事生产经营活动的商业凭证又是记载该专用发票开具方应纳税额和受票方抵扣进项税额的合法证明，具有双重功能作用。在生产经营活动中，销货方销售货物或者提供应税劳务，一般情况下，应纳税额为当期销项税额抵扣当期进项税额后的余额。购货方购进货物或接受应税劳务，所支付或者负担的增值税额为进项税额，准予从销项税额中抵扣。按照税款抵扣制，相对于同一纳税人应缴纳的增值税，是其以本环节销售部分的税额扣除上一环节购进部分已经负担的税额之差。购进部分负担的税额正是上一环节销售方纳税人应缴纳的增值税。每一环节的纳税人所缴纳的增值税是通过商品或劳务的销售或提供转嫁给下一环节的纳税人。进项税额是购货方在购进货物或接受应税劳务后，所支付或负担的增值税额，当其抵扣税款时，税务机关依法应当将其支付或者负担的销项税额从中扣除。如果行为人有购销事实，但让他人为其开具的增值税发票上的税款数额超过实际发生的税款数额，抵扣税款时即可从中非法牟利；如果行为人没有购销事实，本身不需要向税务机关缴纳增值税，其让他人为自己虚开增值税专用发票，并以进项增值税专用发票向税务机关抵扣税款的纳税行为，仅为掩人耳目，国家的税款在这一环节不会造成损失。本案被告人即属于此种情况。但因其虚开进项增值税专用发票，危害了国家对增值税专用发票的监督管理制度和税收征管秩序，应当认定为虚开增值税专用发票犯罪的“其他严重情节”。已向国家缴纳的税款应从给国家利益造成的损失中扣除。被告人未骗领增值税专用发票所缴纳的增值税，当地税务机关确已收缴并上缴国库，由于被告人为他人虚开销项增值税专用发票时并无实际货物销售，就被告人本人来说，其也就不需要向税务机关纳税，其之所以向税务机关缴纳税款，只是为了骗领增值税专用发票必须付出的预付税款。作为整体的国家税收，一个地方税收因被告人的犯罪行为而遭受损失，一个地方的税收因被告人的同一犯罪行为而以税收的形式有一定收入，一出一入都应计入国家税收的账上，这是客观存在的实际情况。应将被告人已向国家缴纳但本不存在的纳税理由的税款从造成的经济损失中扣除。

《刑参》第826号案例“管某、高某出售非法制造的发票案——如何认定出售非法制造的发票罪的‘情节严重’”相关论述：一般而言，法定刑每上升一个档次与之对应的涉案数额一般会上升3倍至5倍。出售的发票份数与发票的累计金额之间虽然无法一一对应，但在办理发票份数与票面金额均确定的此类案件时，要兼顾二者所体现的行为的社会危害性大小，并综合其他影响行为危害性的因素，对被告人准确定罪量刑。

《刑参》第1209号案例“王某、鞠某虚开增值税专用发票案——介绍他人开具、让他人为自己开具无真实货物购销的增值税专用发票的行为如何定罪量刑”相关论述：虚开的“税款数额”是虚开增值税专用发票罪定罪量刑的主要依据。增值税专用发票数额分为三部分：货物或应税劳务、服务金额，税额，价税合计额。这里的“税款数额”应指税额，而不是金额或者价税合计额。从本质上来说，增值税是对货物或应税劳务、服务的最终销售按照不含税价征收的比例税款，认定虚开税额应当以该部分虚开实际的数额或者可能让国家税款流失的数额为限。增值税专用发票不同于普通发票，其可以用于抵扣税款。抵扣税款会直接造成国家税收损失，这也正是对增值税专用发票犯罪行为从重打击的原因。所以，“虚开的税款数额”应是指增值税专用发票造成的国家税收的损失，也就是抵扣的税款额，即票面载明的税额。

【拓展关键词】想象竞合犯　牵连犯　虚开目的

《刑参》第1209号案例“王某、鞠某虚开增值税专用发票案——介绍他人开具、让他人为自己开具无真实货物购销的增值税专用发票的行为如何定罪量刑”相关论述：介绍他人开具、让他人为自己开具无真实货物购销的增值税专用发票的行为构成虚开增值税专用发票罪。想象竞合犯是指行为人基于一个罪过实施一个危害行为，触犯数个罪名的犯罪形态。其基本特征是：(1)基于一个罪过，实施一个行为；(2)行为触犯了数个罪名。在本案中，被告人王某实施了介绍他人开具增值税专用发票和非法出售增值税专用发票两个行为，被告人鞠某实施了让他人为自己开具增值税专用发票和非法购买增值税专用发票两个行为。显而易见，二被告人的行为不符合想象竞合犯的构成要件和特征。牵连犯是指犯罪的手段行为或者结果行为与目的行为或者原因行为分别触犯不同罪名的犯罪形态。其基本特征是：(1)手段行为或结果行为分别触犯不同罪名；(2)手段行为与目的行为、原因行为与结果行为存在牵连关系。增值税专用发票犯罪的牵连犯是指行为人实施的数个行为分别触犯不同的增值税专用发票犯罪且各罪名之间存在牵连关系。《刑法》第 208 条第 2 款规定非法购买增值税专用发票或者购买伪造的增值税专用发票又虚开或者出售的，分别依照虚开增值税专用发票罪、出售伪造的增值税专用发票罪、非法出售增值税专用发票罪定罪。该款属于提示性规定，非法购买增值税专用发票是手段，虚开增值税专用发票是目的，最终是为实现抵扣税款，行为人非法购买增值税专用发票后又虚开的应直接依照《刑法》第 208 条第 2 款的规定，以虚开增值税专用发票罪定罪处罚。

虽然《刑法》并未明确规定成立虚开增值税专用发票罪必须具有特定的目的，但从本罪设立的立法原意和司法实践中的掌握来看，行为人虚开增值税专用发票的目的应是抵扣税款或者挣取"交易费""介绍费"。对以下三种行为不应以该罪论处：(1)为虚增营业税、扩大销售收入或者制造虚假繁荣，相互对开或环开增值税专用发票的行为；(2)在货物销售过程中，一般纳税人为夸大销售业绩，虚增货物的销售环节，虚开进项增值税专用发票和销项增值税专用发票，但依法缴纳增值税并未造成国家税款损失的行为；(3)为夸大企业经济实力，通过虚开进项增值税专用发票虚增企业的固定资产，但并未利用增值税专用发票抵扣税款，国家税款亦未受到损失的行为。具体而言：①非法出售真实的空白增值税专用发票的，认定为非法出售增值税专用发票罪。出售伪造的空白增值税专用发票的，认定为出售伪造的增值税专用发票罪。②非法购买真实的空白增值税专用发票的，认定为非法购买增值税专用发票罪。购买伪造的空白增值税专用发票的，认定为购买伪造的增值税专用发票罪。③非法购买真实的定额增值税专用发票的，认定为非法购买增值税专用发票罪。出售真实的定额增值税专用发票的，认定为非法出售增值税专用发票罪。④非法购买伪造的定额增值税专用发票的，认定为购买伪造的增值税专用发票罪。出售伪造的定额增值税专用发票的，认定为出售伪造的增值税专用发票罪。⑤为他人开、为自己开、让他人为自己开、介绍他人开增值税专用发票，符合司法解释规定的虚开行为的，认定为虚开增值税专用发票罪。需要注意的是，在犯罪过程中，一般会存在买卖的行为，但依照《刑法》第 208 条第 2 款规定，应直接以虚开增值税专用发票罪处罚。⑥伪造增值税专用发票的，认定为伪造增值税专用发票罪。⑦购买增值税专用发票但无证据证明是为了虚开而购买的，认定为非法购买增值税专用发票罪；有证据证明为了虚开而购买的，则认定为虚开增值税专用发票罪。从《刑法》第 205 条至第 208 条的规定来看，第 208 条第 1 款规定非法购买增值税专用发票、购买伪造的增值税专用发票罪的法定刑最轻，结合《刑法》第 208 条第 2 款的规定，非法购买增值税专用发票罪仅限于危害发票管理的行为，一旦危害税收征管，就应当认定为处罚较重的虚开增值税专用发票罪，这也符合牵连犯从一重罪论处的处断原则。

第二百零五条之一　【虚开发票罪】①

虚开本法第二百零五条规定以外的其他发票，情节严重的，处二年以下有期徒刑、拘役或者管制，并处罚金；情节特别严重的，处二年以上七年以下有期徒刑，并处罚金。

单位犯前款罪的，对单位判处罚金，并对其直接负责的主管人员和其他直接责任人员，依照前款的规定处罚。

① 根据《刑法修正案(八)》新增。

◆ 相关规定

公安部办公厅
关于若干经济犯罪案件如何统计涉案总价值、挽回经济损失数额的批复
（公经〔2008〕214 号）

详见《刑法》第 151 条走私武器、弹药罪的相关规定

最高人民检察院　公安部
关于公安机关管辖的刑事案件立案追诉标准的规定(二)(节选)
（公通字〔2022〕12 号）

第五十七条　【虚开发票案(刑法第二百零五条之一)】虚开刑法第二百零五条规定以外的其他发票，涉嫌下列情形之一的，应予立案追诉：

(一)虚开发票金额累计在五十万元以上的；

(二)虚开发票一百份以上且票面金额在三十万元以上的；

(三)五年内因虚开发票受过刑事处罚或者二次以上行政处罚，又虚开发票，数额达到第一、二项标准百分之六十以上的。

☞ 其他相关规定见章后二维码

第二百零六条　【伪造、出售伪造的增值税专用发票罪】①

伪造或者出售伪造的增值税专用发票的，处三年以下有期徒刑、拘役或者管制，并处二万元以上二十万元以下罚金；数量较大或者有其他严重情节的，处三年以上十年以下有期徒刑，并处五万元以上五十万元以下罚金；数量巨大或者有其他特别严重情节的，处十年以上有期徒刑或者无期徒刑，并处五万元以上五十万元以下罚金或者没收财产。

单位犯本条规定之罪的，对单位判处罚金，并对其直接负责的主管人员和其他直接责任人员，处三年以下有期徒刑、拘役或者管制；数量较大或者有其他严重情节的，处三年以上十年以下有期徒刑；数量巨大或者有其他特别严重情节的，处十年以上有期徒刑或者无期徒刑。

◆ 相关规定

最高人民检察院　公安部
关于公安机关管辖的刑事案件立案追诉标准的规定(二)(节选)
（公通字〔2022〕12 号）

第五十八条　【伪造、出售伪造的增值税专用发票案(刑法第二百零六条)】伪造或者出售伪造的增值税

---

① 根据《刑法修正案(八)》删除原第二款。修订前条文第二款内容为：伪造并出售伪造的增值税专用发票，数量特别巨大，情节特别严重，严重破坏经济秩序的，处无期徒刑或者死刑，并处没收财产。

专用发票,涉嫌下列情形之一的,应予立案追诉:

(一)票面税额累计在十万元以上的;

(二)伪造或者出售伪造的增值税专用发票十份以上且票面税额在六万元以上的;

(三)非法获利数额在一万元以上的。

☞ 其他相关规定见章后二维码

◆ 解读与适用

【拓展关键词】牵连犯

《刑参》第252号案例"曾某等伪造增值税专用发票案——购买伪造的增值税专用发票又出售的行为如何定罪处罚"相关论述:《刑法》第208条第2款规定的是牵连犯的处罚原则,其基本含义是在行为人购买的手段行为与虚开、出售的目的行为均单独成立犯罪并形成牵连犯的情况下,应以目的行为的罪名定罪处罚。非法购买伪造的增值税专用发票又出售的行为应以出售伪造的增值税专用发票罪定罪处罚。以出售伪造的增值税专用发票定罪处罚,在出售行为成立犯罪的情况下,已经购买要出售但尚未出售的伪造的增值税专用发票数额应计入其出售的犯罪数额。制造、销售伪造增值税专用发票的印刷模版等印刷工具的行为本质上就是为伪造增值税专用发票提供条件,应以伪造增值税专用发票定罪处罚。

第二百零七条　【非法出售增值税专用发票罪】

非法出售增值税专用发票的,处三年以下有期徒刑、拘役或者管制,并处二万元以上二十万元以下罚金;数量较大的,处三年以上十年以下有期徒刑,并处五万元以上五十万元以下罚金;数量巨大的,处十年以上有期徒刑或者无期徒刑,并处五万元以上五十万元以下罚金或者没收财产。

◆ 相关规定

最高人民检察院　公安部

关于公安机关管辖的刑事案件立案追诉标准的规定(二)(节选)

(公通字〔2022〕12号)

第五十九条　【非法出售增值税专用发票案(刑法第二百零七条)】非法出售增值税专用发票,涉嫌下列情形之一的,应予立案追诉:

(一)票面税额累计在十万元以上的;

(二)非法出售增值税专用发票十份以上且票面税额在六万元以上的;

(三)非法获利数额在一万元以上的。

☞ 其他相关规定见章后二维码

第二百零八条 【非法购买增值税专用发票、购买伪造的增值税专用发票罪】

非法购买增值税专用发票或者购买伪造的增值税专用发票的，处五年以下有期徒刑或者拘役，并处或者单处二万元以上二十万元以下罚金。

【虚开增值税专用发票罪、出售伪造增值税专用发票罪、非法出售增值税专用发票罪】

非法购买增值税专用发票或者购买伪造的增值税专用发票又虚开或者出售的，分别依照本法第二百零五条、第二百零六条、第二百零七条的规定定罪处罚。

◆ 相关规定

最高人民检察院 公安部

关于公安机关管辖的刑事案件立案追诉标准的规定(二)(节选)

(公通字〔2022〕12号)

第六十条 【非法购买增值税专用发票、购买伪造的增值税专用发票案(刑法第二百零八条第一款)】非法购买增值税专用发票或者购买伪造的增值税专用发票，涉嫌下列情形之一的，应予立案追诉：

(一)非法购买增值税专用发票或者购买伪造的增值税专用发票二十份以上且票面税额在十万元以上的；

(二)票面税额累计在二十万元以上的。

☞ 其他相关规定见章后二维码

第二百零九条 【非法制造、出售非法制造的用于骗取出口退税、抵扣税款发票罪】

伪造、擅自制造或者出售伪造、擅自制造的可以用于骗取出口退税、抵扣税款的其他发票的，处三年以下有期徒刑、拘役或者管制，并处二万元以上二十万元以下罚金；数量巨大的，处三年以上七年以下有期徒刑，并处五万元以上五十万元以下罚金；数量特别巨大的，处七年以上有期徒刑，并处五万元以上五十万元以下罚金或者没收财产。

【非法制造、出售非法制造的发票罪】

伪造、擅自制造或者出售伪造、擅自制造的前款规定以外的其他发票的，处二年以下有期徒刑、拘役或者管制，并处或者单处一万元以上五万元以下罚金；情节严重的，处二年以上七年以下有期徒刑，并处五万元以上五十万元以下罚金。

【非法出售用于骗取出口退税、抵扣税款发票罪】

非法出售可以用于骗取出口退税、抵扣税款的其他发票的，依照第一款的规定处罚。

【非法出售发票罪】

非法出售第三款规定以外的其他发票的，依照第二款的规定处罚。

◆ 相关规定

全国人民代表大会常务委员会法制工作委员会刑法室
关于对变造、出售变造普通发票行为的定性问题的意见
（刑发〔2005〕1号）

公安部经济犯罪侦查局：

你局2004年10月10日（公经〔2004〕1507号）来函收悉，经研究，交换意见如下：

同意你局的意见，即：刑法第二百零九条第二款规定的“伪造、擅自制造，或者出售伪造、擅自制造的前款规定以外的其他发票”的行为，包括变造、出售变造的普通发票的行为。

公安部经济犯罪侦查局
关于对变造、出售变造普通发票的行为定性意见的批复
（公经〔2005〕89号）

江苏省公安厅经侦总队：

你总队报来我局的《关于对变造、出售变造普通发票的行为如何定性处理的请示》收悉。经研究并征求全国人大法工委刑法室和最高人民法院刑二庭的意见，现批复如下：

刑法第209条第二款规定的“伪造、擅自制造或者出售伪造、擅自制造的前款规定以外的其他发票”的行为，包括变造、出售变造的普通发票的行为。

此复。

最高人民检察院　公安部
关于公安机关管辖的刑事案件立案追诉标准的规定（二）（节选）
（公通字〔2022〕12号）

第六十一条　【非法制造、出售非法制造的用于骗取出口退税、抵扣税款发票案（刑法第二百零九条第一款）】伪造、擅自制造或者出售伪造、擅自制造的用于骗取出口退税、抵扣税款的其他发票，涉嫌下列情形之一的，应予立案追诉：

（一）票面可以退税、抵扣税额累计在十万元以上的；

（二）伪造、擅自制造或者出售伪造、擅自制造的发票十份以上且票面可以退税、抵扣税额在六万元以上的；

（三）非法获利数额在一万元以上的。

第六十二条　【非法制造、出售非法制造的发票案（刑法第二百零九条第二款）】伪造、擅自制造或者出售伪造、擅自制造的不具有骗取出口退税、抵扣税款功能的其他发票，涉嫌下列情形之一的，应予立案追诉：

（一）伪造、擅自制造或者出售伪造、擅自制造的不具有骗取出口退税、抵扣税款功能的其他发票一百份以上且票面金额累计在三十万元以上的；

（二）票面金额累计在五十万元以上的；

（三）非法获利数额在一万元以上的。

第六十三条　【非法出售用于骗取出口退税、抵扣税款发票案（刑法第二百零九条第三款）】非法出售可以用于骗取出口退税、抵扣税款的其他发票，涉嫌下列情形之一的，应予立案追诉：

（一）票面可以退税、抵扣税额累计在十万元以上的；

（二）非法出售用于骗取出口退税、抵扣税款的其他发票十份以上且票面可以退税、抵扣税额在六万元以上的；

（三）非法获利数额在一万元以上的。

第六十四条 【非法出售发票案（刑法第二百零九条第四款）】非法出售增值税专用发票、用于骗取出口退税、抵扣税款的其他发票以外的发票，涉嫌下列情形之一的，应予立案追诉：

（一）非法出售增值税专用发票、用于骗取出口退说、抵扣税款的其他发票以外的发票一百份以上且票面金额累计在三十万元以上的；

（二）票面金额累计在五十万元以上的；

（三）非法获利数额在一万元以上的。

☞ 其他相关规定见章后二维码

第二百一十条 【盗窃罪】

盗窃增值税专用发票或者可以用于骗取出口退税、抵扣税款的其他发票的，依照本法第二百六十四条的规定定罪处罚。

【诈骗罪】

使用欺骗手段骗取增值税专用发票或者可以用于骗取出口退税、抵扣税款的其他发票的，依照本法第二百六十六条的规定定罪处罚。

第二百一十条之一 【持有伪造的发票罪】①

明知是伪造的发票而持有，数量较大的，处二年以下有期徒刑、拘役或者管制，并处罚金；数量巨大的，处二年以上七年以下有期徒刑，并处罚金。

单位犯前款罪的，对单位判处罚金，并对其直接负责的主管人员和其他直接责任人员，依照前款的规定处罚。

◆ 相关规定

最高人民检察院 公安部

关于公安机关管辖的刑事案件立案追诉标准的规定（二）（节选）

（公通字〔2022〕12号）

第六十五条 【持有伪造的发票案（刑法第二百一十条之一）】明知是伪造的发票而持有，涉嫌下列情形之一的，应予立案追诉：

（一）持有伪造的增值税专用发票或者可以用于骗取出口退税、抵扣税款的其他发票五十份以上且票面税额累计在二十五万元以上的；

（二）持有伪造的增值税专用发票或者可以用于骗取出口退税、抵扣税款的其他发票票面税额累计在五十万元以上的；

---

① 根据《刑法修正案（八）》新增。

(三)持有伪造的第一项规定以外的其他发票一百份以上且票面金额在五十万元以上的;

(四)持有伪造的第一项规定以外的其他发票票面金额累计在一百万元以上的。

☞ 其他相关规定见章后二维码

第二百一十一条 【单位犯危害税收征管罪的处罚规定】

单位犯本节第二百零一条、第二百零三条、第二百零四条、第二百零七条、第二百零八条、第二百零九条规定之罪的,对单位判处罚金,并对其直接负责的主管人员和其他直接责任人员,依照各该条的规定处罚。

第二百一十二条 【税收征缴优先原则】

犯本节第二百零一条至第二百零五条规定之罪,被判处罚金、没收财产的,在执行前,应当先由税务机关追缴税款和所骗取的出口退税款。

第七节 侵犯知识产权罪

第二百一十三条 【假冒注册商标罪】①

未经注册商标所有人许可,在同一种商品、服务上使用与其注册商标相同的商标,情节严重的,处三年以下有期徒刑,并处或者单处罚金;情节特别严重的,处三年以上十年以下有期徒刑,并处罚金。

◆ 相关规定

最高人民法院 最高人民检察院

关于办理侵犯知识产权刑事案件具体应用法律若干问题的解释(节选)

(2004年12月22日施行)

第一条 未经注册商标所有人许可,在同一种商品上使用与其注册商标相同的商标,具有下列情形之一的,属于刑法第二百一十三条规定的"情节严重",应当以假冒注册商标罪判处三年以下有期徒刑或者拘役,并处或者单处罚金:

(一)非法经营数额在五万元以上或者违法所得数额在三万元以上的;

(二)假冒两种以上注册商标,非法经营数额在三万元以上或者违法所得数额在二万元以上的;

(三)其他情节严重的情形。

---

① 根据《刑法修正案(十一)》修订。原条文内容为:"未经注册商标所有人许可,在同一种商品、服务上使用与其注册商标相同的商标,情节严重的,处三年以下有期徒刑或者拘役,并处或者单处罚金;情节特别严重的,处三年以上七年以下有期徒刑,并处罚金。"

具有下列情形之一的,属于刑法第二百一十三条规定的"情节特别严重",应当以假冒注册商标罪判处三年以上七年以下有期徒刑,并处罚金:

(一)非法经营数额在二十五万元以上或者违法所得数额在十五万元以上的;

(二)假冒两种以上注册商标,非法经营数额在十五万元以上或者违法所得数额在十万元以上的;

(三)其他情节特别严重的情形。

第八条 刑法第二百一十三条规定的"相同的商标",是指与被假冒的注册商标完全相同,或者与被假冒的注册商标在视觉上基本无差别、足以对公众产生误导的商标。

刑法第二百一十三条规定的"使用",是指将注册商标或者假冒的注册商标用于商品、商品包装或者容器以及产品说明书、商品交易文书,或者将注册商标或者假冒的注册商标用于广告宣传、展览以及其他商业活动等行为。

第十二条 本解释所称"非法经营数额",是指行为人在实施侵犯知识产权行为过程中,制造、储存、运输、销售侵权产品的价值。已销售的侵权产品的价值,按照实际销售的价格计算。制造、储存、运输和未销售的侵权产品的价值,按照标价或者已经查清的侵权产品的实际销售平均价格计算。侵权产品没有标价或者无法查清其实际销售价格的,按照被侵权产品的市场中间价格计算。

多次实施侵犯知识产权行为,未经行政处理或者刑事处罚的,非法经营数额、违法所得数额或者销售金额累计计算。

本解释第三条所规定的"件",是指标有完整商标图样的一份标识。

第十三条 实施刑法第二百一十三条规定的假冒注册商标犯罪,又销售该假冒注册商标的商品,构成犯罪的,应当依照刑法第二百一十三条的规定,以假冒注册商标罪定罪处罚。

实施刑法第二百一十三条规定的假冒注册商标犯罪,又销售明知是他人的假冒注册商标的商品,构成犯罪的,应当实行数罪并罚。

第十五条 单位实施刑法第二百一十三条至第二百一十九条规定的行为,按照本解释规定的相应个人犯罪的定罪量刑标准的三倍定罪量刑。

第十六条 明知他人实施侵犯知识产权犯罪,而为其提供贷款、资金、账号、发票、证明、许可证件,或者提供生产、经营场所或运输、储存、代理进出口等便利条件、帮助的,以侵犯知识产权犯罪的共犯论处。

第十七条 以前发布的有关侵犯知识产权犯罪的司法解释,与本解释相抵触的,自本解释施行后不再适用。

最高人民法院 最高人民检察院
关于办理侵犯知识产权刑事案件具体应用法律若干问题的解释(二)(节选)

(2007年4月5日施行)

第三条 侵犯知识产权犯罪,符合刑法规定的缓刑条件的,依法适用缓刑。有下列情形之一的,一般不适用缓刑:

(一)因侵犯知识产权被刑事处罚或者行政处罚后,再次侵犯知识产权构成犯罪的;

(二)不具有悔罪表现的;

(三)拒不交出违法所得的;

(四)其他不宜适用缓刑的情形。

第四条 对于侵犯知识产权犯罪的,人民法院应当综合考虑犯罪的违法所得、非法经营数额、给权利人造成的损失、社会危害性等情节,依法判处罚金。罚金数额一般在违法所得的一倍以上五倍以下,或者按照非法经营数额的50%以上一倍以下确定。

第五条 被害人有证据证明的侵犯知识产权刑事案件,直接向人民法院起诉的,人民法院应当依法受理;严重危害社会秩序和国家利益的侵犯知识产权刑事案件,由人民检察院依法提起公诉。

第六条　单位实施刑法第二百一十三条至第二百一十九条规定的行为,按照《最高人民法院、最高人民检察院关于办理侵犯知识产权刑事案件具体应用法律若干问题的解释》和本解释规定的相应个人犯罪的定罪量刑标准定罪处罚。

第七条　以前发布的司法解释与本解释不一致的,以本解释为准。

最高人民法院　最高人民检察院　公安部 印发《关于办理侵犯知识产权刑事案件适用法律若干问题的意见》的通知(节选)

(法发〔2011〕3号)

一、关于侵犯知识产权犯罪案件的管辖问题

侵犯知识产权犯罪案件由犯罪地公安机关立案侦查。必要时,可以由犯罪嫌疑人居住地公安机关立案侦查。侵犯知识产权犯罪案件的犯罪地,包括侵权产品制造地、储存地、运输地、销售地,传播侵权作品、销售侵权产品的网站服务器所在地、网络接入地、网站建立者或者管理者所在地,侵权作品上传者所在地,权利人受到实际侵害的犯罪结果发生地。对有多个侵犯知识产权犯罪地的,由最初受理的公安机关或者主要犯罪地公安机关管辖。多个侵犯知识产权犯罪地的公安机关对管辖有争议的,由共同的上级公安机关指定管辖,需要提请批准逮捕、移送审查起诉、提起公诉的,由该公安机关所在地的同级人民检察院、人民法院受理。

对于不同犯罪嫌疑人、犯罪团伙跨地区实施的涉及同一批侵权产品的制造、储存、运输、销售等侵犯知识产权犯罪行为,符合并案处理要求的,有关公安机关可以一并立案侦查,需要提请批准逮捕、移送审查起诉、提起公诉的,由该公安机关所在地的同级人民检察院、人民法院受理。

二、关于办理侵犯知识产权刑事案件中行政执法部门收集、调取证据的效力问题

行政执法部门依法收集、调取、制作的物证、书证、视听资料、检验报告、鉴定结论、勘验笔录、现场笔录,经公安机关、人民检察院审查,人民法院庭审质证确认,可以作为刑事证据使用。

行政执法部门制作的证人证言、当事人陈述等调查笔录,公安机关认为有必要作为刑事证据使用的,应当依法重新收集、制作。

三、关于办理侵犯知识产权刑事案件的抽样取证问题和委托鉴定问题

公安机关在办理侵犯知识产权刑事案件时,可以根据工作需要抽样取证,或者商请同级行政执法部门、有关检验机构协助抽样取证。法律、法规对抽样机构或者抽样方法有规定的,应当委托规定的机构并按照规定方法抽取样品。

公安机关、人民检察院、人民法院在办理侵犯知识产权刑事案件时,对于需要鉴定的事项,应当委托国家认可的有鉴定资质的鉴定机构进行鉴定。

公安机关、人民检察院、人民法院应当对鉴定结论进行审查,听取权利人、犯罪嫌疑人、被告人对鉴定结论的意见,可以要求鉴定机构作出相应说明。

四、关于侵犯知识产权犯罪自诉案件的证据收集问题

人民法院依法受理侵犯知识产权刑事自诉案件,对于当事人因客观原因不能取得的证据,在提起自诉时能够提供有关线索,申请人民法院调取的,人民法院应当依法调取。

五、关于刑法第二百一十三条规定的"同一种商品"的认定问题

名称相同的商品以及名称不同但指同一事物的商品,可以认定为"同一种商品"。"名称"是指国家工商行政管理总局商标局在商标注册工作中对商品使用的名称,通常即《商标注册用商品和服务国际分类》中规定的商品名称。"名称不同但指同一事物的商品"是指在功能、用途、主要原料、消费对象、销售渠道等方面相同或者基本相同,相关公众一般认为是同一种事物的商品。

认定"同一种商品",应当在权利人注册商标核定使用的商品和行为人实际生产销售的商品之间进行比较。

六、关于刑法第二百一十三条规定的“与其注册商标相同的商标”的认定问题

具有下列情形之一，可以认定为“与其注册商标相同的商标”：

（一）改变注册商标的字体、字母大小写或者文字横竖排列，与注册商标之间仅有细微差别的；

（二）改变注册商标的文字、字母、数字等之间的间距，不影响体现注册商标显著特征的；

（三）改变注册商标颜色的；

（四）其他与注册商标在视觉上基本无差别、足以对公众产生误导的商标。

七、关于尚未附着或者尚未全部附着假冒注册商标标识的侵权产品价值是否计入非法经营数额的问题

在计算制造、储存、运输和未销售的假冒注册商标侵权产品价值时，对于已经制作完成但尚未附着（含加贴）或者尚未全部附着（含加贴）假冒注册商标标识的产品，如果有确实、充分证据证明该产品将假冒他人注册商标，其价值计入非法经营数额。

……

十四、关于多次实施侵犯知识产权行为累计计算数额问题

依照最高人民法院、最高人民检察院《关于办理侵犯知识产权刑事案件具体应用法律若干问题的解释》第十二条第二款的规定，多次实施侵犯知识产权行为，未经行政处理或者刑事处罚的，非法经营数额、违法所得数额或者销售金额累计计算。

二年内多次实施侵犯知识产权违法行为，未经行政处理，累计数额构成犯罪的，应当依法定罪处罚。实施侵犯知识产权犯罪行为的追诉期限，适用刑法的有关规定，不受前述二年的限制。

十五、关于为他人实施侵犯知识产权犯罪提供原材料、机械设备等行为的定性问题

明知他人实施侵犯知识产权犯罪，而为其提供生产、制造侵权产品的主要原材料、辅助材料、半成品、包装材料、机械设备、标签标识、生产技术、配方等帮助，或者提供互联网接入、服务器托管、网络存储空间、通讯传输通道、代收费、费用结算等服务的，以侵犯知识产权犯罪的共犯论处。

十六、关于侵犯知识产权犯罪竞合的处理问题

行为人实施侵犯知识产权犯罪，同时构成生产、销售伪劣商品犯罪的，依照侵犯知识产权犯罪与生产、销售伪劣商品犯罪中处罚较重的规定定罪处罚。

最高人民法院　最高人民检察院
关于办理侵犯知识产权刑事案件具体应用法律若干问题的解释（三）（节选）

（法释〔2020〕10号）

第一条　具有下列情形之一的，可以认定为刑法第二百一十三条规定的“与其注册商标相同的商标”：

（一）改变注册商标的字体、字母大小写或者文字横竖排列，与注册商标之间基本无差别的；

（二）改变注册商标的文字、字母、数字等之间的间距，与注册商标之间基本无差别的；

（三）改变注册商标颜色，不影响体现注册商标显著特征的；

（四）在注册商标上仅增加商品通用名称、型号等缺乏显著特征要素，不影响体现注册商标显著特征的；

（五）与立体注册商标的三维标志及平面要素基本无差别的；

（六）其他与注册商标基本无差别、足以对公众产生误导的商标。

……

第七条　除特殊情况外，假冒注册商标的商品、非法制造的注册商标标识、侵犯著作权的复制品、主要用于制造假冒注册商标的商品、注册商标标识或者侵权复制品的材料和工具，应当依法予以没收和销毁。

上述物品需要作为民事、行政案件的证据使用的，经权利人申请，可以在民事、行政案件终结后或者采取取样、拍照等方式对证据固定后予以销毁。

第八条　具有下列情形之一的，可以酌情从重处罚，一般不适用缓刑：

（一）主要以侵犯知识产权为业的；

（二）因侵犯知识产权被行政处罚后再次侵犯知识产权构成犯罪的；

（三）在重大自然灾害、事故灾难、公共卫生事件期间，假冒抢险救灾、防疫物资等商品的注册商标的；

（四）拒不交出违法所得的。

第九条　具有下列情形之一的，可以酌情从轻处罚：

（一）认罪认罚的；

（二）取得权利人谅解的；

（三）具有悔罪表现的；

（四）以不正当手段获取权利人的商业秘密后尚未披露、使用或者允许他人使用的。

第十条　对于侵犯知识产权犯罪的，应当综合考虑犯罪违法所得数额、非法经营数额、给权利人造成的损失数额、侵权假冒物品数量及社会危害性等情节，依法判处罚金。

罚金数额一般在违法所得数额的一倍以上五倍以下确定。违法所得数额无法查清的，罚金数额一般按照非法经营数额的百分之五十以上一倍以下确定。违法所得数额和非法经营数额均无法查清，判处三年以下有期徒刑、拘役、管制或者单处罚金的，一般在三万元以上一百万元以下确定罚金数额；判处三年以上有期徒刑的，一般在十五万元以上五百万元以下确定罚金数额。

第十一条　本解释发布施行后，之前发布的司法解释和规范性文件与本解释不一致的，以本解释为准。

第十二条　本解释自2020年9月14日起施行。

☞ 其他相关规定见章后二维码

◆ 解读与适用

【拓展关键词】非法经营数额　违法所得数额　同一种商品　上下游共犯

假冒注册商标犯罪的非法经营数额、违法所得数额，应当综合被告人供述、证人证言、被害人陈述、网络销售电子数据、被告人银行账户往来记录、送货单、快递公司电脑系统记录、被告人等所作记账等证据认定。被告人辩解称网络销售记录存在刷信誉的不真实交易，但无证据证实的，对其辩解不予采纳。①

假冒在我国取得注册商标的商品销往境外，情节严重构成犯罪的，依法应予追诉。凡在我国合法注册且在有效期内的商标，商标所有权人享有的商标专用权依法受我国法律保护。未经注册商标所有人许可，假冒在我国注册的商标的商品，无论由境内生产销往境外，还是由境外生产销往境内，均属于违反我国商标管理法律法规，侵害商标专用权，损害商品信誉，情节严重的，构成犯罪。假冒注册商标犯罪中的上下游被告人是否构成共同犯罪，应结合假冒商品生产者和销售者之间的意思联络、对违法性的认知程度、对销售价格与正品价格差价认知情况等因素综合判断。②

《刑参》第674号案例“孙某等假冒注册商标案——如何认定假冒注册商标罪中的同一种商品”相关论述：未列入权利人注册商标核定使用范围的商品不应当被认定为假冒注册商标罪的同一种商品。名称相同的商品以及名称不同但指同一事物的商品可以认定为“同一种商品”。“名称不同但指同一事物的商品”是指在功能、用途、主要原料、消费对象、销售渠道等方面相同或者基本相同，相关公众一般认为是同一种事物的商品。“水饺”与“饺子”，“汤圆”与“元宵”应当认定为“同一种商品”。但“羊肉片”这种商品并未列入“思念”牌注册商标的商品核定使用范围，“羊肉片”与“思念”牌注册商标核定使用范围内的商品相比较，不仅名称不同而且其他方面也存在根本差异，社会公众不会认为“羊肉片”与核定范围内的任何一种商品指向

---

① 郭某1、郭某2、孙某假冒注册商标案，最高人民法院指导案例87号（2017年）。

② 姚某等五人假冒注册商标案，最高人民检察院指导性案例第101号（2021年）。

的是同一事物，当然不能认定为是“同一种商品”。因此，“羊肉片”的货值金额不应当计入犯罪数额。当言词证据与物证能够相互印证，证明尚未附着或者加贴假冒注册商标标识的产品将附着或加贴相关商标标识的，应当将产品价值计入非法经营数额。

《刑参》第859号案例“李某假冒注册商标案——假冒注册商标后又销售该假冒商品，但销售价格无法查清的，如何认定非法经营数额”相关论述：侦查机关在扣押李某的电脑中虽然没有其实际销售商品的价格记录，但李某在将不同批次不同款式的假冒注册商标的商品照片放在不同价格名称的文件夹中的做法基本反映出李某主观上出售假冒注册商标的商品的出售价格。故以李某的电脑主机中记载的不同批次、不同款式假冒注册商标的商品上标注的平均价格认定非法经营数额，更符合本案实际。

第二百一十四条 【销售假冒注册商标的商品罪】①

销售明知是假冒注册商标的商品，违法所得数额较大或者有其他严重情节的，处三年以下有期徒刑，并处或者单处罚金；违法所得数额巨大或者有其他特别严重情节的，处三年以上十年以下有期徒刑，并处罚金。

◆ 相关规定

最高人民法院 最高人民检察院
关于办理侵犯知识产权刑事案件具体应用法律若干问题的解释（节选）
（2004年12月22日施行）

详见《刑法》第213条假冒注册商标罪的相关规定

第二条 销售明知是假冒注册商标的商品，销售金额在五万元以上的，属于刑法第二百一十四条规定的“数额较大”，应当以销售假冒注册商标的商品罪判处三年以下有期徒刑或者拘役，并处或者单处罚金。

销售金额在二十五万元以上的，属于刑法第二百一十四条规定的“数额巨大”，应当以销售假冒注册商标的商品罪判处三年以上七年以下有期徒刑，并处罚金。

……

第九条 刑法第二百一十四条规定的“销售金额”，是指销售假冒注册商标的商品后所得和应得的全部违法收入。

具有下列情形之一的，应当认定为属于刑法第二百一十四条规定的“明知”：

（一）知道自己销售的商品上的注册商标被涂改、调换或者覆盖的；

（二）因销售假冒注册商标的商品受到过行政处罚或者承担过民事责任、又销售同一种假冒注册商标的商品的；

（三）伪造、涂改商标注册人授权文件或者知道该文件被伪造、涂改的；

（四）其他知道或者应当知道是假冒注册商标的商品的情形。

---

① 根据《刑法修正案（十一）》修订。原条文主要内容为：“销售明知是假冒注册商标的商品，销售金额数额较大的，处三年以下有期徒刑或者拘役，并处或者单处罚金；销售金额数额巨大的，处三年以上七年以下有期徒刑，并处罚金。”

最高人民法院　最高人民检察院　公安部
印发《关于办理侵犯知识产权刑事案件适用法律若干问题的意见》的通知(节选)

(法发〔2011〕3号)

详见《刑法》第213条假冒注册商标罪的相关规定

八、关于销售假冒注册商标的商品犯罪案件中尚未销售或者部分销售情形的定罪量刑问题

销售明知是假冒注册商标的商品,具有下列情形之一的,依照刑法第二百一十四条的规定,以销售假冒注册商标的商品罪(未遂)定罪处罚:

(一)假冒注册商标的商品尚未销售,货值金额在十五万元以上的;

(二)假冒注册商标的商品部分销售,已销售金额不满五万元,但与尚未销售的假冒注册商标的商品的货值金额合计在十五万元以上的。

假冒注册商标的商品尚未销售,货值金额分别达到十五万元以上不满二十五万元、二十五万元以上的,分别依照刑法第二百一十四条规定的各法定刑幅度定罪处罚。

销售金额和未销售货值金额分别达到不同的法定刑幅度或者均达到同一法定刑幅度的,在处罚较重的法定刑或者同一法定刑幅度内酌情从重处罚。

☞ 其他相关规定见章后二维码

◆ 解读与适用

【拓展关键词】尚未销售　犯罪未遂　应得违法收入　销售金额　货值金额　非法经营数额的计算

《刑参》第131号案例"朱某销售假冒注册商标的商品案——假冒注册商标的商品尚未销售就被查获的能否以销售假冒注册商标的商品罪追究刑事责任"相关论述:从销售假冒注册商标的商品行为过程来看,其"销售"过程应当包括购进和销售两个阶段,行为人无论是实施了全部两个阶段的行为还是仅实施其中一个阶段的行为其性质都是已经着手实行犯罪。行为人以销售为目的购进货值金额巨大的假冒注册商标的商品,还未销售就被查获的,实际上就是由于行为人意志以外的原因而未得逞,应属于未遂。性质相同的案件应当按照同一的处理原则处理。关于生产、销售伪劣产品的司法解释对于处理本案就有完全意义上的参照执行价值。

《刑参》第456号案例"杨某销售假冒注册商标的商品案——销售假冒注册商标的商品未遂的是否作为犯罪处理"相关论述:被告人为了销售而实施的购买行为应认定为已经着手实行犯罪,成立犯罪未遂。销售行为应作为一个持续的、完整的过程来加以理解,进货、定价等均应视为销售行为通常的、必要的组成部分。买卖行为的对向性、密切关联性决定了先行购买行为是整个销售犯罪的重要环节,一旦实施,即将进入销售阶段,已经构成侵犯法益的紧迫危险,超出了预备犯的范畴。销售假冒注册商标的商品未遂,货值金额达到一定标准的,应当定罪处罚。由于销售假冒注册商标罪与销售伪劣产品罪具有侵犯客体上的共通性和行为特征上的相似性,未遂标准可以参照销售伪劣产品标准认定。销售假冒注册商标的商品未遂的,如果假冒商品没有标价,也无法查清其实际销售价格,应按照被侵权产品的市场中间价格计算。

《刑参》第576号案例"刘某销售假冒注册商标的商品案——销售假冒注册商标的商品未遂的应依何标准进行处罚"相关论述:假冒注册商标的商品尚未销售的,只能认定货值金额,不能认定销售金额。"应得违法收入"是指行为人由于某种原因虽没有实际取得收入但根据合同或事先的约定,买方应该支付给行为人的产品价款即虽已售出但未实收回货款的情形。由于其属于确定的可期待收益,故应计入销售金额。销售金额究竟是犯罪构成还是犯罪既遂要件,我国法律规定其既不同于犯罪构成要件论也不同于犯罪既遂要件

论，而是在犯罪既遂要件论的基础上从提高构成金额的角度对未遂的处罚范围加以限定。销售假冒注册商品罪处罚未遂的基本数额标准应当是货值金额达到销售数额 3 倍以上。

《刑参》第 675 号案例“田某、胡某销售假冒注册商标的商品案——如何结合证据准确认定实际销售平均价格”相关论述：在侵犯知识产权犯罪中，销售假冒注册商标的商品罪系数额犯。在犯罪构成中犯罪金额既是罪质要素又是罪量要素，直接影响对被告人的定罪量刑。尽管销售金额和非法经营数额在表述上存在差异，但是在假冒注册商标罪中的非法经营数额的计算方法理应适用于销售假冒注册商标的商品罪等侵犯知识产品犯罪的销售金额的计算。侵权产品的价格计算方法不是任选的而是递进性的，只有按照前种方法无法认定侵权产品的价格时才适用后种方法进行计算。未销售的侵权产品的价值按照已经查清的侵权产品的实际销售平均价格计算的规定反映出销售侵权产品犯罪行为的隐蔽性及量多价低、量少价高的市场交易惯例，比较契合本案被告人销售侵权产品的价格存在浮动、实际销售数量不明的事实。主张每次销售侵权商品的价格和数量固定才能计算实际销售平均价格的计算方法过于绝对，我们以简单平均的方法计算实际销售平均价格即存在两次或两次以上销售价格的，取其平均值，以此作为实际销售平均价格。

《刑参》第 922 号案例“王某销售假冒注册商标的商品案——如何计算假冒注册商标的商品的货值金额”相关论述：有证据证明存在销售行为的，应当根据有利于被告人的原则具体把握实际销售价格的证明标准，尽可能查明实际销售价格。认定侵权产品价值时，应当结合在案其他证据审慎判断被侵权单位出具的正品价格证明及价格鉴定意见的证明力。

【拓展关键词】销售伪劣产品与销售假冒产品的辨析　以假卖假

《刑参》第 676 号案例“邱某等销售假冒注册商标的商品案——‘售假公司’能否成为单位犯罪的主体”相关论述：专门的“售假公司”不能成为单位犯罪的主体。在侵犯知识产权的犯罪中，行为人可能通过假冒他人注册商标制售伪劣产品，也可能通过制售假冒伪劣产品来假冒注册商标是商品，这种情形完全符合想象竞合犯的特征。销售伪劣产品的行为共同特点均是以谋取非法利益为目的通过假冒的行为方式欺骗消费者，主观上具有欺骗的故意。如果主观上不具有欺骗的故意，客观上未通过假冒的行为方式销售产品，则不构成销售伪劣产品罪。

《刑参》第 677 号案例“杨某销售假冒注册商标的商品案——如何区分销售假冒注册商标的商品罪与销售伪劣产品罪，以及如何认定‘以假卖假’尚未销售情形下假冒注册商标商品的销售金额、非法经营数额和犯罪停止形态”相关论述：假冒注册商标的商品尚未销售，应以非法经营数额作为定案依据，犯罪停止形态应认定为未遂。司法机关对于销售者已经销售的商品金额往往难以查实，能够查实的，往往是其尚未销售的部分。严格地说，对于尚未销售部分根本无法计算“销售金额”。因为司法解释将“销售金额”解释为销售假冒注册商标的商品后所得和应得的全部违法收入。“所得”的违法收入指行为人出售假冒注册商标的商品后已经得到的违法收入。“应得”的违法收入指行为人已经出售假冒注册商标的商品后按照合同或者依照约定将要得到的违法收入。假冒注册商标的商品尚未销售即被查获，销售金额无法确定，但不能据此认为该种行为不能入罪。行为人购进假冒注册商标的商品，目的在于销售牟利，应当根据非法经营数额，以销售假冒注册商标的商品罪论处。假冒注册商标的商品尚未销售的犯罪形态应当认定为未遂。本罪的主要客观行为是“销售”而非刑法分则中其他罪名规定的“贩卖”或者“买卖”，所以不能把为了“卖出”而“买入”的行为作为客观方面的实质行为，不能以“买入”行为作为判断构成要件是否齐备的临界点。在以假卖假案件中，假冒注册商标的商品尚未销售的，非法经营数额应根据假冒注册商标的商品价值作为计算依据，而不能以被假冒的注册商标的商品价值作为计算依据。

《刑参》第 860 号案例“顾某、张某销售假冒注册商标的商品案——商标权利人出具商品真伪鉴定意见的证据属性及其审查”。

第二百一十五条　【非法制造、销售非法制造的注册商标标识罪】①

伪造、擅自制造他人注册商标标识或者销售伪造、擅自制造的注册商标标识，情节严重的，处三年以下有期徒刑，并处或者单处罚金；情节特别严重的，处三年以上十年以下有期徒刑，并处罚金。

◆ 相关规定

最高人民法院　最高人民检察院
关于办理侵犯知识产权刑事案件具体应用法律若干问题的解释(节选)
(2004 年 12 月 22 日施行)

详见《刑法》第 213 条假冒注册商标罪的相关规定

第三条　伪造、擅自制造他人注册商标标识或者销售伪造、擅自制造的注册商标标识，具有下列情形之一的，属于刑法第二百一十五条规定的"情节严重"，应当以非法制造、销售非法制造的注册商标标识罪判处三年以下有期徒刑、拘役或者管制，并处或者单处罚金：

(一)伪造、擅自制造或者销售伪造、擅自制造的注册商标标识数量在二万件以上，或者非法经营数额在五万元以上，或者违法所得数额在三万元以上的；

(二)伪造、擅自制造或者销售伪造、擅自制造两种以上注册商标标识数量在一万件以上，或者非法经营数额在三万元以上，或者违法所得数额在二万元以上的；

(三)其他情节严重的情形。

具有下列情形之一的，属于刑法第二百一十五条规定的"情节特别严重"，应当以非法制造、销售非法制造的注册商标标识罪判处三年以上七年以下有期徒刑，并处罚金：

(一)伪造、擅自制造或者销售伪造、擅自制造的注册商标标识数量在十万件以上，或者非法经营数额在二十五万元以上，或者违法所得数额在十五万元以上的；

(二)伪造、擅自制造或者销售伪造、擅自制造两种以上注册商标标识数量在五万件以上，或者非法经营数额在十五万元以上，或者违法所得数额在十万元以上的；

(三)其他情节特别严重的情形。

---

①　根据《刑法修正案(十一)》修订。原条文主要内容为："伪造、擅自制造他人注册商标标识或者销售伪造、擅自制造的注册商标标识，情节严重的，处三年以下有期徒刑、拘役或者管制，并处或者单处罚金；情节特别严重的，处三年以上七年以下有期徒刑，并处罚金。"

最高人民法院　最高人民检察院　公安部
印发《关于办理侵犯知识产权刑事案件适用法律若干问题的意见》的通知

（法发〔2011〕3号）

详见《刑法》第213条假冒注册商标罪的相关规定

九、关于销售他人非法制造的注册商标标识犯罪案件中尚未销售或者部分销售情形的定罪问题

销售他人伪造、擅自制造的注册商标标识，具有下列情形之一的，依照刑法第二百一十五条的规定，以销售非法制造的注册商标标识罪（未遂）定罪处罚：

（一）尚未销售他人伪造、擅自制造的注册商标标识数量在六万件以上的；

（二）尚未销售他人伪造、擅自制造的两种以上注册商标标识数量在三万件以上的；

（三）部分销售他人伪造、擅自制造的注册商标标识，已销售标识数量不满二万件，但与尚未销售标识数量合计在六万件以上的；

（四）部分销售他人伪造、擅自制造的两种以上注册商标标识，已销售标识数量不满一万件，但与尚未销售标识数量合计在三万件以上的。

☞ 其他相关规定见章后二维码

◆ 解读与适用

【拓展关键词】非法制造注册商标标识罪与假冒注册商标罪辨析

《刑参》第108号案例"王某、唐某非法制造注册商标标识案——如何认定非法制造注册商标标识罪"相关论述：该罪的犯罪对象是他人注册商标的标识，包括商品商标标识和服务商标标识。当行为人非法制造注册商标标识并将其用于与该注册商标核定使用的商品属于同一种的商品上，其行为触犯了《刑法》中的两个罪名，即非法制造注册商标标识罪和假冒注册商标罪，属于牵连犯，应当按照择一重罪从重处罚的法律适用原则，选择处罚较重的罪名定罪处罚。

《刑参》第678号案例"王某非法制造注册商标标识案——将回收的空旧酒瓶、包装物与购买的假冒注册商标标识进行组装的行为，如何定性"相关论述：被告人将回收的空旧酒瓶、包装物与购买的假冒注册商标标识进行组装的行为构成非法制造注册商标标识罪。从行为性质分析，被告人的行为属于"伪造"型制造注册商标标识行为。带有商标的酒瓶、包装物属于商标标识。将酒瓶、包装物与购买的假冒注册商标标识进行组装是侵犯注册商标标识的行为，是制造注册商标标识。真伪并存的组装拼凑行为在整体上应认定为伪造行为。从商标标识功能分析，被告人的行为侵犯了他人的注册商标专用权和国家的商标管理制度。商标标识与商品配套一同进入流通领域。被告人未征得注册商标权人的同意对已经丧失区别商品来源等功能的商标标识进行回收整理并使之重新进入流通领域，再次赋予商标标识功能，实质上侵犯了注册商标权人的专用权。

第二百一十六条　【假冒专利罪】

假冒他人专利，情节严重的，处三年以下有期徒刑或者拘役，并处或者单处罚金。

◆ 相关规定

最高人民法院 最高人民检察院
关于办理侵犯知识产权刑事案件具体应用法律若干问题的解释
（2004年12月22日施行）

详见《刑法》第213条假冒注册商标罪的相关规定

第四条 假冒他人专利，具有下列情形之一的，属于刑法第二百一十六条规定的"情节严重"，应当以假冒专利罪判处三年以下有期徒刑或者拘役，并处或者单处罚金：

（一）非法经营数额在二十万元以上或者违法所得数额在十万元以上的；

（二）给专利权人造成直接经济损失五十万元以上的；

（三）假冒两项以上他人专利，非法经营数额在十万元以上或者违法所得数额在五万元以上的；

（四）其他情节严重的情形。

第十条 实施下列行为之一的，属于刑法第二百一十六条规定的"假冒他人专利"的行为：

（一）未经许可，在其制造或者销售的产品、产品的包装上标注他人专利号的；

（二）未经许可，在广告或者其他宣传材料中使用他人的专利号，使人将所涉及的技术误认为是他人专利技术的；

（三）未经许可，在合同中使用他人的专利号，使人将合同涉及的技术误认为是他人专利技术的；

（四）伪造或者变造他人的专利证书、专利文件或者专利申请文件的。

☞ 其他相关规定见章后二维码

第二百一十七条 【侵犯著作权罪】①

以营利为目的，有下列侵犯著作权或者与著作权有关的权利的情形之一，违法所得数额较大或者有其他严重情节的，处三年以下有期徒刑，并处或者单处罚金；违法所得数额巨大或者有其他特别严重情节的，处三年以上十年以下有期徒刑，并处罚金：

（一）未经著作权人许可，复制发行、通过信息网络向公众传播其文字作品、音乐、美术、视听作品、计算机软件及法律、行政法规规定的其他作品的；

（二）出版他人享有专有出版权的图书的；

（三）未经录音录像制作者许可，复制发行、通过信息网络向公众传播其制作的录音录像的；

（四）未经表演者许可，复制发行录有其表演的录音录像制品，或者通过信息网络向公众传播其表演的；

---

① 根据《刑法修正案（十一）》修订。原条文主要内容为："以营利为目的，有下列侵犯著作权情形之一，违法所得数额较大或者有其他严重情节的，处三年以下有期徒刑或者拘役，并处或者单处罚金；违法所得数额巨大或者有其他特别严重情节的，处三年以上七年以下有期徒刑，并处罚金：

（一）未经著作权人许可，复制发行其文字作品、音乐、电影、电视、录像作品、计算机软件及其他作品的；

（二）出版他人享有专有出版权的图书的；

（三）未经录音录像制作者许可，复制发行其制作的录音录像的；

（四）制作、出售假冒他人署名的美术作品的。"

（五）制作、出售假冒他人署名的美术作品的；

（六）未经著作权人或者与著作权有关的权利人许可，故意避开或者破坏权利人为其作品、录音录像制品等采取的保护著作权或者与著作权有关的权利的技术措施的。

◆ 相关规定

最高人民法院　最高人民检察院
关于办理侵犯知识产权刑事案件具体应用法律若干问题的解释（节选）
（2004年12月22日施行）

详见《刑法》第213条假冒注册商标罪的相关规定

第五条　以营利为目的，实施刑法第二百一十七条所列侵犯著作权行为之一，违法所得数额在三万元以上的，属于"违法所得数额较大"；具有下列情形之一的，属于"有其他严重情节"，应当以侵犯著作权罪判处三年以下有期徒刑或者拘役，并处或者单处罚金：

（一）非法经营数额在五万元以上的；

（二）未经著作权人许可，复制发行其文字作品、音乐、电影、电视、录像作品、计算机软件及其他作品，复制品数量合计在一千张（份）以上的；

（三）其他严重情节的情形。

以营利为目的，实施刑法第二百一十七条所列侵犯著作权行为之一，违法所得数额在十五万元以上的，属于"违法所得数额巨大"；具有下列情形之一的，属于"有其他特别严重情节"，应当以侵犯著作权罪判处三年以上七年以下有期徒刑，并处罚金：

（一）非法经营数额在二十五万元以上的；

（二）未经著作权人许可，复制发行其文字作品、音乐、电影、电视、录像作品、计算机软件及其他作品，复制品数量合计在五千张（份）以上的；

（三）其他特别严重情节的情形。

第十一条　以刊登收费广告等方式直接或者间接收取费用的情形，属于刑法第二百一十七条规定的"以营利为目的"。

刑法第二百一十七条规定的"未经著作权人许可"，是指没有得到著作权人授权或者伪造、涂改著作权人授权许可文件或者超出授权许可范围的情形。

通过信息网络向公众传播他人文字作品、音乐、电影、电视、录像作品、计算机软件及其他作品的行为，应当视为刑法第二百一十七条规定的"复制发行"。

第十四条　实施刑法第二百一十七条规定的侵犯著作权犯罪，又销售该侵权复制品，构成犯罪的，应当依照刑法第二百一十七条的规定，以侵犯著作权罪定罪处罚。

实施刑法第二百一十七条规定的侵犯著作权犯罪，又销售明知是他人的侵权复制品，构成犯罪的，应当实行数罪并罚。

最高人民法院　最高人民检察院
关于办理侵犯著作权刑事案件中涉及录音录像制品有关问题的批复(节选)

(2005年10月18日施行)

以营利为目的,未经录音录像制作者许可,复制发行其制作的录音录像制品的行为,复制品的数量标准分别适用《最高人民法院、最高人民检察院关于办理侵犯知识产权刑事案件具体应用法律若干问题的解释》第五条第一款第(二)项、第二款第(二)项的规定。

未经录音录像制作者许可,通过信息网络传播其制作的录音录像制品的行为,应当视为刑法第二百一十七条第(三)项规定的"复制发行"。

最高人民法院　最高人民检察院
关于办理侵犯知识产权刑事案件具体应用法律若干问题的解释(二)(节选)

(2007年4月5日施行)

详见《刑法》第213条假冒注册商标罪的相关规定

第一条　以营利为目的,未经著作权人许可,复制发行其文字作品、音乐、电影、电视、录像作品、计算机软件及其他作品,复制品数量合计在五百张(份)以上的,属于刑法第二百一十七条规定的"有其他严重情节";复制品数量在二千五百张(份)以上的,属于刑法第二百一十七条规定的"有其他特别严重情节"。

第二条　刑法第二百一十七条侵犯著作权罪中的"复制发行",包括复制、发行或者既复制又发行的行为。

侵权产品的持有人通过广告、征订等方式推销侵权产品的,属于刑法第二百一十七条规定的"发行"。

非法出版、复制、发行他人作品,侵犯著作权构成犯罪的,按照侵犯著作权罪定罪处罚。

最高人民检察院　公安部
关于公安机关管辖的刑事案件立案追诉标准的规定(一)(节选)

(公通字〔2008〕36号)

第二十六条　【侵犯著作权案(刑法第二百一十七条)】以营利为目的,未经著作权人许可,复制发行其文字作品、音乐、电影、电视、录像作品、计算机软件及其他作品,或者出版他人享有专有出版权的图书,或者未经录音录像制作者许可,复制发行其制作的录音录像,或者制作、出售假冒他人署名的美术作品,涉嫌下列情形之一的,应予立案追诉:

(一)违法所得数额三万元以上的;

(二)非法经营数额五万元以上的;

(三)未经著作权人许可,复制发行其文字作品、音乐、电影、电视、录像作品、计算机软件及其他作品,复制品数量合计五百张(份)以上的;

(四)未经录音录像制作者许可,复制发行其制作的录音录像制品,复制品数量合计五百张(份)以上的;

(五)其他情节严重的情形。

以刊登收费广告等方式直接或者间接收取费用的情形,属于本条规定的"以营利为目的"。

本条规定的"未经著作权人许可",是指没有得到著作权人授权或者伪造、涂改著作权人授权许可文件或者超出授权许可范围的情形。

本条规定的“复制发行”,包括复制、发行或者既复制又发行的行为。

通过信息网络向公众传播他人文字作品、音乐、电影、电视、录像作品、计算机软件及其他作品,或者通过信息网络传播他人制作的录音录像制品的行为,应当视为本条规定的“复制发行”。

侵权产品的持有人通过广告、征订等方式推销侵权产品的,属于本条规定的“发行”。

本条规定的“非法经营数额”,是指行为人在实施侵犯知识产权行为过程中,制造、储存、运输、销售侵权产品的价值。已销售的侵权产品的价值,按照实际销售的价格计算。制造、储存、运输和未销售的侵权产品的价值,按照标价或者已经查清的侵权产品的实际销售平均价格计算。侵权产品没有标价或者无法查清其实际销售价格的,按照被侵权产品的市场中间价格计算。

最高人民法院　最高人民检察院　公安部
印发《关于办理侵犯知识产权刑事案件适用法律若干问题的意见》的通知(节选)

(法发〔2011〕3号)

详见《刑法》第213条假冒注册商标罪的相关规定

十、关于侵犯著作权犯罪案件“以营利为目的”的认定问题

除销售外,具有下列情形之一的,可以认定为“以营利为目的”:

(一)以在他人作品中刊登收费广告、捆绑第三方作品等方式直接或者间接收取费用的;

(二)通过信息网络传播他人作品,或者利用他人上传的侵权作品,在网站或者网页上提供刊登收费广告服务,直接或者间接收取费用的;

(三)以会员制方式通过信息网络传播他人作品,收取会员注册费或者其他费用的;

(四)其他利用他人作品牟利的情形。

十一、关于侵犯著作权犯罪案件“未经著作权人许可”的认定问题

“未经著作权人许可”一般应当依据著作权人或者其授权的代理人、著作权集体管理组织、国家著作权行政管理部门指定的著作权认证机构出具的涉案作品版权认证文书,或者证明出版者、复制发行者伪造、涂改授权许可文件或者超出授权许可范围的证据,结合其他证据综合予以认定。

在涉案作品种类众多且权利人分散的案件中,上述证据确实难以一一取得,但有证据证明涉案复制品系非法出版、复制发行的,且出版者、复制发行者不能提供获得著作权人许可的相关证明材料的,可以认定为“未经著作权人许可”。但是,有证据证明权利人放弃权利、涉案作品的著作权不受我国著作权法保护,或者著作权保护期限已经届满的除外。

十二、关于刑法第二百一十七条规定的“发行”的认定及相关问题

“发行”,包括总发行、批发、零售、通过信息网络传播以及出租、展销等活动。

非法出版、复制、发行他人作品,侵犯著作权构成犯罪的,按照侵犯著作权罪定罪处罚,不认定为非法经营罪等其他犯罪。

十三、关于通过信息网络传播侵权作品行为的定罪处罚标准问题

以营利为目的,未经著作权人许可,通过信息网络向公众传播他人文字作品、音乐、电影、电视、美术、摄影、录像作品、录音录像制品、计算机软件及其他作品,具有下列情形之一的,属于刑法第二百一十七条规定的“其他严重情节”:

(一)非法经营数额在五万元以上的;

(二)传播他人作品的数量合计在五百件(部)以上的;

(三)传播他人作品的实际被点击数达到五万次以上的;

(四)以会员制方式传播他人作品,注册会员达到一千人以上的;

(五)数额或者数量虽未达到第(一)项至第(四)项规定标准,但分别达到其中两项以上标准一半以上的;

(六)其他严重情节的情形。

实施前款规定的行为,数额或者数量达到前款第(一)项至第(五)项规定标准五倍以上的,属于刑法第二百一十七条规定的"其他特别严重情节"。

最高人民法院　最高人民检察院
关于办理侵犯知识产权刑事案件具体应用法律若干问题的解释(三)(节选)
(2020年9月14日施行)

详见《刑法》第213条假冒注册商标罪的相关规定

第二条　在刑法第二百一十七条规定的作品、录音制品上以通常方式署名的自然人、法人或者非法人组织,应当推定为著作权人或者录音制作者,且该作品、录音制品上存在着相应权利,但有相反证明的除外。

在涉案作品、录音制品种类众多且权利人分散的案件中,有证据证明涉案复制品系非法出版、复制发行,且出版者、复制发行者不能提供获得著作权人、录音制作者许可的相关证据材料的,可以认定为刑法第二百一十七条规定的"未经著作权人许可""未经录音制作者许可"。但是,有证据证明权利人放弃权利、涉案作品的著作权或者录音制品的有关权利不受我国著作权法保护、权利保护期限已经届满的除外。

☞ 其他相关规定见章后二维码

◆ 解读与适用

【拓展关键词】法条竞合　非法经营罪与侵犯著作权罪辨析　复制行为　非法经营数额与违法所得数额　发行行为　营利目的　脱机外挂软件侵权　出版与销售

行为人通过非法手段获取他人享有著作权的计算机软件中的目标程序并与特定硬件产品相结合,用于生产同类侵权产品,在某些程序、代码方面虽有不同,但只要实现硬件产品功能的目标程序或功能性代码与他人享有著作权的计算机软件"实质相同",即属于非法复制发行计算机软件的行为,应以侵犯著作权罪定罪处罚。如果涉案产品的价值主要在于实现其产品功能的软件程序,即软件著作权价值为其主要价值构成,应以产品整体销售价格作为非法经营数额的认定依据。①

行为人未经著作权人许可复制其计算机软件,通过修改相应程序捆绑其他软件后在互联网上发布供他人下载,并因此获取广告费等收益的,属于《刑法》第217条规定的"以营利为目的"的"复制发行"行为。虽然被告单位及各被告人通过互联网在"番茄花园"等网站发布涉案系列软件时,是供公众免费下载的,没有直接从中营利,但在发布涉案软件的同时,被告单位及被告人通过修改浏览器主页等手段,获得了广告费、推广费等巨额间接收入,可以认定明显具有营利目的。②

《刑参》第117号案例"王某侵犯著作权案——未经许可将非法获得的计算机软件修改后出售牟利的行为如何定性"相关论述:未经著作权人许可,将其计算机软件修改后销售牟利的行为,构成侵犯著作权罪。虽然天利公司的软件既未发表,亦未向软件登记管理机构办理软件著作权登记,但是天利公司作为软件的开

① 鞠某、徐某、华某侵犯著作权案,载《最高人民法院公报》2012年第1期。

② 成都共软网络科技有限公司、孙某、张某、洪某、梁某侵犯著作权案,载《最高人民法院公报》2010年第9期。

发者，仍然依法享有软件著作权。未经天利公司许可，对其软件进行修改、复制发行的行为，均侵犯了天利公司的著作权。认定是否属于复制行为，不能仅以原件与复制件在形式上、表现上是否完全相同作为判断依据，还应当看其实质，如行为人是否对该软件进行了实质性改进。如果仅依靠一定的设备、技术、技艺，机械性地再现原作品，则属于复制行为。按照《最高人民法院关于审理生产、销售伪劣产品刑事案件如何认定"违法所得数额"的批复》的规定，是指获利数额。按照《非法出版物解释》的规定，包括"非法经营数额"即包含成本、税收的总额。同时可以按照"违法所得数额"或"非法经营数额"两种标准来衡量，应当选择适用处罚较重的标准定罪处罚。

《刑参》第 146 号案例"舒某、陈某侵犯著作权案——侵犯著作权罪如何认定"相关论述：侵犯著作权等知识产权犯罪的刑事案件可由被害人提起自诉也可由检察院提起公诉。

《刑参》第 253 号案例"孟某、李某、金某侵犯著作权案——普通法条与特别法条竞合的法律适用问题"相关论述：以营利为目的盗印他人享有专有出版图书的行为应当以侵犯著作权罪定罪处罚。以非法出版物为犯罪对象的非法经营罪与侵犯著作权之间属于普通法条与特别法条的法条竞合关系是指行为人实施一个犯罪行为同时触犯数个法律条文仅选择适用一个法条定罪处罚的情形。普通法条与特别法条发生的竞合下，适用特别法条是法律适用的一般原则。当然这一原则亦有例外。当立法机关认为适用特别法条不能对某一犯罪作出全面、恰当的评价时在立法中特别规定二者竞合时适用普通法条。例如，生产、销售伪劣产品罪与生产、销售特种伪劣产品之间发生竞合时，不适用特别法条优于普通法条的原则而适用重法优于轻法的原则。对于以非法出版物为犯罪对象的犯罪行为，只有在没有特别法条可以适用的情况下才以非法经营罪处理。《最高人民法院、最高人民检察院关于办理生产、销售伪劣商品刑事案件具体应用法律若干问题的解释》第 10 条是指在行为人生产、销售伪劣商品犯罪过程中，其手段、方法行为或者结果行为同时构成侵犯知识产权、非法经营等其他犯罪的情形，属于牵连犯，应当适用较重的法条处罚。

《刑参》第 679 号案例"凌某侵犯著作权、贩卖淫秽物品牟利案——贩卖普通侵权盗版光碟的行为应如何定罪处罚"相关论述：被告人贩卖普通侵权盗版光碟的行为应当认定为侵犯著作权罪，不能认定为非法经营罪或者销售侵权复制品罪。贩卖普通侵权盗版光碟的行为属于"发行"的一种方式。销售侵权复制品的行为属于非法经营行为的一种，然而，并非所有的销售侵权复制品的行为都认定为非法经营罪或者销售侵权复制品罪。非法出版行为以非法经营罪处罚的前提是该非法出版物属于具有反动性、侵权复制品、淫秽物品等以外的其他严重危害社会秩序和扰乱市场秩序的情形。非法发行他人作品构成犯罪的，不再认定为非法经营罪或者销售侵权复制品罪，而应按照侵犯著作权罪进行定罪处罚。有证据证明涉案光碟系非法发行，发行者不能提供获得著作权人许可的相关证明材料的，可以认定为"未经著作权人许可"。

《刑参》第 680 号案例"张某等人侵犯著作权案——销售他人享有专有出版权的图书是否构成侵犯著作权罪"相关论述：《党章》和党的十七大报告作为党中央发布的官方文献，可视为"具有立法、行政、司法性质的文件"，且都没有著作权人。为了规范《党章》和党的十七大报告的出版发行，相关机构授权人民出版社享有专有的出版权，其他组织和个人擅自出版的，侵犯人民出版社的专有出版权，可能构成侵犯著作权罪。出版是指"将作品编辑加工后，经过复制向公众发行"的行为，故单纯销售、贩卖他人享有专有出版权的图书的，不属于"出版"此类图书，不构成侵犯著作权罪。如果行为人明知是他人侵犯出版权出版的此类刊物而予以销售，可以按照销售侵权复制品罪论处。如果明知是非法出版物而销售，可以按照非法经营罪定罪处罚。四被告人对党的十七大报告等他人享有专有出版权的图书实施了销售行为，但没有实施出版行为，不能认定构成侵犯著作权罪。查获的《党章》等属于侵权复制品，侵犯了他人的专有出版权而不是著作权。销售盗版《十七大报告辅导读本》的行为构成侵犯著作权罪，而非销售侵权复制品罪。《十七大报告辅导读本》具有明确的著作权人，且经鉴定属于侵权复制品。销售本身就是《著作权法》意义上发行作品的一种重要方式。刑法中的"发行"的含义与《著作权法》是一致的,无论是出版社第一次公开销售作品、复制品还是他人购入作品、复制品后再向公众销售均属于"发行"。对于行为人销售了侵犯他人著作权的复制品的,可把该行为认定为侵犯著作权罪中的"发行"。如果行为人销售的是他人非法出版的《党章》等没有著作权人的侵权复制品,违法所得巨大的,可以构成销售侵权复制品罪。

《刑参》第942号案例"余某等侵犯著作权案——复制部分实质性相同的计算机程序文件并加入自行编写的脚本文件形成新的外挂程序后运用的行为是否属于刑法意义上的'复制发行'以及仅销售'复制'侵权软件衍生的游戏金币的,如何认定犯罪数额"相关论述:复制部分实质性相同的计算机程序文件并加入自行编写的脚本文件形成新的外挂程序后运用的行为属于侵犯著作权中的"复制发行"。复制"实质性相同"和复制"完全相同"的程序文件都属于侵犯著作权罪中的"复制"。复制后广泛运用的行为应当认定为刑法意义上的"复制发行"。提供复制件也属于"发行"。对"复制发行"的理解应当结合国民的普遍用语和《刑法》的规范用语语境,在罪刑法定原则的指导下,正视社会生活事实的变化,从不断变化的社会文化中挖掘和把握其准确内涵和外延。脱机外挂程序属于刑法意义上的"复制发行"。虽然被告人销售的是"复制发行"侵权软件衍生的游戏金币,但这只是牟利行为在形式上的延伸,实质上与"复制发行"侵权软件本身的使用价值无异。销售使用"复制"侵权软件衍生的游戏金币的数额应当认定为非法经营数额。

第二百一十八条　【销售侵权复制品罪】①

以营利为目的,销售明知是本法第二百一十七条规定的侵权复制品,违法所得数额巨大或者有其他严重情节的,处五年以下有期徒刑,并处或者单处罚金。

◆ 相关规定

最高人民法院　最高人民检察院

关于办理侵犯知识产权刑事案件具体应用法律若干问题的解释(节选)

(2004年12月22日施行)

详见《刑法》第213条假冒注册商标罪的相关规定

第六条　以营利为目的,实施刑法第二百一十八条规定的行为,违法所得数额在十万元以上的,属于"违法所得数额巨大",应当以销售侵权复制品罪判处三年以下有期徒刑或者拘役,并处或者单处罚金。

最高人民检察院　公安部

关于公安机关管辖的刑事案件立案追诉标准的规定(一)(节选)

(公通字〔2008〕36号)

第二十七条　【销售侵权复制品案(刑法第二百一十八条)】以营利为目的,销售明知是刑法第二百一十

① 根据《刑法修正案(十一)》修订。原条文主要内容为:"以营利为目的,销售明知是本法第二百一十七条规定的侵权复制品,违法所得数额巨大的,处三年以下有期徒刑或者拘役,并处或者单处罚金。"

七条规定的侵权复制品,涉嫌下列情形之一的,应予立案追诉:

(一)违法所得数额十万元以上的;

(二)违法所得数额虽未达到上述数额标准,但尚未销售的侵权复制品货值金额达到三十万元以上的。

◆ 解读与适用

【拓展关键词】普通法与特别法

被告人以营利为目的,在未取得音像制品经营许可证的情况下,低价购进明知是侵权的音像复制品后高价向境外售出,违法所得数额巨大。没有许可而销售侵权音像复制品,当然扰乱市场秩序,属于非法经营犯罪行为中的一种行为。但音像制品涉及著作权,《刑法》第3章第7节有专门规定,当非法经营的犯罪行为涉及侵犯著作权时,《刑法》第218条就与侵犯知识产权罪的规定构成普通法与特别法的关系,特别法应当优先适用,构成销售侵权复制品罪。《刑法》第217条中的发行虽然涵盖了第218条中的销售行为,但第217条的立法目的在于打击那些未经著作权或者领接权人许可而复制,直接侵犯著作权或者领接权的行为,就像盗窃后销赃一样,复制后发行通常是此罪的一个后续的不另罚的行为。第218条的立法目的则在于打击没有复制,只是单纯销售侵权复制品的间接侵犯著作权或者领接权的行为。①

第二百一十九条 【侵犯商业秘密罪】②

有下列侵犯商业秘密行为之一,情节严重的,处三年以下有期徒刑,并处或者单处罚金;情节特别严重的,处三年以上十年以下有期徒刑,并处罚金:

(一)以盗窃、贿赂、欺诈、胁迫、电子侵入或者其他不正当手段获取权利人的商业秘密的;

(二)披露、使用或者允许他人使用以前项手段获取的权利人的商业秘密的;

(三)违反保密义务或者违反权利人有关保守商业秘密的要求,披露、使用或者允许他人使用其所掌握的商业秘密的。

明知前款所列行为,获取、披露、使用或者允许他人使用该商业秘密的,以侵犯商业秘密论。

本条所称权利人,是指商业秘密的所有人和经商业秘密所有人许可的商业秘密使用人。

---

① 顾某等人非法经营案,载《最高人民法院公报》2005年第9期。

② 根据《刑法修正案(十一)》修订。原条文主要内容为:"有下列侵犯商业秘密行为之一,给商业秘密的权利人造成重大损失的,处三年以下有期徒刑或者拘役,并处或者单处罚金;造成特别严重后果的,处三年以上七年以下有期徒刑,并处罚金:

(一)以盗窃、利诱、胁迫或者其他不正当手段获取权利人的商业秘密的;

(二)披露、使用或者允许他人使用以前项手段获取的权利人的商业秘密的;

(三)违反约定或者违反权利人有关保守商业秘密的要求,披露、使用或者允许他人使用其所掌握的商业秘密的。

明知或者应知前款所列行为,获取、使用或者披露他人的商业秘密的,以侵犯商业秘密论。

本条所称商业秘密,是指不为公众所知悉,能为权利人带来经济利益,具有实用性并经权利人采取保密措施的技术信息和经营信息。

本条所称权利人,是指商业秘密的所有人和经商业秘密所有人许可的商业秘密使用人。"

◆ 相关规定

最高人民法院　最高人民检察院
关于办理侵犯知识产权刑事案件具体应用法律若干问题的解释(节选)
(2004 年 12 月 22 日施行)

详见《刑法》第 213 条假冒注册商标罪的相关规定

第七条　实施刑法第二百一十九条规定的行为之一,给商业秘密的权利人造成损失数额在五十万元以上的,属于"给权利人造成重大损失",应当以侵犯商业秘密罪判处三年以下有期徒刑或者拘役,并处或者单处罚金。

给商业秘密的权利人造成损失数额在二百五十万元以上的,属于刑法第二百一十九条规定的"造成特别严重后果",应当以侵犯商业秘密罪判处三年以上七年以下有期徒刑,并处罚金。

最高人民法院　最高人民检察院
关于办理侵犯知识产权刑事案件具体应用法律若干问题的解释(三)(节选)
(2020 年 9 月 14 日施行)

详见《刑法》第 213 条假冒注册商标罪的相关规定

第三条　采取非法复制、未经授权或者超越授权使用计算机信息系统等方式窃取商业秘密的,应当认定为刑法第二百一十九条第一款第一项规定的"盗窃"。

以贿赂、欺诈、电子侵入等方式获取权利人的商业秘密的,应当认定为刑法第二百一十九条第一款第一项规定的"其他不正当手段"。

第四条　实施刑法第二百一十九条规定的行为,具有下列情形之一的,应当认定为"给商业秘密的权利人造成重大损失":

(一)给商业秘密的权利人造成损失数额或者因侵犯商业秘密违法所得数额在三十万元以上的;

(二)直接导致商业秘密的权利人因重大经营困难而破产、倒闭的;

(三)造成商业秘密的权利人其他重大损失的。

给商业秘密的权利人造成损失数额或者因侵犯商业秘密违法所得数额在二百五十万元以上的,应当认定为刑法第二百一十九条规定的"造成特别严重后果"。

第五条　实施刑法第二百一十九条规定的行为造成的损失数额或者违法所得数额,可以按照下列方式认定:

(一)以不正当手段获取权利人的商业秘密,尚未披露、使用或者允许他人使用的,损失数额可以根据该项商业秘密的合理许可使用费确定;

(二)以不正当手段获取权利人的商业秘密后,披露、使用或者允许他人使用的,损失数额可以根据权利人因被侵权造成销售利润的损失确定,但该损失数额低于商业秘密合理许可使用费的,根据合理许可使用费确定;

(三)违反约定、权利人有关保守商业秘密的要求,披露、使用或者允许他人使用其所掌握的商业秘密的,损失数额可以根据权利人因被侵权造成销售利润的损失确定;

(四)明知商业秘密是不正当手段获取或者是违反约定、权利人有关保守商业秘密的要求披露、使用、允许使用,仍获取、使用或者披露的,损失数额可以根据权利人因被侵权造成销售利润的损失确定;

（五）因侵犯商业秘密行为导致商业秘密已为公众所知悉或者灭失的，损失数额可以根据该项商业秘密的商业价值确定。商业秘密的商业价值，可以根据该项商业秘密的研究开发成本、实施该项商业秘密的收益综合确定；

（六）因披露或者允许他人使用商业秘密而获得的财物或者其他财产性利益，应当认定为违法所得。

前款第二项、第三项、第四项规定的权利人因被侵权造成销售利润的损失，可以根据权利人因被侵权造成销售量减少的总数乘以权利人每件产品的合理利润确定；销售量减少的总数无法确定的，可以根据侵权产品销售量乘以权利人每件产品的合理利润确定；权利人因被侵权造成销售量减少的总数和每件产品的合理利润均无法确定的，可以根据侵权产品销售量乘以每件侵权产品的合理利润确定。商业秘密系用于服务等其他经营活动的，损失数额可以根据权利人因被侵权而减少的合理利润确定。

商业秘密的权利人为减轻对商业运营、商业计划的损失或者重新恢复计算机信息系统安全、其他系统安全而支出的补救费用，应当计入给商业秘密的权利人造成的损失。

第六条 在刑事诉讼程序中，当事人、辩护人、诉讼代理人或者案外人书面申请对有关商业秘密或者其他需要保密的商业信息的证据、材料采取保密措施的，应当根据案件情况采取组织诉讼参与人签署保密承诺书等必要的保密措施。

违反前款有关保密措施的要求或者法律法规规定的保密义务的，依法承担相应责任。擅自披露、使用或者允许他人使用在刑事诉讼程序中接触、获取的商业秘密，符合刑法第二百一十九条规定的，依法追究刑事责任。

最高人民检察院 公安部
关于修改侵犯商业秘密刑事案件立案追诉标准的决定

（2020年9月17日）

……将《最高人民检察院、公安部关于公安机关管辖的刑事案件立案追诉标准的规定（二）》第七十三条侵犯商业秘密刑事案件立案追诉标准修改为：[侵犯商业秘密案（刑法第二百一十九条）]侵犯商业秘密，涉嫌下列情形之一的，应予立案追诉：

（一）给商业秘密权利人造成损失数额在三十万元以上的；

（二）因侵犯商业秘密违法所得数额在三十万元以上的；

（三）直接导致商业秘密的权利人因重大经营困难而破产、倒闭的；

（四）其他给商业秘密权利人造成重大损失的情形。

前款规定的造成损失数额或者违法所得数额，可以按照下列方式认定：

（一）以不正当手段获取权利人的商业秘密，尚未披露、使用或者允许他人使用的，损失数额可以根据该项商业秘密的合理许可使用费确定；

（二）以不正当手段获取权利人的商业秘密后，披露、使用或者允许他人使用的，损失数额可以根据权利人因被侵权造成销售利润的损失确定，但该损失数额低于商业秘密合理许可使用费的，根据合理许可使用费确定；

（三）违反约定、权利人有关保守商业秘密的要求，披露、使用或者允许他人使用其所掌握的商业秘密的，损失数额可以根据权利人因被侵权造成销售利润的损失确定；

（四）明知商业秘密是不正当手段获取或者是违反约定、权利人有关保守商业秘密的要求披露、使用、允许使用，仍获取、使用或者披露的，损失数额可以根据权利人因被侵权造成销售利润的损失确定；

（五）因侵犯商业秘密行为导致商业秘密已为公众所知悉或者灭失的，损失数额可以根据该项商业秘密的商业价值确定。商业秘密的商业价值，可以根据该项商业秘密的研究开发成本、实施该项商业秘密的收益综合确定；

（六）因披露或者允许他人使用商业秘密而获得的财物或者其他财产性利益，应当认定为违法所得。

前款第二项、第三项、第四项规定的权利人因被侵权造成销售利润的损失，可以根据权利人因被侵权造成销售量减少的总数乘以权利人每件产品的合理利润确定；销售量减少的总数无法确定的，可以根据侵权产品销售量乘以权利人每件产品的合理利润确定；权利人因被侵权造成销售量减少的总数和每件产品的合理利润均无法确定的，可以根据侵权产品销售量乘以每件侵权产品的合理利润确定。商业秘密系用于服务等其他经营活动的，损失数额可以根据权利人因被侵权而减少的合理利润确定。

商业秘密的权利人为减轻对商业运营、商业计划的损失或者重新恢复计算机信息系统安全、其他系统安全而支出的补救费用，应当计入给商业秘密的权利人造成的损失。

◆ 解读与适用

【拓展关键词】商业秘密

对侵犯商业秘密罪而言，在"获取"和"造成重大损失"之间，实际上存在一个不成文的构成要件——利用商业秘密。①

被告人周某违反与原单位的保密约定，伙同他人利用原单位专利技术以外不为公众知悉的工艺技术信息，生产与原单位相同的产品，并造成原单位重大经济损失的行为，已构成侵犯商业秘密罪。陈某明知他人违反与原单位的保密约定，仍伙同他人利用掌握原单位专利技术以外不为公众知悉的工艺技术信息，生产与他人原单位相同的产品，并造成原单位重大经济损失的行为，亦构成侵犯商业秘密罪。虽然亚恒公诉的工艺技术信息有少量已经被专利文献公开，但大部分具体而又关键的信息并未被文献公开。周某加入公司后，应遵守保密的约定，不能将公司向周某提供模板的行为视为该公司的工艺技术信息已经对外公开。②

《刑参》第233号案例"项某、孙某侵犯商业秘密案——非法披露计算机软件源代码的行为是否属于侵犯商业秘密"相关论述：源代码作为一种技术信息当属商业秘密范畴。

《刑参》第609号案例"杨某、周某侵犯商业秘密案——自诉案件中如何认定侵犯商业秘密罪的主要构成要件"相关论述：对技术信息秘密性的认定可以委托鉴定。对商业秘密区分公知技术与非公知技术是针对特定情形或特定案件而言的，不具有普遍性。对本案自诉人的涂料配方，应作为一个整体认定为商业秘密加以保护，不应区分公知技术和非公知技术。对商业秘密采取保密措施，并不要求权利人采取的措施能做到万无一失，只要权利人采取了合理的保密措施，使负有保密义务以外的其他人不能轻易获得该秘密即可。被告人并非通过反向工程获得自诉人的技术秘密。反向工程是指通过对终端产品的分析研究找出该产品的原始配方或者生产工艺。反向工程是对商业秘密权的一种限制。侵犯商业秘密罪是结果犯，使权利人造成重大损失是犯罪的构成要件。一般参照《反不正当竞争法》的相关规定来认定重大损失。

【拓展关键词】侵犯商业秘密重大损失的计算　罚金的判处　附带民事赔偿的范围

行为人窃取他人技术秘密供自己所在的公司使用，在追究行为人侵犯商业秘密罪的刑事责任时，可以根据附带民事诉讼原告人的请求，将行为人所在公司列为附带民事诉讼被告人一并追究侵权的民事赔偿责任。侵权人利用窃取的技术秘密履行与他人签订的技术合同，从而谋取巨额利润的，应当将侵权人在侵权期间因侵权所获得的利润额确定为给技术秘密权利人的赔偿额。只能认定侵权人签订的合同总金额，无法确定侵权人在侵权期间因侵权所获得的利润时，可以按照该行业平均利润标准计算侵权人所获得的利润。③

---

① 参见张明楷：《犯罪构成体系与构成要件要素》，北京大学出版社2016年版，第152页。

② 周某等人侵犯商业秘密案，载《最高人民法院公报》2005年第3期。

③ 裴某侵犯商业秘密案，载《最高人民法院公报》2006年第12期。

《刑参》第 67 号案例“昌达公司侵犯商业秘密案——侵犯商业秘密犯罪行为所造成的损失数额如何认定”相关论述：商业秘密具有秘密性、经济利益性、实用性、保密性、信息性五个基本特征。即使权利人以外的其他人因合同约定或者业务需要知悉了权利人的商业秘密，该商业秘密仍属于“不为公众所知悉”。经济损失数额一般为被害人的实际损失。被害人的实际损失难以计算的，可以参照行为人在侵权期间因侵犯商业秘密所获得的实际非法利润来认定。对直接负责的主管人员和其他直接责任人员判处罚金的数额应与判处单位罚金的数额有所不同，一般应低于对单位判处的罚金数额。

《刑参》第 519 号案例“李某侵犯商业秘密案——如何认定侵犯商业秘密罪中的经营信息与重大损失”相关论述：湘潭市欲对城市道路及广场进行改造需购置照明灯具的信息，尽管该信息起初可以通过网络获知，具有公开性。但当奥尔公司与湘潭方面就该工程达成合作意向，奥尔公司为湘潭方面做了大量的设计工作，试生产了大量专利产品的样品和模具，而湘潭方面也表示满意，当双方进入实质性签约阶段时该经营信息被特定化，只在有限的范围内公开，具有了秘密性。李某与他人成立公司欺骗公司领导，私下与湘潭方面签订供销合同，将原本属于奥尔公司经营的相关项目转走，且该合同的价格与奥尔公司的价格基本没有差异，其行为符合侵犯商业秘密罪的构成。侵犯商业秘密罪是结果犯。“造成经济损失五十万元以上”是指被侵犯商业秘密及其载体本身的价值还是指商业秘密被侵犯后给权利人造成的利益损失并未明确。我们认为，在侵犯商业秘密罪中被害人遭受的重大损失应指被害人由于被告人的犯罪行为而遭受的物质损失，包括已经遭受的实际损失和必然遭受的损失。给权利人的损失通常表现为权利人现实的利益和合理预期的利益丧失。一般是参照法律规定的侵权行为人应当承担的民事赔偿数额确定给权利人造成的损失数额，可根据《反不正当竞争法》的相关规定来认定。

《刑参》第 1005 号案例“伊特克斯公司、郭某等侵犯商业秘密案——如何理解和把握侵犯商业秘密刑事案件中‘重大损失’的计算依据、方法及对象”相关论述：在实践中，重大损失的计算依据主要是民事侵权的相关法律规范。其理论依据在于就民事、行政和刑事 3 类案件的内在联系而言，知识产权刑事犯罪是知识产权民事侵权行为发展的高级形态。由于两者的行为性质相同，只是程度不同，故而对于程度判断的依据应当一体适用。在侵犯商业秘密犯罪案件中，重大损失的计算方式主要存在 4 种，即权利人的实际损失、侵权人的获利、商业秘密许可费的倍数以及商业秘密的商业价值。之所以不能将人民法院的酌定赔偿方式作为商业秘密刑事案件重大损失的计算方法，主要是因为刑事诉讼与民事诉讼证据标准不同。刑事诉讼实行确实、充分的证据标准，而民事诉讼实行高度盖然性的证据标准。在商业秘密刑事案件中，“重大损失”是决定被告人行为罪与非罪的重要依据，重大损失的数额必须有确实、充分的证据予以证明而不允许法官具有自由裁量的空间。鉴于文义解释优先的法律适用规则，在计算损失方面，应当优先计算权利人的实际损失。但商业秘密与专利技术在保护方式上并不完全相同。专利是以“公开换垄断”，即权利人向社会公示技术方案而取得垄断的实施权。任何人不经授权均不得使用。侵权人销售产品的数量作为权利人的销售的数量并无不妥。而作为商业秘密保护的技术秘密并不占有垄断的地位，权利人拥有技术秘密并不代表着其他竞争者不能拥有同样的技术秘密。以侵权人销售产品的数量作为权利人销售的数量需要以权利人拥有的技术秘密独一无二为前提。通常情况下，商业秘密的价值应当与其秘点相对应，然而，在有的产品中，秘点与整体不可分割，则要考虑受到侵害部分或者产品部件在整个产品中所起的作用或者比重及诸如在先期公知技术、市场因素等其他非侵权因素来计算权利人的损失。

第二百一十九条之一①　【为境外窃取、刺探、收买、非法提供商业秘密罪】

为境外的机构、组织、人员窃取、刺探、收买、非法提供商业秘密的，处五年以下有期徒刑，并处或者单处罚金；情节严重的，处五年以上有期徒刑，并处罚金。

第二百二十条　【单位犯罪的处罚】②

单位犯本节第二百一十三条至第二百一十九条之一规定之罪的，对单位判处罚金，并对其直接负责的主管人员和其他直接责任人员，依照本节各该条的规定处罚。

第八节　扰乱市场秩序罪

第二百二十一条　【损害商业信誉、商品声誉罪】

捏造并散布虚伪事实，损害他人的商业信誉、商品声誉，给他人造成重大损失或者有其他严重情节的，处二年以下有期徒刑或者拘役，并处或者单处罚金。

◆ 相关规定

最高人民检察院　公安部

关于公安机关管辖的刑事案件立案追诉标准的规定(二)(节选)

(公通字〔2022〕12号)

第六十六条　【损害商业信誉、商品声誉案(刑法第二百二十一条)】捏造并散布虚伪事实，损害他人的商业信誉、商品声誉，涉嫌下列情形之一的，应予立案追诉：

(一)给他人造成直接经济损失数额在五十万元以上的；

(二)虽未达到上述数额标准，但造成公司、企业等单位停业、停产六个月以上，或者破产的；

(三)其他给他人造成重大损失或者有其他严重情节的情形。

◆ 解读与适用

【拓展关键词】捏造并散布的含义　重大损失的计算　选择性罪名　他人

被告人为诋毁他人商品的声誉，故意歪曲、夸大事实，在公共场所砸毁他人商品，对他人的生产经营活动造成重大损失的，构成损害商品声誉罪。本案所涉个别空调器噪声问题，无确切证据证实与空调质量有关，被告人所称的双菱空调质量“低劣”，显然不是指个别空调器的质量，而是指整个双菱空调品牌的质量存在

① 根据《刑法修正案(十一)》新增。

② 根据《刑法修正案(十一)》修订。原条文主要内容为：“单位犯本节第二百一十三条至第二百一十九条规定之罪的，对单位判处罚金，并对其直接负责的主管人员和其他直接责任人员，依照本节各该条的规定处罚。”

比较重大的问题,显然没有事实依据。被告人在未明确空调是否存在质量问题之时,一方面,拒绝接受双菱公司提出的共同进行质量鉴定的建议;另一方面,又自行拆卸空调,通过不规范途径进行检测,将检测报告用作砸空调时的宣传。可见,被告人的真正目的并不在于解决空调质量问题,而是借质量问题对双菱公司施加压力,进而泄愤报复、图谋私利。被告人认为空调存在质量问题,完全有条件通过正当渠道解决,但直接采取了砸毁空调等有损于他人商品声誉的手段。这一做法显然已经超越了正当维权的界限。被告人的行为指向的对象是整个双菱空调品牌的质量,并故意虚构了"质量低劣"的事实、目的是要损害双菱空调这一品牌的声誉。被告人故意诋毁双菱空调品牌质量的行为符合"捏造"的行为特征。行为人无论出于恶意竞争还是其他动机,只要实施了捏造并散步虚伪事实、损害他人商品声誉的行为,即构成损害商品声誉罪。被告人钱某在已经得知两篇报道有失公正并产生一定负面影响的情况下,明知陈某等人砸空调的行为必然对双菱空调声誉造成损害,为贪图个人利益,仍伙同陈某等人共同制造了两起砸空调事件。其行为说明,钱某主观上希望扩大砸空调事件的社会影响,与陈某等具有共同犯罪的故意。①

《刑参》第 85 号案例"王某损害商业信誉、商品声誉案——损害商业信誉、商品声誉罪中的'重大损失'如何认定"相关论述:只有同时具备"捏造"和"散布"虚伪事实的行为才能构成损害商业信誉、商品声誉罪。对《刑法》条文中的关于"捏造"的理解,应考虑具体罪名罪状中规定的犯罪构成要件之间的相互关系,作出不同的界定。例如,诬告陷害罪中的"捏造事实"就应当限定为仅指凭空虚构整个犯罪事实的行为。因为诬告陷害罪的目的是"意图使他人受刑事追究",只有凭空捏造整个的犯罪事实,才能以该罪定罪处罚。如果不是凭空捏造整个犯罪事实而是对真实的事实做了部分夸大或者将一般违法行为当作犯罪告发,就不应当以该罪论处。《刑法》既要保障无辜的人不受刑事追究又要保障检举、控告权利,所以有必要作出严格的适当的限制。但是损害商业信誉、商品声誉罪中的"捏造虚伪事实"则既可包括无中生有,凭空编造全部虚假事实的情形,也包括添油加醋、恶意歪曲、夸大事实或编造部分虚假事实的情形,因为无论是捏造整个虚假事实还是捏造部分的虚假事实,只要加以散布,都可以损害他人商业信誉和商品声誉,达到不当竞争的目的。本案被告人利用啤酒厂发生疫情一事编写传单,虽然不是无中生有,但在编写内容上故意编造或歪曲对竞争对手不利部分的虚假事实足以构成对他人商业信誉和商品声誉的损害。该罪中的"重大损失"一般是指直接经济损失,但间接经济损失,也是应当考虑的量刑情节。直接经济损失既包括有形的、可直接计算的财产损失,也包括无形的、需加以评估的财产损失。但对于被害人为了恢复受到损害的商业信誉和商品声誉所投入的广告费用等资金或者为制止不法侵害事件而扩大的诉讼费用等开支的间接经济损失,不应认定为该罪造成的损失。一般只在量刑或者附带民事诉讼赔偿时酌情加以考虑。应特别注意损害行为与经济损失之间的因果关系。不能将与捏造并散布虚伪事实的行为无因果关系和不是行为必然造成的损失计算在内。损害商业信誉、商品声誉是选择性罪名。无论是行为性选择还是对象性选择都是根据具体的行为或对象选择适用。在同时有相互联系的多个行为或对象的情况下,则并列行为或对象确定罪名,作为一个罪名定罪,不实行数罪并罚。本案被告人行为直接指向的对象是啤酒的质量,其目的是误导消费者认为啤酒厂的啤酒质量不行,不可靠,而不是使有关商家认为啤酒厂不讲商业信誉,无生产供货能力等,所以以损害商品声誉罪定罪更为准确。

《刑参》第 597 号案例"訾某损害商品声誉案——如何认定损害商品声誉罪中的'他人'"相关论述:如果行为人捏造并散布的虚伪事实是关于他人的信守合约或履行合同中的信誉度或者他人的资信状况、履约能力方面的情形一般只是侵害了他人的商业信誉。如果行为人捏造并散布的虚伪事实是关于他人产品的质量、等级、效果、价格等方面的内容,只侵害了他人的商品声誉。侵犯一个市场主体的商业信誉、商品声誉可以构成犯罪,但如果侵害了一类市场主体的商业信誉、商品声誉,举轻以明重,自然应当构成犯罪。"他人"

① 陈某等人损害商品声誉案,载《最高人民法院公报》2004 年第 6 期。

包括所有的市场主体的个人、公司等在内的生产者、经营者。既包括某个具体的生产者、经营者,也包括某一类商品的生产者和经营者。损害商业信誉、商品声誉罪侵害的对象必须具备一定的指向性。如果无法确定行为人所指向的具体对象,被侵害方不能认定的,则不构成本罪。应根据社会一般公众的普遍认识标准来判断侵害对象的特定性。损害商业信誉、商品声誉罪的主观要件既包括直接故意也包括间接故意。

第二百二十二条　【虚假广告罪】

广告主、广告经营者、广告发布者违反国家规定,利用广告对商品或者服务作虚假宣传,情节严重的,处二年以下有期徒刑或者拘役,并处或者单处罚金。

◆ 相关规定

最高人民法院　最高人民检察院
关于办理危害药品安全刑事案件适用法律若干问题的解释
(高检发释字〔2022〕1号)

详见《刑法》第141条生产、销售、提供假药罪的相关规定

最高人民检察院　公安部
关于公安机关管辖的刑事案件立案追诉标准的规定(二)(节选)
(公通字〔2022〕12号)

第六十七条　【虚假广告案(刑法第二百二十二条)】广告主、广告经营者、广告发布者违反国家规定,利用广告对商品或者服务作虚假宣传,涉嫌下列情形之一的,应予立案追诉:

(一)违法所得数额在十万元以上的;

(二)假借预防、控制突发事件、传染病防治的名义,利用广告作虚假宣传,致使多人上当受骗,违法所得数额在三万元以上的;

(三)利用广告对食品、药品作虚假宣传,违法所得数额在三万元以上的;

(四)虽未达到上述数额标准,但二年内因利用广告作虚假宣传受过二次以上行政处罚,又利用广告作虚假宣传的;

(五)造成严重危害后果或者恶劣社会影响的;

(六)其他情节严重的情形。

☞ 其他相关规定见章后二维码

第二百二十三条　【串通投标罪】

投标人相互串通投标报价,损害招标人或者其他投标人利益,情节严重的,处三年以下有期徒刑或者拘役,并处或者单处罚金。

投标人与招标人串通投标,损害国家、集体、公民的合法利益的,依照前款的规定处罚。

◆ 相关规定

最高人民检察院　公安部
关于公安机关管辖的刑事案件立案追诉标准的规定(二)(节选)
(公通字〔2022〕12 号)

第六十八条　【串通投标案(刑法第二百二十三条)】投标人相互串通投标报价,或者投标人与招标人串通投标,涉嫌下列情形之一的,应予立案追诉:

(一)损害招标人、投标人或者国家、集体、公民的合法利益,造成直接经济损失数额在五十万元以上的;

(二)违法所得数额在二十万元以上的;

(三)中标项目金额在四百万元以上的;

(四)采取威胁、欺骗或者贿赂等非法手段的;

(五)虽未达到上述数额标准,但二年内因串通投标受过二次以上行政处罚,又串通投标的;

(六)其他情节严重的情形。

◆ 解读与适用

应当将该条的招标人与投标人解释为主管、负责、参与招标、投标事项的人。这一解释虽然不符合《招标投标法》的规定,但符合《刑法》的规定。对《刑法》的概念没有必要完全按照其他法的规定作出解释。因为《刑法》具有独立性,有其特定的目的与特别规制的对象。①

【拓展关键词】类推解释　罪刑法定　拍卖与投标

拍卖与投标虽然都是竞争性的交易方式,形式上具有一定的相似性,但二者行为性质不同,分别受不同法律规范调整。《刑法》未规定串通拍卖行为构成犯罪,《拍卖法》亦未规定串通拍卖行为可以追究刑事责任。公安机关将串通拍卖行为类推为串通投标行为予以刑事立案的,检察机关应当通过立案监督,通知公安机关撤销案件。要严格遵循罪刑法定原则,法律没有明文规定为犯罪行为的,不得予以追诉。②③

《刑参》第 1251 号案例"黄某、许某等串通投标案——串通拍卖与串通投标是不同的法律概念,不宜将串通拍卖行为以串通投标罪论处"相关论述:拍卖是指以公开竞价的方式,将特定物品或财产权利转让给最高竞价者的买卖方式。而招标投标一般是指招标人就某特定事项向特定相对人或社会发出招标邀请,由多家投标人进行投标,最后由招标人通过对投标人在价格、质量、生产能力、交货期限和财务状况、信誉等各方面进行综合考察。在平衡的基础上,选定投标条件最好的投标人,并与之进一步协调、商定最终成立合同法律关系的一种合同行为。从行为性质来讲,拍卖和招标投标都是竞争性的交易方式,是合同缔结的一种特殊方式,二者具有一定的相似性。但是,招标投标和拍卖仍有本质区别,因此,招标投标和拍卖是两个不同的概念,其外延并无包容关系。从社会上一般人的观念来看,招标投标和拍卖也是两种不同的交易方式。国土资源部 2007 年 9 月 28 日颁布的《招标拍卖挂牌出让国有建设用地使用权规定》第 2 条第 1 款规定对"招标"、"拍卖"或者"挂牌出让"三种方式作了具体的规定。从立法方面来看,《拍卖法》和《招标投标法》对拍卖行

---

① 参见张明楷:《罪刑法定与刑法解释》,北京大学出版社 2009 年版,第 125 页。

② 许某、包某串通投标立案监督案,最高人民检察院指导性案例第 90 号(2020 年)。

③ 《最高人民检察院关于案例指导工作的规定》(2019 年 4 月 4 日)。

第 15 条　各级人民检察院应当参照指导性案例办理类似案件,可以引述相关指导性案例进行释法说理,但不得代替法律或者司法解释作为案件处理决定的直接依据。

各级人民检察院检察委员会审议案件时,承办检察官应当报告有无类似指导性案例,并说明参照适用情况。

为与招标投标行为分别进行了规制。《刑法》第223条将投标人相互串通投标报价，损害招标人或者其他投标人利益，情节严重的行为，规定为犯罪。与此相适应，2000年施行的《招标投标法》第53条规定对情节严重的串通投标行为，追究相应的刑事责任。而2004年修改的《拍卖法》在《刑法》未明确地将串通拍卖行为入罪的情况下，仅规定了行政责任，未对此种行为追究刑事责任。考虑到拍卖和招标投标毕竟是两种不同的法律行为，在立法上对两者分别作出规定，对串通投标设定了刑事责任，对串通拍卖则没有，故不宜以串通投标罪对串通拍卖行为定罪处罚。若将串通拍卖行为作为串通投标罪客观方面的一种表现形式予以处罚，有类推之嫌。

另见《刑法》第3条注释部分。

第二百二十四条　【合同诈骗罪】

有下列情形之一，以非法占有为目的，在签订、履行合同过程中，骗取对方当事人财物，数额较大的，处三年以下有期徒刑或者拘役，并处或者单处罚金；数额巨大或者有其他严重情节的，处三年以上十年以下有期徒刑，并处罚金；数额特别巨大或者有其他特别严重情节的，处十年以上有期徒刑或者无期徒刑，并处罚金或者没收财产：

（一）以虚构的单位或者冒用他人名义签订合同的；

（二）以伪造、变造、作废的票据或者其他虚假的产权证明作担保的；

（三）没有实际履行能力，以先履行小额合同或者部分履行合同的方法，诱骗对方当事人继续签订和履行合同的；

（四）收受对方当事人给付的货物、货款、预付款或者担保财产后逃匿的；

（五）以其他方法骗取对方当事人财物的。

◆ 相关规定

最高人民检察院　公安部
关于公安机关管辖的刑事案件立案追诉标准的规定（二）（节选）
（公通字〔2022〕12号）

第六十九条　【合同诈骗案（刑法第二百二十四条）】以非法占有为目的，在签订、履行合同过程中，骗取对方当事人财物，数额在二万元以上的，应予立案追诉。

☞ 其他相关规定见章后二维码

◆ 解读与适用

【拓展关键词】普通法条与特殊法条　诈骗罪与合同诈骗罪辨析

未达到特别法条规定的合同诈骗罪的立案标准，不能成立犯罪的情形，能否按照普通诈骗罪处理？有专家认为凡是要以特别条款定罪的，一定要以符合普通条款为前提。符合合同诈骗罪的构成要件就一定是符合普通诈骗罪的构成要件，可以按照普通诈骗罪定罪。也就是说，利用合同骗取他人财物，没有达到司法解释所规定的合同诈骗罪数额较大的标准，但达到普通诈骗罪数额较大标准的，应认定为普通诈骗罪。① 也有专家认为立法者制定特别法条时有特殊考虑。在立法上认为特别法条所规范的行为容易发生，或者该行为一旦实施，通常行为人取得财物的数额较大，为缩小刑罚打击面，特别地考虑对某些行为不处罚。只要是属于立法上所预设的特别法条所规范的，就应该排斥普通法条的适用。在行为连按照特别法条都没有处罚的必要时，退而求其次，以普通法条定罪，是将没有处罚的必要性的行为进行刑法处理并不合适。②

《刑参》第1372号案例"黄某诈骗案——诈骗犯罪与民事欺诈行为的界限"相关论述：特殊诈骗罪都具备诈骗罪的基本特点，在司法实践中适用的原则为特别法优先于普通法。如果不能归入特殊诈骗罪的诈骗行为则应当按照普通诈骗罪定罪量刑。

《刑参》第96号案例"季某票据诈骗、合同诈骗案——骗取货物后以空头支票付款的行为如何定性"相关论述：毋庸置疑，合同诈骗罪中的"合同"一般应限于书面形式。利用口头达成的协议骗取财物一般不构成合同诈骗罪而应按普通诈骗罪定罪处罚。

《刑参》第308号案例"宋某合同诈骗案——如何理解合同诈骗罪中的'合同'"相关论述：合同诈骗罪中的合同必须能够体现一定的市场秩序。以维护正常市场秩序为宗旨的现行《合同法》基本涵盖了绝大部分民商事合同。不应再以典型的"经济合同"为限，同时与市场秩序无关以及主要不受市场调整的各类合同和协议，主要受《劳动法》《行政法》调整的劳务合同、行政合同等，通常情况下不应视为合同诈骗罪中的"合同"。合同的形式既可以是书面的，也可以是口头或其他形式。

《刑参》第403号案例"王某合同诈骗案——以签订虚假的工程施工合同为诱饵骗取钱财的行为是诈骗罪还是合同诈骗罪"相关论述：合同诈骗罪是从诈骗罪分离出来的，合同诈骗罪的构成要件在一定程度上为诈骗罪所包容，二者属于法条竞合，是特别法与一般法的竞合关系。合同诈骗罪的主体可以是单位，诈骗罪的主体只能是自然人。合同诈骗罪只限于利用签订、履行合同的方式和手段进行诈骗。既实施了合同诈骗行为又实施了普通诈骗行为，应数罪并罚。诈骗行为发生在合同的签订、履行过程中，诈骗行为随着合同的签订、履行是合同诈骗罪区别于诈骗罪的一个主要客观特征。"合同"必须能够体现一定的市场秩序。合同诈骗行为不能发生在合同签订、履行之前或之后。合同诈骗非法占有的财物应当是与合同签订、履行有关的财物。如果行为人在与他人签订或履行合同的过程中，以其他与合同无关的事由为借口骗取他人钱财的，则不是合同诈骗。被告人假冒国家工作人员、假借承揽项目需要活动经费的名义骗取他人财物的行为都是在签订合同之前实施的，即在与被害人签订所谓施工承包合同之前，被告人的诈骗行为已经实施完毕，被害人的财物已被被告人占有，犯罪目的已经实现。被告人获取的是所谓的活动经费，不是合同标的物等相关财物。签订虚假的工程施工合同仅仅是掩盖诈骗行为的手段而不是签订、履行合同的附随结果，应当认定为诈骗罪。

《刑参》第457号案例"宗某合同诈骗案——以签订出国'聘请顾问协议书'为名骗取他人钱财的行为如何定性"相关论述：诈骗罪与合同诈骗罪是特殊与一般的关系，当某一行为同时符合二者的构成要件时，应定合同诈骗罪。合同诈骗罪是一种利用合同进行诈骗的犯罪，诈骗行为发生在合同签订、履行过程中，行为人非法占有的财物是与合同签订、履行相关的财物，这是区分的主要特征。合同必须是与经济活动有关的合同。虽然利用了合同的形式但该合同在当时并不具有侵犯市场秩序的性质，也不以合同诈骗罪论处。被告人签订的协议表面上具有技术服务性质，实质上是一个代办出国签证性质的委托代理合同，体现了一定的市场经济活动性质，应构成合同诈骗罪。

---

① 参见张明楷：《刑法学》(下)，法律出版社2016年版，第835页。

② 参见陈兴良主编：《刑法各论精释》(上)，人民法院出版社2015年版，第19、77页。

【拓展关键词】非法占有目的的认定　合同诈骗与民事欺诈辨析

被告人虽系根据与樱花公司的约定与长城公司洽谈签订协议，但其在中介过程中，违背诚实信用原则，为抬高身价，在协议的封面和内容上多处以西门子公司作为主体，给人营造出以代表西门子分公司的印象，待签订协议后，再予修正。并且在长城公司和樱花公司签订的协议上又私自加进其他内容，上述欺诈行为有证据证实。但综观全案，吴某主观上尚不具有以欺骗手段非法占有长城公司财产的目的，吴某与长城公司签约的直接动机是希望西门子分公司的有关技术合作项目能够转让成功，使其本人能够从中获取高额技术转让费。在客观上，吴某作为樱花公司的商务代理，具备一定的履约能力，也有积极的履约诚意和行动，拒不退还保证金是事出有因，并不是企图骗取长城公司的财产。长城公司虽然受吴某某些不当行为的误导，但终究是在考察了解后，确认有获得西门子分公司技术合同的可能，同意与吴某等人签约并支付有关款项，亦不属被骗。且长城公司通过吴某等人的中介，最终达到了与西门子公司技术合作的目的，已经成为受益者，吴某的行为不构成合同诈骗罪。①

在严格区分合同诈骗与民事违约行为的界限时注意审查涉案企业在签订、履行合同过程中是否具有虚构事实、隐瞒真相的行为。注重从合同项目真实性、标的物用途、有无实际履约行为、是否有逃匿和转移资产的行为、资金去向、违约原因等方面，综合认定是否具有诈骗的故意，避免片面关注行为结果而忽略主观上是否具有非法占有的目的。对于签订合同时具有部分履约能力，其后完善履约能力并积极履约的，不能以合同诈骗罪追究刑事责任。②

《刑参》第428号案例"罗某非法处置查封的财产案——明知房产被依法查封而隐瞒事实将房产卖于他人并收取预付款的行为如何定性"相关论述：行为人主观上并无非法占有对方当事人财物的目的，而是为了非法占用他人钱款，虽然客观上使用了欺诈的手段骗得他人财物，也不能认定其行为构成合同诈骗罪。非法占有目的应是指永久性地非法掌握、控制他人财物的意图。认定非法占有目的应从以下几个方面判断：(1)行为人有无履行合同的实际能力。如果行为人在签订合同时虽不具备履约能力但在合同履行期限内能够筹集到履行合同所需的资金和物品。即使行为人不能按照合同规定实际履行义务，自己或他人能够提供足够担保都应视为行为人有履行能力。(2)行为人是否有积极的履约行为。(3)标的物处置情况。(4)行为人在违约后有无承担责任的表现。

《刑参》第646号案例"刘某合同诈骗案——如何认定合同诈骗犯罪中行为人具有非法占有目的"相关论述：从以下几个方面分析是否具有非法占有目的：(1)行为人是否具有签订、履行合同的条件，是否创造虚假条件。(2)行为人在签订合同时有无履约能力。(3)行为人在签订和履行合同过程中有无诈骗行为。(4)行为人在签订合同后有无履行合同的实际行为。(5)行为人对取得财物的处置情况是否具有挥霍、挪用及携款潜逃等行为。

《刑参》第961号案例"王某合同诈骗案——如何准确对一房二卖的行为进行刑民界分"相关论述：对一房二卖的行为定性关键在于行为人主观上是否具有非法占有的目的。在对一房二卖行为是否具有非法占有他人财物的目的进行分析、认定时要重点考察一房二卖的具体情由。对于一房二卖实际交房前发生了股权、资产转让等公司变更事项的，要重点考察公司变更过程中对公司债务的处置情况。在刑民交叉案件中《刑法》应尽可能保持其谦抑性。

《刑参》第1056号案例"陈某等合同诈骗案——以适格农民名义低价购买农机出售而骗取国家农机购置补贴款的行为如何定性"相关论述：被告人诈骗的对象不是购买合同的当事人而是国家。被告人等以农

---

① 吴某合同诈骗案，载《最高人民法院公报》2003年第1期。

② 温某某合同诈骗立案监督案，最高人民检察院指导性案例第91号(2020年)。

户名义与农机主管部门签订的购机补贴协议不受市场秩序制约不属于“合同”。被告人的行为构成诈骗罪。被告人主观上具有非法占有目的。被告人主观上签订协议就是为了低价购买农机具骗取补贴款。被告人采取了欺骗的手段。相关政府部门受到了欺瞒，并不知道真正购买农机的主体不是符合条件的农民而是不符合条件的被告人。被告人了骗取了财物，即国家发放的农机补贴款。被告人的行为具有刑事违法性。如果是农民为了经营购买后不想要而出售则没有非法占有目的。

《刑参》第1208号案例“钢浓公司、武某骗取贷款、诈骗案——使用虚假资料获取银行贷款的，如何认定行为人的非法占有目的”相关论述：我们认为，非法占有目的的认定必须坚持在客观基础上的主观判断，不能仅凭被告人供述简单定案。一是行为人借款前的资产负债情况，有无还款能力；二是行为人实际借款用途有无保值增值可能；三是行为人有无隐匿财产、恶意转移财产、逃跑等逃避还款义务的行为。

《刑参》第1299号案例“高某、孙某合同诈骗案——签订合同并收取对方的保证金后挪作他用是否可以认定具有非法占有目的”相关论述：鑫海公司在项目上确有前期投入，收取的保证金多数用于项目正常开支，没有占为己有或挥霍，主观上想将项目运作成功并围绕项目进行了一系列经营行为。融资行为是判断被告人履约意愿的重要方面。本案资产负债问题并不突出。如处理得当，世达公司的400万元损失可在一定程度上得到挽回。对于虽有一定的欺骗行为但不影响被害人通过民事途径进行救济的，不宜轻易认定为诈骗犯罪。

【拓展关键词】合同诈骗罪与职务侵占罪、挪用资金罪、贷款诈骗罪、盗窃罪辨析　承运人调包货物情形的处理　职务行为的认定

《刑参》第484号案例“虞某职务侵占案——利用代理公司业务的职务之便将签订合同所得之财物占为己有的，应定职务侵占罪还是合同诈骗罪”相关论述：被告人利用代理公司业务的职务之便将依据合法、有效的合同取得的单位财物占为己有的，应当认定为职务侵占罪。合同诈骗罪的犯罪对象是合同对方当事人的财物，职务侵占罪的犯罪对象是本单位财物。虽然被告人夹带有个人目的，利用职务超需订购应认定为滥用职权行为而非无职权行为。对于合同相对人来说不产生否定合同效力的影响。

《刑参》第577号案例“谭某合同诈骗案——业务员冒用公司名义与他人签订合同违规收取货款的行为如何定性”相关论述：被告人冒用所在公司名义与纸箱厂签订合同非法占有货款的行为构成合同诈骗罪。被告人非法占有的款项属于纸箱厂的货款，其行为不构成职务侵占罪或挪用资金罪。被告人的行为不成立表见代理，其收取的纸箱厂的预付款不属于煤气公司所有。纸箱厂不属于善意相对人，煤气公司从未实际掌控纸箱厂的全部货款。

《刑参》第716号案例“杨某合同诈骗案——以公司代理人的身份，通过骗取方式将收取的公司货款据为己有，是构成诈骗罪、职务侵占罪还是挪用资金罪”相关论述：被告人在履行其与威士文公司的经销协议过程中，以非法占有为目的采用虚构事实、隐瞒真相的方法骗取威士文公司的财产，其行为构成合同诈骗罪。被告人不属于威士文公司的工作人员。职务是一项由单位分配给行为人并为单位所从事的一种持续的、反复进行的工作，担任职务应当具有相对稳定性的特点，而非单位临时一次性地委托行为人从事某项事务。被告人在威士文公司授权其为代理人并签订经销协议后，违背授权、私刻印章与其他公司签订合同将骗取其他公司交纳的货款据为己有，构成合同诈骗罪。

《刑参》第807号案例“张某等合同诈骗案——承运过程中承运人将承运货物暗中调包的行为如何定性”相关论述：承运过程中为非法占有财物而偷偷调包的行为应当构成诈骗类犯罪。主流观点认为对骗、偷兼有的行为的定性关键要看行为人取得财物主要是通过偷还是骗。我们认为盗窃罪和诈骗罪的本质区别在于被害人对财物是否有转移占有的意思和行为，行为人取得财物是否基于被害人产生的错误认识，并以此进行了财产处分。在被害人不知情的情况下秘密进行调包行为是认定盗窃罪还是诈骗罪关键要看被害人有无转移占有财产的意思和行为。转移占有的意思是指被害人将财物交付对方占有或保管时必须主观上同时认识到自己丧失占有。转移占有的行为是指被害人具有主动交付财产的行为。由于被告人在取得承运货物后即取得财物的控制权,其本人作为财物的监管人,发生财物损失的责任归其承担,对于被害人而言,无论实际转移至何处,其与被告人之间的占有关系未发生根本的变化。被告人秘密窃取的相当于自己的财物。该情况下不可能成立盗窃罪。真正促使被告人成功获取财物的关键是在收货环节,本质上符合诈骗罪的特征。合同诈骗罪中的"合同"必须是能够体现一定的市场秩序,体现财产转移或者交易关系,为行为人带来财产利益的合同。

《刑参》第808号案例"吴某合同诈骗案——挂靠轮船公司的个体船主,在履行承运合同过程中采用以次充好的方式骗取收货方收货并向货主足额支付货款及运费的,该行为如何定性"相关论述:被告人与运输公司在劳资关系和业务关系上相互独立,不符合职务侵占罪的主体特征。挂靠人员是否属于公司员工可以通过挂靠人员与运输公司之间是否具有劳资关系、雇佣关系综合认定。被告人不属于运输公司员工也非接受运输公司的委派从事运输任务,意味着其承运货物并非处于发货单位或者运输公司的实际控制之下,而是处于其实际占有、保管之下。将自己合法控制下的货物变卖不符合秘密窃取的典型特征。一般通过货物的包装方式来辅助判断行为是否属于秘密窃取,如果货物是封缄好的或者是有押运人看管的,行为人秘密打开包装将货物取走的行为具有秘密窃取的特征。侵占罪要求行为人必须具有"拒不退还"的情节。本案中,收货方并不知道货物被掺杂,因此没有向被告人要求返还,不具有"拒不退还"的情节,不符合侵占罪的构成。运输途中调包行为的受损害方未必是一成不变的。即便是发生转移也不会改变犯罪行为所直接侵害对象的事实,受损方的转移不会对行为定性造成多大的影响。处分的标的物并非一定是涉案财物,支付对价也是一种处分行为。让渡自己的权利、减免债权等均属新类型的处分。被害人未必是向行为人交付财物,但行为人因被害人交付财物的行为而收益。交付的方式包括直接交付和间接交付。被告人以次充好并销售后HR公司未清点收货前被告人对该财产只是临时占有,并未最终占有,只要HR在验货时发现有以次充好的现象,被告人的意图就会被识破,该秘密方式只是实现其非法占有财物目的的辅助手段。应当从整体上评价,不仅要看前阶段的以次充好的调包行为,还要看后阶段的蒙混过关的行为。

【拓展关键词】合同诈骗罪既遂标准

《刑参》第875号案例"郭某合同诈骗案——通过网络交易平台诱骗二手车卖家过户车辆并出具收款凭据的行为如何定性"相关论述:通过赶集网骗取卖家二手车的行为构成合同诈骗罪。被骗车辆已过户但未交付的犯罪停止形态应当认定为未遂。牌照竞买价格不应计入犯罪数额。

【拓展关键词】两头骗行为的定性　被害人损失　诈骗对象的确定

《刑参》第211号案例"程某合同诈骗案——通过欺骗手段兼并企业后恶意处分企业财产的行为如何定性"相关论述:被告人以欺骗方法对集体企业实施"兼并",恶意处分被兼并企业的财产据为己有,其行为符合合同诈骗罪的特征,应以合同诈骗罪定罪处罚。以单位名义实施犯罪,违法所得由实施犯罪的个人所有的,不属于单位犯罪。

《刑参》第352号案例"秦某虚报注册资本、合同诈骗案——骗取他人担保申请贷款的是贷款诈骗还是合同诈骗"相关论述:通过区别犯罪客体和犯罪对象来界定行为性质。通过向银行贷款的方式骗取担保人财产的行为,表面上看是骗取银行贷款,实际上侵害的是担保人的财产权益,犯罪对象并非银行贷款而是担保合同一方当事人的财产。

《刑参》第645号案例"曹某合同诈骗案——伪造购销合同,通过与金融机构签订承兑合同,将获取的银行资金用于偿还其他个人债务,后因合同到期无力偿还银行债务而逃匿,致使反担保人遭受巨额财产损失的行为，如何定性”相关论述：反担保人能够成为主合同债务人的相对方，能够成为主合同债务人诈骗的对象。被告人具有间接、变相地占有反担保人财产的目的。被告人具有概括的非法占有他人财物的犯罪故意和不确定的犯罪对象不影响对其合同诈骗罪的定性。其犯罪对象和犯罪故意的内容最终的确定要看谁最终蒙受了损失，谁蒙受了损失，谁就成为其非法占有的受害方。根据法定符合说原理，被告人诈骗对象和犯罪故意内容的相对不确定性并没有超过其诈骗合同相对方财物所可能指向的对象与故意内容的范围，应构成合同诈骗罪。被告人虽然采用了伪造购销合同的虚假手段得到承兑汇票，但该汇票是真实的，不符合票据诈骗罪的特征。骗取票据承兑罪的对象只能是金融机构，并且要对金融机构造成重大损失的结果。被告人的行为未给金融机构造成损失不构成骗取票据承兑罪。

《刑参》第876号案例“周某、陈某合同诈骗案——通过支付预付款获得他人房产后以抵押方式向第三人借款的，既有欺骗卖房人的行为，也有欺骗抵押权人的行为，应当如何认定被害人”相关论述：本案被害人应认定为最初的卖方人即原房主。因为被告人根本不是为了买房，被害人损失的房屋余款从一开始就注定无法追回。而抵押权人的债权因为有经房产部门登记过的房屋抵押手续，该抵押权是受法律保护的，故其债权的实现有保障。犯罪行为的完成是以房屋产权登记过户为节点。被告人冒充买房人通过房产中介找到卖房人假装要买房，让卖房人相信确实有人想交易直至配合被告人完成所有的产权过户手续。至此，该房产已实际处于被告人的控制之下，卖房人既失去了房屋的产权又面临无法拿回剩余房款的可能，诈骗犯罪已经既遂。被告人已实际控制的房产只是其后续行为的工具，用房产抵押借款是其真实意思表示没有“骗”的行为。抵押权人出借钱款则是基于有真实的房子并办理抵押登记手续的前提，双方均是真实意思表示。因被告人无法归还钱款，抵押权人的债权也受到了侵害，但这种侵害源于被告人不按期履行还款的合同义务，应当定性为民事上的违约，与刑事犯罪有本质区别。抵押权人不具备诈骗犯罪中的“被骗”特征。抵押权人的损失不同于诈骗犯罪中被害人的损失。在诈骗犯罪中，欺诈行为使被害人处分财产后行为人便获得财产，从而使被害人的财产受到损害。两者具有同时性。借款合同是有效的，抵押合同自然也有效，抵押权人在收不回借款时可以实现其抵押权以维护其权利。被告人对借款的控制并不意味着抵押权人对该借款的损失。被告人的行为看似“两头骗”，但真正受骗的只有原房主。

第二百二十四条之一　【组织、领导传销活动罪】①

组织、领导以推销商品、提供服务等经营活动为名，要求参加者以缴纳费用或者购买商品、服务等方式获得加入资格，并按照一定顺序组成层级，直接或者间接以发展人员的数量作为计酬或者返利依据，引诱、胁迫参加者继续发展他人参加，骗取财物，扰乱经济社会秩序的传销活动的，处五年以下有期徒刑或者拘役，并处罚金；情节严重的，处五年以上有期徒刑，并处罚金。

---

① 根据《刑法修正案（七）》新增。

◆ 相关规定

最高人民法院　最高人民检察院　公安部
关于办理组织领导传销活动刑事案件适用法律若干问题的意见(节选)

(公通字〔2013〕37号)

一、关于传销组织层级及人数的认定问题

以推销商品、提供服务等经营活动为名,要求参加者以缴纳费用或者购买商品、服务等方式获得加入资格,并按照一定顺序组成层级,直接或者间接以发展人员的数量作为计酬或者返利依据,引诱、胁迫参加者继续发展他人参加,骗取财物,扰乱经济社会秩序的传销组织,其组织内部参与传销活动人员在三十人以上且层级在三级以上的,应当对组织者、领导者追究刑事责任。

组织、领导多个传销组织,单个或者多个组织中的层级已达三级以上的,可将在各个组织中发展的人数合并计算。

组织者、领导者形式上脱离原传销组织后,继续从原传销组织获取报酬或者返利的,原传销组织在其脱离后发展人员的层级数和人数,应当计算为其发展的层级数和人数。

办理组织、领导传销活动刑事案件中,确因客观条件的限制无法逐一收集参与传销活动人员的言词证据的,可以结合依法收集并查证属实的缴纳、支付费用及计酬、返利记录,视听资料,传销人员关系图,银行账户交易记录,互联网电子数据,鉴定意见等证据,综合认定参与传销的人数、层级数等犯罪事实。

二、关于传销活动有关人员的认定和处理问题

下列人员可以认定为传销活动的组织者、领导者:

(一)在传销活动中起发起、策划、操纵作用的人员;

(二)在传销活动中承担管理、协调等职责的人员;

(三)在传销活动中承担宣传、培训等职责的人员;

(四)曾因组织、领导传销活动受过刑事处罚,或者一年以内因组织、领导传销活动受过行政处罚,又直接或者间接发展参与传销活动人员在十五人以上且层级在三级以上的人员;

(五)其他对传销活动的实施、传销组织的建立、扩大等起关键作用的人员。

以单位名义实施组织、领导传销活动犯罪的,对于受单位指派,仅从事劳务性工作的人员,一般不予追究刑事责任。

三、关于"骗取财物"的认定问题

传销活动的组织者、领导者采取编造、歪曲国家政策,虚构、夸大经营、投资、服务项目及盈利前景,掩饰计酬、返利真实来源或者其他欺诈手段,实施刑法第二百二十四条之一规定的行为,从参与传销活动人员缴纳的费用或者购买商品、服务的费用中非法获利的,应当认定为骗取财物。参与传销活动人员是否认为被骗,不影响骗取财物的认定。

四、关于"情节严重"的认定问题

对符合本意见第一条第一款规定的传销组织的组织者、领导者,具有下列情形之一的,应当认定为刑法第二百二十四条之一规定的"情节严重":

(一)组织、领导的参与传销活动人员累计达一百二十人以上的;

(二)直接或者间接收取参与传销活动人员缴纳的传销资金数额累计达二百五十万元以上的;

(三)曾因组织、领导传销活动受过刑事处罚,或者一年以内因组织、领导传销活动受过行政处罚,又直接或者间接发展参与传销活动人员累计达六十人以上的;

(四)造成参与传销活动人员精神失常、自杀等严重后果的;

(五)造成其他严重后果或者恶劣社会影响的。

五、关于“团队计酬”行为的处理问题

传销活动的组织者或者领导者通过发展人员，要求传销活动的被发展人员发展其他人员加入，形成上下线关系，并以下线的销售业绩为依据计算和给付上线报酬，牟取非法利益的，是“团队计酬”式传销活动。

以销售商品为目的、以销售业绩为计酬依据的单纯的“团队计酬”式传销活动，不作为犯罪处理。形式上采取“团队计酬”方式，但实质上属于“以发展人员的数量作为计酬或者返利依据”的传销活动，应当依照刑法第二百二十四条之一的规定，以组织、领导传销活动罪定罪处罚。

六、关于罪名的适用问题

以非法占有为目的，组织、领导传销活动，同时构成组织、领导传销活动罪和集资诈骗罪的，依照处罚较重的规定定罪处罚。

犯组织、领导传销活动罪，并实施故意伤害、非法拘禁、敲诈勒索、妨害公务、聚众扰乱社会秩序、聚众冲击国家机关、聚众扰乱公共场所秩序、交通秩序等行为，构成犯罪的，依照数罪并罚的规定处罚。

七、其他问题

本意见所称“以上”、“以内”，包括本数。

本意见所称“层级”和“级”，系指组织者、领导者与参与传销活动人员之间的上下线关系层次，而非组织者、领导者在传销组织中的身份等级。

对传销组织内部人数和层级数的计算，以及对组织者、领导者直接或者间接发展参与传销活动人员人数和层级数的计算，包括组织者、领导者本人及其本层级在内。

最高人民检察院　公安部

关于公安机关管辖的刑事案件立案追诉标准的规定(二)(节选)

(公通字〔2022〕12号)

第七十条　【组织、领导传销活动案(刑法第二百二十四条之一)】组织、领导以推销商品、提供服务等经营活动为名，要求参加者以缴纳费用或者购买商品、服务等方式获得加入资格，并按照一定顺序组成层级，直接或者间接以发展人员的数量作为计酬或者返利依据，引诱、胁迫参加者继续发展他人参加，骗取财物，扰乱经济社会秩序的传销活动，涉嫌组织、领导的传销活动人员在三十人以上且层级在三级以上的，对组织者、领导者，应予立案追诉。

下列人员可以认定为传销活动的组织者、领导者：

(一)在传销活动中起发起、策划、操纵作用的人员；

(二)在传销活动中承担管理、协调等职责的人员；

(三)在传销活动中承担宣传、培训等职责的人员；

(四)因组织、领导传销活动受过刑事追究，或者一年内因组织、领导传销活动受过行政处罚，又直接或者间接发展参与传销活动人员在十五人以上且层级在三级以上的人员；

(五)其他对传销活动的实施、传销组织的建立、扩大等起关键作用的人员。

☞ 其他相关规定见章后二维码

◆ 解读与适用

【拓展关键词】一般参与人　传销与直销　传销与非法经营

组织者或者经营者利用网络发展会员，要求被发展人员以缴纳或者变相缴纳“入门费”为条件，获得提成和发展下线的资格。通过发展人员组成层级关系，并以直接或者间接发展的人员数量作为计酬或者返利的依据，引诱被发展人员继续发展他人参加，骗取财物，扰乱经济社会秩序的，以组织、领导传销活动罪追究刑事责任。①

《刑参》第167号案例"袁某、欧某、李某集资诈骗案——非法传销过程中携传销款项潜逃的行为如何处理"相关论述：对于非法传销和变相传销活动的区分应根据传销企业和个人所实施的具体犯罪行为来确定罪名和罪责。对于非法传销过程中携传销款潜逃的行为应以诈骗罪或者合同诈骗罪定罪量刑。传销或者非法传销活动虽然具有价格欺诈等特征，但与非法集资行为存在区别。

《刑参》第234号案例"李某非法经营案——如何区分有奖销售与以变相传销方式实施的非法经营罪"相关论述：传销是指生产企业不通过店铺销售而由传销员将本企业产品直接销售给消费者的经营方式。包括多层次传销和单层次传销。

《刑参》第717号案例"危某组织、领导传销活动案——如何认定组织、领导传销活动罪"相关论述：对于参与传销活动的一般人员，有的观点认为应以非法经营罪定罪处罚，我们认为，这种主张不符合立法精神，容易造成打击面过大，对于参与传销活动的一般人员可以通过行政处罚、教育遣散的方式进行处理，不宜追究刑事责任。

《刑参》第842号案例"王某组织、领导传销活动案——在传销案件中如何认定组织、领导传销活动主体及罪名如何适用"相关论述：应当将组织者同积极参加者及一般参与人区分开来。在传销组织中，组织者是指策划、纠集他人实施传销犯罪的人，即那些在传销活动前期筹备和后期发展壮大中起主要作用同时获取实际利益的骨干成员，除此之外的人不应当作为组织者加以处理。传销组织的领导者主要是指在传销组织的层级结构中居于最核心的地位对传销组织的正常运转起关键作用的极少数成员。传销与单层次直销的区别主要表现在：(1)是否以销售产品为企业运营的基础。(2)是否收取高额入门费。(3)是否拥有经营场所。(4)是否遵循价值规律分配报酬。(5)是否具有完善的售后服务保障制度。(6)是否实行制度化的人员管理。

《刑参》第865号案例"曾某等非法经营案——组织、领导传销活动尚未达到组织、领导传销活动罪立案追诉标准，但经营数额或者违法所得数额达到非法经营罪立案追诉标准的，能否以非法经营罪定罪处罚"相关论述：从立法原意分析，对传销活动仅适用组织、领导传销活动罪，不再以非法经营罪定罪处罚。被告人的行为符合组织、领导传销活动罪的构成特征，但未达到相关立案追诉标准，故不构成组织、领导传销活动罪，应当宣告无罪，不能再以非法经营罪定罪处罚。

第二百二十五条　【非法经营罪】

违反国家规定，有下列非法经营行为之一，扰乱市场秩序，情节严重的，处五年以下有期徒刑或者拘役，并处或者单处违法所得一倍以上五倍以下罚金；情节特别严重的，处五年以上有期徒刑，并处违法所得一倍以上五倍以下罚金或者没收财产：

（一）未经许可经营法律、行政法规规定的专营、专卖物品或者其他限制买卖的物品的；

（二）买卖进出口许可证、进出口原产地证明以及其他法律、行政法规规定的经营许可证或者批准文件的；

① 叶某等组织、领导传销活动案，最高人民检察院指导性案例第41号(2018年)。

（三）未经国家有关主管部门批准非法经营证券、期货、保险业务的，或者非法从事资金支付结算业务的；①②

（四）其他严重扰乱市场秩序的非法经营行为。

◆ 相关规定

全国人大常委会
关于惩治骗购外汇、逃汇和非法买卖外汇犯罪的决定（节选）

详见《决定》第1条骗购外汇罪的相关规定

四、在国家规定的交易场所以外非法买卖外汇，扰乱市场秩序，情节严重的，依照刑法第二百二十五条的规定定罪处罚。

单位犯前款罪的，依照刑法第二百三十一条的规定处罚。

最高人民检察院
关于认真贯彻执行《全国人大常委会关于惩治骗购外汇、逃汇和非法买卖外汇犯罪的决定》的通知（节选）
（高检会〔1999〕3号）

三、对于《决定》公布施行后发生的犯罪行为，应当依照《决定》办理；对于《决定》公布施行前发生的行为，按照刑法第十二条规定的原则办理。

四、各级人民检察院在贯彻执行《决定》中，要加强调查研究，不断积累和总结经验，注意研究《决定》规定的各种犯罪的特点、规律及其对策；对在执行《决定》中遇到的问题，要及时层报最高人民检察院。

公安部经济犯罪侦查局
关于单位定期存款开户证实书性质的批复
（公经〔2000〕1329号）

江苏省公安厅经侦总队：

你总队《关于“单位存款开户证实书”是否属于银行结算凭证的请示》（苏公经侦〔2000〕426号）收悉。经商中国人民银行有关部门，现批复如下：

“单位定期存款开户证实书”是接受存款的金融机构向存款单位开具的人民币定期存款权利凭证，其性质上是一种金融凭证，它与存单同样起到存款证明作用，只是不能作为质押的权利凭证。

此复。

---

① 根据《刑法修正案》新增。

② 根据《刑法修正案（七）》修订。原条文第三项为：未经国家有关主管部门批准，非法经营证券、期货或者保险业务的。

公安部经济犯罪侦查局
关于对既涉嫌非法经营又涉嫌偷税的经济犯罪案件如何适用法律的请示的批复

（公经〔2001〕253号）

辽宁省公安厅经济犯罪侦查总队：

你总队《关于对既涉嫌非法经营又涉嫌偷税的经济犯罪案件如何适用法律的请示》收悉，经商最高人民法院研究室，现答复如下：

行为人在实施非法经营犯罪过程中，又涉嫌偷税构成犯罪的，应以处罚较重的犯罪依法追究刑事责任，不实行数罪。

最高人民法院　最高人民检察院
关于办理非法生产、销售、使用禁止在饲料和动物饮用水中使用的药品等刑事案件具体应用法律若干问题的解释（节选）

（2002年8月23日施行）

详见《刑法》第144条生产、销售有毒、有害食品罪的相关规定

第一条　未取得药品生产、经营许可证件和批准文号，非法生产、销售盐酸克仑特罗等禁止在饲料和动物饮用水中使用的药品，扰乱药品市场秩序，情节严重的，依照刑法第二百二十五条第（一）项的规定，以非法经营罪追究刑事责任。

第二条　在生产、销售的饲料中添加盐酸克仑特罗等禁止在饲料和动物饮用水中使用的药品，或者销售明知是添加有该类药品的饲料，情节严重的，依照刑法第二百二十五条第（四）项的规定，以非法经营罪追究刑事责任。

最高人民检察院
关于非法经营国际或港澳台地区电信业务行为法律适用问题的批复

（2002年2月11日施行）

福建省人民检察院：

你院《关于如何适用刑法第二百二十五条第（四）项规定的请示》（闽检〔2000〕65号）收悉。经研究，批复如下：

违反《中华人民共和国电信条例》规定，采取租用电信国际专线、私设转接设备或者其他方法，擅自经营国际或者香港特别行政区、澳门特别行政区和台湾地区电信业务进行营利活动，扰乱电信市场管理秩序，情节严重的，应当依照《刑法》第二百二十五条第（四）项的规定，以非法经营罪追究刑事责任。

公安部经济犯罪侦查局
关于打击非法经营销售国内机票有关问题的批复

（公经〔2002〕928号）

北京市公安局经侦处：

你处经侦办字〔2002〕167号《我处在执行“关于坚决打击暗扣销售和非法经营销售国内机票行为规范

航空运输市场秩序的通知"中几个问题的请示》收悉。经商民航总局运输司,现答复如下:

一、《关于坚决打击暗扣销售和非法经营销售国内机票行为规范航空运输市场秩序的通知》(民航财发〔2002〕101 号)中的"国内机票"、"民航国内航班机票"是指"国内航空公司的国内航线机票"。

二、根据 1993 年 8 月 3 日经国务院批准发布施行的《民用航空运输销售代理业管理规定》(民航总局第 37 号令)第三十三条的规定,非法代理销售国内航空公司国际航线机票属于非法经营行为,情节严重的,应当根据刑法第二百二十五条的规定,以非法经营罪立案侦查。

三、非法经营销售国内航线机票和国际航线机票应予追诉的标准,应当根据 2001 年 4 月 18 日最高人民检察院、公安部《关于经济犯罪案件追诉标准的规定》第七十条第五款的规定执行。

最高人民检察院法律政策研究室
关于非法经营行为界定有关问题的复函

(〔2002〕高检研发第 24 号)

文化部文化市场司:

你部《关于非法经营界定有关问题的函》(文市函〔2002〕1449 号)收悉。经研究,提出以下意见,供参考:

一、关于经营违法音像制品行为的处理问题。对于经营违法音像制品行为,构成犯罪的,应当根据案件的具体情况,分别依照最高人民法院《关于审理非法出版物刑事案件具体应用法律若干问题的解释》和最高人民检察院、公安部《关于经济犯罪案件追诉标准的规定》等相关规定办理。

二、关于非法经营行为的界定问题,同意你部的意见,即:只要行为人明知是违法音像制品而进行经营即属于非法经营行为,其是否具有音像制品合法经营资格并不影响非法经营行为的认定;非法经营行为包括一系列环节,经营者购进违法音像制品并存放于仓库等场所的行为属于经营行为的中间环节,对此也可以认定为是非法经营行为。

【深度解析】

【拓展关键词】销售食盐　扰乱市场情节严重的认定　想象竞合

《刑参》第 144 号案例"胡某、唐某等生产、销售伪劣产品案——如何认定非法经营专营、专卖物品扰乱市场秩序的'情节严重'"相关论述:未经许可生产、销售食盐,扰乱市场秩序,情节严重的,构成非法经营罪。非法经营数额、数量、次数、违法所得数额等都能够直接反映其扰乱市场秩序的严重程度。本案被告人的非法经营数额达 10 余万元,应当认定为"情节严重"。对被告人等人在非法经营食盐过程中生产、销售伪劣产品与假冒注册商标行为,不实行数罪并罚。基于一个犯罪意图,实施一个行为,同时触犯数个不同罪名的刑法理论上的想象竞合犯。

最高人民法院　最高人民检察院
关于办理妨害预防、控制突发传染病疫情等灾害的刑事案件具体应用法律若干问题的解释(节选)

(2003 年 5 月 15 日)

详见《刑法》第 330 条妨害传染病防治罪的相关规定

第六条　违反国家在预防、控制突发传染病疫情等灾害期间有关市场经营、价格管理等规定,哄抬物价、牟取暴利,严重扰乱市场秩序,违法所得数额较大或者有其他严重情节的,依照刑法第二百二十五条第(四)项的规定,以非法经营罪定罪,依法从重处罚。

最高人民检察院法律政策研究室
关于1998年4月18日以前的传销或者变相传销行为如何处理的答复

（2003年3月21日）

对1998年4月18日国务院发布《关于禁止传销经营活动的通知》以前的传销或者变相传销行为，不宜以非法经营罪追究刑事责任。行为人在传销或者变相传销活动中实施销售假冒伪劣产品、诈骗、非法集资、虚报注册资本、偷税等行为，构成犯罪的，应当依照刑法的相关规定追究刑事责任。

办理非法经营国际电信业务犯罪案件联席会议纪要（节选）

（2003年4月22日）

二、《解释》第一条规定："违反国家规定，采取租用国际专线、私设转接设备或者其他方法，擅自经营国际电信业务或者涉港澳台电信业务进行营利活动，扰乱电信市场管理秩序，情节严重的，依照刑法第二百二十五条第（四）项的规定，以非法经营罪定罪处罚。"对于未取得国际电信业务（含涉港澳台电信业务，下同）经营许可证而经营，或被终止国际电信业务经营资格后继续经营，应认定为"擅自经营国际电信业务或者涉港澳台电信业务"；情节严重的，应按上述规定以非法经营罪追究刑事责任。

《解释》第一条所称"其他方法"，是指在边境地区私自架设跨境通信线路；利用互联网跨境传送IP话音并设立转接设备，将国际话务转接至我境内公用电话网或转接至其他国家或地区；在境内以租用、托管、代维等方式设立转接平台；私自设置国际通信出入口等方法。

三、获得国际电信业务经营许可的经营者（含涉港澳台电信业务经营者）明知他人非法从事国际电信业务，仍违反国家规定，采取出租、合作、授权等手段，为他人提供经营和技术条件，利用现有设备或另设国际话务转接设备并从中营利，情节严重的，应以非法经营罪的共犯追究刑事责任。

四、公安机关侦查非法经营国际电信业务犯罪案件，要及时全面收集和固定犯罪证据，抓紧缉捕犯罪嫌疑人。人民检察院、人民法院对正在办理的非法经营国际电信业务犯罪案件，只要基本犯罪事实清楚，基本证据确实、充分，应当依法及时起诉、审判。主犯在逃，但在案的其他犯罪嫌疑人、被告人实施犯罪的基本证据确实充分的，可以依法先行处理。

公安部经济犯罪侦查局
关于对倒卖银行承兑汇票行为性质认定意见的批复

（公经金融〔2009〕253号）

河北、安徽省公安厅经侦总队：

你们《关于对赵某某个人买卖银行承兑汇票的行为如何定性的请示》（冀公（经）〔2009〕408号）、《关于李某等人倒卖银行承兑汇票行为定性问题的请示》（皖公经侦〔2009〕255号）收悉，经我局认真研究，并征求中国银行业监督管理委员会意见，现批复如下：

此类与他人串通注册成立空壳公司，伪造贸易合同，虚构贸易背景，从银行开出多份银行承兑汇票转手倒卖，及从他人手中购买银行承兑汇票进行倒卖，从中获利的行为，数额巨大，严重扰乱正常的票据管理秩序，可以认定为刑法修正案（七）第五条规定的"非法从事资金支付结算业务"的活动。

特此批复

最高人民法院　最高人民检察院
关于办理妨害信用卡管理刑事案件具体应用法律若干问题的解释(节选)

(法释〔2018〕19 号)

详见《刑法》第 196 条信用卡诈骗罪的相关规定

第十二条　违反国家规定,使用销售点终端机具(POS 机)等方法,以虚构交易、虚开价格、现金退货等方式向信用卡持卡人直接支付现金,情节严重的,应当依据刑法第二百二十五条的规定,以非法经营罪定罪处罚。

实施前款行为,数额在一百万元以上的,或者造成金融机构资金二十万元以上逾期未还的,或者造成金融机构经济损失十万元以上的,应当认定为刑法第二百二十五条规定的"情节严重";数额在五百万元以上的,或者造成金融机构资金一百万元以上逾期未还的,或者造成金融机构经济损失五十万元以上的,应当认定为刑法第二百二十五条规定的"情节特别严重"。

持卡人以非法占有为目的,采用上述方式恶意透支,应当追究刑事责任的,依照刑法第一百九十六条的规定,以信用卡诈骗罪定罪处罚。

最高人民法院　最高人民检察院
关于办理非法生产、销售烟草专卖品等刑事案件具体应用法律若干问题的解释(节选)

(法释〔2010〕7 号)

第一条　生产、销售伪劣卷烟、雪茄烟等烟草专卖品,销售金额在五万元以上的,依照刑法第一百四十条的规定,以生产、销售伪劣产品罪定罪处罚。

未经卷烟、雪茄烟等烟草专卖品注册商标所有人许可,在卷烟、雪茄烟等烟草专卖品上使用与其注册商标相同的商标,情节严重的,依照刑法第二百一十三条的规定,以假冒注册商标罪定罪处罚。

销售明知是假冒他人注册商标的卷烟、雪茄烟等烟草专卖品,销售金额较大的,依照刑法第二百一十四条的规定,以销售假冒注册商标的商品罪定罪处罚。

伪造、擅自制造他人卷烟、雪茄烟注册商标标识或者销售伪造、擅自制造的卷烟、雪茄烟注册商标标识,情节严重的,依照刑法第二百一十五条的规定,以非法制造、销售非法制造的注册商标标识罪定罪处罚。

违反国家烟草专卖管理法律法规,未经烟草专卖行政主管部门许可,无烟草专卖生产企业许可证、烟草专卖批发企业许可证、特种烟草专卖经营企业许可证、烟草专卖零售许可证等许可证明,非法经营烟草专卖品,情节严重的,依照刑法第二百二十五条的规定,以非法经营罪定罪处罚。

第三条　非法经营烟草专卖品,具有下列情形之一的,应当认定为刑法第二百二十五条规定的"情节严重":

(一)非法经营数额在五万元以上的,或者违法所得数额在二万元以上的;

(二)非法经营卷烟二十万支以上的;

(三)曾因非法经营烟草专卖品三年内受过二次以上行政处罚,又非法经营烟草专卖品且数额在三万元以上的。

具有下列情形之一的,应当认定为刑法第二百二十五条规定的"情节特别严重":

(一)非法经营数额在二十五万元以上,或者违法所得数额在十万元以上的;

(二)非法经营卷烟一百万支以上的。

第四条　非法经营烟草专卖品,能够查清销售或者购买价格的,按照其销售或者购买的价格计算非法经

营数额。无法查清销售或者购买价格的,按照下列方法计算非法经营数额:

(一)查获的卷烟、雪茄烟的价格,有品牌的,按照该品牌卷烟、雪茄烟的查获地省级烟草专卖行政主管部门出具的零售价格计算;无品牌的,按照查获地省级烟草专卖行政主管部门出具的上年度卷烟平均零售价格计算;

(二)查获的复烤烟叶、烟叶的价格按照查获地省级烟草专卖行政主管部门出具的上年度烤烟调拨平均基准价格计算;

(三)烟丝的价格按照第(二)项规定价格计算标准的一点五倍计算;

(四)卷烟辅料的价格,有品牌的,按照该品牌辅料的查获地省级烟草专卖行政主管部门出具的价格计算;无品牌的,按照查获地省级烟草专卖行政主管部门出具的上年度烟草行业生产卷烟所需该类卷烟辅料的平均价格计算;

(五)非法生产、销售、购买烟草专用机械的价格按照国务院烟草专卖行政主管部门下发的全国烟草专用机械产品指导价格目录进行计算;目录中没有该烟草专用机械的,按照省级以上烟草专卖行政主管部门出具的目录中同类烟草专用机械的平均价格计算。

第五条　行为人实施非法生产、销售烟草专卖品犯罪,同时构成生产、销售伪劣产品罪、侵犯知识产权犯罪、非法经营罪的,依照处罚较重的规定定罪处罚。

第六条　明知他人实施本解释第一条所列犯罪,而为其提供贷款、资金、账号、发票、证明、许可证件,或者提供生产、经营场所、设备、运输、仓储、保管、邮寄、代理进出口等便利条件,或者提供生产技术、卷烟配方的,应当按照共犯追究刑事责任。

第七条　办理非法生产、销售烟草专卖品等刑事案件,需要对伪劣烟草专卖品鉴定的,应当委托国务院产品质量监督管理部门和省、自治区、直辖市人民政府产品质量监督管理部门指定的烟草质量检测机构进行。

第九条　本解释所称“烟草专卖品”,是指卷烟、雪茄烟、烟丝、复烤烟叶、烟叶、卷烟纸、滤嘴棒、烟用丝束、烟草专用机械。

本解释所称“卷烟辅料”,是指卷烟纸、滤嘴棒、烟用丝束。

本解释所称“烟草专用机械”,是指由国务院烟草专卖行政主管部门烟草专用机械名录所公布的,在卷烟、雪茄烟、烟丝、复烤烟叶、烟叶、卷烟纸、滤嘴棒、烟用丝束的生产加工过程中,能够完成一项或者多项特定加工工序,可以独立操作的机械设备。

本解释所称“同类烟草专用机械”,是指在卷烟、雪茄烟、烟丝、复烤烟叶、烟叶、卷烟纸、滤嘴棒、烟用丝束的生产加工过程中,能够完成相同加工工序的机械设备。

第十条　以前发布的有关规定与本解释不一致的,以本解释为准。

最高人民法院　最高人民检察院
关于办理利用信息网络实施诽谤等刑事案件适用法律若干问题的解释(节选)

(法释〔2013〕21号)

详见《刑法》第246条侮辱罪、诽谤罪的相关规定

第七条　违反国家规定,以营利为目的,通过信息网络有偿提供删除信息服务,或者明知是虚假信息,通过信息网络有偿提供发布信息等服务,扰乱市场秩序,具有下列情形之一的,属于非法经营行为“情节严重”,依照刑法第二百二十五条第(四)项的规定,以非法经营罪定罪处罚:

(一)个人非法经营数额在五万元以上,或者违法所得数额在二万元以上的;

(二)单位非法经营数额在十五万元以上,或者违法所得数额在五万元以上的。

实施前款规定的行为,数额达到前款规定的数额五倍以上的,应当认定为刑法第二百二十五条规定的“情节特别严重”。

第八条 明知他人利用信息网络实施诽谤、寻衅滋事、敲诈勒索、非法经营等犯罪,为其提供资金、场所、技术支持等帮助的,以共同犯罪论处。

最高人民检察院法律政策研究室
关于买卖银行承兑汇票行为如何适用法律问题的答复意见

(高检研函字〔2013〕58号)

福建省人民检察院法律政策研究室:

你院《关于买卖银行承兑汇票行为如何适用法律问题的请示》(闽检〔2013〕25号)收悉。经研究认为,根据票据行为的无因性以及票据法关于汇票可背书转让的规定,汇票买卖行为不同于支付结算行为,将二者等同可能会造成司法实践的混乱。实践中,买卖银行承兑汇票的情况比较复杂,对于单纯买卖银行承兑汇票的行为不宜以非法经营罪追究刑事责任。

请示所涉及的案件,建议根据案件的具体情况依法处理。

关于办理利用赌博机开设赌场案件适用法律若干问题的意见(节选)

(公通字〔2014〕17号)

四、关于生产、销售赌博机的定罪量刑标准

以提供给他人开设赌场为目的,违反国家规定,非法生产、销售具有退币、退分、退钢珠等赌博功能的电子游戏设施设备或者其专用软件,情节严重的,依照刑法第二百二十五条的规定,以非法经营罪定罪处罚。

实施前款规定的行为,具有下列情形之一的,属于非法经营行为“情节严重”:

(一)个人非法经营数额在五万元以上,或者违法所得数额在一万元以上的;

(二)单位非法经营数额在五十万元以上,或者违法所得数额在十万元以上的;

(三)虽未达到上述数额标准,但两年内因非法生产、销售赌博机行为受过二次以上行政处罚,又进行同种非法经营行为的;

(四)其他情节严重的情形。

具有下列情形之一的,属于非法经营行为“情节特别严重”:

(一)个人非法经营数额在二十五万元以上,或者违法所得数额在五万元以上的;

(二)单位非法经营数额在二百五十万元以上,或者违法所得数额在五十万元以上的。

最高人民检察院法律政策研究室
《关于“未取得经营许可销售瓶装液化气等行为”是否构成非法经营罪的请示》的批复

(2014年12月12日)

广东省人民检察院法律政策研究室:

你院《关于“未取得经营许可销售瓶装液化气等行为”是否构成非法经营罪的请示》(粤检发研〔2014〕34号)收悉。经研究,本请示不作书面答复,口头答复如下:

一、违反国家规定,未取得许可证经营燃气、客运的行为,建议根据个案情况慎重处理,对于有组织的从事此类行为,且造成严重后果,行政处罚无法有效制止、情节严重的,可以非法经营罪追究刑事责任;

二、违反国家规定，未取得卫生许可证生产化妆品，造成人体损伤或者发生中毒事故，构成犯罪的，可以生产、销售不符合卫生标准的化妆品等犯罪定罪处罚；

三、违反国家药品管理法律法规，未取得或者使用伪造、变造的药品经营许可证，非法经营药品，情节严重的，以非法经营罪定罪处罚。

最高人民法院　最高人民检察院　公安部　国家安全部
关于依法办理非法生产销售使用“伪基站”设备案件的意见（节选）

（公通字〔2014〕13号）

一、准确认定行为性质

（一）非法生产、销售“伪基站”设备，具有以下情形之一的，依照《刑法》第二百二十五条的规定，以非法经营罪追究刑事责任：

1. 个人非法生产、销售“伪基站”设备三套以上，或者非法经营数额五万元以上，或者违法所得数额二万元以上的；

2. 单位非法生产、销售“伪基站”设备十套以上，或者非法经营数额十五万元以上，或者违法所得数额五万元以上的；

3. 虽未达到上述数额标准，但两年内曾因非法生产、销售“伪基站”设备受过两次以上行政处罚，又非法生产、销售“伪基站”设备的。

实施前款规定的行为，数量、数额达到前款规定的数量、数额五倍以上的，应当认定为《刑法》第二百二十五条规定的“情节特别严重”。

非法生产、销售“伪基站”设备，经鉴定为专用间谍器材的，依照《刑法》第二百八十三条的规定，以非法生产、销售间谍专用器材罪追究刑事责任；同时构成非法经营罪的，以非法经营罪追究刑事责任。

（二）非法使用“伪基站”设备干扰公用电信网络信号，危害公共安全的，依照《刑法》第一百二十四条第一款的规定，以破坏公用电信设施罪追究刑事责任；同时构成虚假广告罪、非法获取公民个人信息罪、破坏计算机信息系统罪、扰乱无线电通讯管理秩序罪的，依照处罚较重的规定追究刑事责任。

除法律、司法解释另有规定外，利用“伪基站”设备实施诈骗等其他犯罪行为，同时构成破坏公用电信设施罪的，依照处罚较重的规定追究刑事责任。

（三）明知他人实施非法生产、销售“伪基站”设备，或者非法使用“伪基站”设备干扰公用电信网络信号等犯罪，为其提供资金、场所、技术、设备等帮助的，以共同犯罪论处。

（四）对于非法使用“伪基站”设备扰乱公共秩序，侵犯他人人身权利、财产权利，情节较轻，尚不构成犯罪，但构成违反治安管理行为的，依法予以治安管理处罚。

最高人民检察院法律政策研究室
对《关于具有药品经营资质的企业通过非法渠道从私人手中购进药品后销售的如何适用法律问题的请示》的答复

（高检研〔2015〕19号）

北京市人民检察院法律政策研究室：

你院《关于具有药品经营资质的企业通过非法渠道从私人手中购进药品后销售的如何适用法律问题的请示》（京检字〔2015〕76号）收悉。经研究，答复如下：

司法机关应当根据《中华人民共和国药品管理法》的有关规定，对具有药品经营资质的企业通过非法渠道从私人手中购销的药品的性质进行认定，区分不同情况，分别定性处理：一是对于经认定属于假药、劣药，且达到“两高”《关于办理危害药品安全刑事案件适用法律若干问题的解释》(以下称《药品解释》)规定的销售假药罪、销售劣药罪的定罪量刑标准的,应当以销售假药罪、销售劣药罪依法追究刑事责任。二是对于经认定属于劣药,但尚未达到《药品解释》规定的销售劣药罪的定罪量刑标准的,可以依据刑法第一百四十九条、第一百四十条的规定,以销售伪劣产品罪追究刑事责任。三是对于无法认定属于假药、劣药的,可以由药品监督管理部门依照《中华人民共和国药品管理法》的规定给予行政处罚,不宜以非法经营罪追究刑事责任。

最高人民法院　最高人民检察院
关于办理扰乱无线电通讯管理秩序等刑事案件适用法律若干问题的解释(节选)

(法释〔2017〕11号)

详见《刑法》第288条扰乱无线电通讯管理秩序罪部分

第四条　非法生产、销售“黑广播”“伪基站”、无线电干扰器等无线电设备,具有下列情形之一的,应当认定为刑法第二百二十五条规定的“情节严重”:

(一)非法生产、销售无线电设备三套以上的;

(二)非法经营数额五万元以上的;

(三)其他情节严重的情形。

实施前款规定的行为,数量或者数额达到前款第一项、第二项规定标准五倍以上,或者具有其他情节特别严重的情形的,应当认定为刑法第二百二十五条规定的“情节特别严重”。

在非法生产、销售无线电设备窝点查扣的零件,以组装完成的套数以及能够组装的套数认定;无法组装为成套设备的,每三套广播信号调制器(激励器)认定为一套“黑广播”设备,每三块主板认定为一套“伪基站”设备。

最高人民检察院
关于办理涉互联网金融犯罪案件有关问题座谈会纪要(节选)

(高检诉〔2017〕14号)

详见《刑法》第176条非法吸收公众存款罪的相关规定

(三)非法经营资金支付结算行为的认定

18. 支付结算业务(也称支付业务)是商业银行或者支付机构在收付款人之间提供的货币资金转移服务。非银行机构从事支付结算业务,应当经中国人民银行批准取得《支付业务许可证》,成为支付机构。未取得支付业务许可从事该业务的行为,违反《非法金融机构和非法金融业务活动取缔办法》第四条第一款第(三)、(四)项的规定,破坏了支付结算业务许可制度,危害支付市场秩序和安全,情节严重的,适用刑法第二百二十五条第(三)项,以非法经营罪追究刑事责任。具体情形:

(1)未取得支付业务许可经营基于客户支付账户的网络支付业务。无证网络支付机构为客户非法开立支付账户,客户先把资金支付到该支付账户,再由无证机构根据订单信息从支付账户平台将资金结算到收款人银行账户。

(2)未取得支付业务许可经营多用途预付卡业务。无证发卡机构非法发行可跨地区、跨行业、跨法人使用的多用途预付卡,聚集大量的预付卡销售资金,并根据客户订单信息向商户划转结算资金。

19. 在具体办案时,要深入剖析相关行为是否具备资金支付结算的实质特征,准确区分支付工具的正常商业流转与提供支付结算服务、区分单用途预付卡与多用途预付卡业务，充分考虑具体行为与“地下钱庄”等同类犯罪在社会危害方面的相当性以及刑事处罚的必要性，严格把握入罪和出罪标准。

最高人民法院　最高人民检察院　公安部　司法部
印发《关于办理非法放贷刑事案件若干问题的意见》的通知(节选)

(法发〔2019〕24号)

一、违反国家规定，未经监管部门批准，或者超越经营范围，以营利为目的，经常性地向社会不特定对象发放贷款，扰乱金融市场秩序，情节严重的，依照刑法第二百二十五条第(四)项的规定，以非法经营罪定罪处罚。

前款规定中的“经常性地向社会不特定对象发放贷款”，是指2年内向不特定多人(包括单位和个人)以借款或其他名义出借资金10次以上。

贷款到期后延长还款期限的，发放贷款次数按照1次计算。

二、以超过36%的实际年利率实施符合本意见第一条规定的非法放贷行为，具有下列情形之一的，属于刑法第二百二十五条规定的“情节严重”，但单次非法放贷行为实际年利率未超过36%的，定罪量刑时不得计入：

(一)个人非法放贷数额累计在200万元以上的，单位非法放贷数额累计在1000万元以上的；

(二)个人违法所得数额累计在80万元以上的，单位违法所得数额累计在400万元以上的；

(三)个人非法放贷对象累计在50人以上的，单位非法放贷对象累计在150人以上的；

(四)造成借款人或者其近亲属自杀、死亡或者精神失常等严重后果的。

具有下列情形之一的，属于刑法第二百二十五条规定的“情节特别严重”：

(一)个人非法放贷数额累计在1000万元以上的，单位非法放贷数额累计在5000万元以上的；

(二)个人违法所得数额累计在400万元以上的，单位违法所得数额累计在2000万元以上的；

(三)个人非法放贷对象累计在250人以上的，单位非法放贷对象累计在750人以上的；

(四)造成多名借款人或者其近亲属自杀、死亡或者精神失常等特别严重后果的。

三、非法放贷数额、违法所得数额、非法放贷对象数量接近本意见第二条规定的“情节严重”“情节特别严重”的数额、数量起点标准，并具有下列情形之一的，可以分别认定为“情节严重”“情节特别严重”：

(一)2年内因实施非法放贷行为受过行政处罚2次以上的；

(二)以超过72%的实际年利率实施非法放贷行为10次以上的。

前款规定中的“接近”，一般应当掌握在相应数额、数量标准的80%以上。

四、仅向亲友、单位内部人员等特定对象出借资金，不得适用本意见第一条的规定定罪处罚。但具有下列情形之一的，定罪量刑时应当与向不特定对象非法放贷的行为一并处理：

(一)通过亲友、单位内部人员等特定对象向不特定对象发放贷款的；

(二)以发放贷款为目的，将社会人员吸收为单位内部人员，并向其发放贷款的；

(三)向社会公开宣传，同时向不特定多人和亲友、单位内部人员等特定对象发放贷款的。

五、非法放贷数额应当以实际出借给借款人的本金金额认定。非法放贷行为人以介绍费、咨询费、管理费、逾期利息、违约金等名义和以从本金中预先扣除等方式收取利息的，相关数额在计算实际年利率时均应计入。

非法放贷行为人实际收取的除本金之外的全部财物，均应计入违法所得。

非法放贷行为未经处理的，非法放贷次数和数额、违法所得数额、非法放贷对象数量等应当累计计算。

六、为从事非法放贷活动，实施擅自设立金融机构、套取金融机构资金高利转贷、骗取贷款、非法吸收公众存款等行为，构成犯罪的，应当择一重罪处罚。

为强行索要因非法放贷而产生的债务，实施故意杀人、故意伤害、非法拘禁、故意毁坏财物、寻衅滋事等行为，构成犯罪的，应当数罪并罚。

纠集、指使、雇佣他人采用滋扰、纠缠、哄闹、聚众造势等手段强行索要债务，尚不单独构成犯罪，但实施非法放贷行为已构成非法经营罪的，应当按照非法经营罪的规定酌情从重处罚。

以上规定的情形，刑法、司法解释另有规定的除外。

七、有组织地非法放贷，同时又有其他违法犯罪活动，符合黑社会性质组织或者恶势力、恶势力犯罪集团认定标准的，应当分别按照黑社会性质组织或者恶势力、恶势力犯罪集团侦查、起诉、审判。

黑恶势力非法放贷的，据以认定“情节严重”“情节特别严重”的非法放贷数额、违法所得数额、非法放贷对象数量起点标准，可以分别按照本意见第二条规定中相应数额、数量标准的50%确定；同时具有本意见第三条第一款规定情形的，可以分别按照相应数额、数量标准的40%确定。

八、本意见自2019年10月21日起施行。对于本意见施行前发生的非法放贷行为，依照最高人民法院《关于准确理解和适用刑法中“国家规定”的有关问题的通知》（法发〔2011〕155号）的规定办理。

最高人民法院　最高人民检察院
关于办理非法从事资金支付结算业务、非法买卖外汇刑事案件适用法律若干问题的解释（节选）

（法释〔2019〕1号）

第一条　违反国家规定，具有下列情形之一的，属于刑法第二百二十五条第三项规定的“非法从事资金支付结算业务”：

（一）使用受理终端或者网络支付接口等方法，以虚构交易、虚开价格、交易退款等非法方式向指定付款方支付货币资金的；

（二）非法为他人提供单位银行结算账户套现或者单位银行结算账户转个人账户服务的；

（三）非法为他人提供支票套现服务的；

（四）其他非法从事资金支付结算业务的情形。

第二条　违反国家规定，实施倒买倒卖外汇或者变相买卖外汇等非法买卖外汇行为，扰乱金融市场秩序，情节严重的，依照刑法第二百二十五条第四项的规定，以非法经营罪定罪处罚。

第三条　非法从事资金支付结算业务或者非法买卖外汇，具有下列情形之一的，应当认定为非法经营行为“情节严重”：

（一）非法经营数额在五百万元以上的；

（二）违法所得数额在十万元以上的。

非法经营数额在二百五十万元以上，或者违法所得数额在五万元以上，且具有下列情形之一的，可以认定为非法经营行为“情节严重”：

（一）曾因非法从事资金支付结算业务或者非法买卖外汇犯罪行为受过刑事追究的；

（二）二年内因非法从事资金支付结算业务或者非法买卖外汇违法行为受过行政处罚的；

（三）拒不交代涉案资金去向或者拒不配合追缴工作，致使赃款无法追缴的；

（四）造成其他严重后果的。

第四条　非法从事资金支付结算业务或者非法买卖外汇，具有下列情形之一的，应当认定为非法经营行为“情节特别严重”：

（一）非法经营数额在二千五百万元以上的；

（二）违法所得数额在五十万元以上的。

非法经营数额在一千二百五十万元以上，或者违法所得数额在二十五万元以上，且具有本解释第三条第二款规定的四种情形之一的,可以认定为非法经营行为"情节特别严重"。

第五条　非法从事资金支付结算业务或者非法买卖外汇,构成非法经营罪,同时又构成刑法第一百二十条之一规定的帮助恐怖活动罪或者第一百九十一条规定的洗钱罪的,依照处罚较重的规定定罪处罚。

第六条　二次以上非法从事资金支付结算业务或者非法买卖外汇,依法应予行政处理或者刑事处理而未经处理的,非法经营数额或者违法所得数额累计计算。

同一案件中,非法经营数额、违法所得数额分别构成情节严重、情节特别严重的,按照处罚较重的数额定罪处罚。

第七条　非法从事资金支付结算业务或者非法买卖外汇违法所得数额难以确定的,按非法经营数额的千分之一认定违法所得数额,依法并处或者单处违法所得一倍以上五倍以下罚金。

第八条　符合本解释第三条规定的标准,行为人如实供述犯罪事实,认罪悔罪,并积极配合调查,退缴违法所得的,可以从轻处罚;其中犯罪情节轻微的,可以依法不起诉或者免予刑事处罚。

符合刑事诉讼法规定的认罪认罚从宽适用范围和条件的,依照刑事诉讼法的规定处理。

第九条　单位实施本解释第一条、第二条规定的非法从事资金支付结算业务、非法买卖外汇行为,依照本解释规定的定罪量刑标准,对单位判处罚金,并对其直接负责的主管人员和其他直接责任人员定罪处罚。

第十条　非法从事资金支付结算业务、非法买卖外汇刑事案件中的犯罪地,包括犯罪嫌疑人、被告人用于犯罪活动的账户开立地、资金接收地、资金过渡账户开立地、资金账户操作地,以及资金交易对手资金交付和汇出地等。

第十一条　涉及外汇的犯罪数额,按照案发当日中国外汇交易中心或者中国人民银行授权机构公布的人民币对该货币的中间价折合成人民币计算。中国外汇交易中心或者中国人民银行授权机构未公布汇率中间价的境外货币,按照案发当日境内银行人民币对该货币的中间价折算成人民币,或者该货币在境内银行、国际外汇市场对美元汇率,与人民币对美元汇率中间价进行套算。

第十二条　本解释自2019年2月1日起施行。《最高人民法院关于审理骗购外汇、非法买卖外汇刑事案件具体应用法律若干问题的解释》(法释〔1998〕20号)与本解释不一致的,以本解释为准。

最高人民法院
关于审理走私、非法经营、非法使用兴奋剂刑事案件适用法律若干问题的解释(节选)

(法释〔2019〕16号)

详见《刑法》第397条滥用职权罪的相关规定

第二条　违反国家规定,未经许可经营兴奋剂目录所列物质,涉案物质属于法律、行政法规规定的限制买卖的物品,扰乱市场秩序,情节严重的,应当依照刑法第二百二十五条的规定,以非法经营罪定罪处罚。

最高人民法院　最高人民检察院
关于办理危害食品安全刑事案件适用法律若干问题的解释(节选)

(法释〔2021〕24号)

详见《刑法》第143条生产、销售不符合安全标准的食品罪的相关规定

第十六条　以提供给他人生产、销售食品为目的,违反国家规定,生产、销售国家禁止用于食品生产、销售的非食品原料,情节严重的,依照刑法第二百二十五条的规定以非法经营罪定罪处罚。

以提供给他人生产、销售食用农产品为目的,违反国家规定,生产、销售国家禁用农药、食品动物中禁止使用的药品及其他化合物等有毒、有害的非食品原料,或者生产、销售添加上述有毒、有害的非食品原料的农药、兽药、饲料、饲料添加剂、饲料原料,情节严重的,依照前款的规定定罪处罚。

第十七条 违反国家规定,私设生猪屠宰厂(场),从事生猪屠宰、销售等经营活动,情节严重的,依照刑法第二百二十五条的规定以非法经营罪定罪处罚。

在畜禽屠宰相关环节,对畜禽使用食品动物中禁止使用的药品及其他化合物等有毒、有害的非食品原料,依照刑法第一百四十四条的规定以生产、销售有毒、有害食品罪定罪处罚;对畜禽注水或者注入其他物质,足以造成严重食物中毒事故或者其他严重食源性疾病的,依照刑法第一百四十三条的规定以生产、销售不符合安全标准的食品罪定罪处罚;虽不足以造成严重食物中毒事故或者其他严重食源性疾病,但符合刑法第一百四十条规定的,以生产、销售伪劣产品罪定罪处罚。

第十八条 实施本解释规定的非法经营行为,非法经营数额在十万元以上,或者违法所得数额在五万元以上的,应当认定为刑法第二百二十五条规定的"情节严重";非法经营数额在五十万元以上,或者违法所得数额在二十五万元以上的,应当认定为刑法第二百二十五条规定的"情节特别严重"。

实施本解释规定的非法经营行为,同时构成生产、销售伪劣产品罪,生产、销售不符合安全标准的食品罪,生产、销售有毒、有害食品罪,生产、销售伪劣农药、兽药罪等其他犯罪的,依照处罚较重的规定定罪处罚。

最高人民法院 最高人民检察院
关于办理危害药品安全刑事案件适用法律若干问题的解释

(高检发释字〔2022〕1号)

详见《刑法》第141条生产、销售、提供假药罪的相关规定

最高人民法院
关于审理非法集资刑事案件具体应用法律若干问题的解释(节选)

(法释〔2022〕5号)

第十一条 违反国家规定,未经依法核准擅自发行基金份额募集基金,情节严重的,依照刑法第二百二十五条的规定,以非法经营罪定罪处罚。

最高人民检察院 公安部
关于公安机关管辖的刑事案件立案追诉标准的规定(二)(节选)

(公通字〔2022〕12号)

第七十一条 【非法经营案(刑法第二百二十五条)】违反国家规定,进行非法经营活动,扰乱市场秩序,涉嫌下列情形之一的,应予立案追诉:

(一)违反国家烟草专卖管理法律法规,未经烟草专卖行政主管部门许可,无烟草专卖生产企业许可证、烟草专卖批发企业许可证、特种烟草专卖经营企业许可证、烟草专卖零售许可证等许可证明,非法经营烟草专卖品,具有下列情形之一的:

1.非法经营数额在五万元以上,或者违法所得数额在二万元以上的;

2.非法经营卷烟二十万支以上的;

3.三年内因非法经营烟草专卖品受过二次以上行政处罚,又非法经营烟草专卖品且数额在三万元以上的。

(二)未经国家有关主管部门批准,非法经营证券、期货、保险业务,或者非法从事资金支付结算业务,具有下列情形之一的:

1. 非法经营证券、期货、保险业务,数额在一百万元以上,或者违法所得数额在十万元以上的;

2. 非法从事资金支付结算业务,数额在五百万元以上,或者违法所得数额在十万元以上的;

3. 非法从事资金支付结算业务,数额在二百五十万元以上不满五百万元,或者违法所得数额在五万元以上不满十万元,且具有下列情形之一的:

(1)因非法从事资金支付结算业务犯罪行为受过刑事追究的;

(2)二年内因非法从事资金支付结算业务违法行为受过行政处罚的;

(3)拒不交代涉案资金去向或者拒不配合追缴工作,致使赃款无法追缴的;

(4)造成其他严重后果的。

4. 使用销售点终端机具(POS 机)等方法,以虚构交易、虚开价格、现金退货等方式向信用卡持卡人直接支付现金,数额在一百万元以上的,或者造成金融机构资金二十万元以上逾期未还的,或者造成金融机构经济损失十万元以上的。

(三)实施倒买倒卖外汇或者变相买卖外汇等非法买卖外汇行为,扰乱金融市场秩序,具有下列情形之一的:

1. 非法经营数额在五百万元以上的,或者违法所得数额在十万元以上的;

2. 非法经营数额在二百五十万元以上,或者违法所得数额在五万元以上,且具有下列情形之一的:

(1)因非法买卖外汇犯罪行为受过刑事追究的;

(2)二年内因非法买卖外汇违法行为受过行政处罚的;

(3)拒不交代涉案资金去向或者拒不配合追缴工作,致使赃款无法追缴的;

(4)造成其他严重后果的。

3. 公司、企业或者其他单位违反有关外贸代理业务的规定,采用非法手段,或者明知是伪造、变造的凭证、商业单据,为他人向外汇指定银行骗购外汇,数额在五百万美元以上或者违法所得数额在五十万元以上的;

4. 居间介绍骗购外汇,数额在一百万美元以上或者违法所得数额在十万元以上的。

(四)出版、印刷、复制、发行严重危害社会秩序和扰乱市场秩序的非法出版物,具有下列情形之一的:

1. 个人非法经营数额在五万元以上的,单位非法经营数额在十五万元以上的;

2. 个人违法所得数额在二万元以上的,单位违法所得数额在五万元以上的;

3. 个人非法经营报纸五千份或者期刊五千本或者图书二千册或者音像制品、电子出版物五百张(盒)以上的,单位非法经营报纸一万五千份或者期刊一万五千本或者图书五千册或者音像制品、电子出版物一千五百张(盒)以上的;

4. 虽未达到上述数额标准,但具有下列情形之一的:

(1)二年内因出版、印刷、复制、发行非法出版物受过二次以上行政处罚,又出版、印刷、复制、发行非法出版物的;

(2)因出版、印刷、复制、发行非法出版物造成恶劣社会影响或者其他严重后果的。

(五)非法从事出版物的出版、印刷、复制、发行业务,严重扰乱市场秩序,具有下列情形之一的:

1. 个人非法经营数额在十五万元以上的,单位非法经营数额在五十万元以上的;

2. 个人违法所得数额在五万元以上的,单位违法所得数额在十五万元以上的;

3. 个人非法经营报纸一万五千份或者期刊一万五千本或者图书五千册或者音像制品、电子出版物一千五百张(盒)以上的,单位非法经营报纸五万份或者期刊五万本或者图书一万五千册或者音像制品、电子出版物五千张(盒)以上的;

4. 虽未达到上述数额标准,二年内因非法从事出版物的出版、印刷、复制、发行业务受过二次以上行政处罚,又非法从事出版物的出版、印刷、复制、发行业务的。

(六)采取租用国际专线、私设转接设备或者其他方法,擅自经营国际电信业务或者涉港澳台电信业务进行营利活动,扰乱电信市场管理秩序,具有下列情形之一的:

1. 经营去话业务数额在一百万元以上的;

2. 经营来话业务造成电信资费损失数额在一百万元以上的;

3. 虽未达到上述数额标准,但具有下列情形之一的:

(1)二年内因非法经营国际电信业务或者涉港澳台电信业务行为受过二次以上行政处罚,又非法经营国际电信业务或者涉港澳台电信业务的;

(2)因非法经营国际电信业务或者涉港澳台电信业务行为造成其他严重后果的。

(七)以营利为目的,通过信息网络有偿提供删除信息服务,或者明知是虚假信息,通过信息网络有偿提供发布信息等服务,扰乱市场秩序,具有下列情形之一的:

1. 个人非法经营数额在五万元以上,或者违法所得数额在二万元以上的;

2. 单位非法经营数额在十五万元以上,或者违法所得数额在五万元以上的。

(八)非法生产、销售"黑广播""伪基站"、无线电干扰器等无线电设备,具有下列情形之一的:

1. 非法生产、销售无线电设备三套以上的;

2. 非法经营数额在五万元以上的;

3. 虽未达到上述数额标准,但二年内因非法生产、销售无线电设备受过二次以上行政处罚,又非法生产、销售无线电设备的。

(九)以提供给他人开设赌场为目的,违反国家规定,非法生产、销售具有退币、退分、退钢珠等赌博功能的电子游戏设施设备或者其专用软件,具有下列情形之一的:

1. 个人非法经营数额在五万元以上,或者违法所得数额在一万元以上的;

2. 单位非法经营数额在五十万元以上,或者违法所得数额在十万元以上的;

3. 虽未达到上述数额标准,但二年内因非法生产、销售赌博机行为受过二次以上行政处罚,又进行同种非法经营行为的;

4. 其他情节严重的情形。

(十)实施下列危害食品安全行为,非法经营数额在十万元以上,或者违法所得数额在五万元以上的:

1. 以提供给他人生产、销售食品为目的,违反国家规定,生产、销售国家禁止用于食品生产、销售的非食品原料的;

2. 以提供给他人生产、销售食用农产品为目的,违反国家规定,生产、销售国家禁用农药、食品动物中禁止使用的药品及其他化合物等有毒、有害的非食品原料,或者生产、销售添加上述有毒、有害的非食品原料的农药、兽药、饲料、饲料添加剂、饲料原料的;

3. 违反国家规定,私设生猪屠宰厂(场),从事生猪屠宰、销售等经营活动的。

(十一)未经监管部门批准,或者超越经营范围,以营利为目的,以超过百分之三十六的实际年利率经常性地向社会不特定对象发放贷款,具有下列情形之一的:

1. 个人非法放贷数额累计在二百万元以上的,单位非法放贷数额累计在一千万元以上的;

2. 个人违法所得数额累计在八十万元以上的,单位违法所得数额累计在四百万元以上的;

3. 个人非法放贷对象累计在五十人以上的,单位非法放贷对象累计在一百五十人以上的;

4. 造成借款人或者其近亲属自杀、死亡或者精神失常等严重后果的。

5. 虽未达到上述数额标准,但具有下列情形之一的:

(1)二年内因实施非法放贷行为受过二次以上行政处罚的;

(2)以超过百分之七十二的实际年利率实施非法放贷行为十次以上的。

黑恶势力非法放贷的,按照第1、2、3项规定的相应数额、数量标准的百分之五十确定。同时具有第5项规定情形的,按照相应数额、数量标准的百分之四十确定。

(十二)从事其他非法经营活动,具有下列情形之一的:

1. 个人非法经营数额在五万元以上,或者违法所得数额在一万元以上的;

2. 单位非法经营数额在五十万元以上,或者违法所得数额在十万元以上的;

3. 虽未达到上述数额标准,但二年内因非法经营行为受过二次以上行政处罚,又从事同种非法经营行为的;

4. 其他情节严重的情形。

法律、司法解释对非法经营罪的立案追诉标准另有规定的,依照其规定。

☞ 其他相关规定见章后二维码

◆ 解读与适用

【拓展关键词】其他严重扰乱市场秩序的非法经营行为　非法经营罪与侵犯著作权罪辨析　违反国家规定　非法经营犯罪数额计算

对于《刑法》第225条第4项规定的"其他严重扰乱市场秩序的非法经营行为"的适用,应当根据相关行为是否具有与《刑法》第225条前3项规定的非法经营行为相当的社会危害性、刑事违法性和刑事处罚必要性进行判断。判断违反行政管理有关规定的经营行为是否构成非法经营罪,应当考虑该经营行为是否属于严重扰乱市场秩序。对于虽然违反行政管理有关规定,但尚未严重扰乱市场秩序的经营行为,不应当认定为非法经营罪。①

"外挂"违法行为属于非法经营互联网活动,且"外挂"程序系未获得许可和授权,通过破坏他人合法出版并享有著作权的互联网游戏作品的技术保护措施从而获取不正当利益的作弊程序。2003年12月新闻出版总署等6部门联合下发的《关于开展对"私服""外挂"专项治理的通知》明确指出"私服""外挂"违法行为属于非法互联网出版活动,扰乱互联网游戏出版经营的正常秩序。应依法予以严厉打击。利用"外挂"软件"代练升级"从事非法经营活动,情节严重的,属于《刑法》第225条中规定的"其他严重扰乱市场秩序的非法经营行为",应以非法经营罪定罪处罚。"违法所得数额"应以"获利数额"来认定,被告人支付给上家的点卡费用不应计算在内。②

行为人为非法经营证券业务而设立公司,超越工商行政管理部门核准登记的公司经营范围,未经法定机关批准,向不特定的社会公众代理销售上市股份有限公司的股权,其行为属于未经批准非法经营证券业务,扰乱国家证券市场的非法经营行为,情节严重的,应当以非法经营罪定罪处罚。③

《刑参》第212号案例"高某、林某等非法经营案——运输假冒我国台湾地区产香烟的行为如何定性"相关论述:我国台湾地区产香烟在我国内地并未获许流通但香烟属于我国法律规定的专营、专卖物品,因此,违反法律规定非法经营假冒台湾地区产香烟,情节严重的,构成非法经营罪。非法经营罪并不要求价格数额作为定罪量刑的唯一标准。

《刑参》第330号案例"高某非法经营案——非法从事外汇按金交易的行为如何处理"相关论述:外汇按金交易是我国法律禁止的一种在国家规定的交易场所以外非法买卖外汇的行为。情节严重的,构成非法经营罪。没有交付交易现金亦没有实际占有非法获利款,均不影响非法经营罪的成立。

《刑参》第378号案例"郭某、肖某非法经营案——被行政处罚过的非法经营数额应否计入犯罪数额"相

---

① 王某非法经营再审改判无罪案,最高人民法院指导案例97号(2018年)。

② 董某、陈某非法经营案,载《最高人民法院公报》2012年第2期。

③ 宁波利百代投资咨询有限公司、陈某、王某、郑某非法经营案,载《最高人民法院公报》2009年第1期。

关论述：多次非法经营烟草未经处理的，犯罪数额应累计计算。未经处理是指未经刑事处罚也未经行政处理。行政机关超越职权范围以罚代刑的非法经营数额应计入犯罪数额。已经行政处罚过的行为仍可予以刑事追究，对同一个行为作出行政处罚和刑事处罚两种评价并不矛盾。对于行政机关未超越职权范围予以行政处罚的非法经营数额，不得累计计入犯罪数额。对于超越职权以罚代刑处置的非法经营数额，应当为未经处理的犯罪数额予以重新计算。

《刑参》第473号案例“谈某等非法经营案——擅自制作网游外挂出售牟利如何定性”相关论述：擅自制作网游外挂出售牟利，侵犯的是网游权利人著作权的修改权而不是复制发行权，不构成侵犯著作权罪。擅自制作网游外挂出售牟利，既属于出版程序违法的非法经营行为，也属于出版内容违法的非法经营行为，可参照想象竞合择一重罪处断的原则处理。

《刑参》第489号案例“陈某等非法经营案——超越经营范围向社会公众代理转让非上市股份有限公司的股权是否构成犯罪”相关论述：从实质解释论出发，应将代理转让非上市公司股权的行为认定为“经营证券业务”。《证券法》规定的证券业务均包括核心业务和外延业务。被告人的行为具有证券核心业务中“证券承销”的实质特征，系变相承销证券，故可以认为“经营证券业务”。拆细转让非上市公司股权不是合法的产权交易行为。

《刑参》第564号案例“周某等非法经营案——刑法修正案颁布实施前未经国家有关部门批准，非法经营期货业务的行为是否构成非法经营罪”相关论述：本案被告人在刑法修正案颁布之前的经营期货业务行为依照当时的相关行政法律规定和《刑法》的规定应当认定为非法经营罪。“经营行为”应理解为以营利为目的的市场行为。“非法经营行为”必须具有行政违法性和刑事违法性的双重性质。行政违法性是刑事违法性的前提。

《刑参》第727号案例“刘某、聂某、原某非法经营案——以现货投资名义非法代理境外黄金合约买卖的行为定性”相关论述：空白罪状是指《刑法》仅仅大致规定犯罪行为的范围，而构成要件上的具体内容则由《刑法》之外的法律、法规等补充规范规定的一种罪刑规范。具有以下三个特征：第一，罪状的设定具有开放性。第二，罪状基本内容的变化不完全依赖刑法修正。第三，法定刑的配制专属于《刑法》。只有补充规范规定的违法行为，原则上才会被评价为犯罪行为，空白罪状的填充或者罪状中的要素不明确、有争议时应当严格遵循补充规范中的明文规定。“违反国家规定”是指违反全国人民代表大会及其常务委员会制定的法律和决定，国务院制定的行政法规、规定的行政措施、发布的决定和命令。变相期货交易的特征：(1)交易集中进行，而非个别、分散协商；(2)交易对象为标准化合约，即合约由交易一方为了通常和重复使用而预先设定，并在实际使用时未与对方协商；(3)交易实行保证金制度，交易者应当按照规定标准交纳资金；(4)交易实行当日无负债结算制度；(5)保证金收取比例低于合约。变相交易与现货交易的本质区别在于变相期货交易中参与者的主要目的不是转移商品所有权而是套取保值或者从期货价格变动中获取投机利益。

《刑参》第828号案例“张某1、张某2非法经营案——擅自设立金融机构罪、非法经营罪的认定”相关论述：从典当行为的本质看，典当行应当属于金融机构。但从实质上分析，构成擅自设立金融机构罪本质上必须是对金融安全产生潜在严重危险的行为，如果行为不可能对金融产生严重危险，则不能构成该罪。可将其他非法金融活动视为侵害市场秩序。虽然非法金融活动直接侵害的是金融管理秩序，但从广义上讲，金融管理秩序亦包含在市场秩序外延之内。非法进行金融活动与生产、流通领域的非法经营活动不同，前者往往数额巨大，不宜适用非法经营罪的立案数额标准。二被告人非法从事押车贷款的行为，尚未达到情节严重的程度，不构成非法经营罪。

《刑参》第862号案例“于某非法经营案——未经许可从事非法经营行为，但审理期间相关行政审批项目被取消的，如何定性”相关论述：行政法的溯及力亦实行“从旧兼从轻”原则。被告人经营的对象不属于限制买卖的物品。国发〔2003〕5号文件发布后,《金银管理条例》中关于黄金由中国人民银行统购统配的规定不应再适用,单位或者个人经营黄金均无须经由中国人民银行审核批准,黄金不再属于《刑法》规定的"专营、专卖物品或者其他限制买卖的物品"。无照经营行为虽然违反《无照经营取缔办法》等相关国家规定,但从相关司法实践看,一般不将无照经营、超地域经营、零售变批发经营认定为"严重扰乱市场秩序的非法经营行为"。

《刑参》第863号案例"张某等非法经营案——利用POS终端机非法套现的行为定性以及非法经营犯罪数额的认定"相关论述:行为人为自己或者实际控制的信用卡套取现金,情节严重的,均构成非法经营罪且套取数额均应计入非法经营犯罪数额。信用卡套现类非法经营罪规制的是行为人在无真实交易背景下向"信用卡持卡人"直接支付现金的行为,对象是信用卡持卡人,并不禁止行为人与持卡人主体重合。特约商户持自己或者实际控制的信用卡刷卡时,行为人具有两种重合的主体身份,一人担当交易双方的角色。行为人在未发生真实商品交易的情况下,变相将信用卡的授信额度转化为现金从而使金融机构资金置于高度风险之中,严重扰乱国家金融管理秩序。非法经营罪所体现的规范、指引、教育功能在于从事某种经营应当按照国家规定事先获取经营许可资格或者遵守特定行业的特定规则。行为人申领POS机的目的在于实施信用卡套现行为,无论是为他人还是为自己刷卡,均违反了不得虚构交易的特定行业规则,严重扰乱金融管理秩序,特约商户无论是为他人套现还是为自己套现,均属于非法经营行为。套现数额均应计入非法经营犯罪数额。用后次套取现金归还前次套取现金的,应当累计为非法经营数额。诈骗罪与挪用类犯罪,侵犯的主要客体是财产所有权,被害单位的财产损失往往是衡量犯罪行为严重程度的主要因素之一,相关司法解释结合行为人主客观方面要素以最终未能归还的实际数额作为认定犯罪数额的标准的原理即在于此。而非法经营罪作为扰乱市场秩序的主要犯罪之一,其危害性主要体现在对正常市场秩序的严重扰乱,而不仅仅是金融机构资金的安全性,与内幕交易,操作证券、期货市场行为类似,行为人交易的次数、交易的数额本身就体现出该行为扰乱市场秩序的严重程度。明知他人为非法套现借用POS机,无偿出借期间套现数额应当计入非法经营犯罪数额。租用POS机从事非法套现的行为人为作为出租人的持卡人非法套现的数额应当计入非法经营犯罪数额。

《刑参》第1021号案例"钟某非法经营案——未经许可经营现货黄金延期交收业务的行为如何定性"相关论述:未经许可经营现货黄金延期交收业务的行为不构成诈骗罪或者合同诈骗罪。未经许可经营现货黄金延期交收业务的行为属于刑法规制的非法经营行为。现货黄金延期交收业务属于实质上的变相黄金期货交易。

《刑参》第1042号案例"翁某非法经营案——未经许可在城区违法搭建商铺并以招商为名收取租金的行为如何定性"相关论述:被告人虽然实施了部分欺骗行为,但其主观目的是"经营"而不具有非法占有商户租金的目的,不符合合同诈骗罪的主观构成特征。被告人未经许可擅自开工建设收取租金的行为构成非法经营罪。被告人未经许可的行为违反了《建筑法》第7条、第8条的国家规定。被告人的非法经营行为严重扰乱了房地产市场的正常经营秩序。被告人还有违反国务院颁布的《公司登记管理条例》《消防法》等国家规定的行为。被告人违规开发、经营房地产的行为属于《刑法》第225条规定的"情节严重"。

《刑参》第1043号案例"王某、沈某非法经营、虚报注册资本案——不具备证券从业资格的公司与具备资格的公司合作开展证券咨询业务,是否构成非法经营罪"相关论述:《刑法》第225条第3款规定的证券业务的具体内容包括证券咨询业务。该条款的基本表述属空白罪状。就是"没有具体说明某一犯罪的构成特征,但指明了必须参照的其他法律、法令"。采取与有资格经营证券咨询业务的公司合作的方式也不能规避应当接受证券业主管机构批准和监管的义务。未经批准开展证券咨询业务达到情节严重程度的才构成非法经营罪。

《刑参》第1056号案例“陈某等合同诈骗案——以适格农民名义低价购买农机出售而骗取国家农机补贴款的行为如何定性”相关论述：被告人陈某的行为不构成非法经营罪。财政部、农业部联合下发《农业机械购置补贴专项资金使用管理暂行办法》的规定文件不属于《刑法》第225条的“国家规定”。

《刑参》第1077号案例“李某、胡某非法经营案——如何认定《刑法》中的‘国家规定’，经营有偿讨债业务宜否认定为《刑法》第225条第4项规定的‘其他严重扰乱市场秩序的非法经营行为’”相关论述：《刑法》中的“国家规定”主要包括以下三个方面：(1)全国人大及其常委会通过的法律、带有单行法性质的决定，以及以修正案、立法解释等形式对先行法律作出的修改、补充规定。全国人大常委会的内设机构如法制工作委员会等发布的文件不属于“国家规定”。(2)国务院制定的行政法规规定的行政措施、发布的决定和命令。所谓“行政法规”是指由国务院总理签署并以国务院令的形式公布的规范性文件。具有的名称有“条例”“规定”“办法”等。行政法规的发文主体只能是国务院。所谓“行政措施”“决定”“命令”目前并没有统一的法定解释。根据一般理解应将其限定为除行政法规以外的由国务院制定、规定和发布的规范性文件，既包括以国务院名义制定或者发布的有关法规性质的文件也包括由国务院有关部委制定，经国务院批准并以国务院名义发布的文件。如果是国务院有关部委制定并以该部委的名义发布，没有经过国务院批准并以国务院名义发布的，则不属于“国家规定”。(3)国务院办公厅制发的部分文件。部分“国办发”文件会就行政措施作出规定，这部分文件虽然法律位阶低于以国务院的名义发布的规范性文件，但要有明确的法律依据或者不与行政法规的规定相抵触，经国务院同意并公开向社会发布，其效力和适用范围通常情况下应当高于地方性法规和部门规章，可视为国务院“规定的行政措施、发布的决定和命令”。《关于取缔各类讨债公司严厉打击非法讨债的通知》虽然系“经报请国务院同意”，但从制发主体以及发布形式来看，不属于“国家规定”。系原国家经贸委等联合发布的规范性文件，未经国务院常务会议讨论通过，也未以国务院的名义发布。未以“国办发”文件的形式通过国务院公报面向全社会公开发布。《关于惩处侵害公民个人信息犯罪活动的通知》虽系最高人民法院、最高人民检察院和公安部联合发布的规范性文件，但并未明示具体违反的是哪个层面的法律或者行政法规。有偿讨债行为的社会危害性主要体现在对公民个人隐私和正常工作、生活秩序的破坏和干扰。就非法经营罪来说，其法益保护的侧重点在于市场经济秩序，有偿讨债行为并不符合非法经营罪的危害实质。

《刑参》第1121号案例“欧某、关某非法从事长途大巴客运经营案——未取得道路运输经营许可擅自从事长途大巴客运经营的行为如何定性”相关论述：未取得道路运输经营许可擅自从事长途大巴客运经营活动违反了《道路运输条例》和《无照经营查处取缔办法》等国家规定。非法从事长途大巴客运经营活动属于“其他严重扰乱市场秩序的非法经营行为”。行政处罚效果不佳体现出对非法从事大巴客运活动具有刑事处罚的必要性。

《刑参》第1122号案例“喻某、李某非法从事出租汽车经营活动案——未取得道路运输经营许可集合社会车辆对不特定的旅客招揽生意、拉客，从事出租汽车经营的行为如何定性”相关论述：未取得道路运输经营许可证、出租汽车经营资格证，擅自从事出租汽车经营活动违反了《道路运输条例》《无照经营查处取缔办法》国家规定。未经许可非法从事出租汽车营运活动属于严重扰乱市场秩序的非法经营行为。刑法规制的非法经营行为并不要求必须涉及法律、行政法规规定的专营专卖行业。

《刑参》第1210号案例“朱某、周某、谢某非法经营案——未经许可生产摩托车以及以燃油助力车名义销售摩托车的行为如何定性”相关论述：被告人朱某无证生产摩托车的行为构成非法经营罪。(1)我国对摩托车生产实行生产准入制度，个人和企业必须获得国家行政主管部门的许可才能从事摩托车的生产。在本案中，朱某的豪门公司本身无摩托车生产资质，其通过与其他企业签订挂靠协议的方式异地生产摩托车的行为未获得行政主管部门的批准，且其挂靠行为也不能使其获得生产摩托车的合法资格。综上，朱某在没有生产资质的情况下生产摩托车的行为应属于无证生产，违反了国家规定。我国目前对销售摩托车的行为并未如生产摩托车那样作出严格的准入规定,应认定周某、谢某的销售行为未违反国家规定,不构成犯罪。(2)被告人朱某违法生产摩托车的行为不同于一般的扰乱市场秩序的行为,已达到"情节严重"的程度。(3)被告人朱某无证生产摩托车的行为严重扰乱了市场秩序。判断被告人的行为是否属于《刑法》第225条第4项规定的"严重扰乱市场秩序的非法经营行为",需要有法律、司法解释的明确规定。有关法律、司法解释未作明确规定的,应当作为法律适用问题,按照最高人民法院2011年发布的《关于准确理解和适用刑法中"国家规定"的有关问题的通知》(法发〔2011〕155号),逐级报最高人民法院请示。

《刑参》第1238号案例"徐某等人非法经营案——未经许可经营原油期货业务,并向客户提供反向提示操作的行为如何定性"相关论述:被告人徐某等人的行为属于经营期货业务。根据中国证监会发布的《关于认定商品现货市场非法期货交易活动的标准和程序》的认定标准及中国证券监督管理委员会办公厅发布的《关于变相期货交易有关事宜的复函》,变相期货交易的形式特征主要包括目的要件和形式要件。其中,目的要件是指以标准化合约为交易对象允许交易者以对冲平仓方式了结交易,而不以实物交收为目的或者不必交割实物。本案所涉交易参与者主要目的不是转移商品所有权,而是从原油、沥青等"现货"交易的价格变动中获取投机利益,符合变相期货的目的要件。被告人徐某等人未经批准从事期货业务,具有非法性。

《刑参》第1253号案例"曾某非法经营案——开采、加工、销售稀土矿产品的行为是否构成非法经营罪的认定和把握"相关论述:曾某的开采行为客观上虽然违反国家规定但其主观上没有违法开采的故意,且其行为未达到情节严重的程度。经向有关部门了解,稀土氧化物是稀土矿产品经过复杂的萃取、分离程序后得出的产品,其交易是不受限制的。草酸盐稀土和碳酸盐稀土都属于稀土矿产品,两者的区别在于沉淀的工艺不同。通过简单加工,碳酸盐稀土也可以转变为草酸盐稀土。根据国务院《关于促进稀土行业持续健康发展的若干意见》(国发〔2011〕12号)第2条第5项的规定,对稀土冶炼分离企业实行生产许可。然而,相关资料显示,将碳酸盐稀土加工成草酸盐稀土的行为不属于冶炼分离,故曾某的加工行为未违反上述国家规定。曾某系因抵债获得稀土,那么其并未实施收购稀土的行为且销售的对象是有加工稀土资质的企业,属于定向选择,故不属于"自由买卖",不应认定其违反《矿产资源法》和国发〔1991〕5号通知的规定。曾某将抵债获得的稀土矿产品留而不卖不具有可期待性。相反,因抵债获得稀土矿产品后,曾某将稀土矿产品销售给有加工稀土资质的企业是比较合理的选择,故不应认定曾某违反"不得向非指定单位销售""禁止自由买卖"的规定。对一般稀土矿产品销售行为以非法经营罪追究刑事责任应持审慎态度。稀土矿产品销售在国内尚未实行严格管控。我国取消稀土出口配额制度在一定程度上意味着对稀土矿产品销售管控的放松。

《刑参》第1318号案例"上海万晖特工贸有限公司、谢某非法经营案——疫情防控期间'哄抬物价'行为的认定及入罪标准"相关论述:利用疫情"哄抬物价"等行为依法可以构成非法经营罪。依据最高人民法院、最高人民检察院《关于办理妨害预防、控制突发传染病疫情等灾害的刑事案件具体应用法律若干问题的解释》第6条,国务院《突发公共卫生事件应急条例》,最高人民法院、最高人民检察院、公安部、司法部《关于依法惩治妨害新型冠状病毒感染肺炎疫情防控违法犯罪的意见》,国务院《价格违法行为行政处罚规定》,国家市场监督管理总局《关于新型冠状病毒感染肺炎疫情防控期间查处哄抬价格违法行为的指导意见》。

《刑参》第1336号案例"易某某非法经营案——非法经营烟花爆竹制品行为的定性"相关论述:不能将烟花爆竹制品直接认定为刑法意义上的爆炸物。涉案的物品应当认定为含火药的烟花爆竹制品,而非刑法意义上的爆炸物。以出口烟花爆竹为目的的买卖烟花爆竹制品,不构成非法买卖爆炸物。烟花爆竹制品不属于"专营专卖物品"。除了违反《专营专卖法》以外的违反行政许可的经营行为不能归入《刑法》第225条第1项的规定。烟花爆竹也不属于"限制买卖的物品"。本案应当适用《刑法》第225条第4项的规定。根据《非法生产经营烟花爆竹通知》的规定非法生产、经营烟花爆竹制品的行为是可以构成非法经营罪的。《烟花爆竹安全管理条例》属于行政法规。违反该条例属于"违反国家规定"。

《刑参》第 1337 号案例"周某非法经营宣告无罪案——未经许可经营报案服务业的行为是否构成非法经营罪以及如何把握'不以单位犯罪论处'的情形"相关论述：被告人未经许可从事保安服务业务经营行为违反国家规定属于非法经营行为，但要认定构成非法经营罪，还应认定该非法经营行为严重扰乱市场秩序，并达到"情节严重"的程度。是否属于严重扰乱市场秩序的非法经营行为应单独评价。"情节严重"的认定是一种个案认定，多是参照规范性文件的量化标准，而行为是否属于严重扰乱市场秩序的认定是一种类案认定，两者应作为不同层面的问题进行分析。"严格把握"主要是指对"经营行为是否属于严重扰乱市场秩序的非法经营行为"。对《刑法》第 225 条第 4 项严重扰乱市场秩序的非法经营行为的评价重点应当围绕市场秩序这一法益。经营保安服务业务虽然属于行政特许行业，但只要达到规定的条件就可以向公安机关提出申请，公安机关不批准的应当说明理由。因此，保安服务业务不属于严格意义上的限制经营许可业务。未经行政许可经营保安服务的主要社会危害在于对人民群众人身和财产安全可能造成的危险，对没有实施及产生泄露国家秘密、侵犯个人隐私等后果的经营行为，不应认定为其他严重扰乱市场秩序的非法经营行为。本案经营保安服务业务行为不属于司法解释规定的"不以单位犯罪论处"的情形。如果仅因中安公司未获取保安服务许可证这一形式要件而将这一行为认定为犯罪，进而因公司主要从事这一行为对公司的行为不以单位犯罪论处，而以个人犯罪追究责任，降低入罪门槛，实际对被告人产生了双重不利的后果，也背离了常识、常情、常理。

【拓展关键词】非法经营罪与贩卖毒品罪、销售假药罪辨析　挂靠经营　租借证照

《刑参》第 448 号案例"古某等非法经营案——如何认定非法买卖、运输盐酸氯胺酮注射液行为的性质"相关论述：案发时盐酸氯胺酮注射液并未被规定为毒品，不构成贩卖、运输毒品罪。对《刑法》中"其他毒品"的界定应当根据国家药品监督管理机关公布的相关法规予以确定。盐酸氯胺酮注射液与氯胺酮的法律性质完全不同，前者只是处方药，后者则是精神药品。2003 年 9 月 28 日，国家食品药品监督管理局发布《关于加强氯胺酮制剂管理工作的通知》。自 2003 年 11 月 1 日起，氯胺酮制剂按第二类精神药品管理。案发时盐酸氯胺酮注射液不是制毒物品不构成非法买卖制毒物品罪。本案案发时盐酸氯胺酮属于行政法规规定的专营、转卖物品，应以非法经营罪定罪处罚。

《刑参》第 632 号案例"薛某非法经营联邦止咳露案——非法经营药品犯罪案件中情节特别严重的认定"相关论述：没有取得药品经营许可证等有效证件而从事药品经营的，应当认定为非法经营。国家对药品实行经营许可管理制度。关于其行为是否构成情节特别严重应当参照关于其他非法经营犯罪的司法解释、会议纪要及案件的实际情况加以认定。

《刑参》第 864 号案例"王某非法经营案——挂靠具有经营资质的企业从事药品经营且不建立真实购销记录的，如何定性"相关论述：王某挂靠经营药品行为违反了国家规定应当认定为《刑法》第 225 条规定的非法经营行为。对于药品经营企业接受挂靠的性质是出租、出借证照，对于挂靠经营者进行挂靠的性质则是无证经营，属于"未经许可经营国家专营、专卖物品"的情形，依法应当以非法经营罪定罪处罚。在非法经营药品过程中故意不建立真实购销记录的不属于《刑法》第 225 条规定的非法经营行为但可以作为认定情节严重的参考因素。王某既有购买行为又有销售行为，购买价格能够查清，销售药品部分价格可以查清，可以参照最高人民法院、最高人民检察院《关于办理非法生产、销售烟草专卖品等刑事案件具体应用法律若干问题的解释》的规定，犯罪数额应当按照其购进消咳宁片的价格认定。

《刑参》第 1057 号案例"吴某、黄某等非法经营案——非法生产、经营国家管制的第二类精神药品盐酸曲马多，应如何定性"相关论述：盐酸曲马多同时具有毒品和临床药品的双重性质，可能被吸毒者吸食，但当以医疗等目的被生产、加工、使用时，它的本质仍然是药品。对于临床上使用的国家管制的麻醉药品、精神药品，在有证据证明确实作为毒品生产、销售的才涉嫌毒品犯罪。被告人的行为构成生产、销售伪劣产品罪，生产、销售假药罪和非法经营罪的竞合,应以非法经营罪定罪处罚。

【拓展关键词】非法经营出版物

《刑参》第73号案例"王某非法经营案——印刷、发行宣扬邪教内容的出版物如何适用法律"相关论述:被告人非法经销宣扬"法轮功"邪教的音像制品的行为发生在我国政府明令禁止"法轮功"邪教组织之前,不应以组织、利用邪教组织破坏法律实施罪定罪处罚,而应以非法经营罪定罪处罚。

《刑参》第663号案例"梁某非法经营案——对于制售有严重政治问题的非法出版物行为应如何定性"相关论述:非法出版物既包括形式违法的出版物也包括内容违法的出版物。对于违反国家规定,出版、印刷、复制、发行政治性非法出版物的行为应认定为非法经营罪。

《刑参》第1211号案例"马某、王某非法经营案——非法出版物未经装订以及无法查明定价或者销售价格的情况下,如何认定册数和经营数额"相关论述:应从实质意义上认定非法印刷行为。在被侦查人员查获时已完成了排版、制版、印刷多道工序,客观上实施了《印刷业管理条例》规定的印刷经营行为,故二被告人的行为属于《最高人民法院关于审理非法出版物刑事案件具体应用法律若干问题的解释》(以下简称《非法出版物解释》)中规定的"非法印刷"。已完成印刷的出版物散页在页码连贯、内容完整的情况下,可以已装订完成的出版物为参照折算册数。页码连贯、内容完整的散页可以认定为刑法意义上的"册"。被告人王某为被告人马某印刷的非法类出版物虽未装订但已完成印刷,内容完整且标明页码,且有部分已完成折页,在内容和形式上已能够做到独立区分,与已装订成册的出版物并无本质区别,可以按已装订完成的出版物折算认定为9600册。非法出版物没有装订且无法查明册数、定价或者销售价格的可以散页的鉴定价格为依据计算非法经营数额。出版物的定价或者销售价格以其成本价为基础确定,主要包括纸张、印刷、装订、发行等方面的费用,纸张和印刷费用只是成本的一部分。因此,对于未装订的散页而言,其鉴定价格通常情况下远低于出版物成品的定价或者销售价格,故以散页的鉴定价格为依据计算非法经营数额有利于被告人。从《非法出版物解释》的规定来看,非法出版物包括内容非法和程序违法两种情形。《非法出版物解释》分别规定了不同的处罚标准,其中,第15条关于非法经营程序违法出版物的处罚标准明显高于第1条至第12条关于非法经营内容非法出版物的处罚标准,在具体适用时要注意区分情况分别处理。

【拓展关键词】生产、销售伪劣产品、非法经营、销售假冒注册商标的商品罪的辨析　想象竞合犯与法条竞合　处罚较轻

《刑参》第1237号案例"王某非法经营案——特殊情况下减轻处罚的理解与适用"相关论述:销售假冒注册商标的商品的行为并不必然触犯销售伪劣产品罪,构成该罪还需要对所售产品质量进行检测,以确定其为伪劣产品。无证销售假冒他人注册商标的卷烟,但经鉴定所售卷烟不是伪劣产品,则只构成销售假冒注册商标的商品罪和非法经营罪,而不构成销售伪劣产品罪。因此行为人构成几个罪名需要根据具体案件事实进行分析。无证销售假冒卷烟的行为之所以同时触犯3个罪名,非因该3个罪名的刑法规定存在重复或者交叉关系而是此类行为的复合性导致其同时侵害数个不同客体所造成的,故应当认定为想象竞合而非法条竞合。应当择一重罪定罪处罚。罪轻罪重不能笼统地从不同罪名的法定最高刑来判断,而是应当根据具体犯罪行为在不同罪名中所对应的法定刑幅度进行判断。

第二百二十六条 【强迫交易罪】①

以暴力、威胁手段，实施下列行为之一，情节严重的，处三年以下有期徒刑或者拘役，并处或者单处罚金；情节特别严重的，处三年以上七年以下有期徒刑，并处罚金：

（一）强买强卖商品的；

（二）强迫他人提供或者接受服务的；

（三）强迫他人参与或者退出投标、拍卖的；

（四）强迫他人转让或者收购公司、企业的股份、债券或者其他资产的；

（五）强迫他人参与或者退出特定的经营活动的。

◆ 相关规定

最高人民法院
关于审理抢劫、抢夺刑事案件适用法律若干问题的意见（节选）
（法发〔2005〕8号）

详见《刑法》第263条抢劫罪的相关规定

九、关于抢劫罪与相似犯罪的界限

2. 以暴力、胁迫手段索取超出正常交易价钱、费用的钱财的行为定性

从事正常商品买卖、交易或者劳动服务的人，以暴力、胁迫手段迫使他人交出与合理价钱、费用相差不大钱物，情节严重的，以强迫交易罪定罪处罚；以非法占有为目的，以买卖、交易、服务为幌子采用暴力、胁迫手段迫使他人交出与合理价钱、费用相差悬殊的钱物的，以抢劫罪定罪处刑。在具体认定时，既要考虑超出合理价钱、费用的绝对数额，还要考虑超出合理价钱、费用的比例，加以综合判断。

最高人民检察院
关于强迫借贷行为适用法律问题的批复
（高检发释字〔2014〕1号）

广东省人民检察院：

你院《关于强迫借贷案件法律适用的请示》（粤检发研字〔2014〕9号）收悉。经研究，批复如下：

以暴力、胁迫手段强迫他人借贷，属于刑法第二百二十六条第二项规定的"强迫他人提供或者接受服务"，情节严重的，以强迫交易罪追究刑事责任；同时构成故意伤害罪等其他犯罪的，依照处罚较重的规定定罪处罚。以非法占有为目的，以借贷为名采用暴力、胁迫手段获取他人财物，符合刑法第二百六十三条或者第二百七十四条规定的，以抢劫罪或者敲诈勒索罪追究刑事责任。

---

① 根据《刑法修正案（八）》修订。修订前条文主要内容为：以暴力、威胁手段强买强卖商品、强迫他人提供服务或者强迫他人接受服务，情节严重的，处三年以下有期徒刑或者拘役，并处或者单处罚金。

最高人民检察院　公安部
关于公安机关管辖的刑事案件立案追诉标准的规定(一)的补充规定(节选)

(公通字〔2017〕12号)

五、将《立案追诉标准(一)》第二十八条修改为:[强迫交易案(刑法第二百二十六条)]以暴力、威胁手段强买强卖商品,强迫他人提供服务或者接受服务,涉嫌下列情形之一的,应予立案追诉:

(一)造成被害人轻微伤的;

(二)造成直接经济损失二千元以上的;

(三)强迫交易三次以上或者强迫三人以上交易的;

(四)强迫交易数额一万元以上,或者违法所得数额二千元以上的;

(五)强迫他人购买伪劣商品数额五千元以上,或者违法所得数额一千元以上的;

(六)其他情节严重的情形。

以暴力、威胁手段强迫他人参与或者退出投标、拍卖,强迫他人转让或者收购公司、企业的股份、债券或者其他资产,强迫他人参与或者退出特定的经营活动,具有多次实施、手段恶劣、造成严重后果或者恶劣社会影响等情形之一的,应予立案追诉。

◆ 解读与适用

【拓展关键词】牵连犯　实行过限　罪责刑相一致原则　交易行为　强迫交易罪与抢劫罪辨析

出租车驾驶员在正常营运过程中,为牟取非法利益,采用暴力、威胁手段,强行向乘客索取与合理价格相差悬殊的高额出租车服务费,情节严重的,其行为构成强迫交易罪,但实施的暴力和威胁行为,其强度不足以危及被害人的身体健康或生命安全,结合二被告人使用证照真实、齐全的车辆作案,作案后将乘客送抵目的地等情节,被告人不是以非法占有公私财物为目的,而是要以不合理的价格完成交易,不应以抢劫罪定罪处罚。①

有法院认为没有达到犯罪人主观犯罪目的,并非判断犯罪既遂、未遂的唯一标准。强迫交易侵犯的是多重法益,本案行为人通过安装定位装置,跟踪被害人后强行挟持被害人至荒僻地点强迫谈判,虽未发生实际交易,但严重破坏市场秩序、侵犯公民人身权利的结果已经实际发生,故应认定为犯罪既遂。②

《刑参》第278号案例"宋某、陈某强迫交易、故意伤害案——在共同强迫交易过程中,一人突发持刀重伤他人,对其他参与共同强迫交易者如何定罪处罚"相关论述:行为人在实施强迫交易的过程中,其手段或方法又可能触犯其他罪名,应按照牵连犯从一重处。被告人宋某事先既不知道陈某携带刀具参加强迫交易行为,其间也不能预见陈某会突然用刀伤害被害人且宋某在陈某持刀刺被害人的时候站在一旁没有同时加害被害人,陈某重伤被害人的后果,超出了与宋某的共同犯罪故意,只能由陈某承担。

《刑参》第520号案例"李某强迫交易案——使用暴力强行向他人当场'借款'并致人轻伤的如何定罪处罚"相关论述:强迫交易罪的犯罪客体是市场经济秩序,只有在经营或者交易活动中才可能发生本罪。要注重法定刑对定性的制约。强迫交易的行为人所使用的暴力、胁迫行为应当轻于抢劫罪一般不能造成致人轻伤以上的后果,否则以强迫交易罪处理会造成处刑上的不平衡。强迫交易行为人所付出对价的不公平性应有程度限制,不能与正常市场情况反差过于悬殊。被告人当场使用暴力手段,强行向被害人借款并逼迫其当场筹借部分款项,虽然其书写了借条并承诺替被害人解决其他纠纷但并不符合强迫交易罪的构成要件,而应

---

① 朱某、雷某抢劫案,载《最高人民法院公报》2006年第4期。

② 纪某强迫交易案,南京市建邺区人民法院(2018)苏0105刑初553号刑事判决书。

认定为抢劫罪。因为借款行为不属于强迫交易罪中“交易”的范围。强迫交易罪中的“交易”仅指买卖商品、提供和接受服务的行为。写借条和承诺替被害人解决纠纷也不属于“交易”。对法条尤其是刑法条文所用语词的解释,需要遵循一定的规则,通常不能背离文字的核心意义作泛化解释,应当结合刑法条文保护的具体客体进行解释。只有发生在商业经营活动中的才可能成立强迫交易罪。被告人虽然没有劫取到财物,但其使用暴力手段致被害人轻伤,属于抢劫既遂。被告人虽试图劫取数额巨大的欠款,但没有实际劫取到钱,故不能在十年以上有期徒刑、无期徒刑、死刑的幅度内量刑,而应在三至十年有期徒刑的法定刑幅度内量刑。

第二百二十七条 【伪造、倒卖伪造的有价票证罪】

伪造或者倒卖伪造的车票、船票、邮票或者其他有价票证,数额较大的,处二年以下有期徒刑、拘役或者管制,并处或者单处票证价额一倍以上五倍以下罚金;数额巨大的,处二年以上七年以下有期徒刑,并处票证价额一倍以上五倍以下罚金。

【倒卖车票、船票罪】

倒卖车票、船票,情节严重的,处三年以下有期徒刑、拘役或者管制,并处或者单处票证价额一倍以上五倍以下罚金。

◆ 相关规定

最高人民法院
关于审理倒卖车票刑事案件有关问题的解释(节选)
(1999 年 9 月 14 日)

第一条 高价、变价、变相加价倒卖车票或者倒卖坐席、卧铺签字号及订购车票凭证,票面数额在五千元以上,或者非法获利数额在二千元以上的,构成刑法第二百二十七条第二款规定的“倒卖车票情节严重”。

第二条 对于铁路职工倒卖车票或者与其他人员勾结倒卖车票;组织倒卖车票的首要分子;曾因倒卖车票受过治安处罚两次以上或者被劳动教养一次以上,两年内又倒卖车票,构成倒卖车票罪的,依法从重处罚。

最高人民法院
关于对变造、倒卖变造邮票行为如何适用法律问题的解释
(2000 年 12 月 9 日施行)

……

对变造或者倒卖变造的邮票数额较大的,应当依照刑法第二百二十七条第一款的规定定罪处罚。

最高人民检察院 公安部
关于公安机关管辖的刑事案件立案追诉标准的规定(一)(节选)
(公通字〔2008〕36 号)

第二十九条 【伪造、倒卖伪造的有价票证案(刑法第二百二十七条第一款)】伪造或者倒卖伪造的车票、船票、邮票或者其他有价票证，涉嫌下列情形之一的，应予立案追诉：

（一）车票、船票票面数额累计二千元以上，或者数量累计五十张以上的；

（二）邮票票面数额累计五千元以上，或者数量累计一千枚以上的；

（三）其他有价票证价额累计五千元以上，或者数量累计一百张以上的；

（四）非法获利累计一千元以上的；

（五）其他数额较大的情形。

第三十条　【倒卖车票、船票案（刑法第二百二十七条第二款）】倒卖车票、船票或者倒卖车票坐席、卧铺签字号以及订购车票、船票凭证，涉嫌下列情形之一的，应予立案追诉：

（一）票面数额累计五千元以上的；

（二）非法获利累计二千元以上的；

（三）其他情节严重的情形。

◆ 解读与适用

【拓展关键词】倒卖行为既遂标准

刑法分则共有四种犯罪，其中包括贩卖行为。根据目前通用的词典的解释，贩卖是指买进后再卖出以获取利益的行为，在此意义上，贩卖与倒卖是同义语，《刑法》第228条、第326条的倒卖都应是买进后再卖出的行为，但是如果从刑法条文的目的、相关犯罪的本质来考虑，对“贩卖”不能一概作出这种解释。①

《刑参》第379号案例“刘某等倒卖车票案——以出售牟利为目的购买大量车票尚未售出的行为如何定性”相关论述：以出售牟利为目的购买车票的行为符合倒卖车票罪的客观特征，应认定具备犯罪构成要件，以犯罪既遂论，但在量刑上应当有所区别。“倒”为转移、转换之意，在“倒”之前必然还有一个买进的行为。倒卖的本质在于行为人买进后意图通过加价卖出牟利，至于最终是否卖出，是否实现牟利目的则在所不论。当行为人加价大量购买车票，无论其是否售出，国家就已经失去了对车票的控制，旅客无法通过正常途径以正常价格购买车票，侵犯了法益。

【拓展关键词】买卖其他票证的构罪问题

对于倒卖机票的行为如何处理，刑法理论一般认为，在刑法解释中，如果解释结论不能为刑法用语所包含，即使是当然解释的结论，也不能被采纳，否则违反罪刑法定原则。车票、船票的概念不能包含飞机票。②

《刑参》第170号案例“赵某伪造有价票证案——伪造洗澡票的行为如何定性”相关论述：“其他有价票证”应当是与“车票、船票、邮票”具有同一属性的有价票证，是由有关部门统一发行和管理、能够证明持票人已付出票面标明金额的货币，从而有权持票并要求相应的部门提供一定服务的票证。如飞机票、电影票、旅游门票等。有价票证一般具有以下特点：（1）票证上有一定的面额，即有价性。（2）代表一定的经济利益上的权利，即具有权利性。纪念、作废的不属于。（3）票证的使用、发放范围在相当的空间进行，即公共性。提单、仓单等不属于。（4）票证体现的法律关系具有债权债务关系。本案被告人伪造的是经当地物价部门核定并在当地社会上流通使用，具有确定面额的一种书面凭证，尽管具有地域性，但从性质上讲，应当属于“其他有价票证”。伪造有价票证“数额较大”是指有价票证载明的价额。

《刑参》第426号案例“王某伪造、倒卖伪造的有价凭证案——《刑法》第227条中‘其他有价票证’如何认定”相关论述：“其他有价票证”不要求具备与所列举的“车票、船票、邮票”完全相同的特征，铁路乘车证及

---

① 参见张明楷：《刑法分则的解释原理》，中国人民大学出版社2004年版，第358页。

② 参见张明楷：《刑法分则的解释原理》，中国人民大学出版社2004年版，第27页。

相关证件应认定为有价票证。其在使用效果上与火车票相同,法律解释不能只看形式而应该看本质。只要本质上是"有价"的,就符合有价票证的本质特征。倒卖火车票坐席票证等这些无流通性质的票证视同倒卖火车票。票证金额不好确定不应成为否认乘车证属于有价票证的理由。无票面金额的有价票证的犯罪数额和"票证价额"的计算,应根据具体情况具体认定,本案从有利于被告人的角度出发,按照持伪造铁路乘车证及其他票证乘车者乘车免票的价格计算"票证价额"是准确的。

第二百二十八条 【非法转让、倒卖土地使用权罪】

以牟利为目的,违反土地管理法规,非法转让、倒卖土地使用权,情节严重的,处三年以下有期徒刑或者拘役,并处或者单处非法转让、倒卖土地使用权价额百分之五以上百分之二十以下罚金;情节特别严重的,处三年以上七年以下有期徒刑,并处非法转让、倒卖土地使用权价额百分之五以上百分之二十以下罚金。

◆ 相关规定

最高人民法院
关于审理破坏土地资源刑事案件具体应用法律若干问题的解释(节选)
(2000年6月22日施行)

详见《刑法》第410条非法批准征收、征用、占用土地罪的相关规定

第一条 以牟利为目的,违反土地管理法规,非法转让、倒卖土地使用权,具有下列情形之一的,属于非法转让、倒卖土地使用权"情节严重",依照刑法第二百二十八条的规定,以非法转让、倒卖土地使用权罪定罪处罚:

(一)非法转让、倒卖基本农田五亩以上的;

(二)非法转让、倒卖基本农田以外的耕地十亩以上的;

(三)非法转让、倒卖其他土地二十亩以上的;

(四)非法获利五十万元以上的;

(五)非法转让、倒卖土地接近上述数量标准并具有其他恶劣情节的,如曾因非法转让、倒卖土地使用权受过行政处罚或者造成严重后果等。

第二条 实施第一条规定的行为,具有下列情形之一的,属于非法转让、倒卖土地使用权"情节特别严重":

(一)非法转让、倒卖基本农田十亩以上的;

(二)非法转让、倒卖基本农田以外的耕地二十亩以上的;

(三)非法转让、倒卖其他土地四十亩以上的;

(四)非法获利一百万元以上的;

(五)非法转让、倒卖土地接近上述数量标准并具有其他恶劣情节,如造成严重后果等。

全国人民代表大会常务委员会
关于《中华人民共和国刑法》第二百二十八条、第三百四十二条、第四百一十条的解释

全国人民代表大会常务委员会讨论了刑法第二百二十八条、第三百四十二条、第四百一十条规定的“违反土地管理法规”和第四百一十条规定的“非法批准征收、征用、占用土地”的含义问题，解释如下：

刑法第二百二十八条、第三百四十二条、第四百一十条规定的“违反土地管理法规”，是指违反土地管理法、森林法、草原法等法律以及有关行政法规中关于土地管理的规定。

刑法第四百一十条规定的“非法批准征收、征用、占用土地”，是指非法批准征收、征用、占用耕地、林地等农用地以及其他土地。

最高人民检察院　公安部
关于公安机关管辖的刑事案件立案追诉标准的规定(二)(节选)
(公通字〔2022〕12号)

第七十二条　【非法转让、倒卖土地使用权案(刑法第二百二十八条)】以牟利为目的，违反土地管理法规，非法转让、倒卖土地使用权，涉嫌下列情形之一的，应予立案追诉：

(一)非法转让、倒卖永久基本农田五亩以上的；

(二)非法转让、倒卖永久基本农田以外的耕地十亩以上的；

(三)非法转让、倒卖其他土地二十亩以上的；

(四)违法所得数额在五十万元以上的；

(五)虽未达到上述数额标准，但因非法转让、倒卖土地使用权受过行政处罚，又非法转让、倒卖土地的；

(六)其他情节严重的情形。

◆ 解读与适用

【拓展关键词】非法转让、倒卖

针对违法长期租赁土地的行为，不少法院以变相转让、倒卖土地使用权为由定罪。但也有法院认为，被告人的本意系将土地租赁给他人经营60年，而非将土地使用权转让或者倒卖给他人。《刑法》规定转让、倒卖土地使用权才能构成犯罪，并未规定违法出租土地的行为构成犯罪，故被告村民小组不构成非法转让、倒卖土地使用权罪。①

《刑参》第1451号案例“青岛瑞驰投资有限公司、栾某非法转让土地使用权案——在土地开发经营中，开发商以股权转让方式实现土地使用权流转行为的定性”相关论述：从股权转让与土地使用权转让的法律性质来看，公司股权转让并不会直接导致作为公司独立财产的土地使用权的变动。股权转让的主体是拥有公司股权的股东，而不是公司本身。股权转让导致公司所有者即股东的变更，而不涉及土地使用权主体的变更，土地使用权仍属于原公司所有。将股权价值简单等同于土地使用权的获利数额是不合理的。非法转让、倒卖土地使用权罪保护的客体是国家的土地管理制度和正常的土地市场秩序，即通过严惩“炒地”行为，防止国有资源流失，保证土地计划严格实施，防止扰乱市场秩序，损害社会公共利益。本案被告人通过参与土

① 万载县某村民小组、邱某非法转让、倒卖土地使用权案，江西省宜春市中级人民法院刑事裁定书(2017)赣09刑终187号。

地开发项目投机行为牟利的目的并不明显。在相关立法和司法解释没有明确禁止以股权转让方式实现土地使用权流转的情况下，不宜对此类行为科以刑罚。从优化生产要素市场化配置、促进土地流转体制机制改革等国家土地政策的发展方向来看，不宜将以股权转让形式出让土地使用权的行为入罪。

【拓展关键词】转让自有宅基地

《刑参》第1252号案例"王某非法转让土地使用权案——农民转让自有宅基地的行为是否构成非法转让土地使用权罪"相关论述：从农村宅基地制度的政策导向来看，对转让自有宅基地的行为不宜追究刑事责任。根据《物权法》的规定，随着我国城镇化进程的深入推进，宅基地的保障性作用已逐渐减弱，资产属性和增值收益功能逐步凸显，从2013年11月12日党的十八届三中全会通过的《中共中央关于全面深化改革若干重大问题的决定》，中共中央、国务院2016年12月31日发布的《关于深入推进农业供给侧结构性改革加快培育农业农村发展新动能的若干意见》的政策导向来看，从中央到地方均尝试为农村宅基地流转搭建平台，《刑法》不宜过度介入农村宅基地使用权流转这一尚未明朗的领域。2010年5月，贵州省高级人民法院就有关人员与农民联合在农村宅基地、责任田上违法建房出售如何适用法律的问题请示最高人民法院。贵州省高级人民法院反映，近年来该省部分地区的城镇居民采取与有地农民通过"合作建房""合伙联营"的方式，在农民所有的宅基地或者部分农用地上，未经批准违法修建住宅楼后出售或者出租。对于上述行为应如何处理，研究过程中有意见提出可按非法转让土地使用权罪定罪处罚。对此，最高人民法院经研究未采纳该意见，理由主要是：(1)此类行为非法转让、倒卖的土地数量一般较小，难以达到定罪处罚标准。(2)此类案件属于新类型案件，案件处理的法律、政策性强，涉及利益主体多，争议问题复杂，社会各方高度关注，暂不宜适用刑罚处理。(3)中央有关文件鼓励有条件的地方开展农村集体产权制度和农村集体建没用地流转改革试点。在未有结论的情况下，对此类行为不能贸然以犯罪处理。(4)从征求中央有关部门意见的情况来看，多数反馈意见认为，《土地管理法》《城乡规划法》等法律法规对此类行为分别规定了相应的法律责任，在有关政策出台前，应按照现有法律法规的有关规定及精神妥善处置。最高人民法院于2010年11月2日作出《关于个人违法建房出售行为如何适用法律问题的答复》指出在相关文件出台前，不宜以犯罪追究有关人员的刑事责任。该答复所针对的是在农村宅基地、责任田上违法建房出售如何处理的问题，根据举重以明轻的司法原则，对农民转让自有宅基地的行为也不宜按犯罪处理。

第二百二十九条　【提供虚假证明文件罪】①

承担资产评估、验资、验证、会计、审计、法律服务、保荐、安全评价、环境影响评价、环境监测等职责的中介组织的人员故意提供虚假证明文件，情节严重的，处五年以下有期徒刑或者拘役，并处罚金；有下列情形之一的，处五年以上十年以下有期徒刑，并处罚金：

（一）提供与证券发行相关的虚假的资产评估、会计、审计、法律服务、保荐等证明文件，情节特别严重的；

---

① 根据《刑法修正案(十一)》修订。原条文主要内容为：承担资产评估、验资、验证、会计、审计、法律服务等职责的中介组织的人员故意提供虚假证明文件，情节严重的，处五年以下有期徒刑或者拘役，并处罚金。

前款规定的人员，索取他人财物或者非法收受他人财物，犯前款罪的，处五年以上十年以下有期徒刑，并处罚金。

第一款规定的人员，严重不负责任，出具的证明文件有重大失实，造成严重后果的，处三年以下有期徒刑或者拘役，并处或者单处罚金。

（二）提供与重大资产交易相关的虚假的资产评估、会计、审计等证明文件，情节特别严重的；

（三）在涉及公共安全的重大工程、项目中提供虚假的安全评价、环境影响评价等证明文件，致使公共财产、国家和人民利益遭受特别重大损失的。

有前款行为，同时索取他人财物或者非法收受他人财物构成犯罪的，依照处罚较重的规定定罪处罚。

【出具证明文件重大失实罪】

第一款规定的人员，严重不负责任，出具的证明文件有重大失实，造成严重后果的，处三年以下有期徒刑或者拘役，并处或者单处罚金。

◆ 相关规定

最高人民检察院

关于公证员出具公证书有重大失实行为如何适用法律问题的批复

（高检发释字〔2009〕1号）

甘肃省人民检察院：

你院《关于公证员出具证明文件重大失实是否构成犯罪的请示》（甘检发研〔2008〕17号）收悉。经研究，批复如下：

《中华人民共和国公证法》施行以后，公证员在履行公证职责过程中，严重不负责任，出具的公证书有重大失实，造成严重后果的，依照刑法第二百二十九条第三款的规定，以出具证明文件重大失实罪追究刑事责任。

此复。

最高人民法院　最高人民检察院

关于办理妨害信用卡管理刑事案件具体应用法律若干问题的解释（节选）

（法释〔2018〕19号）

详见《刑法》第196条信用卡诈骗罪的相关规定

第四条　为信用卡申请人制作、提供虚假的财产状况、收入、职务等资信证明材料，涉及伪造、变造、买卖国家机关公文、证件、印章，或者涉及伪造公司、企业、事业单位、人民团体印章，应当追究刑事责任的，依照刑法第二百八十条的规定，分别以伪造、变造、买卖国家机关公文、证件、印章罪和伪造公司、企业、事业单位、人民团体印章罪定罪处罚。

承担资产评估、验资、验证、会计、审计、法律服务等职责的中介组织或其人员，为信用卡申请人提供虚假的财产状况、收入、职务等资信证明材料，应当追究刑事责任的，依照刑法第二百二十九条的规定，分别以提供虚假证明文件罪和出具证明文件重大失实罪定罪处罚。

最高人民检察院
关于地质工程勘测院和其他履行勘测职责的单位及其工作人员能否成为刑法第二百二十九条规定的有关犯罪主体的批复

（高检发释字〔2015〕4号）

重庆市人民检察院：

你院渝检（研）〔2015〕8号《关于地质工程勘测院能否成为刑法第二百二十九条的有关犯罪主体的请示》收悉。经研究，批复如下：

地质工程勘测院和其他履行勘测职责的单位及其工作人员在履行勘察、勘查、测绘职责过程中，故意提供虚假工程地质勘察报告等证明文件，情节严重的，依照刑法第二百二十九条第一款和第二百三十一条的规定，以提供虚假证明文件罪追究刑事责任；地质工程勘测院和其他履行勘测职责的单位及其工作人员在履行勘察、勘查、测绘职责过程中，严重不负责任，出具的工程地质勘察报告等证明文件有重大失实，造成严重后果的，依照刑法第二百二十九条第三款和第二百三十一条的规定，以出具证明文件重大失实罪追究刑事责任。

此复

最高人民法院
关于审理非法集资刑事案件具体应用法律若干问题的解释（节选）

（法释〔2022〕5号）

第七十三条　【提供虚假证明文件案（刑法第二百二十九条第一款）】承担资产评估、验资、验证、会计、审计、法律服务、保荐、安全评价、环境影响评价、环境监测等职责的中介组织的人员故意提供虚假证明文件，涉嫌下列情形之一的，应予立案追诉：

（一）给国家、公众或者其他投资者造成直接经济损失数额在五十万元以上的；

（二）违法所得数额在十万元以上的；

（三）虚假证明文件虚构数额在一百万元以上且占实际数额百分之三十以上的；

（四）虽未达到上述数额标准，但二年内因提供虚假证明文件受过二次以上行政处罚，又提供虚假证明文件的；

（五）其他情节严重的情形。

第七十四条　【出具证明文件重大失实案（刑法第二百二十九条第三款）】承担资产评估、验资、验证、会计、审计、法律服务、保荐、安全评价、环境影响评价、环境监测等职责的中介组织的人员严重不负责任，出具的证明文件有重大失实，涉嫌下列情形之一的，应予立案追诉：

（一）给国家、公众或者其他投资者造成直接经济损失数额在一百万元以上的；

（二）其他造成严重后果的情形。

☞ 其他相关规定见章后二维码

第二百三十条　【逃避商检罪】

违反进出口商品检验法的规定，逃避商品检验，将必须经商检机构检验的进口商品未报经检验而擅自销售、使用，或者将必须经商检机构检验的出口商品未报经检验合格而擅自出口，情节严重的，处三年以下有期徒刑或者拘役，并处或者单处罚金。

◆ 相关规定

最高人民检察院　公安部

关于公安机关管辖的刑事案件立案追诉标准的规定(二)(节选)

(公通字〔2022〕12号)

第七十五条　【逃避商检案(刑法第二百三十条)】违反进出口商品检验法的规定,逃避商品检验,将必须经商检机构检验的进口商品未报经检验而擅自销售、使用,或者将必须经商检机构检验的出口商品未报经检验合格而擅自出口,涉嫌下列情形之一的,应予立案追诉:

(一)给国家、单位或者个人造成直接经济损失数额在五十万元以上的;

(二)逃避商检的进出口货物货值金额在三百万元以上的;

(三)导致病疫流行、灾害事故的;

(四)多次逃避商检的;

(五)引起国际经济贸易纠纷,严重影响国家对外贸易关系,或者严重损害国家声誉的;

(六)其他情节严重的情形。

第二百三十一条　【单位犯罪的处罚】

单位犯本节第二百二十一条至第二百三十条规定之罪的,对单位判处罚金,并对其直接负责的主管人员和其他直接责任人员,依照本节各该条的规定处罚。

本章其他相关规定

第四章　侵犯公民人身权利、民主权利罪

第二百三十二条　【故意杀人罪】

故意杀人的，处死刑、无期徒刑或者十年以上有期徒刑；情节较轻的，处三年以上十年以下有期徒刑。

◆ 相关规定

全国法院维护农村稳定刑事审判工作座谈会纪要(节选)

(法〔1999〕217号)

二、(一)关于故意杀人、故意伤害案件

要准确把握故意杀人犯罪适用死刑的标准。对故意杀人犯罪是否判处死刑，不仅要看是否造成了被害人死亡结果，还要综合考虑案件的全部情况。对于因婚姻家庭、邻里纠纷等民间矛盾激化引发的故意杀人犯罪，适用死刑一定要十分慎重，应当与发生在社会上的严重危害社会治安的其他故意杀人犯罪案件有所区别。对于被害人一方有明显过错或对矛盾激化负有直接责任，或者被告人有法定从轻处罚情节的，一般不应判处死刑立即执行。

要注意严格区分故意杀人罪与故意伤害罪的界限。在直接故意杀人与间接故意杀人案件中，犯罪人的主观恶性程度是不同的，在处刑上也应有所区别。间接故意杀人与故意伤害致人死亡，虽然都造成了死亡的后果，但行为人故意的性质和内容是截然不同的。不注意区分犯罪的性质和故意的内容，只要有死亡后果就判处死刑的做法是错误的，这在今后的工作中，应当予以纠正。对于故意伤害致人死亡，手段特别残忍，情节特别恶劣的，才可以判处死刑。

最高人民法院
关于审理交通肇事刑事案件具体应用法律若干问题的解释(节选)

(法释〔2000〕33号)

详见《刑法》第133条交通肇事罪的相关规定

第六条　行为人在交通肇事后为逃避法律追究，将被害人带离事故现场后隐藏或者遗弃，致使被害人无法得到救助而死亡或者严重残疾的，应当分别依照刑法第二百三十二条、第二百三十四条第二款的规定，以故意杀人罪或者故意伤害罪定罪处罚。

最高人民法院　最高人民检察院
关于办理妨害预防、控制突发传染病疫情等灾害的刑事案件具体应用法律若干问题的解释(节选)

(法释〔2003〕8号)

详见《刑法》第330条妨害传染病防治罪的相关规定

第九条　在预防、控制突发传染病疫情等灾害期间,聚众"打砸抢",致人伤残、死亡的,依照刑法第二百八十九条、第二百三十四条、第二百三十二条的规定,以故意伤害罪或者故意杀人罪定罪,依法从重处罚。对毁坏或者抢走公私财物的首要分子,依照刑法第二百八十九条、第二百六十三条的规定,以抢劫罪定罪,依法从重处罚。

最高人民法院　最高人民检察院　公安部　司法部
关于依法办理家庭暴力犯罪案件的意见

(法发〔2015〕4号)

详见《刑法》第260条虐待罪的相关规定

最高人民法院　最高人民检察院
关于办理危害生产安全刑事案件适用法律若干问题的解释(节选)

(法释〔2015〕22号)

详见《刑法》第134条重大责任事故罪的相关规定

第十条　在安全事故发生后,直接负责的主管人员和其他直接责任人员故意阻挠开展抢救,导致人员死亡或者重伤,或者为了逃避法律追究,对被害人进行隐藏、遗弃,致使被害人因无法得到救助而死亡或者重度残疾的,分别依照刑法第二百三十二条、第二百三十四条的规定,以故意杀人罪或者故意伤害罪定罪处罚。

☞ 其他相关规定见章后二维码

◆ 解读与适用

【拓展关键词】故意杀人情节较轻　被害人过错

加重、减轻罪状与犯罪构成没有直接关系,它们只是加重或减轻法定刑的适用条件。换言之,基本罪状指导定罪与量刑两个方面,而加重、减轻罪状只指导量刑。"情节较轻的"属于减轻罪状,它只是选择较轻法定刑的条件,不影响故意杀人罪的构成。①

《刑法》分则中情节严重与情节较轻不可能同时成为一个犯罪的构成要件要素。此处的"情节较轻"只是为了区分违法、责任程度不同的故意杀人罪,是表面的构成要件要素。②

《刑参》第19号案例"王某故意杀人案——被害人有严重过错的杀人案件应如何处理"相关论述:被害

---

① 参见张明楷:《刑法分则的解释原理》,中国人民大学出版社2004年版,第76页。
② 参见张明楷:《犯罪构成体系与构成要件要素》,北京大学出版社2016年版,第257页。

人有严重过错,对被告人可以酌情从轻处罚。

《刑参》第43号案例“刘某故意杀人案——因民间矛盾激化引发且被害人有一定过错的案件如何适用死刑”相关论述:对于被害人一方有明显过错或者对矛盾激化负有直接责任的,一般不应当判处死刑立即执行。

《刑参》第746号案例“刘某故意杀人案——提供农药由丈夫自行服下后未采取任何救助措施,导致丈夫中毒身亡的,如何定罪处罚”相关论述:对帮助自杀的行为是否追究责任要根据帮助者的主观和客观两个方面的情况而定。如果帮助者没有意识到他人有强烈的自杀倾向且所提供的帮助行为与自杀后果之间不具有刑法上的因果关系,对社会危害性较小,主观恶性和人身危险性也较小,可以认定为故意杀人情节较轻;如果帮助者主观上明知他人有强烈的自杀倾向,客观上仍通过言行等进一步强化他人自杀的决意,并提供自杀工具或者帮助他人完成自杀行为的,应当认定具有因果关系,应追究故意杀人的刑事责任。

《刑参》第810号案例“邓某故意杀人案——对直系亲属间帮助自杀的行为如何定性处罚”相关论述:对直接动手杀人,即便是应他人请求而为之,不应认定为帮助自杀,构成故意杀人罪。但对于仅提供帮助而未直接动手实施杀人的行为,存在争议。具体案件中,可以从行为的客观危害、行为人的主观恶性和人身危险性等方面对故意杀人中的“情节较轻”予以认定。

《刑参》第1124号案例“吴某某、郑某某故意杀人案——被告人因本人及家人长期遭受被害人家庭暴力而不堪忍受,在被害人再次实施家庭暴力时杀害被害人,能否认定为故意杀人罪情节较轻的情形”相关论述:被告人因本人及家人长期遭受被害人家庭暴力而不堪忍受,在被害人再次实施家庭暴力时杀害被害人,可以认定为故意杀人罪情节较轻的情形。对此类案件,并非被告人本人受到严重虐待才可认定为情节较轻。不能认为只有家庭暴力中受虐最严重的人实施故意杀人行为才能认定为情节较轻。

《刑参》第647号案例“姚某故意杀人案——因长期遭受虐待和家庭暴力而杀夫能否认定为故意杀人罪中的‘情节较轻’?对此类故意杀人犯能否适用缓刑”相关论述:因长期遭受虐待和家庭暴力而杀夫应认定为《刑法》第232条规定的“情节较轻”。以下情形视为“情节较轻”:(1)防卫过当杀人。(2)义愤杀人。(3)激情杀人。(4)受嘱托帮助他人自杀。(5)生父母溺婴。“被害人严重过错”是指被害人出于主观上的故意或过失侵犯他人合法权益对诱发被告人的犯意、激发被告人实施犯罪具有直接或间接作用。作为故意杀人罪的“情节较轻”情形的法理依据在于刑事法律负有平衡被告人和被害人之间利益的任务。这种利益平衡称“责任分担说”“谴责性降低说”“过错相抵理论”。被告人符合适用缓刑条件,可以适用缓刑。

【拓展关键词】死缓限制减刑　帮助自杀　民间矛盾引发的故意杀人

因恋爱、婚姻矛盾激化引发的故意杀人案件,被告人犯罪手段残忍,论罪应当判处死刑,但被告人具有坦白悔罪、积极赔偿等从轻处罚情节,而被害人亲属要求严惩的,人民法院根据案件性质、犯罪情节、危害后果和被告人的主观恶性及人身危险性,可以依法判处被告人死刑,缓期两年执行,同时决定限制减刑,以有效化解社会矛盾,促进社会和谐。①

《刑参》第49号案例“李某故意杀人案——限制行为能力的精神病人杀人如何处罚”相关论述:被告人因为泄愤报复而杀人,情节特别恶劣,后果特别严重,应在故意杀人情节严重的量刑幅度内从轻处罚。

《刑参》第761号案例“张某故意杀人案——如何在近亲属之间的杀人犯罪案件中贯彻宽严相济的刑事政策和体现罪责刑相适应”。

《刑参》第737号案例“李某故意杀人案——对民间矛盾激化引发的故意杀人案件如何适用死缓限制减

① 王某故意杀人案,最高人民法院指导案例4号(2011年)。

刑”相关论述：对于严重危害社会治安的故意杀人罪，如果被告人因自首等情节具备判处死刑缓期执行条件时，同时不限制减刑不足以罚当其罪的，可以限制减刑。对于因民间矛盾激化引发的故意杀人案件，如何把握死刑缓期执行限制减刑的条件应更为慎重。但部分案件虽然具有判处死刑缓期执行的条件，由于被告人主观恶性较深，判处死缓尚不足以满足改造需要，又由于杀人偿命的报应观念根深蒂固，被害人家属难以接受，对这类案件可以通过对被告人判处死刑缓期执行限制减刑的途径，满足对被告人惩罚和改造的需要，同时缓和被害人亲属的报应情绪，以减少此类案件的死刑适用。

《刑参》第1045号案例“张某故意杀人案——玩‘危险游戏’致人死亡案件中行为人主观心态的认定”相关论述：游戏进行前被告人张某对其行为所面临的高度危险是明知的。游戏进行时张某对其行为的现实危险性是明知的。被告人张某放任了危害结果的发生。其在游戏过程中不顾被害人激烈挣扎、呼救等异常反应，仍继续进行游戏，放任被害人死亡结果的发生，构成间接故意杀人罪。

《刑参》第474号案例“吴某故意杀人案——如何处理因恋爱矛盾激化引发的故意杀人犯罪”相关论述：对因恋爱矛盾激化引发的故意杀人案件，可参照因婚姻家庭矛盾激化引发的故意杀人案件予以处理。

《刑参》第1254号案例“陈某故意杀人案——对暴力抗拒行政执法致死案件，如何判定被害人是否有过错”相关论述：可以从几个方面分析被害人有无过错问题。(1)行政管理的目的与动机是否正当。(2)行政强制程序是否规范。檀溪镇人民政府及其执法人员未书面通知陈某搬移摊位的瑕疵，并不构成陈某暴力抗拒执法的正当理由。(3)暴力抗法行为是否具有防卫因素。案发当日被害人曹某等执法人员没有粗暴野蛮行为，未造成陈某人身或者财产损害，属于行政强制的合理需要，行政强制执行方式合法规范。陈某捅刺陈某荣不可能是出于防卫目的，其暴力抗法行为不具有防卫因素。本案中行政执法人员没有过错，陈某的暴力抗拒行为不具有正当性，法院根据其故意杀人犯罪的性质、情节和危害后果，最终判处并核准了死刑。

【拓展关键词】不作为犯罪　不作为故意杀人与遗弃罪辨析　逃逸致人死亡

《刑参》第35号案例“宋某等故意杀人案——农村邻里纠纷引发的故意不明确的侵犯人身权利案如何定性”相关论述：从被告人宋某纠集被告人许某要“教训教训”被害人的目的来看，其主观故意确实不十分明确，但当被告人许某刺中被害人一剑后即与被告人宋某逃离现场，对被害人死亡结果的发生采取了放任态度，这种结果实际也在二被告人预谋持剑“教训”的犯意之中，二人构成共犯，定故意杀人(间接故意)罪。

《刑参》第475号案例“颜某等故意杀人案——‘见死不救’能否构成犯罪”相关论述：被告人先前殴打、追赶被害人的行为在法律上产生其对被害人处于危险状态时的救助义务。被告人的不作为与被害人死亡结果之间具有刑法上的因果关系。在“见死不救”的不作为犯罪中，死亡结果必须是行为人先行行为引起的。被告人对被害人的死亡后果持放任态度。在不作为犯罪中，不作为者对危害结果的过错形式只能是间接故意。如果过错形式是直接故意，就不存在不作为的问题，而是一种作为犯罪了。即行为人明知自己不履行特定义务可能或必然发生危害社会的结果并且希望该结果发生而利用客观上存在的自然力或其他人为因素，实现危害结果发生的目的。通说的“见死不救”指的是对可能死亡之人不实施救助，而不是利用危险状态的客观条件致他人于死地。

《刑参》第992号案例“乐某故意杀人案——具有抚养义务的人，因防止婴幼儿外出将婴幼儿留置在与外界完全隔绝的房间，为了满足其他欲求而放任婴幼儿死亡危险的，如何定罪处罚”相关论述：负有抚养义务的人因防止婴幼儿外出将婴幼儿留置在与外界完全隔绝的房间，为了满足其他欲求而放任婴幼儿死亡危险的，应当以故意杀人罪定性。

《刑参》第993号案例“万某等故意杀人案——拒不履行扶养义务，将出生不久的女婴遗弃在获救希望渺茫的深山野林的，如何定性”相关论述：区分遗弃罪与以遗弃方式实施的故意杀人罪的关键点在于：行为人实施遗弃行为时其是否考虑并给予了被害人获得救助的机会。如果是，则可以遗弃罪定罪；否则，应当以故意杀人罪来定罪。

《刑参》第1285号案例“陈某故意杀人案——船舶碰撞发生船只倾覆、船员落水的后果，肇事责任人能够救助而不救助，逃离现场致使落水船员死亡行为的认定”相关论述：先行行为是作为义务的来源之一，海上船舶碰撞使对方船员落水而逃逸的，证明肇事者决意拒绝履行救助义务，放弃处于危险境地的船员的生命，可构成不作为的故意杀人罪。海上船舶肇事通常没有第三方救助的可能，逃逸行为使落水人员丧失唯一的获救机会，认定为故意杀人罪符合案件事实与法律规定。也符合“行为人在交通肇事后为逃避法律追究，将被害人带离事故现场后隐藏或者遗弃，以故意杀人罪或者故意伤害罪定罪处罚”规定的内在精神。肇事船舶在明知船员落水情况下的逃离现场行为不同于一般的肇事逃逸行为。

【拓展关键词】故意杀人与转化型抢劫罪、敲诈勒索罪辨析　重复评价　入户抢劫　因果关系认识错误

《刑参》第102号案例“梁某故意杀人案——对故意杀人后为掩盖罪行而写信勒索钱财并恐吓他人的行为应如何定性”相关论述：被告人勒颈致被害人昏迷后又将被害人丢弃于水中致被害人溺水死亡，其行为构成故意杀人罪。在被害人昏迷后将之丢弃于水中，并不是杀人行为的中止，而是他在主观上认为被害人已死亡的情况下实施的抛“尸”行为，并不改变其杀人的性质。

《刑参》第490号案例“肖某故意杀人案——在盗窃过程中为灭口杀害被害人的应如何定性”相关论述：在盗窃过程中因被害人发现，为灭口而杀害被害人的，应当以故意杀人罪定罪处罚。在盗窃过程中实施暴力转化为抢劫要求行为人在主观方面必须是为了“窝藏赃物、抗拒抓捕或者毁灭罪证”。被告人杀人灭口的目的非常明确，其实施暴力不是为了强行劫取财物，而是单纯为了剥夺他人生命，应以故意杀人罪定罪处罚。对于行为人的同一犯罪事实，不能援用不同的构成要件重复评价，在某种因素已经被评价为一个犯罪的事实根据时，不能再将该因素作为另一个犯罪的事实根据进行评价。本案被告人仅实施了一个暴力行为，即杀人行为，此行为已作为故意杀人罪的构成要件进行了评价，不能再据此作为认定抢劫罪的根据。本案被告人的盗窃行为，情节轻微，危害不大，又属于未遂，可不认定为犯罪。

【拓展关键词】故意杀人与危害公共安全罪辨析

《刑参》第9号案例“王某故意杀人案——驾车致人死亡的行为如何定罪”相关论述：被告人高速驾车冲闯关卡是为了逃避公安人员的检查而不是为危害不特定多数人的人身、健康或公私财产的安全。其驾车冲撞执行公务的人员，针对的对象是特定的个人，并非不特定多数人，对被告人以故意杀人罪定罪。

《刑参》第50号案例“杨某利用交通工具故意杀人案——驾车故意挤占车道致使追赶车辆车毁人亡的行为如何处理”相关论述：被告人实施上述行为时针对的只是追赶的小汽车，使之无法超车，以逃避处罚，不符合破坏交通工具罪侵害的客体必须是公共安全的要求，被告人行为的对象是特定的，危害的后果也是特定的，属于间接故意杀人罪。

第二百三十三条　【过失致人死亡罪】

过失致人死亡的，处三年以上七年以下有期徒刑；情节较轻的，处三年以下有期徒刑。本法另有规定的，依照规定。

◆ 相关规定

最高人民法院
关于审理交通肇事刑事案件具体应用法律若干问题的解释(节选)
(法释〔2000〕33号)

详见《刑法》第133条交通肇事罪的相关规定

第八条 在实行公共交通管理的范围内发生重大交通事故的,依照刑法第一百三十三条和本解释的有关规定办理。

在公共交通管理的范围外,驾驶机动车辆或者使用其他交通工具致人伤亡或者致使公共财产或者他人财产遭受重大损失,构成犯罪的,分别依照刑法第一百三十四条、第一百三十五条、第二百三十三条等规定定罪处罚。

◆ 解读与适用

【拓展关键词】普通法条与特别法条 过失致人死亡相关罪名辨析

当违反交通运输管理法规的行为致人死亡时,只有完全符合了过失致人死亡罪的构成要件,同时进一步符合交通肇事罪的构成要件时,才可能适用第133条。如果违反交通运输管理法规的行为致人死亡,但行为人并无过失,因而并不完全符合过失致人死亡的构成要件时,也就不可能成立交通肇事罪。特别法条的适用,也要求行为具备普通法条的其他构成要件要素。①

《刑参》第243号案例"李某过失致人死亡案——驾驶交通工具在非公共交通范围内撞人死亡的应如何定罪"相关论述:驾驶交通工具在非公共交通范围内撞人死亡,构成过失犯罪的,一般应以过失致人死亡罪定罪处罚,如果行为同时又符合重大责任事故罪或重大劳动安全事故罪的构成要件,则应按特别法条优于普通法条的原则适用。公共交通管理范围内应当是指纳入公共交通管理机关管理范围内的道路。一般而言机关、企事业单位、封闭小区等内部道路均不属于公共交通管理范围。

【拓展关键词】刑法上的因果关系 疏忽大意的过失 过失致人死亡与意外事件 过失致人死亡与故意伤害致死辨析

《刑参》第201号案例"穆某被控过失致人死亡案——致人死亡无罪过,违法行为与危害结果之间没有因果关系的不构成犯罪"相关论述:构成疏忽大意的过失须具备3个要件。(1)行为人应当预见自己的行为可能发生危害社会的后果。所谓应当预见,其一是指行为人有预见的义务。这种义务或者来自法律和各种规章制度所规定的共同生活规则,或者来自社会多年积累形成的普遍认知;其二指行为人当时具有预见的能力及可能。行为人是否应有预见的能力,应结合客观条件全面考察。(2)行为人没有预见自己的行为可能发生危害社会的结果。(3)行为人对可能发生的危害结果缺乏认识没能预见是由自己的疏忽大意造成的。被告人虽私自改装车辆致车身超高,但对李某所接照明电线不符合安全用电高度要求且接头裸露,不具备预见的可能。李某家线路仅低于规定22厘米,作为普通人被告人没有义务也不可能预见李某的线路不符合高度要求更不可能预见接电线裸露在外,被告人没能预见可能导致张某等乘客触电死亡的结果,不是因其自身的疏忽大意。过于自信的过失必须以实际已经预见为前提同时又自信依据一定的主客观条件能够避免危害

① 参见张明楷:《刑法分则的解释原理》,中国人民大学出版社2004年版,第293页。

结果的发生。被告人私自改装车辆的违法行为与被害人触电死亡的后果没有刑法上的因果关系。刑法上的因果关系是指行为人的危害行为与危害后果之间存在引起与被引起的直接与必然的关系。原则上讲,只有当行为人的危害行为对危害结果的发生起直接的决定性作用时,危害行为与结果之间才具有刑法上的因果关系。行为人的行为受外部条件的影响而产生危害结果的,如果该外部条件起决定性作用,行为人一般不应对该外部条件引起的危害后果负刑事责任。例如甲将乙打成轻伤,乙在医院因救治不当而死亡,甲只对轻伤后果负责,对死亡后果不承担责任。被告人私自改装车辆超高,但这一行为本身并不能直接引起乘客死亡的后果,不是乘客死亡的直接原因。被害人死亡的直接原因是触电,引起触电的直接原因是线路不符合对地距离和无绝缘措施而裸露放电。被告人的车辆超高恰巧又接触到裸露部分而带电,正是这两方面因素的偶合才致事故发生,应当说被告人的违规行为与被害人死亡没有必然的直接联系,无法律上的因果关系。

《刑参》第 567 号案例“陈某、程某故意伤害案——父母为教育孩子而将孩子殴打致死的如何定罪量刑”相关论述:罪过形式是行为人对犯罪行为所持的一种主观心理态度,是认定行为性质的关键因素之一。二被告人对殴打致伤被害人存在一定的伤害故意(至少是放任),而对造成被害人的死亡后果则是应当预见而疏忽大意没有预见的过失,符合故意伤害(致死)罪主观方面的要求。主观上二被告人主要还是出于关爱而非嫌弃被害人,不具有为使被害人肉体上、精神上受到摧残和折磨而虐待被害人的故意,虐待行为要求具备对家庭成员肉体上和精神上进行摧残、折磨必须具有经常性、持续性特点且须达到情节恶劣程度才能按犯罪处理。行为人并不想一次性造成被害人伤害或者死亡的结果,被害人的损害后果也是逐渐形成的,一次虐待行为不足以构成虐待罪。在教育子女过程中实施暴力行为造成犯罪的,量刑时应充分考虑其特殊性。

《刑参》第 635 号案例“杨某过失致人死亡案——如何区分过失致人死亡罪与故意伤害罪(致死)”相关论述:被告人在看到被害人悬吊在其车门上时应该预见到驾车行驶可能致被害人掉地受伤,但轻信被害人在开动后会自动放手而避免危害后果的发生,最终导致被告人死亡结果的发生,应认定构成过失致人死亡罪。故意伤害罪(致死)是故意伤害罪的结果加重犯,以成立故意伤害罪为前提,行为人虽然对被害人死亡的加重结果系过失,但对造成被害人身体伤害系故意,也就是说行为人明知自己的行为可能会伤害被害人身体健康,希望或者放任这种危害后果的发生。而过失致人死亡罪,行为人既无伤害的故意更无杀人的故意。判断是过于自信的过失还是伤害的间接故意,关键在于判断行为人是不希望发生危害后果,还是根本不在乎危害后果是否发生,危害后果发生与不发生均不违背其意志。通过对客观事实和外在行为的综合分析推断行为人的主观罪过。从案件的起因考察,被告人没有放任伤害后果发生的现实动因。从行为条件和行为方式考察,被告人具有“轻信”危害后果不会发生的现实条件。从对行为结果的事后态度考察,被告人具有避免危害结果发生的意愿。

《刑参》第 812 号案例“季某过失致人死亡案——特殊环境下被告人致人死亡,如何评价被告人的主观罪过”相关论述:被告人虽明知桶内是香蕉水但当时桶盖密封,扔出去未必就能导致桶内液体流出,被告人扔桶砸人,认定其具有用该桶本身伤害被害人的故意更符合其主观心态。根据主客观相一致的原则,也只能要求被告人对其用油漆桶攻击被害人所造成的直接后果承担责任,即如果油漆桶的直接撞击导致被害人构成轻伤以上后果,被告人对此承担故意责任。如果超出该范围,被告人不具有故意犯罪的主观罪过。被告人明知桶内有香蕉水,虽然见桶盖密封但应当预见到用该桶打人可能导致桶内香蕉水溢出,而在锅炉房这一特定高温环境下会发生燃烧后果,因其没有预见,属于疏忽大意的过失。意外事件与疏忽大意的过失区别关键在于行为人是否有应当预见危害结果发生的义务。

《刑参》第 996 号案例“肖某过失致人死亡案——对家长体罚子女致子女死亡的行为如何定罪处罚”相关论述:家长体罚子女致子女死亡的行为不构成虐待罪。虐待致死与故意伤害致死、过失致死最突出的区别就是虐待行为具有“持续性”“表现形式多样性”。而故意伤害致死、过失致人死亡,都是因果关系明确的某一次或几次行为直接导致死亡。

【拓展关键词】一般殴打、轻微暴力致死　特殊体质

《刑参》第 1079 号案例“都某过失致人死亡案——实施一般殴打导致特异体质被害人死亡的行为如何定性”相关论述：被害人的死亡系多因一果，死亡的直接原因是心脏病，而引发心脏病的原因是纠纷后情绪激动，以及面部受外力作用等导致机体应激反应。虽然被害人的特异体质是其死亡的内在原因，但不可否认的是，正是因为被告人的暴力行为导致被害人产生应激反应，促发病变心脏骤停而死亡，并非被害人自身原因促发死亡，被告人的行为是被害人死亡的必要条件，具有刑法上的因果关系。被告人没有造成他人身体器官损伤的主观故意。被告人的行为属于一般殴打行为，并不属于意图造成他人身体器官损伤的故意伤害行为，不宜认定被告人存在造成他人身体器官损伤的主观故意。被告人对其行为导致被害人死亡的结果存在疏忽大意的过失。

《刑参》第 1080 号案例“张某过失致人死亡案——轻微暴力致人死亡案件如何定性”相关论述：首先要从事实层面入手，分析、判断涉案行为与死亡结果之间是否存在因果关系。如果因果关系得以确认，则要从规范层面入手结合行为人的主观罪过来确定其是否应当对死亡结果承担刑事责任以及承担何种刑事责任。故意犯罪的成立不仅要求有故意行为存在，行为人还要对行为的危害后果有认知或预见并且希望或者放任该结果的发生。从实践来看，故意伤害行为往往表现为积极主动实施伤害行为，持续或连续实施攻击行为，并且直接造成轻伤以上后果，表现出一定的严重伤害性。构成故意伤害（致人死亡）罪的行为，应当在客观上具有高度的致害危险性。故意伤害致人死亡是故意伤害罪的结果犯。以行为人对加重结果的发生“有客观的预见可能性”作为构成要件意味着基本行为应当具有引发严重伤害甚至可能导致死亡结果发生的高度危险性。

详见《刑法》第 234 条故意伤害罪的注释部分。

第二百三十四条　【故意伤害罪】

故意伤害他人身体的，处三年以下有期徒刑、拘役或者管制。

犯前款罪，致人重伤的，处三年以上十年以下有期徒刑；致人死亡或者以特别残忍手段致人重伤造成严重残疾的，处十年以上有期徒刑、无期徒刑或者死刑。本法另有规定的，依照规定。

◆ 相关规定

全国法院维护农村稳定刑事审判工作座谈会纪要（节选）

（法〔1999〕217 号）

要准确把握故意伤害致人重伤造成“严重残疾”的标准。参照 1996 年国家技术监督局颁布的《职工工伤与职业病致残程度鉴定标准》（以下简称“工伤标准”），刑法第二百三十四条第二款规定的“严重残疾”是指下列情形之一：被害人身体器官大部缺损、器官明显畸形、身体器官有中等功能障碍、造成严重并发症等。残疾程度可以分为一般残疾（十至七级）、严重残疾（六至三级）、特别严重残疾（二至一级），六级以上视为“严重残疾”。在有关司法解释出台前，可统一参照“工伤标准”确定残疾等级。实践中，并不是只要达到“严重残疾”就判处死刑,还要根据伤害致人“严重残疾”的具体情况,综合考虑犯罪情节和危害后果来决定刑罚。故意伤害致人重伤造成严重残疾,只有犯罪手段特别残忍,后果特别严重的,才能考虑适用死刑(包括死刑,缓期二年执行)。

最高人民法院
关于审理抢劫、抢夺刑事案件适用法律若干问题的意见(节选)

(法发〔2005〕8号)

详见《刑法》第263条抢劫罪的相关规定

九、关于抢劫罪与相似犯罪的界限

……

5.抢劫罪与故意伤害罪的界限。行为人为索取债务,使用暴力、暴力威胁等手段的,一般不以抢劫罪定罪处罚。构成故意伤害等其他犯罪的,依照刑法第二百三十四条等规定处罚。

最高人民法院　最高人民检察院
关于办理危害生产安全刑事案件适用法律若干问题的解释(节选)

(法释〔2015〕22号)

详见《刑法》第134条重大责任事故罪的相关规定

第十条　在安全事故发生后,直接负责的主管人员和其他直接责任人员故意阻挠开展抢救,导致人员死亡或者重伤,或者为了逃避法律追究,对被害人进行隐藏、遗弃,致使被害人因无法得到救助而死亡或者重度残疾的,分别依照刑法第二百三十二条、第二百三十四条的规定,以故意杀人罪或者故意伤害罪定罪处罚。

最高人民法院　最高人民检察院
关于办理组织、强迫、引诱、容留、介绍卖淫刑事案件适用法律若干问题的解释(节选)

(法释〔2017〕13号)

详见《刑法》第358条组织卖淫罪的相关规定

第十二条　明知自己患有艾滋病或者感染艾滋病病毒而卖淫、嫖娼的,依照刑法第三百六十条的规定,以传播性病罪定罪,从重处罚。

具有下列情形之一,致使他人感染艾滋病病毒的,认定为刑法第九十五条第三项“其他对于人身健康有重大伤害”所指的“重伤”,依照刑法第二百三十四条第二款的规定,以故意伤害罪定罪处罚:

(一)明知自己感染艾滋病病毒而卖淫、嫖娼的;

(二)明知自己感染艾滋病病毒,故意不采取防范措施而与他人发生性关系的。

最高人民法院　最高人民检察院　公安部　司法部
关于依法严厉打击传播艾滋病病毒等违法犯罪行为的指导意见(节选)

(公通字〔2019〕23号)

二、准确认定行为性质

(一)故意伤害罪。明知自己感染艾滋病病毒或者患有艾滋病而卖淫、嫖娼或者故意不采取防范措施与他人发生性关系,致人感染艾滋病病毒的,依照刑法第二百三十四条第二款的规定,以故意伤害罪定罪处罚。

故意采取针刺等方法,致人感染艾滋病病毒的,依照刑法第二百三十四条第二款的规定,以故意伤害罪定罪处罚;未致人感染艾滋病病毒,但造成他人身体轻伤以上伤害的,依照刑法第二百三十四条的规定,以故意伤害罪定罪处罚。

明知他人感染艾滋病病毒或者患有艾滋病而隐瞒情况,介绍与其他人发生性关系,致人感染艾滋病病毒的,以故意伤害罪的共犯论处。

告知对方自己感染艾滋病病毒或者患有艾滋病,或者对方明知他人感染艾滋病病毒或者患有艾滋病,双方仍自愿发生性关系的,不作为犯罪处理。

(十二)治安管理处罚或者其他行政处罚。实施本条第一项至第十一项规定的行为,不构成犯罪,依法不起诉或者免予刑事处罚的,依法予以治安管理处罚或者其他行政处罚。

☞ 其他相关规定见章后二维码

◆ 解读与适用

【拓展关键词】法条竞合

"本法另有规定的,依照规定"不仅适用于故意伤害致人重伤、死亡,也适用于《刑法》第234条第1款,即故意伤害致人轻伤的场合。①

出于重伤故意,但未造成伤害结果或仅造成轻微伤以下结果的,宜认定为故意轻伤未遂。即适用第234条第1款的法定刑,同时适用总则未遂犯的规定。出于重伤故意,结果造成轻伤的,宜认定为故意轻伤既遂。②

【拓展关键词】他人身体

对于行为人对母体实施攻击,或者故意用药物或其他器具伤害胎儿,导致胎儿出生后严重残疾或者出生后存活一段时间而死亡的,应当视为对出生之后的"人"的伤害。相应地,行为人应当承担故意伤害致人重伤或者致人死亡的刑事责任。③

《刑参》第296号案例"曾某、黄某保险诈骗、故意伤害案——保险诈骗主体、犯罪形态的认定"相关论述:行为人叫他人砍断自己双脚致重伤,加害人应负刑事责任。行为人与他人共谋伤害自己致重伤,行为人无须与致害人一道以故意伤害罪追究刑事责任。事实上、法律不能阻止任何人自伤、自残或自杀,更无法对任何实施自伤、自残或自杀的人设定并追究其刑事责任。除非刑法有特别的规定。

【拓展关键词】帮助自残　推搡行为、一般殴打、轻微暴力行为致死　刑法的因果关系　故意伤害致死与过失致人死亡罪辨析

故意伤害罪的实行行为并不包括日常生活中的轻微殴打行为。根据刑法的谦抑性,极其轻微的伤害行

---

① 参见陈兴良主编:《刑法各论精释》(上),人民法院出版社2015年版,第104页。
② 参见陈兴良主编:《刑法各论精释》(上),人民法院出版社2015年版,第105页。
③ 参见陈兴良主编:《刑法各论精释》(上),人民法院出版社2015年版,第97页。

为不属于本罪的实行行为。只有轻伤及其以上的伤害行为才属于本罪的实行行为。故意伤害罪的构成要件对故意伤害罪的实行行为具有定型机能,符合故意伤害罪构成要件的行为必须对他人的生理机能健康具有实质的、类型化的危险。即便殴打、推搡行为是有意实施的,但这种有意性和故意伤害罪中基于故意实施的,应当达到一定程度的伤害并不相同。行为人即使有通过殴打让被害人遭受皮肉之苦的意思,但很难说其具有严重伤害他人生理机能的故意。只有对他人的生理机能造成实质性的侵害的行为,才是伤害。故意伤害罪中的伤害行为,必须具有引起或者可能引起轻伤或轻伤以上程度的伤害结果的性质。生活意义上的殴打与本罪中的伤害不能画等号。只有在伤害行为不违背公序良俗或具有社会相当性时,才能承认承诺的有效性。①

对故意伤害导致特异体质的被害人死亡的案件,由于被害人疾病的发作往往是由被告人引发的,很难否定二者之间的因果关系。在处理此类案件时,不能单纯因为出现死亡结果就认定被告人构成故意伤害罪。应当重点考察被告人所实施的行为是否属于刑法上的伤害行为。被告人对被害人的死亡结果是否具有预见可能性,即是否存在过失。②

《刑参》第226号案例"罗某故意伤害案——掌推他人致其头部碰撞造成死亡应如何定罪量刑"相关论述:不能以行为人的殴打手段是否足以使被害人受到轻伤以上的后果来判断行为人的行为是不是故意伤害罪所要求的故意伤害行为。拳打脚踢掌推是一般殴打最常见的手段,通常情况下不足以直接导致被害人产生轻伤以上的后果,但这并不说明一般的殴打行为的性质就不是故意伤害行为。事实上,一般的殴打行为仍然是故意伤害的行为,只不过伤害的结果未达到法定的程度而无须负刑事责任。虽然只是一拳一脚的轻微殴打行为,打击力量不大,打击部位并非要害,但如果该行为在当时特定的条件下能够造成被害人轻伤以上的后果,对此,行为人仍应承担故意伤害罪的刑事责任。除非被害人轻伤以上后果纯属意外事件所引起或者可以明显排除殴打行为与被害人轻伤以上后果具有刑法上的因果关系。司法实践中,一般的推搡行为由于不具有明显的伤害故意不能被视为刑法中的殴打行为或伤害行为,即使该行为意外致人重伤、死亡也不能以故意伤害罪追究刑事责任。"犯前款罪"应理解为有伤害的故意和行为,不能机械地要求故意伤害行为直接造成轻伤以上。因为通常情况下故意伤害直接致人重伤或死亡的,往往并不存在一个轻伤害的犯罪前提。同时,对已死亡的被害人也不可能再去评定最初的伤害程度。主张以辩证唯物主义因果关系论来指导与解决刑法因果关系问题是普遍共识。刑法因果关系具有客观性、相对性与绝对性、条件性和具体性等特点。因果关系一般表现为危害行为与危害结果之间内在的、必然的、合乎规律的联系,即必然因果关系。有时虽然行为本身不包含产生某种危害结果的必然性,但是在其发展过程中偶然又有其他原因介入,由后来介入的这一原因合乎规律地引起这种危害结果。这种情况下,先行行为与最终危害结果之间即表现为偶然因果关系。任何刑事案件的因果关系都是具体的、有条件的。判断因果关系要从危害行为实施时的时间、地点、条件等具体情况出发来考虑。本案被告人的掌推行为本来不会产生被害人死亡的结果,但先前行为直接导致被害人口部与门边碰撞后倒地,这两个原因的介入又引起了被害人死亡的结果。被告人的推打行为与被害人死亡之间即表现为偶然因果关系。某人故意实施某种危害行为,在其发展过程中偶然与其他原因相交错由后者直接引起危害结果的,对行为人应当按照其所故意实施的行为性质定罪,把偶然结果作为量刑情节予以适当考虑。故意伤害致死可以表现为复杂罪过形式,即行为人具有伤害的故意和致人死亡的过失两种罪过形式。复杂的犯罪构成又称混合的犯罪构成,指刑法条文规定的犯罪构成诸要件有符合情况的犯罪构成,其特点在于构成要件是重叠的,有两个客体、两个行为、两种罪过形式,且这些犯罪构成并非可供选择,而是缺一

① 参见陈兴良主编:《刑法各论精释》(上),人民法院出版社2015年版,第75、88页。

② 参见陈兴良主编:《刑法各论精释》(上),人民法院出版社2015年版,第99~103页。

不可。复杂的犯罪构成包括行为复杂的犯罪构成、罪过复杂的犯罪构成和客体复杂的犯罪构成。罪过复杂的犯罪构成即包括两个罪过形式的犯罪构成。其特点是具备两个罪过形式才能构成这种罪同时又不是两个犯罪。如故意伤害致死,即可包括伤害他人的故意和造成他人死亡的过失这两种罪过形式。被告人在推打被害人时具有伤害的故意,但对因此导致被害人头撞门框倒地死亡却是过失的。在这种复杂罪过形式中,虽然故意罪过所引起的危害结果轻于过失罪过引起的危害结果,但综合整个犯罪构成来看,故意罪过是主要的,过失罪过是次要的,因此,只能根据故意罪过确定其为故意犯罪。对被告人以故意伤害致死定罪量刑。

《刑参》第389号案例"洪某故意伤害案——故意伤害行为导致被害人心脏病发作猝死的如何量刑"相关论述:被害人身患冠心病被告人事先并不知情。但这仅仅是一种表面的、偶然的现象。被告人的拳击行为其本质是一种故意伤害的行为,其必然结果是对被害人造成一定的伤害,至于是死亡、重伤、轻伤或者轻微伤,则是偶然的。故意伤害致死虽然无杀人故意,但有伤害的故意,而过失杀人既无杀人故意也无伤害的故意。被告人主观上具有伤害他人身体的故意,客观上实施了伤害他人的行为,虽然致人死亡的后果超出其本人的主观意愿,但符合故意伤害致人死亡的构成要件。根据刑法的一般原理,被告人只对自己的行为负责,当其行为与其他人的行为或一定自然现象竞合时,由他人或自然现象造成的结果就不能归责于被告人。被害人的死亡系多因一果,全部由被告人承担责任显然与其罪责不相适应。可经法定程序报最高人民法院核准在法定刑以下判刑。

另见《刑法》第233条过失致人死亡罪的注释部分。

【拓展关键词】故意伤害与寻衅滋事、聚众斗殴辨析　故意伤害与故意杀人辨析

《刑参》第507号案例"王某等故意伤害案——如何区分故意伤害罪与寻衅滋事、聚众斗殴罪"相关论述:寻衅滋事具有单方积极性的特征是相对于受害对象的被动性而言的,双方所处的状态是一方积极主动,另一方消极被动。如果行为人与受害人之间的关系不符合这种特征则不宜认定为寻衅滋事罪。被告人一方最初并没有主动挑衅的故意和行为,不能仅因被害方在互殴中受伤就对被告人认定为寻衅滋事罪。行为人并没有争霸、报复等动机和目的,不宜认定为聚众斗殴罪。虽然寻衅滋事罪中的"随意殴打他人"包括持械殴打他人,但如果行为人使用攻击性较强、极易致人伤亡的凶器攻击他人,则表明主观上具有伤害、杀死他人的故意,已经超出寻衅滋事罪的主观故意和评价范畴。

《刑参》第813号案例"杨某等故意伤害案——仅有被害人亲属证言证实被害人死亡的,能否认定被害人死亡?如何认定伤害行为与死亡结果之间的因果关系"。

《刑参》第832号案例"李某故意伤害案——如何通过主观认识要素区分故意伤害罪与故意杀人罪"相关论述:李某能够认识到其行为会危害他人健康但对死亡结果缺乏认识。李某协助他人向被害人注射麻醉药物的行为直接导致了被害人的死亡,其实施的行为与死亡结果之间具有因果关系。李某系受人指使协助作案,其对可能发生的伤害结果持放任态度,属间接故意。但对被害人死亡的结果,明显持反对的态度,属于应当预见而未预见情形,不构成故意杀人罪,仅构成故意伤害罪。致使被害人死亡的结果仅能作为加重结果情节予以评价,不能作为李某实施行为时希望或者放任的结果内容。本案各共同犯罪人对犯罪事实的认识有程度、范围上的差异,但在重合的范围内成立共同犯罪。共同犯罪中的各行为人原则上应当构成同一犯罪,但在一定条件下也有例外。

《刑参》第1026号案例"肖某故意伤害案——因不满医院治疗效果而持刀伤害医护人员的,如何定性"相关论述:对于事出有因的殴打他人行为,案发起因影响对该行为是否属于"寻衅滋事"的认定。作案对象是否特定并非判断该行为是否构成"寻衅滋事"的标准,但对分析行为性质有重要价值。殴打他人造成公共场所秩序严重混乱,其行为同时符合寻衅滋事罪、故意伤害罪构成要件的,依照处罚较重的犯罪定罪处罚。虽在公共场所殴打他人,但未破坏社会秩序的,不构成寻衅滋事罪。

【拓展关键词】故意伤害罪与虐待罪辨析

《刑参》第 995 号案例“李某勤故意伤害案——对家庭成员长期实施虐待，虐待过程中又实施暴力殴打直接造成家庭成员重伤、死亡的，如何定罪处罚”相关论述：虽然同居二人没有办理正式结婚手续，不是合法夫妻，与对方子女未能形成法定的继子女关系，但实际上，同居者的双方以同居的形式组成了家庭并且共同生活在一起，具备了家庭的形式与实质，同居者及其子女应当视为家庭成员。发生在这种家庭成员之间的虐待行为，其危害行为与发生在典型家庭成员之间的虐待行为并无本质区别，应当属于刑罚调整的对象。构成虐待罪的行为是长期的、相对连续的，而不是偶然一次的。

【拓展关键词】以特别残忍手段致人重伤造成残疾

《刑参》第 279 号案例“夏某等故意伤害案——对刑法修订前发生，刑法修订后交付审判的故意伤害致人重伤造成‘植物人’的案件，应如何适用刑罚”相关论述：对刑法修订前发生的故意伤害致人重伤造成“植物人”状态的行为，应认定为属于《决定》所规定的“情节恶劣”。行为人致人重伤虽造成特别严重后果，但并不应属于“以特别残忍手段致人重伤造成严重残疾”的情形。

第二百三十四条之一　【组织出卖人体器官罪】[①]

组织他人出卖人体器官的，处五年以下有期徒刑，并处罚金；情节严重的，处五年以上有期徒刑，并处罚金或者没收财产。

【故意伤害罪】【故意杀人罪】

未经本人同意摘取其器官，或者摘取不满十八周岁的人的器官，或者强迫、欺骗他人捐献器官的，依照本法第二百三十四条、第二百三十二条的规定定罪处罚。

【盗窃、侮辱、故意毁坏尸体、尸骨、骨灰罪】

违背本人生前意愿摘取其尸体器官，或者本人生前未表示同意，违反国家规定，违背其近亲属意愿摘取其尸体器官的，依照本法第三百零二条的规定定罪处罚。

◆ 解读与适用

【拓展关键词】组织出卖人体器官既遂标准　行为犯　组织型犯罪

《刑参》第 931 号案例“王某等组织出卖人体器官案——组织出卖人体器官既、未遂以及情节严重如何认定”相关论述：组织型犯罪是行为犯，而行为犯一般不要求危害结果必然实现，只要危害行为实施完毕即构成犯罪既遂。“组织型”犯罪作为行为犯中的一种独特类型，其既、未遂的认定是以行为人的组织、策划或者指挥行为是否实施完成作为界定标准。只要行为人基于出卖人体器官的目的实施了指挥、策划、招揽、控制自愿出卖自身器官的人的行为，即构成本罪的既遂，而不需要出现器官被实际摘取等特定的后果。组织出卖人体器官罪所侵犯的是复杂客体，只要侵犯其一即可认定既遂。本罪既侵犯了公民的人身权利也侵犯了国家医疗秩序。只要组织者的组织出卖人体器官行为实施完毕，国家器官移植医疗管理秩序便受到严重侵害，组织行为即构成既遂。判断是否属于“情节严重”，不仅要综合犯罪动机、目的、行为、手段、客观损害等

① 根据《刑法修正案（八）》新增。

进行判断，而且要根据本罪侵害复杂客体的实际，结合针对侵犯公民人身权利罪、危害公共卫生罪等犯罪的法律以及相关司法解释的规定和精神进行判断。被害人朱某在等候王某安排器官移植期间因故离开，后王某向朱某介绍去异地医院做移植手术人员的联系方式，朱某自行联系对方并接受了手术。王某未获取中介款。朱某系接受王某等招揽来到江苏，王某等人为朱某提供食宿、安排验血并发布供体信息，此时王某组织行为即已实施完成，即使未能移植器官也不影响对王某等人组织其出卖人体器官行为的认定。朱某虽然因故离开，但是按照王某等人的指令及提供的联系渠道异地成功实施了手术，其出卖器官的全过程均系通过王某等人的指使、安排最终得以完成。朱某器官被摘除的后果应当纳入王某等人组织行为的范围。

第二百三十五条　【过失致人重伤罪】
过失伤害他人致人重伤的，处三年以下有期徒刑或者拘役。本法另有规定的，依照规定。

◆ 解读与适用

【拓展关键词】法条竞合与想象竞合　另有规定

法条竞合是指一个行为同时符合了数个法条规定的犯罪构成，但从数个法条之间的逻辑关系来看，只能适用其中一个法条，当然排除适用其他法条的情况。如果某种行为虽然符合过失致人重伤的构成要件，但又符合其他法条规定的犯罪构成要件的，则应依其他法条论处，不再适用《刑法》第235条。这里的“另有规定”就是特别规定，所谓“依照规定”即依照特别规定论处。一般认为，法条竞合关系并不取决于案件事实，而是取决于法条之间是否存在交叉重叠关系。而想象竞合是因为现实行为触犯了两个不同的法条，不同法条之间并没有重叠与交叉关系。触犯一个法条必然触犯另一法条时，属于法条竞合。触犯一个法条并不必然触犯另一法条时，属于想象竞合。法条竞合处理原则的目的，主要是防止对行为的重复评价。而想象竞合处理原则的目的，主要是防止对行为的双重处罚。法条竞合时，不能认定行为触犯了数个罪名，想象竞合时，应当认为行为触犯了数个罪名，法条竞合时仍属于单纯的一罪，而想象竞合则为科刑上的一罪。①

第二百三十六条　【强奸罪】②
以暴力、胁迫或者其他手段强奸妇女的，处三年以上十年以下有期徒刑。

---

① 张明楷：《刑法分则的解释原理》，中国人民大学出版社2004年版，第282~287页。

② 根据《刑法修正案(十一)》修订。原条文主要内容为：“以暴力、胁迫或者其他手段强奸妇女的，处三年以上十年以下有期徒刑。

奸淫不满十四周岁的幼女的，以强奸论，从重处罚。

强奸妇女、奸淫幼女，有下列情形之一的，处十年以上有期徒刑、无期徒刑或者死刑：

(一)强奸妇女、奸淫幼女情节恶劣的；

(二)强奸妇女、奸淫幼女多人的；

(三)在公共场所当众强奸妇女的；

(四)二人以上轮奸的；

(五)致使被害人重伤、死亡或者造成其他严重后果的。”

奸淫不满十四周岁的幼女的,以强奸论,从重处罚。

强奸妇女、奸淫幼女,有下列情形之一的,处十年以上有期徒刑、无期徒刑或者死刑:

(一)强奸妇女、奸淫幼女情节恶劣的;

(二)强奸妇女、奸淫幼女多人的;

(三)在公共场所当众强奸妇女、奸淫幼女的;

(四)二人以上轮奸的;

(五)奸淫不满十周岁的幼女或者造成幼女伤害的;

(六)致使被害人重伤、死亡或者造成其他严重后果的。

◆ 相关规定

最高人民法院

关于审理未成年人刑事案件具体应用法律若干问题的解释(节选)

(法释〔2006〕1号)

详见《刑法》第17条刑事责任年龄的相关规定

第六条 已满十四周岁不满十六周岁的人偶尔与幼女发生性行为,情节轻微、未造成严重后果的,不认为是犯罪。

最高人民法院 最高人民检察院 公安部 司法部

关于依法惩治性侵害未成年人犯罪的意见

(法发〔2013〕12号)

一、基本要求

1. 本意见所称性侵害未成年人犯罪,包括刑法第二百三十六条、第二百三十七条、第三百五十八条、第三百五十九条、第三百六十条第二款规定的针对未成年人实施的强奸罪,强制猥亵、侮辱妇女罪,猥亵儿童罪,组织卖淫罪,强迫卖淫罪,引诱、容留、介绍卖淫罪,引诱幼女卖淫罪,嫖宿幼女罪等。

……

二、办案程序要求

……

三、准确适用法律

19. 知道或者应当知道对方是不满十四周岁的幼女,而实施奸淫等性侵害行为的,应当认定行为人"明知"对方是幼女。

对于不满十二周岁的被害人实施奸淫等性侵害行为的,应当认定行为人"明知"对方是幼女。

对于已满十二周岁不满十四周岁的被害人,从其身体发育状况、言谈举止、衣着特征、生活作息规律等观察可能是幼女,而实施奸淫等性侵害行为的,应当认定行为人"明知"对方是幼女。

20. 以金钱财物等方式引诱幼女与自己发生性关系的;知道或者应当知道幼女被他人强迫卖淫而仍与其发生性关系的,均以强奸罪论处。

21. 对幼女负有特殊职责的人员与幼女发生性关系的,以强奸罪论处。

对已满十四周岁的未成年女性负有特殊职责的人员,利用其优势地位或者被害人孤立无援的境地,迫使未成年被害人就范,而与其发生性关系的,以强奸罪定罪处罚。

22. 实施猥亵儿童犯罪,造成儿童轻伤以上后果,同时符合刑法第二百三十四条或者第二百三十二条的规定,构成故意伤害罪、故意杀人罪的,依照处罚较重的规定定罪处罚。

对已满十四周岁的未成年男性实施猥亵,造成被害人轻伤以上后果,符合刑法第二百三十四条或者第二百三十二条规定的,以故意伤害罪或者故意杀人罪定罪处罚。

23. 在校园、游泳馆、儿童游乐场等公共场所对未成年人实施强奸、猥亵犯罪,只要有其他多人在场,不论在场人员是否实际看到,均可以依照刑法第二百三十六条第三款、第二百三十七条的规定,认定为在公共场所"当众"强奸妇女,强制猥亵、侮辱妇女,猥亵儿童。

24. 介绍、帮助他人奸淫幼女、猥亵儿童的,以强奸罪、猥亵儿童罪的共犯论处。

25. 针对未成年人实施强奸、猥亵犯罪的,应当从重处罚,具有下列情形之一的,更要依法从严惩处:

(1)对未成年人负有特殊职责的人员、与未成年人有共同家庭生活关系的人员、国家工作人员或者冒充国家工作人员,实施强奸、猥亵犯罪的;

(2)进入未成年人住所、学生集体宿舍实施强奸、猥亵犯罪的;

(3)采取暴力、胁迫、麻醉等强制手段实施奸淫幼女、猥亵儿童犯罪的;

(4)对不满十二周岁的儿童、农村留守儿童、严重残疾或者精神智力发育迟滞的未成年人,实施强奸、猥亵犯罪的;

(5)猥亵多名未成年人,或者多次实施强奸、猥亵犯罪的;

(6)造成未成年被害人轻伤、怀孕、感染性病等后果的;

(7)有强奸、猥亵犯罪前科劣迹的。

26. 组织、强迫、引诱、容留、介绍未成年人卖淫构成犯罪的,应当从重处罚。强迫幼女卖淫、引诱幼女卖淫的,应当分别按照刑法第三百五十八条第一款第(二)项、第三百五十九条第二款的规定定罪处罚。

对未成年人负有特殊职责的人员、与未成年人有共同家庭生活关系的人员、国家工作人员,实施组织、强迫、引诱、容留、介绍未成年人卖淫等性侵害犯罪的,更要依法从严惩处。

27. 已满十四周岁不满十六周岁的人偶尔与幼女发生性关系,情节轻微、未造成严重后果的,不认为是犯罪。

四、其他事项

28. 对于强奸未成年人的成年犯罪分子判处刑罚时,一般不适用缓刑。

对于性侵害未成年人的犯罪分子确定是否适用缓刑,人民法院、人民检察院可以委托犯罪分子居住地的社区矫正机构,就对其宣告缓刑对所居住社区是否有重大不良影响进行调查。受委托的社区矫正机构应当及时组织调查,在规定的期限内将调查评估意见提交委托机关。

对于判处刑罚同时宣告缓刑的,可以根据犯罪情况,同时宣告禁止令,禁止犯罪分子在缓刑考验期内从事与未成年人有关的工作、活动,禁止其进入中小学校区、幼儿园园区及其他未成年人集中的场所,确因本人就学、居住等原因,经执行机关批准的除外。

29. 外国人在我国领域内实施强奸、猥亵未成年人等犯罪的,应当依法判处,在判处刑罚时,可以独立适用或者附加适用驱逐出境。对于尚不构成犯罪但构成违反治安管理行为的,或者因实施性侵害未成年人犯罪不适宜在中国境内继续停留居留的,公安机关可以依法适用限期出境或者驱逐出境。

30. 对于判决已生效的强奸、猥亵未成年人犯罪案件,人民法院在依法保护被害人隐私的前提下,可以在互联网公布相关裁判文书,未成年人犯罪的除外。

31. 对于未成年人因被性侵害而造成的人身损害,为进行康复治疗所支付的医疗费、护理费、交通费、误工费等合理费用,未成年被害人及其法定代理人、近亲属提出赔偿请求的,人民法院依法予以支持。

32. 未成年人在幼儿园、学校或者其他教育机构学习、生活期间被性侵害而造成人身损害，被害人及其法定代理人、近亲属据此向人民法院起诉要求上述单位承担赔偿责任的，人民法院依法予以支持。

33. 未成年人受到监护人性侵害，其他具有监护资格的人员、民政部门等有关单位和组织向人民法院提出申请，要求撤销监护人资格，另行指定监护人的，人民法院依法予以支持。

34. 对未成年被害人因性侵害犯罪而造成人身损害，不能及时获得有效赔偿，生活困难的，各级人民法院、人民检察院、公安机关可会同有关部门，优先考虑予以司法救助。

◆ 解读与适用

【拓展关键词】轮奸的认定　强奸罪共犯的认定　轮奸犯罪的停止形态

《刑参》第 178 号案例“谢某等强奸、奸淫幼女案——行为人既实施了强奸妇女行为又实施了奸淫幼女的行为应如何定罪”相关论述：行为人既实施了强奸妇女的行为又实施了奸淫幼女行为的应定强奸一罪。

《刑参》第 280 号案例“李某强奸案——与未满刑事责任年龄的人轮流奸淫同一幼女的是否成立轮奸”相关论述：首先是看两个以上的行为人是否具有在同一段时间内对同一妇女先后连续、轮流地实施了奸淫行为，并不要求实施轮奸的人之间必须构成强奸共同犯罪。轮奸仅是一项共同的事实行为，只要行为人具有奸淫的共同认识，并在共同认识的支配下实施了奸淫行为即可，而与是否符合共同犯罪并无必然关系。虽然另一参与轮奸人因不满 14 周岁被排除在犯罪主体之外，二人之间不构成强奸共同犯罪，但轮奸这一事实情节仍具备，不能否认奸淫行为的存在，轮流实施奸淫行为是客观存在的事实，即使另一人不负刑事责任，被告人也构成强奸，且属于轮奸。

《刑参》第 281 号案例“唐某、杨某强奸案——轮奸案件中一人强奸既遂一人未遂的应如何处理”相关论述：轮奸案件中，轮奸情节本身没有独立的既遂、未遂问题，只有强奸罪的既遂、未遂问题。轮奸是法定的强奸罪的加重量刑情形之一，它解决的仅是对行为人所要适用的法定刑档次和刑罚轻重的问题。各行为人只要实施了轮奸行为就应当对其适用相应法定刑。至于是否得逞的问题是强奸罪既遂、未遂需要解决的问题。未遂是犯罪的一种未完成形态，轮奸并非独立一罪，只是强奸罪的一种情形。被告人实施了轮奸行为，其中一人强奸既遂，一人强奸未遂，按照共同犯罪理论，两人均应以强奸既遂论，且须按轮奸情节确定所适用的法定刑。对于奸淫未得逞的，可以酌定从轻处罚。

《刑参》第 395 号案例“滕某强奸案——通奸后帮助他人强奸是否构成共犯”相关论述：董某的先期通奸行为与滕某的后期强迫被害人就范发生性关系，均在二被告人的事前共同预谋范围之内。董某知道自己与被害人发生性关系，可以使滕某现场捉奸，可以为滕某强奸提供便利条件，成为滕某强奸被害人的借口。通奸行为是滕某强奸被害人的重要组成部分。二被告人的行为不属于轮奸。轮奸中每个行为人与被害人发生性关系均违背女方意愿。

《刑参》第 790 号案例“张某 1、张某 2 强奸案——共谋轮奸，一人得逞，未得逞的人是否构成强奸既遂？如何区分该类犯罪案件中主、从犯地位”相关论述：共同轮奸犯罪案件中，其中某行为人的强奸行为是否得逞不影响对各行为人具有轮奸情节的认定。轮奸系情节加重犯，而非结果加重犯。两名以上行为人只要基于共同强奸故意，在同一时间段先后对同一被害人实施强奸行为，就应当认定为具有轮奸情节，各行为人的强奸行为是否得逞，并不影响对各行为人具有轮奸情节的认定。共同犯罪中，部分行为人强奸行为已得逞，未得逞的行为人亦应认定为强奸犯罪既遂。轮奸并非独立的罪名，而是强奸罪的情节加重犯。该情节本身只有构成与否的问题，而不涉及犯罪既遂与未遂的停止形态问题。

《刑参》第 843 号案例“王某等强奸、寻衅滋事、故意伤害、抢劫案——轮奸幼女的，是否同时适用轮奸加重处罚和奸淫幼女从重处罚情节；对具有多种量刑情节的被告人如何规范量刑；若无抗诉，因程序违法被发回重审，能否加重对被告人的处罚"相关论述：轮奸幼女的行为应同时适用轮奸加重处罚和奸淫幼女从重处罚情节。

《刑参》第979号案例"卓某强奸案——行为人明知他人系采取暴力、胁迫手段迫使被害人表面'同意'与其发生性关系的，如何定性，以及指使他人物色幼女供其奸淫后给付金钱财物的行为如何定性"相关论述：行为人明知他人采取暴力、胁迫手段迫使被害人表面"同意"与其发生性关系的，视为行为人违背被害人意志发生性关系。与已满12周岁不满14周岁的幼女发生性关系，若非采取强制手段，要求行为人对幼女未满14周岁的情况应当明知。指使他人物色幼女供其奸淫，事后给付中间人金钱财物的行为构成强奸罪，中间人构成强奸罪的共犯。在帮助实行犯强奸的情况下，实行犯主观上具有强行与妇女发生性关系，或者明知被害人是幼女而与其发生性关系的犯罪意图，帮助犯对此情况亦知晓，但仍对被害妇女施以强制，或者对被害幼女施以介绍、引诱、欺骗等行为，目的在于为实行犯实现奸淫行为扫除障碍或者提供便利，帮助犯与实行犯之间有犯意联络，客观上促成了奸淫行为的实施，故属于共同强奸犯罪。

《刑参》第983号案例"李某强奸案——共同犯罪人未经共谋在不同地点先后强奸同一被害人的是否构成轮奸以及如何认定强奸罪中的'情节恶劣'"相关论述：同案犯未经共谋在不同地点先后强奸同一被害人的不构成轮奸。轮奸是强奸罪的共同犯罪形态，需要依照共同犯罪的构成要件加以判断，同时轮奸还是强奸罪的共同实行犯的唯一形式，即每个共同犯罪人均应是实行犯。各共同犯罪人在预谋阶段或者实施犯罪过程中达成或者默认共同强奸的故意，可以是有预谋的，也可以是临时起意，甚至可能是在轮奸之前或者过程中形成的心照不宣，但要求不仅自己具有强奸被害人的故意，同时明知其他人也有强奸被害人的故意，二者只要基于概括故意即可。在同一地点强奸并非认定构成轮奸的必要条件，在不同地点强奸也不能绝对排除构成轮奸的可能。这就要求从时间和空间的角度，考察各共同犯罪人的行为之间是否具有接续性，是否相互补充或者相互协助。只要各共同犯罪人具有轮流奸淫同一妇女的共同故意，对该妇女进行不间断的控制，即使两人或者多人前后实施奸淫时间间隔相对较长，甚至不在同一地点实施奸淫行为，其社会危害性、主观恶性、人身危险性程度同被害人在同一地点、同一时间段受到多人强奸的犯罪情形是相当的。本案两人共谋的强奸行为已告终结，两人已经成立强奸罪的共同犯罪。其后李某的送返行为割断了此前的共同犯罪和此后李某强奸孙某的行为在时空上的联系。公然暴力劫持两名未成年少女且对两名未成年少女先后实施强奸，符合认定强奸罪"情节恶劣"标准。

【拓展关键词】婚内强奸

《刑参》第20号案例"白某强奸案——丈夫强奸妻子的行为应如何定罪"相关论述：婚姻状况是确定是否构成强奸罪中违背妇女意志的法律依据。虽然婚内夫妻性行为未必都是妻子同意，但这与构成强奸罪的违背妇女意志强行性交却有本质不同。同居和性生活是夫妻之间对等人身权利和义务的基本内容，双方自愿登记结婚，就是对同居和性生活的法律承诺。从法律上讲，合法的夫妻之间不存在丈夫对妻子性权利的侵犯。相反，如果妻子同意与丈夫之外的男子发生性关系却构成对合法婚姻的侵犯。所以，如果在合法婚姻关系存续期间，丈夫不顾妻子反对，采用暴力与妻子发生性关系的，不属于刑法意义上的违背妇女意志的行为，不能构成强奸罪。同理，如果是非法婚姻或者已经进入离婚诉讼程序，婚姻关系实际已处于不确定状态，从刑法理论上讲是可以构成强奸罪的。但应当慎重。

《刑参》第51号案例"王某强奸案——丈夫可否成为强奸罪的主体"相关论述：夫妻之间既已结婚，即相互承诺共同生活，有同居的义务。这已深深植根于人们的伦理观念之中，不需要法律明文规定。只要夫妻正常婚姻存续，即足以阻却婚内强奸行为成立犯罪。但是，夫妻同居义务是从自愿结婚行为推定出来的伦理义务，不是法律规定的强制性义务。不区别具体情况也是不科学的。例如在婚姻关系非正常存续期间，如离婚诉讼期间，婚姻关系已进入法定的解除程序，已不能再推定女方对性行为是一种同意的承诺，也就没有理由从婚姻关系出发否定强奸罪的成立。

【拓展关键词】强奸致使被害人重伤、死亡或者造成其他严重后果　附带民事诉讼赔偿　强奸罪与不作为故意杀人罪辨析

《刑参》第 228 号案例"曹某强奸案——如何理解强奸'致使被害人重伤、死亡或者造成其他严重后果'以及能否对此提起附带民事诉讼"相关论述：强奸导致被害人自杀的，属于"因强奸造成其他严重后果"，应当对被告人适用 10 年以上有期徒刑的法定刑幅度。"造成其他严重后果"除致被害人自杀和精神失常外，还包括怀孕堕胎等其他严重危害被害妇女身心健康的行为。强奸导致被害人自杀的，被害人亲属有权利就此遭受的物质损失提起附带民事诉讼。

《刑参》第 514 号案例"陆某强奸案——如何认定强奸致被害人重伤、死亡或者造成其他严重后果"相关论述：在实施强奸的过程中出于报复、灭口等动机杀死被害人的，同时构成强奸罪和故意杀人罪。本案认定被告人将被害人踢下水的证据不足，尚不足以认定构成故意杀人罪。本案被害人是在被强奸后溺水而亡，其死亡与强奸行为间不具有直接的因果关系，不属于刑法规定的"强奸致被害人重伤、死亡"的情形。"强奸致被害人重伤、死亡"只包含两种情形。一种是指行为人采取的暴力、胁迫等方法行为直接导致了被害人重伤或死亡；另一种是指行为人的性交行为即目的行为直接导致被害人重伤或死亡。被害人的伤亡结果必须是行为人在强奸过程中使用的方法行为或目的行为直接造成。被告人的强奸行为是导致被害人溺水死亡的原因之一，属于刑法规定的"强奸造成其他严重后果"的情形。首先从客观上审查强奸案件中的其他严重危害后果与其基本犯罪行为间是否存在刑法上的因果关系，这里的因果关系不仅包含直接的因果关系，也包含其他因素介入后的间接因果关系。其次要从罪刑相当的原则出发审查。最后，这种危害后果不仅在被害人本人身上发生也可能在案发现场的目击人或者与被害人相关的亲友等人身上发生。

《刑参》第 589 号案例"冯某等嫖宿幼女案——对嫖宿幼女罪如何进行审查认定"。

《刑参》第 657 号案例"覃某强奸、故意杀人案——对罪行极其严重的故意杀人未遂犯，能否适用死刑立即执行"相关论述：强奸致人重伤或者死亡是指强奸行为导致被害人性器官严重损伤或者系在强奸过程中为制服被害人反抗而施加暴力导致被害人重伤、死亡，不包括强奸行为完成后出于报复、灭口等动机而故意伤害、杀害被害人的情形。如强奸致人重伤后又发生后一种情形，应当数罪并罚。

《刑参》第 834 号案例"韦某强奸、故意杀人案——被害人因躲避强奸在逃离过程中失足落水，行为人未实施救助，导致被害人溺水死亡的事实是认定强奸罪的加重情节还是单独认定为故意杀人罪"相关论述：韦某因为先前强奸未遂置李某于危险境地的行为，使其负有刑法意义上的"保证人"义务，李某落水中时，韦某负有救助义务而不履行最终导致被害人死亡，其行为违反了刑法的命令性规范，构成不作为的故意杀人罪。被害人在逃离过程中失足落水身亡这一事实应当作为故意杀人罪的构成要素来评价。一般情况下一个行为原则上只能存在一种犯罪停止形态，即一个行为一旦停止于某一犯罪形态，其就不可能同时停止于另一犯罪形态，如果犯罪行为已经处在停止终局状态，之后发生的事实就不应纳入已经停止的犯罪予以评价。但是对于部分犯罪，由于刑法明文将某些后果的发生作为基本犯的加重情节，而这部分后果往往是在犯罪行为实施完毕后发生的。作为加重情节的后果并不要求具有直接因果关系。被害人因强奸而投河自尽的行为应当属于强奸罪的加重情节。在刑法明确将某些后果规定为加重情节的犯罪中，只要具有刑法上的因果关系，不区分直接和间接，都应当纳入该罪评价，但具有其他行为介入因果关系的除外。韦某的不作为行为的介入，使原有的因果关系发生断绝，断绝后发生的行为与后果应当单独作为一个罪质来评价因果关系。不能将失足落水身亡的事实纳入强奸罪评价。

《刑参》第 946 号案例"李某强奸案——采取足以致人伤亡的暴力手段实施强奸，并最终导致被害人死亡，是以强奸罪一罪论处还是以强奸罪、故意杀人罪数罪并罚"相关论述：采取足以致人伤亡的暴力手段实施强奸，暴力手段行为造成的伤亡后果属于强奸罪的加重构成要件要素。该暴力手段与奸淫目的并不矛盾，仍属于强奸罪范畴内的暴力手段，不另外构成故意杀人罪。该暴力手段导致被害人伤亡的，构成强奸罪的加重犯。刑法将强奸"致使被害人重伤、死亡"的情形规定为强奸罪的加重犯，意味着立法上已将足以致使他人伤亡的暴力或者其他手段纳入强奸罪的范畴。强奸罪是典型的复合行为犯。在强奸案件中认定行为人是否构成数罪，需结合是否有报复、灭口的动机及暴力、其他手段的具体实施情况综合判断。行为人具有报复、灭口动机，并非一律构成数罪，需结合其采取的暴力、其他手段的具体实施情况综合判断。认定强奸行为构成数罪，原则上要求行为人实施了数个暴力或者其他行为，分别服务于奸淫目的和灭口动机，如果仅实施了一个手段行为，即使该行为同时服务于奸淫目的和灭口动机，也只能构成强奸罪一罪，否则便是对该行为的重复评价。

《刑参》第980号案例"谈某强奸案——如何界定'共同家庭生活关系'以及与幼女有共同家庭生活关系的人多次奸淫幼女致其怀孕，是否属于奸淫幼女'情节恶劣'"相关论述：考察是否具有"共同家庭生活关系"，应当立足家庭的概念，准确把握"共同家庭生活关系"内涵中具有的"质"和"量"的要求。从"质"上来说，需要形成实际上的共同生活关系，如事实上的抚养关系、监护关系等。从"量"上来说，需要具有共同生活的长期性、确定性和稳定性。与幼女有"共同家庭生活关系"的成年人多次奸淫幼女致其怀孕，应当认定为奸淫幼女"情节恶劣"。不宜解释为"其他严重后果"。

《刑参》第982号案例"王某强奸案——因欲实施强奸导致被害人落水，被告人不实施救助，致使被害人溺水死亡的，被告人是构成故意杀人罪还是以'强奸致使被害人死亡'论处"相关论述：最高人民法院、最高人民检察院、公安部《关于当前办理强奸案件中具体应用法律的若干问题的解答》已于2013年1月18日失效，但在"强奸致使被害人重伤、死亡"的理解和适用上仍可参照。不能一概而论。本案王某的行为可单独构成故意杀人罪。对被害人的死亡持放任结果发生，符合间接故意杀人的主观特征。因先行行为而负有特定救助义务，违反了这一救助义务而不作为的，具有刑法上的可罚性。不作为型杀人与通常的作为型杀人在社会危害性、主观恶性、人身危险性方面具有相当性。法律没有规定不作为的故意杀人就要轻于作为的故意杀人。

《刑参》第985号案例"淡某甲强奸、猥亵儿童案——如何准确把握奸幼型强奸罪的死刑适用标准"相关论述：判断奸幼型强奸案件是否达到"罪行极其严重"的死刑适用标准，应当依照刑法、司法解释的相关规定并结合司法审判经验，根据具体案件的事实、犯罪性质、情节和社会危害程度，着重从侵害对象、侵害人数、侵害次数或者持续时间、作案手段、危害后果等方面综合分析判断。

【拓展关键词】违背妇女意志　明知的认定

《刑参》第978号案例"何某强奸案——奸淫幼女案件中如何判断行为人'应当知道'被害人系幼女"相关论述：分则条文明文规定"明知"，主要是为了特别突出和强调而不是分则没有明文规定"明知"的，构成犯罪就不要求具备"明知"。关于"明知"的内容，应当结合刑法分则罪名的具体罪状来判断。在幼女自愿发生性关系的情形下，"不满14周岁的幼女"这一客观要件就成为行为人必须认识的主要内容。与不满12周岁的被害人发生性关系一律认定行为人"应当知道"对方是幼女。是否"应当知道"一般要参考一般人的意识能力，通过各种情状一般均会确然知道，从而认定行为人应当知道。《关于依法惩治性侵害未成年人犯罪的意见》根据被害人不满12周岁这一基础事实创设了一项"推定明知"。与已满12周岁不满14周岁的被害人发生性关系案件中，对行为人辩解"不明知"被害人是幼女的例外情况应当从严把握。对犯罪构成的不同事实要素，在证明程度上是可以存在差异的。案件事实认定并不是一项纯粹的探寻客观事实真相的科学求证活动，而是以追寻客观真相为指引，同时又受价值取向、价值判断影响的事实重构和再现的过程。仅依现有证据并没有充足理由将何某归于"根本不可能判断出被害人是幼女的极其特殊的例外情形"。

《刑参》第981号案例“刘某强奸案——对未成年人与幼女正常交往过程中自愿发生性关系的政策把握与缓刑适用”相关论述：已满14周岁不满16周岁的人偶尔与幼女发生性行为，情节轻微，未造成严重后果的，不认为是犯罪。在适用该条规定时应当注意三点。(1)行为人一般应当处于已满14周岁不满16周岁的年龄阶段。(2)行为人应当是与年龄相当的幼女在正常交往、恋爱过程中基于幼女自愿而与之发生性关系。(3)综合考察，未成年人与幼女发生性关系情节轻微、未造成严重后果。发生性关系的次数是判断行为情节是否轻微的其中一项因素但并非决定性因素。对于不满16周岁的行为人在与幼女正常交往恋爱过程中基于幼女自愿与其发生性关系致幼女怀孕引产、流产，是否一律认为行为人的行为不属于“情节轻微，不以犯罪论处”，不宜一概而论。

《刑参》第1061号案例“孟某等强奸案——被害人无明显反抗行为或意思表示时，如何认定强奸罪中的‘违背妇女意志’”相关论述：判断是否违背妇女意志关键要看妇女对发生性行为是否同意。至于妇女表示同意是发生性交之前还是性交过程中，均不影响同意的成立。对妇女是否同意不能以其有无反抗为标准。可以从三方面来分析是否“违背妇女意志”。(1)案发时被害妇女的认知能力。不满14周岁的幼女和精神障碍者对性权利无承诺能力，即使存在承诺也不能阻却行为人构成强奸罪。对于智力正常的被害人也要考虑案发当时的神志状况能否正确表达其内心真实意愿。(2)案发时被害妇女的反抗能力。妇女有无反抗能力不能单纯地从行为人使用暴力、胁迫手段的程度来评价，还要结合妇女自身对所处环境的认知和可能遭遇更大伤害的风险预估心理，以及妇女自身身体状况等因素综合考虑。(3)被害人未作明确意思表示的客观原因。应当从案发当时的环境、双方是否熟人关系、被害人的身体状况、行为人的人数等因素综合判定被害妇女是否具有选择表达不同意的意思自由。在有证据证明女方对发生性行为存有心理上的自愿认可时，可以阻却行为人构成强奸罪。

第二百三十六条之一　【负有照护职责人员性侵罪】①

对已满十四周岁不满十六周岁的未成年女性负有监护、收养、看护、教育、医疗等特殊职责的人员，与该未成年女性发生性关系的，处三年以下有期徒刑；情节恶劣的，处三年以上十年以下有期徒刑。

有前款行为，同时又构成本法第二百三十六条规定之罪的，依照处罚较重的规定定罪处罚。

第二百三十七条②　【强制猥亵、侮辱罪③】

以暴力、胁迫或者其他方法强制猥亵④他人或者侮辱妇女的，处五年以下有期徒刑或者拘役。

---

① 根据《刑法修正案(十一)》新增。

② 根据《刑法修正案(九)》修订。修订前内容为：以暴力、胁迫或者其他方法强制猥亵妇女或者侮辱妇女的，处五年以下有期徒刑或者拘役。

聚众或者在公共场所当众犯前款罪的，处五年以上有期徒刑。

猥亵儿童的，依照前两款的规定从重处罚。

③ 本罪原罪名为“强制猥亵、侮辱妇女罪”，《刑法修正案(九)》之后，根据最高人民法院、最高人民检察院《关于执行〈中华人民共和国刑法〉确定罪名的补充规定(六)》改为现名。

④ 张明楷：《刑法分则的解释原理》，中国人民大学出版社2004年版，第317页。

聚众或者在公共场所当众犯前款罪的,或者有其他恶劣情节的,处五年以上有期徒刑。

【猥亵儿童罪】

猥亵儿童的,处五年以下有期徒刑;有下列情形之一的,处五年以上有期徒刑:

(一)猥亵儿童多人或者多次的;

(二)聚众猥亵儿童的,或者在公共场所当众猥亵儿童,情节恶劣的;

(三)造成儿童伤害或者其他严重后果的;

(四)猥亵手段恶劣或者有其他恶劣情节的。

◆ 相关规定

最高人民法院 最高人民检察院 公安部 司法部

关于依法惩治性侵害未成年人犯罪的意见

(法发〔2013〕12号)

详见《刑法》第236条强奸罪的相关规定

◆ 解读与适用

【拓展关键词】强制猥亵、侮辱 侮辱罪与侮辱妇女罪

可以认为猥亵的概念包含了侮辱概念。不能认为猥亵儿童的是犯罪行为,但侮辱儿童的不是犯罪行为。①

强制猥亵、侮辱妇女罪与侮辱罪的区别并不在于对象的特定与否,而是在于侵犯的法益不同。虽然破坏了社会公共场所秩序或者社会公共生活秩序,但并没有侵犯妇女性的不可侵犯权,或者虽然侵犯了妇女的性的不可侵犯权,但并不是以暴力、胁迫或者而其他强制方法实施行为的,就不属于强制猥亵、侮辱妇女的行为。②

网络环境下,以满足性刺激为目的,虽未直接与被害儿童进行身体接触,但是通过QQ、微信等网络软件,以诱骗、强迫或者其他方法要求儿童拍摄、传送暴露身体的不雅照片、视频,行为人通过画面看到被害儿童裸体、敏感部位的,是对儿童人格尊严和心理健康的严重侵害,与实际接触儿童身体的猥亵行为具有相同的社会危害性,应当认定构成猥亵儿童罪。③

《刑参》第179号案例"周某等非法拘禁案——将被捉奸的妇女赤裸裸捆绑示众的行为如何定罪处罚"相关论述:侮辱罪与侮辱妇女罪的根本区别在于后罪的行为人具有特殊的行为动机。侮辱妇女罪和侮辱罪的关键区别在于前者行为人是基于精神空虚等变态心理以寻求性刺激或变态的性满足为主要动机,而后者的行为人则主要是基于泄愤、报复等动机,以贬损他人名誉为目的。除此之外,二者的区别还表现在两点。(1)行为对象不同。侮辱罪的对象没有性别及年龄上的限制。侮辱罪侵犯的对象只能是特定的妇女或特定

---

① 根据《刑法修正案(十一)》修订。原条文主要内容为:"猥亵儿童的,依照前两款的规定从重处罚。"

② 参见张明楷:《刑法分则的解释原理》,中国人民大学出版社2004年版,第152页。

③ 骆某猥亵儿童案,最高人民检察院指导性案例第43号(2018年)。

的人。而侮辱妇女罪侵犯的对象可能是不特定的妇女。(2)行为方式不同。构成侮辱罪必须以公然实施侮辱行为为要件;而侮辱妇女罪的构成没有此要求,也可以是非公然的方式进行。侮辱妇女罪必须是当场对被侮辱妇女实施。侮辱罪既可以是当场也可以是非当场的。

《刑参》第987号案例"王某强制猥亵妇女、猥亵儿童案——如何界分正常医疗检查与猥亵犯罪行为以及强制猥亵对象中既包括已满14周岁女性又包括未满14周岁女童的,对所犯数罪是否并罚"相关论述:刑事司法实践中,通常将妇女的年龄解释为已满14周岁,故当猥亵对象既包括已满14周岁的妇女又包括未满14周岁的女童时,就涉及既构成强制猥亵妇女罪又构成猥亵儿童罪,此种情形应当以强制猥亵妇女罪与猥亵儿童罪并罚。

《刑参》第1438号案例"区某某强制侮辱案——网络语境下如何准确认定强制猥亵、侮辱罪"相关论述:刑法第246条侮辱罪中的"侮辱"使用的是侮辱的一般意义,即对公民一般人格尊严的侵害,侧重公民名誉权的保护。《刑法》第237条规定的强制侮辱罪是从流氓罪分离而来,属于侵犯有关性权利、性健康的范围,该罪状中的"侮辱"应当理解为与"猥亵"具有关联性或至少有一定相当性,且罪责上具有同等性。强制侮辱罪当然也会使对方人格或名誉受到侵害,但该罪限定在行为人出于性刺激、性满足的目的实施的与性健康权利有一定关联的行为。"猥亵"不具有奸淫目的,如果行为人出于奸淫的目的而在抠摸、搂抱阶段即被制止,则属于强奸罪的未遂,而不是强制猥亵。"强制猥亵"在一定程度上强调人身的接触,从法条解释的意义上分析,将不具有人身接触特点但与猥亵具有同一性的偷窥等下流行为解释为"强制侮辱",维护了法条的完整性、体系性。"强制猥亵"与"强制侮辱"有一定的位阶关系,猥亵行为必然同时侮辱了妇女,而对于行为手段、情节与"猥亵"相关但略低于"强制猥亵"的,可单独认定"强制侮辱罪",在法定刑幅度内再细分较轻的刑罚区间来处理。猥亵儿童罪未区分猥亵、侮辱行为,具有一定的特殊性。

【拓展关键词】公共场所当众猥亵　罪责刑相一致原则

实践中,奸淫幼女具有从严惩处情形,社会危害性与《刑法》第236条第3款第2~4项相当的,可以认为属于该款第1项规定的"情节恶劣"。例如,该款第2项规定的"奸淫幼女多人",一般是指奸淫幼女3人以上。本案中,被告人具备教师的特殊身份,奸淫2名幼女,且分别奸淫多次,其危害性并不低于奸淫幼女三人的行为,据此可以认定符合"情节恶劣"的规定。最高人民法院、最高人民检察院、公安部、司法部《关于依法惩治性侵害未成年人犯罪的意见》第23条规定了在"校园、游泳馆、儿童游乐场等公共场所"对未成年人实施强奸、猥亵犯罪,可以认定为在"公共场所当众"实施犯罪。适用这一规定,是否属于"当众"实施犯罪至为关键。对在规定列举之外的场所实施强奸、猥亵未成年人犯罪的,只要场所具有相对公开性,且有其他多人在场,有被他人感知可能的,就可以认定为在"公共场所当众"犯罪。最高人民法院对本案的判决表明:学校中的教室、集体宿舍、公共厕所、集体洗澡间等,是不特定未成年人活动的场所,在这些场所实施强奸、猥亵未成年人犯罪的,应当认定为在"公共场所当众"实施犯罪。①

《刑参》第989号案例"吴某猥亵儿童案——如何认定'猥亵'和界分猥亵犯罪行为与猥亵违法行为以及在教室讲台实施的猥亵是否属于'在公共场所当众猥亵'"相关论述:认定猥亵行为必须综合考虑主观和客观两个方面的因素。被告人亲吻被害人脸部的行为非一般成年人对孩童喜爱之情的自然流露,将其认定为猥亵犯罪行为,是正确的。在教室讲台猥亵儿童应当认定为"公共场所当众"实施猥亵。"当众"并不要求在场人员实际看到,但从空间上来讲,其他在场的多人一般要在行为人实施犯罪地点视力所及的范围之内。性侵害行为处于其他在场人员随时可能发现、可以发现的状况。

---

① 参见齐某强奸、猥亵儿童案,最高人民检察院指导性案例第42号(2018年)。

《刑参》第1260号案例"于某猥亵儿童案——从罪刑相适应的角度准确认定'在公共场所当众猥亵'"相关论述：刑法对"在公共场所当众猥亵"之所以加重处罚，其原因既在于该行为对被害人性的自主权及羞耻心伤害更大、对社会良好风尚冒犯程度更大，又能反映行为人置他人在场于不顾，目无国法，肆意妄为，主观恶性深。《关于依法惩治性侵害未成年人犯罪的意见》对"当众"实施猥亵等性侵害犯罪虽不要求其他多人实际看到，但明确要求必须有其他多人"在场"。所谓"在场"，从空间上讲，就必然要求其他多人在行为人实施犯罪地点视力所及的范围之内。换言之，猥亵行为处于其他在场人员随时可能发现、可以发现的状况，这是基于"当众"概念的一般语义及具有"当众"情节就升格法定刑的严厉性所决定的。2000年颁布的最高人民法院《关于审理交通肇事刑事案件具体应用法律若干问题的解释》（以下简称《交通肇事解释》）第3条对刑法所规定的"交通运输肇事后逃逸"这一法定加重处罚情节进行解释时，明确将"交通肇事致一人以上重伤，负事故全部或者主要责任，并具有为逃避法律追究逃离事故现场"的情形排除在外，概因该情形已作为交通肇事罪入罪情节进行法律评价，故不能将其作为"交通肇事逃逸"的加重处罚情节再予重复评价。我们认为，对"在公共场所当众猥亵"中"猥亵"概念的解释，理当遵循同样的原则。该加重情节中的"猥亵"是本身单独评价即足以构成犯罪的严重猥亵行为，而不包括轻微的治安处罚意义上的猥亵违法行为。只有行为人在公共场所当众实施了足以构成犯罪的猥亵行为才能适用加重处罚情节。如果将那些相对轻微的当众猥亵行为作为加重情节对被告人判处五年以上有期徒刑，就会罪刑失衡，也有违社会一般人的法感情，亦明显重于普通情节强奸既遂的最低法定刑，有失妥当。概言之，对那些手段、情节、危害一般、介于违法与犯罪之间的猥亵行为样态，宜突出"在公共场所当众实施"对考量行为是否值得入罪进行刑事处罚方面的影响，避免越过对"猥亵"本身是否构成犯罪的基础判断，而简单化地以形式上具有当众实施情节，即对被告人升格加重处罚。

第二百三十八条　【非法拘禁罪】

非法拘禁他人或者以其他方法非法剥夺他人人身自由的，处三年以下有期徒刑、拘役、管制或者剥夺政治权利。具有殴打、侮辱情节的，从重处罚。

犯前款罪，致人重伤的，处三年以上十年以下有期徒刑；致人死亡的，处十年以上有期徒刑。使用暴力致人伤残、死亡的，依照本法第二百三十四条、第二百三十二条的规定定罪处罚。

为索取债务非法扣押、拘禁他人的，依照前两款的规定处罚。

国家机关工作人员利用职权犯前三款罪的，依照前三款的规定从重处罚。

◆ 相关规定

最高人民法院
关于对为索取法律不予保护的债务
非法拘禁他人行为如何定罪问题的解释

（法释〔2000〕19号）

为了正确适用刑法，现就为索取高利贷、赌债等法律不予保护的债务，非法拘禁他人行为如何定罪问题解释如下：

行为人为索取高利贷、赌债等法律不予保护的债务，非法扣押、拘禁他人的，依照刑法第二百三十八条的规定定罪处罚。

最高人民检察院
关于渎职侵权犯罪案件立案标准的规定（节选）
（高检发释字〔2006〕2号）

二、国家机关工作人员利用职权实施的侵犯公民人身权利、民主权利犯罪案件

（一）国家机关工作人员利用职权实施的非法拘禁案（第二百三十八条）

非法拘禁罪是指以拘禁或者其他方法非法剥夺他人人身自由的行为。

国家机关工作人员利用职权非法拘禁，涉嫌下列情形之一的，应予立案：

1. 非法剥夺他人人身自由24小时以上的；
2. 非法剥夺他人人身自由，并使用械具或者捆绑等恶劣手段，或者实施殴打、侮辱、虐待行为的；
3. 非法拘禁，造成被拘禁人轻伤、重伤、死亡的；
4. 非法拘禁，情节严重，导致被拘禁人自杀、自残造成重伤、死亡，或者精神失常的；
5. 非法拘禁3人次以上的；
6. 司法工作人员对明知是没有违法犯罪事实的人而非法拘禁的；
7. 其他非法拘禁应予追究刑事责任的情形。

最高人民法院　最高人民检察院　公安部　司法部
关于办理实施“软暴力”的刑事案件若干问题的意见（节选）
（2019年4月9日施行）

详见《刑法》第294条组织、领导、参加黑社会性质组织罪的相关规定

六、有组织地多次短时间非法拘禁他人的，应当认定为《刑法》第二百三十八条规定的“以其他方法非法剥夺他人人身自由”。非法拘禁他人三次以上、每次持续时间在四小时以上，或者非法拘禁他人累计时间在十二小时以上的，应当以非法拘禁罪定罪处罚。

◆ 解读与适用

【拓展关键词】非法拘禁使用暴力致人伤残、死亡的，依照故意伤害罪、故意杀人罪论处

非法拘禁“使用暴力致人伤残、死亡的，依照本法第234条、第232条的规定定罪处罚”，该规定属于法律拟制。对于注意规定，应当按照基本规定作出解释，对于法律拟制，应当按照该拟制规定所使用的用语的客观含义进行解释。这里的“暴力”应限于超出了非法拘禁范围的暴力。只有当非法拘禁行为以外的暴力致人伤残、死亡时，才能认定为故意伤害罪或故意杀人罪。①

非法拘禁“使用暴力致人伤残、死亡的，依照本法第二百三十四条、第二百三十二条的规定定罪处罚”，这里的“致人死亡”，既包括故意所为，也包括过失所为。故意所为，定故意杀人罪，此时该条款就是注意规

① 参见张明楷：《刑法分则的解释原理》，中国人民大学出版社2004年版，第256～263页。

定。过失所为,定故意杀人罪,此时该条款就是法律拟制。行为人在构成非法拘禁的前提下,如果使用暴力过失致人死亡,以故意杀人罪论处。如果使用暴力故意杀害被害人,则应以非法拘禁罪和故意杀人罪并罚。类似刑讯逼供罪、虐待被监管人罪、聚众斗殴罪、聚众"打砸抢"的情形。①

《刑参》第180号案例"田某等绑架案——为索取债务劫持他人并致人死亡的行为如何定性"相关论述:为索取债务而绑架他人的行为应定性为非法拘禁罪,而非绑架罪。在非法拘禁中"致人重伤、死亡"和"使用暴力致人伤残、死亡"两种情形都有重伤、死亡的结果,两者的不同在于后者强调的是使用暴力且伤残、死亡的结果应当是由暴力行为造成的,暴力行为与结果存在直接、必然的因果关系。在非法拘禁中,行为人如果没有使用暴力而致人重伤、死亡的,或者虽然使用了一定程度的暴力,但该暴力根本不足以致人重伤、死亡或者说重伤、死亡的结果不是暴力造成的,而是其他因素造成的,就不是"使用暴力致人伤残、死亡",而是非法拘禁"致人重伤、死亡"。从主观方面分析,"使用暴力致人伤残、死亡"应属于故意犯罪范畴即施暴人对其暴力行为可能致人伤残、死亡应是出于希望或放任的心理态度,这是转化为故意伤害罪或故意杀人罪的原因所在。而非法拘禁中"致人重伤、死亡"则是指过失致人重伤、死亡的情况。事后行为有可能是前面行为的延续,在一定程度上可以印证前面的行为,但也不能作为证明被告人作案时主观故意内容的主要甚至唯一依据,而仅仅只能是参考。有时事后行为则可能与先前的行为完全不属同一性质,而是另有目的,更不能作为推断被告人作案时主观故意内容的依据。

《刑参》第1276号案例"宋某胜等故意伤害、故意毁坏财物案——事出有因非法拘禁他人向其亲属索取赔偿金的行为性质如何认定"相关论述:非法拘禁并实施伤害行为致被害人死亡的,应定性为故意伤害罪。非法拘禁罪必须同时符合以下两个条件才能转化为故意伤害罪或者故意杀人罪:一是在主观故意方面,由非法剥夺他人人身自由的故意转化为非法损害他人身体健康或者非法剥夺他人生命的故意;二是在客观行为方面,必须使用暴力,并因此造成被害人伤残或者死亡的危害结果。

【拓展关键词】索债型非法拘禁与勒财型绑架罪辨析　非法拘禁致人死亡与使用暴力致人死亡

上诉人王某、陈某为了索取被害人魏某曾口头承诺的补偿费,邀约刘某等人,持械将魏某挟持到他处限制人身自由、索取财物,其行为构成非法拘禁罪。②

被告人黄某为索要传销出资款而挟持了被害人邹某。传销是非法的,参与非法活动所形成的债权债务,当然也是非法的,不受法律保护。但是,不能因债务是非法的,就否定挟持邹某的目的是索要债务。是否存在债务是区别绑架罪与非法拘禁罪的一个重要界限,而该债务是否合法,不是区别两罪的界限。③

《刑参》第74号案例"孟某等赌博、绑架案——扣押、拘禁他人强索赌债的行为如何定罪处罚"相关论述:为索要赌债而非法扣押、拘禁他人的行为,应以非法拘禁罪定罪处罚。《刑法》第238条第3款之所以规定为索取债务非法扣押、拘禁他人的,以非法拘禁罪定罪处罚,立法本意并不在于以此来体现对债权的特别保护,而是要强调即使为了索取正当、合法的债务,也不得采取扣押、拘禁他人等限制人身自由的非法方法。为索取赌债、高利贷、嫖资等非法债务而扣押、拘禁他人的以非法拘禁罪处罚就更不成问题了。"以勒索财物为目的"而绑架他人与为索取债务而非法拘禁他人区别的关键在于行为人实施非法剥夺他人人身自由的行为之是否存在能够引起"债务"的特定行为或事件。被告人非法劫持并扣押他人后向被害人家属索要大大超出赌债范围的钱物的行为,已构成绑架罪。如果行为人索要的钱物没有超出被害人所欠的"债务"的范围,或者两者之间差额不大,就不能以绑架罪定罪处罚。

---

① 参见陈兴良主编:《刑法各论精释》(上),人民法院出版社2015年版,第11页。

② 参见王某、陈某、刘某、张某非法拘禁案,载《最高人民法院公报》1997年第4期。

③ 参见黄某非法拘禁案,载《最高人民法院公报》2001年第6期。

《刑参》第 263 号案例“雷某等非法拘禁案——‘索债型’扣押、拘禁案件的定性”相关论述：原债务数额难以确定，即使有证据证明行为人对债务或数额的认识是基于某种错误，行为人也是在“索要债务”的主观认识下实施的行为，不存在“勒索财物”的目的，应以非法拘禁罪定罪处罚。不能仅因索要数额超过原债务，就简单认定上述行为均构成绑架罪，如果索要的债务大大超过原债务数额，结合其他情形，可以证明行为人的主观目的已经由索债转化为勒索财物，按照想象竞合定绑架罪。如果超过的数额不大，或者超过较大但用于弥补讨债费用，仍是索债，应以非法拘禁罪处理。

《刑参》第 571 号案例“李某、袁某、胡某等绑架、非法拘禁、敲诈勒索案——帮人‘讨债’参与绑架，与人质谈好‘报酬’后将其释放，事后索要‘报酬’的如何定罪处罚”相关论述：误以为索要债务而实施了帮助他人绑架人质的行为，主观上没有绑架的犯罪故意，应当以非法拘禁罪定罪处罚。与人质谈好“报酬”后将人质释放，事后索要“报酬”的行为，应当以敲诈勒索罪定罪处罚。事后索要“报酬”实质是敲诈勒索，其手段是人身安全威胁，威胁的内容就是再次让被害人失去自由。非法拘禁罪以被害人被限制人身自由为主要特征，其非法拘禁行为自释放人质时即终止。以威胁手段索要报酬的行为应定性为敲诈勒索，并与非法拘禁罪并罚。绑架过程中当场劫取人质财物的，同时触犯绑架罪、抢劫罪两罪，择一处断。绑架罪是继续犯。暴力劫持或拘禁行为既评价为绑架罪的构成要件，又重复评价为抢劫罪当场劫取财物的客观要件，有违“禁止重复评价”原则。

《刑参》第 948 号案例“徐某等非法拘禁案——以剥夺他人人身自由的方式索回赌资的行为如何定性，公诉机关指控轻罪名，法院是否可以改变为重罪名以及一审法院将公诉机关指控的轻罪名变更为重罪名的，二审对此如何处理”相关论述：采取剥夺他人人身自由的方式索回已支付的赌资行为应当认定为非法拘禁罪。要审查行为人与被害人之间是否存在债权债务关系。要审查行为人的主观故意和目的。

《刑参》第 997 号案例“贾某非法拘禁案——抱走年幼继女向欲离婚的妻子索要所支出的抚养费、彩礼费的行为，如何定性”相关论述：离婚分居期间私自带走继女的行为具有严重违法性，具有应受刑罚处罚性。在离婚程序启动后，婚姻双方的权利、义务处于未决状态，当事人只应在合理范围内行使必要的权利，此时，当事人对离婚后将会发生改变的权利、义务应暂停行使或者只在必要的、合理的限度内行使。贾某索要的财产是夫妻在离婚纠纷中，双方存在争议、尚未达成一致意见的财产，其索要财产的数额并未超出合理限度，其主观上不具有绑架罪中的恶意勒索他人财物，获取不义之财的目的，故不构成“索财型”绑架罪。贾某在将其继女挟持期间，并没有以继女的生命安全威胁其妻也没有提出其他非法要求，不具有绑架罪中为实现非法目的，以被绑架人的生命安全相要挟的客观行为，不构成“人质型”绑架罪。拐骗儿童罪往往是以收养为目的或者以奴役、使唤为目的。拐骗儿童罪是与暴力干涉婚姻自由罪等破坏婚姻、家庭关系的犯罪规定在一起，侧重的是对家庭关系的保护。行为人实施拐骗儿童的行为，应当是以收养、役使为目的，以使儿童长期或者永久脱离家庭或者监护人。只要是非法剥夺了公民的人身自由即构成非法拘禁罪，对行为方式并无限定。贾某的行为符合为索要债务而非法扣押他人的情形，依法构成非法拘禁罪。

《刑参》第 1008 号案例“罗某、蒋某非法拘禁案——无法查清被害人是否存在债务的情况下，如何认定行为人为索取债务而非法拘禁他人的行为性质”相关论述：无法查清被害人是否存在债务的情况下，应当从被告人的真实故意出发认定行为人是否为索取债务而非法拘禁他人。如果被告人确实认为被害人存在侵吞账款的，从有利于被告人和坚持主客观相统一原则出发，应当认定被告人是为索取债务而非法拘禁他人。如果行为人主观上确实是为索取债务而扣押、拘禁他人的，即使债务关系难以查清或者根本不存在，只是行为人认识错误的，仍然应当认定行为人系为索取债务而实施非法拘禁行为。认定被告人是为索取债务而非法拘禁他人，并不意味着认定债务真实存在。主观上为索取债务而非法拘禁他人，构成犯罪的，应当以非法拘禁罪论处。

《刑参》第1276号案例“宋某胜等故意伤害、故意毁坏财物案——事出有因非法拘禁他人向其亲属索取赔偿金的行为性质如何认定”相关论述：事出有因将他人非法拘禁，后向其家人索要赔偿金的行为应定性为非法拘禁罪。设立非法拘禁罪的目的主要在于保护他人的人身权利而非财产权利。依据法律规定，无论行为人索取的是合法债务还是非法债务，一般都定性为非法拘禁。

【拓展关键词】拘禁的对象和侵犯的法益　单位犯罪

只有侵犯了他人的现实自由时才宜认定为非法拘禁罪。将已睡的人反锁房间的不构成本罪。非法拘禁罪是侵犯个人法益的犯罪，而且该法益可以由个人处分，故应当以违反被害人的意志为前提。①

《刑参》第181号案例“辜某非法拘禁案——为逼人还贷款非法关押借款人以外的第三人的行为应如何定性”相关论述：为逼人还贷而关押借款人以外的第三人的行为应以非法拘禁罪论处。“为索取债务非法扣押、拘禁他人”中的“他人”并未限定为债务人本人。可以包括债务人以外而又与债务人具有某种利害关系的人。因执行领导或机关集体错误决定的“公务”行为不是不负刑事责任的理由。本案被告人关押他人的行为虽然是在该镇党委、政府的清收欠款的压力下实施的，为的也是公共利益，且事先得到书记、副书记等人的同意，关押地点也设在镇政府大院，但上述行为绝不是所谓的“政府行为”或“单位行为”，而是个人职务犯罪行为。

【拓展关键词】非法拘禁中的侮辱情节

《刑参》第179号案例“周某等非法拘禁案——将被捉奸的妇女赤裸裸捆绑示众的行为如何定罪处罚”相关论述：将被捉奸的妇女赤裸裸捆绑、拘禁、示众的行为应以侮辱罪定罪处罚。对于牵连犯，一般应择一重罪处罚。但如果相互牵连的两个罪名法定刑相同，则应根据被告人的目的行为定罪量刑。本案被告人对被害人实施捆绑的行为，是为了达到侮辱被害人的目的，是实现侮辱的暴力手段，是从属于侮辱目的的，相对捆绑行为而言，本案被告人的侮辱行为情节严重，已构成一种独立的犯罪，这与《刑法》第238条第1款规定的“具有殴打、侮辱情节的，从重处罚”中的“侮辱情节”不同。这款是针对以非法剥夺他人人身自由为目的，在非法拘禁过程中同时又对被拘禁人实施侮辱行为的情形。这里的“侮辱情节”只是非法拘禁中的伴随情节，也并不要求达到严重程度。只要在实施非法拘禁过程中又同时实施侮辱行为，就应当以非法拘禁罪从重处罚。

第二百三十九条　【绑架罪】②③

以勒索财物为目的绑架他人的，或者绑架他人作为人质的，处十年以上有期徒刑或者无期徒刑，并处罚金或者没收财产；情节较轻的，处五年以上十年以下有期徒刑，并处罚金。

---

① 参见张明楷：《刑法分则的解释原理》，中国人民大学出版社2004年版，第148页。

② 根据《刑法修正案(七)》修订。原条文主要内容为：以勒索财物为目的绑架他人的，或者绑架他人作为人质的，处十年以上有期徒刑或者无期徒刑，并处罚金或者没收财产；致使被绑架人死亡或者杀害被绑架人的，处死刑，并处没收财产。

以勒索财物为目的偷盗婴幼儿的，依照前款的规定处罚。

③ 根据《刑法修正案(九)》修订。修订前内容为：以勒索财物为目的绑架他人的，或者绑架他人作为人质的，处十年以上有期徒刑或者无期徒刑，并处罚金或者没收财产；情节较轻的，处五年以上十年以下有期徒刑，并处罚金。

犯前款罪，致使被绑架人死亡或者杀害被绑架人的，处死刑，并处没收财产。

以勒索财物为目的偷盗婴幼儿的，依照前两款的规定处罚。

犯前款罪，杀害被绑架人的，或者故意伤害被绑架人，致人重伤、死亡的，处无期徒刑或者死刑，并处没收财产。

以勒索财物为目的偷盗婴幼儿的，依照前两款的规定处罚。

◆ 相关规定

最高人民法院
关于对在绑架过程中以暴力、胁迫等手段当场劫取被害人财物的行为如何适用法律问题的答复
（法函〔2001〕68 号）

行为人在绑架过程中，又以暴力、胁迫等手段当场劫取被害人财物，构成犯罪的，择一重罪处罚。

最高人民法院
关于审理抢劫、抢夺刑事案件适用法律若干问题的意见(节选)
（法发〔2005〕8 号）

详见《刑法》第 263 条抢劫罪的相关规定

九、关于抢劫罪与相似犯罪的界限

……

3. 抢劫罪与绑架罪的界限

绑架罪是侵害他人人身自由权利的犯罪，其与抢劫罪的区别在于：第一，主观方面不尽相同。抢劫罪中，行为人一般出于非法占有他人财物的故意实施抢劫行为，绑架罪中，行为人既可能为勒索他人财物而实施绑架行为，也可能出于其它非经济目的实施绑架行为；第二，行为手段不尽相同。抢劫罪表现为行为人劫取财物一般应在同一时间、同一地点，具有“当场性”；绑架罪表现为行为人以杀害、伤害等方式向被绑架人的亲属或其他人或单位发出威胁，索取赎金或提出其他非法要求，劫取财物一般不具有“当场性”。

绑架过程中又当场劫取被害人随身携带财物的，同时触犯绑架罪和抢劫罪两罪名，应择一重罪定罪处罚。

☞ 其他相关规定见章后二维码

◆ 解读与适用

【拓展关键词】杀害被绑架人　致使被绑架人死亡　因果关系与介入因素

《刑参》第 183 号案例“吴某绑架案——在绑架中对被绑架人实施伤害致人重伤的应如何定罪量刑”相关论述：“致被绑架人死亡或者杀害被绑架人的”是决定对绑架人适用死刑的必要条件。“致被绑架人死亡”应包括在绑架过程中，被绑架人被伤害致死、病饿致死以及其他各种因绑架而导致的死亡。所谓“杀害被绑架人”是指故意杀死被绑架人即通常所说的“撕票”。不仅要有故意杀人的行为还要有死亡的后果。正因如此，刑法在这里才规定了绝对确定的死刑。这也是与故意杀人罪相对确定的法定刑的主要区别所在。刑法规定行为人犯绑架罪时只有在实施绑架行为过程中或是在绑架行为的持续状态中，造成被绑架人死亡或者杀死被绑架人的，才能而且只能适用死刑。但这只是意味着立法将绑架罪和在绑架过程中致被绑架人死亡和杀死被绑架人这种特定的结果结合在一起，单独规定为确定的法定刑死刑。《刑法》第239条的规定并不排斥对在绑架过程中故意伤害被绑架人未致死或者故意杀害被绑架人未遂的，可以绑架罪和故意伤害罪或故意杀人（未遂）罪，择一重罪定罪处罚或数罪并罚。如果行为人伤害手段特别残忍致人重伤且造成严重残疾，或者杀害未遂但手段特别恶劣、后果特别严重、论罪应当判处死刑的，此时的杀、伤行为就不宜被包括在绑架罪“暴力手段”的构成要件之内，有必要给予单独评价，以绑架罪和故意伤害罪或故意杀人罪实行数罪并罚。在这种情况下，虽然以绑架罪无法判处绑架人死刑，但以故意伤害罪、故意杀人罪又完全可以判处死刑，不存在配刑失衡的问题。

《刑参》第299号案例“王某绑架案——杀害被绑架人未遂，是否属于‘杀害被绑架人’的情形”相关论述：杀害被绑架人应当包括杀害被绑架人未遂的情况。刑法将“致使被绑架人死亡”和“杀害被绑架人”这两种情形归入绑架罪进行综合评价，对其处罚，应当重于对这两种行为独立发生时的处罚。故意伤害他人身体尽管没有造成被害人死亡，但具有法定严重情形的，仍可能适用死刑，与故意伤害罪相比，绑架罪的法定刑设置更为严厉，杀害被绑架人应当包括杀害被绑架人未遂。“致使被绑架人死亡”可能包括行为人过失致使被绑架人死亡的情形，故意杀害被绑架人的恶性程度明显高于过失致被绑架人死亡的情形，所以对于故意杀害被绑架人未遂的，特别是手段残忍的类型的，可以适用死刑。杀害不只指杀死。但绝不等于对所有绑架并杀害被绑架人未遂的情形，都必须一律判处死刑。把杀害被绑架人未遂的情形视为一个可以酌定从轻或减轻处罚的情节，应当是没有什么疑问的。虽然法定刑为绝对确定的法定刑死刑，但在具体量刑时，还要贯彻不同情况区别对待的原则。

《刑参》第794号案例“张某等绑架案——绑架犯罪案件中，非因被告人的故意、过失行为导致被害人死亡的，能否认定为‘致使被绑架人死亡’”相关论述：刑法将致使被绑架人死亡和故意杀害被绑架人并列规定为适用死刑的情形，除了表明这两种情形都具有极其严重的客观危害之外，还表明致使被绑架人死亡情形行为人的主观恶性、人身危险性程度达到或者接近故意杀害被绑架人的程度。要求绑架过程中的行为与死亡结果之间必须具有刑法上的因果关系。如果死亡结果不是因为行为人的故意或者过失造成的，而是由于其他因素的介入所致，那么不能认定“致使被绑架人死亡”。对因果关系的考察最根本的就是要审查实行行为在一定的条件下是否合乎规律地引起危害结果的发生。作为原因的实行行为必然具有引起危害结果发生的实在可能性。如果介入因素是异常的，并且该异常因素合乎规律地引起了最终的结果，则先前的实行行为与后来的危害结果之间的因果关系中断，即行为人对危害结果不承担刑事责任。如果是因为被害人身体上的疾病或被害人基于其自由意志而实施的自杀行为所致，不能认定为被告人致使被害人死亡。并非自然因素一律都会导致因果关系中断，如果该自然因素的介入具有高度的盖然性，行为人对自然因素可能发生的危害后果应当能够预见，则不能以自然因素的介入而中断因果关系。第三方无过错或有过错的行为直接引起被害人死亡的，都不能认定绑架人的绑架行为致使被绑架人死亡。行为人无过错的行为致使被绑架人死亡的，不能认定致使被绑架人死亡。行为人实施的与绑架行为无关的其他有过错行为致使被害人死亡的，一般也不能认定为“致使被绑架人死亡”。虽然存在如果没有行为人的绑架行为，就不会发生被害人的死亡结果这种条件关系，但被害人的死亡结果出乎行为人的预料之外，行为人无法预见绑架行为会发生被害人死亡的结果，也无法预见绑架过程中会有介入因素导致被害人死亡的情况。行为人对被害人死亡的结果缺乏承担刑事责任的主观基础。绑架行为与死亡结果之间也就不存在因果关系的相当性。只有绑架行为人实施的故意、过失行为导致被绑架人死亡的，才对“致使被绑架人死亡”承担刑事责任。

【拓展关键词】绑架既遂标准　情节较轻

“以勒索财物为目的绑架他人”属于“绑架他人作为人质”的一种情况，即后者包含了前者。①

本罪是为了保护公民的人身权利。行为人以勒索财物为目的将他人绑架后，即使后来产生怜悯之心，没有实施勒索行为，也成立绑架罪的既遂，而非成立绑架中止或未遂，行为必须侵犯何种法益与行为实际上侵犯了何种法益不是等同问题。②

《刑参》第496号案例“俞某绑架案——绑架犯罪人绑架他人后自动放弃继续犯罪的如何处理”相关论述：犯罪分子绑架人质的行为一经完成就构成犯罪既遂，之后主动放弃继续犯罪并释放人质的行为，属于犯罪既遂后的补救措施。犯罪行为具备分则条文法定的全部构成要件是认定犯罪既遂的标准。绑架罪的实行行为仅是绑架这一单一行为，而勒索目的则属于主观目的要件。目的要件能够充分证明即可，并不要求必须有相应的实际行为。提出勒索要求是勒索目的的具体体现，但也只是勒索目的的一种认明方式。被告人自动放弃获取赎金、将被害人安全送回，对其可经法定程序报最高人民法院核准在法定刑以下判处刑罚。

《刑参》第947号案例“孙某、濮某等绑架、抢劫、故意杀人案——在绑架案件中，能否仅依据行为人对被害人实施了人身控制行为就认定其具有‘以勒索财物为目的’以及绑架罪中的‘情节较轻’是否包括未遂情节”相关论述：在绑架案件中不能仅依据行为人对被害人实施了人身控制行为就认定其“以勒索财物为目的”，还相应地要求行为人向被害人之外的第三人提出了勒索财物的意思表示或者具有证明行为人该目的存在的其他证据。刑法总则规定的犯罪未遂情节不应适用绑架罪中“情节较轻”情形。

《刑参》第1172号案例“郑某非法拘禁案——吸毒致幻挟持他人，不具有真实的绑架犯罪目的，不应认定构成绑架罪”相关论述：吸毒致幻实施犯罪的行为人应承担刑事责任。

【拓展关键词】绑架罪与敲诈勒索罪、抢劫罪辨析

《刑参》第102号案例“梁某故意杀人案——对故意杀人后为掩盖罪行而写信勒索钱财并恐吓他人的行为应如何定性”相关论述：被告人杀人后为转移公安机关的侦查视线，掩盖罪行而书写勒索信的行为，构成故意杀人罪。被告人不具有非法占有他人财物的故意，其行为不构成绑架罪与敲诈勒索罪。被告人写勒索信但未去收取赎金，不具有勒索财物的目的，其给被害人父母写信时被害人已经死亡，不存在以被绑架人为人质的情况。

《刑参》第155号案例“熊某绑架案——如何准确区分敲诈勒索罪与抢劫罪、绑架罪的界限”相关论述：敲诈勒索罪与勒索型绑架罪的主要区别在于实现勒索目的方式不同。勒索型绑架罪的本质特征是以劫持被绑架人、控制被绑架人的人身自由为前提，事后再向被绑架人的亲友或相关第三人发出勒索命令。所采用的威胁手段多是以杀伤被绑架人为内容，属于暴力威胁范畴，具有可立即付诸实施的现实性和紧迫性。本案被告人以被害人与其妻有不正当男女关系为由相要挟迫使被害人写下借据，并安排他人将被害人非法拘禁，但被告人并未以此或者以杀伤被害人相威胁，迫使被害人亲友支付赎金，而且主观上也没有这一故意内容，被告人的勒索行为是发生并完成在控制被害人人身自由之前的。虽然勒索既遂的钱财是由被害人的亲友提供的，但仍是被害人以自己急需用钱为由向朋友借来的。被告人要挟和勒索的直接对象都是被害人本人。其勒索成功所凭借的手段仍是被害人的“把柄”，不符合勒索型绑架罪的构成。

《刑参》第443号案例“张某敲诈勒索案——利用被害人年幼将其骗至外地继而敲诈其家属钱财的能否构成绑架罪”相关论述：勒索型绑架罪实质是行为人实际控制被害人将其作为人质，被害人处于行为人的实力控制之下失去人身自由，其人身安全处于随时可能被侵犯的危险状态，属于侵犯公民的人身权利、民主权

---

① 参见张明楷：《刑法分则的解释原理》，中国人民大学出版社2004年版，第320页。

② 参见张明楷：《刑法分则的解释原理》，中国人民大学出版社2004年版，第149页。

利罪。绑架罪要求被告人既具有劫持被害人的主观故意同时又实施了对被害人已达到实际控制其人身自由的绑架行为。与诱骗型敲诈勒索罪的关键区别就是要确定被告人是否真正绑架了被害人,其行为对被害人人身自由的剥夺是否达到严重的程度,是否严重危及了被害人的人身安全。

【拓展关键词】非法拘禁罪与绑架罪辨析

《刑参》第156号案例"章某等绑架案——基于索债目的帮助他人实施绑架行为的应如何定罪"相关论述:基于索债目的帮助他人实施绑架行为的,构成非法拘禁罪而非绑架罪。勒索型绑架罪既遂与否的标准是看被害人是否被绑架,从而失去行动自由。至于勒索财物的行为是否实现,不影响既遂的成立。绑架罪是继续犯。勒索型绑架罪是以勒索财物为目的,为实现犯罪目的,行为人的绑架行为从绑架实施终了到实现其勒索目的为止,一直处于继续状态。在绑架行为持续过程中,加入帮助实施勒索行为的,构成绑架罪的共犯。

《刑参》第157号案例"颜某等绑架案——给付定金方违约后为索回定金而非法扣押对方当事人子女的行为如何定罪"相关论述:索债型非法拘禁罪和勒索型绑架罪的关键区别在于行为人的犯罪目的不同。勒索型绑架罪是以勒索财物为目的,而索债型非法拘禁罪则是以索还自己的债权为目的。在索债型非法拘禁罪中,行为人向被拘禁人索取财物的数量一般都是以实际存在的合法或者虽不受法律保护但客观存在的赌债、高利贷等债权债务的数额为限。如果行为人在扣押被害人之后索取了远远超出债权债务额的财物时,应按照想象竞合的原则,按照绑架罪定罪处罚。索债型非法拘禁罪的对象不限于与行为人有债权债务关系的当事人本人。

第二百四十条　【拐卖妇女、儿童罪】

拐卖妇女、儿童的,处五年以上十年以下有期徒刑,并处罚金;有下列情形之一的,处十年以上有期徒刑或者无期徒刑,并处罚金或者没收财产;情节特别严重的,处死刑,并处没收财产:

(一)拐卖妇女、儿童集团的首要分子;

(二)拐卖妇女、儿童三人以上的;

(三)奸淫被拐卖的妇女的;

(四)诱骗、强迫被拐卖的妇女卖淫或者将被拐卖的妇女卖给他人迫使其卖淫的;

(五)以出卖为目的,使用暴力、胁迫或者麻醉方法绑架妇女、儿童的;

(六)以出卖为目的,偷盗婴幼儿的;

(七)造成被拐卖的妇女、儿童或者其亲属重伤、死亡或者其他严重后果的;

(八)将妇女、儿童卖往境外的。

拐卖妇女、儿童是指以出卖为目的,有拐骗、绑架、收买、贩卖、接送、中转妇女、儿童的行为之一的。

◆ 相关规定

全国法院维护农村稳定刑事审判工作座谈会纪要(节选)

(法〔1999〕217 号)

(六)关于拐卖妇女、儿童犯罪案件

要从严惩处拐卖妇女、儿童犯罪团伙的首要分子和以拐卖妇女、儿童为常业的"人贩子"。

要严格把握此类案件罪与非罪的界限。对于买卖至亲的案件,要区别对待:以贩卖牟利为目的"收养"子女的,应以拐卖儿童罪处理;对那些迫于生活困难、受重男轻女思想影响而出卖亲生子女或收养子女的,可不作为犯罪处理;对于出卖子女确属情节恶劣的,可按遗弃罪处罚;对于那些确属介绍婚姻,且被介绍的男女双方相互了解对方的基本情况,或者确属介绍收养,并经被收养人父母同意的,尽管介绍的人数较多,从中收取财物较多,也不应作犯罪处理。

最高人民法院

关于审理拐卖妇女案件适用法律有关问题的解释

(法释〔2000〕1 号)

第一条 刑法第二百四十条规定的拐卖妇女罪中的"妇女",既包括具有中国国籍的妇女,也包括具有外国国籍和无国籍的妇女。被拐卖的外国妇女没有身份证明的,不影响对犯罪分子的定罪处罚。

第二条 外国人或者无国籍人拐卖外国妇女到我国境内被查获的,应当根据刑法第六条的规定,适用我国刑法定罪处罚。

第三条 对于外国籍被告人身份无法查明或者其国籍国拒绝提供有关身份证明,人民检察院根据刑事诉讼法第一百二十八条第二款的规定起诉的案件,人民法院应当依法受理。

最高人民法院 最高人民检察院 公安部 司法部

关于依法惩治拐卖妇女儿童犯罪的意见(节选)

(法发〔2010〕7 号)

五、定性

14. 犯罪嫌疑人、被告人参与拐卖妇女、儿童犯罪活动的多个环节,只有部分环节的犯罪事实查证清楚、证据确实、充分的,可以对该环节的犯罪事实依法予以认定。

15. 以出卖为目的强抢儿童,或者捡拾儿童后予以出卖,符合刑法第二百四十条第二款规定的,应当以拐卖儿童罪论处。

以抚养为目的偷盗婴幼儿或者拐骗儿童,之后予以出卖的,以拐卖儿童罪论处。

16. 以非法获利为目的,出卖亲生子女的,应当以拐卖妇女、儿童罪论处。

17. 要严格区分借送养之名出卖亲生子女与民间送养行为的界限。区分的关键在于行为人是否具有非法获利的目的。应当通过审查将子女"送"人的背景和原因、有无收取钱财及收取钱财的多少、对方是否具有抚养目的及有无抚养能力等事实,综合判断行为人是否具有非法获利的目的。

具有下列情形之一的,可以认定属于出卖亲生子女,应当以拐卖妇女、儿童罪论处:

(1)将生育作为非法获利手段,生育后即出卖子女的;

(2)明知对方不具有抚养目的,或者根本不考虑对方是否具有抚养目的,为收取钱财将子女"送"给他人的;

(3)为收取明显不属于"营养费"、"感谢费"的巨额钱财将子女"送"给他人的;

(4)其他足以反映行为人具有非法获利目的的“送养”行为的。

不是出于非法获利目的，而是迫于生活困难，或者受重男轻女思想影响，私自将没有独立生活能力的子女送给他人抚养，包括收取少量“营养费”、“感谢费”的，属于民间送养行为，不能以拐卖妇女、儿童罪论处。对私自送养导致子女身心健康受到严重损害，或者具有其他恶劣情节，符合遗弃罪特征的，可以遗弃罪论处；情节显著轻微危害不大的，可由公安机关依法予以行政处罚。

18.将妇女拐卖给有关场所，致使被拐卖的妇女被迫卖淫或者从事其他色情服务的，以拐卖妇女罪论处。

有关场所的经营管理人员事前与拐卖妇女的犯罪人通谋的，对该经营管理人员以拐卖妇女罪的共犯论处；同时构成拐卖妇女罪和组织卖淫罪的，择一重罪论处。

19.医疗机构、社会福利机构等单位的工作人员以非法获利为目的，将所诊疗、护理、抚养的儿童贩卖给他人的，以拐卖儿童罪论处。

20.明知是被拐卖的妇女、儿童而收买，具有下列情形之一的，以收买被拐卖的妇女、儿童罪论处；同时构成其他犯罪的，依照数罪并罚的规定处罚：

(1)收买被拐卖的妇女后，违背被收买妇女的意愿，阻碍其返回原居住地的；

(2)阻碍对被收买妇女、儿童进行解救的；

(3)非法剥夺、限制被收买妇女、儿童的人身自由，情节严重，或者对被收买妇女、儿童有强奸、伤害、侮辱、虐待等行为的；

(4)所收买的妇女、儿童被解救后又再次收买，或者收买多名被拐卖的妇女、儿童的；

(5)组织、诱骗、强迫被收买的妇女、儿童从事乞讨、苦役，或者盗窃、传销、卖淫等违法犯罪活动的；

(6)造成被收买妇女、儿童或者其亲属重伤、死亡以及其他严重后果的；

(7)具有其他严重情节的。

被追诉前主动向公安机关报案或者向有关单位反映，愿意让被收买妇女返回原居住地，或者将被收买儿童送回其家庭，或者将被收买妇女、儿童交给公安、民政、妇联等机关、组织，没有其他严重情节的，可以不追究刑事责任。

六、共同犯罪

21.明知他人拐卖妇女、儿童，仍然向其提供被拐卖妇女、儿童的健康证明、出生证明或者其他帮助的，以拐卖妇女、儿童罪的共犯论处。

明知他人收买被拐卖的妇女、儿童，仍然向其提供被收买妇女、儿童的户籍证明、出生证明或者其他帮助的，以收买被拐卖的妇女、儿童罪的共犯论处，但是，收买人未被追究刑事责任的除外。

认定是否“明知”，应当根据证人证言、犯罪嫌疑人、被告人及其同案人供述和辩解，结合提供帮助的人次，以及是否明显违反相关规章制度、工作流程等，予以综合判断。

22.明知他人系拐卖儿童的“人贩子”，仍然利用从事诊疗、福利救助等工作的便利或者了解被拐卖方情况的条件，居间介绍的，以拐卖儿童罪的共犯论处。

23.对于拐卖妇女、儿童犯罪的共犯，应当根据各被告人在共同犯罪中的分工、地位、作用，参与拐卖的人数、次数，以及分赃数额等，准确区分主从犯。

对于组织、领导、指挥拐卖妇女、儿童的某一个或者某几个犯罪环节，或者积极参与实施拐骗、绑架、收买、贩卖、接送、中转妇女、儿童等犯罪行为，起主要作用的，应当认定为主犯。

对于仅提供被拐卖妇女、儿童信息或者相关证明文件，或者进行居间介绍，起辅助或者次要作用，没有获利或者获利较少的，一般可认定为从犯。

对于各被告人在共同犯罪中的地位、作用区别不明显的，可以不区分主从犯。

七、一罪与数罪

24.拐卖妇女、儿童，又奸淫被拐卖的妇女、儿童，或者诱骗、强迫被拐卖的妇女、儿童卖淫的，以拐卖妇女、儿童罪处罚。

25. 拐卖妇女、儿童，又对被拐卖的妇女、儿童实施故意杀害、伤害、猥亵、侮辱等行为，构成其他犯罪的，依照数罪并罚的规定处罚。

26. 拐卖妇女、儿童或者收买被拐卖的妇女、儿童，又组织、教唆被拐卖、收买的妇女、儿童进行犯罪的，以拐卖妇女、儿童罪或者收买被拐卖的妇女、儿童罪与其所组织、教唆的罪数罪并罚。

27. 拐卖妇女、儿童或者收买被拐卖的妇女、儿童，又组织、教唆被拐卖、收买的未成年妇女、儿童进行盗窃、诈骗、抢夺、敲诈勒索等违反治安管理活动的，以拐卖妇女、儿童罪或者收买被拐卖的妇女、儿童罪与组织未成年人进行违反治安管理活动罪数罪并罚。

八、刑罚适用

28. 对于拐卖妇女、儿童犯罪集团的首要分子，情节严重的主犯，累犯，偷盗婴幼儿、强抢儿童情节严重，将妇女、儿童卖往境外情节严重，拐卖妇女、儿童多人多次、造成伤亡后果，或者具有其他严重情节的，依法从重处罚；情节特别严重的，依法判处死刑。

拐卖妇女、儿童，并对被拐卖的妇女、儿童实施故意杀害、伤害、猥亵、侮辱等行为，数罪并罚决定执行的刑罚应当依法体现从严。

29. 对于拐卖妇女、儿童的犯罪分子，应当注重依法适用财产刑，并切实加大执行力度，以强化刑罚的特殊预防与一般预防效果。

30. 犯收买被拐卖的妇女、儿童罪，对被收买妇女、儿童实施违法犯罪活动或者将其作为牟利工具的，处罚时应当依法体现从严。

收买被拐卖的妇女、儿童，对被收买妇女、儿童没有实施摧残、虐待行为或者与其已形成稳定的婚姻家庭关系，但仍应依法追究刑事责任的，一般应当从轻处罚；符合缓刑条件的，可以依法适用缓刑。

收买被拐卖的妇女、儿童，犯罪情节轻微的，可以依法免予刑事处罚。

31. 多名家庭成员或者亲友共同参与出卖亲生子女，或者“买人为妻”、“买人为子”构成收买被拐卖的妇女、儿童罪的，一般应当在综合考察犯意提起、各行为人在犯罪中所起作用等情节的基础上，依法追究其中罪责较重者的刑事责任。对于其他情节显著轻微危害不大，不认为是犯罪的，依法不追究刑事责任；必要时可以由公安机关予以行政处罚。

32. 具有从犯、自首、立功等法定从宽处罚情节的，依法从轻、减轻或者免除处罚。

对被拐卖的妇女、儿童没有实施摧残、虐待等违法犯罪行为，或者能够协助解救被拐卖的妇女、儿童，或者具有其他酌定从宽处罚情节的，可以依法酌情从轻处罚。

33. 同时具有从严和从宽处罚情节的，要在综合考察拐卖妇女、儿童的手段、拐卖妇女、儿童或者收买被拐卖妇女、儿童的人次、危害后果以及被告人主观恶性、人身危险性等因素的基础上，结合当地此类犯罪发案情况和社会治安状况，决定对被告人总体从严或者从宽处罚。

九、涉外犯罪

……

最高人民法院
关于审理拐卖妇女儿童犯罪案件具体应用法律若干问题的解释

（法释〔2016〕28号）

第一条 对婴幼儿采取欺骗、利诱等手段使其脱离监护人或者看护人的，视为刑法第二百四十条第一款第（六）项规定的“偷盗婴幼儿”。

第二条 医疗机构、社会福利机构等单位的工作人员以非法获利为目的，将所诊疗、护理、抚养的儿童出卖给他人的，以拐卖儿童罪论处。

第三条 以介绍婚姻为名，采取非法扣押身份证件、限制人身自由等方式，或者利用妇女人地生疏、语言不通、孤立无援等境况，违背妇女意志，将其出卖给他人的，应当以拐卖妇女罪追究刑事责任。

以介绍婚姻为名，与被介绍妇女串通骗取他人钱财，数额较大的，应当以诈骗罪追究刑事责任。

第四条　在国家机关工作人员排查来历不明儿童或者进行解救时，将所收买的儿童藏匿、转移或者实施其他妨碍解救行为，经说服教育仍不配合的，属于刑法第二百四十一条第六款规定的“阻碍对其进行解救”。

第五条　收买被拐卖的妇女，业已形成稳定的婚姻家庭关系，解救时被买妇女自愿继续留在当地共同生活的，可以视为“按照被买妇女的意愿，不阻碍其返回原居住地”。

第六条　收买被拐卖的妇女、儿童后又组织、强迫卖淫或者组织乞讨、进行违反治安管理活动等构成其他犯罪的，依照数罪并罚的规定处罚。

第七条　收买被拐卖的妇女、儿童，又以暴力、威胁方法阻碍国家机关工作人员解救被收买的妇女、儿童，或者聚众阻碍国家机关工作人员解救被收买的妇女、儿童，构成妨害公务罪、聚众阻碍解救被收买的妇女、儿童罪的，依照数罪并罚的规定处罚。

第八条　出于结婚目的收买被拐卖的妇女，或者出于抚养目的收买被拐卖的儿童，涉及多名家庭成员、亲友参与的，对其中起主要作用的人员应当依法追究刑事责任。

第九条　刑法第二百四十条、第二百四十一条规定的儿童，是指不满十四周岁的人。其中，不满一周岁的为婴儿，一周岁以上不满六周岁的为幼儿。

第十条　本解释自2017年1月1日起施行。

☞ 其他相关规定见章后二维码

◆ 解读与适用

【拓展关键词】儿童　偷盗骗抢婴幼儿　造成重伤、死亡和其他严重后果的认定

《刑参》第728号案例“吕某、黄某故意杀人、拐卖儿童案——拐卖儿童过程中杀害被拐卖儿童亲属的行为定性”相关论述：绑架是指以暴力手段劫持他人或以实力控制他人。被告人偷盗过程中被发现，实施暴力行为抢走婴儿的行为与之相符。儿童，是指不满14周岁的人，其中不满1岁的为婴儿，1岁以上不满6岁的为幼儿，婴幼儿属于儿童。暴力劫走婴儿的行为属于绑架儿童的行为。因被害人被拐卖引发被害人亲属自杀的行为都属于造成被拐卖的妇女、儿童或者其亲属重伤、死亡或者其他严重后果的情节，那么偷抢婴儿导致被害人的亲属在阻止偷抢行为过程中死亡更应该属于加重情节。

《刑参》第1000号案例“郑某拐卖儿童案——如何理解偷盗型拐卖儿童罪中的‘以出卖为目的’和‘偷盗婴幼儿’中的‘偷盗’”相关论述：在没有实施出卖行为的情况下，仍然可以通过查证、分析案件情况来认定是否具有出卖目的。不会扩大打击面。“以出卖为目的”仅指行为人的主观方面，不要求有实际的出卖行为。以欺骗、利诱等手段拐走婴幼儿与秘密窃取婴幼儿无本质区别，应当将欺骗、利诱等手段理解为“偷盗”的表现形式。一般的采取拐骗方式拐卖儿童，其中的“儿童”应当理解为6岁以上。采取欺骗、利诱等方式拐走不满6岁的婴幼儿的，应当认定为“偷盗婴幼儿”。把本罪中的“偷盗”理解为“暴力、胁迫或者麻醉以外的平和方法”。

【拓展关键词】拐卖两性人　从旧兼从轻原则

《刑参》第77号案例“张某拐卖妇女案——拐卖两性人能否构成拐卖妇女罪”相关论述：以拐卖妇女为目的的拐卖两性人行为构成拐卖妇女罪。但对于行为人因对犯罪对象的认识错误，误把两性人视为妇女而予以拐卖的，属于刑法理论上的对象不能犯未遂。由于被告人在被人民检察院批捕后逃跑，直到1997年《刑法》生效实施后被抓获，致使《关于严惩拐卖、绑架妇女、儿童的犯罪分子的决定》失去了适用基础。即使适用《关于严惩拐卖、绑架妇女、儿童的犯罪分子的决定》对被告人有利，也因其本人的行为而使司法机关未能在《关于严惩拐卖、绑架妇女、儿童的犯罪分子的决定》适用期间将其抓获，是其自己的行为导致了对其有利的法律规定在生效期间不能对其适用。因此,根据1997年《刑法》确定的从旧兼从轻原则,本案适用法律的可选范围,只能是1979年《刑法》和1997年《刑法》。如果司法机关在《关于严惩拐卖、绑架妇女、儿童的犯罪分子的决定》施行期间将行为人抓获,却一直拖到1997年《刑法》生效后才进行审理,则必须将《关于严惩拐卖、绑架妇女、儿童的犯罪分子的决定》作为可选择适用的法律,与修订前后的刑法一并考虑。

【拓展关键词】被害人承诺

《刑参》第229号案例"李某拐卖妇女案——应收买的被拐卖妇女要求将其再转卖他人的如何定罪处罚"相关论述:被告人收买被拐卖妇女之后,确曾表示愿意将被害人送返回家,只是应被害人的要求才将其转卖他人。尽管被害人自愿同意将其转卖,但是被害人的自主选择权受到主客观的限制,且转卖行为有违公序良俗,具有社会危害性,同样为法律所禁止,应以拐卖妇女罪定罪处罚。但在量刑时应当从宽处罚。基于权利人自愿的损害行为而成立的排除社会危害性的行为,必须具备三个条件。一是被害人必须对行为人损害的权益具有处分权;二是被害人的自愿同意必须是其真实意图;三是经被害人同意的损害行为必须合乎法律规定和社会公序良俗。

【拓展关键词】拐卖妇女与介绍婚姻、居间介绍、送养　出卖亲生子女

《刑参》第781号案例"武某、关某拐卖儿童案——出卖亲生子女构成拐卖儿童罪,具备特殊情况的,可在法定刑以下判处刑罚"。

《刑参》第791号案例"刘某拐卖妇女案——为无民事行为能力人妇女介绍对象收取费用的行为如何定性"相关论述:犯罪行为人以拐卖妇女为目的实施拐卖妇女的行为即构成拐卖妇女罪,被拐卖妇女的意志并不影响该犯罪的成立。明知系被拐卖的妇女仍然为其介绍婚姻收取费用的行为,构成拐卖妇女罪的共犯。获取财物价值的大小并不影响拐卖妇女罪的成立。拐卖妇女犯罪的行为人所获取的财物是以被拐卖妇女的人身为"对价",通常往往明显超出合理的居间介绍费用。为精神发育迟滞、无民事行为能力的妇女"介绍对象"获取利益的行为,应当认定为拐卖妇女罪。

《刑参》第835号案例"王某、刘某拐卖儿童案——出卖亲生子女的行为如何定性"相关论述:出卖亲生子女的行为应当构成拐卖儿童罪。二被告人均想从"送养"孩子的交易中获取非法利益,彼此心照不宣,具有共同的犯罪故意。刘某虽属居间介绍,但其促成交易的行为十分积极主动,在共同犯罪中起主要作用,应当认定同为主犯。

《刑参》第932号案例"孙某、卢某拐卖儿童案——如何把握出卖亲生子女行为罪与非罪的界限以及如何区分居间介绍收养儿童和以非法获利为目的拐卖儿童"相关论述:因生活困难、重男轻女等原因,私自送养亲生子女并收取一定数额钱财的一般不以拐卖儿童罪论处。出卖亲生子女不构成犯罪的,居间介绍并转手倒卖的行为人可单独构成拐卖儿童罪。如果居间介绍者在介绍过程中直接参与交易并从中获利,其实施的拐卖儿童行为具有相对独立性,即使送养方与收养方都不构成犯罪,介绍者也可能构成拐卖儿童罪。被告人隐瞒真实身份,实为转手倒卖女婴,其非法获利目的非常明显。

第二百四十一条　【收买被拐卖的妇女、儿童罪】[①]

收买被拐卖的妇女、儿童的,处三年以下有期徒刑、拘役或者管制。

【强奸罪】

收买被拐卖的妇女,强行与其发生性关系的,依照本法第二百三十六条的规定定罪处罚。

① 根据《刑法修正案(九)》修订第六款。修订前第六款内容为:收买被拐卖的妇女、儿童,按照被买妇女的意愿,不阻碍其返回原居住地的,对被买儿童没有虐待行为,不阻碍对其进行解救的,可以不追究刑事责任。

【非法拘禁罪】【故意伤害罪】【侮辱罪】

收买被拐卖的妇女、儿童,非法剥夺、限制其人身自由或者有伤害、侮辱等犯罪行为的,依照本法的有关规定定罪处罚。

收买被拐卖的妇女、儿童,并有第二款、第三款规定的犯罪行为的,依照数罪并罚的规定处罚。

【拐卖妇女、儿童罪】

收买被拐卖的妇女、儿童又出卖的,依照本法第二百四十条的规定定罪处罚。

收买被拐卖的妇女、儿童,对被买儿童没有虐待行为,不阻碍对其进行解救的,可以从轻处罚;按照被买妇女的意愿,不阻碍其返回原居住地的,可以从轻或者减轻处罚。

◆ 相关规定

最高人民法院　最高人民检察院　公安部　司法部

关于依法惩治拐卖妇女儿童犯罪的意见

(法发〔2010〕7 号)

详见《刑法》第 240 条拐卖妇女、儿童罪的相关规定

最高人民法院

关于审理拐卖妇女儿童犯罪案件具体应用法律若干问题的解释

(2017 年 1 月 1 日施行　法释〔2016〕28 号)

详见《刑法》第 240 条拐卖妇女、儿童罪的相关规定

◆ 解读与适用

"收买被拐卖的妇女,强行与其发生性关系的,依照本法第 236 条的规定定罪处罚",当此条文规定对某种行为按照彼条文所规定的犯罪处罚时,对此条文所使用的用语能否作扩大解释,要取决于彼条文的规定。对"发生性关系"不能作扩大解释,只能按照通常含义解释,只能限于性交行为。①

《刑参》第 991 号案例"龚某收买被拐卖的妇女、儿童,强迫卖淫案——收买被拐卖的妇女、儿童后,又强迫其卖淫的,如何定罪处罚"相关论述:收买被拐卖妇女、儿童后强迫其卖淫的,分别构成收买被拐卖的妇女、儿童罪和强迫卖淫罪,应当并罚。

第二百四十二条　【妨害公务罪】

以暴力、威胁方法阻碍国家机关工作人员解救被收买的妇女、儿童的,依照本法第二百七十七条的规定定罪处罚。

① 参见张明楷:《刑法分则的解释原理》,中国人民大学出版社 2004 年版,第 19 页。

【聚众阻碍解救被收买的妇女、儿童罪】

聚众阻碍国家机关工作人员解救被收买的妇女、儿童的首要分子，处五年以下有期徒刑或者拘役；其他参与者使用暴力、威胁方法的，依照前款的规定处罚。

◆ 相关规定

最高人民法院
关于审理拐卖妇女儿童犯罪案件具体应用法律若干问题的解释
（法释〔2016〕28号）

详见《刑法》第240条拐卖妇女、儿童罪的相关规定

第二百四十三条 【诬告陷害罪】

捏造事实诬告陷害他人，意图使他人受刑事追究，情节严重的，处三年以下有期徒刑、拘役或者管制；造成严重后果的，处三年以上十年以下有期徒刑。

国家机关工作人员犯前款罪的，从重处罚。

不是有意诬陷，而是错告，或者检举失实的，不适用前两款的规定。

☞ 相关规定见章后二维码

◆ 解读与适用

【拓展关键词】捏造 散布 事实

由于行为人的主观意图必须是使他人受到"刑事追究"，故对于该条中的"事实"必须解释为犯罪事实。①

《刑参》第85号案例"王某损害商业信誉、商品声誉案——损害商业信誉、商品声誉罪中的'重大损失'如何认定"相关论述：详见损害商业信誉、商品声誉罪部分。

第二百四十四条 【强迫劳动罪】②

以暴力、威胁或者限制人身自由的方法强迫他人劳动的，处三年以下有期徒刑或者拘役，并处罚金；情节严重的，处三年以上十年以下有期徒刑，并处罚金。

---

① 参见张明楷：《罪刑法定与刑法解释》，北京大学出版社2009年版，第84页。

② 依据《刑法修正案（八）》修订。修订前的条文主要内容为：用人单位违反劳动管理法规，以限制人身自由方法强迫职工劳动，情节严重的，对直接责任人员，处三年以下有期徒刑或者拘役，并处或者单处罚金。

明知他人实施前款行为，为其招募、运送人员或者有其他协助强迫他人劳动行为的，依照前款的规定处罚。

单位犯前两款罪的，对单位判处罚金，并对其直接负责的主管人员和其他直接责任人员，依照第一款的规定处罚。

◆ 相关规定

最高人民检察院　公安部

关于公安机关管辖的刑事案件立案追诉标准的规定(一)的补充规定(节选)

(公通字〔2017〕12号)

六、将《立案追诉标准(一)》第三十一条修改为：[强迫劳动案(刑法第二百四十四条)]以暴力、威胁或者限制人身自由的方法强迫他人劳动的，应予立案追诉。

明知他人以暴力、威胁或者限制人身自由的方法强迫他人劳动，为其招募、运送人员或者有其他协助强迫他人劳动行为的，应予立案追诉。

◆ 解读与适用

【拓展关键词】行为犯　情节严重　但书规定

《刑参》第867号案例“朱某等强迫劳动案——强迫劳动罪与非罪的认定”相关论述：强迫劳动的严重程度影响强迫劳动行为罪与非罪的认定。对刑法分则规定的强迫劳动罪不能脱离罪量的考察，以刑法在罪状中没有明文规定“情节严重”为由，主张只要实施了强迫劳动的行为，就应当对行为人定罪处罚，无须考察罪量的观点，忽视了“但书”规定精神，割裂了刑法总则与分则的内在联系。区分强迫劳动犯罪行为与一般行政违法行为的关键在于行为人实施的强迫行为是否足以使他人陷入无法或者难以抗拒和自由选择，而不得不进行劳动的境地。行为人以限制人身自由的方法强迫他人劳动的，限制人身自由属于强迫劳动的手段行为，对行为人仍应以强迫劳动罪一罪定罪处罚。行为人强迫劳动本身已构成强迫劳动罪，又在日常工作中实施暴力导致被害人人身严重伤害的，则应数罪并罚。

第二百四十四条之一　【雇用童工从事危重劳动罪】[①]

违反劳动管理法规，雇用未满十六周岁的未成年人从事超强度体力劳动的，或者从事高空、井下作业的，或者在爆炸性、易燃性、放射性、毒害性等危险环境下从事劳动，情节严重的，对直接责任人员，处三年以下有期徒刑或者拘役，并处罚金；情节特别严重的，处三年以上七年以下有期徒刑，并处罚金。

有前款行为，造成事故，又构成其他犯罪的，依照数罪并罚的规定处罚。

---

① 根据《刑法修正案(四)》新增。

◆ 相关规定

最高人民检察院　公安部
关于公安机关管辖的刑事案件立案追诉标准的规定(一)(节选)
(公通字〔2008〕36 号)

第三十二条　【雇用童工从事危重劳动案(刑法第二百四十四条之一)】违反劳动管理法规,雇用未满十六周岁的未成年人从事国家规定的第四级体力劳动强度的劳动,或者从事高空、井下作业,或者在爆炸性、易燃性、放射性、毒害性等危险环境下从事劳动,涉嫌下列情形之一的,应予立案追诉:

(一)造成未满十六周岁的未成年人伤亡或者对其身体健康造成严重危害的;

(二)雇用未满十六周岁的未成年人三人以上的;

(三)以强迫、欺骗等手段雇用未满十六周岁的未成年人从事危重劳动的;

(四)其他情节严重的情形。

◆ 解读与适用

"违反劳动管理法规,雇用未满 16 周岁的未成年人从事超强度体力劳动的,或者从事高空、井下作业的,或者在爆炸性、易燃性、放射性、毒害性等危险环境下从事劳动,情节严重的",该"情节严重"构成要件,是仅就"或者在爆炸性、易燃性、放射性、毒害性等危险环境下从事劳动"而言的,因为前面的情形已经使用了"的",表明前两种情形的罪状的表述已经完结。①

第二百四十五条　【非法搜查罪】【非法侵入住宅罪】

非法搜查他人身体、住宅,或者非法侵入他人住宅的,处三年以下有期徒刑或者拘役。

司法工作人员滥用职权,犯前款罪的,从重处罚。

◆ 相关规定

最高人民检察院
关于渎职侵权犯罪案件立案标准的规定
(高检发释字〔2006〕2 号)

二、国家机关工作人员利用职权实施的侵犯公民人身权利、民主权利犯罪案件

(二)国家机关工作人员利用职权实施的非法搜查案(第二百四十五条)

非法搜查罪是指非法搜查他人身体、住宅的行为。

国家机关工作人员利用职权非法搜查,涉嫌下列情形之一的,应予立案:

1. 非法搜查他人身体、住宅,并实施殴打、侮辱等行为的;
2. 非法搜查,情节严重,导致被搜查人或者其近亲属自杀、自残造成重伤、死亡,或者精神失常的;
3. 非法搜查,造成财物严重损坏的;

---

① 参见张明楷:《刑法分则的解释原理》,中国人民大学出版社 2004 年版,第 63 页。

4. 非法搜查3人(户)次以上的;

5. 司法工作人员对明知是与涉嫌犯罪无关的人身、住宅非法搜查的;

6. 其他非法搜查应予追究刑事责任的情形。

最高人民法院　最高人民检察院　公安部　司法部

关于办理实施"软暴力"的刑事案件若干问题的意见(节选)

(2019年4月9日施行)

详见《刑法》第294条组织、领导、参加黑社会性质组织罪的相关规定

七、以"软暴力"手段非法进入或者滞留他人住宅的,应当认定为《刑法》第二百四十五条规定的"非法侵入他人住宅",同时符合其他犯罪构成要件的,应当以非法侵入住宅罪定罪处罚。

◆ 解读与适用

【拓展关键词】入户盗窃与非法侵入住宅　吸收犯

《刑参》第526号案例"毛某、徐某非法侵入住宅案——入户盗窃财物数额未达到盗窃罪定罪标准,严重妨碍他人的居住与生活安宁,可以按非法侵入住宅罪定罪处罚"相关论述:对于入户盗窃行为,在符合盗窃罪构成要件的前提下应以盗窃罪定罪处罚。如果该行为同时符合非法侵入住宅罪的构成要件,两罪成立吸收关系,重行为吸收轻行为,应按盗窃罪一罪论处,不必数罪并罚。一般情况下,对于入户盗窃数额未达到盗窃罪定罪标准的,不能以非法侵入住宅罪定罪处罚。入户盗窃与非法侵入住宅的构成要件存在区别:入户盗窃行为人主观上是为了非法占有他人财物而非法侵入住宅罪行为人主观上是故意影响他人居住安宁。从单纯入户行为的客观方面看,入户盗窃行为是秘密进入他人住宅,非法侵入住宅罪的客观表现是非法强行闯入他人住宅,或者经要求退出拒不退出,严重影响他人正常居住与生活安宁的行为,是公开侵入他人住宅,公然扰乱他人生活安宁的行为。入户盗窃3次以上才以盗窃罪定罪处罚,如果入户盗窃一次就以非法侵入住宅罪论处的话,就使非法侵入住宅罪的入罪标准变低了,难免会造成盗窃罪与非法侵入住宅罪在入罪标准上的不均衡。但是对于入户盗窃行为,行为人主观上已经具有了对他人住宅非法侵犯的故意,客观上也必然会对他人住宅和生活安宁造成程度不同的影响。从构成要件上看,无论是强行公开进入还是秘密潜入,并不是区分是否构成非法侵入住宅罪的绝对法定标准。对法律条文的理解应遵循客观解释的原则,从侵犯居住安宁的法益角度说,入户盗窃者的非法入户行为与公然闯入他人住宅的行为具有一定的同质性,理应给予惩治。刑法并未明文限制其构成要件为公然闯入,即只要对他人生活安宁造成了实质的危害或者现实的危险而达到必须进行刑事处罚的程度,在不能以其他犯罪定罪的情况下,该行为就可以非法侵入住宅罪论处。从罪刑相适应的角度出发,只有那些严重妨碍了他人的居住与生活安宁的非法侵入行为才有必要动用刑罚手段进行惩治。

实务中,有法院认为,对于入户盗窃未窃得财物而被当场抓获的,因被告人进入他人住宅的目的是为了进行盗窃犯罪,应以行为人实施的目的定性,按照刑法吸收犯理论,盗窃犯罪吸收非法侵入住宅犯罪,不应以非法侵入住宅罪定罪处罚。①

---

① 参见卿某非法侵入住宅案,恩施市人民法院刑事判决书(2015)鄂恩施刑初字第00121号。

第二百四十六条 【侮辱罪、诽谤罪】[①]

以暴力或者其他方法公然侮辱他人或者捏造事实诽谤他人,情节严重的,处三年以下有期徒刑、拘役、管制或者剥夺政治权利。

前款罪,告诉的才处理,但是严重危害社会秩序和国家利益的除外。

通过信息网络实施第一款规定的行为,被害人向人民法院告诉,但提供证据确有困难的,人民法院可以要求公安机关提供协助。

◆ 相关规定

最高人民法院

关于审理非法出版物刑事案件具体应用法律若干问题的解释(节选)

(法释〔1998〕30号)

第六条 在出版物中公然侮辱他人或者捏造事实诽谤他人,情节严重的,依照刑法第二百四十六的规定,分别以侮辱罪或者诽谤罪定罪处罚。

公安部

关于印发新修订《关于公安机关处置信访活动中违法犯罪行为适用法律的指导意见》的通知

(公通字〔2013〕25号)

详见《刑法》第243条诬告陷害罪的相关规定

最高人民法院 最高人民检察院

关于办理利用信息网络实施诽谤等刑事案件适用法律若干问题的解释(节选)

(法释〔2013〕21号)

第一条 具有下列情形之一的,应当认定为刑法第二百四十六条第一款规定的"捏造事实诽谤他人":

(一)捏造损害他人名誉的事实,在信息网络上散布,或者组织、指使人员在信息网络上散布的;

(二)将信息网络上涉及他人的原始信息内容篡改为损害他人名誉的事实,在信息网络上散布,或者组织、指使人员在信息网络上散布的;

明知是捏造的损害他人名誉的事实,在信息网络上散布,情节恶劣的,以"捏造事实诽谤他人"论。

第二条 利用信息网络诽谤他人,具有下列情形之一的,应当认定为刑法第二百四十六条第一款规定的"情节严重":

(一)同一诽谤信息实际被点击、浏览次数达到五千次以上,或者被转发次数达到五百次以上的;

(二)造成被害人或者其近亲属精神失常、自残、自杀等严重后果的;

(三)二年内曾因诽谤受过行政处罚,又诽谤他人的;

---

① 根据《刑法修正案(九)》新增一款作为第三款。

（四）其他情节严重的情形。

第三条 利用信息网络诽谤他人，具有下列情形之一的，应当认定为刑法第二百四十六条第二款规定的"严重危害社会秩序和国家利益"：

（一）引发群体性事件的；

（二）引发公共秩序混乱的；

（三）引发民族、宗教冲突的；

（四）诽谤多人，造成恶劣社会影响的；

（五）损害国家形象，严重危害国家利益的；

（六）造成恶劣国际影响的；

（七）其他严重危害社会秩序和国家利益的情形。

第四条 一年内多次实施利用信息网络诽谤他人行为未经处理，诽谤信息实际被点击、浏览、转发次数累计计算构成犯罪的，应当依法定罪处罚。

第九条 利用信息网络实施诽谤、寻衅滋事、敲诈勒索、非法经营犯罪，同时又构成刑法第二百二十一条规定的损害商业信誉、商品声誉罪，第二百七十八条规定的煽动暴力抗拒法律实施罪，第二百九十一条之一规定的编造、故意传播虚假恐怖信息罪等犯罪的，依照处罚较重的规定定罪处罚。

第十条 本解释所称信息网络，包括以计算机、电视机、固定电话机、移动电话机等电子设备为终端的计算机互联网、广播电视网、固定通信网、移动通信网等信息网络，以及向公众开放的局域网络。

☞ 其他相关规定见章后二维码

◆ 解读与适用

【拓展关键词】严重危害社会秩序和国家利益　侮辱罪与诽谤罪辨析

《刑参》第1046号案例"蔡某侮辱案——如何认定'人肉搜索'致人自杀死亡的行为性质以及如何认定侮辱罪中'严重危害社会秩序和国家利益'提起公诉的情形"相关论述：侮辱罪与诽谤罪最重要的区别在于，诽谤罪是捏造并散布有损于他人名誉权的虚假事实来对他人的人格进行侵犯，而侮辱是利用当事人的某种情况公然对他人人格进行损害，并未限定必须是真实的情况。虽然被害人的父亲认为，被告人发微博"人肉搜索"指责其女儿是小偷属于无中生有，但由于被害人已逝，无法查清是否具有盗窃行为，不能认定被告人有捏造事实的行为，故不构成诽谤罪。被告人将被告人购物视频发到微博上且明确指明被害人是小偷要求人肉搜索，本质上属于公然侮辱他人人格的行为。被告人的侮辱与被害人死亡具有因果关系。被害人作为尚未步入社会的在校未成年少女面对"人肉搜索"，对未来生活产生极度恐惧，最终导致了自杀的严重后果。被告人侮辱他人的行为达到"情节严重"的程度。"严重危害社会秩序和国家利益"，主要是指侮辱行为造成被害人精神失常或者自杀，侮辱党和国家领导人等严重损害国家形象或者造成恶劣国际影响等情形。刑法分则条文在两个要素之间使用"和"字时，并不一定表明同时具备的关系，而是需要从实质上进行考察，综合作出判断。"严重危害社会秩序"和"国家利益"不必要同时具备，只要具备其一即可。

第二百四十七条　【刑讯逼供罪】【暴力取证罪】

司法工作人员对犯罪嫌疑人、被告人实行刑讯逼供或者使用暴力逼取证人证言的，处三年以下有期徒刑或者拘役。致人伤残、死亡的，依照本法第二百三十四条、第二百三十二条的规定定罪从重处罚。

◆ 相关规定

最高人民检察院
关于渎职侵权犯罪案件立案标准的规定(节选)

(高检发释字〔2006〕2号)

(三)刑讯逼供案(第二百四十七条)

刑讯逼供罪是指司法工作人员对犯罪嫌疑人、被告人使用肉刑或者变相肉刑逼取口供的行为。

涉嫌下列情形之一的,应予立案:

1. 以殴打、捆绑、违法使用械具等恶劣手段逼取口供的;
2. 以较长时间冻、饿、晒、烤等手段逼取口供,严重损害犯罪嫌疑人、被告人身体健康的;
3. 刑讯逼供造成犯罪嫌疑人、被告人轻伤、重伤、死亡的;
4. 刑讯逼供,情节严重,导致犯罪嫌疑人、被告人自杀、自残造成重伤、死亡,或者精神失常的;
5. 刑讯逼供,造成错案的;
6. 刑讯逼供3人次以上的;
7. 纵容、授意、指使、强迫他人刑讯逼供,具有上述情形之一的;
8. 其他刑讯逼供应予追究刑事责任的情形。

(四)暴力取证案(第二百四十七条)

暴力取证罪是指司法工作人员以暴力逼取证人证言的行为。

涉嫌下列情形之一的,应予立案:

1. 以殴打、捆绑、违法使用械具等恶劣手段逼取证人证言的;
2. 暴力取证造成证人轻伤、重伤、死亡的;
3. 暴力取证,情节严重,导致证人自杀、自残造成重伤、死亡,或者精神失常的;
4. 暴力取证,造成错案的;
5. 暴力取证3人次以上的;
6. 纵容、授意、指使、强迫他人暴力取证,具有上述情形之一的;
7. 其他暴力取证应予追究刑事责任的情形。

◆ 解读与适用

【拓展关键词】证人的范围　类推解释

为实现刑法的正义,必须尽量减少乃至避免漏洞,即减少和避免应当作为犯罪处理却不作为犯罪处理的现象。如果不对"证人"作合理的扩大解释,将被害人排除在外,则会导致刑法的漏洞。事实上,认为证人包括被害人也不属于类推解释,因为被害人的陈述与证人证言一样,都是证据的一种,人们在日常生活中也时常将被害人陈述视为广义的证人证言。①

【拓展关键词】转化犯　刑讯逼供、暴力取证致人伤残

刑讯逼供、暴力取证"致人伤残、死亡的,依照本法第234条、第232条的规定定罪从重处罚"。该规定属于法律拟制,只要刑讯逼供行为、暴力取证行为、虐待被监管人的行为,致人伤残、死亡的,即使没有伤害的故意与杀人的故意,也应认定为故意伤害罪、故意杀人罪。②

---

① 参见张明楷:《刑法分则的解释原理》,中国人民大学出版社2004年版,第107页。
② 参见张明楷:《刑法分则的解释原理》,中国人民大学出版社2004年版,第263页。

《刑参》第158号案例“周某暴力取证案——暴力迫使证人在询问笔录上签名按手印并致人轻伤的行为如何定性”相关论述:暴力迫使证人在询问笔录上签名捺手印是暴力取证的一种表现形式。“暴力逼取证人证言”,是指暴力逼迫证人就其所知的案情作出陈述的情形。至于证人最终是否作出陈述,所作的陈述是否符合客观事实,皆不影响本罪的成立。逼迫证人在询问笔录上签名认可,本质上无异于逼迫证人作出与询问笔录内容等同的陈述。暴力取证致人轻伤的,仍应以暴力取证罪定罪处罚,不应按故意伤害罪论处。在暴力取证仅致人轻伤的情况下,如转化按故意伤害罪论处,不能体现转化犯的立法技术由轻罪刑向重罪刑的本质特征,在量刑上没有实际意义。只有将“致人伤残”理解为致人重伤、残疾,转化适用才有意义。参照《刑法》第292条、第234条、第232条的类似规定,凡构成暴力取证罪的,对暴力的后果必须要有一定程度的限制。暴力取证行为人对证人施暴是故意的,但对致证人伤害,一般都不是积极希望或追求态度的,而多是放任,甚至有可能是过失的。

第二百四十八条　【虐待被监管人罪】

监狱、拘留所、看守所等监管机构的监管人员对被监管人进行殴打或者体罚虐待,情节严重的,处三年以下有期徒刑或者拘役;情节特别严重的,处三年以上十年以下有期徒刑。致人伤残、死亡的,依照本法第二百三十四条、第二百三十二条的规定定罪从重处罚。

监管人员指使被监管人殴打或者体罚虐待其他被监管人的,依照前款的规定处罚。

◆ 相关规定

最高人民检察院
关于渎职侵权犯罪案件立案标准的规定(节选)
(高检发释字〔2006〕2号)

(五)虐待被监管人案(第二百四十八条)

虐待被监管人罪是指监狱、拘留所、看守所、拘役所、劳教所等监管机构的监管人员对被监管人进行殴打或者体罚虐待,情节严重的行为。

涉嫌下列情形之一的,应予立案:

1. 以殴打、捆绑、违法使用械具等恶劣手段虐待被监管人的;
2. 以较长时间冻、饿、晒、烤等手段虐待被监管人,严重损害其身体健康的;
3. 虐待造成被监管人轻伤、重伤、死亡的;
4. 虐待被监管人,情节严重,导致被监管人自杀、自残造成重伤、死亡,或者精神失常的;
5. 殴打或者体罚虐待3人次以上的;
6. 指使被监管人殴打、体罚虐待其他被监管人,具有上述情形之一的;
7. 其他情节严重的情形。

最高人民检察院

关于强制隔离戒毒所工作人员能否成为虐待被监管人罪主体问题的批复

（高检发释字〔2015〕2号）

河北省人民检察院：

你院冀检呈字〔2014〕46号《关于强制隔离戒毒所工作人员能否成为刑法第二百四十八条虐待被监管人罪主体的请示》收悉。经研究，批复如下：

根据有关法律规定，强制隔离戒毒所是对符合特定条件的吸毒成瘾人员限制人身自由，进行强制隔离戒毒的监管机构，其履行监管职责的工作人员属于刑法第二百四十八条规定的监管人员。

对于强制隔离戒毒所监管人员殴打或者体罚虐待戒毒人员，或者指使戒毒人员殴打、体罚虐待其他戒毒人员，情节严重的，应当适用刑法第二百四十八条的规定，以虐待被监管人罪追究刑事责任；造成戒毒人员伤残、死亡后果的，应当依照刑法第二百三十四条、第二百三十二条的规定，以故意伤害罪、故意杀人罪从重处罚。

第二百四十九条 【煽动民族仇恨、民族歧视罪】

煽动民族仇恨、民族歧视，情节严重的，处三年以下有期徒刑、拘役、管制或者剥夺政治权利；情节特别严重的，处三年以上十年以下有期徒刑。

第二百五十条 【出版歧视、侮辱少数民族作品罪】

在出版物中刊载歧视、侮辱少数民族的内容，情节恶劣，造成严重后果的，对直接责任人员，处三年以下有期徒刑、拘役或者管制。

◆ 相关规定

最高人民法院

关于审理非法出版物刑事案件具体应用法律若干问题的解释（节选）

（法释〔1998〕30号）

第七条 出版刊载歧视、侮辱少数民族内容的作品，情节恶劣，造成严重后果的，依照刑法第二百五十条的规定，以出版歧视、侮辱少数民族作品罪定罪处罚。

☞ 其他相关规定见章后二维码

第二百五十一条 【非法剥夺公民宗教信仰自由罪】【侵犯少数民族风俗习惯罪】

国家机关工作人员非法剥夺公民的宗教信仰自由和侵犯少数民族风俗习惯，情节严重的，处二年以下有期徒刑或者拘役。

☞ 相关规定见章后二维码

第二百五十二条 【侵犯通信自由罪】

隐匿、毁弃或者非法开拆他人信件，侵犯公民通信自由权利，情节严重的，处一年以下有期徒刑或者拘役。

第二百五十三条　【私自开拆、隐匿、毁弃邮件、电报罪】

邮政工作人员私自开拆或者隐匿、毁弃邮件、电报的，处二年以下有期徒刑或者拘役。

犯前款罪而窃取财物的，依照本法第二百六十四条的规定定罪从重处罚。①

第二百五十三条之一　【侵犯公民个人信息罪】②③

违反国家有关规定，向他人出售或者提供公民个人信息，情节严重的，处三年以下有期徒刑或者拘役，并处或者单处罚金；情节特别严重的，处三年以上七年以下有期徒刑，并处罚金。

违反国家有关规定，将在履行职责或者提供服务过程中获得的公民个人信息，出售或者提供给他人的，依照前款的规定从重处罚。

窃取或者以其他方法非法获取公民个人信息的，依照第一款的规定处罚。

单位犯前三款罪的，对单位判处罚金，并对其直接负责的主管人员和其他直接责任人员，依照各该款的规定处罚。

◆ 相关规定

最高人民法院　最高人民检察院　公安部

关于办理电信网络诈骗等刑事案件适用法律若干问题的意见(节选)

(法发〔2016〕32号)

详见《刑法》第266条诈骗罪的相关规定

三、全面惩处关联犯罪

(二)违反国家有关规定，向他人出售或者提供公民个人信息，窃取或者以其他方法非法获取公民个人信息，符合刑法第二百五十三条之一规定的，以侵犯公民个人信息罪追究刑事责任。

使用非法获取的公民个人信息，实施电信网络诈骗犯罪行为，构成数罪的，应当依法予以并罚。

最高人民法院　最高人民检察院

关于办理侵犯公民个人信息刑事案件适用法律若干问题的解释(节选)

(法释〔2017〕10号)

第一条　刑法第二百五十三条之一规定的"公民个人信息"，是指以电子或者其他方式记录的能够单独或者与其他信息结合识别特定自然人身份或者反映特定自然人活动情况的各种信息，包括姓名、身份证件号

---

① 该规定属于注意规定。参见张明楷：《刑法分则的解释原理》，中国人民大学出版社2004年版，第265页。

② 根据《刑法修正案(七)》新增。

③ 根据《刑法修正案(九)》修订。修订前内容为：国家机关或者金融、电信、交通、教育、医疗等单位的工作人员，违反国家规定，将本单位在履行职责或者提供服务过程中获得的公民个人信息，出售或者非法提供给他人，情节严重的，处三年以下有期徒刑或者拘役，并处或者单处罚金。

窃取或者以其他方法非法获取上述信息，情节严重的，依照前款的规定处罚。

单位犯前两款罪的，对单位判处罚金，并对其直接负责的主管人员和其他直接责任人员，依照各该款的规定处罚。

码、通信通讯联系方式、住址、账号密码、财产状况、行踪轨迹等。

第二条 违反法律、行政法规、部门规章有关公民个人信息保护的规定的，应当认定为刑法第二百五十三条之一规定的“违反国家有关规定”。

第三条 向特定人提供公民个人信息，以及通过信息网络或者其他途径发布公民个人信息的，应当认定为刑法第二百五十三条之一规定的“提供公民个人信息”。

未经被收集者同意，将合法收集的公民个人信息向他人提供的，属于刑法第二百五十三条之一规定的“提供公民个人信息”，但是经过处理无法识别特定个人且不能复原的除外。

第四条 违反国家有关规定，通过购买、收受、交换等方式获取公民个人信息，或者在履行职责、提供服务过程中收集公民个人信息的，属于刑法第二百五十三条之一第三款规定的“以其他方法非法获取公民个人信息”。

第五条 非法获取、出售或者提供公民个人信息，具有下列情形之一的，应当认定为刑法第二百五十三条之一规定的“情节严重”：

（一）出售或者提供行踪轨迹信息，被他人用于犯罪的；

（二）知道或者应当知道他人利用公民个人信息实施犯罪，向其出售或者提供的；

（三）非法获取、出售或者提供行踪轨迹信息、通信内容、征信信息、财产信息五十条以上的；

（四）非法获取、出售或者提供住宿信息、通信记录、健康生理信息、交易信息等其他可能影响人身、财产安全的公民个人信息五百条以上的；

（五）非法获取、出售或者提供第三项、第四项规定以外的公民个人信息五千条以上的；

（六）数量未达到第三项至第五项规定标准，但是按相应比例合计达到有关数量标准的；

（七）违法所得五千元以上的；

（八）将在履行职责或者提供服务过程中获得的公民个人信息出售或者提供给他人，数量或者数额达到第三项至第七项规定标准一半以上的；

（九）曾因侵犯公民个人信息受过刑事处罚或者二年内受过行政处罚，又非法获取、出售或者提供公民个人信息的；

（十）其他情节严重的情形。

实施前款规定的行为，具有下列情形之一的，应当认定为刑法第二百五十三条之一第一款规定的“情节特别严重”：

（一）造成被害人死亡、重伤、精神失常或者被绑架等严重后果的；

（二）造成重大经济损失或者恶劣社会影响的；

（三）数量或者数额达到前款第三项至第八项规定标准十倍以上的；

（四）其他情节特别严重的情形。

第六条 为合法经营活动而非法购买、收受本解释第五条第一款第三项、第四项规定以外的公民个人信息，具有下列情形之一的，应当认定为刑法第二百五十三条之一规定的“情节严重”：

（一）利用非法购买、收受的公民个人信息获利五万元以上的；

（二）曾因侵犯公民个人信息受过刑事处罚或者二年内受过行政处罚，又非法购买、收受公民个人信息的；

（三）其他情节严重的情形。

实施前款规定的行为，将购买、收受的公民个人信息非法出售或者提供的，定罪量刑标准适用本解释第五条的规定。

第七条 单位犯刑法第二百五十三条之一规定之罪的，依照本解释规定的相应自然人犯罪的定罪量刑标准，对直接负责的主管人员和其他直接责任人员定罪处罚，并对单位判处罚金。

第十条 实施侵犯公民个人信息犯罪，不属于“情节特别严重”，行为人系初犯，全部退赃，并确有悔罪表现的,可以认定为情节轻微,不起诉或者免予刑事处罚;确有必要判处刑罚的,应当从宽处罚。

第十一条　非法获取公民个人信息后又出售或者提供的,公民个人信息的条数不重复计算。

向不同单位或者个人分别出售、提供同一公民个人信息的,公民个人信息的条数累计计算。

对批量公民个人信息的条数,根据查获的数量直接认定,但是有证据证明信息不真实或者重复的除外。

第十二条　对于侵犯公民个人信息犯罪,应当综合考虑犯罪的危害程度、犯罪的违法所得数额以及被告人的前科情况、认罪悔罪态度等,依法判处罚金。罚金数额一般在违法所得的一倍以上五倍以下。

第十三条　本解释自2017年6月1日起施行。

最高人民法院　最高人民检察院　公安部
关于办理电信网络诈骗等刑事案件适用法律若干问题的意见(二)(节选)

(法发〔2021〕22号)

详见《刑法》第266条诈骗罪的相关规定

五、非法获取、出售、提供具有信息发布、即时通讯、支付结算等功能的互联网账号密码、个人生物识别信息,符合刑法第二百五十三条之一规定的,以侵犯公民个人信息罪追究刑事责任。

对批量前述互联网账号密码、个人生物识别信息的条数,根据查获的数量直接认定,但有证据证明信息不真实或者重复的除外。

◆ 解读与适用

【拓展关键词】公民个人信息范围　非法获取　情节严重

《刑参》第612号案例"周某非法获取公民个人信息案——非法购买公民电话通话清单后又出售牟利的,如何定罪处罚"相关论述:公民个人电话通话清单属于"公民个人信息",其行为符合非法获取公民个人信息的构成要件。非法提供公民个人信息罪系特殊主体犯罪。

《刑参》第719号案例"周某等非法获取公民个人信息案——非法获取大量公民个人信息的行为如何定罪量刑"相关论述:对于非法获取公民个人信息犯罪,未经授权的不当获取应构成"非法获取"。

《刑参》第741号案例"谢某出售公民个人信息案——手机定位属于刑法保护的公民个人信息"。

《刑参》第1009号案例"胡某等非法获取公民个人信息案——通过非法跟踪所获取的公民日常活动信息是否属于公民个人信息以及如何理解非法获取公民个人信息罪中的'上述信息''非法获取'以及'情节严重'"相关论述:只要与公民个人信息相关,公民不想公开,而且与公共利益无关的,都应当纳入"公民个人信息"的范围。通过手机定位获取的公民个人行踪情况属于刑法保护的"公民个人信息"。"上述信息",是指一切公民个人信息。"窃取或者以其他方法非法获取"均属于"非法获取"。判断非法获取公民个人信息行为是否达到"情节严重"可以从以下四个方面综合考量:一是从用途考虑,非法获取的信息是否被用于犯罪活动。二是从结果考虑。三是从行为方式考虑。四是从信息数量、非法获利、行为持续时间等方面考虑。

业主房源信息是房产交易信息和身份识别信息的组合,包含姓名、通信通讯联系方式、住址、交易价格等内容,属于法律保护的公民个人信息。未经信息主体另行授权,非法获取、出售限定使用范围的业主房源信息，系侵犯公民个人信息的行为，情节严重、构成犯罪的，应当依法追究刑事责任。①

第二百五十四条 【报复陷害罪】

国家机关工作人员滥用职权、假公济私，对控告人、申诉人、批评人、举报人实行报复陷害的，处二年以下有期徒刑或者拘役；情节严重的，处二年以上七年以下有期徒刑。

◆ 相关规定

最高人民检察院

关于渎职侵权犯罪案件立案标准的规定（节选）

（高检发释字〔2006〕2 号）

（六）报复陷害案（第二百五十四条）

报复陷害罪是指国家机关工作人员滥用职权、假公济私，对控告人、申诉人、批评人、举报人实行打击报复、陷害的行为。

涉嫌下列情形之一的，应予立案：

1. 报复陷害，情节严重，导致控告人、申诉人、批评人、举报人或者其近亲属自杀、自残造成重伤、死亡，或者精神失常的；

2. 致使控告人、申诉人、批评人、举报人或者其近亲属的其他合法权利受到严重损害的；

3. 其他报复陷害应予追究刑事责任的情形。

第二百五十五条 【打击报复会计、统计人员罪】

公司、企业、事业单位、机关、团体的领导人，对依法履行职责、抵制违反会计法、统计法行为的会计、统计人员实行打击报复，情节恶劣的，处三年以下有期徒刑或者拘役。

第二百五十六条 【破坏选举罪】

在选举各级人民代表大会代表和②国家机关领导人员时，以暴力、威胁、欺骗、贿赂、伪造选举文件、虚报选举票数等手段破坏选举或者妨害选民和代表自由行使选举权和被选举权，情节严重的，处三年以下有期徒刑、拘役或者剥夺政治权利。

---

① 柯某侵犯公民个人信息案，最高人民检察院指导性案例第 140 号（2022 年）。

② 刑法条文中在两个要素或者罪状之间使用“和”字时，并不一定表明同时具备的关系，而是需要其他根据与理由作出判断。参见张明楷：《刑法分则的解释原理》，中国人民大学出版社 2004 年版，第 305 页。

◆ 相关规定

最高人民检察院
关于渎职侵权犯罪案件立案标准的规定(节选)
(高检发释字〔2006〕2 号)

(七)国家机关工作人员利用职权实施的破坏选举案(第二百五十六条)

破坏选举罪是指在选举各级人民代表大会代表和国家机关领导人员时,以暴力、威胁、欺骗、贿赂、伪造选举文件、虚报选举票数或者编造选举结果等手段破坏选举或者妨害选民和代表自由行使选举权和被选举权,情节严重的行为。

国家机关工作人员利用职权破坏选举,涉嫌下列情形之一的,应予立案:

1. 以暴力、威胁、欺骗、贿赂等手段,妨害选民、各级人民代表大会代表自由行使选举权和被选举权,致使选举无法正常进行,或者选举无效,或者选举结果不真实的;

2. 以暴力破坏选举场所或者选举设备,致使选举无法正常进行的;

3. 伪造选民证、选票等选举文件,虚报选举票数,产生不真实的选举结果或者强行宣布合法选举无效、非法选举有效的;

4. 聚众冲击选举场所或者故意扰乱选举场所秩序,使选举工作无法进行的;

5. 其他情节严重的情形。

第二百五十七条　【暴力干涉婚姻自由罪】

以暴力干涉他人婚姻自由的,处二年以下有期徒刑或者拘役。

犯前款罪,致使被害人死亡的,处二年以上七年以下有期徒刑。

第一款罪,告诉的才处理。

第二百五十八条　【重婚罪】

有配偶而重婚的,或者明知他人有配偶而与之结婚的,处二年以下有期徒刑或者拘役。

☞ 相关规定见章后二维码

◆ 解读与适用

【拓展关键词】体系解释　刑民交叉　先刑后民　事实婚姻　外国婚姻

《刑参》第 10 号案例“方某重婚案——‘事实婚姻’能否成为重婚罪的构成要件”相关论述:1994 年 12 月 14 日,最高人民法院给四川省高院的批复中指出“新的《婚姻登记管理条例》发布实施后,有配偶的人与他人以夫妻名义同居生活的,或者明知他人有配偶而与之以夫妻名义同居生活的,仍应按重婚罪定罪处罚”。“有配偶的人”应理解为是指已经依法登记结婚的人。对于先有事实婚姻又与他人登记结婚和两次以上均是事实婚姻的,不构成重婚罪。

《刑参》第 419 号案例“王某重婚案——恶意申请宣告配偶死亡后与他人结婚的行为构成重婚罪”相关论述:恶意申请配偶被宣告死亡的,申请人与被申请人的婚姻管理实质上并未消灭。对法律条文的理解不能仅仅孤立地进行大小前提是否相符的简单三段论逻辑推理,必须将之放在整个法律体系中结合立法的原意和法律的基本准则进行系统理解才能准确把握。民事法律只保护合法的民事法律关系和善意的民事行为,恶意欺诈行为应当属于无效行为,因欺诈行为而获得确认的法律关系无效,无效的效力溯及行为开始时。被告人故意隐瞒其收取杨某汇款的事实,编造杨某下落不明满4年的虚假事实和理由,恶意申请杨某被宣告死亡,严重违法,当属无效民事行为,婚姻关系并未消灭。同一案件事实的性质存在刑事犯罪和民事纠纷两种可能性,要正确界定该事实的性质主要取决于对该行为社会危害性的判断。如果该行为触犯了刑法,根据"先刑后民"的审理原则,应先追究行为人的刑事责任,然后再追究其民事责任。

《刑参》第967号案例"法兰克·巴沙勒·米伦等重婚案——外籍被告人与外籍配偶在境外结婚后在我国境内与他人以夫妻名义同居的是否构成重婚罪"相关论述:外国人在我国境内与他人以夫妻名义同居的行为是否构成重婚罪应当适用我国的法律规定。被告人重婚行为发生在我国境内应当认定为在我国境内实施的行为,依法应当适用我国《刑法》的规定。外籍被告人在我国境内与他人以夫妻名义同居的行为符合重婚罪的构成特征。法兰克在英国的婚姻关系为我国法律所承认,其在我国境内的重婚行为,客观上已导致其同时拥有"两个妻子",明显侵犯我国"一夫一妻制度",应当纳入我国刑法的规制范围。1994年最高人民法院《关于〈婚姻登记管理条例〉施行后发生的以夫妻名义非法同居的重婚案件是否以重婚罪定罪处罚的批复》的废止不影响重婚罪的认定。

第二百五十九条 【破坏军婚罪】

明知是现役军人的配偶而与之同居或者结婚的,处三年以下有期徒刑或者拘役。

利用职权、从属关系,以胁迫手段奸淫现役军人的妻子的,依照本法第二百三十六条的规定定罪处罚。

◆ 解读与适用

《刑参》第1457号案例"李某破坏军婚案——破坏军婚罪中'同居'的认定"相关论述:长期通奸关系保持一年以上,时间相对持续、地点相对固定,尤其是在经济上、生活上有着密切联系的,已具备同居的实质内容,对于婚姻尤其是军婚的破坏程度亦无异于同居,其实质已属于同居。长期通奸造成军人婚姻关系破裂的,应当以破坏军婚罪追究刑事责任。

第二百六十条 【虐待罪】[①]

虐待家庭成员,情节恶劣的,处二年以下有期徒刑、拘役或者管制。

犯前款罪,致使被害人重伤、死亡的,处二年以上七年以下有期徒刑。

第一款罪,告诉的才处理,但被害人没有能力告诉,或者因受到强制、威吓无法告诉的除外。

☞ 相关规定见章后二维码

---

① 根据《刑法修正案(九)》修订。修订前内容为:虐待家庭成员,情节恶劣的,处二年以下有期徒刑、拘役或者管制。
犯前款罪,致使被害人重伤、死亡的,处二年以上七年以下有期徒刑。
第一款罪,告诉的才处理。

◆ 解读与适用

【拓展关键词】告诉的才处理

"告诉的才处理"不限于私人性质的告诉,检察机关提起公诉应视为存在"告诉"。①

【拓展关键词】犯虐待罪致使被害人重伤、死亡的

"犯前款罪,致使被害人重伤、死亡的",不包括故意伤害致人重伤、死亡或故意杀人的情形,只限于过失。该重伤、死亡结果只能是因长期虐待而逐渐累积造成。如果行为人在某次虐待行为时,过失致人死亡,在其他行为本身已成立虐待罪的情况下,应与过失致人死亡罪并罚。②

【拓展关键词】虐待罪与故意伤害罪辨析　法条竞合　家庭成员

虐待罪与故意伤害罪系对立关系,对于同一行为,凡是成立故意伤害罪的,便排除虐待罪的成立。③

被虐待的未成年人,因年幼无法行使告诉权利的,属于《刑法》第260条第3款规定的"被害人没有能力告诉"的情形,应当按照公诉案件处理,由检察机关提起公诉,并可以依法提出适用禁止令的建议。抚养人对未成年人未尽抚养义务,实施虐待或者其他严重侵害未成年人合法权益的行为,不适宜继续担任抚养人的,检察机关可以支持未成年人或者其他监护人向人民法院提起变更抚养权诉讼。④

《刑参》第410号案例"蔡某故意伤害案——虐待过程中又实施故意伤害行为致人死亡的如何定罪"相关论述:虐待罪与故意伤害罪之间不存在法条竞合关系。法条竞合,是指一个犯罪行为因为法律的错综规定而同时符合了数个在构成要件上存在交叉关系或包容关系的刑法分则条文但只能适用其中一个条文而排斥其他条文适用的情形。虐待罪与故意伤害罪的犯罪构成要件完全不同,并不存在构成要件上的交叉和包容关系。法条竞合关系只能对"同一行为"进行评价时产生。行为人的本次行为与其以前实施的虐待行为并不是刑法意义上的"同一行为"。行为人对被虐待人有故意伤害行为,但没有给被害人造成轻伤以上后果的,应视为虐待方法之一,认定为虐待罪。其中某次行为给被害人造成伤害后果的,应当认定为故意伤害罪。如果该伤害行为分离出来独立评价后,其他虐待行为仍符合虐待罪构成要件的,应当数罪并罚。如果其余虐待行为不构成虐待罪的,只以故意伤害罪一罪处罚。

《刑参》第998号案例"朱某虐待案——夫妻离婚后仍然共同生活的,属于虐待罪犯罪主体构成要件中的'家庭成员'"相关论述:具有同居、抚养、寄养等事实抚养关系的主体之间,也应当认定为家庭成员。夫妻离婚后仍然在一起共同生活的,应当认定为家庭成员。双方具有夫妻之间特有的亲密关系。

第二百六十条之一　【虐待被监护、看护人罪】⑤

对未成年人、老年人、患病的人、残疾人等负有监护、看护职责的人虐待被监护、看护的人,情节恶劣的,处三年以下有期徒刑或者拘役。

---

① 参见陈兴良主编:《刑法各论精释》(上),人民法院出版社2015年版,第128页。

② 参见陈兴良主编:《刑法各论精释》(上),人民法院出版社2015年版,第123页。

③ 参见陈兴良主编:《刑法各论精释》(上),人民法院出版社2015年版,第123页。

④ 参见于某虐待案,最高人民检察院指导性案例第44号(2018年)。

⑤ 根据《刑法修正案(九)》新增。

单位犯前款罪的，对单位判处罚金，并对其直接负责的主管人员和其他直接责任人员，依照前款的规定处罚。

有第一款行为，同时构成其他犯罪的，依照处罚较重的规定定罪处罚。

◆ 相关规定

最高人民法院　最高人民检察院　公安部　司法部
印发关于依法办理家庭暴力犯罪案件的意见的通知
（法发〔2015〕4号）

详见《刑法》第260条虐待罪的相关规定

最高人民法院
关于审理走私、非法经营、非法使用兴奋剂刑事案件适用法律若干问题的解释（节选）
（法释〔2019〕16号）

详见《刑法》第397条滥用职权罪的相关规定

第三条　对未成年人、残疾人负有监护、看护职责的人组织未成年人、残疾人在体育运动中非法使用兴奋剂，具有下列情形之一的，应当认定为刑法第二百六十条之一规定的"情节恶劣"，以虐待被监护、看护人罪定罪处罚：

（一）强迫未成年人、残疾人使用的；

（二）引诱、欺骗未成年人、残疾人长期使用的；

（三）其他严重损害未成年人、残疾人身心健康的情形。

第二百六十一条　【遗弃罪】

对于年老、年幼、患病或者其他没有独立生活能力的人，负有扶养义务而拒绝扶养，情节恶劣的，处五年以下有期徒刑、拘役或者管制。

◆ 相关规定

最高人民法院　最高人民检察院　公安部　司法部
印发关于依法办理家庭暴力犯罪案件的意见的通知
（法发〔2015〕4号）

详见《刑法》第260条虐待罪的相关规定

◆ 解读与适用

遗弃罪的主体与对象不需要是同一家庭成员。①

第二百六十二条　【拐骗儿童罪】

拐骗不满十四周岁的未成年人,脱离家庭或者监护人的,处五年以下有期徒刑或者拘役。

◆ 解读与适用

【拓展关键词】拐骗与偷盗婴幼儿　拐骗儿童罪与拐卖儿童罪辨析　文义解释　扩张解释

使用盗窃、抢夺甚至抢劫的方法,将婴儿偷走,抢走的行为同样构成本罪。就性质相同的行为应进行举轻以明重的解释,结合《刑法》第 240 条的规定,"拐"并不限于欺骗、利诱等平和方法。②

《刑参》第 173 号案例"胡某拐骗儿童案——如何区分拐骗儿童罪和拐卖儿童罪"相关论述:对于直接、强行抢走、偷走婴幼儿的所谓"拐骗"儿童犯罪,与司法实践中拐卖儿童犯罪手段并无差别,此时,区分拐骗儿童罪和拐卖儿童罪的关键在于行为人实施犯罪的主观目的。拐骗儿童罪的行为人不以出卖为目的,其目的通常是自己或者送给他人收养。

《刑参》第 999 号案例"任某拐骗儿童案——采取欺骗方式使儿童脱离家庭以供役使的行为如何定性"相关论述:行为人实施拐骗行为主观上一般具有收养或者役使等目的。"拐骗"包含有"偷偷摸摸""欺骗"的含义,从文义解释角度看,"拐骗"不包含暴力等强制性手段。基于对儿童权益的全面保护,应当对拐骗儿童罪中的"拐骗"概念予以扩张解释,即泛指一切违背儿童监护人意愿使儿童脱离家庭或者监护的行为,包括欺骗性手段,也包括偷盗、强抢等手段。虚构事实是凭空虚构某种根本不存在的事实,隐瞒真相是以某种已经存在的事实来掩盖另一种根本不存在的事实。一方面,被告人虚构了其具有儿童家庭寄养的资质和条件。另一方面,被告人隐瞒了招募儿童供其役使的真实目的。

另见《刑法》第 240 条拐卖妇女、儿童罪注释部分。

第二百六十二条之一　【组织残疾人、儿童乞讨罪】③

以暴力、胁迫手段组织残疾人或者不满十四周岁的未成年人乞讨的,处三年以下有期徒刑或者拘役,并处罚金;情节严重的,处三年以上七年以下有期徒刑,并处罚金。

---

① 参见张明楷:《刑法分则的解释原理》,中国人民大学出版社 2004 年版,第 156 页。

② 参见张明楷:《刑法分则的解释原理》,中国人民大学出版社 2004 年版,第 107 页。

③ 根据《刑法修正案(六)》新增。

◆ 解读与适用

【拓展关键词】组织　情节严重　暴力、胁迫

《刑参》第1001号案例"翟某、魏某组织儿童乞讨案——如何认定组织儿童乞讨罪中的'暴力、胁迫'手段、'组织'行为、乞讨形式以及'情节严重'"相关论述：组织儿童乞讨罪中的"暴力、胁迫"不需以压制儿童反抗为必要，只要足以让儿童产生恐惧心理即可。组织儿童乞讨罪中的"组织"不以被组织乞讨的人员达到3人为入罪条件。组织残疾人、儿童乞讨罪与妨害社会管理秩序的其他组织犯罪不同，由于该罪的行为对象是特定的"弱者"，即使安排1名残疾人、儿童乞讨也会贬损其人格尊严，助长儿童形成好逸恶劳或反社会性格，对残疾人、儿童身心健康造成严重伤害，还会诱发其他犯罪，妨害社会管理秩序，社会危害性大。组织儿童乞讨中，对儿童实施暴力造成儿童轻伤以上后果的，应当以故意伤害罪或故意杀人罪，与组织儿童乞讨罪予以并罚。

第二百六十二条之二　【组织未成年人进行违反治安管理活动罪】①

组织未成年人进行盗窃、诈骗、抢夺、敲诈勒索等违反治安管理活动的，处三年以下有期徒刑或者拘役，并处罚金；情节严重的，处三年以上七年以下有期徒刑，并处罚金。

◆ 相关规定

最高人民法院　最高人民检察院　公安部　司法部
关于依法惩治拐卖妇女儿童犯罪的意见（节选）
（法发〔2010〕7号）

详见《刑法》第240条拐卖妇女、儿童罪的相关规定

27. 拐卖妇女、儿童或者收买被拐卖的妇女、儿童，又组织、教唆被拐卖、收买的未成年妇女、儿童进行盗窃、诈骗、抢夺、敲诈勒索等违反治安管理活动的，以拐卖妇女、儿童罪或者收买被拐卖的妇女、儿童罪与组织未成年人进行违反治安管理活动罪数罪并罚。

▶▶▶ 本章其他相关规定

① 根据《刑法修正案（七）》新增。

第五章　侵犯财产罪

第二百六十三条　【抢劫罪】

以暴力、胁迫或者其他方法抢劫公私财物的，处三年以上十年以下有期徒刑，并处罚金；有下列情形之一的，处十年以上有期徒刑、无期徒刑或者死刑，并处罚金或者没收财产：

（一）入户抢劫的；

（二）在公共交通工具上抢劫的；

（三）抢劫银行或者其他金融机构的；

（四）多次抢劫或者抢劫数额巨大的；

（五）抢劫致人重伤、死亡的；

（六）冒充军警人员抢劫的；

（七）持枪抢劫的；

（八）抢劫军用物资或者抢险、救灾、救济物资的。

◆ 相关规定

最高人民法院

关于审理抢劫案件具体应用法律若干问题的解释

（法释〔2000〕35号）

第一条　刑法第二百六十三条第（一）项规定的“入户抢劫”，是指为实施抢劫行为而进入他人生活的与外界相对隔离的住所，包括封闭的院落、牧民的帐篷、渔民作为家庭生活场所的渔船、为生活租用的房屋等进行抢劫的行为。

对于入户盗窃，因被发现而当场使用暴力或者以暴力相威胁的行为，应当认定为入户抢劫。

[本书观点]此处第1条第2款的规定旨在提醒司法工作者对于入户盗窃被发现后，为了继续劫取财物而使用暴力或者以暴力相威胁的，可推定行为人入户时即具有“能偷则偷，能抢则抢”的概括目的，应按照“入户抢劫”加重处罚。

第二条　刑法第二百六十三条第（二）项规定的“在公共交通工具上抢劫”，既包括在从事旅客运输的各种公共汽车，大、中型出租车，火车，船只，飞机等正在运营中的机动公共交通工具上对旅客、司售、乘务人员实施的抢劫，也包括对运行途中的机动公共交通工具加以拦截后，对公共交通工具上的人员实施的抢劫。

第三条　刑法第二百六十三条第（三）项规定的“抢劫银行或者其他金融机构”，是指抢劫银行或者其他金融机构的经营资金、有价证券和客户的资金等。

抢劫正在使用中的银行或者其他金融机构的运钞车的,视为“抢劫银行或者其他金融机构”。

第四条 刑法第二百六十三条第(四)项规定的“抢劫数额巨大”的认定标准,参照各地确定的盗窃罪数额巨大的认定标准执行。

第五条 刑法第二百六十三条第(七)项规定的“持枪抢劫”,是指行为人使用枪支或者向被害人显示持有、佩带的枪支进行抢劫的行为。“枪支”的概念和范围,适用《中华人民共和国枪支管理法》的规定。

第六条 刑法第二百六十七条第二款规定的“携带凶器抢夺”,是指行为人随身携带枪支、爆炸物、管制刀具等国家禁止个人携带的器械进行抢夺或者为了实施犯罪而携带其他器械进行抢夺的行为。

最高人民法院
关于抢劫过程中故意杀人案件如何定罪问题的批复

(法释〔2001〕16号)

上海市高级人民法院:

你院沪高法〔2000〕117号《关于抢劫过程中故意杀人案件定性问题的请示》收悉。经研究,答复如下:

行为人为劫取财物而预谋故意杀人,或者在劫取财物过程中,为制服被害人反抗而故意杀人的,以抢劫罪定罪处罚。

行为人实施抢劫后,为灭口而故意杀人的,以抢劫罪和故意杀人罪定罪,实行数罪并罚。

【深度解析】

按照该批复规定,既然当行为人对加重结果持故意也仅成立结果加重犯时,在行为人故意造成加重结果,加重结果却没有发生的情况下,应以结果加重犯的未遂论处,否则有损刑法正义。①

最高人民法院
关于对在绑架过程中以暴力、胁迫等手段当场劫取被害人财物的行为如何适用法律问题的答复

(法函〔2001〕68号)

福建省高级人民法院:

你院闽高法〔2001〕128号《关于在绑架过程中实施暴力或以暴力相威胁当场劫取被害人财物的行为如何适用法律问题的请示》收悉。经研究,答复如下:

行为人在绑架过程中,又以暴力、胁迫等手段当场劫取被害人财物,构成犯罪的,择一重罪处罚。

最高人民法院
关于审理抢劫、抢夺刑事案件适用法律若干问题的意见(节选)

(法发〔2005〕8号)

一、关于“入户抢劫”的认定

根据《抢劫解释》第一条规定,认定“入户抢劫”时,应当注意以下三个问题:一是“户”的范围。“户”在

① 参见张明楷:《刑法分则的解释原理》,中国人民大学出版社2004年版,第82~83页。

这里是指住所,其特征表现为供他人家庭生活和与外界相对隔离两个方面,前者为功能特征,后者为场所特征。一般情况下,集体宿舍、旅店宾馆、临时搭建工棚等不应认定为“户”,但在特定情况下,如果确实具有上述两个特征的,也可以认定为“户”。二是“入户”目的的非法性。进入他人住所须以实施抢劫等犯罪为目的。抢劫行为虽然发生在户内,但行为人不以实施抢劫等犯罪为目的进入他人住所,而是在户内临时起意实施抢劫的,不属于“入户抢劫”。三是暴力或者暴力胁迫行为必须发生在户内。入户实施盗窃被发现,行为人为窝藏赃物、抗拒抓捕或者毁灭罪证而当场使用暴力或者以暴力相威胁的,如果暴力或者暴力胁迫行为发生在户内,可以认定为“入户抢劫”;如果发生在户外,不能认定为“入户抢劫”。

二、关于“在公共交通工具上抢劫”的认定

公共交通工具承载的旅客具有不特定多数人的特点。根据《抢劫解释》第二条规定,“在公共交通工具上抢劫”主要是指在从事旅客运输的各种公共汽车、大、中型出租车、火车、船只、飞机等正在运营中的机动公共交通工具上对旅客、司售、乘务人员实施的抢劫。在未运营中的大、中型公共交通工具上针对司售、乘务人员抢劫的,或者在小型出租车上抢劫的,不属于“在公共交通工具上抢劫”。

三、关于“多次抢劫”的认定

刑法第二百六十三条第(四)项中的“多次抢劫”是指抢劫三次以上。

对于“多次”的认定,应以行为人实施的每一次抢劫行为均已构成犯罪为前提,综合考虑犯罪故意的产生、犯罪行为实施的时间、地点等因素,客观分析、认定。对于行为人基于一个犯意实施犯罪的,如在同一地点同时对在场的多人实施抢劫的;或基于同一犯意在同一地点实施连续抢劫犯罪的,如在同一地点连续地对途经此地的多人进行抢劫的;或在一次犯罪中对一栋居民楼房中的几户居民连续实施入户抢劫的,一般应认定为一次犯罪。

四、关于“携带凶器抢夺”的认定

《抢劫解释》第六条规定,“携带凶器抢夺”,是指行为人随身携带枪支、爆炸物、管制刀具等国家禁止个人携带的器械进行抢夺或者为了实施犯罪而携带其他器械进行抢夺的行为。行为人随身携带国家禁止个人携带的器械以外的其他器械抢夺,但有证据证明该器械确实不是为了实施犯罪准备的,不以抢劫罪定罪;行为人将随身携带凶器有意加以显示、能为被害人察觉到的,直接适用刑法第二百六十三条的规定定罪处罚;行为人携带凶器抢夺后,在逃跑过程中为窝藏赃物、抗拒抓捕或者毁灭罪证而当场使用暴力或者以暴力相威胁的,适用刑法第二百六十七条第二款的规定定罪处罚。

……

六、关于抢劫犯罪数额的计算

抢劫信用卡后使用、消费的,其实际使用、消费的数额为抢劫数额;抢劫信用卡后未实际使用、消费的,不计数额,根据情节轻重量刑。所抢信用卡数额巨大,但未实际使用、消费或者实际使用、消费的数额未达到巨大标准的,不适用“抢劫数额巨大”的法定刑。

为抢劫其他财物,劫取机动车辆当作犯罪工具或者逃跑工具使用的,被劫取机动车辆的价值计入抢劫数额;为实施抢劫以外的其他犯罪劫取机动车辆的,以抢劫罪和实施的其他犯罪实行数罪并罚。

抢劫存折、机动车辆的数额计算,参照执行《关于审理盗窃案件具体应用法律若干问题的解释》的相关规定。

七、关于抢劫特定财物行为的定性

以毒品、假币、淫秽物品等违禁品为对象,实施抢劫的,以抢劫罪定罪;抢劫的违禁品数量作为量刑情节予以考虑。抢劫违禁品后又以违禁品实施其他犯罪的,应以抢劫罪与具体实施的其他犯罪实行数罪并罚。

抢劫赌资、犯罪所得的赃款赃物的,以抢劫罪定罪,但行为人仅以其所输赌资或所赢赌债为抢劫对象,一般不以抢劫罪定罪处罚。构成其他犯罪的,依照刑法的相关规定处罚。

为个人使用,以暴力、胁迫等手段取得家庭成员或近亲属财产的,一般不以抢劫罪定罪处罚,构成其他犯罪的,依照刑法的相关规定处理;教唆或者伙同他人采取暴力、胁迫等手段劫取家庭成员或近亲属财产的,可以抢劫罪定罪处罚。

八、关于抢劫罪数的认定

行为人实施伤害、强奸等犯罪行为，在被害人未失去知觉，利用被害人不能反抗、不敢反抗的处境，临时起意劫取他人财物的，应以此前所实施的具体犯罪与抢劫罪实行数罪并罚；在被害人失去知觉或者没有发觉的情形下，以及实施故意杀人犯罪行为之后，临时起意拿走他人财物的，应以此前所实施的具体犯罪与盗窃罪实行数罪并罚。

九、关于抢劫罪与相似犯罪的界限

……

十、抢劫罪的既遂、未遂的认定

抢劫罪侵犯的是复杂客体，既侵犯财产权利又侵犯人身权利，具备劫取财物或者造成他人轻伤以上后果两者之一的，均属抢劫既遂；既未劫取财物，又未造成他人人身伤害后果的，属抢劫未遂。据此，刑法第二百六十三条规定的八种处罚情节中除“抢劫致人重伤、死亡的”这一结果加重情节之外，其余七种处罚情节同样存在既遂、未遂问题，其中属抢劫未遂的，应当根据刑法关于加重情节的法定刑规定，结合未遂犯的处理原则量刑。

十一、驾驶机动车、非机动车夺取他人财物行为的定性

……

最高人民检察院
关于强迫借贷行为适用法律问题的批复

（高检发释字〔2014〕1号）

广东省人民检察院：

你院《关于强迫借贷案件法律适用的请示》（粤检发研字〔2014〕9号）收悉。经研究，批复如下：

以暴力、胁迫手段强迫他人借贷，属于刑法第二百二十六条第二项规定的“强迫他人提供或者接受服务”，情节严重的，以强迫交易罪追究刑事责任；同时构成故意伤害罪等其他犯罪的，依照处罚较重的规定定罪处罚。以非法占有为目的，以借贷为名采用暴力、胁迫手段获取他人财物，符合刑法第二百六十三条或者第二百七十四条规定的，以抢劫罪或者敲诈勒索罪追究刑事责任。

最高人民法院
关于审理抢劫刑事案件适用法律若干问题的指导意见（节选）

（法发〔2016〕2号）

一、关于审理抢劫刑事案件的基本要求

……

二、关于抢劫犯罪部分加重处罚情节的认定

1. 认定“入户抢劫”，要注重审查行为人“入户”的目的，将“入户抢劫”与“在户内抢劫”区别开来。以侵害户内人员的人身、财产为目的，入户后实施抢劫，包括入户实施盗窃、诈骗等犯罪而转化为抢劫的，应当认定为“入户抢劫”。因访友办事等原因经户内人员允许入户后，临时起意实施抢劫，或者临时起意实施盗窃、诈骗等犯罪而转化为抢劫的，不应认定为“入户抢劫”。

对于部分时间从事经营、部分时间用于生活起居的场所，行为人在非营业时间强行入内抢劫或者以购物等为名骗开房门入内抢劫的，应认定为“入户抢劫”。对于部分用于经营、部分用于生活且之间有明确隔离的场所，行为人进入生活场所实施抢劫的，应认定为“入户抢劫”；如场所之间没有明确隔离，行为人在营业时间入内实施抢劫的，不认定为“入户抢劫”，但在非营业时间入内实施抢劫的，应认定为“入户抢劫”。

2."公共交通工具",包括从事旅客运输的各种公共汽车,大、中型出租车,火车,地铁,轻轨,轮船,飞机等,不含小型出租车。对于虽不具有商业营运执照,但实际从事旅客运输的大、中型交通工具,可认定为"公共交通工具"。接送职工的单位班车、接送师生的校车等大、中型交通工具,视为"公共交通工具"。

"在公共交通工具上抢劫",既包括在处于运营状态的公共交通工具上对旅客及司售、乘务人员实施抢劫,也包括拦截运营途中的公共交通工具对旅客及司售、乘务人员实施抢劫,但不包括在未运营的公共交通工具上针对司售、乘务人员实施抢劫。以暴力、胁迫或者麻醉等手段对公共交通工具上的特定人员实施抢劫的,一般应认定为"在公共交通工具上抢劫"。

3.认定"抢劫数额巨大",参照各地认定盗窃罪数额巨大的标准执行。抢劫数额以实际抢劫到的财物数额为依据。对以数额巨大的财物为明确目标,由于意志以外的原因,未能抢到财物或实际抢得的财物数额不大的,应同时认定"抢劫数额巨大"和犯罪未遂的情节,根据刑法有关规定,结合未遂犯的处理原则量刑。

根据《两抢意见》第六条第一款规定,抢劫信用卡后使用、消费的,以行为人实际使用、消费的数额为抢劫数额。由于行为人意志以外的原因无法实际使用、消费的部分,虽不计入抢劫数额,但应作为量刑情节考虑。通过银行转账或者电子支付、手机银行等支付平台获取抢劫财物的,以行为人实际获取的财物为抢劫数额。

4.认定"冒充军警人员抢劫",要注重对行为人是否穿着军警制服、携带枪支、是否出示军警证件等情节进行综合审查,判断是否足以使他人误以为是军警人员。对于行为人仅穿着类似军警的服装或仅以言语宣称系军警人员但未携带枪支、也未出示军警证件而实施抢劫的,要结合抢劫地点、时间、暴力或威胁的具体情形,依照常人判断标准,确定是否认定为"冒充军警人员抢劫"。

军警人员利用自身的真实身份实施抢劫的,不认定为"冒充军警人员抢劫",应依法从重处罚。

……

四、具有法定八种加重处罚情节的刑罚适用

1.根据刑法第二百六十三条的规定,具有"抢劫致人重伤、死亡"等八种法定加重处罚情节的,处十年以上有期徒刑、无期徒刑或者死刑,并处罚金或者没收财产。应当根据抢劫的次数及数额、抢劫对人身的损害、对社会治安的危害等情况,结合被告人的主观恶性及人身危险程度,并根据量刑规范化的有关规定,确定具体的刑罚。判处无期徒刑以上刑罚的,一般应并处没收财产。

2.具有下列情形之一的,可以判处无期徒刑以上刑罚:

(1)抢劫致三人以上重伤,或者致人重伤造成严重残疾的;

(2)在抢劫过程中故意杀害他人,或者故意伤害他人,致人死亡的;

(3)具有除"抢劫致人重伤、死亡"外的两种以上加重处罚情节,或者抢劫次数特别多、抢劫数额特别巨大的。

3.为劫取财物而预谋故意杀人,或者在劫取财物过程中为制服被害人反抗、抗拒抓捕而杀害被害人,且被告人无法定从宽处罚情节的,可依法判处死刑立即执行。对具有自首、立功等法定从轻处罚情节的,判处死刑立即执行应当慎重。对于采取故意杀人以外的其他手段实施抢劫并致人死亡的案件,要从犯罪的动机、预谋、实行行为等方面分析被告人主观恶性的大小,并从有无前科及平时表现、认罪悔罪情况等方面判断被告人的人身危险程度,不能不加区别,仅以出现被害人死亡的后果,一律判处死刑立即执行。

4.抢劫致人重伤案件适用死刑,应当更加慎重、更加严格,除非具有采取极其残忍的手段造成被害人严重残疾等特别恶劣的情节或者造成特别严重后果的,一般不判处死刑立即执行。

5.具有刑法第二百六十三条规定的"抢劫致人重伤、死亡"以外其他七种加重处罚情节,且犯罪情节特别恶劣、危害后果特别严重的,可依法判处死刑立即执行。认定"情节特别恶劣、危害后果特别严重",应当从严掌握,适用死刑必须非常慎重、非常严格。

五、抢劫共同犯罪的刑罚适用

1.审理抢劫共同犯罪案件,应当充分考虑共同犯罪的情节及后果、共同犯罪人在抢劫中的作用以及被告人的主观恶性、人身危险性等情节,做到准确认定主从犯,分清罪责,以责定刑,罚当其罪。一案中有两名以上主犯的,要从犯罪提意、预谋、准备、行为实施、赃物处理等方面区分出罪责最大者和较大者;有两名以上从犯的,要在从犯中区分出罪责相对更轻者和较轻者。对从犯的处罚,要根据案件的具体事实、从犯的罪责,确定从轻还是减轻处罚。对具有自首、立功或者未成年人且初次抢劫等情节的从犯,可以依法免除处罚。

2. 对于共同抢劫致一人死亡的案件,依法应当判处死刑的,除犯罪手段特别残忍、情节及后果特别严重、社会影响特别恶劣、严重危害社会治安的外,一般只对共同抢劫犯罪中作用最突出、罪行最严重的那名主犯判处死刑立即执行。罪行最严重的主犯如因系未成年人而不适用死刑,或者因具有自首、立功等法定从宽处罚情节而不判处死刑立即执行的,不能不加区别地对其他主犯判处死刑立即执行。

3. 在抢劫共同犯罪案件中,有同案犯在逃的,应当根据现有证据尽量分清在押犯与在逃犯的罪责,对在押犯应按其罪责处刑。罪责确实难以分清,或者不排除在押犯的罪责可能轻于在逃犯的,对在押犯适用刑罚应当留有余地,判处死刑立即执行要格外慎重。

☞ 其他相关规定见章后二维码

◆ 解读与适用

【拓展关键词】入户抢劫　自动投案

从本案被告人的犯罪动机和目的看,抢劫行为针对的是被害人经营的店铺的营业款。该店铺临街,采取的是随时服务的经营方式,被告人等人就是假借购物为由进入店铺的,被告人抢劫时商店还在营业中,且被害人的店铺中用于生活的区域处于非封闭状态,生活设施都是临时性的,同时还堆放有部分货物,与用于经营的区域缺乏明显的隔离,被害人的卧室仍然是商店的一部分,不能认定为"入户抢劫"。①

《刑参》第134号案例"明某抢劫案——子女进入父母居室内抢劫的能否认定为'入户抢劫'"相关论述:财产共有人抢劫共有财产的,可以抢劫罪定罪处罚。被告人虽已是成年人,有独立的生活能力,但由于未分家析产,被告人作为与被害人共同生活的家庭成员也参与了该粮油门市部的经营,事前亦未约定经营利润的分配方案,因此,对于粮油门市部的经营所得,仍应认定为家庭共同共有的财产。子女进入父母住宅抢劫的,一般不应当认定为"入户抢劫"。被告人与被害人属于共同生活的家庭成员,无论其进入是否得到被害人的同意,都不属于非法侵入。同时,从我国传统伦理道德观念来讲,无论子女是否成年或与父母分开居住,子女进入父母的卧室或者住宅,都是正常的。

《刑参》第288号案例"陆某等抢劫案——入户抢劫中'户'的理解与认定"相关论述:"户"的特征表现为供他人家庭生活和与外界相对隔离两个方面,前者为功能特征,后者为场所特征。一般情况下,集体宿舍、旅店宾馆、临时搭建工棚等不应认定为"户"。"入户"必须具有进入他人住所的非法侵入性,即进入他人住所须以实施抢劫等犯罪为目的。抢劫行为虽然发生在户内,但行为人基于某种合法、正当理由进入他人住所,临时起意实施抢劫的,不属于"入户抢劫"。暴力或者暴力胁迫行为必须发生在户内。比如,入户盗窃被发现后,为窝藏赃物,在户外使用暴力或者以暴力相威胁的,不能认定为入户抢劫。对于入户抢劫中的"户"应当结合行为时"户"所承载的实际功能进行分析、判定。入户抢劫中的"户",不仅是抢劫的场所,更是抢劫的对象。本案行为人抢劫的对象是参赌人员,而非家庭成员,不应认定为入户抢劫。

《刑参》第309号案例"杨某等抢劫案——在个体家庭旅馆针对旅馆主人实施的抢劫是否构成'入户抢劫'"相关论述:被告人在个体家庭旅馆针对旅馆主人实施的抢劫行为不应认定为入户抢劫。"户"应具有供

---

① 参见魏某等人抢劫案,载《最高人民法院公报》2005年第4期。

他人家庭生活和与外界相对隔离两个方面的特征。入户必须具有进入他人住所的非法侵入性，即进入他人住所须以实施抢劫等犯罪为目的。暴力或者暴力胁迫行为必须发生在户内。在家庭住所改造为家庭旅馆之后，即不再具有与外界相对隔离的场所特征。判断是否具有开放性的关键并不在于建筑物的空间结构，而是他人出入的自由程度。作为住所，其先前具有的封闭性特征随着性质功能的改变已经不复存在，所以不能再视为“户”。该居住场所的功能是不固定的，可以随时变换的，而且这种功能上的不确定性，不存在时间段的限制，在具体功能上不具有可区分性，不宜认定为“户”。

《刑参》第332号案例“夏某等抢劫案——在实施敲诈勒索犯罪过程中对被害人使用暴力并当场劫取财物是否需要数罪并罚”相关论述：暴力劫财行为始发在户外，持续至户内完成，仍应认定为“入户抢劫”。

《刑参》第466号案例“韩某等抢劫案——非法进入他人共同租住的房屋抢劫是否属于‘入户抢劫’”相关论述：共同租住的房屋只要是供家庭生活且与外界相对隔离的，就应当认定为刑法意义上的“户”。并不绝对要求“户”内居住的人员关系必须具有亲属关系，也就是说并不限于住所必须为一个家庭生活所用。只要这种住所具有与外界相对隔离的特征，居住的成员比较固定，成为居住成员的生活场所，就可以认定为刑法意义上的“户”。而不应受到住所中的人员和人员关系的限制。不能认为丧偶老人或单身成年人的独居住所不属于社会生活的基本单位而不称为“户”。

《刑参》第613号案例“王某抢劫、强奸、盗窃案——如何把握抢劫犯罪案件中加重情节的认定”相关论述：对建筑工地或工人宿舍不宜认定为入户抢劫。刑法保护社会公众普遍认同的基本价值观念——家庭生活的安全性、私密性。若要对抢劫犯适用死刑，将惩治的价值取向偏重于人身权利，即是否造成被害人伤亡的后果是能否对被告人适用死刑的重要因素。

《刑参》第815号案例“尹某、李某抢劫案——提供配好的钥匙给同伙，让同伙入室抢劫共同居住人的，行为人与同伙是否均构成入户抢劫”相关论述：提供配好的钥匙给同伙，让同伙入室抢劫共同居住人的，行为人与同伙均构成入户抢劫。实施抢劫过程中伪造部分代为保管的钱款被抢，并将部分代为保管的钱款据为己有，应当认定为抢劫。2人通过抢劫与王某同住的李某以及伪造抢劫尹某的假象的方式将王某的钱款据为己有，系一个整体的抢劫行为，抢劫的对象包括李某的财物和王某委托尹某代为保管的钱款。里应外合的抢劫行为不会因作案过程中存在一定的造假、配合行为而改变抢劫行为的性质。对共同居住情形下财物的占有、控制的认定应当结合居住空间的私有性和整体性两个方面进行考量。

《刑参》第844号案例“黄某抢劫案——进入卖淫女出租房嫖宿后，实施抢劫是否构成‘入户抢劫’”相关论述：卖淫女从事卖淫活动时其出租房对卖淫对象来说不属于“户”。该出租房表现为卖淫活动场所和家居生活住所的双重功能特征，在一定条件下两个特征可以相互转化。

《刑参》第846号案例“刘某抢劫案——行为人从户外追赶被害人进入户内实施抢劫的行为，能否认定为‘入户抢劫’”相关论述：入户抢劫的基本结构为入户前持有非法的入户目的、入户行为。户内以暴力或者暴力胁迫行为实施抢劫或者转化型抢劫。行为人以实施抢劫为目的进入他人住所符合“入户”目的非法性。行为人实施了“入户”行为。行为人在户内实施了暴力抢劫行为。对“在户内实施暴力或者暴力胁迫行为”不应机械地理解为整个抢劫行为在户内开始实施并在户内结束。只要行为的抢劫暴力行为有一部分发生在户内，就应当认定为“入户抢劫”。

《刑参》第1180号案例“韦某抢劫案——进入无人居住的待租房屋实施抢劫，不属于‘入户抢劫’”相关论述：“入户抢劫”中的“户”应同时具备场所特征和功能特征。“与外界相对隔离”是“户”的场所特征，“供他人家庭生活”是“户”的功能特征。本案作案地点待租房屋不具有“户”的功能特征，不能认定为“户”。该房屋既不是供受害人本人或者其家人生活居住使用的，也不是有他人正在居住使用的房屋，而是等待他人租住的房屋，被告人作案时无人在此居住，因此不具有“户”的功能特征。

【拓展关键词】转化型抢劫

转化型抢劫案例另见《刑法》第269条注释部分。

【拓展关键词】转化型入户抢劫　吸收犯　入户盗窃被发现后当场使用暴力相威胁的行为定性

根据2005年7月最高人民法院《关于审理抢劫抢夺刑事案件适用法律若干问题的意见》关于认定"入户抢劫"的规定,"入户"必须以实施抢劫等犯罪为目的。但是,这里"目的"的非法性不是以抢劫罪为限,还应当包括盗窃等其他犯罪。本案中,被告人陈某入室盗窃被发现后当场使用暴力相威胁的行为,应当认定为"入户抢劫"。①

《刑参》第59号案例"庄某抢劫案——犯罪嫌疑人一经传唤即如实供认犯罪事实的可否认定为自首"相关论述:入户盗窃的人是怀着秘密窃取他人财物的意图进入他人住宅的,其行为被事主发现后,对事主使用暴力,其危害性与入户抢劫并无本质差别。对这种行为在认定抢劫罪的同时,还应当认定为"入户抢劫"。

《刑参》第147号案例"何某抢劫案——敲诈勒索罪与抢劫罪之区分"相关论述:入户与抢劫必须存在牵连关系,即通过入户这一手段达成抢劫目的,说明了入户的非法性及更为严重的社会危害性。

《刑参》第490号案例"肖某故意杀人案——在盗窃过程中为灭口杀害被害人的应如何定性"相关论述:2000年最高人民法院《关于审理抢劫案件具体应用法律若干问题的解释》规定对于入户盗窃因被发现而当场使用暴力或者暴力相威胁的行为,应当认定为入户抢劫。这一解释主要解决的是入户盗窃能否转化为入户抢劫的问题,而不是对入户盗窃因被发现而实施暴力行为的定性"一刀切"。刑法的司法解释必须以刑法条文为依据,并忠实于刑法条文的立法原意和精神。入户盗窃转化为入户抢劫规定的理解,应以刑法关于转化抢劫的规定为前提,不能超出"窝藏赃物、抗拒抓捕或者毁灭罪证"三种情形。

《刑参》第580号案例"虞某强奸、抢劫案——在入户强奸过程中临时起意劫取财物的,能否认定为'入户抢劫'"相关论述:以强奸目的入户,在强奸过程中临时起意劫取财物的,不能认定为"入户抢劫"。"进入他人住所须以实施抢劫等犯罪为目的"指仅以实施抢劫及盗窃、诈骗、抢夺等图财型犯罪为目的而进入他人住所。将入户同时作为强奸和抢劫的手段行为是对同一行为的重复评价,也违反了主客观相一致的定罪原则。被害人死亡系被告人的暴力强奸行为所致,不能认定为"抢劫致人死亡"。

《刑参》第1181号案例"秦某抢劫案——被允许入户后临时起意盗窃,被发现后当场使用暴力的,能否认定'入户抢劫'"相关论述:《最高人民法院关于审理抢劫刑事案件适用法律若干问题的指导意见》将入户抢劫的目的扩大为"以侵害户内人员的人身、财产为目的"。即使不以犯罪为目的而只是出于一般违法目的,只要是"以侵害户内人员的人身、财产为目的"。行为人具有非法占有他人财物的目的并且敢于入户实施,就表现了很大的贪婪性,也对公民居住场所的安全构成严重威胁,因被发现而当场实施暴力或者以暴力相威胁,对其以"入户抢劫"论处是合理的。既然如此,作为入户发生的转化型抢劫的前提行为,就不应当只限于入户盗窃,而是应该包括入户诈骗、抢夺。被告人以访友为目的,在征得被害人同意后进入被害人家中,在被害人家中休息时,趁被害人外出之机实施的盗窃行为,因被发现而以暴力相威胁,从而转化为抢劫犯罪,因无证据证明秦某进入被害人家中的目的具有非法性,无证据证明其具有侵害被害人及其家人的人身、财产目的,本着有利于被告人的原则,其行为不宜认定为"入户抢劫"。

《刑参》第1182号案例"张某抢劫、盗窃案——入户盗窃数额较少财物为抗拒抓捕当场使用暴力,能否认定'入户抢劫'"相关论述:被告人张某入户盗窃被发现后,当场使用暴力抗拒抓捕,致被害人轻微伤,其行为已构成"入户抢劫"。转化型抢劫的主观要件是"为窝藏赃物、抗拒抓捕或者毁灭罪证",这种情形既可以

---

① 参见陈某抢劫、盗窃,付某盗窃案,最高人民检察院指导性案例第17号(高检发研字〔2014〕4号)。

发生在犯罪既遂之后,也可以在犯罪实施过程中。从罪质内容来看,转化型抢劫与普通抢劫罪虽然获取财物与实施暴力的前后顺序不同,但两者均以抢劫罪定罪处罚,即刑法对两种行为的否定性评价是一致的,二者的罪质是相同的。因此,抢劫罪的构成要件中没有数额方面的要求,对转化型抢劫也不应该有类似要求,否则有违公平性原则。入户盗窃并转化为抢劫的,应当以"入户抢劫"论处。入户抢劫加重处罚理由就是"入户",即其侵犯了被害人"家"的私密性和安全性。"户"要具有日常生活性,这是"户"的功能特征。要有封闭性和排他性,这是"户"的场所特征。入户的非法性是侵犯"户"的排他性权利的题中之义。行为人基于侵害户内人员的人身、财产的非法目的入户的,就要对入户行为加重处罚。如果经过允许入户,在户内临时起意实施不法行为的,则不具有非法侵入的特性,故不能将此"入户"作为加重处罚的情节。

[本书观点]"入户抢劫"不是"入户"与"抢劫"各自不法内容的机械叠加。入户盗窃被发现后,为了窝藏赃物、抗拒抓捕或者毁灭罪证而使用暴力或者以暴力相威胁的,罪质系非法入户后发生转化型抢劫,不宜一律认定为"入户抢劫"。不可将《刑法》第269条的法律拟制性规定"推而广之",进行"二次拟制"。将"入户盗窃"后发生转化型抢劫的情形类推为"入户抢劫"有违罪刑法定原则。从罪责刑一致的角度而言,入户盗窃被发现后立即中止犯罪、基于脱离现场之目的而不得已偶发暴力犯罪与有预谋地为了抢劫、强奸而入户实施强暴力犯罪不法程度显著有别、表征的人身危险性不可相提并论,对二者一视同仁甚至为前者配置更重的刑罚,明显不适当、不均衡。"入户抢劫"须是"为了抢劫"而入户,不宜将之扩张至出于"非法目的""抢劫等犯罪目的""图财型犯罪目的""以侵害户内人员的人身、财产为目的"等范围。

【拓展关键词】抢劫罪与绑架罪、敲诈勒索罪、强迫交易罪辨析　两个"当场"　非法占有目的　吸收犯　承继的共同犯罪

行为人以非法占有为目的,以欺骗方法将被害人诱至其承租的住房内,而后将被害人反锁在其事先改造过的房间内,致使被害人不能反抗,从而劫取被害人随身携带的财物的,属于以对被害人的身体实施强制禁闭的暴力方法,强行劫取公私财物的行为,应按抢劫罪定罪处罚。①

行为人虽然控制了被害人的人身自由,但其目的不是以被害人为人质来要挟被害人以外的第三人并向第三人勒索财物的,而是对被害人实施暴力、胁迫以直接劫取财物的,其行为不构成绑架罪。如果不能证实行为人与被害人之间存在债权债务关系,则不构成索债型的非法拘禁罪。行为人以暴力、胁迫的方法要求被害人交出自己的财产,由于被害人的财产不在身边,行为人不得不同意被害人通知其他人送来财产,也不得不与被害人一起等待财产的到来。这种行为不是以被害人为人质向被害人以外的第三人勒索财物,而是使用暴力、胁迫方法当场强行劫取财物,应当以抢劫罪定罪处罚。②

杨某等驾车至歌舞厅门前的主观目的是抢劫现金,而犯罪对象却是不特定的。被害人上车后,杨某等人对被害人实施了殴打、捆绑、禁闭等手段,是为了直接劫取财产,只是由于被害人随身没有多带现金,杨某等人当时没有能够立即达到犯罪目的,但后来杨某等人通过暴力和胁迫手段,迫使被害人用存折取出现金。杨某等人向被害人暴力劫取财产的行为并没有涉及其他人,其行为特征与以勒索财物为目的的绑架他人行为是不同的,应定为抢劫罪。③

《刑参》第86号案例"王某等抢劫、故意伤害、盗窃案——转化型抢劫罪的法律适用"相关论述:"当场"应是行为人实施盗窃、诈骗或者抢夺犯罪的现场。行为人刚一离开现场就被发觉而被追捕的过程,是其犯罪现场的延伸,故也应视为当场。

---

① 参见白某等抢劫案,载《最高人民法院公报》2008年第5期。
② 参见陈某绑架案,载《最高人民法院公报》2007年第1期。
③ 参见杨某等人抢劫、绑架、寻衅滋事案,载《最高人民法院公报》2005年第2期。

《刑参》第109号案例“郑某、邹某抢劫案——以暴力、威胁手段强迫他人提供贷款的行为如何定性”相关论述：不能证实行为人具有非法占有他人财物的目的就不能以抢劫罪或者敲诈勒索罪定罪处罚。贷款从形式上是履行了合法手续的，被告人与金融机构之间的债权债务关系存在，金融机构完全可以通过民事诉讼向其主张债权。被告人取得贷款实质上是对金融机构的负债而不是对金融机构资金所有权的无偿占有。强迫金融机构工作人员贷款的行为，是扰乱市场秩序的行为，情节严重的，应以强迫交易罪定罪处罚。

《刑参》第155号案例“熊某绑架案——如何准确区分敲诈勒索罪与抢劫罪、绑架罪的界限”相关论述：敲诈勒索罪的手段仅限于威胁，而抢劫罪的手段除威胁外还可以是暴力或采用麻醉等使被害人不知反抗、不能反抗的方法。敲诈勒索罪与以威胁为手段的抢劫罪的区别主要在于后者具有两个“当场性”，即威胁的当场性和取得财物的当场性。抢劫罪威胁的内容具有当场付诸实施的可能性。抢劫罪的威胁只能以直接侵犯被害人人身的暴力威胁为内容。一旦被害人反抗，抢劫者就会当场施暴，威胁内容具有实施的即时性。敲诈勒索的威胁和要挟一般只是使被害人产生恐惧和压迫感，精神强制的效果不如抢劫罪急迫，被害人在决定是否交付财物上仍可有一定考虑、选择的余地。抢劫罪取得的财物只能是当场取得且取得财物的数量也以当场取得为限。

《刑参》第159号案例“邹某抢劫案——设置机关将他人禁闭起来以得逞劫财目的的行为如何定性”相关论述：判断行为人所实施的劫财手段是否属于抢劫罪所要求的“其他方法”关键是看该手段是否已经使被害人丧失了控制自己财物的管理，丧失了抗拒他人劫取自己财物的意志自由和行动自由。

《刑参》第272号案例“杨某等抢劫、绑架案——暴力劫持、拘禁他人后迫使其本人交出现金行为的定性”相关论述：因不具备以被绑架人为人质，向被绑架人以外的第三方勒索财物这一绑架罪基本特征，故不应认定为绑架罪。完整的绑架行为需由劫持绑架人质和向第三人勒索财物两个行为复合构成。被告人的行为具备抢劫罪的两个“当场”要件，构成抢劫罪。期间实施非法拘禁行为因与抢劫行为存在牵连关系，不再单独定罪。“当场”不拘泥于某一特定时间、地点，又应以暴力、胁迫手段行为的自然延伸及取得他人财物所必要为限。

《刑参》第282号案例“王某等人抢劫、敲诈勒索案——挟持被害人前往其亲友处取钱的行为应如何定罪”相关论述：抢劫罪要求的直接劫取被害人财物既可以包括当场劫走被害人随身携带的财物也包括挟持被害人到被害人住所等财物存放处劫走被害人的财物等。绑架罪是向被绑架人之外的第三人索要财物，被绑架人和被勒索人不是同一人。由于被告人并未向被害人之兄表示被害人已被绑架，被害人之兄并不知道被害人此时正被挟持，也未感受到被勒索，其之所以出钱是为了帮助被害人解决因为撞人的治疗押金问题，而非受到要挟或勒索。被告人侵害的对象始终是被害人本人，其挟持被害人去其兄处取钱的行为只是为完成其抢劫目的，但其所使用的犯罪手段比较特殊，是抢劫行为暴力的继续。“当场”并非一个绝对时间、空间概念，它允许具有一定时间连续性和空间的可转换性。一个犯罪行为之所以能够吸收其他犯罪行为是因为这些犯罪行为通常属于实施某一犯罪的同一过程，彼此之间存在密切的联系。前一犯罪行为可能是后一犯罪行为发展的经历阶段，或者后一犯罪行为可能是前一犯罪行为发展的自然结果。由于一个犯罪行为可以包容其他犯罪行为，使其他犯罪行为构成的犯罪失去了独立的意义。故只成立一罪，由重罪吸收轻罪。如盗窃后的销赃行为是盗窃行为发展的自然结果，盗窃行为派生的销赃行为，被盗窃行为所吸收。

《刑参》第300号案例“贺某抢劫案——转化型抢劫罪之‘当场’使用暴力，应当如何理解和把握”相关论述：通说认为，“当场”是指实施盗窃等行为的现场以及行为人刚一离开现场就被人及时发觉而立即被追捕的场所。只要一般的社会观念认为行为人先前的盗窃等行为在该时空范围内仍处于继续状态，则符合“当场”要件。被告人实际实施两次盗窃，前一次盗窃既遂，后一次盗窃预备，两次盗窃符合连续犯的特点，作为一个整体进行刑法评价，在判断暴力行为是否在“当场”时应当以其后一次盗窃行为的实施现场为基点并适当向前延伸进行考察。本案被告人刚走出其第二次盗窃行为的现场即遭到抓捕，其暴力拒捕行为与其先前实施的盗窃行为之间虽然存在一定的时空间隔，但此种间隔是极为短暂的，应当认定为“当场”。

《刑参》第570号案例“白某、肖某绑架案——绑架罪未完成形态的区分”相关论述：为了实施绑架行为而抢劫他人汽车的，允诺用后返还，且其事后确实返还了车辆，不构成抢劫罪。抢劫罪中的“非法占有目的”不同于民法中作为所有权内容之一的“占有”，不是暂时的占有而是永久的占有，主观上不打算归还，即意图变他人所有为自己所有。如果行为人主观上只是想暂时使用，没有占为己有的目的，则不能认定为抢劫罪。

《刑参》第637号案例“张某等抢劫、盗窃案——劫持被害人后，要求被害人以勒赎之外的名义向其家属索要财物的行为，如何定性”相关论述：被告人是威胁被害人让其与亲属联系索要财物，并没有直接向被害人亲属发出威胁索要赎金，其行为符合抢劫罪当场施暴，当场取财的构成要件。

《刑参》第730号案例“陈某等抢劫案——‘吊模宰客’行为定性”相关论述：非暴力的吊模宰客行为对应的往往是诈骗罪，行为人采用各种欺骗手段，不具有暴力或威胁，这是其定性的关键行为特征。从事正常经营的单位或个人，为增加盈利，采用吊模宰客的手段拉生意，为促成交易使用较轻暴力、胁迫手段，强买强卖，如果其经营行为是基本正常、稳定的，行为人追究和获取的经济利益主要源于商业经营活动，基本符合商业利润的发展规律，仅为获取更高经营利润而为之，情节严重的可以认定为强迫交易罪。与强迫交易相比，敲诈勒索和抢劫罪具有非法占有财物的故意，行为人并非从事正常经营，而是以经营活动为幌子或诱饵，从而追求商业利润外的他人财产，并且通过暴力或者威胁取得。强迫交易与抢劫结合两点区分：一是行为人是否从事正常的经营活动。二是行为人是否为了获取基本合理的对价。抢劫罪与敲诈勒索罪两点实质区别：一是抢劫罪的主要行为方式是实施暴力。如果是威胁，则此威胁是当场兑现暴力的威胁。抢劫罪的暴力是直接针对被害人发出的。而敲诈勒索的行为方式主要是要挟，包括将要针对被害人或其亲友实施暴力、揭露隐私、毁坏财物等，而迫使被害人因顾虑可能发生的人身、财产损害而交付钱财。二是抢劫罪实施暴力或威胁当场实施暴力和取得财产这两个行为都是当场实施的，即两个当场。敲诈勒索的暴力和取财不能都是当场。

《刑参》第749号案例“蔡某等抢劫案——以借钱为名劫取财物使用后归还并付利息的行为如何定性”相关论述：从是否具有归还借款的意愿分析，行为人此前赌博已输了几千万元，根本没有归还巨额借款的经济能力。行为人通过不法手段获取的汇票从事赌博活动，其对最终不能归还借款已有心理预期，只是如果侥幸赌博赢款就归还借款并偿付利息。从犯罪形态来分析，归还借款时只是犯罪既遂后的行为，不能否定此前的暴力占有他人财物及非法占有的目的。抢劫罪与绑架罪本质的区别在于抢劫罪未利用第三人对被劫持者人身安危的担心和顾虑。

《刑参》第1187号案例“翟某等抢劫案——在他人实施盗窃为抗拒抓捕当场使用暴力的犯罪过程中加入其中的行为如何定性”相关论述：对于“当场”一词，不能机械理解，它应该是一个综合性的概念，涵盖了时间上的连续性和空间上的延续性，允许存在点与点之间的短暂间隔，应该是指行为人实施盗窃现场及抗拒抓捕的整个过程和现场。如果被发现当时因条件不合适未采取抓捕，而跟踪到合适地点实行抓捕，行为人抗拒抓捕的，也应认定为“当场”。本案被告人胡某逃脱后立即联系翟某等邀约救人，采取暴力手段强行劫夺走孟某，转化行为与后续行为的目的都是暴力抗拒抓捕，整个过程是连续的，在时间和空间上不能割裂看待，定罪上自然也不能分开对待。在事前无通谋的共同犯罪中，有可能存在承继的共同犯罪现象。前行为人的先行行为的效果在持续，后行为人在明知这种状态的情况下参与进去，后行为人就与前行为人成立共同犯罪。但是这种承继的共同犯罪人只能对与自己的行为具有因果性的结果承担责任，利用前行为人已经造成的结果不等于后行为人的行为与该结果之间具有因果关系。本案被告人翟某等明知孟某在盗窃时被发现抓获，而实施抗拒抓捕行为，前去劫夺孟某，与被害人胡某形成解救孟某、抗拒抓捕的共同犯罪故意，系事前无通谋的共同犯罪。

【拓展关键词】抢劫对象　抢劫债权凭证

对于以暴力手段逼迫被害人书写借条的行为，有法院认为，该借款协议属于财产性利益，能够成为抢劫罪的犯罪对象，表现出其非法占有被害人财产权的明显意图，符合抢劫罪的犯罪构成要件。但行为人仅凭该债权凭证并不能直接导致被害人实际受到财产损失，实现其债权，应认定为抢劫未遂。①

《刑参》第87号案例"蒋某故意伤害案——使用暴力手段向债务人的亲属索要欠债致人伤害应如何定性"相关论述：对于债务纠纷当事人间所发生的暴力或以暴力相威胁的索债行为，行为人客观上采取了暴力等手段，但主观上毕竟只是想收回本人的债权或者以货抵债，而不具有"非法占有的目的"，不能认定为抢劫罪。

《刑参》第89号案例"戚某等抢劫案——为消灭债务采用暴力、胁迫手段抢回欠款凭证的行为应如何定性"相关论述：被告人为消灭债务采用暴力、胁迫手段强行索回欠款凭证的行为，侵犯了被害人的财产权和人身权利，符合抢劫罪的犯罪构成。《刑法》规定的抢劫罪所侵犯的不仅是有形的实实在在的财物，更主要的是侵犯了公私财产的合法所有权。欠款凭证本身虽不是财产，但却是财产权利的主要证明凭证，丧失这种凭证，债权人就难以，甚至根本无法向债务人主张自己的财产权利，在特定情况下，欠款凭证往往就等同于等值的财产。"非法占有目的"与"事先对他人财产的占有状态"并非一回事。被告人所实施的行为，最终目的就是非法占有本不属于自己所有的10万元人民币。被告人所实施的行为不是想赖账，而是从根本上消灭欠账，不再归还。被告人强行抢回欠条，逼迫被害人出具收条，以消灭债务的犯罪行为，在其实施终了之时，已经当场完成了已"归还"欠款的全部手续，犯罪目的已经达到，齐备了抢劫罪的全部构成要件，应当认定为既遂。被告人在司法机关立案侦查前一直占有着被害人的财产，仅因公安机关侦破案件，追回被抢走的财产，才没有使被害人遭受损失，不影响犯罪既遂的成立。

《刑参》第1063号案例"习某抢劫案——在拖欠被害人钱款情况下，以暴力、胁迫手段逼迫被害人书写收条的行为，应当如何定性"相关论述：在拖欠被害人钱款情况下以暴力、胁迫手段逼迫被害人写下收条的行为，应当认定为抢劫罪。抢劫罪的侵害对象既包括财物也包括财产性利益。认定抢劫罪既遂与否一般应以行为人是否实际控制了他人财产为标准。被告人通过强迫被害人书写75万元收条，已经实现了非法占有75万元的犯罪目的。收条不是有形财物，但却是双方债权债务关系的主要证明凭证，被害人书写收条，就难以再向被告人主张债权。在被告人拿到收条的那一刻起就已经实现了犯罪目的。原来由被告人占有的75万元就变为了"非法占有"，故应当属于犯罪既遂。以财产性利益为犯罪对象的抢劫案件应当以财产性利益是否在客观上受到实际侵害为判断既遂和未遂的标准。即使在有形财物为犯罪对象的抢劫犯罪中，被害人对被抢财物的所有权也没有丧失，只是丧失了占有而已，显然不能以被害人可以通过提起民事诉讼主张自己对被抢财物的所有权为由认定为未遂。从对财产权的侵犯角度来看，对于将有形财物为抢劫对象的案件，被害人拥有财产权的主要方式就是对财物的占有，应当以行为人是否实际劫取财物为判断既遂和未遂的标准。对于将财产性利益作为抢劫对象的案件，被害人的财产权并不直接体现为对有形财物的实际占有，而是体现为各种财产权利义务关系，如果因犯罪行为改变了原有的财产权利关系，导致被害人丧失了财产性利益，被害人就遭到了实际侵害，应当以行为人是否实际改变了原有的财产权利关系作为判断既遂和未遂的标准。

【拓展关键词】抢劫共同财产

《刑参》第88号案例"包某等故意伤害、抢劫案——教唆他人抢劫自己与妻子的共同财产是否构成抢劫罪"相关论述：夫妻任何一方未经与他方协商同意都无权擅自占有或处分夫妻共同财产。被抢财物的夫妻

---

① 参见李某、王某犯抢劫罪一案，广东省珠海市中级人民法院刑事判决书(2018)粤04刑终332号。

共同财产属性，并不影响被告人犯罪行为性质的确认，即不影响其抢劫罪（教唆）罪名的成立，而仅可能影响具体犯罪数额的认定。教唆他人抢劫自己与妻子的共同财产，同样可以成为抢劫罪的主体。无暴力的“亲亲相盗”与有暴力的“亲亲相抢”有质的不同。“一般可不按犯罪处理”并不等于绝对不按犯罪论处。

《刑参》第94号案例“刘某等抢劫案——丈夫伙同他人抢劫夫妻共同财产的行为如何定性”相关论述：被告人伙同他人抢走夫妻共同财产的行为构成抢劫罪。共同共有财产可以成为抢劫罪的对象。共同共有人对共有物处分时必须取得一致意见，未经其他共有人同意处置共有物的行为，无疑是侵犯了他人的财产权利。其他共有人的事后追认并不能否认先前处置行为的侵权性质。被告人应当对所抢劫的夫妻共同财产全额负刑事责任。夫妻共同财产在析产前是无法分割的。涉案的10万元最终可能完全归于被告人或者被害人，也可能由双方分割后各自拥有一部分。从被害人的角度讲，自己被抢的是10万元，而非只损失其中仅属于自己的份额；从民事法律关系看，如果行为人抢劫10万元的事实未被发现，那么被害人损失共同财产10万元中属于自己的份额外，还应在以后的生活中承担其共同归还10万元债务的责任。共同共有财产由于共有状态的复杂性，夫妻共同财产更是在分割前处于一种复杂状态，如果按照财产分割后的数额认定犯罪，势必带来操作上的困难。只有在所有被告人均对犯罪总额负责的基础上分清主从犯才能准确确定各被告人的责任。与盗窃犯罪“举轻以明重”。

【拓展关键词】抢劫赌资

行为人仅是主观上怀疑受害人在赌局中对其设计骗局，为追回赌资而非法劫持受害人，逼迫受害人交出财物的，不属于为索取高利贷、赌债等法律不予保护的债务的情形，其行为不应以非法拘禁罪定罪处罚，其行为已构成抢劫罪。①

《刑参》第298号案例“赖某等故意伤害案——抢回赌资致人轻伤的行为如何定性”相关论述：所有权的转让、取得必须合法，通过赌博赢得的钱不受法律保护，即便为被害人占有，也不表明其当然享有合法所有权。被告人的行为未侵害被害人的财产所有权。赌资是赃款，应依法没收，但在赌博活动未被查获之前，赌资尚未被依法扣押，还不能视为国家财产，被告人亦未侵害国家的财产所有权。受到侵害的只是临时占有赌资的被害人。被告人的行为不属于明知赌资是他人、国家合法所有，而欲非法占为己有。当然如果不是赌博行为当事人抢回自己输掉的赌资，而是其他人抢劫即所谓的“黑吃黑”，则是另一回事。

《刑参》第323号案例“王某等抢劫、盗窃案——‘飞车行抢’刑事案件如何定性”相关论述：对于抢夺罪的情节加重犯，应该以符合抢夺数额较大为前提。

《刑参》第793号案例“张某抢劫案——行为人在赌博完毕离开现场后返回赌博现场抢走赌资的行为如何定性”相关论述：最高人民法院《关于审理抢劫、抢夺刑事案件适用法律若干问题的意见》第7条规定，仅以其所输赌资或者所赢赌资作为抢劫对象的行为，应当发生在赌博现场。如果是在其他场所行为人单独或者纠集他人实施抢回所输赌资或者所赢赌债的行为的，其主观故意与一般的抢劫罪主观故意无异，应当构成抢劫罪。如果时间上、空间上具有一定的接续性、邻接性，也应当在赌博现场。本案被告人虽然是在赌博完毕离开后返回原赌博房间实施抢劫，但仍应当认定其行为发生在赌博现场。《关于审理抢劫、抢夺刑事案件适用法律若干问题的意见》之所以规定抢劫所输赌资或所赢赌债行为不构成抢劫罪，是基于抢回所输赌资或者所赢赌债行为的主观故意内容不符合抢劫罪的主观特征。抢回所输或者所赢的行为人对所输赌资或所赢赌债的权属性质存在模糊认识，而实施抢劫的行为人对于他人财物的权属性质认识很明确。

---

① 参见梁某等抢劫案，载《最高人民法院公报》2010年第6期。

【拓展关键词】抢劫致人死亡　因果关系错误　介入因素　转化型抢劫

《刑参》第36号案例"罗某抢劫案——对在抢劫过程中实施杀人的案件如何定罪量刑"相关论述：在抢劫过程中致人死亡包括故意伤害致人死亡、间接故意杀人、直接故意杀人都是抢劫暴力犯罪的一种结果，是抢劫罪的组成部分，只定一个抢劫罪，符合抢劫罪的犯罪构成和基本特征。

《刑参》第86号案例"王某等抢劫、故意伤害、盗窃案——转化型抢劫罪的法律适用。盗窃、诈骗、抢夺财物的数额，不影响抢劫罪的成立"相关论述：如果暴力强度很小，情节显著轻微，或者无加害他人的意图，只是为了挣脱抓捕而冲撞了他人并未造成严重后果的，可不认为是使用暴力，不以抢劫罪论处。如果行为人不是出于窝藏赃物等目的而实施暴力或以暴力相威胁，就不能按转化型抢劫罪论处。本案被告人盗窃后为抗拒抓捕而当场使用暴力致抓捕人死亡的行为，应认定为抢劫致人死亡。在盗窃罪转化为抢劫罪之后，盗窃的财物数额、对象和使用暴力的程度和后果，均应成为抢劫罪的量刑情节。

《刑参》第113号案例"张某等抢劫、杀人犯罪集团案——犯罪集团如何认定？犯罪集团案件是否应全案审判?"相关论述：对于在抢劫后为灭口而杀人、抢劫后为抗拒抓捕而杀人和抢劫后在逃跑过程中实施杀人行为的，由于行为人已经完成抢劫行为，其杀人行为已不属于抢劫罪的手段行为，而是在新的犯罪动机支配下实施的故意杀人行为，应数罪并罚。对于先杀人后劫财和在抢劫过程中为制服被害人或排除妨碍而杀人的行为，应认定为抢劫罪。抢劫致人死亡应当包括故意伤害致人死亡、间接故意杀人致人死亡和直接故意杀人致人死亡。对于抢劫后为逃跑而杀死司机劫取出租车作为交通工具的行为，应认定为抢劫罪。虽然行为人的杀人行为是在抢劫完成之后实施的，但其杀人行为是为了抢劫出租车作为逃跑的工具，因此这是一个新的抢劫行为。

《刑参》第118号案例"金某抢劫案——抢劫致人重伤如何量刑"相关论述：死刑只是作为与"无期徒刑"或者"无期徒刑和十年以上有期徒刑"相并列的刑种供选择使用。

《刑参》第171号案例"李某故意杀人案——为逃避债务故意杀人后又拿走被害人财物的行为如何定性"相关论述：被告人为逃避债务故意杀人的行为，构成故意杀人罪，不能以抢劫罪定罪处罚。在抢劫过程中故意杀人以抢劫罪定罪处罚的行为必须是当场使用暴力故意杀人并当场劫取被害人财物的行为。抢劫对象是"公私财物"。从当场劫取财物这一抢劫犯罪的客观特征来看，当场不能取得、不能转移的财物一般不能成为抢劫罪的犯罪对象。以逃避债务为目的故意杀人，仅可以使原有的债权债务关系归于消灭，并没有"当场"取得实际已由被告人行使的承包经营权，缺少抢劫罪的犯罪对象。在抢劫罪中，应是先产生非法占有目的后发生非法占有的行为。而在以逃避债务为目的的故意杀人行为人中，不需要通过故意杀人去劫取财物。

《刑参》第401号案例"魏某抢劫、放火案——抢劫过程中致人重伤昏迷，又放火毁灭罪证致人窒息死亡的，是抢劫致人死亡还是故意杀人?"相关论述：因果关系的错误是指行为人侵害的对象没有错误，但造成了损害的因果关系实际进程与行为人所认识的发展过程不一致的情况。这种情况主要有3种：(1)危害结果的发生不是按照行为人对因果关系的发展所预见的进程来实现的。(2)行为人误认为第一个行为已经造成危害结果，出于其他目的实施第二个行为，实际上是第二个行为才导致预期结果。(3)行为人所预想的结果提前实现的。行为人对因果关系发展的具体样态的认识错误在犯罪构成的评价上并不重要。因为无论是哪一种因果关系错误均属于在同一犯罪构成范围内的事实认识错误，故只要行为人认识到自己实施的行为会发生危害社会的结果足矣，而不要求对因果关系发展的具体样态有明确认识。因为行为人对因果关系的基本部分有认识，就充分表明行为人对刑法保护法益的背反态度，对因果关系发展的具体样态的认识并不影响故意的成立。行为人抢劫过程中将被害人打晕，误认为被害人已死亡，为掩盖罪行而放火致使被害人窒息死亡，虽然客观上有两个行为，是后行为最终造成被害人死亡，但前行为与死亡结果之间的因果关系并未因后行为的介入而中断,应肯定前行为与危害结果之间的因果关系,而且前后两个行为是行为人在一个概括的杀人故意下连续实施的,无论是前行为还是后行为造成的实际损害结果,与行为人意欲实现结果完全一致,故应以故意杀人罪既遂论处。因为放火时没有故意杀人的主观故意,其行为不构成故意杀人罪,应以抢劫罪定罪处罚。是否应对其以故意杀人罪定罪还必须考虑其是在实施抢劫犯罪过程中实施的杀人行为的因素。杀害被害人的行为作为劫取财物的手段在抢劫犯罪中予以一并评价,以抢劫罪定罪处罚。

《刑参》第 477 号案例"王某抢劫案——如何认定抢劫致人死亡"相关论述:正确界定抢劫行为与被害人死亡结果之间的关系是认定抢劫致人死亡的关键。抢劫行为必须在与被害人死亡结果之间具备因果关系不中断的条件下,即肯定抢劫对象的死亡与抢劫行为人的行为有刑法上的因果关系情况下才能认定抢劫致人死亡成立。因果关系,是指行为与结果之间决定与被决定,引起与被引起之间的关系。抢劫致人死亡是招致、引起的含义,没有局限于直接造成。抢劫行为与死亡结果仅仅存在偶然因果关系,只要因果关系没有中断,仍然可以认定为抢劫致人死亡。如果抢劫行为发生后由于其他因素的介入导致被害人死亡,则不应认定抢劫致人死亡。也就是说,抢劫致人死亡只要求抢劫行为与死亡结果具有紧密联系即可,即使介入第三方的行为,只要不足以改变抢劫行为系造成被害人死亡最主要因素的认定,就属于抢劫致人死亡。司法实践中,抢劫致人死亡主要有 3 种情形:(1)使用暴力故意致被害人死亡结果。(2)使用暴力抢劫过程中过失致人死亡。(3)抢劫时置被害人处于危险状态而不予救助,放任其死亡结果的发生。3 种情况均表明抢劫行为与结果之间都具有"合乎规律的引起与被引起的联系"。抢劫致人死亡中,刑法加重评价更注重的是死亡结果而不仅仅是死亡原因。正确界定抢劫行为人对被害人死亡结果的罪过范围是认定抢劫致人死亡的重要因素。

《刑参》第 506 号案例"赵某一、赵某故意杀人、抢劫案——预谋并实施抢劫杀人灭口行为的应如何定性"相关论述:预谋并实施抢劫及杀人灭口行为的,应以抢劫罪和故意杀人罪数罪并罚。杀人灭口的故意既可以产生在实施抢劫之后也可产生在预谋阶段,只要在抢劫行为完成后又为了灭口而实施杀人行为的,就应当数罪并罚。从主观上讲,行为人在预谋时具有两个明确的犯罪故意。从客观要件来看,行为人也具有两个客观行为。应认定为两罪。

《刑参》第 566 号案例"卜某、郭某故意杀人、抢劫案——共同抢劫中故意杀人案件的认定和处理"相关论述:被告人在预谋时即产生作案后杀害被害人的故意,其暴力劫取他人财物并在抢劫后故意杀人的行为已分别构成抢劫罪和故意杀人罪,应数罪并罚。"暴力"不应排除故意杀害抢劫对象的情形,"致人重伤、死亡"也并不特指过失致人重伤、死亡。

《刑参》第 685 号案例"张某抢劫案——医院抢救中的失误能否中断抢劫行为与被害人死亡结果之间的因果关系"相关论述:结果加重犯的构成除了要具备基本犯罪行为和加重结果外,还要求有主观罪过、基本犯罪与加重结果间的因果关系。通常情况下,只要犯罪行为合乎规律地引起了危害结果的发生,即可认定行为与后果间有刑法上的因果关系。刑法关于结果加重犯的罪状描述中的"致"必须达到招引、引来、招致的程度。这种程度应达到主要原因才能成立。在结果加重犯的抢劫罪中,致人死亡是抢劫这个基本犯罪所引起的加重结果。关于致人死亡与抢劫罪之间的因果关系,客观上要求抢劫犯罪必须具有引起加重结果发生的内在危险,主观上要求行为人对死亡结果至少具有过失,也可以是故意。被害人的动脉出现锐器创口是被告人的抢劫暴力行为所致,抢劫行为与死亡结果之间成立"致"的关系,抢劫行为是被害人死亡的先行行为,两者之间存在因果关系,被告人应对被害人的死亡结果承担刑事责任。

《刑参》第 814 号案例"刘某抢劫、强奸案——为抢劫、强奸同一被害人,致使被害人跳楼逃离过程中造成重伤以上后果的,如何定罪量刑"相关论述:行为人未停止暴力侵害的情况下,即使是被害人的介入行为直接导致其人身伤害后果,也不完全中断行为人的暴力侵害行为与人身伤害后果之间的因果关系,行为人应当对伤害后果承担刑事责任。与民事领域的因果关系相比,刑法上的因果关系更窄,是在一定的条件下行为合乎规律地引起危害结果发生的关系。一般将行为人的行为与介入因素之间的关联依照紧密程度大小依次排列为必然、经常、偶然、无关等情形,行为与结果在刑法上的因果关系也依照上述次序而递减。在抢劫、强奸等暴力犯罪中,行为人实施的暴力行为通常会引起被害人的反抗或者逃离行为。被害人在房门被反锁的情况下,其跳楼逃离成为唯一选择,在此种情况下,刘某的暴力侵害行为与被害人的介入行为(跳楼逃离行为)之间存在必然联系,由此造成的被害人重伤后果与刘某的暴力行为之间存在必然、直接的联系,刘某的暴力行为能够合乎规律地引发被害人跳楼逃跑行为,该行为未中断刘某的暴力行为与被害人重伤后果之间刑法上的因果关系,应当对重伤后果承担刑事责任。穿插实施多种多次暴力行为致使被害人人身伤害后果的,如果多种多次暴力行为分别构成不同犯罪,可将该伤害后果在各犯罪构成中分别予以评价。本案属于多因一果情形,被害人的重伤后果与刘某的抢劫行为、强奸行为都有刑法上的因果关系,将重伤后果在抢劫罪、强奸罪中分别予以评价,不属于禁止重复评价的情形。

《刑参》第818号案例"徐某抢劫案——在高速公路上持刀抢劫出租车司机,被害人下车呼救时被其他车辆撞击死亡,能否适用'抢劫致人死亡'"相关论述:对于没有预见可能性而发生被害人死亡加重结果的,不能将加重结果归责于行为人,只能作为一种量刑情节加以考虑。被告人的抢劫行为是被害人下车呼救最终被车撞死的直接原因。被害人被路过车辆撞击致死不能中断被告人抢劫行为与该死亡结果之间的因果关系。判断因果关系是否中断关键需认定介入的原因是否属于异常原因,如果介入的原因属于通常的介入因素,则不能中断因果关系的发展。

《刑参》第1183号案例"郭某抢劫案——'抢劫致人死亡'的司法认定"相关论述:"抢劫致人死亡"的主观内容既包括故意杀害被害人又包括过失致被害人死亡。刑法此处之所以规定为"致人死亡",而不是"杀害被害人",是因为本条款规定的结果加重犯。在结果加重犯中,行为人对结果的产生主观上包括故意和过失的内容。无论行为人主观上是故意还是过失,所造成的死亡结果都是抢劫暴力犯罪的结果之一,是抢劫罪的组成部分。行为人实施抢劫暴力行为是为了排除妨碍,针对的是他人的身体,但在抢劫犯罪的实施过程中很难对暴力行为进行性质或层次上的区分。对于行为人没有直接对被害人实施暴力行为而被害人死亡的,抢劫行为与被害人死亡之间必须具备因果关系不中断的条件,即在抢劫对象的死亡与抢劫犯罪行为人的行为有刑法上的因果关系情况下,才能认定"抢劫致人死亡"情节成立。在"抢劫致人死亡"情节的认定中,抢劫行为与被害人死亡结果之间的因果关系应不限于直接、必然因果关系,也包括间接、偶然因果关系。即"致"是招致、引起的意思,而非限于直接造成。在抢劫行为发生后,其他因素的介入导致被害人死亡,抢劫行为与死亡结果之间的因果关系中断的,则不应认定为"抢劫致人死亡"。因果关系是一种特定条件下的客观联系,不能离开客观条件认定因果关系。如果被害人的介入行为属于通常情况下不会实施的行为,即异常行为,该行为对死亡结果又起到了决定性作用,则抢劫行为与被害人死亡结果之间的因果关系中断。

【拓展关键词】抢劫罪与抢夺罪辨析

《刑参》第203号案例"亢某抢劫案——无故殴打他人后临时起意乘机夺财的行为应如何定罪"相关论述:判断被告人的行为是否构成抢劫罪,应以行为人非法占有他人财物的当场是否对被害人实际使用了暴力、胁迫或者其他方法为标准。对被害人实施暴力、胁迫或者其他方法,且上述方法必须是服务于行为人当场取财的手段。被告人伙同他人无故殴打他人,与其后被告人见财临时起意,乘机夺取被害人的手机,是在两种不同的主观内容支配下实施的性质截然不同的两个独立行为。实施暴力殴打时被告人及其同伙均无劫财的故意和目的,该暴力不能视为被告人夺取他人财物的手段。其后被告人见财起意,乘人不备夺取他人财物时,暴力殴打行为已经结束,被告人并没有为了获得手机而继续对被害人施加暴力。被告人先行侵犯他人人身的行为并非其取财的手段,客观上也无凭借侵犯人身的手段来达到非法强行占有他人财物的目的,故不符合抢劫罪的特征。抢夺罪不使用暴力,而是使用强力且此种强力仅作用于被抢夺的财物。

《刑参》第 683 号案例“郭某故意伤害、抢夺案——实施故意伤害行为，被害人逃离后，行为人临时起意取走被害人遗留在现场的财物，如何定性”相关论述：被告人是在伤害被害人后临时起意非法占有被害人的摩托车，其在开走该车时并未实施暴力或其他人身强制方法，因此只能将这段行为认定为抢夺罪。其侵犯被害人人身权利的暴力行为已在故意伤害罪中作过评价，不能再在非法占有财物的行为中重复评价，其行为分别构成故意伤害和抢夺罪，不能认定为抢劫罪。本案不属于“行为人实施伤害、强奸等犯罪行为，在被害人未失去知觉，利用被害人不能反抗、不敢反抗的处境，临时起意劫取他人财物”的情形。如果行为人实施暴力行为时或完毕后，由于时空转换或者救助机会出现等，被害人的人身危险已经结束，行为人的先行暴力行为对被害人的影响力已消失或中断，不会再使被害人不敢反抗或不能反抗后，行为人临时起意将被害人财物取走的，其取财行为不具有暴力性特征，不能认定为抢劫行为。携带国家禁止个人携带的器械实施抢夺的，应当认定为“携带凶器抢夺”。只有对行为人为了实施犯罪而携带其他器械进行抢夺的行为才能认定为抢劫罪。如果行为人携带其他器械的本意不是为了实施犯罪，只能依照抢夺罪的有关规定处罚。被告人持刀伤人后临时起意取走他人财物的行为应认定为抢夺罪。“乘人不备”而夺取财物只是抢夺罪中的一种最常见的表现形式，但不是唯一表现形式，也不是必备构成要件。不要将常见“符合规范的常见事实”等同于“规范能够评价的全部事实”。只要行为人以非法占有目的，采取了公然夺取的手段，就可以认定该行为构成抢夺罪。本案被告人虽不具备“乘人不备”这一要件，但客观上实施的是利用被害人来不及夺回的情形而公然夺取财物，其行为符合抢夺罪的构成要件。

【拓展关键词】多次抢劫

《刑参》第 338 号案例“姜某等抢劫案——连续抢劫多人的是否属于‘多次抢劫’”相关论述：“多次抢劫”是指 3 次以上。“多次抢劫”中的每次抢劫行为都应构成独立的抢劫犯罪。构成情节加重犯必须以该情节符合基本构成为前提。“多次抢劫”应从犯罪故意的单复数、犯罪时间的连续性和地点的相近性综合判断，对于行为人基于一个犯意实施犯罪的，如在同一地点同时对在场的多人实施抢劫的，或基于同一犯意在同一地点连续实施抢劫犯罪的，如在同一地点连续地对途径此地的多人进行抢劫的，或在一次犯罪中对一栋居民楼房中的几户居民连续实施入户抢劫的，一般认定为一次犯罪。

《刑参》第 1226 号案例“祝某、祝某一抢劫案——多次抢劫预备能否认定为‘多次抢劫’”相关论述：计算“多次抢劫”时不应将抢劫预备行为作为次数计算。对于多次抢劫预备行为，由于行为人尚未着手实行犯罪，惯犯特征并不明显，况且“多次抢劫”的起点刑为 10 年有期徒刑以上的重刑，故不宜将社会危害性并不十分严重的多次抢劫预备行为纳入其中。

【拓展关键词】抢劫未遂　抢劫中止　吸收犯　连续犯

《刑参》第 643 号案例“夏某抢劫、破坏电力设备案——骗乘出租车欲到目的地抢劫因惟恐被发觉而在中途放弃的，能否认定为抢劫预备阶段的犯罪中止？”相关论述：骗乘出租车欲到目的地抢劫因惟恐被发觉而在中途放弃的应当认定为抢劫预备阶段的犯罪中止，该行为与抢劫被害人的行为连续犯，应以抢劫罪一罪论处。骗乘出租车要求行驶至偏僻地点，属于确定抢劫目标并为抢劫创造条件的行为，如果认定为“着手抢劫”有过早之嫌。只有犯罪行为人使被害人的人身或财产法益面临急迫的危险之时才宜认定“着手抢劫”。罪数吸收关系一般出现于前行为是后行为发展的必经阶段，后行为是前行为发展必然结果，且前后行为触犯了不同罪名，二者之间存在重行为吸收轻行为的情形。被告人基于连续意图支配下的抢劫故意，在自愿放弃抢劫喜某后，又改为抢劫徐某符合连续犯的特征，也与相关司法解释抢劫罪的罪数规定一致，应以一次抢劫罪处罚。行为人是否基于一个抢劫故意为非法占有他人财物排除障碍而杀人。如果是，则不论杀人行为是在抢劫财物之前、之时或之后，均定抢劫罪一罪；如果不是，则可能构成抢劫和故意杀人罪等数罪。为逃匿而劫取但事后予以焚毁的机动车应当计入抢劫数额。行为人劫取车辆并不是出于法律上的“使用目的”,而是作为实施其他犯罪的工具后用于犯罪后逃匿后毁弃,基本上不存在返还可能,可以认定行为人是以非法占有目的控制和利用机动车辆,在客观上侵害了被害人的财产权益,至于行为人毁弃车辆,属于“非法占有”之后的处分行为并不阻碍“非法占有”的成立。以破坏性手段盗窃正在使用中的变压器内铜芯的行为,应以破坏电力设备罪定罪处罚。属于盗窃罪和破坏电力设备罪的想象竞合犯。

【拓展关键词】在公共交通工具上抢劫　抢劫罪与绑架罪、敲诈勒索罪辨析

《刑参》第 114 号案例“周某、卫某、吴某、刘某抢劫、敲诈勒索案——如何正确区分抢劫罪与绑架罪、敲诈勒索罪的界限”相关论述:本案被告人所利用的出租车不是大中型出租车,不属于公共交通工具的范畴。他们只是把出租车作为犯罪的工具,并非直接对出租车上的人员实施抢劫,不属于在公共交通工具上实施抢劫。绑架罪出于概括的故意,有的以勒索财物为目的,有的以扣押人质为目的,它只要求行为人对犯罪事实有概括的认识就可以构成故意犯罪。抢劫罪是以非法占有他人财物为首要目的。而绑架罪侵犯的首先是被害人的人身权利。本案被告人对被害人实施了暴力,将其劫持到出租车上,抢走其随身携带的财产而后又将其放掉,主要是为了得到被害人的财产,虽然对其人身自由有一定时间的直接控制,但也是为了达到顺利的实施抢劫的目的,符合抢劫罪特征。被告人在抢劫过程中又威胁被害人当晚再送钱到指定地点的行为,因不是当场实施的,而是要求被害人事后送钱,不符合抢劫罪的构成。又因为被告人在当场实施暴力抢劫后已将被害人放掉,而不是对其进行直接的人身控制,使其失去行动自由,也不构成绑架罪。该行为特征在于以非法占有为目的对被害人实施威胁,对其实行精神强制,使其产生恐惧、害怕心理,不得已而交出其个人财物,符合敲诈勒索罪的构成特征。抢劫只能当场取得财物并且是动产,而敲诈勒索可以是动产,也可以是不动产,甚至是财产性利益。敲诈勒索取得财物既可以是当时当场,也可以是事后取得。

《刑参》第 321 号案例“穆某抢劫案——盗窃未遂为抗拒抓捕而当场使用暴力能否构成抢劫罪”相关论述:在公共交通工具上盗窃,为抗拒抓捕而当场使用暴力转化为抢劫罪后,应当认定为“在公共交通工具上抢劫”。盗窃转化为抢劫的关键在于行为人在实施盗窃过程中为抗拒抓捕使用暴力,是否在公共交通工具上盗窃,不是转化型抢劫的成立条件,对于在公共交通工具上盗窃,为抗拒抓捕并在公共交通工具上当场使用暴力的,认定为在公共交通工具上抢劫,既没有违背抢劫加重犯的构成理论也没有违反禁止重复评价的原则,同时罪刑相适应。

《刑参》第 391 号案例“李某等抢劫案——针对特定的被害人在公共交通工具上实施抢劫是否属于‘在公共交通工具上抢劫’”相关论述:在公共交通工具这样相对封闭的环境中进行抢劫,被害人求救和反抗能力均受到一定的限制,犯罪分子更容易得逞,社会危害性远远大于一般的抢劫犯罪。评判行为人的抢劫行为是否构成“在公共交通工具上抢劫”,不是以实际上行为人是否对不特定多数人实施抢劫行为为标准而是应以不特定多数人的人身权利和财产权利是否受到威胁或者抢劫行为是否足以使不特定多数人认为受到威胁为标准。第二次抢劫时虽然车上并无其他乘客,但法律并没有将公共交通工具的驾驶员排除在不特定多数人之外,同样会使驾驶员感到威胁,影响驾驶安全,仍属于“在公共交通工具上抢劫”。

【拓展关键词】持枪抢劫　重复评价　定罪情节与量刑情节

《刑参》第 436 号案例“栗某等抢劫、非法持有枪支案——为抢劫而携带枪支,在抢劫中未使用枪支的,不是持枪抢劫”相关论述:携带枪支有时只具有使用枪支的可能性,一旦预想的情况出现才会转化为现实性。为抢劫而携带枪支并不等于为抢劫而使用枪支。“持枪抢劫”应当是指行为人为达到抢劫的目的而使用枪支的行为。使用枪支是指行为人为了达到一定目的而故意向对方显露枪支或开枪射击,以让被害人感受到枪支的杀伤功能和威慑功能的行为。如果行为人携带枪支而未向对方显露或仅仅是口头上表示有枪,从主观目的和客观行为的一致性以及社会危害性角度考虑,则均不属于我国《刑法》规定的持枪抢劫。持枪抢劫中的枪支应当是属于真枪,如果行为人向对方显露的是不具有杀伤力的仿真枪,不可能造成人身伤害,除了一时以假乱真外不能进一步发挥枪的功效,其作用还不如管制刀具,故不属于刑法意义上的持枪抢劫。

《刑参》第660号案例"刘某等抢劫、盗窃罪——盗窃后持枪抗拒抓捕的行为能否认定为'持枪抢劫'"相关论述:盗窃后持枪抗拒抓捕的行为应当认定为转化型抢劫同时还应当认定为持枪抢劫。司法解释关于"入户抢劫"的注意性规定对"持枪抢劫"情节的认定具有非常重要的参考意义。在盗窃过程中随身携带枪支其主观目的已经包含为确保顺利取得财物并逃离现场而使用枪支的意图。在考察行为人持枪抢劫的目的时应综合考量行为人非法占有财物的概括性故意与行为的整体性。将盗窃后持枪抗拒抓捕的行为认定为持枪抢劫与禁止重复评价的原则不相矛盾。定罪是量刑的基本前提,认定某一行为构成犯罪的主要依据是行为的社会危害性,而在裁量刑罚时,社会危害性也是主要参考依据之一。因此两者之间可能呈交叉甚至重合关系,而不是绝对彼此孤立的关系。特别是在某罪具有多个法定刑幅度的情况下,定罪情节和量刑情节的交叉愈发明显。某些犯罪事实既是构成要件事实又是加重处罚事实,既是定罪情节又是量刑情节。定罪情节与量刑情节之间的交叉或者重合关系是客观存在的,当定罪情节的行为之社会危害性程度超越了该罪之基本量刑幅度时,依据法律规定适用相应的特定量刑幅度并不违反禁止重复评价原则。对于定罪情节与量刑情节存在交叉或者重合的案件,刑法评价的侧重点是不同的。作为定罪情节对"持枪抗拒抓捕"评价的重点是反映行为人是否使用暴力。作为量刑情节,对"持枪抗拒抓捕"评价的重点是反映行为人实施暴力的程度,可见虽是同一事实,但作为定罪情节和量刑情节评价的重点是不同的。将盗窃后持枪抗拒抓捕的行为认定为持枪抢劫符合罪刑相适应原则。

【拓展关键词】抢劫金融机构未遂

《刑参》第190号案例"曾某抢劫案——携带凶器在银行营业大厅抢劫储户现金行为的法律适用"相关论述:被告人携带斧头实施抢夺的行为应以抢劫罪定罪处罚。如果行为人携带枪支、爆炸物、管制刀具等国家禁止个人携带的器械进行抢夺的,一律以抢劫罪定罪处罚。如果携带上述器械之外的其他器械进行抢夺的,则视情况而定。如果确有证据证明不是为了实施犯罪准备的,不应以抢劫罪定罪。将随身携带凶器有意加以显示的,构成典型的抢劫罪,直接适用《刑法》第263条。在银行营业大厅"抢劫"客户现金不同于抢劫银行或者其他金融机构。正在银行或者其他金融机构等待办理业务的客户毕竟不是金融机构本身。但如果被害人的现金已递交银行或者其他金融机构工作人员,则被告人的行为应以抢劫银行或者其他金融机构论。被告人携带凶器抢夺当场被抓获,应以抢劫未遂处理。抢劫罪既、未遂的认定,应从其侵犯客体来加以理解。抢劫罪侵犯的是复杂客体,具备劫取财物或者造成他人人身伤害后果两者之一的,均属抢劫既遂;既未劫取财物,又未造成伤害后果的,属抢劫未遂。《刑法》第263条规定的8种加重处罚情节除"抢劫致人重伤、死亡的"这一结果加重情节之外,其余7种加重处罚情节也存在既、未遂问题。其中属于抢劫未遂的,应当根据刑法关于加重情节的法定刑规定,结合未遂犯的处理原则量刑。被告人抢夺过程中未使用暴力,且系未遂,根据罪刑相适应原则,不宜判处死刑。

【拓展关键词】冒充军警人员抢劫

详细描述法定刑的升格条件,会导致遗漏,进而会导致处罚的不公平。如真正的军警人员显示真实身份进行抢劫的该如何处理?如果将"冒充"包括假冒和充当,则可以将军警人员的抢劫认定为"冒充军警人员抢劫",但这样的解释是否属于类推解释,还大有研究余地。①

---

① 参见张明楷:《刑法分则的解释原理》,中国人民大学出版社2004年版,第239页。

《刑参》第 1184 号案例“王某、肖某抢劫案——‘冒充军警人员抢劫’的认定”相关论述：《刑法》第 263 条规定的 8 种加重处罚情节，应认为它们在社会危害性上具有同质性。冒充军警的行为应具有一定的表现形式，表现形式主要包括行为人主动亮明自己的军警人员身份、出示军警证件等。冒充军警的行为应达到使一般人能够相信其身份的程度。

【拓展关键词】抢劫数额巨大未遂　抢劫文物

《刑参》第 481 号案例“弓某抢劫案——在意图抢劫他人数额巨大财物的过程中致人轻伤，但未抢得财物的，是否认定为‘抢劫数额巨大’”相关论述：“抢劫数额巨大”应当是指实际抢得的财物数额巨大而不包括行为人意图抢劫数额巨大的财物但客观上没有抢得财物或者只抢得少许财物。《刑法》第 263 条规定的 8 种处罚情节中除“抢劫致人重伤、死亡的”这一结果加重情节之外，其余 7 种处罚情节同样存在是否既遂问题。对于“抢劫未遂”是指在不考虑 8 种加重处罚情节的前提下，行为人未抢得财物，也未造成轻伤以上后果，而不是指在未出现加重处罚情节时也可以就加重处罚情节本身构成未遂形态。譬如，行为人试图入户抢劫，但因条件不具备只抢劫了行人，此时不能认定行为人构成入户抢劫（未遂）加重处罚情节。在既遂与未遂的判断标准上，“抢劫数额巨大”与“抢劫致人死亡”属于同一类别，而与“多次抢劫”“持枪抢劫”等其他加重处罚情节不同。“抢劫数额巨大”等加重处罚情节都应以实际出现为认定标准，对于客观上未出现的，不能认定。对这 8 种加重处罚情节的认定与抢劫本身是否既遂是两个层面的问题。不能在行为人客观上没有这 8 种加重处罚情节的条件下仅因有意图便认定具有这 8 种处罚情节。例如，行为人持玩具枪抢劫不能认定为“持枪抢劫”。譬如《关于审理抢劫、抢夺刑事案件适用法律若干问题的意见》“所抢信用卡数额巨大，但未实际使用、消费或者实际使用、消费的数额未达到巨大标准的，不适用抢劫数额巨大的法定刑”。1997 年通过的《关于审理盗窃案件具体应用法律若干问题的解释》（已失效）“盗窃未遂，情节严重，如以数额巨大的财物或者国家珍贵文物作为盗窃目标的，应当定罪处罚”。这一规定表明，行为人以数额巨大的财物为盗窃目的但客观上没有窃得财物时，目标财物“数额巨大”只是犯罪成立条件，而不是加重法定刑的条件。

《刑参》第 482 号案例“王某抢劫案——对抢劫国家二级以上文物的应如何量刑”相关论述：抢劫“数额巨大”可以参照盗窃“数额巨大”予以认定。抢劫国家二级以上文物的可适用《刑法》第 263 条第 4 项的规定量刑。

《刑参》第 1185 号案例“姚某等抢劫案——抢劫信用卡的犯罪数额认定”相关论述：行为人劫取了信用卡甚至获取了密码，均不等于行为人已经获取了信用卡上所记载的财物。被害人丧失了对信用卡本身的控制也不意味着已经丧失了信用卡所记载的财物。信用卡转账款在实际到账时才能视为在行为人的占有之下。以行为人实际获取的财物为抢劫数额，与相关解释规定一致。

《刑参》第 1301 号案例“蒋某抢劫案——如何认定为劫取财物而预谋故意杀人的行为”相关论述：被告人是否成立为劫取财物而预谋故意杀人，应从被告人经济上是否窘迫，需要钱财是否急迫、处理赃款是否及时、犯罪是否有预谋等方面综合分析。

第二百六十四条　【盗窃罪】①

盗窃公私财物，数额较大的，或者多次盗窃、入户盗窃、携带凶器盗窃、扒窃的，处三年以下有期徒刑、拘役或者管制，并处或者单处罚金；数额巨大或者有其他严重情节的，处三年以上十年以下有期徒刑，并处罚金；数额特别巨大或者有其他特别严重情节的，处十年以上有期徒刑或者无期徒刑，并处罚金或者没收财产。

◆ 相关规定

全国法院维护农村稳定刑事审判工作座谈会纪要(节选)

(法〔1999〕217号)

(二)关于盗窃案件

……

最高人民法院《关于审理盗窃案件具体应用法律若干问题的解释》第四条中"入户盗窃"的"户"，是指家庭及其成员与外界相对隔离的生活场所，包括封闭的院落、为家庭生活租用的房屋、牧民的帐篷以及渔民作为家庭生活场所的渔船等。集生活、经营于一体的处所，在经营时间内一般不视为"户"。

最高人民法院
关于审理扰乱电信市场管理秩序案件具体应用法律若干问题的解释(节选)

(法释〔2000〕12号)

详见《刑法》第225条非法经营罪的相关规定

第七条　将电信卡非法充值后使用，造成电信资费损失数额较大的，依照刑法第二百六十四条的规定，以盗窃罪定罪处罚。

第八条　盗用他人公共信息网络上网账号、密码上网，造成他人电信资费损失数额较大的，依照刑法第二百六十四条的规定，以盗窃罪定罪处罚。

---

①　根据《刑法修正案(八)》修订。修订前条文主要内容为：盗窃公私财物，数额较大或者多次盗窃的，处三年以下有期徒刑、拘役或者管制，并处或者单处罚金；数额巨大或者有其他严重情节的，处三年以上十年以下有期徒刑，并处罚金；数额特别巨大或者有其他特别严重情节的，处十年以上有期徒刑或者无期徒刑，并处罚金或者没收财产；有下列情形之一的，处无期徒刑或者死刑，并处没收财产：

(一)盗窃金融机构，数额特别巨大的；

(二)盗窃珍贵文物，情节严重的。

最高人民法院
关于审理破坏森林资源刑事案件具体应用法律若干问题的解释(节选)

(法释〔2000〕36号)

详见《刑法》第345条盗伐林木罪的相关规定

第十五条 非法实施采种、采脂、挖笋、掘根、剥树皮等行为,牟取经济利益数额较大的,依照刑法第二百六十四条的规定,以盗窃罪定罪处罚。同时构成其他犯罪的,依照处罚较重的规定定罪处罚。

最高人民检察院
关于单位有关人员组织实施盗窃行为如何适用法律问题的批复

(高检发释字〔2002〕5号)

各省、自治区、直辖市人民检察院,军事检察院,新疆生产建设兵团人民检察院:

近来,一些省人民检察院就单位有关人员为谋取单位利益组织实施盗窃行为如何适用法律问题向我院请示。根据刑法有关规定,现批复如下:

单位有关人员为谋取单位利益组织实施盗窃行为,情节严重的,应当依照刑法第二百六十四条的规定以盗窃罪追究直接责任人员的刑事责任。

最高人民法院 最高人民检察院
关于办理盗窃油气、破坏油气设备等刑事案件具体应用法律若干问题的解释(节选)

(法释〔2007〕3号)

详见《刑法》第118条破坏电力设备罪的相关规定

第三条 盗窃油气或者正在使用的油气设备,构成犯罪,但未危害公共安全的,依照刑法第二百六十四条的规定,以盗窃罪定罪处罚。

盗窃油气,数额巨大但尚未运离现场的,以盗窃未遂定罪处罚。

为他人盗窃油气而偷开油气井、油气管道等油气阀门排放油气或者提供其他帮助的,以盗窃罪的共犯定罪处罚。

第四条 盗窃油气同时构成盗窃罪和破坏易燃易爆设备罪的,依照刑法处罚较重的规定定罪处罚。

最高人民法院 最高人民检察院
关于办理盗窃刑事案件适用法律若干问题的解释

(法释〔2013〕8号)

第一条 盗窃公私财物价值一千元至三千元以上、三万元至十万元以上、三十万元至五十万元以上的,应当分别认定为刑法第二百六十四条规定的“数额较大”“数额巨大”“数额特别巨大”。

各省、自治区、直辖市高级人民法院、人民检察院可以根据本地区经济发展状况,并考虑社会治安状况,在前款规定的数额幅度内,确定本地区执行的具体数额标准,报最高人民法院、最高人民检察院批准。

在跨地区运行的公共交通工具上盗窃，盗窃地点无法查证的，盗窃数额是否达到“数额较大”“数额巨大”“数额特别巨大”，应当根据受理案件所在地省、自治区、直辖市高级人民法院、人民检察院确定的有关数额标准认定。

盗窃毒品等违禁品，应当按照盗窃罪处理的，根据情节轻重量刑。

第二条　盗窃公私财物，具有下列情形之一的，“数额较大”的标准可以按照前条规定标准的百分之五十确定：

（一）曾因盗窃受过刑事处罚的；

（二）一年内曾因盗窃受过行政处罚的；

（三）组织、控制未成年人盗窃的；

（四）自然灾害、事故灾害、社会安全事件等突发事件期间，在事件发生地盗窃的；

（五）盗窃残疾人、孤寡老人、丧失劳动能力人的财物的；

（六）在医院盗窃病人或者其亲友财物的；

（七）盗窃救灾、抢险、防汛、优抚、扶贫、移民、救济款物的；

（八）因盗窃造成严重后果的。

第三条　二年内盗窃三次以上的，应当认定为“多次盗窃”。

非法进入供他人家庭生活，与外界相对隔离的住所盗窃的，应当认定为“入户盗窃”。

携带枪支、爆炸物、管制刀具等国家禁止个人携带的器械盗窃，或者为了实施违法犯罪携带其他足以危害他人人身安全的器械盗窃的，应当认定为“携带凶器盗窃”。

在公共场所或者公共交通工具上盗窃他人随身携带的财物的，应当认定为“扒窃”。

第四条　盗窃的数额，按照下列方法认定：

（一）被盗财物有有效价格证明的，根据有效价格证明认定；无有效价格证明，或者根据价格证明认定盗窃数额明显不合理的，应当按照有关规定委托估价机构估价；

（二）盗窃外币的，按照盗窃时中国外汇交易中心或者中国人民银行授权机构公布的人民币对该货币的中间价折合成人民币计算；中国外汇交易中心或者中国人民银行授权机构未公布汇率中间价的外币，按照盗窃时境内银行人民币对该货币的中间价折算成人民币，或者该货币在境内银行、国际外汇市场对美元汇率，与人民币对美元汇率中间价进行套算；

（三）盗窃电力、燃气、自来水等财物，盗窃数量能够查实的，按照查实的数量计算盗窃数额；盗窃数量无法查实的，以盗窃前六个月月均正常用量减去盗窃后计量仪表显示的月均用量推算盗窃数额；盗窃前正常使用不足六个月的，按照正常使用期间的月均用量减去盗窃后计量仪表显示的月均用量推算盗窃数额；

（四）明知是盗接他人通信线路、复制他人电信码号的电信设备、设施而使用的，按照合法用户为其支付的费用认定盗窃数额；无法直接确认的，以合法用户的电信设备、设施被盗接、复制后的月缴费额减去被盗接、复制前六个月的月均电话费推算盗窃数额；合法用户使用电信设备、设施不足六个月的，按照实际使用的月均电话费推算盗窃数额；

（五）盗接他人通信线路、复制他人电信码号出售的，按照销赃数额认定盗窃数额。

盗窃行为给失主造成的损失大于盗窃数额的，损失数额可以作为量刑情节考虑。

第五条　盗窃有价支付凭证、有价证券、有价票证的，按照下列方法认定盗窃数额：

（一）盗窃不记名、不挂失的有价支付凭证、有价证券、有价票证的，应当按票面数额和盗窃时应得的孳息、奖金或者奖品等可得收益一并计算盗窃数额；

（二）盗窃记名的有价支付凭证、有价证券、有价票证，已经兑现的，按照兑现部分的财物价值计算盗窃数额；没有兑现，但失主无法通过挂失、补领、补办手续等方式避免损失的，按照给失主造成的实际损失计算盗窃数额。

第六条　盗窃公私财物，具有本解释第二条第三项至第八项规定情形之一，或者入户盗窃、携带凶器盗窃，数额达到本解释第一条规定的“数额巨大”、“数额特别巨大”百分之五十的，可以分别认定为刑法第二百六十四条规定的“其他严重情节”或者“其他特别严重情节”。

第七条 盗窃公私财物数额较大，行为人认罪、悔罪，退赃、退赔，且具有下列情形之一，情节轻微的，可以不起诉或者免予刑事处罚；必要时，由有关部门予以行政处罚：

（一）具有法定从宽处罚情节的；

（二）没有参与分赃或者获赃较少且不是主犯的；

（三）被害人谅解的；

（四）其他情节轻微、危害不大的。

第八条 偷拿家庭成员或者近亲属的财物，获得谅解的，一般可不认为是犯罪；追究刑事责任的，应当酌情从宽。

第九条 盗窃国有馆藏一般文物、三级文物、二级以上文物的，应当分别认定为刑法第二百六十四条规定的“数额较大”、“数额巨大”、“数额特别巨大”。

盗窃多件不同等级国有馆藏文物的，三件同级文物可以视为一件高一级文物。

盗窃民间收藏的文物的，根据本解释第四条第一款第一项的规定认定盗窃数额。

第十条 偷开他人机动车的，按照下列规定处理：

（一）偷开机动车，导致车辆丢失的，以盗窃罪定罪处罚；

（二）为盗窃其他财物，偷开机动车作为犯罪工具使用后非法占有车辆，或者将车辆遗弃导致丢失的，被盗车辆的价值计入盗窃数额；

（三）为实施其他犯罪，偷开机动车作为犯罪工具使用后非法占有车辆，或者将车辆遗弃导致丢失的，以盗窃罪和其他犯罪数罪并罚；将车辆送回未造成丢失的，按照其所实施的其他犯罪从重处罚。

第十一条 盗窃公私财物并造成财物损毁的，按照下列规定处理：

（一）采用破坏性手段盗窃公私财物，造成其他财物损毁的，以盗窃罪从重处罚；同时构成盗窃罪和其他犯罪的，择一重罪从重处罚；

（二）实施盗窃犯罪后，为掩盖罪行或者报复等，故意毁坏其他财物构成犯罪的，以盗窃罪和构成的其他犯罪数罪并罚；

（三）盗窃行为未构成犯罪，但损毁财物构成其他犯罪的，以其他犯罪定罪处罚。

第十二条 盗窃未遂，具有下列情形之一的，应当依法追究刑事责任：

（一）以数额巨大的财物为盗窃目标的；

（二）以珍贵文物为盗窃目标的；

（三）其他情节严重的情形。

盗窃既有既遂，又有未遂，分别达到不同量刑幅度的，依照处罚较重的规定处罚；达到同一量刑幅度的，以盗窃罪既遂处罚。

第十三条 单位组织、指使盗窃，符合刑法第二百六十四条及本解释有关规定的，以盗窃罪追究组织者、指使者、直接实施者的刑事责任。

第十四条 因犯盗窃罪，依法判处罚金刑的，应当在一千元以上盗窃数额的二倍以下判处罚金；没有盗窃数额或者盗窃数额无法计算的，应当在一千元以上十万元以下判处罚金。

第十五条 本解释发布实施后，《最高人民法院关于审理盗窃案件具体应用法律若干问题的解释》（法释〔1998〕4号）同时废止；之前发布的司法解释和规范性文件与本解释不一致的，以本解释为准。

最高人民法院　最高人民检察院
关于办理妨害文物管理等刑事案件适用法律若干问题的解释(节选)
(法释〔2015〕23号)

详见《刑法》第324条故意损毁文物罪的相关规定

第二条　盗窃一般文物、三级文物、二级以上文物的,应当分别认定为刑法第二百六十四条规定的“数额较大”“数额巨大”“数额特别巨大”。

盗窃文物,无法确定文物等级,或者按照文物等级定罪量刑明显过轻或者过重的,按照盗窃的文物价值定罪量刑。

☞ 其他相关规定见章后二维码

第二百六十五条　【盗窃罪】

以牟利为目的,盗接他人通信线路、复制他人电信码号或者明知是盗接、复制的电信设备、设施而使用的,依照本法第二百六十四条的规定定罪处罚。①

◆ 解读与适用

【拓展关键词】客观超过要素

虽然要求行为人具有“盗窃”的故意,但不要求行为人认识到“多次盗窃”。由此看来,并不是任何客观要素都是故意的认识内容,在现行犯罪论体系下,不得不承认客观的超过要素。②

【拓展关键词】盗窃罪与诈骗罪辨析　秘密窃取　处分意思　自愿交付　不当得利与盗窃罪

行为人将银行卡出租给他人使用,租用人更改银行卡密码后,因使用不慎,银行卡被ATM吞掉。行为人出于非法占有的目的,利用租用人请求其帮助取卡的机会,在租用人掌握密码并实际占有、控制银行卡内存款的情况下,通过挂失、补卡等手段将银行卡内租用人的存款取出并占为己有,其行为属于秘密窃取他人财物,应以盗窃罪定罪处罚。盗窃罪中的“秘密窃取”具有主观性、相对性、当场性的特征。③

盗窃,是指以非法占有为目的,秘密窃取公私财物的行为;诈骗,是指以非法占有为目的,采用虚构事实或者隐瞒真相的方法,骗取公私财物的行为。对既采取秘密窃取手段又采取欺骗手段非法占有财物行为的定性,应从行为人采取主要手段和被害人有无处分财物意识方面区分盗窃与诈骗。如果行为人获取财物时起决定性作用的手段是秘密窃取,诈骗行为只是为盗窃创造条件或作掩护,被害人也没有“自愿”交付财物的,就应当认定为盗窃;如果行为人获取财物时起决定性作用的手段是诈骗,被害人基于错误认识而“自愿”交付财物,盗窃行为只是辅助手段的,就应当认定为诈骗。在信息网络情形下,行为人利用信息网络,诱骗他

---

① 该规定属于注意规定,因此,盗窃无体物的,也可能成立盗窃罪。参见张明楷:《刑法分则的解释原理》,中国人民大学出版社2004年版,第267页。

② 参见张明楷:《刑法分则的解释原理》,中国人民大学出版社2004年版,第184页。

③ 参见崔某、仇某、张某盗窃案,载《最高人民法院公报》2011年第9期。

人点击虚假链接而实际上通过预先植入的计算机程序窃取他人财物构成犯罪的，应当以盗窃罪定罪处罚；行为人虚构可供交易的商品或者服务，欺骗他人为支付货款点击付款链接而获取财物构成犯罪的，应当以诈骗罪定罪处罚。本案中，被告人臧某、郑某使用预设计算机程序并植入的方法，秘密窃取他人网上银行账户内巨额钱款，其行为均已构成盗窃罪。臧某、郑某和被告人刘某以非法占有为目的，通过开设虚假的网络店铺和利用伪造的购物链接骗取他人数额较大的货款，其行为均已构成诈骗罪。对臧某、郑某所犯数罪，应依法并罚。①

《刑参》第45号案例“章某盗窃案——窃取并变造已付讫的国库券再骗兑的行为如何定罪”相关论述：盖有“付讫”章的国库券不再具有有价证券的特征。将盗窃的国库券变造后再骗兑的行为属于诈骗行为。

《刑参》第60号案例“郝某等盗窃案——利用计算机盗划银行资金再到储蓄所取款的行为如何定性”相关论述：被告人将银行资金划入个人存款账户后已经非法取得了该款的所有权，到储蓄所支取现金只是盗窃行为的自然延续，不影响其行为的性质。储户将个人资金存入银行，由银行占有资金，储户则通过存单实现其对该款的所有权，即通过存单来实现其对该款的处分权——可随时支取该款。利用计算机实施盗窃犯罪的，应依照刑法关于盗窃罪的有关规定定罪处罚。行为人先已完成的盗窃行为，使后来形式上的骗成为在正常情况下不可能被察觉的行为，“诈骗”也就不再成为影响案件性质的关键。

《刑参》第103号案例“孔某盗窃案——窃取他人股票账户号码和密码后秘密使用他人账上资金高价买入朋友抛卖的股票从中获利的行为应如何定性”相关论述：“秘密窃取”的本质特征是在财物所有人、持有人或经手人不察觉的情况下，转移公私财物的合法所有权。被告人的行为虽具有欺骗性，但直接被欺骗的对象是证券交易系统而不是真正的财物所有人，陷入错误和处分资金的也只是证券交易系统而不是真正的财物所有人。证券交易系统按设计是只认账户号码、交易密码而不认是何人提供账户号码或下达指令交易，证券交易系统本身并无错误。本案盗窃数额应按被告人及其朋友在股票交易中所获的差价数额认定，被害单位被盗用的资金数额及其损失数额可作为量刑情节予以考虑。

《刑参》第412号案例“张某等盗窃案——盗窃定期存单从银行冒名取款的行为如何定性”相关论述：盗窃罪与诈骗罪的主要区别是行为人非法取得财产的行为手段和方法不同。对于盗窃与诈骗手法交织的非法取财行为应当主要看行为人非法取得财物时起决定作用的手段。被告人窃取定期存单仅仅是完成了盗窃行为的一部分，并没有实现其非法占有他人财物的目的。而被告人后来伪造身份证到银行取款，最终取出存单上的现金行为虽然使用了骗术，但该存单是被告人窃取的，骗术是在盗窃行为后实施的，考察被告人非法取财的主要手段和被害人丧失对财物的控制的根本原因在于存单被盗，盗窃在被告人非法占有财物过程中起了决定作用。从被害人角度看，该财产的真正受害者是失主而不是银行，被害人财产受侵犯不是受到诈骗所致，而是存单被秘密窃取所致，应当认定为盗窃罪。本案的前后两个行为是一个整体，后行为是前行为的延续，并非牵连关系。明知是盗窃的存单而帮助取款并分赃，应定盗窃罪而非窝藏赃物罪或诈骗罪。盗窃记名、可挂失的有价支付凭证的，由于有价支付凭证的财产权益实现特点决定，不能把是否取得凭证作为区别既遂与未遂的标准。因为行为人盗窃这种有价支付凭证后，并不意味着已经获得了对凭证所记载财产的完全控制，在盗窃行为既遂之前，他人参与将凭证代表的财产兑付的，仍然可以构成盗窃共犯。盗窃定期存单尚未取出现金之前，盗窃行为属于未遂。帮助取款属于事中共犯，以盗窃罪论处。

《刑参》第492号案例“朱某盗窃案——对以盗窃与诈骗相互交织的手段非法占有他人财物的行为如何定性”相关论述：判断交互采用欺骗与秘密窃取手段非法占有他人财物的行为性质，主要是看行为人非法取得他人财物的决定性手段是秘密窃取还是欺骗而得。诈骗罪与盗窃罪从犯罪构成来说，主要区别在行为特征上。诈骗罪是一种交互型犯罪，被害人是否具有处分财物的意思和行为，是区分诈骗还是盗窃的客观标

① 参见臧某等盗窃、诈骗案，最高人民法院指导案例27号（2014年）。

准。诈骗罪中的受骗人的处分行为，必须是基于认识错误，而认识错误的产生是由于行为人的欺骗行为。处分意识具有3个特征：(1)处分对象明确性。(2)处分外在形式自愿性。(3)处分结果明晰性。即被害人明确知道处分特定财物就是转移财物控制权。处分行为意味着将财产转移给行为人或第三人占有，即由行为人或第三者事实上支配财产，并不要求受骗人将财物的所有权处分给行为人。至于受骗人是否已经转移给行为人或第三者占有，一方面，要根据社会的一般观念判断；另一方面，要看受骗人是否具有将财产转移给行为人或第三者支配或控制的意思。"施法驱魔"虽然形式上财物已经交付被告人，但仍在被害人法律意义上的控制范围内。被害人即使将财物交给被告人，根据社会的一般观念，被害人仍然支配和控制着该财物，这种交付不能认定为具有处分财物的意思和行为。如果说被告人的行为成立诈骗罪，则意味着被告人接到财物时便成立犯罪既遂，即使被告人事后将财物返还给被害人，也属于事后返还，这恐怕与法理不合。被告人并非依靠欺骗行为直接取得财物，这只是为其之后实施秘密窃取行为创造条件。正是被告人实施的调包行为这一秘密手法，使本案财物从被害人手上转移到被告人手上，因而被告人最终通过调包手段取得财物控制的行为符合盗窃罪秘密窃取的行为特征。

[本书观点]被害人在诈骗行为的干预下将财物交付至行为人手中即足以全面反映诈骗罪的交互型罪质特征。被害人只需对所交付的财物本身为何物有基本认识且具有交付意识，即可肯定行为人控制财物与被害人基于错误认识而自愿交付财物之间的因果关系，处分意识并非认定诈骗罪之必备要件。行为人控制财物之后实施的一系列诸如调包、溜走、谎称立即返回等伴随行为均可纳入虚构事实、隐瞒真相之取财手段内，该手段旨在巩固占有之地位、强度，主要关涉犯罪既遂的节点问题，并不改变诈骗行为的性质。如果以盗窃罪来定性显欠缺评价行为人虚构事实、隐瞒真相之行为，有失偏颇。行为人采取哄骗之手段，财物又确是被害人"亲自"交付到行为人手中的，行为人显属"骗子"而非"小偷"，若以盗窃罪论难免使民众惊愕。

《刑参》第653号案例"张某票据诈骗案——盗窃银行承兑汇票并使用，骗取数额较大财物的行为是构成盗窃罪还是票据诈骗罪"相关论述：被告人盗窃银行承兑汇票并使用骗取数额巨大财物的行为，构成票据诈骗罪。从银行承兑汇票的特点看，行为人盗窃的物品系有保护措施的财产性权利。从所侵犯的法益看，盗窃行为未使失票人的财产权利直接受损，使用行为仅侵犯了受票人的财产权利及金融管理秩序。对于盗窃票据并使用的行为应根据票据持有人直接丧失票据记载的财产是盗窃行为所致还是使用行为所致予以区分。如果盗窃行为使票据持有人直接丧失票面记载的财产，则可以认定构成盗窃罪，其使用行为可作为赃物处理行为对待。如果盗窃行为并未使票据持有人的财产直接受损，其使用行为可认定构成金融诈骗犯罪。如果盗窃行为直接侵犯票据持有人的财产而使用行为又侵犯了新的法益，则应以盗窃罪、票据诈骗罪两罪并罚。被告人盗窃的银行承兑汇票是记名可挂失、不能即时兑现的有价证券，持票人可以通过公示催告等途径避免自己的损失，盗窃该类银行承兑汇票的行为并不必然使持票人的财产受损。然而，被告人用所窃取的汇票向杨某等兑换现金、偿付货款的行为却使接受汇票方因汇票已被挂失而遭受财产损失，符合票据诈骗罪中"冒用他人的汇票"的客观特征。被告人实施的盗窃行为与冒用行为不构成牵连犯。被告人先后产生了两个犯意或目的，即盗窃财物的故意和利用所窃取的银行汇票实施诈骗的故意。同时在行为上亦表现为既有秘密窃取的行为又有隐瞒事实真相冒充合法持票人实施诈骗的行为。被窃者和被骗者的损失是由被告人先前的盗窃行为与嗣后的诈骗行为分别造成的，被告人基于两个犯罪故意实施了两个独立的犯罪行为既侵犯了公私财物的所有权又侵犯了国家对金融票据的管理制度，两行为间不具有牵连关系。盗窃信用卡并使用的，按照盗窃罪处理的规定是仅对信用卡作的特别规定。事实上，盗窃并使用汇票、本票、支票、信用证、有价证券等也时有发生，然而并未有类似规定，并不是立法者的疏漏，而是有意将信用卡与汇票等作一定区分。究竟认定何罪应视具体情况而定。本案被告人获取财物的关键手段在于骗取行为。

《刑参》第 751 号案例“孙某盗窃案——伪造证明材料将借用的他人车辆质押，得款后又秘密窃回的行为，如何定性”相关论述：伪造证明材料将借来的车辆冒名质押给别人，后又从质押权人处窃回车辆的行为，应以盗窃罪定罪处罚。被告人虽然主观上有非法占有目的，但其伪造证件冒名质押取款的行为并未给被害人造成损失，双方之间是一种民事行为。被告人最终是通过盗窃行为实现非法占有的故意，是一个独立的盗窃行为，应以盗窃罪一罪处理。被告人伪造证件质押汽车的行为，依照我国民事法律相关规定，被害人能够取得汽车的占有权，并未受到财产损失，被害人属善意第三人。因这种行为只是造成民事法律关系，并未实际损害法益，故不能认定为诈骗犯罪。被害人的损失是由被告人的盗窃行为所致。被告人伪造证件冒名质押与盗窃质押物之间不具有牵连关系。先前的行为并不构成诈骗罪。不能将盗窃侵犯的财产也归入虚构事实的结果中进行评价，否则就是将一个危害结果进行了两次评价，违背禁止重复评价的原则。盗窃金额应当以被害人的实际损失的质押款来认定。盗窃罪是结果犯，应当以给公私财产所有权造成的直接损害为数额标准。不能以行为人可能实施的行为将发生的结果评价为犯罪后果。如果被告人盗窃汽车是为了将来回赎时向被害人索赔，则其盗窃的数额就不是质押款的损失，而应该是因该汽车被回赎而实际支付的赔偿款。

《刑参》第 766 号案例“邓某盗窃案——以非法占有为目的，在网络上利用出现系统故障的第三方支付平台，故意输入错误信息，无偿获取游戏点数，如何定性”相关论述：利用出现系统故障的网络第三方交易平台无偿取得游戏点数且造成他人损失数额较大的行为，构成盗窃罪。被告人第一次无意识地输入错误卡号、密码，获得游戏点数在性质上属于一种溢付，符合民法中不当得利的构成要件。但之后恶意的连续取款行为却不能简单地认为是不当得利。不当得利一般是先存在获得利益而无合法根据的事实，后产生对该利益占有的主观心理。不当得利要求获益人没有主观过错，其获益行为不具有可谴责性。利用出现故障的人工智能获取财物属于盗窃。人工智能及其操作系统和硬件如果处于正常工作状态，应当视为管理者意志的体现，可以认为是“有意识的主体”，就可以成为诈骗罪的对象。然而，处于故障状态的人工智能系统和机器已经丧失独立的意思表示能力，不能正确识别代码，作出的决定不能代表其管理者的真实意志，不能代表其“处分”财物，不能成为诈骗的对象。网络游戏点数等虚拟财产的价值可以参考网络运营商对互联网财产的定价方法计算。

《刑参》第 847 号案例“卢某盗窃案——在直接证据‘一对一’的情况下如何准确认定犯罪事实以及在‘抛物诈骗’类案件中如何正确区分盗窃罪和诈骗罪”相关论述：盗窃罪与诈骗罪区分的关键在于被害人是否基于错误认识而交出财产。在“抛物行骗”类案件中，一般情况是被害人基于被骗说出银行卡密码后，被害人通常交出财物给作案人去找所谓的第三人验证，从而导致财物被骗走。由于被害人误以为作案人真的去找人验证而交出财物，符合诈骗罪的特征。但本案的情况是被害人虽然自愿说出银行卡密码，但被告人取得被害人的银行卡并非是被害人因为陷入错误认识而自愿交出的，而是趁被害人不注意偷偷取得的，故应当认定为盗窃罪。

另见《刑法》第 266 条诈骗罪的相关注释。

【拓展关键词】盗窃虚拟物品　盗窃数额的认定　刑法上的认识错误　盗窃毒品　捡拾信用卡后使用

被告人利用编写、传播病毒程序在网上截取他人的银行账号、密码，窃取或实际控制他人网上银行账户内存款的行为，构成盗窃罪。①

网络域名具备法律意义上的财产属性，盗窃网络域名可以认定为盗窃行为。网络域名注册人注册了某域名后，该域名将不能再被其他人申请注册并使用，因此网络域名具有专属性和唯一性。网络域名属稀缺资

① 参见余某等四人盗窃案，载《最高人民法院公报》2005 年第 8 期。

源,其所有人可以对域名行使出售、变更、注销、抛弃等处分权利。网络域名具有市场交换价值,所有人可以以货币形式进行交易。通过合法途径获得的网络域名,其注册人利益受法律承认和保护。本案中,行为人利用技术手段通过变更网络域名绑定邮箱及注册ID,实现了对域名的非法占有,并使原所有人丧失了对网络域名的合法占有和控制,其目的是非法获取网络域名的财产价值,其行为给网络域名的所有人带来直接的经济损失。该行为符合以非法占有为目的窃取他人财产利益的盗窃罪本质属性,应以盗窃罪论处。对于网络域名的价值,当前可综合考虑网络域名的购入价、销赃价、域名升值潜力、市场热度等综合认定。①

被告人原系公司电脑员负责维护公司电脑,不具有管理公司VIP积分充值系统的职责。其利用破译积分卡系统程序软件的方法进入积分充值系统,将作废的积分卡激活重新充值后用于个人消费,其行为属于秘密窃取他人财物的盗窃行为,已构成盗窃罪。②

行为人通过网络实施的虚拟行为如果对现实生活中刑法所保护的客体造成危害构成犯罪的,应当受刑罚处罚。秘密窃取网络环境中的虚拟财产构成盗窃罪的,应当按该虚拟财产在现实生活中对应的实际财产遭受损失的数额确定盗窃数额。虚拟财产在现实生活中对应的财产数额,可以通过该虚拟财产在现实生活中的实际交易价格来确定。盗窃罪的犯罪对象种类不同,认定盗窃既遂、未遂的方法就不同。行为人在网络中盗窃他人的虚拟财产,只要盗窃行为已实现了非法占有该虚拟财产在现实生活中所对应的被害人财产,理当认定犯罪既遂。至于行为人是否对赃物作出最终处理,以及被害人事后是否追回该虚拟财产,均与行为人已完成的犯罪形态无关。③

《刑参》第191号案例"薛某等盗窃案——盗窃毒品如何定罪量刑"相关论述:盗窃对象为毒品的,构成盗窃罪。盗窃毒品等违禁品的,并不是以数额大小而是以情节轻重作为定罪量刑的依据。2000年《全国法院审理毒品犯罪案件工作座谈会纪要》规定了一个参考标准,即"认定盗窃毒品犯罪数额,可以参考当地毒品非法交易的价格"。因此盗窃毒品的种类、数量、数额,应当是判断盗窃情节轻重的一个主要依据,盗窃毒品的犯罪数额只是判断盗窃毒品行为是否构成犯罪、情节是否严重的参考,其本身并不是量刑依据。

《刑参》第315号案例"沈某盗窃案——对所盗物品的价值有重大认识错误的应如何处罚"相关论述:结合本案沈某的出身、作案时的年龄、职业、见识、阅历等状况,其对所盗手表的实际价值没有明确的或概括的认识是有可信基础的,被害人将价值如此巨大的手表与几百元嫖资随便放在一起,也有使对手表本来就缺乏认识的沈某产生该表价值一般错误认识的客观条件。沈某始终无法供认出手表的品牌、型号等内容,表明其对名表确实一无所知,也不关心该表的实际价值。在盗得手表后随意放在灶台,未随身携带,说明被告人对该表的实际价值既没有明确的认识也没有概括的认识。被告人主观上只有非法占有他人"数额较大"的财物的故意内容,而无非法占有"数额特别巨大"财物的故意内容。因此,被告人对其所盗手表存在重大的认识错误是可以确认的。刑法上的认识错误,包括事实认识错误和法律认识错误。事实认识错误,主要包括对象认识错误、行为性质和手段认识错误、因果关系认识错误等。对象认识错误是指行为人主观所认识的行为对象与其行为所实际侵害的对象不一致。本案属于对所盗物品价值的对象认识错误。这种认识错误包括对价值有无和高低的认识错误。被告人对事实存在严重的认识错误,其所认识的数额远低于实际数额,不能让其对行为所不能认识的财物数额承担犯罪的责任。一是从主观上进行考察,应从一般人的角度来分析,一般人均能认识的,应视为行为人认识到。对于那些抱着"能偷多少偷多少,偷到什么算什么"心态的行为人来说,其主观故意属于概括性的犯罪故意,价值多少都不违背行为人的本意,应以实际价值论。二是从手段上

---

① 参见张某盗窃案,最高人民检察院指导性案例第37号(2017年)。

② 参见杨某盗窃案,载《最高人民法院公报》2008年第11期。

③ 参见孟某、何某网络盗窃案,载《最高人民法院公报》2006年第11期。

考察,行为人采取特定手段进行盗窃视为具有概括性的故意,犯罪数额以实际价值论。如扒窃、入室盗窃、团伙盗窃等,推定其为概括性的犯罪故意。在推定概括性犯罪故意时,需要注意当事人辩称其不知道财物的真实价值,也有充分理由的,而行为人又主动退回的,则应对退回部分不作犯罪处理。三是从场合特定性上进行考察,即只能发生在行为人有合法机会接触被盗窃物品的"顺手牵羊"场合,被盗物品价值大又容易被误以为小的时候,才会产生认识错误的问题。事实认识错误只影响到刑事责任的承担与否,而不影响责任的大小。只有在特定环境和条件下才能认定被告人是否对盗窃对象的价值存在严重的认识错误,避免出现客观归罪或主观归罪的现象。数额是盗窃罪定罪量刑的重要标准,但不是唯一的依据。一要按事实认识错误来对待,根据主客观一致原则来认定盗窃数额。二要考虑其行为的社会危害程度是否达到应当追究刑事责任的程度。本案可以免除处罚。《刑法》第 63 条第 2 款报经最高人民法院核准在法定刑以下判处刑罚的规定,主要是解决具有特殊情节的个别案件的法律适用问题,而本案主要是对案件事实即盗窃数额的认定问题,不宜适用该规定。

《刑参》第 325 号案例"钱某盗窃案——盗买盗卖股票案件的盗窃数额如何认定"相关论述:非法窃取他人股票账户密码与自己的股票账户进行交易非法牟利的,应当以盗窃罪定罪处罚。被告人交易股票的获利款,直接源于被害人的财产损失,以被告人的获利数额认定盗窃数额是合理的。给被害人造成的损失,可以作为量刑情节予以考虑。证券公司不是本案的被害人,不属于盗窃金融机构。

《刑参》第 420 号案例"孟某等盗窃案——如何认定网络盗窃中电子证据效力和盗窃数额"相关论述:应以被害单位与运营商腾讯公司和网易公司的合同价作为计算被盗 Q 币和游戏点卡价值的标准。

《刑参》第 527 号案例"詹某、詹某盗窃案——通过纺织品网上交易平台窃取并转让他人的纺织品出口配额牟利的行为如何定罪"相关论述:纺织品出口数量配额按照现行国家政策可转让,具有财产属性,可视为财物。对被告人私下窃取他人纺织品出口数额配额并转让牟利的行为应以盗窃罪论处。合理扩张盗窃犯罪对象符合经济社会的发展趋势和现实财产保护的实际。

《刑参》第 602 号案例"程某盗窃案——充值卡明文密码可以成为盗窃犯罪的对象"相关论述:代表或可代表一定数额的财产权益、有别于传统财物形式的诸如账号、密码、虚拟货币等也可成为盗窃罪的犯罪对象。凡具有一定经济价值,可支配、处于他人占有或管理之下的财产均可成为盗窃罪的犯罪对象。非法侵入移动公司充值中心修改充值卡数据,并将充值卡明文密码出售的行为属于将电信卡非法充值后使用,构成盗窃罪。

《刑参》第 795 号案例"陈某盗窃案——窃取公司提供充值服务的密保卡数据,并进行非法充值,使公司 QQ 密保卡对应的等值服务资费遭受损失的,是否构成盗窃罪? 如何确定该类行为的盗窃数额"相关论述:窃取公司提供充值服务的密保卡数据并进行非法充值的,符合盗窃罪的构成特征。充值后的 QQ 密保卡承载腾讯公司提供的等值服务资费,具有财产属性,属于公私财物。行为人在侵占财物时利用职务上的便利是认定职务侵占罪的构成要件。根据"失控加控制说"的通说标准,被告人的行为应当认定为盗窃既遂。盗窃数额应当按照 QQ 密保卡对应的等值服务资费实际受到的损失认定,即以已充值的数额认定为盗窃数额,未充值的部分作为一个量刑情节考虑。"失控加控制说"以被盗之物是否脱离所有人或保管人的控制并且实际置于行为人控制之下为标准。行为人是否将全部密保卡充值使用,只能作为量刑情节予以考虑,不会改变行为本身性质与犯罪停止形态。按实际财产损失认定盗窃数额,体现了相关司法解释规定的精神。

《刑参》第 796 号案例"汪某盗窃案——盗窃移动公司代理商经营的手机 SIM 卡,代理商在行为人盗窃既遂后从移动公司获取销售手机 SIM 卡的返利,返利是否应当在认定盗窃数额时予以扣除"相关论述:1998 年最高人民法院《关于审理盗窃案件具体应用法律若干问题的解释》(已失效)第 5 条虽然规定,以被盗物品价格的有效证明确定被盗物品价值,未考虑个别情况下返利对个体定价的调整影响,但其精神主旨贯彻了实事求是和存疑有利于被告人的认定原则。刑事案件中对被盗物品的估价属于资产评估的一种,评估的基本原理应当同样适用于对被盗物品的估价。资产评估中的市场价值是指资产在评估基准日公开市场上最佳使用状态下最有可能实现的交换价值的估计值。移动公司以每张55元销售给代理商的价格,只是移动公司的单方定价,这一价格并不能准确反映手机卡的公开市场价格,因为任何一个有理智的经济人,在明知不夜城市场手机卡实际销售价格比移动公司价格低的情况下,都不会愿意向移动公司购买手机卡。不能以每张55元的价格认定手机卡的价值。被害单位在被告人盗窃既遂后取得返利,在评估被窃手机卡价值时宜采用成本法扣除返利。移动公司确定的55元价格仅仅是一种价格符号,其代理商在商场上的实际公开销售价格远远低于上述价格。法院在认定被窃手机卡价值时扣除返利,以成本价认定是正确的。

《刑参》第879号案例"饶某等盗窃案——盗窃金砂后加工成黄金销赃,盗窃数额应当以所盗金砂价值认定,还是以加工成黄金后的销赃数额认定"相关论述:1998年3月17日起施行的最高人民法院《关于审理盗窃案件具体应用法律若干问题的解释》所规定的销赃数额是指盗窃财物后直接销赃的数额,而不是指将盗窃的财物改装、加工后销赃的数额。本案不属于该解释规定的按销赃数额计算的情形。被盗金砂的价格应当按市场零售价的中等价格计算。2013年4月2日最高人民法院、最高人民检察院《关于办理盗窃刑事案件适用法律若干问题的解释》取消了"销赃数额高于被盗物价值,按销赃数额计算盗窃数额"的规定。

《刑参》第1393号案例"陈某、梁某、林某盗窃案——拾得他人遗失的医保卡,并在药店盗刷卡内个人医保账户资金的行为如何定性"相关论述:医保卡不能直接视为信用卡。社保卡是"集成电路卡",信用卡是"电子支付卡"。加载金融功能的社保卡是由社保部门选择单一芯片并发行,在采集社保信息加载社保应用的同时加载金融应用系统,两种应用系统采用独立管理模式,通过防火墙互相独立、互不影响,不能简单地将社保卡等同于银行卡。用拾得他人医保卡内个人医保账户资金在药店消费不属于"冒用他人信用卡"。对"拾得他人信用卡并使用的"的"使用"应作限缩解释,即利用信用卡的资金结算、支付、提取等金融功能非法获取财物。社保账户虽然与银行卡相连接,但属于使用社保卡的非金融功能。使用社保卡内的社保账户资金与使用社保卡的金融账户具有根本区别,风险性和危害性也不同。二者侵犯的法益也不同。冒用他人医保账户资金的行为定性,应区分医保账户资金的性质。统筹账户资金由医保中心管理,如果冒用他人医保卡,伪造就医、住院等材料骗取医保资金报销的,可以按照诈骗罪论处。个人账户资金只能用于支付在定点医疗机构或定点零售药店发生的医疗费用,原则上不得提取现金,虽然使用有所限制,但在其法律性质上归个人所有,可以结转使用和继承。在药店用个人账户资金盗刷药品的行为侵犯了个人财产的所有权,盗刷被害人医保个人账户资金,应定盗窃罪。

【拓展关键词】盗窃自己所有的财物　刑民交叉事实的认定

财产犯的法益首先是财产所有权及其他本权,其次是需要通过法定程序恢复应有状态的占有。但在相对于本权者的情况下,如果这种占有没有与本权者相对抗的合理理由,相对于本权者恢复权利的行为来说,则不是财产犯的法益。如债权人使用胁迫手段迫使债务人清偿债务的,如果债务人对财物的占有与债权人相对抗,而且这种对抗没有合理的理由,就不应当认定为敲诈勒索罪。如果对抗具有合理的理由,则具有成立敲诈勒索罪的可能性。①

《刑参》第101号案例"王某故意杀人案——对在盗取自己被公安机关依法查扣的机动车的过程中致人伤亡的行为应如何定性"相关论述:被告人盗取所有权属于自己但被公安交通管理机关依法查扣的车辆并使用暴力致人伤亡的行为构成故意伤害罪。从公安交通管理机关院内将自己已被查扣的车辆秘密开走的行

① 参见张明楷:《刑法分则的解释原理》,中国人民大学出版社2004年版,第346页。

为不同于盗窃。被告人所驾车辆虽被查扣,但所有权仍属于被告人。虽然我国《刑法》规定,在国家机关等管理、使用运输中的私人财产以公共财产论,但该规定并未改变被国家机关等管理、运输、使用的财产的所有权属。被告人对于自己的被公安机关查扣的机动车辆具有所有权。被告人主观上是想取回自己被公安机关查扣的车辆,也就是自己拥有所有权的财产,而不是非法占有自己不享有所有权的财产。被告人没有非法占有的目的。

《刑参》第 339 号案例"叶某等盗取案——窃取被交通管理部门扣押的自己所有的车辆后进行索赔的行为定性"相关论述:本人所有的财物在他人合法占有、控制期间,能够成为自己盗窃的对象。"以公共财产论"或"以他人财物论"是针对所有权人以外的人而言的,并未改变财物的权属,意在强调占有人对该物的保管责任。但并不意味着行为人秘密窃取他人占有的自己的财物的行为都构成盗窃罪。还要结合行为人的主观目的而定。如果行为人秘密窃取他人保管之下的本人财物,是为了借此向他人索赔,这实际上是非法占有目的,应以盗窃论。相反,如果只是为了与他人开玩笑或逃避处罚,或者不愿将自己的财物继续置于他人占有、控制之下,并无借此索赔之意的,因其主观上没有非法占有的故意,不以盗窃罪论处。构成其他犯罪的,按其他犯罪处理。秘密窃取他人占有的财物后索赔的行为只构成盗窃罪一罪。就整体而言,行为人的行为分为两个阶段:一是先实施秘密窃取行为,二是隐瞒事实向他人索赔。这是行为人实施盗窃犯罪紧密联系、不可分割的两个组成部分。如果行为人只是单纯将财物秘密取回,主观上没有非法占有目的,其行为就不构成盗窃罪。行为人进行索赔所隐瞒的事实正是此前其实施的秘密窃取财物的行为,没有前一行为,其后的索赔行为也无从提起。行为人进行索赔虽然存在诈骗行为,但该诈骗行为是其盗窃的后续行为,表明了其主观上的非法占有目的,是实现非法占有意图的关键,直接促成了实际危害结果的发生。被告人基于非法占有之目的而实施的"先盗后骗"的行为是一个完整的盗窃行为,只能认定为盗窃罪一罪。行为人获得赔偿的数额应当认定为盗窃数额。行为人因盗窃而给他人造成的财产损失表现为他人给付的赔偿数额。盗窃数额与财物本身的价值不相一致的情形是存在的,在计算时应当按照最有利于保护被害人财产所有权的原则确定。赔偿数额实质上体现了行为人因盗窃而给他人造成的财产损失。即使赔偿数额低于财物本身的价值,在确定盗窃数额时也应当将赔偿数额作为盗窃数额。

《刑参》第 404 号案例"陈某等非法处置扣押的财产案——窃取本人被司法机关扣押财物的行为如何处理"相关论述:片面强调所有权或者占有事实本身,过于缩小或扩大财产犯罪的处罚范围,有失妥当,应当根据行为人是否具有非法占有目的进行分别处理,无论是所有权还是一定的占有关系均受《刑法》保护。对于窃取本人的财物后还以索赔等手段要求保管人赔偿损失的,表面上看是窃取自己的财物,但实际上侵犯他人的财产权,符合盗窃罪的本质。对于不具有非法占有的目的,客观上也不会造成占有人财产的损失,不宜以盗窃罪论处。根据占有说,盗窃罪的被害人窃取被盗财物也构成盗窃罪,扩大了处罚范围,也难以说明不可罚的事后行为为什么不可罚。

《刑参》第 849 号案例"廖某、张某盗窃案——帮助他人盗回本属于自己公司经营的财产,如何定性"相关论述:张某伙同廖某盗走债权人质押下的汽车,虽然是为了维护自身合法权益,但因未采取正当、合法的方式主张权利,故不属于自救行为。张某明知廖某无权私自开走质押给债权人的汽车,为挽回自身财产损失仍积极帮助廖某盗回汽车,构成盗窃的帮助犯。自救行为最主要的特征是恢复权利的紧迫性。本案中,张某查看过该车行驶证,明知车主并非廖某,还轻信廖某有权质押该车,不属于善意取得,不能依照善意取得制度取得该车的质押权。但鉴于其是基于合法借贷关系而占有该车,并履行了对价,故其取得该车的临时监管权是合法的,受刑法保护。张某不具有非法占有目的,但其明知廖某具有非法占有目的,还积极实施帮助行为,属于盗窃共同犯罪中的帮助犯。张某与廖某犯罪目的的重合之处在于将本在廖某控制下的轿车开走,并交由张某控制。张某就盗窃汽车这一事实与廖某形成了共同犯意。帮助他人使用非法手段取回自己财产,不具有非法占有目的，量刑时应当充分考虑这一主观要件要素。

《刑参》第1012号案例"关某盗窃案——误将非债务人的财物作为债务人的财物加以盗窃的如何定性以及刑事审判中民事纠纷的基础事实严重影响到量刑的是否有必要审查确认"相关论述：误将非债务人的财物作为债务人的财物加以盗窃的，仍应以盗窃罪定罪处罚。非法占有不仅包括目的非法性，同时也包含手段的非法性。行为人主观上有以非法手段占有他人财物的故意，仍可视为具有非法占有目的，否则便是对该类违法行为的放纵。当然，在个别情况下，因目的具有正当性，以致手段的非法性所反映的行为的社会危害性大大降低，可以认定为犯罪情节显著轻微危害不大，不作为犯罪处理。如债权人为实现债权而实施盗窃，在盗窃行为实施完毕后，及时告知债务人盗窃事宜，并声明只要债务人还款即归还所窃之物。本案中，被告人可以通过合法途径实现其债权但却采用秘密窃取手段获取财物，并具备非法占有的目的。其后续亦未实施实现债权的跟进行为，如通告债务人，向人民法院起诉等，其占有的非法性明显。法院认定其因追债未果而产生非法占有目的适当。刑事审判中民事纠纷的基础事实严重影响到量刑的，有必要审查确认。刑事审判中对上述民事争议基础事实的审查与认定，仅属于查明案情的需要。不同于刑事附带民事诉讼或者纯粹的民事诉讼，上述民事争议不属于本案诉讼标的，故刑事裁判文书中不能判决偿还欠款。

《刑参》第1177号案例"何某、汪某非法处置扣押的财产案——盗取自己被公安机关扣押的车辆应如何定性"相关论述：本人所有的财物在他人合法占有、控制期间能够成为自己盗窃的对象。主观上没有非法占有的目的，不构成盗窃罪。如果行为人具有非法占有的目的，在司法机关合法占有、控制期间秘密取回车辆并索赔的，其行为构成盗窃罪。如果同时妨害司法机关的正常诉讼活动情节严重的，又构成非法处置扣押的财产罪，属于想象竞合犯。被告人转移涉案车辆的直接目的是返还银行的贷款，而不是非法占有该车辆。本案没有证据证实被告人有非法占有目的。被告人的行为构成非法处置扣押的财产罪。

【拓展关键词】盗窃罪与侵占罪、职务侵占罪、贪污罪、破坏计算机信息系统罪辨析　利用职务便利与利用工作便利　牵连犯

《刑参》第87号案例"文某被控盗取案——处理家庭成员和近亲属之间的偷窃案件应当注意的刑事政策"。

《刑参》第113号案例"张某等抢劫、杀人犯罪集团案——犯罪集团如何认定？犯罪集团案件是否应全案审判"相关论述：被告人利用保管本单位弹药的职务之便将其保管的弹药据为己有的行为，即"监守自盗"，符合盗窃弹药罪的构成。至于其将盗窃后的弹药如何处分，是据为己有还是非法出售并不影响本罪的构成。

《刑参》第132号案例"康某盗窃案——骗得财物保管权后秘密窃取代为保管的财物的行为如何处理"相关论述：被告人虽系国有企业的职工，但作为一名司机，其所从事的只是劳务活动，与从事企业的组织、领导、监督、管理、经营等职责的公务活动有质的区别。被告人是受指派驾驶车辆送人去火车站而不是受委托管理、经营金刚石，不属于"受国家机关、国有公司等委托管理、经营国有财产的人员"。被告人作为从事运输劳务的人员没有保管、管理金刚石的职责，被告人盗窃金刚石实际上是利用工作上的便利条件，将本单位的财物窃为己有。1995年全国人大常委会《关于惩治违反公司法的犯罪的决定》（已失效）将"职务上的便利"与"工作上的便利"并列，表明两者含义不同，但都是构成本罪的条件。但1997年《刑法》删去了"利用工作上的便利"的规定，将职务侵占罪限定为只是"利用职务上的便利"。这种修改绝非是为文字表述的简洁而作的考虑。二者有本质区别。"利用职务上的便利"是指利用自己主管、管理、经手、经营财物的便利条件。而"利用工作上的便利"是指行为人无职务，而只是利用熟悉工作环境或工作条件的便利，这种便利与职务没有关系。对于利用工作上的便利条件将本单位财物非法据为己有的，不符合职务侵占罪的构成要件。被告人秘密窃取金刚石的行为应以盗窃罪追究刑事责任。基于委托合同关系或者根据事实上的管理以及习惯成立的委托、信任关系所拥有的对他人财物的持有、管理，这是构成侵占罪的前提。侵占罪表现为行为人将合法持有的财物变为非法占有。对财物的所有人来说，其明知其财物是被谁非法占有。因此，法律规定侵占罪的行为人必须具有“拒不退还”这一情节的，才构成犯罪，并且是告诉才处理的犯罪。侵占罪的非法占有目的往往产生于合法占有行为之后。

《刑参》第160号案例“罗某盗窃案——如何正确区分盗窃罪与侵占罪”相关论述：侵占罪的行为人在侵占他人财物之前，必须已实际持有或控制他人财物。实际持有或控制他人财物的方式以刑法规定的方式为限，即代为保管、拾得遗忘物和发现埋藏物3种方式。歌舞厅的包厢虽属公共娱乐场所但系专人经营管理，具有空间上的封闭性和使用上的独占性，与人人皆可自由往来的广场、道路、海滩等公共场所有所区别。在消费者独占使用包厢期间，即便消费者因故临时离开，其对放在包厢内的随身携带的物品仍具有实际的控制权。其间任何人进入该独占空间以非法占有为目的取走消费者存放在此处的财物的行为都属盗窃行为。当消费者结账离开包厢后，包厢内的一切物品包括消费者遗留的物品，又复归经营者的控制之下，经营者对消费者遗留的物品负有清点、保管、退还的义务。如经营者对消费者的遗留物拒不退还，属侵占行为。但经营者之外的其他人如以非法占有为目的擅自进入该包厢取走消费者的遗留物的，仍属盗窃行为，而非侵占行为。被告人非歌舞厅经营者雇佣的有权代为打扫、清点包厢的服务员，对此无权保管或控制。

《刑参》第397号案例“韦某盗窃案——暗自开走他人忘记锁闭的汽车的行为如何处理”相关论述：以非法占有为目的，偷开走他人忘记锁闭的汽车，具有较大社会危害性，应当由刑法调整。驾驶人忘记锁闭的汽车不是遗忘物。“遗忘物”通常是指本应随身携带因遗忘而没有带走的财物。驾驶人离开时不仅不可能将汽车带走，而且是有意识地让其保留在停车处，经常与驾驶人分离。被告人以非法占有为目的，偷开他人忘记关锁门的汽车开走的行为，应当以盗窃罪定罪处罚。①

《刑参》第508号案例“范某盗窃案——偷配单位保险柜钥匙秘密取走柜内的资金后，留言表明日后归还的行为仍然构成犯罪”相关论述：评价一行为是否构成犯罪，需要考察该行为是否在客观上已使我国刑法所保护的法益遭受到实际的侵害。“利用职务上的便利”，是指行为人利用其职责范围内的主管、管理、经手公共财物的便利条件，而主管、管理、经手公共财物，都是由行为人所担负的职责所产生。如果行为人利用与自己职务、职权无直接关系或者说不是以职责为基础的便利条件，如仅仅因为在某单位工作而熟悉作案环境、凭借系工作人员的身份易进入他人保管财物的场所、易接近作案目标或者熟悉其他人员职务行为的操作规程等便利条件侵占本单位财物，就不属于“利用职务上的便利”。

《刑参》第1202号案例“赵某等盗窃案——非法侵入景点检售票系统修改门票数据获取门票收益的行为如何定性”相关论述：被告人非法侵入景点检售票系统修改门票的行为符合破坏计算机信息系统罪的构成要件。被告人窃取数额巨大的景点门票收益行为又符合盗窃罪的构成要件。被告人的行为同时触犯了破坏计算机信息系统罪和盗窃罪，根据《刑法》第287条之规定应当以盗窃罪定罪处罚。本案以破坏计算机信息系统罪来认定的量刑要重于盗窃罪。但针对具有牵连关系的两个行为，适用“从一重定罪”原则的前提是刑法没有例外规定。如果刑法存在例外规定，只能按照刑法的规定来定罪。例如挪用公款进行非法活动构成其他犯罪的，或者因挪用公款而索取、收受贿赂构成犯罪的，实行并罚。根据《刑法》第237条之规定，凡是利用计算机来实施金融诈骗、盗窃、贪污等犯罪的，无论手段行为是否构成相关计算机犯罪，均应以金融诈骗罪等目的犯罪定罪处罚。

《刑参》第1277号案例“许某、汤某盗窃案——内外勾结获取电信公司内部免费宽带账户后转卖，构成

① 参见韦某盗窃案，载《最高人民法院公报》2006年第4期。

何种罪名”相关论述：电信公司内部免费宽带账号具有财产性价值，非法获取并转卖的构成侵犯财产类犯罪。职务侵占罪和盗窃罪的核心区别在于是否利用职务上的便利。可以从以下3点进行区分：(1)从行为人在实施犯罪行为前是否合法“占有”财物进行区分，职务侵占罪的行为人在犯罪前已经合法占有财物，盗窃罪则没有。(2)从行为人的工作职责进行区分，职务侵占罪的行为人具有主管、管理、经手财物的职责，盗窃罪的行为人则不具有上述职责。被告人汤某的工作职责是在网络监控中心负责技术维护，并不具有主管、管理、经手公司内部宽带账号的职责，也不具有解绑公司内部宽带账号的权力，其与占有的单位宽带账号没有职责上的权限或直接关联。也就是说，汤某并不具备职务侵占罪的前提性条件，即不具备基于工作职责合法占有内部免费宽带账号的权限。若员工不具有合法“占有”财物的职权，只是利用工作所带来的能够接触到财物的便利，则不构成职务侵占罪。(3)职务侵占罪与盗窃罪的客体不同，职务侵占罪还侵犯了职务的廉洁性。本案中被告人利用了自己作为网络维修人员的技术以及易于进入公司计算机系统的工作便利对宽带账号解绑，并没有侵犯职务的廉洁性，其行为应认定为盗窃罪。非法侵入计算机系统与盗窃是手段与目的关系，属于牵连犯，目的行为吸收手段行为，对被告人应以盗窃罪论处。

【拓展关键词】盗窃罪与敲诈勒索罪辨析　牵连犯　盗窃数额

《刑参》第427号案例“张某等盗窃案——窃取他人挖掘机电脑主板后向被害人索取钱财的行为任何定罪处罚”相关论述：被告人窃取挖掘机主板后向被害人索取钱财的行为，其手段行为构成盗窃罪，目的行为构成敲诈勒索罪，属于牵连犯，应择一重罪即以盗窃罪定罪处罚。

《刑参》第582号案例“杨某、马某盗窃机动车号牌案——以勒索钱财为目的盗窃机动车号牌的如何定罪处罚”相关论述：以敲诈勒索为目的盗窃机动车号牌的行为可视具体情况处以敲诈勒索或盗窃罪。机动车号牌本身没有什么经济价值，盗窃牌照是为了实施敲诈获取钱财，盗窃机动车号牌的行为属于手段行为，勒索钱财行为属于目的行为，属于牵连犯。如果行为人未能敲诈到钱财并且将车牌随意丢弃的，则可以盗窃罪定罪处罚。盗窃的经典表述是以和平手段永久剥夺他人对财物的所有或占有。机动车号牌不能买卖，不具有经济价值，但其具有使用价值，所有人需支付相应办理费用才能获取，被害人因盗窃遭受的经济损失就是需支付的补办费用，虽然此部分费用被告人并未获取，但确属被害人遭受的经济损失，由于侵财犯罪中有些情况下犯罪人非法获财情况与被害人损失情况并不一致，但并不妨碍将并未实际获取的部分认定为犯罪数额。如果行为人既敲诈得手钱财又有任意丢弃车牌行为的，可视具体情形处断为一罪或数罪并罚。

【拓展关键词】杀人后取财　牵连犯　故意杀人罪、抢劫罪、盗窃罪辨析

《刑参》第153号案例“计某故意杀人案——故意杀人后又取走被害人财物的如何定性”相关论述：故意杀人后又窃取被害人财物的，应分别构成故意杀人罪和盗窃罪。如果行为人因他故实施了杀人行为，尔后又临时起意取走被害人财物的，因为先前的杀人行为与事后的取财行为之间并无手段与目的的关系，不能认定为抢劫罪，只能分别认定为构成故意杀人罪和盗窃罪。杀人后的取财行为不是杀人行为的一部分，不能被杀人行为所包容或吸收。

《刑参》第171号案例“李某故意杀人案——为逃避债务故意杀人后又拿走被害人财物的行为如何定性”相关论述：故意杀人后临时起意非法占有被害人财物的，应以盗窃罪定罪处罚。其非法占有行为与故意杀人行为之间不存在事实上的牵连或者吸收关系，既不能将故意杀人认定为非法占有财物的手段也不能将非法占有认定为故意杀人的从行为，而是独立于故意杀人之外的行为。被告人取得财物的手段如同从无人在场的他人处拿走财物一样，实际上是一种秘密窃取他人财物的行为，应以盗窃罪定罪处罚。

《刑参》第458号案例“吕某故意杀人案——最高人民法院复核认为原判认定事实清楚，量刑适当，但定罪不准确，可以直接改判罪名并核准死刑”相关论述：被告人杀害被害人后搜走被害人财物的行为系盗窃行为。对行为人行凶后临时起意非法占有财物的行为定性，主要取决于当时被害人是否已失去知觉。被告人临时起意劫取财物，没有使用暴力手段，又无证据表明被害人尚有知觉，应定性为盗窃行为。

【拓展关键词】盗窃金融机构　有利于被告人

《刑参》第460号案例"陈某盗窃案——盗窃邮政局金库中存放的邮政汇款是否构成盗窃金融机构"相关论述：盗窃存放在邮政局金库中的邮政储蓄款的行为，属于盗窃金融机构。储蓄专柜属于国家批准成立的其他金融机构。被盗的资金全部是邮政储蓄专柜的储汇资金，是金融机构中的金融资金。盗窃发生在金融进购资金的存放点中应当属于金融机构。在邮政局金库内存放储汇资金的金柜的性质和功能，与金融机构的性质和功能一致，就是金融机构存放金融资金的具体地点。如果行为人主观上不明知是金融机构资金，从有利于被告人的角度考虑，不应认定为盗窃金融机构。

【拓展关键词】盗窃共犯　盗窃罪与掩饰、隐瞒犯罪所得罪辨析　刑法谦抑　不当得利与盗窃罪　刑民交叉

《刑参》第140号案例"陈某等盗窃、销赃案——如何认定事前同谋的盗窃共犯"相关论述：为区分盗窃犯与赃物犯罪把前者称为"本犯"，后者称为"加入犯"。赃物犯罪的主体只能是本犯以外的人，本犯自己窝藏、销售、转移该项赃物的，属于事后不可罚的行为。赃物犯罪的行为人事前没有参与过盗窃犯的盗窃行为，事先没有实施过教唆、组织、帮助本犯以及参与盗窃的实行行为。加入犯事先与盗窃本犯无实际的同谋，仅是事后明知或应知是赃物。与盗窃犯事先通谋，事后实施赃物犯罪行为的，以盗窃共犯论处。行为人仅知道某人可能是盗窃犯，但事前未与其形成意思联络，事后与之共谋销赃的，或者虽与盗窃犯有事前意思联络，但事后未再实施销赃等行为的，均不构成盗窃共犯。"事先同谋"的本质在于本罪未完成之前，同谋的本质在于双方已经形成了意思联络或沟通，而联络或沟通的方式，可以是相互明示也可以是默示的、心照不宣的。对于事先同谋，事后销赃的共犯来说，并不要求其对犯罪的时间、地点、方法、目标等具体情节都参与共谋或了解，只要其与实行犯共谋了特定的犯罪行为并事后销赃的，就可以说双方已形成了事先同谋，具有共同盗窃的故意。

《刑参》第1013号案例"熊某盗窃案——明知未达到刑事责任年龄的人正在盗卖他人或者自己家中的财物，仍然上门帮助转移并予以收购的，如何定性"相关论述：民事不当得利和财产犯罪之间是交叉关系而不是对立关系。民事不当得利行为符合刑法关于财产犯罪构成特征的，可以纳入刑法评价范围。任何故意侵犯他人财产的行为都违反了民法关于保护公私财产权的规定，但刑法又将其中部分应当科处刑罚的侵犯财产的行为规定为犯罪。财产犯罪都具有违反民法和违反刑法的双重性质。对同一行为同时追究刑事责任和民事责任，也符合规范竞合的处理规则。不同法律根据各自不同职能对同一行为均予以调整，但因各自调整目的不同，故应当分而治之。刑法的谦抑性并不意味着对于任何个案都首先考虑按照民法处理。谦抑性是立法原理，也是指导解释刑法的原理，但不是处理个案的规则。在未成年人以极低价格销售住房中价值较大的财物时，可结合相关事实，认定行为人明知未成年人是在盗窃别人家或者自己家中财物，在此基础上积极实施拆卸、转移和收购财物行为的，符合盗窃罪主客观特征。明知未达到刑事责任年龄的人盗卖他人或者自己家中财物仍然实施帮助行为并上门收购的，符合盗窃罪中秘密窃取他人财物的行为特征。区分盗窃罪中的收购赃物行为和掩饰、隐瞒犯罪所得罪的关键在于行为人主观认识内容及产生时间不同。在盗窃罪中，行为人承担转移、变卖、收购赃物等行为，是基于参与、配合、协助其他共犯完成盗窃的认识而实施的。这种认识和故意的产生应当是在盗窃行为实施前或者是在盗窃行为实施过程中。

【拓展关键词】盗窃罪与危害公共安全罪辨析

《刑参》第504号案例"冯某破坏电力设备、盗窃案——结合司法解释看破坏电力设备与盗窃罪的竞合"

相关论述：被告人盗割正在使用中的光铝线的行为构成破坏电力设备罪与盗窃罪的想象竞合，应以破坏电力设备罪追究刑事责任。在相对应的法定刑相同的情况下，应通过比较两种犯罪的社会危害性及犯罪行为本身的性质来确定罪名的轻重。破坏电力设备罪属于危害公共安全的犯罪，罪责更重。依照罪责相适应的原理，即便量刑相当也应该以破坏电力设备罪追究其刑事责任。破坏电力设备罪属于行为犯，不论犯罪数额多少，是否出现危害结果都依法追究责任，较盗窃罪制裁更为严厉。在没有相关证据直接证明其对公共安全造成实际损害的情况下，就只能通过其所偷窃的电力设备的地点和用途来判断其对于公共安全的危害程度。

【拓展关键词】盗窃既遂标准　入户盗窃　多次盗窃　刑法上的占有

如果认为刑法分则规定的犯罪以既遂为模式，那么"多次盗窃"，即使行为人分文未得，被害人分文未失时，也成立犯罪既遂，因而不得适用总则关于未遂犯从轻、减轻处罚的规定。但是，如果认为盗窃罪必须以使被告人丧失对财物的控制或者行为人控制财物为既遂标准，那么，"多次盗窃"也可能成立未遂。①

《刑参》第557号案例"林某盗窃案——保姆盗窃主人财物后藏于房间是否构成盗窃既遂"相关论述：对于盗窃罪这种典型的窃取型财产犯罪，当行为人通过秘密窃取的手段实现了非法占有财物的主观目的时，就认定为盗窃既遂。行为人非法占有他人财物应是盗窃罪既遂与未遂的区分标准。刑法上的占有不同于民法上的占有权，仅指行为人对财物的事实上的支配和控制，这种支配具有排他性，尤其是排除了被害人对财物的事实上的占有可能，从而使行为人实现了对财物的实际控制。通常认为有特定范围的场所，屋主的控制力及于该场所内任何地方。主人对屋内财物的合理控制范围，仍需要依据社会一般观念，并结合财物的性质、形状、运送难度、社会习惯等综合因素判断。可围绕两个方面进行：一是被害人是否已经失去了对财物的控制。这是行为人实际控制被害人财物的前提。分析被害人查找到财物的难易程度，从而判断被害人是否仍然享有控制权。二是行为人能够对财物进行事实上的控制。行为人对窃取财物的处理方式，也即藏匿方式必须足以确保行为人占有，始得成立犯罪既遂。行为人占有必须具备一定的要求、条件，只有这种占有已经达到充分、及时的程度才可以认为行为人已经排他性地控制了该财物。保证或者确保占有的有效性，即最终确保行为人非法占有目的的顺利实现。较简便的判断方法是，行为人是否很容易地实现对财物的控制。本案房主虽然并不常去衣帽间，但其对衣帽间的所有物品均有法律上和事实上的占有和控制力。虽然被告人对藏于此处的财物进行了必要的掩饰，但鉴于衣帽间的用途和位置，房主不难发现被窃取的财物。被告人只是负责打扫卫生，对衣帽间的财物的控制力是有限的，故对衣帽间的财物构成盗窃未遂。保姆房间不同于房屋中的其他地方，具有一定的私密性，在一定程度上可以说是对主人房屋占有力的一种限制。但保姆对房间的有限的使用权不同于承租人的独立的占有权，对藏于保姆房间的财物也应认定为盗窃未遂。被告人窃取的财物放在保姆房间的写字抽屉里，无法排除主人找寻的可能性，主人并未完全丧失对财物的控制。被告人的占有始终处于一种不确定的、无法随意控制和支配的状态下，没有达到充分、及时的程度。被告人对财物的控制具有临时性，并未实现有效的占有。量刑对于定罪具有一定的制约功能，量刑的轻重应准确反映犯罪行为的社会危害性和行为人的人身危险性，实现主客观的统一。

《刑参》第1047号案例"花某盗窃案——入户盗窃既未遂形态如何认定以及盗窃过程中群众在户外监视是否意味着被害人未失去对财物的控制"相关论述：入户盗窃但未窃得财物，应当认定为盗窃未遂。"犯罪构成要件齐备说"是认定犯罪既遂的标准。不能仅以刑法分则的条文规定为依据。如故意杀人罪表述是"故意杀人的，处……"似乎是行为犯，但故意杀人罪是结果犯，只有造成他人死亡的，才能认定故意杀人既遂。不能仅以修正后《刑法》第264条的规定得出只要实施了入户盗窃行为，即使未取得财物也系盗窃既遂

---

① 参见张明楷：《刑法分则的解释原理》，中国人民大学出版社2004年版，第50页。

的结论。盗窃罪侵犯的是财产权益,应当将造成他人财产损失补充解释为该罪的构成要件要素。犯罪成立和犯罪既遂是两个层面的问题。犯罪既遂、未遂是在已经构成犯罪的基础上讨论犯罪是否得逞、客观危害结果是否出现。构罪标准与故意犯罪的既未遂形态是紧密关联但又本质不同的概念。立法机关将达不到数额较大但有入户盗窃等情节的行为入罪,降低了入户盗窃等特殊盗窃行为的构罪标准,但是该修正并不等于一并修改了入户盗窃的既未遂标准,且通过对构罪标准的修正已经体现了对入户盗窃等行为的严厉打击,在定罪基础上坚持以财产犯罪既未遂形态的一般评价标准"控制说"。对于入户盗窃没有窃得财物的认定为未遂。对于多次盗窃但未实际窃得财物的,也认定为未遂。盗窃过程中群众在户外监视并不意味着被害人未失去对财物的控制。群众在户外的监视不能等同于被害人对财物的控制,虽然花某被人赃俱获,但是并不影响之前他已经取得对被窃财物的控制。

【拓展关键词】盗窃罪情节轻微

《刑参》第 615 号案例"郝某盗窃案——如何认定盗窃犯罪案件中的'情节轻微,不需要判处刑罚'"相关论述:被告人盗窃数额特别巨大,但盗窃的是与自己关系密切的亲属的财物,犯罪对象特殊性十分明显。被害人对被告人的行为表示谅解,希望免予追究,被告人案发后积极退赃,有悔改表现且未造成严重的犯罪后果,犯罪时刚满 18 周岁,认罪态度较好,又系初犯,可以认定为"情节轻微,不需要判处刑罚"。

《刑参》第 1128 号案例"张某盗窃案——盗窃罪中数额巨大与减半认定情形并存的如何适用法律"相关论述:数额与情节间的特殊关系决定了数额在入罪量刑中的首要地位。数额标准与情节标准应为一般与特殊的关系。盗窃罪所侵犯的法益决定了数额在量刑中的首要地位。语言间的逻辑结果决定了数额相对于其他情节的首要地位。在盗窃案件中,若行为人的涉案财物数额已达到相应数额标准,应当直接在相应的刑罚幅度内量刑。只有数额未达到相应标准,才进行二次判断,如是否有减半认定的情形等。《关于办理盗窃刑事案件适用法律若干问题的解释》所列情形均系对法条相关情节的诠释,需符合解释的初衷和法条的内在逻辑。未作为确定量刑起点和基准刑的减半情节应作为二次量刑情节予以考虑。

【拓展关键词】入户盗窃　非法侵入住宅　盗窃信用卡后使用　连续犯　牵连犯　多次盗窃　扒窃　公共场所

《刑参》第 661 号案例"李某盗窃案——在地方指导性意见对'入户盗窃'和普通盗窃设置不同定罪量刑标准的前提下,入户盗窃信用卡后使用的数额应否一并计入'入户盗窃'数额"相关论述:被告人入户盗窃信用卡并使用,虽然其最终获取信用卡内钱款的行为不是在户内完成的,但是其在侵犯财产权的同时还侵犯了公民的住宅权,因被告人事先明知该信用卡的密码,在入户盗窃信用卡后实际已经控制卡内所有金额,应当将户外提取的数额一并计入入户盗窃数额。在入户盗窃中存在非法侵入住宅和盗窃两种行为,二者之间属于牵连关系。非法侵入住宅是从行为、手段行为,盗窃是主行为,表现为目的行为,但两者都是犯罪行为,均存在严重的社会危害性。在盗窃的过程中只要存在"入户"这一情节就应当将"入户"情节纳入刑法评价。行为人入户盗窃信用卡后取款的,与典型的入户盗窃财物的行为相比,社会危害性并没有明显不同。应当将盗窃并使用信用卡的行为作为一个整体来评价。

《刑参》第 1175 号案例"巫某盗窃案——利用入户盗窃所得车钥匙在户外窃取摩托车的行为,是否属于'入户盗窃'"相关论述:"入户盗窃"作为入罪标准并非仅由犯罪对象的客观价值决定。理论上只要存在入户窃取财物的行为不论数额大小都应被评价为"入户盗窃"。同时侵犯了住宅安宁权和财产权。应将"入户盗窃"未遂认定为"其他情节严重情形",结合《刑法》第 13 条的规定,原则上应予以入罪考量。因"入户盗窃"已被明确为盗窃罪的入罪情节,其未遂形态以盗窃未遂入罪处理,可以理顺罪名关系,一般情况下也不宜再沿用之前的司法惯例,以非法侵入住宅罪论处了。利用"入户盗窃"的车钥匙盗窃"户"外摩托车的行为是一次盗窃行为。某一行为的时间通常是连贯的,但在行为需分步完成时,会存在时间间隔,此时区分行为单复数的关键是分步行为中每步的具体行为目标可能不同,但最终指向对象是统一的且只有行为对象才符合刑法规范的要求,进而满足构成要件,而多次行为中每个行为都能分别满足构成要件要求。但是,如分步行为确已被客观事实所阻断,则不宜再以一行为论处。地点是一次行为所能影响到的与外界相对隔离并被视为利益一体的空间,如一户人家的不同房间等。不同人家的住宅,即使毗邻也不能成为一次盗窃行为的地点。在开放空间中应从行为影响范围和完成度角度考量,但如果行为进行了明显的空间转移则不宜认定为一行为。一个侵害行为的影响范围可及多个对象的,不论对象多寡仍为一个行为,如公交上实施威胁后连续抢劫多人的仍为一次抢劫行为。如针对不同对象时不得不重复之前已经作出的着手、实施、完成过程,即使对象具有集中性,也不宜被认定为一行为,如在公交车上扒窃多人,应属多次盗窃。在连续犯、牵连犯等主观上存在统一或概括故意的场合,区分行为单复要考量具体行为是否单独能够符合构成要件,如果分别符合,那么即使在罪数上是一罪,在次数上仍属数行为。在主观上具有单独实施部分行为的明确故意,犯意对行为完成程度具有影响,如果根据行为人犯意实施的某行为已结束,后续行为属另起犯意,那么即使前后行为存在联系甚至可以涵盖在一构成要件内,也不宜一并认定为一行为。本案被告人的先后行为虽存在明显间隔,但其犯意中盗窃的目的是明确的,即窃取户外的摩托车,盗窃车钥匙在其认知上只是行为的一部分而非一个独立或完整形态。本案前后行为始终未被客观事实所阻断,行为对象的前后行为具有统一性。利用"入户盗窃"车钥匙在"户"外窃取摩托车的行为应认定为"入户盗窃"。分步在户内外完成的盗窃行为也属于"入户盗窃"。具有使用价值的物品和关联财物共同构成了一个整体性的财产权益。窃取户内形式占有载体的行为就已经侵犯了权利人对关联财物的控制,无论实际在何处获取关联财物,对财产权的侵犯在"入户盗窃"时已经发生。并非所有与别处财物具有联系的物品都是形式占有的载体,要考量联系的直接性和联系的必要性。整体行为中,获取钥匙的行为较启动车辆的行为更为重要,车钥匙应视为载体。

《刑参》第1417号案例"张某盗窃案——将他人放在椅背衣服口袋内的财物盗走,能否认定为盗窃他人'随身携带的财物'"相关论述:扒窃行为必须发生在公共场所或公共交通工具上。扒窃的对象必须是他人"随身携带的财物"。"公共场所"有以下特点:场所具备空间上的开放性;场所具有不特定人员的聚集性和流动性,即在公共场所必须有人群聚集且具有流动性。"随身携带"有"随身说""近身说""贴身说"3种观点。(1)从事实认定角度看,"贴身说"能够为扒窃行为的认定提供可操作性的证据证明标准。(2)采取"贴身说"是罪责刑相适应的基本要求。综合扒窃与入户、携带凶器两种情形并列入刑的实际,考虑到入户、携带凶器盗窃可能带来的现实危险性,扒窃的行为对象应作限定性法律解释。放置在座椅旁、自行车筐内等的财物,由于没有与失主身体有物理接触,因而不能称为扒窃的对象,只能是普通盗窃的对象。

【拓展关键词】盗窃罪罚金

《刑参》第1341号案例"蒲某盗窃案——如何确定非数额型盗窃罪的罚金刑数额"相关论述:本案被告人系因多次盗窃而构成犯罪属于非数额型盗窃,对其判处罚金应当依照最高人民法院、最高人民检察院《关于办理盗窃刑事案件适用法律若干问题的解释》第14条后半部分规定了盗窃罪罚金刑的判处规则,故从目的解释、体系解释的角度来看,该规则的前后两部分理应分别对应数额型和非数额型盗窃,即以盗窃数额达到较大为入罪条件的,对行为人应当判处1000元以上盗窃数额2倍以下的罚金。对多次盗窃、携带凶器盗窃、入户盗窃、扒窃行为入罪的,无论是否有盗窃数额,对行为人应当判处1000元以上10万元以下的罚金。不应出现同为非数额型盗窃行为却因是否有明确的盗窃数额而适用不同的罚金刑判罚标准。对非数额型盗窃罪判处罚金应当遵循罪责刑相适应原则。对于非数额型盗窃罪,判处罚金应当符合罚金刑设立的立法目的。

【拓展关键词】盗窃数额特别巨大的财物　故意加重犯的未遂

《刑参》第1419号案例"程某盗窃、传授犯罪方法案——以数额特别巨大之财物为盗窃目标但仅窃得数额较大之财物的,如何认定盗窃数额并选择法定刑幅度"相关论述:行为人未针对特定财物实施盗窃,应当以其实际得手的数额来认定犯罪数额。当行为人明确以数额特别巨大之财物作为目标即使未能窃得财物或实际窃得的财物价值不大的,也应认定为"数额特别巨大"并同时适用未遂的相关规定。当其针对特定目标实施盗窃由于意志以外的原因未得逞或者仅部分得逞时,如果不考虑主观故意所针对财物的价值,简单地以实际窃得的财物数额论则明显有客观归罪之嫌,容易导致刑罚过剩或刑罚不足问题。财产犯罪中的"数额特别巨大"并非单纯的量刑情节,而是加重构成要件。根据犯罪构成及未遂犯的基本原理,故意的加重犯同故意的基本犯一样,均存在未遂形态。当行为符合加重的犯罪构成,只是没有发生既遂结果时,应当成立加重犯的未遂犯,适用分则的加重法定刑,同时适用总则关于未遂犯的规定。当行为人以数额特别巨大的财物为明确目标,仅窃取到部分财物时,应当针对既遂与未遂情形分别量刑,并从一重处;达到同一量刑幅度的,以既遂处罚。

第二百六十六条　【诈骗罪】

诈骗公私财物,数额较大的,处三年以下有期徒刑、拘役或者管制,并处或者单处罚金;数额巨大或者有其他严重情节的,处三年以上十年以下有期徒刑,并处罚金;数额特别巨大或者有其他特别严重情节的,处十年以上有期徒刑或者无期徒刑,并处罚金或者没收财产。本法另有规定的,依照规定。

◆ 相关规定

最高人民检察院法律政策研究室
关于通过伪造证据骗取法院民事裁判占有他人财物的行为如何适用法律问题的答复
(〔2002〕高检研发第18号)

山东省人民检察院研究室:

你院《关于通过伪造证据骗取法院民事裁决占有他人财物的行为能否构成诈骗罪的请示》(鲁检发研字〔2001〕第11号)收悉经研究答复如下:

以非法占有为目的,通过伪造证据骗取法院民事裁判占有他人财物的行为所侵害的主要是人民法院正常的审判活动可以由人民法院依照民事诉讼法的有关规定作出处理,不宜以诈骗罪追究行为人的刑事责任。如果行为人伪造证据时,实施了伪造公司、企业、事业单位、人民团体印章的行为,构成犯罪的,应当依照刑法第二百八十条第二款的规定,以伪造公司、企业、事业单位、人民团体印章罪追究刑事责任;如果行为人有指使他人作伪证行为,构成犯罪的应当依照刑法第三百零七条第一款的规定,以妨害作证罪追究刑事责任。

最高人民法院
关于审理伪造货币等案件具体应用法律若干问题的解释(二)(节选)

(法释〔2010〕14号)

详见《刑法》第177条伪造货币罪的相关规定

第五条　以使用为目的,伪造停止流通的货币,或者使用伪造的停止流通的货币的,依照刑法第二百六十六条的规定,以诈骗罪定罪处罚。

最高人民法院　最高人民检察院
关于办理诈骗刑事案件具体应用法律若干问题的解释(节选)

(法释〔2011〕7号)

第一条　诈骗公私财物价值三千元至一万元以上、三万元至十万元以上、五十万元以上的,应当分别认定为刑法第二百六十六条规定的"数额较大""数额巨大""数额特别巨大"。

各省、自治区、直辖市高级人民法院、人民检察院可以结合本地区经济社会发展状况,在前款规定的数额幅度内,共同研究确定本地区执行的具体数额标准,报最高人民法院、最高人民检察院备案。

第二条　诈骗公私财物达到本解释第一条规定的数额标准,具有下列情形之一的,可以依照刑法第二百六十六条的规定酌情从严惩处:

(一)通过发送短信、拨打电话或者利用互联网、广播电视、报刊杂志等发布虚假信息,对不特定多数人实施诈骗的;

(二)诈骗救灾、抢险、防汛、优抚、扶贫、移民、救济、医疗款物的;

(三)以赈灾募捐名义实施诈骗的;

(四)诈骗残疾人、老年人或者丧失劳动能力人的财物的;

(五)造成被害人自杀、精神失常或者其他严重后果的。

诈骗数额接近本解释第一条规定的"数额巨大"、"数额特别巨大"的标准,并具有前款规定的情形之一或者属于诈骗集团首要分子的,应当分别认定为刑法第二百六十六条规定的"其他严重情节"、"其他特别严重情节"。

第三条　诈骗公私财物虽已达到本解释第一条规定的"数额较大"的标准,但具有下列情形之一,且行为人认罪、悔罪的,可以根据刑法第三十七条、刑事诉讼法第一百四十二条的规定不起诉或者免予刑事处罚:

(一)具有法定从宽处罚情节的;

(二)一审宣判前全部退赃、退赔的;

(三)没有参与分赃或者获赃较少且不是主犯的;

(四)被害人谅解的;

(五)其他情节轻微、危害不大的。

第四条　诈骗近亲属的财物,近亲属谅解的,一般可不按犯罪处理。

诈骗近亲属的财物,确有追究刑事责任必要的,具体处理也应酌情从宽。

第五条　诈骗未遂,以数额巨大的财物为诈骗目标的,或者具有其他严重情节的,应当定罪处罚。

利用发送短信、拨打电话、互联网等电信技术手段对不特定多数人实施诈骗,诈骗数额难以查证,但具有下列情形之一的,应当认定为刑法第二百六十六条规定的"其他严重情节",以诈骗罪(未遂)定罪处罚:

(一)发送诈骗信息五千条以上的;

(二)拨打诈骗电话五百人次以上的;

(三)诈骗手段恶劣、危害严重的。

实施前款规定行为,数量达到前款第(一)、(二)项规定标准十倍以上的,或者诈骗手段特别恶劣、危害特别严重的,应当认定为刑法第二百六十六条规定的"其他特别严重情节",以诈骗罪(未遂)定罪处罚。

第六条 诈骗既有既遂,又有未遂,分别达到不同量刑幅度的,依照处罚较重的规定处罚;达到同一量刑幅度的,以诈骗罪既遂处罚。

第七条 明知他人实施诈骗犯罪,为其提供信用卡、手机卡、通讯工具、通讯传输通道、网络技术支持、费用结算等帮助的,以共同犯罪论处。

第八条 冒充国家机关工作人员进行诈骗,同时构成诈骗罪和招摇撞骗罪的,依照处罚较重的规定定罪处罚。

全国人民代表大会常务委员会
关于《中华人民共和国刑法》第二百六十六条的解释

(2014年4月24日发布、实施)

全国人民代表大会常务委员会根据司法实践中遇到的情况,讨论了刑法第二百六十六条的含义及骗取养老、医疗、工伤、失业、生育等社会保险金或者其他社会保障待遇的行为如何适用刑法有关规定的问题,解释如下:

以欺诈、伪造证明材料或者其他手段骗取养老、医疗、工伤、失业、生育等社会保险金或者其他社会保障待遇的,属于刑法第二百六十六条规定的诈骗公私财物的行为。

现予公告。

最高人民法院 最高人民检察院 公安部
关于办理电信网络诈骗等刑事案件适用法律若干问题的意见(节选)

(法发〔2016〕32号)

一、总体要求

……

二、依法严惩电信网络诈骗犯罪

(一)根据最高人民法院、最高人民检察院《关于办理诈骗刑事案件具体应用法律若干问题的解释》第一条的规定,利用电信网络技术手段实施诈骗,诈骗公私财物价值三千元以上、三万元以上、五十万元以上的,应当分别认定为刑法第二百六十六条规定的"数额较大""数额巨大""数额特别巨大"。

二年内多次实施电信网络诈骗未经处理,诈骗数额累计计算构成犯罪的,应当依法定罪处罚。

(二)实施电信网络诈骗犯罪,达到相应数额标准,具有下列情形之一的,酌情从重处罚:

1. 造成被害人或其近亲属自杀、死亡或者精神失常等严重后果的;

2. 冒充司法机关等国家机关工作人员实施诈骗的;

3. 组织、指挥电信网络诈骗犯罪团伙的;

4. 在境外实施电信网络诈骗的;

5. 曾因电信网络诈骗犯罪受过刑事处罚或者二年内曾因电信网络诈骗受过行政处罚的;

6. 诈骗残疾人、老年人、未成年人、在校学生、丧失劳动能力人的财物,或者诈骗重病患者及其亲属财物的;

7. 诈骗救灾、抢险、防汛、优抚、扶贫、移民、救济、医疗等款物的;

8. 以赈灾、募捐等社会公益、慈善名义实施诈骗的；

9. 利用电话追呼系统等技术手段严重干扰公安机关等部门工作的；

10. 利用"钓鱼网站"链接、"木马"程序链接、网络渗透等隐蔽技术手段实施诈骗的。

(三)实施电信网络诈骗犯罪，诈骗数额接近"数额巨大""数额特别巨大"的标准，具有前述第(二)条规定的情形之一的，应当分别认定为刑法第二百六十六条规定的"其他严重情节""其他特别严重情节"。

上述规定的"接近"，一般应掌握在相应数额标准的百分之八十以上。

(四)实施电信网络诈骗犯罪，犯罪嫌疑人、被告人实际骗得财物的，以诈骗罪(既遂)定罪处罚。诈骗数额难以查证，但具有下列情形之一的，应当认定为刑法第二百六十六条规定的"其他严重情节"，以诈骗罪(未遂)定罪处罚：

1. 发送诈骗信息五千条以上的，或者拨打诈骗电话五百人次以上的；

2. 在互联网上发布诈骗信息，页面浏览量累计五千次以上的。

具有上述情形，数量达到相应标准十倍以上的，应当认定为刑法第二百六十六条规定的"其他特别严重情节"，以诈骗罪(未遂)定罪处罚。

上述"拨打诈骗电话"，包括拨出诈骗电话和接听被害人回拨电话。反复拨打、接听同一电话号码，以及反复向同一被害人发送诈骗信息的，拨打、接听电话次数、发送信息条数累计计算。

因犯罪嫌疑人、被告人故意隐匿、毁灭证据等原因，致拨打电话次数、发送信息条数的证据难以收集的，可以根据经查证属实的日拨打人次数、日发送信息条数，结合犯罪嫌疑人、被告人实施犯罪的时间、犯罪嫌疑人、被告人的供述等相关证据，综合予以认定。

(五)电信网络诈骗既有既遂，又有未遂，分别达到不同量刑幅度的，依照处罚较重的规定处罚；达到同一量刑幅度的，以诈骗罪既遂处罚。

(六)对实施电信网络诈骗犯罪的被告人裁量刑罚，在确定量刑起点、基准刑时，一般应就高选择。确定宣告刑时，应当综合全案事实情节，准确把握从重、从轻量刑情节的调节幅度，保证罪责刑相适应。

(七)对实施电信网络诈骗犯罪的被告人，应当严格控制适用缓刑的范围，严格掌握适用缓刑的条件。

(八)对实施电信网络诈骗犯罪的被告人，应当更加注重依法适用财产刑，加大经济上的惩罚力度，最大限度剥夺被告人再犯的能力。

三、全面惩处关联犯罪

……

(三)冒充国家机关工作人员实施电信网络诈骗犯罪，同时构成诈骗罪和招摇撞骗罪的，依照处罚较重的规定定罪处罚。

……

四、准确认定共同犯罪与主观故意

(一)三人以上为实施电信网络诈骗犯罪而组成的较为固定的犯罪组织，应依法认定为诈骗犯罪集团。对组织、领导犯罪集团的首要分子，按照集团所犯的全部罪行处罚。对犯罪集团中组织、指挥、策划者和骨干分子依法从严惩处。

对犯罪集团中起次要、辅助作用的从犯，特别是在规定期限内投案自首、积极协助抓获主犯、积极协助追赃的，依法从轻或减轻处罚。

对犯罪集团首要分子以外的主犯，应当按照其所参与的或者组织、指挥的全部犯罪处罚。全部犯罪包括能够查明具体诈骗数额的事实和能够查明发送诈骗信息条数、拨打诈骗电话人次数、诈骗信息网页浏览次数的事实。

(二)多人共同实施电信网络诈骗，犯罪嫌疑人、被告人应对其参与期间该诈骗团伙实施的全部诈骗行为承担责任。在其所参与的犯罪环节中起主要作用的，可以认定为主犯；起次要作用的，可以认定为从犯。

上述规定的"参与期间"，从犯罪嫌疑人、被告人着手实施诈骗行为开始起算。

（三）明知他人实施电信网络诈骗犯罪，具有下列情形之一的，以共同犯罪论处，但法律和司法解释另有规定的除外：

1. 提供信用卡、资金支付结算账户、手机卡、通讯工具的；

2. 非法获取、出售、提供公民个人信息的；

3. 制作、销售、提供“木马”程序和“钓鱼软件”等恶意程序的；

4. 提供“伪基站”设备或相关服务的；

5. 提供互联网接入、服务器托管、网络存储、通讯传输等技术支持，或者提供支付结算等帮助的；

6. 在提供改号软件、通话线路等技术服务时，发现主叫号码被修改为国内党政机关、司法机关、公共服务部门号码，或者境外用户改为境内号码，仍提供服务的；

7. 提供资金、场所、交通、生活保障等帮助的；

8. 帮助转移诈骗犯罪所得及其产生的收益，套现、取现的。

上述规定的“明知他人实施电信网络诈骗犯罪”，应当结合被告人的认知能力，既往经历，行为次数和手段，与他人关系，获利情况，是否曾因电信网络诈骗受过处罚，是否故意规避调查等主客观因素进行综合分析认定。

（四）负责招募他人实施电信网络诈骗犯罪活动，或者制作、提供诈骗方案、术语清单、语音包、信息等的，以诈骗共同犯罪论处。

（五）部分犯罪嫌疑人在逃，但不影响对已到案共同犯罪嫌疑人、被告人的犯罪事实认定的，可以依法先行追究已到案共同犯罪嫌疑人、被告人的刑事责任。

五、依法确定案件管辖

……

六、证据的收集和审查判断

（一）办理电信网络诈骗案件，确因被害人人数众多等客观条件的限制，无法逐一收集被害人陈述的，可以结合已收集的被害人陈述，以及经查证属实的银行账户交易记录、第三方支付结算账户交易记录、通话记录、电子数据等证据，综合认定被害人人数及诈骗资金数额等犯罪事实。

（二）公安机关采取技术侦查措施收集的案件证明材料，作为证据使用的，应当随案移送批准采取技术侦查措施的法律文书和所收集的证据材料，并对其来源等作出书面说明。

（三）依照国际条约、刑事司法协助、互助协议或平等互助原则，请求证据材料所在地司法机关收集，或通过国际警务合作机制、国际刑警组织启动合作取证程序收集的境外证据材料，经查证属实，可以作为定案的依据。公安机关应对其来源、提取人、提取时间或者提供人、提供时间以及保管移交的过程等作出说明。

对其他来自境外的证据材料，应当对其来源、提供人、提供时间以及提取人、提取时间进行审查。能够证明案件事实且符合刑事诉讼法规定的，可以作为证据使用。

七、涉案财物的处理

……

最高人民法院　最高人民检察院　公安部
关于办理电信网络诈骗等刑事案件适用法律若干问题的意见（二）（节选）

（法发〔2021〕22号）

一、电信网络诈骗犯罪地，除《最高人民法院、最高人民检察院、公安部关于办理电信网络诈骗等刑事案件适用法律若干问题的意见》规定的犯罪行为发生地和结果发生地外，还包括：

（一）用于犯罪活动的手机卡、流量卡、物联网卡的开立地、销售地、转移地、藏匿地；

（二）用于犯罪活动的信用卡的开立地、销售地、转移地、藏匿地、使用地以及资金交易对手资金交付和汇出地；

（三）用于犯罪活动的银行账户、非银行支付账户的开立地、销售地、使用地以及资金交易对手资金交付和汇出地；

（四）用于犯罪活动的即时通讯信息、广告推广信息的发送地、接受地、到达地；

（五）用于犯罪活动的“猫池”（Modem Pool）、GOIP设备、多卡宝等硬件设备的销售地、入网地、藏匿地；

（六）用于犯罪活动的互联网账号的销售地、登录地。

二、为电信网络诈骗犯罪提供作案工具、技术支持等帮助以及掩饰、隐瞒犯罪所得及其产生的收益，由此形成多层级犯罪链条的，或者利用同一网站、通讯群组、资金账户、作案窝点实施电信网络诈骗犯罪的，应当认定为多个犯罪嫌疑人、被告人实施的犯罪存在关联，人民法院、人民检察院、公安机关可以在其职责范围内并案处理。

三、有证据证实行为人参加境外诈骗犯罪集团或犯罪团伙，在境外针对境内居民实施电信网络诈骗犯罪行为，诈骗数额难以查证，但一年内出境赴境外诈骗犯罪窝点累计时间30日以上或多次出境赴境外诈骗犯罪窝点的，应当认定为刑法第二百六十六条规定的“其他严重情节”，以诈骗罪依法追究刑事责任。有证据证明其出境从事正当活动的除外。

……

七、为他人利用信息网络实施犯罪而实施下列行为，可以认定为刑法第二百八十七条之二规定的“帮助”行为：

（一）收购、出售、出租信用卡、银行账户、非银行支付账户、具有支付结算功能的互联网账号密码、网络支付接口、网上银行数字证书的；

（二）收购、出售、出租他人手机卡、流量卡、物联网卡的。

八、认定刑法第二百八十七条之二规定的行为人明知他人利用信息网络实施犯罪，应当根据行为人收购、出售、出租前述第七条规定的信用卡、银行账户、非银行支付账户、具有支付结算功能的互联网账号密码、网络支付接口、网上银行数字证书，或者他人手机卡、流量卡、物联网卡等的次数、张数、个数，并结合行为人的认知能力、既往经历、交易对象、与实施信息网络犯罪的行为人的关系、提供技术支持或者帮助的时间和方式、获利情况以及行为人的供述等主客观因素，予以综合认定。

收购、出售、出租单位银行结算账户、非银行支付机构单位支付账户，或者电信、银行、网络支付等行业从业人员利用履行职责或提供服务便利，非法开办并出售、出租他人手机卡、信用卡、银行账户、非银行支付账户等的，可以认定为《最高人民法院、最高人民检察院关于办理非法利用信息网络、帮助信息网络犯罪活动等刑事案件适用法律若干问题的解释》第十一条第（七）项规定的“其他足以认定行为人明知的情形”。但有相反证据的除外。

九、明知他人利用信息网络实施犯罪，为其犯罪提供下列帮助之一的，可以认定为《最高人民法院、最高人民检察院关于办理非法利用信息网络、帮助信息网络犯罪活动等刑事案件适用法律若干问题的解释》第十二条第一款第（七）项规定的“其他情节严重的情形”：

（一）收购、出售、出租信用卡、银行账户、非银行支付账户、具有支付结算功能的互联网账号密码、网络支付接口、网上银行数字证书5张（个）以上的；

（二）收购、出售、出租他人手机卡、流量卡、物联网卡20张以上的。

十、电商平台预付卡、虚拟货币、手机充值卡、游戏点卡、游戏装备等经销商，在公安机关调查案件过程中，被明确告知其交易对象涉嫌电信网络诈骗犯罪，仍与其继续交易，符合刑法第二百八十七条之二规定的，以帮助信息网络犯罪活动罪追究刑事责任。同时构成其他犯罪的，依照处罚较重的规定定罪处罚。

十一、明知是电信网络诈骗犯罪所得及其产生的收益，以下列方式之一予以转账、套现、取现，符合刑法第三百一十二条第一款规定的，以掩饰、隐瞒犯罪所得、犯罪所得收益罪追究刑事责任。但有证据证明确实不知道的除外。

（一）多次使用或者使用多个非本人身份证明开设的收款码、网络支付接口等，帮助他人转账、套现、取现的；

（二）以明显异于市场的价格，通过电商平台预付卡、虚拟货币、手机充值卡、游戏点卡、游戏装备等转换财物、套现的；

（三）协助转换或者转移财物，收取明显高于市场的“手续费”的。

实施上述行为，事前通谋的，以共同犯罪论处；同时构成其他犯罪的，依照处罚较重的规定定罪处罚。法律和司法解释另有规定的除外。

十二、为他人实施电信网络诈骗犯罪提供技术支持、广告推广、支付结算等帮助，或者窝藏、转移、收购、代为销售及以其他方法掩饰、隐瞒电信网络诈骗犯罪所得及其产生的收益，诈骗犯罪行为可以确认，但实施诈骗的行为人尚未到案，可以依法先行追究已到案的上述犯罪嫌疑人、被告人的刑事责任。

十三、办案地公安机关可以通过公安机关信息化系统调取异地公安机关依法制作、收集的刑事案件受案登记表、立案决定书、被害人陈述等证据材料。调取时不得少于两名侦查人员，并应记载调取的时间、使用的信息化系统名称等相关信息，调取人签名并加盖办案地公安机关印章。经审核证明真实的，可以作为证据使用。

十四、通过国（区）际警务合作收集或者境外警方移交的境外证据材料，确因客观条件限制，境外警方未提供相关证据的发现、收集、保管、移交情况等材料的，公安机关应当对上述证据材料的来源、移交过程以及种类、数量、特征等作出书面说明，由两名以上侦查人员签名并加盖公安机关印章。经审核能够证明案件事实的，可以作为证据使用。

十五、对境外司法机关抓获并羁押的电信网络诈骗犯罪嫌疑人，在境内接受审判的，境外的羁押期限可以折抵刑期。

十六、办理电信网络诈骗犯罪案件，应当充分贯彻宽严相济刑事政策。在侦查、审查起诉、审判过程中，应当全面收集证据、准确甄别犯罪嫌疑人、被告人在共同犯罪中的层级地位及作用大小，结合其认罪态度和悔罪表现，区别对待，宽严并用，科学量刑，确保罚当其罪。

对于电信网络诈骗犯罪集团、犯罪团伙的组织者、策划者、指挥者和骨干分子，以及利用未成年人、在校学生、老年人、残疾人实施电信网络诈骗的，依法从严惩处。

对于电信网络诈骗犯罪集团、犯罪团伙中的从犯，特别是其中参与时间相对较短、诈骗数额相对较低或者从事辅助性工作并领取少量报酬，以及初犯、偶犯、未成年人、在校学生等，应当综合考虑其在共同犯罪中的地位作用、社会危害程度、主观恶性、人身危险性、认罪悔罪表现等情节，可以依法从轻、减轻处罚。犯罪情节轻微的，可以依法不起诉或者免予刑事处罚；情节显著轻微危害不大的，不以犯罪论处。

十七、查扣的涉案账户内资金，应当优先返还被害人，如不足以全额返还的，应当按照比例返还。

☞ 其他相关规定见章后二维码

◆ 解读与适用

【拓展关键词】诈骗罪的认定

行为人在明知自己控制的为虚拟现货交易平台，客户注入资金并未真正进入现货交易市场的情况下，通过虚构事实、隐瞒真相的方式骗取客户资金占为己有的，应认定为诈骗罪。①

出于非法占有他人财物的目的，以虚构“医院、专家、神药”，假冒病患、导医、医生、收费员、药品发放员等身份，骗取被害人财物的行为，应当以诈骗罪定罪处罚。②

以非法占有为目的，采用自我交易方式，虚构提供服务事实，骗取互联网公司垫付费用及订单补贴，数额

---

① 参见刘某等诈骗案，载《最高人民法院公报》2016 年第 2 期。

② 参见陈某、余某等诈骗案，载《最高人民法院公报》2012 年第 12 期。

较大的行为,应认定为诈骗罪。当前,网络约车、网络订餐等互联网经济新形态发展迅速。一些互联网公司为抢占市场,以提供订单补贴的形式吸引客户参与。某些不法分子采取违法手段,骗取互联网公司给予的补贴,数额较大的,可以构成诈骗罪。在网络约车时,行为人以非法占有为目的,通过网约车平台与网约车公司进行交流,发出虚构的用车需求,使网约车公司误认为是符合公司补贴规则的订单,基于错误认识,给予行为人垫付车费及订单补贴的行为,符合诈骗罪的本质特征,是一种新型诈骗罪的表现形式。①

《刑参》第850号案例"苗某诈骗案——家电销售商虚报冒领国家家电下乡补贴资金的行为应如何定性"相关论述:苗某在家电下乡产品销售过程中,以非法占有为目的虚报冒领国家家电下乡补贴资金,数额较大,其行为符合诈骗罪的构成特征。

《刑参》第1321号案例"孙某、蒋某诈骗案——涉疫情诈骗犯罪未遂的认定和量刑把握"相关论述:对情节严重的涉疫情诈骗未遂行为应当定罪处罚。对于诈骗未遂,并不限于基本刑档。对量刑幅度的选择应当体现罪责刑相适应原则。对涉疫情的诈骗犯罪处罚应当体现从严。

《刑参》第1322号案例"应某诈骗案——疫情防控时期利用疫情实施诈骗犯罪的,应从严惩处"。

【拓展关键词】诈骗罪与民事欺诈、民事违约辨析 非法占有目的的认定 两头骗行为 诈骗数额 法条竞合 诈骗罪与合同诈骗罪辨析

《刑参》第53号案例"龙某诈骗案——利用欺骗方法兼并后又利用职务便利将被兼并单位财物占为己有的行为如何定性"相关论述:区分的关键取决于被告人非法占有目的是产生在被告人使用欺骗的手段获得经营、管理公司、企业财物的职务之前还是之后。

《刑参》第148号案例"何某诈骗案——抢走财物后哄骗被害人不追赶的行为如何定性"相关论述:何某并没有在陈某完成抢夺行为后立即逃跑,而是留下来使用虚构"陈某用其车去找人,还会回来还车"这一事实稳住被害人,被害人信以为真,也就不追赶,更没有报警。因此,虽然陈某与何某占有被害人的摩托车时不是被害人自愿交出,但是被害人没有呼喊、追赶和报警,不是因为其不能或者不敢呼救,而是由于何某虚构事实并且仍与被害人待在一起,没有逃跑,被害人完全有理由相信何某所言的真实性。实际上是默认了陈某对摩托车的占有。被害人失去摩托车,实际上是因其受骗上当而"自愿"交出,是诈骗的另一种表现形式。

《刑参》第161号案例"王某诈骗案——骗购电信卡贩卖给他人使用造成电信资费巨大损失的行为如何定性"相关论述:行为人骗取财物后,是自己使用、消费还是转送他人使用、消费,均不影响诈骗罪的成立。"以虚假、冒用的身份证件办理入网手续并使用移动电话,造成电信资费损失数额较大的"行为符合诈骗罪的本质特征。如果诈骗人未使用该移动电话,实际逃交电信资费,其还不能构成诈骗罪的既遂,甚至可能尚无充分证据证明行为人是以逃交电信资费为目的,实施了应予刑事处罚的诈骗行为。"使用移动电话,造成电信资费损失数额较大"同样是行为人构成诈骗罪的不可或缺的要件。办妥入网手续或者交付SIM卡,虽不是典型的"财物"交付,但行为人据此已可以随意支配和使用,故仍可视为"财物"已交付,至于是诈骗人自己使用,还是无偿交给他人使用,还是有偿转卖给他人使用则在所不问。

《刑参》第185号案例"刘某等诈骗案——为获取回扣费以虚假身份证件办理入网手续并使用移动电话拨打国际声讯台造成电信资费损失的行为如何定罪量刑"相关论述:为获取回扣费以虚假身份证件办理入网手续并使用移动电话拨打国际声讯台造成电信资费损失的行为应以诈骗罪论处。"财物"既包括物也包括财,即财产、财产收益。有形体的物和无形体的液体、气体、电气、核能等固然是财物,信用卡、工资卡、债券、股票、认股权证、投资基金券,车票、船票、邮票、税票等有价值的凭证、有价证券等代表一定财产权利以及

① 参见董某等四人诈骗案,最高人民检察院指导性案例第38号(2017年)。

财产利益的凭证也是财物。电信服务虽属服务性质,但其是有偿的,是可以用金钱衡量和计算的,当然具有财的属性。因此,电信服务完全可以成为诈骗罪的犯罪对象。合同诈骗罪系从普通诈骗罪中分离出来的,属法条竞合性质。前者为特别规定,后者为一般规定。在适用原则上,特别规定优于一般规定。从合同诈骗罪单独立法的原意来看,该罪所指的合同应为书面的、典型的经济合同,且该合同为犯罪分子直接用于骗取财物的手段。购买、使用移动电话卡进行诈骗通常并不需要有书面合同,也不需要利用合同进行诈骗,自然也就不以合同诈骗罪认定。司法实践中,具体认定诈骗数额,应根据具体案情相应采用合理的标准,不能一概而论。诈骗未遂时,一般应以行为人犯罪指向的数额,即其意图诈骗的数额认定。诈骗既遂时,一般应以所得数额为诈骗数额。如果受害人损失数额或支付数额高于诈骗犯罪行为人所得,而这一差额又可归因于犯罪行为人的一方行为,则诈骗数额应以损失数额或交付数额认定。本案中,被骗人的损失数额与诈骗所得数额是一致的,扣除电信公司的利润来计算诈骗数额是没有道理的。至于被告人获得多少"回扣费"不在诈骗数额考察范围之内。

《刑参》第 271 号案例"黄某合同诈骗案——如何认定诈骗犯罪中的非法占有目的"相关论述:本案用于投资期货交易的委托款,因用于实际经营行为,不能归还系客观原因所致,该部分不宜认定被告人主观上具有非法占有目的。(1)虽经营国债回购业务的确不属于其公司经营范围,但当时国债回购无须特定资格,且形式上的经营资格和实际履约能力是两个不同概念。(2)行为人将收取的款项单方面改变约定的用途,投入期货交易活动,属于民事违约行为,从事违法犯罪活动指的是行为本身的违法性不宜延伸至主体资格的违法性,即超越经营范围。(3)投入期货交易的委托款全部亏损,不存在挥霍、隐匿等情形。对用于该公司消费性开支的款项,应当认定为具有非法占有目的。其一,注册资金未实际缴纳,该公司没有可供归还款项的自有资金或财产。其二,该款项用于公司的非经营性开支,不存在取得收益的可能性。其三,在约定 14% 高回报率的前提下,归还该非经营使用的 50 万元几乎没有可能。

《刑参》第 494 号案例"余某诈骗案——将租赁来的汽车典当不予退还的行为构成诈骗罪"相关论述:明知自己没有经济能力将车赎回的情况下,冒充出租人的名义直接将车予以典当,并将典当款瓜分,其租车使用是假,以租车为名占有该车典当款是真。被告人在租车、当车时均采用了隐瞒真相,虚构事实等诈骗手段。被告人用真实姓名租车,只是为了使其诈骗行为更具有隐蔽性,使诈骗行为顺利得逞。被告人两次都是通过口头合同将车骗出后进行典当,进而非法占有典当款,受骗的真正被害方是汽车所有人而非典当公司。汽车所有人和被告人之间达成的口头协议并非基于生产经营目的,而是基于驾驶使用,所以被告人的犯罪行为侵犯的并非是汽车租赁这一市场秩序,而是被害人的财产所有权,因此不构成合同诈骗罪。被告人连续非法典当租来的汽车,是连续实施数个独立的诈骗行为,为同种数罪。被告人非法占有的典当款虽然是从典当行取得,但是该款来自于汽车价值的转换,承担损失的仍然是汽车的出租人,出租人遭受损失即为被骗租的汽车,具备了诈骗罪的主客观要件。其在第一位车主"不还车即报警"的逼迫下将第一辆车赎回归还的行为,只是诈骗的事后行为,并不影响其先前诈骗行为的法律性质。在车主追索下,被告人既已赎取前车归还车主,则只以未赎取汽车的金额计算犯罪金额,之前的诈骗行为作为量刑情节考虑。参照对于多次进行诈骗并以后此诈骗财物归还前次诈骗财物,按实际未归还的数额认定诈骗金额的规定,只以被告人最终实际取得的汽车价值计算其犯罪金额。

《刑参》第 1065 号案例"王某诈骗案——民事纠纷与公权力混合型诈骗案件中若干情节的认定"相关论述:"以非法占有为目的"不仅是诈骗罪的构成要素之一,更是区分诈骗罪与民事纠纷的根本界限。民事欺诈和诈骗罪不是非此即彼的排斥关系,不能因为客观上存在交易行为断然否认诈骗罪的成立。非法占有目的,是指以将公私财物非法转为自己或第三者不法所有为目的。主要从行为人事前有无归还能力,事中有无积极归还或者消极不归还行为或者表现,事后处分财物及他人财产损失的态度三方面进行判断。一般而言,被害人基于错误认识处分财产的行为与行为人或第三者取得财产的结果同时发生,两者之间不仅具有时间上的先后性,而且具有逻辑上的相斥性——处分意味着未取得,取得意味着未处分。就财物而言,取得财产的最低限度是取得财物的占有,占有的取得当然不具有法律上的效力,只是一种事实上的支配、控制。就财产性利益而言,取得财产意味着行为人或第三者获得了财产性利益。王某为了实现其实际处置该笔款项的目的,借助了国家公权力——法院强制执行措施,意图将被害人的钱款扣划给执行申请人,只有当法院通过强制执行措施将该款扣划给执行申请人,行为人才实际取得了被害人的财产。在有第三者介入的情况下,取得财产与财产损害便不具有同质性。第三者分与被害人或行为人具有利害关系的第三者和独立的第三者。在第一种情形中,鉴于该第三者系受被害人或行为人所支配,与串通诈骗并无实质差异。第二种情形中,因为独立的第三者介入,涉案财产可能脱离被害人和行为人的占有,此时作为实际占有人的被害人丧失了对财物的占有,但是失去占有并不意味着损害的发生,也不意味着犯罪的既遂。被害人得知款项被冻结后立即报案,相关法院并未扣划,王某的诈骗行为处于未完成状态,系未遂。

《刑参》第1238号案例"徐某等人非法经营案——未经许可经营原油期货业务,并向客户提供反向提示操作的行为如何定性"相关论述:被告人徐某等人通过业务员虚构"白富美"女性形象、夸大盈利等方式诱导客户进入平台交易以及建议客户加金,频繁操作的行为不是认定本案性质的关键行为,不宜认为诈骗罪中的"虚构事实"。从本质上看,诈骗罪中的欺诈行为的内容是使被骗人产生处分财产的错误认识,进而处分财产,丧失对财产的占有。由于客户进入平台进行交易投资并不意味着客户就丧失财产,因此诱导客户进入交易平台操作以及鼓动客户加金,频繁操作不能认为系诈骗罪中致被害人处分财产造成损失的行为,故不属于诈骗罪中的欺诈。从事实上看,虽引诱客户投资有夸大的成分,但被害人应当能够认识到投资风险,被害人并不会因此对期货盈亏存在偶然性的交易本质产生错误认识。从同类司法解释上看,行为人设置圈套,诱骗他人"参加赌博",仍然以赌博罪定罪处罚,并不因为让人参赌使用了诱骗行为,就认定为诈骗。同理,本案中被告人以虚拟的"白富美"女性形象诱导客户进入平台交易,该诱导行为本身亦不属于诈骗罪中的欺诈。诈骗罪中的虚构事实是虚构与客观事实相反的事实,并不包括行为人不能控制、存在或然性、对将来事实的预测。如售楼员以房子会增值为由说服客户投资房产,即使售楼员内心认为房子并不会增值,也不能认为其虚构事实。本案被告人陈某等人将行情会涨(或跌)信息提供给客户,即使被告人陈某等人内心认为行情并不会涨(或跌),也不能认为是虚构事实,因期货市场涨跌瞬息万变,无法准确确定"反向行情"与真实行情相符的概率。作为一个正常的期货投资者应当知道期货存在亏损的高风险以及所有对行情的分析只是预测、建议,而不是事实本身。客户亏损与被告人"反向提示"建议之间的因果联系无法查清。不能因大部分客户亏损就认为被告人构成诈骗罪,认定犯罪不能从结果倒推行为性质。经统计,客户的交易盈利占比并不低,盈利总次数占交易总次数为49.2%,符合期货赌博性质的偶然性,并不存在所谓的"反向行情"问题。

《刑参》第1342号案例"黄某诈骗案——如何区分诈骗罪与民事欺诈"相关论述:判断一个行为是民事欺诈还是诈骗犯罪关键看是否具有非法占有的目的。主要从两个方面进行判断:一是看行为人是否有逃避偿还款物的行为。二是看被骗人能否通过民事途径进行救济。一般来说,构成诈骗罪的行为应当是不能通过民事途径进行救济的行为。欺骗行为尚不严重,不影响被骗人通过民事途径进行救济的,不宜轻易认定为诈骗犯罪。

《刑参》第1372号案例"黄某诈骗案——诈骗犯罪与民事欺诈行为的界限。特殊诈骗罪都具备诈骗罪的基本特点"相关论述:刑法中的诈骗犯罪是在民法中的欺诈基础上演变而来的,对于刑法中诈骗罪的理解必须以民法中的欺诈为背景进行考察。一般应当从欺骗内容、欺骗程度和欺骗结果3个方面予以界分。民事欺诈是个别事实或者局部事实的欺骗,诈骗犯罪则是整体事实或者全部事实的欺骗。如果行为人采用的欺骗手段达到了使他人产生错误认识并处分财物的程度,构成诈骗罪。如果并没有达到使他人无对价支付财物的程度，则可能只构成民事欺诈。欺骗结果，也可以从主观上理解为非法占有目的。

《刑参》第1423号案例“杨某、韦某、何某诈骗案——骗领不动产权登记后将不动产抵押借款，诈骗数额如何认定”相关论述：不动产登记中心对办理房产证所需材料进行审查，但无鉴别真伪的能力，其登记行为从法律意义上将物权予以变动，具有处分意义。杨某等人在取得涉案房产初始不动产登记后，相应获得了包括财产性、支配性在内的等一系列排他性所有权利，应当将此认定为杨某等人诈骗犯罪行为既遂的时间点。被告人的抵押借款属于“事后行为”，是否可罚需要根据案件具体情况进一步认定。被告人实际借款数额小于涉案的房产价值是实践中较为常见的情形，并不意味着涉案房产的财产性利益仅限于被告人实际的借款数额。将抵押借款金额作为诈骗犯罪金额混淆了民法中抵押物价值与担保债权数额两个概念，不仅不能全面评价犯罪的危害后果，也会因抵押借款的不确定性而无法固定。被告人对房产进行抵押借款属于诈骗之后的“事后行为”，后续抵押借款多少、是否顺利追回涉案房产等，均不影响其犯罪金额的认定。本案被告人向善意的合同相对方多次抵押借款的事后行为并不违反相关法律规定，不具有可罚性。

【拓展关键词】赌博诈骗　赌博罪与诈骗罪辨析

《刑参》第451号案例“黄某等诈骗案——设置圈套诱人参赌，以打假牌的方式‘赢取’他人钱财的行为构成何罪”相关论述：以非法占有他人财物为目的设置圈套诱人参赌并以欺诈手段控制赌局的输赢结果，从而骗取他人财物的，应以诈骗罪定罪处罚。赌博罪没有被害人，参赌各方非法获取的财产属于非法所得，应予以没收。要注意把那种为了胜算更大而使用了一些骗术的赌博同单纯的诈骗区别开来。本案完全是一场骗局，而非赌局。被告人运用欺诈手段控制牌局，被害人只输不赢，使被害人误认为运气不佳而自愿按照赌博规则交出钱财，属于以赌博为名行诈骗之实。①

《刑参》第837号案例“史某诈骗案——利用自己准备的特定赌具控制赌博输赢行为的定性”相关论述：可以将利用赌博骗取钱财的犯罪行为分为圈套型赌博犯罪和赌博型诈骗犯罪。圈套型赌博犯罪，是指通过采用设置圈套的方式诱骗他人参赌的犯罪，行为人实施犯罪的目的在于通过赌博进行营利。赌博的输赢主要是靠行为人掌握的娴熟的赌博技巧并且依靠一定偶然性来完成的，行为人并不必然控制赌博输赢。赌博型诈骗犯罪又成为“诈赌”，行为人主观上有非法占有目的，客观上控制赌局的输赢，属于以赌博为名行诈骗之实，符合诈骗罪的构成要件。

【拓展关键词】销售伪劣商品与诈骗罪辨析

《刑参》第112号案例“熊某等生产、销售假药案——生产、销售假药进行诈骗的行为如何定性”相关论述：根据《药品管理法》第33条的规定，典型的假药有两种：一是药品所含成分的名称与国家药品标准或者地方标准规定不符合。二是以非药品冒充药品或者以他种药品冒充此种药品。穿心莲片与三金片从成分、效用以及国家药品的标准规定均不符，属于第二种假药。只要实施了生产或者销售假药的一种行为，并且足以严重危害人体健康的就可以构成犯罪。生产、销售的假药具有严重危害人体健康的可能性，并不要求发生实际后果，也不以实际上造成后果为既遂条件。虽然假冒的三金片没有流入市场，但它具有造成严重危害人体健康的可能性，患者一旦服用了假三金片，就会贻误病情，并可能由此引发严重的后果。本案确有以假充真的诈骗行为的存在，诈骗行为在本案中是作为一种销售方式而存在的。而这种以假充真的诈骗方式构成本罪的特征。还有一些犯罪活动也可能使用某种欺骗性手段，甚至也追求某些非法的经济利益，但并不构成诈骗罪，如以介绍婚姻为名拐卖妇女的行为，都不应认定为诈骗罪。只要生产销售的假药足以严重危害人体健康，不管行为人是否实施了以假药骗取钱财的行为，都应当认定为生产、销售假药罪而不应认定为诈骗罪。

---

① 参见黄某、袁某等诈骗案，载《最高人民法院公报》2007年第8期。

另见《刑法》第140条生产、销售伪劣产品罪的相关注释。

【拓展关键词】碰瓷行为的定性　诈骗罪与敲诈勒索罪、危害公共安全罪辨析

《刑参》第214号案例“李某、潘某、潘某诈骗案——故意制造‘交通事故’骗取赔偿款行为的定性”相关论述：通过威胁或者要挟方法造成被害人心理上的恐惧、精神上的强制从而迫使其交付财物，是敲诈勒索罪的行为特征。本案被害人对“交通事故”系被告人故意所为这一事实并不知情，不存在威胁或者要挟被害人的前提。被告人制造“交通事故”进而索要赔偿款，只是为进一步采取威胁、要挟行为提供了一个可能的借口，其本身并不直接意味着就是威胁、要挟行为。被害人也不属于出于精神上的强制被迫交付赔偿款。现有证据尚不足以证明被告人所实施的行为具有危害公共安全的危险性，不宜认定为以危险方法危害公共安全罪。被告人所选择碰擦的对象虽是不特定的，但其每次碰擦的车辆均是经过选择的，且实际碰擦的仅为一辆。被告人以小车碰擦火车，真正的危险在于己方，而非对方。被告人对危害公共安全的主观至多是间接故意，对于间接故意一般只有在发生危害后果时才追究刑事责任。被告人制造“交通事故”对事实真相加以隐瞒从而骗取对方赔偿款的行为符合诈骗罪的构成要件，应以诈骗罪追究刑事责任。被告人的诈骗行为虽然是通过交警部门的介入才得以实施完毕的，但交警部门的决定并不违反被害人的意愿，交警部门的调解只是对双方当事人的意思表示通过法律程序加以确认而已，这与一方当事人明知对方当事人虚构事实、隐瞒真相的诉讼诈骗有质的不同。

另见《刑法》第274条敲诈勒索罪、第114条危害公共安全罪的相关注释。

【拓展关键词】诈骗罪与盗窃罪、职务侵占罪辨析　利用职务便利　处分意思　认识错误　诈骗债权　诈骗罪与合同诈骗罪辨析

盗窃罪与诈骗罪处于相互排斥的关系，而不会发生竞合，处分行为存在与否，成为区分诈骗罪与盗窃罪的关键。①

被告人以非法占有为目的利用两人的警察身份，趁夜晚到乡村路段，使用假罚款收据私自对过往车辆进行处罚，得款数额较大，所得罚款由各被告人私分，这是以虚构事实、隐瞒真相的方法欺骗财物所有人，构成诈骗罪，是犯罪既遂。被告人冯某为了利用姚某、何某的警察身份罚款营利，找人私印了总面值达80余万元的假罚款收据，但是冯某交给姚某、何某两人的假罚款收据，面值16,200元。姚某对冯某私印的其他假收据毫不知情，谈不上利用它们去着手实行诈骗犯罪，不存在未遂犯罪。根据主客观一致的原则，姚、何只对他们收到并着手用于犯罪的那部分假收据承担刑事责任。其他假收据，是冯某为实行诈骗犯罪所作的预备，应作为其诈骗罪中的一个量刑情节予以考虑。被告人姚某、何某两人虽然是交警大队临时聘任人员，并且是以警察身份实施犯罪，但其没有权力到不属于自己职责范围内的乡村路段处罚过往车辆，不是其职务上的便利，以警察身份实施犯罪，正是诈骗犯罪中常见的手段，姚某、何某两人侵犯的是过往司机的私人财产所有权，不构成贪污罪。②

《刑参》第256号案例“程某诈骗案——猜配捡拾存折密码非法提取他人存款行为的定性”相关论述：捡拾他人遗失的存折提取存款的行为不属于侵占行为。侵占行为的本质特征在于将合法持有的财物非法占为己有，其犯罪对象当属已被行为人合法持有的他人所有的财产。非法占有对象与合法持有的对象应当是同一的，至少是可以直接置换的。遗失存折并不意味着失去了对存款的控制和支配。拾得存折并没有取得存折项下钱款的合法持有权。如果存折所有人将存折、取款密码等一并交付给他人，或者未设置密码，说明此

---

① 参见张明楷：《犯罪构成体系与构成要件要素》，北京大学出版社2016年版，第155页。

② 参见姚某等人诈骗、伪造国家机关印章案，载《最高人民法院公报》2003年第5期。

时存在所载款项已完全置于持有人控制之下,可以认定为侵占。猜中他人存折密码非法提取存款的行为属于冒用骗取,而非"秘密窃取",应以诈骗罪定罪处罚。盗窃他人存折并支取存款的行为应当以盗窃定罪处罚。秘密窃取中的"不知情"指财物所有人、保管人对于行为人的客观行为了无察觉(至少行为人主观上是这么认为的),在整个窃取行为过程中自然就不存在财物所有人、保管人的参与、配合问题。虚构隐瞒骗取中的"不知情"属于对行为性质的不知情,被害人在诈骗构成中是直接参与的。窃取是被害人无意识的情况下由行为人单方完成的,而骗取是被害人在错误认识的支配下,信假为真,有意识处分的结果。作为财产犯罪,财物的取得行为才是赖以定性的基本构成行为。猜中密码并不意味着取得他人存款,密码本身并无价值,支取存款的行为是凭借银行的信任完成的,属于冒用诈骗行为。

《刑参》第591号案例"王某、方某诈骗案——将他人手机号码非法过户后转让获取钱财如何定性"相关论述:单纯的手机号码没有价值,没有财物属性。"以牟利为目的,盗接他人通信线路、复制他人电信号码或者明知是盗接、复制的电信设备、设施而使用的,依照盗窃罪处罚"主要适用于两种情况:一是使被害人产生初装费、入网费损失。盗接他人通信线路以盗窃罪处罚是因为行为人的行为导致逃避缴纳邮电部门的电话初装费、入网费,从而使自己获利并给邮电部门造成损失。此种情况定罪是以初装费、入网费的存在为前提,且行为人盗窃的对象不是电信号码本身,而电信号码所承载的入网费用。在移动电话取消入网费的情况下,单纯非法过户他人手机号码不构成盗窃罪。二是被害人产生话费损失。这里盗窃罪侵害的对象是他人的电信资费而不是号码本身。因为单纯复制号码本身并不能造成他人财产损失,也不能使自己获利。盗窃罪只要将财物秘密窃取后就实现了财产利益,所窃取的财物可以自己使用也可以给他人使用并且这种使用完全具备经济学意义上的使用价值的特征。行为人将号码过户的目的在于转让获利,转让才是整个行为的关键,不能将号码过户行为与转让行为割裂开来单独评价。被告人非法过户行为与转让行为之间的关系和盗窃犯罪中的窃取行为与销赃行为之间的关系具有实质性的不同。真正受到财产损害的是出钱购买这些手机号码的人,而其财产受到侵害的关键在于被告人隐瞒了这些手机号码属于非法过户的事实,属于诈骗性质。被告人先利用伪造的身份证将他人手机号码过户到自己名下,然后隐瞒真相,使被害人误以为该号码是被告人所有,购买该手机号码,最后被害人发现手机号码因为真正机主取回而不能使用,因此蒙受经济损失,符合诈骗罪的构成特征。

《刑参》第650号案例"张某等诈骗案——利用异地刷卡消费反馈时差要求银行工作人员将款项存入指定贷记卡,当同伙在异地将该贷记卡上的款项刷卡消费完毕,又谎称存款出错,要求撤销该项存款的行为,如何定罪"相关论述:通常认为诈骗罪和盗窃罪均是以和平手段取得他人财物。但诈骗罪是基于受骗人有瑕疵的意思而取得财物;后者是违背被害人的意思而取得财物。故区别二者的关键要看是否存在因陷入认识错误后将财物交付行为人这一财物处分行为。被告人取钱时所持银行卡系他人所有,但这种使用事先得到了持卡人的同意或者授权,故不属于"冒用他人信用卡"。被告人从银行骗得资金后通过自动取款机或者银行柜台将钱取出,是其犯罪行为的自然延伸,不可罚的事后行为,不用再单独评价。

《刑参》第819号案例"曹某诈骗案——虚构事实,待店主交付商品后,谎称未带钱,在回家取钱途中趁店主不备溜走的行为,如何定性"相关论述:被害人向被告人交付金饰品的行为属于诈骗罪中的处分财产的行为。在盗窃和诈骗案件中,隐蔽手段和欺诈手段可能会交叉使用,但隐蔽和欺诈的具体目的有所不同。在盗窃案件中行为人使用欺诈手段的目的在于为实施盗窃创造条件,即行为人实施欺诈行为是为了让被害人放松对财物的监管控制,一旦财物的监管控制出现松懈就着手实施秘密窃取行为。在诈骗案件中行为人使用欺诈行为是为了使对方陷入错误认识而自愿交付财产。在诈骗案件中处分行为直接体现了错误认识的内容。受骗人必须具有转移占有的财物处分意思。财物处分意思不能仅从客观上是否转移占有进行判断而应以受骗人对转移占有行为本身是否存在认识为认定标准。如果对交付行为本身没有认识,则不能认定为实施了财产处分行为。行为人的欺骗行为必须与受骗人的财产处分行为之间具有直接的因果关系,而财物处分行为与被害人财产损害之间具有直接的因果关系。两个因果关系之间不得介入其他因素,不得介入行为人进一步的违法犯罪行为。本案中,被告人谎称身上未带钱,此欺诈行为致使王某误认为曹某确需购买金饰品,亦会按承诺时间、地点付款。基于此认识,王某将金饰品交付给曹某。从后来王某随曹某一起去曹家取钱的事实分析,王某具有永久将金饰品转移给曹某占有的意思表示,应看作财物处分行为,并非临时让被告人拿一下。被告人利用王某的意思表示占有金饰品之后,趁王某不注意溜走仅是曹某犯罪行为实施完毕逃离现场的行为,属于被告人诈骗既遂后的事后行为,对本案的定罪没有任何影响。被告人的欺诈行为使被害人陷入错误认识,从而将金饰品交付给被告人,两者之间具有直接的因果关系。被告人的欺骗行为对危害结果起到关键性的作用,被告人前后的行为符合诈骗罪罪状的逻辑结构,应当定性为诈骗罪。

《刑参》第820号案例"黄某诈骗案——侵入单位内部未联网的计算机人事系统篡改他人工资账号,非法占有他人工资款的行为,如何定性"相关论述:侵入单位内部未联网的计算机不符合破坏计算机信息系统罪的对象特征。黄某获取公司登录账号和密码,非法登录公司人事系统,将其他员工的工资卡号改为其持有的银行账号,黄某的篡改行为,属于虚构事实,公司财务人员是在受蒙蔽的情况下,自愿将工资款交给黄某,即处分行为根本上是因为公司财务人员陷入认识错误处分财产的,更符合诈骗罪的特征。黄某实施犯罪属于利用熟悉环境的工作便利而非利用职务上的便利。其工作内容与公司的财务、人事均无关,其之所以能成功侵入人事系统,是因为其在日常工作中知晓了账号和密码。

《刑参》第952号案例"伍某诈骗案——受他人委托炒股,私自使用他人证件以委托人名义开立银行新账户,通过证券从业员将原账户股票卖出后将所得款转到新账户并取走的行为如何定性"相关论述:虽然被害人已经全权委托伍某操作其账户,但其并没有授权伍某提取其股票账户中的资金。从整个过程看,被害人并未将其个人存折交给伍某而是由其单独保管。正常情况下,伍某不能从被害人的股票账户中将其股票账户中将其股票资金私自提走,这也正是被害人之所以放心委托伍某代其炒股的原因。被害人只是委托伍某帮其买卖股票,其股票资金均未脱离其股票账户,股票账户的资金仍然由被害人占有、支配、控制。被告人的行为不构成盗窃罪。行为人是在财物实际管理人知晓而财物所有人不知晓的情况下取走财物的,对财物实际管理人来说,行为人并非对其采用"秘密窃取"的手段获取财物。伍某的行为构成诈骗罪。伍某实施了隐瞒真相的行为。该行为使证券业务人员陷入了认识错误。作为受骗者的证券业务人员处分了被害人的财产。作为受骗者的证券从业人员基于上述认识错误处分了被害人的上述股票款项,使伍某获取了该股票款项,使被害人遭受了财产损失。

《刑参》第1048号案例"葛某等诈骗案——在买卖过程中,行为人采取秘密的欺骗手段,致使被害人对所处分财物的真实重量产生错误认识,并进而处分财物的行为如何定性"相关论述:买卖过程中行为人采取秘密的欺骗手段,致使被害人对所处分财物的真实重量产生错误认识进而处分财物的行为构成诈骗类犯罪。取财手段的决定性大小在复杂案件中本身很难被量化,中间存在很大的弹性空间,而且完全以此来定性,容易依据起决定性作用的事前与事后秘密掩盖行为来定性,违背了定案的逻辑基础。盗窃罪与诈骗罪的本质区别在于被害人针对财物是否存在处分行为。处分行为的有无系认定诈骗罪的关键所在。在认定处分行为时,要坚持主客观相统一的原则。除了从客观上分析有无"交付"行为,还要从主观上分析受骗者对所交付的财物是否存在有认识以及认识到何种程度。被害人认识的内容不仅包括被骗财物的种类、名称、数量、颜色等外观物理特征,还包括财物的性质、质量、重量、价值等内在属性。要求被害人对所处分财物外在特征与内在属性均有正确的认识显然是不切实际的。被害人至少需要认识到所处分财物的种类、名称等外观物理特征,即知道自己是在对什么东西进行处分。当被害人对自己所处分财物的上述物理外观存在认识时,尽管由于行为人的欺骗行为而对财物的质量、价格等内在属性产生了错误认识,仍然不影响处分意识的成立,成立诈骗罪。反之,如果行为人直接针对财物本身采取秘密窃取手段,使受骗者对所转移财产的外观物理特征亦没有认识,即不知道自己处分的是何种财物甚至不知道自己处分了自己的财物,由于不存在处分意识,故不成立诈骗罪,而应当以盗窃罪论处。行为人的秘密欺骗行为并非直接针对碎布料进行,即并没有将碎布料进行秘密藏匿,被害人也并没有因此对车上碎布料的物理外观发生错误认识,故被告人的行为符合诈骗罪的构成特征。被告人采用在车上偷偷装入石头、水等物,之后扔掉再过磅等"骗称"手段,系一系列动作诈骗,区别于通常所见的言词诈骗,但都是采用虚构事实或者隐瞒真相的方法,使财物所有人发生认识上的错误而实施处分行为,构成诈骗罪。如果车载碎布料不需要称重,而是以整车为计量单位,那么如果行为人在车厢之外设置夹层并在其中秘密藏匿碎布料,由于被害人对车内夹层中的碎布料在物理外观上缺乏最基本的认识,不存在处分意识,应当认定为盗窃罪。合同诈骗罪要求行为人必须充分利用合同的签订与履行来骗取财物,本案行为人系采用其他诈骗方法骗取对方财物,应当以诈骗罪论处。合同诈骗罪的行为人正是利用合同这种对双方当事人具有约束力的形式故意违背市场经济中的诚实信用原则,来达到非法占有他人财物的犯罪目的。也就是说利用合同即是其诈骗行为。

《刑参》第 1174 号案例"丁某诈骗案——以借用为名取得信任后非法占有他人财物行为的定性"相关论述:盗窃罪与诈骗罪应从行为人采取的主要手段和被害人有无处分财物等方面综合加以判断。诈骗罪中处分对象可以是所有权也可以是占有。特殊情况下,占有人也享有处分财物的权利。所有权人仅处分占有的情形下也可以成立诈骗罪的处分行为。将占有视为处分行为对象的观点并不背离诈骗罪侵犯财物所有权的传统观点。刑法意义上的占有不但包括现实的物理管理、支配,还强调社会一般观念上的财物管理、支配。占有弛缓并非占有处分。如果行为人将财物带离现场,被害人不加阻止,则应当认为财物的占有、支配关系已发生变化。

《刑参》第 1218 号案例"杨某诈骗案——单位职员虚构公司业务、骗取财物的如何定性"相关论述:杨某虚构公司业务骗取被害人信任从而将钱款汇入杨某个人银行账户,并私自占有和处分被害人钱款的行为构成诈骗罪,主要理由如下:(1)行为人对其所在单位是否构成表见代理不影响对行为人的定罪。区别诈骗罪与职务侵占罪的关键在于前者侵占的是被害人基于错误认识而处分的财产,后者侵占的是行为人保管、经营的单位财产。如果行为人让被害人将资金汇入单位账户,那么资金归单位控制,在这种情况下,行为人利用职务之便占有、处分单位账户里的资金,则属于职务侵占。行为人是否具有代理权以及是否构成表见代理对于行为人占有、处分被害人所交付的财物是构成诈骗罪还是职务侵占罪,没有刑法上的意义。判断行为人占有、处分被害人财物的行为性质必须看该财产是否处于行为人所在单位占有和控制下。如果是,那么行为人的行为性质属于职务侵占;如果不是,那么行为人的行为性质属于诈骗。(2)采取欺骗方法骗取他人财物是诈骗罪的本质特征。被害人处分财物的行为与行为人的欺骗行为有无因果关系,是否基于错误认识处分财物,才是决定诈骗罪成立与否的关键。(3)利用职务便利,将本单位财物占为己有是职务侵占罪的本质特征。(4)杨某的职务身份和其使用的购房合同、房屋销售专用章、副总经理印章等均系其实施诈骗行为的手段。单就诈骗罪和职务侵占罪而言,诈骗罪非法占有他人财物的本质手段是"骗",即使存在职务身份产生的推进犯罪效果的作用,通常也是服务于"骗"这一核心要素的。职务侵占罪非法占有单位财物的本质手段则是利用职务形成的便利条件,职务本身就是行为人非法占有单位财物的核心要件,缺之则无法实现侵占的目的。

另见《刑法》第 264 条盗窃罪、第 271 条职务侵占罪、第 382 条贪污罪、第 224 条合同诈骗罪的相关注释。

【拓展关键词】利用计算机诈骗　网络诈骗

《刑参》第 1049 号案例"杨某诈骗案——侵入红十字会计算机信息系统,篡改网页内容发布虚假募捐消息骗取他人财物的行为,如何定罪处罚"相关论述:侵入红十字会网站篡改网页内容发布虚假募捐消息的行为,构成破坏计算机信息系统罪。以非法占有为目的,诈骗未遂,情节严重的,构成诈骗罪。侵入红十字会计算机信息系统篡改网页内容发布虚假募捐消息骗取他人财物行为应当按照牵连犯“从一重罪处罚”原则处断。

《刑参》第1320号案例“王某诈骗案——针对特定人通过电信网络联络实施的诈骗犯罪不属于电信网络诈骗犯罪”相关论述:最高人民检察院2018年发布《检察机关办理电信网络诈骗案件指引》中阐明电信网络诈骗的概念。不宜将凡经电话、网络联络的诈骗犯罪均认定为电信网络诈骗犯罪。电信网络诈骗通常是针对不特定多数人实施的犯罪。“针对不特定多数人”契合电信网络诈骗犯罪行为模式,体现出较为严重的社会危害性。作为行为要件具有规范性出处即最高人民法院、最高人民检察院《关于办理诈骗刑事案件具体应用法律若干问题的解释》第2条第1款的规定。电信网络诈骗与传统诈骗的区分:一是行为人是否向不特定人员发布了虚假消息,包括主动发布以及在别人询问时对众人发布。二是行为人未发布虚假信息的,是不是向不特定人员实施犯罪。三是对于行为人利用其掌握的公民信息“精准诈骗”的,需调查核实其掌握的公民个人信息的目的,以及获取公民个人信息的手段。

【拓展关键词】诈骗共犯

《刑参》第1203号案例“林某等人诈骗案——无明确的犯意联络,但为诈骗犯罪分子提取赃款并获利,是否构成诈骗共犯”相关论述:共同犯罪并不是若干单独犯罪的简单相加,它必须是一个各犯罪行为人的共同犯罪故意和共同犯罪行为联系起来的犯罪整体。3被告人对自己行为的社会危害性有明确的认识,具有实施诈骗犯罪的共同故意和行为。共同犯罪人之间的意思联络并不要求所有共同犯罪人之间都必须存在,只要实行犯与其他共同犯罪人之间存在意思联络即可。有无直接明确的意思联络并不影响共同犯罪的成立。共谋的内容是共同协议决定实行犯罪,但共谋并不要求必须谋议犯罪的时间、地点等细节,即便行为人不知道这些情况,只要参加犯罪基本问题的谋议就可以认定为共谋。被告人作为当地居民明知当地许多人实施诈骗行为的情况下,自己为了挣钱联系柯某等人,且柯某等人已告知其所取款项系诈骗而来,从主观认识而言,其对上线诈骗他人财物的事实是有明确认知的。共同犯罪行为要求各共同犯罪人实施的行为指向同一犯罪事实,都具有社会危害性,且达到严重的程度,各共同犯罪人的行为彼此联系,相互配合,与犯罪结果之间都存在因果联系。本案行为人对自己的行为后果、违法性质等要素有一定的认知。对这种有选择地确定侵害对象的方式和内容是明知的。行为人案发后立即转移收取钱款实质上是一种掩盖犯罪事实、逃避法律追究的行为。但被告人的提取赃款行为是诈骗犯罪系列行为的一部分,是诈骗行为人实现诈骗目的不可缺少的重要组成部分。

【拓展关键词】非法经营罪与诈骗罪辨析

《刑参》第1247号案例“李某等诈骗案——以办理学历证书为名非法收取钱财的如何认定”相关论述:毕业证书属于国家禁止买卖的资质凭证,6名被告人既是对高校正常办学秩序的破坏,也是对市场管理秩序的扰乱,属于严重扰乱市场秩序的非法经营行为。本案6名被告人均向被害人虚构了“不需要参加成人高考和学习,就能办理国家教育部门认可,并可在教育部相关网站查询认证的毕业证书”的事实,同时采取伪造毕业证、委托主管部门“关系人”、“联合办学”等手段,骗取被害人钱款,具有共同的犯罪故意和实行行为,依法构成诈骗罪的共犯。对于这种穿插使用多种犯罪方法,主要犯罪结果同一的行为,从罪责刑相适应原则考虑无须数罪并罚。考虑到6名被告人虚构事实、隐瞒真相是实现非法获取被害人钱款最关键的因素,故可参考司法实践中的一般定罪法则,以诈骗罪论处,同时将非法经营罪作为从重处罚情节考虑。本案最本质的特征包括两个方面:一方面是虚构事实、隐瞒真相;另一方面是通过制作和买卖文凭收取钱财。何某等人将买卖文凭作为一项经营行为来运作,其买卖行为本身属于严重扰乱市场秩序的经营行为,具有非法经营罪的表现形式。然而，以非法经营罪论处，缺失对被告人虚构事实、隐瞒真相等基本犯罪构成事实的评价。

另见《刑法》第 225 条非法经营罪的相关注释。

【拓展关键词】诈骗罪与合同诈骗罪辨析

《刑参》第 1083 号案例“嵇某诈骗案——对假冒国际标准集装箱偷逃高速公路通行费的行为应当如何定型”相关论述：嵇某等人所运输的集装箱不属于享受优惠的范围，其行为构成诈骗罪。嵇某的行为具有社会危害性且在刑法上有评价意义的部分是伪造、虚构符合优惠通行条件，从而达到减免通行费的目的，该行为与普通诈骗罪的客观表现并无不同而与典型的合同诈骗罪明显有别。实践中，具有一定合同形式的诈骗行为层出不穷，但不是只要与合同有一定关系就必须认定为合同诈骗。嵇某的行为直接侵害的是高速公路运营方的财产利益，与扰乱市场交易安全秩序关系不大。

《刑参》第 1264 号案例“吴某、张某、刘某诈骗案——‘网络关键词’诈骗犯罪中签订合同行为对案件性质的影响”相关论述：关于合同诈骗罪与诈骗罪的分离最早是在 1997 年《刑法》中将合同诈骗罪从一般诈骗罪中单列出来，并置于破坏社会主义市场经济秩序罪一章中。一般认为，诈骗罪与合同诈骗罪的关系是普通法与特别法的关系，是包容竞合的法条竞合关系。还应当注意两点：第一，不能简单以有无合同为标准来区分合同诈骗罪与诈骗罪。第二，不能简单以“签订合同 + 骗取财物”为标准来判断构成合同诈骗罪。而应当考察行为人骗取财物与合同本身的内在联系，只有行为人获取财物是基于合同才能认定为合同诈骗罪。合同诈骗罪的本质是被害人基于合同陷入错误认识而交付财物。所谓“利用合同”，是指通过合同的虚假签订、履行使得相对方陷入错误认识，从而交付财物，实现其非法占有目的。该合同的签订、履行行为是被害人陷入认识错误而作出财产处理的主要原因。利用合同即是其诈骗行为的关键。被告人在整个犯罪过程中签订收购合同与诱骗完善关键词是两个相对独立的行为，不存在包容关系。被告人骗取财物的核心手段就是诱骗被害人完善关键词，而这个手段并不是基于合同，因此本案不符合合同诈骗罪的本质特征，而是由于被告人的其他欺骗行为，使被害人产生“需要完善关键词”的错误认识而交付财产，故而应认定为诈骗罪。

另见《刑法》第 224 条合同诈骗罪的相关注释。

【拓展关键词】诈骗罪与虚假诉讼罪辨析

《刑参》第 1371 号案例“朱某、李某诈骗案——‘单方欺诈型’虚假诉讼行为应当如何定罪处罚和正确适用从旧兼从轻原则”相关论述：“单方欺诈型”虚假诉讼行为依法构成诈骗罪。“单方欺诈型”虚假诉讼行为发生在《刑法修正案（九）》施行之前，《刑法修正案（九）》施行之日尚未处理的，如果适用修正前《刑法》的规定，对该行为应直接以诈骗罪等侵财型犯罪定罪处罚，无从重处罚的要求。应当适用修正前《刑法》规定，以诈骗罪定罪处罚。

另见《刑法》第 307 条之一虚假诉讼罪的相关注释。

【拓展关键词】诈骗数额

《刑参》第 1218 号案例“杨某诈骗案——单位职员虚构公司业务、骗取财物的如何定性”相关论述：本案中被告人杨某骗取 9 名被害人的资金共计 1011 万元，后杨某又以支付“商铺租金”的形式支付给杨某等 3 人 284, 152 元。诈骗罪的犯罪数额应当以行为人实际骗取的数额作为定罪数额，而不能扣除犯罪成本。《全国法院审理金融犯罪案件工作座谈会纪要》就规定诈骗罪的犯罪数额以行为人实际骗取的数额计算。但是，应当将犯罪分子的犯罪成本与其诈骗后归还的款项区分开来。多次进行诈骗并以后次诈骗财物归还前次诈骗财物的，计算诈骗数额时应将已归还的数额扣除，按实际未归还的数额认定。因此，本案被告人杨某的诈骗数额应当认定为 9, 825, 848 元。

《刑参》第 1373 号案例“阚某诈骗案——诈骗数额的计算与扣除”相关论述：诈骗数额的认定应当考量

被害人实际财产损失。为了诈骗行为的顺利实施,行为人需要进行一定的投入。这种投入既可能是以被害人之外的第三方为支付对象,也可能直接以被害人为支付对象。前者如购买作案工具等支出,后者如定金、预付款等。对于前者,由于被告人的支出对被害人的损失没有任何弥补不应进行扣除。对于行为人向被害人支出的财物,考虑其对受损的法律关系有所弥补,在特定情形下可以进行扣除。(1)案发前归还的财物。既包括诈骗犯罪既遂之后行为人出于修复被侵害的法律关系的主观意愿,对被害人所受财产损失进行的补偿。也包括行为人多次、连续实施诈骗的情形下以后次诈骗的财物偿还前次诈骗的行为。(2)行为人支付的部分财物。可以根据行为人所支付财物的不同表现形式,全面审查上述财物对弥补被害人财产损失的有效性。如果行为人支出的财物对于被害人没有利用可能性,无法实现被害人预期的交易目的,对弥补被害人所受的财产损失也没有实际意义,即使该犯罪成本有与被害人交付的财物相当的市场价值,甚至完全具备正常商品所应有的使用价值,一般也不应从诈骗类犯罪的数额中扣除。本案中被告人支付的低档普洱茶的价值不应从犯罪数额中进行扣除。低档普洱茶没有收藏和投资价值,通常也没有货币所特有的一般等价物属性,无法达到被害人购买高档普洱茶收藏和投资的初衷和预期目的。对弥补被害人损失没有多大实际意义,可不扣除。

《刑参》第1421号案例"何某等人诈骗案——利用传销性质组织实施网络交友诈骗的犯罪数额如何认定"相关论述:详见《刑法》第25条共同犯罪部分。

第二百六十七条 【抢夺罪】①

抢夺公私财物,数额较大的,或者多次抢夺的,处三年以下有期徒刑、拘役或者管制,并处或者单处罚金;数额巨大或者有其他严重情节的,处三年以上十年以下有期徒刑,并处罚金;数额特别巨大或者有其他特别严重情节的,处十年以上有期徒刑或者无期徒刑,并处罚金或者没收财产。

携带凶器抢夺的,依照本法第二百六十三条的规定定罪处罚。

◆ 相关规定

最高人民法院
关于审理抢劫案件具体应用法律若干问题的解释(节选)

(法释〔2000〕35号)

详见《刑法》第263条抢劫罪的相关规定

第六条 刑法第二百六十七条第二款规定的"携带凶器抢夺",是指行为人随身携带枪支、爆炸物、管制刀具等国家禁止个人携带的器械进行抢夺或者为了实施犯罪而携带其他器械进行抢夺的行为。

---

① 根据《刑法修正案(九)》修订。修订前内容为:抢夺公私财物,数额较大的,处三年以下有期徒刑、拘役或者管制,并处或者单处罚金;数额巨大或者有其他严重情节的,处三年以上十年以下有期徒刑,并处罚金;数额特别巨大或者有其他特别严重情节的,处十年以上有期徒刑或者无期徒刑,并处罚金或者没收财产。

携带凶器抢夺的,依照本法第二百六十三条的规定定罪处罚。

最高人民法院
关于审理抢劫、抢夺刑事案件适用法律若干问题的意见(节选)

(法发〔2005〕8号)

详见《刑法》第263条抢劫罪的相关规定

十一、驾驶机动车、非机动车夺取他人财物行为的定性

对于驾驶机动车、非机动车(以下简称"驾驶车辆")夺取他人财物的,一般以抢夺罪从重处罚。但具有下列情形之一,应当以抢劫罪定罪处罚:

(1)驾驶车辆,逼挤、撞击或强行逼倒他人以排除他人反抗,乘机夺取财物的;

(2)驾驶车辆强抢财物时,因被害人不放手而采取强拉硬拽方法劫取财物的;

(3)行为人明知其驾驶车辆强行夺取他人财物的手段会造成他人伤亡的后果,仍然强行夺取并放任造成财物持有人轻伤以上后果的。

最高人民法院 最高人民检察院
关于办理抢夺刑事案件适用法律若干问题的解释

(法释〔2013〕25号)

第一条 抢夺公私财物价值一千元至三千元以上、三万元至八万元以上、二十万元至四十万元以上的,应当分别认定为刑法第二百六十七条规定的"数额较大""数额巨大""数额特别巨大"。

各省、自治区、直辖市高级人民法院、人民检察院可以根据本地区经济发展状况,并考虑社会治安状况,在前款规定的数额幅度内,确定本地区执行的具体数额标准,报最高人民法院、最高人民检察院批准。

第二条 抢夺公私财物,具有下列情形之一的,"数额较大"的标准按照前条规定标准的百分之五十确定:

(一)曾因抢劫、抢夺或者聚众哄抢受过刑事处罚的;

(二)一年内曾因抢夺或者哄抢受过行政处罚的;

(三)一年内抢夺三次以上的;

(四)驾驶机动车、非机动车抢夺的;

(五)组织、控制未成年人抢夺的;

(六)抢夺老年人、未成年人、孕妇、携带婴幼儿的人、残疾人、丧失劳动能力人的财物的;

(七)在医院抢夺病人或者其亲友财物的;

(八)抢夺救灾、抢险、防汛、优抚、扶贫、移民、救济款物的;

(九)自然灾害、事故灾害、社会安全事件等突发事件期间,在事件发生地抢夺的;

(十)导致他人轻伤或者精神失常等严重后果的。

第三条 抢夺公私财物,具有下列情形之一的,应当认定为刑法第二百六十七条规定的"其他严重情节":

(一)导致他人重伤的;

(二)导致他人自杀的;

(三)具有本解释第二条第三项至第十项规定的情形之一,数额达到本解释第一条规定的"数额巨大"百分之五十的。

第四条 抢夺公私财物,具有下列情形之一的,应当认定为刑法第二百六十七条规定的"其他特别严重

情节”:

(一)导致他人死亡的;

(二)具有本解释第二条第三项至第十项规定的情形之一,数额达到本解释第一条规定的“数额特别巨大”百分之五十的。

第五条　抢夺公私财物数额较大,但未造成他人轻伤以上伤害,行为人系初犯,认罪、悔罪,退赃、退赔,且具有下列情形之一的,可以认定为犯罪情节轻微,不起诉或者免予刑事处罚;必要时,由有关部门依法予以行政处罚:

(一)具有法定从宽处罚情节的;

(二)没有参与分赃或者获赃较少,且不是主犯的;

(三)被害人谅解的;

(四)其他情节轻微、危害不大的。

第六条　驾驶机动车、非机动车夺取他人财物,具有下列情形之一的,应当以抢劫罪定罪处罚:

(一)夺取他人财物时因被害人不放手而强行夺取的;

(二)驾驶车辆逼挤、撞击或者强行逼倒他人夺取财物的;

(三)明知会致人伤亡仍然强行夺取并放任造成财物持有人轻伤以上后果的。

第七条　本解释公布施行后,《最高人民法院关于审理抢夺刑事案件具体应用法律若干问题的解释》(法释〔2002〕18号)同时废止;之前发布的司法解释和规范性文件与本解释不一致的,以本解释为准。

◆ 解读与适用

【拓展关键词】携带凶器抢夺的

“携带凶器抢夺的,依照本法第263条的规定定罪处罚”的规定属于法律拟制,而非注意规定。只能按照“携带凶器抢夺”的文字表述解释其含义,确定其构成要件,而不能按照抢劫罪的规定解释该款规定的内容。携带是持有的一种表现形式。携带凶器应具有随时可能使用或者当场能够及时使用的特点,即具有随时使用的可能性。但是,不要求行为人显示凶器也不要求行为人向被害人暗示自己携带着凶器。携带凶器盗窃往往是秘密的,较少遇到被害人的反抗,使用凶器的可能性小,将携带凶器盗窃的认定为抢劫不具有合理性。①

【拓展关键词】公开窃取　盗窃罪与抢夺罪辨析

《刑参》第868号案例“李某抢劫、抢夺案——‘加霸王油’的行为如何定性”相关论述:从立法结构分析,“公开窃取”在我国《刑法》中并无存在的空间。虽然国外理论上多认可“公然窃取”的存在,但那是因为上述国家在刑法中没有将抢夺作为独立犯罪类型加以规定。将未使用暴力的公然夺取行为归入盗窃罪的范畴,将使用暴力的抢夺行为纳入抢劫罪名下,从而使抢夺行为分别列入盗窃罪和抢劫罪。从刑法解释学分析,“公开窃取”逾越了刑法解释的边界。对刑法条文用语进行解释应当文理解释优先,只有文理解释的结论明显不合理或者产生难以调和的多种结论时,才需要进行论理解释。“公开窃取”超出了“盗窃”的文义范畴。从司法实践分析,盗窃罪与抢夺罪区分的关键在于盗窃罪是秘密取得他人财物,抢夺罪是公然夺取他人财物。秘密性存在客观标准和主观标准。行为人采取自认为被害人不能发觉的方式取得财物,即使实际上被害人已经发觉,只要该行为客观上同时存在被害人难以发觉的可能性,该行为仍然不丧失秘密性。行为人加油但不想付钱的意图是一种主观意识状态,那种认为这种加油不想付钱的意图属于事实或真相的观点是

---

① 参见张明楷:《刑法分则的解释原理》,中国人民大学出版社2004年版,第269页。

有失偏颇的。事实是指事情的真实情况，真相是指事物的真实面貌，它们都是事情或事物的客观存在状态。被告人加油但不想付钱的意图是一种主观意识活动，不属于事实或真相。被害单位的员工并未基于错误认识而处分财物。“交给”行为不能与“交付(处分)”行为混为一谈，“交出”不等于失控。被害单位员工将油加入被告人的油箱，并非基于认识错误而交付财物，只是依照惯例先加油再收款。从主观上看，被害人没有放弃财物的意思表示，从客观上看，虽然油已经加入油箱，但如果行为人不支付对价，被害单位仍然保持着对该财物的控制，不能认为行为人已经取得了财物，不符合诈骗罪的行为特征。区分盗窃罪、诈骗罪、抢夺罪等侵财犯罪的关键在于非法改变财物合法占有状态行为的性质，而不在于之前手段行为的性质。“非法改变财物合法占有状态的行为”是直接侵害犯罪客体的危害行为，也是犯罪构成的核心要素。“加霸王油”行为中的“非法改变财物合法占有状态的行为”不是被害单位的加油行为，而是被告人趁被害单位员工不备驾车驶离加油站的行为。从刑法意义上讲，被害单位的加油行为并未改变油品的合法占有状态，在被告人驶离后，被害单位才彻底丧失对油品的控制，被告人取得对油品占有的绝对性和排他性。被告人采取了乘人不备、公然夺取被害单位财物的行为，应以抢夺罪追究其刑事责任。

另见《刑法》第264条盗窃罪、第266条诈骗罪的相关注释。

【拓展关键词】抢夺他人占有的本人财物

《刑参》第933号案例“李某抢夺案——抢夺本人因质押而被第三人保管的财物，如何定性”相关论述：“非法占有”从行为本质上理解不限于非法占有他人财物一种情况，还包括通过非法手段占有自己所有但处于他人合法监管状态下，即他人合法占有的财物，从而使监管人遭受财产损失。因行为人非法改变占有关系而实际遭受人身和经济损失的一方系此类行为的被害人。不能仅从表面上分析被告人的行为针对的是被害人合法占有物还是所有物，而应当分析被告人的行为是否实际导致被害人遭受财产损失。

第二百六十八条 【聚众哄抢罪】

聚众哄抢公私财物，数额较大或者有其他严重情节的，对首要分子和积极参加的，处三年以下有期徒刑、拘役或者管制，并处罚金；数额巨大或者有其他特别严重情节的，处三年以上十年以下有期徒刑，并处罚金。

◆ 相关规定

最高人民法院
关于审理破坏森林资源刑事案件具体应用法律若干问题的解释(节选)

(法释〔2000〕36号)

详见《刑法》第345条盗伐林木罪的相关规定

第十四条 聚众哄抢林木五立方米以上的，属于聚众哄抢“数额较大”；聚众哄抢林木二十立方米以上的，属于聚众哄抢“数额巨大”，对首要分子和积极参加的，依照刑法第二百六十八条的规定，以聚众哄抢罪定罪处罚。

第二百六十九条　【转化的抢劫罪】

犯盗窃、诈骗、抢夺罪,为窝藏赃物、抗拒抓捕或者毁灭罪证而当场使用暴力或者以暴力相威胁的,依照本法第二百六十三条的规定定罪处罚。

◆ 相关规定

最高人民法院
关于审理抢劫、抢夺刑事案件适用法律若干问题的意见(节选)
(法发〔2005〕8号)

详见《刑法》第263条抢劫罪的相关规定

五、关于转化抢劫的认定

行为人实施盗窃、诈骗、抢夺行为,未达到"数额较大",为窝藏赃物、抗拒抓捕或者毁灭罪证当场使用暴力或者以暴力相威胁,情节较轻、危害不大的,一般不以犯罪论处;但具有下列情节之一的,可依照刑法第二百六十九条的规定,以抢劫罪定罪处罚;

(1)盗窃、诈骗、抢夺接近"数额较大"标准的;

(2)入户或在公共交通工具上盗窃、诈骗、抢夺后在户外或交通工具外实施上述行为的;

(3)使用暴力致人轻微伤以上后果的;

(4)使用凶器或以凶器相威胁的;

(5)具有其他严重情节的。

最高人民法院
关于审理抢劫刑事案件适用法律若干问题的指导意见(节选)
(2016年1月6日发布、实施　法发〔2016〕2号)

详见《刑法》第263条抢劫罪的相关规定

三、关于转化型抢劫犯罪的认定

根据刑法第二百六十九条的规定,"犯盗窃、诈骗、抢夺罪,为窝藏赃物、抗拒抓捕或者毁灭罪证而当场使用暴力或者以暴力相威胁的",依照抢劫罪定罪处罚。"犯盗窃、诈骗、抢夺罪",主要是指行为人已经着手实施盗窃、诈骗、抢夺行为,一般不考察盗窃、诈骗、抢夺行为是否既遂。但是所涉财物数额明显低于"数额较大"的标准,又不具有《两抢意见》第五条所列五种情节之一的,不构成抢劫罪。"当场"是指在盗窃、诈骗、抢夺的现场以及行为人刚离开现场即被他人发现并抓捕的情形。

对于以摆脱的方式逃脱抓捕,暴力强度较小,未造成轻伤以上后果的,可不认定为"使用暴力",不以抢劫罪论处。

入户或者在公共交通工具上盗窃、诈骗、抢夺后,为了窝藏赃物、抗拒抓捕或者毁灭罪证,在户内或者公共交通工具上当场使用暴力或者以暴力相威胁的,构成"入户抢劫"或者"在公共交通工具上抢劫"。

两人以上共同实施盗窃、诈骗、抢夺犯罪,其中部分行为人为窝藏赃物、抗拒抓捕或者毁灭罪证而当场使用暴力或者以暴力相威胁的,对于其余行为人是否以抢劫罪共犯论处,主要看其对实施暴力或者以暴力相威胁的行为人是否形成共同犯意、提供帮助。基于一定意思联络,对实施暴力或者以暴力相威胁的行为人提供帮助或实际成为帮凶的,可以抢劫共犯论处。

最高人民检察院
关于相对刑事责任年龄的人承担刑事责任范围有关问题的答复

(〔2003〕高检研发第13号)

四川省人民检察院研究室:

你院关于相对刑事责任年龄的人承担刑事责任范围问题的请示(川检发办〔2002〕47号)收悉。经研究,答复如下:

一、相对刑事责任年龄的人实施了刑法第十七条第二款规定的行为,应当追究刑事责任的,其罪名应当根据所触犯的刑法分则具体条文认定。对于绑架后杀害被绑架人的,其罪名应认定为绑架罪。

二、相对刑事责任年龄的人实施了刑法第二百六十九条规定的行为的,应当依照刑法第二百六十三条的规定,以抢劫罪追究刑事责任。但对情节显著轻微,危害不大的,可根据刑法第十三条的规定,不予追究刑事责任。

此复。

最高人民法院
关于审理未成年人刑事案件具体应用法律若干问题的解释(节选)

(法释〔2006〕1号)

详见《刑法》第17条刑事责任年龄的相关规定

第十条 已满十四周岁不满十六周岁的人盗窃、诈骗、抢夺他人财物,为窝藏赃物、抗拒抓捕或者毁灭罪证,当场使用暴力,故意伤害致人重伤或者死亡,或者故意杀人的,应当分别以故意伤害罪或者故意杀人罪定罪处罚。

已满十六周岁不满十八周岁的人犯盗窃、诈骗、抢夺罪,为窝藏赃物、抗拒抓捕或者毁灭罪证而当场使用暴力或者以暴力相威胁的,应当依照刑法第二百六十九条的规定定罪处罚;情节轻微的,可不以抢劫罪定罪处罚。

【深度解析】

《刑参》第777号案例"王某抢劫案——已满14周岁不满16周岁的未成年人,能否成为转化型抢劫罪的犯罪主体"相关论述:已满14周岁不满16周岁的未成年人不能构成转化型抢劫罪。已满14周岁不满18周岁的未成年人,依法对盗窃罪不负刑事责任。因此不具备转化型抢劫罪的基础。最高人民法院《关于审理未成年人刑事案件具体应用法律若干问题的解释》第10条第1款、第2款也可以推导出相对刑事责任能力年龄的人不能成为转化型抢劫罪的犯罪主体。对于行为人未达完全刑事责任年龄的情况,判决主文应表述为被告人不负刑事责任。

◆ 解读与适用

【拓展关键词】法律拟制

"犯盗窃、诈骗、抢夺罪，为窝藏赃物、抗拒抓捕或者毁灭罪证而当场使用暴力或者以暴力相威胁的，依照本法第263条的规定定罪处罚"属于法律拟制，法律拟制特点是导致将原本不同的行为按照相同的行为处理，是一种特别规定。法律拟制仅适用于刑法所限定的情形，而不具有普遍意义，不能"推而广之"。行为人骗得他人信用卡后又使用的，不能认定为诈骗罪，而应认定为信用卡诈骗罪。第196条第3款、第267条第2款、第289条、第362条等均属于法律拟制。①

【拓展关键词】犯盗窃、诈骗、抢夺罪　刑事责任年龄　转化型抢劫

《刑参》第204号案例"姜某抢劫案——不满16周岁的人犯抢夺罪为抗拒抓捕当场实施暴力致人轻伤的如何处理"相关论述：如果被告人是在不同时间或场合分别实施了抢夺他人财物数额较大或者暴力伤害他人致人轻伤的行为，那么由于其未达到刑事责任年龄，对上述两个单独行为中的任何一个都不负刑事责任。但本案被告人是在同一时间段和场合连续实施上述行为，已构成转化型抢劫犯罪，应追究其刑事责任。由于我国传统刑法理论将刑事责任也作为犯罪构成理论的一个要件加以论述导致人们认为没有达到刑事责任年龄的人所犯的罪行就不是犯罪行为。这对于正确理解转化型抢劫罪的前提条件显然是不妥的。我们认为《刑法》第269条转化型抢劫罪中所谓"犯盗窃、诈骗、抢夺罪"主要是指犯有盗窃等罪行，而并未明确要求行为人犯这些罪行时，必须同时达到完全刑事责任年龄才可。"犯盗窃、诈骗、抢夺罪"主要是犯有盗窃等罪行也包括盗窃等行为数额未达到较大，但为窝藏赃物、抗拒抓捕或者毁灭罪证而当场使用暴力或暴力相威胁情节严重的情形。不满16周岁的人单独抢夺罪虽依法不负刑事责任但当其行为符合转化型抢劫罪构成时则需对其抢劫罪承担刑事责任。"犯抢劫罪"既包括《刑法》第263条规定的抢劫罪也包括《刑法》第269条规定的转化型抢劫犯罪以及《刑法》第267条第2款规定的"携带凶器抢夺的"抢劫罪。

《刑参》第321号案例"穆某抢劫案——盗窃未遂为抗拒抓捕而当场使用暴力能否构成抢劫罪"相关论述：《刑法》第269条规定的"犯盗窃、诈骗、抢夺罪"应当是指实施盗窃等行为而非具体罪名，从立法沿革上讲源于最高人民法院、最高人民检察院《关于如何适用刑法第一百五十三条的批复》等。《刑法》第17条第2款关于已满14周岁不满16周岁的人的规定都是指行为性质而非具体罪名。只要行为人在实施盗窃行为过程中为窝藏赃物等当场使用暴力或者以暴力相威胁的就应当以抢劫罪定罪处罚，盗窃是否既遂不影响抢劫罪的成立。

《刑参》第575号案例"杨某、石某等破坏电力设备案——盗窃电力设备过程中，以暴力手段控制无抓捕意图的过往群众的不构成抢劫罪"相关论述：行为人盗窃正在使用中的电力设备，为抗拒抓捕而对电力设备的管理者或实施抓捕者当场使用暴力或以暴力相威胁，以抢劫罪定罪处罚。转化型抢劫罪的成立并不以前行为构成犯罪为必要。抢劫罪的成立没有数额限制，故转化型抢劫罪的成立也不应有数额限制。抢劫罪属于侵犯财产犯罪，转化型抢劫罪，其先行行为之对象必须是公私财物，犯罪主观方面也必须具有非法占有目的。"盗窃、诈骗、抢夺罪"应理解为类罪。在破坏电力设备罪与抢劫罪中择一重罪处断。

《刑参》第1246号案例"王某抢劫案——犯信用卡诈骗罪，为抗拒抓捕而当场使用暴力的，可否转化为抢劫罪"相关论述：全国人大常委会法制工作委员会在答复最高人民检察院关于相对刑事责任年龄人承担刑事责任范围问题时指出："《刑法》第17条第2款规定的八种犯罪，是指具体犯罪行为而不是具体罪名。"这便突破了将该条规定的8种犯罪仅理解为具体罪名的思维模式，对理解《刑法》第269条的前提犯罪范围

① 参见张明楷：《刑法分则的解释原理》，中国人民大学出版社2004年版，第256页。

具有重要的参考意义。只有侵犯财产的特殊盗窃、诈骗、抢夺罪才与普通盗窃、诈骗、抢夺存在法条竞合关系,可以作为转化型抢劫的前提犯罪。信用卡诈骗具有明显的侵财性可以转化为抢劫罪。被告人王某的行为可分为两部分:一是王某发现ATM中有他人遗留的银行卡遂操作取款;二是被害人返回自助银行要求王某交还取出的钱款,王某纠集他人共同殴打被害人并逃离现场。刑法分则在规定罪名和法定刑时,并不是严格按照对一种行为只认定为一种犯罪的模式,而是根据打击犯罪的需要,将同一性质的行为分置于不同的罪名中予以规定,从而形成法条竞合犯、想象竞合犯、结果加重犯等多种复杂的罪数形态。上述特殊类型财产犯罪完全符合普通盗窃、诈骗、抢夺罪的构成要件,把这些犯罪归入《刑法》第269条规定的转化型抢劫的前提犯罪并不违反罪刑法定原则。《刑法》第269条规定的"犯盗窃、诈骗、抢夺罪"应具有侵犯财产犯罪的属性,对于主要侵犯公共安全、社会管理秩序等其他客体的盗窃、诈骗、抢夺行为一般不宜适用该规定以抢劫罪论处。当特殊的盗窃、诈骗、抢夺行为不是以财产权利为主要的犯罪客体时,即使行为人实施了当场使用暴力或者以暴力相威胁的行为,也不宜认定构成抢劫罪。例如,《刑法》第280条规定的盗窃、抢夺国家机关公文、证件、印章罪,其保护的客体是国家机关的正常管理活动和信誉,如果行为人在盗窃国家机关公文、证件、印章时为抗拒抓捕而当场采取暴力,因其实施的前部分行为不是侵犯财产类犯罪,不能适用《刑法》第269条的规定转化为抢劫罪。

【拓展关键词】为窝藏赃物、抗拒抓捕或者毁灭证据　当场　暴力　转化型抢劫

《刑参》第322号案例"朱某抢劫案——在盗窃过程中使用暴力的直接适用《刑法》第263条以抢劫罪定罪处罚"相关论述:盗窃被发现后无论选择逃跑还是改变犯罪手段继续非法占有他人财物,其实施的前行为业已构成盗窃未遂。如果行为人为了排除被害人的反抗而实施暴力或以暴力相威胁,属于犯意转化,其后续行为符合典型的抢劫罪。无须以盗窃罪未遂与抢劫罪并罚,而应适用吸收犯的原则,以抢劫罪定罪处罚。被告人由于担心被熟睡的被害人发现而当场使用暴力,主观目的不是窝藏赃物或抗拒抓捕、毁灭罪证,而是为了强占财物,构成抢劫罪。对于抢劫后为抗拒抓捕而实施暴力致人伤亡的,不仅没有必要也没有理由进行刑法上的再次评价,仍按抢劫罪一罪定罪处罚。行为人先后实施的暴力行为都是服从于非法占有他人财物这一目的,同一抢劫过程中的两个不同阶段。

《刑参》第581号案例"龚某等抢劫、贩卖毒品案——诈骗未得逞后以暴力手段取得财物的行为如何定性"相关论述:可以从行为人的主观方面区分转化型抢劫罪与抢劫罪。转化型抢劫罪中行为人当场实施暴力或者以暴力相威胁的目的是"窝藏赃物、抗拒抓捕或者毁灭证据"。如果行为人不是在"窝藏赃物、抗拒抓捕或毁灭罪证"的目的支配下实施暴力或者以暴力相威胁的行为则不能构成转化型抢劫罪。比如,行为人在盗窃、诈骗、抢夺过程中被发现后,为排除妨碍进而占有财物而实施暴力或者以暴力相威胁的,应直接认定为第263条的抢劫罪。为保护抢劫得来的财物而当场对被害人实施暴力的,无须单独认定为故意伤害罪。行为人在通过暴力、威胁手段劫得财物之后再次对被害人实施暴力行为的,如果行为人是为了保护所劫得财物,其暴力伤害行为不是行为人的目的而是手段,根本目的仍在于非法占有财物,那么其暴力行为尽管是在劫得财物之后,仍然属于抢劫犯罪的手段行为,无须单独定罪。反之,如果出于杀人灭口等其他目的,则不属于抢劫罪的手段行为,应当单独认定为故意伤害罪。

《刑参》第1201号案例"李某抢劫案——抢夺车辆后被对方GPS追踪、拦截而持枪威胁的能否转化为抢劫罪"相关论述:准确理解"当场"应综合考虑:(1)时空的接续性。"当场"是时间上连续性和空间上接续性的统一体。只有在前行为与暴力、胁迫之间存在不间断的时空联系时才能转化为抢劫罪。但是对"当场"的理解不能过于机械,不能要求前后行为在同一时间点、同一地点上完全重合,二者之间应当允许存在短时间、短距离的间隔。(2)先后行为之间的关联性。前后行为要求具有引起与被引起的关联性,即事后的暴力、胁迫行为是因为前面的盗窃、诈骗、抢夺等行为而引起的。如果不是因为盗窃等前行为导致行为人被追捕,也不能转化。(3)追捕事态的继续性。只要行为始终处于追捕人耳目所及的控制范围内,只要抓捕行动未停止,并最终发现了行为人,整个追捕过程仍然具有继续性,行为人此时抗拒抓捕等而使用暴力的,仍然属于"当场"的范围。被告人的行踪始终在视线可及的范围内是判断追捕行为是否持续的一个标准。掌握被告人行踪是实质要点,至于观察的方式,不能也没有必要局限于肉眼观察。追捕本身没有必要限定仅靠双腿追捕。汽车被抢后被害方的追捕行为一直处在持续状态之中,中间虽略有中断,但这种中断是很短暂的而不是长时间的,并不影响追捕行为的整体连续性,被告人的行踪也始终在被害人一方的掌握之中。虽然被告人抢夺地距离被截获地有十多公里之远,这段距离应该被视为抢夺现场的延长。

《刑参》第1186号案例"尹某、任某盗窃案——盗窃后为抗拒抓捕实施暴力程度不明显的摆脱行为,能否认定为'转化型抢劫'"相关论述:被告人盗窃既遂后为逃脱被害人的抓捕,实施了暴力程度不明显的摆脱行为,该行为不符合转化型抢劫中的暴力行为特征,不应认定抢劫罪。转化犯具有法定性、转变性、趋重性、唯一性4个特征。认定"暴力"需要注意:(1)暴力的对象是人。(2)使用的时空条件是当场。(3)暴力的程度是足以压制人的反抗,但不要求事实上压制了人的反抗,更不要求具有危害人身安全的性质。虽然转化型抢劫与抢劫认定性质相同,但行为人的主观恶性和行为动机毕竟不同,如果行为人不具有伤害意图,只是为摆脱和逃跑推推搡搡,没有造成轻伤以上后果的,则可不认定使用暴力,不以抢劫罪定罪处罚。

另见《刑法》第263条抢劫罪的相关注释。

【拓展关键词】共犯转化问题

《刑参》第244号案例"张某抢劫、李某盗窃案——盗窃共同犯罪中部分共犯因抗拒抓捕当场实施暴力转化为抢劫罪,其他共犯是否随之转化"相关论述:要认定各个盗窃共犯的行为是否转化为抢劫罪,关键看行为人在窃取财物之后是否当场使用暴力或者以暴力相威胁,对部分没有当场使用暴力或者以暴力相威胁的行为人,则要看其是否同意其他共犯当场使用暴力或者以暴力相威胁。本案李某既没有赶赴现场对被害人使用暴力或者以暴力相威胁,也没有对张某等人使用暴力表示同意。在对被害人使用暴力或以暴力威胁这个关键环节上,李某与其他被告人之间既没有共同故意也无共同行为,不构成共犯。

另见《刑法》第25条共同犯罪的相关注释。

【拓展关键词】转化型抢劫既遂标准

《刑参》第441号案例"谷某抢劫案——如何把握转化抢劫罪既遂未遂的区分标准"相关论述:转化抢劫同样存在未遂状态,所有故意犯罪均存在未遂的状态。与一般抢劫相比,可以认为转化抢劫的罪责本来相对较轻。《刑法》第269条只是规定了转化为抢劫罪的条件,并非规定只要转化就构成抢劫既遂。构成抢劫罪与抢劫既遂是两个不同的概念。认定转化抢劫既未遂的标准应当与一般抢劫既、未遂的标准相同,即以是否抢得财物或造成他人轻伤以上伤害后果为准。犯罪构成不仅有定性因素的要求也有定量因素的要求,这是我国《刑法》的重要特点之一。转化抢劫并不是盗窃等与故意伤害等的简单相加而是一种新的独立的犯罪,即抢劫罪。应对有关行为作一体评价,以抢劫罪的基本构成作为是否既遂的区分标准,而不应以盗窃、诈骗是否已经既遂作为判断其犯罪是否既遂的标准。在转化抢劫案件中先前的盗窃已与其后的暴力行为连为一体,成为连续的犯罪过程,盗窃等行为只是其中的一个组成部分,已不具有独立评价的意义。尽管行为人已经盗窃"得手",其犯罪行为仍处于继续进行之中,并不存在犯罪已经既遂后又转回到未遂的问题。盗窃既遂后,在抗拒抓捕过程中使用暴力,被当场抓获,未致人轻伤以上,应认定为抢劫未遂。

《刑参》第687号案例"杨某、徐某抢劫案——转化型抢劫犯罪是否存在未遂"相关论述:转化型抢劫罪存在未遂形态。罪刑相适应原则要求对转化型抢劫罪区分既、未遂形态。当场使用暴力或者以暴力相威胁仅仅是转化型抢劫罪成立的标志,并不能以此来否定既遂、未遂形态的划分。转化行为只是导致整个行为性质的改变,即由盗窃罪等转化为抢劫罪,但不能阻却抢劫罪既遂、未遂形态的划分。转化型抢劫罪的既遂、未遂标准应参照普通抢劫罪。转化型抢劫罪与普通抢劫罪只是占有财物的先后顺序有差异,在犯罪构成上并无实质区别。

另见《刑法》第263条抢劫罪、第264条盗窃罪、第266条诈骗罪、第267条抢夺罪的相关注释。

第二百七十条 【侵占罪】

将代为保管的他人财物非法占为己有,数额较大,拒不退还的,处二年以下有期徒刑、拘役或者罚金;数额巨大或者有其他严重情节的,处二年以上五年以下有期徒刑,并处罚金。

将他人的遗忘物或者埋藏物非法占为己有,数额较大,拒不交出的,依照前款的规定处罚。

本条罪,告诉的才处理。

◆ 解读与适用

【拓展关键词】非法占为己有　拒不退还

不能对"非法占为己有"进行形式的解释,认为只有当实行犯本人所占有时才成立犯罪,从而形成刑法漏洞。而应将之解释为行为人一方占有。这种扩大解释并未违反罪刑法定原则。实际上是行为人非法处分了被害人的财物,既然行为人非法以所有人自居处分被害人财物,当然也能认定行为人"非法占为己有"。是否具有主观罪过性,不在于行为人是否获益,而在于行为人是否明知自己的行为会侵害单位的财产,并且希望或者放任这种结果发生。①

"非法占为己有"与"拒不退还"表达的是一个含义:将自己占有的他人财物变为自己所有的财物。当行为人以所有人自居将自己代为保管的财物处分时,就已经表明其"拒不退还"。行为人没有以所有人自居处分财产,仍然保管着财物时,只要所有人或者其他权利人未要求归还,即使超过了归还期限,也难以认定为"非法占为己有",因而不宜认定为侵占罪。但如果所有人或其他权利人要求行为人归还而行为人拒不归还的,即使没有进行财产处分,也表明其"非法占为己有"。所以"拒不归还"只是对"非法占为己有"的强调,或者说只是对认定行为人是否"非法占为己有"的一种补充说明。②

【拓展关键词】代为保管　拒不退还

代为保管是一个普通用语,其规范意义是受委托占有他人财物。委托关系的成立不一定要以成文的合同为根据,根据日常生活规则,事实上存在委托关系即可。对于虽然由行为人占有,但行为人并不是受委托而占有的财物不可能成立普通侵占。例如,拒不返还不当得利,因为不是受委托占有,故不可能成立普通侵占,只可能成立侵占遗忘物。因为在任何意义上都不可能认定受委托保管了财物。如果将"代为保管"一词作普通意义上的解释,也可能不当地得出代为保管他人财物的结论。普通用语的规范化是指解释者必须揭示普通用语的规范意义,从而使用语的规范意义与犯罪的本质、规范的目的相对应,普通用语的普通意义,只

---

① 参见张明楷:《刑法分则的解释原理》,中国人民大学出版社2004年版,第109~110页。

② 参见张明楷:《刑法分则的解释原理》,中国人民大学出版社2004年版,第322页。

是规范意义的底线，而不一定与规范意义等同。不应区分遗忘物和遗失物，刑法上的遗忘物包含遗失物。①

[本书观点]能否将不当得利解释为“代为保管的他人财物”，值得深入探讨。

《刑参》第318号案例“张某侵占案——雇员利用职务之便将个体工商户的财产非法占为己有的如何定性”相关论述：个体工商户雇员将代为保管的雇主财产占为己有，数额较大，拒不退还的，构成侵占罪。司法实践中能够就他人财物形成刑法意义上的代为保管关系的情形很多，而不仅限于由于正式的保管合同所产生的代为保管关系。

《刑参》第583号案例“杨某侵占案——如何理解和认定侵占罪中的‘代为保管他人财物’”相关论述：代为保管他人财物和拒不退还是构成侵占罪的两个重要条件。典型意义上的代为保管关系产生于保管合同之中，此外，加工承揽合同、委托合同、租赁合同、使用借贷合同、担保合同等众多的合同关系均可能存在代为保管关系。要求被告人对他人财物存在事实上的占有关系。如果行为人以出卖、赠与、使用等形式实际处分代为保管的他人财物后，表示愿意赔偿财物所有人的经济损失的，一般不能认定为“拒不退还”。因为多数情况下，财物的价值可以通过货币来体现，在原物不能退还时，行为人愿意用货币或者种类物来赔偿的，表明其不具有非法占有的意思，不应认定为侵占罪。被告人在其父母不知情的情况下，采取秘密窃取的手段将自诉人委托其父母加工而由其父母实际占有的袜子盗卖出去，形式上完全符合盗窃的构成特征，但根据案件的具体情况，可不追究刑事责任。

【拓展关键词】盗窃与侵占罪辨析

《刑参》第7号案例“王某侵占案——侵占案是告诉才处理的案件”。

《刑参》第938号案例“曹某侵占案——将银行卡借给他人使用后，通过挂失方式将银行卡内他人资金取走的行为，如何定性”相关论述：盗窃罪的犯罪对象为他人控制的财物，对于自己已实际控制的他人财物一般不能成立盗窃罪，行为人在实施盗窃行为之前，尚未实际控制他人财物。侵占罪的犯罪对象为行为人代为保管的他人财物或者他人的遗忘物、埋藏物，行为人实施侵占行为之前，已经控制他人财物，其特征是将自己控制的财产不法“占为己有”。控制是指对财物的支配、管理状态，属于事实和物理意义上的掌控，不等于法律意义上的占有，即并非“占为己有”。侵占罪不仅可能侵占自己直接控制的他人财物，而且可能侵占法律形式上控制的他人财物。银行卡申领人被视为银行卡的全部权利的所有人，如果银行卡有透支功能则由银行卡的申领人承担还款义务。卡内资金在法律形式上都处于申领人的控制之下。借用人虽持有银行卡并掌握银行卡的密码，但其一般将资金存放到借来的卡内，该资金就在法律形式上处于银行卡申领人的控制之下，可随时通过将银行卡挂失的方式实际控制该银行卡内的资金。该银行卡内资金实际上一直是由张某和曹某共同控制。行为人非法占有他人财物时，该财物已在行为人的持有和控制之下，行为人采用抵赖等手段拒不交出或者拒不退还从而使持有变为“非法占为己有”。侵占罪的手段既可以是秘密的也可以是公开或半公开的。而盗窃罪中行为人必须通过秘密窃取的手段才能实现非法占有。秘密窃取具有不可否认的主观性特征，行为人主观内容包括对于手段行为秘密性的认知，即行为人主观上认为其行为是在他人不知觉的情况下实施的，是判断行为秘密性不可缺少的要素。曹某重新办理银行卡并将卡内现金转账的行为属公然据为己有，主观上不具有秘密性。侵占罪作为不转移财物控制的犯罪，其犯罪故意可能产生于实际控制他人财物之后，而盗窃罪是转移财物控制权的犯罪，其犯罪故意只能产生于持有、控制他人财物之前。公诉机关指控盗窃罪定性错误，侵占罪系告诉才处理的犯罪，只能由被害人提起自诉，法院依法裁定本案终止审理是正确的。

---

① 参见张明楷：《刑法分则的解释原理》，中国人民大学出版社2004年版，第354页。

另见《刑法》第264条盗窃罪的相关规定。

第二百七十一条 【职务侵占罪】①

公司、企业或者其他单位的工作人员,利用职务上的便利,将本单位财物非法占为己有,数额较大的,处三年以下有期徒刑或者拘役,并处罚金;数额巨大的,处三年以上十年以下有期徒刑,并处罚金;数额特别巨大的,处十年以上有期徒刑或者无期徒刑,并处罚金。

【贪污罪】

国有公司、企业或者其他国有单位中从事公务的人员和国有公司、企业或者其他国有单位委派到非国有公司、企业以及其他单位从事公务的人员有前款行为的,依照本法第三百八十二条、第三百八十三条的规定定罪处罚。

◆ 相关规定

最高人民法院
关于村民小组组长利用职务便利非法占有公共财物行为如何定性问题的批复
(法释〔1999〕12号)

四川省高级人民法院:

你院川高法〔1998〕224号《关于村民小组组长利用职务便利侵吞公共财物如何定性的问题的请示》收悉。经研究,答复如下:

对村民小组组长利用职务上的便利,将村民小组集体财产非法占为己有,数额较大的行为,应当依照刑法第二百七十一条第一款的规定,以职务侵占罪定罪处罚。

公安部
关于村民小组组长以本组资金为他人担保贷款如何定性处理问题的批复
(公法〔2001〕83号)

陕西省公安厅:

你厅《关于村民小组组长以组上资金为他人担保贷款造成集体资金严重损失如何定性问题的请示》收悉。现批复如下:

村民小组组长利用职务上的便利,擅自将村民小组的集体财产为他人担保贷款,并以集体财产承担担保责任的,属于挪用本单位资金归个人使用的行为。构成犯罪的,应当依照刑法第二百七十二条第一款的规定,以挪用资金罪追究行为人的刑事责任。

---

① 根据《刑法修正案(十一)》修订。原条文第一款主要内容为:"公司、企业或者其他单位的人员,利用职务上的便利,将本单位财物非法占为己有,数额较大的,处五年以下有期徒刑或者拘役;数额巨大的,处五年以上有期徒刑,可以并处没收财产。"

公安部
经济犯罪侦查局关于宗教活动场所工作人员能否构成职务侵占或挪用资金犯罪主体的批复

（公经〔2004〕643号）

山西省公安厅经侦总队：

你总队晋公经〔2004〕034号《关于净贤能否构成职务侵占罪或挪用资金罪主体的请示》收悉。经研究，并征求国家宗教事务局意见，批复如下：

根据《宗教活动场所管理条例》（国务院令第145号令）等有关规定，宗教活动场所属于刑法第271条和第272条所规定的“其他单位”的范围。宗教活动场所的财产属于公共财产或信教公民共有财产，受法律保护，任何组织和个人不得侵占、哄抢、私分和非法处分宗教团体、宗教活动场所的合法财产。宗教活动场所的管理人员利用职务之便，侵占或挪用宗教活动场所公共财产的，可以构成职务侵占罪或挪用资金罪。

此复。

公安部经侦局
关于对非法占有他人股权是否构成职务侵占罪问题的工作意见

（2005年6月24日发布、实施）

近年来，许多地方公安机关就公司股东之间或者被委托人采用非法手段侵占股权，是否涉嫌职务侵占罪问题请示我局。对此问题，我局多次召开座谈会并分别征求了高检、高法及人大法工委刑法室等有关部门的意见。近日，最高人民法院刑事审判第二庭书面答复我局：对于公司股东之间或者被委托人利用职务便利，非法占有公司股东股权的行为，如果能够认定行为人主观上具有非法占有他人财物的目的，则可对其利用职务便利，非法占有公司管理中的股东股权的行为以职务侵占罪论处。

现予网上公布，供各地公安机关办理类似案件时借鉴参考。

最高人民法院　最高人民检察院
关于办理国家出资企业中职务犯罪案件具体应用法律若干问题的意见

（法发〔2010〕49号）

详见《刑法》第382条贪污罪的相关规定

最高人民法院　最高人民检察院
关于办理贪污贿赂刑事案件适用法律若干问题的解释（节选）

（法释〔2016〕9号）

详见《刑法》第382条贪污罪的相关规定

第十一条　刑法第一百六十三条规定的非国家工作人员受贿罪、第二百七十一条规定的职务侵占罪中的“数额较大”“数额巨大”的数额起点，按照本解释关于受贿罪、贪污罪相对应的数额标准规定的二倍、五倍执行。

刑法第二百七十二条规定的挪用资金罪中的“数额较大”“数额巨大”以及“进行非法活动”情形的数额

起点，按照本解释关于挪用公款罪“数额较大”“情节严重”以及“进行非法活动”的数额标准规定的二倍执行。

刑法第一百六十四条第一款规定的对非国家工作人员行贿罪中的“数额较大”“数额巨大”的数额起点，按照本解释第七条、第八条第一款关于行贿罪的数额标准规定的二倍执行。

最高人民检察院　公安部
关于公安机关管辖的刑事案件立案追诉标准的规定(二)(节选)
(公通字〔2022〕12号)

第七十七条　【挪用资金案(刑法第二百七十二条第一款)】公司、企业或者其他单位的工作人员，利用职务上的便利，挪用本单位资金归个人使用或者借贷给他人，涉嫌下列情形之一的，应予立案追诉：

(一)挪用本单位资金数额在五万元以上，超过三个月未还的；

(二)挪用本单位资金数额在五万元以上，进行营利活动的；

(三)挪用本单位资金数额在三万元以上，进行非法活动的。

具有下列情形之一的，属于本条规定的“归个人使用”：

(一)将本单位资金供本人、亲友或者其他自然人使用的；

(二)以个人名义将本单位资金供其他单位使用的；

(三)个人决定以单位名义将本单位资金供其他单位使用，谋取个人利益的。

◆ 解读与适用

【拓展关键词】银行工作人员贷款诈骗与职务侵占罪辨析

刑法分则的许多条文之间不可避免地存在交叉与重叠关系。贷款诈骗虽然不以利用职务便利为条件，但利用职务上的便利骗取贷款的行为，也符合贷款诈骗罪的构成要件。所以民办银行的工作人员利用职务上的便利骗取本单位的贷款时，既符合贷款诈骗罪的构成要件，也符合职务侵占罪的构成要件，在这种情况下，必须允许适用重法条优于轻法条的原则。有必要承认职务侵占罪的法条与金融诈骗罪的法条存在交叉重叠关系。解释者应通过合理的解释，尽量避免不必要的交叉重叠现象。①

另见《刑法》第193条贷款诈骗罪的相关注释。

【拓展关键词】职务侵占罪的主体、对象　国家工作人员　职务侵占罪与贪污罪辨析　利用职务便利与利用工作便利　牵连犯

《刑参》第318号案例“张某侵占案——雇员利用职务之便将个体工商户的财产非法占为己有的如何定性”相关论述：个体工商户属于个人投资经营，用个人财产承担责任的特殊民事主体。它与个人独资企业不同，不属于企业，也不能视为单位。单位必须是依法成立的具有一定经费和财产，有相对独立性的社会组织。个体工商户是特殊的民事主体，具有自然人的全部特征，却不具备单位的组织性特点。在刑法意义上，个体工商户是实质的个人而不是企业或单位。个体工商户所聘用的雇员、帮工、学徒等均不能成为职务侵占罪的主体。

《刑参》第872号案例“曹某等职务侵占案——村干部侵吞土地补偿款的如何定性”相关论述：在认定村基层组织人员是否属于国家工作人员时，不能机械适用立法解释的规定，必须在实质上判断行为是否体现政

---

① 参见张明楷：《刑法分则的解释原理》，中国人民大学出版社2004年版，第94页。

府的管理意志。由于土地征用补偿费在拨付和分配阶段性质不同,故准确认定协助人民政府进行土地征收补偿费用的管理阶段,是准确认定案件性质的前提。如果村干部并非在协助人民政府对土地征收补偿费用进行管理,此时,村干部并不具有从事协助政府进行行政管理的职权,并非从事公务,意味着其没有侵犯国家工作人员的职务廉洁性。土地征用补偿费用本质上是土地所有权由集体所有转为国家所有的利益补偿,一旦被征用方的损失依法得到填补,所有权转移的法律效果便已实现,针对土地征用补偿费进行管理的国家公权力的行使即告终止。协助政府从事"土地征收、征用补偿费用的管理"的公务,应当限于协助政府核准、测算以及向因土地征用受损方发放补偿费用的环节,一旦补偿到位,源于政府的补偿费用就转变为因出让集体土地所有权和个人土地使用权而获得的集体财产和个人财产,之后对该款项的处理属村自治事务和个人财产处置。此时村干部的协助政府管理土地征用补偿费用的公务职责也就相应终结。被告人所私分的款项虽然来源于政府拨付的土地补偿费用,但是鉴于相应费用均已依法发放和补偿到村集体账户,被告人作为村干部协助政府管理土地征用补偿费用的公务已经履行完毕,不再具有准国家工作人员身份。如果村干部在土地征用补偿费用补偿到位后没有利用公务便利,侵吞的只是属于村民集体所有的财产,只能构成职务侵占罪。

《刑参》第1138号案例"赵某、张某职务侵占案——村民小组组长将集体土地征用补偿费据为己有的行为应当如何定性"相关论述:村民小组组长在从事特定公务时与村委会成员一样,可以国家工作人员论。但在处理集体自治事务时则不能以国家工作人员论。村民委员会等村基层组织人员协助人民政府从事特定行政管理工作以及管理村集体事务的区分标准。村民委员会等基层组织协助人民政府从事土地征收、征用补偿费用的管理等行政工作,具体主要是指协助政府开展核准、测算以及向土地征用受损方发放补偿费用等管理活动。如果村民小组组长在协助政府从事上述公务活动中,利用职务便利,弄虚作假、虚报冒领套取超额土地补偿款,则应构成贪污罪。如果协助人民政府从事的土地征收、征用补偿费用管理等行政工作已经结束,土地补偿费已经拨付给村集体,那么关于村民小组组长在管理村集体事务过程中侵吞集体财产,因其不属于协助政府从事特定公务,不构成贪污罪。该土地补偿费系村集体土地被国家征用而支付给该村组集体的补偿费用,该款进入乡委托代理服务中心账户后即成为该中心代为管理的村组集体财产。

《刑参》第235号案例"于某职务侵占案——单位的临时工能否构成职务侵占罪"相关论述:被告人利用职务上的便利非法占有本单位财物的行为构成职务侵占罪。是否构成职务侵占罪的关键在于公司、企业或者其他单位人员非法占有单位财物是否利用职务便利而不是行为人在单位的"身份"。单位正式工作人员没有利用职务便利的,依法不能定职务侵占罪;临时工作人员利用职务上的便利非法占有单位财物的,也应当认定为职务侵占罪。应当从其所在岗位和所担负的工作上看有无主管、管理或者经手单位财物的职责。经手是指因工作需要在一定时间内控制单位的财物,包括因工作需要合法持有单位财物的便利,而不包括因工作关系熟悉作案环境、容易接近单位财物等方便条件。

《刑参》第246号案例"赵某盗窃案——如何区分盗窃罪和职务侵占罪"相关论述:职务侵占罪侵占的对象只限于本单位的财物并且是本人经手、管理的财物。明辨职务之便还是一般的工作之便,在把握单位内部人窃取本单位财物行为的准确定性上具有重要意义。职务之便应当是直接经手、管理本单位某项财物的职权所形成的便利。被告人利用掌管钥匙之机配置了钥匙伺机作案,这种准备作案工具的行为不妨可以认为是利用了职务上的便利。但他具体实施盗窃的时机是选择在他人值班之时,此时抽屉里的现金应属于当班的收银员直接经手、管理,被告人此时窃取的并不是其本人经手、管理的财物,应按盗窃罪处理。

《刑参》第247号案例"林某职务侵占案——名义职务与实际职务不一致的应当如何判断是否利用了职务之便"相关论述:被告人窃取信用社巨款得逞是利用了保管保险柜的钥匙以及能够进出金库这两条职务上的便利。尽管其行为同时也利用了信用社管理制度上的混乱和漏洞,但就其窃取欠款的行为本质而言仍然是一种利用职务便利的行为。本案因被告所在单位的违规授权，使被告人实际具有了一定的职务。法院审查的仅是被告人有无特定的实际职务，是否应当具有这种职务，这种授权是否合法，二者不能混淆，无论其职务如何获得均不影响其构成职务侵占罪。

《刑参》第452号案例“贺某职务侵占案——临时搬运工窃取铁路托运物资构成何罪”相关论述：是否构成职务侵占罪的关键是行为人是否利用了职务上的便利而非行为人在单位中的身份。认定行为人是否具有职务便利不能以正式工、合同工还是临时工为划分标准。而应当从其所在的岗位和所担负的工作看其有无主管、管理或者经手单位财物的职责。现行刑法规定的职务侵占罪源于1995年全国人民代表大会常务委员会《关于惩治违反公司法的犯罪的决定》（已失效），该决定第10条用了“利用职务或者工作上的便利”的表述，现行刑法则表述为“利用职务上的便利”，但这并不意味着将“利用工作上的便利”排除出职务侵占罪之外。现行刑法仅仅是出于刑法用语简洁的考虑并无改变本罪构成要件的意图，利用职务上的便利理应包括利用工作上的便利。认定行为人是否利用了职务上的便利，主要看该便利条件是否直接为其工作职责所包括。利用主管、管理、经手单位财物的便利都属于“利用职务上的便利”。

《刑参》第460号案例“陈某盗窃案——盗窃邮政局金库中存放的邮政汇款是否构成盗窃金融机构”相关论述：是否利用职务上的便利是盗窃与职务侵占的关键区别。职务侵占罪侵犯的对象只限于本单位的合法财物。无论是主管、管理还是经手，都要求行为人以其本人职务范围内的权限职责为基础。利用其对单位财物具有一定的支配、决定权、处置或临时的实际控制权而实施的窃取财物的行为，才属于利用职务上的便利。如果行为人仅仅只是利用工作中易于接触他人管理、经手中的单位财物，或者熟悉作案环境的便利条件实施侵财犯罪，则属于“利用工作条件便利”，认定盗窃罪。被告人作为邮政局的经警队长负责邮政局相关工作人员及财物的安全保卫工作，其职责范围内不具备对邮政储蓄资金的管理、主管、经手的权力。其工作性质不能与邮政储蓄资金直接接触。其接触资金的行为与其职责无关，其没有持有金库钥匙的权力。没有擅自打开邮政局金库的权力。其仅仅利用他人对其身份的信任以及熟悉作案环境的便利条件，不属于职务便利，其行为构成盗窃罪。

《刑参》第516号案例“刘某职务侵占案——用工合同到期后没有续签合同的情况下，原单位工作人员是否符合职务侵占罪的主体要件”相关论述：虽然被告人的犯罪行为发生在用工合同到期日之后，但当时刘某仍在实际行使管理职责，对车间仓库财物具有管理职权，符合职务侵占罪的主体特征。刑法注重的是实质合理性。评判一个人是否为单位工作人员的实质性依据是其是否在单位中具有一定工作职责或者承担一定业务活动，至于是否与用工单位签订了用工合同以及是否在用工合同到期内只是属于审查判断其主体身份的形式考察内容。虽然被告人对所侵占财物无独立管理权，但其单独利用共同管理权窃取本单位财物，应当认定为利用职务便利。“主管”，是指行为人虽不具体管理、经手单位财物，但对单位财物的调拨、安排、使用具有决定权。“管理”，是指行为人对单位财物直接负有保管、处理、使用的职责，亦即对单位财物具有一定的处置权。“经手”，是指行为人虽不负有管理、处置单位财物的职责，但因工作需要，单位财物一度由其经手，行为人对单位财物具有临时的实际控制权。单位财物的支配权、处置权及管理权往往由两人以上共同行使，在这种情况下，行为人对单位财物的管理权仍及于职责范围的全部，其管理权能以及因该管理权所产生的便利亦不因有其他共同管理人而受影响，其单独利用其管理职务便利窃取本单位财物的行为不影响“利用职务上的便利”的认定。被告人采用了用自己保管的两把钥匙打开挂锁，同时撬开另外两把挂锁的方式，窃取自己所保管的公司仓库的财物。对于这种混合采用多种手段实施的侵财犯罪，应当根据其主行为的本质特征定罪。所谓主行为即是直接侵害法益的行为。也即直接实现其犯罪目的的行为。如诈骗罪中实施的虚构事实的诈骗方法行为，抢劫罪中的暴力劫财行为。本案被告人打开车库的挂锁进入仓库窃取财物的行为是主行为，其利用自身负责保管的两把钥匙打开两把挂锁，又借助了一般盗窃的撬锁方式最终进入仓库窃得财物，貌似撬锁行为也起了主要作用。但是从整个行为过程来分析，被告人能够顺利实现非法占有单位财物的目的关键还是利用了其作为车间主任对仓库财物直接负有保管职责的便利，没有其职务便利，其犯罪不可能顺利得逞。盗窃方法也是职务侵占罪的侵占行为方式之一，利用职务便利采取秘密窃取方法取得本公司财物，应当认定为职务侵占罪。凡是能够实现将单位财物非法占为己有的方法，只要是利用了职务便利，都是职务侵占罪的行为方式。

《刑参》第1137号案例"谭某职务侵占案——单位员工利用本单位业务合作方的收费系统漏洞，制造代收业务费用结算金额减少的假象，截留本单位受托收取的业务合作方现金费用的行为，应当如何定性"相关论述：被告人与美霖公司之间不存在委托保管关系，不构成侵占罪。被告人截留的电信费用是其依据工作职责收取的款项，不属于法律上规定的委托代为保管的他人财物。被告人侵占的费用并不处于中国电信广州公司占有之下，故其行为亦不构成盗窃罪。被告人截留的电信费用属于美霖公司管理、控制的财物，被告人利用中国电信公司收费系统漏洞，将其经手控制的电信费代收款截留占为己有的行为，属于利用职务便利侵占本单位管理控制的财物的行为，符合职务侵占罪的构成要件。

《形参》第1420号案例"刘某、刘某一、刘某二诈骗案——当被告人同时具有国家工作人员等多种身份时应如何认定其行为性质以及村民委员会是否属于单位犯罪的适格主体"相关论述：当被告人同时具有国家工作人员等多种身份时，应当以其实施犯罪行为时所利用的具体身份来认定其行为性质。

《刑参》第1440号案例"韩某职务侵占案——如何判断行为人侵占单位财产的行为是否利用职务上的便利"相关论述：只要行为人非法占有本单位财物系利用职务上的便利，无论其采取窃取、骗取还是其他手段，均不影响其行为构成职务侵占罪。关键是行为人在非法占有本单位财物过程中是否利用了主管、管理、经手本单位财物的职务上的便利。在韩某的名义职务与实际职务不一致时，应根据实际履行职务情况来确定其职务情况。从刑法因果关系的角度分析，应根据行为人职务上的便利对其完成犯罪所其作用的大小来确定罪名，如果职务上的便利对整个犯罪的完成起到不可或缺的作用，则其行为构成职务侵占罪。

另见《刑法》第264条盗窃罪、第382条贪污罪的相关注释。

【拓展关键词】职务侵占罪与盗窃罪、诈骗罪辨析 非法占有目的认定 牵连犯

普通货物运输的承运人不仅负有将货物安全及时地送达目的地的职责，同时对该货物负有直接保管的义务，货运驾驶员在运输途中，利用其运输、保管货物的职务便利窃取货物的行为，构成职务侵占罪。李某作为涉案货物承运人公司的驾驶人员受公司委派具体负责运输该批货物，其在运输途中亦合法取得了对该批货物的控制权。托运人对涉案金币所采取的包装措施，仅是将金币等货物用纸箱装好后以胶带封缄。该包装措施虽然在一定程度上宣示了托运人不愿他人打开封存箱的意思，但主要作用在于防止货物散落。托运人办理托运时，就已整体地将保管、运输该批货物的义务交付公司，托运人在整个运输过程中客观上已无力控制、支配该批货物。李某对涉案货物负有直接、具体的运输、保管职责。当事人对动产是否享有控制权是客观状态，并不以当事人的主观心态而发生改变。用胶带封缄纸箱不可能达到实际控制货物的目的，不可能达到封闭防盗的目的。李某正是利用自己运输、保管涉案货物的职务便利，伙同他人非法占有封箱内的物品。①

储运公司是两家国有公司投资设立的股份公司，该公司保管的财产虽可列为经手管理的国有财产，但被告人只是该公司雇佣的工作人员，从事的只是看管验货场的劳务工作，其身份是一般工勤人员，对场内货物不具有管理权利，既不属于在"公司、企业或者其他国有单位中从事公务的人员"也不属于"受委托管理、经

---

① 参见李某职务侵占案，载《最高人民法院公报》2009年第8期。

营国有财产的人员”,不能成为贪污罪的主体。被告人通过与储运公司签订临时劳务合同,受聘为储运公司承保经营的海关验货场门岗。受聘期间,被告人利用当班看管场内货物和核对并放行车辆等职务便利,与他人共谋,内外勾结共同窃取储运公司负责保管的货柜,其行为构成职务侵占罪。此次犯罪之所以能够得逞,与张珍贵利用职务便利有着必然关系,2 人非利用职务便利的行为占据次要地位,应以职务侵占罪定罪。①

《刑参》第 21 号案例“罗某等侵占案——公司职员利用职务之便,内外勾结骗取公司代管的客户保证金的行为如何适用法律”相关论述:被告人从公司与客户进行的“对赌”活动中受到启发,产生利用“对赌”手法骗取公司钱财的犯意,被告人罗某等利用职务便利,被告人王某等利用客户的条件,双方相互配合,内外勾结,伪造交易事实,非法获取汇友公司资金。这里虚假的外汇期货交易形式只不过是罗某等人占有资金的手段。必须把汇友公司的欺骗客户的行为与罗某等人从汇友公司骗取资金的行为区别开来。罗某等人的行为构成侵占本公司资金的犯罪而不构成以欺骗手段非法占有客户资金的诈骗犯罪。

《刑参》第 22 号案例“汪某等侵占案——企业聘用的合同工人勾结外部人员,利用工作上的便利,盗窃企业财物的行为应如何定罪”相关论述:被告人勾结外部人员窃取企业财物的行为,全案应定侵占罪。

《刑参》第 192 号案例“潘某、王某职务侵占、虚报注册资本、贷款诈骗案——以非法侵占物进行抵押贷款,逾期不还贷行为的定性”相关论述:因黄河公司拖欠被告人与其所侵占的还贷剩余款项相当的工资、出差费等,被告人利用职务便利将公司 246 万元还贷剩余款占为己有的行为,不应认定为职务侵占。是否属于公司的财产,对财产所有权属性的认定仅仅是判断的一个方面,而公司对该财产的责任如何才是认定的关键。在国家机关、国有公司等管理、使用或者运输中的私人财产以公共财产论,之所以将这里的私人财产视为公共财产是因为国有单位等与私人财产的所有权人之间存在债权债务关系,且负有对其管理、使用、运输的私人财产的保全、归还以及在这些财产遭受损失的情况下的赔偿责任。虽然该还贷剩余款的所有权属于荣某,但因承担还款责任的义务方是黄河公司,故被告人所侵占的还贷剩余款项应视为黄河公司的财产。非法占有他人财产或者说侵犯他人的财产权利应当是构成职务侵占罪不可或缺的一个实质要件。就客观方面而言,黄河公司拖欠被告人等违约在先且被告人私自取走的数额与拖欠款项数额相当,黄河公司并未因该侵占行为遭受实际的损失。就主观方面而言,被告人在取得该款之后并未再行要求黄河公司支付拖欠的费用,说明其主观上不具有非法占有他人财产的目的。被告人私自取走还贷剩余款的行为究其实质是以侵害他人物权的形式实现自己的债权,属于民事违法行为,不应以职务侵占罪追究被告人的刑事责任。

《刑参》第 213 号案例“董某、岑某等伪造有价票证、职务侵占案——以假充真侵占门票收入款行为如何定性”相关论述:东方明珠广播电视塔观光券应当认定为有价票证。被告人以非法占有为目的利用职务上的便利出售伪造的观光券行为,构成职务侵占罪。被告人等以假的观光券向游客出售,客观上存在欺骗游客和倒卖伪造票证的行为,但不应以诈骗罪和倒卖有价票证罪处罚。被告人虽实施了欺骗游客的行为但其意图占有的对象并非游客的财物而是门票收入。倒卖伪造票证中的非法营利目的,应当是通过倒卖行为本身来达到的。本案虽属于共同犯罪,但考虑各被告人所实施的具体行为及行为之间的牵连关系,在具体确定罪名时应区别对待。董某等 3 人伪造观光券行为是为了侵占门票收入,构成职务侵占罪,伪造行为与侵占行为是手段与目的关系,构成牵连犯,从一重以职务侵占罪论处。对田某等 4 人应以伪造有价票证罪定罪处罚。该 4 被告人的行为客观上属于董某等 3 人职务侵占行为的帮助行为,但根据共犯理论及本案案情,不宜对该 4 被告人以职务侵占罪定罪。本案证据尚不足以认定该 4 名被告人存在侵占的共同故意,且该 4 名被告人也未实际实施职务侵占罪的构成行为,《刑法》业已对伪造有价票证行为进行单独评价,规定了独立罪名的情况下,不宜也不必依附于所帮助的行为来定性。也并没有否定该 7 人共同伪造有价票证,构成伪造有价票

---

① 参见张某、黄某职务侵占案,载《最高人民法院公报》2002 年第 3 期。

证共同犯罪这一点。

《刑参》第235号案例"于某职务侵占案——单位的临时工能否构成职务侵占罪"相关论述：被告人基于违法犯罪目的先手实施了两个阶段的行为，但是其后一个阶段的行为并未触犯罪名。牵连犯理论中的牵连行为触犯另一个罪名指的是该行为是一个独立的、完整的犯罪行为。由于被告人实施的后一个行为并不具备完整的犯罪构成，其行为不属于刑法理论上的牵连犯。被告人使用虚构事实和隐瞒真相的手段将合法控制的财物非法占为己有，不构成诈骗罪或者盗窃罪。被告人从单位领出货物办理托运手续过程中对托运单位谎称部分货物不再托运，之后又实施虚假托运行为，以欺骗本单位，使其占有单位财物的行为不被本单位察觉，实际上被告人是以欺骗方法非法占有本单位财物的。而且在其非法占有本单位财物时，其自己就是单位财物的管理人，对于这种利用管理单位财物的便利将自己合法持有的本单位财物非法占为己有的行为，不能认定为秘密窃取财物，不能以盗窃罪处罚。

《刑参》第461号案例"王某等职务侵占案——利用职务便利盗卖单位游戏'武器装备'的行为定性"相关论述：虚拟财产可以成为刑法保护的对象。利用职务便利倒卖游戏"武器装备"的行为构成职务侵占罪。被告人修改游戏软件数据库中的数据的行为后产生"武器装备"是软件运行后产生的结果，并不是软件本身。对软件著作权的保护不延及开发软件所用的处理过程、操作方法等。本案涉及的"武器装备"不属于计算机软件著作权的保护范围，不构成复制、发行计算机软件的行为。被告人违法获得"武器装备"后销售给玩家的行为属于销赃行为，在刑法理论上称为事后不可罚的行为，一般不对销赃行为单独进行评价。事实上许多销赃行为大多隐瞒赃物的真实来源，对购买者具有一定的欺骗性，并不单独认定诈骗罪。

另见《刑法》第264条盗窃罪、第266条诈骗罪的相关注释。

第二百七十二条 【挪用资金罪】①

公司、企业或者其他单位的工作人员，利用职务上的便利，挪用本单位资金归个人使用或者借贷给他人，数额较大、超过三个月未还的，或者虽未超过三个月，但数额较大、进行营利活动的，或者进行非法活动的，处三年以下有期徒刑或者拘役；挪用本单位资金数额巨大的，处三年以上七年以下有期徒刑；数额特别巨大的，处七年以上有期徒刑。

【挪用公款罪】

国有公司、企业或者其他国有单位中从事公务的人员和国有公司、企业或者其他国有单位委派到非国有公司、企业以及其他单位从事公务的人员有前款行为的，依照本法第三百八十四条的规定定罪处罚。

有第一款行为，在提起公诉前将挪用的资金退还的，可以从轻或者减轻处罚。其中，犯罪较轻的，可以减轻或者免除处罚。

---

① 根据《刑法修正案（十一）》修订。原条文主要内容为：公司、企业或者其他单位的工作人员，利用职务上的便利，挪用本单位资金归个人使用或者借贷给他人，数额较大、超过三个月未还的，或者虽未超过三个月，但数额较大、进行营利活动的，或者进行非法活动的，处三年以下有期徒刑或者拘役；挪用本单位资金数额巨大的，或者数额较大不退还的，处三年以上十年以下有期徒刑。

国有公司、企业或者其他国有单位中从事公务的人员和国有公司、企业或者其他国有单位委派到非国有公司、企业以及其他单位从事公务的人员有前款行为的，依照本法第三百八十四条的规定定罪处罚。

◆ 相关规定

最高人民检察院
关于挪用尚未注册成立公司资金的行为适用法律问题的批复
（高检发研字〔2000〕19 号）

江苏省人民检察院：

你院苏检发研字〔1999〕第 8 号《关于挪用尚未注册成立的公司资金能否构成挪用资金罪的请示》收悉。经研究，批复如下：

筹建公司的工作人员在公司登记注册前，利用职务上的便利，挪用准备设立的公司在银行开设的临时账户上的资金，归个人使用或者借贷给他人，数额较大、超过三个月未还的，或者虽未超过三个月，但数额较大、进行营利活动的，或者进行非法活动的，应当根据刑法第二百七十二条的规定，追究刑事责任。

最高人民法院
关于如何理解刑法第二百七十二条规定的"挪用本单位资金归个人使用或者借贷给他人"问题的批复
（法释〔2000〕22 号）

新疆维吾尔自治区高级人民法院：

你院新高法〔1998〕193 号《关于对刑法第二百七十二条"挪用本单位资金归个人使用或者借贷给他人"的规定应如何理解的请示》收悉。经研究，答复如下：

公司、企业或者其他单位的非国家工作人员，利用职务上的便利，挪用本单位资金归本人或者其他自然人使用，或者挪用人以个人名义将所挪用的资金借给其他自然人和单位，构成犯罪的，应当依照刑法第二百七十二条第一款的规定定罪处罚。

最高人民法院
关于对受委托管理、经营国有财产人员挪用国有资金行为如何定罪问题的批复
（法释〔2000〕5 号）

江苏省高级人民法院：

你院苏高法〔1999〕94 号《关于受委托管理、经营国有财产的人员能否作为挪用公款罪主体问题的请示》收悉。经研究，答复如下：

对于受国家机关、国有公司、企业、事业单位、人民团体委托，管理、经营国有财产的非国家工作人员，利用职务上的便利，挪用国有资金归个人使用构成犯罪的，应当依照刑法第二百七十二条第一款的规定定罪处罚。

公安部
关于村民小组组长以本组资金为他人担保贷款如何定性处理问题的批复
（公法〔2001〕83 号）

陕西省公安厅：

你厅《关于村民小组组长以组上资金为他人担保贷款造成集体资金严重损失如何定性问题的请示》收

悉。现批复如下：

村民小组组长利用职务上的便利，擅自将村民小组的集体财产为他人担保贷款，并以集体财产承担担保责任的，属于挪用本单位资金归个人使用的行为。构成犯罪的，应当依照刑法第二百七十二条第一款的规定，以挪用资金罪追究行为人的刑事责任。

公安部经济犯罪侦查局
关于对挪用资金罪有关问题请示的答复

（公经〔2002〕1604 号）

山东省公安厅经侦总队：

你总队《关于对刑法第 272 条"挪用本单位资金"的规定应如何理解的请示》（鲁公经〔2002〕713 号）收悉。经研究，现答复如下：

对于在经济往来中所涉及的暂收、预收、暂存其他单位或个人的款项、物品，或者对方支付的货款、交付的货物等，如接收人已以单位名义履行接收手续的，所接收的财、物应视为该单位资产。

此复

2002 年 12 月 24 日

全国人民代表大会常务委员会法制工作委员会刑法室
关于挪用资金罪有关问题的答复

（法工委刑发〔2004〕第 28 号）

公安部经济犯罪侦查局：

你局 2004 年 7 月 19 日（公经〔2004〕141 号）来函收悉，经研究，答复如下：

刑法第二百七十二条规定的挪用资金罪中的"归个人使用"与刑法第三百八十四条规定的挪用公款罪中的"归个人使用"的含义基本相同。97 年修改刑法时，针对当时挪用资金中比较突出的情况，在规定"归个人使用时"的同时，进一步明确了"借贷给他人"属于挪用资金罪的一种表现形式。

最高人民法院　最高人民检察院
关于办理贪污贿赂刑事案件适用法律若干问题的解释（节选）

（法释〔2016〕9 号）

详见《刑法》第 382 条贪污罪的相关规定

第十一条　刑法第一百六十三条规定的非国家工作人员受贿罪、第二百七十一条规定的职务侵占罪中的"数额较大""数额巨大"的数额起点，按照本解释关于受贿罪、贪污罪相对应的数额标准规定的二倍、五倍执行。

刑法第二百七十二条规定的挪用资金罪中的"数额较大""数额巨大"以及"进行非法活动"情形的数额起点，按照本解释关于挪用公款罪"数额较大""情节严重"以及"进行非法活动"的数额标准规定的二倍执行。

刑法第一百六十四条第一款规定的对非国家工作人员行贿罪中的"数额较大""数额巨大"的数额起点，按照本解释第七条、第八条第一款关于行贿罪的数额标准规定的二倍执行。

☞ 其他相关规定见章后二维码

◆ 解读与适用

【拓展关键词】吸收犯　犯罪动机　挪用资金罪与职务侵占罪辨析

《刑参》第 290 号案例"向某、刘某挪用资金、职务侵占案——吸收犯的具体认定"相关论述：吸收犯一般表现为几点。(1)高度行为吸收低度行为。如运输毒品以持有毒品为前提，运输毒品罪自然吸收非法持有毒品罪。(2)实行行为吸收非实行行为。该种情形主要存在于同一罪名不同阶段的犯罪以及共同犯罪之中。如杀人的实行行为就应吸收杀人的预备行为。高度行为吸收低度行为主要存在于同时实施的不同种类犯罪，实行行为吸收非实行行为主要存在于前后实施的同种类犯罪。本案中挪用行为与职务侵占行为属于两个相互独立的行为，不存在依附从属关系。职务侵占的完成无须依赖挪用行为。挪用的资金和侵占的资金不是同一笔资金，不具有内在的阶段性关系。虽然填补挪用资金造成的差款是职务侵占的一个重要动机，但由于侵占的是本单位的另一笔资金，属于单独实施了另一种犯罪，动机在刑法对犯罪行为评价定罪上不具有决定性意义，而仅在量刑上的考虑因素。

【拓展关键词】非法占有目的与间接故意

《刑参》第 382 号案例"刘某挪用资金案——彩票销售人员不交纳投注金购买彩票并且事后无力偿付购买彩票款的行为定性"相关论述：被告人属于受委托管理、经营国有财产的人员。作为以非法占有为目的的贪污犯罪是一种直接故意犯罪，而被告人的意图是利用管理、经营福利彩票投注站的职务便利，不付购买彩票款，中奖了归还，不中奖不还的心理，对于不支付购买彩票款持放任心理，属于间接故意，不能因为没中奖，事后无力偿还而认定被告人具有非法占有目的。同时，被告人写欠条的行为虽然符合合同的含义，但因该合同随附其前行为所产生，不具有独立性，即使其写欠条时并无诚意也不能认定该行为是非法占有的手段。构成侵占罪或者合同诈骗罪不仅要求行为人具有非法占有目的还应该是与职务无关的行为。被告人作为受委托管理、经营国有财产的人员，利用承包福利彩票投注站、销售福利彩票的职务便利，不交纳投注金购买彩票的行为，与直接挪用福利彩票站资金购买彩票，在性质上是相同的，可视为挪用本单位资金购买彩票，应以挪用资金罪论处。①

【拓展关键词】超过 3 个月未还　被害人承诺　挪用资金罪主体和对象　挪用资金罪与挪用公款罪辨析　国家工作人员　单位

在无法查明企业经济性质的情况下，无法认定作为法定代表人的被告人对公司资金享有什么权利，对企业负责人将企业资金转移到个人账户进行股票交易的行为，不应按挪用资金罪认定。②

《刑参》第 333 号案例"丁某挪用资金案——村民委员会成员利用职务便利，个人借用村集体资金或者将集体资金借给他人使用的，构成何罪"相关论述：村民委员会成员不是刑法意义上的国家工作人员。

《刑参》第 454 号案例"陈某等挪用资金、贪污案——无法区分村民委员会人员利用职务之便挪用款项性质的如何定罪处罚"相关论述：无法区分被挪用的款项性质的，以挪用资金罪追究村民委员会等村基层组织人员的刑事责任。

《刑参》第 1189 号案例"李某挪用资金案——挪用资金超过 3 个月未还的时间节点如何确定"相关论述：挪用型犯罪时间节点的确定应立足于最大限度地保护单位资金安全。刑法规定的"挪用资金超过 3 个月未还"属于一种持续行为，不因"报案""立案""采取强制措施"等介入因素而中断。即只要行为人挪用资金归个人使用，数额较大，该行为持续的时间超过 3 个月即构成本罪。立法者只在挪用资金罪和挪用公款罪中

---

① 参见刘某合同诈骗案，载《最高人民法院公报》2006 年第 2 期。

② 参见刘某挪用资金案，载《最高人民法院公报》2004 年第 8 期。

设定因在规定时间内未履行归还义务而定罪处罚的情形，将时间引入犯罪构成之中，时间对于违法行为犯罪化具有决定性意义。挪用型犯罪的成立不存在截止日的问题。无论是被害单位报案时还是公安机关立案、抑或对被告人采取强制措施，无论是提起公诉抑或法院宣判之日，都不是界定是否满3个月的时间节点。行为人自挪用之日起在3个月内归还的，无论中间发生什么，其行为均不构成犯罪，超过3个月才归还甚至还处于未归还状态的，挪用犯罪即已成立。“超过3个月未还”的认定，应以挪用行为持续的时间为依据。只要挪用较大数额资金持续超过3个月，就可以追究刑事责任。在超过3个月未还型挪用资金案中可引入时效中止理论，在特定因素消灭后继续计算3个月期限，以免使犯罪嫌疑人逃避法律制裁。被害单位的承诺在两种情况下可影响3个月的法定期限：一是被害单位的承诺导致3个月期限的彻底终止。二是被害单位的承诺导致3个月期限的暂时中止。当然这种被害单位的承诺不作为犯罪处理的情况仅限于挪用资金犯罪，不能适用于挪用公款犯罪。国有单位对国有资产并不具有所有权，无权对挪用人作出免除或者延迟还款义务的承诺。

《刑参》第1343号案例“王某挪用资金案——小区业主委员会主任挪用业主委员会银行账户资金的行为应当如何定性”相关论述：业主委员会可以被认定为“其他单位”。刑法中作为单位犯罪的“单位”与散见于刑法分则自然人犯罪条文中出现的“单位”外延并不相同。作为被害“单位”与单位犯罪中的“单位”亦不一致。“单位”作为被害人出现时，主要是从保护其合法权益的角度出发予以考量，与需要承担刑事责任的单位犯罪中的“单位”相比，被害单位只要是能够主张权利的实体即可，成立要件相对宽松。业主委员会可以作为原告或被告参加诉讼。业主委员会账户内资金属于挪用资金罪中的“本单位资金”。①

另见《刑法》第384条挪用公款罪的相关注释。

【拓展关键词】挪用资金数额较大　同一解释　体系解释

《刑参》第1394号案例“曾某挪用资金案——挪用资金罪两个量刑档次中的‘数额较大’，是否适用同一数额认定标准”相关论述：如对挪用资金罪两个刑档中的“数额较大”作同一解释，结论不仅违背了罪刑相适应原则也违背了相关司法解释的本意。挪用公款归个人使用或者用于营利活动，只有当不退还的数额达到100万元以上时才能认定为法定刑升格条件。针对挪用资金罪中两个量刑档次中的“数额较大”应作不同解释。对于刑法中的词语，首先应当作同一解释，如果同一解释得出的结论足以实现刑法的正义理念，就不应再作不同的解释。只有在作同一解释会导致明显的不合理时，才应考虑作不同解释。同样位于挪用资金罪第二个刑档中的“数额较大不退还”，其数额也应当以挪用公款罪第二个刑档“情节严重”中不退还的数额标准作为认定基准，即200万元（100万元×2）。

第二百七十三条　【挪用特定款物罪】

挪用用于救灾、抢险、防汛、优抚、扶贫、移民、救济款物，情节严重，致使国家和人民群众利益遭受重大损害的，对直接责任人员，处三年以下有期徒刑或者拘役；情节特别严重的，处三年以上七年以下有期徒刑。

---

① 参见王某挪用资金案，载《最高人民法院公报》2020年第5期。

◆ 相关规定

最高人民检察院
关于挪用失业保险基金和下岗职工基本生活保障资金的行为适用法律问题的批复(节选)
(高检发释字〔2003〕1号)

辽宁省人民检察院:

挪用失业保险基金和下岗职工基本生活保障资金属于挪用救济款物,挪用失业保险基金和下岗职工基本生活保障资金,情节严重致使国家和人民利益遭受重大损害的,对直接人员,应当依照刑法第二百七十三条的规定,以挪用特定款物罪追究刑事责任;国家工作人员利用职务上的便利,挪用失业保险基金和下岗职工基本生活保障资金归个人使用,构成犯罪的,应当依照刑法第三百八十四条的规定,以挪用公款罪追究刑事责任。

☞ 其他相关规定见章后二维码

第二百七十四条 【敲诈勒索罪】①

敲诈勒索公私财物,数额较大或者多次敲诈勒索的,处三年以下有期徒刑、拘役或者管制,并处或者单处罚金;数额巨大或者有其他严重情节的,处三年以上十年以下有期徒刑,并处罚金;数额特别巨大或者有其他特别严重情节的,处十年以上有期徒刑,并处罚金。

◆ 相关规定

最高人民法院
关于审理抢劫、抢夺刑事案件适用法律若干问题的意见(节选)
(法发〔2005〕8号)

详见《刑法》第263条抢劫罪的相关规定

九、关于抢劫罪与相似犯罪的界限

1. 冒充正在执行公务的人民警察、联防人员,以抓卖淫嫖娼、赌博等违法行为为名非法占有财物的行为定性

行为人冒充正在执行公务的人民警察“抓赌”、“抓嫖”,没收赌资或者罚款的行为,构成犯罪的,以招摇撞骗罪从重处罚;在实施上述行为中使用暴力或者暴力威胁的,以抢劫罪定罪处罚。行为人冒充治安联防队员“抓赌”、“抓嫖”、没收赌资或者罚款的行为,构成犯罪的,以敲诈勒索罪定罪处罚;在实施上述行为中使用暴力或者暴力威胁的,以抢劫罪定罪处罚。

---

① 根据《刑法修正案(八)》修订。修订前条文主要内容为:敲诈勒索公私财物,数额较大的,处三年以下有期徒刑、拘役或者管制;数额巨大或者有其他严重情节的,处三年以上十年以下有期徒刑。

最高人民法院　最高人民检察院
关于办理利用信息网络实施诽谤等刑事案件适用法律若干问题的解释(节选)

(法释〔2013〕21号)

详见《刑法》第246条侮辱罪、诽谤罪的相关规定

第六条　以在信息网络上发布、删除等方式处理网络信息为由,威胁、要挟他人,索取公私财物,数额较大,或者多次实施上述行为的,依照刑法第二百七十四条的规定,以敲诈勒索罪定罪处罚。

最高人民法院　最高人民检察院
关于办理敲诈勒索刑事案件适用法律若干问题的解释

(法释〔2013〕10号)

第一条　敲诈勒索公私财物价值二千元至五千元以上、三万元至十万元以上、三十万元至五十万元以上的,应当分别认定为刑法第二百七十四条规定的"数额较大"、"数额巨大"、"数额特别巨大"。

各省、自治区、直辖市高级人民法院、人民检察院可以根据本地区经济发展状况和社会治安状况,在前款规定的数额幅度内,共同研究确定本地区执行的具体数额标准,报最高人民法院、最高人民检察院批准。

第二条　敲诈勒索公私财物,具有下列情形之一的,"数额较大"的标准可以按照本解释第一条规定标准的百分之五十确定:

(一)曾因敲诈勒索受过刑事处罚的;

(二)一年内曾因敲诈勒索受过行政处罚的;

(三)对未成年人、残疾人、老年人或者丧失劳动能力人敲诈勒索的;

(四)以将要实施放火、爆炸等危害公共安全犯罪或者故意杀人、绑架等严重侵犯公民人身权利犯罪相威胁敲诈勒索的;

(五)以黑恶势力名义敲诈勒索的;

(六)利用或者冒充国家机关工作人员、军人、新闻工作者等特殊身份敲诈勒索的;

(七)造成其他严重后果的。

第三条　二年内敲诈勒索三次以上的,应当认定为刑法第二百七十四条规定的"多次敲诈勒索"。

第四条　敲诈勒索公私财物,具有本解释第二条第三项至第七项规定的情形之一,数额达到本解释第一条规定的"数额巨大"、"数额特别巨大"百分之八十的,可以分别认定为刑法第二百七十四条规定的"其他严重情节"、"其他特别严重情节"。

第五条　敲诈勒索数额较大,行为人认罪、悔罪,退赃、退赔,并具有下列情形之一的,可以认定为犯罪情节轻微,不起诉或者免予刑事处罚,由有关部门依法予以行政处罚:

(一)具有法定从宽处罚情节的;

(二)没有参与分赃或者获赃较少且不是主犯的;

(三)被害人谅解的;

(四)其他情节轻微、危害不大的。

第六条　敲诈勒索近亲属的财物,获得谅解的,一般不认为是犯罪;认定为犯罪的,应当酌情从宽处理。

被害人对敲诈勒索的发生存在过错的,根据被害人过错程度和案件其他情况,可以对行为人酌情从宽处理;情节显著轻微危害不大的,不认为是犯罪。

第七条　明知他人实施敲诈勒索犯罪,为其提供信用卡、手机卡、通讯工具、通讯传输通道、网络技术支

持等帮助的，以共同犯罪论处。

第八条 对犯敲诈勒索罪的被告人，应当在二千元以上、敲诈勒索数额的二倍以下判处罚金；被告人没有获得财物的，应当在二千元以上十万元以下判处罚金。

第九条 本解释公布施行后，《最高人民法院关于敲诈勒索罪数额认定标准问题的规定》（法释〔2000〕11号）同时废止；此前发布的司法解释与本解释不一致的，以本解释为准。

最高人民法院 最高人民检察院 公安部 司法部
关于办理实施“软暴力”的刑事案件若干问题的意见（节选）

（2019年4月9日施行）

详见《刑法》第294条组织、领导、参加黑社会性质组织罪的相关规定

八、以非法占有为目的，采用“软暴力”手段强行索取公私财物，同时符合《刑法》第二百七十四条规定的其他犯罪构成要件的，应当以敲诈勒索罪定罪处罚。

《关于办理敲诈勒索刑事案件适用法律若干问题的解释》第三条中“二年内敲诈勒索三次以上”，包括已受行政处罚的行为。

☞ 其他相关规定见章后二维码

◆ 解读与适用

【拓展关键词】敲诈勒索罪与诈骗罪、绑架罪辨析 敲诈勒索罪既遂标准

行为人以被害人预谋犯罪为由，对被害人加以控制，并以报警将被害人送交公安机关处理为要挟，向被害人及其亲属强索财物。在实施上述犯罪过程中，行为人虽然在一定程度上限制了被害人的人身自由，并且为控制被害人而采取了轻微暴力，但并未使用暴力、胁迫、麻醉或者其他方法劫持被害人，亦未将被害人藏匿，其行为不构成绑架罪，应当以敲诈勒索罪定罪处罚。①

《刑参》第259号案例“陈某故意杀人、敲诈勒索案——将被害人杀死后，以被害人被绑架为名，向被害人亲属勒索钱款的行为构成敲诈勒索罪”相关论述：被害人已经死亡不可能成为绑架罪的被绑架对象。不符合使人失去人身自由的特征。被害人的亲属尽管完全可能相信被告人虚构被害人被绑架的事实，但其绝不会“自愿”地向被告人交出钱款，即使交出被索要的钱款，也只能是精神上受到胁迫，出于无奈才交出的，不够成诈骗罪。行为人是用虚构事实或隐瞒真相的方法，使人受蒙蔽而“自愿”地交付财物，还是用威胁或要挟的方法，使人受到精神强制而被迫地交付财物，是诈骗罪同敲诈勒索最本质的区别。敲诈勒索罪应以犯罪人是否实际取得他人财物为既遂与否的标准。侧重被害人财产权益保护的观点认为，应当以被害人是否已被迫交出财物为标准。侧重犯罪完成说的观点认为，应当以犯罪人取得财物为标准。如被害人已按照犯罪人的要求将财物交付于特定的地点或交付于犯罪人所指定的特定的人，但犯罪人尚未取得财物时被抓获的，从表面上看，被害人交付财物和犯罪人取得财物在时间上并不一致，但实质上讲，仍应视为犯罪人可以实际取得财物。无论依交付说还是取得说都宜认定为既遂。但如果被害人事先报警，公安机关已经布控，只待犯罪人前往指定地点取钱即将其抓获的，对此应认定为未遂。因为被害人并未真正交付财物或并未真正失去对财物的控制，犯罪人也不可能实际取得财物。

[本书观点]公安机关的监视与布控与对象不能犯的未遂情形有着本质不同。

---

① 参见谢某等敲诈勒索案，载《最高人民法院公报》2009年第10期。

另见《刑法》第266条诈骗罪、第239条绑架罪的相关规定。

【拓展关键词】敲诈勒索罪与抢劫罪辨析　牵连犯　两个当场　法律意义上的犯罪行为

《刑参》第147号案例"何某抢劫案——敲诈勒索罪与抢劫罪之区分"相关论述：敲诈勒索罪的行为内容仅限于威胁，不包括当场实施暴力。威胁的内容不只是暴力还包括非暴力的内容。抢劫罪的威胁具有当场即时发生暴力的现实可能性。敲诈勒索的威胁在时间和空间上，一般并不具有当场即时发生暴力的现实可能性。抢劫罪必须是当场取得财物。敲诈勒索可以是当场，但更多的是在实施威胁之后。"当场"不是一个纯粹的时空概念，而是一定物质内容的存在形式。"当场"的认定必须结合行为人的暴力威胁以及所形成的对被害人的身体和精神强制的方式和程度来具体认定。只要暴力威胁造成了强制且该强制一直持续，即使时间延续较长，空间也发生了一定的转换，同样可以认定符合"当场"的要求。客观上的两个事实并不直接意味着构成法律上的两个独立的行为。法律意义上的行为或者说犯罪行为，应当结合主观罪过、犯罪结果等因素进行综合判断。本案被告人虽然实施了多种形式的客观行为，但这些行为是基于同一故意，为了实现同一犯罪目的即非法占有他人财物而实施的，客观上被告人取得财物也是该各种不同形式的行为的综合结果。应该视其为仅仅是暴力威胁这一整体行为的不同方面。既然该一整体行为包含了当场实施暴力及现实暴力的胁迫，那就足以认定被告人的行为具备了当场实施暴力威胁这一抢劫罪的构成要件。是否属于"当场"取得财物关键在于时间是否自然终止或者因为外力的影响而被中断，在时间自然延续过程中的空间变换不能认为是事后，更不能因此否认其当场性。是否脱离控制只能以被害人的个人感受来判断而不能从一般人的立场来判断。本案被害人完全按照被告人的要求去筹款并即时将所筹款交给被告人可以认为这种强制是自始自终存在的。

《刑参》第332号案例"夏某等抢劫案——在实施敲诈勒索犯罪过程中对被害人使用暴力并当场劫取财物是否需要数罪并罚"相关论述：先基于一个图财目的，在犯罪过程中又产生了另一暴力图财的犯意，先后实施了两个性质不同的犯罪行为，一个为抢劫，另一个为敲诈勒索，且在抢劫行为实施完毕后继续实施敲诈勒索的行为，两者之间不存在目的和行为的牵连关系应数罪并罚。牵连犯的特征：其一，行为的复数性。其二，行为的独立性。其三，行为的异质性。其四，行为的牵连性。如在客观上数个行为之间具有牵连关系，但行为人主观上没有这种认识不能认为有牵连关系。反之，如果行为人在主观上认为数个行为之间有牵连关系，但客观上数个行为根本没有联系也不能认为有牵连关系。夏某在主观上可能认为，以劫取的财物购买照相机拍摄裸照，似乎以此作为敲诈勒索的工具，但客观上劫取财物的手段并不能直接使夏某达到敲诈更多钱财的目的，两者之间缺乏内在的联系。

《刑参》第349号案例"林某等敲诈勒索案——正确区分抢劫罪与敲诈勒索罪"相关论述：本案中，区分抢劫罪与敲诈勒索罪主要是看被害人交出财物的心理状态。被害人并非是因为被被告人打了两巴掌被迫交出财物的，而是因为被告人掌握了其在单位盗窃的事实，害怕他们告发被单位除名才被迫交出财物的，即被告人主要是以要挟手段非法占有被害人财物，其行为符合敲诈勒索罪的特征。

另见《刑法》第263条抢劫罪的相关规定。

【拓展关键词】非法占有　非法占有目的　敲诈勒索与正当行使权利

《刑参》第509号案例"夏某理等人敲诈勒索案——拆迁户以举报开发商违法行为为手段索取巨额补偿款是否构成敲诈勒索罪"相关论述：认定非法占有不能一概而论，对于那些财物归属确实存有争议的情形在认定中一定要慎重。只有行为人明知财物不属于自己而故意以刑法禁止的方式将财物占为己有的才能认定具有非法占有目的。本案被告人对拆迁补偿费存在争议，其虽然已经取得一定补偿费但并不排除还可以继续要求取得补偿费。在被告人依法可以提出重新索赔补偿费的情况下，多少补偿费是合法的，多少是不合法的,难以确定,不能认定被告人具有非法占有目的。被告人向开发商提出索赔是在行使正当权利。被告人向开发商提出索赔时并没有以举报为条件,而是将索赔材料与举报材料分别交给开发区管委会和信访局,且未告知开发商其已经向信访局举报。并没有直接向开发商以举报为条件进行所谓的"威胁""要挟"。开发商得知举报信息不是来源于被告人的主动告知,更不是被告人附举报条件地向开发商索赔。将举报信与索赔材料联系一起是开发商主动行为的结果。被告人与开发商谈判是一个民事谈判过程,谈判的结果也不是敲诈勒索的结果。对信访人的不当行为不宜轻易地作犯罪处理。

《刑参》第 1066 号案例"廖某等敲诈勒索案——对农村征地纠纷引发的'索财'行为如何定性"相关论述:民事争议中基于不同的原因对财物主张权利,本身体现了对法规范和法秩序的尊重。与此相反,行为人蔑视法律的存在对他人财物没有事实依据和法律依据,又不支付相应代价,违背法规范和法秩序的要求,规避正当市场行为,以零成本的方式强行获取他人财物,即属于非法占有。本案事出有因,系基于与煤矿之间的土地征用关系主张权利,这种权利冲突属于民事争议的常发案例。被告人拒绝领取土地补偿款还就煤矿多占土地进行诉讼,并没有蔑视法律的存在,具有通过法律裁决维护权利的主观意愿,被告人虽然以让煤矿无法正常生产等威胁迫使被害人支付各种赔偿款,然而,对被告人的行为有必要结合农村地区农民的受教育程度和法律观念进行评价,对于后果不是特别严重,情节不是特别恶劣的,不宜不加区别地作为犯罪处理。

《刑参》第 1344 号案例"周某敲诈勒索案——利用信息网络敲诈勒索犯罪与利用网络维权的界限"相关论述:被告人既实施了"删帖型"敲诈勒索也实施了"发帖型"敲诈勒索。行为人是否具有"非法占有目的"是区分利用信息网络实施敲诈勒索与利用网络维权的关键。判断依据主要是:(1)是否有正当的权利,即行为人索取财物是否具有法律上的依据。(2)是否在正当权利的范围内行使。(3)行使权利的手段是否具有必要性和相当性。

【拓展关键词】敲诈勒索罪与强迫交易罪、寻衅滋事罪辨析

《刑参》第 1304 号案例"刘某等人敲诈勒索案——'黑中介'恶势力犯罪行为的认定"相关论述:"黑中介"为非作恶、欺压百姓的行为属于恶势力犯罪行为。本案"黑中介"强行收取或拒不退还相关费用的行为构成敲诈勒索罪。被告人主观上没有提供租赁服务、满足客户租房需求的意图,合同不过是被告人等实施违法犯罪活动的幌子,双方不存在实质性交易,被告人获取的经济利益与正常市场交易可以获取的利益相差悬殊,不符合强迫交易罪的特征。被告人直接目的是占有和索取他人财产主观目的上不是通过侵占他人财物展现团伙实力,其与被害人签订房屋租赁合同的行为是为了掩盖其想占有和索要他人财产的目的,不是事出无因、无事生非,而是"有备而来",不符合寻衅滋事罪的构成。

另见《刑法》第 226 条强迫交易罪、第 263 条抢劫罪、第 266 条诈骗罪、第 293 条寻衅滋事罪的相关注释。

第二百七十五条 【故意毁坏财物罪】

故意毁坏公私财物,数额较大或者有其他严重情节的,处三年以下有期徒刑、拘役或者罚金;数额巨大或者有其他特别严重情节的,处三年以上七年以下有期徒刑。

◆ 相关规定

最高人民法院
关于审理破坏公用电信设施刑事案件具体应用法律若干问题的解释(节选)
(法释〔2004〕21 号)

详见《刑法》第 124 条破坏广播电视设施、公用电信设施罪的相关规定

第三条　故意破坏正在使用的公用电信设施尚未危害公共安全,或者故意毁坏尚未投入使用的公用电信设施,造成财物损失,构成犯罪的,依照刑法第二百七十五条规定,以故意毁坏财物罪定罪处罚。

盗窃公用电信设施价值数额不大,但是构成危害公共安全犯罪的,依照刑法第一百二十四条的规定定罪处罚;盗窃公用电信设施同时构成盗窃罪和破坏公用电信设施罪的,依照处罚较重的规定定罪处罚。

最高人民检察院　公安部
关于公安机关管辖的刑事案件立案追诉标准的规定(一)(节选)
(公通字〔2008〕36 号)

第三十三条　【故意毁坏财物案(刑法第二百七十五条)】故意毁坏公私财物,涉嫌下列情形之一的,应予立案追诉:

(一)造成公私财物损失五千元以上的;

(二)毁坏公私财物三次以上的;

(三)纠集三人以上公然毁坏公私财物的;

(四)其他情节严重的情形。

◆ 解读与适用

【拓展关键词】非法占有与毁坏

被告人为泄私愤,侵入他人股票交易账户并修改密码,在他人股票交易账户内,采用高进低出股票的手段,造成他人资金损失数额巨大的行为,构成故意毁坏财物罪。股票所代表的财产权利,也可以成为故意毁坏财物罪的犯罪对象。故意毁坏财物罪与盗窃罪同为侵犯财产类的犯罪,参照被盗当日证券交易所公布的该种股票成交的平均价格计算故意毁坏财物的损失数额。①

《刑参》第 310 号案例"孙某故意毁坏公私财物案——非法'占有'与'毁坏'行为的区分"相关论述:占有与毁坏两者的根本区别在于行为人的主观目的不同,前者以依照财物的本来用途利用和处分为目的,后者则以毁坏为目的。本来用途就是财物自身具有的价值和使用价值,不仅包括经济价值还包括审美等其他价值。行为人以毁坏为目的而实施的非法取得他人财物的行为应以非法毁坏财物罪定罪处罚。为了讨好领导创造销售业绩,利用职务便利将牛奶骗出后倒掉应以毁坏财物罪定罪处罚,支付的部分奶款应从毁坏的总价值中扣除。

---

① 参见朱某故意毁坏财物案,载《最高人民法院公报》2004 年第 4 期。

第二百七十六条 【破坏生产经营罪】

由于泄愤报复或者其他个人目的,毁坏机器设备、残害耕畜或者以其他方法破坏生产经营的,处三年以下有期徒刑、拘役或者管制;情节严重的,处三年以上七年以下有期徒刑。①

◆ 相关规定

最高人民检察院 公安部

关于公安机关管辖的刑事案件立案追诉标准的规定(一)(节选)

(公通字〔2008〕36 号)

第三十四条 【破坏生产经营案(刑法第二百七十六条)】由于泄愤报复或者其他个人目的,毁坏机器设备、残害耕畜或者以其他方法破坏生产经营,涉嫌下列情形之一的,应予立案追诉:

(一)造成公私财物损失五千元以上的;

(二)破坏生产经营三次以上的;

(三)纠集三人以上公然破坏生产经营的;

(四)其他破坏生产经营应予追究刑事责任的情形。

◆ 解读与适用

【拓展关键词】泄愤报复目的 其他个人目的 生产经营 其他方法 破坏生产经营与非法经营罪、诈骗罪辨析

被告人主观上具有报复和从中获利的目的,客观上通过在网络交易平台恶意大量购买他人商品或服务,导致相关单位被网络交易平台认定为虚假交易进而被采取商品搜索降权的管控措施,造成相当单位遭受损失 10 万元以上,其行为应以破坏生产经营罪定罪处罚。网络交易平台的搜索排序属于互联网经济的经营方式,应认定为生产要素。在刑法解释上,可以比照实体经济的信誉、商誉予以解释。"反向炒信"既损害了对方的商业信誉,同时也破坏了生产经营,二者竞合的,应择一重处。②

《刑参》第 291 号案例"章某破坏生产经营案——为中大奖窃取彩球并改变其重量行为的定性"相关论述:被告人改变体彩球重量的行为方式实际上并不具有左右体彩大奖结果的客观属性,大奖结果不仅取决于彩球的数字更取决于数字的排列次序,对于后者,被告人的行为不能起到直接作用,故就行为意义、效果而言,被告人的行为不应认定为诈骗罪中的欺骗行为。体彩发行销售属于政府严格控制下的一种特殊经营行为。可以成为破坏生产、经营罪的犯罪对象。在一定情形下,非法获取财产利益的目的可以为破坏生产经营罪中的"其他个人目的"所包容。将个人非法获取财物的目的解释为泄愤报复以外的其他个人目的是可能的也是必要的。否则,盗窃他人生产机器上价值不大的零部件但却使生产无法进行等行为将难以追究刑事责任。这里的"泄愤报复或其他个人目的"更多地指的是一种犯罪动机。窃取体彩球并改变重量后投入使用的行为属于"其他方法"。生产经营遭到破坏可以表现为生产经营不能进行下去,被迫中断,还可以表现

① 刑法理论称为叙明罪状,即对犯罪构成特征作比较具体的描述的罪状。

② 参见董某、谢某破坏生产经营案,载《最高人民法院公报》2018 年第 8 期。

为生产经营虽然在进行但不是按正常程序进行或者属于非正常进行。

《刑参》第736号案例"刘某破坏生产经营案——非国有公司工作人员出于个人升职目的,以低于公司限价销售公司产品,造成公司重大损失的行为,如何定性"相关论述:行为人的目的是实现"个人升职",与"泄愤报复"等恶意目的在本质上的不同,不能解释为"其他个人目的"。破坏生产经营罪侧重于对生产经营活动赖以正常进行的生产资料、生产工具、机器设备及其他生产经营条件的保护,其规制对象是对生产经营条件进行破坏的行为。低价销售公司产品的行为不是对生产经营条件的破坏而是对生产经营对象的处理,属于正常经营行为的一种方式,不属于"其他方法破坏生产经营"。以低价销售公司产品的行为属于滥用权利的行为。但因其不符合国有公司或者上市公司工作人员的特殊主体身份,所以不构成犯罪。

第二百七十六条之一 【拒不支付劳动报酬罪】①

以转移财产、逃匿等方法逃避支付劳动者的劳动报酬或者有能力支付而不支付劳动者的劳动报酬,数额较大,经政府有关部门责令支付仍不支付的,处三年以下有期徒刑或者拘役,并处或者单处罚金;造成严重后果的,处三年以上七年以下有期徒刑,并处罚金。

单位犯前款罪的,对单位判处罚金,并对其直接负责的主管人员和其他直接责任人员,依照前款的规定处罚。

有前两款行为,尚未造成严重后果,在提起公诉前支付劳动者的劳动报酬,并依法承担相应赔偿责任的,可以减轻或者免除处罚。

◆ 相关规定

最高人民法院
关于审理拒不支付劳动报酬刑事案件适用法律若干问题的解释
(法释〔2013〕3号)

第一条 劳动者依照《中华人民共和国劳动法》和《中华人民共和国劳动合同法》等法律的规定应得的劳动报酬,包括工资、奖金、津贴、补贴、延长工作时间的工资报酬及特殊情况下支付的工资等,应当认定为刑法第二百七十六条之一第一款规定的"劳动者的劳动报酬"。

第二条 以逃避支付劳动者的劳动报酬为目的,具有下列情形之一的,应当认定为刑法第二百七十六条之一第一款规定的"以转移财产、逃匿等方法逃避支付劳动者的劳动报酬":

(一)隐匿财产、恶意清偿、虚构债务、虚假破产、虚假倒闭或者以其他方法转移、处分财产的;

(二)逃跑、藏匿的;

(三)隐匿、销毁或者篡改账目、职工名册、工资支付记录、考勤记录等与劳动报酬相关的材料的;

(四)以其他方法逃避支付劳动报酬的。

第三条 具有下列情形之一的,应当认定为刑法第二百七十六条之一第一款规定的"数额较大":

(一)拒不支付一名劳动者三个月以上的劳动报酬且数额在五千元至二万元以上的;

(二)拒不支付十名以上劳动者的劳动报酬且数额累计在三万元至十万元以上的。

---

① 根据《刑法修正案(八)》新增。

各省、自治区、直辖市高级人民法院可以根据本地区经济社会发展状况,在前款规定的数额幅度内,研究确定本地区执行的具体数额标准,报最高人民法院备案。

第四条 经人力资源社会保障部门或者政府其他有关部门依法以限期整改指令书、行政处理决定书等文书责令支付劳动者的劳动报酬后,在指定的期限内仍不支付的,应当认定为刑法第二百七十六条之一第一款规定的“经政府有关部门责令支付仍不支付”,但有证据证明行为人有正当理由未知悉责令支付或者未及时支付劳动报酬的除外。

行为人逃匿,无法将责令支付文书送交其本人、同住成年家属或者所在单位负责收件的人的,如果有关部门已通过在行为人的住所地、生产经营场所等地张贴责令支付文书等方式责令支付,并采用拍照、录像等方式记录的,应当视为“经政府有关部门责令支付”。

第五条 拒不支付劳动者的劳动报酬,符合本解释第三条的规定,并具有下列情形之一的,应当认定为刑法第二百七十六条之一第一款规定的“造成严重后果”:

(一)造成劳动者或者其被赡养人、被扶养人、被抚养人的基本生活受到严重影响、重大疾病无法及时医治或者失学的;

(二)对要求支付劳动报酬的劳动者使用暴力或者进行暴力威胁的;

(三)造成其他严重后果的。

第六条 拒不支付劳动者的劳动报酬,尚未造成严重后果,在刑事立案前支付劳动者的劳动报酬,并依法承担相应赔偿责任的,可以认定为情节显著轻微危害不大,不认为是犯罪;在提起公诉前支付劳动者的劳动报酬,并依法承担相应赔偿责任的,可以减轻或者免除刑事处罚;在一审宣判前支付劳动者的劳动报酬,并依法承担相应赔偿责任的,可以从轻处罚。

对于免除刑事处罚的,可以根据案件的不同情况,予以训诫、责令具结悔过或者赔礼道歉。

拒不支付劳动者的劳动报酬,造成严重后果,但在宣判前支付劳动者的劳动报酬,并依法承担相应赔偿责任的,可以酌情从宽处罚。

第七条 不具备用工主体资格的单位或者个人,违法用工且拒不支付劳动者的劳动报酬,数额较大,经政府有关部门责令支付仍不支付的,应当依照刑法第二百七十六条之一的规定,以拒不支付劳动报酬罪追究刑事责任。

第八条 用人单位的实际控制人实施拒不支付劳动报酬行为,构成犯罪的,应当依照刑法第二百七十六条之一的规定追究刑事责任。

第九条 单位拒不支付劳动报酬,构成犯罪的,依照本解释规定的相应个人犯罪的定罪量刑标准,对直接负责的主管人员和其他直接责任人员定罪处罚,并对单位判处罚金。

最高人民检察院 公安部
关于公安机关管辖的刑事案件立案追诉标准的规定(一)的补充规定(节选)

(公通字〔2017〕12号)

七、在《立案追诉标准(一)》第三十四条后增加一条,作为第三十四条之一:[拒不支付劳动报酬案(刑法第二百七十六条之一)]以转移财产、逃匿等方法逃避支付劳动者的劳动报酬或者有能力支付而不支付劳动者的劳动报酬,经政府有关部门责令支付仍不支付,涉嫌下列情形之一的,应予立案追诉:

(一)拒不支付一名劳动者三个月以上的劳动报酬且数额在五千元至二万元以上的;

(二)拒不支付十名以上劳动者的劳动报酬且数额累计在三万元至十万元以上的。

不支付劳动者的劳动报酬,尚未造成严重后果,在刑事立案前支付劳动者的劳动报酬,并依法承担相应赔偿责任的,可以不予立案追诉。

◆ 解读与适用

不具备用工主体资格的单位或者个人(包工头),违法用工且拒不支付劳动者报酬,数额较大,经政府有关部门责令支付仍不支付的,应当以拒不支付劳动报酬罪追究刑事责任。不具备用工主体资格的单位或者个人(包工头)拒不支付劳动报酬,即使其他单位或者个人在刑事立案前为其垫付了劳动报酬的,也不影响追究该用工单位或者个人(包工头)拒不支付劳动报酬罪的刑事责任。被告人胡某虽然不具有合法的用工资格,又属没有相应建筑工程施工资质而承包建筑工程施工项目,且违法招用民工进行施工,上述情况不影响以拒不支付劳动报酬罪追究其刑事责任。①

▶▶▶ 本章其他相关规定

① 参见胡某拒不支付劳动报酬案,载《最高人民法院公报》2015年第5期[最高人民法院指导案例第28号(2014年)]。

第六章　妨害社会管理秩序罪

第一节　扰乱公共秩序罪

第二百七十七条　【妨害公务罪】①②

以暴力、威胁方法阻碍国家机关工作人员依法执行职务的，处三年以下有期徒刑、拘役、管制或者罚金。

以暴力、威胁方法阻碍全国人民代表大会和地方各级人民代表大会代表依法执行代表职务的，依照前款的规定处罚。

在自然灾害和突发事件中，以暴力、威胁方法阻碍红十字会工作人员依法履行职责的，依照第一款的规定处罚。

故意阻碍国家安全机关、公安机关依法执行国家安全工作任务，未使用暴力、威胁方法，造成严重后果的，依照第一款的规定处罚。

【袭警罪】

暴力袭击正在依法执行职务的人民警察的，处三年以下有期徒刑、拘役或者管制；使用枪支、管制刀具，或者以驾驶机动车撞击等手段，严重危及其人身安全的，处三年以上七年以下有期徒刑。

◆ 相关规定

最高人民检察院
关于以暴力威胁方法阻碍事业编制人员依法执行行政执法职务是否可对侵害人以妨害公务罪论处的批复
（高检发释字〔2000〕2 号）

重庆市人民检察院：

你院《关于以暴力、威胁方法阻碍事业编制人员行政执法活动是否可以对侵害人适用妨害公务罪的请

---

① 根据《刑法修正案（九）》增加第五款。

② 根据《刑法修正案（十一）》对第五款进行修订。修订前第五款主要内容为："暴力袭击正在依法执行职务的人民警察的，依照第一款的规定从重处罚。"

示》收悉。经研究,批复如下:

对于以暴力、威胁方法阻碍国有事业单位人员依照法律、行政法规的规定执行行政执法职务的,或者以暴力、威胁方法阻碍国家机关中受委托从事行政执法活动的事业编制人员执行行政执法职务的,可以对侵害人以妨害公务罪追究刑事责任。

最高人民法院　最高人民检察院

关于办理妨害预防、控制突发传染病疫情等灾害的刑事案件具体应用法律若干问题的解释(节选)

(法释〔2003〕8号)

详见《刑法》第330条妨害传染病防治罪的相关规定

第八条　以暴力、威胁方法阻碍国家机关工作人员、红十字会工作人员依法履行为防治突发传染病疫情等灾害而采取的防疫、检疫、强制隔离、隔离治疗等预防、控制措施的,依照刑法第二百七十七条第一款、第三款的规定,以妨害公务罪定罪处罚。

最高人民法院　最高人民检察院　公安部

关于依法严肃查处拒不执行判决、裁定和暴力抗拒法院执行犯罪行为有关问题的通知(节选)

(法发〔2007〕29号)

详见《刑法》第313条拒不执行判决、裁定罪的相关规定

二、对下列暴力抗拒执行的行为,依照刑法第二百七十七条的规定,以妨害公务罪论处。

(一)聚众哄闹、冲击执行现场,围困、扣押、殴打执行人员,致使执行工作无法进行的;

(二)毁损、抢夺执行案件材料、执行公务车辆和其他执行器械、执行人员服装以及执行公务证件,造成严重后果的;

(三)其他以暴力、威胁方法妨害或者抗拒执行,致使执行工作无法进行的。

三、负有执行人民法院判决、裁定义务的单位直接负责的主管人员和其他直接责任人员,为了本单位的利益实施本《通知》第一条、第二条所列行为之一的,对该主管人员和其他直接责任人员,依照刑法第三百一十三条和第二百七十七条的规定,分别以拒不执行判决、裁定罪和妨害公务罪论处。

最高人民法院　最高人民检察院

关于办理非法生产、销售烟草专卖品等刑事案件具体应用法律若干问题的解释(节选)

(法释〔2010〕7号)

详见《刑法》第225条非法经营罪的相关规定

第八条　以暴力、威胁方法阻碍烟草专场执法人员依法执行职务,构成犯罪的,以妨害公务罪定罪处罚。

煽动群众暴力抗拒烟草专场法律实施,构成犯罪的,以煽动抗拒法律实施罪追究刑事责任。

最高人民法院　最高人民检察院　公安部
关于依法惩治袭警违法犯罪行为的指导意见(节选)

(2020 年 1 月 10 日发布、实施)

……

一、对正在依法执行职务的民警实施下列行为的,属于刑法第二百七十七条第五款规定的"暴力袭击正在依法执行职务的人民警察",应当以妨害公务罪定罪从重处罚:

1. 实施撕咬、踢打、抱摔、投掷等,对民警人身进行攻击的;

2. 实施打砸、毁坏、抢夺民警正在使用的警用车辆、警械等警用装备,对民警人身进行攻击的;

对正在依法执行职务的民警虽未实施暴力袭击,但以实施暴力相威胁,符合刑法第二百七十七条第一款规定的,以妨害公务罪定罪处罚。

醉酒的人实施袭警犯罪行为,应当负刑事责任。

教唆、煽动他人实施袭警犯罪行为或者为他人实施袭警犯罪行为提供工具、帮助的,以共同犯罪论处。

对袭警情节轻微或者辱骂民警,尚不构成犯罪,但构成违反治安管理行为的,应当依法从重给予治安管理处罚。

二、实施暴力袭警行为,具有下列情形之一的,在第一条规定的基础上酌情从重处罚:

1. 使用凶器或者危险物品袭警、驾驶机动车袭警的;

2. 造成民警轻微伤或者警用装备严重毁损的;

3. 妨害民警依法执行职务,造成他人伤亡、公私财产损失或者造成犯罪嫌疑人脱逃、毁灭证据等严重后果的;

4. 造成多人围观、交通堵塞等恶劣社会影响的;

5. 纠集多人袭警或者袭击民警二人以上的;

6. 曾因袭警受过处罚,再次袭警的;

7. 实施其他严重袭警行为的。

实施上述行为,构成犯罪的,一般不得适用缓刑。

三、驾车冲撞、碾轧、拖拽、剐蹭民警,或者挤别、碰撞正在执行职务的警用车辆,危害公共安全或者民警生命、健康安全,符合刑法第一百一十四条、第一百一十五条、第二百三十二条、第二百三十四条规定的,应当以以危险方法危害公共安全罪、故意杀人罪或者故意伤害罪定罪,酌情从重处罚。

暴力袭警,致使民警重伤、死亡,符合刑法第二百三十四条、第二百三十二条规定的,应当以故意伤害罪、故意杀人罪定罪,酌情从重处罚。

四、抢劫、抢夺民警枪支,符合刑法第一百二十七条第二款规定的,应当以抢劫枪支罪、抢夺枪支罪定罪。

五、民警在非工作时间,依照《中华人民共和国人民警察法》等法律履行职责的,应当视为执行职务。

六、在民警非执行职务期间,因其职务行为对其实施暴力袭击、拦截、恐吓等行为,符合刑法第二百三十四条、第二百三十二条、第二百九十三条等规定的,应当以故意伤害罪、故意杀人罪、寻衅滋事罪等定罪,并根据袭警的具体情节酌情从重处罚。

……

最高人民法院　最高人民检察院　公安部
关于依法处理信访活动中违法犯罪行为的指导意见(节选)

(公通字〔2019〕7号)

详见《刑法》第290条聚众扰乱社会秩序罪的相关规定

一、依法打击违法犯罪行为,明确法律底线

(四)阻碍执行职务。在信访活动中或者以信访为名,以暴力、威胁方法阻碍国家机关工作人员依法执行职务的,依照刑法第二百七十七条的规定,以妨害公务罪定罪处罚;暴力袭击正在依法执行职务的人民警察的,依法从重处罚。

◆ 解读与适用

【拓展关键词】妨害公务中的暴力　执行职务

对于“暴力”的概念,其造成的结果包含哪种程度,需要具体分析。总体来说,要考虑法定刑的轻重,行为本身的性质以及罪过形式等。本罪法定刑仅为3年有期徒刑,其中的暴力不可能包含已经致人重伤或者死亡的暴力。①

《刑参》第205号案例“江某等妨害公务案——聚众以暴力手段抢回被依法查扣的制假设备应如何定罪”相关论述:妨害公务罪具有以下特点:(1)行为人主观上具有妨害公务的故意和目的。(2)行为内容或目标是阻碍国家机关工作人员依法执行职务。(3)行为手段只能是暴力或者威胁。(4)行为发生必须是在国家机关工作人员依法执行职务的过程中。所谓执行职务时,包括从开始实际执行职务时至职务执行完毕的全过程。判断一个职务行为的执行开始和执行完毕,必须根据职务行为执行的具体情况而论。本案联合打假队从查扣被告人的制假设备到案发时的返回途中均应视为在执行职务的过程中而非执行职务完毕。被告人以对抗执法的故意和目的,聚众以暴力在中途拦截执法车辆,公然夺回被依法查扣的制假设备,符合妨害公务罪的构成特征,应以妨害公务罪定罪处罚。抢劫罪和聚众哄抢罪都是以非法占有公私财物为目的,侵害的主要客体都是公私财物的所有权。

《刑参》第1324号案例“陈某妨害公务案——疫情防控期间妨害公务行为的认定”相关论述:妨害公务罪的“暴力”应作广义理解,凡是针对执行公务人员的机器所属设备实施足以干扰和破坏公务活动正常执行的强制力量都应当认定为本罪的“暴力”方法。对与公务人员执行职务有密切关系的辅助人员实施暴力时也能成立本罪。“威胁”的程度要求足以让社会普通民众产生恐惧心理,影响公务活动的正常执行。既可以是以实施暴力和恐吓,也可以是以毁损财物、个人名誉等手段相要挟。既可以是行为人自己对公务人员进行威胁,也可以是通过其他人对公务人员进行威胁。当行为人通过精神作用造成公务人员精神上的恐惧、心理上的压力或者自由意志的抑制,从而使公务人员处于不敢抗拒的境地而影响公务活动的正常执行就应当属于“威胁”。威胁的内容、性质、方法并没有绝对的限制。将“自杀”“自残”等行为排除在“威胁”的范围之外并不客观。对于村委会成员参与疫情防控工作的行为性质,应一分为二予以看待。对于在自治范围内自发组织或者决定采取的措施,由于该活动是一种单纯的自治行为,上述人员不应被纳入妨害公务罪的行为对象范围。如果是在党委政府统一部署下协助政府从事活动的,应当视为从事行使疫情防控职权的公务人员,应

---

① 参见张明楷:《刑法分则的解释原理》,中国人民大学出版社2004年版,第332页。

当作为妨害公务罪的犯罪对象。

《刑参》第1325号案例"黄某妨害公务案——如何评价暴力抗拒疫情防控措施的行为"相关论述:国家机关工作人员采取防疫措施系依法执行公务。疫情防控期间,暴力抗拒疫情防控措施的应依法从严惩处。

《刑参》第1326号案例"谢某、邵某妨害公务案——如何准确把握妨害疫情防控犯罪中的'依法严惩'"。

《刑参》第1327号案例"王某妨害公务案——疫情防控期间违反居家隔离规定并暴力袭击人民警察的行为的定罪量刑"相关论述:妨害公务罪的暴力程度应与被害人不能适当履行职务相适应。对于案发时朱某是否依法执行职务,一要看其行为是否在职责范围之内;二要看其执行职务的程序、方式等是否符合法律规定。

第二百七十八条 【煽动暴力抗拒法律实施罪】

煽动群众暴力抗拒国家法律、行政法规实施的,处三年以下有期徒刑、拘役、管制或者剥夺政治权利;造成严重后果的,处三年以上七年以下有期徒刑。

第二百七十九条 【招摇撞骗罪】

冒充国家机关工作人员招摇撞骗的,处三年以下有期徒刑、拘役、管制或者剥夺政治权利;情节严重的,处三年以上十年以下有期徒刑。

冒充人民警察招摇撞骗的,依照前款的规定从重处罚。

◆ 相关规定

最高人民法院
关于审理抢劫、抢夺刑事案件适用法律若干问题的意见(节选)
(法发〔2005〕8号)

详见《刑法》第263条抢劫罪的相关规定

九、关于抢劫罪与相似犯罪的界限

1. 冒充正在执行公务的人民警察、联防人员,以抓卖淫嫖娼、赌博等违法行为为名非法占有财物的行为定性

行为人冒充正在执行公务的人民警察"抓赌"、"抓嫖",没收赌资或者罚款的行为,构成犯罪的,以招摇撞骗罪从重处罚;在实施上述行为中使用暴力或者暴力威胁的,以抢劫罪定罪处罚。行为人冒充治安联防队员"抓赌"、"抓嫖"、没收赌资或者罚款的行为,构成犯罪的,以敲诈勒索罪定罪处罚;在实施上述行为中使用暴力或者暴力威胁的,以抢劫罪定罪处罚。

◆ 解读与适用

【拓展关键词】敲诈勒索罪与招摇撞骗罪辨析

实务中,有法院认为,被告人冒充警察没收赌资,利用被害人恐惧其参赌行为被查处的心理,迫使被害人交出财物,其行为符合敲诈勒索罪的构成要件。公诉机关指控被告人犯招摇撞骗罪的罪名有误。① 但该观

① 参见郑某、李某等犯招摇撞骗罪一案,江西省鹰潭市月湖区人民法院刑事判决书(2015)月刑初字第170号。

点是否妥当，有待深入探讨。

【拓展关键词】法条竞合 招摇撞骗罪与诈骗罪辨析 连续犯

冒充国家机关工作人员招摇撞骗，原则上不包括骗取财物的现象，即使认为可以包括骗取财物，但也不包括骗取数额巨大财物的情况。减少罪名之间不必要的重叠。①

《刑参》第162号案例"李某招摇撞骗、诈骗案——冒充国家机关工作人员骗取财物的同时又骗取其他非法利益的如何定罪处罚"相关论述：招摇撞骗罪中的行为人主要是从他人那里骗取财物以外的其他非法利益。当然也不排除其在招摇撞骗中骗取一定量的财物。冒充国家机关工作人员以骗取他人信任，非法占有他人数额较大的财物的行为，既符合诈骗罪的犯罪构成，又符合招摇撞骗罪的犯罪构成，属于法条竞合。法条竞合是实质的一罪，只能适用其中一个法条，不能数罪并罚。法条竞合大致分包容竞合和交叉竞合两种。在包容竞合的情况下，其适用原则是特别法条优于普通法条，即适用特别法条而不适用普通法条。出现交叉竞合的情况下，其适用原则是重法条优于轻法条，这样才能罚当其罪。根据具体案情，如判定属于情节严重的招摇撞骗行为应以招摇撞骗罪论处，反之，则应以诈骗罪论处。当行为人冒充国家机关工作人员招摇撞骗同时骗取数额较大的财物时，从责任评价上理应重于不是采用冒用国家机关工作人员的方法骗取同等数额财物的普通诈骗罪，因而，在这种情况下，可视为招摇撞骗情节严重，适用招摇撞骗罪的第二档法定刑。骗取财物数额巨大时，诈骗罪是重法条，应以诈骗罪论处。同理，当骗取财物数额特别巨大的，更应以诈骗罪来论处。当然，如果行为人招摇撞骗行为骗取的财物没有达到数额较大的程度，自然也就没有交叉竞合和诈骗罪适用的余地，直接以招摇撞骗罪处罚即可。本案被告人冒充国家机关工作人员多次行骗，既骗财又骗色，以及骗取其他非法利益，由于是基于一个概括故意支配下的连续性行为仍可以一罪论处。属于连续犯的情形，判决前的同种数罪不适用数罪并罚。

《刑参》第264号案例"梁某招摇撞骗案——法条竞合及其法律适用原则，招摇撞骗罪与诈骗罪的区分"相关论述：法条竞合，是指一个犯罪行为同时符合数个法条规定的数个犯罪构成，但从法条之间的逻辑关系看，只能适用其中一个法条，而当然排除其他法条的情形。立法依据如"……本法另有规定的，依照规定"。同种犯罪的不同停止形态，同种犯罪的正犯与共犯、基本犯与加重犯，实害犯与行为犯、危险犯之间无所谓法条竞合问题。法条竞合中数法条之间的竞合关系不仅可以表现为包容关系，也可表现为交叉竞合，法条竞合法律适用的总的原则是对行为人只能选择一个法条，不能数罪并罚。法条竞合应当按照以下原则适用法律：首先，刑法已对竞合法条的法律适用作明确规定，即应当按照刑法规定。例如，生产、销售伪劣产品罪，过失致人死亡罪等本法另有规定，依照规定。其次，对刑法未明确规定法律适用原则的竞合法条，应当按照特殊法优于普通法的原则选择适用法律。如果按照特殊法量刑明显失衡时，则应当按照重法优于轻法的原则适用。当诈骗罪与招摇撞骗罪竞合时，因《刑法》第266条规定"本法另有规定的，依照规定"，据此应当一律适用第279条的规定，以招摇撞骗罪追究责任。即使是冒充国家机关工作人员骗取数额巨大的财物，也宜认为符合招摇撞骗罪的构成要件，应以招摇撞骗罪追究责任。只有在冒充国家机关工作人员骗取数额特别巨大的财物的情况下方能认为此种行为已经超出招摇撞骗罪所能评价的范围，而只符合诈骗罪的构成要件。因为在行为人冒充国家机关工作人员骗取财物，数额并非特别巨大的情况下，适用第279条不存在量刑失衡的问题。被告人虽先后实施了数次招摇撞骗行为，但该数次行为均是在同一犯意支配下实施的，符合连续犯的特定，不应数罪并罚。

另见《刑法》第266条诈骗罪的相关注释部分。

---

① 参见张明楷：《刑法分则的解释原理》，中国人民大学出版社2004年版，第115页。

第二百八十条 【伪造、变造、买卖国家机关公文、证件、印章罪】【盗窃、抢夺、毁灭国家机关公文、证件、印章罪】①

伪造、变造、买卖或者盗窃、抢夺、毁灭国家机关的公文、证件、印章的,处三年以下有期徒刑、拘役、管制或者剥夺政治权利,并处罚金;情节严重的,处三年以上十年以下有期徒刑,并处罚金。

【伪造公司、企业、事业单位、人民团体印章罪】

伪造公司、企业、事业单位、人民团体的印章的,处三年以下有期徒刑、拘役、管制或者剥夺政治权利,并处罚金。

【伪造、变造、买卖身份证件罪】

伪造、变造、买卖居民身份证、护照、社会保障卡、驾驶证等依法可以用于证明身份的证件的,处三年以下有期徒刑、拘役、管制或者剥夺政治权利,并处罚金;情节严重的,处三年以上七年以下有期徒刑,并处罚金。

◆ 相关规定

全国人民代表大会常务委员会
关于惩治骗购外汇、逃汇和非法买卖外汇犯罪的决定(节选)

(1998年12月29日发布、实施)

详见《决定》第1条骗购外汇罪的相关规定

二、买卖伪造、变造的海关签发的报关单、进口证明、外汇管理部门核准件等凭证和单据或者国家机关的其他公文、证件、印章的,依照刑法第二百八十条的规定定罪处罚。

最高人民法院
关于审理骗购外汇、非法买卖外汇刑事案件具体应用法律若干问题的解释(节选)

(法释〔1998〕20号)

详见《决定》第1条骗购外汇罪的相关规定

第二条 伪造、变造、买卖海关签发的报关单、进口证明、外汇管理机关的核准件等凭证或者购买伪造、变造的上述凭证的,按照刑法第二百八十条第一款的规定定罪处罚。

---

① 根据《刑法修正案(九)》修订。修订前内容为:伪造、变造、买卖或者盗窃、抢夺、毁灭国家机关的公文、证件、印章的,处三年以下有期徒刑、拘役、管制或者剥夺政治权利;情节严重的,处三年以上十年以下有期徒刑。伪造公司、企业、事业单位、人民团体的印章的,处三年以下有期徒刑、拘役、管制或者剥夺政治权利。伪造、变造居民身份证的,处三年以下有期徒刑、拘役、管制或者剥夺政治权利;情节严重的,处三年以上七年以下有期徒刑。

最高人民法院 最高人民检察院
关于办理伪造、贩卖伪造的高等院校学历学位证明刑事案件如何适用法律问题的解释

（法释〔2001〕22号）

对于伪造高等院校印章制作学历、学位证明的行为，应当依照刑法第二百八十条第二款的规定，以伪造事业单位印章罪定罪处罚。

明知是伪造高等院校印章制作的学历、学位证明而贩卖的，以伪造事业单位印章罪的共犯论处。

【深度解析】

明知是伪造的证明而贩卖的，只有事前与伪造者通谋，才能认定为伪造事业单位印章罪的共犯。否则有悖于刑法总则关于共同犯罪的规定，也导致将贩卖行为解释为伪造行为，形成了类推解释。①

最高人民检察院研究室
关于买卖尚未加盖印章的空白《边境证》行为如何适用法律问题的答复

（〔2002〕高检研发第19号）

重庆市人民检察院研究室：

你院《关于对买卖尚未加盖印章的空白〈边境证〉案件适用法律问题的请示》（渝检（研）〔2002〕11号）收悉。经研究，答复如下：

对买卖尚未加盖发证机关的行政印章或者通行专用章印鉴的空白《中华人民共和国边境管理区通行证》的行为，不宜以买卖国家机关证件罪追究刑事责任。国家机关工作人员实施上述行为，构成犯罪的，可以按滥用职权等相关犯罪依法追究刑事责任。

最高人民检察院法律政策研究室
关于伪造、变造、买卖政府设立的临时性机构的公文、证件、印章行为如何适用法律问题的答复（节选）

（高检研发〔2003〕17号）

江苏省人民检察院研究室：

伪造、变造、买卖政府设立的临时性机构的公文、证件、印章行为，构成犯罪的，应当依照刑法第二百八十条第一款的规定以伪造、变造、买卖国家机关公文、证件、印章罪追究刑事责任。

最高人民法院研究室
关于对行为人通过伪造国家机关公文、证件担任国家工作人员职务并利用职务上的便利侵占本单位财物、收受贿赂、挪用本单位资金等行为如何适用法律问题的答复

（法研〔2004〕38号）

北京市高级人民法院：

你院〔2004〕15号《关于通过伪造国家机关公文、证件担任国家工作人员职务后利用职务便利侵占本单

---

① 参见张明楷：《罪刑法定与刑法解释》，北京大学出版社2009年版，第100页。

位财物、收受贿赂、挪用本单位资金的行为如何定性的请示》收悉。经研究,答复如下:

行为人通过伪造国家机关公文、证件担任国家工作人员职务以后,又利用职务上的便利实施侵占本单位财物、收受贿赂、挪用本单位资金等行为,构成犯罪的,应当分别以伪造国家机关公文、证件罪和相应的贪污罪、受贿罪、挪用公款罪等追究刑事责任,实行数罪并罚。

最高人民法院 最高人民检察院
关于办理与盗窃、抢劫、诈骗、抢夺机动车相关刑事案件具体应用法律若干问题的解释(节选)

(法释〔2007〕11号)

详见《刑法》第312条掩饰、隐瞒犯罪所得、犯罪所得收益罪的相关规定

第二条 伪造、变造、买卖机动车行驶证、登记证书,累计三本以上的,依照刑法第二百八十条第一款的规定,以伪造、变造、买卖国家机关证件罪定罪,处三年以下有期徒刑、拘役、管制或者剥夺政治权利。

伪造、变造、买卖机动车行驶证、登记证书,累计达到第一款规定数量标准五倍以上的,属于刑法第二百八十条第一款规定中的"情节严重",处三年以上十年以下有期徒刑。

最高人民法院 最高人民检察院
关于办理妨害信用卡管理刑事案件具体应用法律若干问题的解释(节选)

(法释〔2018〕19号)

详见《刑法》第196条信用卡诈骗罪的相关规定

第四条 为信用卡申请人制作、提供虚假的财产状况、收入、职务等资信证明材料,涉及伪造、变造、买卖国家机关公文、证件、印章,或者涉及伪造公司、企业、事业单位、人民团体印章,应当追究刑事责任的,依照刑法第二百八十条的规定,分别以伪造、变造、买卖国家机关公文、证件、印章罪和伪造公司、企业、事业单位、人民团体印章罪定罪处罚。

承担资产评估、验资、验证、会计、审计、法律服务等职责的中介组织或其人员,为信用卡申请人提供虚假的财产状况、收入、职务等资信证明材料,应当追究刑事责任的,依照刑法第二百二十九条的规定,分别以提供虚假证明文件罪和出具证明文件重大失实罪定罪处罚。

最高人民法院 最高人民检察院 公安部
关于办理电信网络诈骗等刑事案件适用法律若干问题的意见(二)(节选)

(法发〔2021〕22号)

详见《刑法》第266条诈骗罪的相关规定

六、在网上注册办理手机卡、信用卡、银行账户、非银行支付账户时,为通过网上认证,使用他人身份证件信息并替换他人身份证件相片,属于伪造身份证件行为,符合刑法第二百八十条第三款规定的,以伪造身份证件罪追究刑事责任。

使用伪造、变造的身份证件或者盗用他人身份证件办理手机卡、信用卡、银行账户、非银行支付账户,符合刑法第二百八十条之一第一款规定的,以使用虚假身份证件、盗用身份证件罪追究刑事责任。

实施上述两款行为,同时构成其他犯罪的,依照处罚较重的规定定罪处罚。法律和司法解释另有规定的除外。

◆ 解读与适用

【拓展关键词】普通法条与特别法条

在立法者为了限制处罚范围而使用特别规定不周全时,对不符合特别法条的行为不得依普通法处理。《刑法》第 280 条第 3 款之所以将居民身份证从第 1 款的国家机关证件中独立出来,仅规定伪造与变造行为成立犯罪,而且法定刑低于伪造、变造国家机关证件罪的法定刑,说明在立法者看来,买卖、盗窃、抢夺、毁灭居民身份证的行为,不构成犯罪。①

【拓展关键词】伪造事业单位印章　国家机关证件　伪造机动车号牌

在《刑法》第 280 条中"国家机关的公文、证件、印章"只出现了一次,但它们相对于伪造、变造、买卖与盗窃、抢夺、毁灭,具有不同意义。相对于盗窃、抢夺、毁灭而言,必须是真实的国家机关公文。但相对于伪造而言,"国家机关的公文、证件、印章"是指应当由国家机关制作的公文、证件、印章。例如,行为人伪造"中华人民共和国内务部"的印章并使用,仍然成立伪造国家机关印章罪。因为上述行为客观上侵害了国家机关印章的公共信用,应认定为伪造国家机关印章罪。相对于买卖而言,则不仅包括真实的国家机关的公文、证件、印章,而且包括伪造、变造的国家机关的公文、证件、印章。②

《刑参》第 104 号案例"王某、石某伪造国家机关证件案——对 1997 年刑法施行前伪造医院证明的行为应如何适用法律"相关论述:根据 1979 年《刑法》的规定,伪造医院证件的行为构成伪造证件罪,但根据 1997 年《刑法》,伪造医院证件即伪造事业单位证件的行为不构成犯罪。

《刑参》第 582 号案例"杨某、马某盗窃机动车号牌案——以勒索钱财为目的盗窃机动车号牌的如何定罪处罚"相关论述:机动车号牌不属于盗窃国家机关证件罪中的国家机关证件。机动车号牌只是中英文和数字的组合,并不加盖主管机关的印章,仅起到机动车路上行驶的有效识别载体作用,只是一种标志而非用以证明身份、权利义务关系或者有关事实的规范性凭证,不属于国家机关证件。《刑法》将人民警察车辆号牌、武装部队车辆号牌归为专用标志而非国家机关证件。2007 年最高人民法院、最高人民检察院《关于办理与盗窃、抢劫、诈骗、抢夺机动车相关行使案件具体应用法律若干问题的解释》代替旧解释优先适用。

第二百八十条之一　【使用虚假身份证件、盗用身份证件罪】③

在依照国家规定应当提供身份证明的活动中,使用伪造、变造的或者盗用他人的居民身份证、护照、社会保障卡、驾驶证等依法可以用于证明身份的证件,情节严重的,处拘役或者管制,并处或者单处罚金。

有前款行为,同时构成其他犯罪的,依照处罚较重的规定定罪处罚。

第二百八十条之二　【冒名顶替罪】④

盗用、冒用他人身份,顶替他人取得的高等学历教育入学资格、公务员录用资格、就业安置待遇的,处三年以下有期徒刑、拘役或者管制,并处罚金。

组织、指使他人实施前款行为的,依照前款的规定从重处罚。

---

① 参见张明楷:《刑法分则的解释原理》,中国人民大学出版社 2004 年版,第 300 页。
② 参见张明楷:《刑法分则的解释原理》,中国人民大学出版社 2004 年版,第 329 页。
③ 根据《刑法修正案(九)》新增。
④ 根据《刑法修正案(十一)》新增。

国家工作人员有前两款行为，又构成其他犯罪的，依照数罪并罚的规定处罚。

第二百八十一条　【非法生产、买卖警用装备罪】

非法生产、买卖人民警察制式服装、车辆号牌等专用标志、警械，情节严重的，处三年以下有期徒刑、拘役或者管制，并处或者单处罚金。

单位犯前款罪的，对单位判处罚金，并对其直接负责的主管人员和其他直接责任人员，依照前款的规定处罚。

◆ 相关规定

最高人民检察院　公安部

关于公安机关管辖的刑事案件立案追诉标准的规定(一)(节选)

(公通字〔2008〕36号)

第三十五条　【非法生产、买卖警用装备案(刑法第二百八十一条)】非法生产、买卖人民警察制式服装、车辆号牌等专用标志、警械，涉嫌下列情形之一的，应予立案追诉：

(一)成套制式服装三十套以上，或者非成套制式服装一百件以上的；

(二)手铐、脚镣、警用抓捕网、警用催泪喷射器、警灯、警报器单种或者合计十件以上的；

(三)警棍五十根以上的；

(四)警衔、警号、胸章、臂章、帽徽等警用标志单种或者合计一百件以上的；

(五)警用号牌、省级以上公安机关专段民用车辆号牌一副以上，或者其他公安机关专段民用车辆号牌三副以上的；

(六)非法经营数额五千元以上，或者非法获利一千元以上的；

(七)被他人利用进行违法犯罪活动的；

(八)其他情节严重的情形。

第二百八十二条　【非法获取国家秘密罪】

以窃取、刺探、收买方法，非法获取国家秘密的，处三年以下有期徒刑、拘役、管制或者剥夺政治权利；情节严重的，处三年以上七年以下有期徒刑。

【非法持有国家绝密、机密文件、资料、物品罪】

非法持有属于国家绝密、机密的文件、资料或者其他物品，拒不说明来源与用途的，处三年以下有期徒刑、拘役或者管制。

第二百八十三条　【非法生产、销售专用间谍器材、窃听、窃照专用器材罪】[①]

非法生产、销售专用间谍器材或者窃听、窃照专用器材的，处三年以下有期徒刑、拘役或者管制，并处或者单处罚金；情节严重的，处三年以上七年以下有期徒刑，并处罚金。

---

① 根据《刑法修正案(九)》修订。修订前的内容为：非法生产、销售窃听、窃照等专用间谍器材的，处三年以下有期徒刑、拘役或者管制。

单位犯前款罪的，对单位判处罚金，并对其直接负责的主管人员和其他直接责任人员，依照前款的规定处罚。

第二百八十四条　【非法使用窃听、窃照专用器材罪】

非法使用窃听、窃照专用器材，造成严重后果的，处二年以下有期徒刑、拘役或者管制。

第二百八十四条之一　【组织考试作弊罪】①

在法律规定的国家考试中，组织作弊的，处三年以下有期徒刑或者拘役，并处或者单处罚金；情节严重的，处三年以上七年以下有期徒刑，并处罚金。

为他人实施前款犯罪提供作弊器材或者其他帮助的，依照前款的规定处罚。

【非法出售、提供试题、答案罪】

为实施考试作弊行为，向他人非法出售或者提供第一款规定的考试的试题、答案的，依照第一款的规定处罚。

【代替考试罪】

代替他人或者让他人代替自己参加第一款规定的考试的，处拘役或者管制，并处或者单处罚金。

◆ 相关规定

最高人民法院　最高人民检察院
关于办理组织考试作弊等刑事案件适用法律若干问题的解释(节选)
(法释〔2019〕13号)

……

第一条　刑法第二百八十四条之一规定的“法律规定的国家考试”，仅限于全国人民代表大会及其常务委员会制定的法律所规定的考试。

根据有关法律规定，下列考试属于“法律规定的国家考试”：

(一)普通高等学校招生考试、研究生招生考试、高等教育自学考试、成人高等学校招生考试等国家教育考试；

(二)中央和地方公务员录用考试；

(三)国家统一法律职业资格考试、国家教师资格考试、注册会计师全国统一考试、会计专业技术资格考试、资产评估师资格考试、医师资格考试、执业药师职业资格考试、注册建筑师考试、建造师执业资格考试等专业技术资格考试；

(四)其他依照法律由中央或者地方主管部门以及行业组织的国家考试。

前款规定的考试涉及的特殊类型招生、特殊技能测试、面试等考试，属于“法律规定的国家考试”。

第二条　在法律规定的国家考试中，组织作弊，具有下列情形之一的，应当认定为刑法第二百八十四条之一第一款规定的“情节严重”：

(一)在普通高等学校招生考试、研究生招生考试、公务员录用考试中组织考试作弊的；

(二)导致考试推迟、取消或者启用备用试题的；

---

① 根据《刑法修正案(九)》新增。

（三）考试工作人员组织考试作弊的；

（四）组织考生跨省、自治区、直辖市作弊的；

（五）多次组织考试作弊的；

（六）组织三十人次以上作弊的；

（七）提供作弊器材五十件以上的；

（八）违法所得三十万元以上的；

（九）其他情节严重的情形。

第三条 具有避开或者突破考场防范作弊的安全管理措施，获取、记录、传递、接收、存储考试试题、答案等功能的程序、工具，以及专门设计用于作弊的程序、工具，应当认定为刑法第二百八十四条之一第二款规定的"作弊器材"。

对于是否属于刑法第二百八十四条之一第二款规定的"作弊器材"难以确定的，依据省级以上公安机关或者考试主管部门出具的报告，结合其他证据作出认定；涉及专用间谍器材、窃听、窃照专用器材、"伪基站"等器材的，依照相关规定作出认定。

第四条 组织考试作弊，在考试开始之前被查获，但已经非法获取考试试题、答案或者具有其他严重扰乱考试秩序情形的，应当认定为组织考试作弊罪既遂。

第五条 为实施考试作弊行为，非法出售或者提供法律规定的国家考试的试题、答案，具有下列情形之一的，应当认定为刑法第二百八十四条之一第三款规定的"情节严重"：

（一）非法出售或者提供普通高等学校招生考试、研究生招生考试、公务员录用考试的试题、答案的；

（二）导致考试推迟、取消或者启用备用试题的；

（三）考试工作人员非法出售或者提供试题、答案的；

（四）多次非法出售或者提供试题、答案的；

（五）向三十人次以上非法出售或者提供试题、答案的；

（六）违法所得三十万元以上的；

（七）其他情节严重的情形。

第六条 为实施考试作弊行为，向他人非法出售或者提供法律规定的国家考试的试题、答案，试题不完整或者答案与标准答案不完全一致的，不影响非法出售、提供试题、答案罪的认定。

第七条 代替他人或者让他人代替自己参加法律规定的国家考试的，应当依照刑法第二百八十四条之一第四款的规定，以代替考试罪定罪处罚。

对于行为人犯罪情节较轻，确有悔罪表现，综合考虑行为人替考情况以及考试类型等因素，认为符合缓刑适用条件的，可以宣告缓刑；犯罪情节轻微的，可以不起诉或者免予刑事处罚；情节显著轻微危害不大的，不以犯罪论处。

第八条 单位实施组织考试作弊、非法出售、提供试题、答案等行为的，依照本解释规定的相应定罪量刑标准，追究组织者、策划者、实施者的刑事责任。

第九条 以窃取、刺探、收买方法非法获取法律规定的国家考试的试题、答案，又组织考试作弊或者非法出售、提供试题、答案，分别符合刑法第二百八十二条和刑法第二百八十四条之一规定的，以非法获取国家秘密罪和组织考试作弊罪或者非法出售、提供试题、答案罪数罪并罚。

第十条 在法律规定的国家考试以外的其他考试中，组织作弊，为他人组织作弊提供作弊器材或者其他帮助，或者非法出售、提供试题、答案，符合非法获取国家秘密罪、非法生产、销售窃听、窃照专用器材罪、非法使用窃听、窃照专用器材罪、非法利用信息网络罪、扰乱无线电通讯管理秩序罪等犯罪构成要件的，依法追究刑事责任。

第十一条 设立用于实施考试作弊的网站、通讯群组或者发布有关考试作弊的信息，情节严重的，应当依照刑法第二百八十七条之一的规定，以非法利用信息网络罪定罪处罚；同时构成组织考试作弊罪、非法出售、提供试题、答案罪、非法获取国家秘密罪等其他犯罪的，依照处罚较重的规定定罪处罚。

第十二条　对于实施本解释规定的犯罪被判处刑罚的，可以根据犯罪情况和预防再犯罪的需要，依法宣告职业禁止；被判处管制、宣告缓刑的，可以根据犯罪情况，依法宣告禁止令。

第十三条　对于实施本解释规定的行为构成犯罪的，应当综合考虑犯罪的危害程度、违法所得数额以及被告人的前科情况、认罪悔罪态度等，依法判处罚金。

第十四条　本解释自2019年9月4日起施行。

最高人民法院
关于审理走私、非法经营、非法使用兴奋剂刑事案件适用法律若干问题的解释(节选)
(法释〔2019〕16号)

另见《刑法》第397条滥用职权罪、玩忽职守罪的相关规定

第四条　在普通高等学校招生、公务员录用等法律规定的国家考试涉及的体育、体能测试等体育运动中，组织考生非法使用兴奋剂的，应当依照刑法第二百八十四条之一的规定，以组织考试作弊罪定罪处罚。

明知他人实施前款犯罪而为其提供兴奋剂的，依照前款的规定定罪处罚。

◆ 解读与适用

【拓展关键词】法律规定的考试　牵连犯

组织考试作弊罪中的考试是指法律规定的国家考试，这里的"法律"应当限缩解释为全国人大及其常委会制定的法律。若某部法律中未对国家考试作出直接规定，但明确规定由相关国家机关制定有关制度，相关国家机关据此制定了行政法规或部门规章以对国家考试作出规定，则该考试仍应认定为法律规定的国家考试。在该考试中组织作弊的，应依法以组织考试作弊罪追究刑事责任。①

《刑参》第1441号案例"王某某等非法获取国家秘密、非法出售、提供试题、答案案——非法获取建造师考试试题、答案后又非法出售、提供的，如何定罪处罚"相关论述：不能简单机械地要求法律条文必须出现"考试"的明确表述，对相关法律条文应结合生活实践以及行政法规、部门规章进行系统解释。部分考试可以由法律作出隐含式原则性规定，行政法规和部门规章进行明确细化。执业资格证书主要通过考试取得，其隐含着"从事建筑活动的专业技术人员，应当通过执业资格考试"的内容。即使其非法出售、提供的试题、答案与考试真题、标准答案仅有部分内容甚至只有一道试题、答案一致，就不影响本罪的认定。非法获取国家秘密罪中"国家秘密"的范围远大于法律规定的国家考试的试题、答案，非法获取国家秘密并不是非法出售、提供试题、答案的通常手段行为，牵连关系并不紧密，应数罪并罚。

第二百八十五条　【非法侵入计算机信息系统罪】②③

违反国家规定，侵入国家事务、国防建设、尖端科学技术领域的计算机信息系统的，处三年以下有期徒刑或者拘役。

---

① 参见张某、陈某、包某组织考试作弊案，载《最高人民法院公报》2018年第12期。

② 根据《刑法修正案(七)》增加第二款和第三款。

③ 根据《刑法修正案(九)》增加第四款。

【非法获取计算机信息系统数据、非法控制计算机信息系统罪】

违反国家规定，侵入前款规定以外的计算机信息系统或者采用其他技术手段，获取该计算机信息系统中存储、处理或者传输的数据，或者对该计算机信息系统实施非法控制，情节严重的，处三年以下有期徒刑或者拘役，并处或者单处罚金；情节特别严重的，处三年以上七年以下有期徒刑，并处罚金。

【提供侵入、非法控制计算机信息系统程序、工具罪】

提供专门用于侵入、非法控制计算机信息系统的程序、工具，或者明知他人实施侵入、非法控制计算机信息系统的违法犯罪行为而为其提供程序、工具，情节严重的，依照前款的规定处罚。

单位犯前三款罪的，对单位判处罚金，并对其直接负责的主管人员和其他直接责任人员，依照各该款的规定处罚。

◆ 相关规定

最高人民法院　最高人民检察院
关于办理危害计算机信息系统安全刑事案件应用法律若干问题的解释（节选）

（法释〔2011〕19号）

详见《刑法》第286条破坏计算机信息系统罪的相关规定

第一条　非法获取计算机信息系统数据或者非法控制计算机信息系统，具有下列情形之一的，应当认定为刑法第二百八十五条第二款规定的“情节严重”：

（一）获取支付结算、证券交易、期货交易等网络金融服务的身份认证信息十组以上的；

（二）获取第（一）项以外的身份认证信息五百组以上的；

（三）非法控制计算机信息系统二十台以上的；

（四）违法所得五千元以上或者造成经济损失一万元以上的；

（五）其他情节严重的情形。

实施前款规定行为，具有下列情形之一的，应当认定为刑法第二百八十五条第二款规定的“情节特别严重”：

（一）数量或者数额达到前款第（一）项至第（四）项规定标准五倍以上的；

（二）其他情节特别严重的情形。

明知是他人非法控制的计算机信息系统，而对该计算机信息系统的控制权加以利用的，依照前两款的规定定罪处罚。

第二条　具有下列情形之一的程序、工具，应当认定为刑法第二百八十五条第三款规定的“专门用于侵入、非法控制计算机信息系统的程序、工具”：

（一）具有避开或者突破计算机信息系统安全保护措施，未经授权或者超越授权获取计算机信息系统数据的功能的；

（二）具有避开或者突破计算机信息系统安全保护措施，未经授权或者超越授权对计算机信息系统实施控制的功能的；

（三）其他专门设计用于侵入、非法控制计算机信息系统、非法获取计算机信息系统数据的程序、工具。

第三条　提供侵入、非法控制计算机信息系统的程序、工具，具有下列情形之一的，应当认定为刑法第二百八十五条第三款规定的"情节严重"：

（一）提供能够用于非法获取支付结算、证券交易、期货交易等网络金融服务身份认证信息的专门性程序、工具五人次以上的；

（二）提供第（一）项以外的专门用于侵入、非法控制计算机信息系统的程序、工具二十人次以上的；

（三）明知他人实施非法获取支付结算、证券交易、期货交易等网络金融服务身份认证信息的违法犯罪行为而为其提供程序、工具五人次以上的；

（四）明知他人实施第（三）项以外的侵入、非法控制计算机信息系统的违法犯罪行为而为其提供程序、工具二十人次以上的；

（五）违法所得五千元以上或者造成经济损失一万元以上的；

（六）其他情节严重的情形。

实施前款规定行为，具有下列情形之一的，应当认定为提供侵入、非法控制计算机信息系统的程序、工具"情节特别严重"：

（一）数量或者数额达到前款第（一）项至第（五）项规定标准五倍以上的；

（二）其他情节特别严重的情形。

◆ 解读与适用

通过植入木马程序的方式，非法获取网站服务器的控制权限，进而通过修改、增加计算机信息系统数据，向相关计算机信息系统上传网页链接代码的，应当认定为《刑法》第285条第2款"采用其他技术手段"非法控制计算机信息系统的行为。通过修改、增加计算机信息系统数据，对该计算机信息系统实施非法控制，但未造成系统功能实质性破坏或者不能正常运行的，不应当认定为破坏计算机信息系统罪，符合《刑法》第285条第2款规定的，应当认定为非法控制计算机信息系统罪。①

第二百八十六条　【破坏计算机信息系统罪】②

违反国家规定，对计算机信息系统功能进行删除、修改、增加、干扰，造成计算机信息系统不能正常运行，后果严重的，处五年以下有期徒刑或者拘役；后果特别严重的，处五年以上有期徒刑。

违反国家规定，对计算机信息系统中存储、处理或者传输的数据和应用程序进行删除、修改、增加的操作，后果严重的，依照前款的规定处罚。

故意制作、传播计算机病毒等破坏性程序，影响计算机系统正常运行，后果严重的，依照第一款的规定处罚。

单位犯前三款罪的，对单位判处罚金，并对其直接负责的主管人员和其他直接责任人员，依照第一款的规定处罚。

---

① 参见张某等非法控制计算机信息系统案，最高人民法院指导案例145号（2020年）。

② 根据《刑法修正案（九）》新增第四款。

◆ 相关规定

最高人民法院　最高人民检察院
关于办理危害计算机信息系统安全刑事案件应用法律若干问题的解释(节选)
(法释〔2011〕19号)

第四条　破坏计算机信息系统功能、数据或者应用程序,具有下列情形之一的,应当认定为刑法第二百八十六条第一款和第二款规定的"后果严重":

(一)造成十台以上计算机信息系统的主要软件或者硬件不能正常运行的;

(二)对二十台以上计算机信息系统中存储、处理或者传输的数据进行删除、修改、增加操作的;

(三)违法所得五千元以上或者造成经济损失一万元以上的;

(四)造成为一百台以上计算机信息系统提供域名解析、身份认证、计费等基础服务或者为一万以上用户提供服务的计算机信息系统不能正常运行累计一小时以上的;

(五)造成其他严重后果的。

实施前款规定行为,具有下列情形之一的,应当认定为破坏计算机信息系统"后果特别严重":

(一)数量或者数额达到前款第(一)项至第(三)项规定标准五倍以上的;

(二)造成为五百台以上计算机信息系统提供域名解析、身份认证、计费等基础服务或者为五万以上用户提供服务的计算机信息系统不能正常运行累计一小时以上的;

(三)破坏国家机关或者金融、电信、交通、教育、医疗、能源等领域提供公共服务的计算机信息系统的功能、数据或者应用程序,致使生产、生活受到严重影响或者造成恶劣社会影响的;

(四)造成其他特别严重后果的。

第五条　具有下列情形之一的程序,应当认定为刑法第二百八十六条第三款规定的"计算机病毒等破坏性程序":

(一)能够通过网络、存储介质、文件等媒介,将自身的部分、全部或者变种进行复制、传播,并破坏计算机系统功能、数据或者应用程序的;

(二)能够在预先设定条件下自动触发,并破坏计算机系统功能、数据或者应用程序的;

(三)其他专门设计用于破坏计算机系统功能、数据或者应用程序的程序。

第六条　故意制作、传播计算机病毒等破坏性程序,影响计算机系统正常运行,具有下列情形之一的,应当认定为刑法第二百八十六条第三款规定的"后果严重":

(一)制作、提供、传输第五条第(一)项规定的程序,导致该程序通过网络、存储介质、文件等媒介传播的;

(二)造成二十台以上计算机系统被植入第五条第(二)、(三)项规定的程序的;

(三)提供计算机病毒等破坏性程序十人次以上的;

(四)违法所得五千元以上或者造成经济损失一万元以上的;

(五)造成其他严重后果的。

实施前款规定行为,具有下列情形之一的,应当认定为破坏计算机信息系统"后果特别严重":

(一)制作、提供、传输第五条第(一)项规定的程序,导致该程序通过网络、存储介质、文件等媒介传播,致使生产、生活受到严重影响或者造成恶劣社会影响的;

(二)数量或者数额达到前款第(二)项至第(四)项规定标准五倍以上的;

(三)造成其他特别严重后果的。

……

第八条　以单位名义或者单位形式实施危害计算机信息系统安全犯罪,达到本解释规定的定罪量刑标准的,应当依照刑法第二百八十五条、第二百八十六条的规定追究直接负责的主管人员和其他直接责任人员的刑事责任。

第九条 明知他人实施刑法第二百八十五条、第二百八十六条规定的行为,具有下列情形之一的,应当认定为共同犯罪,依照刑法第二百八十五条、第二百八十六条的规定处罚:

(一)为其提供用于破坏计算机信息系统功能、数据或者应用程序的程序、工具,违法所得五千元以上或者提供十人次以上的;

(二)为其提供互联网接入、服务器托管、网络存储空间、通讯传输通道、费用结算、交易服务、广告服务、技术培训、技术支持等帮助,违法所得五千元以上的;

(三)通过委托推广软件、投放广告等方式向其提供资金五千元以上的。

实施前款规定行为,数量或者数额达到前款规定标准五倍以上的,应当认定为刑法第二百八十五条、第二百八十六条规定的"情节特别严重"或者"后果特别严重"。

第十条 对于是否属于刑法第二百八十五条、第二百八十六条规定的"国家事务、国防建设、尖端科学技术领域的计算机信息系统"、"专门用于侵入、非法控制计算机信息系统的程序、工具"、"计算机病毒等破坏性程序"难以确定的,应当委托省级以上负责计算机信息系统安全保护管理工作的部门检验。司法机关根据检验结论,并结合案件具体情况认定。

第十一条 本解释所称"计算机信息系统"和"计算机系统",是指具备自动处理数据功能的系统,包括计算机、网络设备、通信设备、自动化控制设备等。

本解释所称"身份认证信息",是指用于确认用户在计算机信息系统上操作权限的数据,包括账号、口令、密码、数字证书等。

本解释所称"经济损失",包括危害计算机信息系统犯罪行为给用户直接造成的经济损失,以及用户为恢复数据、功能而支出的必要费用。

☞ 其他相关规定见章后二维码

◆ 解读与适用

【拓展关键词】破坏计算机系统损失的认定

行为人违反国家规定,采用干扰的技术手段攻击劫持互联网运营商的公共域名服务器,在域名服务器中添加指令,在大量个人计算机信息系统中植入木马病毒,造成计算机信息系统不能正常运行,后果严重的,应以破坏计算机信息系统罪定罪处罚。①

通过修改路由器、浏览器设置、锁定主页或者弹出新窗口等技术手段,强制网络用户访问指定网站的"DNS 劫持"行为,属于破坏计算机信息系统,后果严重的,构成破坏计算机信息系统罪。对于"DNS 劫持",应当根据造成不能正常运行的计算机信息系统数量、相关计算机信息系统不能正常运行的时间,以及所造成的损失或者影响等,认定其是"后果严重"还是"后果特别严重"。2 被告人使用恶意代码修改互联网用户路由器的 DNS 设置,将用户访问"2345. com"等导航网站的流量劫持到其设置的"5w. com"导航网站,并将获取的互联网用户流量出售,显然是对网络用户的计算机信息系统功能进行破坏,造成计算机信息系统不能正常运行,符合破坏计算机信息系统罪的客观行为要件。②

企业的机械远程监控系统属于计算机信息系统。违反国家规定,对企业的机械远程监控系统功能进行破坏,造成计算机信息系统不能正常运行,后果严重的,构成破坏计算机信息系统罪。被告人徐某利用"GPS 干扰器"对中联重科物联网 GPS 信息服务系统进行修改、干扰,致使该系统无法对案涉泵车进行实时监控和

---

① 参见马某等破坏计算机信息系统案,载《最高人民法院公报》2009 年第 2 期。

② 参见付某、黄某破坏计算机信息系统案,最高人民法院指导案例 102 号(2018 年)。

远程锁车，是对计算机信息系统功能进行破坏，属于造成计算机信息系统不能正常运行的行为，且后果特别严重。①

环境质量监测系统属于计算机信息系统。用棉纱等物品堵塞环境质量监测采样设备，干扰采样，致使监测数据严重失真的，构成破坏计算机信息系统罪。②

以修改域名、解析服务器指向的方式劫持域名，造成计算机信息系统不能正常运行的行为，是破坏计算机信息系统的行为。修改域名、解析服务器指向，强制用户偏离目标网站或网页进入指定网站或网页，是典型的域名劫持行为。行为人使用恶意代码修改目标网站域名解析服务器，目标网站域名被恶意解析到其他IP地址，无法正常发挥网站服务功能，这种行为实质是对计算机信息系统功能的修改、干扰，符合《刑法》第286条第1款"对计算机信息系统功能进行删除、修改、增加、干扰"的规定。可以根据计算机信息系统的功能和使用特点，结合网站注册用户、浏览用户等具体情况，认定遭受破坏的计算机信息系统服务用户数，作出客观判断。③

冒用购物网站买家身份进入网站内部评价系统删改购物评价，属于对计算机信息系统内存储数据进行修改操作，应当认定为破坏计算机信息系统的行为。侵入评价系统删改购物评价，其实质是对计算机信息系统内存储的数据进行删除、修改操作的行为。这种行为危害到计算机信息系统数据采集和流量分配体系运行，使网站注册商户及其商品、服务的搜索受到影响，导致网站商品、服务评价功能无法正常运作，侵害了购物网站所属公司的信息系统安全和消费者的知情权。行为人因删除、修改某购物网站中差评数据违法所得25,000元以上，构成破坏计算机信息系统罪，属于"后果特别严重"的情形，应当依法判处五年以上有期徒刑。④

智能手机终端，应当认定为刑法保护的计算机信息系统。锁定智能手机导致不能使用的行为，可认定为破坏计算机信息系统。计算机信息系统包括计算机、网络设备、通信设备、自动化控制设备等。智能手机和计算机一样，使用独立的操作系统、独立的运行空间，可以由用户自行安装软件等程序，并可以通过移动通讯网络实现无线网络接入，应当认定为刑法上的"计算机信息系统"。行为人通过修改被害人手机的登录密码，远程锁定被害人的智能手机设备，使之成为无法开机的"僵尸机"，属于对计算机信息系统功能进行修改、干扰的行为。行为人采用非法手段锁定手机后以解锁为条件，索要钱财，在数额较大或多次敲诈的情况下，其目的行为又构成敲诈勒索罪。在这类犯罪案件中，手段行为构成的破坏计算机信息系统罪与目的行为构成的敲诈勒索罪之间成立牵连犯。牵连犯应当从一重罪处断。在破坏计算机信息系统罪后果严重的情况下，法定刑为五年以下有期徒刑或者拘役；敲诈勒索罪在数额较大的情况下，法定刑为三年以下有期徒刑、拘役或管制，并处或者单处罚金。本案应以重罪即破坏计算机信息系统罪论处。⑤

超出授权范围使用账号、密码登录计算机信息系统，属于侵入计算机信息系统的行为；侵入计算机信息系统后下载其储存的数据，可以认定为非法获取计算机信息系统数据。非法获取计算机信息系统数据罪中的"侵入"，是指违背被害人意愿、非法进入计算机信息系统的行为。其表现形式既包括采用技术手段破坏系统防护进入计算机信息系统，也包括未取得被害人授权擅自进入计算机信息系统，还包括超出被害人授权范围进入计算机信息系统。⑥

---

① 参见徐某破坏计算机信息系统案，最高人民法院指导案例103号(2018年)。
② 参见李某、何某、张某等人破坏计算机信息系统案，最高人民法院指导案例104号(2018年)。
③ 参见李某破坏计算机信息系统案，最高人民检察院指导性案例第33号(2017年)。
④ 参见李某等破坏计算机信息系统案，最高人民检察院指导性案例第34号(2017年)。
⑤ 参见曾某、王某破坏计算机信息系统案，最高人民检察院指导性案例第35号(2017年)。
⑥ 参见梦某、龚某、薛某非法获取计算机信息系统数据案，最高人民检察院指导性案例第36号(2017年)。

《刑参》第 68 号案例“吕某破坏计算机信息系统案——如何认定破坏计算机信息系统罪”相关论述：破坏计算机信息系统罪的犯罪对象是计算机信息系统功能、计算机信息系统及其中的数据、应用程序，侵犯的客体是计算机信息系统的安全。破坏计算机信息系统有时会使计算机瘫痪，这是计算机信息系统不能正常运行的最严重后果，但不是构成破坏计算机信息系统的必要条件。

《刑参》第 784 号案例“孙某破坏计算机信息系统案——如何认定和适用破坏计算机信息系统罪中的‘经济损失’和‘违法所得’情节”相关论述：被告人在非法处理违章数据的时候因违章车辆当事人还没有实际缴纳罚款，公安机关还没有实际收取罚款，是公安机关拟行政处罚的罚款，被告人非法处理违章数据的行为本身并不直接导致罚款的必然损失，不属于直接经济损失。被告人非法处理的违章信息所对应的罚款具有不确定性。该款只是违章行为所对应的应当处以罚款的数额，是否最终都作出处罚，能否全部征收到位，都处于或然状态。被告人只是将数据处理的状态由原来的“未处理”修改为“已处理”。公安机关可以通过对被告人修改的数据进行恢复，对有关车辆违章行为作出处罚。经济损失和违法所得数额都是破坏计算机信息系统犯罪中定罪量刑标准，都应当进行侦查，应当按照处罚较重的数额对被告人进行量刑。另一数额作为量刑的酌定情节予以考虑。

《刑参》第 1029 号案例“乐某等破坏计算机信息系统案——在无法准确认定经济损失、用户数量的情况下，如何认定破坏计算机信息系统的‘后果严重’”相关论述：综合考虑行为性质、情节、社会危害程度，应当认定 4 名被告人的行为达到了破坏计算机信息系统“后果严重”的程度。虽然不能准确认定所造成的经济损失和受影响的计算机用户数量，但 4 名被告人恶意攻击计算机系统达 10 次以上，总计时间约 40 小时，造成全国知名婚恋交友网站长时间无法正常运行，必然会影响众多服务用户，并造成一定的经济损失。真情在线公司向法庭提交的因网站受攻击导致客户退费 112 万元，可以作为评价其公司经营规模和实际注册用户数量的重要参考。

【拓展关键词】破坏计算机信息系统罪与盗窃罪、诈骗罪、非法获取计算机信息系统数据罪辨析

《刑参》第 783 号案例“童某、蔡某破坏计算机信息系统案——公安交通管理部门协管员非法侵入道路交通违法信息管理系统，清除车辆违章信息，收取违章人员钱财的行为如何定性”相关论述：国家预期罚款收入的流失只是被告人实施犯罪行为的结果，不能因为被告人的行为致使国家预期罚款收入流失而认定 2 被告人收取违章人员的违章罚款是窃取国家财产。被告人是通过公开手段收取违章人员的钱财，未采取秘密窃取的手段，不符合盗窃罪的构成。被告人虽然告诉违章人员是采取“内部处理”的办法，有一定的隐瞒情节，但从主观上分析，被告人认为违章信息已经成功清除，不会被发现，被告人在基本事实部分并没有对违章人员虚构事实或隐瞒真相，从违章人员的认识分析，虽然违章人员可能误认为是交通管理部门人员滥用职权牟利的行为，不知道被告人是非法侵入交通管理系统进行处理，但违章应当被罚款或扣分是常识，被告人声称可以“打折”交费及不扣分的方式处理违章行为，违章人员对此行为的违法违规性有概括性认识，对违法风险也是明知的。违章人员是出于少交违章罚款和不被扣分的目的而自愿向被告人交付财物，并非因对 2 被告人行为性质的认识错误所致，被告人的非法操作行为已经致使交付钱财的违章人员实现了消除违章记录且不被扣分的目的，被告人不构成诈骗罪。

《刑参》第 1459 号案例“吴某非法获取计算机信息系统数据案——利用游戏系统漏洞非法充值行为的定性”相关论述：破坏计算机信息系统罪的本质在于损害了信息系统的功能。必须对计算机信息系统功能达到损害的程度，而且该程度是持续性的。本案被告人非法充值的行为并未妨害其他用户正常充值。非法生成、复制、传输游戏币的行为，本质上是一种非法获取权限，并非法使用该权限的行为。可以认为是非法获取了计算机信息系统数据。

另见《刑法》第 264 条盗窃罪、第 266 条诈骗罪的相关注释。

第二百八十六条之一　【拒不履行信息网络安全管理义务罪】[①]

网络服务提供者不履行法律、行政法规规定的信息网络安全管理义务,经监管部门责令采取改正措施而拒不改正,有下列情形之一的,处三年以下有期徒刑、拘役或者管制,并处或者单处罚金:

(一)致使违法信息大量传播的;

(二)致使用户信息泄露,造成严重后果的;

(三)致使刑事案件证据灭失,情节严重的;

(四)有其他严重情节的。

单位犯前款罪的,对单位判处罚金,并对其直接负责的主管人员和其他直接责任人员,依照前款的规定处罚。

有前两款行为,同时构成其他犯罪的,依照处罚较重的规定定罪处罚。

◆ 相关规定

最高人民法院　最高人民检察院
关于办理危害计算机信息系统安全刑事案件应用法律若干问题的解释
(法释〔2011〕19 号)

详见《刑法》第 286 条破坏计算机信息系统罪的相关规定

最高人民法院　最高人民检察院　公安部
关于办理电信网络诈骗等刑事案件适用法律若干问题的意见(节选)
(法发〔2016〕32 号)

详见《刑法》第 266 条诈骗罪的相关规定

三、全面惩处关联犯罪

(六)网络服务提供者不履行法律、行政法规规定的信息网络安全管理义务,经监管部门责令采取改正措施而拒不改正,致使诈骗信息大量传播,或者用户信息泄露造成严重后果的,依照刑法第二百八十六条之一的规定,以拒不履行信息网络安全管理义务罪追究刑事责任。同时构成诈骗罪的,依照处罚较重的规定定罪处罚。

① 根据《刑法修正案(九)》新增。

最高人民法院　最高人民检察院
关于办理侵犯公民个人信息刑事案件适用法律若干问题的解释(节选)

(法释〔2017〕10号)

详见《刑法》第253条之一侵犯公民个人信息罪的相关规定

第九条　网络服务提供者拒不履行法律、行政法规规定的信息网络安全管理义务,经监管部门责令采取改正措施而拒不改正,致使用户的公民个人信息泄露,造成严重后果的,应当依照刑法第二百八十六条之一的规定,以拒不履行信息网络安全管理义务罪定罪处罚。

最高人民法院　最高人民检察院
关于办理非法利用信息网络、帮助信息网络犯罪活动等刑事案件适用法律若干问题的解释(节选)

(法释〔2019〕15号)

第一条　提供下列服务的单位和个人,应当认定为刑法第二百八十六条之一第一款规定的"网络服务提供者":

(一)网络接入、域名注册解析等信息网络接入、计算、存储、传输服务;

(二)信息发布、搜索引擎、即时通讯、网络支付、网络预约、网络购物、网络游戏、网络直播、网站建设、安全防护、广告推广、应用商店等信息网络应用服务;

(三)利用信息网络提供的电子政务、通信、能源、交通、水利、金融、教育、医疗等公共服务。

第二条　刑法第二百八十六条之一第一款规定的"监管部门责令采取改正措施",是指网信、电信、公安等依照法律、行政法规的规定承担信息网络安全监管职责的部门,以责令整改通知书或者其他文书形式,责令网络服务提供者采取改正措施。

认定"经监管部门责令采取改正措施而拒不改正",应当综合考虑监管部门责令改正是否具有法律、行政法规依据,改正措施及期限要求是否明确、合理,网络服务提供者是否具有按照要求采取改正措施的能力等因素进行判断。

第三条　拒不履行信息网络安全管理义务,具有下列情形之一的,应当认定为刑法第二百八十六条之一第一款第一项规定的"致使违法信息大量传播":

(一)致使传播违法视频文件二百个以上的;

(二)致使传播违法视频文件以外的其他违法信息二千个以上的;

(三)致使传播违法信息,数量虽未达到第一项、第二项规定标准,但是按相应比例折算合计达到有关数量标准的;

(四)致使向二千个以上用户账号传播违法信息的;

(五)致使利用群组成员账号数累计三千以上的通讯群组或者关注人员账号数累计三万以上的社交网络传播违法信息的;

(六)致使违法信息实际被点击数达到五万以上的;

(七)其他致使违法信息大量传播的情形。

第四条　拒不履行信息网络安全管理义务,致使用户信息泄露,具有下列情形之一的,应当认定为刑法第二百八十六条之一第一款第二项规定的"造成严重后果":

(一)致使泄露行踪轨迹信息、通信内容、征信信息、财产信息五百条以上的;

(二)致使泄露住宿信息、通信记录、健康生理信息、交易信息等其他可能影响人身、财产安全的用户信息五千条以上的;

(三)致使泄露第一项、第二项规定以外的用户信息五万条以上的;

(四)数量虽未达到第一项至第三项规定标准,但是按相应比例折算合计达到有关数量标准的;

(五)造成他人死亡、重伤、精神失常或者被绑架等严重后果的;

(六)造成重大经济损失的;

(七)严重扰乱社会秩序的;

(八)造成其他严重后果的。

第五条 拒不履行信息网络安全管理义务,致使影响定罪量刑的刑事案件证据灭失,具有下列情形之一的,应当认定为刑法第二百八十六条之一第一款第三项规定的"情节严重":

(一)造成危害国家安全犯罪、恐怖活动犯罪、黑社会性质组织犯罪、贪污贿赂犯罪案件的证据灭失的;

(二)造成可能判处五年有期徒刑以上刑罚犯罪案件的证据灭失的;

(三)多次造成刑事案件证据灭失的;

(四)致使刑事诉讼程序受到严重影响的;

(五)其他情节严重的情形。

第六条 拒不履行信息网络安全管理义务,具有下列情形之一的,应当认定为刑法第二百八十六条之一第一款第四项规定的"有其他严重情节":

(一)对绝大多数用户日志未留存或者未落实真实身份信息认证义务的;

(二)二年内经多次责令改正拒不改正的;

(三)致使信息网络服务被主要用于违法犯罪的;

(四)致使信息网络服务、网络设施被用于实施网络攻击,严重影响生产、生活的;

(五)致使信息网络服务被用于实施危害国家安全犯罪、恐怖活动犯罪、黑社会性质组织犯罪、贪污贿赂犯罪或者其他重大犯罪的;

(六)致使国家机关或者通信、能源、交通、水利、金融、教育、医疗等领域提供公共服务的信息网络受到破坏,严重影响生产、生活的;

(七)其他严重违反信息网络安全管理义务的情形。

……

第十四条 单位实施本解释规定的犯罪的,依照本解释规定的相应自然人犯罪的定罪量刑标准,对直接负责的主管人员和其他直接责任人员定罪处罚,并对单位判处罚金。

第十五条 综合考虑社会危害程度、认罪悔罪态度等情节,认为犯罪情节轻微的,可以不起诉或者免予刑事处罚;情节显著轻微危害不大的,不以犯罪论处。

第十六条 多次拒不履行信息网络安全管理义务、非法利用信息网络、帮助信息网络犯罪活动构成犯罪,依法应当追诉的,或者二年内多次实施前述行为未经处理的,数量或者数额累计计算。

第十七条 对于实施本解释规定的犯罪被判处刑罚的,可以根据犯罪情况和预防再犯罪的需要,依法宣告职业禁止;被判处管制、宣告缓刑的,可以根据犯罪情况,依法宣告禁止令。

第十八条 对于实施本解释规定的犯罪的,应当综合考虑犯罪的危害程度、违法所得数额以及被告人的前科情况、认罪悔罪态度等,依法判处罚金。

第十九条 本解释自2019年11月1日起施行。

第二百八十七条　【利用计算机实施犯罪的提示性规定】

利用计算机实施金融诈骗、盗窃、贪污、挪用公款、窃取国家秘密或者其他犯罪的,依照本法有关规定定罪处罚。

第二百八十七条之一　【非法利用信息网络罪】①

利用信息网络实施下列行为之一,情节严重的,处三年以下有期徒刑或者拘役,并处或者单处罚金:

(一)设立用于实施诈骗、传授犯罪方法、制作或者销售违禁物品、管制物品等违法犯罪活动的网站、通讯群组的;

(二)发布有关制作或者销售毒品、枪支、淫秽物品等违禁物品、管制物品或者其他违法犯罪信息的;

(三)为实施诈骗等违法犯罪活动发布信息的。

单位犯前款罪的,对单位判处罚金,并对其直接负责的主管人员和其他直接责任人员,依照第一款的规定处罚。

有前两款行为,同时构成其他犯罪的,依照处罚较重的规定定罪处罚。

◆ 相关规定

最高人民法院　最高人民检察院
关于办理非法利用信息网络、帮助信息网络犯罪活动等刑事案件适用法律若干问题的解释(节选)

(法释〔2019〕15号)

详见《刑法》第286条之一拒不履行信息网络安全管理义务罪的相关规定

第七条　刑法第二百八十七条之一规定的"违法犯罪",包括犯罪行为和属于刑法分则规定的行为类型但尚未构成犯罪的违法行为。

第八条　以实施违法犯罪活动为目的而设立或者设立后主要用于实施违法犯罪活动的网站、通讯群组,应当认定为刑法第二百八十七条之一第一款第一项规定的"用于实施诈骗、传授犯罪方法、制作或者销售违禁物品、管制物品等违法犯罪活动的网站、通讯群组"。

第九条　利用信息网络提供信息的链接、截屏、二维码、访问账号密码及其他指引访问服务的,应当认定为刑法第二百八十七条之一第一款第二项、第三项规定的"发布信息"。

第十条　非法利用信息网络,具有下列情形之一的,应当认定为刑法第二百八十七条之一第一款规定的"情节严重":

(一)假冒国家机关、金融机构名义,设立用于实施违法犯罪活动的网站的;

(二)设立用于实施违法犯罪活动的网站,数量达到三个以上或者注册账号数累计达到二千以上的;

---

① 根据《刑法修正案(九)》新增。

（三）设立用于实施违法犯罪活动的通讯群组，数量达到五个以上或者群组成员账号数累计达到一千以上的；

（四）发布有关违法犯罪的信息或者为实施违法犯罪活动发布信息，具有下列情形之一的：

1. 在网站上发布有关信息一百条以上的；

2. 向二千个以上用户账号发送有关信息的；

3. 向群组成员数累计达到三千以上的通讯群组发送有关信息的；

4. 利用关注人员账号数累计达到三万以上的社交网络传播有关信息的；

（五）违法所得一万元以上的；

（六）二年内曾因非法利用信息网络、帮助信息网络犯罪活动、危害计算机信息系统安全受过行政处罚，又非法利用信息网络的；

（七）其他情节严重的情形。

☞ **其他相关规定见章后二维码**

第二百八十七条之二 【帮助信息网络犯罪活动罪】①

明知他人利用信息网络实施犯罪，为其犯罪提供互联网接入、服务器托管、网络存储、通讯传输等技术支持，或者提供广告推广、支付结算等帮助，情节严重的，处三年以下有期徒刑或者拘役，并处或者单处罚金。

单位犯前款罪的，对单位判处罚金，并对其直接负责的主管人员和其他直接责任人员，依照第一款的规定处罚。

有前两款行为，同时构成其他犯罪的，依照处罚较重的规定定罪处罚。

◆ 相关规定

最高人民法院 最高人民检察院 公安部
关于办理电信网络诈骗等刑事案件适用法律若干问题的意见（节选）
（法发〔2016〕32号）

详见《刑法》第266条诈骗罪的相关规定

三、全面惩处关联犯罪

（七）实施刑法第二百八十七条之一、第二百八十七条之二规定之行为，构成非法利用信息网络罪、帮助信息网络犯罪活动罪，同时构成诈骗罪的，依照处罚较重的规定定罪处罚。

（八）金融机构、网络服务提供者、电信业务经营者等在经营活动中，违反国家有关规定，被电信网络诈骗犯罪分子利用，使他人遭受财产损失的，依法承担相应责任。构成犯罪的，依法追究刑事责任。

---

① 根据《刑法修正案（九）》新增。

最高人民法院
关于审理毒品犯罪案件适用法律若干问题的解释(节选)

(法释〔2016〕8号)

详见《刑法》第347条走私毒品罪的相关规定

第十四条　利用信息网络,设立用于实施传授制造毒品、非法生产制毒物品的方法,贩卖毒品,非法买卖制毒物品或者组织他人吸食、注射毒品等违法犯罪活动的网站、通讯群组,或者发布实施前述违法犯罪活动的信息,情节严重的,应当依照刑法第二百八十七条之一的规定,以非法利用信息网络罪定罪处罚。

实施刑法第二百八十七条之一、第二百八十七条之二规定的行为,同时构成贩卖毒品罪、非法买卖制毒物品罪、传授犯罪方法罪等犯罪的,依照处罚较重的规定定罪处罚。

最高人民法院　最高人民检察院　公安部
关于依法处理信访活动中违法犯罪行为的指导意见(节选)

(公通字〔2019〕7号)

详见《刑法》第290条聚众扰乱社会秩序罪的相关规定

一、依法打击违法犯罪行为,明确法律底线

(六)信息网络有关行为。设立网站、通讯群组,用于在信访活动中或者以信访为名实施违法犯罪活动,情节严重的,依照刑法第二百八十七条之一的规定,以非法利用信息网络罪定罪处罚;明知他人利用信息网络在信访活动中或者以信访为名实施犯罪行为,为其提供技术支持或者其他帮助,情节严重的,依照刑法第二百八十七条之二的规定,以帮助信息网络犯罪活动罪定罪处罚;网络服务提供者不履行法律、行政法规规定的信息网络安全管理义务,经监管部门责令采取改正措施而拒不改正,情节严重的,依照刑法第二百八十六条之一的规定,以拒不履行信息网络安全管理义务罪定罪处罚。

最高人民法院　最高人民检察院
关于办理非法利用信息网络、帮助信息网络犯罪活动等刑事案件适用法律若干问题的解释(节选)

(法释〔2019〕15号)

详见《刑法》第286条之一拒不履行信息网络安全管理义务罪的相关规定

第十一条　为他人实施犯罪提供技术支持或者帮助,具有下列情形之一的,可以认定行为人明知他人利用信息网络实施犯罪,但是有相反证据的除外:

(一)经监管部门告知后仍然实施有关行为的;

(二)接到举报后不履行法定管理职责的;

(三)交易价格或者方式明显异常的;

(四)提供专门用于违法犯罪的程序、工具或者其他技术支持、帮助的;

(五)频繁采用隐蔽上网、加密通信、销毁数据等措施或者使用虚假身份,逃避监管或者规避调查的;

(六)为他人逃避监管或者规避调查提供技术支持、帮助的;

（七）其他足以认定行为人明知的情形。

第十二条 明知他人利用信息网络实施犯罪，为其犯罪提供帮助，具有下列情形之一的，应当认定为刑法第二百八十七条之二第一款规定的“情节严重”：

（一）为三个以上对象提供帮助的；

（二）支付结算金额二十万元以上的；

（三）以投放广告等方式提供资金五万元以上的；

（四）违法所得一万元以上的；

（五）二年内曾因非法利用信息网络、帮助信息网络犯罪活动、危害计算机信息系统安全受过行政处罚，又帮助信息网络犯罪活动的；

（六）被帮助对象实施的犯罪造成严重后果的；

（七）其他情节严重的情形。

实施前款规定的行为，确因客观条件限制无法查证被帮助对象是否达到犯罪的程度，但相关数额总计达到前款第二项至第四项规定标准五倍以上，或者造成特别严重后果的，应当以帮助信息网络犯罪活动罪追究行为人的刑事责任。

第十三条 被帮助对象实施的犯罪行为可以确认，但尚未到案、尚未依法裁判或者因未达到刑事责任年龄等原因依法未予追究刑事责任的，不影响帮助信息网络犯罪活动罪的认定。

第二百八十八条 【扰乱无线电通讯管理秩序罪】①

违反国家规定，擅自设置、使用无线电台（站），或者擅自使用无线电频率，干扰无线电通讯秩序，情节严重的，处三年以下有期徒刑、拘役或者管制，并处或者单处罚金；情节特别严重的，处三年以上七年以下有期徒刑，并处罚金。

单位犯前款罪的，对单位判处罚金，并对其直接负责的主管人员和其他直接责任人员，依照前款的规定处罚。

◆ 相关规定

最高人民法院
关于审理扰乱电信市场管理秩序案件具体应用法律若干问题的解释（节选）

（法释〔2000〕12号）

详见《刑法》第225条非法经营罪的相关规定

第五条 违反国家规定，擅自设置、使用无线电台（站），或者擅自占用频率，非法经营国际电信业务或者涉港澳台电信业务进行营利活动，同时构成非法经营罪和刑法第二百八十八条规定的扰乱无线电通讯管

① 根据《刑法修正案（九）》修订。修订前内容为：违反国家规定，擅自设置、使用无线电台（站），或者擅自占用频率，经责令停止使用后拒不停止使用，干扰无线电通讯正常进行，造成严重后果的，处三年以下有期徒刑、拘役或者管制，并处或者单处罚金。单位犯前款罪的，对单位判处罚金，并对其直接负责的主管人员和其他直接责任人员，依照前款的规定处罚。

理秩序罪的,依照处罚较重的规定定罪处罚。

最高人民法院　最高人民检察院　公安部
关于办理电信网络诈骗等刑事案件适用法律若干问题的意见(节选)

(法发〔2016〕32号)

详见《刑法》第266条诈骗罪的相关规定

三、全面惩处关联犯罪

(一)在实施电信网络诈骗活动中,非法使用"伪基站""黑广播",干扰无线电通讯秩序,符合刑法第二百八十八条规定的,以扰乱无线电通讯管理秩序罪追究刑事责任。同时构成诈骗罪的,依照处罚较重的规定定罪处罚。

最高人民法院　最高人民检察院
关于办理扰乱无线电通讯管理秩序等刑事案件适用法律若干问题的解释(节选)

(法释〔2017〕11号)

……

第一条　具有下列情形之一的,应当认定为刑法第二百八十八条第一款规定的"擅自设置、使用无线电台(站),或者擅自使用无线电频率,干扰无线电通讯秩序":

(一)未经批准设置无线电广播电台(以下简称"黑广播"),非法使用广播电视专用频段的频率的;

(二)未经批准设置通信基站(以下简称"伪基站"),强行向不特定用户发送信息,非法使用公众移动通信频率的;

(三)未经批准使用卫星无线电频率的;

(四)非法设置、使用无线电干扰器的;

(五)其他擅自设置、使用无线电台(站),或者擅自使用无线电频率,干扰无线电通讯秩序的情形。

第二条　违反国家规定,擅自设置、使用无线电台(站),或者擅自使用无线电频率,干扰无线电通讯秩序,具有下列情形之一的,应当认定为刑法第二百八十八条第一款规定的"情节严重":

(一)影响航天器、航空器、铁路机车、船舶专用无线电导航、遇险救助和安全通信等涉及公共安全的无线电频率正常使用的;

(二)自然灾害、事故灾难、公共卫生事件、社会安全事件等突发事件期间,在事件发生地使用"黑广播""伪基站"的;

(三)举办国家或者省级重大活动期间,在活动场所及周边使用"黑广播""伪基站"的;

(四)同时使用三个以上"黑广播""伪基站"的;

(五)"黑广播"的实测发射功率五百瓦以上,或者覆盖范围十公里以上的;

(六)使用"伪基站"发送诈骗、赌博、招嫖、木马病毒、钓鱼网站链接等违法犯罪信息,数量在五千条以上,或者销毁发送数量等记录的;

(七)雇佣、指使未成年人、残疾人等特定人员使用"伪基站"的;

(八)违法所得三万元以上的;

(九)曾因扰乱无线电通讯管理秩序受过刑事处罚,或者二年内曾因扰乱无线电通讯管理秩序受过行政处罚,又实施刑法第二百八十八条规定的行为的;

(十)其他情节严重的情形。

第三条　违反国家规定,擅自设置、使用无线电台(站),或者擅自使用无线电频率,干扰无线电通讯秩

序,具有下列情形之一的,应当认定为刑法第二百八十八条第一款规定的“情节特别严重”:

(一)影响航天器、航空器、铁路机车、船舶专用无线电导航、遇险救助和安全通信等涉及公共安全的无线电频率正常使用,危及公共安全的;

(二)造成公共秩序混乱等严重后果的;

(三)自然灾害、事故灾难、公共卫生事件和社会安全事件等突发事件期间,在事件发生地使用“黑广播”“伪基站”,造成严重影响的;

(四)对国家或者省级重大活动造成严重影响的;

(五)同时使用十个以上“黑广播”“伪基站”的;

(六)“黑广播”的实测发射功率三千瓦以上,或者覆盖范围二十公里以上的;

(七)违法所得十五万元以上的;

(八)其他情节特别严重的情形。

第五条 单位犯本解释规定之罪的,对单位判处罚金,并对直接负责的主管人员和其他直接责任人员,依照本解释规定的自然人犯罪的定罪量刑标准定罪处罚。

第六条 擅自设置、使用无线电台(站),或者擅自使用无线电频率,同时构成其他犯罪的,按照处罚较重的规定定罪处罚。

明知他人实施诈骗等犯罪,使用“黑广播”“伪基站”等无线电设备为其发送信息或者提供其他帮助,同时构成其他犯罪的,按照处罚较重的规定定罪处罚。

……

第八条 为合法经营活动,使用“黑广播”“伪基站”或者实施其他扰乱无线电通讯管理秩序的行为,构成扰乱无线电通讯管理秩序罪,但不属于“情节特别严重”,行为人系初犯,并确有悔罪表现的,可以认定为情节轻微,不起诉或者免予刑事处罚;确有必要判处刑罚的,应当从宽处罚。

第九条 对案件所涉的有关专门性问题难以确定的,依据司法鉴定机构出具的鉴定意见,或者下列机构出具的报告,结合其他证据作出认定:

(一)省级以上无线电管理机构、省级无线电管理机构依法设立的派出机构、地市级以上广播电视主管部门就是否系“伪基站”“黑广播”出具的报告;

(二)省级以上广播电视主管部门及其指定的检测机构就“黑广播”功率、覆盖范围出具的报告;

(三)省级以上航空、铁路、船舶等主管部门就是否干扰导航、通信等出具的报告。

对移动终端用户受影响的情况,可以依据相关通信运营商出具的证明,结合被告人供述、终端用户证言等证据作出认定。

第十条 本解释自2017年7月1日起施行。

◆ 解读与适用

【拓展关键词】伪基站　破坏　危害公共安全

《刑参》第1227号案例“李某等扰乱无线电通讯管理秩序案——利用‘伪基站’群发短信的行为如何定罪处罚”相关论述:从使用“伪基站”行为的罪质看一般尚未达到危害公共安全的程度。认定使用“伪基站”行为是否构成破坏公用电信设施罪这一危害公共安全的犯罪,可从两个方面去分析:(1)构成要件中“破坏”的认定。使用“伪基站”的行为不构成“破坏”行为。因为,以“伪基站”作为工具占用移动等合法基站的频率的行为并没有截断通信线路。向不特定用户大批量发送垃圾短信、广告等行为,在完成发送信息的行为之后,正规基站就自动恢复通信功能,因此并没有破坏有形的传输媒介,仅仅是干扰了电磁波信号的传递,不符合“截断通信线路、毁损通信设备”这一特征,不符合“破坏”这一构成要件。(2)“危害公共安全”的认定。从侵害的法益看,使用“伪基站”行为对相关法益是干扰而非破坏。一方面,大多数“伪基站”发送的信息内容涉及房产、股票推销等商业推广,更多的是对无线电通讯秩序和居民的生活安定造成了一定的干扰,达不到危害公共安全的程度。另一方面,此类案件中对危害公共安全的认定和取证也存在一定的困难。从立法、司法解释的演变看,当前对使用"伪基站"的行为应当以扰乱无线电通讯管理秩序罪定罪处罚。2014 年 3 月 14 日发布的《关于依法办理非法生产销售使用"伪基站"设备案件的意见》明确规定:非法使用"伪基站"设备干扰公用电信网络信号,危害公共安全的,依照《刑法》第 124 条第 1 款的规定,以破坏公用电信设施罪追究刑事责任。《刑法修正案(九)》对《刑法》第 288 条的规定作了修改。(1)减少前置性的行政程序,取消了原条文规定的"经责令停止使用后拒不停止使用"的规定。(2)将"结果犯"修改为"情节犯"。(3)将"擅自占用"修改为"擅自使用"。(4)增设罪刑单位和量刑档次。增加了一个"情节特别严重"的加重情节。

然而,由于《关于依法办理生产销售使用"伪基站"设备案件的意见》并未失效,司法实践中对于使用"伪基站"的行为如何定性仍然未能统一。最高人民法院、最高人民检察院、公安部于 2016 年 12 月 19 日发布了《关于办理电信网络诈骗等刑事案件适用法律若干问题的意见》(法发〔2016〕32 号)。2017 年 7 月 1 日起施行的最高人民法院、最高人民检察院《关于办理扰乱无线电通讯管理秩序等刑事案件适用法律若干问题的解释》(以下简称《无线电通讯解释》)第 1 条对使用"伪基站"行为作出了明确规定。至此,司法实践中的困惑和社会各界的有关争议通过《无线电通讯解释》得到了统一。

另见《刑法》第 114 条危害公共安全罪、第 225 条非法经营罪、第 266 条诈骗罪部分。

第二百八十九条 【故意伤害罪】【故意杀人罪】【抢劫罪】

聚众"打砸抢",致人伤残、死亡的,依照本法第二百三十四条、第二百三十二条的规定定罪处罚。毁坏或者抢走公私财物的,除判令退赔外,对首要分子,依照本法第二百六十三条的规定定罪处罚。

◆ 解读与适用

【拓展关键词】法律拟制

"对首要分子,依照本法第 263 条的规定定罪处罚"属于法律拟制。否则应当按照故意毁坏财物罪处理。①

第二百九十条 【聚众扰乱社会秩序罪】②

聚众扰乱社会秩序,情节严重,致使工作、生产、营业和教学、科研、医疗无法进行,造成严重损失的,对首要分子,处三年以上七年以下有期徒刑;对其他积极参加的,处三年以下有期徒刑、拘役、管制或者剥夺政治权利。

---

① 参见陈兴良主编:《刑法各论精释》(上),人民法院出版社 2015 年版,第 11 页。

② 根据《刑法修正案(九)》修订。修订前内容为:聚众扰乱社会秩序,情节严重,致使工作、生产、营业和教学、科研无法进行,造成严重损失的,对首要分子,处三年以上七年以下有期徒刑;对其他积极参加的,处三年以下有期徒刑、拘役、管制或者剥夺政治权利。聚众冲击国家机关,致使国家机关工作无法进行,造成严重损失的,对首要分子,处五年以上十年以下有期徒刑;对其他积极参加的,处五年以下有期徒刑、拘役、管制或者剥夺政治权利。

【聚众冲击国家机关罪】

聚众冲击国家机关，致使国家机关工作无法进行，造成严重损失的，对首要分子，处五年以上十年以下有期徒刑；对其他积极参加的，处五年以下有期徒刑、拘役、管制或者剥夺政治权利。

【扰乱国家机关工作秩序罪】

多次扰乱国家机关工作秩序，经行政处罚后仍不改正，造成严重后果的，处三年以下有期徒刑、拘役或者管制。

【组织、资助非法聚集罪】

多次组织、资助他人非法聚集，扰乱社会秩序，情节严重的，依照前款的规定处罚。

☞ 相关规定见章后二维码

第二百九十一条　【聚众扰乱公共场所秩序、交通秩序罪】

聚众扰乱车站、码头、民用航空站、商场、公园、影剧院、展览会、运动场或者其他公共场所秩序，聚众堵塞交通或者破坏交通秩序，抗拒、阻碍国家治安管理工作人员依法执行职务，情节严重的，对首要分子，处五年以下有期徒刑、拘役或者管制。

☞ 相关规定见章后二维码

◆ 解读与适用

【拓展关键词】首要分子　情节严重　复合实行行为

《刑参》第934号案例“余某、尤某聚众扰乱交通秩序案——如何认定聚众扰乱交通秩序罪中的‘首要分子’和‘情节严重’”相关论述：聚众扰乱活动的造意者、煽动者应当认定为聚众扰乱交通秩序罪中的“首要分子”。参与聚众型犯罪活动的人员除了首要分子外还包括积极参与者和一般参与者。根据不同罪名，刑法规定了不同的刑罚处罚原则：一是规定3类参与人员均需负刑事责任，如煽动分裂国家罪。二是仅规定首要分子和积极参与者需负刑事责任，如聚众淫乱罪。三是仅规定首要分子需负刑事责任，积极参与者和一般参与者均不构成犯罪，本案中的聚众扰乱交通秩序罪即属此类。聚众扰乱交通秩序罪不要求“聚众堵塞交通或者破坏交通秩序”达到情节严重的同时，“抗拒、阻碍国家治安管理工作人员依法执行职务”也达到情节严重。被告人的行为已达到“情节严重”的标准，应当以聚众扰乱交通秩序罪定罪处罚。“抗拒、阻碍国家治安管理工作人员依法执行职务”是必须齐备的构成要件但不是必须达到情节严重的程度。在本罪中不是选择性行为，不要求单行为达到情节严重的程度。“抗拒、阻碍国家治安管理工作人员依法执行职务”不是复合实行行为，故不要求单行为达到情节严重的程度。刑法规定的复合实行行为包括牵连式和递进式两类，在牵连式复合实行行为中诸要素行为之间存在手段与目的或者原因与结果的关系，后一行为直接导致行为人追求的结果发生，如抢劫罪中的以暴力行为为手段行为，以取财为目的行为。在递进式的复合实行行为中要素之间不存在手段与目的的关系，但要求前后承继、逐步推进，最终形成对客体的损害，如诬告陷害罪，行为人捏造事实后还必须实施后续的向司法机关等部门控告的行为。本罪不属于复合实行行为，鉴于“聚众堵塞交通或者破坏交通秩序”行为一经实施就直接侵害到交通秩序这一客体，可以不对“抗拒、阻碍国家治安管理工作人员依法执行职务”的严重程度进行单独评价。

第二百九十一条之一　【投放虚假危险物质罪】【编造、故意传播虚假恐怖信息罪】①②

投放虚假的爆炸性、毒害性、放射性、传染病病原体等物质，或者编造爆炸威胁、生化威胁、放射威胁等恐怖信息，或者明知是编造的恐怖信息而故意传播，严重扰乱社会秩序的，处五年以下有期徒刑、拘役或者管制；造成严重后果的，处五年以上有期徒刑。

【编造、故意传播虚假信息罪】

编造虚假的险情、疫情、灾情、警情，在信息网络或者其他媒体上传播，或者明知是上述虚假信息，故意在信息网络或者其他媒体上传播，严重扰乱社会秩序的，处三年以下有期徒刑、拘役或者管制；造成严重后果的，处三年以上七年以下有期徒刑。

◆ 相关规定

最高人民法院　最高人民检察院
关于办理妨害预防、控制突发传染病疫情等灾害的刑事案件
具体应用法律若干问题的解释(节选)

（法释〔2003〕8号）

详见《刑法》第330条妨害传染病防治罪的相关规定

第十条　编造与突发传染病疫情等灾害有关的恐怖信息，或者明知是编造的此类恐怖信息而故意传播，严重扰乱社会秩序的，依照刑法第二百九十一条之一的规定，以编造、故意传播虚假恐怖信息罪定罪处罚。

利用突发传染病疫情等灾害，制造、传播谣言，煽动分裂国家、破坏国家统一，或者煽动颠覆国家政权、推翻社会主义制度的，依照刑法第一百零三条第二款、第一百零五条第二款的规定，以煽动分裂国家罪或者煽动颠覆国家政权罪定罪处罚。

最高人民法院
关于审理编造、故意传播虚假恐怖信息刑事案件适用法律若干问题的解释(节选)

（2013年9月30日实施）

……

第一条　编造恐怖信息，传播或者放任传播，严重扰乱社会秩序的，依照刑法第二百九十一条之一的规定，应认定为编造虚假恐怖信息罪。

明知是他人编造的恐怖信息而故意传播，严重扰乱社会秩序的，依照刑法第二百九十一条之一的规定，应认定为故意传播虚假恐怖信息罪。

第二条　编造、故意传播虚假恐怖信息，具有下列情形之一的，应当认定为刑法第二百九十一条之一的“严重扰乱社会秩序”：

① 根据《刑法修正案(三)》新增。
② 根据《刑法修正案(九)》新增一款，作为第二款。

(一)致使机场、车站、码头、商场、影剧院、运动场馆等人员密集场所秩序混乱,或者采取紧急疏散措施的;

(二)影响航空器、列车、船舶等大型客运交通工具正常运行的;

(三)致使国家机关、学校、医院、厂矿企业等单位的工作、生产、经营、教学、科研等活动中断的;

(四)造成行政村或者社区居民生活秩序严重混乱的;

(五)致使公安、武警、消防、卫生检疫等职能部门采取紧急应对措施的;

(六)其他严重扰乱社会秩序的。

第三条 编造、故意传播虚假恐怖信息,严重扰乱社会秩序,具有下列情形之一的,应当依照刑法第二百九十一条之一的规定,在五年以下有期徒刑范围内酌情从重处罚:

(一)致使航班备降或返航;或者致使列车、船舶等大型客运交通工具中断运行的;

(二)多次编造、故意传播虚假恐怖信息的;

(三)造成直接经济损失20万元以上的;

(四)造成乡镇、街道区域范围居民生活秩序严重混乱的;

(五)具有其他酌情从重处罚情节的。

第四条 编造、故意传播虚假恐怖信息,严重扰乱社会秩序,具有下列情形之一的,应当认定为刑法第二百九十一条之一的"造成严重后果",处五年以上有期徒刑:

(一)造成3人以上轻伤或者1人以上重伤的;

(二)造成直接经济损失50万元以上的;

(三)造成县级以上区域范围居民生活秩序严重混乱的;

(四)妨碍国家重大活动进行的;

(五)造成其他严重后果的。

第五条 编造、故意传播虚假恐怖信息,严重扰乱社会秩序,同时又构成其他犯罪的,择一重罪处罚。

第六条 本解释所称的"虚假恐怖信息"是指以发生爆炸威胁、生化威胁、放射威胁、劫持航空器威胁、重大灾情、重大疫情等严重威胁公共安全的事件为内容,可能引起社会恐慌或者公共安全危机的不真实信息。

☞ 其他相关规定见章后二维码

◆ 解读与适用

【拓展关键词】选择性罪名　编造、传播虚假恐怖信息　敲诈勒索罪与编造虚假恐怖信息罪辨析

编造、故意传播虚假恐怖信息罪是选择性罪名。编造恐怖信息以后向特定对象散布,严重扰乱社会秩序的,构成编造虚假恐怖信息罪。编造恐怖信息以后向不特定对象散布,严重扰乱社会秩序的,构成编造、故意传播虚假恐怖信息罪。对于实施数个编造、故意传播虚假恐怖信息行为的,不实行数罪并罚,但应当将其作为量刑情节予以考虑。①

《刑参》第207号案例"金某编造虚假恐怖信息案——编造虚假恐怖信息罪的法律适用"相关论述:编造、故意传播虚假恐怖信息罪是选择性罪名,可根据具体案情适用,但不实行数罪并罚。被告人不但编造了有人劫机欲撞毁金茂大厦等虚假信息且通过电话分别向上海、深圳两地的公安机关散布,但被告人拨打恐怖电话的对象是特定的公安机关,并未向公众传播,尚未造成大范围的社会公众恐慌,其行为属于编造虚假恐怖信息罪。被告人的目的是扰乱社会秩序,而非敲诈勒索中的牟财取物目的。敲诈勒索的手段涉及的内容对行为人来说是可逆的,若被害人交出财物则行为人一般不会再将敲诈恐吓的内容付诸实施。而本案被告人的行为一经实施所造成的危害后果是不可逆转的,并非一般敲诈勒索犯罪所及,不构成敲诈勒索罪。

---

① 李某编造、故意传播虚假恐怖信息案,最高人民检察院指导性案例第9号(2013年5月27日)。

《刑参》第398号案例“黄某等编造虚假恐怖信息案——编造虚假恐怖信息罪的认定和处罚”相关论述：编造他人患有“非典型肺炎”症状的虚假事实属于“编造虚假的恐怖信息”。对于编造虚假恐怖信息并故意传播所编造的虚假恐怖信息行为，认定为编造虚假恐怖信息罪即可，无须重复地认定成编造、故意传播虚假恐怖信息罪。其一，只有编造没有传播行为，不可能扰乱社会秩序，难以成立犯罪。编造虚假恐怖信息构成犯罪必须同时具备“编造”和“传播”行为。其二，故意传播虚假恐怖信息中的“传播”指传播他人编造的虚假恐怖信息。是否造成严重后果，一般可以从人员伤亡、财产损失、社会恐慌程度等方面认定。

【拓展关键词】严重扰乱社会秩序　造成严重后果

《刑法》第291条之一前段所规定的3种行为，都只有“严重扰乱社会秩序”时，才成立犯罪。①

关于编造虚假恐怖信息“严重扰乱社会秩序”的认定，应当结合行为对正常的工作、生产、生活、经营、教学、科研等秩序的影响程度、对公众造成的恐慌程度以及处置情况等因素进行综合分析判断。对于编造、故意传播虚假恐怖信息威胁民航安全，引起公众恐慌，或者致使航班无法正常起降的，应当认定为“严重扰乱社会秩序”。②

对于编造虚假恐怖信息造成有关部门实施人员疏散，引起公众极度恐慌的，或者致使相关单位无法正常营业，造成重大经济损失的，应当认定为“造成严重后果”。以编造虚假恐怖信息的方式，实施敲诈勒索等其他犯罪的，应当根据案件事实和证据情况，择一重罪处断。③

《刑参》第372号案例“袁某编造虚假恐怖信息案——以编造爆炸威胁等恐怖信息的方式向有关单位进行敲诈勒索的，如何定罪处罚”相关论述：从编造虚假恐怖信息罪的犯罪构成上看，此罪并非行为犯而是结果犯，需要严重扰乱社会秩序的结果。当造成有关部门实施人员疏散行动时则行为人的行为不仅侵犯了被害单位的正常工作秩序，也导致公安等国家职能部门的正常工作秩序被严重破坏，具有更大的社会危害性。

《刑参》第559号案例“贾某编造、故意传播虚假恐怖信息案——虚假地震信息能否认定为虚假恐怖信息”相关论述：虚假地震信息属于虚假恐怖信息。编造、故意传播虚假恐怖信息罪以“严重扰乱社会秩序”为构成要件。此罪并非行为犯而是结果犯。一般可以根据虚假恐怖信息的恐怖程度、对社会公众的误导程度、传播范围大小以及公众知悉虚假恐怖信息后的反应、引起社会秩序的混乱程度等因素来判断。侵入国家事务领域的计算机信息系统编造虚假地震信息的，以编造虚假恐怖信息罪处罚。被告人非法侵入计算机信息系统的行为，是编造、发布虚假恐怖信息的手段，属于牵连犯。

《刑参》第881号案例“熊某编造虚假恐怖信息案——如何把握编造虚假恐怖信息罪‘造成严重后果’的认定”相关论述：被告人的行为构成“严重扰乱社会秩序”，但并未达到“造成严重后果”的程度。第一，被告人的犯罪行为没有造成人员伤亡。第二，没有在社会公众中引起极度恐慌。第三，没有造成重大经济损失。

《刑参》第1328号案例“刘某编造、传播虚假信息案——如何把握编造、故意传播虚假信息罪的入罪标准”相关论述：行为的社会危害性大小是判断是否严重扰乱社会秩序的实质标准。编造、故意传播虚假信息罪是情节犯，必须达到严重扰乱社会秩序的程度才构成犯罪。可以从虚假信息的内容、形式、发布时间、直接受众范围、传播手段等方面进行判断。相关职能部门采取紧急应对措施是严重扰乱社会秩序的形式标准之一。职能部门采取紧急应对措施避免危害结果扩大，不能成为阻却犯罪成立的理由。

【拓展关键词】投放虚假危险物质

《刑参》第206号案例“杨某投放虚假危险物质案——在公共场所用锥子扎人造成恐怖气氛的能否构成投放虚假危险物质罪”相关论述：首先，现有证据不能证明被告人明知或应知社会上存在“扎针”传播艾滋病

---

① 参见张明楷：《刑法分则的解释原理》，中国人民大学出版社2004年版，第65页。

② 卫某编造虚假恐怖信息案，最高人民检察院指导性案例第10号（2013年5月27日）。

③ 袁某编造虚假恐怖信息案，最高人民检察院指导性案例第11号（2013年5月27日）。

的传言。不能证明被告人的目的是故意制造社会恐慌。在有合理存疑的情况下,法官应当且只能作出有利于被告人的选择而不能亦不应当作出无证据支持不利于被告人的推论。其次,被告人持铁锥扎人的行为不符合“投放”行为。被告人的行为构成寻衅滋事罪。

另见《刑法》第293条寻衅滋事罪的相关规定。

第二百九十一条之二【高空抛物罪】①

从建筑物或者其他高空抛掷物品,情节严重的,处一年以下有期徒刑、拘役或者管制,并处或者单处罚金。

有前款行为,同时构成其他犯罪的,依照处罚较重的规定定罪处罚。

◆ 相关规定

最高人民法院
关于依法妥善审理高空抛物、坠物案件的意见(节选)

(法发〔2019〕25号)

二、依法惩处构成犯罪的高空抛物、坠物行为,切实维护人民群众生命财产安全

……

5. 准确认定高空抛物犯罪。对于高空抛物行为,应当根据行为人的动机、抛物场所、抛掷物的情况以及造成的后果等因素,全面考量行为的社会危害程度,准确判断行为性质,正确适用罪名,准确裁量刑罚。

故意从高空抛弃物品,尚未造成严重后果,但足以危害公共安全的,依照刑法第一百一十四条规定的以危险方法危害公共安全罪定罪处罚;致人重伤、死亡或者使公私财产遭受重大损失的,依照刑法第一百一十五条第一款的规定处罚。为伤害、杀害特定人员实施上述行为的,依照故意伤害罪、故意杀人罪定罪处罚。

6. 依法从重惩治高空抛物犯罪。具有下列情形之一的,应当从重处罚,一般不得适用缓刑:(1)多次实施的;(2)经劝阻仍继续实施的;(3)受过刑事处罚或者行政处罚后又实施的;(4)在人员密集场所实施的;(5)其他情节严重的情形。

7. 准确认定高空坠物犯罪。过失导致物品从高空坠落,致人死亡、重伤,符合刑法第二百三十三条、第二百三十五条规定的,依照过失致人死亡罪、过失致人重伤罪定罪处罚。在生产、作业中违反有关安全管理规定,从高空坠落物品,发生重大伤亡事故或者造成其他严重后果的,依照刑法第一百三十四条第一款的规定,以重大责任事故罪定罪处罚。

第二百九十二条 【聚众斗殴罪】

聚众斗殴的,对首要分子和其他积极参加的,处三年以下有期徒刑、拘役或者管制;有下

① 根据《刑法修正案(十一)》新增。

列情形之一的，对首要分子和其他积极参加的，处三年以上十年以下有期徒刑：

（一）多次聚众斗殴的；

（二）聚众斗殴人数多，规模大，社会影响恶劣的；

（三）在公共场所或者交通要道聚众斗殴，造成社会秩序严重混乱的；

（四）持械聚众斗殴的。

聚众斗殴，致人重伤、死亡的，依照本法第二百三十四条、第二百三十二条的规定定罪处罚。

◆ 相关规定

最高人民法院研究室
关于对参加聚众斗殴受重伤或者死亡的人及其家属提出的
民事赔偿请求能否予以支持问题的答复
（法研〔2004〕179号）

江苏省高级人民法院：

你院苏高法〔2004〕296号《关于对聚众斗殴案件中受伤或死亡的当事人及其家属提出的民事赔偿请求能否予以支持问题的请示》收悉。经研究，答复如下：

根据《刑法》第二百九十二条第一款的规定，聚众斗殴的参加者，无论是否首要分子，均明知自己的行为有可能产生伤害他人以及自己被他人的行为伤害的后果，其仍然参加聚众斗殴的，应当自行承担相应的刑事和民事责任。根据《刑法》第二百九十二条第二款的规定，对于参加聚众斗殴，造成他人重伤或者死亡的，行为性质发生变化，应认定为故意伤害罪或者故意杀人罪。聚众斗殴中受重伤或者死亡的人，既是故意伤害罪或者故意杀人罪的受害人，又是聚众斗殴犯罪的行为人。对于参加聚众斗殴受重伤或者死亡的人或其家属提出的民事赔偿请求，依法应予支持，并适用混合过错责任原则。

最高人民检察院　公安部
关于公安机关管辖的刑事案件立案追诉标准的规定（一）（节选）
（公通字〔2008〕36号）

第三十六条　【聚众斗殴案（刑法第二百九十二条第一款）】组织、策划、指挥或者积极参加聚众斗殴的，应予立案追诉。

◆ 解读与适用

【拓展关键词】斗殴目的

对参与斗殴的目的并非为了私仇或争霸一方，且财产损失及人员伤害轻微，并未造成严重后果，认罪悔罪态度较好的，可以决定不起诉。①

① 施某等17人聚众斗殴案，最高人民检察院指导性案例第1号（高检发研字〔2010〕12号）。

【拓展关键词】聚众斗殴致人死亡　转化犯　实行过限　在逃犯罪嫌疑人责任承担

聚众斗殴要求有首要分子，但不要求双方都有首要分子。致人死亡中的“人”包括对方人员死亡，也包括本方人员死亡。①

聚众斗殴，致人重伤、死亡的，依照《刑法》第232条、第234条的规定定罪处罚。该规定属于法律拟制，即只要聚众斗殴致人重伤、死亡，就应认定为故意伤害罪、故意杀人罪。鉴于聚众斗殴的特殊性，根据首要分子承担刑事责任的原则，只应将直接造成重伤、死亡的斗殴者和首要分子认定为故意伤害罪、故意杀人罪，对其他参与者依然认定为聚众斗殴罪。在不能查明死亡原因的情况下，也不宜将所有的斗殴者均认定为故意伤害罪、故意杀人罪。②

《刑参》第350号案例“倪某等聚众斗殴案——如何把握聚众斗殴罪的犯罪构成及转化要件”相关论述：单方有聚众斗殴故意的也可以构成聚众斗殴罪。只要双方或者一方采用暴力方式进行殴斗，不论采用何种暴力方式都是结伙殴斗行为。共同行为人的行为与被害人重伤的结果之间互为因果关系。又难以分清致被害人重伤的直接责任，所以参与砍打的行为人均应按《刑法》第290条第2款的规定转换为故意伤害罪。没有参与砍、打行为的被告人只应定聚众斗殴罪。本案是单方有聚众斗殴故意，在时间上有明显的间隔，而在场所上相隔在500米远的不同地方，客观上针对的对象不同，虽然是同一个故意支配，但在行为上不是持续而是连续，在两地均可以独立构成聚众斗殴罪，故应认定为两次。由于刑事优先、先刑后民、无罪推定的制约，故不能将在逃的犯罪嫌疑人确定为承担民事责任的侵权行为人。将在逃被告人强行追加为共同侵权行为人，这是在程序上明知其在逃无法到庭应诉而为，既不利于被追加人也不利于被害人。18周岁以前实施侵权行为而在审判时被告人已满18周岁，被告人的法定代理人承担的民事责任是补充民事责任。

《刑参》第521号案例“王某故意杀人案——聚众斗殴致人死亡又致人轻伤的，如何定罪处罚”相关论述：聚众斗殴转化定罪的前提是主客观条件都发生转化。所谓转化犯，是指行为人实施某一较轻的犯罪时由于具备了某种情形，刑法明文规定不再以本罪论处，而是按照刑法另一条文规定的较重的犯罪论处的情况。转化犯是从此罪向彼罪的转化、轻罪向重罪的转化，即犯罪构成的转化。犯罪构成是主观要件和客观要件的统一体，应当按照主客观统一的原则，全面考察犯罪构成要件的转化。聚众斗殴转化为故意杀人、伤害犯罪必须具备：一是必须存在聚众斗殴的事实。二是必须实施了聚众斗殴性质所要求的致人重伤或死亡的行为，该行为超出了一般聚众斗殴行为的界限，具有可以致人重伤或者死亡的行为特质。三是必须造成伤亡后果。四是超出斗殴性质所要求的行为和致人重伤、死亡的危害结果必须是在聚众斗殴过程中发生，发生在聚众斗殴的当场或者是没有时间间隔和中断的延续现场。主观条件：一是必须具备基本的聚众斗殴的犯罪故意。二是发生了故意内容的转化。三是行为人犯罪故意内容的转化以发生在斗殴过程中为必要。聚众斗殴致人死亡又致人轻伤的，以故意杀人一罪定罪处罚，而不以故意杀人、故意伤害两罪定罪处罚。对于聚众斗殴致人轻伤、轻微伤的，仍认定为聚众斗殴罪，排除了转化为故意伤害罪的可能。从聚众斗殴罪的犯罪构成上看，聚众斗殴行为人主观上具有不确定的概然性故意，聚众斗殴致人轻伤的行为并没有超出聚众斗殴罪的犯罪构成要件之外。致人轻伤的结果完全可以包容在聚众斗殴罪评价之中。聚众斗殴转化定罪的主体范围应当根据主客观相一致的原则予以确定。王某单独持刀捅刺他人的行为已经超出了共同犯罪的故意范围，属于“实行过限”。

《刑参》第568号案例“张某故意伤害案——聚众斗殴致人死亡的应如何定罪”相关论述：聚众斗殴死

---

① 参见陈兴良主编：《刑法各论精释》（上），人民法院出版社2015年版，第14页。

② 参见张明楷：《刑法分则的解释原理》，中国人民大学出版社2004年版，第273页。

亡的不应一律认定为故意杀人罪。根据犯罪故意的具体内容进行定罪是主客观相一致定罪原则的要求。罪状虽是对具体犯罪构成要件的描述,但并非所有罪状都会把全部构成要件详细列明。聚众斗殴中发生致人死亡结果时应当在判断死亡结果是否是行为人实施的犯罪行为所致的基础上,判断行为人对死亡结果所持的主观心态。行为人只能对有杀人故意(包括直接故意和间接故意)的行为承担故意杀人的罪责,行为人只有伤害故意时虽致人死亡,也只能承担故意伤害(致死)的罪责。聚众斗殴致人死亡时根据行为人所具有的不同的主观故意而分别认定为故意伤害罪或故意杀人罪,不仅可能而且必要。

【拓展关键词】持械斗殴

《刑参》第 882 号案例"李某、高某聚众斗殴案——聚众斗殴并驾车撞击对方的行为是否认定为持械聚众斗殴,以及如何认定相关帮助行为的性质"相关论述:利用车辆撞击聚众斗殴一方的人可以认定为"持械聚众斗殴"。帮助指认对象,明知行为人持械斗殴而未实施任何阻止的,应当认定为持械斗殴的共同故意行为。

第二百九十三条　【寻衅滋事罪】①

有下列寻衅滋事行为之一,破坏社会秩序的,处五年以下有期徒刑、拘役或者管制:

(一)随意殴打他人,情节恶劣的;

(二)追逐、拦截、辱骂、恐吓他人,情节恶劣的;

(三)强拿硬要或者任意损毁、占用公私财物,情节严重的;

(四)在公共场所起哄闹事,造成公共场所秩序严重混乱的。

纠集他人多次实施前款行为,严重破坏社会秩序的,处五年以上十年以下有期徒刑,可以并处罚金。

◆ 相关规定

最高人民法院
关于审理抢劫、抢夺刑事案件适用法律若干问题的意见(节选)
(法发〔2005〕8 号)

详见《刑法》第 263 条抢劫罪的相关规定

九、关于抢劫罪与相似犯罪的界限

4. 抢劫罪与寻衅滋事罪的界限

寻衅滋事罪是严重扰乱社会秩序的犯罪,行为人实施寻衅滋事的行为时,客观上也可能表现为强拿硬要

---

① 根据《刑法修正案(八)》修订。修订前条文主要内容为:

有下列寻衅滋事行为之一,破坏社会秩序的,处五年以下有期徒刑、拘役或者管制:(一)随意殴打他人,情节恶劣的;(二)追逐、拦截、辱骂他人,情节恶劣的;(三)强拿硬要或者任意损毁、占用公私财物,情节严重的;(四)在公共场所起哄闹事,造成公共场所秩序严重混乱的。

公私财物的特征。这种强拿硬要的行为与抢劫罪的区别在于:前者行为人主观上还具有逞强好胜和通过强拿硬要来填补其精神空虚等目的,后者行为人一般只具有非法占有他人财物的目的;前者行为人客观上一般不以严重侵犯他人人身权利的方法强拿硬要财物,而后者行为人则以暴力、胁迫等方式作为劫取他人财物的手段。司法实践中,对于未成年人使用或威胁使用轻微暴力强抢少量财物的行为,一般不宜以抢劫罪定罪处罚。其行为符合寻衅滋事罪特征的,可以寻衅滋事罪定罪处罚。

最高人民法院
关于审理未成年人刑事案件具体应用法律若干问题的解释(节选)

(法释〔2006〕1号)

详见《刑法》第17条刑事责任年龄的相关规定

第八条 已满十六周岁不满十八周岁的人出于以大欺小、以强凌弱或者寻求精神刺激,随意殴打其他未成年人、多次对其他未成年人强拿硬要或者任意损毁公私财物,扰乱学校及其他公共场所秩序,情节严重的,以寻衅滋事罪定罪处罚。

最高人民法院　最高人民检察院
关于办理寻衅滋事刑事案件适用法律若干问题的解释(节选)

(法释〔2013〕18号)

……

第一条 行为人为寻求刺激、发泄情绪、逞强耍横等,无事生非,实施刑法第二百九十三条规定的行为的,应当认定为"寻衅滋事"。

行为人因日常生活中的偶发矛盾纠纷,借故生非,实施刑法第二百九十三条规定的行为的,应当认定为"寻衅滋事",但矛盾系由被害人故意引发或者被害人对矛盾激化负有主要责任的除外。

行为人因婚恋、家庭、邻里、债务等纠纷,实施殴打、辱骂、恐吓他人或者损毁、占用他人财物等行为的,一般不认定为"寻衅滋事",但经有关部门批评制止或者处理处罚后,继续实施前列行为,破坏社会秩序的除外。

第二条 随意殴打他人,破坏社会秩序,具有下列情形之一的,应当认定为刑法第二百九十三条第一款第一项规定的"情节恶劣":

(一)致一人以上轻伤或者二人以上轻微伤的;

(二)引起他人精神失常、自杀等严重后果的;

(三)多次随意殴打他人的;

(四)持凶器随意殴打他人的;

(五)随意殴打精神病人、残疾人、流浪乞讨人员、老年人、孕妇、未成年人,造成恶劣社会影响的;

(六)在公共场所随意殴打他人,造成公共场所秩序严重混乱的;

(七)其他情节恶劣的情形。

第三条 追逐、拦截、辱骂、恐吓他人,破坏社会秩序,具有下列情形之一的,应当认定为刑法第二百九十三条第一款第二项规定的"情节恶劣":

(一)多次追逐、拦截、辱骂、恐吓他人,造成恶劣社会影响的;

(二)持凶器追逐、拦截、辱骂、恐吓他人的;

(三)追逐、拦截、辱骂、恐吓精神病人、残疾人、流浪乞讨人员、老年人、孕妇、未成年人,造成恶劣社会影响的；

（四）引起他人精神失常、自杀等严重后果的；

（五）严重影响他人的工作、生活、生产、经营的；

（六）其他情节恶劣的情形。

第四条　强拿硬要或者任意损毁、占用公私财物，破坏社会秩序，具有下列情形之一的，应当认定为刑法第二百九十三条第一款第三项规定的“情节严重”：

（一）强拿硬要公私财物价值一千元以上，或者任意损毁、占用公私财物价值二千元以上的；

（二）多次强拿硬要或者任意损毁、占用公私财物，造成恶劣社会影响的；

（三）强拿硬要或者任意损毁、占用精神病人、残疾人、流浪乞讨人员、老年人、孕妇、未成年人的财物，造成恶劣社会影响的；

（四）引起他人精神失常、自杀等严重后果的；

（五）严重影响他人的工作、生活、生产、经营的；

（六）其他情节严重的情形。

第五条　在车站、码头、机场、医院、商场、公园、影剧院、展览会、运动场或者其他公共场所起哄闹事，应当根据公共场所的性质、公共活动的重要程度、公共场所的人数、起哄闹事的时间、公共场所受影响的范围与程度等因素，综合判断是否“造成公共场所秩序严重混乱”。

第六条　纠集他人三次以上实施寻衅滋事犯罪，未经处理的，应当依照刑法第二百九十三条第二款的规定处罚。

第七条　实施寻衅滋事行为，同时符合寻衅滋事罪和故意杀人罪、故意伤害罪、故意毁坏财物罪、敲诈勒索罪、抢夺罪、抢劫罪等罪的构成要件的，依照处罚较重的犯罪定罪处罚。

第八条　行为人认罪、悔罪，积极赔偿被害人损失或者取得被害人谅解的，可以从轻处罚；犯罪情节轻微的，可以不起诉或者免予刑事处罚。

最高人民法院　最高人民检察院
关于办理利用信息网络实施诽谤等刑事案件适用法律若干问题的解释（节选）

（法释〔2013〕21号）

详见《刑法》第246条侮辱罪、诽谤罪的相关规定

第五条　利用信息网络辱骂、恐吓他人，情节恶劣，破坏社会秩序的，依照刑法第二百九十三条第一款第（二）项的规定，以寻衅滋事罪定罪处罚。

编造虚假信息，或者明知是编造的虚假信息，在信息网络上散布，或者组织、指使人员在信息网络上散布，起哄闹事，造成公共秩序严重混乱的，依照刑法第二百九十三条第一款第（四）项的规定，以寻衅滋事罪定罪处罚。

最高人民检察院　公安部
关于公安机关管辖的刑事案件立案追诉标准的规定（一）的补充规定（节选）

（公通字〔2017〕12号）

八、将《立案追诉标准（一）》第37条修改为：[寻衅滋事案（刑法第293条）]随意殴打他人，破坏社会秩序，涉嫌下列情形之一的，应予立案追诉：

（一）致一人以上轻伤或者二人以上轻微伤的；

（二）引起他人精神失常、自杀等严重后果的；

（三）多次随意殴打他人的；

（四）持凶器随意殴打他人的；

（五）随意殴打精神病人、残疾人、流浪乞讨人员、老年人、孕妇、未成年人，造成恶劣社会影响的；

（六）在公共场所随意殴打他人，造成公共场所秩序严重混乱的；

（七）其他情节恶劣的情形。

追逐、拦截、辱骂、恐吓他人，破坏社会秩序，涉嫌下列情形之一的，应予立案追诉：

（一）多次追逐、拦截、辱骂、恐吓他人，造成恶劣社会影响的；

（二）持凶器追逐、拦截、辱骂、恐吓他人的；

（三）追逐、拦截、辱骂、恐吓精神病人、残疾人、流浪乞讨人员、老年人、孕妇、未成年人，造成恶劣社会影响的；

（四）引起他人精神失常、自杀等严重后果的；

（五）严重影响他人的工作、生活、生产、经营的；

（六）其他情节恶劣的情形。

强拿硬要或者任意损毁、占用公私财物，破坏社会秩序，涉嫌下列情形之一的，应予立案追诉：

（一）强拿硬要公私财物价值一千元以上，或者任意损毁、占用公私财物价值二千元以上的；

（二）多次强拿硬要或者任意损毁、占用公私财物，造成恶劣社会影响的；

（三）强拿硬要或者任意损毁、占用精神病人、残疾人、流浪乞讨人员、老年人、孕妇、未成年人的财物，造成恶劣社会影响的；

（四）引起他人精神失常、自杀等严重后果的；

（五）严重影响他人的工作、生活、生产、经营的；

（六）其他情节严重的情形。

在车站、码头、机场、医院、商场、公园、影剧院、展览会、运动场或者其他公共场所起哄闹事，应当根据公共场所的性质、公共活动的重要程度、公共场所的人数、起哄闹事的时间、公共场所受影响的范围与程度等因素，综合判断是否造成公共场所秩序严重混乱。

最高人民法院　最高人民检察院　公安部　司法部
关于办理实施“软暴力”的刑事案件若干问题的意见（节选）

（2019 年 4 月 9 日施行）

详见《刑法》第 294 条组织、领导、参加黑社会性质组织罪的相关规定

五、采用“软暴力”手段，使他人产生心理恐惧或者形成心理强制，分别属于《刑法》第二百二十六条规定的“威胁”、《刑法》第二百九十三条第一款第（二）项规定的“恐吓”，同时符合其他犯罪构成要件的，应当分别以强迫交易罪、寻衅滋事罪定罪处罚。

《关于办理寻衅滋事刑事案件适用法律若干问题的解释》第二条至第四条中的“多次”一般应当理解为二年内实施寻衅滋事行为三次以上。三次以上寻衅滋事行为既包括同一类别的行为，也包括不同类别的行为；既包括未受行政处罚的行为，也包括已受行政处罚的行为。

最高人民法院　最高人民检察院　公安部
关于依法处理信访活动中违法犯罪行为的指导意见(节选)

(公通字〔2019〕7号)

详见《刑法》第290条聚众扰乱社会秩序罪的相关规定

一、依法打击违法犯罪行为,明确法律底线

(三)寻衅滋事。在信访活动中或者以信访为名,为制造影响或者发泄不满,实施下列行为之一的,依照刑法第二百九十三条的规定,以寻衅滋事罪定罪处罚:

1. 在各级党委、人大、政协、行政、监察、审判、检察、军事机关,厂矿、商场等企业单位,学校、医院、报社、电视台、科研院所等事业单位,工会、妇联等社会团体单位,机场、车站、码头等重要交通场站,或者在上述场所周边的其他公共场所,实施自杀、自伤、打横幅、撒传单、拦车辆、统一着装、佩戴统一标识等行为,起哄闹事,造成公共场所秩序严重混乱的;

2. 追逐、拦截、辱骂、恐吓、随意殴打他人,情节恶劣的,或者强拿硬要、任意损毁、占用公私财物,情节严重的;

3. 编造虚假信息,或者明知是编造的虚假信息,在信息网络上散布,或者组织、指使人员在信息网络上散布,起哄闹事,造成公共秩序严重混乱的。

实施寻衅滋事行为,同时符合寻衅滋事罪、故意杀人罪、故意伤害罪、故意毁坏财物罪、敲诈勒索罪、抢夺罪、抢劫罪等犯罪的构成要件的,依照处罚较重的犯罪定罪处罚。

最高人民法院　最高人民检察院　公安部　司法部
关于依法严厉打击传播艾滋病病毒等违法犯罪行为的指导意见(节选)

(公通字〔2019〕23号)

详见《刑法》第234条故意伤害罪的相关规定

二、准确认定行为性质

(三)寻衅滋事罪。假冒或者利用艾滋病病毒感染者或者病人身份,以谎称含有或者含有艾滋病病毒的血液为工具,追逐、拦截、恐吓他人,情节恶劣,破坏社会秩序的,依照刑法第二百九十三条第一款第二项的规定,以寻衅滋事罪定罪处罚。

编造致人感染艾滋病病毒等虚假信息,或者明知是编造的虚假信息,在信息网络上散布,或者组织、指使人员在信息网络上散布,起哄闹事,造成公共秩序严重混乱的,依照刑法第二百九十三条第一款第四项的规定,以寻衅滋事罪定罪处罚。

对前款中"明知"的认定,应当结合行为人的主观认知、行为表现、案件的具体情节等综合分析,准确认定。对无确实、充分的证据证明主观明知的,不得以犯罪论处。

☞ 其他相关规定见章后二维码

◆ 解读与适用

【拓展关键词】在公共场所起哄闹事　公共秩序严重混乱　利用信息网络诽谤他人　寻衅滋事与危害公共安全

《刑参》第966号案例"秦某诽谤、寻衅滋事案——利用信息网络实施诽谤、寻衅滋事犯罪的司法认定"

相关论述：行为人虽然不在公共场所但其利用信息网络散布虚假信息造成了公共秩序严重混乱，当然可以解释为“在公共场所起哄闹事”。利用信息网络实施的寻衅滋事犯罪要求造成“公共秩序严重混乱”，不仅指虚假信息被大量转发、评论等造成网络秩序的严重混乱，同时也指造成生产、生活、工作等现实社会公共秩序的严重混乱。对虚假信息被及时、有效删除，尚未造成广泛影响的，或者仅仅是对网络秩序造成影响，不宜认定为“造成公共秩序严重混乱”。被告人捏造损害杨某人格等事实在信息网络上广泛散布，其行为构成诽谤罪。其编造虚假信息在信息网络上散布，起哄闹事，该信息被大量转发、评论，造成网络空间的混乱，同时在现实社会引发不明真相群众不满，扰乱善后工作，造成社会公共秩序严重混乱，构成寻衅滋事罪。利用信息网络实施的诽谤罪的对象是特定的自然人，而寻衅滋事罪一般针对的是单位、不特定的多人或者公共事件。如果将利用信息网络诽谤特定自然人的事实也以破坏网络秩序等为由纳入寻衅滋事罪，则使寻衅滋事演变为“口袋罪”，不符罪刑法定原则。对诽谤杨某等公民的事实以诽谤罪起诉，可以依法保障被害人的附带民事诉讼权利。将本案不同性质的犯罪事实分别认定为诽谤罪、寻衅滋事罪，定性准确。利用信息网络实施的诽谤犯罪应当适用公诉程序。该罪可能涉及个人因素，要依法充分研判是否可以公开审理，必要时应当征求被害人本人意见。

《刑参》第 1330 号案例“卢某、周某寻衅滋事案——疫情防控期间，随意殴打从事疫情防控工作人员的行为应如何认定”相关论述：被告人的行为虽然客观上干扰了政府对疫情防控的管理活动，但从主客观方面分析，其行为更符合寻衅滋事罪的构成要件。被害人鸣笛提示让被告人让开道路，2 被告人就立刻产生不满情绪大打出手，明显具有逞强耍横，显示威风的心理。从犯罪起因和殴打对象看，2 被告人行为具有一定随意性。从犯罪的结果看，2 被告人的行为直接扰乱了公共秩序。

《刑参》第 1346 号案例“蔡某寻衅滋事案——凌晨酒后驾车追撵他人机动车，导致车损人伤的行为如何定性”相关论述：被告人追逐竞驶的行为尚未达到与放火等行为相当的危险程度。不具有以危险方法危害公共安全的主观故意。时空环境上不具备以危险方法危害公共安全的条件。被告人的行为构成危险驾驶罪与寻衅滋事罪、故意伤害罪、故意毁坏财物罪的竞合，应当以寻衅滋事罪定罪处罚。

【拓展关键词】寻衅滋事罪与故意伤害罪辨析

《刑参》第 225 号案例“杨某等故意伤害案——寻衅滋事随意殴打他人致人重伤、死亡的应如何定罪”相关论述：寻衅滋事过程中殴打他人致人重伤、死亡的一般应定故意伤害罪。因寻衅滋事而随意殴打他人的，行为人的动机在于发泄或满足其不良情绪，其特点表现为殴打他人的起因、殴打对象、殴打手段上均具有相当的“随意性”。故意伤害罪在于行为人一般具有直接明确的伤害故意和目的，伤害的起因、对象一般都具有特定性。

另见《刑法》第 234 条故意伤害罪的相关注释。

【拓展关键词】寻衅滋事罪与抢劫罪辨析　轻微暴力强取小额财物

《刑参》第 517 号案例“张某等寻衅滋事案——以轻微暴力强索硬要他人财物的行为如何定性”相关论述：被告人的主观目的不是非法占有被害人的财物，而是报复、教训被害人。被告人实施的暴力、胁迫强度尚未超出寻衅滋事罪所要求的强度标准尚未超出寻衅滋事罪中“随意殴打他人”“强拿硬要”的范围。被告人出于教训、报复他人的目的使用轻微暴力强拿硬要财物的行为扰乱了正常的社会秩序，其暴力程度并未超出寻衅滋事罪所涵括的程度，符合寻衅滋事罪的构成要件。根据罪刑相适应原则，权衡被告人的主观恶性及犯罪行为的社会危害性，认定为寻衅滋事罪才能罚当其罪。

《刑参》第 1002 号案例“李某等寻衅滋事案——未成年人多次强取其他未成年人少量财物的案件如何处理”相关论述：区分强拿硬要型寻衅滋事罪与抢劫罪应当坚持主客观相统一的原则：(1) 从主观上分析行

为人是否有寻衅动机是区分两罪的关键所在。(2)从客观行为上分析行为人使用暴力、胁迫的程度。寻衅滋事的强拿硬要行为也包含暴力、胁迫的内容，只是不足以使被害人不敢反抗或者不能反抗。行为人所实施的犯罪行为同时触犯寻衅滋事罪和抢劫罪的，可以按照想象竞合犯处理。

《刑参》第1248号案例"黄某等寻衅滋事案——使用轻微暴力帮他人抢回赌资的行为如何定性"相关论述：对于类似本案的使用轻微暴力手段帮他人抢回赌资行为宜定性为寻衅滋事罪。分析如下：从客观表现看，黄某等人在公共场所实施轻微暴力强索财物，暴力强度尚未超出寻衅滋事罪的强度范围且主要侵犯的是社会公共秩序。抢劫罪的社会危害性、对被害人人身的危险性以及侦破的难度都远远高于寻衅滋事罪。寻衅滋事罪客观上不以严重侵犯他人人身权利的方法强拿硬要财物，使用的一般是轻微的拳打脚踢等不易造成严重后果的暴力或胁迫手段；暴力行为往往也会有所节制；在造成的危害后果上一般不超出轻微伤的范围。本案中四名被告人实施的暴力、胁迫行为有节制且强度一般，尚未超出寻衅滋事罪中"随意殴打他人""强拿硬要"的范畴。黄某等人的主观目的主要不是非法占有他人财物而是帮朋友要回赌资、教训被害人。根据罪责刑相适应原则，本案以寻衅滋事罪论处更为合适。

《刑参》第1345号案例"朱某寻衅滋事案——多次拦截儿童强行夺取较低经济价值物品的行为如何定性"相关论述：非法占有财物的目的是认定犯罪的核心要素也是区分此罪与彼罪的关键指标。寻衅滋事占有他人财物并非行为人的犯罪目的或动机，不是其行为指向的最终目标，而是通过随意夺取他人财物，逞强好胜，耍威风，滋扰他人，满足其不正常的心理感官刺激。

另见《刑法》第263条抢劫罪的相关注释。

【拓展关键词】寻衅滋事罪与非法拘禁罪辨析　非法讨债

《刑参》第1374号案例"戴某、蒯某寻衅滋事案——实施轻微暴力并强行同吃、同住、同行跟随讨债的行为如何定性"相关论述：只有达到剥夺自由的程度才能认定为非法拘禁罪。不能将限制、严重限制他人人身自由与剥夺人身自由等同。同吃、同住、同行的行为只是限制自由并未达到剥夺自由的程度。被告人实施的同吃、同住、同行并实施轻微暴力的行为属于恐吓他人的寻衅滋事行为，且情节恶劣，应当以寻衅滋事罪定罪处罚。无论具体手段、内容如何，只要足以使被害人产生心理恐惧、恐慌，就属于该罪规定的"恐吓"。

另见《刑法》第238条非法拘禁罪的相关注释。

【拓展关键词】寻衅滋事罪与故意毁坏财物罪辨析

《刑参》第1329号案例"谢某寻衅滋事案——疫情防控期间拒不配合疫情防控人员工作，为发泄个人不满，任意损毁公私财物，造成他人财物损失的行为如何定性"相关论述：被告人为发泄心中不满故意驾车撞击"防控宣传车"，更多地是出于逞强耍威风，要面子的心理。其行为不仅对车辆造成损坏，更重要的是破坏了疫情防控工作的进行，严重扰乱了现场工作秩序，更符合寻衅滋事罪的犯罪构成。同时构成故意毁坏财物罪，应从一重罪处罚。

另见《刑法》第275条故意毁坏财物罪的相关注释。

【拓展关键词】被害人过错

《刑参》第1395号案例"梁某寻衅滋事案——持刀驱离正在违法强拆的人员并造成一人轻微伤的，是否构成寻衅滋事罪"相关论述：认定行为人殴打他人是否构成寻衅滋事不仅要看行为人在客观上是否属于司法解释所规定的7种情形，还要考察行为人在主观上是否具有寻求刺激、发泄情绪、逞强耍横等无事生非或者借故生非的故意。在矛盾由被害人故意引发或者被害人对矛盾激化负有主要责任的情况下，由于被告人的行为具有相当的正当性，故不宜认定被告人主观上具有无事生非、借故生非的故意，也就不宜认定构成寻衅滋事罪。被告人的行为应认定为正当防卫。村委会强行收回土地的目的不正当、程序不正当。被告人为了维护果园不被非法侵害而采取防卫措施，主观上具有正当性。

第二百九十三条之一 【催收非法债务罪】[①]

有下列情形之一，催收高利放贷等产生的非法债务，情节严重的，处三年以下有期徒刑、拘役或者管制，并处或者单处罚金：

（一）使用暴力、胁迫方法的；

（二）限制他人人身自由或者侵入他人住宅的；

（三）恐吓、跟踪、骚扰他人的。

第二百九十四条 【组织、领导、参加黑社会性质组织罪】[②]

组织、领导黑社会性质的组织的，处七年以上有期徒刑，并处没收财产；积极参加的，处三年以上七年以下有期徒刑，可以并处罚金或者没收财产；其他参加的，处三年以下有期徒刑、拘役、管制或者剥夺政治权利，可以并处罚金。

【入境发展黑社会组织罪】

境外的黑社会组织的人员到中华人民共和国境内发展组织成员的，处三年以上十年以下有期徒刑。

【包庇、纵容黑社会性质组织罪】

国家机关工作人员包庇黑社会性质的组织，或者纵容黑社会性质的组织进行违法犯罪活动的，处五年以下有期徒刑；情节严重的，处五年以上有期徒刑。

犯前三款罪又有其他犯罪行为的，依照数罪并罚的规定处罚。

黑社会性质的组织应当同时具备以下特征：

（一）形成较稳定的犯罪组织，人数较多，有明确的组织者、领导者，骨干成员基本固定；

（二）有组织地通过违法犯罪活动或者其他手段获取经济利益，具有一定的经济实力，以支持该组织的活动；

（三）以暴力、威胁或者其他手段，有组织地多次进行违法犯罪活动，为非作恶，欺压、残害群众；

（四）通过实施违法犯罪活动，或者利用国家工作人员的包庇或者纵容，称霸一方，在一定区域或者行业内，形成非法控制或者重大影响，严重破坏经济、社会生活秩序。

---

① 根据《刑法修正案（十一）》新增。

② 根据《刑法修正案（八）》修订。修订前条文主要内容为：组织、领导和积极参加以暴力、威胁或者其他手段，有组织地进行违法犯罪活动，称霸一方，为非作恶，欺压、残害群众，严重破坏经济、社会生活秩序的黑社会性质的组织的，处三年以上十年以下有期徒刑；其他参加的，处三年以下有期徒刑、拘役、管制或者剥夺政治权利。

境外的黑社会组织的人员到中华人民共和国境内发展组织成员的，处三年以上十年以下有期徒刑。

犯前两款罪又有其他犯罪行为的，依照数罪并罚的规定处罚。

国家机关工作人员包庇黑社会性质的组织，或者纵容黑社会性质的组织进行违法犯罪活动的，处三年以下有期徒刑、拘役或者剥夺政治权利；情节严重的，处三年以上十年以下有期徒刑。

◆ 相关规定

最高人民法院
关于审理黑社会性质组织犯罪的案件具体应用法律若干问题的解释(节选)

(法释〔2000〕42号)

……

第一条　刑法第二百九十四条规定的“黑社会性质的组织”,一般应具备以下特征:

(一)组织结构比较紧密,人数较多,有比较明确的组织者、领导者,骨干成员基本固定,有较为严格的组织纪律;

(二)通过违法犯罪活动或者其他手段获取经济利益,具有一定的经济实力;

(三)通过贿赂、威胁等手段,引诱、逼迫国家工作人员参加黑社会性质组织活动,或者为其提供非法保护;

(四)在一定区域或者行业范围内,以暴力、威胁、滋扰等手段,大肆进行敲诈勒索、欺行霸市、聚众斗殴、寻衅滋事、故意伤害等违法犯罪活动,严重破坏经济、社会生活秩序。

第二条　刑法第二百九十四条第二款规定的“发展组织成员”,是指将境内、外人员吸收为该黑社会组织成员的行为。对黑社会组织成员进行内部调整等行为,可视为“发展组织成员”。

港、澳、台黑社会组织到内地发展组织成员的,适用刑法第二百九十四条第二款的规定定罪处罚。

第三条　组织、领导、参加黑社会性质的组织又有其他犯罪行为的,根据刑法第二百九十四条第三款的规定,依照数罪并罚的规定处罚;对于黑社会性质组织的组织者、领导者,应当按照其所组织、领导的黑社会性质组织所犯的全部罪行处罚;对于黑社会性质组织的参加者,应当按照其所参与的犯罪处罚。

对于参加黑社会性质的组织,没有实施其他违法犯罪活动的,或者受蒙蔽、胁迫参加黑社会性质的组织,情节轻微的,可以不作为犯罪处理。

第四条　国家机关工作人员组织、领导、参加黑社会性质组织的,从重处罚。

第五条　刑法第二百九十四条第四款规定的“包庇”,是指国家机关工作人员为使黑社会性质组织及其成员逃避查禁,而通风报信,隐匿、毁灭、伪造证据,阻止他人作证、检举揭发,指使他人作伪证,帮助逃匿,或者阻挠其他国家机关工作人员依法查禁等行为。

刑法第二百九十四条第四款规定的“纵容”,是指国家机关工作人员不依法履行职责,放纵黑社会性质组织进行违法犯罪活动的行为。

第六条　国家机关工作人员包庇、纵容黑社会性质的组织,有下列情形之一的,属于刑法第二百九十四条第四款规定的“情节严重”:

(一)包庇、纵容黑社会性质组织跨境实施违法犯罪活动的;

(二)包庇、纵容境外黑社会组织在境内实施违法犯罪活动的;

(三)多次实施包庇、纵容行为的;

(四)致使某一区域或者行业的经济、社会生活秩序遭受黑社会性质组织特别严重破坏的;

(五)致使黑社会性质组织的组织者、领导者逃匿,或者致使对黑社会性质组织的查禁工作严重受阻的;

(六)具有其他严重情节的。

第七条　对黑社会性质组织和组织、领导、参加黑社会性质组织的犯罪分子聚敛的财物及其收益,以及用于犯罪的工具等,应当依法追缴、没收。

最高人民法院　最高人民检察院　公安部
办理黑社会性质组织犯罪案件座谈会纪要（节选）

（法〔2009〕382号）

……

二、会议认为，自1997年刑法增设黑社会性质组织犯罪的规定以来，全国人大常委会、最高人民法院分别作出了《关于〈中华人民共和国刑法〉第二百九十四条第一款的解释》（以下简称《立法解释》）、《关于审理黑社会性质组织犯罪的案件具体应用法律若干问题的解释》（以下简称《司法解释》），对于指导司法实践发挥了重要作用。但由于黑社会性质组织犯罪的构成要件和所涉及的法律关系较为复杂，在办案过程中对法律规定的理解还不尽相同。为了进一步统一司法标准，会议就实践中争议较大的问题进行了深入研讨，并取得了一致意见：

（一）关于黑社会性质组织的认定。黑社会性质组织必须同时具备《立法解释》中规定的"组织特征"、"经济特征"、"行为特征"和"危害性特征"。由于实践中许多黑社会性质组织并非这"四个特征"都很明显，因此，在具体认定时，应根据立法本意，认真审查、分析黑社会性质组织"四个特征"相互间的内在联系，准确评价涉案犯罪组织所造成的社会危害，确保不枉不纵。

1.关于组织特征。黑社会性质组织不仅有明确的组织者、领导者，骨干成员基本固定，而且组织结构较为稳定，并有比较明确的层级和职责分工。

当前，一些黑社会性质组织为了增强隐蔽性，往往采取各种手段制造"人员频繁更替、组织结构松散"的假象。因此，在办案时，要特别注意审查组织者、领导者，以及对组织运行、活动起着突出作用的积极参加者等骨干成员是否基本固定、联系是否紧密，不要被其组织形式的表象所左右。

关于组织者、领导者、积极参加者和其他参加者的认定。组织者、领导者，是指黑社会性质组织的发起者、创建者，或者在组织中实际处于领导地位，对整个组织及其运行、活动起着决策、指挥、协调、管理作用的犯罪分子，既包括通过一定形式产生的有明确职务、称谓的组织者、领导者，也包括在黑社会性质组织中被公认的事实上的组织者、领导者；积极参加者，是指接受黑社会性质组织的领导和管理，多次积极参与黑社会性质组织的违法犯罪活动，或者积极参与较严重的黑社会性质组织的犯罪活动且作用突出，以及其他在组织中起重要作用的犯罪分子，如具体主管黑社会性质组织的财务、人员管理等事项的犯罪分子；其他参加者，是指除上述组织成员之外，其他接受黑社会性质组织的领导和管理的犯罪分子。根据《司法解释》第三条第二款的规定，对于参加黑社会性质的组织，没有实施其他违法犯罪活动的，或者受蒙蔽、胁迫参加黑社会性质的组织，情节轻微的，可以不作为犯罪处理。

关于黑社会性质组织成员的主观明知问题。在认定黑社会性质组织的成员时，并不要求其主观上认为自己参加的是黑社会性质组织，只要其知道或者应当知道该组织具有一定规模，且是以实施违法犯罪为主要活动的，即可认定。

对于黑社会性质组织存在时间、成员人数及组织纪律等问题的把握。黑社会性质组织一般在短时间内难以形成，而且成员人数较多，但鉴于普通犯罪集团、"恶势力"团伙向黑社会性质组织发展是一个渐进的过程，没有明显的性质转变的节点，故对黑社会性质组织存在时间、成员人数问题不宜作出"一刀切"的规定。对于那些已存在一定时间，且成员人数较多的犯罪组织，在定性时要根据其是否已具备一定的经济实力，是否已在一定区域或行业内形成非法控制或重大影响等情况综合分析判断。此外，在通常情况下，黑社会性质组织为了维护自身的安全和稳定，一般会有一些约定俗成的纪律、规约，有些甚至还有明确的规定。因此，具有一定的组织纪律、活动规约，也是认定黑社会性质组织特征时的重要参考依据。

2.关于经济特征。一定的经济实力是黑社会性质组织坐大成势，称霸一方的基础。由于不同地区的经济发展水平、不同行业的利润空间均存在很大差异，加之黑社会性质组织存在、发展的时间也各有不同，因此,在办案时不能一般性地要求黑社会性质组织所具有的经济实力必须达到特定规模或特定数额。此外,黑社会性质组织的敛财方式也具有多样性。实践中,黑社会性质组织不仅会通过实施赌博、敲诈、贩毒等违法犯罪活动攫取经济利益,而且还往往会通过开办公司、企业等方式"以商养黑"、"以黑护商"。因此,无论其财产是通过非法手段聚敛,还是通过合法的方式获取,只要将其中部分或全部用于违法犯罪活动或者维系犯罪组织的生存、发展即可。

"用于违法犯罪活动或者维系犯罪组织的生存、发展",一般是指购买作案工具、提供作案经费,为受伤、死亡的组织成员提供医疗费、丧葬费,为组织成员及其家属提供工资、奖励、福利、生活费用,为组织寻求非法保护以及其他与实施有组织的违法犯罪活动有关的费用支出等。

3. 关于行为特征。暴力性、胁迫性和有组织性是黑社会性质组织行为方式的主要特征,但有时也会采取一些"其他手段"。

根据司法实践经验,《立法解释》中规定的"其他手段"主要包括:以暴力、威胁为基础,在利用组织势力和影响已对他人形成心理强制或威慑的情况下,进行所谓的"谈判"、"协商"、"调解";滋扰、哄闹、聚众等其他干扰、破坏正常经济、社会生活秩序的非暴力手段。

"黑社会性质组织实施的违法犯罪活动"主要包括以下情形:由组织者、领导者直接组织、策划、指挥、参与实施的违法犯罪活动;由组织成员以组织名义实施,并得到组织者、领导者认可或者默许的违法犯罪活动;多名组织成员为逞强争霸、插手纠纷、报复他人、替人行凶、非法敛财而共同实施,并得到组织者、领导者认可或者默许的违法犯罪活动;组织成员为组织争夺势力范围、排除竞争对手、确立强势地位、谋取经济利益、维护非法权威或者按照组织的纪律、惯例、共同遵守的约定而实施的违法犯罪活动;由黑社会性质组织实施的其他违法犯罪活动。

会议认为,在办案时还应准确理解《立法解释》中关于"多次进行违法犯罪活动"的规定。黑社会性质组织实施犯罪活动过程中,往往伴随着大量的违法活动,对此均应作为黑社会性质组织的违法犯罪事实予以认定。但如果仅实施了违法活动,而没有实施犯罪活动的,则不能认定为黑社会性质组织。此外,"多次进行违法犯罪活动"只是认定黑社会性质组织的必要条件之一,最终能否认定为黑社会性质组织,还要结合危害性特征来加以判断。即使有些案件中的违法犯罪活动已符合"多次"的标准,但根据其性质和严重程度,尚不足以形成非法控制或者重大影响的,也不能认定为黑社会性质组织。

4. 关于危害性特征。称霸一方,在一定区域或者行业内,形成非法控制或者重大影响,从而严重破坏经济、社会生活秩序,是黑社会性质组织的本质特征,也是黑社会性质组织区别于一般犯罪集团的关键所在。

对于"一定区域"的理解和把握。区域的大小具有相对性,且黑社会性质组织非法控制和影响的对象并不是区域本身,而是在一定区域中生活的人,以及该区域内的经济、社会生活秩序。因此,不能简单地要求"一定区域"必须达到某一特定的空间范围,而应当根据具体案情,并结合黑社会性质组织对经济、社会生活秩序的危害程度加以综合分析判断。

对于"一定行业"的理解和把握。黑社会性质组织所控制和影响的行业,既包括合法行业,也包括黄、赌、毒等非法行业。这些行业一般涉及生产、流通、交换、消费等一个或多个市场环节。

通过实施违法犯罪活动,或者利用国家工作人员的包庇、纵容,称霸一方,并具有以下情形之一的,可认定为"在一定区域或者行业内,形成非法控制或者重大影响,严重破坏经济、社会生活秩序":对在一定区域内生活或者在一定行业内从事生产、经营的群众形成心理强制、威慑,致使合法利益受损的群众不敢举报、控告的;对一定行业的生产、经营形成垄断,或者对涉及一定行业的准入、经营、竞争等经济活动形成重要影响的;插手民间纠纷、经济纠纷,在相关区域或者行业内造成严重影响的;干扰、破坏他人正常生产、经营、生活,并在相关区域或者行业内造成严重影响的;干扰、破坏公司、企业、事业单位及社会团体的正常生产、经营、工作秩序,在相关区域、行业内造成严重影响,或者致使其不能正常生产、经营、工作的;多次干扰、破坏国家机关、行业管理部门以及村委会、居委会等基层群众自治组织的工作秩序,或者致使上述单位、组织的职能不能正常行使的;利用组织的势力、影响,使组织成员获取政治地位,或者在党政机关、基层群众自治组织中担任一定职务的；其他形成非法控制或者重大影响，严重破坏经济、社会生活秩序的情形。

（二）关于办理黑社会性质组织犯罪案件的其他问题

1.关于包庇、纵容黑社会性质组织罪主观要件的认定。本罪主观方面要求必须是出于故意，过失不能构成本罪。会议认为，只要行为人知道或者应当知道是从事违法犯罪活动的组织，仍对该组织及其成员予以包庇，或者纵容其实施违法犯罪活动，即可认定本罪。至于行为人是否明知该组织系黑社会性质组织，不影响本罪的成立。

2.关于黑社会性质组织成员的刑事责任。对黑社会性质组织的组织者、领导者，应根据法律规定和本纪要中关于"黑社会性质组织实施的违法犯罪活动"的规定，按照该组织所犯的全部罪行承担刑事责任。组织者、领导者对于具体犯罪所承担的刑事责任，应当根据其在该起犯罪中的具体地位、作用来确定。对黑社会性质组织中的积极参加者和其他参加者，应按照其所参与的犯罪，根据其在具体犯罪中的地位和作用，依照罪责刑相适应的原则，确定应承担的刑事责任。

3.关于涉黑犯罪财物及其收益的认定和处置。在办案时，要依法运用查封、扣押、冻结、追缴、没收等手段，彻底摧毁黑社会性质组织的经济基础，防止其死灰复燃。对于涉黑犯罪财物及其收益以及犯罪工具，均应按照刑法第六十四条和《司法解释》第七条的规定予以追缴、没收。黑社会性质组织及其成员通过犯罪活动聚敛的财物及其收益，是指在黑社会性质组织的形成、发展过程中，该组织及组织成员通过违法犯罪活动或其他不正当手段聚敛的全部财物、财产性权益及其孳息、收益。在办案工作中，应认真审查涉案财产的来源、性质，对被告人及其他单位、个人的合法财产应依法予以保护。

4.关于认定黑社会性质组织犯罪的证据要求。办理涉黑案件同样应当坚持案件"事实清楚，证据确实、充分"的法定证明标准。但应当注意的是，"事实清楚"是指能够对定罪量刑产生影响的事实必须清楚，而不是指整个案件的所有事实和情节都要一一查证属实；"证据确实、充分"是指能够据以定罪量刑的证据确实、充分，而不是指案件中所涉全部问题的证据都要达到确实、充分的程度。对此，一定要准确理解和把握，不要纠缠那些不影响定罪量刑的枝节问题。比如，在可以认定某犯罪组织已将所获经济利益部分用于组织活动的情况下，即使此部分款项的具体数额难以全部查实，也不影响定案。

5.关于黑社会性质组织成员的立功问题。积极参加者、其他参加者配合司法机关查办案件，有提供线索、帮助收集证据或者其他协助行为，并对侦破黑社会性质组织犯罪案件起到一定作用的，即使依法不能认定立功，一般也应酌情对其从轻处罚。组织者、领导者检举揭发与该黑社会性质组织及其违法犯罪活动有关联的其他犯罪线索，即使依法构成立功或者重大立功，在量刑时也应从严掌握。

6.关于对"恶势力"团伙的认定和处理。"恶势力"是黑社会性质组织的雏形，有的最终发展成为了黑社会性质组织。因此，及时严惩"恶势力"团伙犯罪，是遏制黑社会性质组织滋生，防止违法犯罪活动造成更大社会危害的有效途径。

会议认为，"恶势力"是指经常纠集在一起，以暴力、威胁或其他手段，在一定区域或者行业内多次实施违法犯罪活动，为非作恶，扰乱经济、社会生活秩序，造成较为恶劣的社会影响，但尚未形成黑社会性质组织的犯罪团伙。"恶势力"一般为三人以上，纠集者、骨干成员相对固定，违法犯罪活动一般表现为敲诈勒索、强迫交易、欺行霸市、聚众斗殴、寻衅滋事、非法拘禁、故意伤害、抢劫、抢夺或者黄、赌、毒等。各级人民法院、人民检察院和公安机关在办案时应根据本纪要的精神，结合组织化程度的高低、经济实力的强弱、有无追求和实现对社会的非法控制等特征，对黑社会性质组织与"恶势力"团伙加以正确区分。同时，还要本着实事求是的态度，正确理解和把握"打早打小"方针。在准确查明"恶势力"团伙具体违法犯罪事实的基础上，构成什么罪，就按什么罪处理，并充分运用刑法总则关于共同犯罪的规定，依法惩处。对符合犯罪集团特征的，要按照犯罪集团处理，以切实加大对"恶势力"团伙依法惩处的力度。

7.关于视听资料的收集、使用。公安机关在侦查时要特别重视对涉黑犯罪视听资料的收集。对于那些能够证明涉案犯罪组织具备黑社会性质组织的"四个特征"及其实施的具体违法犯罪活动的录音、录像资料，要及时提取、固定、移送。通过特殊侦查措施获取的视听资料，在移送审查起诉时，公安机关对证据的来源、提取经过应予说明。

8.庭审时应注意的有关问题。为确保庭审效果,人民法院在开庭审理涉黑案件之前,应认真做好庭审预案。法庭调查时,除必须传唤共同被告人同时到庭质证外,对各被告人应当分别讯问,以防止被告人当庭串供或者不敢如实供述、作证。对于诉讼参与人、旁听人员破坏法庭秩序、干扰法庭审理的,法庭应按照刑事诉讼法及有关司法解释的规定及时作出处理。构成犯罪的,应当依法追究刑事责任。

最高人民法院
全国部分法院审理黑社会性质组织犯罪案件工作座谈会纪要(节选)

(法〔2015〕291号)

二、关于黑社会性质组织的认定

(一)认定组织特征的问题

黑社会性质组织存续时间的起点,可以根据涉案犯罪组织举行成立仪式或者进行类似活动的时间来认定。没有前述活动的,可以根据足以反映其初步形成核心利益或强势地位的重大事件发生时间进行审查判断。没有明显标志性事件的,也可以根据涉案犯罪组织为维护、扩大组织势力、实力、影响、经济基础或按照组织惯例、纪律、活动规约而首次实施有组织的犯罪活动的时间进行审查判断。存在、发展时间明显过短、犯罪活动尚不突出的,一般不应认定为黑社会性质组织。

黑社会性质组织应当具有一定规模,人数较多,组织成员一般在10人以上。其中,既包括已有充分证据证明但尚未归案的组织成员,也包括虽有参加黑社会性质组织的行为但因尚未达到刑事责任年龄或因其他法定情形而未被起诉,或者根据具体情节不作为犯罪处理的组织成员。

黑社会性质组织应有明确的组织者、领导者,骨干成员基本固定,并有比较明确的层级和职责分工,一般有三种类型的组织成员,即:组织者、领导者与积极参加者、一般参加者(也即“其他参加者”)。骨干成员,是指直接听命于组织者、领导者,并多次指挥或积极参与实施有组织的违法犯罪活动或者其他长时间在犯罪组织中起重要作用的犯罪分子,属于积极参加者的一部分。

对于黑社会性质组织的组织纪律、活动规约,应当结合制定、形成相关纪律、规约的目的与意图来进行审查判断。凡是为了增强实施违法犯罪活动的组织性、隐蔽性而制定或者自发形成,并用以明确组织内部人员管理、职责分工、行为规范、利益分配、行动准则等事项的成文或不成文的规定、约定,均可认定为黑社会性质组织的组织纪律、活动规约。

对于参加黑社会性质组织,没有实施其他违法犯罪活动,或者受蒙蔽、威胁参加黑社会性质组织,情节轻微的,可以不作为犯罪处理。对于参加黑社会性质组织后仅参与少量情节轻微的违法活动的,也可以不作为犯罪处理。

以下人员不属于黑社会性质组织的成员:1.主观上没有加入黑社会性质组织的意愿,受雇到黑社会性质组织开办的公司、企业、社团工作,未参与或者仅参与少量黑社会性质组织的违法犯罪活动的人员;2.因临时被纠集、雇佣或受蒙蔽为黑社会性质组织实施违法犯罪活动或者提供帮助、支持、服务的人员;3.为维护或扩大自身利益而临时雇佣、收买、利用黑社会性质组织实施违法犯罪活动的人员。上述人员构成其他犯罪的,按照具体犯罪处理。

对于被起诉的组织成员主要为未成年人的案件,定性时应当结合“四个特征”审慎把握。

(二)认定经济特征的问题

“一定的经济实力”,是指黑社会性质组织在形成、发展过程中获取的,足以支持该组织运行、发展以及实施违法犯罪活动的经济利益。包括:1.有组织地通过违法犯罪活动或其他不正当手段聚敛的资产;2.有组织地通过合法的生产、经营活动获取的资产;3.组织成员以及其他单位、个人资助黑社会性质组织的资产。通过上述方式获取的经济利益,即使是由部分组织成员个人掌控,也应计入黑社会性质组织的“经济实力”。

各高级人民法院可以根据本地区的实际情况，对黑社会性质组织所应具有的“经济实力”在20－50万元幅度内，自行划定一般掌握的最低数额标准。

是否将所获经济利益全部或部分用于违法犯罪活动或者维系犯罪组织的生存、发展，是认定经济特征的重要依据。无论获利后的分配与使用形式如何变化，只要在客观上能够起到豢养组织成员、维护组织稳定、壮大组织势力的作用即可认定。

（三）认定行为特征的问题

涉案犯罪组织仅触犯少量具体罪名的，是否应认定为黑社会性质组织要结合组织特征、经济特征和非法控制特征（危害性特征）综合判断，严格把握。

黑社会性质组织实施的违法犯罪活动包括非暴力性的违法犯罪活动，但暴力或以暴力相威胁始终是黑社会性质组织实施违法犯罪活动的基本手段，并随时可能付诸实施。因此，在黑社会性质组织所实施的违法犯罪活动中，一般应有一部分能够较明显地体现出暴力或以暴力相威胁的基本特征。否则，定性时应当特别慎重。

属于2009年《座谈会纪要》规定的五种情形之一的，一般应当认定为黑社会性质组织实施的违法犯罪活动，但确与维护和扩大组织势力、实力、影响、经济基础无任何关联，亦不是按照组织惯例、纪律、活动规约而实施，则应作为组织成员个人的违法犯罪活动处理。

组织者、领导者明知组织成员曾多次实施起因、性质类似的违法犯罪活动，但并未明确予以禁止的，如果该类行为对扩大组织影响起到一定作用，可以视为是按照组织惯例实施的违法犯罪活动。

（四）认定非法控制特征（危害性特征）的问题

黑社会性质组织所控制和影响的“一定区域”，应当具备一定空间范围，并承载一定的社会功能。既包括一定数量的自然人共同居住、生活的区域，如乡镇、街道、较大的村庄等，也包括承载一定生产、经营或社会公共服务功能的区域，如矿山、工地、市场、车站、码头等。对此，应当结合一定地域范围内的人口数量、流量、经济规模等因素综合评判。如果涉案犯罪组织的控制和影响仅存在于一座酒店、一处娱乐会所等空间范围有限的场所或者人口数量、流量、经济规模较小的其他区域，则一般不能视为是对“一定区域”的控制和影响。

黑社会性质组织所控制和影响的“一定行业”，是指在一定区域内存在的同类生产、经营活动。黑社会性质组织通过多次有组织地实施违法犯罪活动，对黄、赌、毒等非法行业形成非法控制或重大影响的，同样符合非法控制特征（危害性特征）的要求。

2009年《座谈会纪要》明确了可以认定为“在一定区域或者行业内，形成非法控制或者重大影响，严重破坏经济、社会生活秩序”的八种情形，适用时应当注意以下问题：第1种情形中的“致使合法利益受损的群众不敢举报、控告的”，是指致使多名合法利益遭受犯罪或者严重违法活动侵害的群众不敢通过正当途径维护权益；第2种情形中的“形成垄断”，是指可以操控、左右、决定与一定行业相关的准入、退出、经营、竞争等经济活动。“形成重要影响”，是指对与一定行业相关的准入、退出、经营、竞争等经济活动具有较大的干预和影响能力，或者具有在该行业内占有较大市场份额、通过违法犯罪活动或以其他不正当手段在该行业内敛财数额巨大（最低数额标准由各高院根据本地情况在20－50万元的幅度内自行划定）、给该行业内从事生产、经营活动的其他单位、组织、个人造成直接经济损失100万元以上等情节之一；第3、4、5种情形中的“造成严重影响”，是指具有致人重伤或致多人轻伤、通过违法犯罪活动或以其他不正当手段敛财数额巨大（数额标准同上）、造成直接经济损失100万元以上、多次引发群体性事件或引发大规模群体性事件等情节之一；第6种情形中的“多次干扰、破坏国家机关、行业管理部门以及村委会、居委会等基层群众自治组织的工作秩序”，包括以拉拢、收买、威胁等手段多次得到国家机关工作人员包庇或纵容，或者多次对前述单位、组织中正常履行职务的工作人员进行打击、报复的情形；第7种情形中的“获取政治地位”，是指当选各级人大代表、政协委员。“担任一定职务”，是指在各级党政机关及其职能部门、基层群众自治组织中担任具有组织、领导、监督、管理职权的职务。

根据实践经验,在黑社会性质组织犯罪案件中,2009年《座谈会纪要》规定的八种情形一般不会单独存在,往往是两种以上的情形同时并存、相互交织,从而严重破坏经济、社会生活秩序。审判时,应当充分认识这一特点,准确认定该特征。

"四个特征"中其他构成要素均已具备,仅在成员人数、经济实力规模方面未达到本纪要提出的一般性要求,但已较为接近,且在非法控制特征(危害性特征)方面同时具有2009年《座谈会纪要》相关规定中的多种情形,其中至少有一种情形已明显超出认定标准的,也可以认定为黑社会性质组织。

三、关于刑事责任和刑罚适用

(一)已退出或者新接任的组织者、领导者的刑事责任问题

对于在黑社会性质组织形成、发展过程中已经退出的组织者、领导者,或者在加入黑社会性质组织之后逐步发展成为组织者、领导者的犯罪分子,应对其本人参与及其实际担任组织者、领导者期间该组织所犯的全部罪行承担刑事责任。

(二)量刑情节的运用问题

黑社会性质组织的成员虽不具有自首情节,但到案后能够如实供述自己罪行,并具有以下情形之一的,一般应当适用《刑法》第六十七条第三款的规定予以从轻处罚:1. 如实交代大部分尚未被掌握的同种犯罪事实;2. 如实交代尚未被掌握的较重的同种犯罪事实;3. 如实交代犯罪事实,并对收集定案证据、查明案件事实有重要作用的。

积极参加者、一般参加者配合司法机关查办案件,有提供线索、帮助收集证据或者其他协助行为,并在侦破黑社会性质组织犯罪案件、认定黑社会性质组织及其主要成员、追缴黑社会性质组织违法所得、查处"保护伞"等方面起到较大作用的,即使依法不能认定立功,一般也应酌情对其从轻处罚。

组织者、领导者、骨干成员以及"保护伞"协助抓获同案中其他重要的组织成员,或者骨干成员能够检举揭发其他犯罪案件中罪行同样严重的犯罪分子,原则上依法应予从轻或者减轻处罚。组织者、领导者检举揭发与该黑社会性质组织及其违法犯罪活动有关联的其他犯罪线索,如果在是否认定立功的问题上存在事实、证据或法律适用方面的争议,应当严格把握。依法应认定为立功或者重大立功的,在决定是否从宽处罚、如何从宽处罚时,应当根据罪责刑相一致原则从严掌握。可能导致全案量刑明显失衡的,不予从宽处罚。

审理黑社会性质组织犯罪案件,应当通过判处和执行民事赔偿以及积极开展司法救助来最大限度地弥补被害人及其亲属的损失。被害人及其亲属确有特殊困难,需要接受被认定为黑社会性质组织成员的被告人赔偿并因此表示谅解的,量刑时应当特别慎重。不仅应当查明谅解是否确属真实意思表示以及赔偿款项与黑社会性质组织违法所得有无关联,而且在决定是否从宽处罚、如何从宽处罚时,也应当从严掌握。可能导致全案量刑明显失衡的,不予从宽处罚。

(三)附加剥夺政治权利的适用问题

对于黑社会性质组织的组织者、领导者,可以适用《刑法》第五十六条第一款的规定附加剥夺政治权利。对于因犯参加黑社会性质组织罪被判处5年以上有期徒刑的积极参加者,也可以适用该规定附加剥夺政治权利。

(四)财产刑的适用问题

最高人民法院　最高人民检察院　公安部　司法部
关于办理黑恶势力犯罪案件若干问题的指导意见(节选)

(法发〔2018〕1号)

一、总体要求

2. 各级人民法院、人民检察院、公安机关和司法行政机关应聚焦黑恶势力犯罪突出的重点地区、重点行业和重点领域,重点打击威胁政治安全特别是政权安全、制度安全以及向政治领域渗透的黑恶势力;把持基

层政权、操纵破坏基层换届选举、垄断农村资源、侵吞集体资产的黑恶势力；利用家族、宗族势力横行乡里、称霸一方、欺压残害百姓的“村霸”等黑恶势力；在征地、租地、拆迁、工程项目建设等过程中煽动闹事的黑恶势力；在建筑工程、交通运输、矿产资源、渔业捕捞等行业、领域，强揽工程、恶意竞标、非法占地、滥开滥采的黑恶势力；在商贸集市、批发市场、车站码头、旅游景区等场所欺行霸市、强买强卖、收保护费的市霸、行霸等黑恶势力；操纵、经营“黄赌毒”等违法犯罪活动的黑恶势力；非法高利放贷、暴力讨债的黑恶势力；插手民间纠纷，充当“地下执法队”的黑恶势力；组织或雇佣网络“水军”在网上威胁、恐吓、侮辱、诽谤、滋扰的黑恶势力；境外黑社会入境发展渗透以及跨国跨境的黑恶势力。同时，坚决深挖黑恶势力“保护伞”。

二、依法认定和惩处黑社会性质组织犯罪

3. 黑社会性质组织应同时具备《刑法》第二百九十四条第五款中规定的“组织特征”“经济特征”“行为特征”和“危害性特征”。由于实践中许多黑社会性质组织并非这“四个特征”都很明显，在具体认定时，应根据立法本意，认真审查、分析黑社会性质组织“四个特征”相互间的内在联系，准确评价涉案犯罪组织所造成的社会危害，做到不枉不纵。

4. 发起、创建黑社会性质组织，或者对黑社会性质组织进行合并、分立、重组的行为，应当认定为“组织黑社会性质组织”；实际对整个组织的发展、运行、活动进行决策、指挥、协调、管理的行为，应当认定为“领导黑社会性质组织”。黑社会性质组织的组织者、领导者，既包括通过一定形式产生的有明确职务、称谓的组织者、领导者，也包括在黑社会性质组织中被公认的事实上的组织者、领导者。

5. 知道或者应当知道是以实施违法犯罪为基本活动内容的组织，仍加入并接受其领导和管理的行为，应当认定为“参加黑社会性质组织”。没有加入黑社会性质组织的意愿，受雇到黑社会性质组织开办的公司、企业、社团工作，未参与黑社会性质组织违法犯罪活动的，不应认定为“参加黑社会性质组织”。

参加黑社会性质组织并具有以下情形之一的，一般应当认定为“积极参加黑社会性质组织”：多次积极参与黑社会性质组织的违法犯罪活动，或者积极参与较严重的黑社会性质组织的犯罪活动且作用突出，以及其他在组织中起重要作用的情形，如具体主管黑社会性质组织的财务、人员管理等事项。

6. 组织形成后，在一定时期内持续存在，应当认定为“形成较稳定的犯罪组织”。

黑社会性质组织一般在短时间内难以形成，而且成员人数较多，但鉴于“恶势力”团伙和犯罪集团向黑社会性质组织发展是一个渐进的过程，没有明显的性质转变的节点，故对黑社会性质组织存在时间、成员人数问题不宜作出“一刀切”的规定。

黑社会性质组织未举行成立仪式或者进行类似活动的，成立时间可以按照足以反映其初步形成非法影响的标志性事件的发生时间认定。没有明显标志性事件的，可以按照本意见中关于黑社会性质组织违法犯罪活动认定范围的规定，将组织者、领导者与其他组织成员首次共同实施该组织犯罪活动的时间认定为该组织的形成时间。该组织者、领导者因未到案或者因死亡等法定情形未被起诉的，不影响认定。

黑社会性质组织成员既包括已有充分证据证明但尚未归案的组织成员，也包括虽有参加黑社会性质组织的行为但因尚未达到刑事责任年龄或因其他法定情形而未被起诉，或者根据具体情节不作为犯罪处理的组织成员。

7. 在组织的形成、发展过程中通过以下方式获取经济利益的，应当认定为“有组织地通过违法犯罪活动或者其他手段获取经济利益”：

(1) 有组织地通过违法犯罪活动或其他不正当手段聚敛；

(2) 有组织地以投资、控股、参股、合伙等方式通过合法的生产、经营活动获取；

(3) 由组织成员提供或通过其他单位、组织、个人资助取得。

8. 通过上述方式获得一定数量的经济利益，应当认定为“具有一定的经济实力”，同时也包括调动一定规模的经济资源用以支持该组织活动的能力。通过上述方式获取的经济利益，即使是由部分组织成员个人掌控，也应计入黑社会性质组织的“经济实力”。组织成员主动将个人或者家庭资产中的一部分用于支持该组织活动，其个人或者家庭资产可全部计入“一定的经济实力”，但数额明显较小或者仅提供动产、不动产使用权的除外。

由于不同地区的经济发展水平、不同行业的利润空间均存在很大差异，加之黑社会性质组织存在、发展的时间也各有不同，在办案时不能一般性地要求黑社会性质组织所具有的经济实力必须达到特定规模或特定数额。

9. 黑社会性质组织实施的违法犯罪活动包括非暴力性的违法犯罪活动，但暴力或以暴力相威胁始终是黑社会性质组织实施违法犯罪活动的基本手段，并随时可能付诸实施。暴力、威胁色彩虽不明显，但实际是以组织的势力、影响和犯罪能力为依托，以暴力、威胁的现实可能性为基础，足以使他人产生恐惧、恐慌进而形成心理强制或者足以影响、限制人身自由、危及人身财产安全或者影响正常生产、工作、生活的手段，属于《刑法》第二百九十四条第五款第（三）项中的“其他手段”，包括但不限于所谓的“谈判”“协商”“调解”以及滋扰、纠缠、哄闹、聚众造势等手段。

10. 为确立、维护、扩大组织的势力、影响、利益或者按照纪律规约、组织惯例多次实施违法犯罪活动，侵犯不特定多人的人身权利、民主权利、财产权利，破坏经济秩序、社会秩序，应当认定为“有组织地多次进行违法犯罪活动，为非作恶，欺压、残害群众”。

符合以下情形之一的，应当认定为是黑社会性质组织实施的违法犯罪活动：

（1）为该组织争夺势力范围、打击竞争对手、形成强势地位、谋取经济利益、树立非法权威、扩大非法影响、寻求非法保护、增强犯罪能力等实施的；

（2）按照该组织的纪律规约、组织惯例实施的；

（3）组织者、领导者直接组织、策划、指挥、参与实施的；

（4）由组织成员以组织名义实施，并得到组织者、领导者认可或者默许的；

（5）多名组织成员为逞强争霸、插手纠纷、报复他人、替人行凶、非法敛财而共同实施，并得到组织者、领导者认可或者默许的；

（6）其他应当认定为黑社会性质组织实施的。

11. 鉴于黑社会性质组织非法控制和影响的“一定区域”的大小具有相对性，不能简单地要求“一定区域”必须达到某一特定的空间范围，而应当根据具体案情，并结合黑社会性质组织对经济、社会生活秩序的危害程度加以综合分析判断。

通过实施违法犯罪活动，或者利用国家工作人员的包庇或者不依法履行职责，放纵黑社会性质组织进行违法犯罪活动的行为，称霸一方，并具有以下情形之一的，可认定为“在一定区域或者行业内，形成非法控制或者重大影响，严重破坏经济、社会生活秩序”：

（1）致使在一定区域内生活或者在一定行业内从事生产、经营的多名群众，合法利益遭受犯罪或严重违法活动侵害后，不敢通过正当途径举报、控告的；

（2）对一定行业的生产、经营形成垄断，或者对涉及一定行业的准入、经营、竞争等经济活动形成重要影响的；

（3）插手民间纠纷、经济纠纷，在相关区域或者行业内造成严重影响的；

（4）干扰、破坏他人正常生产、经营、生活，并在相关区域或者行业内造成严重影响的；

（5）干扰、破坏公司、企业、事业单位及社会团体的正常生产，经营、工作秩序，在相关区域、行业内造成严重影响，或者致使其不能正常生产、经营、工作的；

（6）多次干扰、破坏党和国家机关、行业管理部门以及村委会、居委会等基层群众自治组织的工作秩序，或者致使上述单位、组织的职能不能正常行使的；

（7）利用组织的势力、影响，帮助组织成员或他人获取政治地位，或者在党政机关、基层群众自治组织中担任一定职务的；

（8）其他形成非法控制或者重大影响，严重破坏经济、社会生活秩序的情形。

12. 对于组织者、领导者和因犯参加黑社会性质组织罪被判处五年以上有期徒刑的积极参加者，可根据

《刑法》第五十六条第一款的规定适用附加剥夺政治权利。对于符合《刑法》第三十七条之一规定的组织成员,应当依法禁止其从事相关职业。符合《刑法》第六十六条规定的组织成员,应当认定为罪犯,依法从重处罚。

对于因有组织的暴力性犯罪被判处死刑缓期执行的黑社会性质组织犯罪分子,可以根据《刑法》第五十条第二款的规定同时决定对其限制减刑。对于因有组织的暴力性犯罪被判处十年以上有期徒刑、无期徒刑的黑社会性质组织犯罪分子,应当根据《刑法》第八十一条第二款规定,不得假释。

13. 对于组织者、领导者一般应当并处没收个人全部财产。对于确属骨干成员或者为该组织转移、隐匿资产的积极参加者,可以并处没收个人全部财产。对于其他组织成员,应当根据所参与实施违法犯罪活动的次数、性质、地位、作用、违法所得数额以及造成损失的数额等情节,依法决定财产刑的适用。

三、依法惩处恶势力犯罪

14. 具有下列情形的组织,应当认定为"恶势力":经常纠集在一起,以暴力、威胁或者其他手段,在一定区域或者行业内多次实施违法犯罪活动,为非作恶,欺压百姓,扰乱经济、社会生活秩序,造成较为恶劣的社会影响,但尚未形成黑社会性质组织的违法犯罪组织。恶势力一般为三人以上,纠集者相对固定,违法犯罪活动主要为强迫交易、故意伤害、非法拘禁、敲诈勒索、故意毁坏财物、聚众斗殴、寻衅滋事等,同时还可能伴随实施开设赌场、组织卖淫、强迫卖淫、贩卖毒品、运输毒品、制造毒品、抢劫、抢夺、聚众扰乱社会秩序、聚众扰乱公共场所秩序、交通秩序以及聚众"打砸抢"等。

在相关法律文书中的犯罪事实认定部分,可使用"恶势力"等表述加以描述。

15. 恶势力犯罪集团是符合犯罪集团法定条件的恶势力犯罪组织,其特征表现为:有三名以上的组织成员,有明显的首要分子,重要成员较为固定,组织成员经常纠集在一起,共同故意实施三次以上恶势力惯常实施的犯罪活动或者其他犯罪活动。

16. 公安机关、人民检察院、人民法院在办理恶势力犯罪案件时,应当依照上述规定,区别于普通刑事案件,充分运用《刑法》总则关于共同犯罪和犯罪集团的规定,依法从严惩处。

四、依法惩处利用"软暴力"实施的犯罪

17. 黑恶势力为谋取不法利益或形成非法影响,有组织地采用滋扰、纠缠、哄闹、聚众造势等手段侵犯人身权利、财产权利,破坏经济秩序、社会秩序,构成犯罪的,应当分别依照《刑法》相关规定处理:

(1)有组织地采用滋扰、纠缠、哄闹、聚众造势等手段扰乱正常的工作、生活秩序,使他人产生心理恐惧或者形成心理强制,分别属于《刑法》第二百九十三条第一款第(二)项规定的"恐吓"、《刑法》第二百二十六规定的"威胁",同时符合其他犯罪构成条件的,应分别以寻衅滋事罪、强迫交易罪定罪处罚。

《关于办理寻衅滋事刑事案件适用法律若干问题的解释》第二条至第四条中的"多次"一般应当理解为二年内实施寻衅滋事行为三次以上。二年内多次实施不同种类寻衅滋事行为的,应当追究刑事责任。

(2)以非法占有为目的强行索取公私财物,有组织地采用滋扰、纠缠、哄闹、聚众造势等手段扰乱正常的工作、生活秩序,同时符合《刑法》第二百七十四条规定的其他犯罪构成条件的,应当以敲诈勒索罪定罪处罚。同时由多人实施或者以统一着装、显露纹身、特殊标识以及其他明示或者暗示方式,足以使对方感知相关行为的有组织性的,应当认定为《关于办理敲诈勒索刑事案件适用法律若干问题的解释》第二条第(五)项规定的"以黑恶势力名义敲诈勒索"。

采用上述手段,同时又构成其他犯罪的,应当依法按照处罚较重的规定定罪处罚。

雇佣、指使他人有组织地采用上述手段强迫交易、敲诈勒索,构成强迫交易罪、敲诈勒索罪的,对雇佣者、指使者,一般应当以共同犯罪中的主犯论处。为强索不受法律保护的债务或者因其他非法目的,雇佣、指使他人有组织地采用上述手段寻衅滋事,构成寻衅滋事罪的,对雇佣者、指使者,一般应当以共同犯罪中的主犯论处;为追讨合法债务或者因婚恋、家庭、邻里纠纷等民间矛盾而雇佣、指使,没有造成严重后果的,一般不作为犯罪处理,但经有关部门批评制止或者处理处罚后仍继续实施的除外。

18. 黑恶势力有组织地多次短时间非法拘禁他人的,应当认定为《刑法》第二百三十八条规定的"以其他方法非法剥夺他人人身自由”。非法拘禁他人三次以上、每次持续时间在四小时以上，或者非法拘禁他人累计时间在十二小时以上的，应以非法拘禁罪定罪处罚。

五、依法打击非法放贷讨债的犯罪活动

19. 在民间借贷活动中，如有擅自设立金融机构、非法吸收公众存款、骗取贷款、套取金融机构资金发放高利贷以及为强索债务而实施故意杀人、故意伤害、非法拘禁、故意毁坏财物等行为的，应当按照具体犯罪侦查、起诉、审判。依法符合数罪并罚条件的，应当并罚。

20. 对于以非法占有为目的，假借民间借贷之名，通过“虚增债务”“签订虚假借款协议”“制造资金走账流水”“肆意认定违约”“转单平账”“虚假诉讼”等手段非法占有他人财产，或者使用暴力、威胁手段强立债权、强行索债的，应当根据案件具体事实，以诈骗、强迫交易、敲诈勒索、抢劫、虚假诉讼等罪名侦查、起诉、审判。对于非法占有的被害人实际所得借款以外的虚高“债务”和以“保证金”“中介费”“服务费”等各种名目扣除或收取的额外费用，均应计入违法所得。对于名义上为被害人所得、但在案证据能够证明实际上却为犯罪嫌疑人、被告人实施后续犯罪所使用的“借款”，应予以没收。

21. 对采用讨债公司、“地下执法队”等各种形式有组织地进行上述活动，符合黑社会性质组织、犯罪集团认定标准的，应当按照组织、领导、参加黑社会性质组织罪或者犯罪集团侦查、起诉、审判。

六、依法严惩“保护伞”

22.《刑法》第二百九十四条第三款中规定的“包庇”行为，不要求相关国家机关工作人员利用职务便利。利用职务便利包庇黑社会性质组织的，酌情从重处罚。包庇、纵容黑社会性质组织，事先有通谋的，以具体犯罪的共犯论处。

23. 公安机关、人民检察院、人民法院对办理黑恶势力犯罪案件中发现的涉嫌包庇、纵容黑社会性质组织犯罪、收受贿赂、渎职侵权等违法违纪线索，应当及时移送有关主管部门和其他相关部门，坚决依法严惩充当黑恶势力“保护伞”的职务犯罪。

24. 依法严惩农村“两委”等人员在涉农惠农补贴申领与发放、农村基础设施建设、征地拆迁补偿、救灾扶贫优抚、生态环境保护等过程中，利用职权恃强凌弱、吃拿卡要、侵吞挪用国家专项资金的犯罪，以及放纵、包庇“村霸”和宗族恶势力，致使其坐大成患；或者收受贿赂、徇私舞弊，为“村霸”和宗族恶势力充当“保护伞”的犯罪。

25. 公安机关在侦办黑恶势力犯罪案件中，应当注意及时深挖其背后的腐败问题，对于涉嫌特别重大贿赂犯罪案件的犯罪嫌疑人，及时会同有关机关，执行《刑事诉讼法》第三十七条的相关规定，辩护律师在侦查期间会见在押犯罪嫌疑人的，应当经相关侦查机关许可。

……

八、其他

32. 司法行政机关应当加强对律师办理黑社会性质组织犯罪案件辩护代理工作的指导监督，指导律师事务所建立健全律师办理黑社会性质组织犯罪的请示报告、集体研究和检查督导制度。办案机关应当依法保障律师各项诉讼权利，为律师履行辩护代理职责提供便利，防止因妨碍辩护律师依法履行职责，对案件办理带来影响。

对黑恶势力犯罪案件开庭审理时，人民法院应当通知对辩护律师所属事务所具有监督管理权限的司法行政机关派员旁听。

对于律师违反会见规定的；以串联组团，联署签名、发表公开信，组织网上聚集、声援等方式或者借个案研讨之名，制造舆论压力，攻击、诋毁司法机关和司法制度，干扰诉讼活动正常进行的；煽动、教唆和组织当事人或者其他人员到司法机关或者其他国家机关静坐、举牌、打横幅、喊口号等，扰乱公共秩序、危害公共安全的；违反规定披露、散布不公开审理案件的信息、材料，或者本人、其他律师在办案过程中获悉的有关案件重要信息、证据材料的，司法行政机关应当依照有关规定予以处罚，构成犯罪的，依法追究刑事责任。对于律师辩护、代理活动中的违法违规行为，相关办案机关要注意收集固定证据，提出司法建议。

33.监狱应当从严管理组织、领导、参加黑社会性质组织的罪犯,严格罪犯会见、减刑、假释、暂予监外执行等执法活动。对于判处十年以上有期徒刑、无期徒刑,判处死刑缓期二年执行减为有期徒刑、无期徒刑的黑社会性质组织的组织者、领导者,实行跨省、自治区、直辖市异地关押。积极开展黑恶势力犯罪线索排查,教育引导服刑人员检举揭发。社区矫正机构对拟适用社区矫正的黑恶势力犯罪案件的犯罪嫌疑人、被告人,应当认真开展调查评估,为准确适用非监禁刑提供参考。社区矫正机构对组织、领导、参加黑社会性质组织的社区服刑人员要严格监管教育。公安机关、人民检察院、人民法院、司法行政机关要加强协调联动,完善应急处置工作机制,妥善处理社区服刑人员脱管漏管和重新违法犯罪等情形。

34.办理黑恶势力犯罪案件,要依法建立完善重大疑难案件会商、案件通报等工作机制,进一步加强政法机关之间的配合,形成打击合力;对群众关注度高、社会影响力大的黑恶势力犯罪案件,依法采取挂牌督办、上提一级、异地管辖、指定管辖以及现场联合督导等措施,确保案件质量。根据办理黑恶势力犯罪案件的实际情况,及时汇总问题,归纳经验,适时出台有关证据标准,切实保障有力打击。

35.公安机关、人民检察院、人民法院办理黑社会性质组织犯罪案件,应当按照《刑事诉讼法》《关于办理黑社会性质组织犯罪案件若干问题的规定》《公安机关办理刑事案件证人保护工作规定》的有关规定,对证人、报案人、控告人、举报人、鉴定人、被害人采取保护措施。

犯罪嫌疑人、被告人,积极配合侦查、起诉、审判工作,在查明黑社会性质组织的组织结构和组织者、领导者的地位作用,组织实施的重大犯罪事实,追缴、没收赃款赃物,打击"保护伞"等方面提供重要线索和证据,经查证属实的,可以根据案件具体情况,依法从轻、减轻或者免除处罚,并对其参照证人保护的有关规定采取保护措施。前述规定,对于确属组织者、领导者的犯罪嫌疑人、被告人应当严格掌握。

对于确有重大立功或者对于认定重大犯罪事实或追缴、没收涉黑财产具有重要作用的组织成员,确有必要通过分案审理予以保护的,公安机关可以与人民检察院、人民法院在充分沟通的基础上作出另案处理的决定。

对于办理黑社会性质组织犯罪案件的政法干警及其近亲属,需要采取保护措施的,可以参照《刑事诉讼法》等关于证人保护的有关规定,采取禁止特定的人员接触、对人身和住宅予以专门性保护等必要的措施,以确保办理案件的司法工作人员及其近亲属的人身安全。

36.本意见颁布实施后,最高人民法院、最高人民检察院、公安部、司法部联合发布或者单独制定的其他相关规范性文件,内容如与本意见中有关规定不一致的,应当按照本意见执行。

最高人民法院　最高人民检察院　公安部　司法部
关于办理恶势力刑事案件若干问题的意见(节选)

(法发〔2018〕1号)

一、办理恶势力刑事案件的总体要求

……

二、恶势力、恶势力犯罪集团的认定标准

4.恶势力,是指经常纠集在一起,以暴力、威胁或者其他手段,在一定区域或者行业内多次实施违法犯罪活动,为非作恶,欺压百姓,扰乱经济、社会生活秩序,造成较为恶劣的社会影响,但尚未形成黑社会性质组织的违法犯罪组织。

5.单纯为牟取不法经济利益而实施的"黄、赌、毒、盗、抢、骗"等违法犯罪活动,不具有为非作恶、欺压百姓特征的,或者因本人及近亲属的婚恋纠纷、家庭纠纷、邻里纠纷、劳动纠纷、合法债务纠纷而引发以及其他确属事出有因的违法犯罪活动,不应作为恶势力案件处理。

6.恶势力一般为3人以上,纠集者相对固定。纠集者,是指在恶势力实施的违法犯罪活动中起组织、策划、指挥作用的违法犯罪分子。成员较为固定且符合恶势力其他认定条件,但多次实施违法犯罪活动是由不同的成员组织、策划、指挥,也可以认定为恶势力,有前述行为的成员均可以认定为纠集者。

恶势力的其他成员,是指知道或应当知道与他人经常纠集在一起是为了共同实施违法犯罪,仍按照纠集者的组织、策划、指挥参与违法犯罪活动的违法犯罪分子,包括已有充分证据证明但尚未归案的人员,以及因法定情形不予追究法律责任,或者因参与实施恶势力违法犯罪活动已受到行政或刑事处罚的人员。仅因临时雇佣或被雇佣、利用或被利用以及受蒙蔽参与少量恶势力违法犯罪活动的,一般不应认定为恶势力成员。

7."经常纠集在一起,以暴力、威胁或者其他手段,在一定区域或者行业内多次实施违法犯罪活动",是指犯罪嫌疑人、被告人于2年之内,以暴力、威胁或者其他手段,在一定区域或者行业内多次实施违法犯罪活动,且包括纠集者在内,至少应有2名相同的成员多次参与实施违法犯罪活动。对于"纠集在一起"时间明显较短,实施违法犯罪活动刚刚达到"多次"标准,且尚不足以造成较为恶劣影响的,一般不应认定为恶势力。

8.恶势力实施的违法犯罪活动,主要为强迫交易、故意伤害、非法拘禁、敲诈勒索、故意毁坏财物、聚众斗殴、寻衅滋事,但也包括具有为非作恶、欺压百姓特征,主要以暴力、威胁为手段的其他违法犯罪活动。

恶势力还可能伴随实施开设赌场、组织卖淫、强迫卖淫、贩卖毒品、运输毒品、制造毒品、抢劫、抢夺、聚众扰乱社会秩序、聚众扰乱公共场所秩序、交通秩序以及聚众"打砸抢"等违法犯罪活动,但仅有前述伴随实施的违法犯罪活动,且不能认定具有为非作恶、欺压百姓特征的,一般不应认定为恶势力。

9.办理恶势力刑事案件,"多次实施违法犯罪活动"至少应包括1次犯罪活动。对于反复实施强迫交易、非法拘禁、敲诈勒索、寻衅滋事等单一性质的违法行为,单次情节、数额尚不构成犯罪,但按照刑法或者有关司法解释、规范性文件的规定累加后应作为犯罪处理的,在认定是否属于"多次实施违法犯罪活动"时,可将已用于累加的违法行为计为1次犯罪活动,其他违法行为单独计算违法活动的次数。

已被处理或者已作为民间纠纷调处,后经查证确属恶势力违法犯罪活动的,均可以作为认定恶势力的事实依据,但不符合法定情形的,不得重新追究法律责任。

10.认定"扰乱经济、社会生活秩序,造成较为恶劣的社会影响",应当结合侵害对象及其数量、违法犯罪次数、手段、规模、人身损害后果、经济损失数额、违法所得数额、引起社会秩序混乱的程度以及对人民群众安全感的影响程度等因素综合把握。

11.恶势力犯罪集团,是指符合恶势力全部认定条件,同时又符合犯罪集团法定条件的犯罪组织。

恶势力犯罪集团的首要分子,是指在恶势力犯罪集团中起组织、策划、指挥作用的犯罪分子。恶势力犯罪集团的其他成员,是指知道或者应当知道是为共同实施犯罪而组成的较为固定的犯罪组织,仍接受首要分子领导、管理、指挥,并参与该组织犯罪活动的犯罪分子。

恶势力犯罪集团应当有组织地实施多次犯罪活动,同时还可能伴随实施违法活动。恶势力犯罪集团所实施的违法犯罪活动,参照《指导意见》第十条第二款的规定认定。

12.全部成员或者首要分子、纠集者以及其他重要成员均为未成年人、老年人、残疾人的,认定恶势力、恶势力犯罪集团时应当特别慎重。

三、正确运用宽严相济刑事政策的有关要求

……

四、办理恶势力刑事案件的其他问题

17.人民法院、人民检察院、公安机关经审查认为案件符合恶势力认定标准的,应当在起诉意见书、起诉书、判决书、裁定书等法律文书中的案件事实部分明确表述,列明恶势力的纠集者、其他成员、违法犯罪事实以及据以认定的证据;符合恶势力犯罪集团认定标准的,应当在上述法律文书中明确定性,列明首要分子、其他成员、违法犯罪事实以及据以认定的证据,并引用刑法总则关于犯罪集团的相关规定。被告人及其辩护人对恶势力定性提出辩解和辩护意见,人民法院可以在裁判文书中予以评析回应。

恶势力刑事案件的起诉意见书、起诉书、判决书、裁定书等法律文书,可以在案件事实部分先概述恶势力、恶势力犯罪集团的概括事实,再分述具体的恶势力违法犯罪事实。

18. 对于公安机关未在起诉意见书中明确认定,人民检察院在审查起诉期间发现构成恶势力或者恶势力犯罪集团,且相关违法犯罪事实已经查清,证据确实、充分,依法应追究刑事责任的,应当作出起诉决定,根据查明的事实向人民法院提起公诉,并在起诉书中明确认定为恶势力或者恶势力犯罪集团。人民检察院认为恶势力相关违法犯罪事实不清、证据不足,或者存在遗漏恶势力违法犯罪事实、遗漏同案犯罪嫌疑人等情形需要补充侦查的,应当提出具体的书面意见,连同案卷材料一并退回公安机关补充侦查;人民检察院也可以自行侦查,必要时可以要求公安机关提供协助。

对于人民检察院未在起诉书中明确认定,人民法院在审判期间发现构成恶势力或恶势力犯罪集团的,可以建议人民检察院补充或者变更起诉;人民检察院不同意或者在七日内未回复意见的,人民法院不应主动认定,可仅就起诉指控的犯罪事实依照相关规定作出判决、裁定。

审理被告人或者被告人的法定代理人、辩护人、近亲属上诉的案件时,一审判决认定黑社会性质组织有误的,二审法院应当纠正,符合恶势力、恶势力犯罪集团认定标准,应当作出相应认定;一审判决认定恶势力或恶势力犯罪集团有误的,应当纠正,但不得升格认定;一审判决未认定恶势力或恶势力犯罪集团的,不得增加认定。

19. 公安机关、人民检察院、人民法院应当分别以起诉意见书、起诉书、裁判文书所明确的恶势力、恶势力犯罪集团,作为相关数据的统计依据。

20. 本意见自2019年4月9日起施行。

最高人民法院　最高人民检察院　公安部　司法部
关于办理实施“软暴力”的刑事案件若干问题的意见(节选)

(2019年4月9日施行)

一、“软暴力”是指行为人为谋取不法利益或形成非法影响,对他人或者在有关场所进行滋扰、纠缠、哄闹、聚众造势等,足以使他人产生恐惧、恐慌进而形成心理强制,或者足以影响、限制人身自由、危及人身财产安全,影响正常生活、工作、生产、经营的违法犯罪手段。

二、“软暴力”违法犯罪手段通常的表现形式有:

(一)侵犯人身权利、民主权利、财产权利的手段,包括但不限于跟踪贴靠、扬言传播疾病、揭发隐私、恶意举报、诬告陷害、破坏、霸占财物等;

(二)扰乱正常生活、工作、生产、经营秩序的手段,包括但不限于非法侵入他人住宅、破坏生活设施、设置生活障碍、贴报喷字、拉挂横幅、燃放鞭炮、播放哀乐、摆放花圈、泼洒污物、断水断电、堵门阻工,以及通过驱赶从业人员、派驻人员据守等方式直接或间接地控制厂房、办公区、经营场所等;

(三)扰乱社会秩序的手段,包括但不限于摆场架势示威、聚众哄闹滋扰、拦路闹事等;

(四)其他符合本意见第一条规定的“软暴力”手段。

通过信息网络或者通讯工具实施,符合本意见第一条规定的违法犯罪手段,应当认定为“软暴力”。

三、行为人实施“软暴力”,具有下列情形之一,可以认定为足以使他人产生恐惧、恐慌进而形成心理强制或者足以影响、限制人身自由、危及人身财产安全或者影响正常生活、工作、生产、经营:

(一)黑恶势力实施的;

(二)以黑恶势力名义实施的;

(三)曾因组织、领导、参加黑社会性质组织、恶势力犯罪集团、恶势力以及因强迫交易、非法拘禁、敲诈勒索、聚众斗殴、寻衅滋事等犯罪受过刑事处罚后又实施的;

(四)携带凶器实施的;

(五)有组织地实施的或者足以使他人认为暴力、威胁具有现实可能性的;

(六)其他足以使他人产生恐惧、恐慌进而形成心理强制或者足以影响、限制人身自由、危及人身财产安全或者影响正常生活、工作、生产、经营的情形。

由多人实施的，编造或明示暴力违法犯罪经历进行恐吓的，或者以自报组织、头目名号、统一着装、显露纹身、特殊标识以及其他明示、暗示方式，足以使他人感知相关行为的有组织性的，应当认定为“以黑恶势力名义实施”。

由多人实施的，只要有部分行为人符合本条第一款第（一）项至第（四）项所列情形的，该项即成立。

虽然具体实施“软暴力”的行为人不符合本条第一款第（一）项、第（三）项所列情形，但雇佣者、指使者或者纠集者符合的，该项成立。

四、“软暴力”手段属于《刑法》第二百九十四条第五款第（三）项“黑社会性质组织行为特征”以及《指导意见》第14条“恶势力”概念中的“其他手段”。

……

九、采用“软暴力”手段，同时构成两种以上犯罪的，依法按照处罚较重的犯罪定罪处罚，法律另有规定的除外。

十、根据本意见第五条、第八条规定，对已受行政处罚的行为追究刑事责任的，行为人先前所受的行政拘留处罚应当折抵刑期，罚款应当抵扣罚金。

十一、雇佣、指使他人采用“软暴力”手段强迫交易、敲诈勒索，构成强迫交易罪、敲诈勒索罪的，对雇佣者、指使者，一般应当以共同犯罪中的主犯论处。

为强索不受法律保护的债务或者因其他非法目的，雇佣、指使他人采用“软暴力”手段非法剥夺他人人身自由构成非法拘禁罪，或者非法侵入他人住宅、寻衅滋事，构成非法侵入住宅罪、寻衅滋事罪的，对雇佣者、指使者，一般应当以共同犯罪中的主犯论处；因本人及近亲属合法债务、婚恋、家庭、邻里纠纷等民间矛盾而雇佣、指使，没有造成严重后果的，一般不作为犯罪处理，但经有关部门批评制止或者处理处罚后仍继续实施的除外。

十二、本意见自2019年4月9日起施行。

最高人民法院　最高人民检察院　公安部　司法部
关于办理黑恶势力刑事案件中财产处置若干问题的意见

（2019年4月9日施行）

详见《刑法》第64条涉案财产处置的相关规定

最高人民法院　最高人民检察院　公安部　司法部
关于办理“套路贷”刑事案件若干问题的意见（节选）

（法发〔2019〕11号）

……

一、准确把握“套路贷”与民间借贷的区别

1.“套路贷”，是对以非法占有为目的，假借民间借贷之名，诱使或迫使被害人签订“借贷”或变相“借贷”“抵押”“担保”等相关协议，通过虚增借贷金额、恶意制造违约、肆意认定违约、毁匿还款证据等方式形成虚假债权债务，并借助诉讼、仲裁、公证或者采用暴力、威胁以及其他手段非法占有被害人财物的相关违法犯罪活动的概括性称谓。

2.“套路贷”与平等主体之间基于意思自治而形成的民事借贷关系存在本质区别，民间借贷的出借人是为了到期按照协议约定的内容收回本金并获取利息，不具有非法占有他人财物的目的，也不会在签订、履行借贷协议过程中实施虚增借贷金额、制造虚假给付痕迹、恶意制造违约、肆意认定违约、毁匿还款证据等行为。

司法实践中,应当注意非法讨债引发的案件与“套路贷”案件的区别,犯罪嫌疑人、被告人不具有非法占有目的,也未使用“套路”与借款人形成虚假债权债务,不应视为“套路贷”。因使用暴力、威胁以及其他手段强行索债构成犯罪的,应当根据具体案件事实定罪处罚。

3. 实践中,“套路贷”的常见犯罪手法和步骤包括但不限于以下情形:

(1)制造民间借贷假象。犯罪嫌疑人、被告人往往以“小额贷款公司”“投资公司”“咨询公司”“担保公司”“网络借贷平台”等名义对外宣传,以低息、无抵押、无担保、快速放款等为诱饵吸引被害人借款,继而以“保证金”“行规”等虚假理由诱使被害人基于错误认识签订金额虚高的“借贷”协议或相关协议。有的犯罪嫌疑人、被告人还会以被害人先前借贷违约等理由,迫使对方签订金额虚高的“借贷”协议或相关协议。

(2)制造资金走账流水等虚假给付事实。犯罪嫌疑人、被告人按照虚高的“借贷”协议金额将资金转入被害人账户,制造已将全部借款交付被害人的银行流水痕迹,随后便采取各种手段将其中全部或者部分资金收回,被害人实际上并未取得或者完全取得“借贷”协议、银行流水上显示的钱款。

(3)故意制造违约或者肆意认定违约。犯罪嫌疑人、被告人往往会以设置违约陷阱、制造还款障碍等方式,故意造成被害人违约,或者通过肆意认定违约,强行要求被害人偿还虚假债务。

(4)恶意垒高借款金额。当被害人无力偿还时,有的犯罪嫌疑人、被告人会安排其所属公司或者指定的关联公司、关联人员为被害人偿还“借款”,继而与被害人签订金额更大的虚高“借贷”协议或相关协议,通过这种“转单平账”“以贷还贷”的方式不断垒高“债务”。

(5)软硬兼施“索债”。在被害人未偿还虚高“借款”的情况下,犯罪嫌疑人、被告人借助诉讼、仲裁、公证或者采用暴力、威胁以及其他手段向被害人或者被害人的特定关系人索取“债务”。

二、依法严惩“套路贷”犯罪

4. 实施“套路贷”过程中,未采用明显的暴力或者威胁手段,其行为特征从整体上表现为以非法占有为目的,通过虚构事实、隐瞒真相骗取被害人财物的,一般以诈骗罪定罪处罚;对于在实施“套路贷”过程中多种手段并用,构成诈骗、敲诈勒索、非法拘禁、虚假诉讼、寻衅滋事、强迫交易、抢劫、绑架等多种犯罪的,应当根据具体案件事实,区分不同情况,依照刑法及有关司法解释的规定数罪并罚或者择一重处。

5. 多人共同实施“套路贷”犯罪,犯罪嫌疑人、被告人在所参与的犯罪中起主要作用的,应当认定为主犯,对其参与或组织、指挥的全部犯罪承担刑事责任;起次要或辅助作用的,应当认定为从犯。

明知他人实施“套路贷”犯罪,具有以下情形之一的,以相关犯罪的共犯论处,但刑法和司法解释等另有规定的除外:

(1)组织发送“贷款”信息、广告,吸引、介绍被害人“借款”的;

(2)提供资金、场所、银行卡、账号、交通工具等帮助的;

(3)出售、提供、帮助获取公民个人信息的;

(4)协助制造走账记录等虚假给付事实的;

(5)协助办理公证的;

(6)协助以虚假事实提起诉讼或者仲裁的;

(7)协助套现、取现、办理动产或不动产过户等,转移犯罪所得及其产生的收益的;

(8)其他符合共同犯罪规定的情形。

上述规定中的“明知他人实施‘套路贷’犯罪”,应当结合行为人的认知能力、既往经历、行为次数和手段、与同案人、被害人的关系、获利情况、是否曾因“套路贷”受过处罚、是否故意规避查处等主客观因素综合分析认定。

6. 在认定“套路贷”犯罪数额时,应当与民间借贷相区别,从整体上予以否定性评价,“虚高债务”和以“利息”“保证金”“中介费”“服务费”“违约金”等名目被犯罪嫌疑人、被告人非法占有的财物,均应计入犯罪数额。

犯罪嫌疑人、被告人实际给付被害人的本金数额,不计入犯罪数额。

已经着手实施“套路贷”,但因意志以外原因未得逞的,可以根据相关罪名所涉及的刑法、司法解释规定,按照已着手非法占有的财物数额认定犯罪未遂。既有既遂,又有未遂,犯罪既遂部分与未遂部分分别对应不同法定刑幅度的,应当先决定对未遂部分是否减轻处罚,确定未遂部分对应的法定刑幅度,再与既遂部分对应的法定刑幅度进行比较,选择处罚较重的法定刑幅度,并酌情从重处罚;二者在同一量刑幅度的,以犯罪既遂酌情从重处罚。

7. 犯罪嫌疑人、被告人实施“套路贷”违法所得的一切财物,应当予以追缴或者责令退赔;对被害人的合法财产,应当及时返还。有证据证明是犯罪嫌疑人、被告人为实施“套路贷”而交付给被害人的本金,赔偿被害人损失后如有剩余,应依法予以没收。

犯罪嫌疑人、被告人已将违法所得的财物用于清偿债务、转让或者设置其他权利负担,具有下列情形之一的,应当依法追缴:

(1)第三人明知是违法所得财物而接受的;

(2)第三人无偿取得或者以明显低于市场的价格取得违法所得财物的;

(3)第三人通过非法债务清偿或者违法犯罪活动取得违法所得财物的;

(4)其他应当依法追缴的情形。

8. 以老年人、未成年人、在校学生、丧失劳动能力的人为对象实施“套路贷”,或者因实施“套路贷”造成被害人或其特定关系人自杀、死亡、精神失常、为偿还“债务”而实施犯罪活动的,除刑法、司法解释另有规定的外,应当酌情从重处罚。

在坚持依法从严惩处的同时,对于认罪认罚、积极退赃、真诚悔罪或者具有其他法定、酌定从轻处罚情节的被告人,可以依法从宽处罚。

9. 对于“套路贷”犯罪分子,应当根据其所触犯的具体罪名,依法加大财产刑适用力度。符合刑法第三十七条之一规定的,可以依法禁止从事相关职业。

10. 三人以上为实施“套路贷”而组成的较为固定的犯罪组织,应当认定为犯罪集团。对首要分子应按照集团所犯全部罪行处罚。

符合黑恶势力认定标准的,应当按照黑社会性质组织、恶势力或者恶势力犯罪集团侦查、起诉、审判。

三、依法确定“套路贷”刑事案件管辖

……

13. 本意见自2019年4月9日起施行。

最高人民法院　最高人民检察院　公安部　司法部
关于办理利用信息网络实施黑恶势力犯罪刑事案件若干问题的意见(节选)

(2019年7月23日)

二、依法严惩利用信息网络实施的黑恶势力犯罪

4. 对通过发布、删除负面或虚假信息,发送侮辱性信息、图片,以及利用信息、电话骚扰等方式,威胁、要挟、恐吓、滋扰他人,实施黑恶势力违法犯罪的,应当准确认定,依法严惩。

5. 利用信息网络威胁他人,强迫交易,情节严重的,依照刑法第二百二十六条的规定,以强迫交易罪定罪处罚。

6. 利用信息网络威胁、要挟他人,索取公私财物,数额较大,或者多次实施上述行为的,依照刑法第二百七十四条的规定,以敲诈勒索罪定罪处罚。

7. 利用信息网络辱骂、恐吓他人,情节恶劣,破坏社会秩序的,依照刑法第二百九十三条第一款第二项的规定,以寻衅滋事罪定罪处罚。

编造虚假信息,或者明知是编造的虚假信息,在信息网络上散布,或者组织、指使人员在信息网络上散布,

起哄闹事,造成公共秩序严重混乱的,依照刑法第二百九十三条第一款第四项的规定,以寻衅滋事罪定罪处罚。

8. 侦办利用信息网络实施的强迫交易、敲诈勒索等非法敛财类案件,确因被害人人数众多等客观条件的限制,无法逐一收集被害人陈述的,可以结合已收集的被害人陈述,以及经查证属实的银行账户交易记录、第三方支付结算账户交易记录、通话记录、电子数据等证据,综合认定被害人人数以及涉案资金数额等。

三、准确认定利用信息网络实施犯罪的黑恶势力

9. 利用信息网络实施违法犯罪活动,符合刑法、《指导意见》以及最高人民法院、最高人民检察院、公安部、司法部《关于办理恶势力刑事案件若干问题的意见》等规定的恶势力、恶势力犯罪集团、黑社会性质组织特征和认定标准的,应当依法认定为恶势力、恶势力犯罪集团、黑社会性质组织。

认定利用信息网络实施违法犯罪活动的黑社会性质组织时,应当依照刑法第二百九十四条第五款规定的"四个特征"进行综合审查判断,分析"四个特征"相互间的内在联系,根据在网络空间和现实社会中实施违法犯罪活动对公民人身、财产、民主权利和经济、社会生活秩序所造成的危害,准确评价,依法予以认定。

10. 认定利用信息网络实施违法犯罪的黑恶势力组织特征,要从违法犯罪的起因、目的,以及组织、策划、指挥、参与人员是否相对固定,组织形成后是否持续进行犯罪活动、是否有明确的职责分工、行为规范、利益分配机制等方面综合判断。利用信息网络实施违法犯罪的黑恶势力组织成员之间一般通过即时通讯工具、通讯群组、电子邮件、网盘等信息网络方式联络,对部分组织成员通过信息网络方式联络实施黑恶势力违法犯罪活动,即使相互未见面、彼此不熟识,不影响对组织特征的认定。

11. 利用信息网络有组织地通过实施违法犯罪活动或者其他手段获取一定数量的经济利益,用于违法犯罪活动或者支持该组织生存、发展的,应当认定为符合刑法第二百九十四条第五款第二项规定的黑社会性质组织经济特征。

12. 通过线上线下相结合的方式,有组织地多次利用信息网络实施违法犯罪活动,侵犯不特定多人的人身权利、民主权利、财产权利,破坏经济秩序、社会秩序的,应当认定为符合刑法第二百九十四条第五款第三项规定的黑社会性质组织行为特征。单纯通过线上方式实施的违法犯罪活动,且不具有为非作恶、欺压残害群众特征的,一般不应作为黑社会性质组织行为特征的认定依据。

13. 对利用信息网络实施黑恶势力犯罪非法控制和影响的"一定区域或者行业",应当结合危害行为发生地或者危害行业的相对集中程度,以及犯罪嫌疑人、被告人在网络空间和现实社会中的控制和影响程度综合判断。虽然危害行为发生地、危害的行业比较分散,但涉案犯罪组织利用信息网络多次实施强迫交易、寻衅滋事、敲诈勒索等违法犯罪活动,在网络空间和现实社会造成重大影响,严重破坏经济、社会生活秩序的,应当认定为"在一定区域或者行业内,形成非法控制或者重大影响"。

四、利用信息网络实施黑恶势力犯罪案件管辖

……

18. 本意见自2019年10月21日起施行。

☞ 其他相关规定见章后二维码

◆ 解读与适用

【拓展关键词】四个特征　保护伞　标志性事件

《刑参》第142号案例"张某组织、领导黑社会性质组织、故意伤害、贷款诈骗、虚开增值税专用发票、非法经营、故意毁坏财物、非法拘禁案——'黑社会性质组织'的特征应如何把握"相关论述:一般的有组织犯罪属于有组织犯罪的初级形态,而黑社会性质组织则属于较高级形态。黑社会性质组织与一般犯罪集团的最明显的区别是组织结构比较严密。黑社会性质组织的人数较多,一般在10人以上,这是黑社会性质组织非常直观的标准。认定黑社会性质组织犯罪必须四个特征缺一不可。"一般"并不意味着认定黑社会性质组织可以缺少其中一个特征,而是指四个特征中的某一特征可能并不典型,或者可能以别的行为方式表现出

来。不具备"国家工作人员提供非法保护"这个特征的,严格地讲,不属于黑社会性质组织。如果将这类犯罪也认定为黑社会性质组织,就难以划清黑社会性质组织犯罪与"恶势力"犯罪的界限。黑社会性质组织经济利益无论是通过违法犯罪活动还是通过正常经营获取的,无论是先成立黑社会性质组织后具备经济实力,还是先具备经济实力后成立黑社会性质组织,无论目前经济实力是较为雄厚还是较为薄弱,只要犯罪的主要目的是为了获取经济利益,实施了获取经济利益的行为,就可认定该特征。"其所组织、领导的黑社会性质组织所犯的全部罪行",既包括在其直接组织、策划、指挥下实施的犯罪,也包括其他成员为了该组织利益策划实施的犯罪或者其他成员实施犯罪得到其同意或者经其认可的。对于其他成员为报私仇或个人私利而实施的犯罪,其没有起组织、领导作用的,不属于黑社会性质组织所犯的罪行,只应由具体实施犯罪的行为人承担刑事责任。

《刑参》第149号案例"容某等组织、领导、参加黑社会性质组织案——如何认定黑社会性质组织犯罪案件中的'保护伞'问题"相关论述:向政权机关渗透,取得某种政治身份,是黑社会性质组织寻求非法保护的一种手段。黑社会性质组织是一种特殊的犯罪集团,但又不像一般犯罪集团那样以犯罪为纽带连结而成,而是以有组织地进行违法犯罪活动为目的,但常有其他正常活动作掩盖或者也进行一般违法活动,即其进行的活动不仅限于犯罪活动。只有同时具备司法解释规定的四个特征才能认定为刑法意义上的"黑社会性质组织"。但在某一具体的黑社会性质组织犯罪案件中,并非所有的特征都十分典型地表现出来。黑社会性质组织成员直接混入国家机关或者通过合法、非法手段取得某种政治身份,向国家机关进行渗透以寻求非法保护,也是黑社会性质组织寻求"保护伞"的重要方式,符合获取"非法保护"这一特征。"组织"和"领导"两种行为的区分一般可以黑社会性质组织形成时间为界限,形成之前为促使组织的形成而实行的组织、领导行为称为"组织",形成以后的组织、领导行为称为"领导"。组织、领导、参加黑社会性质组织罪在犯罪形态上属于行为犯,即只要行为人实施了组织、领导、积极参加黑社会性质组织的行为,就构成犯罪既遂。

《刑参》第622号案例"张某等组织、领导、参加黑社会性质组织案——如何理解和把握黑社会性质组织罪的非法控制特征"相关论述:非法控制特征也称危害性特征,是指通过实施违法犯罪活动,或者利用国家工作人员的包庇和纵容,称霸一方,在一定区域或者行业内,形成非法控制或者重大影响,严重破坏经济、社会生活秩序。非法控制特征是黑社会性质组织最本质、最核心的特征。实现非法控制可以通过"实施违法犯罪活动"和"寻求非法保护"两种途径。这里的"违法"主要是指黑社会性质组织在实施犯罪活动过程中所伴随的违法活动,如果仅仅是实施了违法活动而未实施犯罪活动,则不能认定为黑社会性质组织。"寻求非法保护",俗称"保护伞",并不是黑社会性质组织的必备特征,它是指黑社会性质组织犯罪实现非法控制的途径之一,对仅有非法保护而没有违法犯罪的组织不能以"黑"定性。"一定区域或者行业",要注意区域的大小和空间范围具有相对性,不能简单地以必须达到某一特定的空间范围为标准。黑社会性质组织的非法控制必将表现为对某一行业的非法控制。打、砸、抢等简单暴力性违法犯罪活动所能实现的经济利益毕竟有限且暴露性太强,许多黑社会性质组织均以实现对某个行业的控制作为其实施违法犯罪活动的一个重要目标,而这也正是其反社会性的具体体现。黑社会性质组织所控制和影响的行业应当既包括合法行业,也包括黄、赌、毒等可以谋取暴利的非法行业。"非法控制"和"重大影响"对经济、社会生活的干预和影响程度有别。

《刑参》第623号案例"刘某等组织、领导、参加黑社会性质组织案——如何结合具体案情认定黑社会性质组织的非法控制特征"相关论述:非法控制特征也即危害性特征是黑社会性质组织的本质特征。

《刑参》第624号案例"区某等组织、领导、参加黑社会性质组织案——如何界分黑社会性质组织犯罪和成员个人犯罪"相关论述:"有组织性"是黑社会性质组织行为方式的主要特征之一,是组织犯罪和组织成员个人犯罪的根本区别。组织性从是否由组织者、领导者直接组织、策划、指挥、参与实施,是否基于组织意志实施,是否为了组织利益实施等方面区分。还要结合具体案情进行综合分析判断。

《刑参》第 625 号案例“王某等组织、领导、参加黑社会性质组织案——如何认定黑社会性质组织罪的经济特征”相关论述：黑社会性质组织获取经济利益的手段具有选择性，既可以通过有组织地实施违法犯罪活动敛财也可以通过形式合法的经营来获取经济利益。以暴利、威胁为手段是黑社会性质组织的基本行为方式，但在敛财过程中并不需要前者中的“违法犯罪活动”都具有暴力性。给“经济实力”一词规定具体数额是不符合实践需要的，但并不等于没有要求，要综合评价黑社会性质组织所获经济利益是否足以支持该组织的生存、发展和实施违法犯罪活动。所获经济利益应用于犯罪组织犯罪活动所需。具备经济实力，是其非法控制社会并向黑社会性质组织过渡的物质基础。获利之后是否用于支持犯罪组织的生存、发展或者实施违法犯罪活动是认定经济特征的重要参考指标。只要将所获经济利益部分用于组织或者组织犯罪即可，不要求全部或绝大部分均用于此。

《刑参》第 1154 号案例“史某等组织、领导、参加黑社会性质组织案——如何认定黑社会性质组织的形成时间”相关论述：有相当多的黑社会性质组织在发展过程中都存在树立非法权威、争夺势力范围、获取稳定经济来源等对其具有“重要意义”的违法犯罪活动或其他重大事件，会对黑社会性质组织的发展、升级产生明显的推动或催化作用，将之作为黑社会性质组织的形成起点，不仅易于判断而且也符合黑社会性质组织的成立宗旨和发展规律。确实有一些案件不存在明显的标志性事件，可以将首次有组织犯罪活动的时间作为形成起点。“首次实施有组织犯罪活动”并非仅指实施犯罪的方式有组织性，更重要的是看该行为是否为了组织利益、按照组织意志而实施，以及犯罪能否体现该组织追求非法控制的意图。

《刑参》第 1155 号案例“汪某等人组织、领导、参加黑社会性质组织案——较长时期内暂停实施违法犯罪活动的，是否可以认定黑社会性质组织仍持续存在”相关论述：黑社会性质组织应当是在较长时期内持续存在的犯罪组织。在确定犯罪组织的形成起点后，只要该犯罪组织以组织名义、为组织利益连续多次实施违法犯罪活动的，就可以认定犯罪组织持续存在。判断黑社会性质组织是否持续存在应当着重审查组织者、领导者、骨干成员等组织的核心成员是否具有延续性，以及组织的非法影响是否具有延续性。

《刑参》第 1156 号案例“焦某等人寻衅滋事案——如何根据违法犯罪活动的多样性把握黑社会性质组织的认定标准”相关论述：黑社会性质组织与犯罪集团、恶势力团伙最为显著的区别就在于黑社会性质组织实施违法犯罪活动的目标不仅是攫取经济利益，同时也追求对经济、生活秩序的非法控制，之后再通过由其掌控的非法秩序来实现经济利益的最大化。是否追求非法控制是区分黑社会性质组织与犯罪集团、恶势力团伙的关键标尺。恶势力团伙与黑社会性质组织实际上只隔着一层“窗户纸”，一旦恶势力团伙开始有意识、有计划、有组织地通过违法犯罪活动试图在正常社会里建立非法秩序，那么就跨越了向黑社会性质组织升级转型的鸿沟，剩下的只需要完成量的积累。犯罪“多样性”的要求，反映了非法控制的内在要求并不超出法律规定的本意与合理解释的范畴。如果涉案犯罪组织触犯的具体罪名明显偏少，则要考虑其是否属于专门从事某一两种犯罪的犯罪集团，而非黑社会性质组织。

《刑参》第 1157 号案例“符某等人敲诈勒索，强迫交易，故意销毁会计账簿，对公司、企业人员行贿，行贿案——如何把握黑社会性质组织行为特征中的暴力性”相关论述：暴力性是黑社会性质组织行为特征中的必备属性，即便是黑社会性质组织的非暴力行为，也往往是以暴力或以暴力威胁为后盾的。

《刑参》第 1159 号案例“王某等人故意伤害、寻衅滋事、非法拘禁、敲诈勒索案——如何根据‘非法控制或重大影响’的内在要求准确认定黑社会性质组织的危害性特征”相关论述：非法控制，是指以有组织的违法犯罪手段使一定对象处于自己的占有、管理和影响之下。重大影响，是指以有组织的违法犯罪手段对一定对象的思想和行动产生发生作用。二者有以下共同点：(1)都是有意识地以非法方式主动干涉他人。(2)都不是一种偶然、短暂的现象，而是一种持续的状态。(3)控制或影响的对象具有广泛性，控制或影响的程度具有严重性。

《刑参》第 1354 号案例"吴某等人组织、领导、参加黑社会性质组织案——如何整体把握黑社会性质组织的四个特征"相关论述：黑社会性质组织的基础特征是组织特征。黑社会性质组织犯罪的前提和基础是实施主体在刑法上被评价为黑社会性质组织的犯罪集团。组织成员人数不再以"10 人"为标准，低于 10 人的也可以认定为黑社会性质组织，但是对于人数较少，如 7 人以下的，认定时应特别慎重。黑社会性质组织的特征有 4 个：组织成员有明确的层级、犯罪组织稳定、存续时间较长、主要成员固定。存续时间一般应在一年以上。黑社会性质组织的显性特征是行为特征。黑社会性质组织犯罪在犯罪行为上，要求以暴力或软暴力手段，有组织地多次实施违法犯罪活动。黑社会性质组织的突出特征是经济特征。黑社会性质组织的本质特征是危害性特征。间接抽象不特定的侵害对象与后果是黑社会性质组织具有的独特社会危害后果，是黑社会性质组织的本质特征。黑社会性质组织认定标准应坚持依法、实质、稳定原则。

《刑参》第 1355 号案例"谢某等人组织、领导、参加黑社会性质组织案——如何准确界定涉黑组织形成的标志性事件"相关论述：认定一个犯罪组织属于黑社会性质组织，指的是它最终必须完全具备4 个特征，但不能据此要求它在形成伊始就已然完全具备 4 个特征。标志性事件一般发生在首次有组织犯罪之前或者本身就是首次有组织犯罪。

《刑参》第 1356 号案例"龚某等人组织、领导、参加黑社会性质组织案——如何准确把握黑社会性质组织行为特征中对'软暴力'的强度要求以及'占股分利'模式下的组织特征"相关论述：违法犯罪活动不仅本身构成黑社会性质组织的"行为特征"而且为判断黑社会性质组织的"危害性特征"提供重要参考。实践中把握黑社会性质组织所实施的"软暴力"的强度应以相关行为是否足以对群众造成实质性的心理强制为根本落脚点：(1)黑社会性质组织实施的"软暴力"应具有长期性。"软暴力"行为的强度与危害影响要达到与"硬暴力"同质化的程度需要相当量的积累。(2)黑社会性质组织实施的"软暴力"一般应具有多样性。(3)黑社会性质组织实施的"软暴力"应体现明显的组织性特征。(4)黑社会性质组织实施的"软暴力"应有能够直接构成犯罪的行为，并造成明显的实害后果。黑社会性质组织实施的"软暴力"与"硬暴力"不是泾渭分明，互相排斥的关系，而是相互包容，随时转化的关系。"占股分利"只是涉黑组织准公司化运营的一个幌子，其本质为纠合组织成员，形成共同利益，对保证组织持续正常运转起到重要作用，是黑社会性质组织组织特征的一个重要体现。

【拓展关键词】组织者、领导者的责任

《刑参》第 626 号案例"张某等组织、领导、参加黑社会性质组织案——如何认定黑社会性质组织成员的罪责"相关论述：黑社会性质组织的组织者、领导者，应按照该组织所犯全部罪行承担刑事责任，但对非组织犯罪不应承担刑事责任。对黑社会性质组织中的积极参加者和其他参加者，应按照其所参与的犯罪，根据其在具体犯罪中的地位和作用，依照罪责刑相适应的原则，确定应承担的刑事责任。对黑社会性质组织犯罪中涉案的非黑社会性质组织成员的被告人，应当按照其在共同犯罪中的地位、作用，确定应当承担的刑事责任。

《刑参》第 629 号案例"王某等组织、领导、参加黑社会性质组织案——如何认定黑社会性质组织及组织者、领导者对具体犯罪的罪责"相关论述：在杀害被害人章某的犯罪活动中，王某起到了组织、领导作用，应当承担组织、领导责任及主要罪责。秦某等人杀害章某的根本目的是维护组织利益。王某具有杀害章某的故意。在该起共同犯罪中起到了主要作用。

《刑参》第 1158 号案例"刘某等人组织、领导、参加黑社会性质组织案——如何认定黑社会性质组织实施的违法犯罪活动；如何认定组织者、领导者对具体犯罪的罪责"相关论述：组织者、领导者并非对所有组织成员实施的违法犯罪承担责任，纯粹由组织成员个人实施的犯罪，不能视为组织犯罪。组织者、领导者之所以对一些并非由自己直接组织、策划、指挥、参与的违法犯罪承担责任，一言以蔽之，是与组织意志和组织利益有关。组织者、领导者应对黑社会性质组织所犯的全部罪行承担刑事责任，即组织者、领导者与犯罪行为的组织者、策划者、指挥者、实施者构成共犯，应根据其在共同犯罪中的地位和作用对具体犯罪承担刑事责任。组织者、领导者对黑社会性质组织所犯的全部罪行承担刑事责任，并不意味着组织者、领导者在具体犯罪中承担最重罪责，而要根据其在具体犯罪中的地位和作用来确定罪责。组织者、领导者对于并非由自己直接组织、策划、指挥、参与的犯罪一般不承担最重的责任。组织者、领导者对于由其直接组织、策划、指挥、参与实施的犯罪，一般应承担最重的刑事责任。

【拓展关键词】参加黑社会性质组织的主观明知内容　骨干成员

《刑参》第 149 号案例“容某等组织、领导、参加黑社会性质组织案——如何认定黑社会性质组织犯罪案件中的‘保护伞’问题”相关论述：组织、领导、参加黑社会性质组织罪是故意犯罪，但不以行为人明知所组织、领导或参加的组织是黑社会性质的组织为构成要件。组织、领导或者参加黑社会性质组织的故意内容表现为以实施违法犯罪活动为目的，并不以行为人明知所组织、领导、或者参加的组织是黑社会性质的组织为构成要件。因为对一个组织是否属于黑社会性质组织的判断是一种法律判断。行为人的主观认识并不影响该组织的实际性质。刑法理论对于直接故意的认定并不要求行为人具有明确的违法性认识。对于参加者来说，行为人虽然不明知所参加的组织是黑社会性质组织，但只要行为人在主观上明知该组织是从事违法犯罪活动的组织，或者当时并不明知是从事违法犯罪活动的组织，但在加入后发现是从事违法犯罪活动的组织，仍不退出并积极从事违法犯罪活动的，就应当认定其主观上具有参加黑社会性质组织的犯罪故意。

《刑参》第 618 号案例“陈某等组织、领导、参加黑社会性质组织案——如何认定参加黑社会性质组织罪中的‘参加’行为”相关论述：对一个犯罪组织是否属于黑社会性质组织的判断属于法律判断，认定行为人的参加行为构成参加黑社会性质组织罪不要求行为人在加入犯罪组织时明确知道该组织具有黑社会性质。参加者都要接受黑社会性质组织领导和管理。这不仅是一个必要的主观意志要素而且是判断“参加”行为是否存在的重要依据。对于那些主观上并无加入意图，客观上不受犯罪组织领导和管理，因被纠集、雇佣、收买、威逼或者受蒙蔽为黑社会性质组织实施违法犯罪活动或者提供帮助、支持、服务的人员，不应以参加黑社会性质组织罪定罪处罚。“参加”行为是否完成应以行为人与黑社会性质组织就加入该组织问题达成意思一致作为判断标准比较合适，而不能以是否履行手续、是否取得会籍、是否举行仪式等作为认定的标准。刘某的作用是为陈某的赌场提供“钉子”及在故意杀人犯罪中提供打手。刘某主要是基于 2 人的“牢友”关系和感情因素，其主观上没有任何加入该组织的愿望，未参与该组织的其他违法犯罪活动，未在该组织中担任职务和谋取利益，未受该组织的管理和纪律约束，不受该组织的控制，不能认定其行为构成参加黑社会性质组织罪。王某等人只是临时受指使参与了故意杀人行为，只是被临时利用的犯罪工具，也不能认定其行为构成参加黑社会性质组织罪。

《刑参》第 619 号案例“邓某等组织、领导、参加黑社会性质组织案——如何把握和认定黑社会性质组织的组织特征”相关论述：第一，审查犯罪组织的目的性。黑社会性质组织违法犯罪的目的在于维护其组织利益，最终实现其对一定区域或者行业的非法控制。第二，审查核心成员的稳定性。抓住部分黑社会性质组织“外松内紧”的本质，只要组织头目和骨干成员相对比较固定、相互之间联系紧密，则不管其外在表现是否松散，均不影响组织特征的认定。第三，审查犯罪组织内部的组织性、纪律性。缺乏内部管理的犯罪组织结构上比较松散，难以坐大成势。

《刑参》第 621 号案例“李某等参加黑社会性质组织案——如何理解和把握参加黑社会性质组织罪的主观构成要件和积极参加行为”相关论述：认定行为人构成参加黑社会性质组织罪不以明确知道组织的黑社会性质为前提。现实生活中一般很少有一个众所周知的黑社会性质组织等待他人参加。多数此类组织一般都不会以“黑社会”自居。对于一个组织是否属于黑社会性质组织的法律判断，是一项极为复杂的工程，要求每个参加者都明确知道所参加的组织的性质是不现实的。但行为人必须知道或应当知道自己所参与的是具有一定规模的组织。黑社会性质组织本身有一个形成、发展的过程，实践中很难用一个明确的时间点划分，不可能要求行为人对所参加组织性质的变化有准确的认知。司法实践中行为人往往辩解自己不知道所参加的组织是黑社会性质组织，不能因其口头上的否认就改变其犯罪的性质。应从三方面认定积极参加者：一是应根据行为人实施具体犯罪的客观方面来判断。对那些多次积极参与黑社会性质组织的违法犯罪活动、积极参与较严重的黑社会性质组织的犯罪活动，且作用突出及其他在黑社会性质组织中起重要作用的犯罪分子一般应认定为积极参加者。二是从行为人在黑社会性质组织中的地位、作用，与组织者、领导者之间的关系来判断。那些与组织者、领导者关系密切，地位、作用突出的，一般应认定为积极参加者。三是从行为人所获取的犯罪所得来判断。

《刑参》第1152号案例"陈某等人组织、领导、参加黑社会性质组织案——如何准确认定黑社会性质组织的成员"相关论述：第一，是否参与实施了黑社会性质组织的违法犯罪活动。第二，与涉案黑社会性质组织之间有无相对固定的从属关系。组织成员在黑社会性质组织中均应具有相对固定的位置，如果与黑社会性质组织没有任何从属关系，只是临时受邀或基于个人意愿参与某起犯罪，即便其参与了有组织的违法犯罪活动，也不能将其认定为黑社会性质组织的成员。虽然文某经营创世纪娱乐城达7年之久，客观上为陈某黑社会性质组织的发展提供了重要的帮助、支持，但其主观上并没有为黑社会性质组织存在、发展服务的意图，除了出面经营娱乐城外，文某未曾介入陈某黑社会性质组织的决策、指挥、协调、管理等内部事务，也未参与其他有组织的违法犯罪活动，其与陈某的积极合作实际上只是2人相互借助，各为其利。文某与该黑社会性质组织之间并不存在相对固定的从属关系，不应认定其领导或者参加了陈某黑社会性质组织。

《刑参》第1153号案例"朱某等人组织、领导、参加黑社会性质组织案——如何准确把握和认定黑社会性质组织的骨干成员"相关论述：骨干成员是积极参加者中的一部分，应当满足积极参加者的认定条件。骨干成员应当是直接听命于组织者、领导者的积极参加者。骨干成员在黑社会性质组织中所起的作用应当大于一般的积极参加者。只要未达到"多次"，即使"积极参与实施较严重的黑社会性质组织的犯罪活动，且作用突出"，也不能认定。同理，只要未达到"长时间"，即使是对黑社会性质组织的人、财、物等重要事项具有主要管理职权，亦不能认定。"骨干成员"与积极参加者之间是包含与被包含关系，不能混为一谈。

《刑参》第1358号案例"黄某等人组织、领导、参加黑社会性质组织案——借助黑社会性质组织势力谋取经济利益，是否属于参加黑社会性质组织"相关论述：是否"接受组织领导和管理"应结合主观上是否有将自己置于黑社会性质组织管控之下的意愿，客观上是否有接受黑社会性质组织领导和管理的事实来判断和认定。这个主观意愿不以组织成员认为自己参加的是黑社会性质组织为认定标准，只要加入者知道或应当知道该组织具有一定规模，且该组织是以实施违法犯罪为基本活动内容即可。认定主观意愿要特别注意把握与组织有经济合作的组织成员与单纯"雇佣、收买、利用黑社会性质组织"的非组织成员之间的区别。认可组织规约是组织成员和非组织成员的主要区别。是否听从组织领导也是组织成员和非组织成员的又一重要区别。虽然某些组织成员听从组织领导并非直接表现为简单的服从，而是通过分工、合作谋取自身利益的最大化，但是这种长期的合作关系中，获取自身利益的同时也为组织获益，符合组织发展方向，不影响其行为是为组织利益而实施的认定，亦不影响其听从组织领导的认定。非组织成员只是为了自身利益，一次或数次与黑社会性质组织合作，但双方并无稳定联系，所实施的违法犯罪活动大多无关组织发展方向。能够管理、调动某些下级组织成员，是认定组织成员与非组织成员的又一区别。接受组织的领导和管理，主要表现为在黑社会性质组织的领导和管理下为组织实施违法犯罪活动。

【拓展关键词】包庇、纵容黑社会性质组织犯罪

《刑参》第620号案例"黄某等组织、参加黑社会性质组织，陈某、张某包庇黑社会性质组织案——如何理解和把握包庇、纵容黑社会性质组织罪的主观要件"相关论述：包庇、纵容黑社会性质组织罪的主观要件为故意,其中包庇行为只能是出自直接故意而纵容行为则可能采取听之任之的态度,可以是直接故意也可以是间接故意。司法机关认定一个犯罪集团是否构成,何时构成黑社会性质组织需要结合案件的具体情况综合认定,但由于认定的严格性、形式上的多样性使实施包庇、纵容行为人的人很难明确认识到其包庇、纵容的对象是黑社会性质组织及其活动。只要行为人知道或者应当知道是从事违法犯罪活动的组织即可。至于行为人是否明知该组织系黑社会性质组织不影响本罪的成立。

《刑参》第 1163 号案例"刘某 1、刘某 2、吕某包庇、纵容黑社会性质组织案——包庇、纵容黑社会性质组织犯罪案件中的相关具体应用法律问题"相关论述:包庇黑社会性质组织或者纵容黑社会性质组织进行违法犯罪活动的行为人归案后如实供述黑社会性质组织的犯罪活动的,不能认定立功情节。公安机关的内勤人员对黑社会性质组织的犯罪行为知情不举的,属于不依法履行职责。无论人民警察的具体岗位如何,均负有预防、制止和惩治违法犯罪活动的职责。

《刑参》第 1359 号案例"张某包庇、纵容黑社会性质组织案——如何准确把握包庇、纵容黑社会性质组织罪的主客观方面、罪数处断及追诉时效"相关论述:本案中被告人所包庇的黑社会性质组织一直处于持续状态,其本身实施的包庇、纵容行为亦一直处于连续状态,故应当根据批复的精神,按照修正后的《刑法》规定处罚。本罪只能是故意,过失不构成本罪。在认定行为人主观明知时要综合考虑行为人对包庇、纵容对象的形态、规模、成员、行为方式的了解程度,以及本人与组织成员交往的密切程度等。包庇行为是积极作为,纵容行为是在有查禁义务情况下,消极不作为。本罪是行为犯,原则上只要行为人在客观上实施了包庇、纵容黑社会性质组织行为的,即构成本罪且属既遂。不要求其包庇、纵容的行为最终使黑社会性质组织逃脱追究责任。行为人包庇、纵容黑社会性质组织的犯罪行为,同时触犯其他包庇类、渎职类罪名,应根据法条竞合的处理原则选择罪名。

【拓展关键词】犯罪集团　黑社会性质组织　恶势力

《刑参》第 627 号案例"张某等故意杀人、敲诈勒索、组织卖淫案——如何区分黑社会性质组织和有违法犯罪行为的单位"相关论述:有违法犯罪行为的单位,是指依法成立后在从事生产经营活动过程中实施了某些违法犯罪活动的社会经济实体。该组织成立的目的与黑社会性质组织不同。黑社会性质组织系为了实施违法犯罪而成立的非法组织。有违法犯罪行为的单位,自成立开始便有其正当的经营或职能范围以及较为稳定的运作方式和营收方式。违法犯罪所得不会成为其主要的、稳定的收入来源。而黑社会性质组织是"以黑养黑"。有违法犯罪行为的单位实施违法犯罪行为一般不具有经常性,违法犯罪并非单位获取经济利益或者解决纠纷的主要手段。而黑社会性质组织实施违法犯罪活动具有经常性、一贯性,而且其所实施的违法犯罪行为具有明显的暴力性特征。黑社会性质组织本质上是要通过实施违法犯罪活动称霸一方,在一定区域或者行业内形成非法控制或者重大影响。非法控制特征是连接其他 3 个特征的纽带,使黑社会性质的组织与其他犯罪组织区别开来。而有违法犯罪行为的单位,并不具有非法控制社会的意图,亦无法形成对一定区域或行业内社会、经济秩序的严重破坏。

《刑参》第 1360 号案例"吴某等人敲诈勒索、抢劫、贩卖毒品、故意伤害案——如何区分恶势力犯罪集团和普通犯罪集团"相关论述:恶势力与普通犯罪团伙、恶势力犯罪集团与普通犯罪集团的区别都可以从"恶"与"黑"的关系入手加以把握。恶势力犯罪集团一般都会不同程度带有"形成非法影响、谋求强势地位"的意图。客观上必然具有"为非作恶,欺压、残害群众"的特征,并且"造成较为恶劣的社会影响"。

《刑参》第 1361 号案例"周某等人聚众斗殴、寻衅滋事、开设赌场案——如何准确区分恶势力与一般共同犯罪"相关论述:恶势力具备向黑社会性质组织发展的过渡性特征。

【拓展关键词】套路贷

《刑参》第1306号案例"韩某等人组织、领导、参加黑社会性质组织案——黑社会性质组织及'套路贷'的司法认定"相关论述："套路贷"既不是一个法律概念也不是一个政策概念，而是办案实践中对假借民间借贷之名非法占有他人财物的类型化违法犯罪的概括性称谓。

《刑参》第1362号案例"陈某等人非法拘禁、敲诈勒索、诈骗案——如何认定与处理'套路贷'犯罪"相关论述："套路贷"中的"借款"不过是行为人侵吞被害人财产的借口，行为人是以"借款"为名行非法占有被害人财物之实，其目的是侵占他人的财产。"套路贷"侵害客体多，高利贷主要是破坏了金融管理秩序。"套路贷"本身属于违法犯罪行为，借款本金和利息均不受法律保护。

《刑参》第1363号案例"张某等14人诈骗案——'套路贷'中犯罪数额的认定及计算方法"相关论述：根据情形不同可以根据"既遂数额＝被害人实际支付的钱款－借款本金"或"既遂数额＝平账钱款－借款本金"，"未遂数额＝虚高借条的数额－借款本金数额"的公式计算。

《刑参》第1357号案例"方某等人组织、领导、参加黑社会性质组织案——'套路贷'黑社会性质组织的司法认定"相关论述：(1)重点从对组织成员的控制来把握"组织特征"。凡是为了增强实施违法犯罪活动的组织性、隐蔽性而制定或自发形成，并用以明确组织内部人员管理、职责分工、行为规范、利益分配、行动准则等事项的成文或不成文的规定、约定，均可认定为黑社会性质组织的组织纪律、活动规则。本案中的组织通过登记制度、工作纪律和奖惩规则对成员存在隐秘的控制，这是该组织之所以被认定为"较稳定"的犯罪组织的主要原因。通过高薪来豢养组织成员，通过登记制度和纪律规则确保对组织成员行为的控制，通过掌握利益分配权力来防止组织成员的背叛，尽管现代手段较传统手段发生些许变化，但其维护组织严密性、稳定性的效果相同。对于组织成员，它们关注的是如何通过非法催讨获取更高的提成，从而欣然接受组织的各项纪律、规约并遵照执行。(2)重点从公司存续的目的来把握"经济特征"。本案被告人实施的是典型的"套路贷"犯罪，一是制造民间借贷假象。二是恶意虚增债务。三是故意制造违约或肆意认定违约。四是软硬兼施"索债"。(3)重点从违法犯罪的主要手段来把握"行为特征"。本案组织一是威胁恐吓特定的对象，滋扰他人的工作、生活。二是聚众造势，扰乱社会秩序。虽以"合法公司"为外衣，采取的犯罪行为也相对隐蔽，但这种以"软暴力"为主，暴力与"软暴力"结合的手段，符合黑社会性质组织的行为特征。(4)重点从公司的规模和影响力来把握"危害性特征"。

【拓展关键词】黑社会性质组织犯罪证明和量刑

《刑参》第628号案例"乔某等组织、领导、参加黑社会性质组织案——如何把握黑社会性质组织犯罪的证据要求和证明标准"。

《刑参》第630号案例"范某等组织、领导黑社会性质组织案——在黑社会性质组织犯罪案件中如何贯彻宽严相济的刑事司法政策"。

《刑参》第1160号案例"牛某等人绑架、敲诈勒索、开设赌场、重婚案——如何准确把握黑社会性质组织的认定标准、最高人民法院经复核认为涉黑罪名不成立的应如何依法处理"相关论述：对于报送核准死刑的黑社会性质组织犯罪案件，经复核认为涉黑罪名不成立的，应根据案件具体情况依法准备处理。对本案应以一、二审认定的部分事实不清、证据不足为由，发回二审法院重新审判。

《刑参》第1161号案例"邓某等人组织、领导、参加黑社会性质组织案——组织者、领导者通过赔偿经济损失取得被害人家属谅解的，量刑时应当如何把握"相关论述：被告人所犯罪行极其严重，属于缓刑考验期内再犯罪，归案后未能真诚认罪悔罪，家属代赔款项来源存疑，被害人家属虽表示谅解，但不足以据此对被告人从轻处罚。

《刑参》第1162号案例"吴某等人组织、领导、参加黑社会性质组织案——组织者、领导者检举揭发构成立功，量刑时应如何把握”相关论述：如果被告人虽有立功表现但其主观恶性很大且未发生变化，再犯可能性并未减小，人身危险性并未降低，难以实现改造目的的，则不予从轻处罚。应着重审查认罪态度和检举线索的来源。被告人所检举的马某等人的受贿线索，与该黑社会性质组织寻求非法保护密切相关，属于利用组织者、领导者地位获取的“关联性”线索，虽有立功情节，但根据本案情况，不予从轻处罚是正确的。

第二百九十五条 【传授犯罪方法罪】①

传授犯罪方法的，处五年以下有期徒刑、拘役或者管制；情节严重的，处五年以上十年以下有期徒刑；情节特别严重的，处十年以上有期徒刑或者无期徒刑。

☞ 相关规定见章后二维码

◆ 解读与适用

【拓展关键词】教唆犯

《刑参》第651号案例“李某传授犯罪方法案——强迫他人学习犯罪方法后胁迫其实施犯罪应如何定性”相关论述：上诉人的胁迫抢夺行为（目的行为），应认定为共同犯罪中的教唆犯，应认定构成抢夺罪（未遂）。并非所有教唆他人犯罪的人都属于共同犯罪中的教唆犯。当刑法分则将某些特定的教唆行为规定为独立犯罪时，对教唆犯不能适用总则的规定，而应按分则定罪处罚，例如，妨害作证罪等。本案上诉人主观上有教唆他人进行抢夺的故意，客观上通过暴力胁迫实施了教唆行为，这些行为并非刑法分则所规定的能够独立成罪的特定情形，上诉人的行为属于教唆犯。上诉人的传授犯罪方法行为，即方法行为，应认定构成传授犯罪方法罪。传授犯罪方法罪属于举动犯，只要客观上有传授犯罪方法的行为且不属于情节显著轻微、危害不大的情形，哪怕刚刚着手就应按既遂处理。上诉人的目的行为和方法行为符合牵连犯的构成特征。

《刑参》第688号案例“冯某传授犯罪方法案——在互联网上散布关于特定犯罪方法的技术知识，能否构成传授犯罪方法罪”相关论述：炸药制造方法是“中性”的，既可以用于犯罪行为也可以用于正当目的。如果纯粹把这种炸药制造方法通过网络传播，也不必然增加社会风险。通常不能以犯罪论处。但是，如果行为人把涉及恐怖的言词穿插于炸药制造的方法之中，从而使浏览者很自然地将该炸药制造方法与恐怖活动联系起来，这就使原本中性的炸药制造方法类型化为恐怖犯罪的方法。刑法并未限定传授犯罪方法罪的对象必须为特定主体。向不特定的人员传授犯罪方法危害性更大。虽然传授的程度是影响传授行为是否构成犯罪的一个重要因素，但不能过于夸大其对犯罪成立的作用。传授犯罪方法罪是故意犯罪，包括间接故意。有些犯罪只能由直接故意构成，这往往限于目的犯的犯罪之内。教唆犯是使无犯意者产生犯意，后者强化犯意，故教唆行为人的主观方面只能是直接故意，而传授犯罪方法罪是行为犯，属于妨害社会管理秩序的行为，危害性在于使他人的犯罪变得易行，而非使他人决意犯罪。他人是否据此实施犯罪，并不影响传授犯罪方法罪的成立。间接故意支配下实施传授犯罪方法的行为，也可以成立犯罪。

---

① 根据《刑法修正案（八）》修订。修订前条文主要内容为：传授犯罪方法的，处五年以下有期徒刑、拘役或者管制；情节严重的，处五年以上有期徒刑；情节特别严重的，处无期徒刑或者死刑。

第二百九十六条　【非法集会、游行、示威罪】

举行集会、游行、示威,未依照法律规定申请或者申请未获许可,或者未按照主管机关许可的起止时间、地点、路线进行,又拒不服从解散命令,严重破坏社会秩序的[①],对集会、游行、示威的负责人和直接责任人员,处五年以下有期徒刑、拘役、管制或者剥夺政治权利。

◆ 相关规定

最高人民检察院　公安部

关于公安机关管辖的刑事案件立案追诉标准的规定(一)(节选)

(公通字〔2008〕36 号)

第三十八条　【非法集会、游行、示威案(刑法第二百九十六条)】举行集会、游行、示威,未依照法律规定申请或者申请未获许可,或者未按照主管机关许可的起止时间、地点、路线进行,又拒不服从解散命令,严重破坏社会秩序的,应予立案追诉。

公安部

关于印发新修订《关于公安机关处置信访活动中违法犯罪行为适用法律的指导意见》的通知

(公通字〔2013〕25 号))

详见《刑法》第 243 条诬告陷害罪的相关规定

第二百九十七条　【非法携带武器、管制刀具、爆炸物参加集会、游行、示威罪】

违反法律规定,携带武器、管制刀具或者爆炸物参加集会、游行、示威的,处三年以下有期徒刑、拘役、管制或者剥夺政治权利。

◆ 相关规定

最高人民检察院　公安部

关于公安机关管辖的刑事案件立案追诉标准的规定(一)(节选)

(公通字〔2008〕36 号)

第三十九条　【非法携带武器、管制刀具、爆炸物参加集会、游行、示威案(刑法第二百九十七条)】违反法律规定,携带武器、管制刀具或者爆炸物参加集会、游行、示威的,应予立案追诉。

---

① 前面的罪状表述没有"的"来表述完结的标志,需要从实质上考察。此处"又拒不服从解散命令,严重破坏社会秩序的"这一要素就是就"或者"前后的情形而言的。张明楷:《刑法分则的解释原理》,中国人民大学出版社 2004 年版,第 64 页。

公安部
关于印发新修订《关于公安机关处置信访活动中违法犯罪行为适用法律的指导意见》的通知
（公通字〔2013〕25号）

详见《刑法》第243条诬告陷害罪的相关规定

第二百九十八条 【破坏集会、游行、示威罪】
扰乱、冲击或者以其他方法破坏依法举行的集会、游行、示威，造成公共秩序混乱的，处五年以下有期徒刑、拘役、管制或者剥夺政治权利。

◆ 相关规定

最高人民检察院 公安部
关于公安机关管辖的刑事案件立案追诉标准的规定（一）（节选）
（公通字〔2008〕36号 2008年6月25日）

第四十条 【破坏集会、游行、示威案（刑法第二百九十八条）】扰乱、冲击或者以其他方法破坏依法举行的集会、游行、示威，造成公共秩序严重混乱的，应予立案追诉。

公安部
关于印发新修订《关于公安机关处置信访活动中违法犯罪行为适用法律的指导意见》的通知
（公通字〔2013〕25号）

详见《刑法》第243条诬告陷害罪的相关规定

第二百九十九条 【侮辱国旗、国徽、国歌罪】[①]
在公共场合，故意以焚烧、毁损、涂划、玷污、践踏等方式侮辱中华人民共和国国旗、国徽的，处三年以下有期徒刑、拘役、管制或者剥夺政治权利。
在公共场合，故意篡改中华人民共和国国歌歌词、曲谱，以歪曲、贬损方式奏唱国歌，或者以其他方式侮辱国歌，情节严重的，依照前款的规定处罚。

---

① 根据《刑法修正案（十）》（由中华人民共和国第十二届全国人民代表大会常务委员会第三十次会议于2017年11月4日通过）新增第二款。

第二百九十九条之一 【侵害英雄烈士名誉、荣誉罪】①

侮辱、诽谤或者以其他方式侵害英雄烈士的名誉、荣誉，损害社会公共利益，情节严重的，处三年以下有期徒刑、拘役、管制或者剥夺政治权利。

◆ 解读与适用

侵害英雄烈士名誉、荣誉罪中的“英雄烈士”，是指已经牺牲、逝世的英雄烈士。在同一案件中，行为人所侵害的群体中既有烈士，又有健在的英雄模范人物时，应当整体评价为侵害英雄烈士名誉、荣誉的行为，不宜区别适用侵害英雄烈士名誉、荣誉罪和侮辱罪、诽谤罪。《刑法修正案（十一）》实施后，以侮辱、诽谤或者其他方式侵害英雄烈士名誉、荣誉的行为，情节严重的，构成侵害英雄烈士名誉、荣誉罪。行为人利用信息网络侵害英雄烈士名誉、荣誉，引起广泛传播，造成恶劣社会影响的，应当认定为“情节严重”。英雄烈士没有近亲属或者近亲属不提起民事诉讼的，检察机关在提起公诉时，可以一并提起附带民事公益诉讼。②

第三百条 【组织、利用会道门、邪教组织、利用迷信破坏法律实施罪】③

组织、利用会道门、邪教组织或者利用迷信破坏国家法律、行政法规实施的，处三年以上七年以下有期徒刑，并处罚金；情节特别严重的，处七年以上有期徒刑或者无期徒刑，并处罚金或者没收财产；情节较轻的，处三年以下有期徒刑、拘役、管制或者剥夺政治权利，并处或者单处罚金。

【组织、利用会道门、邪教组织、利用迷信致人重伤、死亡罪】

组织、利用会道门、邪教组织或者利用迷信蒙骗他人，致人重伤、死亡的，依照前款的规定处罚。

犯第一款罪又有奸淫妇女、诈骗财物等犯罪行为的，依照数罪并罚的规定处罚。

---

① 根据《刑法修正案（十一）》新增。

② 仇某侵害英雄烈士名誉、荣誉案，最高人民检察院指导性案例第136号（2022年2月21日）。

③ 根据《刑法修正案（九）》修订。修订前内容为：组织和利用会道门、邪教组织或者利用迷信破坏国家法律、行政法规实施的，处三年以上七年以下有期徒刑；情节特别严重的，处七年以上有期徒刑。

组织和利用会道门、邪教组织或者利用迷信蒙骗他人，致人死亡的，依照前款的规定处罚。

组织和利用会道门、邪教组织或者利用迷信奸淫妇女、诈骗财物的，分别依照本法第二百三十六条、第二百六十六条的规定定罪处罚。

◆ 相关规定

最高人民法院　最高人民检察院
关于办理组织、利用邪教组织破坏法律实施等刑事案件适用法律若干问题的解释(节选)
(法释〔2017〕3 号)

……

第一条 冒用宗教、气功或者以其他名义建立,神化、鼓吹首要分子,利用制造、散布迷信邪说等手段蛊惑、蒙骗他人,发展、控制成员,危害社会的非法组织,应当认定为刑法第三百条规定的"邪教组织"。

第二条 组织、利用邪教组织,破坏国家法律、行政法规实施,具有下列情形之一的,应当依照刑法第三百条第一款的规定,处三年以上七年以下有期徒刑,并处罚金:

(一)建立邪教组织,或者邪教组织被取缔后又恢复、另行建立邪教组织的;

(二)聚众包围、冲击、强占、哄闹国家机关、企业事业单位或者公共场所、宗教活动场所,扰乱社会秩序的;

(三)非法举行集会、游行、示威,扰乱社会秩序的;

(四)使用暴力、胁迫或者以其他方法强迫他人加入或者阻止他人退出邪教组织的;

(五)组织、煽动、蒙骗成员或者他人不履行法定义务的;

(六)使用"伪基站""黑广播"等无线电台(站)或者无线电频率宣扬邪教的;

(七)曾因从事邪教活动被追究刑事责任或者二年内受过行政处罚,又从事邪教活动的;

【深度解析】

【拓展关键词】累犯　情节严重　加重处罚

有的司法解释将累犯或者受过刑事处罚或行政处罚后再犯同种罪的情形规定为法定刑升格条件中的"情节严重""情节特别严重",但根据《刑法》第 65 条的规定,累犯只是从重处罚条件,如果对不构成累犯的再犯,甚至连再犯也不成立的情形也加重处罚,明显违反刑法精神。①

(八)发展邪教组织成员五十人以上的;

(九)敛取钱财或者造成经济损失一百万元以上的;

(十)以货币为载体宣扬邪教,数量在五百张(枚)以上的;

(十一)制作、传播邪教宣传品,达到下列数量标准之一的:

1. 传单、喷图、图片、标语、报纸一千份(张)以上的;
2. 书籍、刊物二百五十册以上的;
3. 录音带、录像带等音像制品二百五十盒(张)以上的;
4. 标识、标志物二百五十件以上的;
5. 光盘、U 盘、储存卡、移动硬盘等移动存储介质一百个以上的;
6. 横幅、条幅五十条(个)以上的。

(十二)利用通讯信息网络宣扬邪教,具有下列情形之一的:

1. 制作、传播宣扬邪教的电子图片、文章二百张(篇)以上,电子书籍、刊物、音视频五十册(个)以上,或者电子文档五百万字符以上、电子音视频二百五十分钟以上的;
2. 编发信息、拨打电话一千条(次)以上的;
3. 利用在线人数累计达到一千以上的聊天室,或者利用群组成员、关注人员等账号数累计一千以上的通

① 参见张明楷:《刑法分则的解释原理》,中国人民大学出版社 2004 年版,第 244 页。

讯群组、微信、微博等社交网络宣扬邪教的；

4. 邪教信息实际被点击、浏览数达到五千次以上的。

（十三）其他情节严重的情形。

第三条　组织、利用邪教组织，破坏国家法律、行政法规实施，具有下列情形之一的，应当认定为刑法第三百条第一款规定的"情节特别严重"，处七年以上有期徒刑或者无期徒刑，并处罚金或者没收财产：

（一）实施本解释第二条第一项至第七项规定的行为，社会危害特别严重的；

（二）实施本解释第二条第八项至第十二项规定的行为，数量或者数额达到第二条规定相应标准五倍以上的；

（三）其他情节特别严重的情形。

第四条　组织、利用邪教组织，破坏国家法律、行政法规实施，具有下列情形之一的，应当认定为刑法第三百条第一款规定的"情节较轻"，处三年以下有期徒刑、拘役、管制或者剥夺政治权利，并处或者单处罚金：

（一）实施本解释第二条第一项至第七项规定的行为，社会危害较轻的；

（二）实施本解释第二条第八项至第十二项规定的行为，数量或者数额达到相应标准五分之一以上的；

（三）其他情节较轻的情形。

第五条　为了传播而持有、携带，或者传播过程中被当场查获，邪教宣传品数量达到本解释第二条至第四条规定的有关标准的，按照下列情形分别处理：

（一）邪教宣传品是行为人制作的，以犯罪既遂处理；

（二）邪教宣传品不是行为人制作，尚未传播的，以犯罪预备处理；

（三）邪教宣传品不是行为人制作，传播过程中被查获的，以犯罪未遂处理；

（四）邪教宣传品不是行为人制作，部分已经传播出去的，以犯罪既遂处理，对于没有传播的部分，可以在量刑时酌情考虑。

第六条　多次制作、传播邪教宣传品或者利用通讯信息网络宣扬邪教，未经处理的，数量或者数额累计计算。

制作、传播邪教宣传品，或者利用通讯信息网络宣扬邪教，涉及不同种类或者形式的，可以根据本解释规定的不同数量标准的相应比例折算后累计计算。

第七条　组织、利用邪教组织，制造、散布迷信邪说，蒙骗成员或者他人绝食、自虐等，或者蒙骗病人不接受正常治疗，致人重伤、死亡的，应当认定为刑法第三百条第二款规定的组织、利用邪教组织"蒙骗他人，致人重伤、死亡"。

组织、利用邪教组织蒙骗他人，致一人以上死亡或者三人以上重伤的，处三年以上七年以下有期徒刑，并处罚金。

组织、利用邪教组织蒙骗他人，具有下列情形之一的，处七年以上有期徒刑或者无期徒刑，并处罚金或者没收财产：

（一）造成三人以上死亡的；

（二）造成九人以上重伤的；

（三）其他情节特别严重的情形。

组织、利用邪教组织蒙骗他人，致人重伤的，处三年以下有期徒刑、拘役、管制或者剥夺政治权利，并处或者单处罚金。

第八条　实施本解释第二条至第五条规定的行为，具有下列情形之一的，从重处罚：

（一）与境外机构、组织、人员勾结，从事邪教活动的；

（二）跨省、自治区、直辖市建立邪教组织机构、发展成员或者组织邪教活动的；

（三）在重要公共场所、监管场所或者国家重大节日、重大活动期间聚集滋事，公开进行邪教活动的；

（四）邪教组织被取缔后，或者被认定为邪教组织后，仍然聚集滋事，公开进行邪教活动的；

（五）国家工作人员从事邪教活动的；

（六）向未成年人宣扬邪教的；

（七）在学校或者其他教育培训机构宣扬邪教的。

第九条 组织、利用邪教组织破坏国家法律、行政法规实施，符合本解释第四条规定情形，但行为人能够真诚悔罪，明确表示退出邪教组织、不再从事邪教活动的，可以不起诉或者免予刑事处罚。其中，行为人系受蒙蔽、胁迫参加邪教组织的，可以不作为犯罪处理。

组织、利用邪教组织破坏国家法律、行政法规实施，行为人在一审判决前能够真诚悔罪，明确表示退出邪教组织、不再从事邪教活动的，分别依照下列规定处理：

（一）符合本解释第二条规定情形的，可以认定为刑法第三百条第一款规定的“情节较轻”；

（二）符合本解释第三条规定情形的，可以不认定为刑法第三百条第一款规定的“情节特别严重”，处三年以上七年以下有期徒刑，并处罚金。

第十条 组织、利用邪教组织破坏国家法律、行政法规实施过程中，又有煽动分裂国家、煽动颠覆国家政权或者侮辱、诽谤他人等犯罪行为的，依照数罪并罚的规定定罪处罚。

第十一条 组织、利用邪教组织，制造、散布迷信邪说，组织、策划、煽动、胁迫、教唆、帮助其成员或者他人实施自杀、自伤的，依照刑法第二百三十二条、第二百三十四条的规定，以故意杀人罪或者故意伤害罪定罪处罚。

第十二条 邪教组织人员以自焚、自爆或者其他危险方法危害公共安全的，依照刑法第一百一十四条、第一百一十五条的规定，以放火罪、爆炸罪、以危险方法危害公共安全罪等定罪处罚。

第十三条 明知他人组织、利用邪教组织实施犯罪，而为其提供经费、场地、技术、工具、食宿、接送等便利条件或者帮助的，以共同犯罪论处。

第十四条 对于犯组织、利用邪教组织破坏法律实施罪、组织、利用邪教组织致人重伤、死亡罪，严重破坏社会秩序的犯罪分子，根据刑法第五十六条的规定，可以附加剥夺政治权利。

第十五条 对涉案物品是否属于邪教宣传品难以确定的，可以委托地市级以上公安机关出具认定意见。

第十六条 本解释自2017年2月1日起施行。《最高人民法院、最高人民检察院关于办理组织和利用邪教组织犯罪案件具体应用法律若干问题的解释》（法释〔1999〕18号），《最高人民法院、最高人民检察院关于办理组织和利用邪教组织犯罪案件具体应用法律若干问题的解释（二）》（法释〔2001〕19号），以及《最高人民法院、最高人民检察院关于办理组织和利用邪教组织犯罪案件具体应用法律若干问题的解答》（法发〔2002〕7号）同时废止。

第三百零一条 【聚众淫乱罪】

聚众进行淫乱活动的，对首要分子或者多次参加的，处五年以下有期徒刑、拘役或者管制。

【引诱未成年人聚众淫乱罪】

引诱未成年人参加聚众淫乱活动的，依照前款的规定从重处罚。

◆ 相关规定

最高人民检察院 公安部

关于公安机关管辖的刑事案件立案追诉标准的规定（一）（节选）

（公通字〔2008〕36号）

第四十一条 【聚众淫乱案（刑法第三百零一条第一款）】组织、策划、指挥三人以上进行淫乱活动或者参加聚众淫乱活动三次以上的,应予立案追诉。

第四十二条　【引诱未成年人聚众淫乱案(刑法第三百零一条第二款)】引诱未成年人参加聚众淫乱活动的,应予立案追诉。

◆ 解读与适用

【拓展关键词】聚众淫乱　刑法用语的相对性

不能认为3人以上聚集起来实施淫乱活动的,一律构成聚众淫乱罪。刑法规定,本罪并不只是因为该行为违反了伦理秩序,而是因为这种行为侵害了公众对性的感情。因此,3个以上的成年人,基于相互同意所秘密实施的性行为,因为没有侵害公众对性的感情,故不属于刑法规定的聚众淫乱行为。只有当3人以上以不特定人或者多数人可能认识到的方式实施淫乱行为时,才宜以本罪处理。对第301条第1款进行限制解释是完全必要的。但是对第301条第2款的聚众淫乱行为则不能作出这种限制解释。对这里的参加应作广义解释,不要求引诱未成年人实际从事淫乱活动,引诱未成年人观看他人从事淫乱活动的,也应认定为本罪。刑法规定本罪是为了保护未成年人的身心健康,引诱未成年人参加秘密的聚众淫乱活动,也严重侵害了其身心健康,本罪中的聚众淫乱活动不要求具有公然性。从刑法的目的出发,为了同时实现刑法的法益保护机能与自由保障机能,对同一刑法用语有时必须作限制解释,有时必须作扩大解释,有时只需作字面解释的现象,即刑法用语的相对性。①

第三百零二条　【盗窃、侮辱、故意毁坏尸体、尸骨、骨灰罪】②

盗窃、侮辱、故意毁坏尸体、尸骨、骨灰的,处三年以下有期徒刑、拘役或者管制。

第三百零三条　【赌博罪】③

以营利为目的,聚众赌博或者以赌博为业的,处三年以下有期徒刑、拘役或者管制,并处罚金。

【开设赌场罪】

开设赌场的,处五年以下有期徒刑、拘役或者管制,并处罚金;情节严重的,处五年以上十年以下有期徒刑,并处罚金。

【组织参与国(境)外赌博罪】

组织中华人民共和国公民参与国(境)外赌博,数额巨大或者有其他严重情节的,依照前款的规定处罚。

---

① 参见张明楷:《刑法分则的解释原理》,中国人民大学出版社2004年版,第336~337页。

② 根据《刑法修正案(九)》修订。

③ 根据《刑法修正案(六)》第一次修订。根据《刑法修正案(十一)》第二次修订。

◆ 相关规定

最高人民法院
关于对设置圈套诱骗他人参赌又向索还钱财的受骗者施以暴力或暴力威胁的行为应如何定罪问题的批复

（法复〔1995〕8 号）

贵州省高级人民法院：

你院《关于设置圈套诱骗他人参赌，当参赌者要求退还所输钱财时，设赌者以暴力相威胁，甚至将参赌者打伤、杀伤并将钱财带走的行为如何定性》的请示收悉。经研究，答复如下：

行为人设置圈套诱骗他人参赌获取钱财，属赌博行为，构成犯罪的，应当以赌博罪定罪处罚。参赌者识破骗局要求退还所输钱财，设赌者又使用暴力或者以暴力相威胁，拒绝退还的，应以赌博罪从重处罚；致参赌者伤害或者死亡的，应以赌博罪和故意伤害罪或者故意杀人罪，依法实行数罪并罚。

最高人民法院　最高人民检察院
关于办理赌博刑事案件具体应用法律若干问题的解释

（法释〔2005〕3 号）

为依法惩治赌博犯罪活动，根据刑法应用法律的若干问题解释如下：

第一条　以营利为目的，有下列情形之一的，属于刑法第三百零三条规定的"聚众赌博"：

（一）组织 3 人以上赌博，抽头渔利数额累计达到 5000 元以上的；

（二）组织 3 人以上赌博，赌资数额累计达到 5 万元以上的；

（三）组织 3 人以上赌博，参赌人数累计达到 20 人以上的；

（四）组织中华人民共和国公民 10 人以上赴境外赌博，从中收取回扣、介绍费的。

第二条　以营利为目的，在计算机网络上建立赌博网站，或者为赌博网站担任代理，接受投注的，属于刑法第三百零三条规定的"开设赌场"。

第三条　中华人民共和国公民在我国领域外周边地区聚众赌博、开设赌场，以吸引中华人民共和国公民为主要客源，构成赌博罪的，可以依照刑法规定追究刑事责任。

第四条　明知他人实施赌博犯罪活动，而为其提供资金、计算机网络、通讯、费用结算等直接帮助的，以赌博罪的共犯论处。

第五条　实施赌博犯罪，有下列情形之一的，依照刑法第三百零三条的规定从重处罚：

（一）具有国家工作人员身份的；

（二）组织国家工作人员赴境外赌博的；

（三）组织未成年人参与赌博，或者开设赌场吸引未成年人参与赌博的。

第六条　未经国家批准擅自发行、销售彩票，构成犯罪的，依照刑法第二百二十五条第（四）项的规定，以非法经营罪定罪处罚。

第七条　通过赌博或者为国家工作人员赌博提供资金的形式实施行贿、受贿行为，构成犯罪的，依照刑法关于贿赂犯罪的规定定罪处罚。

第八条　赌博犯罪中用作赌注的款物、换取筹码的款物和通过赌博赢取的款物属于赌资。通过计算机网络实施赌博犯罪的，赌资数额可以按照在计算机网络上投注或者赢取的点数乘以每一点实际代表的金额认定。

赌资应当依法予以追缴；赌博用具、赌博违法所得以及赌博犯罪分子所有的专门用于赌博的资金、交通工具、通讯工具等，应当依法予以没收。

第九条　不以营利为目的，进行带有少量财物输赢的娱乐活动，以及提供棋牌室等娱乐场所只收取正常的场所和服务费用的经营行为等，不以赌博论处。

最高人民检察院　公安部
关于公安机关管辖的刑事案件立案追诉标准的规定(一)(节选)

（公通字〔2008〕36号）

第四十三条　**【赌博案(刑法第三百零三条第一款)】**以营利为目的，聚众赌博，涉嫌下列情形之一的，应予立案追诉：

（一）组织三人以上赌博，抽头渔利数额累计五千元以上的；

（二）组织三人以上赌博，赌资数额累计五万元以上；

（三）组织三人以上赌博，参赌人数累计二十人以上的；

（四）组织中华人民共和国公民十人以上赴境外赌博，从中收取回扣、介绍费的；

（五）其他聚众赌博应予追究刑事责任的情形。

以营利为目的，以赌博为业的，应予立案追诉。

赌博犯罪中用作赌注的款物、换取筹码的款物和通过赌博赢取的款物属于赌资。通过计算机网络实施赌博犯罪的，赌资数额可以按照在计算机网络上投注或者赢取的点数乘以每一点实际代表的金额认定。

第四十四条　**【开设赌场案(刑法第三百零三条第二款)】**开设赌场的，应予立案追诉。

在计算机网络上建立赌博网站，或者为赌博网站担任代理，接受投注的，属于本条规定的“开设赌场”。

最高人民法院　最高人民检察院　公安部
关于办理网络赌博犯罪案件适用法律若干问题的意见

（公通字〔2010〕40号）

……

一、关于网上开设赌场犯罪的定罪量刑标准

利用互联网、移动通讯终端等传输赌博视频、数据，组织赌博活动，具有下列情形之一的，属于刑法第三百零三条第二款规定的“开设赌场”行为：

（一）建立赌博网站并接受投注的；

（二）建立赌博网站并提供给他人组织赌博的；

（三）为赌博网站担任代理并接受投注的；

（四）参与赌博网站利润分成的。

实施前款规定的行为，具有下列情形之一的，应当认定为刑法第三百零三条第二款规定的“情节严重”：

（一）抽头渔利数额累计达到3万元以上的；

（二）赌资数额累计达到30万元以上的；

（三）参赌人数累计达到120人以上的；

（四）建立赌博网站后通过提供给他人组织赌博，违法所得数额在3万元以上的；

（五）参与赌博网站利润分成，违法所得数额在3万元以上的；

（六）为赌博网站招募下级代理，由下级代理接受投注的；

（七）招揽未成年人参与网络赌博的；

（八）其他情节严重的情形。

二、关于网上开设赌场共同犯罪的认定和处罚

明知是赌博网站，而为其提供下列服务或者帮助的，属于开设赌场罪的共同犯罪，依照刑法第三百零三条第二款的规定处罚：

（一）为赌博网站提供互联网接入、服务器托管、网络存储空间、通讯传输通道、投放广告、发展会员、软件开发、技术支持等服务，收取服务费数额在2万元以上的；

（二）为赌博网站提供资金支付结算服务，收取服务费数额在1万元以上或者帮助收取赌资20万元以上的；

（三）为10个以上赌博网站投放与网址、赔率等信息有关的广告或者为赌博网站投放广告累计100条以上的。

实施前款规定的行为，数量或者数额达到前款规定标准5倍以上的，应当认定为刑法第三百零三条第二款规定的"情节严重"。

实施本条第一款规定的行为，具有下列情形之一的，应当认定行为人"明知"，但是有证据证明确实不知道的除外：

（一）收到行政主管机关书面等方式的告知后，仍然实施上述行为的；

（二）为赌博网站提供互联网接入、服务器托管、网络存储空间、通讯传输通道、投放广告、软件开发、技术支持、资金支付结算等服务，收取服务费明显异常的；

（三）在执法人员调查时，通过销毁、修改数据、账本等方式故意规避调查或者向犯罪嫌疑人通风报信的；

（四）其他有证据证明行为人明知的。

如果有开设赌场的犯罪嫌疑人尚未到案，但是不影响对已到案共同犯罪嫌疑人、被告人的犯罪事实认定的，可以依法对已到案者定罪处罚。

三、关于网络赌博犯罪的参赌人数、赌资数额和网站代理的认定

赌博网站的会员账号数可以认定为参赌人数，如果查实一个账号多人使用或者多个账号一人使用的，应当按照实际使用的人数计算参赌人数。

赌资数额可以按照在网络上投注或者赢取的点数乘以每一点实际代表的金额认定。

对于将资金直接或间接兑换为虚拟货币、游戏道具等虚拟物品，并用其作为筹码投注的，赌资数额按照购买该虚拟物品所需资金数额或者实际支付资金数额认定。

对于开设赌场犯罪中用于接收、流转赌资的银行账户内的资金，犯罪嫌疑人、被告人不能说明合法来源的，可以认定为赌资。向该银行账户转入、转出资金的银行账户数量可以认定为参赌人数。如果查实一个账户多人使用或多个账户一人使用的，应当按照实际使用的人数计算参赌人数。

有证据证明犯罪嫌疑人在赌博网站上的账号设置有下级账号的，应当认定其为赌博网站的代理。

四、关于网络赌博犯罪案件的管辖

网络赌博犯罪案件的地域管辖，应当坚持以犯罪地管辖为主、被告人居住地管辖为辅的原则。

"犯罪地"包括赌博网站服务器所在地、网络接入地，赌博网站建立者、管理者所在地，以及赌博网站代理人、参赌人实施网络赌博行为地等。

公安机关对侦办跨区域网络赌博犯罪案件的管辖权有争议的，应本着有利于查清犯罪事实、有利于诉讼的原则，认真协商解决。经协商无法达成一致的，报共同的上级公安机关指定管辖。对即将侦查终结的跨省（自治区、直辖市）重大网络赌博案件，必要时可由公安部商最高人民法院和最高人民检察院指定管辖。

为保证及时结案，避免超期羁押，人民检察院对于公安机关提请审查逮捕、移送审查起诉的案件，人民法院对于已进入审判程序的案件，犯罪嫌疑人、被告人及其辩护人提出管辖异议或者办案单位发现没有管辖权的，受案人民检察院、人民法院经审查可以依法报请上级人民检察院、人民法院指定管辖，不再自行移送有管辖权的人民检察院、人民法院。

五、关于电子证据的收集与保全

侦查机关对于能够证明赌博犯罪案件真实情况的网站页面、上网记录、电子邮件、电子合同、电子交易记录、电子账册等电子数据,应当作为刑事证据予以提取、复制、固定。

侦查人员应当对提取、复制、固定电子数据的过程制作相关文字说明,记录案由、对象、内容以及提取、复制、固定的时间、地点、方法,电子数据的规格、类别、文件格式等,并由提取、复制、固定电子数据的制作人、电子数据的持有人签名或者盖章,附所提取、复制、固定的电子数据一并随案移送。

对于电子数据存储在境外的计算机上的,或者侦查机关从赌博网站提取电子数据时犯罪嫌疑人未到案的,或者电子数据的持有人无法签字或者拒绝签字的,应当由能够证明提取、复制、固定过程的见证人签名或者盖章,记明有关情况。必要时,可对提取、复制、固定有关电子数据的过程拍照或者录像。

最高人民法院　最高人民检察院　公安部
关于办理利用赌博机开设赌场案件适用法律若干问题的意见

(公通字〔2014〕17号)

……

一、关于利用赌博机组织赌博的性质认定

设置具有退币、退分、退钢珠等赌博功能的电子游戏设施设备,并以现金、有价证券等贵重款物作为奖品,或者以回购奖品方式给予他人现金、有价证券等贵重款物(以下简称设置赌博机)组织赌博活动的,应当认定为刑法第三百零三条第二款规定的“开设赌场”行为。

二、关于利用赌博机开设赌场的定罪处罚标准

设置赌博机组织赌博活动,具有下列情形之一的,应当按照刑法第三百零三条第二款规定的开设赌场罪定罪处罚:

(一)设置赌博机10台以上的;

(二)设置赌博机2台以上,容留未成年人赌博的;

(三)在中小学校附近设置赌博机2台以上的;

(四)违法所得累计达到5000元以上的;

(五)赌资数额累计达到5万元以上的;

(六)参赌人数累计达到20人以上的;

(七)因设置赌博机被行政处罚后,两年内再设置赌博机5台以上的;

(八)因赌博、开设赌场犯罪被刑事处罚后,五年内再设置赌博机5台以上的;

(九)其他应当追究刑事责任的情形。

设置赌博机组织赌博活动,具有下列情形之一的,应当认定为刑法第三百零三条第二款规定的“情节严重”:

(一)数量或者数额达到第二条第一款第一项至第六项规定标准六倍以上的;

(二)因设置赌博机被行政处罚后,两年内再设置赌博机30台以上的;

(三)因赌博、开设赌场犯罪被刑事处罚后,五年内再设置赌博机30台以上的;

(四)其他情节严重的情形。

可同时供多人使用的赌博机,台数按照能够独立供一人进行赌博活动的操作基本单元的数量认定。

在两个以上地点设置赌博机,赌博机的数量、违法所得、赌资数额、参赌人数等均合并计算。

三、关于共犯的认定

明知他人利用赌博机开设赌场,具有下列情形之一的,以开设赌场罪的共犯论处:

(一)提供赌博机、资金、场地、技术支持、资金结算服务的;

(二)受雇参与赌场经营管理并分成的;

（三）为开设赌场者组织客源，收取回扣、手续费的；

（四）参与赌场管理并领取高额固定工资的；

（五）提供其他直接帮助的。

……

五、关于赌资的认定

本意见所称赌资包括：

（一）当场查获的用于赌博的款物；

（二）代币、有价证券、赌博积分等实际代表的金额；

（三）在赌博机上投注或赢取的点数实际代表的金额。

六、关于赌博机的认定

对于涉案的赌博机，公安机关应当采取拍照、摄像等方式及时固定证据，并予以认定。对于是否属于赌博机难以确定的，司法机关可以委托地市级以上公安机关出具检验报告。司法机关根据检验报告，并结合案件具体情况作出认定。必要时，人民法院可以依法通知检验人员出庭作出说明。

七、关于宽严相济刑事政策的把握

办理利用赌博机开设赌场的案件，应当贯彻宽严相济刑事政策，重点打击赌场的出资者、经营者。对受雇佣为赌场从事接送参赌人员、望风看场、发牌坐庄、兑换筹码等活动的人员，除参与赌场利润分成或者领取高额固定工资的以外，一般不追究刑事责任，可由公安机关依法给予治安管理处罚。对设置游戏机，单次换取少量奖品的娱乐活动，不以违法犯罪论处。

【深度解析】

办理利用赌博机开设赌场以外的其他开设赌场案件，应当参照适用《最高人民法院、最高人民检察院、公安部关于办理利用赌博机开设赌场案件适用法律若干问题的意见》（公通字〔2014〕17号）第7条“关于宽严相济刑事政策的把握”的有关规定。①

八、关于国家机关工作人员渎职犯罪的处理

负有查禁赌博活动职责的国家机关工作人员，徇私枉法……构成犯罪的，依法追究刑事责任。

国家机关工作人员参与利用赌博机开设赌场犯罪的，从重处罚。

◆ 解读与适用

【拓展关键词】开设赌场　赌博行为

以营利为目的，通过邀请人员加入微信群的方式招揽赌客，根据竞猜游戏网站的开奖结果等方式进行赌博，设定赌博规则，利用微信群进行控制管理，在一段时间内持续组织网络赌博活动的，属于《刑法》第303条第2款规定的“开设赌场”。②

以营利为目的，通过邀请人员加入微信群，利用微信群进行控制管理，以抢红包方式进行赌博，在一段时间内持续组织赌博活动的行为，属于《刑法》第303条第2款规定的“开设赌场”。③

---

① 《最高人民检察院研究室〈关于《关于办理利用赌博机开设赌场案件适用法律若干问题的意见》第七条是否适用于其他开设赌场案件的请示〉的答复意见》（2014年12月22日）。

② 洪某1、洪某2、洪某、李某开设赌场案，最高人民法院指导案例105号（最高人民法院审判委员会讨论通过2018年12月25日发布）。

③ 谢某、高某1、高某2、杨某开设赌场案，最高人民法院指导案例106号（最高人民法院审判委员会讨论通过2018年12月25日发布）。

以“二元期权”交易的名义，在法定期货交易场所之外利用互联网招揽“投资者”，以未来某段时间外汇品种的价格走势为交易对象，按照“买涨”“买跌”确定盈亏，买对涨跌方向的“投资者”得利，买错的本金归网站（庄家）所有，盈亏结果不与价格实际涨跌幅度挂钩的，本质是“押大小、赌输赢”，是披着期权交易外衣的赌博行为。对相关网站应当认定为赌博网站。①

《刑参》第752号案例“周某等赌博案——在内地利用香港特别行政区‘六合彩’开奖信息进行竞猜赌博的行为，如何定性”相关论述：仅利用“六合彩”信息在庄家与参赌者之间进行竞猜对赌，庄家与赛马会之间无关联行为，不属于非法发行、销售彩票的非法经营行为，而是一种赌博行为。发行、销售彩票与赌博行为最本质的区别在于资金所有权转换的方向不同。正规发行彩票筹集资金是社会再分配。而赌博的赌资全部为庄家或参赌者所瓜分。只要利用一定形式为载体，以财物作注比输赢，都属于赌博。

《刑参》第1347号案例“夏某等人开设赌场案——利用微信群抢红包等方式进行赌博的，能否以开设赌场罪定罪处罚”相关论述：开设微信赌博群利用抢红包等方式进行赌博的，可以开设赌场罪定罪处罚。组建微信群赌博可以参照适用最高人民法院、最高人民检察院、公安部《关于办理网络赌博犯罪案件适用法律若干问题的意见》来认定开设赌场罪的“情节严重”。凡是为赌博目的而投入的资金均应认定为赌资。包括开设赌场为吸引他人参赌而自己投入的资金。促使开设赌场者不断实施犯罪行为的内在动力不是赌资的大小，而是抽头的数额，在实际处理中，相比于赌资，抽头渔利数额和非法所得数额是更为重要的量刑情节。非法获利情况更能客观地反映被告人的主观恶性和犯罪的社会危害性。微信群红包赌博的社会危害性比网络赌博的社会危害性相对较小一些，在量刑时不能完全机械按照最高人民法院、最高人民检察院、公安部《关于办理网络赌博犯罪案件适用法律若干问题的意见》条文的相关规定处理。

《刑参》第1461号案例“陈某等人开设赌场案——新型网络抽奖式销售经营行为性质的认定”相关论述：区分网络赌博犯罪中赌博罪和开设赌场罪的关键，是组织者对网络平台、空间的控制性。对以营利为目的，在网络上提供较为稳定的场所组织用户参与赌博，并对“场所”持续管理、运营、维护的行为，应认定为开设赌场。仅借助网络平台或其他网络手段，在较小范围内召集人员参与较为隐蔽的短期赌博的行为，可考虑定性赌博罪。

【拓展关键词】共同犯罪目的　开设赌场罪共犯

《刑参》第351号案例“陈某等赌博案——网络赌博中‘开设赌场’的行为及相关共犯的认定”相关论述：开设赌场的犯罪中不参与“分红”，仅领取报酬而实施帮助行为的人应当构成赌博罪的共犯。对于那些在赌博犯罪团伙中对从事开设赌场的犯罪起着直接的、必不可少的作用的人员应当依法追究刑事责任，对于那些对开设赌场犯罪无足轻重的人可以不追究刑事责任。共同犯罪是一个整体，多数情况下各犯罪参与人的犯罪主观方面的内容是一致的，其犯罪目的也是相同的。但是，也存在共同犯罪人的犯罪主观方面不一致的情况，特别是犯罪目的不相同的情况更为常见。只要正犯的犯罪目的明确，即使其他共犯的犯罪目的不同也不影响犯罪行为性质的认定。正犯的行为及主观方面决定了犯罪行为的类型，共犯只要明知正犯的行为性质及主观意图并实施了帮助行为，就可以认定构成正犯所犯之罪。共犯的犯罪目的不影响共同犯罪的行为性质。

《刑参》第804号案例“萧某开设赌场案——对明知是赌博网站仍为其提供资金结算便利的行为，如何定性？如果构成开设赌场罪的共犯，其在共犯中的地位如何认定”相关论述：明知是赌博网站而提供资金支付结算便利的行为构成开设赌场罪。主犯、从犯、胁从犯、教唆犯是以行为人在共同犯罪中的作用为主、分工为辅进行划分的。为赌博网站提供资金支付结算服务是开设赌场罪的共犯行为，不是实行行为，仅是在互联网上开设赌场的一个中间环节，应认定为从犯。

---

① 陈某1、陈某2、赵某开设赌场案，最高人民法院指导案例146号（最高人民法院审判委员会讨论通过2020年12月29日发布）。《刑参》第1427号案例“陈某开设赌场案——借助网络招揽会员经营二元期权行为的司法认定”。

【拓展关键词】赌博罪与诈骗罪辨析

《刑参》第836号案例"王某、黄某诈骗案——设置圈套控制赌博输赢并从中获取钱财的行为,如何定性"相关论述:设置圈套控制赌博输赢并从中获取钱财的行为应当定性为诈骗罪。认定设置圈套诱骗他人参赌的行为是构成诈骗罪还是赌博罪的关键在于赌博圈套中的欺骗程度。如果行为人仅采取了较为轻微的欺骗行为,赌博输赢主要是依靠各自运气、技术,赌博各方均不能控制、主导赌博输赢结果,则符合赌博特征。如果行为人在赌博过程中采取作弊手段控制赌博输赢,则赌博成了掩盖事实的手段,该行为本质上符合诈骗的特征。赌博罪中的欺骗是制造虚假事实,引诱他人参加赌博,但是赌博是依偶然决定输赢,其目的是营利,而不是非法占有。最高人民法院《关于设置圈套诱骗他人参赌获取钱财的案件如何定罪问题的电话答复》和《关于对设置圈套诱骗他人参赌又向索还钱财的受骗者施以暴力或暴力威胁的行为应如何定罪问题的批复》针对的都是发生在公共场所,被害对象为不特定被害人的情形,主要妨害的是社会管理秩序。现答复已被废止,批复拟修正,对以控制输赢的方式诱骗他人参赌的行为,不管是否发生在公共场所,均以诈骗罪定性。

另见《刑法》第266条诈骗罪的相关注释。

《刑参》第1331号案例"叶某赌博案——疫情防控期间聚众赌博的,应从严惩处"。

第三百零四条 【故意延误投递邮件罪】

邮政工作人员严重不负责任,故意延误投递邮件,致使公共财产、国家和人民利益遭受重大损失的,处二年以下有期徒刑或者拘役。

◆ 相关规定

最高人民检察院 公安部

关于公安机关管辖的刑事案件立案追诉标准的规定(一)(节选)

(公通字〔2008〕36号)

第四十五条 【故意延误投递邮件案(刑法第三百零四条)】邮政工作人员严重不负责任,故意延误投递邮件,涉嫌下列情形之一的,应予立案追诉:

(一)造成直接经济损失二万元以上的;

(二)延误高校录取通知书或者其他重要邮件投递,致使他人失去高校录取资格或者造成其他无法挽回的重大损失的;

(三)严重损害国家声誉或者造成其他恶劣社会影响的;

(四)其他致使公共财产、国家和人民利益遭受重大损失的情形。

第二节 妨害司法罪

第三百零五条 【伪证罪】

在刑事诉讼中,证人、鉴定人、记录人、翻译人对与案件有重要关系的情节,故意作虚假证明、鉴定、记录、翻译,意图陷害他人或者隐匿罪证的,处三年以下有期徒刑或者拘役;情节严重的,处三年以上七年以下有期徒刑。

第三百零六条　【辩护人、诉讼代理人毁灭证据、伪造证据、妨害作证罪】

在刑事诉讼中,辩护人、诉讼代理人毁灭、伪造证据,帮助当事人毁灭、伪造证据,威胁、引诱证人违背事实改变证言或者作伪证的,处三年以下有期徒刑或者拘役;情节严重的,处三年以上七年以下有期徒刑。

辩护人、诉讼代理人提供、出示、引用的证人证言或者其他证据失实,不是有意伪造的,不属于伪造证据。

◆ 解读与适用

【拓展关键词】证人与被害人　作伪证　捏造事实

《刑参》第62号案例“刘某犯辩护人妨害作证案——辩护人妨害作证罪是否以发生危害后果为构成要件”相关论述:只要辩护人在刑事诉讼中实施了威胁、引诱证人违背事实改变证言或者作伪证的行为即可构成犯罪。至于证人改变了证言或者作了伪证,是否足以或者已经导致案件处理或者裁判错误,不影响犯罪的成立。当然,在司法实践中对于辩护人故意引诱或者威胁证人作伪证,改变证言,但情节显著轻微,如证人坚持如实作证,或者辩护人最终没有将取得的虚假证言向司法机关提供的,对辩护人就不应当追究刑事责任。

《刑参》第81号案例“张某妨害作证案——辩护人妨害作证罪的主观故意应如何把握”相关论述:“有意”伪造证据应理解为仅限于直接故意,即辩护人明知自己的妨害作证行为会妨害刑事诉讼的正常进行而积极追求这种结果的发生。要结合个案的外部条件和辩护人的职责义务,判断辩护人是否存在“明知”的充分条件。

《刑参》第95号案例“金某伪证案——被害人在向司法机关报案时故意夸大犯罪事实并指使他人作伪证的行为如何定罪处罚”相关论述:从证人和被害人这两个概念的内涵来看,被害人,是指遭受犯罪行为直接侵害的人,既可以是自然人也可以是法人。证人,是指除当事人以外了解案件情况的诉讼参与人且只能是自然人。证人和被害人是两个独立的概念,不存在种属包含关系。被害人属于当事人范畴,证人属于其他诉讼参与人。证人和被害人的诉讼权利、义务方面都存在着差别,两者的证明作用、证明手段、证明效力均不同,因而不能等同看待。被害人在报案时提供了虚假陈述,不构成伪证罪。“捏造事实”中的事实应仅限于构成犯罪的事实,不包括一般违法、违纪的或不道德的事实。捏造事实仅指无中生有,任意虚构和编造根本不存在的犯罪事实的情形。行为人借题发挥,扩大事实或把构成轻罪的事实扩大成为构成重罪的事实的行为不宜包括在“捏造事实”之内。被害人有意夸大财产损失,指使他人作伪证,严重妨害了司法机关的正常活动,应以妨害作证罪处罚。

《刑参》第444号案例“肖某辩护人妨害作证案——辩护人妨害作证罪中的‘证人’是否包括被害人”相关论述:辩护人、诉讼代理人妨害作证罪中的“证人”应当包括被害人。《刑事诉讼法》第50条在对证人的范围作出规定时并没有把被害人排除在证人范围以外。从广义上讲,从被害人、鉴定人在刑事诉讼中对案件事实的证明作用角度讲,也应属于证人范畴。从行为的社会危害性来分析,引诱被害人与引诱证人作伪证的行为同样妨害刑事诉讼的正常进行。刑法用语有其特定含义,不能简单照搬刑事诉讼法的概念含义,应当放在特定法条中结合立法本意进行甄别。妨害作证罪可以发生在刑事诉讼、民事诉讼、行政诉讼中,而辩护人、代理人妨害作证罪只能发生在刑事诉讼中。妨害作证罪既可以发生在诉讼活动开始之前，也可以在诉讼活动开始之后。而辩护人妨害作证罪只能发生在刑事诉讼活动开始之后。如果辩护人在刑事诉讼中威胁、引诱证人作伪证，根据法条竞合的原理，按照特别法优于普通法的处理原则，应按照辩护人妨害作证罪定罪处罚。

另见《刑法》第307条妨害作证罪的相关注释。

第三百零七条 【妨害作证罪】

以暴力、威胁、贿买等方法阻止证人作证或者指使他人作伪证的，处三年以下有期徒刑或者拘役；情节严重的，处三年以上七年以下有期徒刑。

【帮助毁灭、伪造证据罪】

帮助当事人毁灭、伪造证据，情节严重的，处三年以下有期徒刑或者拘役。

司法工作人员犯前两款罪的，从重处罚。

◆ 相关规定

最高人民检察院法律政策研究室
关于通过伪造证据骗取法院民事裁判占有他人财物的行为如何适用法律问题的答复

（〔2002〕高检研发第18号）

山东省人民检察院研究室：

你院《关于通过伪造证据骗取法院民事裁决占有他人财物的行为能否构成诈骗罪的请示》(鲁检发研字〔2001〕第11号)收悉经研究答复如下：

以非法占有为目的，通过伪造证据骗取法院民事裁判占有他人财物的行为所侵害的主要是人民法院正常的审判活动可以由人民法院依照民事诉讼法的有关规定作出处理，不宜以诈骗罪追究行为人的刑事责任。如果行为人伪造证据时，实施了伪造公司、企业、事业单位、人民团体印章的行为，构成犯罪的，应当依照刑法第二百八十条第二款的规定，以伪造公司、企业、事业单位、人民团体印章罪追究刑事责任；如果行为人有指使他人作伪证行为，构成犯罪的应当依照刑法第三百零七条第一款的规定，以妨害作证罪追究刑事责任。

最高人民法院 最高人民检察院
关于办理虚假诉讼刑事案件适用法律若干问题的解释(节选)

（法释〔2018〕17号）

详见《刑法》第307条之一虚假诉讼罪的相关规定

第七条 采取伪造证据等手段篡改案件事实，骗取人民法院裁判文书，构成犯罪的，依照刑法第二百八十条、第三百零七条等规定追究刑事责任。

◆ 解读与适用

【拓展关键词】帮助毁灭证据罪与包庇罪、虚假诉讼罪辨析　伪造证据　作伪证

行为人为逃避债务，伙同他人提起虚假民事诉讼并指使他人作伪证，妨害人民法院正常司法活动的，应当依照《刑法》第307条的规定，以妨害作证罪定罪处罚。①

既然刑法已经将帮助毁灭、伪造证据的行为规定为独立的犯罪，就不能将这种行为解释为包庇罪的表现形式，否则就不可能区分这两种犯罪。因此包庇罪应仅限于作假证明包庇犯罪的人，而不包括帮助犯罪人毁灭或者伪造证据的行为。②

《刑参》第388号案例"于某、戴某故意杀人案——受杀人犯指使将小孩带离现场能否构成共犯"相关论述：只有犯罪分子包括共同犯罪分子以外的其他人才谈得上"帮助"问题，而为自己毁灭证据，不属于"帮助"问题。犯罪后自行藏匿或毁灭证据的行为实际上是其先行犯罪的自然延伸，二者存在依附从属和阶段性关系，尽管从犯罪阶段来看存在两个犯罪行为，但因属于吸收犯，以故意杀人罪一罪处理。共同犯罪人相互之间不能成为帮助毁灭证据罪的主体。

《刑参》第681号案例"俞某交通肇事案——交通肇事逃逸后以贿买的方式指使他人冒名顶罪、作伪证的行为，如何定性"相关论述：被告人在交通肇事逃逸后以贿买方式指使他人顶罪作伪证的行为已经侵害了刑法意义上的另一种法益，扰乱了司法秩序，应另定妨害作证罪，予以并罚。被告人以贿买方式指使他人冒名顶罪的行为不属于交通肇事中的"逃逸"行为。从本质上讲交通肇事后的逃逸行为是一种不作为，是行为人对应该履行而且能够履行的法定义务不履行。这项义务的不履行会产生一系列严重甚至不可挽救的后果，正是这项义务不履行使逃逸行为具备了刑法所要求的严重社会危害性。而被告人以贿买方式指使他人作伪证是一种积极作为且与抢劫伤者和财产关联性不大，不应将其等同于"逃逸"行为。

《刑参》第838号案例"吴某妨害作证、洪某帮助伪造证据案——诉讼双方当事人串通伪造证据实施虚假诉讼行为的定罪与处罚"相关论述：吴某指使洪某伪造欠条以及向法院提供虚假陈述的行为都属于指使他人作伪证的行为，符合妨害作证罪的客观特征。同时，其还具有参与伪造证据的行为，但因是为自己利益而实施，不属于帮助伪造证据行为，而且这一行为也是指使他人作伪证的手段行为，不具有单独评价的必要性。洪某受他人指使并同他人一起伪造借条的行为，属于帮助当事人伪造证据的行为，符合帮助伪造证据罪的客观特征，但其向法院提供虚假陈述的行为，不构成犯罪。吴某与洪某恶意串通伪造借条实施虚假诉讼，致使人民法院作出错误裁判，2被告人主观上均有故意，客观上妨害了司法诉讼活动的正常秩序。吴某系虚假诉讼的主要获益者，符合妨害作证罪的主体要件，并具有指使他人作伪证的客观行为，故应当认定为妨害作证罪。洪某配合、帮助吴某通过虚假诉讼获益，符合帮助伪造证据罪的主体特征，并具有帮助吴某伪造证据的行为，故应当认定为帮助伪造证据罪。在共同行为过程中吴某指使洪某伪造证据，其行为实质上是洪某所实施帮助伪造证据行为的教唆犯，2被告人在此范围内属于共同犯罪。洪某受吴某指使帮助其伪造证据，其行为在刑法上符合帮助伪造证据罪的犯罪构成，对其行为评价为帮助伪造证据罪。

《刑参》第935号案例"徐某、郑某帮助伪造证据案——民事诉讼中当庭所作的虚假证言是否属于帮助伪造证据罪中的'证据'以及在庭审过程中对关键证据进行虚假陈述是否能够认定为帮助伪造证据罪中的'情节严重'"相关论述：民事诉讼中当庭所作的虚假证言属于帮助伪造证据罪中的"证据"。在庭审过程中对关键证据进行虚假陈述属于帮助伪造证据"情节严重"。把民事案件中提供虚假证据的行为纳入刑法调整范围是维护正常司法秩序的必然要求。

---

① 万某妨害作证案，载《最高人民法院公报》2012年第12期。

② 参见张明楷：《刑法分则的解释原理》，中国人民大学出版社2004年版，第118页。

《刑参》第1396号案例“杨某、颜某、姜某拒不执行判决、裁定案——为逃避执行，在民事裁判前转移财产并持续至执行阶段的行为如何定性”相关论述：刑法规定的妨害作证罪、帮助毁灭、伪造证据罪以及伪证罪等以证据为对象的犯罪，都是发生在诉讼过程中，对人民法院来说，都是发生在审判程序中。在民事案件中，法院立案前的行为一般不作为妨碍诉讼的行为来认定，但如果其行为的后果持续到审判程序中，妨害人民法院作出正确裁判的，则仍然应当作为妨害诉讼的行为来认定。而法院作出生效裁判进入执行阶段后，当事人提供的证据由于缺少开庭审理对证据的质证，不能成为上述罪名的犯罪对象。被告人伪造债务对赔偿诉讼的事实认定没有影响。其所伪造的证据亦未被人民法院在民事裁判中作为定案证据。

另见《刑法》第305条伪证罪、《刑法》第307条之1虚假诉讼罪部分。

第三百零七条之一　【虚假诉讼罪】①

以捏造的事实提起民事诉讼，妨害司法秩序或者严重侵害他人合法权益的，处三年以下有期徒刑、拘役或者管制，并处或者单处罚金；情节严重的，处三年以上七年以下有期徒刑，并处罚金。

单位犯前款罪的，对单位判处罚金，并对其直接负责的主管人员和其他直接责任人员，依照前款的规定处罚。

有第一款行为，非法占有他人财产或者逃避合法债务，又构成其他犯罪的，依照处罚较重的规定定罪从重处罚。

司法工作人员利用职权，与他人共同实施前三款行为的，从重处罚；同时构成其他犯罪的，依照处罚较重的规定定罪从重处罚。

◆ 相关规定

最高人民法院　最高人民检察院
关于办理虚假诉讼刑事案件适用法律若干问题的解释（节选）

（法释〔2018〕17号）

第一条　采取伪造证据、虚假陈述等手段，实施下列行为之一，捏造民事法律关系，虚构民事纠纷，向人民法院提起民事诉讼的，应当认定为刑法第三百零七条之一第一款规定的“以捏造的事实提起民事诉讼”：

（一）与夫妻一方恶意串通，捏造夫妻共同债务的；

（二）与他人恶意串通，捏造债权债务关系和以物抵债协议的；

（三）与公司、企业的法定代表人、董事、监事、经理或者其他管理人员恶意串通，捏造公司、企业债务或者担保义务的；

（四）捏造知识产权侵权关系或者不正当竞争关系的；

（五）在破产案件审理过程中申报捏造的债权的；

（六）与被执行人恶意串通，捏造债权或者对查封、扣押、冻结财产的优先权、担保物权的；

---

① 根据《刑法修正案（九）》新增。

（七）单方或者与他人恶意串通，捏造身份、合同、侵权、继承等民事法律关系的其他行为。

隐瞒债务已经全部清偿的事实，向人民法院提起民事诉讼，要求他人履行债务的，以“以捏造的事实提起民事诉讼”论。

向人民法院申请执行基于捏造的事实作出的仲裁裁决、公证债权文书，或者在民事执行过程中以捏造的事实对执行标的提出异议、申请参与执行财产分配的，属于刑法第三百零七条之一第一款规定的“以捏造的事实提起民事诉讼”。

第二条　以捏造的事实提起民事诉讼，有下列情形之一的，应当认定为刑法第三百零七条之一第一款规定的“妨害司法秩序或者严重侵害他人合法权益”：

（一）致使人民法院基于捏造的事实采取财产保全或者行为保全措施的；

（二）致使人民法院开庭审理，干扰正常司法活动的；

（三）致使人民法院基于捏造的事实作出裁判文书、制作财产分配方案，或者立案执行基于捏造的事实作出的仲裁裁决、公证债权文书的；

（四）多次以捏造的事实提起民事诉讼的；

（五）曾因以捏造的事实提起民事诉讼被采取民事诉讼强制措施或者受过刑事追究的；

（六）其他妨害司法秩序或者严重侵害他人合法权益的情形。

第三条　以捏造的事实提起民事诉讼，有下列情形之一的，应当认定为刑法第三百零七条之一第一款规定的“情节严重”：

（一）有本解释第二条第一项情形，造成他人经济损失一百万元以上的；

（二）有本解释第二条第二项至第四项情形之一，严重干扰正常司法活动或者严重损害司法公信力的；

（三）致使义务人自动履行生效裁判文书确定的财产给付义务或者人民法院强制执行财产权益，数额达到一百万元以上的；

（四）致使他人债权无法实现，数额达到一百万元以上的；

（五）非法占有他人财产，数额达到十万元以上的；

（六）致使他人因为不执行人民法院基于捏造的事实作出的判决、裁定，被采取刑事拘留、逮捕措施或者受到刑事追究的；

（七）其他情节严重的情形。

第四条　实施刑法第三百零七条之一第一款行为，非法占有他人财产或者逃避合法债务，又构成诈骗罪，职务侵占罪，拒不执行判决、裁定罪，贪污罪等犯罪的，依照处罚较重的规定定罪从重处罚。

第五条　司法工作人员利用职权，与他人共同实施刑法第三百零七条之一前三款行为的，从重处罚；同时构成滥用职权罪，民事枉法裁判罪，执行判决、裁定滥用职权罪等犯罪的，依照处罚较重的规定定罪从重处罚。

第六条　诉讼代理人、证人、鉴定人等诉讼参与人与他人通谋，代理提起虚假民事诉讼、故意作虚假证言或者出具虚假鉴定意见，共同实施刑法第三百零七条之一前三款行为的，依照共同犯罪的规定定罪处罚；同时构成妨害作证罪，帮助毁灭、伪造证据罪等犯罪的，依照处罚较重的规定定罪从重处罚。

第八条　单位实施刑法第三百零七条之一第一款行为的，依照本解释规定的定罪量刑标准，对其直接负责的主管人员和其他直接责任人员定罪处罚，并对单位判处罚金。

第九条　实施刑法第三百零七条之一第一款行为，未达到情节严重的标准，行为人系初犯，在民事诉讼过程中自愿具结悔过，接受人民法院处理决定，积极退赃、退赔的，可以认定为犯罪情节轻微，不起诉或者免予刑事处罚；确有必要判处刑罚的，可以从宽处罚。

司法工作人员利用职权，与他人共同实施刑法第三百零七条之一第一款行为的，对司法工作人员不适用本条第一款规定。

第十条　虚假诉讼刑事案件由虚假民事诉讼案件的受理法院所在地或者执行法院所在地人民法院管

辖。有刑法第三百零七条之一第四款情形的，上级人民法院可以指定下级人民法院将案件移送其他人民法院审判。

第十一条 本解释所称裁判文书，是指人民法院依照民事诉讼法、企业破产法等民事法律作出的判决、裁定、调解书、支付令等文书。

第十二条 本解释自2018年10月1日起施行。

最高人民法院 最高人民检察院 公安部
关于依法办理“碰瓷”违法犯罪案件的指导意见（节选）

（公通字〔2020〕12号）

详见《刑法》第266条诈骗罪的相关规定

一、实施“碰瓷”，虚构事实、隐瞒真相，骗取赔偿，符合刑法第二百六十六条规定的，以诈骗罪定罪处罚；骗取保险金，符合刑法第一百九十八条规定的，以保险诈骗罪定罪处罚。

实施“碰瓷”，捏造人身、财产权益受到侵害的事实，虚构民事纠纷，提起民事诉讼，符合刑法第三百零七条之一规定的，以虚假诉讼罪定罪处罚；同时构成其他犯罪的，依照处罚较重的规定定罪从重处罚。

最高人民检察院 公安部
关于公安机关管辖的刑事案件立案追诉标准的规定（二）（节选）

（自2022年5月15日施行）

第七十八条 **【虚假诉讼案（刑法第三百零七条之一）】**单独或者与他人恶意串通，以捏造的事实提起民事诉讼，涉嫌下列情形之一的，应予立案追诉：

（一）致使人民法院基于捏造的事实采取财产保全或者行为保全措施的；

（二）致使人民法院开庭审理，干扰正常司法活动的；

（三）致使人民法院基于捏造的事实作出裁判文书、制作财产分配方案，或者立案执行基于捏造的事实作出的仲裁裁决、公证债权文书的；

（四）多次以捏造的事实提起民事诉讼的；

（五）因以捏造的事实提起民事诉讼被采取民事诉讼强制措施或者受过刑事追究的；

（六）其他妨害司法秩序或者严重侵害他人合法权益的情形。

第七十九条 本规定中的“货币”是指在境内外正在流通的以下货币：

（一）人民币（含普通纪念币、贵金属纪念币）、港元、澳门元、新台币；

（二）其他国家及地区的法定货币。

贵金属纪念币的面额以中国人民银行授权中国金币总公司的初始发售价格为准。

第八十条 本规定中的“多次”，是指三次以上。

第八十一条 本规定中的“虽未达到上述数额标准”，是指接近上述数额标准且已达到该数额的百分之八十以上的。

第八十二条 对于预备犯、未遂犯、中止犯，需要追究刑事责任的，应予立案追诉。

第八十三条 本规定中的立案追诉标准，除法律、司法解释、本规定中另有规定的以外，适用于相应的单位犯罪。

第八十四条 本规定中的“以上”，包括本数。

第八十五条 本规定自2022年5月15日施行。《最高人民检察院、公安部关于公安机关管辖的刑事案件立案追诉标准的规定(二)》(公通字〔2010〕23号)和《最高人民检察院、公安部关于公安机关管辖的刑事案件立案追诉标准的规定(二)的补充规定》(公通字〔2011〕47号)同时废止。

☞ 其他相关规定见章后二维码

◆ 解读与适用

【拓展关键词】提起民事诉讼　部分篡改型虚假诉讼

当事人恶意串通、虚构债务,骗取法院支付令,并在执行过程中通谋达成和解协议,通过以物抵债的方式侵占国有资产,损害司法秩序,构成虚假诉讼。①

伪造证据、虚构事实提起诉讼,骗取人民法院调解书,妨害司法秩序、损害司法权威,可能不仅损害他人合法权益,而且损害国家和社会公共利益的,构成虚假诉讼。②

当事人恶意串通、捏造事实,骗取公证文书并申请法院强制执行,侵害他人合法权益,损害司法秩序和司法权威,构成虚假诉讼。检察机关对此类虚假诉讼应当依法监督,规范非诉执行行为,维护司法秩序和社会诚信。③

为从执行款项中优先受偿,当事人伪造证据将普通债权债务关系虚构为劳动争议申请劳动仲裁,获取仲裁裁决或调解书,据此向人民法院申请强制执行,构成虚假诉讼。检察机关对此类虚假诉讼行为应当依法进行监督。④

假冒原告名义提起诉讼,采取伪造证据、虚假陈述等手段,取得法院生效裁判文书,非法获取保险理赔款,构成虚假诉讼。检察机关在履行职责过程中发现虚假诉讼案件线索,应当强化线索发现和调查核实的能力,查明违法事实,纠正错误裁判。⑤

《刑参》第1375号案例"胡某妨害作证、王某帮助伪造证据案——'部分篡改型'行为不构成虚假诉讼罪"相关论述:"捏造",一般是指完全没有依据、无中生有,与"杜撰""虚构"等属同义词。应限定为无中生有、凭空虚构民事法律关系的行为。刑法评价的重点是"诉"的虚假性,刑罚打击的对象是行为人行使虚假诉权的行为。将"部分篡改型"行为排除在虚假诉讼罪之外,符合民事诉讼的客观规律。将"部分篡改型"行为认定为虚假诉讼罪难以确定明确的定罪标准。

《刑参》第1376号案例"高某虚假诉讼案——民事共同诉讼案件中如何正确认定虚假诉讼罪"相关论述:对于"部分篡改型"行为来说,由于本就存在民事法律关系行为人依法享有诉权,其通过伪造证据、虚假陈述等手段篡改部分案件事实并提起诉讼的行为,不应认定为虚假诉讼罪。虚假诉讼罪的惩治对象仅限于"无中生有型"行为。对于普通共同诉讼中各原告行使各自诉权的行为,原则上应当分别进行评价。判断某一行为是否构成虚假诉讼罪还应考虑案件处理的实际效果。

《刑参》第1377号案例"胡某、黎某虚假诉讼案——向人民法院申请执行仲裁调解书是否属于虚假诉讼罪中的'提起民事诉讼'"相关论述:被告人以捏造的事实获取仲裁调解书再向人民法院申请执行属于虚假诉讼罪中的"提起民事诉讼"。申请民事执行程序属于虚假诉讼罪中的"提起民事诉讼"。增设虚假诉讼罪的目的在于惩治不具有合法诉权,通过捏造事实的方式制造自己具有诉求的假象、意图骗取人民法院裁判的行为。二审审理范围原则上不超出一审之诉和上诉请求的范围。行为人在一审阶段被动应诉,一审宣判后

---

① 广州乙置业公司等骗取支付令执行虚假诉讼监督案,最高人民检察院指导性案例第52号(2019年5月21日)。

② 武汉乙投资公司等骗取调解书虚假诉讼监督案,最高人民检察院指导性案例第53号(2019年5月21日)。

③ 陕西甲实业公司等公证执行虚假诉讼监督案,最高人民检察院指导性案例第54号(2019年5月21日)。

④ 福建王某等人劳动仲裁执行虚假诉讼监督案,最高人民检察院指导性案例第55号(2019年5月21日)。

⑤ 江西熊某等交通事故保险理赔虚假诉讼监督案,最高人民检察院指导性案例第56号(2019年5月21日)。

以捏造的事实提出上诉、启动二审程序的，一般不应认定为虚假诉讼罪中的“提起民事诉讼”。民事执行程序中的申请执行仲裁裁决和公证债权文书、案外人对执行标的提出异议和申请参与执行财产分配，均属于民事纠纷首次进入人民法院司法处理程序，不以同一纠纷经过一审、二审民事程序审理为前提，可以认定为虚假诉讼罪中的“提起民事诉讼”。仲裁机构依法作出的裁决书和调解书的法律效力相同。向人民法院申请执行裁决书或调解书的行为性质并无实质区别。

《刑参》第 1378 号案例“嘉善双赢轴承厂诉单某虚假诉讼案——如何正确认定虚假诉讼犯罪案件的自诉条件”相关论述：被害人提起刑事自诉，应同时满足 3 个条件：(1) 自己的人身、财产权利遭到虚假诉讼犯罪行为侵害。司法秩序是虚假诉讼罪侵犯的必然客体，他人合法权益是选择客体，只有在虚假诉讼罪严重侵害他人合法权益的情况下，被害人才有权提起自诉。(2) 有证据证明对被告人通过虚假诉讼侵犯自己人身、财产权利的行为应当依法追究刑事责任。(3) 有证据证明被害人曾向公安机关或者人民检察院控告被告人实施虚假诉讼犯罪行为，而公安机关或者人民检察院不予追究被告人刑事责任。在虚假诉讼犯罪案件中，双方当事人在两个诉讼中分别扮演不同角色，存在明显的利益冲突。对民事被告或者案外第三人的刑事自诉权应当予以适当限制，原则上以相关机关出具不予立案或者不起诉的书面决定为判断标准，不能提供书面材料的，一般不予受理。

《刑参》第 1379 号案例“万某虚假诉讼案——隐瞒真相行为能否构成虚假诉讼罪及如何确定虚假诉讼罪的既遂标准”相关论述：采用隐瞒真相方式捏造事实并提起民事诉讼的行为可以构成虚假诉讼罪。本案中刑法评价的对象应当是被告人故意隐瞒金额为 50 万元的借条已经作废的事实，并以此借条为依据提起民事诉讼的行为，而非将金额为 50 余万元的债务篡改为 120 万元并提起民事诉讼的行为。捏造事实既可以通过虚构事实也可以通过隐瞒真相的方式实现，两种行为方式均可以导致欺骗法院、实现非法目的的后果。虚构事实与隐瞒真相看似一个属于作为，一个属于不作为，但两者在语义范围内存在一定程度的重合，缺乏区分的可操作性。虚假诉讼罪是结果犯，出现一定犯罪后果是判断犯罪既遂的标准。结果犯以行为造成犯罪构成要件预定的后果为既遂标准，而行为犯只需实施危害行为就构成既遂。行为造成“妨害司法秩序”或者“严重侵害他人合法权益”后果之一即可构成犯罪既遂。

《刑参》第 1381 号案例“张某虚假诉讼案——如何认定虚假诉讼罪中的‘情节严重’”相关论述：认定虚假诉讼罪“情节严重”需要坚持主客观相统一、以客观危害后果为主要依据的原则。司法实践中欺诈侵财类虚假诉讼犯罪适用第二个法定刑幅度，即情节严重的数额标准可确定为 10 万元左右。对于逃避债务型虚假诉讼行为而言，可按照欺诈侵财类行为的标准的 10 倍确定，数额达到 100 万元以上的，可以适用第二个法定刑幅度。

另见《刑法》第 307 条妨害作证罪、第 305 条伪证罪的相关注释。

第三百零八条　【打击报复证人罪】

对证人进行打击报复的，处三年以下有期徒刑或者拘役；情节严重的，处三年以上七年以下有期徒刑。

第三百零八条之一　【泄露不应公开的案件信息罪】①

司法工作人员、辩护人、诉讼代理人或者其他诉讼参与人，泄露依法不公开审理的案件

① 根据《刑法修正案(九)》新增。

中不应当公开的信息，造成信息公开传播或者其他严重后果的，处三年以下有期徒刑、拘役或者管制，并处或者单处罚金。

【故意泄露国家秘密罪】【过失泄露国家秘密罪】

有前款行为，泄露国家秘密的，依照本法第三百九十八条的规定定罪处罚。

【披露、报道不应公开的案件信息罪】

公开披露、报道第一款规定的案件信息，情节严重的，依照第一款的规定处罚。

单位犯前款罪的，对单位判处罚金，并对其直接负责的主管人员和其他直接责任人员，依照第一款的规定处罚。

第三百零九条　【扰乱法庭秩序罪】①

有下列扰乱法庭秩序情形之一的，处三年以下有期徒刑、拘役、管制或者罚金：

（一）聚众哄闹、冲击法庭的；

（二）殴打司法工作人员或者诉讼参与人的；

（三）侮辱、诽谤、威胁司法工作人员或者诉讼参与人，不听法庭制止，严重扰乱法庭秩序的；

（四）有毁坏法庭设施，抢夺、损毁诉讼文书、证据等扰乱法庭秩序行为，情节严重的。

第三百一十条　【窝藏、包庇罪】

明知是犯罪的人而为其提供隐藏处所、财物，帮助其逃匿或者作假证明包庇的，处三年以下有期徒刑、拘役或者管制；情节严重的，处三年以上十年以下有期徒刑。

犯前款罪，事前通谋的，以共同犯罪论处。

◆ 相关规定

最高人民法院　最高人民检察院
关于办理组织、强迫、引诱、容留、介绍卖淫刑事案件适用法律若干问题的解释（节选）
（法释〔2017〕13号）

详见《刑法》第358条组织卖淫罪的相关规定

第十四条　根据刑法第三百六十二条、第三百一十条的规定，旅馆业、饮食服务业、文化娱乐业、出租汽车业等单位的人员，在公安机关查处卖淫、嫖娼活动时，为违法犯罪分子通风报信，情节严重的，以包庇罪定罪处罚。事前与犯罪分子通谋的，以共同犯罪论处。

具有下列情形之一的，应当认定为刑法第三百六十二条规定的“情节严重”：

（一）向组织、强迫卖淫犯罪集团通风报信的；

（二）二年内通风报信三次以上的；

---

① 根据《刑法修正案（九）》修订。修订前的内容为：聚众哄闹、冲击法庭，或者殴打司法工作人员，严重扰乱法庭秩序的，处三年以下有期徒刑、拘役、管制或者罚金。

（三）一年内因通风报信被行政处罚，又实施通风报信行为的；

（四）致使犯罪集团的首要分子或者其他共同犯罪的主犯未能及时归案的；

（五）造成卖淫嫖娼人员逃跑，致使公安机关查处犯罪行为因取证困难而撤销刑事案件的；

（六）非法获利人民币一万元以上的；

（七）其他情节严重的情形。

最高人民法院　最高人民检察院
关于办理窝藏、包庇刑事案件适用法律若干问题的解释（节选）

（法释〔2021〕16号）

……

第一条　明知是犯罪的人，为帮助其逃匿，实施下列行为之一的，应当依照刑法第三百一十条第一款的规定，以窝藏罪定罪处罚：

（一）为犯罪的人提供房屋或者其他可以用于隐藏的处所的；

（二）为犯罪的人提供车辆、船只、航空器等交通工具，或者提供手机等通讯工具的；

（三）为犯罪的人提供金钱的；

（四）其他为犯罪的人提供隐藏处所、财物，帮助其逃匿的情形。

保证人在犯罪的人取保候审期间，协助其逃匿，或者明知犯罪的人的藏匿地点、联系方式，但拒绝向司法机关提供的，应当依照刑法第三百一十条第一款的规定，对保证人以窝藏罪定罪处罚。

虽然为犯罪的人提供隐藏处所、财物，但不是出于帮助犯罪的人逃匿的目的，不以窝藏罪定罪处罚；对未履行法定报告义务的行为人，依法移送有关主管机关给予行政处罚。

第二条　明知是犯罪的人，为帮助其逃避刑事追究，或者帮助其获得从宽处罚，实施下列行为之一的，应当依照刑法第三百一十条第一款的规定，以包庇罪定罪处罚：

（一）故意顶替犯罪的人欺骗司法机关的；

（二）故意向司法机关作虚假陈述或者提供虚假证明，以证明犯罪的人没有实施犯罪行为，或者犯罪的人所实施行为不构成犯罪的；

（三）故意向司法机关提供虚假证明，以证明犯罪的人具有法定从轻、减轻、免除处罚情节的；

（四）其他作假证明包庇的行为。

第三条　明知他人有间谍犯罪或者恐怖主义、极端主义犯罪行为，在司法机关向其调查有关情况、收集有关证据时，拒绝提供，情节严重的，依照刑法第三百一十一条的规定，以拒绝提供间谍犯罪、恐怖主义犯罪、极端主义犯罪证据罪定罪处罚；作假证明包庇的，依照刑法第三百一十条的规定，以包庇罪从重处罚。

第四条　窝藏、包庇犯罪的人，具有下列情形之一的，应当认定为刑法第三百一十条第一款规定的“情节严重”：

（一）被窝藏、包庇的人可能被判处无期徒刑以上刑罚的；

（二）被窝藏、包庇的人犯危害国家安全犯罪、恐怖主义或者极端主义犯罪，或者系黑社会性质组织犯罪的组织者、领导者，且可能被判处十年有期徒刑以上刑罚的；

（三）被窝藏、包庇的人系犯罪集团的首要分子，且可能被判处十年有期徒刑以上刑罚的；

（四）被窝藏、包庇的人在被窝藏、包庇期间再次实施故意犯罪，且新罪可能被判处五年有期徒刑以上刑罚的；

（五）多次窝藏、包庇犯罪的人，或者窝藏、包庇多名犯罪的人的；

（六）其他情节严重的情形。

前款所称“可能被判处”刑罚，是指根据被窝藏、包庇的人所犯罪行，在不考虑自首、立功、认罪认罚等从宽处罚情节时应当依法判处的刑罚。

第五条　认定刑法第三百一十条第一款规定的“明知”，应当根据案件的客观事实，结合行为人的认知能力，接触被窝藏、包庇的犯罪人的情况，以及行为人和犯罪人的供述等主、客观因素进行认定。

行为人将犯罪的人所犯之罪误认为其他犯罪的，不影响刑法第三百一十条第一款规定的“明知”的认定。

行为人虽然实施了提供隐藏处所、财物等行为，但现有证据不能证明行为人知道犯罪的人实施了犯罪行为的，不能认定为刑法第三百一十条第一款规定的“明知”。

第六条　认定窝藏、包庇罪，以被窝藏、包庇的人的行为构成犯罪为前提。

被窝藏、包庇的人实施的犯罪事实清楚，证据确实、充分，但尚未到案、尚未依法裁判或者因不具有刑事责任能力依法未予追究刑事责任的，不影响窝藏、包庇罪的认定。但是，被窝藏、包庇的人归案后被宣告无罪的，应当依照法定程序宣告窝藏、包庇行为人无罪。

第七条　为帮助同一个犯罪的人逃避刑事处罚，实施窝藏、包庇行为，又实施洗钱行为，或者掩饰、隐瞒犯罪所得及其收益行为，或者帮助毁灭证据行为，或者伪证行为的，依照处罚较重的犯罪定罪，并从重处罚，不实行数罪并罚。

第八条　共同犯罪人之间互相实施的窝藏、包庇行为，不以窝藏、包庇罪定罪处罚，但对共同犯罪以外的犯罪人实施窝藏、包庇行为的，以所犯共同犯罪和窝藏、包庇罪并罚。

第九条　本解释自2021年8月11日起施行。

☞ 其他相关规定见章后二维码

◆ 解读与适用

【拓展关键词】犯罪的人

当规范用语的意义不精确、不真实时，必须回到普通意义上进行解释。“犯罪的人”应从一般意义上理解，而不能从“无罪推定”规范意义上作出解释。将“犯罪的人”解释为经过法院判决有罪的人只是形式上与无罪推定原则“相符合”，却有悖刑法的保护目的，也与窝藏、包庇罪的本质相背离，不当缩小处罚范围。①

【拓展关键词】牵连犯　包庇罪与帮助毁灭证据罪辨析

“为其提供隐藏处所、财物”与“帮助其逃匿”不是手段行为与目的行为的关系，而属于并列关系。帮助犯罪的人逃匿的方法行为，不限于为犯罪的人提供隐藏处所或财物。②

《刑参》第254号案例“冉某等故意杀人、包庇案——如何理解和认定事前通谋的共同犯罪”相关论述：超出包庇故意，实施包庇行为和帮助毁灭证据行为，应以包庇罪定罪，不应数罪并罚。出于帮助冉某逃避刑事法律追究这一犯罪目的而实施的犯罪行为，属于牵连犯。

另见《刑法》第307条帮助毁灭证据罪的相关注释。

【拓展关键词】包庇同案犯

《刑参》第178号案例“谢某等强奸、奸淫幼女案——行为人既实施了强奸妇女的行为又实施了奸淫幼

---

① 参见张明楷：《刑法分则的解释原理》，中国人民大学出版社2004年版，第360页。

② 参见张明楷：《刑法分则的解释原理》，中国人民大学出版社2004年版，第323页。

女的行为应如何定罪"相关论述:同案犯之间相互包庇的,不构成包庇罪。杨某包庇黄某的行为,实际上是害怕黄某被抓后暴露自己而采取的一种自我保护措施,最终目的是掩盖自己与黄某的共同犯罪行为,使自己逃避惩罚。杨某的行为在客观上既侵犯了司法机关对黄某的追诉活动,同时也妨害了司法机关对其本人的追诉活动。对这种为了使自己和同案犯共同逃避司法机关追究而实施的包庇同案犯的行为,在定性时应以其行为的主要目的为依据。本案被告人杨某为掩盖本人罪行而在案发后包庇同案犯的行为不适用包庇罪的规定。但其包庇行为毕竟妨害了司法机关的侦查活动,故可酌情从重量刑。

《刑参》第581号案例"龚某等抢劫、贩卖毒品案——诈骗未得逞后以暴力手段取得财物的行为如何定性"相关论述:事前通谋,事后帮助他人逃匿的行为应认定为共同犯罪。窝藏行为是在被窝藏的人犯罪后实施的,行为人的犯罪故意也是在他人犯罪后产生的,即行为人是在事前与犯罪人没有通谋的情况下实施窝藏行为的,才成立窝藏罪。

第三百一十一条　【拒绝提供间谍犯罪、恐怖主义犯罪、极端主义犯罪证据罪】①

明知他人有间谍犯罪或者恐怖主义、极端主义犯罪行为,在司法机关向其调查有关情况、收集有关证据时,拒绝提供,情节严重的,处三年以下有期徒刑、拘役或者管制。

第三百一十二条　【掩饰、隐瞒犯罪所得、犯罪所得收益罪】②③

明知是犯罪所得及其产生的收益而予以窝藏、转移、收购、代为销售或者以其他方法掩饰、隐瞒的,处三年以下有期徒刑、拘役或者管制,并处或者单处罚金;情节严重的,处三年以上七年以下有期徒刑,并处罚金。

单位犯前款罪的,对单位判处罚金,并对其直接负责的主管人员和其他直接责任人员,依照前款的规定处罚。

◆ 相关规定

最高人民法院　最高人民检察院

关于办理与盗窃、抢劫、诈骗、抢夺机动车相关刑事案件具体应用法律若干问题的解释(节选)

(法释〔2007〕11号)

为依法惩治与盗窃、抢劫、诈骗、抢夺机动车相关的犯罪活动,根据刑法、刑事诉讼法等有关法律的规定,现对办理这类案件具体应用法律的若干问题解释如下:

第一条　明知是盗窃、抢劫、诈骗、抢夺的机动车,实施下列行为之一的,依照刑法第三百一十二条的规定,以掩饰、隐瞒犯罪所得、犯罪所得收益罪定罪,处三年以下有期徒刑、拘役或者管制,并处或者单处罚金:

(一)买卖、介绍买卖、典当、拍卖、抵押或者用其抵债的;

---

① 根据《刑法修正案(九)》修订。修订前的内容为:明知他人有间谍犯罪行为,在国家安全机关向其调查有关情况、收集有关证据时,拒绝提供,情节严重的,处三年以下有期徒刑、拘役或者管制。

② 根据《刑法修正案(六)》修订。原条文主要内容为:明知是犯罪所得的赃物而予以窝藏、转移、收购或者代为销售的,处三年以下有期徒刑、拘役或者管制,并处或者单处罚金。

③ 根据《刑法修正案(七)》增加第二款。

（二）拆解、拼装或者组装的；

（三）修改发动机号、车辆识别代号的；

（四）更改车身颜色或者车辆外形的；

（五）提供或者出售机动车来历凭证、整车合格证、号牌以及有关机动车的其他证明和凭证的；

（六）提供或者出售伪造、变造的机动车来历凭证、整车合格证、号牌以及有关机动车的其他证明和凭证的。

实施第一款规定的行为涉及盗窃、抢劫、诈骗、抢夺的机动车五辆以上或者价值总额达到五十万元以上的，属于刑法第三百一十二条规定的“情节严重”，处三年以上七年以下有期徒刑，并处罚金。

……

第四条　实施本解释第一条、第二条、第三条第一款或者第三款规定的行为，事前与盗窃、抢劫、诈骗、抢夺机动车的犯罪分子通谋的，以盗窃罪、抢劫罪、诈骗罪、抢夺罪的共犯论处。

第五条　对跨地区实施的涉及同一机动车的盗窃、抢劫、诈骗、抢夺以及掩饰、隐瞒犯罪所得、犯罪所得收益行为，有关公安机关可以依照法律和有关规定一并立案侦查，需要提请批准逮捕、移送审查起诉、提起公诉的，由该公安机关所在地的同级人民检察院、人民法院受理。

第六条　行为人实施本解释第一条、第三条第三款规定的行为，涉及的机动车有下列情形之一的，应当认定行为人主观上属于上述条款所称“明知”：

（一）没有合法有效的来历凭证；

（二）发动机号、车辆识别代号有明显更改痕迹，没有合法证明的。

最高人民法院　最高人民检察院
关于办理危害计算机信息系统安全刑事案件应用法律若干问题的解释（节选）

（法释〔2011〕19号）

详见《刑法》第286条破坏计算机信息系统罪的相关规定

第七条　明知是非法获取计算机信息系统数据犯罪所获取的数据、非法控制计算机信息系统犯罪所获取的计算机信息系统控制权，而予以转移、收购、代为销售或者以其他方法掩饰、隐瞒，违法所得五千元以上的，应当依照刑法第三百一十二条第一款的规定，以掩饰、隐瞒犯罪所得罪定罪处罚。

实施前款规定行为，违法所得五万元以上的，应当认定为刑法第三百一十二条第一款规定的“情节严重”。

单位实施第一款规定行为的，定罪量刑标准依照第一款、第二款的规定执行。

最高人民法院
关于审理洗钱等刑事案件具体应用法律若干问题的解释

（法释〔2009〕15号）

详见《刑法》第191条洗钱罪的相关规定

最高人民法院研究室
关于《最高人民法院、最高人民检察院关于办理与盗窃、抢劫、诈骗、抢夺机动车相关刑事案件具体应用法律若干问题的解释》有关规定如何适用问题的答复

（法研〔2014〕98 号）

云南省高级人民法院：

你院《关于两高〈关于办理与盗窃、抢劫、诈骗、抢夺机动车相关刑事案件具体应用法律若干问题的解释〉适用问题的请示》（云高法〔2013〕213 号）收悉。经研究，答复如下：

根据罪责刑相适应刑法基本原则，《最高人民法院、最高人民检察院关于办理与盗窃、抢劫、诈骗、抢夺机动车相关刑事案件具体应用法律若干问题的解释》第一条第二款中规定的“机动车五辆以上”，应当是指机动车数量在五辆以上，且价值总额接近五十万元。

全国人民代表大会常务委员会
关于《中华人民共和国刑法》第三百四十一条、第三百一十二条的解释

（2014 年 4 月 24 日第十二届全国人民代表大会常务委员会第八次会议通过）

全国人民代表大会常务委员会根据司法实践中遇到的情况，讨论了刑法第三百四十一条第一款规定的非法收购国家重点保护的珍贵、濒危野生动物及其制品的含义和收购刑法第三百四十一条第二款规定的非法狩猎的野生动物如何适用刑法有关规定的问题，解释如下：

知道或者应当知道是国家重点保护的珍贵、濒危野生动物及其制品，为食用或者其他目的而非法购买的，属于刑法第三百四十一条第一款规定的非法收购国家重点保护的珍贵、濒危野生动物及其制品的行为。

知道或者应当知道是刑法第三百四十一条第二款规定的非法狩猎的野生动物而购买的，属于刑法第三百一十二条第一款规定的明知是犯罪所得而收购的行为。

最高人民法院　最高人民检察院
关于办理妨害文物管理等刑事案件适用法律若干问题的解释（节选）

（法释〔2015〕23 号）

详见《刑法》第 324 条故意损毁文物罪的相关规定

第九条　明知是盗窃文物、盗掘古文化遗址、古墓葬等犯罪所获取的三级以上文物，而予以窝藏、转移、收购、加工、代为销售或者以其他方法掩饰、隐瞒的，依照刑法第三百一十二条的规定，以掩饰、隐瞒犯罪所得罪追究刑事责任。

实施前款规定的行为，事先通谋的，以共同犯罪论处。

最高人民法院　最高人民检察院　公安部
关于办理电信网络诈骗等刑事案件适用法律若干问题的意见(节选)

(法发〔2016〕32号)

详见《刑法》第266条诈骗罪的相关规定

三、全面惩处关联犯罪

(五)明知是电信网络诈骗犯罪所得及其产生的收益,以下列方式之一予以转账、套现、取现的,依照刑法第三百一十二条第一款的规定,以掩饰、隐瞒犯罪所得、犯罪所得收益罪追究刑事责任。但有证据证明确实不知道的除外:

1. 通过使用销售点终端机具(POS机)刷卡套现等非法途径,协助转换或者转移财物的;

2. 帮助他人将巨额现金散存于多个银行账户,或在不同银行账户之间频繁划转的;

3. 多次使用或者使用多个非本人身份证明开设的信用卡、资金支付结算账户或者多次采用遮蔽摄像头、伪装等异常手段,帮助他人转账、套现、取现的;

4. 为他人提供非本人身份证明开设的信用卡、资金支付结算账户后,又帮助他人转账、套现、取现的;

5. 以明显异于市场的价格,通过手机充值、交易游戏点卡等方式套现的。

实施上述行为,事前通谋的,以共同犯罪论处。

实施上述行为,电信网络诈骗犯罪嫌疑人尚未到案或案件尚未依法裁判,但现有证据足以证明该犯罪行为确实存在的,不影响掩饰、隐瞒犯罪所得、犯罪所得收益罪的认定。

实施上述行为,同时构成其他犯罪的,依照处罚较重的规定定罪处罚。法律和司法解释另有规定的除外。

最高人民法院　最高人民检察院　公安部　农业农村部
关于印发《依法惩治长江流域非法捕捞等违法犯罪的意见》的通知(节选)

(公通字〔2020〕17号)

详见《刑法》第340条非法捕捞水产品罪的相关规定

二、准确适用法律,依法严惩非法捕捞等危害水生生物资源的各类违法犯罪

……

(三)依法严惩非法渔获物交易犯罪。明知是在长江流域重点水域非法捕捞犯罪所得的水产品而收购、贩卖,价值一万元以上的,应当依照刑法第三百一十二条的规定,以掩饰、隐瞒犯罪所得罪定罪处罚。

非法收购、运输、出售在长江流域重点水域非法猎捕、杀害的中华鲟、长江鲟、长江江豚或者其他国家重点保护的珍贵、濒危水生野生动物及其制品,价值二万元以上不满二十万元的,应当依照刑法第三百四十一条的规定,以非法收购、运输、出售珍贵、濒危野生动物、珍贵、濒危野生动物制品罪,处五年以下有期徒刑或者拘役,并处罚金;价值二十万元以上不满二百万元的,应当认定为"情节严重",处五年以上十年以下有期徒刑,并处罚金;价值二百万元以上的,应当认定为"情节特别严重",处十年以上有期徒刑,并处罚金或者没收财产。

最高人民法院
关于审理掩饰、隐瞒犯罪所得、犯罪所得收益刑事案件适用法律若干问题的解释

(法释〔2021〕8号)

……

第一条 明知是犯罪所得及其产生的收益而予以窝藏、转移、收购、代为销售或者以其他方法掩饰、隐瞒,具有下列情形之一的,应当依照刑法第三百一十二条第一款的规定,以掩饰、隐瞒犯罪所得、犯罪所得收益罪定罪处罚:

(一)一年内曾因掩饰、隐瞒犯罪所得及其产生的收益行为受过行政处罚,又实施掩饰、隐瞒犯罪所得及其产生的收益行为的;

(二)掩饰、隐瞒的犯罪所得系电力设备、交通设施、广播电视设施、公用电信设施、军事设施或者救灾、抢险、防汛、优抚、扶贫、移民、救济款物的;

(三)掩饰、隐瞒行为致使上游犯罪无法及时查处,并造成公私财物损失无法挽回的;

(四)实施其他掩饰、隐瞒犯罪所得及其产生的收益行为,妨害司法机关对上游犯罪进行追究的。

人民法院审理掩饰、隐瞒犯罪所得、犯罪所得收益刑事案件,应综合考虑上游犯罪的性质、掩饰、隐瞒犯罪所得及其收益的情节、后果及社会危害程度等,依法定罪处罚。

司法解释对掩饰、隐瞒涉及计算机信息系统数据、计算机信息系统控制权的犯罪所得及其产生的收益行为构成犯罪已有规定的,审理此类案件依照该规定。

依照全国人民代表大会常务委员会《关于〈中华人民共和国刑法〉第三百四十一条、第三百一十二条的解释》,明知是非法狩猎的野生动物而收购,数量达到五十只以上的,以掩饰、隐瞒犯罪所得罪定罪处罚。

第二条 掩饰、隐瞒犯罪所得及其产生的收益行为符合本解释第一条的规定,认罪、悔罪并退赃、退赔,且具有下列情形之一的,可以认定为犯罪情节轻微,免予刑事处罚:

(一)具有法定从宽处罚情节的;

(二)为近亲属掩饰、隐瞒犯罪所得及其产生的收益,且系初犯、偶犯的;

(三)有其他情节轻微情形的。

第三条 掩饰、隐瞒犯罪所得及其产生的收益,具有下列情形之一的,应当认定为刑法第三百一十二条第一款规定的"情节严重":

(一)掩饰、隐瞒犯罪所得及其产生的收益价值总额达到十万元以上的;

(二)掩饰、隐瞒犯罪所得及其产生的收益十次以上,或者三次以上且价值总额达到五万元以上的;

(三)掩饰、隐瞒的犯罪所得系电力设备、交通设施、广播电视设施、公用电信设施、军事设施或者救灾、抢险、防汛、优抚、扶贫、移民、救济款物,价值总额达到五万元以上的;

(四)掩饰、隐瞒行为致使上游犯罪无法及时查处,并造成公私财物重大损失无法挽回或其他严重后果的;

(五)实施其他掩饰、隐瞒犯罪所得及其产生的收益行为,严重妨害司法机关对上游犯罪予以追究的。

司法解释对掩饰、隐瞒涉及机动车、计算机信息系统数据、计算机信息系统控制权的犯罪所得及其产生的收益行为认定"情节严重"已有规定的,审理此类案件依照该规定。

第四条 掩饰、隐瞒犯罪所得及其产生的收益的数额,应当以实施掩饰、隐瞒行为时为准。收购或者代为销售财物的价格高于其实际价值的,以收购或者代为销售的价格计算。

多次实施掩饰、隐瞒犯罪所得及其产生的收益行为,未经行政处罚,依法应当追诉的,犯罪所得、犯罪所得收益的数额应当累计计算。

第五条 事前与盗窃、抢劫、诈骗、抢夺等犯罪分子通谋,掩饰、隐瞒犯罪所得及其产生的收益的,以盗

窃、抢劫、诈骗、抢夺等犯罪的共犯论处。

第六条　对犯罪所得及其产生的收益实施盗窃、抢劫、诈骗、抢夺等行为，构成犯罪的，分别以盗窃罪、抢劫罪、诈骗罪、抢夺罪等定罪处罚。

第七条　明知是犯罪所得及其产生的收益而予以掩饰、隐瞒，构成刑法第三百一十二条规定的犯罪，同时构成其他犯罪的，依照处罚较重的规定定罪处罚。

第八条　认定掩饰、隐瞒犯罪所得、犯罪所得收益罪，以上游犯罪事实成立为前提。上游犯罪尚未依法裁判，但查证属实的，不影响掩饰、隐瞒犯罪所得、犯罪所得收益罪的认定。

上游犯罪事实经查证属实，但因行为人未达到刑事责任年龄等原因依法不予追究刑事责任的，不影响掩饰、隐瞒犯罪所得、犯罪所得收益罪的认定。

第九条　盗用单位名义实施掩饰、隐瞒犯罪所得及其产生的收益行为，违法所得由行为人私分的，依照刑法和司法解释有关自然人犯罪的规定定罪处罚。

第十条　通过犯罪直接得到的赃款、赃物，应当认定为刑法第三百一十二条规定的"犯罪所得"。上游犯罪的行为人对犯罪所得进行处理后得到的孳息、租金等，应当认定为刑法第三百一十二条规定的"犯罪所得产生的收益"。

明知是犯罪所得及其产生的收益而采取窝藏、转移、收购、代为销售以外的方法，如居间介绍买卖，收受，持有，使用，加工，提供资金账户，协助将财物转换为现金、金融票据、有价证券，协助将资金转移、汇往境外等，应当认定为刑法第三百一十二条规定的"其他方法"。

第十一条　掩饰、隐瞒犯罪所得、犯罪所得收益罪是选择性罪名，审理此类案件，应当根据具体犯罪行为及其指向的对象，确定适用的罪名。

◆ 解读与适用

【拓展关键词】掩饰、隐瞒犯罪所得罪与洗钱罪辨析　普通法条与特别法条

《刑参》第735号案例"李某等内幕交易、泄露内幕信息案——如何确定内部信息价格敏感期、建议他人买卖与内幕信息有关的证券的行为如何定性以及如何区分洗钱罪与掩饰、隐瞒犯罪所得罪"相关论述：行为人明知是内幕交易犯罪所得而予以掩饰、隐瞒的行为构成洗钱罪。掩饰、隐瞒犯罪所得罪与洗钱罪之间存在包含与被包含的关系。首先，洗钱罪是复杂客体，掩饰、隐瞒犯罪所得罪是简单客体，只是破坏了司法机关的正常秩序。其次，掩饰、隐瞒犯罪所得罪的犯罪对象外延要大于洗钱罪。再次，洗钱罪规定了5种法定的行为方式，行为人以上述方式使上游犯罪所得及其收益通过金融机构表面合法化。掩饰、隐瞒犯罪所得罪主要只是进行空间上的移动，不具有使犯罪所得表面合法化的特征。明知的内容范围也不同。最后，洗钱罪的直接目的是使黑钱合法化，掩饰隐瞒犯罪所得罪的直接目的是规避司法机关的追查或者犯罪所得不被追缴，没有漂白赃款的意图。

《刑参》第1103号案例"姜某掩饰、隐瞒犯罪所得案——如何区分掩饰、隐瞒犯罪所得罪与洗钱罪"相关论述：洗钱罪与掩饰、隐瞒犯罪所得、犯罪所得收益罪之间是特别法与一般法的竞合关系，性质上同为事后帮助犯。两罪的主要区分点是犯罪对象也即上游犯罪的性质不同。两罪在行为方式和行为性质上的差异已经十分淡化，但这种差异性还是存在的。两罪的犯罪客体有所不同。洗钱罪侵犯的客体是国家的金融管理秩序，同时也侵害了司法机关的职能活动，兼具妨害司法的性质。掩饰、隐瞒犯罪所得、犯罪所得收益侵犯的客体主要是司法机关追诉犯罪的职能活动，也包含上游犯罪中的被害人对财物的合法权益。在行为方式上，洗钱罪侧重点在于掩饰、隐瞒犯罪所得及其收益的来源和性质，把"赃物洗白"。而掩饰、隐瞒犯罪所得、犯罪所得收益罪的行为方式包括掩饰、隐瞒犯罪所得及其收益的来源和性质，还包括掩饰、隐瞒犯罪所得及其收益的处所等其他情况。如果两罪之间发生了交叉，不涉及掩饰、隐瞒犯罪所得及其收益的来源和性质的，仍应定掩饰、隐瞒犯罪所得、犯罪所得收益罪而非洗钱罪。“掩饰、隐瞒来源与性质”不需要局限在金融领域或通过金融机构来实现，应当将其落脚点放在资金形式的“转换”上而非“金融机构”上。洗钱罪要求行为人借助一定的金融手段或者非金融手段来实现对犯罪所得及其收益的转换，它一定有一个类似交易、兑换的转换过程，如行为人明知系受贿犯罪所得的花瓶而为其保管，因不涉及资金形式的“转换”，只能构成掩饰、隐瞒犯罪所得罪。同理，明知系他人受贿所得现金而提供场所藏匿，只是物理意义上的转移、窝藏行为，行为的落脚点在于掩饰、隐瞒实物本身，而非犯罪所得的性质和来源，不涉及资金形式的“转换”，仍应定掩饰、隐瞒犯罪所得罪。

另见《刑法》第191条洗钱罪的相关注释。

【拓展关键词】事后销赃与盗窃共犯　明知　通谋　共同犯罪

《刑参》第483号案例“马某、陈某等盗窃、隐瞒犯罪所得案——在盗窃实行犯不知情的情况下，与销赃人事先约定、事后出资收购赃物的行为是否构成盗窃共犯”相关论述：与盗窃实行犯事先进行通谋，事后予以销赃成立盗窃共犯的依据在于两方面。一方面，在于销赃犯与实行犯主观上形成了共同犯罪的故意；另一方面，在于销赃犯的行为对实行犯决意、实施犯罪起到了鼓励、支持的帮助作用。共同犯罪要求各共同犯罪人之间必须有共同的犯罪故意，存在一定的意思联络，这种意思联络必须发生在犯罪既遂前。只是知道作案人员要去实施犯罪，事后予以窝藏或者事先知情作案人要去实施犯罪，未去报案，犯罪发生后又窝藏的，都不以共同犯罪论处。如果有证据证明销赃行为人与盗窃实行犯已经形成长期、稳定、默契的合作关系，在盗窃财物后按照事先的约定或默契，为盗窃实行犯窝藏的，也应当认定为双方事先存在通谋，以共犯论处。销赃行为人仅知道盗窃实行犯可能要去盗窃，但在盗窃前未与盗窃实行犯形成犯意联络，在盗窃完成后才与盗窃实行犯共谋实施销赃行为的，不属于事先通谋。只要销赃行为人在盗窃前向盗窃实行犯承诺盗窃完成后收购赃物就可以认定存在事前通谋，不要求销赃行为人对盗窃犯罪的具体情节都参与共谋或全面了解。共犯的帮助行为必须是实行犯犯罪前后犯罪中实施。如果实行犯的犯罪已经实施完毕，危害结果已经发生，则不存在帮助问题。

《刑参》第1100号案例“孙某、刘某、朱某盗窃案——事先承诺收购指定的特殊产品并在事后低价收购的行为如何定性”相关论述：明知财物系上游犯罪人犯罪所得，事先承诺收购，事后在上游犯罪现场收购赃物的，可以认定为与上游犯罪人通谋犯罪。涉案的电子元件根本不可能在市场流通，被告人应当明知涉案电子元件系犯罪所得，被告人张贴广告回收电子元件的行为实质上起到了引诱犯罪的作用，刘某向被告人提供样品时，被告人承诺收购就是对刘某等人盗窃行为的支持，如果被告人不同意收购，刘某等人盗窃的电子元件几乎无处可销。被告人事先承诺收购行为是刘某等盗窃预谋内容中不可或缺的组成部分，被告人收购行为在犯罪现场或者非正常收购地点。被告人到盗窃现场或指定地点低价收购赃物的行为，客观上直接帮助刘某等完成了盗窃犯罪活动，被告人明知刘某出售给其的电子元件为瑞声公司所有，不可能为刘某等个人合法持有，仍事前商定收购的型号，事后至指定地点接收赃物，其行为性质属事前预谋，事后辅助，在共同犯罪中负责收赃环节，构成盗窃罪的共犯。

《刑参》第1101号案例“孙某职务侵占案——事前与职务侵占罪的犯罪分子通谋，帮助掩饰、隐瞒犯罪所得的，以职务侵占罪的共犯论处”。

《刑参》第1108号案例“郭某、黄某盗窃，掩饰、隐瞒犯罪所得案——与盗窃犯罪分子事前通谋的收赃行为如何定性”相关论述：在认定销赃行为人与盗窃实行犯是否有事前通谋时应注意：一是销赃行为人与盗窃实行犯事前通谋的时间仅限于盗窃犯罪既遂之前，在盗窃犯罪既遂之后才进行意思联络的，不属于事前通谋。二是销赃行为人仅知道盗窃实行犯可能要去实施盗窃，但在盗窃前未与盗窃实行犯形成意思联络，在盗窃完成后才与盗窃实行犯共谋实施销赃行为的，不属于事前通谋。三是只要销赃行为人在盗窃前向盗窃实行犯承诺盗窃完成后为实行犯收购、销售盗窃所得的赃物，就可以认定双方存在事前通谋，而不要求销赃行为人对盗窃犯罪的时间、地点、方法等具体情节都全面了解或参与共谋。如果有证据证明销赃行为人与盗窃实行犯已经形成长期、稳定、默契的合作关系，在盗窃实行犯盗得财物后按照事先约定或默契，为盗窃实行犯窝藏、转移、收购、代为销售赃物或者以其他方式进行掩饰、隐瞒的，也应当认定为双方事前存在通谋，以盗窃共犯论处。

另见《刑法》第 264 条盗窃罪的相关注释。

【拓展关键词】上游犯罪与掩饰、隐瞒犯罪所得罪的关系　情节严重　从旧兼从轻

《刑参》第 1030 号案例“韩某掩饰、隐瞒犯罪所得案——上游犯罪尚未依法裁判，但查证属实的，是否影响对掩饰、隐瞒犯罪所得罪的认定”相关论述：上游犯罪尚未裁判但查证属实的，不影响对下游犯罪的认定。掩饰、隐瞒犯罪所得罪的主观方面要求行为人明知是犯罪所得，即知道或应当知道可能是犯罪所得，不要求确切地知道是什么具体犯罪所得、如何所得。掩饰、隐瞒犯罪所得罪的成立以上游犯罪事实成立为前提，即只要求上游犯罪构成实质意义上的犯罪，而不要求必须是已经由刑事判决确认的形式意义上的犯罪。掩饰、隐瞒犯罪所得罪既派生于上游犯罪，又独立于上游犯罪，有自己独特的构成要件，与前行为不是一个整体，前行为是否被裁判，对掩饰、隐瞒犯罪所得构成犯罪没有实质影响。前行为尚未依法裁判或者对行为人不予追究刑事责任的，不影响掩饰、隐瞒犯罪所得罪的成立。

《刑参》第 1090 号案例“钟某等盗窃、高某掩饰、隐瞒犯罪所得案——如何适用掩饰、隐瞒犯罪所得罪的入罪数额标准”相关论述：本案存在依照行为时法律构成犯罪，但依照审判时法律和司法解释又不构成犯罪应该如何处理的问题，根据从旧兼从轻原则及最高人民法院、最高人民检察院《关于适用刑事司法解释时间效力问题的规定》第 2 条的规定，被告人的行为不构成犯罪。掩饰、隐瞒犯罪行为的上游行为必须构成犯罪，或者说上游行为要满足入罪的数额标准。不排除掩饰、隐瞒的是其他一些犯罪的所得，此时有可能出现上游犯罪不符合入罪的数额标准，而掩饰、隐瞒行为符合最高人民法院、最高人民检察院《关于适用刑事司法解释时间效力问题的规定》的入罪标准的情况，此时不能认定为掩饰、隐瞒犯罪所得、犯罪所得收益罪。在上游行为不构成犯罪的情况下，“犯罪所得”无从谈起。

《刑参》第 1092 号案例“雷某、黄某 1、黄某 2 破坏交通设施，田某掩饰、隐瞒犯罪所得、犯罪所得收益案——掩饰、隐瞒犯罪所得系交通设施的如何处理”相关论述：掩饰、隐瞒犯罪所得、犯罪所得收益罪的上游犯罪主要是但并不限于侵财型犯罪。掩饰、隐瞒犯罪所得罪侵犯的法益不限于财产权利，而是复杂客体。并非只有财产性犯罪才能产生犯罪所得及其收益。掩饰、隐瞒犯罪所得系交通设施的应从严惩处。

《刑参》第 1098 号案例“汤某、庄某盗窃，朱某掩饰、隐瞒犯罪所得案——掩饰、隐瞒犯罪所得罪与上游犯罪的量刑平衡”相关论述：认定“情节严重”不能唯数额论。虽然被告人掩饰、隐瞒犯罪所得的数额只有 2 万余元，但是其行为次数多达 22 次，其作为上游犯罪人的固定下线，对上游犯罪起到了持续、稳定的支持和帮助作用，构成“情节严重”。但是掩饰、隐瞒犯罪所得罪毕竟属于上游犯罪的事后帮助犯，要受到上游犯罪量刑情况的约束。因为本罪对上游犯罪有依附性，本罪惩罚的重点在于妨害司法秩序。就给被害人造成的损失而言，下游犯罪并没有增加或扩大这种损失。与事先参与犯罪共谋的情形相比，本罪的社会危害性要小得多。在掌握本罪与上游犯罪的量刑时，应当统筹把握。

《刑参》第 1099 号案例“李某掩饰、隐瞒犯罪所得罪案——掩饰、隐瞒犯罪所得罪‘情节严重’的认定标准”相关论述：被告人明知是他人盗窃所得的摩托车而予以收购并销售 5 辆以上，应认定为“情节严重”。《关于办理与盗窃、抢劫、诈骗、抢夺机动车相关刑事案件具体应用法律若干问题的解释》对“情节严重”的规定属于选择关系，而非并列关系。《关于办理与盗窃、抢劫、诈骗、抢夺机动车相关刑事案件具体应用法律若干问题的解释》与《关于审理掩饰、隐瞒犯罪所得、犯罪所得收益刑事案件适用法律若干问题的解释》属于特别法与一般法的关系。按照特别法优于一般法的原则,应当适用特别法即《关于办理与盗窃、抢劫、诈骗、抢夺机动车相关刑事案件具体应用法律若干问题的解释》。

《刑参》第 1104 号案例“奥某等四人掩饰、隐瞒犯罪所得案——上游犯罪认定与掩饰、隐瞒犯罪所得罪认定的关系”相关论述:掩饰、隐瞒犯罪所得、犯罪所得收益罪与上游犯罪的关系密不可分,以上游犯罪的成立为前提。如果上游犯罪不成立,司法机关不能追诉,那么掩饰、隐瞒的行为就不存在妨害司法活动的刑法否定评价的前提,因此不能认定为犯罪。例如,行为人收购了其他 10 人分别偷来的 1 辆电动车,每辆电动车的价值为 500 元,尚未达到盗窃犯罪的数额认定标准,因此偷车的 10 个人因不满足犯罪构成要件而无法认定犯罪。上游犯罪的成立通常情况下应当理解为上游犯罪的依法裁判确定。在一些特殊情况下,对于上游犯罪尚未依法裁判,但查证属实的,同样可以认定掩饰、隐瞒犯罪所得、犯罪所得收益罪,即有一定证据证实上游犯罪实际发生且事实上成立犯罪。犯罪事实的成立,并不以犯罪行为人被发现或抓获归案为前提。上游犯罪事实的成立包含上游犯罪事实有充分证据证明,上游犯罪事实达到犯罪程度。对掩饰、隐瞒犯罪所得、犯罪所得收益事实的认定,原则上应当在对上游犯罪依法裁判确定后进行。

《刑参》第 1105 号案例“谭某掩饰、隐瞒犯罪所得案——‘上游犯罪事实经查证属实’的具体把握”相关论述:上游犯罪事实成立指的是上游犯罪确实存在,不要求必须是已经由刑事判决确认的犯罪,无论上游犯罪嫌疑人是否归案、是否被判处刑罚,均不影响上游犯罪事实的成立,更不影响掩饰、隐瞒犯罪所得、犯罪所得收益罪的认定。

《刑参》第 1106 号案例“唐某一、唐某二掩饰、隐瞒犯罪所得案——上游犯罪行为人在逃是否影响掩饰、隐瞒犯罪所得罪的认定及掩饰、隐瞒犯罪所得数额认定”相关论述:上游犯罪行为人在逃不影响掩饰、隐瞒犯罪所得、犯罪所得收益罪的认定。犯罪所得的数额,应当以实施掩饰、隐瞒行为时为准。但是查处时的价格明显低于行为时的价格的,则应在量刑时予以酌情考虑。

《刑参》第 1107 号案例“元某掩饰、隐瞒犯罪所得罪案——上游犯罪查证属实但依法不追究刑事责任的,不影响掩饰、隐瞒犯罪所得罪的成立”相关论述:上游犯罪事实成立,但因主体不适格而不予追究刑事责任的,仍然以掩饰、隐瞒犯罪所得、犯罪所得收益罪对掩饰、隐瞒的行为人定罪处罚。

【拓展关键词】掩饰、隐瞒特殊财物

《刑参》第 1091 号案例“刘某、于某掩饰、隐瞒犯罪所得案——犯罪对象的特殊性对掩饰、隐瞒犯罪所得定罪量刑的影响”相关论述:被告人帮助转移的对象是正在使用的电力设备,与一般的收赃对象有所不同,在定罪量刑时应特殊对待。掩饰、隐瞒特殊对象的在入罪条件上没有设置数额标准。要求犯罪人对其掩饰、隐瞒对象特殊性质是明知的,如果不明知,则只能作为一般的掩饰、隐瞒行为定罪处罚。对于本罪“情节严重”的认定标准。对于特殊对象不仅没有对犯罪次数作出要求,连犯罪对象的价值也减为普通对象的一半,体现从严打击的态度。

《刑参》第 1093 号案例“闻某掩饰、隐瞒犯罪所得案——大量回收购物卡并出售获利的行为是否构成犯罪”相关论述:被告人所大量收购的购物卡虽然系他人从商场骗领所得,客观上系犯罪所得的赃物,但是没有证据证明被告人主观上“明知”他人所出售的购物卡系犯罪所得。掩饰、隐瞒犯罪所得、犯罪所得收益罪要求行为人主观上明知是犯罪所得及其产生的收益,即对赃物性质有确定性认知。法律对行为人“明知”的推定有严格的规定,以防止客观归罪。可以从行为或交易时间、地点、价格、方式是否反常,财物是否具有特殊标志,行为人对本犯或上游犯罪的知情程度,行为人是否因此获取了非法利益等多方面综合判断。被告人从事礼品回收业务并没有违反国家规定,且非需要特许经营许可的行业,属于市场监管的灰色地带。不宜认定为非法经营罪。

《刑参》第 1094 号案例“沈某、朱某掩饰、隐瞒犯罪所得案——掩饰、隐瞒犯罪所得罪罪行较轻又具有自首情节的可适用缓刑"。

【拓展关键词】犯罪对象　选择性罪名

《刑参》第1095号案例"袁某信用卡诈骗,张某掩饰、隐瞒犯罪所得案——'亲亲相隐'情形如何量刑及掩饰、隐瞒犯罪所得、犯罪所得收益罪罪名的适用"相关论述:"亲亲相隐",且系初犯、偶犯,又认罪、悔罪并退赃、退赔的,可免予刑事处罚。掩饰、隐瞒犯罪所得、犯罪所得收益罪属于单一式选择性罪名。"掩饰"与"隐瞒"不存在选择关系。犯罪对象存在选择关系。

【拓展关键词】明知的认定

《刑参》第1096号案例"张某掩饰、隐瞒犯罪所得案——如何把握掩饰、隐瞒犯罪所得罪适用免予刑事处罚的条件"相关论述:掩饰、隐瞒犯罪所得、犯罪所得收益罪必须以"明知"为前提,包括"知道和应当知道"。"应当知道",是指被告人虽然实施了掩饰、隐瞒行为,却不承认对犯罪所得及其收益的"明知",司法机关根据被告人供述,结合其表现于外的行为过程,综合判断所认定的"明知"。掩饰、隐瞒犯罪所得、犯罪所得收益行为适用免予刑事处罚必须同时具备犯罪情节一般;行为人认罪、悔罪并且退赃、退赔;具有法定从宽处罚情节或为近亲属掩饰、隐瞒,且系初犯、偶犯或其他情节轻微、危害不大的情形三个条件。

【拓展关键词】购买赃物自用　以其他方法掩饰、隐瞒

《刑参》第1097号案例"汤某掩饰、隐瞒犯罪所得案——明知是盗窃所得手机而购买自用的定罪处罚"相关论述:行为人为自用而实施掩饰、隐瞒犯罪所得及其收益行为的,应综合考虑涉案财物价值、退赃退赔等情节,酌情从宽处罚。掩饰、隐瞒犯罪所得、犯罪所得收益罪主要打击的对象是职业收赃者及严重妨害司法秩序者。收赃自用的行为人虽然客观上也帮助犯罪分子逃避司法机关追诉,但其主观恶性比职业收赃者小得多。行为人为自用而实施掩饰、隐瞒行为的,在本质上是构成犯罪的,但因犯罪情节较轻、行为人主观恶性小,事后恢复性措施到位,而不作犯罪处理或者虽然追究刑事责任但酌情从宽处理。这与行为本身不构成犯罪是有本质区别的。为自用而收购不以犯罪论处的,必须同时满足行为人购买赃物的目的是"自用",所购买的赃物价值刚达到入罪数额,行为人认罪、悔罪并退赃、退赔的条件。

《刑参》第1102号案例"陈某、欧阳某等掩饰、隐瞒犯罪所得案——收购他人非法获取的计算机信息系统数据并出售的行为应如何认定"相关论述:计算机信息系统数据作为一种具有财产性质的虚拟载体,可以成为非法获取的对象,同时也可以成为掩饰、隐瞒犯罪所得罪的行为对象。"收购"应进行限缩解释。"收"和"购"两个字之间是语义的重复,解释为"购买"就可以了。同时也无须对"收购"附加"销售营利"目的,单纯为了自用而收购的,也是掩饰、隐瞒行为。"收购"的行为类型中包含着"先购后卖"这种情况。法律此时惩罚的重点仍在于"购",因为明知是他人犯罪所得及其收益而仍然购买,体现出行为人为上游犯罪掩饰、隐瞒的主观故意,可以是直接故意也可以是间接故意。后面再出售的行为就只是实现其个人利益而已。"代为销售",是指行为人代犯罪分子出售犯罪所得的行为。中间过程中并没有以自有资金取得对犯罪所得的所有权。上游犯罪经查证属实,即使未经司法裁判亦不影响本罪的处理。

[本书观点]如果行为人主观上以购买赃物自用为目的,客观上没有实施隐瞒买主身份、掩饰赃物来源、改变赃物性状、转卖赃物牟利、拒不交代赃物去向等掩饰、隐瞒的行为,在司法机关追缴时能够积极配合,客观上不足以严重妨碍司法机关追缴赃物的,可视为情节显著轻微,不宜作犯罪处理。

《刑参》第1110号案例"陈某、刘某掩饰、隐瞒犯罪所得案——对犯罪所得的赃车修改发动机号后使用行为的定性"相关论述:明知是犯罪所得的赃车予以改装并介绍买卖的行为应认定为掩饰、隐瞒犯罪所得的行为。"其他方法"的认定:一是行为人的目的是出于掩饰、隐瞒上游犯罪人的犯罪所得及其收益。二是这些方法与窝藏、转移、收购和代为销售在罪质上具有相当性。三是这些方法在客观上扰乱了司法秩序,妨害了司法机关对上游犯罪行为的追究。

《刑参》第 1111 号案例“李某、曹某掩饰、隐瞒犯罪所得案——如何认定‘以其他方法’掩饰、隐瞒”相关论述：首先，要坚持罪刑法定原则。只要是能实际上起到对犯罪所得及其收益掩饰、隐瞒的效果，妨碍正常刑事追诉活动的行为，均可成立此罪。其次，要重视犯罪行为罪质的相当性，即“同质性”。要求兜底条款认定的行为必须与同一条款明文规定的行为类型在法律性质等方面具有相同或者类似的价值。最后，从因果关系来说，以“其他方式”掩饰、隐瞒的行为与他人的上游犯罪行为难以被司法机关追诉具有因果关系，且这种难以被追诉的效果是行为人追求或者放任的结果。行为人基于掩饰、隐瞒犯罪所得的故意而将犯罪所得的财物毁损，属于想象竞合犯。

《刑参》第 1112 号案例“张某、方某、傅某掩饰、隐瞒犯罪所得案——帮助更换被盗电动车锁的行为能否认定为掩饰、隐瞒犯罪所得罪客观要件中的‘其他方法’”相关论述：帮助更换被盗电动车锁的行为属于掩饰、隐瞒犯罪所得、犯罪所得收益罪中的“其他方法”。更换了车锁即掩盖了电动车系盗窃所得的真相，才可能将电动车转卖给他人，因此换锁行为与刑法所列举的窝藏、转移、收购、代为销售等行为在罪质上具有相当性。

《刑参》第 1113 号案例“吴某等掩饰、隐瞒犯罪所得案——明知是盗窃所得的农用车而拆解后出售的行为如何定性”相关论述：拆解农用车的行为、居间介绍买卖的行为均属于掩饰、隐瞒的“其他方法”。拆解农用车的行为主观上是为了将盗窃来的赃车进行分解，从而便于售卖零件，便于上游犯罪分子转移、销售赃物，扰乱了司法秩序，妨害了司法机关对上游盗窃犯罪赃物的追缴。农用车属于机动车，但由于《关于办理与盗窃、抢劫、诈骗、抢夺机动车相关刑事案件具体应用法律若干问题的解释》中只规定了掩饰、隐瞒的机动车达到 5 辆以上或者价值总额达到 50 万元以上的，属于“情节严重”，并没有规定掩饰、隐瞒机动车的入罪数额标准。因此，对于行为人掩饰、隐瞒机动车的行为是否构成掩饰、隐瞒犯罪所得罪，仍应适用《关于审理掩饰、隐瞒犯罪所得、犯罪所得收益刑事案件适用法律若干问题的解释》第 1 条关于入罪数额标准的一般规定。

《刑参》第 1114 号案例“侯某掩饰、隐瞒犯罪所得案——保安将巡逻时抓获的盗窃犯罪分子盗窃所得物据为己有的行为如何定性”相关论述：掩饰、隐瞒犯罪所得罪的主观意图必须具有帮助上游犯罪人掩饰、隐瞒犯罪所得、犯罪所得收益的直接故意。本案被告人将刘某盗窃所得手机据为己有的行为虽然客观上起到了转移他人犯罪所得的效果，但是基于被告人没有替上游犯罪行为人掩饰、隐瞒的主观意思，而仅仅是出于将手机据为己有的目的，且盗窃行为人刘某也没有将赃物交由侯某让其掩饰、隐瞒的意思，刘某是被抓获而被迫将手机交予侯某等人的，侯某与刘某之间没有此方面的合意，因而不构成掩饰、隐瞒犯罪所得罪。侯某的行为属于贪污或者职务侵占性质，但属于情节显著轻微。

【拓展关键词】犯罪所得

《刑参》第 1115 号案例“谭某甲、谭某乙掩饰、隐瞒犯罪所得案——如何区分掩饰、隐瞒犯罪所得罪与非罪、此罪与彼罪”相关论述：两被告可能知道所运货物是违禁品，但无法认定两被告知道所运货物具体为何物。认定两被告构成掩饰、隐瞒犯罪所得罪也缺乏证据。假冒香烟并非犯罪所得而是货主生产、销售伪劣产品犯罪的犯罪对象。只有假冒香烟销售成功后所得货款才是生产、销售伪劣产品罪的犯罪所得。“犯罪所得”，是指通过犯罪直接得到的赃款、赃物。

【拓展关键词】犯罪次数　多次犯罪

《刑参》第 1219 号案例“杜某 1、杜某 2 非法捕捞水产品，刘某、严某掩饰、隐瞒犯罪所得案——如何理解掩饰、隐瞒犯罪所得、犯罪所得收益罪‘情节严重’的犯罪次数”相关论述：相关司法解释将“掩饰、隐瞒犯罪所得及其产生的收益10次以上"作为认定"情节严重"的情形之一，是考虑到行为人的掩饰、隐瞒次数多，社会危害性大，行为人属于"职业收赃人"，因而应严厉打击。但是，在适用该项情形时，特别要注意"次数"的认定。刑法中涉及"次数"的主要有两类规定：第一类是将次数作为法定加重情节，如"多次抢劫""多次聚众斗殴""多次寻衅滋事"。在这一类规定中，其中每次抢劫、聚众斗殴、寻衅滋事都是构成独立的犯罪的。例如，《最高人民法院关于审理抢劫、抢夺刑事案件适用法律若干问题的意见》（法发〔2005〕8号）第3条规定，对于"多次"的认定，应以行为人实施的每一次抢劫行为均已构成犯罪为前提。第二类是将多次实施违法行为作为构成犯罪的入罪门槛如"多次盗窃""多次抢夺""多次敲诈勒索""多次扰乱国家机关工作秩序"以及"多次组织、资助他人非法聚集"等，这类规定中行为人的每次行为可能在数额上（或行为危害性上）都达不到该罪的最低标准，甚至多次相加的犯罪数额也达不到该罪的最低标准，但由于次数上达到了"多次"，因而符合犯罪构成的客观要件。

司法解释中涉及的掩饰、隐瞒犯罪所得、犯罪所得收益罪中的次数，不属于前述第一种情形，不要求每一次掩饰、隐瞒的行为都独立构成犯罪，即不像"多次抢劫"的认定，要求每次抢劫都独立地构成犯罪；也不属于第二种情形，即以"多次"作为构成犯罪的入罪门槛，而是指每次掩饰、隐瞒行为既可能都达到了独立构罪的标准，也可能都没有达到构罪的标准。

在适用司法解释的"十次以上"情形时，要把握好以下几点：（1）每一次掩饰、隐瞒的行为，必须是一个独立的行为，即具有独立的主观意图，独立的掩饰、隐瞒行为，独立的行为结果，但如果基于同一个故意在同一时间、同一地点同时或者连续对多起上游犯罪实施掩饰、隐瞒行为的，一般应认定为一次掩饰、隐瞒行为。为同一个上游犯罪人同一起犯罪事实的犯罪所得及其产生的收益分多次予以窝藏、转移、收购、代为销售或者以其他方法掩饰、隐瞒的，由于其犯罪对象的同一性，也应认定为一次掩饰、隐瞒犯罪所得及其产生的收益行为。（2）每一次掩饰、隐瞒的行为，不以都构成犯罪为前提。（3）即使认定为一次掩饰、隐瞒犯罪所得及其产生的收益行为，仍然必须注意同时适用《关于审理掩饰、隐瞒犯罪所得、犯罪所得收益刑事案件适用法律若干问题的解释》第4条第2款的规定并注意有关治安处罚时效和刑事追诉时效的规定。单次掩饰、隐瞒行为不构成犯罪，且超过治安处罚时效的，不再累计次数；单次掩饰、隐瞒行为构成犯罪，但超过刑事追诉时效的，也不再累计次数。（4）每一次掩饰、隐瞒行为都应由相应的证据证明而不是模糊地认定次数。特别是在9次还是10次的关键节点，更是要求每次掩饰、隐瞒行为都达到事实清楚，证据充分。（5）每一次掩饰、隐瞒的上游行为都必须以构成犯罪为前提。理由是，《关于审理掩饰、隐瞒犯罪所得、犯罪所得收益刑事案件适用法律若干问题的解释》第8条明确规定，认定掩饰、隐瞒犯罪所得、犯罪所得收益罪，以上游犯罪事实成立为前提。如果上游犯罪不成立，司法机关不能进行追诉，那么掩饰、隐瞒的行为也就不存在妨害司法活动进而需要在刑法上予以否定评价的前提，因而不能认定为犯罪。当然，不构成犯罪不意味着收赃行为不必接受处罚，公安机关完全可以依照治安管理处罚法的相关规定对收赃行为进行处罚。

掩饰、隐瞒犯罪所得、犯罪所得收益罪的量刑，一般应当轻于上游犯罪。上游犯罪行为人对犯罪所得实施收购、销售等掩饰、隐瞒行为的，不能以掩饰、隐瞒犯罪所得罪定罪处罚。从刑法条文的内在逻辑分析，共同犯罪人不属于掩饰、隐瞒犯罪所得、犯罪所得收益罪的犯罪主体。

第三百一十三条 【拒不执行判决、裁定罪】①

对人民法院的判决、裁定有能力执行而拒不执行，情节严重的，处三年以下有期徒刑、拘役或者罚金；情节特别严重的，处三年以上七年以下有期徒刑，并处罚金。

单位犯前款罪的，对单位判处罚金，并对其直接负责的主管人员和其他直接责任人员，依照前款的规定处罚。

◆ 相关规定

最高人民法院研究室
关于拒不执行人民法院调解书的行为是否构成拒不执行判决、裁定罪的答复

（法研〔2000〕117号）

河南省高级人民法院：

你院《关于刑法第三百一十三条规定的拒不执行判决、裁定罪是否包括人民法院制作生效的调解书的请示》收悉。经研究，答复如下：刑法第三百一十三条规定的"判决、裁定"，不包括人民法院的调解书。对于行为人拒不执行人民法院调解书的行为，不能依照刑法第三百一十三条的规定定罪处罚。

全国人民代表大会常务委员会
关于《中华人民共和国刑法》第三百一十三条的解释

全国人民代表大会常务委员会讨论了刑法第三百一十三条规定的"对人民法院的判决、裁定有能力执行而拒不执行，情节严重"的含义问题，解释如下：

刑法第三百一十三条规定的"人民法院的判决、裁定"，是指人民法院依法作出的具有执行内容并已发生法律效力的判决、裁定。人民法院为依法执行支付令、生效的调解书、仲裁裁决、公证债权文书等所作的裁定属于该条规定的裁定。

下列情形属于刑法第三百一十三条规定的"有能力执行而拒不执行，情节严重"的情形：

（一）被执行人隐藏、转移、故意毁损财产或者无偿转让财产、以明显不合理的低价转让财产，致使判决、裁定无法执行的；

（二）担保人或者被执行人隐藏、转移、故意毁损或者转让已向人民法院提供担保的财产，致使判决、裁定无法执行的；

（三）协助执行义务人接到人民法院协助执行通知书后，拒不协助执行，致使判决、裁定无法执行的；

（四）被执行人、担保人、协助执行义务人与国家机关工作人员通谋，利用国家机关工作人员的职权妨害执行，致使判决、裁定无法执行的；

（五）其他有能力执行而拒不执行，情节严重的情形。

国家机关工作人员有上述第四项行为的，以拒不执行判决、裁定罪的共犯追究刑事责任。国家机关工作人员收受贿赂或者滥用职权，有上述第四项行为的，同时又构成刑法第三百八十五条、第三百九十七条规定

① 根据《刑法修正案（九）》修订。修订前的内容为：对人民法院的判决、裁定有能力执行而拒不执行，情节严重的，处三年以下有期徒刑、拘役或者罚金。

之罪的，依照处罚较重的规定定罪处罚。

现予公告。

最高人民法院　最高人民检察院　公安部
关于依法严肃查处拒不执行判决、裁定和暴力抗拒法院执行犯罪行为的通知（节选）

（法发〔2007〕29号）

一、对下列拒不执行判决、裁定的行为，依照刑法第三百一十三条的规定，以拒不执行判决、裁定罪论处。

（一）被执行人隐藏、转移、故意毁损财产或者无偿转让财产、以明显不合理的低价转让财产，致使判决、裁定无法执行的；

（二）担保人或者被执行人隐藏、转移、故意毁损或者转让已向人民法院提供担保的财产，致使判决、裁定无法执行的；

（三）协助执行义务人接到人民法院协助执行通知书后，拒不协助执行，致使判决、裁定无法执行的；

（四）被执行人、担保人、协助执行义务人与国家机关工作人员通谋，利用国家机关工作人员的职权妨害执行，致使判决、裁定无法执行的；

（五）其他有能力执行而拒不执行，情节严重的情形。

……

三、负有执行人民法院判决、裁定义务的单位直接负责的主管人员和其他直接责任人员，为了本单位的利益实施本《通知》第一条、第二条所列行为之一的，对该主管人员和其他直接责任人员，依照刑法第三百一十三条和第二百七十七条的规定，分别以拒不执行判决、裁定和妨害公务罪论处。

四、国家机关工作人员有本《通知》第一条第四项行为的，以拒不执行判决、裁定罪的共犯追究刑事责任。

国家机关工作人员收受贿赂或者滥用职权，有本《通知》第一条第四项行为的，同时又构成刑法第三百八十五条、第三百九十七条规定罪的，依照处罚较重的规定定罪处罚。

五、拒不执行判决、裁定案件由犯罪行为发生地的公安机关、人民检察院、人民法院管辖。如果由犯罪嫌疑人、被告人居住地的人民法院管辖更为适宜的，可以由犯罪嫌疑人、被告人居住地的公安机关、人民检察院、人民法院管辖。

六、以暴力、威胁方法妨害或者抗拒执行的，公安机关接到报警后，应当立即出警，依法处置。

七、人民法院在执行判决、裁定过程中，对拒不执行判决、裁定情节严重的人，可以先行司法拘留；拒不执行判决、裁定的行为人涉嫌犯罪的，应当将案件依法移送有管辖权的公安机关立案侦查。

八、人民法院、人民检察院和公安机关在办理拒不执行判决、裁定和妨害公务案件过程中，应当密切配合、加强协作。对于人民法院移送的涉嫌拒不执行判决、裁定罪和妨害公务罪的案件，公安机关应当及时立案侦查，检察机关应当及时提起公诉，人民法院应当及时审判。

在办理拒不执行判决、裁定和妨害公务案件过程中，应当根据案件的具体情况，正确区分罪与非罪的界限，认真贯彻"宽严相济"的刑事政策。

九、人民法院认为公安机关应当立案侦查而不立案侦查的，可提请人民检察院予以监督。人民检察院认为需要立案侦查的，应当要求公安机关说明不立案的理由。人民检察院认为公安机关不立案理由不能成立的，应当通知公安机关立案，公安机关接到通知后应当立案。

十、公安机关侦查终结后移送人民检察院审查起诉的拒不执行判决、裁定和妨害公务案件，人民检察院决定不起诉，公安机关认为不起诉决定有错误的，可以要求复议；如果意见不被接受，可以向上一级人民检察院提请复核。

十一、公安司法人员在办理拒不执行判决、裁定和妨害公务案件中，消极履行法定职责，造成严重后果的，应当依法依纪追究直接责任人责任直至追究刑事责任。

十二、本通知自印发之日起执行，执行中遇到的情况和问题，请分别报告最高人民法院、最高人民检察院、公安部。

最高人民法院
关于审理拒不执行判决、裁定刑事案件适用法律若干问题的解释(节选)

(法释〔2020〕21号)

……

第一条 被执行人、协助执行义务人、担保人等负有执行义务的人对人民法院的判决、裁定有能力执行而拒不执行，情节严重的，应当依照刑法第三百一十三条的规定，以拒不执行判决、裁定罪处罚。

第二条 负有执行义务的人有能力执行而实施下列行为之一的，应当认定为全国人民代表大会常务委员会关于刑法第三百一十三条的解释中规定的“其他有能力执行而拒不执行，情节严重的情形”：

(一)具有拒绝报告或者虚假报告财产情况、违反人民法院限制高消费及有关消费令等拒不执行行为，经采取罚款或者拘留等强制措施后仍拒不执行的；

(二)伪造、毁灭有关被执行人履行能力的重要证据，以暴力、威胁、贿买方法阻止他人作证或者指使、贿买、胁迫他人作伪证，妨碍人民法院查明被执行人财产情况，致使判决、裁定无法执行的；

(三)拒不交付法律文书指定交付的财物、票证或者拒不迁出房屋、退出土地，致使判决、裁定无法执行的；

(四)与他人串通，通过虚假诉讼、虚假仲裁、虚假和解等方式妨害执行，致使判决、裁定无法执行的；

(五)以暴力、威胁方法阻碍执行人员进入执行现场或者聚众哄闹、冲击执行现场，致使执行工作无法进行的；

(六)对执行人员进行侮辱、围攻、扣押、殴打，致使执行工作无法进行的；

(七)毁损、抢夺执行案件材料、执行公务车辆和其他执行器械、执行人员服装以及执行公务证件，致使执行工作无法进行的；

(八)拒不执行法院判决、裁定，致使债权人遭受重大损失的。

第三条 申请执行人有证据证明同时具有下列情形，人民法院认为符合刑事诉讼法第三百一十条第三项规定的，以自诉案件立案审理：

(一)负有执行义务的人拒不执行判决、裁定，侵犯了申请执行人的人身、财产权利，应当依法追究刑事责任的；

(二)申请执行人曾经提出控告，而公安机关或者人民检察院对负有执行义务的人不予追究刑事责任的。

第四条 本解释第三条规定的自诉案件，依照刑事诉讼法第三百一十二条的规定，自诉人在宣告判决前，可以同被告人自行和解或者撤回自诉。

第五条 拒不执行判决、裁定刑事案件，一般由执行法院所在地人民法院管辖。

第六条 拒不执行判决、裁定的被告人在一审宣告判决前，履行全部或部分执行义务的，可以酌情从宽处罚。

第七条 拒不执行支付赡养费、扶养费、抚育费、抚恤金、医疗费用、劳动报酬等判决、裁定的，可以酌情从重处罚。

第八条 本解释自发布之日起施行。此前发布的司法解释和规范性文件与本解释不一致的，以本解释为准。

◆ 解读与适用

有能力执行而拒不执行判决、裁定的时间从判决、裁定发生法律效力时起算。具有执行内容的判决、裁定发生法律效力后，负有执行义务的人有隐藏、转移、故意毁损财产等拒不执行行为，致使判决、裁定无法执行，情节严重的，应当以拒不执行判决、裁定罪定罪处罚。①

《刑参》第302号案例"朱某等妨害公务案——以暴力、威胁方法妨害或者抗拒人民法院执行判决、裁定的应如何处理"相关论述：这种针对执行人员的具有明显的暴力、胁迫内容的妨害执行判决、裁定的行为与仅针对被执行财产的非暴力的拒不执行行为，如隐匿、转移、故意毁损财产或者无偿转让财产、以明显不合理的低价转让财产，具有显著不同的社会危害性。2002年全国人大常委会作出的《关于〈中华人民共和国刑法〉第三百一十三条的解释》对情节严重的情形作了规定，即不再包含最高院相关解释中的以暴力、威胁方法妨害或者抗拒执行，致使执行工作无法进行等内容，这些行为性质上属于以暴力、威胁方法阻碍国家机关工作人员依法执行职务的行为，符合妨害公务罪的构成特征。上位法优于下位法，据此立法解释的效力高于司法解释的效力，应当优先适用立法解释，以妨害公务罪定罪处罚，不适用拒不执行判决、裁定罪。

《刑参》第478号案例"马某等拒不执行判决、裁定案——如何理解拒不执行判决、裁定罪中的'致使判决、裁定无法执行'"相关论述：如何理解"情节严重"应以立法解释为依据。"致使判决、裁定无法执行"是指债务人逃避或者抗拒执行的行为造成人民法院执行机构无法运用法律规定的执行措施，或者运用了法律规定的各种执行措施，但仍无法执行的情形。侵犯的法益主要是司法秩序和司法权威，应从影响人民法院执行的角度来理解，而不能从债权人是否最终实现债权角度来分析。即使债权人通过再次起诉等途径最终实现了债权，仍应认定出现了"致使判决、裁定无法执行"的结果，可以追究债务人的刑事责任。协议离婚分割财产并未导致判决无法执行，而是产生了追加被执行人的法律后果。当夫妻2人将机器设备以不合理低价转让给他人，使被执行财产脱离被执行人的控制时，则导致法院无法通过法定措施继续执行该案件，属于"情节严重"。

《刑参》第968号案例"朱某拒不执行判决、裁定罪——如何认定拒不执行判决、裁定'情节严重'"相关论述：从行为人的行为特征分析，一是看行为持续时间，即行为危害社会的持续度。二是看执行标的金额和类型，即行为危害社会的程度。无法执行的标的额及与申请执行标的额间的比例，亦是衡量该罪社会危害性的标尺之一。三是看行为方式。行为方式比较恶劣的，可以认定为情节严重。从行为人的罪过程度分析。看行为人是否不管不顾法院的积极敦促；看是否因拒不执行判决、裁定受过司法强制措施。

《刑参》第1204号案例"龙某拒不执行判决案——如何理解拒不执行判决、裁定罪中的'有能力执行'"相关论述：认定"有能力执行"的时间从判决、裁定生效时起算，不限于执行期间或刑事案件审理期间。判决、裁定发生法律效力，被执行人的法定义务才得以确立。"有能力执行"是客观事实，不以行为人的主观认识为要件，且不受执行情况的制约，执行机构裁定终结本次执行程序不影响认定"有执行能力"。"有能力执行"包括部分执行能力。

《刑参》第1396号案例"杨某、颜某、姜某拒不执行判决、裁定案——为逃避执行，在民事裁判前转移财产并持续至执行阶段的行为如何定性"相关论述：隐藏、转移财产等行为延续至民事裁判生效后，属于执行阶段中的拒不执行判决、裁定行为，应以拒不执行判决、裁定罪论处。"有执行能力"的时间应从法院判决、裁定生效后起算。被告人为了逃避执行在民事履行义务确定前转移、隐匿财产，且行为状态持续至执行阶段，致使法院判决、裁定无法执行，该行为不仅仅是隐匿财产行为的持续，更是执行阶段拒绝执行生效裁判的表现。

《刑参》第1462号案例"肖某、李某拒不执行判决案——如何理解'致使判决、裁定无法执行'"相关论述：应主要以拒不执行人妨碍法院执行的角度，而非债权人的债权利益最终是否实现的角度出发，来辨别法

① 毛某拒不执行判决、裁定案，最高人民法院指导案例71号（最高人民法院审判委员会讨论通过2016年12月28日发布）。

益侵害性。本罪为情节犯，而非结果犯。拒不执行的标的包括该房产的占有使用利益。

第三百一十四条　【非法处置查封、扣押、冻结的财产罪】

隐藏、转移、变卖、故意毁损已被司法机关查封、扣押、冻结的财产，情节严重的，处三年以下有期徒刑、拘役或者罚金。

◆ 解读与适用

【拓展关键词】非法处置查封的财产罪与拒不执行法院判决、裁定罪辨析　行为犯

应当看到，李某的亲属能将出售查封木材所得款交到公安机关，一是法院工作人员及时报案，李某及其亲属来不及和不敢转移、挥霍该款。二是因为公安机关及时采取了侦查强制措施，使李某及其亲属及时感受到法律的威慑力量，从而才能作出这样的决定。因此，不能因李某的亲属已将出售款交回，就认为李某非法处置查封财产的行为不属情节严重，从而认为其不构成犯罪。①

《刑参》第404号案例"陆某等非法处置扣押的财产案——窃取本人被司法机关扣押财物的行为如何处理"相关论述：如果非法隐藏、转移、变卖、故意毁损已被司法机关查封、扣押、冻结的财产行为发生在诉讼过程中，而没有进入执行程序，应当以非法处置查封、扣押、冻结的财产罪定罪。如果发生在执行程序中，即使行为人并不负有执行义务，也以非法处置定罪。如果在执行程序中负有执行义务的人实施此种行为，但没有拒不执行目的，也以非法处置定罪。如果在执行程序中负有执行义务的人具有拒不执行裁判的目的，以拒不执行判决、裁定定罪处罚。

《刑参》第428号案例"罗某非法处置查封的财产案——明知房产被依法查封而隐瞒事实将房产卖于他人并收取预付款的行为如何定性"相关论述：区分非法处置查封、扣押、冻结的财产罪与拒不执行判决、裁定罪的关键在于行为人是否具有拒不执行法院裁判的目的。非法处置查封、扣押、冻结的财产罪属于情节犯，包括行为犯、结果犯、危险犯等类型。对于情节犯是否存在未遂的问题不能一概而论，要具体看案件所属的犯罪类型。非法处置属于行为犯，其既遂应以行为人是否实行了非法处置有关财产这一法定构成要件行为为标准。被告人已经与买方签订了买卖合同，并且收取了预付款，应认定为既遂。

另见《刑法》第264条盗窃罪、第266条诈骗罪、第313条拒不执行判决、裁定罪的相关注释。

第三百一十五条　【破坏监管秩序罪】

依法被关押的罪犯，有下列破坏监管秩序行为之一，情节严重的，处三年以下有期徒刑：

(一)殴打监管人员的；

(二)组织其他被监管人破坏监管秩序的；

(三)聚众闹事，扰乱正常监管秩序的；

(四)殴打、体罚或者指使他人殴打、体罚其他被监管人的。

---

① 李某非法处置查封财产案，载《最高人民法院公报》2001年第4期。

◆ 解读与适用

【拓展关键词】罪犯

比较《刑法》第316条、第400条的规定，刑法严格区分犯罪嫌疑人、被告人、罪犯，不能将“罪犯”解释为犯罪嫌疑人、被告人，否则便是类推解释。①

第三百一十六条　【脱逃罪】

依法被关押的罪犯、被告人、犯罪嫌疑人脱逃的，处五年以下有期徒刑或者拘役。

【劫夺被押解人员罪】

劫夺押解途中的罪犯、被告人、犯罪嫌疑人的，处三年以上七年以下有期徒刑；情节严重的，处七年以上有期徒刑。

◆ 解读与适用

【拓展关键词】必要共同犯罪

《刑参》第76号案例“魏某等故意杀人、抢劫、脱逃、窝藏案——单人劫狱的行为如何定罪”相关论述：聚众持械劫狱罪是共同犯罪，并且是必要的共同犯罪。劫夺被押解人员罪虽可由单个人构成，但本罪劫夺对象只能是押解途中的罪犯、被告人或犯罪嫌疑人。被告人帮助他人从看守所逃脱的行为是实现其帮助他人逃匿目的的手段，属于牵连犯，应以窝藏罪一罪定罪处罚。

【拓展关键词】被错误拘捕的人脱逃　行为无价值和结果无价值

实际无罪但被怀疑有罪而被逮捕、关押的人能否成为本罪主体。有观点认为，是否“依法”固然要同时考虑程序合法与实体合法，但这种合法不是事后判断的，而应根据行为时的状况进行判断。因此，原则上只要司法机关在关押的当时符合程序与实体条件，就应认为是依法关押。另外，在行为人原本无罪，完全由司法机关错误导致其被关押的，如果行为人只是单纯脱逃，将其认定为犯罪也不近合理。所以确实无罪的人单纯脱逃的，不宜认定为脱逃罪。刑法的法益保护目的，一方面，保护法益免遭个人侵害，另一方面，保护个人自由免遭国家权力的侵害。最大限度保护法益的同时又最大限度地保障自由，需要平衡协调二者的关系。②

《刑参》第90号案例“陈某等脱逃案——无罪被错捕羁押的人伙同他人共同脱逃是否构成脱逃罪”相关论述：根据1979年《刑法》，实际无罪但被怀疑有罪而被逮捕、关押的人，其脱逃前的行为不构成犯罪。其本人不是犯罪分子，是不能成为脱逃罪的主体的。行为人具有特定的身份是成立真正身份犯的要件，不具有特定身份的人不能单独构成这种犯罪。无身份的人与具有特定身份的人可以共同构成这种犯罪。1997年《刑法》将犯罪分子与犯罪嫌疑人区分开来，尚未经人民法院审判定罪而被司法机关依法关押的犯罪嫌疑人脱逃的，也构成脱逃罪。被告人是未经审判的犯罪嫌疑人，按照1997年《刑法》规定构成脱逃罪的真正身份犯。本案发生在刑法修订前，故只能认定被告人为共同犯罪中的共犯。

---

① 参见张明楷：《刑法分则的解释原理》，中国人民大学出版社2004年版，第20页。
② 参见张明楷：《刑法分则的解释原理》，中国人民大学出版社2004年版，第35页。

第三百一十七条 【组织越狱罪】

组织越狱的首要分子和积极参加的,处五年以上有期徒刑;其他参加的,处五年以下有期徒刑或者拘役。

【暴动越狱罪】【聚众持械劫狱罪】

暴动越狱或者聚众持械劫狱的首要分子和积极参加的,处十年以上有期徒刑或者无期徒刑;情节特别严重的,处死刑;其他参加的,处三年以上十年以下有期徒刑。

第三节 妨害国(边)境管理罪

第三百一十八条 【组织他人偷越国(边)境罪】

组织他人偷越国(边)境的,处二年以上七年以下有期徒刑,并处罚金;有下列情形之一的,处七年以上有期徒刑或者无期徒刑,并处罚金或者没收财产:

(一)组织他人偷越国(边)境集团的首要分子;

(二)多次组织他人偷越国(边)境或者组织他人偷越国(边)境人数众多的;

(三)造成被组织人重伤、死亡的;

(四)剥夺或者限制被组织人人身自由的;

(五)以暴力、威胁方法抗拒检查的;

(六)违法所得数额巨大的;

(七)有其他特别严重情节的。

犯前款罪,对被组织人有杀害、伤害、强奸、拐卖等犯罪行为,或者对检查人员有杀害、伤害等犯罪行为的,依照数罪并罚的规定处罚。

◆ 相关规定

公安部

关于妨害国(边)境管理犯罪案件立案标准及有关问题的通知(节选)

(公通字〔2000〕30号)

一、立案标准

(一)组织他人偷越国(边)境案

1. 组织他人偷越国(边)境的,应当立案侦查。

2. 组织他人偷越国(边)境,具有下列情形之一的,应当立为重大案件:

(1)一次组织20-49人偷越国(边)境的;

(2)组织他人偷越国(边)境3-4次的;
(3)造成被组织人重伤1-2人的;
(4)剥夺或者限制被组织人人身自由的;
(5)以暴力、威胁方法抗拒检查的;
(6)违法所得人民币5-20万元的;
(7)有其他严重情节的。
3. 组织他人偷越国(边)境,具有下列情形之一的,应当立为特别重大案件:
(1)一次组织50人以上偷越国(边)境的;
(2)组织他人偷越国(边)境5次以上的;
(3)造成被组织人重伤3人以上或者死亡1人以上的;
(4)违法所得20万元以上的;
(5)有其他特别严重情节的。

最高人民法院　最高人民检察院
关于办理妨害国(边)境管理刑事案件应用法律若干问题的解释(节选)

(法释〔2012〕17号)

第一条　领导、策划、指挥他人偷越国(边)境或者在首要分子指挥下,实施拉拢、引诱、介绍他人偷越国(边)境等行为的,应当认定为刑法第三百一十八条规定的"组织他人偷越国(边)境"。

组织他人偷越国(边)境人数在十人以上的,应当认定为刑法第三百一十八条第一款第(二)项规定的"人数众多";违法所得数额在二十万元以上的,应当认定为刑法第三百一十八条第一款第(六)项规定的"违法所得数额巨大"。

以组织他人偷越国(边)境为目的,招募、拉拢、引诱、介绍、培训偷越国(边)境人员,策划、安排偷越国(边)境行为,在他人偷越国(边)境之前或者偷越国(边)境过程中被查获的,应当以组织他人偷越国(边)境罪(未遂)论处;具有刑法第三百一十八条第一款规定的情形之一的,应当在相应的法定刑幅度基础上,结合未遂犯的处罚原则量刑。

……

第六条　具有下列情形之一的,应当认定为刑法第六章第三节规定的"偷越国(边)境"行为:
(一)没有出入境证件出入国(边)境或者逃避接受边防检查的;
(二)使用伪造、变造、无效的出入境证件出入国(边)境的;
(三)使用他人出入境证件出入国(边)境的;
(四)使用以虚假的出入境事由、隐瞒真实身份、冒用他人身份证件等方式骗取的出入境证件出入国(边)境的;
(五)采用其他方式非法出入国(边)境的。

第七条　以单位名义或者单位形式组织他人偷越国(边)境、为他人提供伪造、变造的出入境证件或者运送他人偷越国(边)境的,应当依照刑法第三百一十八条、第三百二十条、第三百二十一条的规定追究直接负责的主管人员和其他直接责任人员的刑事责任。

第八条　实施组织他人偷越国(边)境犯罪,同时构成骗取出境证件罪、提供伪造、变造的出入境证件罪、出售出入境证件罪、运送他人偷越国(边)境罪的,依照处罚较重的规定定罪处罚。

第九条　对跨地区实施的不同妨害国(边)境管理犯罪,符合并案处理要求,有关地方公安机关依照法律和相关规定一并立案侦查,需要提请批准逮捕、移送审查起诉、提起公诉的,由该公安机关所在地的同级人民检察院、人民法院依法受理。

第十条 本解释发布实施后,《最高人民法院关于审理组织、运送他人偷越国(边)境等刑事案件适用法律若干问题的解释》(法释〔2002〕3号)不再适用。

最高人民法院 最高人民检察院 公安部 国家移民管理局
关于依法惩治妨害国(边)境管理违法犯罪的意见(节选)

(法发〔2022〕18号)

2. 具有下列情形之一的,应当认定为刑法第三百一十八条规定的"组织他人偷越国(边)境"行为:

(1)组织他人通过虚构事实、隐瞒真相等方式掩盖非法出入境目的,骗取出入境边防检查机关核准出入境的;

(2)组织依法限定在我国边境地区停留、活动的人员,违反国(边)境管理法规,非法进入我国非边境地区的。

对于前述行为,在决定是否追究刑事责任以及如何裁量刑罚时,应当综合考虑组织者前科情况、行为手段、组织人数和次数、违法所得数额及被组织人员偷越国(边)境的目的等情节,依法妥当处理。

3. 事前与组织、运送他人偷越国(边)境的犯罪分子通谋,在偷越国(边)境人员出境前或者入境后,提供接驳、容留、藏匿等帮助的,以组织他人偷越国(边)境罪或者运送他人偷越国(边)境罪的共同犯罪论处。

4. 明知是偷越国(边)境人员,分段运送其前往国(边)境的,应当认定为刑法第三百二十一条规定的"运送他人偷越国(边)境",以运送他人偷越国(边)境罪定罪处罚。但是,在决定是否追究刑事责任以及如何裁量刑罚时,应当充分考虑行为人在运送他人偷越国(边)境过程中所起作用等情节,依法妥当处理。

5.《解释》第一条第二款、第四条规定的"人数",以实际组织、运送的人数计算;未到案人员经查证属实的,应当计算在内。

6. 明知他人实施骗取出境证件犯罪,提供虚假证明、邀请函件以及面签培训等帮助的,以骗取出境证件罪的共同犯罪论处;符合刑法第三百一十八条规定的,以组织他人偷越国(边)境罪定罪处罚。

7. 事前与组织他人偷越国(边)境的犯罪分子通谋,为其提供虚假证明、邀请函件以及面签培训等帮助,骗取入境签证等入境证件,为组织他人偷越国(边)境使用的,以组织他人偷越国(边)境罪的共同犯罪论处。

8. 对于偷越国(边)境的次数,按照非法出境、入境的次数分别计算。但是,对于非法越境后及时返回,或者非法出境后又入境投案自首的,一般应当计算为一次。

9. 偷越国(边)境人员相互配合,共同偷越国(边)境的,属于《解释》第五条第二项规定的"结伙"。偷越国(边)境人员在组织者、运送者安排下偶然同行的,不属于"结伙"。

在认定偷越国(边)境"结伙"的人数时,不满十六周岁的人不计算在内。

10. 偷越国(边)境,具有下列情形之一的,属于《解释》第五条第六项规定的"其他情节严重的情形":

(1)犯罪后为逃避刑事追究偷越国(边)境的;

(2)破坏边境物理隔离设施后,偷越国(边)境的;

(3)以实施电信网络诈骗、开设赌场等犯罪为目的,偷越国(边)境的;

(4)曾因妨害国(边)境管理犯罪被判处刑罚,刑罚执行完毕后二年内又偷越国(边)境的。

实施偷越国(边)境犯罪,又实施妨害公务、袭警、妨害传染病防治等行为,并符合有关犯罪构成的,应当数罪并罚。

11. 徒步带领他人通过隐蔽路线逃避边防检查偷越国(边)境的,属于运送他人偷越国(边)境。领导、策划、指挥他人偷越国(边)境,并实施徒步带领行为的,以组织他人偷越国(边)境罪论处。

徒步带领偷越国(边)境的人数较少,行为人系初犯,确有悔罪表现,综合考虑行为动机、一贯表现、违法所得、实际作用等情节,认为对国(边)境管理秩序妨害程度明显较轻的,可以认定为犯罪情节轻微,依法不起诉或者免予刑事处罚;情节显著轻微危害不大的,不作为犯罪处理。

12. 对于刑法第三百二十一条第一款规定的"多次实施运送行为",累计运送人数一般应当接近十人。

◆ 解读与适用

【拓展关键词】偷越 骗证出境 牵连犯 骗取出境证件罪与组织他人偷越国(边)境罪辨析

《刑参》第304号案例"顾某等组织他人偷越国境案——以旅游为名骗取出境证件,非法组织他人出境劳务的应如何定性"相关论述:不具有合法出境资格而以骗得的合法出境证件出境属于偷越国境行为。"偷越"的实质在于该行为侵犯了国家国境管理秩序。行为人出境证件的取得是非法的,出境资格是虚假的,无异于以欺骗手段出境,属非法越境。该种非法越境虽然与秘密越境、蒙混越境在直观表现上有所不同,表现为"光明正大"的"合法"形式出入境,但两者实质相同,都属于偷越国境。以旅游、考察等名义骗取出境证件后出境,非法滞留国外打工,不仅造成了极坏的国际影响而且破坏了国境管理秩序,应予以惩戒。若仅因其形式"合法"而将其排除在"偷越"之外,显然不妥。以旅游名义骗取出境证件非法组织他人出境劳务,构成组织他人偷越国(边)境罪。组织他人偷越国(边)罪与骗取出境证件罪是不同的罪名,犯罪构成明显不同,不存在普通与特殊的关系。行为人骗取出境证件后又组织他人偷越国境的,不能仅以骗取出境证件罪定罪。此种情况下,骗取出境证件的行为,构成骗取出境证件罪,而利用骗得的证件组织他人偷越国境的,同时又触犯组织他人偷越国境罪。组织他人偷越国(边)境是行为人骗取出境证件的目的,组织他人偷越的行为是实现其骗取出境证件之目的行为,符合牵连犯的特征,应以组织他人偷越国(边)境罪论。骗证可成为偷越的方法之一,但就构成要件而言,组织偷越与骗取证件不存在包含与被包含关系。

【拓展关键词】组织他人偷越国(边)境罪的既遂、未遂形态 组织他人偷越边境罪与运送他人偷越边境罪辨析

《刑参》第883号案例"农某组织他人偷越国境案——被组织者在偷越国境线过程中被抓获的,能否认定组织者组织他人偷越国境犯罪未遂"相关论述:组织他人偷越国境的行为并非一经实施就认定为既遂。如果被组织者在偷越国境之前或者偷越国境过程中被查获的,应当认定组织者组织他人偷越国境罪未遂。"偷越国境过程中",是指他人已经偷越国境线但尚未完成偷越行为,依然在偷越过程中。该过程在时间上具有持续性,是持续不间断的。在空间上具有区域性,即虽以界划线但还设置了一个整体管理的区域,是偷越国境不可绕道的部分。从中越边境地理风情分析,被告人的行为宜认定为犯罪未遂。

《刑参》第1031号案例"凌某组织他人偷越边境、韦某等运送他人偷越边境案——如何区分组织他人偷越边境罪与运送他人偷越边境罪以及如何认定运送他人偷越边境罪既未遂形态"相关论述:区分组织他人偷越边境罪与运送他人偷越边境罪的关键在于判断行为是否具有组织性。"组织"行为主要有两种行为方式:一是领导、策划、指挥他人偷越边境的行为。二是在首要分子指挥下,实施拉拢、引诱、介绍他人偷越边境等行为。明知他人组织他人偷越边境,而参与购买、联系、安排船只、汽车等交通工具,提供运输服务,将非法出境人员送至离境口岸、指引路线,甚至是积极对偷渡人员进行英语培训以应付通关的需要,转交与出境人员身份不符的虚假证件、安排食宿、送取机票等行为,均是为组织他人偷越边境提供帮助行为,由于主观目的及行为缺乏组织性,不能认定为组织他人偷越边境罪的共同犯罪,而应认定为运送他人偷越边境罪。"国境",是指我国与外国的国界。"边境",是指我国大陆与港澳台地区的边界。司法解释明确规定只有发生了将被组织者实际运出入边境的危害后果才能构成组织他人偷越边境罪的既遂。运送他人偷越边境罪是组织他人偷越边境犯罪的环节之一,社会危害性低于组织他人偷越边境罪,根据举重以明轻的解释原理,亦应以运送的偷渡人员是否越过边境线作为区分运送他人偷越边境罪既遂或未遂的认定标准。

另见《刑法》第321条运送他人偷越(国)边境罪的相关注释。

第三百一十九条 【骗取出境证件罪】

以劳务输出、经贸往来或者其他名义,弄虚作假,骗取护照、签证等出境证件,为组织他人偷越国(边)境使用的,处三年以下有期徒刑,并处罚金;情节严重的,处三年以上十年以下有期徒刑,并处罚金。

单位犯前款罪的,对单位判处罚金,并对其直接负责的主管人员和其他直接责任人员,依照前款的规定处罚。

◆ 相关规定

公安部
关于妨害国(边)境管理犯罪案件立案标准及有关问题的通知(节选)
(公通字〔2000〕30 号)

一、立案标准

……

(二)骗取出境证件案

1. 以劳务输出、经贸往来或者其他名义弄虚作假,骗取护照、通行证、旅行证、海员证、签证(注)等出境证件(以下简称出境证件),为他人偷越国(边)境使用的,应当立案侦查。

2. 骗取出境证件,具有下列情形之一的,应当立为重大案件:

(1)骗取出境证件 5~19 本(份、个)的;

(2)为违法犯罪分子骗取出境证件的;

(3)违法所得 10~20 万元的;

(4)有其他严重情节的。

3. 骗取出境证件,具有下列情形之一的,应当立为特别重大案件:

(1)骗取出境证件 20 本(份、个)以上的;

(2)违法所得 20 万元以上的;

(3)有其他特别严重情节的。

最高人民法院 最高人民检察院
关于办理妨害国(边)境管理刑事案件应用法律若干问题的解释(节选)
(法释〔2012〕17 号)

详见《刑法》第 318 条组织他人偷越国(边)境罪的相关规定

第二条 为组织他人偷越国(边)境,编造出境事由、身份信息或者相关的境外关系证明的,应当认定为刑法第三百一十九条第一款规定的“弄虚作假”。

刑法第三百一十九条第一款规定的“出境证件”,包括护照或者代替护照使用的国际旅行证件,中华人民共和国海员证,中华人民共和国出入境通行证,中华人民共和国旅行证,中国公民往来香港、澳门、台湾地区证件,边境地区出入境通行证,签证、签注,出国(境)证明、名单,以及其他出境时需要查验的资料。

具有下列情形之一的，应当认定为刑法第三百一十九条第一款规定的“情节严重”：

（一）骗取出境证件五份以上的；

（二）非法收取费用三十万元以上的；

（三）明知是国家规定的不准出境的人员而为其骗取出境证件的；

（四）其他情节严重的情形。

◆ 解读与适用

“为组织他人偷越国（边）境使用的”要素不只是为了单纯地限制处罚范围，更重要的是为了限定骗取出境证件行为的性质。只有为组织他人偷越国（边）境使用而骗取出境证件的，才属于本条规定的骗取出境证件。成立骗取出境证件罪的另一个条件是现实的或可能的被组织者的行为具有偷越国（边）境性质。①

另见《刑法》第318条组织他人偷越国境罪的相关注释。

第三百二十条　【提供伪造、变造的出入境证件罪】【出售出入境证件罪】

违反国（边）境管理法规，偷越国（边）境，情节严重的，处一年以下有期徒刑、拘役或者管制，并处罚金；为参加恐怖活动组织、接受恐怖活动培训或者实施恐怖活动，偷越国（边）境的，处一年以上三年以下有期徒刑，并处罚金。

◆ 相关规定

公安部

关于妨害国（边）境管理犯罪案件立案标准及有关问题的通知（节选）

（公通字〔2000〕30号）

一、立案标准

……

（三）提供伪造、变造的出入境证件案

1. 为他人提供伪造、变造的护照、通行证、旅行证、海员证、签证（注）等出入境证件（以下简称出入境证件）的，应当立案侦查。

2. 为他人提供伪造、变造的出入境证件，具有下列情节之一的，应当立为重大案件：

（1）为他人提供伪造、变造的出入境证件5－19本（份、个）的；

（2）为违法犯罪分子提供伪造、变造的出入境证件的；

（3）违法所得10－20万元的；

（4）有其他严重情节的。

3. 为他人提供伪造、变造的出入境证件，具有下列情形之一的，应当立为特别重大案件：

（1）为他人提供伪造、变造的出入境证件20本（份、个）以上的；

（2）违法所得20万元以上的；

① 参见张明楷：《罪刑法定与刑法解释》，北京大学出版社2009年版，第108页。

(3)有其他特别严重情节的。
(四)出售出入境证件案
1. 出售出入境证件的,应当立案侦查。
2. 出售出入境证件,具有下列情形之一的,应当立为重大案件:
(1)出售出入境证件5－19本(份、个)的;
(2)给违法犯罪分子出售出入境证件的;
(3)违法所得10－20万元的;
(4)有其他严重情节的。
3. 出售出入境证件,具有下列情形之一的,应当立为特别重大案件:
(1)出售出入境证件20本(份、个)以上的;
(2)违法所得20万元以上的;
(3)有其他特别严重情节的。

最高人民法院　最高人民检察院
关于办理妨害国(边)境管理刑事案件应用法律若干问题的解释(节选)

(法释〔2012〕17号)

详见《刑法》第318条组织他人偷越国(边)境罪的相关规定

第三条　刑法第三百二十条规定的"出入境证件",包括本解释第二条第二款所列的证件以及其他入境时需要查验的资料。

具有下列情形之一的,应当认定为刑法第三百二十条规定的"情节严重":
(一)为他人提供伪造、变造的出入境证件或者出售出入境证件五份以上的;
(二)非法收取费用三十万元以上的;
(三)明知是国家规定的不准出入境的人员而为其提供伪造、变造的出入境证件或者向其出售出入境证件的;
(四)其他情节严重的情形。

第三百二十一条　【运送他人偷越国(边)境罪】

运送他人偷越国(边)境的,处五年以下有期徒刑、拘役或者管制,并处罚金;有下列情形之一的,处五年以上十年以下有期徒刑,并处罚金:
(一)多次实施运送行为或者运送人数众多的;
(二)所使用的船只、车辆等交通工具不具备必要的安全条件,足以造成严重后果的;
(三)违法所得数额巨大的;
(四)有其他特别严重情节的。

在运送他人偷越国(边)境中造成被运送人重伤、死亡,或者以暴力、威胁方法抗拒检查的,处七年以上有期徒刑,并处罚金。

犯前两款罪,对被运送人有杀害、伤害、强奸、拐卖等犯罪行为,或者对检查人员有杀害、伤害等犯罪行为的,依照数罪并罚的规定处罚。

◆ 相关规定

公安部
关于妨害国(边)境管理犯罪案件立案标准及有关问题的通知(节选)
(公通字〔2000〕30号)

一、立案标准

……

(五)运送他人偷越国(边)境案

1. 运送他人偷越国(边)境的,应当立案侦查。

2. 运送他人偷越国(边)境,具有下列情形之一的,应当立为重大案件:

(1)一次运送20－49人偷越国(边)境的;

(2)运送他人偷越国(边)境3－4次的;

(3)使用简陋、破旧、报废、通气状况很差的船只或者车辆等不具备必要安全条件的交通工具运送他人偷越国(边)境,足以造成严重后果的;

(4)违法所得5－20万元的;

(5)造成被运送人重伤1－2人的;

(6)以暴力、威胁方法抗拒检查的;

(7)有其他严重情节的。

3. 运送他人偷越国(边)境,具有下列情形之一的,应当立为特别重大案件:

(1)一次运送50人以上偷越国(边)境的;

(2)运送他人偷越国(边)境5次以上的;

(3)造成被运送人重伤3人以上或者死亡1人以上的;

(4)违法所得20万元以上的;

(5)有其他特别严重情节的。

最高人民法院　最高人民检察院
关于办理妨害国(边)境管理刑事案件应用法律若干问题的解释(节选)
(法释〔2012〕17号)

详见《刑法》第318条组织他人偷越国(边)境罪的相关规定

第四条　运送他人偷越国(边)境人数在十人以上的,应当认定为刑法第三百二十一条第一款第(一)项规定的"人数众多";违法所得数额在二十万元以上的,应当认定为刑法第三百二十一条第一款第(三)项规定的"违法所得数额巨大"。

◆ 解读与适用

另见《刑法》第318条组织他人偷越国(边)境罪的相关注释。

第三百二十二条 【偷越国(边)境罪】[①]

违反国(边)境管理法规,偷越国(边)境,情节严重的,处一年以下有期徒刑、拘役或者管制,并处罚金;为参加恐怖活动组织、接受恐怖活动培训或者实施恐怖活动,偷越国(边)境的,处一年以上三年以下有期徒刑,并处罚金。

◆ 相关规定

公安部

关于妨害国(边)境管理犯罪案件立案标准及有关问题的通知(节选)

(公通字〔2000〕30号)

一、立案标准

……

(六)偷越国(边)境案

1. 偷越国(边)境,具有下列情形之一的,应当立案侦查:

(1)偷越国(边)境3次以上,屡教不改的;

(2)实施违法行为后偷越国(边)境的;

(3)在偷越国(边)境时对执法人员施以暴力、威胁手段的;

(4)造成重大涉外事件和恶劣影响的;

(5)有其他严重情节的。

2. 偷越国(边)境,具有下列情形之一的,应当立为重大案件:

(1)为逃避刑罚偷越国(边)境的;

(2)以走私、贩毒等犯罪为目的偷越国(边)境的;

(3)有其他特别严重情节的。

最高人民法院 最高人民检察院

关于办理妨害国(边)境管理刑事案件应用法律若干问题的解释(节选)

(法释〔2012〕17号)

详见《刑法》第318条组织他人偷越国(边)境罪的相关规定

第五条 偷越国(边)境,具有下列情形之一的,应当认定为刑法第三百二十二条规定的"情节严重":

(一)在境外实施损害国家利益行为的;

(二)偷越国(边)境三次以上或者三人以上结伙偷越国(边)境的;

(三)拉拢、引诱他人一起偷越国(边)境的;

(四)勾结境外组织、人员偷越国(边)境的;

---

① 根据《刑法修正案(九)》修订。修订前的内容为:违反国(边)境管理法规,偷越国(边)境,情节严重的,处一年以下有期徒刑、拘役或者管制,并处罚金。

（五）因偷越国（边）境被行政处罚后一年内又偷越国（边）境的；
（六）其他情节严重的情形。

第三百二十三条　【破坏界碑、界桩罪】【破坏永久性测量标志罪】
故意破坏国家边境的界碑、界桩或者永久性测量标志的，处三年以下有期徒刑或者拘役。

◆ 相关规定

公安部
关于妨害国（边）境管理犯罪案件立案标准及有关问题的通知（节选）
（公通字〔2000〕30号）

一、立案标准
……
（七）破坏界碑、界桩案
1. 采取盗取、毁坏、拆除、掩埋、移动等手段破坏国家边境的界碑、界桩的，应当立案侦查。
2. 破坏3个以上界碑、界桩的，或者造成严重后果的，应当立为重大案件。
（八）破坏永久性测量标志案
1. 采取盗取、拆毁、损坏、改变、移动、掩埋等手段破坏永久性测量标志，使其失去原有作用的，应当立案侦查。
2. 破坏3个以上永久性测量标志的，或者造成永久性测量标志严重损毁等严重后果的，应当立为重大案件。
在组织、运送他人偷越国（边）境中，对被组织人、被运送人有杀害、伤害、强奸、拐卖等犯罪行为，或者对检查人员有杀害、伤害等犯罪行为的，应当分别依照杀人、伤害、强奸、拐卖等案件一并立案侦查。
违法所得外币的，应当按当时汇率折合人民币，单独或者合计计算违法所得数额。
以上规定中的“以上”，均包括本数在内。

第四节　妨害文物管理罪

第三百二十四条　【故意损毁文物罪】
故意损毁国家保护的珍贵文物或者被确定为全国重点文物保护单位、省级文物保护单位的文物的，处三年以下有期徒刑或者拘役，并处或者单处罚金；情节严重的，处三年以上十年以下有期徒刑，并处罚金。
【故意损毁名胜古迹罪】
故意损毁国家保护的名胜古迹，情节严重的，处五年以下有期徒刑或者拘役，并处或者单处罚金。

【过失损毁文物罪】

过失损毁国家保护的珍贵文物或者被确定为全国重点文物保护单位、省级文物保护单位的文物，造成严重后果的，处三年以下有期徒刑或者拘役。

◆ 相关规定

全国人民代表大会常务委员会
关于《中华人民共和国刑法》有关文物的规定适用于具有科学价值的古脊椎动物化石、古人类化石的解释

全国人民代表大会常务委员会根据司法实践中遇到的情况，讨论了关于走私、盗窃、损毁、倒卖或者非法转让具有科学价值的古脊椎动物化石、古人类化石的行为适用刑法有关规定的问题，解释如下：

刑法有关文物的规定，适用于具有科学价值的古脊椎动物化石、古人类化石。

现予公告。

最高人民检察院　公安部
关于公安机关管辖的刑事案件立案追诉标准的规定(一)(节选)

(公通字〔2008〕36号)

第四十六条　【故意损毁文物案(刑法第三百二十四条第一款)】故意损毁国家保护的珍贵文物或者被确定为全国重点文物保护单位、省级文物保护单位的文物的，应予立案追诉。

第四十七条　【故意损毁名胜古迹案(刑法第三百二十四条第二款)】故意损毁国家保护的名胜古迹，涉嫌下列情形之一的，应予立案追诉：

(一)造成国家保护的名胜古迹严重损毁的；

(二)损毁国家保护的名胜古迹三次以上或者三处以上，尚未造成严重毁损后果的；

(三)损毁手段特别恶劣的；

(四)其他情节严重的情形。

第四十八条　【过失损毁文物案(刑法第三百二十四条第三款)】过失损毁国家保护的珍贵文物或者被确定为全国重点文物保护单位、省级文物保护单位的文物，涉嫌下列情形之一的，应予立案追诉：

(一)造成珍贵文物严重损毁的；

(二)造成被确定为全国重点文物保护单位、省级文物保护单位的文物严重损毁的；

(三)造成珍贵文物损毁三件以上的；

(四)其他造成严重后果的情形。

最高人民法院　最高人民检察院
关于办理妨害文物管理等刑事案件适用法律若干问题的解释(节选)

[法(研)发32号]

第三条　全国重点文物保护单位、省级文物保护单位的本体，应当认定为刑法第三百二十四条第一款规定的"被确定为全国重点文物保护单位、省级文物保护单位的文物"。

故意损毁国家保护的珍贵文物或者被确定为全国重点文物保护单位、省级文物保护单位的文物，具有下列情形之一的，应当认定为刑法第三百二十四条第一款规定的"情节严重"：

（一）造成五件以上三级文物损毁的；

（二）造成二级以上文物损毁的；

（三）致使全国重点文物保护单位、省级文物保护单位的本体严重损毁或者灭失的；

（四）多次损毁或者损毁多处全国重点文物保护单位、省级文物保护单位的本体的；

（五）其他情节严重的情形。

实施前款规定的行为，拒不执行国家行政主管部门作出的停止侵害文物的行政决定或者命令的，酌情从重处罚。

第四条　风景名胜区的核心景区以及未被确定为全国重点文物保护单位、省级文物保护单位的古文化遗址、古墓葬、古建筑、石窟寺、石刻、壁画、近代现代重要史迹和代表性建筑等不可移动文物的本体，应当认定为刑法第三百二十四条第二款规定的"国家保护的名胜古迹"。

故意损毁国家保护的名胜古迹，具有下列情形之一的，应当认定为刑法第三百二十四条第二款规定的"情节严重"：

（一）致使名胜古迹严重损毁或者灭失的；

（二）多次损毁或者损毁多处名胜古迹的；

（三）其他情节严重的情形。

实施前款规定的行为，拒不执行国家行政主管部门作出的停止侵害文物的行政决定或者命令的，酌情从重处罚。

故意损毁风景名胜区内被确定为全国重点文物保护单位、省级文物保护单位的文物的，依照刑法第三百二十四条第一款和本解释第三条的规定定罪量刑。

第五条　过失损毁国家保护的珍贵文物或者被确定为全国重点文物保护单位、省级文物保护单位的文物，具有本解释第三条第二款第一项至第三项规定情形之一的，应当认定为刑法第三百二十四条第三款规定的"造成严重后果"。

……

第十一条　单位实施走私文物、倒卖文物等行为，构成犯罪的，依照本解释规定的相应自然人犯罪的定罪量刑标准，对直接负责的主管人员和其他直接责任人员定罪处罚，并对单位判处罚金。

公司、企业、事业单位、机关、团体等单位实施盗窃文物，故意损毁文物、名胜古迹，过失损毁文物，盗掘古文化遗址、古墓葬等行为的，依照本解释规定的相应定罪量刑标准，追究组织者、策划者、实施者的刑事责任。

第十二条　针对不可移动文物整体实施走私、盗窃、倒卖等行为的，根据所属不可移动文物的等级，依照本解释第一条、第二条、第六条的规定定罪量刑：

（一）尚未被确定为文物保护单位的不可移动文物，适用一般文物的定罪量刑标准；

（二）市、县级文物保护单位，适用三级文物的定罪量刑标准；

（三）全国重点文物保护单位、省级文物保护单位，适用二级以上文物的定罪量刑标准。

针对不可移动文物中的建筑构件、壁画、雕塑、石刻等实施走私、盗窃、倒卖等行为的，根据建筑构件、壁画、雕塑、石刻等文物本身的等级或者价值，依照本解释第一条、第二条、第六条的规定定罪量刑。建筑构件、壁画、雕塑、石刻等所属不可移动文物的等级，应当作为量刑情节予以考虑。

第十三条　案件涉及不同等级的文物的，按照高级别文物的量刑幅度量刑；有多件同级文物的，五件同级文物视为一件高一级文物，但是价值明显不相当的除外。

第十四条　依照文物价值定罪量刑的，根据涉案文物的有效价格证明认定文物价值；无有效价格证明，或者根据价格证明认定明显不合理的，根据销赃数额认定，或者结合本解释第十五条规定的鉴定意见、报告认定。

第十五条 在行为人实施有关行为前，文物行政部门已对涉案文物及其等级作出认定的，可以直接对有关案件事实作出认定。

对案件涉及的有关文物鉴定、价值认定等专门性问题难以确定的，由司法鉴定机构出具鉴定意见，或者由国务院文物行政部门指定的机构出具报告。其中，对于文物价值，也可以由有关价格认证机构作出价格认证并出具报告。

第十六条 实施本解释第一条、第二条、第六条至第九条规定的行为，虽已达到应当追究刑事责任的标准，但行为人系初犯，积极退回或者协助追回文物，未造成文物损毁，并确有悔罪表现的，可以认定为犯罪情节轻微，不起诉或者免予刑事处罚。

实施本解释第三条至第五条规定的行为，虽已达到应当追究刑事责任的标准，但行为人系初犯，积极赔偿损失，并确有悔罪表现的，可以认定为犯罪情节轻微，不起诉或者免予刑事处罚。

……

第十八条 本解释自2016年1月1日起施行。本解释公布施行后，《最高人民法院、最高人民检察院关于办理盗窃、盗掘、非法经营和走私文物的案件具体应用法律的若干问题的解释》（法（研）发〔1987〕32号）同时废止；之前发布的司法解释与本解释不一致的，以本解释为准。

◆ 解读与适用

1. 风景名胜区的核心景区属于《刑法》第324条第2款规定的“国家保护的名胜古迹”。对核心景区内的世界自然遗产实施打岩钉等破坏活动，严重破坏自然遗产的自然性、原始性、完整性和稳定性的，综合考虑有关地质遗迹的特点、损坏程度等，可以认定为故意损毁国家保护的名胜古迹，且“情节严重”。

2. 刑事案件中的专门性问题需要鉴定，但没有鉴定机构的，可以指派、聘请有专门知识的人就案件的专门性问题出具报告，相关报告在刑事诉讼中可以作为证据使用。①

第三百二十五条 【非法向外国人出售、赠送珍贵文物罪】

违反文物保护法规，将收藏的国家禁止出口的珍贵文物私自出售或者私自赠送给外国人的，处五年以下有期徒刑或者拘役，可以并处罚金。

单位犯前款罪的，对单位判处罚金，并对其直接负责的主管人员和其他直接责任人员，依照前款的规定处罚。

第三百二十六条 【倒卖文物罪】

以牟利为目的，倒卖国家禁止经营的文物，情节严重的，处五年以下有期徒刑或者拘役，并处罚金；情节特别严重的，处五年以上十年以下有期徒刑，并处罚金。

单位犯前款罪的，对单位判处罚金，并对其直接负责的主管人员和其他直接责任人员，依照前款的规定处罚。

---

① 张某1、毛某、张某2故意损毁名胜古迹案，最高人民法院指导案例147号（最高人民法院审判委员会讨论通过2020年12月29日发布）。

◆ 相关规定

最高人民法院　最高人民检察院
关于办理妨害文物管理等刑事案件适用法律若干问题的解释(节选)
(法释〔2015〕23 号)

详见《刑法》第 324 条故意损毁文物罪的相关规定

第六条　出售或者为出售而收购、运输、储存《中华人民共和国文物保护法》规定的“国家禁止买卖的文物”的,应当认定为刑法第三百二十六条规定的“倒卖国家禁止经营的文物”。

倒卖国家禁止经营的文物,具有下列情形之一的,应当认定为刑法第三百二十六条规定的“情节严重”:

(一)倒卖三级文物的;

(二)交易数额在五万元以上的;

(三)其他情节严重的情形。

实施前款规定的行为,具有下列情形之一的,应当认定为刑法第三百二十六条规定的“情节特别严重”:

(一)倒卖二级以上文物的;

(二)倒卖三级文物五件以上的;

(三)交易数额在二十五万元以上的;

(四)其他情节特别严重的情形。

◆ 解读与适用

【拓展关键词】倒卖文物罪与掩饰、隐瞒犯罪所得罪辨析

行为人明知文物系他人盗掘所得,为从中牟取非法利益而帮助他人积极联系买主,居中促成非法文物交易的,其行为不构成销售赃物罪,应以倒卖文物罪定罪处罚。其行为虽符合销售赃物罪的主要特征,但是被告人销售的不是普通赃物,而是国家禁止买卖的文物,对于非法销售文物的行为,《刑法》有特别规定,根据特别规定优于一般规定的原则,被告人的行为构成倒卖文物罪。①

另见《刑法》第 312 条掩饰、隐瞒犯罪所得罪的相关规定。

第三百二十七条　【非法出售、私赠文物藏品罪】

违反文物保护法规,国有博物馆、图书馆等单位将国家保护的文物藏品出售或者私自送给非国有单位或者个人的,对单位判处罚金,并对其直接负责的主管人员和其他直接责任人员,处三年以下有期徒刑或者拘役。

---

① 刘某、曹某、赵某等盗掘古文化遗址、倒卖文物、转移赃物案,载《最高人民法院公报》2009 年第 5 期。

◆ 相关规定

最高人民法院　最高人民检察院
关于办理妨害文物管理等刑事案件适用法律若干问题的解释(节选)
(法释〔2015〕23号)

详见《刑法》第324条故意损毁文物罪的相关规定

第七条　国有博物馆、图书馆以及其他国有单位,违反文物保护法规,将收藏或者管理的国家保护的文物藏品出售或者私自送给非国有单位或者个人的,依照刑法第三百二十七条的规定,以非法出售、私赠文物藏品罪追究刑事责任。

第三百二十八条　【盗掘古文化遗址、古墓葬罪】①

盗掘具有历史、艺术、科学价值的古文化遗址、古墓葬的,处三年以上十年以下有期徒刑,并处罚金;情节较轻的,处三年以下有期徒刑、拘役或者管制,并处罚金;有下列情形之一的,处十年以上有期徒刑或者无期徒刑,并处罚金或者没收财产:

(一)盗掘确定为全国重点文物保护单位和省级文物保护单位的古文化遗址、古墓葬的;

(二)盗掘古文化遗址、古墓葬集团的首要分子;

(三)多次盗掘古文化遗址、古墓葬的;

(四)盗掘古文化遗址、古墓葬,并盗窃珍贵文物或者造成珍贵文物严重破坏的。

【盗掘古人类化石、古脊椎动物化石罪】

盗掘国家保护的具有科学价值的古人类化石和古脊椎动物化石的,依照前款的规定处罚。

◆ 相关规定

最高人民法院　最高人民检察院
关于办理妨害文物管理等刑事案件适用法律若干问题的解释(节选)
(法释〔2015〕23号)

详见《刑法》第324条故意损毁文物罪的相关规定

第八条　刑法第三百二十八条第一款规定的"古文化遗址、古墓葬"包括水下古文化遗址、古墓葬。"古

---

①　根据《刑法修正案(八)》对第一款进行修订。修订前条文第一款内容为:盗掘具有历史、艺术、科学价值的古文化遗址、古墓葬的,处三年以上十年以下有期徒刑,并处罚金;情节较轻的,处三年以下有期徒刑、拘役或者管制,并处罚金;有下列情形之一的,处十年以上有期徒刑、无期徒刑或者死刑,并处罚金或者没收财产:

(一)盗掘确定为全国重点文物保护单位和省级文物保护单位的古文化遗址、古墓葬的;

(二)盗掘古文化遗址、古墓葬集团的首要分子;

(三)多次盗掘古文化遗址、古墓葬的;

(四)盗掘古文化遗址、古墓葬,并盗窃珍贵文物或者造成珍贵文物严重破坏的。

文化遗址、古墓葬”不以公布为不可移动文物的古文化遗址、古墓葬为限。

实施盗掘行为，已损害古文化遗址、古墓葬的历史、艺术、科学价值的，应当认定为盗掘古文化遗址、古墓葬罪既遂。

……

第十七条　走私、盗窃、损毁、倒卖、盗掘或者非法转让具有科学价值的古脊椎动物化石、古人类化石的，依照刑法和本解释的有关规定定罪量刑。

◆ 解读与适用

【拓展关键词】行政法概念与刑事法概念　古文化遗址　行为犯既遂标准　犯罪次数　盗掘

《刑参》第266号案例“李某盗掘古文化遗址案——盗割石窟寺内壁刻头像的行为如何定罪”相关论述：“古文化遗址”也有广义与狭义之分。《文物保护法》使用的是狭义的概念，目的是尽可能地列举不可移动文物所包含的种类，明确文物保护的范围。而《刑法》第328条所称的“古文化遗址”，含义应当是广义的。将石窟寺、古建筑、地下城等不可移动文物纳入刑法的保护范围，更加符合刑事立法的目的。“盗掘”既包括私自开挖、挖掘地下埋藏物的行为，也包括将不可移动文物的一部分从整体上挖掘、凿割下来的行为。只将“掘”理解为向下开挖地下文物是片面的。盗窃罪的对象一般应当是可移动的文物。

《刑参》第485号案例“孙某等盗掘古墓葬案——如何认定盗掘古墓葬罪中的既遂和多次盗掘”相关论述：盗掘古墓葬罪属于以完成一定的行为作为构成犯罪的行为犯。既遂是以一定行为的实施为标准，但一般来说盗掘古墓葬行为在实践中会有一个实行过程，我们不能认为一着手实施即可构成犯罪，应当结合承担刑事责任所要求的社会危害程度进行具体分析。如果盗掘行为刚刚开始，并未触及墓室或者未对该墓葬的历史、艺术、科学价值造成一定影响的，可以不以犯罪论处。“多次”一般是3次及以上。被告人基于一个犯罪故意，针对同一古墓葬分次实施盗掘行为，应认定一次犯罪，即对于针对同一古墓葬的分次挖掘不能简单地以多次重复的机械动作和行为作为认定次数的标准，而应以盗掘不同的古墓葬为标准，否则间隔时间、参与人员等方面很难把握。

[本书观点]认定犯罪次数，应结合犯罪性质和特点。针对同一被害人“多次”抢劫，与针对同一古墓葬“多次”挖掘在认定是否属于刑法意义上的“多次”犯罪时应有所区别。

《刑参》第560号案例“卞某等盗掘古墓葬案——盗掘古墓葬罪中主观认知的内容和‘盗窃珍贵文物’加重处罚情节的适用”相关论述：盗掘古墓葬要求行为人应当明知所盗掘的是古墓葬但不要求行为人确切认识到所盗掘古墓葬的历史、艺术、科学价值。一般情况下，行为人盗掘古墓葬就是要从中窃取文物，但不排除在某些情况下，行为人未实际窃得文物。这种情况下，行为人虽未窃走文物但古墓葬作为一种人类文化遗存本身就是一种文物，盗掘者在未得到许可、不具有专业知识能力、缺少必要设备和保护措施的条件下，擅自挖掘古墓葬，往往会给古墓葬带来毁灭性的破坏，造成不可挽回的损失，该行为本身就具有严重的社会危害性。因此，并非只有盗得文物才构成盗掘古墓葬罪。“盗掘”之“盗”主要表明了挖掘的非法性，即以非法占有为目的未经批准擅自挖掘。盗掘者只要实施了非法挖掘的行为，无论是否实际盗得文物，即可构成本罪。如果盗掘的同时窃取文物，在量刑时考虑。认定“盗窃珍贵文物”情节并不是在私自挖掘古墓葬时挖掘到了珍贵文物，就可适用加重法定情节，同样必须遵循主客观相一致的原则。从主观上讲，行为人必须具有盗窃珍贵文物的故意，可以是明确的故意，至少应当是一种不确定的概括故意。

《刑参》第1129号案例“谢某、曾某盗掘古文化遗址案——盗掘确定为全国重点文物保护单位的古文化遗址，但犯罪情节较轻的，如何量刑”相关论述：在全国重点文物保护单位的区域内盗掘古文化遗址的行为依法应当以盗掘古文化遗址罪定罪处罚。只要行为人客观上实施了挖掘古文化遗址的行为就足以构成本罪。从立法规定看,盗掘古文化遗址、古墓葬,并盗窃珍贵文物或者造成正规文物严重损害的情形作为本罪的加重处罚情节而不是犯罪构成要件。有些破坏古文化遗址的案件,尽管未窃取得文物或者无法窃取但对古文化遗址本身的破坏显然是存在的。盗掘确定为全国重点文物保护单位的古文化遗址,犯罪情节较轻,依法决定在法定刑以下判处刑罚的,可以根据犯罪情节、悔罪表现等因素决定是否适用缓刑。

《刑参》第1130号案例"韩某、胡某盗掘古墓葬案——盗掘古墓葬石像生的如何定罪"相关论述:石像生是古墓葬的重要组成部分,具有重要的历史、艺术、科学价值。盗掘古墓葬罪侵犯的是复杂客体,不仅侵犯了国家对古墓葬的所有权,还侵犯了国家对古墓葬的管理秩序。偷挖石像生的行为属于"盗掘"古墓葬行为。理解刑法上的"盗掘"不能完全拘泥于"掘"的字面含义即狭义地理解为"向下挖掘"、"刨开泥土"或者是"在地面以下挖掘",而应作广义的理解。凡是具备以下两个特征的"破坏性手段",都可以视为盗掘古墓葬:(1)行为人秘密实施的行为,旨在破坏古墓葬及其附属物的完整性或者使其离开原处。(2)行为客观上破坏了古墓葬及其附属物所蕴含的历史、艺术、科学价值。对偷挖石像生的行为不宜以盗窃罪定罪处罚而应当以盗掘古墓葬罪定罪处罚。鉴于盗挖石像生的行为大多是以转卖牟利为目的,在多数情况下,可以将盗挖石像生的行为理解为行为人以非法占有为目的实施的。秘密窃取属于国家所有的文物,属于想象竞合犯,以盗掘古墓葬罪定罪处罚。从司法实践看,如果将盗掘石像生的行为认定为盗掘古墓葬罪,该罪作为行为犯,其定罪标准容易掌握。

《刑参》第1442号案例"王某、周某盗掘古文化遗址案——如何确定行为犯的犯罪形态"相关论述:并非所有行为犯的行为都是一着手就完成的,不同危害行为的过程长短不一,内容各异,行为犯的实行行为进行到犯罪进程的哪个阶段才能达到犯罪既遂状态,既与行为是否实施终了有关,也与立法对犯罪行为的社会危害性评价有关。古文化遗址、古墓葬的历史、艺术、科学价值是否受到损害是认定盗掘行为既未遂的重要标准。

另见《刑法》第264条盗窃罪的相关注释。

第三百二十九条 【抢夺、窃取国有档案罪,擅自出卖、转让国有档案罪】

抢夺、窃取国家所有的档案的,处五年以下有期徒刑或者拘役。

违反档案法的规定,擅自出卖、转让国家所有的档案,情节严重的,处三年以下有期徒刑或者拘役。

有前两款行为,同时又构成本法规定的其他犯罪的,依照处罚较重的规定定罪处罚。

◆ 解读与适用

【拓展关键词】当然解释

"抢劫"国有档案的行为也可以构成抢夺、窃取国有档案罪。对于同一性质的行为,应允许举重以明轻和举轻以明重的当然解释。一个行为如果没有达到法条的要求,当然不能适用该法条。但一个行为如果在符合法条要求的前提下超出了该法条的要求,也没有其他可适用的法条,则依然应适用该法条。[①]

各被告人均为人民法院的干部,不仅明知他们窃取的是等待重新装订的诉讼档案,而且明知这些档案是

① 参见张明楷:《刑法分则的解释原理》,中国人民大学出版社2004年版,第26页。

属于国家所有的档案。被告人实施窃取行为,并非想占有这些诉讼档案,只是以此来陷害本单位领导。刑法设定窃取国有档案罪,是要通过惩戒来禁止、杜绝窃取国有档案的行为,并非惩戒窃取行为造成的恶果。因此,只要行为人实施了窃取国有档案的行为即构成本罪,不问行为人的犯罪动机如何,也不问其窃取后如何处置国有档案。被告人窃取的档案中有绝密级卷宗,一行为竞合了窃取国有档案罪和非法获取国家秘密罪,应以处罚较重的窃取国有档案罪论处。①

第五节 危害公共卫生罪

第三百三十条 【妨害传染病防治罪】②

违反传染病防治法的规定,有下列情形之一,引起甲类传染病以及依法确定采取甲类传染病预防、控制措施的传染病传播或者有传播严重危险的,处三年以下有期徒刑或者拘役;后果特别严重的,处三年以上七年以下有期徒刑:

(一)供水单位供应的饮用水不符合国家规定的卫生标准的;

(二)拒绝按照疾病预防控制机构提出的卫生要求,对传染病病原体污染的污水、污物、场所和物品进行消毒处理的;

(三)准许或者纵容传染病病人、病原携带者和疑似传染病病人从事国务院卫生行政部门规定禁止从事的易使该传染病扩散的工作的;

(四)出售、运输疫区中被传染病病原体污染或者可能被传染病病原体污染的物品,未进行消毒处理的;

(五)拒绝执行县级以上人民政府、疾病预防控制机构依照传染病防治法提出的预防、控制措施的。

单位犯前款罪的,对单位判处罚金,并对其直接负责的主管人员和其他直接责任人员,依照前款的规定处罚。

甲类传染病的范围,依照《中华人民共和国传染病防治法》和国务院有关规定确定。

---

① 兰某、李某窃取国有档案案,载《最高人民法院公报》2002年第3期。

② 根据《刑法修正案(十一)》修订。原条文第一款主要内容为:"违反……,有下列情形之一,引起甲类传染病传播或者有传播严重危险的,处……;后果特别严重的,处……:

(一)供水单位供应的饮用水不符合国家规定的卫生标准的;

(二)拒绝按照卫生防疫机构提出的卫生要求,对传染病病原体污染的污水、污物、粪便进行消毒处理的;

(三)准许或者纵容传染病病人、病原携带者和疑似传染病病人从事国务院卫生行政部门规定禁止从事的易使该传染病扩散的工作的;

(四)拒绝执行卫生防疫机构依照传染病防治法提出的预防、控制措施的。"

◆ 相关规定

最高人民法院　最高人民检察院
关于办理妨害预防、控制突发传染病疫情等灾害的
刑事案件具体应用法律若干问题的解释(节选)
(法释〔2003〕8号)

第七条　在预防、控制突发传染病疫情等灾害期间,假借研制、生产或者销售用于预防、控制突发传染病疫情等灾害用品的名义,诈骗公私财物数额较大的,依照刑法有关诈骗罪的规定定罪,依法从重处罚。

……

第十七条　人民法院、人民检察院办理有关妨害预防、控制突发传染病疫情等灾害的刑事案件,对于有自首、立功等悔罪表现的,依法从轻、减轻、免除处罚或者依法作出不起诉决定。

第十八条　本解释所称"突发传染病疫情等灾害",是指突然发生,造成或者可能造成社会公众健康严重损害的重大传染病疫情、群体性不明原因疾病以及其他严重影响公众健康的灾害。

最高人民检察院　公安部
关于公安机关管辖的刑事案件立案追诉标准的规定(一)(节选)
(公通字〔2008〕36号)

第四十九条　【妨害传染病防治案(刑法第三百三十条)】违反传染病防治法的规定,引起甲类或者按甲类管理的传染病传播或者有传播严重危险,涉嫌下列情形之一的,应予立案追诉:

(一)供水单位供应的饮用水不符合国家规定的卫生标准的;

(二)拒绝按照疾病预防控制机构提出的卫生要求,对传染病病原体污染的污水、污物、粪便进行消毒处理的;

(三)准许或者纵容传染病病人、病原携带者和疑似传染病病人从事国务院卫生行政部门规定禁止从事的易使该传染病扩散的工作的;

(四)拒绝执行疾病预防控制机构依照传染病防治法提出的预防、控制措施的。

本条和本规定第五十条规定的"甲类传染病",是指鼠疫、霍乱;"按甲类管理的传染病",是指乙类传染病中传染性非典型肺炎、炭疽中的肺炭疽、人感染高致病性禽流感以及国务院卫生行政部门根据需要报经国务院批准公布实施的其他需要按甲类管理的乙类传染病和突发原因不明的传染病。

◆ 解读与适用

【拓展关键词】妨害传染病防治罪与以危险方法危害公共安全罪辨析　普通法条与特别法条

《刑参》第1333号案例"张某妨害传染病防治案——疫情防控中以危险方法危害公共安全罪与妨害传染病防治罪的区分适用"相关论述:认定"已经确诊的新冠肺炎病人"和"新冠肺炎疑似病人"应当以医疗机构出具的诊断结论、检验报告等为依据。本案中,被告人属于事后确诊,而非事前已经经过医疗机构确诊,因而不属于已经确诊的新冠肺炎病人、病原携带者主体。被告人不确定自身一定感染新冠肺炎,主观上抱有侥幸心理,其对违反《传染病防治法》规定尽管是故意的,但对引起新冠肺炎病原体传播或传播的严重危险这一结果则并非故意。明知已经确诊为新冠肺炎或者疑似病人的行为人出于报复社会、发泄不满等动机,拒绝执行防疫措施,恶意向不特定多数人传播病毒,后果严重,情节恶劣的,应当适用以危险方法危害公共安全罪。妨害传染病防治罪与过失以危险方法危害公共安全罪是法条竞合关系,应当按照特别法优于一般法的适用原则优先适用妨害传染病防治罪。

另见《刑法》第 114 条危害公共安全罪的相关注释。

第三百三十一条　【传染病菌种、毒种扩散罪】

从事实验、保藏、携带、运输传染病菌种、毒种的人员，违反国务院卫生行政部门的有关规定，造成传染病菌种、毒种扩散，后果严重的，处三年以下有期徒刑或者拘役；后果特别严重的，处三年以上七年以下有期徒刑。

◆ 相关规定

最高人民检察院　公安部

关于公安机关管辖的刑事案件立案追诉标准的规定(一)(节选)

(公通字〔2008〕36 号)

第五十条　【传染病菌种、毒种扩散案(刑法第三百三十一条)】从事实验、保藏、携带、运输传染病菌种、毒种的人员，违反国务院卫生行政部门的有关规定，造成传染病菌种、毒种扩散，涉嫌下列情形之一的，应予立案追诉：

(一)导致甲类和按甲类管理的传染病传播的；

(二)导致乙类、丙类传染病流行、暴发的；

(三)造成人员重伤或者死亡的；

(四)严重影响正常的生产、生活秩序的；

(五)其他造成严重后果的情形。

第三百三十二条　【妨害国境卫生检疫罪】

违反国境卫生检疫规定，引起检疫传染病传播或者有传播严重危险的，处三年以下有期徒刑或者拘役，并处或者单处罚金。

单位犯前款罪的，对单位判处罚金，并对其直接负责的主管人员和其他直接责任人员，依照前款的规定处罚。

◆ 相关规定

最高人民检察院　公安部

关于公安机关管辖的刑事案件立案追诉标准的规定(一)(节选)

(公通字〔2008〕36 号)

第五十一条　【妨害国境卫生检疫案(刑法第三百三十二条)】违反国境卫生检疫规定，引起检疫传染病传播或者有传播严重危险的，应予立案追诉。

本条规定的“检疫传染病”，是指鼠疫、霍乱、黄热病以及国务院确定和公布的其他传染病。

第三百三十三条　【非法组织卖血罪】【强迫卖血罪】

非法组织他人出卖血液的，处五年以下有期徒刑，并处罚金；以暴力、威胁方法强迫他人出卖血液的，处五年以上十年以下有期徒刑，并处罚金。

有前款行为，对他人造成伤害的，依照本法第二百三十四条的规定定罪处罚。

◆ 相关规定

最高人民检察院　公安部

关于公安机关管辖的刑事案件立案追诉标准的规定(一)(节选)

(公通字〔2008〕36号)

第五十二条　【非法组织卖血案(刑法第三百三十三条第一款)】非法组织他人出卖血液，涉嫌下列情形之一的，应予立案追诉：

(一)组织卖血三人次以上的；

(二)组织卖血非法获利累计二千元以上的；

(三)组织未成年人卖血的；

(四)被组织卖血的人的血液含有艾滋病病毒、乙型肝炎病毒、丙型肝炎病毒、梅毒螺旋体等病原微生物的；

(五)其他非法组织卖血应予追究刑事责任的情形。

第五十三条　【强迫卖血案(刑法第三百三十三条第一款)】以暴力、威胁方法强迫他人出卖血液的，应予立案追诉。

◆ 解读与适用

【拓展关键词】量刑规则

“有前款行为，对他人造成伤害的，依照本法第234条的规定定罪处罚”。此处的“伤害”不包括轻伤。行为人强迫他人卖血造成重伤的，只能在五年以上十年以下有期徒刑的法定刑内判处刑罚。在行为触犯两个以上的罪名因而从一重论处时，所判处的刑罚不能低于轻罪的最低法定刑。①

第三百三十四条　【非法采集、供应血液、制作、供应血液制品罪】

非法采集、供应血液或者制作、供应血液制品，不符合国家规定的标准，足以危害人体健康的，处五年以下有期徒刑或者拘役，并处罚金；对人体健康造成严重危害的，处五年以上十

① 参见张明楷：《刑法分则的解释原理》，中国人民大学出版社2004年版，第86～88页。

年以下有期徒刑，并处罚金；造成特别严重后果的，处十年以上有期徒刑或者无期徒刑，并处罚金或者没收财产。

【采集、供应血液、制作、供应血液制品事故罪】

经国家主管部门批准采集、供应血液或者制作、供应血液制品的部门，不依照规定进行检测或者违背其他操作规定，造成危害他人身体健康后果的，对单位判处罚金，并对其直接负责的主管人员和其他直接责任人员，处五年以下有期徒刑或者拘役。

◆ 相关规定

最高人民检察院　公安部

关于公安机关管辖的刑事案件立案追诉标准的规定(一)(节选)

(公通字〔2008〕36号)

第五十四条　【非法采集、供应血液、制作、供应血液制品案(刑法第三百三十四条第一款)】非法采集、供应血液或者制作、供应血液制品，涉嫌下列情形之一的，应予立案追诉：

(一)采集、供应的血液含有艾滋病病毒、乙型肝炎病毒、丙型肝炎病毒、梅毒螺旋体等病原微生物的；

(二)制作、供应的血液制品含有艾滋病病毒、乙型肝炎病毒、丙型肝炎病毒、梅毒螺旋体等病原微生物，或者将含有上述病原微生物的血液用于制作血液制品的；

(三)使用不符合国家规定的药品、诊断试剂、卫生器材，或者重复使用一次性采血器材采集血液，造成传染病传播危险的；

(四)违反规定对献血者、供血浆者超量、频繁采集血液、血浆，足以危害人体健康的；

(五)其他不符合国家有关采集、供应血液或者制作、供应血液制品的规定，足以危害人体健康或者对人体健康造成严重危害的情形。

未经国家主管部门批准或者超过批准的业务范围，采集、供应血液或者制作、供应血液制品的，属于本条规定的"非法采集、供应血液或者制作、供应血液制品"。

本条和本规定第五十二条、第五十三条、第五十五条规定的"血液"，是指全血、成分血和特殊血液成分。

本条和本规定第五十五条规定的"血液制品"，是指各种人血浆蛋白制品。

第五十五条　【采集、供应血液、制作、供应血液制品事故案(刑法第三百三十四条第二款)】经国家主管部门批准采集、供应血液或者制作、供应血液制品的部门，不依照规定进行检测或者违背其他操作规定，涉嫌下列情形之一的，应予立案追诉：

(一)造成献血者、供血浆者、受血者感染艾滋病病毒、乙型肝炎病毒、丙型肝炎病毒、梅毒螺旋体或者其他经血液传播的病原微生物的；

(二)造成献血者、供血浆者、受血者重度贫血、造血功能障碍或者其他器官组织损伤导致功能障碍等身体严重危害的；

(三)其他造成危害他人身体健康后果的情形。

经国家主管部门批准的采供血机构和血液制品生产经营单位，属于本条规定的"经国家主管部门批准采集、供应血液或者制作、供应血液制品的部门"。采供血机构包括血液中心、中心血站、中心血库、脐带血造血干细胞库和国家卫生行政主管部门根据医学发展需要批准、设置的其他类型血库、单采血浆站。

具有下列情形之一的，属于本条规定的"不依照规定进行检测或者违背其他操作规定"：

(一)血站未用两个企业生产的试剂对艾滋病病毒抗体、乙型肝炎病毒表面抗原、丙型肝炎病毒抗体、梅毒抗体进行两次检测的;

(二)单采血浆站不依照规定对艾滋病病毒抗体、乙型肝炎病毒表面抗原、丙型肝炎病毒抗体、梅毒抗体进行检测的;

(三)血液制品生产企业在投料生产前未用主管部门批准和检定合格的试剂进行复检的;

(四)血站、单采血浆站和血液制品生产企业使用的诊断试剂没有生产单位名称、生产批准文号或者经检定不合格的;

(五)采供血机构在采集检验标本、采集血液和成分血分离时,使用没有生产单位名称、生产批准文号或者超过有效期的一次性注射器等采血器材的;

(六)不依照国家规定的标准和要求包装、储存、运输血液、原料血浆的;

(七)对国家规定检测项目结果呈阳性的血液未及时按照规定予以清除的;

(八)不具备相应资格的医务人员进行采血、检验操作的;

(九)对献血者、供血浆者超量、频繁采集血液、血浆的;

(十)采供血机构采集血液、血浆前,未对献血者或者供血浆者进行身份识别,采集冒名顶替者、健康检查不合格者血液、血浆的;

(十一)血站擅自采集原料血浆,单采血浆站擅自采集临床用血或者向医疗机构供应原料血浆的;

(十二)重复使用一次性采血器材的;

(十三)其他不依照规定进行检测或者违背操作规定的。

最高人民法院 最高人民检察院
关于办理非法采供血液等刑事案件具体应用法律若干问题的解释

(法释〔2008〕12号)

……

第一条 对未经国家主管部门批准或者超过批准的业务范围,采集、供应血液或者制作、供应血液制品的,应认定为刑法第三百三十四条第一款规定的“非法采集、供应血液或者制作、供应血液制品”。

第二条 对非法采集、供应血液或者制作、供应血液制品,具有下列情形之一的,应认定为刑法第三百三十四条第一款规定的“不符合国家规定的标准,足以危害人体健康”,处五年以下有期徒刑或者拘役,并处罚金:

(一)采集、供应的血液含有艾滋病病毒、乙型肝炎病毒、丙型肝炎病毒、梅毒螺旋体等病原微生物的;

(二)制作、供应的血液制品含有艾滋病病毒、乙型肝炎病毒、丙型肝炎病毒、梅毒螺旋体等病原微生物,或者将含有上述病原微生物的血液用于制作血液制品的;

(三)使用不符合国家规定的药品、诊断试剂、卫生器材,或者重复使用一次性采血器材采集血液,造成传染病传播危险的;

(四)违反规定对献血者、供血浆者超量、频繁采集血液、血浆,足以危害人体健康的;

(五)其他不符合国家有关采集、供应血液或者制作、供应血液制品的规定标准,足以危害人体健康的。

第三条 对非法采集、供应血液或者制作、供应血液制品,具有下列情形之一的,应认定为刑法第三百三十四条第一款规定的“对人体健康造成严重危害”,处五年以上十年以下有期徒刑,并处罚金:

(一)造成献血者、供血浆者、受血者感染乙型肝炎病毒、丙型肝炎病毒、梅毒螺旋体或者其他经血液传播的病原微生物的;

(二)造成献血者、供血浆者、受血者重度贫血、造血功能障碍或者其他器官组织损伤导致功能障碍等身体严重危害的;

（三）对人体健康造成其他严重危害的。

第四条　对非法采集、供应血液或者制作、供应血液制品，具有下列情形之一的，应认定为刑法第三百三十四条第一款规定的“造成特别严重后果”，处十年以上有期徒刑或者无期徒刑，并处罚金或者没收财产：

（一）因血液传播疾病导致人员死亡或者感染艾滋病病毒的；

（二）造成五人以上感染乙型肝炎病毒、丙型肝炎病毒、梅毒螺旋体或者其他经血液传播的病原微生物的；

（三）造成五人以上重度贫血、造血功能障碍或者其他器官组织损伤导致功能障碍等身体严重危害的；

（四）造成其他特别严重后果的。

第五条　对经国家主管部门批准采集、供应血液或者制作、供应血液制品的部门，具有下列情形之一的，应认定为刑法第三百三十四条第二款规定的“不依照规定进行检测或者违背其他操作规定”：

（一）血站未用两个企业生产的试剂对艾滋病病毒抗体、乙型肝炎病毒表面抗原、丙型肝炎病毒抗体、梅毒抗体进行两次检测的；

（二）单采血浆站不依照规定对艾滋病病毒抗体、乙型肝炎病毒表面抗原、丙型肝炎病毒抗体、梅毒抗体进行检测的；

（三）血液制品生产企业在投料生产前未用主管部门批准和检定合格的试剂进行复检的；

（四）血站、单采血浆站和血液制品生产企业使用的诊断试剂没有生产单位名称、生产批准文号或者经检定不合格的；

（五）采供血机构在采集检验标本、采集血液和成分血分离时，使用没有生产单位名称、生产批准文号或者超过有效期的一次性注射器等采血器材的；

（六）不依照国家规定的标准和要求包装、储存、运输血液、原料血浆的；

（七）对国家规定检测项目结果呈阳性的血液未及时按照规定予以清除的；

（八）不具备相应资格的医务人员进行采血、检验操作的；

（九）对献血者、供血浆者超量、频繁采集血液、血浆的；

（十）采供血机构采集血液、血浆前，未对献血者或供血浆者进行身份识别，采集冒名顶替者、健康检查不合格者血液、血浆的；

（十一）血站擅自采集原料血浆，单采血浆站擅自采集临床用血或者向医疗机构供应原料血浆的；

（十二）重复使用一次性采血器材的；

（十三）其他不依照规定进行检测或者违背操作规定的。

第六条　对经国家主管部门批准采集、供应血液或者制作、供应血液制品的部门，不依照规定进行检测或者违背其他操作规定，具有下列情形之一的，应认定为刑法第三百三十四条第二款规定的“造成危害他人身体健康后果”，对单位判处罚金，并对其直接负责的主管人员和其他直接责任人员，处五年以下有期徒刑或者拘役：

（一）造成献血者、供血浆者、受血者感染艾滋病病毒、乙型肝炎病毒、丙型肝炎病毒、梅毒螺旋体或者其他经血液传播的病原微生物的；

（二）造成献血者、供血浆者、受血者重度贫血、造血功能障碍或者其他器官组织损伤导致功能障碍等身体严重危害的；

（三）造成其他危害他人身体健康后果的。

第七条　经国家主管部门批准的采供血机构和血液制品生产经营单位，应认定为刑法第三百三十四条第二款规定的“经国家主管部门批准采集、供应血液或者制作、供应血液制品的部门”。

第八条　本解释所称“血液”，是指全血、成分血和特殊血液成分。

本解释所称“血液制品”，是指各种人血浆蛋白制品。

本解释所称“采供血机构”，包括血液中心、中心血站、中心血库、脐带血造血干细胞库和国家卫生行政主管部门根据医学发展需要批准、设置的其他类型血库、单采血浆站。

最高人民法院　最高人民检察院　公安部　司法部
关于依法严厉打击传播艾滋病病毒等违法犯罪行为的指导意见(节选)
(公通字〔2019〕23号)

详见《刑法》第234条故意伤害罪的相关规定

二、准确认定行为性质

(十)非法采集、供应血液罪。非法采集、供应血液,含有艾滋病病毒的,依照刑法第三百三十四条第一款的规定,以非法采集、供应血液罪定罪处罚。

第三百三十四条之一　【非法采集人类遗传资源、走私人类遗传资源材料罪】①

违反国家有关规定,非法采集我国人类遗传资源或者非法运送、邮寄、携带我国人类遗传资源材料出境,危害公众健康或者社会公共利益,情节严重的,处三年以下有期徒刑、拘役或者管制,并处或者单处罚金;情节特别严重的,处三年以上七年以下有期徒刑,并处罚金。

第三百三十五条　【医疗事故罪】

医务人员由于严重不负责任,造成就诊人死亡或者严重损害就诊人身体健康的,处三年以下有期徒刑或者拘役。

◆ 相关规定

最高人民检察院　公安部
关于公安机关管辖的刑事案件立案追诉标准的规定(一)(节选)
(公通字〔2008〕36号)

第五十六条　【医疗事故案(刑法第三百三十五条)】医务人员由于严重不负责任,造成就诊人死亡或者严重损害就诊人身体健康的,应予立案追诉。

具有下列情形之一的,属于本条规定的“严重不负责任”:

(一)擅离职守的;

(二)无正当理由拒绝对危急就诊人实行必要的医疗救治的;

(三)未经批准擅自开展试验性医疗的;

(四)严重违反查对、复核制度的;

(五)使用未经批准使用的药品、消毒药剂、医疗器械的;

(六)严重违反国家法律法规及有明确规定的诊疗技术规范、常规的;

(七)其他严重不负责任的情形。

---

① 根据《刑法修正案(十一)》新增。

本条规定的“严重损害就诊人身体健康”，是指造成就诊人严重残疾、重伤、感染艾滋病、病毒性肝炎等难以治愈的疾病或者其他严重损害就诊人身体健康的后果。

◆ 解读与适用

【拓展关键词】医疗事故罪与非法行医罪

《刑参》第1288号案例“梁某医疗事故案——医务人员在医院安排下的违规医疗行为应当如何定性”相关论述：虽然梁某本人没有医师资格，但是其推注麻醉药实际是经过医院和医师授权的职务行为，尽管这一授权从管理角度是违规的，但梁某不属于“未取得医生执业资格的人非法行医”的4种情形，不构成非法行医罪。医疗事故罪的主体为特殊主体即必须是医务人员。梁某是取得护士执业资格的护士，符合本罪的构成要件。在客观上，由于梁某严重不负责任的行为造成了就诊人的死亡。梁某明知自己没有医师资格而给患者推注麻醉药，存在重大的业务过失，符合医疗事故罪的构成。医疗事故责任认定书是认定医疗事故罪的充分条件而非必要条件。对于已取得护士资格而未取得医生执业资格的护士，擅自从事诊疗活动损害就诊人身体健康的，以非法行医罪论处。

另见《刑法》第336条非法行医罪的相关注释。

第三百三十六条　【非法行医罪】

未取得医生执业资格的人非法行医，情节严重的，处三年以下有期徒刑、拘役或者管制，并处或者单处罚金；严重损害就诊人身体健康的，处三年以上十年以下有期徒刑，并处罚金；造成就诊人死亡的，处十年以上有期徒刑，并处罚金。

【非法进行节育手术罪】

未取得医生执业资格的人擅自为他人进行节育复通手术、假节育手术、终止妊娠手术或者摘取宫内节育器，情节严重的，处三年以下有期徒刑、拘役或者管制，并处或者单处罚金；严重损害就诊人身体健康的，处三年以上十年以下有期徒刑，并处罚金；造成就诊人死亡的，处十年以上有期徒刑，并处罚金。

◆ 相关规定

卫生部
关于对非法行医罪犯罪条件征询意见函的复函
（2001年8月8日）

最高人民法院：

你院《关于非法行医罪犯罪主体条件征询意见函》（法函〔2001〕23号）收悉。经研究，现答复如下：

一、关于非法行医罪犯罪主体的概念

1998年6月26日第九届全国人民代表人会常务委员会第三次会议通过《执业医师法》，根据该法规定，医师是取得执业医师资格，经注册在医疗、预防、保健机构中执业的医学专业人员。医师分为执业医师和执业助理医师，《刑法》中的“医生执业资格的人”应当是按照《执业医师法》的规定，取得执业医师资格并经卫生行政部门注册的医学专业人员。

二、关于《执业医师法》颁布以前医师资格认定问题

《执业医师法》第四十三条规定:"本法颁布之日前按照国家有关规定取得医学专业技术职称和医学专业技术职务的人员,由所在机构报请县级以上人民政府卫生行政部门认定,取得相应的医师资格。"

卫生部、人事部下发了《具有医学专业技术职务任职资格人员认定医师资格及执业注册办法》。目前各级卫生行政部门正在对《执业医师法》颁布之前,按照国家有关规定已取得医学专业技术职务任职资格的人员认定医师资格,并为仍在医疗、预防、保健机构执业的医师办理执业注册。

三、关于在"未被批准行医的场所"行医问题

具有医生执业资格的人在"未被批准行医的场所"行医属非法行医。其中,"未被批准行医的场所"是指没有卫生行政部门核发的《医疗机构执业许可证》的场所。但是,下列情况不属于非法行医:

(一)随急救车出诊或随采血车出车采血的;

(二)对病人实施现场急救的;

(三)经医疗、预防、保健机构批准的家庭病床、卫生支农、出诊、承担政府交办的任务和卫生行政部门批准的义诊等。

四、关于乡村医生及家庭接生员的问题

《执业医师法》规定,不具备《执业医师法》规定的执业医师资格或者执业助理医师资格的乡村医生,由国务院另行制定管理办法。经过卫生行政部门审核的乡村医生应当在注册的村卫生室执业。除第三条所列情况外,其他凡超出其申请执业地点的,应视为非法行医。

根据《母婴保健法》的规定"不能住院分娩的孕妇应当经过培训合格的接生人员实行消毒接生","从事家庭接生的人员,必须经过县级以上地方人民政府卫生行政部门的考核,并取得相应的合格证书"。取得合法资格的家庭接生人员为不能住院分娩的孕妇接生,不属于非法行医。

最高人民法院　最高人民检察院
关于办理妨害预防、控制突发传染病疫情等灾害的刑事案件具体应用法律若干问题的解释(节选)

(法释〔2003〕8号)

详见《刑法》第330条妨害传染病防治罪的相关规定

第十二条　未取得医师执业资格非法行医,具有造成突发传染病病人、病原携带者、疑似突发传染病病人贻误诊治或者造成交叉感染等严重情节的,依照刑法第三百三十六条第一款的规定,以非法行医罪定罪,依法从重处罚。

最高人民检察院　公安部
关于公安机关管辖的刑事案件立案追诉标准的规定(一)(节选)

(公通字〔2008〕36号)

第五十七条　**【非法行医案(刑法第三百三十六条第一款)】**未取得医生执业资格的人非法行医,涉嫌下列情形之一的,应予立案追诉:

(一)造成就诊人轻度残疾、器官组织损伤导致一般功能障碍,或者中度以上残疾、器官组织损伤导致严重功能障碍,或者死亡的;

(二)造成甲类传染病传播、流行或者有传播、流行危险的;

(三)使用假药、劣药或不符合国家规定标准的卫生材料、医疗器械,足以严重危害人体健康的;

（四）非法行医被卫生行政部门行政处罚两次以后，再次非法行医的；

（五）其他情节严重的情形。

具有下列情形之一的，属于本条规定的"未取得医生执业资格的人非法行医"：

（一）未取得或者以非法手段取得医师资格从事医疗活动的；

（二）个人未取得《医疗机构执业许可证》开办医疗机构的；

（三）被依法吊销医师执业证书期间从事医疗活动的；

（四）未取得乡村医生执业证书，从事乡村医疗活动的；

（五）家庭接生员实施家庭接生以外的医疗行为的。

本条规定的"轻度残疾、器官组织损伤导致一般功能障碍"、"中度以上残疾、器官组织损伤导致严重功能障碍"，参照卫生部《医疗事故分级标准（试行）》认定。

第五十八条　【非法进行节育手术案（刑法第三百三十六条第二款）】未取得医生执业资格的人擅自为他人进行节育复通手术、假节育手术、终止妊娠手术或者摘取宫内节育器，涉嫌下列情形之一的，应予立案追诉：

（一）造成就诊人轻伤、重伤、死亡或者感染艾滋病、病毒性肝炎等难以治愈的疾病的；

（二）非法进行节育复通手术、假节育手术、终止妊娠手术或者摘取宫内节育器五人次以上的；

（三）致使他人超计划生育的；

（四）非法进行选择性别的终止妊娠手术的；

（五）非法获利累计五千元以上的；

（六）其他情节严重的情形。

最高人民法院
关于审理非法行医刑事案件具体应用法律若干问题的解释

（法释〔2016〕27号）

（2008年4月28日最高人民法院审判委员会第1446次会议通过，根据2016年12月12日最高人民法院审判委员会第1703次会议通过的《最高人民法院关于修改〈关于审理非法行医刑事案件具体应用法律若干问题的解释〉的决定》修正）

……

第一条　具有下列情形之一的，应认定为刑法第三百三十六条第一款规定的"未取得医生执业资格的人非法行医"：

（一）未取得或者以非法手段取得医师资格从事医疗活动的；

（二）被依法吊销医师执业证书期间从事医疗活动的；

（三）未取得乡村医生执业证书，从事乡村医疗活动的；

（四）家庭接生员实施家庭接生以外的医疗行为的。

第二条　具有下列情形之一的，应认定为刑法第三百三十六条第一款规定的"情节严重"：

（一）造成就诊人轻度残疾、器官组织损伤导致一般功能障碍的；

（二）造成甲类传染病传播、流行或者有传播、流行危险的；

（三）使用假药、劣药或不符合国家规定标准的卫生材料、医疗器械，足以严重危害人体健康的；

（四）非法行医被卫生行政部门行政处罚两次以后，再次非法行医的；

（五）其他情节严重的情形。

第三条　具有下列情形之一的，应认定为刑法第三百三十六条第一款规定的"严重损害就诊人身体健康"：

（一）造成就诊人中度以上残疾、器官组织损伤导致严重功能障碍的；

（二）造成三名以上就诊人轻度残疾、器官组织损伤导致一般功能障碍的。

第四条 非法行医行为系造成就诊人死亡的直接、主要原因的，应认定为刑法第三百三十六条第一款规定的"造成就诊人死亡"。

非法行医行为并非造成就诊人死亡的直接、主要原因的，可不认定为刑法第三百三十六条第一款规定的"造成就诊人死亡"。但是，根据案件情况，可以认定为刑法第三百三十六条第一款规定的"情节严重"。

第五条 实施非法行医犯罪，同时构成生产、销售假药罪，生产、销售劣药罪，诈骗罪等其他犯罪的，依照刑法处罚较重的规定定罪处罚。

第六条 本解释所称"医疗活动""医疗行为"，参照《医疗机构管理条例实施细则》中的"诊疗活动""医疗美容"认定。

本解释所称"轻度残疾、器官组织损伤导致一般功能障碍""中度以上残疾、器官组织损伤导致严重功能障碍"，参照《医疗事故分级标准（试行）》认定。

最高人民法院
关于修改《关于审理非法行医刑事案件具体应用法律若干问题的解释》的决定

（法释〔2016〕27号）

为了依法惩处非法行医犯罪，保障公民身体健康和生命安全，根据刑法有关规定，结合审判实践情况，现决定对《最高人民法院关于审理非法行医刑事案件具体应用法律若干问题的解释》（法释〔2008〕5号，以下简称《解释》）作如下修改：

一、删除《解释》第一条第二项。

二、在《解释》第三条后增加一条，作为修改后《解释》第四条："非法行医行为系造成就诊人死亡的直接、主要原因的，应认定为刑法第三百三十六条第一款规定的'造成就诊人死亡'。"

"非法行医行为并非造成就诊人死亡的直接、主要原因的，可不认定为刑法第三百三十六条第一款规定的'造成就诊人死亡'。但是，根据案件情况，可以认定为刑法第三百三十六条第一款规定的'情节严重'。"

三、在《解释》第五条中增加一款，作为第一款："本解释所称'医疗活动''医疗行为'，参照《医疗机构管理条例实施细则》中的'诊疗活动''医疗美容'认定。"

根据本决定，对《解释》作相应修改并调整条文顺序后，重新公布。

◆ 解读与适用

【拓展关键词】严重损害就诊人身体健康　乡村医生　结果加重犯　职业犯　被害人承诺

《刑参》第262号案例"王某过失致人死亡案——在未领取执业证的乡村卫生室工作的乡村医生行医致人死亡的应如何定性"相关论述：考虑到乡村卫生室从事诊疗服务的历史延续性以及乡村医生行医资格无法律明文规定的特殊性，不宜认定为非法行医罪。未经医师注册取得执业证书，不得从事医师职业活动，不符合医疗事故罪的主体身份。

《刑参》第283号案例"周某被控非法行医案——如何正确把握非法行医罪的主体要件"相关论述：从立法本意上讲，医生执业资格和执业医师资格并无本质不同，只不过是表达不同而已，目的都是确定专业医学知识和技术，保护就诊人健康。刑法惩罚未取得执业医师资格而非法行医的人和执业医师法要求医师必须经注册，两者的目的是一致的，凡具有执业医师资格的人就不属于刑法非法行医罪的主体范围。取得执业资格是国家对一个人拥有专业学识、技术和能力的确认，它与该人目前是否从事与其取得的资格的工作无关。

从取得执业医师资格到实际执业,只须履行注册手续,这纯属行政管理手段。行为非法,它包含两种可能:可能是构成行政违法,也可能是构成刑事违法,即犯罪。非法行医同样也包括上述两种情况。将根本不具备医学知识未取得执业医师资格的非法行医与具有执业医师资格违反有关行政管理规定的非法行医等同起来,甚至将其与具有医师执业证书的人超出执业地点、执业种类、执业范围为患者看病都视为刑法上的非法行医,不仅是十分有害的,也是不切实际的。应当从刑法增设非法行医罪的立法本意出发,关键看行为人是否取得"执业医师资格"。已取得资格违反执业医师法对医师执业活动的行政管理规定,虽然从广义上讲属于非法行医,但行为性质仅属于行政违法,应当给予行政处罚。如果行为人未取得执业医师资格,并具有上述行为,可以非法行医罪定罪处罚。行为人不仅具有医师执业资格,而且按医疗操作规程操作,就诊人发生过敏反应,这种过敏反应,在医学上不常发生,依体质不同发生在个别人身上无法预料和避免,在法律上属意外事件,最高院判决被告人不承担责任是正确的。民间的一些"土医生"利用一些具有一定疗效的验方、偏方偶尔为群众治病,并未开办诊所以此为业,不属于违法犯罪。①

《刑参》第316号案例"周某非法行医案——患者自愿求医的,能否阻却非法行医罪的成立"相关论述:只有在以违反被害人意志为前提的犯罪中,被害人的承诺才可能排除犯罪性。

《刑参》第421号案例"贺某非法行医案——产妇在分娩过程中因并发症死亡,非法行医人对其死亡应当承担刑事责任"相关论述:如何判断加重结果与基本犯罪的因果关系,通行的观点是"过失"说。客观上要求基本犯罪必须具有引起加重结果的内在危险性,行为人对发生"结果加重"情况在主观上具有过失,即违反了对发生加重结果的注意义务,对加重结果的发生具有过失。当然,只要该基本犯罪合乎逻辑地引起了法定的加重结果,就可以认定行为人违反了客观注意义务,对加重结果的发生具有过失。行为人实施的基本犯罪行为本身具有内在地引起加重后果的高度危险性,但行为人仍然故意实施,是一种重的过失。

《刑参》第732号案例"徐某非法进行节育手术案——如何认定非法进行节育手术罪中'严重损害就诊人身体健康'"相关论述:关于非法行医罪"严重损害就诊人身体健康"的认定标准,应当适用于非法进行节育手术罪。非法进行节育手术的行为广义上也是一种非法行医的行为,为了突出保障计划生育政策的执行,《刑法》专门设立非法进行节育手术罪。就罪质而言,非法行医罪与非法进行节育手术罪是一般与特殊的关系。特殊法有特殊规定的,依照特殊法,没有特别规定的,依一般法。从系统解释角度分析,同一部刑法、同一个法律条文、同样的用语,在没有特别规定的情况下,其内涵、外延应该是一致的。重伤应当是能够导致"难以治愈的疾病"的"重伤"而不是指所有的"重伤"。不能简单地将"致人重伤"完全等同于"严重损害就诊人身体健康"。行医行为和伤害行为明显不同,重伤标准不能涵盖所有损害健康的情形。非法行医罪在客观方面的核心是非法行医,行为人对就诊人实施的是诊疗行为而不是伤害行为。医疗事故罪和非法行医罪的后果的判断标准不能完全割裂。《人体重伤鉴定标准》(已失效)主要针对外力伤害,并不能完全反映医疗活动中对人体健康所造成的损害程度。《医疗事故分级标准(试行)》已经参照了上述标准的内容,认定损害就诊人身体健康更为科学。从罪刑相适应的角度讲,故意伤害犯罪实施的是故意加害行为,而非法行医罪实施的是诊疗行为,故意伤害罪应重于非法行医罪。

《刑参》第1382号案例"侯某非法行医案——未取得医生执业资格的人在诊所负责人默许下长期独立从事医疗活动的行为定性"相关论述:未取得医师资格的医学专业毕业生独立从事临床工作造成患者损害

---

① 司法实践中对于该问题存在广泛争议,相关典型案例参见:秦某非法行医案,湖北省高级人民法院(2014)鄂刑监一再终字第00004号再审刑事判决书;许某非法行医案,常州市中级人民法院(2016)苏04刑再00001号再审刑事判决书;赵某非法行医罪案,宁夏回族自治区高级人民法院(2019)宁刑再1号再审刑事裁定书等。

的,不能一律按照医疗事故处理。非法行医罪的主体是特殊主体,即未取得医生执业资格的人。非法行医罪要求非法从事医疗行为并且以此为业。非法行医罪属于职业犯,要求行为人反复、持续从事医疗、预防、保健活动。本罪要求行为人主观上存在故意,即行为人明知自己未取得医生执业资格而非法行医。被告人未取得医生执业资格,在诊所负责人默许下长期独立从事医疗活动造成一名就诊人死亡,符合非法行医罪的构成。被告人长期独立行医的行为,不构成医疗事故罪。被告人的行医行为是在没有任何医师的授权和指导下独立进行的,且实施了整个诊疗过程,而非其中某一环节,不能将这种行为认定为是在医院和医师的授权下的职务行为。李某明知侯某未取得医生执业资格,仍然允许其在诊所内长期以医生身份独自提供诊疗服务,构成非法行医罪的共犯。

另见《刑法》第335条医疗事故罪的相关注释。

第三百三十六条之一　【非法植入基因编辑、克隆胚胎罪】①

将基因编辑、克隆的人类胚胎植入人体或者动物体内,或者将基因编辑、克隆的动物胚胎植入人体内,情节严重的,处三年以下有期徒刑或者拘役,并处罚金;情节特别严重的,处三年以上七年以下有期徒刑,并处罚金。

第三百三十七条　【妨害动植物防疫、检疫罪】②

违反有关动植物防疫、检疫的国家规定,引起重大动植物疫情的,或者有引起重大动植物疫情危险,情节严重的,处三年以下有期徒刑或者拘役,并处或者单处罚金。

单位犯前款罪的,对单位判处罚金,并对其直接负责的主管人员和其他直接责任人员,依照前款的规定处罚。

◆ 相关规定

最高人民检察院　公安部
关于公安机关管辖的刑事案件立案追诉标准的规定(一)的补充规定(节选)

(公通字〔2017〕12号　2017年4月27日印发)

九、将《立案追诉标准(一)》第五十九条修改为:【妨害动植物防疫、检疫案(刑法第三百三十七条)】违反有关动植物防疫、检疫的国家规定,引起重大动植物疫情的,应予立案追诉。

违反有关动植物防疫、检疫的国家规定,有引起重大动植物疫情危险,涉嫌下列情形之一的,应予立案追诉:

(一)非法处置疫区内易感动物或者其产品,货值金额五万元以上的;

(二)非法处置因动植物防疫、检疫需要被依法处理的动植物或者其产品,货值金额二万元以上的;

(三)非法调运、生产、经营感染重大植物检疫性有害生物的林木种子、苗木等繁殖材料或者森林植物产品的;

---

① 根据《刑法修正案(十一)》新增。

② 根据《刑法修正案(七)》对第一款修订。原条文第一款主要内容为:违反进出境动植物检疫法的规定,逃避动植物检疫,引起重大动植物疫情的,处三年以下有期徒刑或者拘役,并处或者单处罚金。

（四）输入《中华人民共和国进出境动植物检疫法》规定的禁止进境物逃避检疫，或者对特许进境的禁止进境物未有效控制与处置，导致其逃逸、扩散的；

（五）进境动植物及其产品检出有引起重大动植物疫情危险的动物疫病或者植物有害生物后，非法处置导致进境动植物及其产品流失的；

（六）一年内携带或者寄递《中华人民共和国禁止携带、邮寄进境的动植物及其产品名录》所列物品进境逃避检疫两次以上，或者窃取、抢夺、损毁、抛洒动植物检疫机关截留的《中华人民共和国禁止携带、邮寄进境的动植物及其产品名录》所列物品的；

（七）其他情节严重的情形。

本条规定的“重大动植物疫情”，按照国家行政主管部门的有关规定认定。

第六节　破坏环境资源保护罪

第三百三十八条　【污染环境罪】①②

违反国家规定，排放、倾倒或者处置有放射性的废物、含传染病病原体的废物、有毒物质或者其他有害物质，严重污染环境的，处三年以下有期徒刑或者拘役，并处或者单处罚金；情节严重的，处三年以上七年以下有期徒刑，并处罚金；有下列情形之一的，处七年以上有期徒刑，并处罚金：

（一）在饮用水水源保护区、自然保护地核心保护区等依法确定的重点保护区域排放、倾倒、处置有放射性的废物、含传染病病原体的废物、有毒物质，情节特别严重的；

（二）向国家确定的重要江河、湖泊水域排放、倾倒、处置有放射性的废物、含传染病病原体的废物、有毒物质，情节特别严重的；

（三）致使大量永久基本农田基本功能丧失或者遭受永久性破坏的；

（四）致使多人重伤、严重疾病，或者致人严重残疾、死亡的。

有前款行为，同时构成其他犯罪的，依照处罚较重的规定定罪处罚。

---

① 根据《刑法修正案（八）》第一次修订。修订前条文主要内容为：违反国家规定，向土地、水体、大气排放、倾倒或者处置有放射性的废物、含传染病病原体的废物、有毒物质或者其他危险废物，造成重大环境污染事故，致使公私财产遭受重大损失或者人身伤亡的严重后果的，处三年以下有期徒刑或者拘役，并处或者单处罚金；后果特别严重的，处三年以上七年以下有期徒刑，并处罚金。

② 根据《刑法修正案（十一）》第二次修订。修订前条文主要内容为：违反国家规定，排放、倾倒或者处置有放射性的废物、含传染病病原体的废物、有毒物质或者其他有害物质，严重污染环境的，处三年以下有期徒刑或者拘役，并处或者单处罚金；后果特别严重的，处三年以上七年以下有期徒刑，并处罚金。

◆ 相关规定

最高人民法院　最高人民检察院
关于办理妨害预防、控制突发传染病疫情等灾害的刑事案件具体应用法律若干问题的解释（节选）

（法释〔2003〕8号）

详见《刑法》第330条妨害传染病防治罪的相关规定

第十三条　违反传染病防治法等国家有关规定，向土地、水体、大气排放、倾倒或者处置含传染病病原体的废物、有毒物质或者其他危险废物，造成突发传染病传播等重大环境污染事故，致使公私财产遭受重大损失或者人身伤亡的严重后果的，依照刑法第三百三十八条的规定，以重大环境污染事故罪定罪处罚。

最高人民法院　最高人民检察院
关于办理环境污染刑事案件适用法律若干问题的解释（节选）

（法释〔2016〕29号）

第一条　实施刑法第三百三十八条规定的行为，具有下列情形之一的，应当认定为“严重污染环境”：

（一）在饮用水水源一级保护区、自然保护区核心区排放、倾倒、处置有放射性的废物、含传染病病原体的废物、有毒物质的；

（二）非法排放、倾倒、处置危险废物三吨以上的；

（三）排放、倾倒、处置含铅、汞、镉、铬、砷、铊、锑的污染物，超过国家或者地方污染物排放标准三倍以上的；

（四）排放、倾倒、处置含镍、铜、锌、银、钒、锰、钴的污染物，超过国家或者地方污染物排放标准十倍以上的；

（五）通过暗管、渗井、渗坑、裂隙、溶洞、灌注等逃避监管的方式排放、倾倒、处置有放射性的废物、含传染病病原体的废物、有毒物质的；

（六）二年内曾因违反国家规定，排放、倾倒、处置有放射性的废物、含传染病病原体的废物、有毒物质受过两次以上行政处罚，又实施前列行为的；

（七）重点排污单位篡改、伪造自动监测数据或者干扰自动监测设施，排放化学需氧量、氨氮、二氧化硫、氮氧化物等污染物的；

（八）违法减少防治污染设施运行支出一百万元以上的；

（九）违法所得或者致使公私财产损失三十万元以上的；

（十）造成生态环境严重损害的；

（十一）致使乡镇以上集中式饮用水水源取水中断十二小时以上的；

（十二）致使基本农田、防护林地、特种用途林地五亩以上，其他农用地十亩以上，其他土地二十亩以上基本功能丧失或者遭受永久性破坏的；

（十三）致使森林或者其他林木死亡五十立方米以上，或者幼树死亡二千五百株以上的；

（十四）致使疏散、转移群众五千人以上的；

（十五）致使三十人以上中毒的；

（十六）致使三人以上轻伤、轻度残疾或者器官组织损伤导致一般功能障碍的；

（十七）致使一人以上重伤、中度残疾或者器官组织损伤导致严重功能障碍的；

（十八）其他严重污染环境的情形。

第三条 实施刑法第三百三十八条、第三百三十九条规定的行为，具有下列情形之一的，应当认定为"后果特别严重"：

（一）致使县级以上城区集中式饮用水水源取水中断十二小时以上的；

（二）非法排放、倾倒、处置危险废物一百吨以上的；

（三）致使基本农田、防护林地、特种用途林地十五亩以上，其他农用地三十亩以上，其他土地六十亩以上基本功能丧失或者遭受永久性破坏的；

（四）致使森林或者其他林木死亡一百五十立方米以上，或者幼树死亡七千五百株以上的；

（五）致使公私财产损失一百万元以上的；

（六）造成生态环境特别严重损害的；

（七）致使疏散、转移群众一万五千人以上的；

（八）致使一百人以上中毒的；

（九）致使十人以上轻伤、轻度残疾或者器官组织损伤导致一般功能障碍的；

（十）致使三人以上重伤、中度残疾或者器官组织损伤导致严重功能障碍的；

（十一）致使一人以上重伤、中度残疾或者器官组织损伤导致严重功能障碍，并致使五人以上轻伤、轻度残疾或者器官组织损伤导致一般功能障碍的；

（十二）致使一人以上死亡或者重度残疾的；

（十三）其他后果特别严重的情形。

第四条 实施刑法第三百三十八条、第三百三十九条规定的犯罪行为，具有下列情形之一的，应当从重处罚：

（一）阻挠环境监督检查或者突发环境事件调查，尚不构成妨害公务等犯罪的；

（二）在医院、学校、居民区等人口集中地区及其附近，违反国家规定排放、倾倒、处置有放射性的废物、含传染病病原体的废物、有毒物质或者其他有害物质的；

（三）在重污染天气预警期间、突发环境事件处置期间或者被责令限期整改期间，违反国家规定排放、倾倒、处置有放射性的废物、含传染病病原体的废物、有毒物质或者其他有害物质的；

（四）具有危险废物经营许可证的企业违反国家规定排放、倾倒、处置有放射性的废物、含传染病病原体的废物、有毒物质或者其他有害物质的。

第五条 实施刑法第三百三十八条、第三百三十九条规定的行为，刚达到应当追究刑事责任的标准，但行为人及时采取措施，防止损失扩大、消除污染，全部赔偿损失，积极修复生态环境，且系初犯，确有悔罪表现的，可以认定为情节轻微，不起诉或者免予刑事处罚；确有必要判处刑罚的，应当从宽处罚。

第六条 无危险废物经营许可证从事收集、贮存、利用、处置危险废物经营活动，严重污染环境的，按照污染环境罪定罪处罚；同时构成非法经营罪的，依照处罚较重的规定定罪处罚。

实施前款规定的行为，不具有超标排放污染物、非法倾倒污染物或者其他违法造成环境污染的情形的，可以认定为非法经营情节显著轻微危害不大，不认为是犯罪；构成生产、销售伪劣产品等其他犯罪的，以其他犯罪论处。

第七条 明知他人无危险废物经营许可证，向其提供或者委托其收集、贮存、利用、处置危险废物，严重污染环境的，以共同犯罪论处。

第八条 违反国家规定，排放、倾倒、处置含有毒害性、放射性、传染病病原体等物质的污染物，同时构成污染环境罪、非法处置进口的固体废物罪、投放危险物质罪等犯罪的，依照处罚较重的规定定罪处罚。

第九条 环境影响评价机构或其人员，故意提供虚假环境影响评价文件，情节严重的，或者严重不负责任，出具的环境影响评价文件存在重大失实，造成严重后果的，应当依照刑法第二百二十九条、第二百三十一条的规定，以提供虚假证明文件罪或者出具证明文件重大失实罪定罪处罚。

第十条 违反国家规定，针对环境质量监测系统实施下列行为，或者强令、指使、授意他人实施下列行为的，应当依照刑法第二百八十六条的规定，以破坏计算机信息系统罪论处：

（一）修改参数或者监测数据的；

（二）干扰采样，致使监测数据严重失真的；

（三）其他破坏环境质量监测系统的行为。

重点排污单位篡改、伪造自动监测数据或者干扰自动监测设施，排放化学需氧量、氨氮、二氧化硫、氮氧化物等污染物，同时构成污染环境罪和破坏计算机信息系统罪的，依照处罚较重的规定定罪处罚。

从事环境监测设施维护、运营的人员实施或者参与实施篡改、伪造自动监测数据、干扰自动监测设施、破坏环境质量监测系统等行为的，应当从重处罚。

第十一条 单位实施本解释规定的犯罪的，依照本解释规定的定罪量刑标准，对直接负责的主管人员和其他直接责任人员定罪处罚，并对单位判处罚金。

第十二条 环境保护主管部门及其所属监测机构在行政执法过程中收集的监测数据，在刑事诉讼中可以作为证据使用。

公安机关单独或者会同环境保护主管部门，提取污染物样品进行检测获取的数据，在刑事诉讼中可以作为证据使用。

第十三条 对国家危险废物名录所列的废物，可以依据涉案物质的来源、产生过程、被告人供述、证人证言以及经批准或者备案的环境影响评价文件等证据，结合环境保护主管部门、公安机关等出具的书面意见作出认定。

对于危险废物的数量，可以综合被告人供述，涉案企业的生产工艺、物耗、能耗情况，以及经批准或者备案的环境影响评价文件等证据作出认定。

第十四条 对案件所涉的环境污染专门性问题难以确定的，依据司法鉴定机构出具的鉴定意见，或者国务院环境保护主管部门、公安部门指定的机构出具的报告，结合其他证据作出认定。

第十五条 下列物质应当认定为刑法第三百三十八条规定的“有毒物质”：

（一）危险废物，是指列入国家危险废物名录，或者根据国家规定的危险废物鉴别标准和鉴别方法认定的，具有危险特性的废物；

（二）《关于持久性有机污染物的斯德哥尔摩公约》附件所列物质；

（三）含重金属的污染物；

（四）其他具有毒性，可能污染环境的物质。

第十六条 无危险废物经营许可证，以营利为目的，从危险废物中提取物质作为原材料或者燃料，并具有超标排放污染物、非法倾倒污染物或者其他违法造成环境污染的情形的行为，应当认定为“非法处置危险废物”。

第十七条 本解释所称“二年内”，以第一次违法行为受到行政处罚的生效之日与又实施相应行为之日的时间间隔计算确定。

本解释所称“重点排污单位”，是指设区的市级以上人民政府环境保护主管部门依法确定的应当安装、使用污染物排放自动监测设备的重点监控企业及其他单位。

本解释所称“违法所得”，是指实施刑法第三百三十八条、第三百三十九条规定的行为所得和可得的全部违法收入。

本解释所称“公私财产损失”，包括实施刑法第三百三十八条、第三百三十九条规定的行为直接造成财产损毁、减少的实际价值，为防止污染扩大、消除污染而采取必要合理措施所产生的费用，以及处置突发环境事件的应急监测费用。

本解释所称“生态环境损害”，包括生态环境修复费用，生态环境修复期间服务功能的损失和生态环境功能永久性损害造成的损失，以及其他必要合理费用。

本解释所称“无危险废物经营许可证”，是指未取得危险废物经营许可证，或者超出危险废物经营许可证的经营范围。

第十八条　本解释自2017年1月1日起施行。本解释施行后，《最高人民法院、最高人民检察院关于办理环境污染刑事案件适用法律若干问题的解释》（法释〔2013〕15号）同时废止；之前发布的司法解释与本解释不一致的，以本解释为准。

最高人民检察院　公安部
关于公安机关管辖的刑事案件立案追诉标准的规定（一）的补充规定（节选）

（公通字〔2017〕12号　2017年4月27日印发）

十、将《立案追诉标准（一）》第六十条修改为：【污染环境案（刑法第三百三十八条）】违反国家规定，排放、倾倒或者处置有放射性的废物、含传染病病原体的废物、有毒物质或者其他有害物质，涉嫌下列情形之一的，应予立案追诉：

（一）在饮用水水源一级保护区、自然保护区核心区排放、倾倒、处置有放射性的废物、含传染病病原体的废物、有毒物质的；

（二）非法排放、倾倒、处置危险废物三吨以上的；

（三）排放、倾倒、处置含铅、汞、镉、铬、砷、铊、锑的污染物，超过国家或者地方污染物排放标准三倍以上的；

（四）排放、倾倒、处置含镍、铜、锌、银、钒、锰、钴的污染物，超过国家或者地方污染物排放标准十倍以上的；

（五）通过暗管、渗井、渗坑、裂隙、溶洞、灌注等逃避监管的方式排放、倾倒、处置有放射性的废物、含传染病病原体的废物、有毒物质的；

（六）二年内曾因违反国家规定，排放、倾倒、处置有放射性的废物、含传染病病原体的废物、有毒物质受过两次以上行政处罚，又实施前列行为的；

（七）重点排污单位篡改、伪造自动监测数据或者干扰自动监测设施，排放化学需氧量、氨氮、二氧化硫、氮氧化物等污染物的；

（八）违法减少防治污染设施运行支出一百万元以上的；

（九）违法所得或者致使公私财产损失三十万元以上的；

（十）造成生态环境严重损害的；

（十一）致使乡镇以上集中式饮用水水源取水中断十二小时以上的；

（十二）致使基本农田、防护林地、特种用途林地五亩以上，其他农用地十亩以上，其他土地二十亩以上基本功能丧失或者遭受永久性破坏的；

（十三）致使森林或者其他林木死亡五十立方米以上，或者幼树死亡二千五百株以上的；

（十四）致使疏散、转移群众五千人以上的；

（十五）致使三十人以上中毒的；

（十六）致使三人以上轻伤、轻度残疾或者器官组织损伤导致一般功能障碍的；

（十七）致使一人以上重伤、中度残疾或者器官组织损伤导致严重功能障碍的；

（十八）其他严重污染环境的情形。

本条规定的“有毒物质”，包括列入国家危险废物名录或者根据国家规定的危险废物鉴别标准和鉴别方法认定的具有危险特性的废物，《关于持久性有机污染物的斯德哥尔摩公约》附件所列物质，含重金属的污染物，以及其他具有毒性可能污染环境的物质。

本条规定的“非法处置危险废物”，包括无危险废物经营许可证，以营利为目的，从危险废物中提取物质作为原材料或者燃料,并具有超标排放污染物、非法倾倒污染物或者其他违法造成环境污染情形的行为。

本条规定的"重点排污单位",是指设区的市级以上人民政府环境保护主管部门依法确定的应当安装、使用污染物排放自动监测设备的重点监控企业及其他单位。

本条规定的"公私财产损失",包括直接造成财产损毁、减少的实际价值,为防止污染扩大、消除污染而采取必要合理措施所产生的费用,以及处置突发环境事件的应急监测费用。

本条规定的"生态环境损害",包括生态环境修复费用,生态环境修复期间服务功能的损失和生态环境功能永久性损害造成的损失,以及其他必要合理费用。

本条规定的"无危险废物经营许可证",是指未取得危险废物经营许可证,或者超出危险废物经营许可证的经营范围。

最高人民法院　最高人民检察院　公安部　司法部　生态环境部
关于办理环境污染刑事案件有关问题座谈会纪要(节选)

(2019 年 2 月 20 日)

会议要求,各部门要正确理解和准确适用刑法和《最高人民法院、最高人民检察院关于办理环境污染刑事案件适用法律若干问题的解释》(法释〔2016〕29 号,以下称《环境解释》)的规定,坚持最严格的环保司法制度、最严密的环保法治理念,统一执法司法尺度,加大对环境污染犯罪的惩治力度。

……

2. 关于犯罪未遂的认定

会议针对当前办理环境污染犯罪案件中,能否认定污染环境罪(未遂)的问题进行了讨论。会议认为,当前环境执法工作形势比较严峻,一些行为人拒不配合执法检查、接受检查时弄虚作假、故意逃避法律追究的情形时有发生,因此对于行为人已经着手实施非法排放、倾倒、处置有毒有害污染物的行为,由于有关部门查处或者其他意志以外的原因未得逞的情形,可以污染环境罪(未遂)追究刑事责任。

3. 关于主观过错的认定

会议针对当前办理环境污染犯罪案件中,如何准确认定犯罪嫌疑人、被告人主观过错的问题进行了讨论。会议认为,判断犯罪嫌疑人、被告人是否具有环境污染犯罪的故意,应当依据犯罪嫌疑人、被告人的任职情况、职业经历、专业背景、培训经历、本人因同类行为受到行政处罚或者刑事追究情况以及污染物种类、污染方式、资金流向等证据,结合其供述,进行综合分析判断。

实践中,具有下列情形之一,犯罪嫌疑人、被告人不能作出合理解释的,可以认定其故意实施环境污染犯罪,但有证据证明确系不知情的除外:(1)企业没有依法通过环境影响评价,或者未依法取得排污许可证,排放污染物,或者已经通过环境影响评价并且防治污染设施验收合格后,擅自更改工艺流程、原辅材料,导致产生新的污染物质的;(2)不使用验收合格的防治污染设施或者不按规范要求使用的;(3)防治污染设施发生故障,发现后不及时排除,继续生产放任污染物排放的;(4)生态环境部门责令限制生产、停产整治或者予以行政处罚后,继续生产放任污染物排放的;(5)将危险废物委托第三方处置,没有尽到查验经营许可的义务,或者委托处置费用明显低于市场价格或者处置成本的;(6)通过暗管、渗井、渗坑、裂隙、溶洞、灌注等逃避监管的方式排放污染物的;(7)通过篡改、伪造监测数据的方式排放污染物的;(8)其他足以认定的情形。

4. 关于生态环境损害标准的认定

会议针对如何适用《环境解释》第一条、第三条规定的"造成生态环境严重损害的""造成生态环境特别严重损害的"定罪量刑标准进行了讨论。会议指出,生态环境损害赔偿制度是生态文明制度体系的重要组成部分。党中央、国务院高度重视生态环境损害赔偿工作,党的十八届三中全会明确提出对造成生态环境损害的责任者严格实行赔偿制度。2015 年,中央办公厅、国务院办公厅印发《生态环境损害赔偿制度改革试点方案》(中办发〔2015〕57 号),在吉林等 7 个省市部署开展改革试点,取得明显成效。2017 年,中央办公厅、国务院办公厅印发《生态环境损害赔偿制度改革方案》(中办发〔2017〕68号),在全国范围内试行生态环境损害赔偿制度。

会议指出,《环境解释》将造成生态环境损害规定为污染环境罪的定罪量刑标准之一,是为了与生态环境损害赔偿制度实现衔接配套,考虑到该制度尚在试行过程中,《环境解释》作了较原则的规定。司法实践中,一些省市结合本地区工作实际制定了具体标准。会议认为,在生态环境损害赔偿制度试行阶段,全国各省(自治区、直辖市)可以结合本地实际情况,因地制宜,因时制宜,根据案件具体情况准确认定"造成生态环境严重损害"和"造成生态环境特别严重损害"。

5. 关于非法经营罪的适用

会议针对如何把握非法经营罪与污染环境罪的关系以及如何具体适用非法经营罪的问题进行了讨论。会议强调,要高度重视非法经营危险废物案件的办理,坚持全链条、全环节、全流程对非法排放、倾倒、处置、经营危险废物的产业链进行刑事打击,查清犯罪网络,深挖犯罪源头,斩断利益链条,不断挤压和铲除此类犯罪滋生蔓延的空间。

会议认为,准确理解和适用《环境解释》第六条的规定应当注意把握两个原则:一要坚持实质判断原则,对行为人非法经营危险废物行为的社会危害性作实质性判断。比如,一些单位或者个人虽未依法取得危险废物经营许可证,但其收集、贮存、利用、处置危险废物经营活动,没有超标排放污染物、非法倾倒污染物或者其他违法造成环境污染情形的,则不宜以非法经营罪论处。二要坚持综合判断原则,对行为人非法经营危险废物行为根据其在犯罪链条中的地位、作用综合判断其社会危害性。比如,有证据证明单位或者个人的无证经营危险废物行为属于危险废物非法经营产业链的一部分,并且已经形成了分工负责、利益均沾、相对固定的犯罪链条,如果行为人或者与其联系紧密的上游或者下游环节具有排放、倾倒、处置危险废物违法造成环境污染的情形,且交易价格明显异常的,对行为人可以根据案件具体情况在污染环境罪和非法经营罪中,择一重罪处断。

6. 关于投放危险物质罪的适用

会议强调,目前我国一些地方环境违法犯罪活动高发多发,刑事处罚威慑力不强的问题仍然突出,现阶段在办理环境污染犯罪案件时必须坚决贯彻落实中央领导同志关于重典治理污染的指示精神,把刑法和《环境解释》的规定用足用好,形成对环境污染违法犯罪的强大震慑。

会议认为,司法实践中对环境污染行为适用投放危险物质罪追究刑事责任时,应当重点审查判断行为人的主观恶性、污染行为恶劣程度、污染物的毒害性危险性、污染持续时间、污染结果是否可逆、是否对公共安全造成现实、具体、明确的危险或者危害等各方面因素。对于行为人明知其排放、倾倒、处置的污染物含有毒害性、放射性、传染病病原体等危险物质,仍实施环境污染行为放任其危害公共安全,造成重大人员伤亡、重大公私财产损失等严重后果,以污染环境罪论处明显不足以罚当其罪的,可以按投放危险物质罪定罪量刑。实践中,此类情形主要是向饮用水水源保护区,饮用水供水单位取水口和出水口,南水北调水库、干渠、涵洞等配套工程,重要渔业水体以及自然保护区核心区等特殊保护区域,排放、倾倒、处置毒害性极强的污染物,危害公共安全并造成严重后果的情形。

7. 关于涉大气污染环境犯罪的处理

会议针对涉大气污染环境犯罪的打击处理问题进行了讨论。会议强调,打赢蓝天保卫战是打好污染防治攻坚战的重中之重。各级人民法院、人民检察院、公安机关、生态环境部门要认真分析研究全国人大常委会大气污染防治法执法检查发现的问题和提出的建议,不断加大对涉大气污染环境犯罪的打击力度,毫不动摇地以法律武器治理污染,用法治力量保卫蓝天,推动解决人民群众关注的突出大气环境问题。

会议认为,司法实践中打击涉大气污染环境犯罪,要抓住关键问题,紧盯薄弱环节,突出打击重点。对重污染天气预警期间,违反国家规定,超标排放二氧化硫、氮氧化物,受过行政处罚后又实施上述行为或者具有其他严重情节的,可以适用《环境解释》第一条第十八项规定的"其他严重污染环境的情形"追究刑事责任。

8. 关于非法排放、倾倒、处置行为的认定

会议针对如何准确认定环境污染犯罪中非法排放、倾倒、处置行为进行了讨论。会议认为，司法实践中认定非法排放、倾倒、处置行为时，应当根据《固体废物污染环境防治法》和《环境解释》的有关规定精神，从其行为方式是否违反国家规定或者行业操作规范、污染物是否与外环境接触、是否造成环境污染的危险或者危害等方面进行综合分析判断。对名为运输、贮存、利用，实为排放、倾倒、处置的行为应当认定为非法排放、倾倒、处置行为，可以依法追究刑事责任。比如，未采取相应防范措施将没有利用价值的危险废物长期贮存、搁置，放任危险废物或者其有毒有害成分大量扬散、流失、泄漏、挥发，污染环境的。

9. 关于有害物质的认定

会议针对如何准确认定刑法第三百三十八条规定的“其他有害物质”的问题进行了讨论。会议认为，办理非法排放、倾倒、处置其他有害物质的案件，应当坚持主客观相一致原则，从行为人的主观恶性、污染行为恶劣程度、有害物质危险性毒害性等方面进行综合分析判断，准确认定其行为的社会危害性。实践中，常见的有害物质主要有：工业危险废物以外的其他工业固体废物；未经处理的生活垃圾；有害大气污染物、受控消耗臭氧层物质和有害水污染物；在利用和处置过程中必然产生有毒有害物质的其他物质；国务院生态环境保护主管部门会同国务院卫生主管部门公布的有毒有害污染物名录中的有关物质等。

10. 关于从重处罚情形的认定

会议强调，要坚决贯彻党中央推动长江经济带发展的重大决策，为长江经济带共抓大保护、不搞大开发提供有力的司法保障。实践中，对于发生在长江经济带十一省（直辖市）的下列环境污染犯罪行为，可以从重处罚：(1)跨省（直辖市）排放、倾倒、处置有放射性的废物、含传染病病原体的废物、有毒物质或者其他有害物质的；(2)向国家确定的重要江河、湖泊或者其他跨省（直辖市）江河、湖泊排放、倾倒、处置有放射性的废物、含传染病病原体的废物、有毒物质或者其他有害物质的。

11. 关于严格适用不起诉、缓刑、免予刑事处罚

会议针对当前办理环境污染犯罪案件中如何严格适用不起诉、缓刑、免予刑事处罚的问题进行了讨论。会议强调，环境污染犯罪案件的刑罚适用直接关系加强生态环境保护打好污染防治攻坚战的实际效果。各级人民法院、人民检察院要深刻认识环境污染犯罪的严重社会危害性，正确贯彻宽严相济刑事政策，充分发挥刑罚的惩治和预防功能。要在全面把握犯罪事实和量刑情节的基础上严格依照刑法和刑事诉讼法规定的条件适用不起诉、缓刑、免予刑事处罚，既要考虑从宽情节，又要考虑从严情节；既要做到刑罚与犯罪相当，又要做到刑罚执行方式与犯罪相当，切实避免不起诉、缓刑、免予刑事处罚不当适用造成的消极影响。

会议认为，具有下列情形之一的，一般不适用不起诉、缓刑或者免予刑事处罚：(1)不如实供述罪行的；(2)属于共同犯罪中情节严重的主犯的；(3)犯有数个环境污染犯罪依法实行并罚或者以一罪处理的；(4)曾因环境污染违法犯罪行为受过行政处罚或者刑事处罚的；(5)其他不宜适用不起诉、缓刑、免予刑事处罚的情形。

会议要求，人民法院审理环境污染犯罪案件拟适用缓刑或者免予刑事处罚的，应当分析案发前后的社会影响和反映，注意听取控辩双方提出的意见。对于情节恶劣、社会反映强烈的环境污染犯罪，不得适用缓刑、免予刑事处罚。人民法院对判处缓刑的被告人，一般应当同时宣告禁止令，禁止其在缓刑考验期内从事与排污或者处置危险废物有关的经营活动。生态环境部门根据禁止令，对上述人员担任实际控制人、主要负责人或者高级管理人员的单位，依法不得发放排污许可证或者危险废物经营许可证。

会议要求，各部门要认真执行《环境解释》和原环境保护部、公安部、最高人民检察院《环境保护行政执法与刑事司法衔接工作办法》（环环监〔2017〕17号）的有关规定，进一步理顺部门职责，畅通衔接渠道，建立健全环境行政执法与刑事司法衔接的长效工作机制。

12. 关于管辖的问题

……

13. 关于危险废物的认定

会议针对危险废物如何认定以及是否需要鉴定的问题进行了讨论。会议认为,根据《环境解释》的规定精神,对于列入《国家危险废物名录》的,如果来源和相应特征明确,司法人员根据自身专业技术知识和工作经验认定难度不大的,司法机关可以依据名录直接认定。对于来源和相应特征不明确的,由生态环境部门、公安机关等出具书面意见,司法机关可以依据涉案物质的来源、产生过程、被告人供述、证人证言以及经批准或者备案的环境影响评价文件等证据,结合上述书面意见作出是否属于危险废物的认定。对于需要生态环境部门、公安机关等出具书面认定意见的,区分下列情况分别处理:(1)对已确认固体废物产生单位,且产废单位环评文件中明确为危险废物的,根据产废单位建设项目环评文件和审批、验收意见、案件笔录等材料,可对照《国家危险废物名录》等出具认定意见。(2)对已确认固体废物产生单位,但产废单位环评文件中未明确为危险废物的,应进一步分析废物产生工艺,对照判断其是否列入《国家危险废物名录》。列入名录的可以直接出具认定意见;未列入名录的,应根据原辅材料、产生工艺等进一步分析其是否具有危险特性,不可能具有危险特性的,不属于危险废物;可能具有危险特性的,抽取典型样品进行检测,并根据典型样品检测指标浓度,对照《危险废物鉴别标准》(GB5085.1－7)出具认定意见。(3)对固体废物产生单位无法确定的,应抽取典型样品进行检测,根据典型样品检测指标浓度,对照《危险废物鉴别标准》(GB5085.1－7)出具认定意见。对确需进一步委托有相关资质的检测鉴定机构进行检测鉴定的,生态环境部门或者公安机关按照有关规定开展检测鉴定工作。

14. 关于鉴定的问题

……

15. 关于监测数据的证据资格问题

会议针对实践中地方生态环境部门及其所属监测机构委托第三方监测机构出具报告的证据资格问题进行了讨论。会议认为,地方生态环境部门及其所属监测机构委托第三方监测机构出具的监测报告,地方生态环境部门及其所属监测机构在行政执法过程中予以采用的,其实质属于《环境解释》第十二条规定的"环境保护主管部门及其所属监测机构在行政执法过程中收集的监测数据",在刑事诉讼中可以作为证据使用。

◆ 解读与适用

【拓展关键词】定罪量刑参考标准　固体废物与危险废物　专家意见　重叠的因果关系

如果将某种犯罪确定为故意犯罪时,又存在与该罪无法区分的故意犯罪,说明将前者确定为过失犯罪可能更合适。如果将《刑法》第338条污染环境罪确定为故意犯罪,则与《刑法》第114条、第115条无法区分,所以确定为过失犯罪更合适。①

《刑参》第96号案例"吴某、王某、姜某重大环境污染事故案——重大环境污染事故罪的定罪量刑标准如何掌握"相关论述:对于具体犯罪的定罪量刑标准,需要司法解释规定而没有规定的,如果其他法律解释的内容有参考价值,可以参考其他法律解释去处理案件;没有其他法律解释可参考的,如果行政法规或者部门规章的相关内容有参考价值的,可以参考行政法规或者部门规章去处理案件。

《刑参》第969号案例"梁某污染环境案——焚烧工业垃圾,向空气排放大量苯丙芘、氯化氢、二噁英等气体污染物的行为如何定性"相关论述:污染环境不以造成重大环境事故为构成犯罪的必要条件。《刑法修正案(八)》降低了入罪标准。"危险废物"和"固体废物"是两个不同概念,相互既有交叉,又有区别。"严重危害环境、损害人体健康的污染物"应当是"重金属""持久性有机污染物"或者与之毒害性相当的污染物。被告人违法焚烧20余吨工业垃圾,向大气排放大量有毒有害物质的行为,显然已经造成严重污染环境的后

① 参见张明楷:《刑法分则的解释原理》,中国人民大学出版社2004年版,第48页。

果,符合《关于办理环境污染刑事案件适用法律若干问题的解释》第1条第14项规定的"其他严重污染环境的情形"。

《刑参》第970号案例"王某、马某污染环境案——擅自向河中倾倒大量煤焦油分离液的行为如何定性"相关论述:煤焦油分离液属于"有毒物质"。《刑法修正案(八)》将"其他危险废物"修改为"有害物质",涵盖了"有放射性的废物、含传染病病原体的废物、有毒物质"以外包括生活垃圾在内的一切对人体健康或者其他生物机能产生不良影响的普通废物和危险废物。本案被告人倾倒煤焦油分离液造成的后果属于"严重污染环境"。

《刑参》第1289号案例"张某污染环境案——环境污染犯罪案件刑事附带民事公益诉讼有关问题"相关论述:对于检察机关提起的第一审附带民事公益诉讼,基层人民法院无须层报高级人民法院批准即可受理。不能否认专家意见在裁判中的辅助作用。只有科学的、客观的、严谨的专家意见才能作为认定案件事实的根据。

《刑参》第1463号案例"董某、张某等十九人污染环境案——两个以上被告人分别实施污染环境行为发生化学反应造成危害后果的,如何准确认定因果关系和责任分担"相关论述:重叠的因果关系是指两个条件单独都不能导致结果发生,但都对结果的发生起到重要作用,相互没有意思联络,结合在一起同时起作用导致了结果的发生,此时,两个条件都与结果有因果关系。本案后行为不但没有阻断前行为与死亡结果的因果关系,而是促成了先前行为与死亡结果的因果关系。董某团伙各成员和张某团伙内部成员之间各构成污染环境罪的共犯。两团伙之间在刑事上不构成共同犯罪,在民事上构成了客观联系型共同侵权,两者之间并不矛盾,这是因为刑法与民法的价值取向不同使然。

第三百三十九条 【非法处置进口的固体废物罪】

违反国家规定,将境外的固体废物进境倾倒、堆放、处置的,处五年以下有期徒刑或者拘役,并处罚金;造成重大环境污染事故,致使公私财产遭受重大损失或者严重危害人体健康的,处五年以上十年以下有期徒刑,并处罚金;后果特别严重的,处十年以上有期徒刑,并处罚金。

【擅自进口固体废物罪】

未经国务院有关主管部门许可,擅自进口固体废物用作原料,造成重大环境污染事故,致使公私财产遭受重大损失或者严重危害人体健康的,处五年以下有期徒刑或者拘役,并处罚金;后果特别严重的,处五年以上十年以下有期徒刑,并处罚金。

以原料利用为名,进口不能用作原料的固体废物、液态废物和气态废物的,依照本法第一百五十二条第二款、第三款的规定定罪处罚。①

① 根据《刑法修正案(四)》修改第三款。

◆ 相关规定

最高人民检察院　公安部
关于公安机关管辖的刑事案件立案追诉标准的规定(一)(节选)
(公通字〔2008〕36 号)

第六十一条　【非法处置进口的固体废物案(刑法第三百三十九条第一款)】违反国家规定,将境外的固体废物进境倾倒、堆放、处置的,应予立案追诉。

第六十二条　【擅自进口固体废物案(刑法第三百三十九条第二款)】未经国务院有关主管部门许可,擅自进口固体废物用作原料,造成重大环境污染事故,涉嫌下列情形之一的,应予立案追诉:

(一)致使公私财产损失三十万元以上的;

(二)致使基本农田、防护林地、特种用途林地五亩以上,其他农用地十亩以上,其他土地二十亩以上基本功能丧失或者遭受永久性破坏的;

(三)致使森林或者其他林木死亡五十立方米以上,或者幼树死亡二千五百株以上的;

(四)致使一人以上死亡、三人以上重伤、十人以上轻伤,或者一人以上重伤并且五人以上轻伤的;

(五)致使传染病发生、流行或者人员中毒达到《国家突发公共卫生事件应急预案》中突发公共卫生事件分级Ⅲ级以上情形,严重危害人体健康的;

(六)其他致使公私财产遭受重大损失或者严重危害人体健康的情形。

最高人民法院　最高人民检察院
关于办理环境污染刑事案件适用法律若干问题的解释(节选)
(法释〔2016〕29 号)

详见《刑法》第 338 条污染环境罪的相关规定

第二条　实施刑法第三百三十九条、第四百零八条规定的行为,致使公私财产损失三十万元以上,或者具有本解释第一条第十项至第十七项规定情形之一的,应当认定为"致使公私财产遭受重大损失或者严重危害人体健康"或者"致使公私财产遭受重大损失或者造成人身伤亡的严重后果"。

☞ 其他相关规定见章后二维码

第三百四十条　【非法捕捞水产品罪】

违反保护水产资源法规,在禁渔区、禁渔期或者使用禁用的工具、方法捕捞水产品,情节严重的,处三年以下有期徒刑、拘役、管制或者罚金。

◆ 相关规定

最高人民检察院　公安部
关于公安机关管辖的刑事案件立案追诉标准的规定(一)(节选)
(公通字〔2008〕36 号)

第六十三条　【非法捕捞水产品案(刑法第三百四十条)】违反保护水产资源法规,在禁渔区、禁渔期或

者使用禁用的工具、方法捕捞水产品,涉嫌下列情形之一的,应予立案追诉:

(一)在内陆水域非法捕捞水产品五百公斤以上或者价值五千元以上的,或者在海洋水域非法捕捞水产品二千公斤以上或者价值二万元以上的;

(二)非法捕捞有重要经济价值的水生动物苗种、怀卵亲体或者在水产种质资源保护区内捕捞水产品,在内陆水域五十公斤以上或者价值五百元以上,或者在海洋水域二百公斤以上或者价值二千元以上的;

(三)在禁渔区内使用禁用的工具或者禁用的方法捕捞的;

(四)在禁渔期内使用禁用的工具或者禁用的方法捕捞的;

(五)在公海使用禁用渔具从事捕捞作业,造成严重影响的;

(六)其他情节严重的情形。

最高人民法院　最高人民检察院　公安部　农业农村部
关于印发《依法惩治长江流域非法捕捞等违法犯罪的意见》的通知(节选)

(公通字〔2020〕17 号)

二、准确适用法律,依法严惩非法捕捞等危害水生生物资源的各类违法犯罪

(一)依法严惩非法捕捞犯罪。违反保护水产资源法规,在长江流域重点水域非法捕捞水产品,具有下列情形之一的,依照刑法第三百四十条的规定,以非法捕捞水产品罪定罪处罚:

1. 非法捕捞水产品五百公斤以上或者一万元以上的;

2. 非法捕捞具有重要经济价值的水生动物苗种、怀卵亲体或者在水产种质资源保护区内捕捞水产品五十公斤以上或者一千元以上的;

3. 在禁捕区域使用电鱼、毒鱼、炸鱼等严重破坏渔业资源的禁用方法捕捞的;

4. 在禁捕区域使用农业农村部规定的禁用工具捕捞的;

5. 其他情节严重的情形。

……

(四)依法严惩危害水生生物资源的单位犯罪。水产品交易公司、餐饮公司等单位实施本意见规定的行为,构成单位犯罪的,依照本意见规定的定罪量刑标准,对直接负责的主管人员和其他直接责任人员定罪处罚,并对单位判处罚金。

……

(六)依法严惩危害水生生物资源的违法行为。实施上述行为,不构成犯罪的,由农业农村(渔政)部门等依据《渔业法》等法律法规予以行政处罚;构成违反治安管理行为的,由公安机关依法给予治安管理处罚。

(七)贯彻落实宽严相济刑事政策。多次实施本意见规定的行为构成犯罪,依法应当追诉的,或者二年内二次以上实施本意见规定的行为未经处理的,数量数额累计计算。

实施本意见规定的犯罪,具有下列情形之一的,从重处罚:(1)暴力抗拒、阻碍国家机关工作人员依法履行职务,尚未构成妨害公务罪的;(2)二年内曾因实施本意见规定的行为受过处罚的;(3)对长江生物资源或水域生态造成严重损害的;(4)具有造成重大社会影响等恶劣情节的。具有上述情形的,一般不适用不起诉、缓刑、免予刑事处罚。

非法捕捞水产品,根据渔获物的数量、价值和捕捞方法、工具等情节,认为对水生生物资源危害明显较轻的,可以认定为犯罪情节轻微,依法不起诉或者免予刑事处罚,但是曾因破坏水产资源受过处罚的除外。

非法猎捕、收购、运输、出售珍贵、濒危水生野生动物,尚未造成动物死亡,综合考虑行为手段、主观罪过、犯罪动机、获利数额、涉案水生生物的濒危程度、数量价值以及行为人的认罪悔罪态度、修复生态环境情况等情节,认为适用本意见规定的定罪量刑标准明显过重的,可以结合具体案件的实际情况依法作出妥当处理,确保罪责刑相适应。

最高人民法院　最高人民检察院
关于办理破坏野生动物资源刑事案件适用法律若干问题的解释(节选)
(法释〔2022〕12号)

详见《刑法》第141条危害珍贵、濒危野生动物罪的相关规定

第三条　在内陆水域,违反保护水产资源法规,在禁渔区、禁渔期或者使用禁用的工具、方法捕捞水产品,具有下列情形之一的,应当认定为刑法第三百四十条规定的"情节严重",以非法捕捞水产品罪定罪处罚:

(一)非法捕捞水产品五百公斤以上或者价值一万元以上的;

(二)非法捕捞有重要经济价值的水生动物苗种、怀卵亲体或者在水产种质资源保护区内捕捞水产品五十公斤以上或者价值一千元以上的;

(三)在禁渔区使用电鱼、毒鱼、炸鱼等严重破坏渔业资源的禁用方法或者禁用工具捕捞的;

(四)在禁渔期使用电鱼、毒鱼、炸鱼等严重破坏渔业资源的禁用方法或者禁用工具捕捞的;

(五)其他情节严重的情形。

实施前款规定的行为,具有下列情形之一的,从重处罚:

(一)暴力抗拒、阻碍国家机关工作人员依法履行职务,尚未构成妨害公务罪、袭警罪的;

(二)二年内曾因破坏野生动物资源受过行政处罚的;

(三)对水生生物资源或者水域生态造成严重损害的;

(四)纠集多条船只非法捕捞的;

(五)以非法捕捞为业的。

实施第一款规定的行为,根据渔获物的数量、价值和捕捞方法、工具等,认为对水生生物资源危害明显较轻的,综合考虑行为人自愿接受行政处罚、积极修复生态环境等情节,可以认定为犯罪情节轻微,不起诉或者免予刑事处罚;情节显著轻微危害不大的,不作为犯罪处理。

◆ 解读与适用

《刑参》第953号案例"耿某非法捕捞水产品案——非法捕捞水产品'情节严重'的司法认定"相关论述:一从数量层面认定"情节严重"。二从时间、地点、工具、方法层面认定"情节严重"。三从兜底条款层面认定"情节严重"。主要包括非法捕捞次数、共同非法捕捞中的地位作用、对水产资源造成的影响等方面。只要上述其中一个层面符合条件即可认定为"情节严重"。

第三百四十一条　【危害珍贵、濒危野生动物罪】

非法猎捕、杀害国家重点保护的珍贵、濒危野生动物的,或者非法收购、运输、出售国家重点保护的珍贵、濒危野生动物及其制品的,处五年以下有期徒刑或者拘役,并处罚金;情节严重的,处五年以上十年以下有期徒刑,并处罚金;情节特别严重的,处十年以上有期徒刑,并处罚金或者没收财产。

【非法狩猎罪】

违反狩猎法规,在禁猎区、禁猎期或者使用禁用的工具、方法进行狩猎,破坏野生动物资源,情节严重的,处三年以下有期徒刑、拘役、管制或者罚金。

【非法猎捕、收购、运输、出售陆生野生动物罪】[①]

违反野生动物保护管理法规，以食用为目的非法猎捕、收购、运输、出售第一款规定以外的在野外环境自然生长繁殖的陆生野生动物，情节严重的，依照前款的规定处罚。

◆ 相关规定

国家林业局　公安部

关于森林和陆生野生动物刑事案件管辖及立案标准（节选）

（林安发〔2001〕156号）

……

二、森林和陆生野生动物刑事案件的立案标准

（八）非法猎捕、杀害国家重点保护珍贵、濒危陆生野生动物案

凡非法猎捕、杀害国家重点保护的珍贵、濒危陆生野生动物的应当立案，重大案件、特别重大案件的立案标准详见附表。

（九）非法收购、运输、出售珍贵、濒危陆生野生动物、珍贵、濒危陆生野生动物制品案

非法收购、运输、出售国家重点保护的珍贵、濒危陆生野生动物的应当立案，重大案件、特别重大案件的立案标准见附表。

非法收购、运输、出售国家重点保护的珍贵、濒危陆生野生动物制品的，应当立案；制品价值在10万元以上或者非法获利5万元以上的，为重大案件；制品价值在20万元以上或非法获利10万元以上的，为特别重大案件。

（十）非法狩猎案

违反狩猎法规，在禁猎区、禁猎期或者使用禁用的工具、方法狩猎，具有下列情形之一的，应予立案：

1. 非法狩猎陆生野生动物20只以上的；
2. 在禁猎区或者禁猎期使用禁用的工具、方法狩猎的；
3. 具有其他严重破坏野生动物资源情节的。

违反狩猎法规，在禁猎区、禁猎期或者使用禁用的工具、方法狩猎，非法狩猎陆生野生动物50只以上的，为重大案件；非法狩猎陆生野生动物100只以上或者具有其他恶劣情节的，为特别重大案件。

……

（十二）盗窃、抢夺、抢劫案、窝藏、转移、收购、销售赃物案、破坏生产经营案、聚众哄抢案、非法经营案、伪造变造买卖国家机关公文、证件案，执行相应的立案标准。

三、其他规定

……

（五）非法猎捕、杀害、收购、运输、出售、走私《濒危野生动植物种国际贸易公约》附录一、附录二所列陆生野生动物的，其立案标准参照附表中同属或者同科的国家一、二级保护野生动物的立案标准执行。

（六）珍贵、濒危陆生野生动物制品的价值，依照国家野生动物行政主管部门的规定核定；核定价值低于实际交易价格的，以实际交易价格认定。

（七）单位作案的，执行本规定的立案标准。

---

① 根据《刑法修正案（十一）》新增此款。

（八）本规定中所指的“以上”，均包括本数在内。

（九）各省、自治区、直辖市公安厅、局和林业主管部门可根据本地的实际情况，在本规定的幅度内确定本地区盗伐林木案、滥伐林木案和非法狩猎案的立案起点及重大、特别重大案件的起点。

（十）盗伐、滥伐竹林或者其他竹子的立案标准，由各省、自治区、直辖市公安厅、局和林业主管部门根据竹子的经济价值参照盗伐、滥伐林木案的立案标准确定。

（十一）本规定自发布之日起执行。1986年8月20日发布的《林业部、公安部关于森林案件管辖范围及森林刑事案件立案标准的暂行规定》和1994年5月25日发布的《林业部、公安部关于陆生野生动物刑事案件的管辖及其立案标准的规定》同时废止。

最高人民检察院 公安部
关于公安机关管辖的刑事案件立案追诉标准的规定（一）（节选）

（公通字〔2008〕36号）

第六十四条 【非法猎捕、杀害珍贵、濒危野生动物案（刑法第三百四十一条第一款）】非法猎捕、杀害国家重点保护的珍贵、濒危野生动物的，应予立案追诉。

本条和本规定第六十五条规定的“珍贵、濒危野生动物”，包括列入《国家重点保护野生动物名录》的国家一、二级保护野生动物、列入《濒危野生动植物种国际贸易公约》附录一、附录二的野生动物以及驯养繁殖的上述物种。

第六十五条 【非法收购、运输、出售珍贵、濒危野生动物、珍贵、濒危野生动物制品案（刑法第三百四十一条第一款*）】非法收购、运输、出售国家重点保护的珍贵、濒危野生动物及其制品的，应予立案追诉。

本条规定的“收购”，包括以营利、自用等为目的的购买行为；“运输”，包括采用携带、邮寄、利用他人、使用交通工具等方法进行运送的行为；“出售”，包括出卖和以营利为目的的加工利用行为。

第六十六条 【非法狩猎案（刑法第三百四十一条第二款）】违反狩猎法规，在禁猎区、禁猎期或者使用禁用的工具、方法进行狩猎，破坏野生动物资源，涉嫌下列情形之一的，应予立案追诉：

（一）非法狩猎野生动物二十只以上的；

（二）在禁猎区内使用禁用的工具或者禁用的方法狩猎的；

（三）在禁猎期内使厨禁用的工具或者禁用的方法狩猎的；

（四）其他情节严重的情形。

全国人民代表大会常务委员会
关于《中华人民共和国刑法》第三百四十一条、第三百一十二条的解释

（2014年4月24日第十二届全国人民代表大会常务委员会第八次会议通过）

全国人民代表大会常务委员会根据司法实践中遇到的情况，讨论了刑法第三百四十一条第一款**规定的非法收购国家重点保护的珍贵、濒危野生动物及其制品的含义和收购刑法第三百四十一条第二款规定的非法狩猎的野生动物如何适用刑法有关规定的问题，解释如下：

知道或者应当知道是国家重点保护的珍贵、濒危野生动物及其制品，为食用或者其他目的而非法购买的，属于刑法第三百四十一条第一款***规定的非法收购国家重点保护的珍贵、濒危野生动物及其制品的

---

* 现为2020年《刑法》第341条第3款。

** 现为2020年《刑法》第341条第3款。

*** 现为2020年《刑法》第341条第3款。

行为。

知道或者应当知道是刑法第三百四十一条第二款规定的非法狩猎的野生动物而购买的，属于刑法第三百一十二条第一款规定的明知是犯罪所得而收购的行为。

最高人民法院研究室
关于收购、运输、出售部分人工驯养繁殖技术成熟的野生动物适用法律问题的复函

（法研〔2016〕23号）

国家林业局森林公安局：

贵局《关于商请对非法收购、运输、出售部分人工驯养繁殖的珍贵濒危野生动物适用法律问题予以答复的函》（林公刑便字〔2015〕49号）收悉。经研究并征求我院相关业务庭意见，我室认为：

我院《关于被告人郑喜和非法收购珍贵、濒危野生动物、珍贵、濒危野生动物制品罪请示一案的批复》（〔2011〕刑他字第86号，以下简称《批复》）是根据贵局《关于发布商业性经营利用驯养繁殖技术成熟的梅花鹿等54种陆生野生动物名单的通知》（林护发〔2003〕121号，以下简称《通知》）的精神作出的。虽然《通知》于2012年被废止，但从实践看，《批复》的内容仍符合当前野生动物保护与资源利用实际，即：由于驯养繁殖技术的成熟，对有的珍贵、濒危野生动物的驯养繁殖、商业利用在某些地区已成规模，有关野生动物的数量极大增加，收购、运输、出售这些人工驯养繁殖的野生动物实际已无社会危害性。

来函建议对我院2000年《关于审理破坏野生动物资源刑事案件具体应用法律若干问题的解释》进行修改，提高收购、运输、出售有关人工驯养繁殖的野生动物的定罪量刑标准。此一思路虽能将一些行为出罪，但不能完全解决问题。如将运输人工驯养繁殖梅花鹿行为的入罪标准规定为20只以上后，还会有相当数量的案件符合定罪乃至判处重刑的条件。按此思路修订解释、对相关案件作出判决后，恐仍难保障案件处理的法律与社会效果。

鉴此，我室认为，彻底解决当前困境的办法，或者是尽快启动国家重点保护野生动物名录的修订工作，将一些实际已不再处于濒危状态的动物从名录中及时调整出去，同时将有的已处于濒危状态的动物增列进来；或者是在修订后司法解释中明确，对某些经人工驯养繁殖、数量已大大增多的野生动物，附表所列的定罪量刑数量标准，仅适用于真正意义上的野生动物，而不包括驯养繁殖的。

以上意见供参考。

最高人民法院　最高人民检察院　公安部　农业农村部
关于印发《依法惩治长江流域非法捕捞等违法犯罪的意见》的通知（节选）

（公通字〔2020〕17号）

详见《刑法》第340条非法捕捞水产品罪的相关规定

二、准确适用法律，依法严惩非法捕捞等危害水生生物资源的各类违法犯罪

……

（二）依法严惩危害珍贵、濒危水生野生动物资源犯罪。在长江流域重点水域非法猎捕、杀害中华鲟、长江鲟、长江江豚或者其他国家重点保护的珍贵、濒危水生野生动物，价值二万元以上不满二十万元的，应当依照刑法第三百四十一条的规定，以非法猎捕、杀害珍贵、濒危野生动物罪，处五年以下有期徒刑或者拘役，并处罚金；价值二十万元以上不满二百万元的，应当认定为"情节严重"，处五年以上十年以下有期徒刑，并处罚金；价值二百万元以上的，应当认定为"情节特别严重"，处十年以上有期徒刑，并处罚金或者没收财产。

（三）依法严惩非法渔获物交易犯罪。明知是在长江流域重点水域非法捕捞犯罪所得的水产品而收购、贩卖，价值一万元以上的，应当依照刑法第三百一十二条的规定，以掩饰、隐瞒犯罪所得罪定罪处罚。

非法收购、运输、出售在长江流域重点水域非法猎捕、杀害的中华鲟、长江鲟、长江江豚或者其他国家重点保护的珍贵、濒危水生野生动物及其制品，价值二万元以上不满二十万元的，应当依照刑法第三百四十一条的规定，以非法收购、运输、出售珍贵、濒危野生动物、珍贵、濒危野生动物制品罪，处五年以下有期徒刑或者拘役，并处罚金；价值二十万元以上不满二百万元的，应当认定为"情节严重"，处五年以上十年以下有期徒刑，并处罚金；价值二百万元以上的，应当认定为"情节特别严重"，处十年以上有期徒刑，并处罚金或者没收财产。

最高人民法院　最高人民检察院　公安部　司法部
关于依法惩治非法野生动物交易犯罪的指导意见（节选）（节选）

（2020 年 12 月 18 日施行）

……

一、依法严厉打击非法猎捕、杀害野生动物的犯罪行为，从源头上防控非法野生动物交易。

非法猎捕、杀害国家重点保护的珍贵、濒危野生动物，符合刑法第三百四十一条第一款规定的，以非法猎捕、杀害珍贵、濒危野生动物罪定罪处罚。

违反狩猎法规，在禁猎区、禁猎期或者使用禁用的工具、方法进行狩猎，破坏野生动物资源，情节严重，符合刑法第三百四十一条第二款规定的，以非法狩猎罪定罪处罚。

违反保护水产资源法规，在禁渔区、禁渔期或者使用禁用的工具、方法捕捞水产品，情节严重，符合刑法第三百四十条规定的，以非法捕捞水产品罪定罪处罚。

二、依法严厉打击非法收购、运输、出售、进出口野生动物及其制品的犯罪行为，切断非法野生动物交易的利益链条。

非法收购、运输、出售国家重点保护的珍贵、濒危野生动物及其制品，符合刑法第三百四十一条第一款*规定的，以非法收购、运输、出售珍贵、濒危野生动物、珍贵、濒危野生动物制品罪定罪处罚。

走私国家禁止进出口的珍贵动物及其制品，符合刑法第一百五十一条第二款规定的，以走私珍贵动物、珍贵动物制品罪定罪处罚。

三、依法严厉打击以食用或者其他目的非法购买野生动物的犯罪行为，坚决革除滥食野生动物的陋习。

知道或者应当知道是国家重点保护的珍贵、濒危野生动物及其制品，为食用或者其他目的而非法购买，符合刑法第三百四十一条第一款**规定的，以非法收购珍贵、濒危野生动物、珍贵、濒危野生动物制品罪定罪处罚。

四、二次以上实施本意见第一条至第三条规定的行为构成犯罪，依法应当追诉的，或者二年内二次以上实施本意见第一条至第三条规定的行为未经处理的，数量、数额累计计算。

五、明知他人实施非法野生动物交易行为，有下列情形之一的，以共同犯罪论处：

（一）提供贷款、资金、账号、车辆、设备、技术、许可证件的；

（二）提供生产、经营场所或者运输、仓储、保管、快递、邮寄、网络信息交互等便利条件或者其他服务的；

（三）提供广告宣传等帮助行为的。

六、对涉案野生动物及其制品价值，可以根据国务院野生动物保护主管部门制定的价值评估标准和方法核算。对野生动物制品，根据实际情况予以核算，但核算总额不能超过该种野生动物的整体价值。具有特殊利用价值或者导致动物死亡的主要部分，核算方法不明确的，其价值标准最高可以按照该种动物整体价值标

---

* 现为 2020 年《刑法》第 341 条第 3 款。

** 现为 2020 年《刑法》第 341 条第 3 款。

准的80%予以折算,其他部分价值标准最高可以按整体价值标准的20%予以折算,但是按照上述方法核算的价值明显不当的,应当根据实际情况妥当予以核算。核算价值低于实际交易价格的,以实际交易价格认定。

根据前款规定难以确定涉案野生动物及其制品价值的,依据下列机构出具的报告,结合其他证据作出认定:

(一)价格认证机构出具的报告;

(二)国务院野生动物保护主管部门、国家濒危物种进出口管理机构、海关总署等指定的机构出具的报告;

(三)地、市级以上人民政府野生动物保护主管部门、国家濒危物种进出口管理机构的派出机构、直属海关等出具的报告。

七、对野生动物及其制品种属类别,非法捕捞、狩猎的工具、方法,以及对野生动物资源的损害程度、食用涉案野生动物对人体健康的危害程度等专门性问题,可以由野生动物保护主管部门、侦查机关或者有专门知识的人依据现场勘验、检查笔录等出具认定意见。难以确定的,依据司法鉴定机构出具的鉴定意见,或者本意见第六条第二款所列机构出具的报告,结合其他证据作出认定。

八、办理非法野生动物交易案件中,行政执法部门依法收集的物证、书证、视听资料、电子数据等证据材料,在刑事诉讼中可以作为证据使用。

对不易保管的涉案野生动物及其制品,在做好拍摄、提取检材或者制作足以反映原物形态特征或者内容的照片、录像等取证工作后,可以移交野生动物保护主管部门及其指定的机构依法处置。对存在或者可能存在疫病的野生动物及其制品,应立即通知野生动物保护主管部门依法处置。

九、实施本意见规定的行为,在认定是否构成犯罪以及裁量刑罚时,应当考虑涉案动物是否系人工繁育、物种的濒危程度、野外存活状况、人工繁育情况、是否列入国务院野生动物保护主管部门制定的人工繁育国家重点保护野生动物名录,以及行为手段、对野生动物资源的损害程度、食用涉案野生动物对人体健康的危害程度等情节,综合评估社会危害性,确保罪责刑相适应。相关定罪量刑标准明显不适宜的,可以根据案件的事实、情节和社会危害程度,依法作出妥当处理。

十、本意见自下发之日起施行。

最高人民法院　最高人民检察院
关于办理破坏野生动物资源刑事案件适用法律若干问题的解释(节选)

(法释〔2022〕12号)

第四条　刑法第三百四十一条第一款规定的"国家重点保护的珍贵、濒危野生动物"包括:

(一)列入《国家重点保护野生动物名录》的野生动物;

(二)经国务院野生动物保护主管部门核准按照国家重点保护的野生动物管理的野生动物。

第五条　刑法第三百四十一条第一款规定的"收购"包括以营利、自用等为目的的购买行为;"运输"包括采用携带、邮寄、利用他人、使用交通工具等方法进行运送的行为;"出售"包括出卖和以营利为目的的加工利用行为。

刑法第三百四十一条第三款规定的"收购""运输""出售",是指以食用为目的,实施前款规定的相应行为。

【深度解析】

该条的规定属于扩大解释,也称扩张解释,是指刑法条文所适用的文字失于狭隘,不足以表明刑法的真实意义,于是扩张其意义,使其符合刑法的真实意义的解释方法。这种扩大解释并不违反罪刑法定原则。①

第六条　非法猎捕、杀害国家重点保护的珍贵、濒危野生动物,或者非法收购、运输、出售国家重点保护

① 张明楷:《刑法分则的解释原理》,中国人民大学出版社2004年版,第16~17页。

的珍贵、濒危野生动物及其制品,价值二万元以上不满二十万元的,应当依照刑法第三百四十一条第一款的规定,以危害珍贵、濒危野生动物罪处五年以下有期徒刑或者拘役,并处罚金;价值二十万元以上不满二百万元的,应当认定为"情节严重",处五年以上十年以下有期徒刑,并处罚金;价值二百万元以上的,应当认定为"情节特别严重",处十年以上有期徒刑,并处罚金或者没收财产。

实施前款规定的行为,具有下列情形之一的,从重处罚:

(一)属于犯罪集团的首要分子的;

(二)为逃避监管,使用特种交通工具实施的;

(三)严重影响野生动物科研工作的;

(四)二年内曾因破坏野生动物资源受过行政处罚的。

实施第一款规定的行为,不具有第二款规定的情形,且未造成动物死亡或者动物、动物制品无法追回,行为人全部退赃退赔,确有悔罪表现的,按照下列规定处理:

(一)珍贵、濒危野生动物及其制品价值二百万元以上的,可以认定为"情节严重",处五年以上十年以下有期徒刑,并处罚金;

(二)珍贵、濒危野生动物及其制品价值二十万元以上不满二百万元的,可以处五年以下有期徒刑或者拘役,并处罚金;

(三)珍贵、濒危野生动物及其制品价值二万元以上不满二十万元的,可以认定为犯罪情节轻微,不起诉或者免予刑事处罚;情节显著轻微危害不大的,不作为犯罪处理。

第七条　违反狩猎法规,在禁猎区、禁猎期或者使用禁用的工具、方法进行狩猎,破坏野生动物资源,具有下列情形之一的,应当认定为刑法第三百四十一条第二款规定的"情节严重",以非法狩猎罪定罪处罚:

(一)非法猎捕野生动物价值一万元以上的;

(二)在禁猎区使用禁用的工具或者方法狩猎的;

(三)在禁猎期使用禁用的工具或者方法狩猎的;

(四)其他情节严重的情形。

实施前款规定的行为,具有下列情形之一的,从重处罚:

(一)暴力抗拒、阻碍国家机关工作人员依法履行职务,尚未构成妨害公务罪、袭警罪的;

(二)对野生动物资源或者栖息地生态造成严重损害的;

(三)二年内曾因破坏野生动物资源受过行政处罚的。

实施第一款规定的行为,根据猎获物的数量、价值和狩猎方法、工具等,认为对野生动物资源危害明显较轻的,综合考虑猎捕的动机、目的、行为人自愿接受行政处罚、积极修复生态环境等情节,可以认定为犯罪情节轻微,不起诉或者免予刑事处罚;情节显著轻微危害不大的,不作为犯罪处理。

第八条　违反野生动物保护管理法规,以食用为目的,非法猎捕、收购、运输、出售刑法第三百四十一条第一款规定以外的在野外环境自然生长繁殖的陆生野生动物,具有下列情形之一的,应当认定为刑法第三百四十一条第三款规定的"情节严重",以非法猎捕、收购、运输、出售陆生野生动物罪定罪处罚:

(一)非法猎捕、收购、运输、出售有重要生态、科学、社会价值的陆生野生动物或者地方重点保护陆生野生动物价值一万元以上的;

(二)非法猎捕、收购、运输、出售第一项规定以外的其他陆生野生动物价值五万元以上的;

(三)其他情节严重的情形。

实施前款规定的行为,同时构成非法狩猎罪的,应当依照刑法第三百四十一条第三款的规定,以非法猎捕陆生野生动物罪定罪处罚。

第九条　明知是非法捕捞犯罪所得的水产品、非法狩猎犯罪所得的猎获物而收购、贩卖或者以其他方法掩饰、隐瞒,符合刑法第三百一十二条规定的,以掩饰、隐瞒犯罪所得罪定罪处罚。

第十条　负有野生动物保护和进出口监督管理职责的国家机关工作人员,滥用职权或者玩忽职守,致使公共财产、国家和人民利益遭受重大损失的，应当依照刑法第三百九十七条的规定，以滥用职权罪或者玩忽职守罪追究刑事责任。

负有查禁破坏野生动物资源犯罪活动职责的国家机关工作人员，向犯罪分子通风报信、提供便利，帮助犯罪分子逃避处罚的，应当依照刑法第四百一十七条的规定，以帮助犯罪分子逃避处罚罪追究刑事责任。

第十一条 对于“以食用为目的”，应当综合涉案动物及其制品的特征，被查获的地点，加工、包装情况，以及可以证明来源、用途的标识、证明等证据作出认定。

实施本解释规定的相关行为，具有下列情形之一的，可以认定为“以食用为目的”：

（一）将相关野生动物及其制品在餐饮单位、饮食摊点、超市等场所作为食品销售或者运往上述场所的；

（二）通过包装、说明书、广告等介绍相关野生动物及其制品的食用价值或者方法的；

（三）其他足以认定以食用为目的的情形。

第十二条 二次以上实施本解释规定的行为构成犯罪，依法应当追诉的，或者二年内实施本解释规定的行为未经处理的，数量、数额累计计算。

第十三条 实施本解释规定的相关行为，在认定是否构成犯罪以及裁量刑罚时，应当考虑涉案动物是否系人工繁育、物种的濒危程度、野外存活状况、人工繁育情况、是否列入人工繁育国家重点保护野生动物名录，行为手段、对野生动物资源的损害程度，以及对野生动物及其制品的认知程度等情节，综合评估社会危害性，准确认定是否构成犯罪，妥当裁量刑罚，确保罪责刑相适应；根据本解释的规定定罪量刑明显过重的，可以根据案件的事实、情节和社会危害程度，依法作出妥当处理。

涉案动物系人工繁育，具有下列情形之一的，对所涉案件一般不作为犯罪处理；需要追究刑事责任的，应当依法从宽处理：

（一）列入人工繁育国家重点保护野生动物名录的；

（二）人工繁育技术成熟、已成规模，作为宠物买卖、运输的。

第十四条 对于实施本解释规定的相关行为被不起诉或者免予刑事处罚的行为人，依法应当给予行政处罚、政务处分或者其他处分的，依法移送有关主管机关处理。

第十五条 对于涉案动物及其制品的价值，应当根据下列方法确定：

（一）对于国家禁止进出口的珍贵动物及其制品、国家重点保护的珍贵、濒危野生动物及其制品的价值，根据国务院野生动物保护主管部门制定的评估标准和方法核算；

（二）对于有重要生态、科学、社会价值的陆生野生动物、地方重点保护野生动物、其他野生动物及其制品的价值，根据销赃数额认定；无销赃数额、销赃数额难以查证或者根据销赃数额认定明显偏低的，根据市场价格核算，必要时，也可以参照相关评估标准和方法核算。

第十六条 根据本解释第十五条规定难以确定涉案动物及其制品价值的，依据司法鉴定机构出具的鉴定意见，或者下列机构出具的报告，结合其他证据作出认定：

（一）价格认证机构出具的报告；

（二）国务院野生动物保护主管部门、国家濒危物种进出口管理机构或者海关总署等指定的机构出具的报告；

（三）地、市级以上人民政府野生动物保护主管部门、国家濒危物种进出口管理机构的派出机构或者直属海关等出具的报告。

第十七条 对于涉案动物的种属类别、是否系人工繁育，非法捕捞、狩猎的工具、方法，以及对野生动物资源的损害程度等专门性问题，可以由野生动物保护主管部门、侦查机关依据现场勘验、检查笔录等出具认定意见；难以确定的，依据司法鉴定机构出具的鉴定意见、本解释第十六条所列机构出具的报告，被告人及其辩护人提供的证据材料，结合其他证据材料综合审查，依法作出认定。

第十八条 餐饮公司、渔业公司等单位实施破坏野生动物资源犯罪的，依照本解释规定的相应自然人犯罪的定罪量刑标准，对直接负责的主管人员和其他直接责任人员定罪处罚，并对单位判处罚金。

第十九条　在海洋水域，非法捕捞水产品，非法采捕珊瑚、砗磲或者其他珍贵、濒危水生野生动物，或者非法收购、运输、出售珊瑚、砗磲或者其他珍贵、濒危水生野生动物及其制品的，定罪量刑标准适用《最高人民法院关于审理发生在我国管辖海域相关案件若干问题的规定（二）》（法释〔2016〕17号）的相关规定。

◆ 解读与适用

【拓展关键词】选择性罪名　濒危野生动物制品与动物死体　野生动物与人工驯养动物　行为犯　情节严重　情节特别严重　从旧兼从轻

对野生动物乱捕滥猎、非法交易破坏生物链的完整性和生物多样性，进而破坏整个生态环境，需要加大对野生动物的刑事司法保护。行为人只要实施了非法猎捕或者非法收购、运输、出售国家重点保护的野生动物的行为，即构成犯罪。①

《刑参》第215号案例"严某、周某等非法收购、运输、出售珍贵、濒危野生动物、珍贵、濒危野生动物制品案——珍贵、濒危野生动物制品的核定价值高于实际交易价格的如何认定珍贵、濒危野生动物制品的价值"相关论述：只要行为人的收购、运输、出售行为违反法律规定，其目的不影响犯罪的成立。珍贵、濒危野生动物制品应是指通过对珍贵、濒危野生动物的活体或者死体进行加工后所形成的物品，包括毛皮、骨骼、标本等成品或半成品。对于选择性罪名，应当以行为人实际实施的行为确定罪名，不应将行为人没有实施的行为在罪名中罗列，也不能数罪并罚。一般情况下，应当按照国家野生动物保护主管部门核定的价值认定珍贵、濒危野生动物制品的价值，唯一的例外是核定价值低于实际交易价格的，以实际交易价格认定。

《刑参》第518号案例"达瓦加甫非法出售珍贵、濒危野生动物制品案——出售野生动物保护法实施前已持有的雪豹皮如何定罪处罚"相关论述：非法，是指违反1989年实施的《野生动物保护法》的规定。被告人购买雪豹皮的行为发生于1987年，而非法收购的行为在1979年《刑法》中没有明确规定。根据1997年《刑法》关于溯及力的规定，行为时的法律不认为是犯罪的，适用行为时的法律，故不能追究被告人刑事责任。雪豹属于国家重点保护的珍贵、濒危野生动物。被告人2005年出售雪豹皮的行为，属于非法出售珍贵、濒危野生动物制品的行为。本罪属于行为犯，只要行为人实施了非法出售行为即构成犯罪，至于是否出售成功，不是判断罪与非罪的界限。被告人出售野生动物保护法实施前就已经持有的雪豹皮，且未造成严重社会危害，认罪态度较好，可以在法定刑以下减轻处罚。从立法层面分析，非法出售的行为不是刑法惩治的重点。《刑法》设立该罪的主要目的及野生动物保护法的最核心目的是保护、拯救现有的珍贵、濒危野生动物。因此，非法猎捕、杀害珍贵、濒危野生动物的行为是刑法重点惩治的对象。刑法设立收购、运输、出售珍贵、濒危野生动物罪的目的还是为了有效遏制猎捕、杀害动物的犯罪行为。

《刑参》第1067号案例"徐某非法收购、出售珍贵、濒危野生动物案——非法收购、出售《濒危野生动植物种国际贸易公约》（《CITES》）保护动物的情节认定"相关论述：本案所涉的动物系列入《濒危野生动植物种国际贸易公约》的野生动物，无法在国家一、二级保护野生动物名录中找到相应的同科或同属物种，缺少认定"情节严重"或"情节特别严重"的参照标准。但本罪的一般情节不需要参照标准，只要非法收购、出售列入《濒危野生动植物种国际贸易公约》附录一、二中的珍贵、濒危野生动物，便可构成本罪。因此被告人的行为系一般情节，不属于情节特别严重。

《刑参》第1178号案例"郑某非法运输、出售珍贵、濒危野生动物制品案——如何准确把握非法运输、出售珍贵、濒危野生动物制品罪的量刑标准"相关论述：在走私珍贵动物、珍贵动物制品罪的数额标准已大幅提高的情况下，如果仍然按照原数额标准对非法运输、出售珍贵、濒危野生动物制品罪予以量刑，势必与走私

---

① 张某、李某等非法猎捕、收购、运输、出售珍贵、濒危野生动物案，载《最高人民法院公报》2018年第2期。

珍贵动物、珍贵动物制品罪的量刑存在明显差异，有违罪责刑相适应原则。根据这一特殊情况，为实现罪责刑相均衡，对于此类案件，可以考虑在法定刑以下判处刑罚。

《刑参》第1383号案例"解某非法出售珍贵、濒危野生动物案——如何准确把握涉人工繁育野生动物资源刑事案件的定罪量刑"相关论述：2016年修订的《野生动物保护法》实行人工繁育种群与野外种群区别管理的制度。在定罪量刑时，除涉案动物的保护等级外，其野外种群和人工繁育情况等因素亦应考虑。就破坏人工繁育野生动物资源犯罪而言，涉案动物的人工繁育情况是此类案件定罪量刑时应当考虑的重要因素：(1)判断涉案动物是否属于合法繁育的情形。(2)判断涉案动物是否被列入《人工繁育国家重点保护野生动物名录》。除了涉案动物的濒危程度和野生种群状况、人工繁育情况、用途等因素外，行为人作案的方式、手段和对野生动物资源的损害程度亦应作为量刑时应当考虑的因素。

《刑参》第1397号案例"刘某非法收购珍贵、濒危野生动物案——非法收购珍贵、濒危野生动物死体行为的认定"相关论述：非法收购珍贵、濒危野生动物不属于选择性罪名。珍贵野生动物与濒危野生动物，前者是从价值角度界定的，后者是从事实(生存状态)角度界定的，是从不同侧面对同一事物作出的认定，在逻辑上无法区分二者，不符合选择性罪名的认定规则。选择性罪名是指包含多种行为，多个对象，多个犯罪构成可拆分使用的罪名。选择性罪名中的行为、对象应具有不同的特征和内涵，能够加以识别和区分，相互之间不存在交叉或者包含关系。珍贵、濒危野生动物死体应认定为珍贵、濒危野生动物。野生动物与野生动物制品在立案、定罪、量刑时采取不同的标准，前者以数量多少为依据，后者以价值大小为依据。将野生动物死体区别于野生动物制品，不仅可行，而且必要。应当通过举证责任分配协调两种立场。在刑法立场方面，应当坚持以"知法推定"为主，例外情况为辅。在认识范围方面，应当宜宽不宜严。在证明责任方面，应当由被告人举证为主。

《刑参》第1428号案例"刘某、朱某非法收购、运输、出售珍贵、濒危野生动物案——法定刑以下判处刑罚案件核准过程中应如何处理事实认定和法律适用中的瑕疵"相关论述：2017年1月1日生效的《野生动物保护法》对其实施之前的行为不发生法律效力，在其之前的非法捡拾珍贵、濒危野生动物卵、蛋的行为，不宜认定为非法猎捕珍贵、濒危野生动物罪。《刑法》第341条第1款包括两个罪名，分别为非法猎捕、杀害珍贵、濒危野生动物罪和非法收购、运输、出售珍贵、濒危野生动物、珍贵、濒危野生动物制品罪，并不存在非法猎捕、出售珍贵、濒危野生动物罪这个罪名。对于同时具有猎捕、杀害和收购、运输、出售行为，且对象为同一批野生动物的，我们认为，一般不实行数罪并罚。实质上属于选择性罪名中的同质数罪。被告人的猎捕行为和出售行为存在相互交织的关系，且属于同一法条内的罪名选择、排列问题，故在处理时可以在法定刑幅度内从一重处罚，不实行数罪并罚。

第三百四十二条　【非法占用农用地罪】[①]

违反土地管理法规，非法占用耕地、林地等农用地，改变被占用土地用途，数量较大，造成耕地、林地等农用地大量毁坏的，处五年以下有期徒刑或者拘役，并处或者单处罚金。

---

① 依据《刑法修正案(二)》(经中华人民共和国第九届全国人民代表大会常务委员会第二十三次会议于2001年8月31日通过公布，自公布之日起施行)修改。原条文主要内容为：违反土地管理法规，非法占用耕地改作他用，数量较大，造成耕地大量毁坏的，处五年以下有期徒刑或者拘役，并处或者单处罚金。

◆ 相关规定

最高人民法院
关于审理破坏土地资源刑事案件具体应用法律若干问题的解释(节选)
(法释〔2000〕14号)

详见《刑法》第410条非法批准征收、征用、占用土地罪的相关规定

第三条 违反土地管理法规,非法占用耕地改作他用,数量较大,造成耕地大量毁坏的,依照刑法第三百四十二条的规定,以非法占用耕地罪定罪处罚:

(一)非法占用耕地"数量较大",是指非法占用基本农田五亩以上或者非法占用基本农田以外的耕地十亩以上。

(二)非法占用耕地"造成耕地大量毁坏",是指行为人非法占用耕地建窑、建坟、建房、挖沙、采石、采矿、取土、堆放固体废弃物或者进行其他非农业建设,造成基本农田五亩以上或者基本农田以外的耕地十亩以上种植条件严重毁坏或者严重污染。

最高人民法院
关于审理破坏林地资源刑事案件具体应用法律若干问题的解释(节选)
(法释〔2005〕15号)

详见《刑法》第410条非法批准征收、征用、占用土地罪的相关规定

第一条 违反土地管理法规,非法占用林地,改变被占用林地用途,在非法占用的林地上实施建窑、建坟、建房、挖沙、采石、采矿、取土、种植农作物、堆放或排泄废弃物等行为或者进行其他非林业生产、建设,造成林地的原有植被或林业种植条件严重毁坏或者严重污染,并具有下列情形之一的,属于《刑法》规定的犯罪行为,应当以非法占用农用地罪判处五年以下有期徒刑或者拘役,并处或者单处罚金:

(一)非法占用并毁坏防护林地、特种用途林地数量分别或者合计达到五亩以上;

(二)非法占用并毁坏其他林地数量达到十亩以上;

(三)非法占用并毁坏本条第(一)项、第(二)项规定的林地,数量分别达到相应规定的数量标准的百分之五十以上;

(四)非法占用并毁坏本条第(一)项、第(二)项规定的林地,其中一项数量达到相应规定的数量标准的百分之五十以上,且两项数量合计达到该项规定的数量标准。

最高人民检察院 公安部
关于公安机关管辖的刑事案件立案追诉标准的规定(一)(节选)
(公通字〔2008〕36号)

第六十七条 【非法占用农用地案(刑法第三百四十二条)】违反土地管理法规,非法占用耕地、林地等农用地,改变被占用土地用途,造成耕地、林地等农用地大量毁坏,涉嫌下列情形之一的,应予立案追诉:

(一)非法占用基本农田五亩以上或者基本农田以外的耕地十亩以上的;

(二)非法占用防护林地或者特种用途林地数量单种或者合计五亩以上的;

(三)非法占用其他林地数量十亩以上的;

（四）非法占用本款第（二）项、第（三）项规定的林地，其中一项数量达到相应规定的数量标准的百分之五十以上，且两项数量合计达到该项规定的数量标准的；

（五）非法占用其他农用地数量较大的情形。

违反土地管理法规，非法占用耕地建窑、建坟、建房、挖沙、采石、采矿、取土、堆放固体废弃物或者进行其他非农业建设，造成耕地种植条件严重毁坏或者严重污染，被毁坏耕地数量达到以上规定的，属于本条规定的“造成耕地大量毁坏”。

违反土地管理法规，非法占用林地，改变被占用林地用途，在非法占用的林地上实施建窑、建坟、建房、挖沙、采石、采矿、取土、种植农作物、堆放或者排泄废弃物等行为或者进行其他非林业生产、建设，造成林地的原有植被或者林业种植条件严重毁坏或者严重污染，被毁坏林地数量达到以上规定的，属于本条规定的“造成林地大量毁坏”。

全国人民代表大会常务委员会
关于《中华人民共和国刑法》第二百二十八条、第三百四十二条、第四百一十条的解释

全国人民代表大会常务委员会讨论了刑法第二百二十八条、第三百四十二条、第四百一十条规定的“违反土地管理法规”和第四百一十条规定的“非法批准征收、征用、占用土地”的含义问题，解释如下：

刑法第二百二十八条、第三百四十二条、第四百一十条规定的“违反土地管理法规”，是指违反土地管理法、森林法、草原法等法律以及有关行政法规中关于土地管理的规定。

刑法第四百一十条规定的“非法批准征收、征用、占用土地”，是指非法批准征用、占用耕地、林地等农用地以及其他土地。

现予公告。

最高人民法院
关于审理破坏草原资源刑事案件应用法律若干问题的解释（节选）

（法释〔2012〕15 号）

第一条 违反草原法等土地管理法规，非法占用草原，改变被占用草原用途，数量较大，造成草原大量毁坏的，依照刑法第三百四十二条的规定，以非法占用农用地罪定罪处罚。

第二条 非法占用草原，改变被占用草原用途，数量在二十亩以上的，或者曾因非法占用草原受过行政处罚，在三年内又非法占用草原，改变被占用草原用途，数量在十亩以上的，应当认定为刑法第三百四十二条规定的“数量较大”。

非法占用草原，改变被占用草原用途，数量较大，具有下列情形之一的，应当认定为刑法第三百四十二条规定的“造成耕地、林地等农用地大量毁坏”：

（一）开垦草原种植粮食作物、经济作物、林木的；

（二）在草原上建窑、建房、修路、挖砂、采石、采矿、取土、剥取草皮的；

（三）在草原上堆放或者排放废弃物，造成草原的原有植被严重毁坏或者严重污染的；

（四）违反草原保护、建设、利用规划种植牧草和饲料作物，造成草原沙化或者水土严重流失的；

（五）其他造成草原严重毁坏的情形。

……

第四条 以暴力、威胁方法阻碍草原监督检查人员依法执行职务，构成犯罪的，依照刑法第二百七十七条的规定，以妨害公务罪追究刑事责任。

煽动群众暴力抗拒草原法律、行政法规实施，构成犯罪的，依照刑法第二百七十八条的规定，以煽动暴力

抗拒法律实施罪追究刑事责任。

第五条　单位实施刑法第三百四十二条规定的行为，对单位判处罚金，并对其直接负责的主管人员和其他直接责任人员，依照本解释规定的定罪量刑标准定罪处罚。

第六条　多次实施破坏草原资源的违法犯罪行为，未经处理，应当依法追究刑事责任的，按照累计的数量、数额定罪处罚。

第七条　本解释所称"草原"，是指天然草原和人工草地，天然草原包括草地、草山和草坡，人工草地包括改良草地和退耕还草地，不包括城镇草地。

◆ 解读与适用

行为人违反土地管理法规，在耕地上建设"大棚房""生态园""休闲农庄"等，非法占用耕地数量较大，造成耕地等农用地大量毁坏的，应当以非法占用农用地罪追究实际建设者、经营者的刑事责任。①

《刑参》第445号案例"廖某等非法占用农用地、非法转让农用权案——非法占用园地、改变园地用途的能否以非法占用农用地定罪处罚"相关论述：非法占用园地、擅自改变土地用途数量较大的，构成非法占用农用地罪。作为非法占用农用地罪的犯罪对象，农用地并非仅指耕地和林地两种。单位擅自转让园地使用权并改变用途，情节严重的，应追究单位的刑事责任。

《刑参》第1398号案例"赵某、王某、杨某非法占用农用地案——擅自以村委会名义将村山坡林地承包给村民作为墓地使用的定性"相关论述：村委会可以作为单位犯罪的主体，以村委会名义实施犯罪的，是否构成单位犯罪应当具体分析。法令行为的实施应当按照法律的规定，履行法定的程序，才能够阻却违法。

第三百四十二条之一　【破坏自然保护地罪】②

违反自然保护地管理法规，在国家公园、国家级自然保护区进行开垦、开发活动或者修建建筑物，造成严重后果或者有其他恶劣情节的，处五年以下有期徒刑或者拘役，并处或者单处罚金。

有前款行为，同时构成其他犯罪的，依照处罚较重的规定定罪处罚。

第三百四十三条　【非法采矿罪】③

违反矿产资源法的规定，未取得采矿许可证擅自采矿，擅自进入国家规划矿区、对国民经济具有重要价值的矿区和他人矿区范围采矿，或者擅自开采国家规定实行保护性开采的特定矿种，情节严重的，处三年以下有期徒刑、拘役或者管制，并处或者单处罚金；情节特别严重的，处三年以上七年以下有期徒刑，并处罚金。

【破坏性采矿罪】

违反矿产资源法的规定，采取破坏性的开采方法开采矿产资源，造成矿产资源严重破坏的，处五年以下有期徒刑或者拘役，并处罚金。

---

① 刘某非法占用农用地案，最高人民检察院指导性案例第60号（2020年3月5日）。

② 根据《刑法修正案（十一）》新增。

③ 根据《刑法修正案（八）》对第一款进行修订。修订前条文第一款主要内容为：违反矿产资源法的规定，未取得采矿许可证擅自采矿的，擅自进入国家规划矿区、对国民经济具有重要价值的矿区和他人矿区范围采矿的，擅自开采国家规定实行保护性开采的特定矿种，经责令停止开采后拒不停止开采，造成矿产资源破坏的，处三年以下有期徒刑、拘役或者管制，并处或者单处罚金；造成矿产资源严重破坏的，处三年以上七年以下有期徒刑，并处罚金。

◆ 相关规定

最高人民法院　最高人民检察院
关于办理非法采矿、破坏性采矿刑事案件适用法律若干问题的解释
（法释〔2016〕25号）

为依法惩处非法采矿、破坏性采矿犯罪活动，根据《中华人民共和国刑法》《中华人民共和国刑事诉讼法》的有关规定，现就办理此类刑事案件适用法律的若干问题解释如下：

第一条　违反《中华人民共和国矿产资源法》《中华人民共和国水法》等法律、行政法规有关矿产资源开发、利用、保护和管理的规定的，应当认定为刑法第三百四十三条规定的"违反矿产资源法的规定"。

第二条　具有下列情形之一的，应当认定为刑法第三百四十三条第一款规定的"未取得采矿许可证"：

（一）无许可证的；

（二）许可证被注销、吊销、撤销的；

（三）超越许可证规定的矿区范围或者开采范围的；

（四）超出许可证规定的矿种的（共生、伴生矿种除外）；

（五）其他未取得许可证的情形。

第三条　实施非法采矿行为，具有下列情形之一的，应当认定为刑法第三百四十三条第一款规定的"情节严重"：

（一）开采的矿产品价值或者造成矿产资源破坏的价值在十万元至三十万元以上的；

（二）在国家规划矿区、对国民经济具有重要价值的矿区采矿，开采国家规定实行保护性开采的特定矿种，或者在禁采区、禁采期内采矿，开采的矿产品价值或者造成矿产资源破坏的价值在五万元至十五万元以上的；

（三）二年内曾因非法采矿受过两次以上行政处罚，又实施非法采矿行为的；

（四）造成生态环境严重损害的；

（五）其他情节严重的情形。

实施非法采矿行为，具有下列情形之一的，应当认定为刑法第三百四十三条第一款规定的"情节特别严重"：

（一）数额达到前款第一项、第二项规定标准五倍以上的；

（二）造成生态环境特别严重损害的；

（三）其他情节特别严重的情形。

第四条　在河道管理范围内采砂，具有下列情形之一，符合刑法第三百四十三条第一款和本解释第二条、第三条规定的，以非法采矿罪定罪处罚：

（一）依据相关规定应当办理河道采砂许可证，未取得河道采砂许可证的；

（二）依据相关规定应当办理河道采砂许可证和采矿许可证，既未取得河道采砂许可证，又未取得采矿许可证的。

实施前款规定行为，虽不具有本解释第三条第一款规定的情形，但严重影响河势稳定，危害防洪安全的，应当认定为刑法第三百四十三条第一款规定的"情节严重"。

第五条　未取得海砂开采海域使用权证，且未取得采矿许可证，采挖海砂，符合刑法第三百四十三条第一款和本解释第二条、第三条规定的，以非法采矿罪定罪处罚。

实施前款规定行为，虽不具有本解释第三条第一款规定的情形，但造成海岸线严重破坏的，应当认定为刑法第三百四十三条第一款规定的"情节严重"。

第六条　造成矿产资源破坏的价值在五十万元至一百万元以上，或者造成国家规划矿区、对国民经济具有重要价值的矿区和国家规定实行保护性开采的特定矿种资源破坏的价值在二十五万元至五十万元以上

的，应当认定为刑法第三百四十三条第二款规定的“造成矿产资源严重破坏”。

第七条　明知是犯罪所得的矿产品及其产生的收益，而予以窝藏、转移、收购、代为销售或者以其他方法掩饰、隐瞒的，依照刑法第三百一十二条的规定，以掩饰、隐瞒犯罪所得、犯罪所得收益罪定罪处罚。

实施前款规定的犯罪行为，事前通谋的，以共同犯罪论处。

第八条　多次非法采矿、破坏性采矿构成犯罪，依法应当追诉的，或者二年内多次非法采矿、破坏性采矿未经处理的，价值数额累计计算。

第九条　单位犯刑法第三百四十三条规定之罪的，依照本解释规定的相应自然人犯罪的定罪量刑标准，对直接负责的主管人员和其他直接责任人员定罪处罚，并对单位判处罚金。

第十条　实施非法采矿犯罪，不属于“情节特别严重”，或者实施破坏性采矿犯罪，行为人系初犯，全部退赃退赔，积极修复环境，并确有悔改表现的，可以认定为犯罪情节轻微，不起诉或者免予刑事处罚。

第十一条　对受雇佣为非法采矿、破坏性采矿犯罪提供劳务的人员，除参与利润分成或者领取高额固定工资的以外，一般不以犯罪论处，但曾因非法采矿、破坏性采矿受过处罚的除外。

第十二条　对非法采矿、破坏性采矿犯罪的违法所得及其收益，应当依法追缴或者责令退赔。

对用于非法采矿、破坏性采矿犯罪的专门工具和供犯罪所用的本人财物，应当依法没收。

第十三条　非法开采的矿产品价值，根据销赃数额认定；无销赃数额，销赃数额难以查证，或者根据销赃数额认定明显不合理的，根据矿产品价格和数量认定。

矿产品价值难以确定的，依据下列机构出具的报告，结合其他证据作出认定：

（一）价格认证机构出具的报告；

（二）省级以上人民政府国土资源、水行政、海洋等主管部门出具的报告；

（三）国务院水行政主管部门在国家确定的重要江河、湖泊设立的流域管理机构出具的报告。

第十四条　对案件所涉的有关专门性问题难以确定的，依据下列机构出具的鉴定意见或者报告，结合其他证据作出认定：

（一）司法鉴定机构就生态环境损害出具的鉴定意见；

（二）省级以上人民政府国土资源主管部门就造成矿产资源破坏的价值、是否属于破坏性开采方法出具的报告；

（三）省级以上人民政府水行政主管部门或者国务院水行政主管部门在国家确定的重要江河、湖泊设立的流域管理机构就是否危害防洪安全出具的报告；

（四）省级以上人民政府海洋主管部门就是否造成海岸线严重破坏出具的报告。

第十五条　各省、自治区、直辖市高级人民法院、人民检察院，可以根据本地区实际情况，在本解释第三条、第六条规定的数额幅度内，确定本地区执行的具体数额标准，报最高人民法院、最高人民检察院备案。

第十六条　本解释自2016年12月1日起施行。本解释施行后，《最高人民法院关于审理非法采矿、破坏性采矿刑事案件具体应用法律若干问题的解释》（法释〔2003〕9号）同时废止。

最高人民检察院　公安部
关于公安机关管辖的刑事案件立案追诉标准的规定（一）的补充规定（节选）

（公通字〔2017〕12号）

十一、将《立案追诉标准（一）》第六十八条修改为：【非法采矿案（刑法第三百四十三条第一款）】违反矿产资源法的规定，未取得采矿许可证擅自采矿，或者擅自进入国家规划矿区、对国民经济具有重要价值的矿区和他人矿区范围采矿，或者擅自开采国家规定实行保护性开采的特定矿种，涉嫌下列情形之一的，应予立案追诉：

（一）开采的矿产品价值或者造成矿产资源破坏的价值在十万元至三十万元以上的；

（二）在国家规划矿区、对国民经济具有重要价值的矿区采矿，开采国家规定实行保护性开采的特定矿种，或者在禁采区、禁采期内采矿，开采的矿产品价值或者造成矿产资源破坏的价值在五万元至十五万元以上的；

（三）二年内曾因非法采矿受过两次以上行政处罚，又实施非法采矿行为的；

（四）造成生态环境严重损害的；

（五）其他情节严重的情形。

在河道管理范围内采砂，依据相关规定应当办理河道采砂许可证而未取得河道采砂许可证，或者应当办理河道采砂许可证和采矿许可证，既未取得河道采砂许可证又未取得采矿许可证，具有本条第一款规定的情形之一，或者严重影响河势稳定危害防洪安全的，应予立案追诉。

采挖海砂，未取得海砂开采海域使用权证且未取得采矿许可证，具有本条第一款规定的情形之一，或者造成海岸线严重破坏的，应予立案追诉。

具有下列情形之一的，属于本条规定的“未取得采矿许可证”：

（一）无许可证的；

（二）许可证被注销、吊销、撤销的；

（三）超越许可证规定的矿区范围或者开采范围的；

（四）超出许可证规定的矿种的（共生、伴生矿种除外）；

（五）其他未取得许可证的情形。

多次非法采矿构成犯罪，依法应当追诉的，或者二年内多次非法采矿未经处理的，价值数额累计计算。

非法开采的矿产品价值，根据销赃数额认定；无销赃数额，销赃数额难以查证，或者根据销赃数额认定明显不合理的，根据矿产品价格和数量认定。

矿产品价值难以确定的，依据价格认证机构，省级以上人民政府国土资源、水行政、海洋等主管部门，或者国务院水行政主管部门在国家确定的重要江河、湖泊设立的流域管理机构出具的报告，结合其他证据作出认定。

第三百四十四条　【危害国家重点保护植物罪】①

违反国家规定，非法采伐、毁坏珍贵树木或者国家重点保护的其他植物的，或者非法收购、运输、加工、出售珍贵树木或者国家重点保护的其他植物及其制品的，处三年以下有期徒刑、拘役或者管制，并处罚金；情节严重的，处三年以上七年以下有期徒刑，并处罚金。

◆ 相关规定

最高人民法院
关于审理破坏森林资源刑事案件具体应用法律若干问题的解释（节选）

（法释〔2000〕36 号）

详见《刑法》第 345 条盗伐林木罪的相关规定

第一条　刑法第三百四十四条规定的“珍贵树木”，包括由省级以上林业主管部门或者其他部门确定的

① 根据《刑法修正案（四）》修订。原条文主要内容为：违反森林法的规定，非法采伐、毁坏珍贵树木的，处三年以下有期徒刑、拘役或者管制，并处罚金；情节严重的，处三年以上七年以下有期徒刑，并处罚金。

具有重大历史纪念意义、科学研究价值或者年代久远的古树名木,国家禁止、限制出口的珍贵树木以及列入国家重点保护野生植物名录的树木。

第二条　具有下列情形之一的,属于非法采伐、毁坏珍贵树木行为"情节严重":

(一)非法采伐珍贵树木二株以上或者毁坏珍贵树木致使珍贵树木死亡三株以上的;

(二)非法采伐珍贵树木二立方米以上的;

(三)为首组织、策划、指挥非法采伐或者毁坏珍贵树木的;

(四)其他情节严重的情形。

原国家林业局　公安部
关于森林和陆生野生动物刑事案件管辖及立案标准(节选)

(林安发〔2001〕156号)

详见《刑法》第341条危害珍贵、濒危野生动物罪的相关规定

二、森林和陆生野动物刑事案件的立案标准

(四)非法采伐、毁坏珍贵树木案

非法采伐、毁坏珍贵树木的应当立案;采伐珍贵树木2株、2立方米以上或者毁坏珍贵树木致死3株以上的,为重大案件;采伐珍贵树木10株、10立方米以上或者毁坏珍贵树木致死15株以上的,为特别重大案件。

最高人民检察院　公安部
关于公安机关管辖的刑事案件立案追诉标准的规定(一)(节选)

(公通字〔2008〕36号)

第七十条　**【非法采伐、毁坏国家重点保护植物案(刑法第三百四十四条)】**违反国家规定,非法采伐、毁坏珍贵树木或者国家重点保护的其他植物的,应予立案追诉。

本条和本规定第七十一条规定的"珍贵树木或者国家重点保护的其他植物",包括由省级以上林业主管部门或者其他部门确定的具有重大历史纪念意义、科学研究价值或者年代久远的古树名木,国家禁止、限制出口的珍贵树木以及列入《国家重点保护野生植物名录》的树木或者其他植物。

第七十一条　**【非法收购、运输、加工、出售国家重点保护植物、国家重点保护植物制品案(刑法第三百四十四条)】**违反国家规定,非法收购、运输、加工、出售珍贵树木或者国家重点保护的其他植物及其制品的,应予立案追诉。

最高人民法院　最高人民检察院
关于适用《中华人民共和国刑法》第三百四十四条有关问题的批复

(法释〔2020〕2号)

(2019年11月19日最高人民法院审判委员会第1783次会议、2020年1月13日最高人民检察院第十三届检察委员会第三十二次会议通过,自2020年3月21日起施行)

……

一、古树名木以及列入《国家重点保护野生植物名录》的野生植物,属于刑法第三百四十四条规定的"珍贵树木或者国家重点保护的其他植物"。

二、根据《中华人民共和国野生植物保护条例》的规定,野生植物限于原生地天然生长的植物。人工培

育的植物，除古树名木外，不属于刑法第三百四十四条规定的“珍贵树木或者国家重点保护的其他植物”。非法采伐、毁坏或者非法收购、运输人工培育的植物（古树名木除外），构成盗伐林木罪、滥伐林木罪、非法收购、运输盗伐、滥伐的林木罪等犯罪的，依照相关规定追究刑事责任。

三、对于非法移栽珍贵树木或者国家重点保护的其他植物，依法应当追究刑事责任的，依照刑法第三百四十四条的规定，以非法采伐国家重点保护植物罪定罪处罚。

鉴于移栽在社会危害程度上与砍伐存在一定差异，对非法移栽珍贵树木或者国家重点保护的其他植物的行为，在认定是否构成犯罪以及裁量刑罚时，应当考虑植物的珍贵程度、移栽目的、移栽手段、移栽数量、对生态环境的损害程度等情节，综合评估社会危害性，确保罪责刑相适应。

四、本批复自2020年3月21日起施行，之前发布的司法解释与本批复不一致的，以本批复为准。

◆ 解读与适用

《刑参》第1429号案例“钟某等非法采伐国家重点保护植物案——人工种植列入《国家重点保护野生植物名录》的树种是否属于国家重点保护植物”相关论述：国家重点保护的珍贵树木具体可划分为三类：第一类是古树名木。第二类是国家禁止、限制出口的珍贵树木。第三类单指列入《国家重点保护野生植物名录》的树木。该类犯罪作为法定犯、行政犯，其内涵和外延取决于行政法的规定，主要是指《野生植物保护条例》的规定。立法不仅要保护国家重点保护植物，还要发展和合理利用国家重点保护植物，以实现维护生物多样性和生态平衡这一更高级别的保护目标。除了特殊规定外，一般人工种植的树种不应属于《野生植物保护条例》的保护对象。刑法是行政法的保障法，在行政法都没有将人工种植《国家重点保护野生植物名录》的树种纳入国家重点保护植物管理的情况下，刑事司法将其纳入犯罪对象有违刑法的谦抑性。

第三百四十四条之一　【非法引进、释放、丢弃外来入侵物种罪】①

违反国家规定，非法引进、释放或者丢弃外来入侵物种，情节严重的，处三年以下有期徒刑或者拘役，并处或者单处罚金。

第三百四十五条　【盗伐林木罪】②

盗伐森林或者其他林木，数量较大的，处三年以下有期徒刑、拘役或者管制，并处或者单处罚金；数量巨大的，处三年以上七年以下有期徒刑，并处罚金；数量特别巨大的，处七年以上有期徒刑，并处罚金。

【滥伐林木罪】

违反森林法的规定，滥伐森林或者其他林木，数量较大的，处三年以下有期徒刑、拘役或者管制，并处或者单处罚金；数量巨大的，处三年以上七年以下有期徒刑，并处罚金。

---

① 根据《刑法修正案（十一）》新增。

② 根据《刑法修正案（四）》修订。原条文主要内容为：盗伐森林或者其他林木，数量较大的，处三年以下有期徒刑、拘役或者管制，并处或者单处罚金；数量巨大的，处三年以上七年以下有期徒刑，并处罚金；数量特别巨大的，处七年以上有期徒刑，并处罚金。违反森林法的规定，滥伐森林或者其他林木，数量较大的，处三年以下有期徒刑、拘役或者管制，并处或者单处罚金；数量巨大的，处三年以上七年以下有期徒刑，并处罚金。以牟利为目的，在林区非法收购明知是盗伐、滥伐的林木，情节严重的，处三年以下有期徒刑、拘役或者管制，并处或者单处罚金；情节特别严重的，处三年以上七年以下有期徒刑，并处罚金。盗伐、滥伐国家级自然保护区内的森林或者其他林木的，从重处罚。

【非法收购、运输盗伐、滥伐的林木罪】

非法收购、运输明知是盗伐、滥伐的林木，情节严重的，处三年以下有期徒刑、拘役或者管制，并处或者单处罚金；情节特别严重的，处三年以上七年以下有期徒刑，并处罚金。

盗伐、滥伐国家级自然保护区内的森林或者其他林木的，从重处罚。

◆ 相关规定

最高人民法院
关于审理破坏森林资源刑事案件具体应用法律若干问题的解释(节选)
(法释〔2000〕36号)

第三条　以非法占有为目的，具有下列情形之一，数量较大的，依照刑法第三百四十五条第一款的规定，以盗伐林木罪定罪处罚：

(一)擅自砍伐国家、集体、他人所有或者他人承包经营管理的森林或者其他林木的；

(二)擅自砍伐本单位或者本人承包经营管理的森林或者其他林木的；

(三)在林木采伐许可证规定的地点以外采伐国家、集体、他人所有或者他人承包经营管理的森林或者其他林木的。

第四条　盗伐林木"数量较大"，以二至五立方米或者幼树一百至二百株为起点；盗伐林木"数量巨大"，以二十至五十立方米或者幼树一千至二千株为起点；盗伐林木"数量特别巨大"，以一百至二百立方米或者幼树五千至一万株为起点。

第五条　违反森林法的规定，具有下列情形之一，数量较大的，依照刑法第三百四十五条第二款的规定，以滥伐林木罪定罪处罚：

(一)未经林业行政主管部门及法律规定的其他主管部门批准并核发林木采伐许可证，或者虽持有林木采伐许可证，但违反林木采伐许可证规定的时间、数量、树种或者方式，任意采伐本单位所有或者本人所有的森林或者其他林木的；

(二)超过林木采伐许可证规定的数量采伐他人所有的森林或者其他林木的。

林木权属争议一方在林木权属确权之前，擅自砍伐森林或者其他林木，数量较大的，以滥伐林木罪论处。

第六条　滥伐林木"数量较大"，以十至二十立方米或者幼树五百至一千株为起点；滥伐林木"数量巨大"，以五十至一百立方米或者幼树二千五百至五千株为起点。

第七条　对于一年内多次盗伐、滥伐少量林木未经处罚的，累计其盗伐、滥伐林木的数量，构成犯罪的，依法追究刑事责任。

第八条　盗伐、滥伐珍贵树木，同时触犯刑法第三百四十四条、第三百四十五条规定的，依照处罚较重的规定定罪处罚。

第九条　将国家、集体、他人所有并已经伐倒的树木窃为己有，以及偷砍他人房前屋后、自留地种植的零星树木，数额较大的，依照刑法第二百六十四条的规定，以盗窃罪定罪处罚。

第十条　刑法第三百四十五条规定的"非法收购明知是盗伐、滥伐的林木"中的"明知"，是指知道或者应当知道。具有下列情形之一的，可以视为应当知道，但是有证据证明确属被蒙骗的除外：

(一)在非法的木材交易场所或者销售单位收购木材的；

(二)收购以明显低于市场价格出售的木材的；

(三)收购违反规定出售的木材的。

第十一条 具有下列情形之一的,属于在林区非法收购盗伐、滥伐的林木"情节严重":

(一)非法收购盗伐、滥伐的林木二十立方米以上或者幼树一千株以上的;

(二)非法收购盗伐、滥伐的珍贵树木二立方米以上或者五株以上的;

(三)其他情节严重的情形。

具有下列情形之一的,属于在林区非法收购盗伐、滥伐的林木"情节特别严重":

(一)非法收购盗伐、滥伐的林木一百立方米以上或者幼树五千株以上的;

(二)非法收购盗伐、滥伐的珍贵树木五立方米以上或者十株以上的;

(三)其他情节特别严重的情形。

……

第十六条 单位犯刑法第三百四十四条、第三百四十五条规定之罪,定罪量刑标准按照本解释的规定执行。

第十七条 本解释规定的林木数量以立木蓄积计算,计算方法为:原木材积除以该树种的出材率。

本解释所称"幼树",是指胸径五厘米以下的树木。

滥伐林木的数量,应在伐区调查设计允许的误差额以上计算。

国家林业局 公安部
关于森林和陆生野生动物刑事案件管辖及立案标准(节选)

(林安发〔2001〕156号)

详见《刑法》第341条危害珍贵、濒危野生动物罪的相关规定

二、森林和陆生野生动物刑事案件的立案标准

(一)盗伐林木案

盗伐森林或者其他林木,立案起点为2立方米至5立方米或者幼树100至200株;盗伐林木20立方米至50立方米或者幼树1000株至2000株,为重大案件立案起点;盗伐林木100立方米至200立方米或者幼树5000株至10000株,为特别重大案件立案起点。

(二)滥伐林木案

滥伐森林或者其他林木,立案起点为10立方米至20立方米或者幼树500至1000株;滥伐林木50立方米以上或者幼树2500株以上,为重大案件;滥伐林木100立方米以上或者幼树5000株以上,为特别重大案件。

(三)非法收购盗伐、滥伐的林木案

以牟利为目的,在林区非法收购明知是盗伐、滥伐的林木在20立方米或者幼树1000株以上的,以及非法收购盗伐、滥伐的珍贵树木2立方米以上或者5株以上的应当立案;非法收购林木100立方米或者幼树5000株以上的,以及非法收购盗伐、滥伐的珍贵树木5立方米以上或者10株以上的为重大案件;非法收购林木200立方米或者幼树1000株以上的,以及非法收购盗伐、滥伐的珍贵树木10立方米以上或者20株以上的为特别重大案件。

国家林业局
关于未申请林木采伐许可证采伐"火烧枯死木"行为定性的复函

(林函策字〔2003〕15号)

福建省林业厅:

你厅《关于采伐火烧枯死木有关问题的请示》(闽林综〔2003〕13号)收悉。经研究,现答复如下:

根据《森林法》的规定,除农村居民采伐自留地和房前屋后个人所有的零星林木外,凡采伐林木,包括采伐"火烧枯死木"等因自然灾害毁损的林木,都必须申请林木采伐许可证,并按照林木采伐许可证的规定进行采伐。未申请林木采伐许可证而擅自采伐的,应当根据《森林法》、《森林法实施条例》的有关规定,分别定性为盗伐或者滥伐林木行为。对情节显著轻微的,根据《行政处罚法》的规定,可以从轻、减轻或者免于处罚。

最高人民法院
关于在林木采伐许可证规定的地点以外采伐本单位或者本人所有的森林或者其他林木的行为如何适用法律问题的批复

(法释〔2004〕3号)

各省、自治区、直辖市高级人民法院,解放军军事法院,新疆维吾尔自治区高级人民法院生产建设兵团分院:

最近,有的法院反映,关于在林木采伐许可证规定的地点以外采伐本单位或者本人所有的森林或者其他林木的行为适用法律问题不明确。经研究,批复如下:

违反森林法的规定,在林木采伐许可证规定的地点以外,采伐本单位或者本人所有的森林或者其他林木的,除农村居民采伐自留地和房前屋后个人所有的零星林木以外,属于《最高人民法院关于审理破坏森林资源刑事案件具体应用法律若干问题的解释》第五条第一款第(一)项"未经林业行政主管部门及法律规定的其他主管部门批准并核发林木采伐许可证"规定的情形,数量较大的,应当依照刑法第三百四十五条第二款的规定,以滥伐林木罪定罪处罚。

最高人民检察院　公安部
关于公安机关管辖的刑事案件立案追诉标准的规定(一)(节选)

(公通字〔2008〕36号)

第七十二条　【盗伐林木案(刑法第三百四十五条第一款)】盗伐森林或者其他林木,涉嫌下列情形之一的,应予立案追诉:

(一)盗伐二至五立方米以上的;

(二)盗伐幼树一百至二百株以上的。

以非法占有为目的,具有下列情形之一的,属于本条规定的"盗伐森林或者其他林木":

(一)擅自砍伐国家、集体、他人所有或者他人承包经营管理的森林或者其他林木的;

(二)擅自砍伐本单位或者本人承包经营管理的森林或者其他林木的;

(三)在林木采伐许可证规定的地点以外采伐国家、集体、他人所有或者他人承包经营管理的森林或者其他林木的。

本条和本规定第七十三条、第七十四条规定的林木数量以立木蓄积计算,计算方法为:原木材积除以该树种的出材率;"幼树",是指胸径五厘米以下的树木。

第七十三条　【滥伐林木案(刑法第三百四十五条第二款)】违反森林法的规定,滥伐森林或者其他林木,涉嫌下列情形之一的,应予立案追诉:

(一)滥伐十至二十立方米以上的;

(二)滥伐幼树五百至一千株以上的。

违反森林法的规定,具有下列情形之一的,属于本条规定的"滥伐森林或者其他林木":

(一)未经林业行政主管部门及法律规定的其他主管部门批准并核发林木采伐许可证,或者虽持有林木采伐许可证,但违反林木采伐许可证规定的时间、数量、树种或者方式,任意采伐本单位所有或者本人所有的森林或者其他林木的；

（二）超过林木采伐许可证规定的数量采伐他人所有的森林或者其他林木的。

违反森林法的规定，在林木采伐许可证规定的地点以外，采伐本单位或者本人所有的森林或者其他林木的，除农村居民采伐自留地和房前屋后个人所有的零星林木以外，属于本条第二款第（一）项“未经林业行政主管部门及法律规定的其他主管部门批准并核发林木采伐许可证”规定的情形。

林木权属争议一方在林木权属确权之前，擅自砍伐森林或者其他林木的，属于本条规定的“滥伐森林或者其他林木”。

滥伐林木的数量，应在伐区调查设计允许的误差额以上计算。

第七十四条 【非法收购、运输盗伐、滥伐的林木案（刑法第三百四十五条第三款）】非法收购、运输明知是盗伐、滥伐的林木，涉嫌下列情形之一的，应予立案追诉：

（一）非法收购、运输盗伐、滥伐的林木二十立方米以上或者幼树一千株以上的；

（二）其他情节严重的情形。

本条规定的“非法收购”的“明知”，是指知道或者应当知道。具有下列情形之一的，可以视为应当知道，但是有证据证明确属被蒙骗的除外：

（一）在非法的木材交易场所或者销售单位收购木材的；

（二）收购以明显低于市场价格出售的木材的；

（三）收购违反规定出售的木材的。

◆ 解读与适用

【拓展关键词】扩张解释　盗伐与盗挖　类推解释

“滥伐”属于规范的构成要件要素，需要以森林法规为逻辑前提作出判断，但是，滥伐林木罪是一种特定的违法类型，法官不能将森林法规中的滥伐行为都作为刑法上的滥伐林木罪处理。例如无证砍伐枯死树木的行为，虽然在森林法上属于滥伐林木，但该行为没有导致《刑法》第 345 条第 2 款所禁止的侵害森林资源的结果，所以不成立任何犯罪。①

人民法院确定被告人森林生态环境修复义务时，可以参考专家意见及林业规划设计单位、自然保护区主管部门等出具的专业意见，明确履行修复义务的树种、树龄、地点、数量、存活率及完成时间等具体要求。被告人自愿交纳保证金作为履行生态环境修复义务担保的，人民法院可以将该情形作为从轻量刑情节。②

《刑参》第 785 号案例“李某盗伐林木案——以出售为目的，盗挖价值数额较大的行道树的行为，如何定性”相关论述：城市道路两旁的行道树不是区分盗伐林木罪和盗窃罪的构成要件要素。城市道路两旁的行道树属于盗伐林木罪中“其他树木”的范畴。本案被告人属于“盗挖”而非“盗伐”，不构成盗伐林木罪。盗伐使得树木主干与其赖以生存的根部分离，树木必然死亡，行为当时就对森林资源和生态环境造成破坏；而盗挖是把树木及其树根的主要部分从泥土中取出，将树整体与泥土分离，目的是移走栽种的树木，造成树木死亡的结果是非典型的。在刑事法律领域，语义的相对确定性是法律可预测性的客观要求。盗伐林木罪所确定的核心行为为“伐”，即使作扩张解释，也无法将“挖”的行为囊括进来。盗挖行为侵犯的客体主要是财产权利和环境资源。因此，以盗窃罪处罚是合适的。

---

① 参见张明楷：《犯罪构成体系与构成要件要素》，北京大学出版社 2010 年版，第 207～208 页。

② 秦某滥伐林木刑事附带民事公益诉讼案，最高人民法院指导案例 172 号（2021 年 12 月 1 日）。

第三百四十六条　【单位犯破坏环境资源罪的处罚规定】

单位犯本节第三百三十八条至第三百四十五条规定之罪的，对单位判处罚金，并对其直接负责的主管人员和其他直接责任人员，依照本节各该条的规定处罚。

第七节　走私、贩卖、运输、制造毒品罪

第三百四十七条　【走私、贩卖、运输、制造毒品罪】

走私、贩卖、运输、制造毒品，无论数量多少，都应当追究刑事责任，予以刑事处罚。

走私、贩卖、运输、制造毒品，有下列情形之一的，处十五年有期徒刑、无期徒刑或者死刑，并处没收财产：

（一）走私、贩卖、运输、制造鸦片一千克以上、海洛因[①]或者甲基苯丙胺五十克以上或者其他毒品数量大的；

（二）走私、贩卖、运输、制造毒品集团的首要分子；

（三）武装掩护走私、贩卖、运输、制造毒品的；

（四）以暴力抗拒检查、拘留、逮捕，情节严重的；

（五）参与有组织的国际贩毒活动的。

走私、贩卖、运输、制造鸦片二百克以上不满一千克、海洛因或者甲基苯丙胺十克以上不满五十克或者其他毒品数量较大的，处七年以上有期徒刑，并处罚金。

走私、贩卖、运输、制造鸦片不满二百克、海洛因或者甲基苯丙胺不满十克或者其他少量毒品的，处三年以下有期徒刑、拘役或者管制，并处罚金；情节严重的，处三年以上七年以下有期徒刑，并处罚金。

单位犯第二款、第三款、第四款罪的，对单位判处罚金，并对其直接负责的主管人员和其他直接责任人员，依照各该款的规定处罚。

利用、教唆未成年人走私、贩卖、运输、制造毒品，或者向未成年人出售毒品的，从重处罚。

对多次走私、贩卖、运输、制造毒品，未经处理的，毒品数量累计计算。

---

① 分则条文只是并列规定一个犯罪的几种选择性的行为对象，而不是根据不同对象规定为不同犯罪时，说明针对不同对象所实施的行为都是同一犯罪行为，既然是同一犯罪行为，就必须累计该行为的数额。张明楷：《刑法分则的解释原理》，中国人民大学出版社2004年版，第306页。

◆ 相关规定

最高人民法院　最高人民检察院　公安部
关于印发《办理毒品犯罪案件适用法律若干问题的意见》的通知
（公通字〔2007〕84号）

一、关于毒品犯罪案件的管辖问题

……

二、关于毒品犯罪嫌疑人、被告人主观明知的认定问题

走私、贩卖、运输、非法持有毒品主观故意中的“明知”，是指行为人知道或者应当知道所实施的行为是走私、贩卖、运输、非法持有毒品行为。具有下列情形之一，并且犯罪嫌疑人、被告人不能做出合理解释的，可以认定其“应当知道”，但有证据证明确属被蒙骗的除外：

（一）执法人员在口岸、机场、车站、港口和其他检查站检查时，要求行为人申报为他人携带的箱包、物品和其他疑似毒品物，并告知其法律责任，而行为人未如实申报，在其所携带的物品内查获毒品的；

（二）以伪报、藏匿、伪装等蒙蔽手段逃避海关、边防等检查，在其携带、运输、邮寄的物品中查获毒品的；

（三）执法人员检查时，有逃跑、丢弃携带物品或逃避、抗拒检查等行为，在其携带或丢弃的物品中查获毒品的；

（四）体内藏匿毒品的；

（五）为获取不同寻常的高额或不等值的报酬而携带、运输毒品的；

（六）采用高度隐蔽的方式携带、运输毒品的；

（七）采用高度隐蔽的方式交接毒品，明显违背合法物品惯常交接方式的；

（八）其他有证据足以证明行为人应当知道的。

三、关于办理氯胺酮等毒品案件定罪量刑标准问题

（一）走私、贩卖、运输、制造、非法持有下列毒品，应当认定为刑法第三百四十七条第二款第（一）项、第三百四十八条规定的“其他毒品数量大”：

1. 二亚甲基双氧安非他明（MDMA）等苯丙胺类毒品（甲基苯丙胺除外）100克以上；

2. 氯胺酮、美沙酮1千克以上；

3. 三唑仑、安眠酮50千克以上；

4. 氯氮卓、艾司唑仑、地西泮、溴西泮500千克以上；

5. 上述毒品以外的其他毒品数量大的。

（二）走私、贩卖、运输、制造、非法持有下列毒品，应当认定为刑法第三百四十七条第三款、第三百四十八条规定的“其他毒品数量较大”：

1. 二亚甲基双氧安非他明（MDMA）等苯丙胺类毒品（甲基苯丙胺除外）20克以上不满100克的；

2. 氯胺酮、美沙酮200克以上不满1千克的；

3. 三唑仑、安眠酮10千克以上不满50千克的；

4. 氯氮卓、艾司唑仑、地西泮、溴西泮100千克以上不满500千克的；

5. 上述毒品以外的其他毒品数量较大的。

（三）走私、贩卖、运输、制造下列毒品，应当认定为刑法第三百四十七条第四款规定的“其他少量毒品”：

1. 二亚甲基双氧安非他明（MDMA）等苯丙胺类毒品（甲基苯丙胺除外）不满20克的；

2. 氯胺酮、美沙酮不满200克的；

3. 三唑仑、安眠酮不满10千克的；

4. 氯氮卓、艾司唑仑、地西泮、溴西泮不满100千克的；

5. 上述毒品以外的其他少量毒品的。

(四)上述毒品品种包括其盐和制剂。毒品鉴定结论中毒品品名的认定应当以国家食品药品监督管理局、公安部、卫生部最新发布的《麻醉药品品种目录》、《精神药品品种目录》为依据。

四、关于死刑案件的毒品含量鉴定问题

可能判处死刑的毒品犯罪案件,毒品鉴定结论中应有含量鉴定的结论。

全国部分法院审理毒品犯罪案件工作座谈会纪要(节选)

(法〔2008〕324号)

一、毒品案件的罪名确定和数量认定问题

刑法第三百四十七条规定的走私、贩卖、运输、制造毒品罪是选择性罪名,对同一宗毒品实施了两种以上犯罪行为并有相应确凿证据的,应当按照所实施的犯罪行为的性质并列确定罪名,毒品数量不重复计算,不实行数罪并罚。对同一宗毒品可能实施了两种以上犯罪行为,但相应证据只能认定其中一种或者几种行为,认定其他行为的证据不够确实充分的,则只按照依法能够认定的行为的性质定罪。如涉嫌为贩卖而运输毒品,认定贩卖的证据不够确实充分的,则只定运输毒品罪。对不同宗毒品分别实施了不同种犯罪行为的,应对不同行为并列确定罪名,累计毒品数量,不实行数罪并罚。对被告人一人走私、贩卖、运输、制造两种以上毒品的,不实行数罪并罚,量刑时可综合考虑毒品的种类、数量及危害,依法处理。

罪名不以行为实施的先后、毒品数量或者危害大小排列,一律以刑法条文规定的顺序表述。如对同一宗毒品制造后又走私的,以走私、制造毒品罪定罪。下级法院在判决中确定罪名不准确的,上级法院可以减少选择性罪名中的部分罪名或者改动罪名顺序,在不加重原判刑罚的情况下,也可以改变罪名,但不得增加罪名。

对于吸毒者实施的毒品犯罪,在认定犯罪事实和确定罪名时要慎重。吸毒者在购买、运输、存储毒品过程中被查获的,如没有证据证明其是为了实施贩卖等其他毒品犯罪行为,毒品数量未超过刑法第三百四十八条规定的最低数量标准的,一般不定罪处罚;查获毒品数量达到较大以上的,应以其实际实施的毒品犯罪行为定罪处罚。

对于以贩养吸的被告人,其被查获的毒品数量应认定为其犯罪的数量,但量刑时应考虑被告人吸食毒品的情节,酌情处理;被告人购买了一定数量的毒品后,部分已被其吸食的,应当按能够证明的贩卖数量及查获的毒品数量认定其贩毒的数量,已被吸食部分不计入在内。

有证据证明行为人不以牟利为目的,为他人代购仅用于吸食的毒品,毒品数量超过刑法第三百四十八条规定的最低数量标准的,对托购者、代购者应以非法持有毒品罪定罪。代购者从中牟利,变相加价贩卖毒品的,对代购者应以贩卖毒品罪定罪。明知他人实施毒品犯罪而为其居间介绍、代购代卖的,无论是否牟利,都应以相关毒品犯罪的共犯论处。

盗窃、抢夺、抢劫毒品的,应当分别以盗窃罪、抢夺罪或者抢劫罪定罪,但不计犯罪数额,根据情节轻重予以定罪量刑。盗窃、抢夺、抢劫毒品后又实施其他毒品犯罪的,对盗窃罪、抢夺罪、抢劫罪和所犯的具体毒品犯罪分别定罪,依法数罪并罚。走私毒品,又走私其他物品构成犯罪的,以走私毒品罪和其所犯的其他走私罪分别定罪,依法数罪并罚。

二、毒品犯罪的死刑适用问题

审理毒品犯罪案件,应当切实贯彻宽严相济的刑事政策,突出毒品犯罪的打击重点。必须依法严惩毒枭、职业毒犯、再犯、累犯、惯犯、主犯等主观恶性深、人身危险性大、危害严重的毒品犯罪分子,以及具有将毒品走私入境,多次、大量或者向多人贩卖,诱使多人吸毒,武装掩护、暴力抗拒检查、拘留或者逮捕,或者参与有组织的国际贩毒活动等情节的毒品犯罪分子。对其中罪行极其严重依法应当判处死刑的,必须坚决依法判处死刑。

毒品数量是毒品犯罪案件量刑的重要情节,但不是唯一情节。对被告人量刑时,特别是在考虑是否适用死刑时,应当综合考虑毒品数量、犯罪情节、危害后果、被告人的主观恶性、人身危险性以及当地禁毒形势等各种因素,做到区别对待。近期,审理毒品犯罪案件掌握的死刑数量标准,应当结合本地毒品犯罪的实际情况和依法惩治、预防毒品犯罪的需要,并参照最高人民法院复核的毒品死刑案件的典型案例,恰当把握。量刑既不能只片面考虑毒品数量,不考虑犯罪的其他情节,也不能只片面考虑其他情节,而忽视毒品数量。

对虽然已达到实际掌握的判处死刑的毒品数量标准,但是具有法定、酌定从宽处罚情节的被告人,可以不判处死刑;反之,对毒品数量接近实际掌握的判处死刑的数量标准,但具有从重处罚情节的被告人,也可以判处死刑。毒品数量达到实际掌握的死刑数量标准,既有从重处罚情节,又有从宽处罚情节的,应当综合考虑各方面因素决定刑罚,判处死刑立即执行应当慎重。

具有下列情形之一的,可以判处被告人死刑:(1)具有毒品犯罪集团首要分子、武装掩护毒品犯罪、暴力抗拒检查、拘留或者逮捕、参与有组织的国际贩毒活动等严重情节的;(2)毒品数量达到实际掌握的死刑数量标准,并具有毒品再犯、累犯,利用、教唆未成年人走私、贩卖、运输、制造毒品,或者向未成年人出售毒品等法定从重处罚情节的;(3)毒品数量达到实际掌握的死刑数量标准,并具有多次走私、贩卖、运输、制造毒品,向多人贩毒,在毒品犯罪中诱使、容留多人吸毒,在戒毒监管场所贩毒,国家工作人员利用职务便利实施毒品犯罪,或者职业犯、惯犯、主犯等情节的;(4)毒品数量达到实际掌握的死刑数量标准,并具有其他从重处罚情节的;(5)毒品数量超过实际掌握的死刑数量标准,且没有法定、酌定从轻处罚情节的。

毒品数量达到实际掌握的死刑数量标准,具有下列情形之一的,可以不判处被告人死刑立即执行:(1)具有自首、立功等法定从宽处罚情节的;(2)已查获的毒品数量未达到实际掌握的死刑数量标准,到案后坦白尚未被司法机关掌握的其他毒品犯罪,累计数量超过实际掌握的死刑数量标准的;(3)经鉴定毒品含量极低,掺假之后的数量才达到实际掌握的死刑数量标准的,或者有证据表明可能大量掺假但因故不能鉴定的;(4)因特情引诱毒品数量才达到实际掌握的死刑数量标准的;(5)以贩养吸的被告人,被查获的毒品数量刚达到实际掌握的死刑数量标准的;(6)毒品数量刚达到实际掌握的死刑数量标准,确属初次犯罪即被查获,未造成严重危害后果的;(7)共同犯罪毒品数量刚达到实际掌握的死刑数量标准,但各共同犯罪人作用相当,或者责任大小难以区分的;(8)家庭成员共同实施毒品犯罪,其中起主要作用的被告人已被判处死刑立即执行,其他被告人罪行相对较轻的;(9)其他不是必须判处死刑立即执行的。

有些毒品犯罪案件,往往由于毒品、毒资等证据已不存在,导致审查证据和认定事实困难。在处理这类案件时,只有被告人的口供与同案其他被告人供述吻合,并且完全排除诱供、逼供、串供等情形,被告人的口供与同案被告人的供述才可以作为定案的证据。仅有被告人口供与同案被告人供述作为定案证据的,对被告人判处死刑立即执行要特别慎重。

三、运输毒品罪的刑罚适用问题

对于运输毒品犯罪,要注意重点打击指使、雇佣他人运输毒品的犯罪分子和接应、接货的毒品所有者、买家或者卖家。对于运输毒品犯罪集团首要分子,组织、指使、雇佣他人运输毒品的主犯或者毒枭、职业毒犯、毒品再犯,以及具有武装掩护、暴力抗拒检查、拘留或者逮捕、参与有组织的国际毒品犯罪、以运输毒品为业、多次运输毒品或者其他严重情节的,应当按照刑法、有关司法解释和司法实践实际掌握的数量标准,从严惩处,依法应判处死刑的必须坚决判处死刑。

毒品犯罪中,单纯的运输毒品行为具有从属性、辅助性特点,且情况复杂多样。部分涉案人员系受指使、雇佣的贫民、边民或者无业人员,只是为了赚取少量运费而为他人运输毒品,他们不是毒品的所有者、买家或者卖家,与幕后的组织、指使、雇佣者相比,在整个毒品犯罪环节中处于从属、辅助和被支配地位,所起作用和主观恶性相对较小,社会危害性也相对较小。因此,对于运输毒品犯罪中的这部分人员,在量刑标准的把握上,应当与走私、贩卖、制造毒品和前述具有严重情节的运输毒品犯罪分子有所区别,不应单纯以涉案毒品数量的大小决定刑罚适用的轻重。

对有证据证明被告人确属受人指使、雇佣参与运输毒品犯罪,又系初犯、偶犯的,可以从轻处罚,即使毒品数量超过实际掌握的死刑数量标准,也可以不判处死刑立即执行。

毒品数量超过实际掌握的死刑数量标准，不能证明被告人系受人指使、雇佣参与运输毒品犯罪的，可以依法判处重刑直至死刑。

涉嫌为贩卖而自行运输毒品，由于认定贩卖毒品的证据不足，因而认定为运输毒品罪的，不同于单纯的受指使为他人运输毒品行为，其量刑标准应当与单纯的运输毒品行为有所区别。

四、制造毒品的认定与处罚问题

鉴于毒品犯罪分子制造毒品的手段复杂多样、不断翻新，采用物理方法加工、配制毒品的情况大量出现，有必要进一步准确界定制造毒品的行为、方法。制造毒品不仅包括非法用毒品原植物直接提炼和用化学方法加工、配制毒品的行为，也包括以改变毒品成分和效用为目的，用混合等物理方法加工、配制毒品的行为，如将甲基苯丙胺或者其他苯丙胺类毒品与其他毒品混合成麻古或者摇头丸。为便于隐蔽运输、销售、使用、欺骗购买者，或者为了增重，对毒品掺杂使假，添加或者去除其他非毒品物质，不属于制造毒品的行为。

已经制成毒品，达到实际掌握的死刑数量标准的，可以判处死刑；数量特别巨大的，应当判处死刑。已经制造出粗制毒品或者半成品的，以制造毒品罪的既遂论处。购进制造毒品的设备和原材料，开始着手制造毒品，但尚未制造出粗制毒品或者半成品的，以制造毒品罪的未遂论处。

五、毒品含量鉴定和混合型、新类型毒品案件处理问题

鉴于大量掺假毒品和成分复杂的新类型毒品不断出现，为做到罪刑相当、罚当其罪，保证毒品案件的审判质量，并考虑目前毒品鉴定的条件和现状，对可能判处被告人死刑的毒品犯罪案件，应当根据最高人民法院、最高人民检察院、公安部2007年12月颁布的《办理毒品犯罪案件适用法律若干问题的意见》，作出毒品含量鉴定；对涉案毒品可能大量掺假或者系成分复杂的新类型毒品的，亦应当作出毒品含量鉴定。

对于含有二种以上毒品成分的毒品混合物，应进一步作成分鉴定，确定所含的不同毒品成分及比例。对于毒品中含有海洛因、甲基苯丙胺的，应以海洛因、甲基苯丙胺分别确定其毒品种类；不含海洛因、甲基苯丙胺的，应以其中毒性较大的毒品成分确定其毒品种类；如果毒性相当或者难以确定毒性大小的，以其中比例较大的毒品成分确定其毒品种类，并在量刑时综合考虑其他毒品成分、含量和全案所涉毒品数量。对于刑法、司法解释等已规定了量刑数量标准的毒品，按照刑法、司法解释等规定适用刑罚；对于刑法、司法解释等没有规定量刑数量标准的毒品，有条件折算为海洛因的，参照国家食品药品监督管理局制定的《非法药物折算表》，折算成海洛因的数量后适用刑罚。

对于国家管制的精神药品和麻醉药品，刑法、司法解释等尚未明确规定量刑数量标准，也不具备折算条件的，应由有关专业部门确定涉案毒品毒效的大小、有毒成分的多少、吸毒者对该毒品的依赖程度，综合考虑其致瘾癖性、戒断性、社会危害性等依法量刑。因条件限制不能确定的，可以参考涉案毒品非法交易的价格因素等，决定对被告人适用的刑罚，但一般不宜判处死刑立即执行。

六、特情介入案件的处理问题

运用特情侦破毒品案件，是依法打击毒品犯罪的有效手段。对特情介入侦破的毒品案件，要区别不同情形予以分别处理。

对已持有毒品待售或者有证据证明已准备实施大宗毒品犯罪者，采取特情贴靠、接洽而破获的案件，不存在犯罪引诱，应当依法处理。

行为人本没有实施毒品犯罪的主观意图，而是在特情诱惑和促成下形成犯意，进而实施毒品犯罪的，属于"犯意引诱"。对因"犯意引诱"实施毒品犯罪的被告人，根据罪刑相适应原则，应当依法从轻处罚，无论涉案毒品数量多大，都不应判处死刑立即执行。行为人在特情既为其安排上线，又提供下线的双重引诱，即"双套引诱"下实施毒品犯罪的，处刑时可予以更大幅度的从宽处罚或者依法免予刑事处罚。

行为人本来只有实施数量较小的毒品犯罪的故意，在特情引诱下实施了数量较大甚至达到实际掌握的死刑数量标准的毒品犯罪的，属于"数量引诱"。对因"数量引诱"实施毒品犯罪的被告人，应当依法从轻处罚，即使毒品数量超过实际掌握的死刑数量标准，一般也不判处死刑立即执行。

对不能排除"犯意引诱"和"数量引诱"的案件，在考虑是否对被告人判处死刑立即执行时，要留有余地。

对被告人受特情间接引诱实施毒品犯罪的，参照上述原则依法处理。

……

九、毒品案件的共同犯罪问题

毒品犯罪中，部分共同犯罪人未到案，如现有证据能够认定已到案被告人为共同犯罪，或者能够认定为主犯或者从犯的，应当依法认定。没有实施毒品犯罪的共同故意，仅在客观上为相互关联的毒品犯罪上下家，不构成共同犯罪，但为了诉讼便利可并案审理。审理毒品共同犯罪案件应当注意以下几个方面的问题：

一是要正确区分主犯和从犯。区分主犯和从犯，应当以各共同犯罪人在毒品共同犯罪中的地位和作用为根据。要从犯意提起、具体行为分工、出资和实际分得毒赃多少以及共犯之间相互关系等方面，比较各个共同犯罪人在共同犯罪中的地位和作用。在毒品共同犯罪中，为主出资者、毒品所有者或者起意、策划、纠集、组织、雇佣、指使他人参与犯罪以及其他起主要作用的是主犯；起次要或者辅助作用的是从犯。受雇佣、受指使实施毒品犯罪的，应根据其在犯罪中实际发挥的作用具体认定为主犯或者从犯。对于确有证据证明在共同犯罪中起次要或者辅助作用的，不能因为其他共同犯罪人未到案而不认定为从犯，甚至将其认定为主犯或者按主犯处罚。只要认定为从犯，无论主犯是否到案，均应依照刑法关于从犯的规定从轻、减轻或者免除处罚。

二是要正确认定共同犯罪案件中主犯和从犯的毒品犯罪数量。对于毒品犯罪集团的首要分子，应按集团毒品犯罪的总数量处罚；对一般共同犯罪的主犯，应按其所参与的或者组织、指挥的毒品犯罪数量处罚；对于从犯，应当按照其所参与的毒品犯罪的数量处罚。

三是要根据行为人在共同犯罪中的作用和罪责大小确定刑罚。不同案件不能简单类比，一个案件的从犯参与犯罪的毒品数量可能比另一案件的主犯参与犯罪的毒品数量大，但对这一案件从犯的处罚不是必然重于另一案件的主犯。共同犯罪中能分清主从犯的，不能因为涉案的毒品数量特别巨大，就不分主从犯而一律将被告人认定为主犯或者实际上都按主犯处罚，一律判处重刑甚至死刑。对于共同犯罪中有多个主犯或者共同犯罪人的，处罚上也应做到区别对待。应当全面考察各主犯或者共同犯罪人在共同犯罪中实际发挥作用的差别，主观恶性和人身危险性方面的差异，对罪责或者人身危险性更大的主犯或者共同犯罪人依法判处更重的刑罚。

十、主观明知的认定问题

毒品犯罪中，判断被告人对涉案毒品是否明知，不能仅凭被告人供述，而应当依据被告人实施毒品犯罪行为的过程、方式、毒品被查获时的情形等证据，结合被告人的年龄、阅历、智力等情况，进行综合分析判断。

具有下列情形之一，被告人不能做出合理解释的，可以认定其“明知”是毒品，但有证据证明确属被蒙骗的除外：(1)执法人员在口岸、机场、车站、港口和其他检查站点检查时，要求行为人申报为他人携带的物品和其他疑似毒品物，并告知其法律责任，而行为人未如实申报，在其携带的物品中查获毒品的；(2)以伪报、藏匿、伪装等蒙蔽手段，逃避海关、边防等检查，在其携带、运输、邮寄的物品中查获毒品的；(3)执法人员检查时，有逃跑、丢弃携带物品或者逃避、抗拒检查等行为，在其携带或者丢弃的物品中查获毒品的；(4)体内或者贴身隐秘处藏匿毒品的；(5)为获取不同寻常的高额、不等值报酬为他人携带、运输物品，从中查获毒品的；(6)采用高度隐蔽的方式携带、运输物品，从中查获毒品的；(7)采用高度隐蔽的方式交接物品，明显违背合法物品惯常交接方式，从中查获毒品的；(8)行程路线故意绕开检查站点，在其携带、运输的物品中查获毒品的；(9)以虚假身份或者地址办理托运手续，在其托运的物品中查获毒品的；(10)有其他证据足以认定行为人应当知道的。

十一、毒品案件的管辖问题

毒品犯罪的地域管辖，应当依照刑事诉讼法的有关规定，实行以犯罪地管辖为主、被告人居住地管辖为辅的原则。考虑到毒品犯罪的特殊性和毒品犯罪侦查体制，“犯罪地”不仅可以包括犯罪预谋地、毒资筹集地、交易进行地、运输途经地以及毒品生产地，也包括毒资、毒赃和毒品藏匿地、转移地、走私或者贩运毒品目的地等。“被告人居住地”，不仅包括被告人常住地和户籍所在地，也包括其临时居住地。

对于已进入审判程序的案件,被告人及其辩护人提出管辖异议,经审查异议成立的,或者受案法院发现没有管辖权,而案件由本院管辖更适宜的,受案法院应当报请与有管辖权的法院共同的上级法院依法指定本院管辖。

十二、特定人员参与毒品犯罪问题

近年来,一些毒品犯罪分子为了逃避打击,雇佣孕妇、哺乳期妇女、急性传染病人、残疾人或者未成年人等特定人员进行毒品犯罪活动,成为影响我国禁毒工作成效的突出问题。对利用、教唆特定人员进行毒品犯罪活动的组织、策划、指挥和教唆者,要依法严厉打击,该判处重刑直至死刑的,坚决依法判处重刑直至死刑。对于被利用、被诱骗参与毒品犯罪的特定人员,可以从宽处理。要积极与检察机关、公安机关沟通协调,妥善解决涉及特定人员的案件管辖、强制措施、刑罚执行等问题。对因特殊情况依法不予羁押的,可以依法采取取保候审、监视居住等强制措施,并根据被告人具体情况和案情变化及时变更强制措施;对于被判处有期徒刑或者拘役的罪犯,符合刑事诉讼法第二百一十四条规定情形的,可以暂予监外执行。

最高人民法院　最高人民检察院　公安部
关于办理制毒物品犯罪案件适用法律若干问题的意见(节选)

(公通字〔2009〕33号)

一、关于制毒物品犯罪的认定

(一)本意见中的"制毒物品",是指刑法第三百五十条第一款规定的醋酸酐、乙醚、三氯甲烷或者其他用于制造毒品的原料或者配剂,具体品种范围按照国家关于易制毒化学品管理的规定确定。

(二)违反国家规定,实施下列行为之一的,认定为刑法第三百五十条规定的非法买卖制毒物品行为:

1. 未经许可或者备案,擅自购买、销售易制毒化学品的;

2. 超出许可证明或者备案证明的品种、数量范围购买、销售易制毒化学品的;

3. 使用他人的或者伪造、变造、失效的许可证明或者备案证明购买、销售易制毒化学品的;

4. 经营单位违反规定,向无购买许可证明、备案证明的单位、个人销售易制毒化学品的,或者明知购买者使用他人的或者伪造、变造、失效的购买许可证明、备案证明,向其销售易制毒化学品的;

5. 以其他方式非法买卖易制毒化学品的。

(三)易制毒化学品生产、经营、使用单位或者个人未办理许可证明或者备案证明,购买、销售易制毒化学品,如果有证据证明确实用于合法生产、生活需要,依法能够办理只是未及时办理许可证明或者备案证明,且未造成严重社会危害的,可不以非法买卖制毒物品罪论处。

(四)为了制造毒品或者走私、非法买卖制毒物品犯罪而采用生产、加工、提炼等方法非法制造易制毒化学品的,根据刑法第二十二条的规定,按照其制造易制毒化学品的不同目的,分别以制造毒品、走私制毒物品、非法买卖制毒物品的预备行为论处。

(五)明知他人实施走私或者非法买卖制毒物品犯罪,而为其运输、储存、代理进出口或者以其他方式提供便利的,以走私或者非法买卖制毒物品罪的共犯论处。

(六)走私、非法买卖制毒物品行为同时构成其他犯罪的,依照处罚较重的规定定罪处罚。

二、关于制毒物品犯罪嫌疑人、被告人主观明知的认定

对于走私或者非法买卖制毒物品行为,有下列情形之一,且查获了易制毒化学品,结合犯罪嫌疑人、被告人的供述和其他证据,经综合审查判断,可以认定其"明知"是制毒物品而走私或者非法买卖,但有证据证明确属被蒙骗的除外:

1. 改变产品形状、包装或者使用虚假标签、商标等产品标志的;

2. 以藏匿、夹带或者其他隐蔽方式运输、携带易制毒化学品逃避检查的;

3. 抗拒检查或者在检查时丢弃货物逃跑的;

4. 以伪报、藏匿、伪装等蒙蔽手段逃避海关、边防等检查的;

5. 选择不设海关或者边防检查站的路段绕行出入境的；

6. 以虚假身份、地址办理托运、邮寄手续的；

7. 以其他方法隐瞒真相，逃避对易制毒化学品依法监管的。

三、关于制毒物品犯罪定罪量刑的数量标准

（一）违反国家规定，非法运输、携带制毒物品进出境或者在境内非法买卖制毒物品达到下列数量标准的，依照刑法第三百五十条第一款的规定，处三年以下有期徒刑、拘役或者管制，并处罚金：

1. 1－苯基－2－丙酮五千克以上不满五十千克；

2. 3,4－亚甲基二氧苯基－2－丙酮、去甲麻黄素（去甲麻黄碱）、甲基麻黄素（甲基麻黄碱）、羟亚胺及其盐类十千克以上不满一百千克；

3. 胡椒醛、黄樟素、黄樟油、异黄樟素、麦角酸、麦角胺、麦角新碱、苯乙酸二十千克以上不满二百千克；

4. N－乙酰邻氨基苯酸、邻氨基苯甲酸、哌啶一百五十千克以上不满一千五百千克；

5. 甲苯、丙酮、甲基乙基酮、高锰酸钾、硫酸、盐酸四百千克以上不满四千千克；

6. 其他用于制造毒品的原料或者配剂相当数量的。

（二）违反国家规定，非法买卖或者走私制毒物品，达到或者超过前款所列最高数量标准的，认定为刑法第三百五十条第一款规定的“数量大的”，处三年以上十年以下有期徒刑，并处罚金。

最高人民检察院　公安部
关于公安机关管辖的刑事案件立案追诉标准的规定（三）（节选）

（公通字〔2012〕26号）

第一条　【走私、贩卖、运输、制造毒品案（刑法第三百四十七条）】走私、贩卖、运输、制造毒品，无论数量多少，都应予立案追诉。

本条规定的“走私”是指明知是毒品而非法将其运输、携带、寄递进出国（边）境的行为。直接向走私人非法收购走私进口的毒品，或者在内海、领海、界河、界湖运输、收购、贩卖毒品的，以走私毒品罪立案追诉。

本条规定的“贩卖”是指明知是毒品而非法销售或者以贩卖为目的而非法收买的行为。

有证据证明行为人以牟利为目的，为他人代购仅用于吸食、注射的毒品，对代购者以贩卖毒品罪立案追诉。不以牟利为目的，为他人代购仅用于吸食、注射的毒品，毒品数量达到本规定第二条规定的数量标准的，对托购者和代购者以非法持有毒品罪立案追诉。明知他人实施毒品犯罪而为其居间介绍、代购代卖的，无论是否牟利，都应以相关毒品犯罪的共犯立案追诉。

本条规定的“运输”是指明知是毒品而采用携带、寄递、托运、利用他人或者使用交通工具等方法非法运送毒品的行为。

本条规定的“制造”是指非法利用毒品原植物直接提炼或者用化学方法加工、配制毒品，或者以改变毒品成分和效用为目的，用混合等物理方法加工、配制毒品的行为。为了便于隐蔽运输、销售、使用、欺骗购买者，或者为了增重，对毒品掺杂使假，添加或者去除其他非毒品物质，不属于制造毒品的行为。

为了制造毒品而采用生产、加工、提炼等方法非法制造易制毒化学品的，以制造毒品罪（预备）立案追诉。购进制造毒品的设备和原材料，开始着手制造毒品，尚未制造出毒品或者半成品的，以制造毒品罪（未遂）立案追诉。明知他人制造毒品而为其生产、加工、提炼、提供醋酸酐、乙醚、三氯甲烷等制毒物品的，以制造毒品罪的共犯立案追诉。

走私、贩卖、运输毒品主观故意中的“明知”，是指行为人知道或者应当知道所实施的是走私、贩卖、运输毒品行为。具有下列情形之一，结合行为人的供述和其他证据综合审查判断，可以认定其“应当知道”，但有证据证明确属被蒙骗的除外：

（一）执法人员在口岸、机场、车站、港口、邮局和其他检查站点检查时，要求行为人申报携带、运输、寄递的物品和其他疑似毒品物，并告知其法律责任，而行为人未如实申报，在其携带、运输、寄递的物品中查获毒品的；

（二）以伪报、藏匿、伪装等蒙蔽手段逃避海关、边防等检查，在其携带、运输、寄递的物品中查获毒品的；

（三）执法人员检查时，有逃跑、丢弃携带物品或者逃避、抗拒检查等行为，在其携带、藏匿或者丢弃的物品中查获毒品的；

（四）体内或者贴身隐秘处藏匿毒品的；

（五）为获取不同寻常的高额或者不等值的报酬为他人携带、运输、寄递、收取物品，从中查获毒品的；

（六）采用高度隐蔽的方式携带、运输物品，从中查获毒品的；

（七）采用高度隐蔽的方式交接物品，明显违背合法物品惯常交接方式，从中查获毒品的；

（八）行程路线故意绕开检查站点，在其携带、运输的物品中查获毒品的；

（九）以虚假身份、地址或者其他虚假方式办理托运、寄递手续，在托运、寄递的物品中查获毒品的；

（十）有其他证据足以证明行为人应当知道的。

制造毒品主观故意中的"明知"，是指行为人知道或者应当知道所实施的是制造毒品行为。有下列情形之一，结合行为人的供述和其他证据综合审查判断，可以认定其"应当知道"，但有证据证明确属被蒙骗的除外：

（一）购置了专门用于制造毒品的设备、工具、制毒物品或者配制方案的；

（二）为获取不同寻常的高额或者不等值的报酬为他人制造物品，经检验是毒品的；

（三）在偏远、隐蔽场所制造，或者采取对制造设备进行伪装等方式制造物品，经检验是毒品的；

（四）制造人员在执法人员检查时，有逃跑、抗拒检查等行为，在现场查获制造出的物品，经检验是毒品的；

（五）有其他证据足以证明行为人应当知道的。

走私、贩卖、运输、制造毒品罪是选择性罪名，对同一宗毒品实施了两种以上犯罪行为，并有相应确凿证据的，应当按照所实施的犯罪行为的性质并列适用罪名，毒品数量不重复计算。对同一宗毒品可能实施了两种以上犯罪行为，但相应证据只能认定其中一种或者几种行为，认定其他行为的证据不够确实充分的，只按照依法能够认定的行为的性质适用罪名。对不同宗毒品分别实施了不同种犯罪行为的，应对不同行为并列适用罪名，累计计算毒品数量。

最高人民法院　最高人民检察院
关于办理走私刑事案件适用法律若干问题的解释（节选）

（法释〔2014〕10号）

详见《刑法》第151条走私武器、弹药罪的相关规定

第二十条　直接向走私人非法收购走私进口的货物、物品，在内海、领海、界河、界湖运输、收购、贩卖国家禁止进出口的物品，或者没有合法证明，在内海、领海、界河、界湖运输、收购、贩卖国家限制进出口的货物、物品，构成犯罪的，应当按照走私货物、物品的种类，分别依照刑法第一百五十一条、第一百五十二条、第一百五十三条、第三百四十七条、第三百五十条的规定定罪处罚。

刑法第一百五十五条第二项规定的"内海"，包括内河的入海口水域。

全国法院毒品犯罪审判工作座谈会纪要(节选)

(法〔2015〕129号)

最高人民法院于2014年12月11日至12日在湖北省武汉市召开了全国法院毒品犯罪审判工作座谈会。……现纪要如下:

一、关于进一步加强人民法院禁毒工作的总体要求

……

二、关于毒品犯罪法律适用的若干具体问题

(一)罪名认定问题

贩毒人员被抓获后,对于从其住所、车辆等处查获的毒品,一般均应认定为其贩卖的毒品。确有证据证明查获的毒品并非贩毒人员用于贩卖,其行为另构成非法持有毒品罪、窝藏毒品罪等其他犯罪的,依法定罪处罚。

吸毒者在购买、存储毒品过程中被查获,没有证据证明其是为了实施贩卖毒品等其他犯罪,毒品数量达到刑法第三百四十八条规定的最低数量标准的,以非法持有毒品罪定罪处罚。吸毒者在运输毒品过程中被查获,没有证据证明其是为了实施贩卖毒品等其他犯罪,毒品数量达到较大以上的,以运输毒品罪定罪处罚。

行为人为吸毒者代购毒品,在运输过程中被查获,没有证据证明托购者、代购者是为了实施贩卖毒品等其他犯罪,毒品数量达到较大以上的,对托购者、代购者以运输毒品罪的共犯论处。行为人为他人代购仅用于吸食的毒品,在交通、食宿等必要开销之外收取"介绍费""劳务费",或者以贩卖为目的收取部分毒品作为酬劳的,应视为从中牟利,属于变相加价贩卖毒品,以贩卖毒品罪定罪处罚。

购毒者接收贩毒者通过物流寄递方式交付的毒品,没有证据证明其是为了实施贩卖毒品等其他犯罪,毒品数量达到刑法第三百四十八条规定的最低数量标准的,一般以非法持有毒品罪定罪处罚。代收者明知是物流寄递的毒品而代购毒者接收,没有证据证明其与购毒者有实施贩卖、运输毒品等犯罪的共同故意,毒品数量达到刑法第三百四十八条规定的最低数量标准的,对代收者以非法持有毒品罪定罪处罚。

行为人利用信息网络贩卖毒品、在境内非法买卖用于制造毒品的原料或者配剂、传授制造毒品等犯罪的方法,构成贩卖毒品罪、非法买卖制毒物品罪、传授犯罪方法罪等犯罪的,依法定罪处罚。行为人开设网站、利用网络聊天室等组织他人共同吸毒,构成引诱、教唆、欺骗他人吸毒罪等犯罪的,依法定罪处罚。

(二)共同犯罪认定问题

办理贩卖毒品案件,应当准确认定居间介绍买卖毒品行为,并与居中倒卖毒品行为相区别。居间介绍者在毒品交易中处于中间人地位,发挥介绍联络作用,通常与交易一方构成共同犯罪,但不以牟利为要件;居中倒卖者属于毒品交易主体,与前后环节的交易对象是上下家关系,直接参与毒品交易并从中获利。居间介绍者受贩毒者委托,为其介绍联络购毒者的,与贩毒者构成贩卖毒品罪的共同犯罪;明知购毒者以贩卖为目的购买毒品,受委托为其介绍联络贩毒者的,与购毒者构成贩卖毒品罪的共同犯罪;受以吸食为目的的购毒者委托,为其介绍联络贩毒者,毒品数量达到刑法第三百四十八条规定的最低数量标准的,一般与购毒者构成非法持有毒品罪的共同犯罪;同时与贩毒者、购毒者共谋,联络促成双方交易的,通常认定与贩毒者构成贩卖毒品罪的共同犯罪。居间介绍者实施为毒品交易主体提供交易信息、介绍交易对象等帮助行为,对促成交易起次要、辅助作用的,应当认定为从犯;对于以居间介绍者的身份介入毒品交易,但在交易中超出居间介绍者的地位,对交易的发起和达成起重要作用的被告人,可以认定为主犯。

两人以上同行运输毒品的,应当从是否明知他人带有毒品,有无共同运输毒品的意思联络,有无实施配合、掩护他人运输毒品的行为等方面综合审查认定是否构成共同犯罪。受雇于同一雇主同行运输毒品,但受雇者之间没有共同犯罪故意,或者虽然明知他人受雇运输毒品,但各自的运输行为相对独立,既没有实施配合、掩护他人运输毒品的行为,又分别按照各自运输的毒品数量领取报酬的,不应认定为共同犯罪。受雇于

同一雇主分段运输同一宗毒品，但受雇者之间没有犯罪共谋的，也不应认定为共同犯罪。雇用他人运输毒品的雇主，及其他对受雇者起到一定组织、指挥作用的人员，与各受雇者分别构成运输毒品罪的共同犯罪，对运输的全部毒品数量承担刑事责任。

（三）毒品数量认定问题

走私、贩卖、运输、制造、非法持有两种以上毒品的，可以将不同种类的毒品分别折算为海洛因的数量，以折算后累加的毒品总量作为量刑的根据。对于刑法、司法解释或者其他规范性文件明确规定了定罪量刑数量标准的毒品，应当按照该毒品与海洛因定罪量刑数量标准的比例进行折算后累加。对于刑法、司法解释及其他规范性文件没有规定定罪量刑数量标准，但《非法药物折算表》规定了与海洛因的折算比例的毒品，可以按照《非法药物折算表》折算为海洛因后进行累加。对于既未规定定罪量刑数量标准，又不具备折算条件的毒品，综合考虑其致瘾癖性、社会危害性、数量、纯度等因素依法量刑。在裁判文书中，应当客观表述涉案毒品的种类和数量，并综合认定为数量大、数量较大或者少量毒品等，不明确表述将不同种类毒品进行折算后累加的毒品总量。

对于未查获实物的甲基苯丙胺片剂（俗称"麻古"等）、MDMA片剂（俗称"摇头丸"）等混合型毒品，可以根据在案证据证明的毒品粒数，参考本案或者本地区查获的同类毒品的平均重量计算出毒品数量。在裁判文书中，应当客观表述根据在案证据认定的毒品粒数。

对于有吸毒情节的贩毒人员，一般应当按照其购买的毒品数量认定其贩卖毒品的数量，量刑时酌情考虑其吸食毒品的情节；购买的毒品数量无法查明的，按照能够证明的贩卖数量及查获的毒品数量认定其贩毒数量；确有证据证明其购买的部分毒品并非用于贩卖的，不应计入其贩毒数量。

办理毒品犯罪案件，无论毒品纯度高低，一般均应将查证属实的毒品数量认定为毒品犯罪的数量，并据此确定适用的法定刑幅度，但司法解释另有规定或者为了隐蔽运输而临时改变毒品常规形态的除外。涉案毒品纯度明显低于同类毒品的正常纯度的，量刑时可以酌情考虑。

制造毒品案件中，毒品成品、半成品的数量应当全部认定为制造毒品的数量，对于无法再加工出成品、半成品的废液、废料则不应计入制造毒品的数量。对于废液、废料的认定，可以根据其毒品成分的含量、外观形态，结合被告人对制毒过程的供述等证据进行分析判断，必要时可以听取鉴定机构的意见。

（四）死刑适用问题

当前，我国毒品犯罪形势严峻，审判工作中应当继续坚持依法从严惩处毒品犯罪的指导思想，充分发挥死刑对于预防和惩治毒品犯罪的重要作用。要继续按照《大连会议纪要》的要求，突出打击重点，对罪行极其严重、依法应当判处死刑的被告人，坚决依法判处。同时，应当全面、准确贯彻宽严相济刑事政策，体现区别对待，做到罚当其罪，量刑时综合考虑毒品数量、犯罪性质、情节、危害后果、被告人的主观恶性、人身危险性及当地的禁毒形势等因素，严格审慎地决定死刑适用，确保死刑只适用于极少数罪行极其严重的犯罪分子。

1. 运输毒品犯罪的死刑适用

对于运输毒品犯罪，应当继续按照《大连会议纪要》的有关精神，重点打击运输毒品犯罪集团首要分子，组织、指使、雇用他人运输毒品的主犯或者毒枭、职业毒犯、毒品再犯，以及具有武装掩护运输毒品、以运输毒品为业、多次运输毒品等严重情节的被告人，对其中依法应当判处死刑的，坚决依法判处。

对于受人指使、雇用参与运输毒品的被告人，应当综合考虑毒品数量、犯罪次数、犯罪的主动性和独立性、在共同犯罪中的地位作用、获利程度和方式及其主观恶性、人身危险性等因素，予以区别对待，慎重适用死刑。对于有证据证明确属受人指使、雇用运输毒品，又系初犯、偶犯的被告人，即使毒品数量超过实际掌握的死刑数量标准，也可以不判处死刑；尤其对于其中被动参与犯罪，从属性、辅助性较强，获利程度较低的被告人，一般不应当判处死刑。对于不能排除受人指使、雇用初次运输毒品的被告人，毒品数量超过实际掌握的死刑数量标准，但尚不属数量巨大的，一般也可以不判处死刑。

一案中有多人受雇运输毒品的，在决定死刑适用时，除各被告人运输毒品的数量外，还应结合其具体犯罪情节、参与犯罪程度、与雇用者关系的紧密性及其主观恶性、人身危险性等因素综合考虑，同时判处二人以上死刑要特别慎重。

2. 毒品共同犯罪、上下家犯罪的死刑适用

毒品共同犯罪案件的死刑适用应当与该案的毒品数量、社会危害及被告人的犯罪情节、主观恶性、人身危险性相适应。涉案毒品数量刚超过实际掌握的死刑数量标准，依法应当适用死刑的，要尽量区分主犯间的罪责大小，一般只对其中罪责最大的一名主犯判处死刑；各共同犯罪人地位作用相当，或者罪责大小难以区分的，可以不判处被告人死刑；二名主犯的罪责均很突出，且均具有法定从重处罚情节的，也要尽可能比较其主观恶性、人身危险性方面的差异，判处二人死刑要特别慎重。涉案毒品数量达到巨大以上，二名以上主犯的罪责均很突出，或者罪责稍次的主犯具有法定、重大酌定从重处罚情节，判处二人以上死刑符合罪刑相适应原则，并有利于全案量刑平衡的，可以依法判处。

对于部分共同犯罪人未到案的案件，在案被告人与未到案共同犯罪人均属罪行极其严重，即使共同犯罪人到案也不影响对在案被告人适用死刑的，可以依法判处在案被告人死刑；在案被告人的罪行不足以判处死刑，或者共同犯罪人归案后全案只宜判处其一人死刑的，不能因为共同犯罪人未到案而对在案被告人适用死刑；在案被告人与未到案共同犯罪人的罪责大小难以准确认定，进而影响准确适用死刑的，不应对在案被告人判处死刑。

对于贩卖毒品案件中的上下家，要结合其贩毒数量、次数及对象范围，犯罪的主动性，对促成交易所发挥的作用，犯罪行为的危害后果等因素，综合考虑其主观恶性和人身危险性，慎重、稳妥地决定死刑适用。对于买卖同宗毒品的上下家，涉案毒品数量刚超过实际掌握的死刑数量标准的，一般不能同时判处死刑；上家主动联络销售毒品，积极促成毒品交易的，通常可以判处上家死刑；下家积极筹资，主动向上家约购毒品，对促成毒品交易起更大作用的，可以考虑判处下家死刑。涉案毒品数量达到巨大以上的，也要综合上述因素决定死刑适用，同时判处上下家死刑符合罪刑相适应原则，并有利于全案量刑平衡的，可以依法判处。

一案中有多名共同犯罪人、上下家针对同宗毒品实施犯罪的，可以综合运用上述毒品共同犯罪、上下家犯罪的死刑适用原则予以处理。

办理毒品犯罪案件，应当尽量将共同犯罪案件或者密切关联的上下游案件进行并案审理；因客观原因造成分案处理的，办案时应当及时了解关联案件的审理进展和处理结果，注重量刑平衡。

3. 新类型、混合型毒品犯罪的死刑适用

甲基苯丙胺片剂（俗称“麻古”等）是以甲基苯丙胺为主要毒品成分的混合型毒品，其甲基苯丙胺含量相对较低，危害性亦有所不同。为体现罚当其罪，甲基苯丙胺片剂的死刑数量标准一般可以按照甲基苯丙胺（冰毒）的2倍左右掌握，具体可以根据当地的毒品犯罪形势和涉案毒品含量等因素确定。

涉案毒品为氯胺酮（俗称“K粉”）的，结合毒品数量、犯罪性质、情节及危害后果等因素，对符合死刑适用条件的被告人可以依法判处死刑。综合考虑氯胺酮的致瘾癖性、滥用范围和危害性等因素，其死刑数量标准一般可以按照海洛因的10倍掌握。

涉案毒品为其他滥用范围和危害性相对较小的新类型、混合型毒品的，一般不宜判处被告人死刑。但对于司法解释、规范性文件明确规定了定罪量刑数量标准，且涉案毒品数量特别巨大，社会危害大，不判处死刑难以体现罚当其罪的，必要时可以判处被告人死刑。

（五）缓刑、财产刑适用及减刑、假释问题

对于毒品犯罪应当从严掌握缓刑适用条件。对于毒品再犯，一般不得适用缓刑。对于不能排除多次贩毒嫌疑的零包贩毒被告人，因认定构成贩卖毒品等犯罪的证据不足而认定为非法持有毒品罪的被告人，实施引诱、教唆、欺骗、强迫他人吸毒犯罪及制毒物品犯罪的被告人，应当严格限制缓刑适用。

办理毒品犯罪案件，应当依法追缴犯罪分子的违法所得，充分发挥财产刑的作用，切实加大对犯罪分子的经济制裁力度。对查封、扣押、冻结的涉案财物及其孳息，经查确属违法所得或者依法应当追缴的其他涉案财物的，如购毒款、供犯罪所用的本人财物、毒品犯罪所得的财物及其收益等，应当判决没收，但法律另有

规定的除外。判处罚金刑时，应当结合毒品犯罪的性质、情节、危害后果及被告人的获利情况、经济状况等因素合理确定罚金数额。对于决定并处没收财产的毒品犯罪，判处被告人有期徒刑的，应当按照上述确定罚金数额的原则确定没收个人部分财产的数额；判处无期徒刑的，可以并处没收个人全部财产；判处死缓或者死刑的，应当并处没收个人全部财产。

对于具有毒枭、职业毒犯、累犯、毒品再犯等情节的毒品罪犯，应当从严掌握减刑条件，适当延长减刑起始时间、间隔时间，严格控制减刑幅度，延长实际执行刑期。对于刑法未禁止假释的前述毒品罪犯，应当严格掌握假释条件。

（六）累犯、毒品再犯问题

累犯、毒品再犯是法定从重处罚情节，即使本次毒品犯罪情节较轻，也要体现从严惩处的精神。尤其对于曾因实施严重暴力犯罪被判刑的累犯、刑满释放后短期内又实施毒品犯罪的再犯，以及在缓刑、假释、暂予监外执行期间又实施毒品犯罪的再犯，应当严格体现从重处罚。

对于因同一毒品犯罪前科同时构成累犯和毒品再犯的被告人，在裁判文书中应当同时引用刑法关于累犯和毒品再犯的条款，但在量刑时不得重复予以从重处罚。对于因不同犯罪前科同时构成累犯和毒品再犯的被告人，量刑时的从重处罚幅度一般应大于前述情形。

（七）非法贩卖麻醉药品、精神药品行为的定性问题

行为人向走私、贩卖毒品的犯罪分子或者吸食、注射毒品的人员贩卖国家规定管制的能够使人形成瘾癖的麻醉药品或者精神药品的，以贩卖毒品罪定罪处罚。

行为人出于医疗目的，违反有关药品管理的国家规定，非法贩卖上述麻醉药品或者精神药品，扰乱市场秩序，情节严重的，以非法经营罪定罪处罚。

最高人民法院
关于审理毒品犯罪案件适用法律若干问题的解释（节选）

（法释〔2016〕8号）

第一条　走私、贩卖、运输、制造、非法持有下列毒品，应当认定为刑法第三百四十七条第二款第一项、第三百四十八条规定的“其他毒品数量大”：

（一）可卡因五十克以上；

（二）3,4－亚甲二氧基甲基苯丙胺（MDMA）等苯丙胺类毒品（甲基苯丙胺除外）、吗啡一百克以上；

（三）芬太尼一百二十五克以上；

（四）甲卡西酮二百克以上；

（五）二氢埃托啡十毫克以上；

（六）哌替啶（度冷丁）二百五十克以上；

（七）氯胺酮五百克以上；

（八）美沙酮一千克以上；

（九）曲马多、γ－羟丁酸二千克以上；

（十）大麻油五千克、大麻脂十千克、大麻叶及大麻烟一百五十千克以上；

（十一）可待因、丁丙诺啡五千克以上；

（十二）三唑仑、安眠酮五十千克以上；

（十三）阿普唑仑、恰特草一百千克以上；

（十四）咖啡因、罂粟壳二百千克以上；

（十五）巴比妥、苯巴比妥、安钠咖、尼美西泮二百五十千克以上；

（十六）氯氮卓、艾司唑仑、地西泮、溴西泮五百千克以上；

（十七）上述毒品以外的其他毒品数量大的。

国家定点生产企业按照标准规格生产的麻醉药品或者精神药品被用于毒品犯罪的，根据药品中毒品成分的含量认定涉案毒品数量。

第二条 走私、贩卖、运输、制造、非法持有下列毒品，应当认定为刑法第三百四十七条第三款、第三百四十八条规定的“其他毒品数量较大”：

（一）可卡因十克以上不满五十克；

（二）3，4－亚甲二氧基甲基苯丙胺（MDMA）等苯丙胺类毒品（甲基苯丙胺除外）、吗啡二十克以上不满一百克；

（三）芬太尼二十五克以上不满一百二十五克；

（四）甲卡西酮四十克以上不满二百克；

（五）二氢埃托啡二毫克以上不满十毫克；

（六）哌替啶（度冷丁）五十克以上不满二百五十克；

（七）氯胺酮一百克以上不满五百克；

（八）美沙酮二百克以上不满一千克；

（九）曲马多、γ－羟丁酸四百克以上不满二千克；

（十）大麻油一千克以上不满五千克、大麻脂二千克以上不满十千克、大麻叶及大麻烟三十千克以上不满一百五十千克；

（十一）可待因、丁丙诺啡一千克以上不满五千克；

（十二）三唑仑、安眠酮十千克以上不满五十千克；

（十三）阿普唑仑、恰特草二十千克以上不满一百千克；

（十四）咖啡因、罂粟壳四十千克以上不满二百千克；

（十五）巴比妥、苯巴比妥、安钠咖、尼美西泮五十千克以上不满二百五十千克；

（十六）氯氮卓、艾司唑仑、地西泮、溴西泮一百千克以上不满五百千克；

（十七）上述毒品以外的其他毒品数量较大的。

第三条 在实施走私、贩卖、运输、制造毒品犯罪的过程中，携带枪支、弹药或者爆炸物用于掩护的，应当认定为刑法第三百四十七条第二款第三项规定的“武装掩护走私、贩卖、运输、制造毒品”。枪支、弹药、爆炸物种类的认定，依照相关司法解释的规定执行。

在实施走私、贩卖、运输、制造毒品犯罪的过程中，以暴力抗拒检查、拘留、逮捕，造成执法人员死亡、重伤、多人轻伤或者具有其他严重情节的，应当认定为刑法第三百四十七条第二款第四项规定的“以暴力抗拒检查、拘留、逮捕，情节严重”。

第四条 走私、贩卖、运输、制造毒品，具有下列情形之一的，应当认定为刑法第三百四十七条第四款规定的“情节严重”：

（一）向多人贩卖毒品或者多次走私、贩卖、运输、制造毒品的；

（二）在戒毒场所、监管场所贩卖毒品的；

（三）向在校学生贩卖毒品的；

（四）组织、利用残疾人、严重疾病患者、怀孕或者正在哺乳自己婴儿的妇女走私、贩卖、运输、制造毒品的；

（五）国家工作人员走私、贩卖、运输、制造毒品的；

（六）其他情节严重的情形。

……

第十五条 本解释自2016年4月11日起施行。《最高人民法院关于审理毒品案件定罪量刑标准有关问题的解释》（法释〔2000〕13号）同时废止；之前发布的司法解释和规范性文件与本解释不一致的，以本解释为准。

最高人民检察院
关于《非药用类麻醉药品和精神药品管制品种增补目录》能否作为认定毒品依据的批复

（高检发释字〔2019〕2 号）

河南省人民检察院：

你院《关于〈非药用类麻醉药品和精神药品管制品种增补目录〉能否作为认定毒品的依据的请示》收悉。经研究，批复如下：

根据《中华人民共和国刑法》第三百五十七条和《中华人民共和国禁毒法》第二条的规定，毒品是指鸦片、海洛因、甲基苯丙胺（冰毒）、吗啡、大麻、可卡因以及国家规定管制的其他能够使人形成瘾癖的麻醉药品和精神药品。

2015 年 10 月 1 日起施行的公安部、国家食品药品监督管理总局、国家卫生和计划生育委员会、国家禁毒委员会办公室《非药用类麻醉药品和精神药品列管办法》及其附表《非药用类麻醉药品和精神药品管制品种增补目录》，是根据国务院《麻醉药品和精神药品管理条例》第三条第二款授权制定的，《非药用类麻醉药品和精神药品管制品种增补目录》可以作为认定毒品的依据。

此复。

☞ 其他相关规定见章后二维码

◆ 解读与适用

【拓展关键词】控制下交付　毒品犯罪既未遂　认识错误　不能犯　数量引诱　特情引诱

《刑参》第 37 号案例“胡某等故意杀人案——误认尸块为毒品予以运输的行为如何定罪处刑”相关论述：误认尸块为毒品予以运输，应以运输毒品罪未遂定性。

《刑参》第 164 号案例“刘某等贩卖、运输毒品，非法买卖枪支、弹药案——有特情介入的毒品犯罪案件是否必然存在特情引诱”相关论述：特情介入并不等于特情引诱。对特情介入的案件在量刑时，也要看案件中的毒品在行为人自己的意志支配下是否已脱离公安机关的控制并流向社会。犯意引诱是指行为人本没有实施毒品犯罪的主观意图而是在特情诱惑和促成下形成的犯意，进而实施毒品犯罪。本案贩卖毒品的犯意是被告人自行找到特情主动提出的。数量引诱，是指行为人本来只有实施数量较小的毒品犯罪故意，在特情引诱下实施了数量较大甚至达到可判处死刑数量的毒品犯罪。本案被告人并没有直接将海洛因贩卖给特情介绍的买主，而是自行直接向他人贩卖，完全是一种独立的行为。被告人的自行贩卖行为已然脱离公安机关的控制，已流向社会。

《刑参》第 208 号案例“苏某贩卖毒品案——为贩卖毒品向公安特情人员购买毒品的应如何处理”相关论述：司法实践中以下 3 种行为均按贩卖毒品罪既遂处理：一是为贩卖而非法购买毒品的行为，不以行为人买入毒品后是否来得及转手倒卖为条件；二是非法出售毒品的行为，不以行为人所出售毒品的来源是否查清为必要；三是购买毒品或者以其他方法获得毒品后再非法出售的行为。司法解释对“贩卖”所作的扩张解释是符合毒品犯罪特征和打击毒品犯罪实际的。尽管被告人联系的真实卖主是公安人员，但犯意的产生、购毒意向、贩毒种类、数量、价格、交易时间、地点等均是出自被告人自身。公安特情和公安机关并不存在“犯意引诱”和“数量引诱”的问题。此后，被告人携带购毒款进行实际“交易”，表明被告人已经开始着手以贩卖为目的而非法购买毒品的行为，应认定为贩卖毒品罪。刑法理论上以犯罪行为实际上能否达到既遂状态为标准，将犯罪未遂分为能犯的未遂和不能犯的未遂。无论能犯未遂还是不能犯未遂，由于犯罪行为人既具备了主观的犯罪意图和罪过，又着手实施了相应的客观行为，因而具有一定的社会危害性，应承担相应的刑事责任。如果毒品交易的卖方不是公安人员而是其他真正的毒贩，由于交易双方已就毒品交易种类、数量等基本交易事项达成一致，那么，即使交易双方未能实际完成毒品交易而被公安机关当场抓获，对毒品交易的双方也应以“能犯的”既遂处理，这是认定贩卖毒品与其他刑事犯罪既未遂的重要区别。但本案卖方实际是公安人员，没有也不可能真正将毒品卖给被告人。本案被告人事实上从一开始就不可能实现其为贩毒而购毒的犯罪目的，对这种因犯罪分子意志以外的因素而不可能实现其贩毒目的的，应当按未遂处理。

《刑参》第537号案例“王某、刘某贩卖毒品案——对有特情介入因素的案件如何量刑”相关论述：特情引诱包括“犯意引诱”和“数量引诱”。本案特情介入因素尚不能认定为特情引诱。因为被告人曾贩过毒，主观上本有贩毒故意，即使不卖给周某，也会卖给其他人。证据也显示被告人具有贩卖毒品的概括性故意，因此本案不属于犯意引诱；也没有证据认定被告人本来只有实施数量较小的犯罪的故意，因此也不能认定为数量引诱。被告人贩卖408克海洛因是周某为了争取立功而主动同其联系，并由公安人员冒充买主去和被告人进行毒品交易，虽不能认定为数量引诱，但确是公安机关为抓获被告人而在周某的配合下进行的，故应作为量刑情节予以考虑。

《刑参》第538号案例“申某、汪某贩卖毒品案——如何认定毒品犯罪案件中的数量引诱”相关论述：《大连会议纪要》所说的“数量较小”形式上是相对于特情人员提出的毒品数量而言的，但实质上主要是指被告人可能受到的惩罚的严厉性而言；也就是其打算实施的毒品犯罪数量所应适用的刑罚幅度或刑种轻于特情人员提出的数量所应适用的刑罚。典型的是指被告人本来打算实施的毒品犯罪的数量不会导致对他判处死刑。如果原本就会导致其判处死刑，即便特情提出的毒品相对大一点，也不能认定为数量引诱。反之，如果被告人本没有实施可判处重刑甚至死刑的毒品犯罪的犯意，因受特情引诱而增加毒品数量，导致达到死刑的标准，才能对其从轻处罚。行为人实施数量较大的毒品犯罪与特情人员的引诱之间应当具有因果关系才符合“数量引诱”的条件；若被告人实际拥有和欲贩卖的毒品数量超过了特情人员提出的数量，则不是特情引诱造成的。

《刑参》第639号案例“包某贩卖毒品案——在毒品犯罪案件中，如何区别侦查机关的‘犯意引诱’和‘数量引诱’？对不能排除‘数量引诱’的毒品犯罪案件能否适用死刑立即执行”相关论述：购买者在侦查人员控制下以非真实交易意思，明显超出其往常交易数额向贩毒者示意购买毒品，属于数量引诱。特情介入有三种情况。一是对已持有毒品待售或者有证据证明已准备实施大宗毒品犯罪者，采取特情贴靠、接洽而破获的案件的情形。这就是通常所说的“机会引诱”。二是“犯意引诱”，行为人本没有实施毒品犯罪的主观意图而在特情诱惑和促成下形成犯意，进而实施毒品犯罪。“双套引诱”属于“犯意引诱”的一种特殊形式。三是“数量引诱”。“机会引诱”与“犯意引诱”“数量引诱”不同，“机会引诱”仅给毒品犯罪行为人提供一个实施毒品犯罪的机会，该行为原则上不属于特情引诱。区分“机会引诱”与“犯意引诱”的关键在于特情介入之前行为人是否已经具有实施毒品犯罪的主观意图。对被告人是否判处死刑立即执行，应当充分考虑“数量引诱”的因素。

《刑参》第1266号案例“尹某、李某非国家工作人员受贿案——被告人在缓刑考验期内与行贿人达成贿赂合意，在缓刑执行期满后收取财物的，能否认定‘在缓刑考验期内犯新罪’”相关论述：关于“侦查陷阱”或“警察圈套”的含义，一般是指侦查人员设置圈套以实施某种行为有利可图为诱饵暗示或诱使侦查对象暴露其犯罪意图并实施犯罪行为，待犯罪行为实施时或结果发生后，拘捕被诱惑者。对于“侦查陷阱”应视案件的不同情况判断是否构成犯罪和罪行轻重。具体到本案，侦查人员是在2被告人准备接受贿赂款10万元时接到报案，布下监控并现场抓获了被告人，整个行为过程中并没有侦查人员的引诱、鼓动或欺骗；故2被告人收受10万元贿赂款的行为过程不属于“警察圈套”或“侦查陷阱”，应属于侦查中的“控制下交付”。所谓“控制下交付”，2000年通过的联合国《打击跨国有组织犯罪公约》规定：“‘控制下交付’系指在主管当局知情并由其进行监测的情况下允许非法或可疑货物运出、通过或运入一国或多国领土的一种做法，其目的在于侦查某项犯罪并辨认参与该项犯罪的人员。”“控制下交付”本身并没有“诱惑”的成分，仅仅是对其本来过程进行掌握。可见它与“侦查陷阱”或“侦查诱惑”的不同在于前者体现为对犯罪过程的“监控性”，不对犯罪进程有任何改变和介入，仅为防止犯罪结果的扩大和便利抓获犯罪嫌疑人与缴获赃物，对定罪量刑影响不大。后者则有“诱导性”，即包括促使行为人的犯意产生、促成犯罪行为的进行等，侦查人员对犯意的产生和犯罪行为的进行有较大促成作用，但在“侦查陷阱”情况下是否构成犯罪和量刑仍需结合个案情况具体分析。

《刑参》第1290号案例“唐某、蔡某贩卖毒品案——如何把握贩卖毒品罪的既遂未遂标准与毒品犯罪上下家的死刑适用标准”相关论述：认定贩卖毒品罪的既遂宜采取“进入实质交易环节”的标准。至于是否实际交付毒品均不影响犯罪既遂的成立。唐某与蔡某进入毒品交易现场，谈妥了交易价格，对毒品进行了查验和称重，虽然还没有支付毒资和毒品，亦可以认定为犯罪既遂。

【拓展关键词】毒品犯罪死刑适用　毒品数量　毒品含量　毒品犯罪主从犯　新型毒品　代购毒品　介绍毒品

《刑参》第11号案例“黄某等走私毒品案——走私毒品大麻的犯罪如何适用刑罚”相关论述：本案是我国第一例走私毒品大麻适用死刑的案件。我国禁毒机关的专家根据我国目前存在的吸食毒品现象中，基本以吸食海洛因和鸦片为主的实际情况，制定了国际上几种常见毒品与海洛因的换算值，供处理毒品案件时参考。其中1克海洛因相当于1000克大麻。

《刑参》第12号案例“唐某运输毒品案——毒品犯罪数量不是决定判处死刑的唯一标准”。

《刑参》第28号案例“马某运输毒品案——被告人在受人雇佣运输毒品过程中才意识到运输的是毒品的案件应如何适用刑罚”相关论述：毒品数量是确定毒品犯罪案件被告人刑罚的重要法定情节，但不是处刑的唯一标准。

《刑参》第248号案例“马某等贩卖毒品案——贩卖毒品犯罪中的居间介绍行为应如何定罪处罚”相关论述：居间介绍人为吸毒者介绍卖毒者帮助吸毒者购买毒品的，居间介绍人的行为在客观上虽然对卖毒者的贩卖活动起到了帮助作用，促成了毒品交易，但从主观上看，居间介绍人并没有帮助卖毒者贩卖毒品的故意，仅是为了帮助吸毒者能够买到毒品，使其达到消费毒品的目的，原则上不能以贩卖毒品罪的共犯论处。即便是为吸毒者向贩毒者代购毒品的，只要不是以从中加价牟利为目的，都不能以贩卖毒品罪的共犯论处。如需定罪处罚，也只能以非法持有毒品罪追究责任。居间介绍人为以贩卖毒品为目的的购毒者介绍卖毒者，帮助其购买毒品的，无论其是否从中获利，均应以贩卖毒品罪的共犯论处。如果居间介绍人确实不知道他人购买毒品的目的是为了贩卖，虽然其居间行为客观上促成了交易，也不能以贩卖毒品罪的共犯论处。居间介绍人为卖毒者介绍买毒人，在二者之间牵线搭桥，促成毒品交易的，不论居间介绍人是否从中获利，只要明知是出卖毒品，就应当以贩卖毒品罪的共犯论处。由于本案的“卖毒者”系公安特情，毒品交易自始不存在，也不可能实际发生，因此对居间介绍人而言，同样是贩卖毒品罪的不能犯的未遂。

《刑参》第364号案例“李某贩卖毒品案——贩卖毒品数量较大，但毒品含量极低的，应当如何量刑”相关论述：被告人运输毒品又贩卖毒品，构成贩卖、运输毒品罪。罪名不以行为实施的先后、危害后果的大小排列，一律以刑法条文规定的顺序表述，但不实行数罪并罚。对于毒品的数量不以纯度折算。对于大量掺假的，酌情考虑，可不判处死刑立即执行。

《刑参》第365号案例“宋某贩卖毒品案——对购买数量巨大的毒品且被告人本人系吸毒成瘾者的应当如何定性”相关论述：区分贩卖毒品罪和非法持有毒品罪，关键在于行为人的主观故意。

《刑参》第366号案例“黄某贩卖毒品案——毒品犯罪中如何准确认定从犯和适用刑罚”相关论述：被告人只是为他人检验毒品质量并携带购买的毒品与买家一起返回，其既不是贩毒犯意的提起者也不是出资者和毒品的所有者，在购买毒品的犯罪过程中应认定为从犯。但是被告人虽然是受买家邀约为其运输毒品，但他明知是毒品而为买家检验毒品质量并参与运输毒品，在运输毒品中所起作用较大，不能认定为从犯，可以贩卖、运输毒品罪处罚。

《刑参》第 367 号案例"张某等贩毒案——在毒品犯罪死刑复核案件中，对于毒品数量掺假的情况，在量刑时是否应予以考虑"相关论述：掺假之后毒品的数量才达到判处死刑的标准的，对被告人可不判处死刑立即执行。在共同犯罪中能分清主从犯的，不能因为涉案毒品数量特别巨大，就一律将被告人认定为主犯并判处重刑甚至死刑。

《刑参》第 430 号案例"王某贩卖毒品案——对以非常规形式存在的毒品应如何定性及对涉及多种类毒品的犯罪案件如何量刑"相关论述：司法实践中新型毒品不断出现，如果不作含量鉴定很难确定其社会危害的程度，尤其是对于可能判处死刑的案件；如果毒品可能大量掺假，或者是多种成分的混合型毒品的案件，应作毒品的成分和含量鉴定，对于经鉴定毒品含量极少或者因某种原因不能鉴定，存疑无法排除的，对被告人不应适用死刑立即执行。

《刑参》第 486 号案例"朱某等制造、贩卖毒品案——制造毒品失败的行为能否认定为犯罪未遂"相关论述：制造毒品罪是结果犯，行为人制造出刑法规定的毒品才能构成犯罪既遂。《刑法》第 347 条第 1 款规定，"无论数量多少"，应理解为首先是有数量，因为没有"数量"就不存在"多少"的问题。只有制造出具有一定"数量"的毒品，才能构成既遂。

《刑参》第 500 号案例"赵某贩卖毒品案——贩卖含量极低的海洛因针剂，如何认定毒品数量并适用刑罚"相关论述：本案应认定被告人贩卖海洛因 318 克，不能按纯度折算后认定其贩卖的毒品数量。鉴于纯度高的毒品可以通过掺杂方法实现由少变多，增加了社会上的毒品数量，其危害性整体上要大于纯度低的毒品。对于贩卖纯度极低毒品的案件，司法机关在量刑时不能不考虑纯度因素。但刑法已经规定毒品数量不以纯度折算，这一规定必须执行，否则就违反了罪刑法定原则。对被告人不能适用《刑法》第 63 条第 2 款的规定在法定刑以下量刑，但可以在法定刑幅度内酌情从轻处罚。本案中被告人仅有贩卖毒品含量低这一酌定从轻情节，尚不足以成为对其在法定刑以下减轻处罚的理由。

《刑参》第 501 号案例"高某、李某等贩卖、制造毒品案——加工、生产混合型毒品'麻古'的行为能否认定为制造毒品罪"相关论述：制造毒品可归纳为以下情况：一是将毒品以外的物作为原料提取或制作成毒品；二是毒品精制，去掉不纯物；三是使用化学方法使一种毒品变为另一种毒品；四是使用化学方法以外的方法使一种毒品变为另一种毒品；五是非法按照一定的处方针对特定人的特点情况调制毒品。以物理方法加工、生产毒品，根据一定的配方以符合特定人群吸食要求而配置混合型毒品"麻古"的过程可以归入第五种情形。

《刑参》第 528 号案例"武汉同济药业有限公司等四单位及孙某等人贩卖、运输、制造、转移毒品案——不明知他人购买咖啡因是用于贩卖给吸毒人员的情况下，违规大量出售咖啡因的行为不构成贩卖毒品罪，而应认定其构成非法经营罪"相关论述：本案被告人贩卖咖啡因的数量虽然达到《刑法》第 347 条第 2 款第 1 项的标准，但是否适用死刑，还应当考虑案件的具体情节予以确定。首先要考虑的是涉案毒品的种类。咖啡因的成瘾性较弱，戒断症状也不十分严重，被认定为第二类精神药品，危害性较小一点。其次考虑毒品的数量，对于达到 200 克以上的罪犯，首先要考虑适用的是 15 年有期徒刑，如果数量远远超过 200 克以上，才逐渐递增考虑适用无期徒刑，最终才考虑出适用死刑。在选择刑种时，尤其是适用死刑，绝不能仅考虑毒品数量问题，还得考虑其他犯罪情节。最后应综合考虑案件中的其他情节来确定适当的刑罚。

《刑参》第 529 号案例"吴某、常某、信某等贩卖毒品案——如何区分贩毒网络中主要被告人的罪责"相关论述：毒品数量已经达到实际掌握的适用死刑标准，但具有酌定从轻处罚情节的被告人，判处死刑立即执行应当慎重，不能仅因其毒品犯罪数量大而忽视从轻处罚情节，包括酌定从轻情节在刑罚裁量中的意义。

《刑参》第530号案例“侯某一、李某、侯某二等人走私、贩卖毒品案——对家族式毒品共同犯罪中作用相对较小地位相对较低的主犯，可酌情从轻判处刑罚”。

《刑参》第531号案例“赵某运输毒品案——如何把握运输毒品罪适用死刑的一般标准”相关论述：对于运输毒品罪，既要看到其不同于走私、贩卖、制造毒品罪的特殊性，在量刑时予以区别对待，也要注重其一般性，对没有从宽处罚情节的被告人要依法判处刑罚。单纯的运输毒品只是毒品犯罪的中间环节，是走私、制造、贩卖的辅助行为，多是受人指使、雇佣的人，并非毒品所有者，犯罪目的只是赚取少量运费，主观恶性一般不大。但如此规定并非意味着对于任何运输毒品犯罪均需区别对待。

《刑参》第532号案例“吉火木某运输毒品案——如何把握运输毒品案件中毒品数量与死刑适用的关系”相关论述：对毒品案件尤其是运输毒品案件量刑时，不能仅以数量标准为依据，而要结合其他量刑情节全面考虑，慎重决定是否适用死刑。对运输毒品罪尤其要强调“数量加情节”的量刑原则。

《刑参》第533号案例“李某运输毒品案——被告人运输毒品数量大但不排除受人雇佣的，如何量刑”相关论述：对受雇佣运输毒品的犯罪分子判处刑罚时，一般应与走私、贩卖、制造毒品和有严重情节的运输毒品犯罪分子有所区别。

《刑参》第534号案例“王某贩卖、制造毒品案——如何把握新型毒品案件的法律适用标准”相关论述：制造的毒品被贩卖，没有查获的，应根据相关证据和案件的具体情况来认定毒品的数量。在毒品犯罪案件中，毒品没有被查获的，毒品的数量一般是根据被告人的供述，按照“就低不就高”、有利于被告人的原则来认定。但在制造毒品尤其是被告人多次制造毒品的案件中，还要根据制毒原材料和设备是否相同、制毒方法是否一致、制毒过程中是否出现差错导致没有制造出毒品或者只制造出少量毒品等因素，同时参照另外几起案件中被告人所制造的毒品数量等因素综合判定。在处理新型毒品案件时，应根据毒品的数量、社会危害性、犯罪情节、被告人的主观恶性和人身危险性等因素，确定对被告人应适用的刑罚。毒品的社会危害性，要根据毒品的滥用程度、毒品的依赖性、对人体的危害程度确定。

《刑参》第535号案例“李某运输毒品案——如何把握运输氯胺酮犯罪的死刑适用标准”相关论述：对被告人所犯运输毒品罪，无须与走私、贩卖、制造毒品罪区别对待。但单纯运输毒品的行为具有一定特殊性，不宜采取完全相同的量刑标准。

《刑参》第536号案例“赵某贩卖、运输毒品案——未进行毒品含量鉴定的新类型毒品案件应如何量刑”相关论述：应当严格执行司法解释等相关规定，对规定应当进行毒品含量鉴定的案件，必须进行含量鉴定，并综合考虑该毒品的瘾癖性、戒断性及社会危害等依法量刑，做到罚当其罪。

《刑参》第543号案例“龙某贩卖毒品案——对毒品犯罪数量接近实际掌握的死刑适用标准，又系毒品再犯的，如何体现从重处罚”相关论述：对于毒品数量接近实际掌握的判处死刑的标准，又具有法定或酌定从重处罚情节的被告人，如再犯、累犯、惯犯等，也可以判处死刑立即执行。

《刑参》第544号案例“呷布某贩卖毒品案——对贩卖毒品数量刚达到死刑适用标准，但系毒品惯犯的，如何量刑”相关论述：毒品数量是对毒品犯罪量刑的重要情节但不是唯一情节。被告人贩卖数量刚达到当地实际掌握的判处死刑的数量标准，如果被告人系初犯、偶犯，或者具有其他酌定从宽处罚情节，则存在不适用死刑立即执行的余地。但是，被告人有长期贩毒史，系毒品惯犯，属于毒品犯罪中的重点打击对象，对其判处死刑则符合宽严相济的刑事政策的要求。

《刑参》第546号案例“王某、李某等人贩卖、运输毒品案——共同犯罪中罪责相对较小但系毒品再犯的，亦应从严惩处”相关论述：对毒品共同犯罪中罪责相对较小但系毒品再犯的主犯，可以适用死刑。

《刑参》第742号案例“古某某贩卖毒品案——司法机关查获部分毒品后，被告人主动交代了实际犯罪数量,并达到死刑数量标准的,如何量刑”相关论述:对于毒品犯罪数量大,且具有累犯、毒品再犯、武装掩护等从重处罚情节,被告人罪刑极其严重,主观恶性深,人身危险性大的案件,仍然可以对被告人判处死刑立即执行。

《刑参》第743号案例“夏某制造毒品、非法持有枪支案——如何认定制造毒品犯罪的‘幕后老板’”相关论述:证据不是独立存在的,证据之间最主要的联系就是证据与证据之间相互支持、相互依托、相互印证。通过排除不真实的证据,补强遗漏的证据,可以准确判断全案证据是否已经形成完整链条,是否能够排除合理怀疑。

《刑参》第852号案例“邱某等走私、运输毒品案——走私、运输毒品数量大,罪行严重,且有累犯情节,但有证据表明被告人受雇佣走私、运输毒品,且非单独实施走私、运输毒品行为的,是否适用死刑立即执行”相关论述:被告人系受雇佣且非独立实施走私、运输毒品行为,本质上是单纯的受雇走私、运输毒品行为。在共同犯罪中的地位、作用明显次于在逃的3名同案犯,可不判处死刑立即执行。

《刑参》第955号案例“阿某某等贩卖、运输毒品案——对临时结伙贩卖、运输毒品起组织作用,但本人实际贩卖毒品数量相对较少的主犯如何量刑”相关论述:在对主犯量刑时,既要考虑涉案毒品数量,又要考虑各被告人在共同犯罪中的地位、作用;此外,毒品是否流入社会造成实际危害等也应作为考虑情节。

《刑参》第1014号案例“刘某贩卖毒品案——为吸食者代购少量毒品的行为如何定性以及特情引诱情节对毒品犯罪案件的定罪量刑是否具有影响”相关论述:不以牟利为目的为他人代购用于吸食的毒品,毒品数量未达到非法持有毒品罪的定罪标准的,不应认定为犯罪。证明行为人是否具有牟利目的的举证责任应当由公诉机关承担,举证不能的,应当依法认定行为人不具有牟利目的。对于因犯意引诱而实施毒品犯罪的被告人,应当依法定罪,但在量刑时应当体现从宽处罚。

《刑参》第1179号案例“陈某、庄某贩卖毒品案——如何准确认定居间介绍买卖毒品行为”相关论述:应当准确认定居间介绍买卖毒品行为并与居中倒卖毒品行为相区别。居间介绍者通常与交易一方构成共同犯罪,居中倒卖者与前后环节的交易对象是上下家关系。

《刑参》第1194号案例“张某贩卖毒品案——贩卖毒品案件中上下家的罪责区分及死刑适用”相关论述:本案被告人贺某与被告人张某的上下家关系中,无论从毒品交易的数量、次数、对象范围以及危害后果,还是从毒品交易过程中的主动性及对促成交易发挥的作用,以及被告人的主观恶性和人身危险性来看,张某的罪行更重,故判处下家张某死刑立即执行是适当的。

《刑参》第1196号案例“刘某贩卖、制造毒品案——如何认定制造毒品行为以及制毒数量”相关论述:如果根据在案查获的制毒原料、工具、技术配方及毒品成品、半成品等情况,结合犯罪嫌疑人、被告人对基本制毒方法、原理的供述,足以认定其实施了制造毒品犯罪行为的话,则不需要通过侦查实验来进行核实验证;被告人的行为属于利用化学方法加工、配制毒品的制造毒品行为;0.2%的含量标准可以作为认定废液、废料时的参考。

《刑参》第1228号案例“林某制造毒品案——制造毒品案件中,缴获的毒品系液态毒品,判处死刑应当特别慎重”相关论述:制造毒品案件中缴获的含有甲基苯丙胺成分的液体或固液混合毒品与毒品消费、流通环节能直接吸食的成品毒品,在毒品性质上并不完全一样。2014年8月20日,最高人民法院、最高人民检察院、公安部联合印发了《关于规范毒品名称表述若干问题的意见》,其中规定:“对于含甲基苯丙胺成分的晶体状毒品,应当统一表述为甲基苯丙胺(冰毒)……对于含甲基苯丙胺成分的液体、固液混合物、粉末等,应当根据其毒品成分和具体形态进行表述,如表述为含甲基苯丙胺成分的液体、含甲基苯丙胺成分的粉末等。”市场流通环节中的冰毒,主体化学成分是甲基苯丙胺,但实质为甲基苯丙胺盐酸盐,因此冰毒并不能完全等同于甲基苯丙胺。

由于毒品具有滥用性、依赖性、危害性、管制性四大特征，因此，在定义毒品成品时，通常是指可以直接用于销售和滥用的毒品。对于以制造甲基苯丙胺为最终目的的犯罪，制成含有甲基苯丙胺成分的晶体的，才能视为制出成品，制出含甲基苯丙胺成分的液体、固液混合物等的，应视为制出半成品。关于如何认定毒品废液，根据国家毒品实验室有关专家给出的意见，对于毒品含量在0.2%以下的物质即可以视为废液、废料。有关专家表示，用液体的重量乘以毒品含量得出一个数值来对液态毒品比照固态毒品进行定量是不妥的。由于液态毒品（毒品半成品）在转化（为毒品成品）过程中会受到很多不确定因素的影响，因此无法定量，可一并认定为其制造毒品的数量，但在量刑时应酌情考虑。含甲基苯丙胺的液态毒品的社会危害性相对较小，与已经制成成品待售的情形有明显不同，故一般不宜对被告人适用死刑。毒品半成品因无法被直接吸食、消费，与毒品成品的危害紧迫性不一样。毒品犯罪的数量虽然能反映毒品犯罪行为社会危害性的大小，对定罪量刑有非常重要的意义，但它仍只是依法惩处毒品犯罪的一个基础情节，而不是唯一情节。

《刑参》第1229号案例“陈某、李某贩卖、运输毒品案——共同贩卖毒品的死刑政策把握”相关论述：对共同犯罪案件如何把握死刑政策，现在普遍的认识和做法是对于2人或者多人致死1人的案件，原则上只对其中罪责最为突出的被告人判处死刑。当然，作为极少数例外情况，对多人致死1人的，也可能有判处2人死刑的情况。针对毒品共同犯罪，通常也是参照上述政策精神来把握死刑适用。一方面，需要考虑毒品数量；另一方面，需要认真审查各被告人的地位、作用，要注意从犯意的提起、与毒品源头的紧密程度、出资额、分工等方面进行审查，区分罪责大小。

《刑参》第1230号案例“孙某等贩卖毒品案——对毒品犯罪上下家如何区分罪责和适用死刑”相关论述：区分居间介绍买卖毒品与居中倒卖毒品的关键在于在毒品交易中所处的地位和作用不同。居间介绍者不是毒品交易的一方主体，在交易中处于中间人地位，对毒品交易起帮助、促成作用；居中倒卖者虽然也处于毒品交易链条的中间环节，但在每一个具体的交易环节中都是一方交易主体对交易的发起和达成起决定性作用。就量刑而言，对居中倒卖毒品者的处罚一般要重于居间介绍者。在对贩卖毒品上下家决定死刑适用时，犯罪的主动性和对促成交易所发挥的作用，是应着重考虑的因素；并非一律“杀上家不杀下家”，下家对促成交易起更大作用的，也可以考虑判处下家死刑。

《刑参》第1231号案例“姚某等贩卖毒品案——被告人具有吸毒情节的，如何认定贩卖毒品数量”相关论述：已被被告人吸食的部分毒品不应计入被告人贩卖毒品的数量，但必须“确有证据证明”该部分毒品已被被告人吸食。如果对被告人已经吸食或者根据在案证据确定将被告人用于吸食的毒品计入贩卖毒品数量，等于变相对吸毒行为追究刑事责任。但是，不追究其刑事责任的吸毒者持有毒品数量的最高限度是非法持有毒品罪的构成最低数量。超过这个数量的，即应以非法持有毒品罪或运输毒品罪等处罚。认定“已经被吸食”不能仅仅依据被告人的供述和辩解，应当坚持严格的证据证明规则；同时根据去向不明的毒品数量等情况，认定去向不明的毒品数量是否属于“已经被吸食的毒品”。

第一种情况：去向不明的毒品数量不是很大，被告人辩解称该部分毒品已经被其吸食，而这部分毒品没有明显超出被告人一段时期内的合理吸食量。在这种情况下，司法实践中一般采取宽松的证据标准，认定这部分毒品已经被被告人吸食；这是有利于被告人原则的具体体现。但是在量刑时，应当考虑被吸食的这部分毒品的因素，即在证明标准上从宽，在处罚上从严。

第二种情况：去向不明的毒品数量很大，明显超出一段时间的合理吸食量。在这种情况下，一般采用严格的证明标准，“确有证据证明”的证明标准包含了推定为贩卖毒品的意思，也具有举证责任倒置性质。这一规定实际是从证明标准方面加大了对此类犯罪的打击力度。

有证据证明是已经丢失或者销毁的毒品或者被盗抢的毒品的，不能简单认定为“并非用于贩卖”，因为被告人购买的这部分毒品虽有可能用于吸食，但也完全可能用于贩卖，故无论是否卖出，均应计入其贩卖毒品的数量。当然，如果灭失的这部分毒品数量很大，特别是占总数量的比重很大时，应在量刑时予以考虑，对死刑适用也将产生影响。

以购买毒品数量作为其贩毒数量的依据是原则，只有在购买毒品数量无法查明时，才按照“贩卖数量＋查获数量＝贩毒数量”的方式确定。

《刑参》第1265号案例“张某、王某、周某贩卖、运输毒品案——重大毒品犯罪中，共同犯罪人及上下家之间如何适用刑罚”相关论述：对于既是共同犯罪又是上下家的被告人，要在分清主次的基础上根据各自的地位和作用依法确定是否适用死刑。从2人在共同犯罪中的地位和作用来看，王某有稳定货源，张某有流通渠道，2人均有各自的优势和较大的独立性，“强强联手”后扩大贩毒规模，2人在共同犯罪中均起主要作用，均系主犯，地位、作用基本相当。对于单纯的上下家，要综合考虑各自在促成毒品交易中的作用大小，慎重决定适用死刑。在促成毒品交易方面，周某的作用明显要小于王某。根据《全国法院毒品犯罪审判工作座谈会纪要》的规定以及周某贩卖毒品的数量和情节，对其可以不判处死刑。综上，最高人民法院核准一审、二审对被告人张某、王某的死刑判决，并对被告人周某改判死刑，缓期2年执行是适当的。

《刑参》第1290号案例“唐某、蔡某贩卖毒品案——如何把握贩卖毒品罪的既遂未遂标准与毒品犯罪上下家的死刑适用标准”相关论述：要根据“数量＋其他情节”的原则，准确把握贩卖毒品案件中上下家的死刑适用标准。对于同宗毒品的上下家，一般不能同时判处死刑。

【拓展关键词】贩卖　销售

《刑参》第463号案例“庄某等非法买卖枪支、贩卖毒品案——非法买卖枪支时以毒品冲抵部分价款行为如何定性”相关论述：以毒品冲抵买卖枪支价款的行为构成贩卖毒品罪。贩卖毒品罪的客观行为方式包括非法销售毒品和以贩卖为目的的非法收买毒品两种。刑法上“贩卖”“销售”的含义与生活用语中的含义是有一定区别的。贩卖的本质就是一种有偿的转让行为，即毒品的交易存在对价，但这种对价的体现形式不应仅仅局限于金钱，也可以是易货，抵债等。这些转让形式实质上均属于有偿转让，转让人通过不法行为获得经济上的利益，毒品流入了社会，侵害了法益，应当成立贩卖毒品罪行。

【拓展关键词】贩卖毒品罪与运输毒品罪、走私毒品罪、非法持有毒品罪辨析

《刑参》第163号案例“郑某走私毒品案——吸毒者实施毒品犯罪的应如何定罪量刑”相关论述：吸毒者在购买、运输、存储毒品过程中被抓获的，如没有证据证明被告人实施了其他毒品犯罪行为且毒品数量较小的，一般不应定罪处罚。本案被告人逃避海关监管，非法携带大量海洛因出境，足以认定其行为构成走私毒品罪，当然也就不存在构成非法持有毒品罪的问题了。应以查获的毒品数量认定为被告人走私毒品的数量。在不能排除其将走私毒品用于个人吸食的同时，也不能排除其将走私毒品的全部或部分用于贩卖的可能。对以贩养吸的被告人，被查获的毒品数量应认定为犯罪的数量。无论被告人走私毒品是基于何种目的，但全部因走私被查获，认定走私毒品的数量，应该以查获的数量为准，而无须考虑其走私、吸食的数量各有多少。这样的划分，既不可能也无必要。吸毒者实施毒品犯罪，有可能部分用于个人吸食的，在量刑时一般应当予以考虑。

《刑参》第373号案例“梁某等贩卖毒品案——为贩卖毒品者交接毒品行为的定性及自首、立功的认定”相关论述：对于受雇运输且没有实行过限的，以运输毒品罪定性。对于受雇为买卖双方交换毒品或者毒资，即使未参与商定价格，也宜以贩卖毒品罪定性。对于无法认定其是运输还是贩卖的，就低认定为非法持有毒品罪。对受雇从事毒品犯罪活动的人不能一概认定为从犯。被告人明知是毒品而为他人将毒品从原藏匿地取出拿走，其主观故意和客观行为都符合为犯罪分子转移毒品罪的特征。

《刑参》第375号案例“张某非法持有毒品案——对接受藏匿有毒品的邮包的行为如何定性”相关论述：

被告人的目的在于购买并接受通过邮包邮寄来的毒品，而非将毒品由甲地运到乙地的某个过程。

【拓展关键词】明知的认定　贩卖毒品罪与窝藏毒品罪辨析　制造毒品　混合型毒品　麻黄碱　恰特草　共同犯罪

《刑参》第548号案例"李某运输毒品案——被告人以高度隐蔽的方式运输毒品，但否认明知的，如何认定"相关论述：应当根据被告人实施毒品犯罪行为的过程、方式、毒品被查获时的情形等证据，结合被告人的年龄、阅历、智力等情况进行综合分析判断，在符合推定的条件时，也可以根据案件具体情形推定被告人主观上系明知。

《刑参》第549号案例"龙某运输毒品案——被告人到案后否认明知是毒品而运输的，如何认定其主观明知"相关论述：采用高度隐蔽的方式交接物品，明显违背合法物品惯常交接方式，从中查获毒品的，被告人对此不能作出合理解释，亦无证据证明确属被蒙骗的，可以认定被告人明知是毒品。

《刑参》第550号案例"周某运输毒品案——被告人以托运方式运输毒品的，如何认定其主观明知"相关论述：以虚假身份或者地址办理托运手续，在其托运的物品中查获毒品的，可以推定明知。

《刑参》第592号案例"许某贩卖、运输毒品案——毒品犯罪被告人主观明知的认定"相关论述：被告人以高度隐蔽的方式运输毒品，且其对此不能作出合理解释，应推定其明知所运输的物品是毒品。

《刑参》第617号案例"智某、蒋某贩卖、窝藏、转移毒品案——被告人曾参与贩卖毒品，后又单方面帮助他人窝藏、转移毒品的，如何定罪"相关论述：蒋某在智某被抓获后，从智某的住处取走海洛因，目的是防止被公安机关抓获，以减轻智某的罪责，完全符合窝藏、转移毒品罪的构成要件，应认定为窝藏、转移毒品罪，不构成贩卖毒品罪。犯罪是主客观相统一的整体，对行为性质的认定应以确切证据证明的事实为根据，不能因蒋某曾经从智某处拿取毒品进行贩卖，就推定其取走海洛因必然也用于贩卖。对于窝藏、转移毒品数量大（如海洛因50克以上），多次窝藏、转移毒品等情形的，可以认定为窝藏、转移毒品"情节严重"。

《刑参》第638号案例"傅某走私毒品案——在毒品犯罪案件中，如何认定行为人的主观明知？对走私美沙酮片的犯罪行为如何适用量刑情节"相关论述：走私毒品罪是故意犯罪，要求行为人必须对犯罪对象有明确认识，即要求行为人主观上明知是毒品而走私。应当综合考虑案件中的各种客观实际情况，依据实施毒品犯罪行为的过程、行为方式、毒品被查获时的情形和环境等证据，结合被告人的年龄、阅历、智力及掌握相关知识情况进行综合分析判断。只要能够推定行为人应当知道其携带、运输、走私的物品可能是毒品，即可认定行为人主观上明知。被告人走私的美沙酮片虽然规格和含量明确，而且含量较低，但不能以含量折算毒品数量。美沙酮片不能参照杜冷丁、盐酸二氢铵埃托啡的针剂和片剂以含量折算后确定数量的特殊规则。被告人走私的毒品美沙酮片剂含量低，量刑时可以酌情从轻处罚。

《刑参》第767号案例"蒋某贩卖毒品案——明知他人从事贩卖毒品活动而代为保管甲基苯丙胺的行为如何定性"相关论述：被告人的保管行为系他人实施贩卖毒品活动的一个部分或者一个环节。被告人明知吴某系贩毒分子仍代为保管毒品，实际上对吴某的犯罪行为起到了配合、帮助作用，应当认定为共犯关系，以贩卖毒品罪追究刑事责任。对于替他人藏匿毒品的行为，不能一概认定为窝藏毒品罪或非法持有毒品罪，应当根据具体情况分析被告人的主观意图。窝藏毒品罪属于赃物犯罪，与掩饰、隐瞒犯罪所得罪之间属于特别法与一般法的关系，窝藏毒品罪的目的是帮助贩卖毒品的犯罪分子逃避司法机关的查处。区分窝藏毒品罪和贩卖毒品罪的帮助行为关键在于对于行为人主观目的的认定。

《刑参》第800号案例"凌某、刘某贩卖、制造毒品案——如何认定毒品共犯的地位、作用以及'制造'毒品行为"相关论述：在毒品中添加非毒品物质不构成制造毒品罪。这种物理混合的方式只是简单地把一些毒品和咖啡混杂起来，既没有严格的比例配置规范要求，也没有专业化的配比工艺程序，还不足以达到改变毒品成分和效用的程度，没有形成新的混合型毒品，不属于制造毒品的行为。

《刑参》第 802 号案例“王某、杨某等非法买卖制毒物品案——利用麻黄碱类复方制剂加工、提炼制毒物品并非法贩卖的，如何定性”相关论述：以非法贩卖为目的利用麻黄碱类复方制剂加工、提炼制毒物品的，应当认定为非法买卖制毒物品罪。对非法制造制毒物品的行为，要结合行为人的目的来定性。被告人制造制毒物品的目的是用于贩卖的，对其制造制毒物品的行为应当定性为非法买卖制毒物品罪。向他人贩卖制毒物品，没有证据证实行为人明知他人用于制造毒品的，不应认定为制造毒品罪的共犯。构成共同犯罪必须具备共同的犯罪故意和共同的犯罪行为。共同的犯罪故意要求各共同犯罪人之间有“意思联络”，共同的犯罪行为包括实行行为、组织行为、教唆行为、帮助行为。“明知”是指“确切地知道”，“他人”是指“相对确定的某人”，即要求行为人具有与相对确定的他人制造毒品的共同犯罪故意，即有与相对确定的他人共同实施制造毒品犯罪的意思联络。客观方面，行为人应当有为制毒人员实施制造毒品犯罪提供制毒原料的帮助行为。

《刑参》第 803 号案例“解某等非法买卖制毒物品、张某等非法经营案——非法买卖麻黄碱类复方制剂以及将麻黄碱类复方制剂拆改包装后进行贩卖的，如何定性”相关论述：将麻黄碱类复方制剂拆解成粉末进行买卖的应当认定为非法买卖制毒物品罪。非法买卖麻黄碱类复方制剂，没有证据证明系用于非法买卖制毒物品的，不应认定为非法买卖制毒物品罪。麻黄碱类复方制剂本身不属于列管的易制毒物品。对买卖麻黄碱类复方制剂的，不能直接依据《刑法》第 350 条定罪处罚。被告人的行为符合非法经营罪的犯罪构成。麻黄碱类复方制剂是由麻黄碱类物质和其他成分混合而成的药品制剂，其中的麻黄碱物质才是制毒物品，直接按照涉案麻黄碱类复方制剂的数量定罪量刑缺乏科学性，应当认定涉案麻黄碱类复方制剂所含麻黄碱类物质的数量为制毒物品的数量。

《刑参》第 1069 号案例“张某运输毒品案——吸毒人员在运输毒品过程中被查获的，如何定性”相关论述：从严厉打击毒品犯罪的刑事政策角度来看，在运输毒品犯罪中不应人为地设置主观目的要件。对吸毒者在运输数量较大毒品过程中被查获的情形，认定为运输毒品罪符合“运输”的本义。犯罪动机和目的并不是构成运输毒品罪主观方面的必备要件。将运输数量较大毒品的行为一律认定为运输毒品罪，也符合司法实践中的常态。将吸毒者运输毒品的行为认定为运输毒品罪，符合最新司法文件的精神。2008 年《大连会议纪要》作了修正。刑法在设置非法持有毒品罪的定罪标准时实际考虑了吸毒者合理吸食量的因素，故可以把数量较大视为合理吸食量的界限，超过数量较大标准的应视为超出了合理吸食量。吸毒者在运输毒品过程中被抓获，毒品数量达到较大以上的，可以根据客观行为状态认定为运输毒品罪。2015 年《武汉会议纪要》作了明确规定。

《刑参》第 1132 号案例“易卜拉某·阿卜杜某·阿布多某走私毒品案——对走私恰特草的行为如何定罪量刑”相关论述：对非法携带恰特草入境我国的行为，应以走私毒品罪论处。对于没有定罪量刑数量标准的毒品，应综合考虑其致瘾癖性、社会危害性、数量、纯度、非法交易价格等因素依法量刑。

《刑参》第 1197 号案例“章某贩卖毒品、容留他人吸毒案——为索要债务而唆使他人贩卖毒品的行为如何定性”相关论述：明知债务人系贩毒分子而唆使其贩卖毒品以偿还债务，应当以贩卖毒品罪的教唆犯定罪处罚。索要合法债务的犯罪动机不影响对被告人贩卖毒品罪的认定。基于章某、邵某具有共同贩卖毒品的主观故意和客观行为，涉案毒品的所有人不能确定，不影响本案的定性。

【拓展关键词】抗拒缉私　情节严重

《刑参》第 822 号案例“易某运输毒品案——走私、贩卖、运输、制造毒品过程中暴力抗拒检查、抓捕，造成执法人员重伤、死亡的行为，如何定性”相关论述：走私、贩卖、运输、制造毒品过程中以暴力抗拒检查、拘留、逮捕，情节严重的情形，不实行数罪并罚，而是作为加重处罚情节。有些犯罪过程中经常伴随其他犯罪行为，从而突显该类犯罪的社会危害性，刑法立法将伴随行为特别规定为该类犯罪的加重处罚情节，不实行数罪并罚，以体现从严打击的立法目的。例如拐卖妇女过程中强奸妇女的，强奸罪作为拐卖妇女罪的加重处罚情节。"情节严重"的情节应是包括了犯罪的事实、犯罪的性质、犯罪的后果和狭义的犯罪情节在内的全部影响量刑的因素,可称为广义上的情节。刑法分则中的"情节严重"都包含"后果严重"的情形。

第三百四十八条 【非法持有毒品罪】

非法持有鸦片一千克以上、海洛因或者甲基苯丙胺五十克以上或者其他毒品数量大的,处七年以上有期徒刑或者无期徒刑,并处罚金;非法持有鸦片二百克以上不满一千克、海洛因或者甲基苯丙胺十克以上不满五十克或者其他毒品数量较大的,处三年以下有期徒刑、拘役或者管制,并处罚金;情节严重的,处三年以上七年以下有期徒刑,并处罚金。

◆ 相关规定

最高人民检察院 公安部

关于公安机关管辖的刑事案件立案追诉标准的规定(三)(节选)

(公通字〔2012〕26号)

第二条 【非法持有毒品案(刑法第三百四十八条)】明知是毒品而非法持有,涉嫌下列情形之一的,应予立案追诉:

(一)鸦片二百克以上、海洛因、可卡因或者甲基苯丙胺十克以上;

(二)二亚甲基双氧安非他明(MDMA)等苯丙胺类毒品(甲基苯丙胺除外)、吗啡二十克以上;

(三)度冷丁(杜冷丁)五十克以上(针剂100mg/支规格的五百支以上,50mg/支规格的一千支以上;片剂25mg/片规格的二千片以上,50mg/片规格的一千片以上);

(四)盐酸二氢埃托啡二毫克以上(针剂或者片剂20mg/支、片规格的一百支、片以上);

(五)氯胺酮、美沙酮二百克以上;

(六)三唑仑、安眠酮十千克以上;

(七)咖啡因五十千克以上;

(八)氯氮卓、艾司唑仑、地西泮、溴西泮一百千克以上;

(九)大麻油一千克以上,大麻脂二千克以上,大麻叶及大麻烟三十千克以上;

(十)罂粟壳五十千克以上;

(十一)上述毒品以外的其他毒品数量较大的。

非法持有两种以上毒品,每种毒品均没有达到本条第一款规定的数量标准,但按前款规定的立案追诉数量比例折算成海洛因后累计相加达到十克以上的,应予立案追诉。

本条规定的"非法持有",是指违反国家法律和国家主管部门的规定,占有、携带、藏有或者以其他方式持有毒品。

非法持有毒品主观故意中的"明知",依照本规定第一条第八款的有关规定予以认定。

最高人民法院
关于审理毒品犯罪案件适用法律若干问题的解释(节选)

(法释〔2016〕8 号)

详见《刑法》第 347 条走私、贩卖、运输、制造毒品罪的相关规定

第五条 非法持有毒品达到刑法第三百四十八条或者本解释第二条规定的“数量较大”标准,且具有下列情形之一的,应当认定为刑法第三百四十八条规定的“情节严重”:

(一)在戒毒场所、监管场所非法持有毒品的;

(二)利用、教唆未成年人非法持有毒品的;

(三)国家工作人员非法持有毒品的;

(四)其他情节严重的情形。

◆ 解读与适用

【拓展关键词】贩卖毒品罪、运输毒品罪与持有毒品罪辨析　毒品代购　居间介绍毒品交易　推定　疑罪从轻

《刑参》第 105 号案例“张某贩卖毒品案——如何正确认定非法持有毒品罪”相关论述:正确认定藏匿、储存毒品行为的性质关键要看行为人的主观故意。应把被告人的犯罪事实作为一个整体看待。如果行为人主观上有贩卖毒品的故意,客观上有贩卖毒品的经历并且行为人本人不吸毒或者行为人虽然吸毒,但藏匿或储存的毒品数量明显超过个人吸食所需数量,那么行为人非法持有毒品的行为应视为是为贩卖毒品做准备,是贩卖毒品行为的组成部分,应以贩卖毒品罪定罪。

《刑参》第 284 号案例“黄某非法持有毒品案——非法持有毒品罪认定中应当注意的问题”相关论述:非法持有毒品罪的立法目的在于对那些被查获的行为人,因非法持有数量较大的毒品,但没有足够证据证明其犯有其他毒品犯罪而设的罪名。法院对任何一罪的裁判都应当以足以证明符合该罪构成要件的证据为基础,必须遵循证据裁判原则,不能靠推定定案。运输毒品的方式包括携带毒品,但不能说凡携带毒品都构成运输毒品罪,例如为自己吸食而携带毒品就不构成运输毒品罪。刑法上所讲的毒品一般而言是作为贩卖、走私、制造毒品的一个环节而存在。运输毒品行为应该构成一个独立事实。本案没有证据证明被告人携带毒品属于贩卖毒品的一个独立环节。对于被告人的辩解,一是看侦查机关是否已经穷尽其取证责任,二是看公诉机关对其所指控的犯罪事实是否已达到证据确实充分。疑罪从轻,是指指控的重罪证据不足,但就轻罪而言,证据确实、充分。

《刑参》第 547 号案例“冯某、艾某贩卖、运输毒品案——对同时为自己和他人运输毒品的被告人,应如何量刑”相关论述:仅在客观上相互关联而缺少共同故意的毒品犯罪行为,如买卖毒品的双方,不构成共犯。但在被告人艾某受冯某雇佣、只是替冯某运输毒品的行为中,2 被告人具有共同运输同一毒品的故意,2 人的行为指向同一对象,应当构成共同犯罪。

《刑参》第 606 号案例“房某、许某非法买卖制毒物品案——如何认定非法买卖制毒物品罪”相关论述:在非法买卖制毒物品交易中起居间作用的应当认定为非法买卖制毒物品罪的共犯。居间人在毒品犯罪中一般应认定为主犯。

《刑参》第 853 号案例“高某贩卖毒品、宋某非法持有毒品案——如何认定以贩养吸的被告人贩卖毒品

的数量以及为他人代购数量较大的毒品用于吸食并在同城间运送的行为如何定性”相关论述：不以牟利为目的为他人代购数量较大的用于吸食的毒品并在同城内运送的行为，构成非法持有毒品罪。非法持有毒品罪通常被视为一种状态犯，一般情况下，只有被告人实际持有的毒品才能认定为非法持有毒品的数量。

《刑参》第1070号案例“欧阳某非法持有毒品案——从吸毒人员住处查获数量较大的毒品，但认定其曾贩卖毒品的证据不足的，是认定为贩卖毒品罪还是非法持有毒品罪”相关论述：行为人持有毒品的主观目的是区分贩卖毒品罪与非法持有毒品罪的重要标准。

《刑参》第1385号案例“齐某贩卖、运输毒品案——如何区分毒品代购与加价贩卖”相关论述：狭义的毒品代购是指行为人受吸毒者委托无偿为吸毒者代为购买仅用于吸食的毒品。在狭义的毒品代购中，如果代购毒品数量超过《刑法》第348条规定的最低数量标准的，对托购者、代购者均应以非法持有毒品罪定罪量刑。狭义的毒品代购要求委托者需是吸毒者且其购买毒品的目的仅为吸食，一般要求代购者代购毒品是无偿的，只有在无偿且构成犯罪的前提下，代购者与托购者才构成非法持有毒品罪或者运输毒品罪的共犯。居间介绍一般是指居间人按照自己的意愿为贩毒者、购毒者提供交易信息或介绍交易对象等帮助行为，积极促成贩毒者与购毒者达成毒品交易。在交易过程中，居间介绍人只是中间人，并不是一方交易主体，实际的交易主体仍然是贩毒者与购毒者。司法实践中为他人代购毒品一般分两种情况，一种是托购者自己直接或间接与贩毒者进行联系，但自己不愿前往，委托待购者购买，代购者主观上有帮助托购者购买毒品的故意，客观上充当了托购者的工具。如果明知托购者为贩卖而代购，不论是否牟利，构成贩卖毒品罪的共犯。另一种情况是托购者不知购毒渠道，委托代购者代为购买，代购者的代购实质上是一种具有居间性质的行为。如果代购者明知托购者购买毒品的目的是贩卖，则与托购者构成贩卖毒品罪的共犯。在委托关系中，托购者与代购者必须事先对代购毒品的数量、价格等细节均有明确约定。如果双方事先没有约定，事后代购者隐瞒重要价格信息等从中牟利，实质上即相当于变相加价贩卖，则代购者成为托购者的上家，而不是居间介绍人。

《刑参》第1348号案例“赛某、王某贩卖毒品，赛某非法持有毒品案——如何认定毒品犯罪中的同种罪行及非法持有毒品罪中的‘持有’”相关论述：被告人对涉案的美沙酮液体具有支配权，属于“持有”的形式。不管赛某把毒品放在什么地方保持，均不影响认定其“持有”的状态。有证据证明被告人并非将美沙酮液体用于贩卖，而是用于自用。

另见《刑法》第347条走私、贩卖、运输、制造毒品罪的相关注释。

第三百四十九条　【包庇毒品犯罪分子罪；窝藏、转移、隐瞒毒品、毒赃罪】

包庇走私、贩卖、运输、制造毒品的犯罪分子的，为犯罪分子窝藏、转移、隐瞒毒品或者犯罪所得的财物的，处三年以下有期徒刑、拘役或者管制；情节严重的，处三年以上十年以下有期徒刑。

【包庇毒品犯罪分子罪】

缉毒人员或者其他国家机关工作人员掩护、包庇走私、贩卖、运输、制造毒品的犯罪分子的，依照前款的规定从重处罚。

犯前两款罪，事先通谋的，以走私、贩卖、运输、制造毒品罪的共犯论处。

◆ 相关规定

最高人民检察院　公安部

关于公安机关管辖的刑事案件立案追诉标准的规定(三)(节选)

(公通字〔2012〕26号)

第三条　【包庇毒品犯罪分子案(刑法第三百四十九条)】包庇走私、贩卖、运输、制造毒品的犯罪分子,涉嫌下列情形之一的,应予立案追诉:

(一)作虚假证明,帮助掩盖罪行的;

(二)帮助隐藏、转移或者毁灭证据的;

(三)帮助取得虚假身份或者身份证件的;

(四)以其他方式包庇犯罪分子的。

实施前款规定的行为,事先通谋的,以走私、贩卖、运输、制造毒品罪的共犯立案追诉。

第四条　【窝藏、转移、隐瞒毒品、毒赃案(刑法第三百四十九条)】为走私、贩卖、运输、制造毒品的犯罪分子窝藏、转移、隐瞒毒品或者犯罪所得的财物的,应予立案追诉。

实施前款规定的行为,事先通谋的,以走私、贩卖、运输、制造毒品罪的共犯立案追诉。

第五条　【走私制毒物品案(刑法第三百五十条)】违反国家规定,非法运输、携带制毒物品进出国(边)境,涉嫌下列情形之一的,应予立案追诉:

(一)1-苯基-2-丙酮五千克以上;

(二)麻黄碱、伪麻黄碱及其盐类和单方制剂五千克以上,麻黄浸膏、麻黄浸膏粉一百千克以上;

(三)3,4-亚甲基二氧苯基-2-丙酮、去甲麻黄素(去甲麻黄碱)、甲基麻黄素(甲基麻黄碱)、羟亚胺及其盐类十千克以上;

(四)胡椒醛、黄樟素、黄樟油、异黄樟素、麦角酸、麦角胺、麦角新碱、苯乙酸二十千克以上;

(五)N-乙酰邻氨基苯酸、邻氨基苯甲酸、哌啶一百五十千克以上;

(六)醋酸酐、三氯甲烷二百千克以上;

(七)乙醚、甲苯、丙酮、甲基乙基酮、高锰酸钾、硫酸、盐酸四百千克以上;

(八)其他用于制造毒品的原料或者配剂相当数量的。

非法运输、携带两种以上制毒物品进出国(边)境,每种制毒物品均没有达到本条第一款规定的数量标准,但按前款规定的立案追诉数量比例折算成一种制毒物品后累计相加达到上述数量标准的,应予立案追诉。

为了走私制毒物品而采用生产、加工、提炼等方法非法制造易制毒化学品的,以走私制毒物品罪(预备)立案追诉。

实施走私制毒物品行为,有下列情形之一,且查获了易制毒化学品,结合行为人的供述和其他证据综合审查判断,可以认定其"明知"是制毒物品而走私或者非法买卖,但有证据证明确属被蒙骗的除外:

(一)改变产品形状、包装或者使用虚假标签、商标等产品标志的;

(二)以藏匿、夹带、伪装或者其他隐蔽方式运输、携带易制毒化学品逃避检查的;

(三)抗拒检查或者在检查时丢弃货物逃跑的;

(四)以伪报、藏匿、伪装等蒙蔽手段逃避海关、边防等检查的;

(五)选择不设海关或者边防检查站的路段绕行出入境的;

(六)以虚假身份、地址或者其他虚假方式办理托运、寄递手续的;

(七)以其他方法隐瞒真相,逃避对易制毒化学品依法监管的。

明知他人实施走私制毒物品犯罪,而为其运输、储存、代理进出口或者以其他方式提供便利的,以走私制毒物品罪的共犯立案追诉。

最高人民法院
关于审理毒品犯罪案件适用法律若干问题的解释(节选)
(法释〔2016〕8号)

详见《刑法》第347条走私、贩卖、运输、制造毒品罪的相关规定

第六条 包庇走私、贩卖、运输、制造毒品的犯罪分子,具有下列情形之一的,应当认定为刑法第三百四十九条第一款规定的“情节严重”:

(一)被包庇的犯罪分子依法应当判处十五年有期徒刑以上刑罚的;

(二)包庇多名或者多次包庇走私、贩卖、运输、制造毒品的犯罪分子的;

(三)严重妨害司法机关对被包庇的犯罪分子实施的毒品犯罪进行追究的;

(四)其他情节严重的情形。

为走私、贩卖、运输、制造毒品的犯罪分子窝藏、转移、隐瞒毒品或者毒品犯罪所得的财物,具有下列情形之一的,应当认定为刑法第三百四十九条第一款规定的“情节严重”:

(一)为犯罪分子窝藏、转移、隐瞒毒品达到刑法第三百四十七条第二款第一项或者本解释第一条第一款规定的“数量大”标准的;

(二)为犯罪分子窝藏、转移、隐瞒毒品犯罪所得的财物价值达到五万元以上的;

(三)为多人或者多次为他人窝藏、转移、隐瞒毒品或者毒品犯罪所得的财物的;

(四)严重妨害司法机关对该犯罪分子实施的毒品犯罪进行追究的;

(五)其他情节严重的情形。

包庇走私、贩卖、运输、制造毒品的近亲属,或者为其窝藏、转移、隐瞒毒品或者毒品犯罪所得的财物,不具有本条前两款规定的“情节严重”情形,归案后认罪、悔罪、积极退赃,且系初犯、偶犯,犯罪情节轻微不需要判处刑罚的,可以免予刑事处罚。

☞ 其他相关规定见章后二维码

◆ 解读与适用

将他人非法持有的毒品予以窝藏的,因该毒品不属于他人“犯罪所得的赃物”,而是组成犯罪行为之物,不构成窝藏赃物罪。但窝藏也可以解释为非法持有毒品的一种表现形式,构成非法持有毒品罪的共犯。孤立地解释持有与窝藏必然会导致刑法漏洞。①

另见《刑法》第347条走私、贩卖、运输、制造毒品罪的相关注释。

第三百五十条 【非法生产、买卖、运输制毒物品、走私制毒物品罪】②

违反国家规定,非法生产、买卖、运输醋酸酐、乙醚、三氯甲烷或者其他用于制造毒品的

① 参见张明楷:《刑法分则的解释原理》,中国人民大学出版社2004年版,第111页。

② 根据《刑法修正案(九)》修订。修订前的内容为:违反国家规定,非法运输、携带醋酸酐、乙醚、三氯甲烷或者其他用于制造毒品的原料或者配剂进出境的,或者违反国家规定,在境内非法买卖上述物品的,处三年以下有期徒刑、拘役或者管制,并处罚金;数量大的,处三年以上十年以下有期徒刑,并处罚金。明知他人制造毒品而为其提供前款规定的物品的,以制造毒品罪的共犯论处。单位犯前两款罪的,对单位判处罚金,并对其直接负责的主管人员和其他直接责任人员,依照前两款的规定处罚。

原料、配剂,或者携带上述物品进出境,情节较重的,处三年以下有期徒刑、拘役或者管制,并处罚金;情节严重的,处三年以上七年以下有期徒刑,并处罚金;情节特别严重的,处七年以上有期徒刑,并处罚金或者没收财产。

明知他人制造毒品而为其生产、买卖、运输前款规定的物品的,以制造毒品罪的共犯论处。

单位犯前两款罪的,对单位判处罚金,并对其直接负责的主管人员和其他直接责任人员,依照前两款的规定处罚。

◆ 相关规定

最高人民法院　最高人民检察院　公安部
关于办理制毒物品犯罪案件适用法律若干问题的意见(节选)

(公通字〔2009〕33号)

一、关于制毒物品犯罪的认定

(一)本意见中的"制毒物品",是指刑法第三百五十条第一款规定的醋酸酐、乙醚、三氯甲烷或者其他用于制造毒品的原料或者配剂,具体品种范围按照国家关于易制毒化学品管理的规定确定。

(二)违反国家规定,实施下列行为之一的,认定为刑法第三百五十条规定的非法买卖制毒物品行为:

1. 未经许可或者备案,擅自购买、销售易制毒化学品的;

2. 超出许可证明或者备案证明的品种、数量范围购买、销售易制毒化学品的;

3. 使用他人的或者伪造、变造、失效的许可证明或者备案证明购买、销售易制毒化学品的;

4. 经营单位违反规定,向无购买许可证明、备案证明的单位、个人销售易制毒化学品的,或者明知购买者使用他人的或者伪造、变造、失效的购买许可证明、备案证明,向其销售易制毒化学品的;

5. 以其他方式非法买卖易制毒化学品的。

(三)易制毒化学品生产、经营、使用单位或者个人未办理许可证明或者备案证明,购买、销售易制毒化学品,如果有证据证明确实用于合法生产、生活需要,依法能够办理只是未及时办理许可证明或者备案证明,且未造成严重社会危害的,可不以非法买卖制毒物品罪论处。

(四)为了制造毒品或者走私、非法买卖制毒物品犯罪而采用生产、加工、提炼等方法非法制造易制毒化学品的,根据刑法第二十二条的规定,按照其制造易制毒化学品的不同目的,分别以制造毒品、走私制毒物品、非法买卖制毒物品的预备行为论处。

(五)明知他人实施走私或者非法买卖制毒物品犯罪,而为其运输、储存、代理进出口或者以其他方式提供便利的,以走私或者非法买卖制毒物品罪的共犯论处。

(六)走私、非法买卖制毒物品行为同时构成其他犯罪的,依照处罚较重的规定定罪处罚。

二、关于制毒物品犯罪嫌疑人、被告人主观明知的认定

对于走私或者非法买卖制毒物品行为,有下列情形之一,且查获了易制毒化学品,结合犯罪嫌疑人、被告人的供述和其他证据,经综合审查判断,可以认定其"明知"是制毒物品而走私或者非法买卖,但有证据证明确属被蒙骗的除外:

1. 改变产品形状、包装或者使用虚假标签、商标等产品标志的;

2. 以藏匿、夹带或者其他隐蔽方式运输、携带易制毒化学品逃避检查的;

3. 抗拒检查或者在检查时丢弃货物逃跑的；

4. 以伪报、藏匿、伪装等蒙蔽手段逃避海关、边防等检查的；

5. 选择不设海关或者边防检查站的路段绕行出入境的；

6. 以虚假身份、地址办理托运、邮寄手续的；

7. 以其他方法隐瞒真相，逃避对易制毒化学品依法监管的。

三、关于制毒物品犯罪定罪量刑的数量标准

（一）违反国家规定，非法运输、携带制毒物品进出境或者在境内非法买卖制毒物品达到下列数量标准的，依照刑法第三百五十条第一款的规定，处三年以下有期徒刑、拘役或者管制，并处罚金：

1. 1－苯基－2－丙酮五千克以上不满五十千克；

2. 3，4－亚甲基二氧苯基－2－丙酮、去甲麻黄素（去甲麻黄碱）、甲基麻黄素（甲基麻黄碱）、羟亚胺及其盐类十千克以上不满一百千克；

3. 胡椒醛、黄樟素、黄樟油、异黄樟素、麦角酸、麦角胺、麦角新碱、苯乙酸二十千克以上不满二百千克；

4. N－乙酰邻氨基苯酸、邻氨基苯甲酸、哌啶一百五十千克以上不满一千五百千克；

5. 甲苯、丙酮、甲基乙基酮、高锰酸钾、硫酸、盐酸四百千克以上不满四千千克；

6. 其他用于制造毒品的原料或者配剂相当数量的。

（二）违反国家规定，非法买卖或者走私制毒物品，达到或者超过前款所列最高数量标准的，认定为刑法第三百五十条第一款规定的"数量大的"，处三年以上十年以下有期徒刑，并处罚金。

最高人民检察院　公安部
关于公安机关管辖的刑事案件立案追诉标准的规定（三）（节选）

（公通字〔2012〕26号）

第六条　【非法买卖制毒物品案（刑法第三百五十条）】违反国家规定，在境内非法买卖制毒物品，数量达到本规定第五条第一款规定情形之一的，应予立案追诉。

非法买卖两种以上制毒物品，每种制毒物品均没有达到本条第一款规定的数量标准，但按前款规定的立案追诉数量比例折算成一种制毒物品后累计相加达到上述数量标准的，应予立案追诉。

违反国家规定，实施下列行为之一的，认定为本条规定的非法买卖制毒物品行为：

（一）未经许可或者备案，擅自购买、销售易制毒化学品的；

（二）超出许可证明或者备案证明的品种、数量范围购买、销售易制毒化学品的；

（三）使用他人的或者伪造、变造、失效的许可证明或者备案证明购买、销售易制毒化学品的；

（四）经营单位违反规定，向无购买许可证明、备案证明的单位、个人销售易制毒化学品的，或者明知购买者使用他人的或者伪造、变造、失效的许可证明或者备案证明，向其销售易制毒化学品的；

（五）以其他方式非法买卖易制毒化学品的。

易制毒化学品生产、经营、使用单位或者个人未办理许可证明或者备案证明，购买、销售易制毒化学品，如果有证据证明确实用于合法生产、生活需要，依法能够办理只是未及时办理许可证明或者备案证明，且未造成严重社会危害的，可不以非法买卖制毒物品罪立案追诉。

为了非法买卖制毒物品而采用生产、加工、提炼等方法非法制造易制毒化学品的，以非法买卖制毒物品罪（预备）立案追诉。

非法买卖制毒物品主观故意中的"明知"，依照本规定第五条第四款的有关规定予以认定。

明知他人实施非法买卖制毒物品犯罪，而为其运输、储存、代理进出口或者以其他方式提供便利的，以非法买卖制毒物品罪的共犯立案追诉。

最高人民法院 最高人民检察院
关于办理走私刑事案件适用法律若干问题的解释(节选)

(法释〔2014〕10号)

详见《刑法》第151条走私武器、弹药罪的相关规定

第二十二条 在走私的货物、物品中藏匿刑法第一百五十一条、第一百五十二条、第三百四十七条、第三百五十条规定的货物、物品,构成犯罪的,以实际走私的货物、物品定罪处罚;构成数罪的,实行数罪并罚。

最高人民法院
关于审理毒品犯罪案件适用法律若干问题的解释(节选)

(法释〔2016〕8号)

详见《刑法》第347条走私、贩卖、运输、制造毒品罪的相关规定

第七条 违反国家规定,非法生产、买卖、运输制毒物品、走私制毒物品,达到下列数量标准的,应当认定为刑法第三百五十条第一款规定的"情节较重":

(一)麻黄碱(麻黄素)、伪麻黄碱(伪麻黄素)、消旋麻黄碱(消旋麻黄素)一千克以上不满五千克;

(二)1-苯基-2-丙酮、1-苯基-2-溴-1-丙酮、3,4-亚甲基二氧苯基-2-丙酮、羟亚胺二千克以上不满十千克;

(三)3-氧-2-苯基丁腈、邻氯苯基环戊酮、去甲麻黄碱(去甲麻黄素)、甲基麻黄碱(甲基麻黄素)四千克以上不满二十千克;

(四)醋酸酐十千克以上不满五十千克;

(五)麻黄浸膏、麻黄浸膏粉、胡椒醛、黄樟素、黄樟油、异黄樟素、麦角酸、麦角胺、麦角新碱、苯乙酸二十千克以上不满一百千克;

(六)N-乙酰邻氨基苯酸、邻氨基苯甲酸、三氯甲烷、乙醚、哌啶五十千克以上不满二百五十千克;

(七)甲苯、丙酮、甲基乙基酮、高锰酸钾、硫酸、盐酸一百千克以上不满五百千克;

(八)其他制毒物品数量相当的。

违反国家规定,非法生产、买卖、运输制毒物品、走私制毒物品,达到前款规定的数量标准最低值的百分之五十,且具有下列情形之一的,应当认定为刑法第三百五十条第一款规定的"情节较重":

(一)曾因非法生产、买卖、运输制毒物品、走私制毒物品受过刑事处罚的;

(二)二年内曾因非法生产、买卖、运输制毒物品、走私制毒物品受过行政处罚的;

(三)一次组织五人以上或者多次非法生产、买卖、运输制毒物品、走私制毒物品,或者在多个地点非法生产制毒物品的;

(四)利用、教唆未成年人非法生产、买卖、运输制毒物品、走私制毒物品的;

(五)国家工作人员非法生产、买卖、运输制毒物品、走私制毒物品的;

(六)严重影响群众正常生产、生活秩序的;

(七)其他情节较重的情形。

易制毒化学品生产、经营、购买、运输单位或者个人未办理许可证明或者备案证明,生产、销售、购买、运输易制毒化学品,确实用于合法生产、生活需要的,不以制毒物品犯罪论处。

第八条 违反国家规定,非法生产、买卖、运输制毒物品、走私制毒物品,具有下列情形之一的,应当认定

为刑法第三百五十条第一款规定的“情节严重”：

（一）制毒物品数量在本解释第七条第一款规定的最高数量标准以上，不满最高数量标准五倍的；

（二）达到本解释第七条第一款规定的数量标准，且具有本解释第七条第二款第三项至第六项规定的情形之一的；

（三）其他情节严重的情形。

违反国家规定，非法生产、买卖、运输制毒物品、走私制毒物品，具有下列情形之一的，应当认定为刑法第三百五十条第一款规定的“情节特别严重”：

（一）制毒物品数量在本解释第七条第一款规定的最高数量标准五倍以上的；

（二）达到前款第一项规定的数量标准，且具有本解释第七条第二款第三项至第六项规定的情形之一的；

（三）其他情节特别严重的情形。

☞ 其他相关规定见章后二维码

◆ 解读与适用

【拓展关键词】主观明知　毒品共犯

判断某种物品是否为制毒物品，应当依据国家相关法律、行政法规的规定。行政规章关于盐酸是否为制毒化学品的规定虽然存在矛盾，但依据新规定优于旧规定的原则，应以新规定为准。我国现行法律未将盐酸列为制毒物品，最新相关行政法规、规章也没有规定盐酸属制毒化学品，即使该物品可以用于制造毒品，亦不能将其认定为制毒物品。如果行为人确实不知道所走私的物品是制毒物品，且其走私目的系用于正当生产经营，则即使该物品可以用于制毒，亦不能认定行为人具有走私制毒物品的犯罪故意。①

另见《刑法》第347条走私、贩卖、运输、制造毒品罪的相关注释。

第三百五十一条　【非法种植毒品原植物罪】

非法种植罂粟、大麻等毒品原植物的，一律强制铲除。有下列情形之一的，处五年以下有期徒刑、拘役或者管制，并处罚金：

（一）种植罂粟五百株以上不满三千株或者其他毒品原植物数量较大的；

（二）经公安机关处理后又种植的；

（三）抗拒铲除的。

非法种植罂粟三千株以上或者其他毒品原植物数量大的，处五年以上有期徒刑，并处罚金或者没收财产。

非法种植罂粟或者其他毒品原植物，在收获前自动铲除的，可以免除处罚。

---

① 海南省洋浦经济开发区初级检察院诉谢某、梁某走私制毒物品案，载《最高人民法院公报》2007年第9期。

◆ 相关规定

最高人民检察院　公安部

关于公安机关管辖的刑事案件立案追诉标准的规定(三)(节选)

(公通字〔2012〕26号)

第七条　【非法种植毒品原植物案(刑法第三百五十一条)】非法种植罂粟、大麻等毒品原植物,涉嫌下列情形之一的,应予立案追诉:

(一)非法种植罂粟五百株以上的;

(二)非法种植大麻五千株以上的;

(三)非法种植其他毒品原植物数量较大的;

(四)非法种植罂粟二百平方米以上、大麻二千平方米以上或者其他毒品原植物面积较大,尚未出苗的;

(五)经公安机关处理后又种植的;

(六)抗拒铲除的。

本条所规定的"种植",是指播种、育苗、移栽、插苗、施肥、灌溉、割取津液或者收取种子等行为。非法种植毒品原植物的株数一般应以实际查获的数量为准。因种植面积较大,难以逐株清点数目的,可以抽样测算每平方米平均株数后按实际种植面积测算出种植总株数。

非法种植罂粟或者其他毒品原植物,在收获前自动铲除的,可以不予立案追诉。

第八条　【非法买卖、运输、携带、持有毒品原植物种子、幼苗案(刑法第三百五十二条)】非法买卖、运输、携带、持有未经灭活的罂粟等毒品原植物种子或者幼苗,涉嫌下列情形之一的,应予立案追诉:

(一)罂粟种子五十克以上、罂粟幼苗五千株以上;

(二)大麻种子五十千克以上、大麻幼苗五万株以上;

(三)其他毒品原植物种子、幼苗数量较大的。

最高人民法院

关于审理毒品犯罪案件适用法律若干问题的解释(节选)

(2016年4月11日起施行　法释〔2016〕8号)

详见《刑法》第347条走私、贩卖、运输、制造毒品罪的相关规定

第九条　非法种植毒品原植物,具有下列情形之一的,应当认定为刑法第三百五十一条第一款第一项规定的"数量较大":

(一)非法种植大麻五千株以上不满三万株的;

(二)非法种植罂粟二百平方米以上不满一千二百平方米、大麻二千平方米以上不满一万二千平方米,尚未出苗的;

(三)非法种植其他毒品原植物数量较大的。

非法种植毒品原植物,达到前款规定的最高数量标准的,应当认定为刑法第三百五十一条第二款规定的"数量大"。

全国法院审理毒品犯罪案件工作座谈会纪要

(法〔2000〕42号)(已失效)

详见《刑法》第347条走私、贩卖、运输、制造毒品罪的相关规定

第三百五十二条　【非法买卖、运输、携带、持有毒品原植物种子、幼苗罪】

非法买卖、运输、携带、持有未经灭活的罂粟等毒品原植物种子或者幼苗,数量较大的,处三年以下有期徒刑、拘役或者管制,并处或者单处罚金。

◆ 相关规定

最高人民法院

关于审理毒品犯罪案件适用法律若干问题的解释(节选)

(法释〔2016〕8号)

详见《刑法》第347条走私、贩卖、运输、制造毒品罪的相关规定

第十条　非法买卖、运输、携带、持有未经灭活的毒品原植物种子或者幼苗,具有下列情形之一的,应当认定为刑法第三百五十二条规定的"数量较大":

(一)罂粟种子五十克以上、罂粟幼苗五千株以上的;

(二)大麻种子五十千克以上、大麻幼苗五万株以上的;

(三)其他毒品原植物种子或者幼苗数量较大的。

◆ 解读与适用

该条"携带"用语是多余的,"持有"包含"携带"的概念。①

第三百五十三条　【引诱、教唆、欺骗他人吸毒罪】

引诱、教唆、欺骗他人吸食、注射毒品的,处三年以下有期徒刑、拘役或者管制,并处罚金;情节严重的,处三年以上七年以下有期徒刑,并处罚金。

【强迫他人吸毒罪】

强迫他人吸食、注射毒品的,处三年以上十年以下有期徒刑,并处罚金。

引诱、教唆、欺骗或者强迫未成年人吸食、注射毒品的,从重处罚。

① 参见张明楷:《刑法分则的解释原理》,中国人民大学出版社2004年版,第317页。

◆ 相关规定

最高人民检察院　公安部
关于公安机关管辖的刑事案件立案追诉标准的规定(三)(节选)
(公通字〔2012〕26号)

第九条　【引诱、教唆、欺骗他人吸毒案(刑法第三百五十三条)】引诱、教唆、欺骗他人吸食、注射毒品的,应予立案追诉。

第十条　【强迫他人吸毒案(刑法第三百五十三条)】违背他人意志,以暴力、胁迫或者其他强制手段,迫使他人吸食、注射毒品的,应予立案追诉。

最高人民法院
关于审理毒品犯罪案件适用法律若干问题的解释(节选)
(法释〔2016〕8号)

详见《刑法》第347条走私、贩卖、运输、制造毒品罪的相关规定

第十一条　引诱、教唆、欺骗他人吸食、注射毒品,具有下列情形之一的,应当认定为刑法第三百五十三条第一款规定的"情节严重":

(一)引诱、教唆、欺骗多人或者多次引诱、教唆、欺骗他人吸食、注射毒品的;

(二)对他人身体健康造成严重危害的;

(三)导致他人实施故意杀人、故意伤害、交通肇事等犯罪行为的;

(四)国家工作人员引诱、教唆、欺骗他人吸食、注射毒品的;

(五)其他情节严重的情形。

第三百五十四条　【容留他人吸毒罪】

容留他人吸食、注射毒品的,处三年以下有期徒刑、拘役或者管制,并处罚金。

◆ 相关规定

最高人民检察院　公安部
关于公安机关管辖的刑事案件立案追诉标准的规定(三)(节选)
(公通字〔2012〕26号)

第十一条　【容留他人吸毒案(刑法第三百五十四条)】提供场所,容留他人吸食、注射毒品,涉嫌下列情形之一的,应予立案追诉:

(一)容留他人吸食、注射毒品两次以上的;

(二)一次容留三人以上吸食、注射毒品的;

(三)因容留他人吸食、注射毒品被行政处罚,又容留他人吸食、注射毒品的;

(四)容留未成年人吸食、注射毒品的;

（五）以牟利为目的容留他人吸食、注射毒品的；

（六）容留他人吸食、注射毒品造成严重后果或者其他情节严重的。

最高人民法院
关于审理毒品犯罪案件适用法律若干问题的解释（节选）
（法释〔2016〕8号）

详见《刑法》第347条走私、贩卖、运输、制造毒品罪的相关规定

第十二条　容留他人吸食、注射毒品，具有下列情形之一的，应当依照刑法第三百五十四条的规定，以容留他人吸毒罪定罪处罚：

（一）一次容留多人吸食、注射毒品的；

（二）二年内多次容留他人吸食、注射毒品的；

（三）二年内曾因容留他人吸食、注射毒品受过行政处罚的；

（四）容留未成年人吸食、注射毒品的；

（五）以牟利为目的容留他人吸食、注射毒品的；

（六）容留他人吸食、注射毒品造成严重后果的；

（七）其他应当追究刑事责任的情形。

向他人贩卖毒品后又容留其吸食、注射毒品，或者容留他人吸食、注射毒品并向其贩卖毒品，符合前款规定的容留他人吸毒罪的定罪条件的，以贩卖毒品罪和容留他人吸毒罪数罪并罚。

容留近亲属吸食、注射毒品，情节显著轻微危害不大的，不作为犯罪处理；需要追究刑事责任的，可以酌情从宽处罚。

◆ 解读与适用

【拓展关键词】直接故意与间接故意　以牟利为目的　重复评价

《刑参》第1032号案例“聂某容留他人吸毒案——旅馆经营者发现客人在房间内吸毒不予制止，是否构成容留他人吸毒罪”相关论述：容留应当理解为允许他人在自己管理的场所吸食、注射毒品或者为他人吸食、注射毒品提供场所的行为。容留他人吸毒罪属于行为犯。直接故意与间接故意虽然存在区别，但二者并非对立关系，而是具有统一性。虽然容留他人吸毒者的主观方面包括间接故意，但并非对于所有放任型的容留他人吸毒行为都要追究刑事责任。例如房主出租房屋后偶然发现他人在房屋内吸食、注射毒品未予制止或者报案的，一般不成立本罪。行为人放任共同生活的家庭成员在自家住所吸食、注射毒品的，一般也不成立本罪。但旅馆经营者对于入住客人的吸毒行为有义务制止或者向公安机关报告。

《刑参》第1384号案例“孙某贩卖毒品、容留他人吸毒案——容留他人吸毒且提供毒品并收取费用的行为如何定性”相关论述：容留他人在自己家中吸食毒品的行为构成容留他人吸毒罪。在容留他人吸毒的场所为吸毒者提供毒品并收取毒品费用的行为构成贩卖毒品罪。“以牟利为目的”指的是通过容留他人吸毒行为而获取场所费用或者管理费用等利益而不是贩卖毒品所获取的利益。提供场所容留他人吸毒和提供收费毒品是两个互相独立的行为。“以牟利为目的”并非构成容留他人吸毒罪的必要条件。在一般情况下，行为人所收取的费用当然包括购买毒品的费用。实际上，这是行为人销售毒品的一种方式，销售毒品的数量就是其提供的毒品数量。贩卖毒品与容留吸毒均应单独评价。需注意避免对收取费用行为进行重复评价，尤其是在“以牟利为目的”构成容留他人吸毒罪的情形中。

第三百五十五条 【非法提供麻醉药品、精神药品罪】

依法从事生产、运输、管理、使用国家管制的麻醉药品、精神药品的人员，违反国家规定，向吸食、注射毒品的人提供国家规定管制的能够使人形成瘾癖的麻醉药品、精神药品的，处三年以下有期徒刑或者拘役，并处罚金；情节严重的，处三年以上七年以下有期徒刑，并处罚金。向走私、贩卖毒品的犯罪分子或者以牟利为目的，向吸食、注射毒品的人提供国家规定管制的能够使人形成瘾癖的麻醉药品、精神药品的，依照本法第三百四十七条的规定定罪处罚。

单位犯前款罪的，对单位判处罚金，并对其直接负责的主管人员和其他直接责任人员，依照前款的规定处罚。

◆ 相关规定

最高人民检察院　法律政策研究室
关于安定注射液是否属于刑法第三百五十五条规定的精神药品问题的答复

（〔2002〕高检研发第23号）

福建省人民检察院研究室：

你院《关于安定注射液是否属于〈刑法〉第三百五十五条规定的精神药品的请示》（闽检〔2001〕6号）收悉。经研究并征求有关部门意见，答复如下：

根据《精神药品管理办法》等国家有关规定，"能够使人形成瘾癖"的精神药品，是指使用后能使人的中枢神经系统兴奋或者抑制连续使用能使人产生依赖性的药品。安定注射液属于刑法第三百五十五条第一款规定的"国家规定管制的能够使人形成瘾癖的"精神药品。鉴于安定注射液属于《精神药品管理办法》规定的第二类精神药品，医疗实践中使用较多，在处理此类案件时，应当慎重掌握罪与非罪的界限。对于明知他人是吸毒人员而多次向其出售安定注射液，或者贩卖安定注射液数量较大的，可以依法追究行为人的刑事责任。

最高人民检察院　公安部
关于公安机关管辖的刑事案件立案追诉标准的规定（三）（节选）

（2012年5月16日发布、实施　公通字〔2012〕26号）

第十二条　【非法提供麻醉药品、精神药品案（刑法第三百五十五条）】依法从事生产、运输、管理、使用国家管制的麻醉药品、精神药品的个人或者单位，违反国家规定，向吸食、注射毒品的人员提供国家规定管制的能够使人形成瘾癖的麻醉药品、精神药品，涉嫌下列情形之一的，应予立案追诉：

（一）非法提供鸦片二十克以上、吗啡二克以上、度冷丁（杜冷丁）五克以上（针剂100mg/支规格的五十支以上，50mg/支规格的一百支以上；片剂25mg/片规格的二百片以上，50mg/片规格的一百片以上）、盐酸二氢埃托啡零点二毫克以上（针剂或者片剂20ug/支、片规格的十支、片以上）、氯胺酮、美沙酮二十克以上、三唑仑、安眠酮一千克以上、咖啡因五千克以上、氯氮卓、艾司唑仑、地西泮、溴西泮十千克以上，以及其他麻醉药品和精神药品数量较大的；

（二）虽未达到上述数量标准，但非法提供麻醉药品、精神药品两次以上，数量累计达到前项规定的数量标准百分之八十以上的；

（三）因非法提供麻醉药品、精神药品被行政处罚，又非法提供麻醉药品、精神药品的；

（四）向吸食、注射毒品的未成年人提供麻醉药品、精神药品的；

（五）造成严重后果或者其他情节严重的。依法从事生产、运输、管理、使用国家管制的麻醉药品、精神药品的人员或者单位，违反国家规定，向走私、贩卖毒品的犯罪分子提供国家规定管制的能够使人形成瘾癖的麻醉药品、精神药品的，或者以牟利为目的，向吸食、注射毒品的人提供国家规定管制的能够使人形成瘾癖的麻醉药品、精神药品的，以走私、贩卖毒品罪立案追诉。

第十三条　本规定中的毒品是指鸦片、海洛因、甲基苯丙胺（冰毒）、吗啡、大麻、可卡因以及国家规定管制的其他能够使人形成瘾癖的麻醉药品和精神药品。具体品种以国家食品药品监督管理局、公安部、卫生部发布的《麻醉药品品种目录》、《精神药品品种目录》为依据。

本规定中的“制毒物品”是指刑法第三百五十条第一款规定的醋酸酐、乙醚、三氯甲烷或者其他用于制造毒品的原料或者配剂，具体品种范围按照国家关于易制毒化学品管理的规定确定。

第十四条　本规定中未明确立案追诉标准的毒品，有条件折算为海洛因的，参照有关麻醉药品和精神药品折算标准进行折算。

第十五条　本规定中的立案追诉标准，除法律、司法解释另有规定的以外，适用于相关的单位犯罪。

第十六条　本规定中的“以上”，包括本数。

第十七条　本规定自印发之日起施行。

最高人民法院
关于审理毒品犯罪案件适用法律若干问题的解释（节选）

（法释〔2016〕8号）

详见《刑法》第347条走私、贩卖、运输、制造毒品罪的相关规定

第十三条　依法从事生产、运输、管理、使用国家管制的麻醉药品、精神药品的人员，违反国家规定，向吸食、注射毒品的人提供国家规定管制的能够使人形成瘾癖的麻醉药品、精神药品，具有下列情形之一的，应当依照刑法第三百五十五条第一款的规定，以非法提供麻醉药品、精神药品罪定罪处罚：

（一）非法提供麻醉药品、精神药品达到刑法第三百四十七条第三款或者本解释第二条规定的“数量较大”标准最低值的百分之五十，不满“数量较大”标准的；

（二）二年内曾因非法提供麻醉药品、精神药品受过行政处罚的；

（三）向多人或者多次非法提供麻醉药品、精神药品的；

（四）向吸食、注射毒品的未成年人非法提供麻醉药品、精神药品的；

（五）非法提供麻醉药品、精神药品造成严重后果的；

（六）其他应当追究刑事责任的情形。

具有下列情形之一的，应当认定为刑法第三百五十五条第一款规定的“情节严重”：

（一）非法提供麻醉药品、精神药品达到刑法第三百四十七条第三款或者本解释第二条规定的“数量较大”标准的；

（二）非法提供麻醉药品、精神药品达到前款第一项规定的数量标准，且具有前款第三项至第五项规定的情形之一的；

（三）其他情节严重的情形。

全国法院审理毒品犯罪案件工作座谈会纪要

（法〔2000〕42号）（已失效）

详见《刑法》第347条走私、贩卖、运输、制造毒品罪的相关规定

第三百五十五条之一 【妨害兴奋剂管理罪】[①]

引诱、教唆、欺骗运动员使用兴奋剂参加国内、国际重大体育竞赛，或者明知运动员参加上述竞赛而向其提供兴奋剂，情节严重的，处三年以下有期徒刑或者拘役，并处罚金。

组织、强迫运动员使用兴奋剂参加国内、国际重大体育竞赛的，依照前款的规定从重处罚。

第三百五十六条 【毒品犯罪的再犯】

因走私、贩卖、运输、制造、非法持有毒品罪被判过刑，又犯本节规定之罪的，从重处罚。

◆ 相关规定

全国部分法院审理毒品犯罪案件工作座谈会纪要（节选）

（法〔2008〕324号）

详见《刑法》第347条走私、贩卖、运输、制造毒品罪的相关规定

八、毒品再犯问题

根据刑法第三百五十六条规定，只要因走私、贩卖、运输、制造、非法持有毒品罪被判过刑，不论是在刑罚执行完毕后，还是在缓刑、假释或者暂予监外执行期间，又犯刑法分则第六章第七节规定的犯罪的，都是毒品再犯，应当从重处罚。

因走私、贩卖、运输、制造、非法持有毒品罪被判刑的犯罪分子，在缓刑、假释或者暂予监外执行期间又犯刑法分则第六章第七节规定的犯罪的，应当在对其所犯新的毒品犯罪适用刑法第三百五十六条从重处罚的规定确定刑罚后，再依法数罪并罚。对同时构成累犯和毒品再犯的被告人，应当同时引用刑法关于累犯和毒品再犯的条款从重处罚。

◆ 解读与适用

《刑法》第356条应仅适用于不符合累犯条件的再犯。如果对符合累犯条件的也适用该条固定，意味着对符合累犯条件的毒品犯罪人仅以再犯论因而可以适用缓刑、假释的规定，而其他犯罪的累犯却不得适用缓刑与假释，显然有失公允。[②]

---

① 根据《刑法修正案（十一）》新增。

② 参见张明楷：《刑法分则的解释原理》，中国人民大学出版社2004年版，第58～59页。

【拓展关键词】数罪并罚　累犯与毒品再犯　被判过刑　禁止重复评价　缓刑考验期再犯毒品犯罪

《刑参》第392号案例“李某贩卖、运输毒品案——因毒品犯罪被判处的刑罚尚未执行完毕又犯毒品罪的,是否适用《刑法》第356条的规定从重处罚”相关论述:在前罪刑罚尚未执行完毕以前重新犯罪的,应当数罪并罚。并罚的方法是“先减后并”,即对已执行的刑期不计算在新判决决定的刑期以内,而将前罪没有执行的刑罚与后罪所判处的刑罚,依照《刑法》第69条并罚。这种并罚方法与一般的并罚方法比较,具有决定执行刑罚的最低刑期较高,实际执行的刑罚可以超过一般数罪并罚最高刑的期限,犯罪分子执行刑罚的时间越长而又犯新罪,数罪并罚时决定执行刑罚的最低期限越高的特点,已经体现了从重。数罪并罚后认定毒品再犯并从重处罚存在双重从重处罚的问题。前罪刑罚尚未执行完毕以前重新犯罪,不能认定为毒品再犯。毒品再犯就其实质来说是累犯的一种特殊情形。“被判过刑”应当受“刑罚执行完毕或赦免以后”规定的制约。

《刑参》第542号案例“贺某贩卖、运输毒品案——保外就医期间再犯毒品犯罪的应当认定为毒品再犯”相关论述:刑法将一般累犯和危害国家安全累犯的构成要件和处罚原则放在总则规定,而将毒品再犯的构成条件和处罚原则放在刑法分则规定,表明立法上并未将毒品再犯视为类似于危害国家安全罪特殊累犯的一种。从文义解释来看,一般累犯和危害国家安全累犯均规定“在刑罚执行完毕或者赦免以后”的构成要件,对于一般累犯还规定了前后两罪必须发生在五年内,对危害国家安全罪的特殊累犯则不再要求两罪之间的时间间隔。但对于毒品再犯规定的是“被判过刑”。“被判过刑”既包括“刑罚执行完毕或赦免以后五年内”,也包括“刑罚宣判后尚未开始执行、已经开始执行但尚未执行完毕以及执行完毕或赦免五年以后”等不同于一般累犯构成条件的情形。从立法意图来看,“被判过刑”,既不要求前罪的刑罚已经执行完毕或者赦免,也不要求本次犯罪与前次犯罪之间有固定的时间间隔,使毒品再犯的限制条件更少,反映出立法者从严打击的决心。如在缓刑、假释考验期或者暂予监外执行期间再犯毒品犯罪,除先要对后罪认定为毒品再犯从重处罚之外,还要依照《刑法》第71条规定的“先减后并”的方法数罪并罚。对于刑罚尚未开始执行或者尚未执行完毕的毒品再犯,并不存在重复评价的问题。毒品再犯与数罪并罚是在处罚犯罪时基于不同层面的刑罚裁量视角,二者同时适用是对两种不同罪责的评价,与重复评价无关。所谓禁止重复评价原则,本质上是禁止将反映同一罪责内容的同一情节重复考量,导致实体上对被告人不利的结果。毒品再犯只针对毒品犯罪,是为严厉打击毒品犯罪设立的;而数罪并罚是通用于各种一人犯数罪的刑罚裁量制度,二者分属不同的层面,具有不同的适用条件和原则。在数罪并罚之时,已不再考量犯罪分子是否系毒品再犯这一情节,而仅仅依据法定的并罚原则及刑期计算方法进行裁量。在一定意义上,数罪并罚是有利于犯罪分子的制度。“先减后并”是作为数罪并罚的法定方式而非作为针对某个犯罪的法定从重处罚情节而存在的。数罪并罚已经降低了原本对犯罪分子各个犯罪行为判处的刑罚综合,体现了对犯罪分子处刑的宽恕,不应将毒品再犯作为对毒品犯罪法定的从重处罚情节,与对犯罪分子在前罪尚未执行完毕之前重新犯罪导致的数罪并罚混为一谈,对二者同时适用也不构成重复评价。

第三百五十七条　【毒品的范围及毒品数量的计算】

本法所称的毒品,是指鸦片、海洛因、甲基苯丙胺(冰毒)、吗啡、大麻、可卡因以及国家规定管制的其他能够使人形成瘾癖的麻醉药品和精神药品。

毒品的数量以查证属实的走私、贩卖、运输、制造、非法持有毒品的数量计算,不以纯度折算。

◆ 相关规定

全国法院审理毒品犯罪案件工作座谈会纪要

（法〔2000〕42号）（已失效）

详见《刑法》第347条走私、贩卖、运输、制造毒品罪的相关规定

第八节　组织、强迫、引诱、容留、介绍卖淫罪

第三百五十八条　【组织卖淫罪；强迫卖淫罪】①

组织、强迫他人卖淫的，处五年以上十年以下有期徒刑，并处罚金；情节严重的，处十年以上有期徒刑或者无期徒刑，并处罚金或者没收财产。

组织、强迫未成年人卖淫的，依照前款的规定从重处罚。

犯前两款罪，并有杀害、伤害、强奸、绑架等犯罪行为的，依照数罪并罚的规定处罚。

【协助组织卖淫罪】

为组织卖淫的人招募、运送人员或者有其他协助组织他人卖淫行为的，处五年以下有期徒刑，并处罚金；情节严重的，处五年以上十年以下有期徒刑，并处罚金。

◆ 相关规定

公安部

关于对同性之间以钱财为媒介的性行为定性处理问题的批复

（公复字〔2001〕4号）

广西壮族自治区公安厅：

你厅《关于对以金钱为媒介的同性之间的性行为如何定性的请示》（桂公传发〔2001〕35号）收悉。现批复如下：

根据《中华人民共和国治安管理处罚条例》和全国人大常委会《关于严禁卖淫嫖娼的决定》的规定，不特

---

① 根据《刑法修正案（八）》对第三款进行了修订。修订前条文第三款内容为："协助组织他人卖淫的，处五年以下有期徒刑，并处罚金；情节严重的，处五年以上十年以下有期徒刑，并处罚金。"后根据《刑法修正案（九）》修订。修订前的条文内容为："组织他人卖淫或者强迫他人卖淫的，处五年以上十年以下有期徒刑，并处罚金；有下列情形之一的，处十年以上有期徒刑或者无期徒刑，并处罚金或者没收财产：（一）组织他人卖淫，情节严重的；（二）强迫不满十四周岁的幼女卖淫的；（三）强迫多人卖淫或者多次强迫他人卖淫的；（四）强奸后迫使卖淫的；（五）造成被强迫卖淫的人重伤、死亡或者其他严重后果的。有前款所列情形之一，情节特别严重的，处无期徒刑或者死刑，并处没收财产。为组织卖淫的人招募、运送人员或者有其他协助组织他人卖淫行为的，处五年以下有期徒刑，并处罚金；情节严重的，处五年以上十年以下有期徒刑，并处罚金。"

定的异性之间或者同性之间以金钱、财物为媒介发生不正当性关系的行为，包括口淫、手淫、鸡奸等行为，都属于卖淫嫖娼行为，对行为人应当依法处理。

自本批复下发之日起，《公安部关于对以营利为目的的手淫、口淫等行为定性处理问题的批复》（公复字〔1995〕6号）同时废止。

最高人民检察院　公安部
关于公安机关管辖的刑事案件立案追诉标准的规定（一）（节选）

（公通字〔2008〕36号）

第七十五条　【组织卖淫案（刑法第三百五十八条第一款）】以招募、雇佣、强迫、引诱、容留等手段，组织他人卖淫的，应予立案追诉。

第七十六条　【强迫卖淫案（刑法第三百五十八条第一款）】以暴力、胁迫等手段强迫他人卖淫的，应予立案追诉。

第七十七条　【协助组织卖淫案（刑法第三百五十八条第三款）】在组织卖淫的犯罪活动中，充当保镖、打手、管账人等，起帮助作用的，应予立案追诉。*

最高人民法院　最高人民检察院　公安部　司法部
关于依法惩治性侵害未成年人犯罪的意见

（法发〔2013〕12号）

详见《刑法》第236条强奸罪的相关规定

最高人民法院　最高人民检察院
关于办理组织、强迫、引诱、容留、介绍卖淫刑事案件适用法律若干问题的解释（节选）

（法释〔2017〕13号）

第一条　以招募、雇佣、纠集等手段，管理或者控制他人卖淫，卖淫人员在三人以上的，应当认定为刑法第三百五十八条规定的“组织他人卖淫”。

组织卖淫者是否设置固定的卖淫场所、组织卖淫者人数多少、规模大小，不影响组织卖淫行为的认定。

第二条　组织他人卖淫，具有下列情形之一的，应当认定为刑法第三百五十八条第一款规定的“情节严重”：

（一）卖淫人员累计达十人以上的；

（二）卖淫人员中未成年人、孕妇、智障人员、患有严重性病的人累计达五人以上的；

（三）组织境外人员在境内卖淫或者组织境内人员出境卖淫的；

（四）非法获利人民币一百万元以上的；

（五）造成被组织卖淫的人自残、自杀或者其他严重后果的；

（六）其他情节严重的情形。

第三条　在组织卖淫犯罪活动中，对被组织卖淫的人有引诱、容留、介绍卖淫行为的，依照处罚较重的规定定罪处罚。但是，对被组织卖淫的人以外的其他人有引诱、容留、介绍卖淫行为的，应当分别定罪，实行数

---

* 已经被最高人民检察院、公安部《关于公安机关管辖的刑事案件立案追诉标准的规定（一）的补充规定》修订。

罪并罚。

第四条 明知他人实施组织卖淫犯罪活动而为其招募、运送人员或者充当保镖、打手、管账人等的，依照刑法第三百五十八条第四款的规定，以协助组织卖淫罪定罪处罚，不以组织卖淫罪的从犯论处。

在具有营业执照的会所、洗浴中心等经营场所担任保洁员、收银员、保安员等，从事一般服务性、劳务性工作，仅领取正常薪酬，且无前款所列协助组织卖淫行为的，不认定为协助组织卖淫罪。

第五条 协助组织他人卖淫，具有下列情形之一的，应当认定为刑法第三百五十八条第四款规定的“情节严重”：

（一）招募、运送卖淫人员累计达十人以上的；

（二）招募、运送的卖淫人员中未成年人、孕妇、智障人员、患有严重性病的人累计达五人以上的；

（三）协助组织境外人员在境内卖淫或者协助组织境内人员出境卖淫的；

（四）非法获利人民币五十万元以上的；

（五）造成被招募、运送或者被组织卖淫的人自残、自杀或者其他严重后果的；

（六）其他情节严重的情形。

第六条 强迫他人卖淫，具有下列情形之一的，应当认定为刑法第三百五十八条第一款规定的“情节严重”：

（一）卖淫人员累计达五人以上的；

（二）卖淫人员中未成年人、孕妇、智障人员、患有严重性病的人累计达三人以上的；

（三）强迫不满十四周岁的幼女卖淫的；

（四）造成被强迫卖淫的人自残、自杀或者其他严重后果的；

（五）其他情节严重的情形。

行为人既有组织卖淫犯罪行为，又有强迫卖淫犯罪行为，且具有下列情形之一的，以组织、强迫卖淫“情节严重”论处：

（一）组织卖淫、强迫卖淫行为中具有本解释第二条、本条前款规定的“情节严重”情形之一的；

（二）卖淫人员累计达到本解释第二条第一、二项规定的组织卖淫“情节严重”人数标准的；

（三）非法获利数额相加达到本解释第二条第四项规定的组织卖淫“情节严重”数额标准的。

第七条 根据刑法第三百五十八条第三款的规定，犯组织、强迫卖淫罪，并有杀害、伤害、强奸、绑架等犯罪行为的，依照数罪并罚的规定处罚。协助组织卖淫行为人参与实施上述行为的，以共同犯罪论处。

根据刑法第三百五十八条第二款的规定，组织、强迫未成年人卖淫的，应当从重处罚。

……

第十三条 犯组织、强迫、引诱、容留、介绍卖淫罪的，应当依法判处犯罪所得二倍以上的罚金。共同犯罪的，对各共同犯罪人合计判处的罚金应当在犯罪所得的二倍以上。

对犯组织、强迫卖淫罪被判处无期徒刑的，应当并处没收财产。

最高人民检察院　公安部
关于公安机关管辖的刑事案件立案追诉标准的规定(一)的补充规定

（公通字〔2017〕12 号）

十二、将《立案追诉标准（一）》第 77 条修改为：【协助组织卖淫案（刑法第三百五十八条第四款）】在组织卖淫的犯罪活动中，帮助招募、运送、培训人员 3 人以上，或者充当保镖、打手、管账人等，起帮助作用的，应予立案追诉。

◆ 解读与适用

【拓展关键词】卖淫　罪刑法定主义

《刑参》第303号案例“李某组织卖淫案——组织男性从事同性性交易,是否构成组织卖淫罪”相关论述:“卖淫”就其常态而言虽指女性以营利为目的与不特定男性从事性交易的行为。但随着立法的变迁、时代的发展,对男性以营利为目的与不特定女性从事性交易的行为也应认定为“卖淫”。“卖淫”的外延还可以进一步扩大,亦即还包括以营利为目的与不特定同性从事性交易的行为。如上界定并不违背刑法解释原理和罪刑法定原则。(1)至今,刑法及相关立法、司法解释未曾对刑法中的“卖淫”作出明确界定,未限定为异性之间的性交易。(2)不能以辞典的解释取代我们对刑法用语的规范解释。(3)刑法所规定的“卖淫”的本质特征在于以营利为目的向不特定的人出卖肉体的行为,至于行为人的性别,并非“卖淫”所要考察的因素,均违反了基本伦理道德规范,毒害了社会风气,败坏了社会良好风尚。(4)对刑法用语应当适应社会发展,结合现实语境,作出符合同时代一般社会观念和刑法精神的解释。一个词的通常的意义是在逐渐发展的,在事实的不断出现中形成的,任何一种解释若试图用最终的、权威性的解释取代基本文本的开放性,都会过早吞噬文本的生命,不能将“熟悉与必须”相混淆,否则便会“窒息”刑法的生命。

【拓展关键词】组织卖淫罪与协助组织卖淫罪、容留卖淫罪、介绍卖淫罪辨析　主从犯的认定　包容竞合

《刑参》第78号案例“高某、郑某等组织、协助卖淫案——组织卖淫罪定罪量刑的标准如何掌握”相关论述:是否有组织性是区分组织卖淫罪和容留卖淫罪的关键。组织卖淫罪的本质特征在于组织多人进行卖淫。(1)是否建立了卖淫组织。组织者采取各种手段纠集卖淫人员,纠集的方法有多种,如招募、雇佣、引诱、为多次组织其实施卖淫而容留等。其实施的行为既可能是暴力性、欺骗性的,也可能是非暴力性的。(2)是否对卖淫者进行管理。组织者对卖淫人员进行人身和财产控制是组织卖淫罪的一种典型行为,但并不是该罪的构成要件。(3)是否组织、安排卖淫活动。

《刑参》第768号案例“蔡某等组织卖淫、协助组织卖淫案——如何区分组织卖淫和协助组织卖淫”相关论述:组织卖淫罪和协助组织卖淫罪的罪名与罪状分析,两罪是以组织卖淫活动过程中行为的分工来划分的。不能简单以作用大小为标准。协助组织卖淫罪是帮助犯,帮助犯不实施主行为。帮助犯所实施的行为不能是组织行为,否则应当以组织卖淫罪论处。在组织卖淫活动中对卖淫者的卖淫活动直接进行安排、调度的,应当以组织卖淫罪论处。其中起主要作用的是主犯,起次要作用的是从犯,从犯的行为也是组织行为,应当以组织卖淫罪论处。从犯对卖淫者的卖淫活动直接进行策划、管理、指派,只是这种组织行为相对于主要组织者而言处于辅助地位。如果不是对卖淫活动直接进行安排、调度,而是在外围协助组织者实施充当打手、管帐或为直接组织者招募、雇佣、运送卖淫者,为卖淫者安排住处,为组织者提供反调查信息等行为,都不构成组织卖淫罪,而仅构成协助组织卖淫罪。被告人对卖淫活动形成了有效管理与控制,并非仅仅为卖淫者提供卖淫场所,不能认定为容留卖淫罪。容留卖淫罪的容留是一种单纯为他人提供场所,容留者与卖淫者没有控制与调度的关系,来去自由、选择自由。

《刑参》第870号案例“郑某等组织卖淫、协助组织卖淫案——协助组织卖淫罪中‘情节严重’的认定”相关论述:区分组织卖淫罪与容留卖淫罪,关键在于判断行为人是否控制了多人进行卖淫活动,其行为是否具有组织性。虽然郑某在组织卖淫过程中对被组织的严某等人有容留行为,但应当视为组织行为的方式之一,可以作为组织卖淫罪的量刑情节考虑,不实行数罪并罚。协助组织卖淫罪系组织卖淫共同犯罪中的帮助犯,不实施安排、调度卖淫活动的组织行为,仅为组织卖淫行为提供帮助;如果行为人实施的是安排、调度卖淫活动的实行行为,即便是起次要作用的从犯,也应当按照组织卖淫罪的从犯定罪处罚。应当根据刑法规定、刑事政策,结合案件具体情况,综合认定行为人协助组织卖淫行为是否属于“情节严重”,不能“唯数量论”。

《刑参》第 1054 号案例"张某、冯某组织卖淫案——如何区分与认定组织卖淫罪与引诱、容留、介绍卖淫罪以及如何认定组织卖淫罪的'情节严重'"相关论述:行为人的行为是否构成组织卖淫罪可以从 3 个要件去判断。一是组织行为特征。所谓组织是指安排分散的人或者事物,使之具有一定的系统性、整体性,有安排、筹划、指示、指控等含义。二是场所要求。组织卖淫的场所特征体现为有固定场所或者虽然无固定场所但实际掌控、管理卖淫人员,有组织地进行卖淫活动。三是手段及规模要件。组织行为不仅仅限于使用控制手段,还包括管理手段。对组织卖淫罪"情节严重"的理解应当严于强迫卖淫罪。

《刑参》第 1267 号案例"席某等组织卖淫、刘某等协助组织卖淫案——组织卖淫罪的'组织'要件及情节严重如何认定"相关论述:"管理或者控制他人卖淫"是组织卖淫罪最主要的行为特征。投资者只要明知实际经营者、管理控制者所进行的是组织卖淫活动,即使没有实际直接参与经营,没有直接对卖淫活动进行管理控制,其投资行为也应认定为组织卖淫行为的组成部分。投资行为与实际经营行为、管理控制行为共同构成了组织卖淫行为。从司法实践来看,大多数法院不赞同以组织卖淫的次数衡量情节是否严重,而主张以管理、控制的卖淫人员人数、造成被组织卖淫人员伤亡后果及卖淫人员自身的情况等来认定情节是否严重。组织卖淫的次数与人数相比,显然人数的危害比次数大得多。从本质上说,大多数协助组织卖淫行为属于组织卖淫共同犯罪从犯的性质,但也有部分行为人成立专门的培训机构、运输组织等,专门从事协助组织卖淫的行为。这部分行为的独立性就非常强,将其以组织卖淫罪的从犯处理,不符合这类行为的本质。刑法专门规定了协助组织卖淫罪以后,并不影响组织卖淫共同犯罪中根据案件事实区分主从犯。同样,协助组织卖淫罪本身也有主从犯之分。概言之,只要是共同故意犯罪,都可能存在主从犯的问题。

《刑参》第 1268 号案例"方某等组织卖淫案——组织卖淫共同犯罪中的主犯认定及组织卖淫罪与协助组织卖淫罪的区分"相关论述:在组织卖淫共同犯罪中,主要投资人(所有人)一般应认定为主犯。区分组织卖淫罪和协助组织卖淫罪的关键在于是否实施了管理、控制卖淫活动的组织行为。主观上形成共同组织卖淫的故意,客观上有共同的组织卖淫行为者,构成组织卖淫共同犯罪。所谓组织卖淫行为一般是指以招募、雇佣、容留等手段,管理或者控制多人从事卖淫的行为。认定的关键是行为人对卖淫活动有策划、指挥、管理、控制、安排、调度等组织行为(实行行为),对卖淫者的卖淫活动已经形成有效管理与控制。客观上只实施了为组织卖淫的人招募、运送人员或者其他协助组织他人卖淫行为的,构成协助组织卖淫罪。组织卖淫罪的行为人主观方面是组织他人卖淫的犯罪故意,而协助组织卖淫罪的行为人主观方面是协助组织卖淫活动的犯罪故意。协助组织卖淫行为属于帮助犯,而帮助犯不实施主行为。因此,协助组织卖淫者所实施的行为不能是前述组织行为(实行行为),否则应当以组织卖淫罪论处。没有实施组织行为即不是对卖淫活动直接进行策划、指挥、管理、控制、安排、调度,不与卖淫行为发生直接联系,而是在外围协助组织者实施其他行为,如充当保镖、打手、管账人或为直接为组织者招募、雇用、运送卖淫人员,为卖淫人员安排住处,为组织者充当管账人、提供反调查信息等行为,这些都不构成组织卖淫罪,而仅构成协助组织卖淫罪。

《刑参》第 1269 号案例"杨某等组织卖淫案——如何区分组织卖淫罪的从犯与协助组织卖淫罪"相关论述:协助组织卖淫罪是将组织卖淫罪的帮助行为单独成罪,而非将组织卖淫罪的所有从犯单独成罪。我国刑法分则将部分帮助行为规定为独立犯罪,如《刑法》第 107 条规定的资助危害国家安全犯罪活动罪,第 120 条之一第 1 款规定的帮助恐怖活动罪以及第 358 条第 4 款规定的协助组织卖淫罪。但这并不意味着组织卖淫罪中不存在从犯或者说组织卖淫罪的从犯就是协助组织卖淫罪。协助组织卖淫罪与组织卖淫罪的从犯的本质区别在于行为不同,而非作用大小。

《刑参》第 1270 号案例"何某介绍卖淫案——如何理解组织卖淫罪中'卖淫人员在三人以上'的含义"相关论述:"组织"行为存在以下共性,一是"组织"行为表现为一种作为行为;二是"组织"行为的对象即被组织者应为多人,"组织"是将分散的人或事物按照一定的形式相结合,在数量上由少变多;三是"组织"行为的目的在于使分散的人或物形成相对一定的整体，具备“组织性”，在实质上由弱变强。组织卖淫罪的构成应当以具有“组织性”为前提。这不只要求简单地将单个个体召集到一起，还要求组成成员的相对固化，形成相应的纪律、规则，具备一定的行为定式，从而使整体的实力远远大于个体实力的简单相加。组织他人卖淫的“组织性”在人数上要求达到多人；组织他人卖淫的“组织性”在空间上要求具有稳定性；组织他人卖淫的“组织性”在时间上要求具有重合性；即三人以上的卖淫人员在被管理或者控制的某个时间段必须存在交叉、重叠，也即三人以上的卖淫人员必须同时出现在一个时间段内，方能体现组织卖淫中的“组织性”。将“卖淫人员在三人以上”理解为累计达到三人以上，将会造成罪责刑不相适应。同时管理、控制“三人以上”卖淫和累计管理、控制3人以上卖淫的社会危害性是不一样的。在同一时间段内管理、控制“三人以上”卖淫，体现了组织卖淫行为的“规模效应”。被告人何某虽然具有联系嫖客、与嫖客谈价格、收取嫖资、确定与卖淫女之间对嫖资的分配、接送卖淫女等“管理他人卖淫”的行为，但是卖淫女李某与万某、秦某是在不同时间段从事卖淫活动的，不符合《关于办理组织、强迫、引诱、容留、介绍卖淫刑事案件适用法律若干问题的解释》规定的“卖淫人员在三人以上”的条件，不构成组织卖淫罪。

《刑参》第1291号案例“胡某、李某组织卖淫案——卖淫女被嫖客杀害的，能否认定为组织卖淫罪的‘情节严重’”相关论述：控制是组织卖淫的最主要实现方式。组织卖淫包含了容留卖淫的内容，称为“包容竞合”，即一个罪名的外延是另一个罪名外延的一部分，犯罪事实同时符合两个犯罪构成的情形，处理原则是适用全部法优于部分法的原则。组织卖淫行为通过容留、介绍等行为实现组织卖淫的目的，在针对同一对象的情况下，不再对介绍、容留卖淫等行为单独进行刑法上的评价。

《刑参》第1292号案例“周某组织卖淫案——如何区分组织卖淫罪与容留卖淫罪”相关论述：组织卖淫与容留卖淫的最大区别在于行为人对卖淫人员是否实施了管理、控制行为。被告人采用的手段并非单一的容留手段，而是采用了招募、容留等手段，对卖淫嫖娼活动实施了管理行为，主要体现在其亲自与嫖客商定嫖娼价格，并决定嫖资的分配。

《刑参》第1293号案例“于某、彭某组织卖淫案——组织卖淫中有引诱、介绍卖淫行为的如何适用法律”相关论述：组织卖淫不以营利为构成要件。组织卖淫中有引诱、介绍卖淫行为的，择一重罪处罚。

《刑参》第1309号案例“胡某等协助组织卖淫案——如何区分协助组织卖淫罪与组织卖淫罪”相关论述：组织卖淫罪和协助组织卖淫罪是两个独立的罪名，有具体的罪状和单独的法定刑。区分的关键点是行为人是否实施了“组织行为”。需注意：（1）组织他人卖淫的行为贯穿于组织卖淫活动的整个过程，既包括将卖淫人员组织在一起的行为，也包括将卖淫人员组织起来后实施卖淫的行为。（2）组织他人卖淫的行为既是一种组织行为，也是一种实行行为，它不同于刑法关于共同犯罪中的组织犯的意义。共同犯罪中的组织犯的组织行为本身不是具体实施犯罪的实行行为。组织他人卖淫的行为着眼点在于“管理”和“控制”。组织卖淫罪和协助组织卖淫罪均可能存在主从犯的区分，不能简单地将组织卖淫罪的从犯认定为协助组织卖淫罪的正犯。组织卖淫罪的共同犯罪人之间可以区分主从犯，协助组织卖淫罪的共同犯罪人之间也可以区分主从犯。

《刑参》第1310号案例“张某组织卖淫、李某协助组织卖淫、饶某容留卖淫案——强奸幼女后，将幼女送至组织卖淫行为人处进行卖淫活动的如何定性”相关论述：奸淫幼女后，将幼女送至组织卖淫行为人处进行卖淫活动的，应当以强奸罪和协助组织卖淫罪数罪并罚。被告人李某在张某组织卖淫犯罪活动中所实施的“叫钟”、送单据等行为与“管账”是同质的行为，均属于协助组织卖淫性质的行为，应当以协助组织卖淫罪定罪处罚。将自己承包的营业场所提供给他人卖淫的行为应当以容留卖淫罪定罪处罚。

另见《刑法》第359条引诱、容留、介绍卖淫罪的相关注释。

【拓展关键词】组织、协助组织卖淫情节严重　情节特别严重

《刑参》第722号案例“王某等组织卖淫、耿某等协助组织卖淫案——如何认定组织卖淫罪的‘情节严重'、'情节特别严重'以及协助组织卖淫罪的'情节严重'"相关论述：虽然从刑法对数额犯设置法定刑的一般原则分析，每上升一个法定刑档次，涉案数额会上升 3 倍或者 5 倍，但不宜唯数量论，而应综合考虑各种因素，加以综合分析判断。对《最高人民法院、最高人民检察院关于执行〈全国人民代表大会常务委员会关于严禁卖淫嫖娼的决定〉的若干问题的解答》规定的"多人多次"情节不能机械的适用。

《刑参》第 1291 号案例"胡某、李某组织卖淫案——卖淫女被嫖客杀害的，能否认定为组织卖淫罪的'情节严重'"相关论述：卖淫女在实施卖淫违法行为时被嫖客杀害的，应当认定为组织卖淫罪的"情节严重"。"其他严重后果"不是基于组织者的故意行为，应当按照体系解释的方法进行理解。严重后果必须是被害人即卖淫女在卖淫期间发生的与卖淫活动有紧密的因果联系。

【拓展关键词】组织卖淫罪与强迫卖淫罪辨析

《刑参》第 1294 号案例"于某、何某等组织卖淫、协助组织卖淫案——在组织卖淫过程中采取非法限制卖淫人员人身自由等强迫行为的，应如何认定"相关论述：组织卖淫或者协助组织卖淫犯罪中，对卖淫人员采取非法限制人身自由等强迫行为的，应以组织卖淫罪或协助组织卖淫罪论处。行为人实施的限制卖淫人员自由等强制行为应包含在组织卖淫罪中"管理和控制"行为之中，不宜单独评价。这种强迫特征与强迫卖淫罪的行为对象有本质区别，前者为自愿卖淫，后者则为被强迫从事卖淫行为的人员。组织者对被组织者以外的其他人实施非法拘禁、殴打行为的，应与组织卖淫罪数罪并罚。

《刑参》第 1295 号案例"刘某、陈某、孔某强迫卖淫案——如何认定强迫卖淫罪的'强迫'要件"相关论述：被告人的强迫行为既包括暴力，也包括胁迫，暴力中有胁迫，胁迫中透露着暴力，属于强迫卖淫性质。被告人强迫未成年人卖淫，应依法从重处罚。

《刑参》第 1308 号案例"王某强迫卖淫案——多次强迫已满 14 周岁的未成年人卖淫是否构成强迫卖淫罪的'情节严重'"相关论述：司法解释中强迫卖淫罪"情节严重"的情形不包含"多次"强迫卖淫。被告人所强迫卖淫的对象已满 14 周岁，不是幼女，也不符合"强迫不满 14 周岁的幼女卖淫"的情形，故被告人的行为不构成强迫卖淫罪的"情节严重"。强迫卖淫的次数虽不作为"情节严重"的情形，但对于量刑仍然具有影响。

另见《刑法》第 358 条强迫卖淫罪的相关注释。

第三百五十九条　【引诱、容留、介绍卖淫罪】

引诱、容留、介绍他人卖淫的，处五年以下有期徒刑、拘役或者管制，并处罚金；情节严重的，处五年以上有期徒刑，并处罚金。

【引诱幼女卖淫罪】

引诱不满十四周岁的幼女卖淫的，处五年以上有期徒刑，并处罚金。

◆ 相关规定

最高人民检察院　公安部

关于公安机关管辖的刑事案件立案追诉标准的规定(一)(节选)

(公通字〔2008〕36 号)

第七十八条　【引诱、容留、介绍卖淫案(刑法第三百五十九条第一款)】引诱、容留、介绍他人卖淫，涉嫌下列情形之一的，应予立案追诉：

（一）引诱、容留、介绍二人次以上卖淫的；

（二）引诱、容留、介绍已满十四周岁未满十八周岁的未成年人卖淫的；

（三）被引诱、容留、介绍卖淫的人患有艾滋病或者患有梅毒、淋病等严重性病；

（四）其他引诱、容留、介绍卖淫应予追究刑事责任的情形。

第七十九条　【引诱幼女卖淫案（刑法第三百五十九条第二款）】引诱不满十四周岁的幼女卖淫的，应予立案追诉。

最高人民法院　最高人民检察院　公安部　司法部
印发《关于依法惩治性侵害未成年人犯罪的意见》的通知

（法发〔2013〕12号）

详见《刑法》第236条强奸罪的相关规定

最高人民法院　最高人民检察院
关于办理组织、强迫、引诱、容留、介绍卖淫刑事案件适用法律若干问题的解释（节选）

（法释〔2017〕13号）

详见《刑法》第358条组织卖淫罪的相关规定

第八条　引诱、容留、介绍他人卖淫，具有下列情形之一的，应当依照刑法第三百五十九条第一款的规定定罪处罚：

（一）引诱他人卖淫的；

（二）容留、介绍二人以上卖淫的；

（三）容留、介绍未成年人、孕妇、智障人员、患有严重性病的人卖淫的；

（四）一年内曾因引诱、容留、介绍卖淫行为被行政处罚，又实施容留、介绍卖淫行为的；

（五）非法获利人民币一万元以上的。

利用信息网络发布招嫖违法信息，情节严重的，依照刑法第二百八十七条之一的规定，以非法利用信息网络罪定罪处罚。同时构成介绍卖淫罪的，依照处罚较重的规定定罪处罚。

引诱、容留、介绍他人卖淫是否以营利为目的，不影响犯罪的成立。

引诱不满十四周岁的幼女卖淫的，依照刑法第三百五十九条第二款的规定，以引诱幼女卖淫罪定罪处罚。

被引诱卖淫的人员中既有不满十四周岁的幼女，又有其他人员的，分别以引诱幼女卖淫罪和引诱卖淫罪定罪，实行并罚。

第九条　引诱、容留、介绍他人卖淫，具有下列情形之一的，应当认定为刑法第三百五十九条第一款规定的“情节严重”：

（一）引诱五人以上或者引诱、容留、介绍十人以上卖淫的；

（二）引诱三人以上的未成年人、孕妇、智障人员、患有严重性病的人卖淫，或者引诱、容留、介绍五人以上该类人员卖淫的；

（三）非法获利人民币五万元以上的；

（四）其他情节严重的情形。

第十条　组织、强迫、引诱、容留、介绍他人卖淫的次数，作为酌定情节在量刑时考虑。

◆ 解读与适用

【拓展关键词】介绍卖淫　行为犯既遂标准　卖淫嫖娼　介绍卖淫罪与容留卖淫罪辨析

《刑参》第 193 号案例"林某介绍卖淫案——通过互联网发布卖淫信息行为的定性"相关论述：被告人通过互联网为不特定的"嫖客"提供信息，起到了介绍卖淫的实际作用，应认定为介绍卖淫罪。被告人在互联网上发布卖淫信息，并为访问者所知悉，应以介绍卖淫罪既遂处理。犯罪是否已经完成，需通过某一具体犯罪的构成要件是否充足来加以判断，具体还要根据行为犯、结果犯、目的犯等罪状设计而定。介绍卖淫罪当属行为犯，并不要求发生特定的结果，更不需要特定目的的实现。当然，这并不等于说行为犯不存在未遂的问题，如果行为刚着手实施，尚未完成即停止下来，也应认定为未遂。被告人通过互联网向社会公众发布卖淫信息，并致使多人前往嫖娼的，具有严重的社会危害性，应认定为情节严重。

《刑参》第 376 号案例"吴某介绍卖淫案——介绍卖淫罪与介绍嫖娼行为的区别"相关论述：介绍卖淫罪的行为人往往同卖淫者之间存有关系，行为人的目的在于通过行为的实施使卖淫者的卖淫行为能够实现；标准就是视行为人特殊身份而形成的主观故意性。

《刑参》第 689 号案例"杨某、米某容留卖淫案——明知他人在出租房内从事卖淫活动仍出租房屋的行为，如何定性"相关论述：明知他人在出租房内从事卖淫活动仍出租房屋的行为，应认定为容留卖淫罪。

《刑参》第 1312 号案例"阳某容留卖淫案——容留卖淫罪的司法认定"相关论述：被告人容留的卖淫女与嫖客已就卖淫嫖娼达成合意，双方基于该故意就嫖资进行了商议，该行为应认定为卖淫嫖娼。被告人容留两名妇女卖淫嫖娼，应依法认定为容留卖淫罪。容留卖淫罪是行为犯，卖淫嫖娼的行为是否完成不影响本罪既遂的成立。

《刑参》第 1350 号案例"阎某介绍卖淫案——利用'QQ'网络建群为群成员卖淫嫖娼活动提供方便的行为应如何定性"相关论述：被告人线上介绍他人卖淫嫖娼致他人线下达成卖淫嫖娼交易，但并未对卖淫嫖娼活动实施管理或者控制行为，应当认定为介绍卖淫罪。组织卖淫包含了介绍卖淫的内容，称为"包容竞合"，即一个罪名的外延是另一个罪名外延的一部分，但是犯罪构成的内容已超出外延窄的情形，其适用原则是全部法、完全法优于部分法、不完全法。在对象统一性可以确定的情况下，组织卖淫行为通过介绍卖淫等行为实现组织卖淫的目的，不再对介绍卖淫等行为单独进行刑法上的评价，而是依照组织卖淫罪定罪处理。不能简单将被告人管理和使用 QQ 群的行为认定为管理卖淫嫖娼的行为。被告人的行为既构成非法利用信息网络罪又构成介绍卖淫罪，应当以介绍卖淫罪定罪处罚。

【拓展关键词】容留卖淫罪"情节严重"

《刑参》第 854 号案例"徐某引诱、容留、介绍卖淫案——容留卖淫三人次是否应当认定为容留卖淫罪的'情节严重'"相关论述：此类犯罪中的"情节严重"主要针对的是娱乐场所、洗浴中心等公共场所中大规模、有组织的卖淫行为。立法原意旨在重点打击那些长期性、职业性引诱、容留、介绍卖淫等严重破坏社会风尚的犯罪行为。《最高人民法院、最高人民检察院关于执行〈全国人民代表大会常务委员会关于严禁卖淫嫖娼的决定〉的若干问题的解答》的定位是一种可以参照性适用依据，在具体案件中对其的适用不是刚性的，可以保留一定的例外。《最高人民法院关于在经济犯罪审判中参照适用〈最高人民检察院、公安部关于公安机关管辖的刑事案件立案追诉标准的规定(二)〉的通知》第 2 条也明确规定，是否参照适用、哪些条款应当参照适用，必须结合具体情况进行审视。根据 2013 年 1 月 4 日发布的《关于废止 1980 年 1 月 1 日至 1997 年 6 月 30 日期间制发的部分司法解释和司法解释性文件的决定》，该解答被废止。

《刑参》第 973 号案例"聂某介绍卖淫案——如何区分介绍卖淫的一般违法行为和介绍卖淫罪，以及如何认定介绍卖淫罪重的'情节严重'"相关论述：介绍他人卖淫的行为具有严重的社会危害性，不属于"情节显著轻微危害不大”的范畴。严重的社会危害性是犯罪的首要特征也是它的本质特征，刑事违法性和应受刑罚处罚性都是犯罪的法律特征，是从严重社会危害性特征中派生出来的。社会危害性的有无和大小，不是一成不变的。

《刑参》第1349号案例“袁某容留、介绍卖淫案——容留、介绍卖淫罪‘情节严重’的司法认定”相关论述：《涉卖淫刑案解释》在吸收解答规定的基础上作了修改：(1)不再将容留、介绍卖淫的次数作为定罪量刑标准。(2)以人数为基准时，提高入罪标准和法定刑升格标准。(3)对于容留、介绍特殊人员卖淫的，设置了较低入罪和“情节严重”标准。(4)对曾被行政处罚的人，降低入罪门槛。(5)非法获利的情况增设为定罪量刑标准。(6)将容留、介绍卖淫罪的入罪标准、法定刑升格标准与引诱卖淫罪作了区分。

《刑参》第1386号案例“王某容留卖淫案——容留卖淫罪的入罪标准”相关论述：“一年内曾因引诱、容留、介绍卖淫行为被行政处罚，又实施容留、介绍卖淫行为的”，本规定的前半句包括引诱卖淫行为，后半句没有引诱卖淫行为；前半句的“卖淫”既包括刑法上的卖淫行为也包括治安管理处罚法上的卖淫行为，而后半句的“卖淫”仅指刑法上的卖淫行为。“一年内”是指自然跨度上满一年，起算节点是指行为的发生时间，而不是行为的行政处罚时间。一年内因引诱、容留、介绍卖淫犯罪被判处刑罚的不适用前述入罪规定。在适用“举轻以明重”的规则进行解释时，不能简单地以案件事实严重为由定罪处罚，否则就涉嫌类推。如果将前一次的犯罪行为作为后一次行为是否构成犯罪的标准，则有重复评价之嫌。

【拓展关键词】强奸罪与容留卖淫罪　介绍智障人员卖淫的定性

《刑参》第1311号案例“郭某介绍卖淫案——介绍智障人员卖淫行为的定罪和处罚”相关论述：嫖客的行为是否构成强奸罪，取决于两个条件，一是嫖客是否明知卖淫人员是智障人员；二是智障人员是否属于无性自我防卫能力人。介绍人介绍智障且属于无性自我防卫能力的人员卖淫，嫖客也明知而发生性关系的，即便该卖淫人员主动与嫖客发生性关系，嫖客的行为也构成强奸罪，介绍人则构成强奸罪的共犯，对介绍人的介绍行为不再以介绍卖淫罪定罪处罚。介绍包括智障人员在内的特殊人员卖淫，不受人数限制，行为人介绍1名智障人员卖淫即可构成介绍卖淫罪。

第三百六十条　【传播性病罪】①

明知自己患有梅毒、淋病等严重性病卖淫、嫖娼的，处五年以下有期徒刑、拘役或者管制，并处罚金。

◆ 相关规定

最高人民检察院　公安部

关于公安机关管辖的刑事案件立案追诉标准的规定(一)

(公通字〔2008〕36号)

第八十条　【传播性病案(刑法第三百六十条第一款)】明知自己患有梅毒、淋病等严重性病卖淫、嫖娼

① 根据《刑法修正案(九)》删除第二款。修订前第二款内容为：嫖宿不满十四周岁的幼女的，处五年以上有期徒刑，并处罚金。

的,应予立案追诉。

具有下列情形之一的,可以认定为本条规定的“明知”:

(一)有证据证明曾到医疗机构就医,被诊断为患有严重性病的;

(二)根据本人的知识和经验,能够知道自己患有严重性病的;

(三)通过其他方法能够证明是“明知”的。

最高人民法院　最高人民检察院　公安部　司法部
印发《关于依法惩治性侵害未成年人犯罪的意见》的通知

(法发〔2013〕12号)

详见《刑法》第236条强奸罪的相关规定

最高人民法院　最高人民检察院
关于办理组织、强迫、引诱、容留、介绍卖淫刑事案件适用法律若干问题的解释

(法释〔2017〕13号)

详见《刑法》第358条组织卖淫罪的相关规定

第十一条　具有下列情形之一的,应当认定为刑法第三百六十条规定的“明知”:

(一)有证据证明曾到医院或者其他医疗机构就医或者检查,被诊断为患有严重性病的;

(二)根据本人的知识和经验,能够知道自己患有严重性病的;

(三)通过其他方法能够证明行为人是“明知”的。

传播性病行为是否实际造成他人患上严重性病的后果,不影响本罪的成立。

刑法第三百六十条规定所称的“严重性病”,包括梅毒、淋病等。其它性病是否认定为“严重性病”,应当根据《中华人民共和国传染病防治法》《性病防治管理办法》的规定,在国家卫生与计划生育委员会规定实行性病监测的性病范围内,依照其危害、特点与梅毒、淋病相当的原则,从严掌握。

第十二条　明知自己患有艾滋病或者感染艾滋病病毒而卖淫、嫖娼的,依照刑法第三百六十条的规定,以传播性病罪定罪,从重处罚。

具有下列情形之一,致使他人感染艾滋病病毒的,认定为刑法第九十五条第三项“其他对于人身健康有重大伤害”所指的“重伤”,依照刑法第二百三十四条第二款的规定,以故意伤害罪定罪处罚:

(一)明知自己感染艾滋病病毒而卖淫、嫖娼的;

(二)明知自己感染艾滋病病毒,故意不采取防范措施而与他人发生性关系的。

最高人民法院　最高人民检察院　公安部　司法部
关于依法严厉打击传播艾滋病病毒等违法犯罪行为的指导意见(节选)

(公通字〔2019〕23号)

详见《刑法》第234条故意伤害罪的相关规定

二、准确认定行为性质

(二)传播性病罪。明知自己感染艾滋病病毒或者患有艾滋病而卖淫、嫖娼,未致人感染艾滋病病毒的,依照刑法第三百六十条的规定,以传播性病罪定罪,并从重处罚。

明知他人感染艾滋病病毒或者患有艾滋病，介绍其卖淫，同时构成介绍卖淫罪、故意伤害罪的，依照处罚较重的规定定罪处罚。

◆ 解读与适用

【拓展关键词】传播性病罪与故意伤害罪

罪名本身并不是确定和解释该犯罪行为具体构成要件的依据。该罪规定的犯罪为抽象的危险犯，具有严重性病的人卖淫、嫖娼的，即成立本罪。既不需要卖淫嫖娼的行为引起传播性病的具体危险与实害结果，也不需要行为人具有传播性病的故意。正确区分传播性病罪与故意伤害罪等的关系，行为人具有传播性病的故意，实施卖淫等传播性病的行为，导致他人感染性病的，应认定为故意伤害罪。因为这种行为完全超出了《刑法》第 360 条第 1 款规定的构成要件，而且完全符合故意伤害罪等的构成要件。①

《刑参》第 1133 号案例“王某传播性病案——明知自己携带艾滋病病毒而卖淫的，如何定性”相关论述：无论从医学角度还是法律角度分析，艾滋病均属于危害性与梅毒、淋病相当的严重性病。明知自己携带艾滋病病毒而卖淫的，可以构成传播性病罪。

《刑参》第 1274 号案例“周某故意伤害案——明知自己感染艾滋病病毒，故意不采取保护措施与他人发生性关系，致使他人感染艾滋病病毒的，如何定罪处罚”相关论述：明知自己感染艾滋病病毒，故意不采取保护措施与他人发生性关系，致使他人感染艾滋病病毒的，应定故意伤害罪。艾滋病病毒对人体免疫系统的损害十分致命，但艾滋病病毒又不具有直接致命性，它是通过损害人体免疫系统，降低人体的免疫力，进而构成对人体的危害。艾滋病病人死亡的直接原因通常都是其他的疾病或损伤。行为人一旦把艾滋病病毒传染给他人，那就肯定对他人的身体造成了伤害，从被害人感染艾滋病病毒的那一刻起，故意伤害罪就已经既遂，而不会像认定故意杀人罪那样出现未遂与既遂不确定的问题。本案认定为故意伤害罪后，应按照致人重伤的标准量刑。

第三百六十一条　【特定单位的人员组织、强迫、引诱、容留、介绍卖淫的处理规定】

旅馆业、饮食服务业、文化娱乐业、出租汽车业等单位的人员，利用本单位的条件，组织、强迫、引诱、容留、介绍他人卖淫的，依照本法第三百五十八条、第三百五十九条的规定定罪处罚。

前款所列单位的主要负责人，犯前款罪的，从重处罚。

第三百六十二条　【窝藏、包庇罪】

旅馆业、饮食服务业、文化娱乐业、出租汽车业等单位的人员，在公安机关查处卖淫、嫖娼活动时，为违法犯罪分子通风报信，情节严重的，依照本法第三百一十条的规定定罪处罚。

① 参见张明楷：《刑法分则的解释原理》，中国人民大学出版社 2004 年版，第 114 页。

◆ 相关规定

最高人民法院　最高人民检察院
关于办理组织、强迫、引诱、容留、介绍卖淫刑事案件适用法律若干问题的解释(节选)
(法释〔2017〕13 号)

详见《刑法》第 358 条组织卖淫罪的相关规定

第十四条　根据刑法第三百六十二条、第三百一十条的规定,旅馆业、饮食服务业、文化娱乐业、出租汽车业等单位的人员,在公安机关查处卖淫、嫖娼活动时,为违法犯罪分子通风报信,情节严重的,以包庇罪定罪处罚。事前与犯罪分子通谋的,以共同犯罪论处。

具有下列情形之一的,应当认定为刑法第三百六十二条规定的"情节严重":

(一)向组织、强迫卖淫犯罪集团通风报信的;

(二)二年内通风报信三次以上的;

(三)一年内因通风报信被行政处罚,又实施通风报信行为的;

(四)致使犯罪集团的首要分子或者其他共同犯罪的主犯未能及时归案的;

(五)造成卖淫嫖娼人员逃跑,致使公安机关查处犯罪行为因取证困难而撤销刑事案件的;

(六)非法获利人民币一万元以上的;

(七)其他情节严重的情形。

第九节　制作、贩卖、传播淫秽物品罪

第三百六十三条　【制作、复制、出版、贩卖、传播淫秽物品牟利罪】

以牟利为目的,制作、复制、出版、贩卖、传播淫秽物品的,处三年以下有期徒刑、拘役或者管制,并处罚金;情节严重的,处三年以上十年以下有期徒刑,并处罚金;情节特别严重的,处十年以上有期徒刑或者无期徒刑,并处罚金或者没收财产。

【为他人提供书号出版淫秽书刊罪】

为他人提供书号,出版淫秽书刊的,处三年以下有期徒刑、拘役或者管制,并处或者单处罚金;明知他人用于出版淫秽书刊而提供书号的,依照前款的规定处罚。

◆ 相关规定

最高人民检察院　公安部
关于公安机关管辖的刑事案件立案追诉标准的规定(一)(节选)
(公通字〔2008〕36 号)

第八十二条　【制作、复制、出版、贩卖、传播淫秽物品牟利案(刑法第三百六十三条第一款、第二款)】以牟利为目的,制作、复制、出版、贩卖、传播淫秽物品,涉嫌下列情形之一的,应予立案追诉:

（一）制作、复制、出版淫秽影碟、软件、录像带五十至一百张（盒）以上，淫秽音碟、录音带一百至二百张（盒）以上，淫秽扑克、书刊、画册一百至二百副（册）以上，淫秽照片、画片五百至一千张以上的；

（二）贩卖淫秽影碟、软件、录像带一百至二百张（盒）以上，淫秽音碟、录音带二百至四百张（盒）以上，淫秽扑克、书刊、画册二百至四百副（册）以上，淫秽照片、画片一千至二千张以上的；

（三）向他人传播淫秽物品达二百至五百人次以上，或者组织播放淫秽影、像达十至二十场次以上的；

（四）制作、复制、出版、贩卖、传播淫秽物品，获利五千至一万元以上的。

以牟利为目的，利用互联网、移动通讯终端制作、复制、出版、贩卖、传播淫秽电子信息，涉嫌下列情形之一的，应予立案追诉：

（一）制作、复制、出版、贩卖、传播淫秽电影、表演、动画等视频文件二十个以上的；

（二）制作、复制、出版、贩卖、传播淫秽音频文件一百个以上的；

（三）制作、复制、出版、贩卖、传播淫秽电子刊物、图片、文章、短信息等二百件以上的；

（四）制作、复制、出版、贩卖、传播的淫秽电子信息，实际被点击数达到一万次以上的；

（五）以会员制方式出版、贩卖、传播淫秽电子信息，注册会员达二百人以上的；

（六）利用淫秽电子信息收取广告费、会员注册费或者其他费用，违法所得一万元以上的；

（七）数量或者数额虽未达到本款第（一）项至第（六）项规定标准，但分别达到其中两项以上标准的百分之五十以上的；

（八）造成严重后果的。

利用聊天室、论坛、即时通信软件、电子邮件等方式，实施本条第二款规定行为的，应予立案追诉。

以牟利为目的，通过声讯台传播淫秽语音信息，涉嫌下列情形之一的，应予立案追诉：

（一）向一百人次以上传播的；

（二）违法所得一万元以上的；

（三）造成严重后果的。

明知他人用于出版淫秽书刊而提供书号、刊号的，应予立案追诉。

第八十三条　【为他人提供书号出版淫秽书刊案（刑法第三百六十三条第二款）】为他人提供书号、刊号出版淫秽书刊，或者为他人提供版号出版淫秽音像制品的，应予立案追诉。

最高人民法院　最高人民检察院
关于办理利用互联网移动通讯终端声讯台制作、复制、出版、贩卖、传播淫秽电子信息刑事案件具体应用法律若干问题的解释

（法释〔2004〕11号）

第一条　以牟利为目的，利用互联网、移动通讯终端制作、复制、出版、贩卖、传播淫秽电子信息，具有下列情形之一的，依照刑法第三百六十三条第一款的规定，以制作、复制、出版、贩卖、传播淫秽物品牟利罪定罪处罚。

（一）制作、复制、出版、贩卖、传播淫秽电影、表演、动画等视频文件二十个以上的；

（二）制作、复制、出版、贩卖、传播淫秽音频文件一百个以上的；

（三）制作、复制、出版、贩卖、传播淫秽电子刊物、图片、文章、短信息等二百件以上的；

（四）制作、复制、出版、贩卖、传播的淫秽电子信息，实际被点击数达到一万次以上的；

（五）以会员制方式出版、贩卖、传播淫秽电子信息，注册会员达二百人以上的；

（六）利用淫秽电子信息收取广告费、会员注册费或者其他费用，违法所得一万元以上的；

（七）数量或者数额虽未达到第（一）项至第（六）项规定标准，但分别达到其中两项以上标准一半以上的；

（八）造成严重后果的。

利用聊天室、论坛、即时通信软件、电子邮件等方式，实施第一款规定行为的，依照刑法第三百六十三条第一款的规定，以制作、复制、出版、贩卖、传播淫秽物品牟利罪定罪处罚。

第二条 实施第一条规定的行为，数量或者数额达到第一条第一款第（一）项至第（六）项规定标准五倍以上的，应当认定为刑法第三百六十三条第一款规定的"情节严重"；达到规定标准二十五倍以上的，应当认定为"情节特别严重"。

第三条 不以牟利为目的，利用互联网或者移通讯终端传播淫秽电子信息，具有下列情形之一的，依照刑法第三百六十四条第一款的规定，以传播淫秽物品罪定罪处罚：

（一）数量达到第一条第一款第（一）项至第（五）项规定标准二倍以上的；

（二）数量分别达到第一条第一款第（一）项至第（五）项两项以上标准的；

（三）造成严重后果的。

利用聊天室、论坛、即时通信软件、电子邮件等方式，实施第一款规定行为的，依照刑法第三百六十四条第一款的规定，以传播淫秽物品罪定罪处罚。

第四条 明知是淫秽电子信息而在自己所有、管理或者使用的网站或者网页上提供直接链接的，其数量标准根据所链接的淫秽电子信息的种类计算。

第五条 以牟利为目的，通过声讯台传播淫秽语音信息，具有下列情形之一的，依照刑法第三百六十三条第一款的规定，对直接负责的主管人员和其他直接责任人员以传播淫秽物品牟利罪定罪处罚：

（一）向一百人次以上传播的；

（二）违法所得一万元以上的；

（三）造成严重后果的。

实施前款规定行为，数量或者数额达到前款第（一）项至第（二）项规定标准五倍以上的，应当认定为刑法第三百六十三条第一款规定的"情节严重"；达到规定标准二十五倍以上的，应当认定为"情节特别严重"。

第六条 实施本解释前五条规定的犯罪，具有下列情形之一的，依照刑法第三百六十三条第一款、第三百六十四条第一款的规定从重处罚：

（一）制作、复制、出版、贩卖、传播具体描绘不满十八周岁未成年人性行为的淫秽电子信息的；

（二）明知是具体描绘不满十八周岁的未成年人性行为的淫秽电子信息而在自己所有、管理或者使用的网站或者网页上提供直接链接的；

（三）向不满十八周岁的未成年人贩卖、传播淫秽电子信息和语音信息的；

（四）通过使用破坏性程序、恶意代码修改用户计算机设置等方法，强制用户访问、下载淫秽电子信息的。

第七条 明知他人实施制作、复制、出版、贩卖、传播淫秽电子信息犯罪，为其提供互联网接入、服务器托管、网络存储空间、通讯传输通道、费用结算等帮助的，对直接负责的主管人员和其他直接责任人员，以共同犯罪论处。

第八条 利用互联网、移动通讯终端、声讯台贩卖、传播淫秽书刊、影片、录像带、录音带等以实物为载体的淫秽物品的，依照《最高人民法院关于审理非法出版物刑事案件具体应用法律若干问题的解释》的有关规定定罪处罚。

第九条 刑法第三百六十七条第一款规定的"其他淫秽物品"，包括具体描绘性行为或者露骨宣扬色情的诲淫性的视频文件、音频文件、电子刊物、图片、文章、短信息等互联网、移动通讯终端电子信息和声讯台语音信息。

有关人体生理、医学知识的电子信息和声讯台语音信息不是淫秽物品。包含色情内容的有艺术价值的电子文学、艺术作品不视为淫秽物品。

最高人民法院 最高人民检察院
关于办理利用互联网、移动通讯终端、声讯台制作、复制、出版、贩卖、传播淫秽电子信息刑事案件具体应用法律若干问题的解释(二)

(法释〔2010〕3号)

第一条 以牟利为目的,利用互联网、移动通讯终端制作、复制、出版、贩卖、传播淫秽电子信息的,依照《最高人民法院、最高人民检察院关于办理利用互联网、移动通讯终端、声讯台制作、复制、出版、贩卖、传播淫秽电子信息刑事案件具体应用法律若干问题的解释》第一条、第二条的规定定罪处罚。

以牟利为目的,利用互联网、移动通讯终端制作、复制、出版、贩卖、传播内容含有不满十四周岁未成年人的淫秽电子信息,具有下列情形之一的,依照刑法第三百六十三条第一款的规定,以制作、复制、出版、贩卖、传播淫秽物品牟利罪定罪处罚:

(一)制作、复制、出版、贩卖、传播淫秽电影、表演、动画等视频文件十个以上的;

(二)制作、复制、出版、贩卖、传播淫秽音频文件五十个以上的;

(三)制作、复制、出版、贩卖、传播淫秽电子刊物、图片、文章等一百件以上的;

(四)制作、复制、出版、贩卖、传播的淫秽电子信息,实际被点击数达到五千次以上的;

(五)以会员制方式出版、贩卖、传播淫秽电子信息,注册会员达一百人以上的;

(六)利用淫秽电子信息收取广告费、会员注册费或者其他费用,违法所得五千元以上的;

(七)数量或者数额虽未达到第(一)项至第(六)项规定标准,但分别达到其中两项以上标准一半以上的;

(八)造成严重后果的。

实施第二款规定的行为,数量或者数额达到第二款第(一)项至第(七)项规定标准五倍以上的,应当认定为刑法第三百六十三条第一款规定的"情节严重";达到规定标准二十五倍以上的,应当认定为"情节特别严重"。

第二条 利用互联网、移动通讯终端传播淫秽电子信息的,依照《最高人民法院、最高人民检察院关于办理利用互联网、移动通讯终端、声讯台制作、复制、出版、贩卖、传播淫秽电子信息刑事案件具体应用法律若干问题的解释》第三条的规定定罪处罚。

利用互联网、移动通讯终端传播内容含有不满十四周岁未成年人的淫秽电子信息,具有下列情形之一的,依照刑法第三百六十四条第一款的规定,以传播淫秽物品罪定罪处罚:

(一)数量达到第一条第二款第(一)项至第(五)项规定标准二倍以上的;

(二)数量分别达到第一条第二款第(一)项至第(五)项两项以上标准的;

(三)造成严重后果的。

第三条 利用互联网建立主要用于传播淫秽电子信息的群组,成员达三十人以上或者造成严重后果的,对建立者、管理者和主要传播者,依照刑法第三百六十四条第一款的规定,以传播淫秽物品罪定罪处罚。

第四条 以牟利为目的,网站建立者、直接负责的管理者明知他人制作、复制、出版、贩卖、传播的是淫秽电子信息,允许或者放任他人在自己所有、管理的网站或者网页上发布,具有下列情形之一的,依照刑法第三百六十三条第一款的规定,以传播淫秽物品牟利罪定罪处罚:

(一)数量或者数额达到第一条第二款第(一)项至第(六)项规定标准五倍以上的;

(二)数量或者数额分别达到第一条第二款第(一)项至第(六)项两项以上标准二倍以上的;

(三)造成严重后果的。

实施前款规定的行为,数量或者数额达到第一条第二款第(一)项至第(七)项规定标准二十五倍以上的,应当认定为刑法第三百六十三条第一款规定的"情节严重";达到规定标准一百倍以上的,应当认定为

“情节特别严重”。

第五条 网站建立者、直接负责的管理者明知他人制作、复制、出版、贩卖、传播的是淫秽电子信息，允许或者放任他人在自己所有、管理的网站或者网页上发布，具有下列情形之一的，依照刑法第三百六十四条第一款的规定，以传播淫秽物品罪定罪处罚：

（一）数量达到第一条第二款第（一）项至第（五）项规定标准十倍以上的；

（二）数量分别达到第一条第二款第（一）项至第（五）项两项以上标准五倍以上的；

（三）造成严重后果的。

第六条 电信业务经营者、互联网信息服务提供者明知是淫秽网站，为其提供互联网接入、服务器托管、网络存储空间、通讯传输通道、代收费等服务，并收取服务费，具有下列情形之一的，对直接负责的主管人员和其他直接责任人员，依照刑法第三百六十三条第一款的规定，以传播淫秽物品牟利罪定罪处罚：

（一）为五个以上淫秽网站提供上述服务的；

（二）为淫秽网站提供互联网接入、服务器托管、网络存储空间、通讯传输通道等服务，收取服务费数额在二万元以上的；

（三）为淫秽网站提供代收费服务，收取服务费数额在五万元以上的；

（四）造成严重后果的。

实施前款规定的行为，数量或者数额达到前款第（一）项至第（三）项规定标准五倍以上的，应当认定为刑法第三百六十三条第一款规定的“情节严重”；达到规定标准二十五倍以上的，应当认定为“情节特别严重”。

第七条 明知是淫秽网站，以牟利为目的，通过投放广告等方式向其直接或者间接提供资金，或者提供费用结算服务，具有下列情形之一的，对直接负责的主管人员和其他直接责任人员，依照刑法第三百六十三条第一款的规定，以制作、复制、出版、贩卖、传播淫秽物品牟利罪的共同犯罪处罚：

（一）向十个以上淫秽网站投放广告或者以其他方式提供资金的；

（二）向淫秽网站投放广告二十条以上的；

（三）向十个以上淫秽网站提供费用结算服务的；

（四）以投放广告或者其他方式向淫秽网站提供资金数额在五万元以上的；

（五）为淫秽网站提供费用结算服务，收取服务费数额在二万元以上的；

（六）造成严重后果的。

实施前款规定的行为，数量或者数额达到前款第（一）项至第（五）项规定标准五倍以上的，应当认定为刑法第三百六十三条第一款规定的“情节严重”；达到规定标准二十五倍以上的，应当认定为“情节特别严重”。

第八条 实施第四条至第七条规定的行为，具有下列情形之一的，应当认定行为人“明知”，但是有证据证明确实不知道的除外：

（一）行政主管机关书面告知后仍然实施上述行为的；

（二）接到举报后不履行法定管理职责的；

（三）为淫秽网站提供互联网接入、服务器托管、网络存储空间、通讯传输通道、代收费、费用结算等服务，收取服务费明显高于市场价格的；

（四）向淫秽网站投放广告，广告点击率明显异常的；

（五）其他能够认定行为人明知的情形。

第九条 一年内多次实施制作、复制、出版、贩卖、传播淫秽电子信息行为未经处理，数量或者数额累计计算构成犯罪的，应当依法定罪处罚。

第十条 单位实施制作、复制、出版、贩卖、传播淫秽电子信息犯罪的，依照《中华人民共和国刑法》、《最高人民法院、最高人民检察院关于办理利用互联网、移动通讯终端、声讯台制作、复制、出版、贩卖、传播淫秽电子信息刑事案件具体应用法律若干问题的解释》和本解释规定的相应个人犯罪的定罪量刑标准，对直接负责的主管人员和其他直接责任人员定罪处罚，并对单位判处罚金。

第十一条　对于以牟利为目的，实施制作、复制、出版、贩卖、传播淫秽电子信息犯罪的，人民法院应当综合考虑犯罪的违法所得、社会危害性等情节，依法判处罚金或者没收财产。罚金数额一般在违法所得的一倍以上五倍以下。

第十二条　《最高人民法院、最高人民检察院关于办理利用互联网、移动通讯终端、声讯台制作、复制、出版、贩卖、传播淫秽电子信息刑事案件具体应用法律若干问题的解释》和本解释所称网站，是指可以通过互联网域名、IP 地址等方式访问的内容提供站点。

以制作、复制、出版、贩卖、传播淫秽电子信息为目的建立或者建立后主要从事制作、复制、出版、贩卖、传播淫秽电子信息活动的网站，为淫秽网站。

第十三条　以前发布的司法解释与本解释不一致的，以本解释为准。

最高人民检察院　法律政策研究室
对北京市人民检察院《关于利用移动存储介质复制、贩卖淫秽视频电子信息牟利如何适用法律问题的请示》的答复意见

（2015 年 4 月 7 日）

北京市人民检察院：

……

以牟利为目的，利用手机存储卡、U 盘等移动存储介质复制、贩卖淫秽电子信息的，依照刑法第三百六十三条第一款的规定定罪处罚。有关定罪量刑标准可以参考《最高人民法院关于审理非法出版物刑事案件具体应用法律若干问题的解释》第八条规定，同时综合考虑移动存储介质数量、传播人数、获利金额等情节。对于移动存储介质中淫秽视频电子信息的数量计算以电子视频文件的个数为单位，一个淫秽文件视为一张影碟、一个软件、一盘录像带；具体定罪量刑标准，可以参考制作、复制、贩卖淫秽影碟、软件、录像带的相关规定。

最高人民法院　最高人民检察院
关于利用网络云盘制作、复制、贩卖、传播淫秽电子信息牟利行为定罪量刑问题的批复

（法释〔2017〕19 号）

……

一、对于以牟利为目的，利用网络云盘制作、复制、贩卖、传播淫秽电子信息的行为，是否应当追究刑事责任，适用刑法和《最高人民法院、最高人民检察院关于办理利用互联网、移动通讯终端、声讯台制作、复制、出版、贩卖、传播淫秽电子信息刑事案件具体应用法律若干问题的解释》（法释〔2004〕11 号）、《最高人民法院、最高人民检察院关于办理利用互联网、移动通讯终端、声讯台制作、复制、出版、贩卖、传播淫秽电子信息刑事案件具体应用法律若干问题的解释（二）》（法释〔2010〕3 号）的有关规定。

二、对于以牟利为目的，利用网络云盘制作、复制、贩卖、传播淫秽电子信息的行为，在追究刑事责任时，鉴于网络云盘的特点，不应单纯考虑制作、复制、贩卖、传播淫秽电子信息的数量，还应充分考虑传播范围、违法所得、行为人一贯表现以及淫秽电子信息、传播对象是否涉及未成年人等情节，综合评估社会危害性，恰当裁量刑罚，确保罪责刑相适应。

此复。

◆ 解读与适用

结合《刑法》第155条、第240条、第347条的规定，此处"以牟利为目的，制作、复制、出版、贩卖、传播淫秽物品的"中的"贩卖"应解释为出卖。①

【拓展关键词】牟利目的　点击数　淫秽物品　传播　罪刑法定原则　选择性罪名　行为犯既遂标准

《刑参》第120号案例"何某、杨某传播淫秽物品牟利案——在互联网上刊载淫秽图片、小说、电影的行为如何定性"相关论述：在互联网上刊载淫秽图片、销售、电影的，属于传播淫秽物品。以赚取广告收入为目的，在互联网上刊载淫秽物品的行为，应当认定为"以牟利为目的"传播淫秽物品。利用计算机实施的犯罪由行为人操作计算机所在地的人民法院管辖更适宜。

《刑参》第641号案例"方某传播淫秽物品牟利案——以牟利为目的与多人进行网络视频裸聊的行为如何定罪"相关论述："点对面"式网络裸聊所传递出来的信息具有淫秽性，侵害了社会善良道德风俗，具有严重的社会危害性，需要以刑法规制。淫秽性是淫秽物品的本质属性。"传播"是指散布或者使他人可以得到或获取。传播必须具有一定范围的公然性，或者说必须使不特定多数人能够获取或使用。网络裸聊并不能一概视为传播行为。其中"点对点"具有私密性，并不会影响到公众对性的感情，故此不符合传播淫秽物品犯罪的要求。合理扩张"淫秽物品"一词的外延符合社会发展以及维护社会善良风俗的实际需要，同时也是刑法解释的要求所在，并不违背罪刑法定原则。对法益造成侵害影响的是淫秽信息本身，而不是信息载体。随着电子信息的发展，信息与信息载体产生了分离，信息对现实生活的作用无须借助载体，可以单独直接进行，在这种情况下，不应纠缠于信息有无载体这个问题，而应重点关注信息本身的内容是否具有淫秽性。

《刑参》第664号案例"唐某制作、贩卖淫秽物品牟利案——编写添加淫秽色情内容的手机网站建站程序并贩卖的行为应如何定罪"相关论述：编写添加淫秽色情内容的手机网站建站程序并贩卖的，以制作、贩卖淫秽物品牟利罪定罪处罚。

《刑参》第665号案例"陈某复制、贩卖淫秽物品牟利案——以手机存储卡为载体复制淫秽物品牟利的行为应如何定罪处罚"相关论述：被告人以牟利为目的，将手机存储卡作为载体复制淫秽物品，应以复制、贩卖淫秽物品牟利罪定罪处罚。选择性罪名是指刑法分则条文把两种以上具有独立意义但又紧密联系的犯罪行为、犯罪主体或者犯罪对象规定在一起而形成的罪名，只要符合其一即可构成犯罪，如符合多个条件，仍为一罪，不实行数罪并罚。我国现行刑法中共有140余个选择性罪名。被告人电脑硬盘中查获的淫秽物品的数量应计入犯罪数量。被告人作为手机网点经营者，其电脑放置于公共场所中，电脑内储存的淫秽视频文件是为了通过复制的方式牟取利润，并不是为了个人欣赏。行为人储存于电脑内的淫秽物品，可推定为属于准备向他人复制淫秽物品的一部分。如只以抓获时复制在手机存储卡中的视频文件数量来量刑，而电脑中存储的不计入，则是放纵了犯罪。在他人手机存储卡内复制淫秽物品的数量应适用最高人民法院《关于审理非法出版物刑事案件具体应用法律若干问题的解释》作为定罪量刑标准。

《刑参》第666号案例"李某贩卖淫秽物品牟利案——贩卖指向淫秽视频链接的行为定性和数量认定"相关论述：以牟利为目的，利用互联网贩卖淫秽视频链接的行为构成贩卖淫秽物品牟利罪。指向淫秽视频的链接应按淫秽物品处理。被告人贩卖淫秽电子信息的数量应以贩卖的压缩文件数量来认定。淫秽电子信息犯罪在数量和情节严重程度的把握上相比传统淫秽物品犯罪，应从宽处理。本案涉及利用互联网贩卖指向淫秽视频的链接，应该适用符合淫秽电子信息犯罪特点的标准来追究刑事责任。被告人贩卖的压缩文件内虽内含上千个淫秽视频的链接，但其一直以一个压缩文件为单位进行贩卖，因此应以压缩文件的数量作为视

---

① 参见张明楷：《刑法分则的解释原理》，中国人民大学出版社2004年版，第325页。

频文件数量。

《刑参》第667号案例"魏某、戚某传播淫秽物品牟利案——以牟利为目的向淫秽网站投放广告的行为如何定罪"相关论述:被告人以牟利为目的向淫秽网站投放广告的行为,依法应认定为传播淫秽物品牟利罪。行为人必须明知自己投放广告的网站为淫秽网站。投放广告的链接淫秽网站数量应单独计算。虽然被告人投放广告的部分淫秽网站为链接淫秽网站,每个域名下的网站内容一样,后台程序相同,网站建设为同一个人,但应当分别计算此类链接淫秽网站的数量。

《刑参》第668号案例"张某传播淫秽物品牟利案——利用互联网、移动通讯终端实施的淫秽电子信息犯罪的行为方式与罪名认定及该类犯罪的数量认定"相关论述:制作、复制、出版、贩卖、传播之间是并列关系。在计算淫秽电子信息的数量时,要综合考虑这些并列关系,具体分析。如行为人制作了视频又将其传播,视频文件不能重复计算。如果复制了淫秽图片,又传播了淫秽文章,该2类淫秽电子信息的数量应累计计算。

《刑参》第669号案例"罗某传播淫秽物品牟利案——如何正确把握淫秽电子信息的实际被点击数"相关论述:司法解释以点击数作为定罪量刑标准,是因为点击数类似于传统介质淫秽物品的传播人次,能客观反映淫秽物品的传播范围,体现对社会的危害程度,因此,以点击数作为定罪量刑标准是合理的。只是考虑到电子信息和传统介质的差异,在技术处理上应当有所变化。对电子信息点击数的规定应考虑电子信息传播时的实际情况而高于传统介质淫秽物品传播人次,这一点司法解释已经采纳。传播者对点击数本身有积极追求的目的,牟利多少与点击数密切相关。因此,在传播淫秽物品牟利罪中,不考虑上传淫秽电子信息的数量,单考虑点击数是有道理的。实践中点击数存在虚置的情况,应当以"实际被点击数"为标准计算。在手机WAP上网应先得出一个基本的请求数测算值,在计算实际电子数时,需要排除人为设置的计数方式差异、自点击数、有确切证据证实并可以明确区分的无效点击数等虚增的、不正常的点击数。鉴定结论只是证据的一种,尚需法官通过专业知识对结论的可靠性和准确性进行审查后才能适用。

《刑参》第690号案例"陈某等传播淫秽物品牟利案——对设立淫秽网站以及为其提供接入服务租用网站广告位的行为,如何定罪量刑"相关论述:设立淫秽网站的行为目的在于通过传播淫秽电子信息牟利,应以传播淫秽物品牟利罪定罪处罚。为淫秽网站提供服务器接入实质上是对传播淫秽信息的一种帮助行为。广告主提供资金的行为虽与直接的传播行为有所区别,但实质上也是制作复制出版贩卖传播淫秽信息的一种帮助行为,是淫秽网站牟利的重要途径。

《刑参》第691号案例"北京掌中时尚科技有限公司等传播淫秽物品牟利案——利用手机WAP网传播淫秽信息的牟利行为,如何认定"相关论述:利用手机WAP网传播淫秽电子图片牟利的,构成传播淫秽物品牟利罪。被告单位自行点击的现象不影响认定其犯传播淫秽物品牟利罪"情节严重"。自行点击行为,并非向他人传播,不符合传播淫秽物品的特征,一旦查实,应从点击数中扣除。根据现有技术条件,无法区分自行点击数与客户点击数,但根据在案证据,被告单位传播的淫秽物品实际被点击数远大于鉴定结论所认定的数量。被告人单位自行点击现象虽然存在,但数量必然有限。本案鉴定结论确定的点击数超出"情节严重"的标准近3万次,已留出了数量空间,认定"情节严重"是十分稳妥的,并不会加重其刑事责任。

《刑参》第723号案例"杨某传播淫秽物品牟利案——淫秽电子信息实际被点击数和注册会员数如何认定"相关论述:牟利包括直接牟利和间接牟利。科学合理地认定淫秽电子信息的实际被点击数,需要区分包含淫秽信息的普通网站与淫秽网站。不能笼统地将整个网站的实际被点击数认定为淫秽电子信息的实际被点击数。要区分点击数和实际被点击数。要扣除点击率计数器初始值和其他虚增的点击数。注册会员数需要区分收费注册网站和免费注册网站。免费注册会员通常存在多次注册和重复注册的情况,且非会员也能免费浏览网站信息,因免费注册网站的会员对网站收入没有实质性影响,故从本质上讲,此类网站的会员制度对于网站的管理以及网站信息浏览者的范围控制并无实际意义，不能作为该类网站社会危害性的参考因素。

《刑参》第769号案例“陈某等传播淫秽物品牟利案——仅为提高浏览权限而担任淫秽网站版主的行为，如何定罪处罚”相关论述：被告人虽无牟利目的，客观上也未获得报酬，但在明知陈某建立淫秽网站收取广告费牟利的情况下，仍申请成为版主对网站进行管理、编辑和维护，从而吸引更多的网民浏览，其行为对陈某的行为起到了帮助作用，应当构成传播淫秽物品牟利罪的共犯。刑法上起辅助作用的从犯，一般是指帮助犯。

《刑参》第1086号案例“张某贩卖淫秽物品牟利案——如何把握贩卖淫秽物品牟利罪既遂、未遂的认定标准”相关论述：出于牟利目的对淫秽物品的买卖行为都应当认定为对社会管理秩序造成了损害。贩卖淫秽物品牟利罪不属于结果犯而属于行为犯。但行为犯中的犯罪行为并不是一着手实行即告完成，有的行为犯有一个实行过程，通常要达到一定阶段才能视为行为的完成。不能认定行为人只要购买淫秽物品就成立犯罪既遂，通常还要求行为人实际取得所购买的淫秽物品，毕竟“购买型”犯罪与“出售型”犯罪的社会危害存在一定差异。本案被告人与卖家联系发货后去货运站办理提货手续尚未取到货物时即被抓获的，应认定为犯罪未遂。

《刑参》第1192号案例“深圳市快播科技有限公司、王某等人传播淫秽物品牟利案——网络视频缓存加速服务提供者构成传播淫秽物品牟利罪的认定”相关论述：客观上，快播公司已经成为淫秽视频的实际传播者。实施传播行为者不仅包括最初的视频内容提供者，也包括在整个传播链条中介入其中任何一个环节的内容提供者。主观上，快播公司及各被告人对介入淫秽视频传播存在明知而且具有非法牟利目的。刑法上的“明知”可以从两个角度证明，一是直接证明行为人知道或因他人告知而知道；二是基于行为人的特定身份、职业、经验等特点推定其知道。牟利为目的既包括通过传播淫秽物品直接获取对价的目的，也包括通过广告等获得间接收入的目的。快播公司和各被告人明知其网络系统上淫秽视频的传播和公司盈利增长之间的因果关系，仍放任其网络系统被用于传播淫秽视频，应当认定为具有非法牟利目的。对快播公司并不适用“技术中立”的责任豁免；依据“技术中立”原则给予法律责任豁免的情形，通常限于技术提供者，对于技术的实际使用者则应视其具体行为是否符合法律规定进行判断。知识产权法领域基于“避风港”规则免责的“缓存”是指“断电即被清除的临时存储”。本案缓存服务器不属于该类型。快播公司对于待定视频是否属于淫秽视频缺乏事先的明知。“事先明确知道是淫秽电子信息”与“明知其网络平台上存在淫秽电子信息”所表达的主观明知内容并不相同。快播公司不具有传播淫秽视频的直接故意。缓存服务器的大量淫秽视频的存在是用户的直接故意和快播公司的间接故意交织在一起共同作用的结果。快播公司的放任传播与技术介入的非直观性是本案的重要特征。单纯以缓存服务器内实际存储的淫秽视频数量来评价快播公司及各被告人的刑事责任未免过于严苛。快播公司放任淫秽视频传播的直接获利数额难以认定。对快播公司犯罪情节的认定应充分考量网络信息平台传播特点。快播公司传播淫秽物品牟利的情形与相关司法解释规定的情形主客观方面均有所不同，不宜直接根据相关司法解释规定的数量标准认定为“情节特别严重”。快播公司放任淫秽视频大量传播并获取巨额非法利益，应当认定为传播淫秽物品牟利“情节严重”。

《刑参》第1351号案例“梁某贩卖淫秽物品牟利案——网络云盘中淫秽物品的数量认定及量刑”相关论述：贩卖含有淫秽视频的网络云盘应当按照网络云盘中实际存储的淫秽视频文件数量认定淫秽物品的数量。贩卖含有淫秽电子信息的网络云盘类案件，应当充分考虑案件的各种情节，综合评估社会危害性恰当量刑。

《刑参》第1444号案例“周某传播淫秽物品案——为推销合法产品而利用淫秽物品招揽顾客的行为，能否认定为传播淫秽物品牟利罪”相关论述：行为人在个人网站或者微信群内传播淫秽物品，其目的是为销售合法产品创造商机，其既没有让被传播者支付信息费，也没有通过网站本身或者微信群作广告赚取广告费，不能认定为"牟利"情节,不宜认定为传播淫秽物品牟利罪。无论直接牟利或间接牟利,行为人所牟取的利益均来源于所传播的淫秽物品本身,其牟利方式与传播淫秽电子信息行为之间存在直接的、必然的因果关系。

另见《刑法》第364条传播淫秽物品罪的相关注释。

第三百六十四条　【传播淫秽物品罪】

传播淫秽的书刊、影片、音像、图片或者其他淫秽物品,情节严重的,处二年以下有期徒刑、拘役或者管制。

【组织播放淫秽音像制品罪】

组织播放淫秽的电影、录像等音像制品的,处三年以下有期徒刑、拘役或者管制,并处罚金;情节严重的,处三年以上十年以下有期徒刑,并处罚金。

制作、复制淫秽的电影、录像等音像制品组织播放的,依照第二款的规定从重处罚。

向不满十八周岁的未成年人传播淫秽物品的,从重处罚。

◆ 相关规定

最高人民检察院　公安部

关于公安机关管辖的刑事案件立案追诉标准的规定(一)(节选)

(公通字〔2008〕36号)

第八十四条　【传播淫秽物品案(刑法第三百六十四条第一款)】传播淫秽的书刊、影片、音像、图片或者其他淫秽物品,涉嫌下列情形之一的,应予立案追诉:

(一)向他人传播三百至六百人次以上的;

(二)造成恶劣社会影响的。

不以牟利为目的,利用互联网、移动通讯终端传播淫秽电子信息,涉嫌下列情形之一的,应予立案追诉:

(一)数量达到本规定第八十二条第二款第(一)项至第(五)项规定标准二倍以上的;

(二)数量分别达到本规定第八十二条第二款第(一)项至第(五)项两项以上标准的;

(三)造成严重后果的。

利用聊天室、论坛、即时通信软件、电子邮件等方式,实施本条第二款规定行为的,应予立案追诉。

第八十五条　【组织播放淫秽音像制品案(刑法第三百六十四条第二款)】组织播放淫秽的电影、录像等音像制品,涉嫌下列情形之一的,应予立案追诉:

(一)组织播放十五至三十场次以上的;

(二)造成恶劣社会影响的。

最高人民法院　最高人民检察院
关于办理利用互联网、移动通讯终端、声讯台制作、复制、出版、贩卖、传播淫秽电子信息刑事案件具体应用法律若干问题的解释(一)
(法释〔2004〕11号)

详见《刑法》第364条传播淫秽物品罪的相关规定

最高人民法院　最高人民检察院
关于办理利用互联网、移动通讯终端、声讯台制作、复制、出版、贩卖、传播淫秽电子信息刑事案件具体应用法律若干问题的解释(二)
(法释〔2010〕3号)

详见《刑法》第364条传播淫秽物品罪的相关规定

最高人民法院　最高人民检察院
关于利用网络云盘制作、复制、贩卖、传播淫秽电子信息牟利行为定罪量刑问题的批复
(法释〔2017〕19号)

详见《刑法》第364条传播淫秽物品罪的相关规定

◆ 解读与适用

【拓展关键词】传播行为　点击数

《刑参》第670号案例"胡某等传播淫秽物品案——如何把握利用网络群组传播淫秽物品的犯罪"相关论述:群组具有封闭性、即时性、交流性三大特点。利用群组传播淫秽电子信息的定罪标准不以计算传播电子信息的数量、点击数作为标准,而是以设立目的和人数或后果为条件。利用群组传播淫秽电子信息的处罚对象是群的建立者、管理者和主要传播者。

《刑参》第671号案例"冷某传播淫秽物品案——如何认定网络版主传播淫秽物品的刑事责任"相关论述:版主们是网页版面和即时通讯的实际监控者,主要职责在于维护网站发帖秩序并监督其所辖子板块版主的工作。版主构成传播淫秽物品罪必须同时满足以下条件:(1)主观上明知是淫秽信息,客观上存在允许或放任的行为。传播淫秽物品是故意犯罪,要求行为人明知是淫秽物品而传播,并且不以牟利为目的。(2)涉及的淫秽电子信息数量达到司法解释所规定的数量标准。空间上应以行为人参与管理的板块为限。时间上应以行为人担任版主的期间作为计算区间。

《刑参》第672号案例"宋某传播淫秽物品、敲诈勒索案——将与他人性交的视频片段上传至个人博客的行为如何定性"相关论述:淫秽物品必然是已经进入他人视野或以此为目的,且必然与社会成员发生联系,已经或可能对他人发生影响。被告人自拍的性行为片段是对性行为的直接描述,如果个人私藏,不会涉及淫秽物品的问题,但将其置于网络,其性质无疑是淫秽物品。被告人将性交片段上传至其个人博客上的行为构成传播行为。

另见《刑法》第364条传播淫秽物品罪的相关规定的相关注释。

第三百六十五条　【组织淫秽表演罪】

组织进行淫秽表演的，处三年以下有期徒刑、拘役或者管制，并处罚金；情节严重的，处三年以上十年以下有期徒刑，并处罚金。

◆ 相关规定

最高人民检察院　公安部

关于公安机关管辖的刑事案件立案追诉标准的规定(一)(节选)

(公通字〔2008〕36号)

第八十六条　【组织淫秽表演案(刑法第三百六十五条)】以策划、招募、强迫、雇用、引诱、提供场地、提供资金等手段，组织进行淫秽表演，涉嫌下列情形之一的，应予立案追诉：

(一)组织表演者进行裸体表演的；

(二)组织表演者利用性器官进行诲淫性表演的；

(三)组织表演者半裸体或者变相裸体表演并通过语言、动作具体描绘性行为的；

(四)其他组织进行淫秽表演应予追究刑事责任的情形。

◆ 解读与适用

【拓展关键词】单位犯罪　传播行为　淫秽表演

《刑参》第673号案例"重庆访问科技有限公司等单位及郑某等人组织淫秽表演案——单位利用网络视频组织淫秽表演的行为如何定罪量刑"相关论述：各被告单位和被告人以牟利为目的利用网络视频多次组织淫秽表演的行为构成组织淫秽表演罪且情节严重。组织淫秽表演罪的关注点在于组织行为和淫秽表演行为，追究的是淫秽表演组织者的刑事责任。传播淫秽物品牟利罪的关注点是传播行为，追究的是传播者的刑事责任。以牟利为目的组织人员通过网络视频进行淫秽表演，尽管观看者实际上观看的是表演者的淫秽表演视频电子信息，但表演者这种即时性的同步淫秽表演行为应被视为表演行为，而不应该被视为传播淫秽电子信息的传播行为。因为后者通常是以既有的淫秽电子信息为传播对象。各被告单位和被告人以牟利为目的，按照协议和分工组织淫秽表演，依法应认定为共同犯罪。

《刑参》第770号案例"董某组织淫秽表演案——招募模特和摄影者，要求模特摆出淫秽姿势供摄影者拍摄的，如何定性"相关论述：招募模特和摄影者要求模特暴露生殖器、摆出淫秽姿势供摄影者拍摄的，构成组织淫秽表演罪。模特在摄影者镜头前的行为系表演行为。淫秽表演有两个特征：一是诲淫性，即行为具有客观上挑起他人不正常性刺激、性兴奋的作用。二是公开性，即在多数人或者不特定人面前进行表演。摄影者系从互联网上公开招募而来，具有不特定性。尽管是"一对一"形式表演，但该受众是从网上公开招募而来，具有不特定性，因此该表演活动仍会危害社会的健康性风尚。

另见《刑法》第364条传播淫秽物品罪的相关规定相关注释。

第三百六十六条　【单位犯本节规定之罪的处罚】

单位犯本节第三百六十三条、第三百六十四条、第三百六十五条规定之罪的，对单位判处罚金，并对其直接负责的主管人员和其他直接责任人员，依照各该条的规定处罚。

第三百六十七条　【淫秽物品的范围】

本法所称淫秽物品，是指具体描绘性行为或者露骨宣扬色情的诲淫性的书刊、影片、录像带、录音带、图片及其他淫秽物品。

有关人体生理、医学知识的科学著作不是淫秽物品。

包含有色情内容的有艺术价值的文学、艺术作品不视为淫秽物品。

本章其他相关规定

第七章 危害国防利益罪

第三百六十八条 【阻碍军人执行职务罪】

以暴力、威胁方法阻碍军人依法执行职务的，处三年以下有期徒刑、拘役、管制或者罚金。

【阻碍军事行动罪】

故意阻碍武装部队军事行动，造成严重后果的，处五年以下有期徒刑或者拘役。

第三百六十九条 【破坏武器装备、军事设施、军事通信罪】①

破坏武器装备、军事设施、军事通信的，处三年以下有期徒刑、拘役或者管制；破坏重要武器装备、军事设施、军事通信的，处三年以上十年以下有期徒刑；情节特别严重的，处十年以上有期徒刑、无期徒刑或者死刑。

【过失损坏武器装备、军事设施、军事通信罪】

过失犯前款罪，造成严重后果的，处三年以下有期徒刑或者拘役；造成特别严重后果的，处三年以上七年以下有期徒刑。

战时犯前两款罪的，从重处罚。

第三百七十条 【故意提供不合格武器装备、军事设施罪】

明知是不合格的武器装备、军事设施而提供给武装部队的，处五年以下有期徒刑或者拘役；情节严重的，处五年以上十年以下有期徒刑；情节特别严重的，处十年以上有期徒刑、无期徒刑或者死刑。

【过失提供不合格武器装备、军事设施罪】

过失犯前款罪，造成严重后果的，处三年以下有期徒刑或者拘役；造成特别严重后果的，处三年以上七年以下有期徒刑。

单位犯第一款罪的，对单位判处罚金，并对其直接负责的主管人员和其他直接责任人员，依照第一款的规定处罚。

第三百七十一条 【聚众冲击军事禁区罪】

聚众冲击军事禁区，严重扰乱军事禁区秩序的，对首要分子，处五年以上十年以下有期徒刑；对其他积极参加的，处五年以下有期徒刑、拘役、管制或者剥夺政治权利。

---

① 根据《刑法修正案(五)》修订。原条文主要内容为：破坏武器装备、军事设施、军事通信的，处三年以下有期徒刑、拘役或者管制；破坏重要武器装备、军事设施、军事通信的，处三年以上十年以下有期徒刑；情节特别严重的，处十年以上有期徒刑、无期徒刑或者死刑。战时从重处罚。

【聚众扰乱军事管理区秩序罪】

聚众扰乱军事管理区秩序，情节严重，致使军事管理区工作无法进行，造成严重损失的，对首要分子，处三年以上七年以下有期徒刑；对其他积极参加的，处三年以下有期徒刑、拘役、管制或者剥夺政治权利。

☞ 相关规定见章后二维码

第三百七十二条 【冒充军人招摇撞骗罪】

冒充军人招摇撞骗的，处三年以下有期徒刑、拘役、管制或者剥夺政治权利；情节严重的，处三年以上十年以下有期徒刑。

◆ 相关规定

最高人民法院
对"刑法'冒充军人招摇撞骗罪'中的'军人'是否现役军人"问题的答复
（2014年12月12日）

刑法第三百七十二条规定的"冒充军人招摇撞骗罪"属于危害国防利益的犯罪，该罪要求冒充的对象必须是现役军人。如果是冒充非现役军人，依法不构成冒充军人招摇撞骗罪。但行为人如果以此骗取公私财物，数额较大的，可构成诈骗罪。

☞ 其他相关规定见章后二维码

第三百七十三条 【煽动军人逃离部队罪；雇用逃离部队军人罪】

煽动军人逃离部队或者明知是逃离部队的军人而雇用，情节严重的，处三年以下有期徒刑、拘役或者管制。

第三百七十四条 【接送不合格兵员罪】

在征兵工作中徇私舞弊，接送不合格兵员，情节严重的，处三年以下有期徒刑或者拘役；造成特别严重后果的，处三年以上七年以下有期徒刑。

☞ 相关规定见章后二维码

◆ 解读与适用

《刑参》第237号案例"李某徇私枉法、接送不合格兵员案——如何认定徇私枉法'情节严重'"相关论述："征兵"是指依照兵役法的规定征集公民到部队服现役。该罪是指在征兵工作的兵役登记、体格检查、政治审查、审定新兵、交接兵员等过程中，徇私舞弊、弄虚作假、欺骗组织，将不符合政治、身体、年龄、文化等条件的公民接受或者输送到部队。

第三百七十五条　【伪造、变造、买卖武装部队公文、证件、印章罪;盗窃、抢夺武装部队公文、证件、印章罪】①

伪造、变造、买卖或者盗窃、抢夺武装部队公文、证件、印章的,处三年以下有期徒刑、拘役、管制或者剥夺政治权利;情节严重的,处三年以上十年以下有期徒刑。

【非法生产、买卖武装部队制式服装罪】

非法生产、买卖武装部队制式服装,情节严重的,处三年以下有期徒刑、拘役或者管制,并处或者单处罚金。

【伪造、盗窃、买卖、非法提供、非法使用武装部队专用标志罪】

伪造、盗窃、买卖或者非法提供、使用武装部队车辆号牌等专用标志,情节严重的,处三年以下有期徒刑、拘役或者管制,并处或者单处罚金;情节特别严重的,处三年以上七年以下有期徒刑,并处罚金。

单位犯第二款、第三款罪的,对单位判处罚金,并对其直接负责的主管人员和其他直接责任人员,依照各该款的规定处罚。

第三百七十六条　【战时拒绝、逃避征召、军事训练罪】

预备役人员战时拒绝、逃避征召或者军事训练,情节严重的,处三年以下有期徒刑或者拘役。

【战时拒绝、逃避服役罪】

公民战时拒绝、逃避服役,情节严重的,处二年以下有期徒刑或者拘役。

第三百七十七条　【战时故意提供虚假敌情罪】

战时故意向武装部队提供虚假敌情,造成严重后果的,处三年以上十年以下有期徒刑;造成特别严重后果的,处十年以上有期徒刑或者无期徒刑。

第三百七十八条　【战时造谣扰乱军心罪】

战时造谣惑众,扰乱军心的,处三年以下有期徒刑、拘役或者管制;情节严重的,处三年以上十年以下有期徒刑。

第三百七十九条　【战时窝藏逃离部队军人罪】

战时明知是逃离部队的军人而为其提供隐蔽处所、财物,情节严重的,处三年以下有期徒刑或者拘役。

第三百八十条　【战时拒绝、故意延误军事订货罪】

战时拒绝或者故意延误军事订货,情节严重的,对单位判处罚金,并对其直接负责的主

---

① 根据《刑法修正案(七)》修订。原条文主要内容为:伪造、变造、买卖或者盗窃、抢夺武装部队公文、证件、印章的,处三年以下有期徒刑、拘役、管制或者剥夺政治权利;情节严重的,处三年以上十年以下有期徒刑。

非法生产、买卖武装部队制式服装、车辆号牌等专用标志,情节严重的,处三年以下有期徒刑、拘役或者管制,并处或者单处罚金。

单位犯第二款罪的,对单位判处罚金,并对其直接负责的主管人员和其他直接责任人员,依照该款的规定处罚。

管人员和其他直接责任人员，处五年以下有期徒刑或者拘役；造成严重后果的，处五年以上有期徒刑。

第三百八十一条 【战时拒绝军事征收、征用罪】

战时拒绝军事征收、征用，情节严重的，处三年以下有期徒刑或者拘役。

☞ 相关规定见章后二维码

本章其他相关规定

第八章　贪污贿赂罪

第三百八十二条　【贪污罪】

国家工作人员利用职务上的便利，侵吞、窃取、骗取或者以其他手段非法占有公共财物的，是贪污罪。

受国家机关、国有公司、企业、事业单位、人民团体委托管理、经营国有财产的人员，利用职务上的便利，侵吞、窃取、骗取或者以其他手段非法占有国有财物的，以贪污论。

与前两款所列人员勾结，伙同贪污的，以共犯论处。

第三百八十三条　【贪污罪的处罚规定】①

对犯贪污罪的，根据情节轻重，分别依照下列规定处罚：

（一）贪污数额较大或者有其他较重情节的，处三年以下有期徒刑或者拘役，并处罚金。

（二）贪污数额巨大或者有其他严重情节的，处三年以上十年以下有期徒刑，并处罚金或者没收财产。

（三）贪污数额特别巨大或者有其他特别严重情节的，处十年以上有期徒刑或者无期徒刑，并处罚金或者没收财产；数额特别巨大，并使国家和人民利益遭受特别重大损失的，处无期徒刑或者死刑，并处没收财产。

对多次贪污未经处理的，按照累计贪污数额处罚。

犯第一款罪，在提起公诉前如实供述自己罪行、真诚悔罪、积极退赃，避免、减少损害结果的发生，有第一项规定情形的，可以从轻、减轻或者免除处罚；有第二项、第三项规定情形的，可以从轻处罚。

---

① 根据《刑法修正案（九）》修订。修订前的条文主要内容为：对犯贪污罪的，根据情节轻重，分别依照下列规定处罚：

（一）个人贪污数额在十万元以上的，处十年以上有期徒刑或者无期徒刑，可以并处没收财产；情节特别严重的，处死刑，并处没收财产。

（二）个人贪污数额在五万元以上不满十万元的，处五年以上有期徒刑，可以并处没收财产；情节特别严重的，处无期徒刑，并处没收财产。

（三）个人贪污数额在五千元以上不满五万元的，处一年以上七年以下有期徒刑；情节严重的，处七年以上十年以下有期徒刑。个人贪污数额在五千元以上不满一万元，犯罪后有悔改表现、积极退赃的，可以减轻处罚或者免予刑事处罚，由其所在单位或者上级主管机关给予行政处分。

（四）个人贪污数额不满五千元，情节较重的，处二年以下有期徒刑或者拘役；情节较轻的，由其所在单位或者上级主管机关酌情给予行政处分。

对多次贪污未经处理的，按照累计贪污数额处罚。

犯第一款罪，有第三项规定情形被判处死刑缓期执行的，人民法院根据犯罪情节等情况可以同时决定在其死刑缓期执行二年期满依法减为无期徒刑后，终身监禁，不得减刑、假释。

◆ 相关规定

最高人民法院
关于审理贪污、职务侵占案件如何认定共同犯罪几个问题的解释

（法释〔2000〕15号）

为依法审理贪污或者职务侵占犯罪案件，现就这类案件如何认定共同犯罪问题解释如下：

第一条 行为人与国家工作人员勾结，利用国家工作人员的职务便利，共同侵吞、窃取、骗取或者以其他手段非法占有公共财物的，以贪污罪共犯论处。

第二条 行为人与公司、企业或者其他单位的人员勾结，利用公司、企业或者其他单位人员的职务便利，共同将该单位财物非法占为己有，数额较大的，以职务侵占罪共犯论处。

第三条 公司、企业或者其他单位中，不具有国家工作人员身份的人与国家工作人员勾结，分别利用各自的职务便利，共同将本单位财物非法占为己有的，按照主犯的犯罪性质定罪。

全国法院审理经济犯罪案件工作座谈会纪要（节选）

（法发〔2003〕167号）

一、关于贪污贿赂犯罪和渎职犯罪的主体

（一）国家机关工作人员的认定

刑法中所称的国家机关工作人员，是指在国家机关中从事公务的人员，包括在各级国家权力机关、行政机关、司法机关和军事机关中从事公务的人员。

根据有关立法解释的规定，在依照法律、法规规定行使国家行政管理职权的组织中从事公务的人员，或者在受国家机关委托代表国家行使职权的组织中从事公务的人员，或者虽未列入国家机关人员编制但在国家机关中从事公务的人员，视为国家机关工作人员。在乡（镇）以上中国共产党机关、人民政协机关中从事公务的人员，司法实践中也应当视为国家机关工作人员：

（二）国家机关、国有公司、企业、事业单位委派到非国有公司、企业、事业单位、社会团体从事公务的人员的认定

所谓委派，即委任、派遣，其形式多种多样，如任命、指派、提名、批准等。不论被委派的人身份如何，只要是接受国家机关、国有公司、企业、事业单位委派，代表国家机关、国有公司、企业、事业单位在非国有公司、企业、事业单位、社会团体中从事组织、领导、监督、管理等工作，都可以认定为国家机关、国有公司、企业、事业单位委派到非国有公司、企业、事业单位、社会团体从事公务的人员。如国家机关、国有公司、企业、事业单位委派在国有控股或者参股的股份有限公司从事组织、领导、监督、管理等工作的人员，应当以国家工作人员论。国有公司、企业改制为股份有限公司后，原国有公司、企业的工作人员和股份有限公司新任命的人员中，除代表国有投资主体行使监督、管理职权的人外，不以国家工作人员论。

（三）"其他依照法律从事公务的人员"的认定

刑法第九十三条第二款规定的"其他依照法律从事公务的人员"应当具有两个特征：一是在特定条件下行使国家管理职能；二是依照法律规定从事公务。具体包括：

(1)依法履行职责的各级人民代表大会代表;

(2)依法履行审判职责的人民陪审员;

(3)协助乡镇人民政府、街道办事处从事行政管理工作的村民委员会、居民委员会等农村和城市基层组织人员;

(4)其他由法律授权从事公务的人员。

(四)关于"从事公务"的理解

从事公务,是指代表国家机关、国有公司、企业、事业单位、人民团体等履行组织、领导、监督、管理等职责。公务主要表现为与职权相联系的公共事务以及监督、管理国有财产的职务活动。如国家机关工作人员依法履行职责,国有公司的董事、经理、监事、会计、出纳人员等管理、监督国有财产等活动,属于从事公务。那些不具备职权内容的劳务活动、技术服务工作,如售货员、售票员等所从事的工作,一般不认为是公务。

二、关于贪污罪

(一)贪污罪既遂与未遂的认定

贪污罪是一种以非法占有为目的的财产性职务犯罪,与盗窃、诈骗、抢夺等侵犯财产罪一样,应当以行为人是否实际控制财物作为区分贪污罪既遂与未遂的标准。对于行为人利用职务上的便利,实施了虚假平帐等贪污行为,但公共财物尚未实际转移,或者尚未被行为人控制就被查获的,应当认定为贪污未遂。行为人控制公共财物后,是否将财物据为己有,不影响贪污既遂的认定。

(二)"受委托管理、经营国有财产"的认定

刑法第三百八十二条第二款规定的"受委托管理、经营国有财产",是指因承包、租赁、临时聘用等管理、经营国有财产。

(三)国家工作人员与非国家工作人员勾结共同非法占有单位财物行为的认定

对于国家工作人员与他人勾结,共同非法占有单位财物的行为,应当按照《最高人民法院关于审理贪污、职务侵占案件如何认定共同犯罪几个问题的解释》的规定定罪处罚。对于在公司、企业或者其他单位中,非国家工作人员与国家工作人员勾结,分别利用各自的职务便利,共同将本单位财物非法占有的,应当尽量区分主从犯,按照主犯的犯罪性质定罪。司法实践中,如果根据案件的实际情况。各共同犯罪人在共同犯罪中的地位、作用相当,难以区分主从犯的,可以贪污罪定罪处罚。

(四)共同贪污犯罪中"个人贪污数额"的认定

刑法第三百八十三条第一款规定的"个人贪污数额",在共同贪污犯罪案件中应理解为个人所参与或者组织、指挥共同贪污的数额,不能只按个人实际分得的赃款数额来认定。对共同贪污犯罪中的从犯,应当按照其所参与的共同贪污的数额确定量刑幅度,并依照刑法第二十七条第二款的规定,从轻、减轻处罚或者免除处罚。

最高人民法院研究室
关于对行为人通过伪造国家机关公文、证件担任国家工作人员职务并利用职务上的便利侵占本单位财物、收受贿赂、挪用本单位资金等行为如何适用法律问题的答复

(法研〔2004〕38号)

北京市高级人民法院:

你院〔2004〕15号《关于通过伪造国家机关公文、证件担任国家工作人员职务后利用职务便利侵占本单位财物、收受贿赂、挪用本单位资金的行为如何定性的请示》收悉。经研究,答复如下:

行为人通过伪造国家机关公文、证件担任国家工作人员职务以后,又利用职务上的便利实施侵占本单位财物、收受贿赂、挪用本单位资金等行为,构成犯罪的,应当分别以伪造国家机关公文、证件罪和相应的贪污罪、受贿罪、挪用公款罪等追究刑事责任,实行数罪并罚。

最高人民法院　最高人民检察院
关于办理国家出资企业中职务犯罪案件具体应用法律若干问题的意见
（法发〔2010〕49 号）

一、关于国家出资企业工作人员在改制过程中隐匿公司、企业财产归个人持股的改制后公司、企业所有的行为的处理

国家工作人员或者受国家机关、国有公司、企业、事业单位、人民团体委托管理、经营国有财产的人员利用职务上的便利，在国家出资企业改制过程中故意通过低估资产、隐瞒债权、虚设债务、虚构产权交易等方式隐匿公司、企业财产，转为本人持有股份的改制后公司、企业所有，应当依法追究刑事责任的，依照刑法第三百八十二条、第三百八十三条的规定，以贪污罪定罪处罚。贪污数额一般应当以所隐匿财产全额计算；改制后公司、企业仍有国有股份的，按股份比例扣除归于国有的部分。

所隐匿财产在改制过程中已为行为人实际控制，或者国家出资企业改制已经完成的，以犯罪既遂处理。

第一款规定以外的人员实施该款行为的，依照刑法第二百七十一条的规定，以职务侵占罪定罪处罚；第一款规定以外的人员与第一款规定的人员共同实施该款行为的，以贪污罪的共犯论处。

在企业改制过程中未采取低估资产、隐瞒债权、虚设债务、虚构产权交易等方式故意隐匿公司、企业财产的，一般不应当认定为贪污；造成国有资产重大损失，依法构成刑法第一百六十八条或者第一百六十九条规定的犯罪的，依照该规定定罪处罚。

二、关于国有公司、企业在改制过程中隐匿公司、企业财产归职工集体持股的改制后公司、企业所有的行为的处理

国有公司、企业违反国家规定，在改制过程中隐匿公司、企业财产，转为职工集体持股的改制后公司、企业所有的，对其直接负责的主管人员和其他直接责任人员，依照刑法第三百九十六条第一款的规定，以私分国有资产罪定罪处罚。

改制后的公司、企业中只有改制前公司、企业的管理人员或者少数职工持股，改制前公司、企业的多数职工未持股的，依照本意见第一条的规定，以贪污罪定罪处罚。

三、关于国家出资企业工作人员使用改制公司、企业的资金担保个人贷款，用于购买改制公司、企业股份的行为的处理

国家出资企业的工作人员在公司、企业改制过程中为购买公司、企业股份，利用职务上的便利，将公司、企业的资金或者金融凭证、有价证券等用于个人贷款担保的，依照刑法第二百七十二条或者第三百八十四条的规定，以挪用资金罪或者挪用公款罪定罪处罚。

行为人在改制前的国家出资企业持有股份的，不影响挪用数额的认定，但量刑时应当酌情考虑。

经有关主管部门批准或者按照有关政策规定，国家出资企业的工作人员为购买改制公司、企业股份实施前款行为的，可以视具体情况不作为犯罪处理。

四、关于国家工作人员在企业改制过程中的渎职行为的处理

国家出资企业中的国家工作人员在公司、企业改制或者国有资产处置过程中严重不负责任或者滥用职权，致使国家利益遭受重大损失的，依照刑法第一百六十八条的规定，以国有公司、企业人员失职罪或者国有公司、企业人员滥用职权罪定罪处罚。

国家出资企业中的国家工作人员在公司、企业改制或者国有资产处置过程中徇私舞弊，将国有资产低价折股或者低价出售给其本人未持有股份的公司、企业或者其他个人，致使国家利益遭受重大损失的，依照刑法第一百六十九条的规定，以徇私舞弊低价折股、出售国有资产罪定罪处罚。

国家出资企业中的国家工作人员在公司、企业改制或者国有资产处置过程中徇私舞弊，将国有资产低价折股或者低价出售给特定关系人持有股份或者本人实际控制的公司、企业，致使国家利益遭受重大损失的，

依照刑法第三百八十二条、第三百八十三条的规定，以贪污罪定罪处罚。贪污数额以国有资产的损失数额计算。

国家出资企业中的国家工作人员因实施第一款、第二款行为收受贿赂，同时又构成刑法第三百八十五条规定之罪的，依照处罚较重的规定定罪处罚。

五、关于改制前后主体身份发生变化的犯罪的处理

国家工作人员在国家出资企业改制前利用职务上的便利实施犯罪，在其不再具有国家工作人员身份后又实施同种行为，依法构成不同犯罪的，应当分别定罪，实行数罪并罚。

国家工作人员利用职务上的便利，在国家出资企业改制过程中隐匿公司、企业财产，在其不再具有国家工作人员身份后将所隐匿财产据为己有的，依照刑法第三百八十二条、第三百八十三条的规定，以贪污罪定罪处罚。

国家工作人员在国家出资企业改制过程中利用职务上的便利为请托人谋取利益，事先约定在其不再具有国家工作人员身份后收受请托人财物，或者在身份变化前后连续收受请托人财物的，依照刑法第三百八十五条、第三百八十六条的规定，以受贿罪定罪处罚。

六、关于国家出资企业中国家工作人员的认定

经国家机关、国有公司、企业、事业单位提名、推荐、任命、批准等，在国有控股、参股公司及其分支机构中从事公务的人员，应当认定为国家工作人员。具体的任命机构和程序，不影响国家工作人员的认定。

经国家出资企业中负有管理、监督国有资产职责的组织批准或者研究决定，代表其在国有控股、参股公司及其分支机构中从事组织、领导、监督、经营、管理工作的人员，应当认定为国家工作人员。

国家出资企业中的国家工作人员，在国家出资企业中持有个人股份或者同时接受非国有股东委托的，不影响其国家工作人员身份的认定。

七、关于国家出资企业的界定

本意见所称"国家出资企业"，包括国家出资的国有独资公司、国有独资企业，以及国有资本控股公司、国有资本参股公司。

是否属于国家出资企业不清楚的，应遵循"谁投资、谁拥有产权"的原则进行界定。企业注册登记中的资金来源与实际出资不符的，应根据实际出资情况确定企业的性质。企业实际出资情况不清楚的，可以综合工商注册、分配形式、经营管理等因素确定企业的性质。

八、关于宽严相济刑事政策的具体贯彻

办理国家出资企业中的职务犯罪案件时，要综合考虑历史条件、企业发展、职工就业、社会稳定等因素，注意具体情况具体分析，严格把握犯罪与一般违规行为的区分界限。对于主观恶意明显、社会危害严重、群众反映强烈的严重犯罪，要坚决依法从严惩处；对于特定历史条件下、为了顺利完成企业改制而实施的违反国家政策法律规定的行为，行为人无主观恶意或者主观恶意不明显，情节较轻，危害不大的，可以不作为犯罪处理。

对于国家出资企业中的职务犯罪，要加大经济上的惩罚力度，充分重视财产刑的适用和执行，最大限度地挽回国家和人民利益遭受的损失。不能退赃的，在决定刑罚时，应当作为重要情节予以考虑。

最高人民法院　最高人民检察院
印发《关于办理职务犯罪案件严格适用缓刑、免予刑事处罚若干问题的意见》的通知

（法发〔2012〕17号）

详见《刑法》第72条缓刑适用的相关规定

最高人民法院　最高人民检察院
关于办理贪污贿赂刑事案件适用法律若干问题的解释(节选)

(法释〔2016〕9号)

为依法惩治贪污贿赂犯罪活动,根据刑法有关规定,现就办理贪污贿赂刑事案件适用法律的若干问题解释如下:

第一条　贪污或者受贿数额在三万元以上不满二十万元的,应当认定为刑法第三百八十三条第一款规定的"数额较大",依法判处三年以下有期徒刑或者拘役,并处罚金。

贪污数额在一万元以上不满三万元,具有下列情形之一的,应当认定为刑法第三百八十三条第一款规定的"其他较重情节",依法判处三年以下有期徒刑或者拘役,并处罚金:

(一)贪污救灾、抢险、防汛、优抚、扶贫、移民、救济、防疫、社会捐助等特定款物的;

【深度解析】

养老、医疗、工伤、失业、生育等社会保险基金可以认定为最高人民法院、最高人民检察院《关于办理贪污贿赂刑事案件适用法律若干问题的解释》第1条第2款第1项规定的"特定款物"。①

(二)曾因贪污、受贿、挪用公款受过党纪、行政处分的;

(三)曾因故意犯罪受过刑事追究的;

(四)赃款赃物用于非法活动的;

(五)拒不交待赃款赃物去向或者拒不配合追缴工作,致使无法追缴的;

(六)造成恶劣影响或者其他严重后果的。

受贿数额在一万元以上不满三万元,具有前款第二项至第六项规定的情形之一,或者具有下列情形之一的,应当认定为刑法第三百八十三条第一款规定的"其他较重情节",依法判处三年以下有期徒刑或者拘役,并处罚金:

(一)多次索贿的;

(二)为他人谋取不正当利益,致使公共财产、国家和人民利益遭受损失的;

(三)为他人谋取职务提拔、调整的。

第二条　贪污或者受贿数额在二十万元以上不满三百万元的,应当认定为刑法第三百八十三条第一款规定的"数额巨大",依法判处三年以上十年以下有期徒刑,并处罚金或者没收财产。

贪污数额在十万元以上不满二十万元,具有本解释第一条第二款规定的情形之一的,应当认定为刑法第三百八十三条第一款规定的"其他严重情节",依法判处三年以上十年以下有期徒刑,并处罚金或者没收财产。

受贿数额在十万元以上不满二十万元,具有本解释第一条第三款规定的情形之一的,应当认定为刑法第三百八十三条第一款规定的"其他严重情节",依法判处三年以上十年以下有期徒刑,并处罚金或者没收财产。

第三条　贪污或者受贿数额在三百万元以上的,应当认定为刑法第三百八十三条第一款规定的"数额特别巨大",依法判处十年以上有期徒刑、无期徒刑或者死刑,并处罚金或者没收财产。

贪污数额在一百五十万元以上不满三百万元,具有本解释第一条第二款规定的情形之一的,应当认定为

---

① 最高人民检察院关于贪污养老、医疗等社会保险基金能否适用《最高人民法院、最高人民检察院关于办理贪污贿赂刑事案件适用法律若干问题的解释》第一条第二款第一项规定的批复(2017年8月7日起施行,高检发释字〔2017〕1号)。

刑法第三百八十三条第一款规定的“其他特别严重情节”，依法判处十年以上有期徒刑、无期徒刑或者死刑，并处罚金或者没收财产。

受贿数额在一百五十万元以上不满三百万元，具有本解释第一条第三款规定的情形之一的，应当认定为刑法第三百八十三条第一款规定的“其他特别严重情节”，依法判处十年以上有期徒刑、无期徒刑或者死刑，并处罚金或者没收财产。

第四条　贪污、受贿数额特别巨大，犯罪情节特别严重、社会影响特别恶劣、给国家和人民利益造成特别重大损失的，可以判处死刑。

符合前款规定的情形，但具有自首，立功，如实供述自己罪行、真诚悔罪、积极退赃，或者避免、减少损害结果的发生等情节，不是必须立即执行的，可以判处死刑缓期二年执行。

符合第一款规定情形的，根据犯罪情节等情况可以判处死刑缓期二年执行，同时裁判决定在其死刑缓期执行二年期满依法减为无期徒刑后，终身监禁，不得减刑、假释。

第五条　挪用公款归个人使用，进行非法活动，数额在三万元以上的，应当依照刑法第三百八十四条的规定以挪用公款罪追究刑事责任；数额在三百万元以上的，应当认定为刑法第三百八十四条第一款规定的“数额巨大”。具有下列情形之一的，应当认定为刑法第三百八十四条第一款规定的“情节严重”：

(一)挪用公款数额在一百万元以上的；

(二)挪用救灾、抢险、防汛、优抚、扶贫、移民、救济特定款物，数额在五十万元以上不满一百万元的；

(三)挪用公款不退还，数额在五十万元以上不满一百万元的；

(四)其他严重的情节。

第六条　挪用公款归个人使用，进行营利活动或者超过三个月未还，数额在五万元以上的，应当认定为刑法第三百八十四条第一款规定的“数额较大”；数额在五百万元以上的，应当认定为刑法第三百八十四条第一款规定的“数额巨大”。具有下列情形之一的，应当认定为刑法第三百八十四条第一款规定的“情节严重”：

(一)挪用公款数额在二百万元以上的；

(二)挪用救灾、抢险、防汛、优抚、扶贫、移民、救济特定款物，数额在一百万元以上不满二百万元的；

(三)挪用公款不退还，数额在一百万元以上不满二百万元的；

(四)其他严重的情节。

第七条　为谋取不正当利益，向国家工作人员行贿，数额在三万元以上的，应当依照刑法第三百九十条的规定以行贿罪追究刑事责任。

行贿数额在一万元以上不满三万元，具有下列情形之一的，应当依照刑法第三百九十条的规定以行贿罪追究刑事责任：

(一)向三人以上行贿的；

(二)将违法所得用于行贿的；

(三)通过行贿谋取职务提拔、调整的；

(四)向负有食品、药品、安全生产、环境保护等监督管理职责的国家工作人员行贿，实施非法活动的；

(五)向司法工作人员行贿，影响司法公正的；

(六)造成经济损失数额在五十万元以上不满一百万元的。

第八条　犯行贿罪，具有下列情形之一的，应当认定为刑法第三百九十条第一款规定的“情节严重”：

(一)行贿数额在一百万元以上不满五百万元的；

(二)行贿数额在五十万元以上不满一百万元，并具有本解释第七条第二款第一项至第五项规定的情形之一的；

(三)其他严重的情节。

为谋取不正当利益，向国家工作人员行贿，造成经济损失数额在一百万元以上不满五百万元的，应当认定为刑法第三百九十条第一款规定的“使国家利益遭受重大损失”。

第九条 犯行贿罪,具有下列情形之一的,应当认定为刑法第三百九十条第一款规定的“情节特别严重”:

(一)行贿数额在五百万元以上的;

(二)行贿数额在二百五十万元以上不满五百万元,并具有本解释第七条第二款第一项至第五项规定的情形之一的;

(三)其他特别严重的情节。

为谋取不正当利益,向国家工作人员行贿,造成经济损失数额在五百万元以上的,应当认定为刑法第三百九十条第一款规定的“使国家利益遭受特别重大损失”。

第十条 刑法第三百八十八条之一规定的利用影响力受贿罪的定罪量刑适用标准,参照本解释关于受贿罪的规定执行。

刑法第三百九十条之一规定的对有影响力的人行贿罪的定罪量刑适用标准,参照本解释关于行贿罪的规定执行。

单位对有影响力的人行贿数额在二十万元以上的,应当依照刑法第三百九十条之一的规定以对有影响力的人行贿罪追究刑事责任。

……

第十二条 贿赂犯罪中的“财物”,包括货币、物品和财产性利益。财产性利益包括可以折算为货币的物质利益如房屋装修、债务免除等,以及需要支付货币的其他利益如会员服务、旅游等。后者的犯罪数额,以实际支付或者应当支付的数额计算。

第十三条 具有下列情形之一的,应当认定为“为他人谋取利益”,构成犯罪的,应当依照刑法关于受贿犯罪的规定定罪处罚:

(一)实际或者承诺为他人谋取利益的;

(二)明知他人有具体请托事项的;

(三)履职时未被请托,但事后基于该履职事由收受他人财物的。

国家工作人员索取、收受具有上下级关系的下属或者具有行政管理关系的被管理人员的财物价值三万元以上,可能影响职权行使的,视为承诺为他人谋取利益。

第十四条 根据行贿犯罪的事实、情节,可能被判处三年有期徒刑以下刑罚的,可以认定为刑法第三百九十条第二款规定的“犯罪较轻”。

根据犯罪的事实、情节,已经或者可能被判处十年有期徒刑以上刑罚的,或者案件在本省、自治区、直辖市或者全国范围内有较大影响的,可以认定为刑法第三百九十条第二款规定的“重大案件”。

具有下列情形之一的,可以认定为刑法第三百九十条第二款规定的“对侦破重大案件起关键作用”:

(一)主动交待办案机关未掌握的重大案件线索的;

(二)主动交待的犯罪线索不属于重大案件的线索,但该线索对于重大案件侦破有重要作用的;

(三)主动交待行贿事实,对于重大案件的证据收集有重要作用的;

(四)主动交待行贿事实,对于重大案件的追逃、追赃有重要作用的。

第十五条 对多次受贿未经处理的,累计计算受贿数额。

国家工作人员利用职务上的便利为请托人谋取利益前后多次收受请托人财物,受请托之前收受的财物数额在一万元以上的,应当一并计入受贿数额。

第十六条 国家工作人员出于贪污、受贿的故意,非法占有公共财物、收受他人财物之后,将赃款赃物用于单位公务支出或者社会捐赠的,不影响贪污罪、受贿罪的认定,但量刑时可以酌情考虑。

特定关系人索取、收受他人财物,国家工作人员知道后未退还或者上交的,应当认定国家工作人员具有受贿故意。

第十七条 国家工作人员利用职务上的便利,收受他人财物,为他人谋取利益,同时构成受贿罪和刑法分则第三章第三节、第九章规定的渎职犯罪的,除刑法另有规定外,以受贿罪和渎职犯罪数罪并罚。

第十八条 贪污贿赂犯罪分子违法所得的一切财物,应当依照刑法第六十四条的规定予以追缴或者责令退赔,对被害人的合法财产应当及时返还。对尚未追缴到案或者尚未足额退赔的违法所得,应当继续追缴或者责令退赔。

第十九条 对贪污罪、受贿罪判处三年以下有期徒刑或者拘役的,应当并处十万元以上五十万元以下的罚金;判处三年以上十年以下有期徒刑的,应当并处二十万元以上犯罪数额二倍以下的罚金或者没收财产;判处十年以上有期徒刑或者无期徒刑的,应当并处五十万元以上犯罪数额二倍以下的罚金或者没收财产。

对刑法规定并处罚金的其他贪污贿赂犯罪,应当在十万元以上犯罪数额二倍以下判处罚金。

第二十条 本解释自2016年4月18日起施行。最高人民法院、最高人民检察院此前发布的司法解释与本解释不一致的,以本解释为准。

☞ 其他相关规定见章后二维码

◆ 解读与适用

【拓展关键词】法律拟制与注意规定

"受国家机关、国有公司、企业、事业单位、人民团体委托管理、经营国有财产的人员,利用职务上的便利,侵吞、窃取、骗取或者以其他手段非法占有国有财物的,以贪污论",该条属于注意规定,而非法律拟制。①

"与前两款所列人员勾结,伙同贪污的,以共犯论处",该条属于注意规定。刑法分则所规定的国家工作人员等特殊主体仅就实行犯而言,至于教唆犯与帮助犯,则完全不需要特殊身份。②

【拓展关键词】贪污罪与职务侵占罪辨析　贪污罪与为亲友牟利罪辨析　犯罪动机

被告人唐某不在受害单位三印厂、精工厂工作,既不是国家工作人员,也不是集体企业的工作人员,但其利用自己在印包公司的关系和影响,拉拢、指使张某等为其办事,利用他们职务上的便利,把这两个厂本来可以不支出的资金转移到自己设立的既无资金、又无经营资源和能力的私营公司,予以侵吞、侵占。唐某、张某采用转手加价开具发票的手段侵吞三印厂国有财产,其行为构成贪污罪。唐某和邵某采用上述相同手段侵占精工厂的财物,其行为构成职务侵占罪。在共同故意犯罪中,各个行为人虽然都是为实现同一犯罪目的而各自实施危害社会的行为,但促使各个行为人实施危害社会行为的犯罪动机可以不同。犯罪动机不同,不影响犯罪的构成。以侵犯财产为目的的共同故意犯罪中,不排除个别行为人不参与分赃的情形。认定此类犯罪是否构成的关键,不是看行为人通过实施犯罪是否得到赃物或者得到多少赃物,而是看刑法所保护的财产关系是否被侵犯以及被侵犯的程度。被告人唐某设立宝强公司的目的,不是想以此参与市场经营,而是为套取国有、集体企业的资金,况且唐某也不是被告人张某自愿为其牟利的亲友。张某拱手将三印厂的公款交给唐某占有,是出于保住自己职位的动机,因此张龙海的行为不属于为亲友非法牟利罪。③

另见《刑法》第271条职务侵占罪、第166条为亲友非法牟利罪的相关注释。

【拓展关键词】贪污数额

被告人在国有事业单位改制中,利用职务便利隐瞒国有资产,并将其转移到改制后自己占有投资份额的公司中,构成贪污罪。但贪污数额应按照被告人在改制后的公司中所占投资份额的比例认定。④

---

① 参见张明楷:《刑法分则的解释原理》,中国人民大学出版社2004年版,第273页。

② 参见张明楷:《刑法分则的解释原理》,中国人民大学出版社2004年版,第277页。

③ 唐某等五人贪污、职务侵占、企业人员受贿案,载《最高人民法院公报》2002年第2期。

④ 无锡市北塘区人民检察院诉束某贪污案,载《最高人民法院公报》2005年第7期。

被告人身为国有企业的工作人员，在为本单位从事期货交易活动中，利用职务便利，采取欺骗手法，将私人账户上的期货合约在价格下跌时分别转入国有企业的账户，造成国有企业在转入当天的持仓亏损分别为3.84万元、2.8万元。这种向国有企业转嫁个人损失的做法，虽然没有表现为直接地占有国有财物，但实质是以国有企业资产来弥补个人损失的手段占有国有财物，是非法占有的一种行为，构成贪污罪。贪污数额应按窦某等移仓当日的结算价计算。期货合约成交当天的持仓亏损，应从当天的资金结算账户中扣划。合约成交后至平仓的整个持仓过程中每日发生的持仓盈亏，既与成交当日的持仓亏损有联系，又不同于成交当天的持仓亏损，二者不能混为一谈。持仓过程中每日发生的持仓盈亏与每日的期货行情有关，是不确定的；而成交当日的持仓亏损，却因应从当天的资金结算账户中扣划，而成为确定的、实际发生的损失。被告人实施了把价格下跌的私人账户期货合约转入国有企业账户的行为，移仓当日给国有企业造成当天持仓亏损，这是认定2人构成贪污罪的事实基础。2人转入的期货合约在国有企业持仓期间发生的盈亏，不由2人的转入行为决定，而是由期货行情决定，因此这时发生的盈亏不是认定2人行为是否构成犯罪的情节，只是对二人量刑时可考虑的因素。①

【拓展关键词】利用职务上的便利　公共财物

贪污罪中的“利用职务上的便利”，是指利用职务上主管、管理、经手公共财物的权力及方便条件，既包括利用本人职务上主管、管理公共财物的职务便利，也包括利用职务上有隶属关系的其他国家工作人员的职务便利。土地使用权具有财产性利益，属于《刑法》第382条第1款规定中的“公共财物”，可以成为贪污的对象。②

国有事业单位工作人员利用职务便利，截留并侵吞本单位违法收取的不合理费用，应以贪污罪论处。“点招费”是以学校名义违法收取的费用，在行政主管部门未对学校的乱收费行为进行查处前，这笔费用应当视为由学校管理的公共财产。被告人是在侦查机关已掌握全部案件线索并向其调查询问时，如实供述了全部犯罪事实，因此不属于“自动投案”。③

【拓展关键词】非法占有　贪污罪与滥用职权罪、挪用公款罪辨析　贪污罪既遂标准　上诉不加刑　共犯与身份　推定

对于国家工作人员收受贿赂后故意不履行监管职责，使非国家工作人员非法占有财物的，如该财物又涉及公款，应根据主客观相统一原则，准确认定案件性质。一要看主观上是否对侵吞公款进行过共谋，二要看客观上是否共同实施侵吞公款行为。如果具有共同侵占公款故意，且共同实施了侵占公款行为，应认定为贪污罪共犯；如果国家工作人员主观上没有侵占公款的故意，只是收受贿赂后放弃职守，客观上使非国家工作人员任意处理其经手的钱款成为可能，应认定为为他人谋取利益，国家工作人员构成受贿罪，非国家工作人员构成行贿罪。如果国家工作人员行为同时构成玩忽职守罪，则以受贿罪和玩忽职守罪数罪并罚。④

《刑参》第30号案例“苟某等贪污、受贿案——具有两种不同特定身份的人共同实施侵吞企业财产、收受他人财物的行为应如何定罪处罚”相关论述：共同犯罪只能解决在同一犯罪活动中各被告人的作用、地位问题，并不能反映全案犯罪的基本特征。共犯人是主犯还是从犯，不是对共犯人定罪的根据。共同犯罪应以有特定身份犯的行为性质作为定案的依据，无身份者应当按照有特定身份者的犯罪性质定罪。本案四被告人都有特定身份，应当按照他们各自的职务便利和身份构成的不同犯罪定罪量刑。共同犯罪在一般情况下

---

① 上海市黄浦区人民检察院诉窦某、冼某贪污案，载《最高人民法院公报》2003年第2期。

② 杨某等贪污案，最高人民法院指导案例11号（最高人民法院审判委员会讨论通过2012年9月18日发布）。

③ 成都市人民检察院诉尚某等人贪污案，载《最高人民法院公报》2004年第12期。

④ 张某受贿，郭某行贿、职务侵占、诈骗案，最高人民检察院指导性案例第76号（2020年7月21日）。

应当定一个统一罪名,但这不是绝对的。在承认共同犯罪故意、行为的同时,根据法律规定的主体身份的要求,分别确定不同的罪名,由此给予不同的处罚。共同犯罪中同案犯具有不同的特定身份,不是一律依其不同身份分别定罪,关键是看各被告人是否分别利用了本人的职务便利实施犯罪。没有利用各人不同的职务便利,仅仅是具有不同的特定身份,则全案应当以有特定身份的人利用职务便利实施的犯罪定性。

《刑参》第 133 号案例"宾某、郭某、戴某贪污案——如何认定村民委员会等村基层组织成员为依照法律从事公务的人员"相关论述:村民委员会等村基层组织成员在协助人民政府从事行政管理工作时属于《刑法》第 93 条第 2 款规定的"其他依照法律从事公务的人员"。村党支部成员在协助政府履行《全国人民代表大会常务委员会关于〈中华人民共和国刑法〉第九十三条第二款的解释》规定的 7 类行政管理工作时也属于"其他依照法律从事公务的人员"。"村民委员会等村基层组织人员"应当认为是涵盖了村党支部、村经联社、村经济合作社等各种依法成立或者经过批准设立的村基层组织。村民委员会等村基层组织成员利用职务便利非法占有的财物既包括国有财产,也包括村集体所有的财产的,应当分别定罪处罚。

《刑参》第 194 号案例"梁某挪用公款、张某挪用公款、盗窃案——如何通过客观行为判断行为人主观上的非法占有目的"相关论述:挪用公款罪只能由国家工作人员构成。挪用公款罪是以非法使用公款为目的,而贪污罪是以非法占有公共财物为目的,这是两罪最本质的区别。司法实践中,两罪的区分通常是看行为人有无平账的行为。如果使用虚假票据平账,帐面与实际资金情况一致,这样对于单位来说其帐上的资金已被用于合理的支出,帐上已经没有这笔款,这样行为人支取公款的行为被完全掩盖,其可达到侵吞公款的目的,这种情况才属于真正意义上的平账。当然,是否平账只是判断构成贪污罪还是挪用公款罪的一般标准,而不是唯一标准。例如行为人挪用公款后为应付查账而暂时平账,不能因其暂时平账改变挪用公款的定性。又如行为人直接侵吞公款并挥霍殆尽,即使未平账也应认定其构成贪污罪。对行为人行为定性的关键还在于其主观上对于公共财物是具有非法占有还是非法使用的故意。要通过客观外现的行为表现来分析,包括动用公款的手段、对账目的处理、公款的用途和归还情况等。被告人将大部分公款用于经营活动,主观上是想要营利,存在归还的可能性。从公款不归还的理由看,是由于在经营中亏损及被骗造成了公款不能归还,而不是有能力归还而不归还。"不想还"与"不能还"反映了行为人不同的主观故意和主观恶性。不能因公款未还而不问原由就推定行为人主观上要非法占有公款,这种客观归罪对于行为人有失公允,已被 2020 年新修订的刑法所废止。被告人的犯罪行为持续 3 年,在这么长时间内完全有时间和机会采取平账或销毁账目的手段改变公款的所有权,但她并未采取上述手段,而是让账目和资金的缺口一直敞着,侧面说明其没有将公款据为己有的故意。

《刑参》第 216 号案例"于某贪污案——不动产能否成为贪污罪的犯罪对象"相关论述:被告人所侵占的对象系公有房屋且至案发时一直未办理私有产权证,但贪污罪的对象不仅仅限于动产,公有房屋也可以成为贪污犯罪的对象,不应以房屋属于不动产为由而将公有房屋排除在贪污罪的犯罪对象之外。对于非法侵占公有房产的贪污行为,即使客观上尚未办理产品变更登记,也可以通过其所采取的欺骗手段等行为事实认定其具有非法占有的目的。不能以没有办理变更登记来证明行为人主观上不具有非法占有的目的。被告人利用职务便利通过少下台账、虚增面积等行为将其他公司归还房管所的商企房予以截留,而且被截留的房屋在房管所的相关文件中不再有任何体现,证明被告人具有非法据为己有的故意。被告人将被截留房屋用于出租牟利,说明已经在事实上将该房产视为个人财产行使使用权、收益权。被告人截留公有房屋并实际占有使用,虽未办理私有产权证,亦应认定为贪污既遂。将为他人管理、保管之物转化为自己占有之物,通常情况下需实施更为具体的行为。将刑法上的非法占有的认定标准完全等同于民法上的合法所有的认定标准是不妥当的。非法占有目的的实现并不以得到法律上的确认为条件,是否在法律上取得了对物的所有权,并不能对事实上占有某物的认定构成障碍。这一点与我国刑法将赃款赃物、违禁品作为财产犯罪的对象是同样的道理。贪污罪的既未遂标准与盗窃等一样，应当视行为人是否实际取得财物而定。

《刑参》第236号案例“彭某贪污、挪用公款案——如何认定以挪用公款手段实施的贪污犯罪”相关论述：贪污罪与挪用公款罪的本质区别在于行为人主观上是否以非法占有为目的，客观上是否实施了侵吞公款的行为。贪污罪和挪用公款犯罪在将公款转移到行为人控制之下这一过程是相似的。但由于其主观目的不同，其客观行为也会有不尽相同之处。其一，行为人是否采取弄虚作假的手段使自己占有公款的事实在账目上难以发现。如使用虚假发票、对账单等会计凭证，使其占有的公款已难以在单位财务账目上反映出来，一般应当认定为贪污行为。对于行为人采取了弄虚作假的手段平账，但由于受到某种条件的制约不能完全平账的，也不能仅以账未作平作为不定贪污罪的理由。其二，行为人销毁有关账目。该行为不仅是逃避侦查的行为，也是掩盖公款去向、试图隐匿公款的行为，反映出行为人主观上具有非法占有目的。其三，行为人截取收入不入账。行为人将本单位收入直接截留，使账目上不能反映该款项，是直接侵吞公款的行为。行为人案发前有归还公款的行为一般被认为是其主观上有归还公款的意愿，没有非法占有目的，但是不能一概而论。归还行为与挪用行为是相对应的，行为人出于挪用的目的而不是非法占有的目的才会发生归还行为。这种归还一般具有主动性、自觉性的特征。当单位发生用款事项而实际账上资金已不足以支付时，为了不暴露其犯罪事实，被告人不得已自己支付了单位的部分用款，这不是为了减少国家损失的归还行为而是掩盖犯罪的行为，不能据此认定其没有非法占有目的。但是已“归还”部分不应再计入侵吞数额。不能仅因被告人潜逃而简单推定其对全部公款都具有非法占有目的。大多数情况下，行为人潜逃是因为其实施了挪用公款的犯罪行为且畏惧承担责任而潜逃，是一种畏罪行为。行为人挪用公款已属犯罪既遂，其畏罪潜逃不影响其犯罪行为的性质。对潜逃时未携带的公款，其主观上不一定转换为不打算归还该公款，该公款仍有可能是客观上不能归还。

《刑参》第292号案例“胡某贪污案——贪污罪中非法占有目的的推定”相关论述：贪污罪中的非法占有目的需结合公款的具体去向及行为人的处置意思来加以综合认定。应区分形式上的“侵占”与贪污罪中以非法占有为目的的侵吞行为，以免客观归罪。通过平账或者不入账，公司的账簿上已经反映不出该笔公款，则公司已经实际失去了对该公款的支配和控制；但作为一种客观推定，要求据以推定的证据必须真实、一致，相反证据得到合理排除；推定的结论必须确定、唯一，并且是可靠的。本案被告人事实上具有代表公司处置财产的实际权力，在为公还是为私问题上的判断具有不确定性。被告人截留公款的行为事出有因，其与上属公司存在经营理念矛盾，不能对其关于摆脱掣肘、另起炉灶，个人并无非法占有所截留公款的供述予以合理排除。尽管被告人采取平账等手段私自截留公款并藏匿，但因相反证据不能得到合理排除且推定结论不具有确定性，单纯就其截留公款并予以藏匿的行为，不足以认定其主观上的非法占有目的。被告人购车等出于个人目的使用、处置的，推定其具有非法占有目的是可靠的，也是完全可以成立的。尽管被告人用截留公款私自成立的公司为被告人个人控制，但其工商登记为全民所有制企业且以国有公司的模式进行经营、管理。被告人不得主张对该公司的所有权，其只能说明被告人具备了将公司据为己有的客观可能性，而不能推定被告人具有将公司非法占为己有的主观目的。

《刑参》第356号案例“冯某等挪用公款案——多次挪用公款的如何计算犯罪数额”相关论述：利用信用卡反复透支“转卡盖帐”使用本单位资金的行为构成挪用公款罪。与金融机构国家工作人员勾结违规进行信用卡透支行为的定性主要取决于行为人对银行资金的主观心态是“非法占有”还是“非法占用”。如果以非法占有为目的，以信用卡透支获取银行资金，应构成贪污罪的共犯而不是信用卡诈骗罪的共犯。

《刑参》第383号案例“郭某等挪用公款案——证券营业部工作人员利用职务便利私分单位违规自营盈利款的行为定性”相关论述：从盈利款的来源看，是国企营业部违规自营炒股所得，属于国企所有。从炒股所用的资金看，透支代理股民证券的资金是在国有公司管理中的财产，以公共财产论。从最终归属看，非法所得应当予以没收，在没有依法对其非法经营行为进行处理前，该盈利款暂由国有公司管理，仍属于公共财产。被告人私分本单位违规自营炒股盈利款的行为构成贪污罪。被告人挪用本单位国债给他人进行营利性活动的行为构成挪用公款罪，因为单位国债系单位公款。

《刑参》第446号案例"顾某挪用公款、贪污案——由国有公司负责人口头提名，非国有公司聘任的管理人员能否以国家工作人员论"相关论述：受国有公司委派到非国有公司从事组织、领导、管理等工作的人员应以国家工作人员论。"委派"在形式上可以不拘一格，无论是书面委任还是口头提名均属于委派形式之一。从事公务是以国家工作人员论的实质特征，即必须代表国家机关、国有公司等在非国有公司中从事组织、领导、监督、管理等公务活动，具有国有单位的直接代表性和从事工作内容的公务性。

《刑参》第734号案例"王某贪污、受贿、职务侵占案——对国有企业改制过程中利用职务便利隐匿并实际控制国有资产行为的定性"相关论述：刑法中"非法占有"的理解：一是非法占有侵犯的是刑法保护的财产所有权与对财产实际掌握和控制的状态；二是非法占有不能狭义地理解为据为己有。虽然贪污罪是以个人贪污数额来认定，但个人贪污数额应理解为个人非法控制和掌握的公共财物的数额。贪污罪与滥用职权罪区别：一是贪污罪在造成国有资产损失的主观心态是直接故意，而滥用职权对国有资产产生的损失往往是非直接故意造成；二是在主观目的上，贪污罪是以非法占有为目的，而滥用职权一般不具有非法占有目的；三是在客观表现上，贪污罪是侵吞、窃取、骗取，而滥用职权是超越职权或者不适当行使职权。贪污数额一般应当以所隐匿财产全额计算，应当以行为人是否实际控制财物作为区分贪污罪既遂与未遂的标准。

《刑参》第1088号案例"赵某贪污、挪用公款案——对采取虚列支出手段实施平账行为的认定及上诉不加刑原则在数罪并罚中的理解与适用"相关论述：对采取虚列支出手段进行平账的犯罪事实，不宜直接推定被告人犯罪故意转化为非法占有目的。应综合判断：(1)平账行为是否造成挪用的公款从单位账目上难以反映出来。(2)对财务账目的处理能否达到掩盖涉案款项去向的效果。(3)从有无归还行为上判断被告人是否有非法占有目的。对数罪并罚的案件，在不超过一审判决决定执行刑罚且对刑罚执行也无不利影响下，将多个罪名改判为一罪并加重该罪判处刑罚，不违背上诉不加刑原则。"不得加重数罪中某罪的刑罚"暗含着一个前提，即一、二审定罪处罚的事实基础相同，也就是说要求二审判决不得针对同一犯罪事实在刑罚上给予更重评价。否则即便是最终决定执行刑罚上予以减轻，对这一犯罪事实的法律评价也违反了上诉不加刑原则。但是如果二审将一审分别评价的两部分事实合并进行评价，刑罚处罚的事实基础发生变化，自然会带来刑期的变化，不宜认定为违背上诉不加刑原则。

另见《刑法》第397条滥用职权罪、第384条挪用公款罪的相关注释。

【拓展关键词】从事公务　国家工作人员　二次委派　公共财产　身份犯　从旧兼从轻

在企业改制过程中，国有企业工作人员利用受委派在国有、集体联营企业中从事公务的职务便利，将国有、集体联营企业的公共财产转移至自己及亲属控股的个人股份制企业并非法占有，应认定构成贪污罪。虽然王某担任宝耀公司总经理是由该公司董事会按董事会章程聘任的，但这是根据联营双方的约定履行有关的手续，不能否定王某是受国有公司委派至国有公司并代表国有投资主体行使管理权的事实。①

《刑参》第274号案例"张某、黄某职务侵占案——受委托管理经营国有财产人员的认定"相关论述：被告人与国有公司签订临时劳务合同，受聘担任门卫，负责验货场内货柜及物资安全，放行车辆、收费，其从事的工作不具有公务性，不具有国家工作人员身份。受委托管理、经营国有财产的人员与国家工作人员并列，

① 上海市人民检察院第二分院诉王某贪污案，载《最高人民法院公报》2004年第5期。

两者之间应当具有某种内在一致的本质属性，这就是公务性。一切公务都直接或间接表现为对国家和社会公共事务的管理活动。受委托管理、经营国有财产的人员也是从事公务的人员，区别仅仅在于从事公务的依据不同。聘用虽然亦可成立委托关系，但不是一般劳动关系意义上的聘用，而是管理、经营国有财产意义上的聘用，与承包、租赁类似。必须联系聘用的内容，即是基于内部劳动关系所作的工作安排还是基于信任或者合同等其他关系而作出的委托加以判断。被告人受聘担任保安，显然不是平等主体之间基于信任或者合同等其他关系而作出的委托，而是内部工作安排，不能作为受委托管理、经营国有财产人员看待。受委托管理、经营国有财产也不同于国有单位非国家工作人员从事的不具有公务性质的生产、服务等劳务活动。委托的内容必须限于对国有资产进行管理、经营。管理是指委托行使监守或保管国有资产职权的活动。经营是指在具有管理职权的前提下将国有资产投入市场的活动，也就是对国有财物具有处分权。管理、经营国有财产与经手国有财物是有区别的。职务侵占罪中的利用职务便利是指行为人利用主管、管理、经营、经手本单位财物之职的便利条件，这里的职务不限于经营、管理活动，同时还包括劳务活动；但工作过程中形成的对环境及人员较为熟悉的有利条件不能视为职务便利。

《刑参》第 275 号案例“胡某贪污案——截留并非法占有本单位利润款的贪污行为与收受回扣的受贿行为的区分”相关论述：被告人任职农贸公司总经理，虽然形式上由事业单位行文任命，但实质上系中共重庆市委财贸政治部委派，应认定为受国家机关委派在非国有公司从事公务的人员。按照现行党管干部的原则，重庆市供销社仅具有形式上的任命权，拥有决定权的是原重庆市委财贸政治部。被告人能否继任最终取决于政治部同意与否。“二次委派”通常指的是在一些特殊行业的非国有单位中，其高层管理决策人员由行政主管部门委派，而具体的执行人员又由管理决策层决定任命，通常把这些公司管理决策层自主决定任命的人员称为“二次委派”。前者属于刑法中的委派，后者因非行政主管部门决定任命且非国有单位享有任命与否的自主决定权，故不应认定为受国家机关委派从事公务的人员。被告人利用职务便利，在转卖本公司进口化肥配额指标及进口实物化肥中将属于本公司应得的利润款据为己有，应以贪污罪定罪处罚。在经济往来中，经由交易对方以各种名义的回扣、手续费等形式给付其个人财物的行为不能一概认定为受贿行为，应结合交易的真实情况，具体分析行为人所获得的财物实际上是属于经济来往的对方单位还是行为人单位。如果购入方行为人收受的各种名义的回扣、手续费实际上来源于虚增标的的金额，或者卖出方行为人收受的各种名义的回扣来源于降低的金额者，那么因该回扣或者手续费实质上属于本单位额外支出或者应得利益，即实际上侵犯的是本单位的财产权利，则应当特别注意是否是一种变相的贪污行为。被告人收取的款项均是其要求合同对方将应付给单位的转让款中以支付现金的方式交给其个人，实际上遭受财产损失的是本单位，而非交易对方。

《刑参》第 311 号案例“江某等贪污案——贪污罪犯罪对象的理解与认定”相关论述：委派在形式上可以不拘一格，在实质上须代表国有单位。决定性因素是代表国有单位从事公务，而不是国家工作人员身份。即使基于各种原因未获得任何形式上的委派手续，但仍代表国有投资主体从事公务活动的，同样以国家工作人员论。从事公务具有直接性，“二次委派”不得视为委派。被告人出售公司股票属履职行为而非个人行为，所售股票收益应认定为公司财产。被告人在领取公司股票时并没有支付相应价款，出售股票后返回股本金属于事后行为，对于出售行为性质的认定不具有决定性意义。本案股本金之外的收益归属，根本上取决于出售股票的行为是个人行为还是单位行为。在没有明确的规定或者约定的情况下，将职务行为所取得的、公司预期利益之外的收益视为个人收益是不能成立的。

《刑参》第 312 号案例“尚某等贪污案——学校违规收取的‘点招费’能否视为公共财产”相关论述：财产犯罪的对象范围不以合法所有或者持有的财物为限。不能以“点招费”的收取违反国家规定不属于合法收入为由排除刑法保护。刑法保护的财产权利源于相关民事、行政法律法规，但又具有相对的独立性，这是由刑法承担着维护社会秩序基本职能所决定的。刑法上的财产更多强调的是财产的经济价值性,而非合法性。公共财产的认定关键不在于某一财产在法律上的最终所有权关系,而是行为当时该财产的占有、持有及与之相对应的责任关系。

《刑参》第335号案例"曹某受贿案——对于依照公司法规定产生的公司负责人能否认定为受国有单位委派从事公务的人员"相关论述:投资主体委派有限责任公司经理与股东选举公司董事兼经理是两个不同的程序,不能因为有限公司经理须经过股东会的选举程序而否认其受国有单位委派从事公务的性质。

《刑参》第355号案例"朱某贪污案——租赁国有企业的人员盗卖国有资产的行为如何定性"相关论述:租赁经营国有企业的行为属于受委托管理、经营国有财产。

《刑参》第594号案例"廖某贪污、受贿案——村民小组长在特定情形下属于'其他依照法律从事公务的人员'"相关论述:村民小组组长及其工作人员,如果是在协助人民政府从事行政管理工作时,应当属于"其他依照法律从事公务的人员"。村民小组是村民委员会下设的从事自治管理、生产经营的组织,属于村基层组织。

《刑参》第595号案例"张某受贿案——村民组组长依法从事公务的认定"相关论述:被告人代表村民组对外出租属村民组集体所有的房屋及收取租金的行为,不属于依法从事公务。村民委员会、村民组等村基层组织人员只有在协助人民政府从事有关行政管理工作时才可以"国家工作人员"对待。虽然被告人所在村对外出租的房屋所在的土地属于国有,但建设用地使用权人建造的建筑物、构筑物及其附属设施的所有权属于建设用地使用权人。房屋产权归土地使用者集体所有,有权出租该房屋。被告人代表村民组处理对外出租的房屋并收取租金的经营管理活动针对的是房屋而非土地。行使国有土地使用权的行为同经营管理国有土地的行政行为是两种行为,不能把国有土地上发生的一切行为都和行政管理相联系。

《刑参》第642号案例"钱某贪污、职务侵占案——如何理解村基层组织人员协助人民政府从事'国有土地的经营和管理'"相关论述:村委会与土地管理部门之间存在隶属的土地管理关系。租地单位与土地管理部门之间无直接法律关系。村委会向承租单位增收土地租金,充其量是其将应交纳土地年租金的出租成本间接转嫁于租赁合同对方当事人,与土地管理部门行使行政管理职权无直接关联。因此,不能就此认为村委会收取土地租金是在协助行使行政管理职能。本案被告人系以村委会的名义而非政府名义处理相关事务。协助政府从事行政管理工作是指以政府的名义参与组织、领导、监督、管理涉及人民利益和社会发展的相关国家事务和政府事务的活动。出租土地事务性质属于村务,而非公务。从事公务是公共权力的直接运用。被告人利用职务便利,将集体收取的土地租金非法占为己有,构成职务侵占罪。

《刑参》第692号案例"黄某贪污案——利用受国家税务机关委托行使代收税款的便利侵吞税款的行为,如何定罪处罚"相关论述:被告人受税务机关委托代为行使征收税款的权力属于"其他依照法律从事公务的人员",其利用职务便利侵吞代收税款的行为构成贪污罪。

《刑参》第1016号案例"李某贪污、挪用公款案——如何审查认定国家出资企业中国家工作人员的身份"相关论述:从形式要件分析,认定国家出资企业中的国家工作人员一般要求行为人的职务系经党政联席会等形式批准、任命。从实质要件分析,国家出资企业的国家工作人员代表负有管理、监督国有资产职责的组织在国有控股、参股公司及其分支机构中从事组织、领导、监督、经营、管理工作。围绕代表性、公务性,以及与国有资产的紧密关联性三个特征进行。

《刑参》第1018号案例"卫某受贿案——如何认定公司改制后国家工作人员的身份"相关论述:2010年两高出台的《关于办理国家出资企业中职务犯罪案件具体应用法律若干问题的意见》系专门对国家出资企业中有关人员职务犯罪问题作出的解释,其内容并没有改变之前两高有关司法解释中认定国家工作人员身份标准的规定,与之前相关司法解释不存在冲突,对国家工作人员的认定范围没有改变,故应当同步适用,不存在从旧兼从轻的问题。

另见《刑法》第 271 条职务侵占罪的相关注释。

【拓展关键词】贪污罪与受贿罪辨析　贪污主体

《刑参》第 29 号案例“陈某贪污案——银行临时工与外部人员勾结监守自盗应如何处理”相关论述：根据全国人大常委会 1988 年 1 月 21 日发布的《关于惩治贪污罪、贿赂罪的补充规定》的规定，内外勾结伙同贪污的，应以贪污罪的共犯认定。

《刑参》第 63 号案例“肖某贪污、挪用公款案——定额承包者占有或支配本人上缴定额利润后的营利部分是否构成贪污罪”相关论述：定额承包者占有或支配本人承包经营应得利润不构成贪污罪。

《刑参》第 83 号案例“陆某被控贪污案——律师事务所主任将名为国有实为个体的律师事务所的财产据为己有不构成贪污罪”。

《刑参》第 334 号案例“阎某贪污案——国家工作人员利用职务上的便利以单位的名义向有关单位索要‘赞助款’并占为己有的行为，在索要人的真实意图和被索要人的行为指向不相对应时，是索贿还是贪污”相关论述：被告人系以单位名义向苏某索要财物，苏某不具备向被告人个人行贿的主客观要件。受贿犯罪本质体现为权钱交易。国家工作人员和他人之间应当具有主观认知上的对应性和客观行为上的互动性。被告人伙同他人以单位名义开设的账户是单位的有效账户，其占有的资金系单位的公款。职务行为的效力一般以行为人的权限为客观评价标准，与行为人的动机和该行为的公开程度无必然联系。被告人私立单位账户，动机和行为的隐蔽性不能改变其职务行为的基本特征，所开设账户是有效的。苏某转入的资金应认定为公款。被告人应当以贪污罪定罪处罚。

《刑参》第 1207 号案例“周某、朱某非国家工作人员受贿案——如何认定行政管理职权转委托情形下受托方的滥用职权及收受财物行为”相关论述：《刑法》第 382 条第 2 款的规定属于法律拟制，只能在贪污罪中适用，将受贿罪的主体范围等同于贪污罪的主体范围是不正确的。法律拟制具有相当性，只有拟制情形与被拟制情形在社会危害程度上具有相当性且能够建立起等值关系时才能进行法律拟制。受委托管理、经营国有财产的人员之所以能构成贪污罪是因为此类人员的贪污行为侵犯的客体与国家工作人员的贪污行为侵犯的客体具有等值关系，二者的社会危害具有相当性。此外，从刑法条文的前后设置上看，此规定也只能属于法律拟制。如果此规定属于注意规定，受委托管理、经营国有财产的人员本来就属于《刑法》第 93 条第 2 款规定的应当“以国家工作人员论”的“其他依照法律从事公务的人员”，那么《刑法》第 382 条第 1 款中的“国家工作人员”自然就包含了这类主体，第 2 款关于这类主体利用职务上的便利非法占有国有财物以贪污论的专门规定就显得多此一举了。

另见《刑法》第 385 条受贿罪的相关规定。

【拓展关键词】贪污罪与私分国有资产罪、滥用职权罪辨析

《刑参》第 124 号案例“徐某、罗某贪污案——在国有企业改制中隐瞒资产真实情况造成巨额国有资产损失的行为如何定性”相关论述：被告人趁国有公司改制之机利用职务上的便利，采用隐瞒真相的手段将应当上缴的国有资产转入以其自己为股东的新公司中，形式上属于徇私舞弊、滥用职权的行为，也造成了国有资产的流失，但被告人的最终目的是将这部分国有资产转入自己公司，其行为性质上应认定为非法占有国有资产而不是徇私舞弊、滥用职权。从逻辑上讲，徇私舞弊行为不排除以非法占有为表现形式，但是当非法占有的数额已达到有关贪利型犯罪的处罚标准时，应以贪利型犯罪定罪处罚，不能再认定为单纯的渎职犯罪。私分国有资产罪属单位犯罪，不应当是单位内个别人非法占有国有资产的个人行为。一般而言，贪污罪应以行为人是否实际取得财物为区分既遂与未遂的标准。本案资产转移手续一直在办理之中，该笔资金虽已脱离国资部门的控制但尚未转入改制后的公司，没有为二被告人所实际控制，可以认定为贪污罪未遂。

《刑参》第 195 号案例“左某等受贿、贪污、挪用公款案——单位领导研究决定收受回扣款、并为少数领导私分行为的定性”相关论述：被告人经单位领导研究决定收受、私分回扣款的行为属于名为单位实为单位领导个人谋取私利的行为，应以个人共同受贿定罪处罚。被告人在 1997 年《刑法》实施之前收受、私分回扣款的行为，应以商业受贿罪处罚。

《刑参》第 1281 号案例“刘某贪污案——自收自支事业单位中非法套取公款发放‘奖金’的行为如何定性”相关论述：在自收自支的事业单位中，对违规发放奖金的行为应当从所发放钱款的性质、来源及行为方式等方面区分犯罪与一般违纪行为。(1)从所发钱款性质、来源方面来看，考察单位对所分财产有无支配权，进而认定该款是否属于公款。(2)从行为方式来看，是否采取掩饰或者隐瞒手段可以反映出行为人是否具有非法占有公共财产的目的。关于共同贪污与私分国有资产罪的区分包括两个方面。(1)从客观要件的不同把握二者的关键区别。从《刑法》条文来看，贪污罪客观要件的核心内容是“侵吞、窃取、骗取或以其他手段非法占有”。共同贪污系在单位内某个人或几个人的意志支配下，采取侵吞、窃取、骗取等所谓“暗箱操作”的非法手段占有公共财产，具有小范围性和秘密性。私分国有资产罪的客观要件是“违反国家规定，以单位名义将国有资产集体私分”，在单位内部具有普遍性和公开性。简而言之，二者的区别在于共同贪污是有权决定者共同利用职权便利为少数人牟私利；私分国有资产罪是有权决定者利用职权便利非法为多数人牟私利。(2)从受益人对发放钱款的性质、来源是否知晓来判断其主观内容。共同贪污表现的是个人犯罪意志，主观上要求每个成员均具有将公共财产非法占为已有的故意，故需对发放钱款的性质、来源均明知。私分国有资产罪体现的是单位犯罪意志，单位决策人员应对所分钱款的性质、来源知悉，其他受益人则不要求必须知晓。

《刑参》第 462 号案例“高某等贪污案——使用公款购买房屋构成贪污的，犯罪对象是公款还是房屋”相关论述：在“党委扩大会”上共谋“集资购房”将公款用于单位多人购买私房，构成共同贪污。使用公款以个人名义购买房屋构成贪污罪的，犯罪对象是公款而不是房屋。将实际控制说作为贪污犯罪既遂与否的标准具有合理性。不动产转让行为在民法上是一种要式法律行为，但民事法律上所有权的转移与贪污罪构成要件中的“非法占有”是不同的概念。将刑法上的非法占有的认定标准完全等同于民法上的合法所有的认定标准是不妥当的。刑法上非法占有的实现并不以得到民事法律上的确认为充足条件。是否在法律上取得了对物的所有权，并不能对事实上占有某物的认定构成障碍。贪污不动产和动产在既遂与否的认定标准上是一致的，就是看行为人是否实际控制公有财物。如果单位已经失去对公有财物的实际控制，而行为人已经实际控制财物，就应当认定为既遂。行为人是否实际办理不动产证，不影响贪污既遂的认定。私自截留公款以单位名义买房，由个人非法占有的，构成贪污罪。被告人利用职务之便私盖单位印章，以单位名义签订购房协议的，并不意味着实质上该房屋就由单位实际控制了。

【拓展关键词】诈骗罪与贪污罪辨析　利用职务便利

《刑参》第 771 号案例“李某贪污案——社保工作人员骗取企业为非企业人员参保并私自收取养老保险费的行为，如何定性”相关论述：诈骗罪的主体是一般主体，要求行为人未利用职务上的便利。被告人身为国家工作人员，利用职务上的便利非法占有公共财物，应当认定为贪污罪。被告人非法取得的资金性质上属于社会养老保险基金。被告人以社保经办人的身份收取参保费的，无论收取的程序违法还是收取的目的违法均不影响该笔钱款的属性。

《刑参》第 850 号案例“苗某诈骗案——家电销售商虚报冒领国家家电下乡补贴资金的行为应如何定性”相关论述：虽然按照安徽省人民政府的规定，参与家电下乡的销售网点应当与各县乡财政部门签订授权委托书，但签订此种授权委托书并不意味着各销售网点受当地财政部门的委托管理国有财产。苗某作为家电经销商，既不属于国家工作人员也不属于受国家机关委托管理国有财产的人员，因此没有利用职务便利。

苗某代理审核并垫付家电下乡补贴资金的行为是一种劳务行为而非公务行为或者职务行为。那些不具备职权内容的劳务活动、技术服务工作,如售货、售票等工作,一般不认为是公务。苗某的家电销售网点所进行的审核仅是形式上的审核,起收集、汇总材料的作用,其先垫付后领取资金的行为也类似于一种经手行为,而不具备职权或者职务内容,本质上是一种单纯的劳务活动,不具有管理国有财产的性质。

另见《刑法》第266条诈骗罪的相关注释。

【拓展关键词】贪污对象　特定款物　从旧兼从轻　用于公务支出

《刑参》第1071号案例"陈某等贪污、受贿案——合作国家工作人员套取的公款中用于支付原单位业务回扣费用的部分,是否应当计入贪污数额"相关论述:本案中套取的公款用于支付原单位业务回扣费用的部分,不属于各被告人贪污的对象,不应计入贪污数额。各被告人自始至终均无占有该部分用于支付业务回扣费用的钱款的主观故意。在各被告人产生贪污犯意之前,支付业务回扣费用的做法在原单位早已存在且成为惯例,后因审计命令禁止,各被告人才决定另立第三方公司解决业务回扣费的走账问题,以规避审计和调查并在走账过程中谋取个人私利。可见,各被告人在贪污犯意产生之际已商定将筹集公款中的部分钱款用于支付原单位业务回扣费用,并无侵吞该部分钱款的故意。各被告人客观上对该部分用于支付业务回扣费用的钱款并无自由支配权。各被告人套取公款之前,关于从第三方公司领取该部分钱款用于支付业务回扣费用一事,原单位及第三方公司其他人员均已知情,钱款的支配方式在协议中注明,各被告人无权自由变更。因此,各被告人并未侵吞该部分钱款。从贪污数额中扣除该部分费用,并不意味着放纵或默许业务回扣的行为。至于业务回扣行为如何处理,均需另行评判。

《刑参》第1139号案例"周某武、周某贪污案——贪污特定款物的司法认定以及新旧法选择适用时罚金刑的判处"相关论述:判断一种款物是否属于特定款物,首先要看其是否属于解释明确规定的类型;如果不属于列举的类型,则看其是否与列举的款物具有同样的性质。养老服务券是对老年人和残疾人这一特殊群体进行救助发放的具有一定面额的纸质券,领取对象具有特定性。判断一种款物是否属于特定款物,不仅要看其外在表现形式,还要看其代表事项的重要性、用途的特定性以及时间的紧迫性。服务券由政府向老年人、残疾人发放,相关人员领取到服务券后可以到政府指定的服务商处消费或者接受服务。本案2被告人采取虚报人数的方式从政府多领服务券,然后按照实有人数发放,截留差额后套现。2被告人是以虚报的手段,骗取政府多付的资金,而非截留侵吞政府按实际名额发放的资金,其行为性质和贪污政府的一般公款并无二致。没有侵犯特定的老年人或者残疾人的受救济权利,没有妨害国家的救济制度,只是导致了财政款的流失,所以犯罪对象应当认定为普通款物。贪污养老服务券的,应以贪污的票面金额确定犯罪数额。政府是按照票面金额向服务商支付钱款的,被告人的贪污行为造成的公款损失数额与票面金额相等。至于服务商和被告人之间如何分配,则不影响贪污数额的认定。不能以服务商扣除费用后被告人实际获取的钱款数额认定。

《刑参》第1430号案例"吴某贪污案——高校科研经费贪污案件的司法认定"相关论述:科研经费具有明确的专属性,并非课题组的私有财产。课题组对项目承担单位管理的科研经费不具有随意处置的权利。横向科研经费和纵向科研经费在本质上并无不同,均属于高校的公共财产。对结余资金的处理分为3种情况,但均系用于科研用途,不可私自挪作他用,包括不可作为奖励分配给项目组成员。课题组负责人不仅是科研的负责人而且还是科研经费管理环节中的重要组成人员。课题组负责人使用发票等财务凭证向所在高校报销相关经费时,其实质上是经手了科研经费的使用、处置等。经手是管理职权的一种表现方式,属于从事公务。即使科研项目负责人本身不具有国家工作人员的身份,但其被授权具体管理科研经费,即具有了从事公务的职务便利,符合贪污罪的主体要件。被告人套取的科研教育经费是否真实用于科研,对案件定性具有决定性意义,是认定行为人是否具有非法占有目的的关键。贪污数额仅包括套取后归被告人个人使用或用于其个人实际控制的公司生产、经营活动的科研教育经费。

另见《刑法》第384条挪用公款罪、第266条诈骗罪、第271条职务侵占罪、第396条私分国有资产罪、第397条滥用职权罪部分。

第三百八十四条 【挪用公款罪】

国家工作人员利用职务上的便利，挪用公款归个人使用，进行非法活动的，或者挪用公款数额较大、进行营利活动的，或者挪用公款数额较大、超过三个月未还的，是挪用公款罪，处五年以下有期徒刑或者拘役；情节严重的，处五年以上有期徒刑。挪用公款数额巨大不退还的，处十年以上有期徒刑或者无期徒刑。

挪用用于救灾、抢险、防汛、优抚、扶贫、移民、救济款物归个人使用的，从重处罚。

◆ 相关规定

最高人民检察院
关于挪用国库券如何定性问题的批复

（高检发释字〔1997〕5号）

宁夏回族自治区人民检察院：

你院宁检发字〔1997〕43号《关于国库券等有价证券是否可以成为挪用公款罪所侵犯的对象以及以国库券抵押贷款的行为如何定性等问题的请示》收悉。关于挪用国库券如何定性的问题，经研究，批复如下：

国家工作人员利用职务上的便利，挪用公有或本单位的国库券的行为以挪用公款论；符合刑法第384条、第272条第2款规定的情形构成犯罪的，按挪用公款罪追究刑事责任。

最高人民检察院
关于审理挪用公款案件具体应用法律若干问题的解释

（法释〔1998〕9号）

第一条 刑法第三百八十四条规定的“挪用公款归个人使用”，包括挪用者本人使用或者给他人使用。

挪用公款给私有公司、私有企业使用的，属于挪用公款归个人使用。

第二条 对挪用公款罪，应区分三种不同情况予以认定：

（一）挪用公款归个人使用，数额较大、超过三个月未还的，构成挪用公款罪。

挪用正在生息或者需要支付利息的公款归个人使用，数额较大，超过三个月但在案发前全部归还本金的，可以从轻处罚或者免除处罚。给国家、集体造成的利息损失应予追缴。挪用公款数额巨大，超过三个月，案发前全部归还的，可以酌情从轻处罚。

（二）挪用公款数额较大，归个人进行营利活动的，构成挪用公款罪，不受挪用时间和是否归还的限制。在案发前部分或者全部归还本息的，可以从轻处罚；情节轻微的，可以免除处罚。

挪用公款存入银行、用于集资、购买股票、国债等，属于挪用公款进行营利活动。所获取的利息、收益等违法所得，应当追缴，但不计入挪用公款的数额。

（三）挪用公款归个人使用，进行赌博、走私等非法活动的，构成挪用公款罪，不受“数额较大”和挪用时间的限制。

挪用公款给他人使用,不知道使用人用公款进行营利活动或者用于非法活动,数额较大、超过三个月未还的,构成挪用公款罪;明知使用人用于营利活动或者非法活动的,应当认定为挪用人挪用公款进行营利活动或者非法活动。

……

第四条 多次挪用公款不还,挪用公款数额累计计算;多次挪用公款,并以后次挪用的公款归还前次挪用的公款,挪用公款数额以案发时未还的实际数额认定。

第五条 "挪用公款数额巨大不退还的",是指挪用公款数额巨大,因客观原因在一审宣判前不能退还的。

第六条 携带挪用的公款潜逃的,依照刑法第三百八十二条、第三百八十三条的规定定罪处罚。

第七条 因挪用公款索取、收受贿赂构成犯罪的,依照数罪并罚的规定处罚。

挪用公款进行非法活动构成其他犯罪的,依照数罪并罚的规定处罚。

第八条 挪用公款给他人使用,使用人与挪用人共谋,指使或者参与策划取得挪用款的,以挪用公款罪的共犯定罪处罚。

最高人民检察院
关于国家工作人员挪用非特定公物能否定罪的请示的批复

(高检发释字〔2000〕1号)

山东省人民检察院:

你院鲁检发研字〔1999〕第3号《关于国家工作人员挪用非特定公物能否定罪的请示》收悉。经研究认为,刑法第384条规定的挪用公款罪中未包括挪用非特定公物归个人使用的行为,对该行为不以挪用公款罪论处。如构成其他犯罪的,依照刑法的相关规定定罪处罚。

全国人民代表大会常务委员会
关于《中华人民共和国刑法》第三百八十四条第一款的解释

全国人民代表大会常务委员会讨论了刑法第三百八十四条第一款规定的国家工作人员利用职务上的便利,挪用公款"归个人使用"的含义问题,解释如下:

有下列情形之一的,属于挪用公款"归个人使用":

(一)将公款供本人、亲友或者其他自然人使用的;

(二)以个人名义将公款供其他单位使用的;

(三)个人决定以单位名义将公款供其他单位使用,谋取个人利益的。

全国法院审理经济犯罪案件工作座谈会纪要(节选)

(2003年11月13日发布、实施 法〔2003〕167号)

详见《刑法》第382条贪污罪的相关规定

四、关于挪用公款罪

(一)单位决定将公款给个人使用行为的认定

经单位领导集体研究决定将公款给个人使用,或者单位负责人为了单位的利益,决定将公款给个人使用的，不以挪用公款罪定罪处罚。上述行为致使单位遭受重大损失，构成其他犯罪的，依照刑法的有关规定对责任人员定罪处罚。

（二）挪用公款供其他单位使用行为的认定

根据全国人大常委会《关于〈中华人民共和国刑法〉第三百八十四条第一款的解释》的规定，“以个人名义将公款供其他单位使用的”、“个人决定以单位名义将公款供其他单位使用，谋取个人利益的”，属于挪用公款“归个人使用”。在司法实践中，对于将公款供其他单位使用的，认定是否属于“以个人名义”，不能只看形式，要从实质上把握。对于行为人逃避财务监管，或者与使用人约定以个人名义进行，或者借款、还款都以个人名义进行，将公款给其他单位使用的，应认定为“以个人名义”。“个人决定”既包括行为人在职权范围内决定，也包括超越职权范围决定。“谋取个人利益”，既包括行为人与使用人事先约定谋取个人利益实际尚未获取的情况，也包括虽未事先约定但实际已获取了个人利益的情况。其中的“个人利益”，既包括不正当利益，也包括正当利益；既包括财产性利益，也包括非财产性利益，但这种非财产性利益应当是具体的实际利益，如升学、就业等。

（三）国有单位领导向其主管的具有法人资格的下级单位借公款归个人使用的认定

国有单位领导利用职务上的便利指令具有法人资格的下级单位将公款供个人使用的，属于挪用公款行为，构成犯罪的，应以挪用公款罪定罪处罚。

（四）挪用有价证券、金融凭证用于质押行为性质的认定

挪用金融凭证、有价证券用于质押，使公款处于风险之中，与挪用公款为他人提供担保没有实质的区别，符合刑法关于挪用公款罪规定的，以挪用公款罪定罪处罚，挪用公款数额以实际或者可能承担的风险数额认定。

（五）挪用公款归还个人欠款行为性质的认定

挪用公款归还个人欠款的，应当根据产生欠款的原因，分别认定属于挪用公款的何种情形。归还个人进行非法活动或者进行营利活动产生的欠款，应当认定为挪用公款进行非法活动或者进行营利活动。

（六）挪用公款用于注册公司、企业行为性质的认定

申报注册资本是为进行生产经营活动作准备，属于成立公司、企业进行营利活动的组成部分。因此，挪用公款归个人用于公司、企业注册资本验资证明的，应当认定为挪用公款进行营利活动。

（七）挪用公款后尚未投入实际使用的行为性质的认定

挪用公款后尚未投入实际使用的，只要同时具备“数额较大”和“超过三个月未还”的构成要件，应当认定为挪用公款罪，但可以酌情从轻处罚。

（八）挪用公款转化为贪污的认定

挪用公款罪与贪污罪的主要区别在于行为人主观上是否具有非法占有公款的目的：挪用公款是否转化为贪污，应当按照主客观相一致的原则，具体判断和认定行为人主观上是否具有非法占有公款的目的—在司法实践中，具有以下情形之一的，可以认定行为人具有非法占有公款的目的：

1. 根据《最高人民法院关于审理挪用公款案件具体应用法律若干问题的解释》第六条的规定行为人“携带挪用的公款潜逃的”，对其携带挪用的公款部分，以贪污罪定罪处罚。

2. 行为人挪用公款后采取虚假发票平帐、销毁有关帐目等手段，使所挪用的公款已难以在单位财务帐目上反映出来，且没有归还行为的，应当以贪污罪定罪处罚。

3. 行为人截取单位收入不入帐，非法占有，使所占有的公款难以在单位财务帐目上反映出来，且没有归还行为的，应当以贪污罪定罪处罚。

4. 有证据证明行为人有能力归还所挪用的公款而拒不归还，并隐瞒挪用的公款去向的，应当以贪污罪定罪处罚。

最高人民法院
关于挪用公款犯罪如何计算追诉期限问题的批复
（法释〔2003〕16 号）

天津市高级人民法院：

你院津高法〔2002〕4 号《关于挪用公款犯罪如何计算追诉期限问题的请示》收悉。经研究，答复如下：

根据刑法第八十九条、第三百八十四条的规定，挪用公款归个人使用，进行非法活动的，或者挪用公款数额较大、进行营利活动的，犯罪的追诉期限从挪用行为实施完毕之日起计算；挪用公款数额较大、超过三个月未还的，犯罪的追诉期限从挪用公款罪成立之日起计算。挪用公款行为有连续状态的，犯罪的追诉期限应当从最后一次挪用行为实施完毕之日或者犯罪成立之日起计算。

最高人民检察院
关于挪用失业保险基金和下岗职工基本生活保障资金的行为适用法律问题的批复
（高检发释字〔2003〕1 号）

辽宁省人民检察院：

你院辽检发研字〔2002〕9 号《关于挪用职工失业保险金和下岗职工生活保障金是否属于挪用特定款物的请示》收悉。经研究，批复如下：挪用失业保险基金和下岗职工基本生活保障资金属于挪用救济款物。挪用失业保险基金和下岗职工基本生活保障资金，情节严重，致使国家和人民群众利益遭受重大损害的，对直接责任人员，应当依照刑法第二百七十三条的规定，以挪用特定款物罪追究刑事责任；国家工作人员利用职务上的便利，挪用失业保险基金和下岗职工基本生活保障资金归个人使用，构成犯罪的，应当依照刑法第三百八十四条的规定，以挪用公款罪追究刑事责任。

最高人民法院　最高人民检察院
关于办理职务犯罪案件严格适用缓刑、免予刑事处罚若干问题的意见
（法发〔2012〕17 号）

详见《刑法》第 72 条缓刑适用的相关规定

最高人民法院　最高人民检察院
关于办理贪污贿赂刑事案件适用法律若干问题的解释（节选）
（法释〔2016〕9 号）

详见《刑法》第 382 条贪污罪的相关规定

第五条　挪用公款归个人使用，进行非法活动，数额在三万元以上的，应当依照刑法第三百八十四条的规定以挪用公款罪追究刑事责任；数额在三百万元以上的，应当认定为刑法第三百八十四条第一款规定的"数额巨大"。具有下列情形之一的，应当认定为刑法第三百八十四条第一款规定的"情节严重"：

（一）挪用公款数额在一百万元以上的；

（二）挪用救灾、抢险、防汛、优抚、扶贫、移民、救济特定款物，数额在五十万元以上不满一百万元的；

（三）挪用公款不退还，数额在五十万元以上不满一百万元的；

（四）其他严重的情节。

第六条　挪用公款归个人使用，进行营利活动或者超过三个月未还，数额在五万元以上的，应当认定为刑法第三百八十四条第一款规定的“数额较大”；数额在五百万元以上的，应当认定为刑法第三百八十四条第一款规定的“数额巨大”。具有下列情形之一的，应当认定为刑法第三百八十四条第一款规定的“情节严重”：

（一）挪用公款数额在二百万元以上的；

（二）挪用救灾、抢险、防汛、优抚、扶贫、移民、救济特定款物，数额在一百万元以上不满二百万元的；

（三）挪用公款不退还，数额在一百万元以上不满二百万元的；

（四）其他严重的情节。

◆ 解读与适用

【拓展关键词】多次挪用　挪用数额

“挪用公款归个人使用，进行非法活动的，或者挪用公款数额较大、进行营利活动的，或者挪用公款数额较大、超过三个月未还的，是挪用公款罪”，在刑法分则中规定了几种行为类型的情况下，只有将行为符合其中一种或数种行为类型时，才可能认定为犯罪。如果对行为进行评价的结局是并不符合其中的任何一种行为类型，则不可能认定为犯罪，否则有违罪刑法定。应根据法益保护目的、法定的构成要件以及举轻以明重的解释方法进行处理。因为挪用公款进行非法活动或者营利活动的法益侵害性重于挪用公款进行其他活动的法益侵害性，将前者的数额计算入后者的数额，实际上有利于被告人。不能将轻行为的数额计入重行为的数额。①

挪用公款数额较大、超过3个月未还的，是挪用公款罪，处5年以下有期徒刑或者拘役；情节严重的，处5年以上有期徒刑。挪用公款数额巨大不退还的，处10年以上有期徒刑或者无期徒刑。“情节特别严重”是法定刑升格的条件，“情节严重”则既可能是法定刑升格的条件，也可能是构成要件要素，需要具体区分。作为法定刑升格的“情节严重”以行为完全符合犯罪构成为前提。如果行为本身并不完全符合犯罪构成，则不能认定为导致法定刑升格的“情节严重”。本条中的“情节严重”明显是法定刑升格的条件，就第三种情形而言，挪用公款数额巨大，在3个月内归还的，并不符合挪用公款罪的构成要件，因而也不符合法定刑升格的条件，不能认为挪用公款数额巨大，不需要超过3个月未还的条件，否则有违罪刑法定原则。《刑法》第155条第2款、第273条同样如此。②

《刑参》第55号案例“陈某挪用公款案——以假贷款合同掩盖挪用公款的行为如何定罪”相关论述：贪污罪的客观表现为使用侵吞、盗窃、骗取等方法将公共财物据为己有。由于行为人往往采取销毁、涂改、伪造单据、账目等手段，很难发现公共财产已被非法侵占。但挪用公款罪的行为人总会在账面下留下痕迹，甚至会留下借条，没有平账，通过查账能够发现公款被挪用的事实。以假贷款55万元的合同掩盖挪用同样数额公款的行为实际上仍是挪用公款55万元不能归还，实际并未增加挪用或者贪污的数额。

《刑参》第356号案例“冯某等挪用公款案——多次挪用公款的如何计算犯罪数额”相关论述：挪用公款的数额应以案发时未还的实际数额认定。挪用公款的时间以挪用公款达到构成犯罪的标准那天开始计算”。“案发时未还的实际数额”实际上是指案发时行为人挪用公款的总额扣除已归还的数额。不能简单理解为如果案发时行为人全还了就不定罪。以后次挪用的公款归还前次挪用的公款属于“拆东墙补西墙”的

---

① 参见张明楷：《刑法分则的解释原理》，中国人民大学出版社2004年版，第314页。

② 参见张明楷：《刑法分则的解释原理》，中国人民大学出版社2004年版，第236页。

情形，如果行为人后次挪用公款用于做生意，然后用做生意赚的钱偿还前次挪用资金，则挪用公款的数额还是要累计计算，其主观恶性与危害性较大。

【拓展关键词】国家工作人员　从事公务的人员

《刑参》第422号案例"王某贪污、挪用公款案——已办理退休手续依然从事公务的国家工作人员仍构成挪用公款罪主体"相关论述：当款项领取凭证的事由与核销凭证出现矛盾时，应依据财务核销凭证来认定公款用途及行为性质。

《刑参》第510号案例"马某挪用公款案——国有企业改制过程中，原国企中国家工作人员的主体身份如何认定"相关论述：被告人在国有公司改制为国有控股公司过程中仍然具有国家工作人员身份。被告人擅自决定以国有资产为其个人贷款提供担保，谋取个人利益，其行为属于挪用公款。

【拓展关键词】挪用公款罪与贪污罪辨析　小金库　公务支出

《刑参》第75号案例"王某挪用公款案——以使用变价款为目的挪用公物的行为是否构成挪用公款罪"相关论述：挪用公物予以变现归个人使用的行为其本质与一般的挪用公款行为是一致的，应以挪用公款罪论处。公物一旦进入流通领域，它就成了商品。区分行为人的行为是挪用公物还是公款必须联系商品的属性进行判断。如果行为人在实施行为时追求的是公物的使用价值，那么其构成挪用公物。反之，如果追求的是公物的价值，那么其行为就构成挪用公款罪。挪用公物予以变现使用的行为追求的是公物的价值，其性质是挪用公款。最高人民检察院《关于国家工作人员挪用非特定公物能否定罪的请示的批复》中对挪用非特定公物归个人使用的行为不以挪用公款罪论处的规定，就是指这种以追求公物使用价值为目的的挪用非特定公物的行为，而不应当理解为也包括以追求实际使用公物的变价款为目的的挪用非特定公物的行为。挪用公物予以变现并使用的行为，可以说行为人挪用的公物已不是具有使用价值的公物，而是公物价值的载体，即公款。

《刑参》第406号案例"刘某挪用公款案——国有公司长期聘用的管理人员是国有公司中从事公务的人员还是受国有公司委托管理、经营国有财产的人员"相关论述：对行为人主观故意的认定既不能仅凭被告人供述又要防止客观归罪，应当以客观事实为基础，综合全案进行考察才能作出正确判断。被告人挪用公款并未达到秘密进行的程度，公司通过查账完全可以发现。被发现后不仅没有否认而是写下欠条，被告人的欺诈手段主观上是为了拖延还款时间，客观上不能达到侵吞公司资金的后果，不属于贪污罪中的"骗取"。

《刑参》第1142号案例"王某挪用公款、贪污案——如何认定'小金库'性质公司及公务性支出能否从贪污数额中扣除"相关论述：认定"小金库"性质的公司应当从其设置的知情面、设置的目的、公司的管理、经费的使用及收益方等方面进行综合考量。从公司设立知情面来看，虽然从表面上看知情面较窄具有一定隐蔽性，但由于"小金库"性质公司的设立体现的是单位意志，单位的决策管理层应当对该公司的设立知情，而绝非仅个别领导知情。从公司设置目的来看，单位设立"小金库"一般用于安置单位违规收费、罚款、摊派的资金，以会议费等名义套取的资金、虚列支出转出的资金等，以便单位逃避监管、违规发放工资、福利、接待等，也不排除部分资金用于弥补正常公务支出的差额。从公司管理来看，"小金库"及"小金库"性质公司的管理同样应体现单位意志。在资金的收入、支出，人财物管理等方面都应体现出单位的集体决策。从经费的使用及收益方来看，受益方是该单位。公务性支出不能从贪污数额中扣除。将赃款用于公务性支出的，不影响对其贪污行为的认定，用于公务支出的部分不能从贪污数额中扣除。

另见《刑法》第382条贪污罪的相关注释。

【拓展关键词】挪用公款罪与滥用职权罪辨析

《刑参》第196号案例"陆某玩忽职守案——新刑法生效之前实施的滥用职权行为的法律适用"相关论

述:被告人个人决定将公款转存、为他公司向银行提供质押的具体担保行为,由于是以单位名义实施的,在没有证据证明被告人从中谋取个人具体利益的情况下,不能以挪用公款罪论处,应当认定为滥用职权的行为。

另见《刑法》第397条滥用职权罪的相关注释。

【拓展关键词】挪用公款罪与受贿罪辨析　谋取个人利益　挪用公款归个人使用

《刑参》第217号案例"万某受贿、挪用公款案——利用职务上的便利借用下级单位公款进行营利活动能否构成挪用公款罪"相关论述:区分亲友间经济往来是正当馈赠还是受贿,可以从双方关系、经济往来的价款、往来的事由予以判断。被告人利用职务上的便利"借用"下属单位公款用于炒期货的行为,构成挪用公款罪。下级单位人员受上级单位的领导指使挪用公款,不一定都构成挪用公款罪的共犯。如果下级单位人员与上级领导共谋,给上级领导挪用出谋划策,下级单位人员已具有帮助上级领导挪用公款的主观故意和行为,应以挪用公款罪的共犯论处;如果下级单位人员不知道上级单位领导划拨款项的真实意图,仅仅是执行上级领导的指示,不应承担刑事责任。如果上级领导将挪用的意图告诉下级单位人员,下级单位人员迫于压力而挪用公款归上级领导使用的,一般也不宜以挪用公款罪论处,其构成犯罪的,可依照刑法其他有关规定处理。

《刑参》第326号案例"歹某挪用公款案——工商营业执照上标明的企业性质与企业实际性质不一致时如何确定企业性质"相关论述:工商营业执照上标明的企业性质与企业的实际性质不一致的,应当根据企业的成立过程、资金来源、利润分配、管理经营方式等因素作出实事求是的认定。挪用公款给本单位下属集体企业使用的行为不宜按挪用公款罪论处。挪用公款罪的本质是公款私用,对于名为个体实为集体的企业性质的认定,应实事求是。出于经营需要,没有谋取私人利益的,不属于挪用公款归个人使用。①

《刑参》第574号案例"杨某挪用公款案——利用职务便利将关系单位未到期的银行承兑汇票背书转让用于清偿本单位的债务,同时将本单位等额的银行转账支票出票给关系单位的行为,不构成挪用公款罪"相关论述:挪用公款犯罪侵害公款的本质在于使单位公款处于失控、处于风险之中。被告人在事先征得医药供应商同意的情况下,以其他单位的等额银行承兑汇票代替医院付款从而清偿欠款的同时使医院资金流向其他单位的行为,实质上是在行使医药供应商对该款的控制权。侵犯本单位公款使用权是挪用公款罪的必备要件。刑法意义上的侵犯使用权,其实质是行为人的行为使权利人不能达到利用财产预期所能产生的效果,造成权利人使用财产的目的落空;体现在将原本应当始终用于公用的公款归个人使用,使单位无法有效行使所有权权能。被告人不管是将转账支票还是等额的银行承兑汇票交付给医药供应商,其导致的最终结果都是医院药款的结清或债务的消除。医院的公款不会因这种支付方式的转换而受到损害或者承受任何风险。归还可能性是挪用公款罪的成立前提。

《刑参》第502号案例"张某挪用公款罪——个人决定以单位名义将公开借给其他单位使用,没有谋取个人利益的不构成挪用公款罪"。

《刑参》第805号案例"姚某贪污、受贿案——个人决定以单位名义将公款借给其他单位使用,虽然在事后收受对方财物,但难以证实借款当时具有谋取个人利益目的的,如何定罪处罚"相关论述:被告人挪用公款时并未约定事后收受财物,被告人4年后收受财物的行为应认定为受贿罪。但如将被告人4年后收受贿赂的行为认定为"个人决定以单位名义将公款供其他单位使用,谋取个人利益"的情形中"谋取个人利益"的行为,属于重复评价。应认定为受贿罪一罪,不构成挪用公款罪。挪用公款立法解释中的第三种"挪用公款归个人使用"情形不适用挪用公款罪和受贿罪并罚的规定。挪用公款归个人使用中将公款供本人、亲友或者其他自然人使用,或者以个人名义将公款供其他单位使用的,挪用公款罪的构成不以行为人谋取个人利益

---

① 河南省新郑市人民检察院诉歹某挪用公款案,载《最高人民法院公报》2005年第5期。

为要件。在此过程中,行为人又索取或者收受他人财物的,行为人已超出挪用公款罪的犯罪故意,即产生新的受贿罪的犯意,应数罪并罚。如果行为人个人决定以单位名义将公款供其他单位使用,谋取个人利益,挪用公款罪的构成必须以谋取个人利益为要件。该情形下收受贿赂的行为,应当按照想象竞合从一重处理。

另见《刑法》第 385 条受贿罪的相关注释。

第三百八十五条 【受贿罪】

国家工作人员利用职务上的便利,索取他人财物的,或者非法收受他人财物,为他人谋取利益的,是受贿罪。

国家工作人员在经济往来中,违反国家规定,收受各种名义的回扣、手续费,归个人所有的,以受贿论处。

第三百八十六条 【受贿罪的处罚规定】

对犯受贿罪的,根据受贿所得数额及情节,依照本法第三百八十三条的规定处罚。索贿的从重处罚。

◆ 相关规定

最高人民法院
关于国家工作人员利用职务上的便利为他人谋取利益离退休后收受财物行为如何处理问题的批复(节选)

(法释〔2000〕21 号)

江苏省高级人民法院:

你院苏高法〔1999〕65 号《关于国家工作人员在职时为他人谋利,离退休后收受财物是否构成受贿罪的请示》收悉。经研究,答复如下:

国家工作人员利用职务上的便利为请托人谋取利益,并与请托人事先约定,在其离退休后收受请托人财物,构成犯罪的,以受贿罪定罪处罚。

最高人民检察院法律政策研究室
关于集体性质的乡镇卫生院院长利用职务之便收受他人财物的行为如何适用法律问题的答复

(〔2003〕高检研发第 9 号)

山东省人民检察院研究室:

你院《关于工人身份的乡镇卫生院院长利用职务之便收受贿赂如何适用法律问题的请示》(鲁检发研字〔2001〕第 10 号)收悉。经研究,答复如下:

经过乡镇政府或者主管行政机关任命的乡镇卫生院院长,在依法从事本区域卫生工作的管理与业务技术指导,承担医疗预防保健服务工作等公务活动时,属于刑法第九十三条第二款规定的其他依照法律从事公务的人员。对其利用职务上的便利,索取他人财物的,或者非法收受他人财物,为他人谋取利益的,应当依照刑法第三百八十五条、第三百八十六条的规定,以受贿罪追究刑事责任。

全国法院审理经济犯罪案件工作座谈会纪要(节选)

(法发〔2003〕167号)

详见《刑法》第382条贪污罪的相关规定

三、关于受贿罪

(一)关于"利用职务上的便利"的认定

刑法第三百八十五条第一款规定的"利用职务上的便利",既包括利用本人职务上主管、负责、承办某项公共事务的职权,也包括利用职务上有隶属、制约关系的其他国家工作人员的职权。担任单位领导职务的国家下作人员通过不属自己主管的下级部门的国家工作人员的职务为他人谋取利益的,应当认定为"利用职务上的便利"为他人谋取利益。

(二)"为他人谋取利益"的认定

为他人谋取利益包括承诺、实施和实现三个阶段的行为。只要具有其中一个阶段的行为,如国家工作人员收受他人财物时,根据他人提出的具体请托事项,承诺为他人谋取利益的,就具备了为他人谋取利益的要件。明知他人有具体请托事项而收受其财物的,视为承诺为他人谋取利益。

(三)"利用职权或地位形成的便利条件"的认定

刑法第三百八十八条规定的"利用本人职权或者地位形成的便利条件",是指行为人与被其利用的国家工作人员之间在职务上虽然没有隶属、制约关系,但是行为人利用了本人职权或者地位产生的影响和一定的工作联系,如单位内不同部门的国家工作人员之间、上下级单位没有职务上隶属、制约关系的国家工作人员之间、有工作联系的不同单位的国家工作人员之间等。

(四)离职国家工作人员收受财物行为的处理

参照《最高人民法院关于国家工作人员利用职务上的便利为他人谋取利益离退休后收受财物行为如何处理问题的批复》规定的精神,国家工作人员利用职务上的便利为请托人谋取利益,并与请托人事先约定,在其离职后收受请托人财物,构成犯罪的,以受贿罪定罪处罚。

(五)共同受贿犯罪的认定

根据刑法关于共同犯罪的规定,非国家工作人员与国家工作人员勾结,伙同受贿的,应当以受贿罪的共犯追究刑事责任。非国家工作人员是否构成受贿罪共犯,取决于双方有无共同受贿的故意和行为,国家工作人员的近亲属向国家工作人员代为转达请托事项,收受请托人财物并告知该国家工作人员,或者国家工作人员明知其近亲属收受了他人财物,仍按照近亲属的要求利用职权为他人谋取利益的,对该国家工作人员应认定为受贿罪,其近亲属以受贿罪共犯论处。近亲属以外的其他人与国家工作人员通谋,由国家工作人员利用职务上的便利为请托人谋取利益,收受请托人财物后双方共同占有的,构成受贿罪共犯。国家工作人员利用职务上的便利为他人谋取利益,并指定他人将财物送给其他人,构成犯罪的,应以受贿罪定罪处罚。

(六)以借款为名索取或者非法收受财物行为的认定

国家工作人员利用职务上的便利,以借为名向他人索取财物,或者非法收受财物为他人谋取利益的。应当认定为受贿。具体认定时,不能仅仅看是否有书面借款手续,应当根据以下因素综合判定:

(1)有无正当、合理的借款事由;

(2)款项的去向;

(3)双方平时关系如何、有无经济往来;

(4)出借方是否要求国家工作人员利用职务上的便利为其谋取利益;

(5)借款后是否有归还的意思表示及行为;

(6)是否有归还的能力;

(7)未归还的原因;等等。

(七)涉及股票受贿案件的认定

在办理涉及股票的受贿案件时,应当注意:

(1)国家工作人员利用职务上的便利,索取或非法收受股票,没有支付股本金,为他人谋取利益,构成受贿罪的,其受贿数额按照收受股票时的实际价格计算。

(2)行为人支付股本金而购买较有可能升值的股票,由于不是无偿收受请托人财物,不以受贿罪论处。

(3)股票已上市且已升值,行为人仅支付股本金,其"购买"股票时的实际价格与股本金的差价部分应认定为受贿。

最高人民法院　最高人民检察院
关于办理受贿刑事案件适用法律若干问题的意见

(法发〔2007〕22号)

一、关于以交易形式收受贿赂问题

国家工作人员利用职务上的便利为请托人谋取利益,以下列交易形式收受请托人财物的,以受贿论处:

(1)以明显低于市场的价格向请托人购买房屋、汽车等物品的;

(2)以明显高于市场的价格向请托人出售房屋、汽车等物品的;

(3)以其他交易形式非法收受请托人财物的。

受贿数额按照交易时当地市场价格与实际支付价格的差额计算。

前款所列市场价格包括商品经营者事先设定的不针对特定人的最低优惠价格。根据商品经营者事先设定的各种优惠交易条件,以优惠价格购买商品的,不属于受贿。

二、关于收受干股问题

干股是指未出资而获得的股份。国家工作人员利用职务上的便利为请托人谋取利益,收受请托人提供的干股的,以受贿论处。进行了股权转让登记,或者相关证据证明股份发生了实际转让的,受贿数额按转让行为时股份价值计算,所分红利按受贿孳息处理。股份未实际转让,以股份分红名义获取利益的,实际获利数额应当认定为受贿数额。

三、关于以开办公司等合作投资名义收受贿赂问题

国家工作人员利用职务上的便利为请托人谋取利益,由请托人出资,"合作"开办公司或者进行其他"合作"投资的,以受贿论处。受贿数额为请托人给国家工作人员的出资额。

国家工作人员利用职务上的便利为请托人谋取利益,以合作开办公司或者其他合作投资的名义获取"利润",没有实际出资和参与管理、经营的,以受贿论处。

四、关于以委托请托人投资证券、期货或者其他委托理财的名义收受贿赂问题

国家工作人员利用职务上的便利为请托人谋取利益,以委托请托人投资证券、期货或者其他委托理财的名义,未实际出资而获取"收益",或者虽然实际出资,但获取"收益"明显高于出资应得收益的,以受贿论处。受贿数额,前一情形,以"收益"额计算;后一情形,以"收益"额与出资应得收益额的差额计算。

五、关于以赌博形式收受贿赂的认定问题

根据《最高人民法院、最高人民检察院关于办理赌博刑事案件具体应用法律若干问题的解释》第七条规定,国家工作人员利用职务上的便利为请托人谋取利益,通过赌博方式收受请托人财物的,构成受贿。

实践中应注意区分贿赂与赌博活动、娱乐活动的界限。具体认定时,主要应当结合以下因素进行判断:(1)赌博的背景、场合、时间、次数;(2)赌资来源;(3)其他赌博参与者有无事先通谋;(4)输赢钱物的具体情况和金额大小。

六、关于特定关系人"挂名"领取薪酬问题

国家工作人员利用职务上的便利为请托人谋取利益,要求或者接受请托人以给特定关系人安排工作为名,使特定关系人不实际工作却获取所谓薪酬的,以受贿论处。

七、关于由特定关系人收受贿赂问题

国家工作人员利用职务上的便利为请托人谋取利益,授意请托人以本意见所列形式,将有关财物给予特定关系人的,以受贿论处。

特定关系人与国家工作人员通谋,共同实施前款行为的,对特定关系人以受贿罪的共犯论处。特定关系人以外的其他人与国家工作人员通谋,由国家工作人员利用职务上的便利为请托人谋取利益,收受请托人财物后双方共同占有的,以受贿罪的共犯论处。

八、关于收受贿赂物品未办理权属变更问题

国家工作人员利用职务上的便利为请托人谋取利益,收受请托人房屋、汽车等物品,未变更权属登记或者借用他人名义办理权属变更登记的,不影响受贿的认定。

认定以房屋、汽车等物品为对象的受贿,应注意与借用的区分。具体认定时,除双方交代或者书面协议之外,主要应当结合以下因素进行判断:(1)有无借用的合理事由;(2)是否实际使用;(3)借用时间的长短;(4)有无归还的条件;(5)有无归还的意思表示及行为。

九、关于收受财物后退还或者上交问题

国家工作人员收受请托人财物后及时退还或者上交的,不是受贿。

国家工作人员受贿后,因自身或者与其受贿有关联的人、事被查处,为掩饰犯罪而退还或者上交的,不影响认定受贿罪。

十、关于在职时为请托人谋利,离职后收受财物问题

国家工作人员利用职务上的便利为请托人谋取利益之前或者之后,约定在其离职后收受请托人财物,并在离职后收受的,以受贿论处。

国家工作人员利用职务上的便利为请托人谋取利益,离职前后连续收受请托人财物的,离职前后收受部分均应计入受贿数额。

十一、关于"特定关系人"的范围

本意见所称"特定关系人",是指与国家工作人员有近亲属、情妇(夫)以及其他共同利益关系的人。

十二、关于正确贯彻宽严相济刑事政策的问题

依照本意见办理受贿刑事案件,要根据刑法关于受贿罪的有关规定和受贿罪权钱交易的本质特征,准确区分罪与非罪、此罪与彼罪的界限,惩处少数,教育多数。在从严惩处受贿犯罪的同时,对于具有自首、立功等情节的,依法从轻、减轻或者免除处罚。

最高人民法院　最高人民检察院
关于办理商业贿赂刑事案件适用法律若干问题的意见

(法发〔2008〕33 号)

详见《刑法》第 163 条非国家工作人员受贿罪的相关规定

最高人民法院　最高人民检察院
关于办理贪污贿赂刑事案件适用法律若干问题的解释

(法释〔2016〕9 号)

详见《刑法》第 382 条贪污罪的相关规定

◆ 解读与适用

【拓展关键词】利用职务便利为他人谋取利益　承诺谋利

因为国家工作人员在他人有求于自己的职务行为之际,收受财物并虚假表示为他人谋取利益时,也侵害了国家工作人员职务行为的不可收买性,因此应当以受贿罪论处。许诺或答应本身,仍然是一种行为,而不只是一种心理状态。为他人谋取利益是指受贿人有为他人谋取利益的行为,而不要求事实上有他人得到利益的结果。①

"为他人谋取利益"应当包括承诺、实施和实现三个阶段。行为人只要实施了其中一个阶段的行为,就构成"为他人谋取利益"这一要件。国家工作人员明知他人有具体请托事项,仍利用职务之便收受其财物的,是承诺为他人谋取利益。虽尚未为他人谋取实际利益,但亦属权钱交易行为,其行为亦构成受贿罪。未给行贿人谋取实际利益,可在量刑时酌情考虑。②

国家工作人员利用职务上的便利为请托人谋取利益,并与请托人以"合办"公司的名义获取"利润",没有实际出资和参与经营管理的,以受贿罪论处。国家工作人员明知他人有请托事项而收受其财物,视为承诺"为他人谋取利益",是否已实际为他人谋取利益或谋取到利益,不影响受贿的认定。国家工作人员利用职务上的便利为请托人谋取利益,以明显低于市场的价格向请托人购买房屋等物品的,以受贿罪论处,受贿数额按照交易时当地市场价格与实际支付价格的差额计算。国家工作人员收受财物后,因与其受贿有关联的人、事被查处,为掩饰犯罪而退还的,不影响认定受贿罪。③

《刑参》第110号案例"王某受贿、伪造证据案——受国有公司委派担任非国有公司诉讼代理人过程中收受他人财物能否构成受贿罪"相关论述:被告人所在的法律顾问处是武钢集团的内设组织,被告人属国家工作人员。行为人没有国家工作人员的职务,或者虽有职务,但在为他人谋取利益时没有利用自己的职务或职务上的便利的,均不构成受贿罪。没有为他人谋取利益的,不构成受贿罪。至于所谋取的是合法利益还是非法利益不影响受贿罪的成立。行为人利用职务上的便利伪造证据、收受财物,应以受贿罪和帮助伪造证据罪数罪并罚。因受贿而进行违法活动构成其他犯罪的,依照数罪并罚的规定处罚,法律有特别规定的除外。如《刑法》第399条第4款规定,司法工作人员贪赃枉法,有徇私枉法或者枉法裁判犯罪行为,同时又构成受贿罪的,依照处罚较重的规定定罪处罚。

《刑参》第218号案例"姜某受贿案——逢年过节收受下级单位'慰问金'的行为如何定性"相关论述:被告人在春节收受下级单位的"慰问金"因不具有为下级单位谋取利益的主观故意,故所收受的"慰问金"部分不应计入受贿数额。仅仅出于人情往来,不具有为他人谋取利益的意图及行为,属于不正之风,应按违纪处理。如借逢年过节这些传统节日之机,明知他人有具体请托事项或者根据他人提出的具体请托事项、承诺为他人谋取利益而收受他人财物的,不管是单位还是个人均应认定为受贿行为。

《刑参》第257号案例"蒙某受贿案——税务机关工作人员利用职务便利索取他人'赞助费'不征应征税款的行为如何定性"相关论述:综合全案来看,自一开始行为人便有索取财物部分归单位、部分归个人的主观意图,客观上实施了让其下属和亲属分别收取"赞助费"的行为,即实施了刑法意义上的两个行为,符合受贿罪和单位受贿罪的构成特征,应数罪并罚。对于因受贿而进行其他犯罪活动的行为,应按照牵连犯的原则择一重罪处罚。

《刑参》第407号案例"方某受贿案——国家工作人员以'劳务报酬'为名收受请托人财物的应认定为受

---

① 参见张明楷:《刑法分则的解释原理》,中国人民大学出版社2004年版,第165页。

② 成都市人民检察院诉刘某贪污、受贿案,载《最高人民法院公报》2004年第9期。

③ 潘某、陈某受贿案,最高人民法院指导案例3号(最高人民法院审判委员会讨论通过2011年12月20日发布)。

贿”相关论述：只要在国有事业单位中从事公务，无论是否属于正式在编人员，均应认定为国家工作人员。对于国家工作人员没有利用职务便利，仅仅是用个人技术、管理专长为他人提供服务的，没有职权与金钱交易性质，则该报酬属于合理收入，不应认定为受贿。只有在利用职务便利为他人所谋利益较小而收受财物同时掺杂了较大个人技术服务因素时，才可能成为量刑的酌定情节。合理数额的报酬是说收受的劳务报酬在数量上应与其提供服务的正常市场价值相当。

《刑参》第724号案例“朱某受贿案——如何认定以‘合作投资房产’名义收受贿赂”相关论述：利用职务便利为他人谋取利益后仅有投资之名但不承担投资风险，在项目获利后收受投资本金和收益的，应认定为受贿。利用职务便利为他人牟利具备了受贿罪的前提条件。以合作开办公司或者合作投资的名义收受财物是否构成受贿，关键在于国家工作人员本人有无实际出资。以合作投资为名实际由他人出资的，受贿数额应为他人给国家工作人员的出资额。犯罪所得收益应予追缴，不能认定为受贿数额。投资款具有在投资中承担风险的本质特征。

《刑参》第754号案例“陆某受贿案——国家工作人员通过其情人职务上的行为收取贿赂，为他人谋取不正当利益的行为如何定性”相关论述：行为人通过上级的职务行为为请托人谋取不正当利益，索取或收受财物，属于利用本人职权或者地位形成的便利条件受贿。在主观要件上，第385条一般受贿以“为他人谋取利益”为要件。第388条斡旋受贿以“谋取不正当利益”为要件。就索取型受贿而言，第385条只要“索取他人财物”即可构成犯罪，不必“为他人谋取利益”；而第388条斡旋受贿无论是“索取型”还是“收受型”都必须具备为他人谋取不正当利益的要件才能构成犯罪。

《刑参》第975号案例“胡某受贿案——如何区分国家工作人员以优惠价格购买商品房与以交易形式收受贿赂”相关论述：交易型受贿仍然具有受贿罪权钱交易的本质特征。应当从“事先设定”和“不针对特定人”两个基本方面，结合案例实际来判断国家工作人员所享受的“优惠价格”是正常市场优惠还是交易型受贿。

《刑参》第1019号案例“凌某受贿案——以明显高于市场的价格向请托人出租房屋，所收取的租金与市场价格的差额是否应当认定为受贿数额”相关论述：明知他人有与自己职务相关的请托事项，仍然将自己房屋以明显高于市场的价格租给请托人的，视为承诺为他人谋取利益。利用职务便利为他人谋取利益是收受型受贿犯罪的构成要件之一。包含两个方面，即为他人谋取利益以及谋取利益与行为人职务相关。实施谋利行为并不一定要经过承诺或者合意阶段。国家工作人员在正常工作中通过职务行为为他人谋利后，获利人为感谢而送予财物，国家工作人员予以收受的，尽管事前获利人没有专门请托国家工作人员利用职务为其谋利，双方没有就谋利和收送财物进行共谋，也不影响受贿罪的成立。之前国家工作人员正常履职行为同样符合受贿罪中“利用职务便利为他人谋取利益”的构成要件。受贿罪的典型特征是权钱交易。受贿人为行贿人谋取的利益必须与其职权有关，也就是利用了职务上的便利。但职务便利不要求必须在自己工作的职责范围内具体主管、负责、承办某项公共事务，也不必是自己的本职工作。如果只是处在职权的控制、制约、影响范围内，也可以认定为存在职务便利。谋取利益的行为方式可以是积极作为也可以是消极不作为。以明显高于市场的价格让请托人租赁其房屋，实质上是一种变相收受请托人财物的行为，属于采取交易形式变相收受贿赂。

《刑参》第1144号案例“孙某受贿案——如何区分合法的债权债务关系与非法收受他人财物的情形”相关论述：准确界定行为是受贿还是正常的债权债务关系，关键还是要把握“权钱交易”这个本质特征。

《刑参》第1250号案例“张某受贿案——利用职务便利为自己与他人合作的项目谋取利益，后明显超出出资比例获取分红的行为定性”相关论述：受贿罪基本构成要件有三个方面：一是利用职务上的便利，这一要件以主体要件适格为前提；二是为他人谋取利益，以他人请托或知情并因此给予财物为条件；三是权钱交易，即索取或非法收受他人财物。以上三者缺一不可。被告人张某"利用职务便利"为项目谋利不属于股东正常参与项目的经营管理行为。受贿犯罪的对象是公权力，一旦行为人利用了职务便利为私人获利，不论该"私人"是否包含自己，由于其侵犯了公权力的不可私用性，均不属于普通的经营管理行为。被告人并非该项目的独立或主要投资受益人，其为自己谋利的同时也为其他股东谋取了利益，并因此成为其他股东让渡收益的原因，权钱交易特征明显。这是其他股东同意张某出资15%却按20%分红的原因所在。被告人张某获取的超额分红中应含有他人的份额，亦即收受了他人财物。本案被告人张某利用职务便利，为自己与他人合作的项目谋取利益，后在项目中获取明显超出出资比例分红的行为，构成受贿罪。

《刑参》第1352号案例"李某受贿案——接受他人装修房屋长期未付款，也未有付款表示的行为能否认定为受贿行为"相关论述：被告人接受房屋装修的行为属于受贿行为。

《刑参》第1399号案例"赵某受贿案——新类型受贿形式及数额的认定"相关论述：赵某的妻子因商业逐利而非生活需要向黄某借用巨额资金，实际支付利息符合情理和约定。黄某提出免息到之后退还利息均为借此向赵某输送利益，与直接给予财物并无本质不同。

《刑参》第1464号案例"王某受贿案——收受情人款项的性质认定"相关论述：对于主管、负责、隶属、制约等关系的理解，不宜掌握过严。

【拓展关键词】索贿　受贿数额　牵连犯　受贿后挪用公款或滥用职权

《刑参》第340号案例"李某受贿案——利用与其他单位共同开发房地产的职务便利要求合作单位为其亲属提供低价住房的行为，能否认定为索贿"相关论述：索取的财物是否为被告人自己占有不影响受贿罪的成立。被告人支付少量购房款用以掩盖索贿犯罪行为的，其受贿数额应以房屋当时的实际价值与实际支付价款的差额计算。在办理房屋所有权证过程中，地产公司代为缴纳的办证费用，由于其主观上没有受贿故意，不能认定为收受贿赂。

《刑参》第384号案例"胡某受贿、巨额财产来源不明案——国家工作人员利用职务便利索要高额投资回报的行为是否构成受贿罪"相关论述：被告人以合伙经营为名，利用职务便利强行要求姚某支付高额投资回报，属于索贿行为。

《刑参》第385号案例"鞠某挪用公款、受贿案——因挪用公款索取、收受贿赂或者行贿构成犯罪的，应否数罪并罚"相关论述：法律规定对挪用公款与受贿罪的牵连应数罪并罚，对于挪用公款与行贿罪的牵连犯也应按照这个原则处理。

《刑参》第562号案例"梁某受贿案——收受无具体金额的会员卡、未出资而委托他人购买股票获利是否认定为受贿"相关论述：对"含有金额的会员卡、消费券"以"实际支付的资费"作为计算受贿数额的标准。低价购买商品房，虽未签订商品房买卖合同且未验收，但买卖双方履行完毕主要买卖义务的应当认定为受贿。未出资而委托他人购买股票获利的应当认定为受贿。

《刑参》第1149号案例"毋某受贿案——赃款、赃物用于公务支出，是否影响受贿罪的认定"相关论述：行为人出于受贿故意非法收受他人财物后，部分赃款交存于国有单位后大部分用于公务支出的，仍以受贿论处。请托人无请托事项时数次给予数额较少的财物，有明确请托事项时另行给予数额较大甚至巨大的财物，则受请托前收受的财物也应计入受贿数额。行贿人长期连续给予受贿人财物且超出正常人情往来，其间只要发生过具体请托事项，则可以把这些连续收受的财物视为一个整体，全额认定为受贿数额。索取、收受具有上下级关系的下属或者具有行政管理关系的被管理人员价值较大的财物，可能影响职权行使的，视为承诺为他人谋取利益。

《刑参》第1151号案例"沈某受贿案——如何把握辩方提交的证据证明标准和作相关证据审查以及出于受贿的故意非法收受他人财物后又退还部分钱款的，如何认定受贿数额"相关论述：在辩方提供的证据存有很大疑点未达到“证据占优势”的情况下,不宜采纳辩方证据。出于受贿故意非法收受他人财物后又退还部分钱款的,退还的部分不能从受贿数额中扣除。

《刑参》第1431号案例“吴某受贿案——交易型受贿犯罪数额及索贿的认定”相关论述:交易型受贿具有双重交易性质。一方面,市场交易客观存在;另一方面,交易不对等。受贿人正是以其手中的权力来换取交易中的差价,从而实现权钱交易。受贿数额为市场承包价与实际支付价格的差额。在计算交易型受贿犯罪的数额时,应当从交易行为中剥离出权钱交易的部分,区分经营行为的利润与行为人的受贿数额。但不能认定经营权带来的利润都是被告人受贿的犯罪所得。应当把握市场价的时间节点是“交易时”。交易差额作为财产性利益,是在交易合同生效时被确认的。因为合同生效时,交易双方的贿赂犯意意思表示已明确,“差额”即被吴某等人实际享有并控制,受贿行为已经既遂,故应以合同生效时作为交易型受贿的时间基点。

《刑参》第1432号案例“寿某受贿案——如何认定以明显低于市场价购买房屋的受贿形式”相关论述:新房买卖中针对不特定人的最低优惠价也属于市场价。要判断所谓的购房优惠是否事先真实存在,审查这些优惠价是否针对不特定人制定,判断国家工作人员是否具备享受优惠的条件。需要通过评估认定某套房屋的价值时,特别要注意市场价不是指整个小区所有房屋平均的售价,而是同类别、同时期、同地段、同结构、同楼层等最近似品质的房屋市场销售价。犯罪数额的认定应当体现危害行为发生时涉案物品的市场价值,这样才能相对客观地反映行为的社会危害性和行为人的主观恶性。这和以行为时的法律判断行为是否构成犯罪的定罪原理是一样的。在“二手房”买卖收受差价贿赂的犯罪中,房屋市场价的认定首先应当参考房屋的买入价。如果买入时的市场行情与行贿人和国家工作人员发生转让时的市场行情变化较大的,则应按照转让行为发生时的市场价认定。对于行贿人、受贿人来说,主观明知程度最高的就是买入价。买入价证据不实或者行贿人买入时与转让给受贿人时的市场行情发生明显变化的,则应当按照委托评估的“交易时当地市场价格”认定为市场价。应当以差价绝对值为基础,同时兼顾折扣率的高低,综合判断购房价是否明显低于市场价,避免造成打击面过宽和放纵犯罪两个方面的弊端。当然,主观上还需要国家工作人员明知或者应当知道其购房获得的差价不是正常的市场优惠,而是权钱交易的结果,才能认定其成立受贿罪。

《刑参》第1447号案例“沈某受贿案——利用职务便利,以民间借贷形式收受请托人高额利息的行为应如何认定”相关论述:受贿数额应以借款人同期从他人处借款的最高利率的差额来认定受贿数额。如果能查明整个借款关系都是虚假的,借款人实际并未使用该款项的,国家工作人员获取的所有利息均应认定为受贿数额。

【拓展关键词】国家工作人员从事公务

《刑参》第399号案例“钱某受贿案——在国家机关设立的非常设性工作机构中从事公务的非正式在编人员是否属于国家工作人员”相关论述:地方人民政府设立的行使特定管理职能的非常设机构是地方人民政府的组成部分,亦属于国家行政机关。只要是在国家机关中从事公务,即使是非正式在编人员,亦属于国家工作人员。“从事公务”是国家工作人员的本质特征。

《刑参》第608号案例“李某、唐某受贿案——国有媒体记者能否成为受贿罪的主体”相关论述:记者从事的新闻报道等业务活动属于职务行为,利用采访等实现舆论监督的方式索要财物的,属于“利用职务上的便利”。国有媒体记者对公共事务行使舆论监督权,属于从事公务活动,其利用舆论监督权索取他人财物的,符合受贿罪权钱交易的本质特征。但只有国有媒体的舆论监督权才具备行使公务的形式条件。对私务进行舆论监督不具备行使公务的实质特征。

《刑参》第693号案例“黄某受贿案——国有企业改制期间,国家工作人员与企业解除劳动关系后,还能否被认定为国家工作人员,从而构成受贿罪”相关论述:判断被告人是否属于国家工作人员,应以其是否从事公务为依据。

《刑参》第 806 号案例“吕某受贿案——社区卫生服务中心网管员为医药销售代表‘拉单’收受财物的行为如何定性”相关论述：新港卫生服务中心系国有事业单位，资产性质为国有资产。认定国家工作人员应当以是否从事公务为依据。应当将被告人利用网络管理员的职务便利收受供货单位相关人员以及医药销售代表给予的财物，并在采购计算机配件和提供医生药品用量信息等方面为他们谋取利益的行为，与医生利用开处方的职务便利收受药品企业财物的行为以及医生收受红包的行为相区分。医生开处方的行为属于不具备职权内容的劳务活动、技术服务工作，应当以非国家工作人员论。当其利用处方权收受医药产品销售方给予的回扣时，由于其处方权具有对医药购销的实质性影响，能够被贿赂所左右，可以构成非国家工作人员受贿罪。当其利用自身的专业技能为患者进行诊疗时，此时医患是一种平等的医疗服务关系，医生收受红包的行为属于“不正之风”。

《刑参》第 855 号案例“杨某受贿、非国家工作人员受贿案——分别在国有赌资公司委派到国有参股公司、国有参股公司改制为非国家出资企业任职期间收受贿赂的行为如何定性”相关论述：《刑法》第 93 条第 2 款中的国有公司、企业仅限于国有独资公司、企业。被告人作为国有公司的职工，接受国有公司任命代表国有公司在国有参股公司出任经理职务从事组织、领导、监督、管理等工作，应当以国家工作人员论。被告人所在的银力公司不属于国家出资企业，被告人担任该公司经理是全体股东大会研究决定的，被告人行使的职权不具有公务的性质，被告人在改制前后身份发生变化的犯罪应当数罪并罚。

《刑参》第 885 号案例“雷某受贿案——以不雅视频相要挟，使他人陷入心理恐惧，向他人提出借款要求且还款期后有能力归还而不归还的，是否属于敲诈勒索以及利用职务便利为他人谋取利益，授意他人向第三人出借款项，还款义务最终被免除的，是否属于受贿”相关论述：雷某在明知被敲诈的情形下，找到自己曾利用职权为之谋利的公司法定代表人明某，要求其将钱借给肖某，借款到期且肖某拒绝还款后，雷某主动积极将该债务揽为自己承担，明某提出免除该债务，雷某表示认可，二人达成行受贿合意。以不雅视频相要挟，使他人陷入心理恐惧，向他人提出借款要求且还款期满后有能力归还而不归还的，属于敲诈勒索。利用职务便利为他人谋取利益，授意他人向第三人出借款项，还款义务最终被免除的，属于受贿罪。

《刑参》第 937 号案例“陈某受贿案——省农村信用合作社联合社委派到市、县、乡、镇农村信用合作社联合社、农村信用合作联社的人员是否属于‘以国家工作人员论’的范围”相关论述：阳东农村信用合作社联合社不是国家出资企业，被告人的管理活动不具有公务性质，依法不属于国家工作人员。在认定国家工作人员身份时，不仅要审查“受委派”这一形式要件，还要审查行为人所从事的工作性质是否属于“从事公务”这一实质要件。被告人的管理职位不具有国家意志性。阳东农村信用合作社联合社并非国家出资企业，没有国有资产入股，不存在监督国有资产的职能，也不具有行使国有资产保值增值的管理和服务职能，更没有社会公共事务管理职能。

《刑参》第 974 号案例“章某受贿案——如何认定国家出资企业中的国家工作人员”相关论述：无论是国家直接投资还是间接投资，只要企业中含有国有资本的成分，不论国有资本所占份额的大小，均应认定为国家出资企业，不能仅将国家直接投资的企业认定为国家出资企业。国家出资企业的认定与国家工作人员的认定是两个层面的问题。国家出资企业概念的扩大并不必然导致对国家工作人员打击范围的扩大。“负有管理、监督国有资产职责的组织”除国家资产监督管理机构、国有公司、企业、事业单位外，主要是指上级或者本级国家出资企业内部的党委、党政联席会。根据党管干部的组织原则，国家出资企业中一般设有党委，以国家出资企业中负有管理、监督国有资产职责的组织作为委派主体，既反映了当前国家出资企业的经营管理实际，又体现了从事公务这一认定国家工作人员的实质要求。在认定国家工作人员身份时，不仅要审查“党委任命”这一形式要件，还要审查行为人是否具有“代表性”以及所从事工作的性质是否属于“从事公务”这两个实质要件。如果任职与委派组织没有必然的联系，行为人对委派组织亦无职责义务关系，则不应认定为国家工作人员。一般认为，在国家出资企业中，中层以上的管理人员可以被视为代表管理、监督国有资产职责的组织从事公务，中层以下的管理人员如果主要负责从事事务性、技术性、业务性等方面的工作，则一般不宜认定为从事公务。

《刑参》第1055号案例"王某非国家工作人员受贿、挪用资金案——如何认定国家出资企业中工作人员的主体身份"相关论述：被告人所属公司出资股东的性质决定了该公司的性质是非国有公司，被告人不是国有公司中从事公务的人员。刑法意义上的国有公司仅指国家出资的国有独资公司。对公司性质的认定，不能仅凭公司的工商注册登记或者公司自身所作的说明，而应当严格依照《关于办理国家出资企业中职务犯罪案件具体应用法律若干问题的意见》第7条的规定，遵循"谁投资，谁拥有产权"的原则，从公司的实际出资情况进行认定。中建八局第一公司的性质变为国有控股公司，可以认定王某的身份不属于国有公司中从事公务的人员。从被告人的任职程序和实际履行的职责来看，被告人不属于《关于办理国家出资企业中职务犯罪案件具体应用法律若干问题的意见》规定的"国家工作人员"。对于国家出资企业中的工作人员是否属于"国家工作人员"，应从形式要件和实质要件两方面来认定。

《刑参》第1148号案例"丁某受贿案——社区卫生服务中心办公室信息管理员'拉统方'非法收受财物行为之定性"相关论述：被告人系国有事业单位的编制人员，其管理、监控用药数据等医保信息的行为，实质上是代表国家履行公共事务的管理、监督职责，从事的工作具有公务性质，应以国家工作人员论。从事公务是判断行为人是否具备受贿罪犯罪主体的基本标准。信息管理员代表国家对医保信息、国有资产行使管理权，应以国家工作人员论。被告人"拉统方"是利用其职务上的便利，应以受贿罪论处。被告人的工作职责具有技术性和管理性的双重属性，在认定其"拉统方"行为是否构成受贿罪时，还应考虑该行为是否与其所从事的公务具有关联性。①

《刑参》第1233号案例"朱某非国家工作人员受贿案——如何认定'受委派从事公务'"相关论述：从省联社现有股权结构看，其不是国有企业或国家出资企业。从省联社职能看，受计划经济影响，地方政府及相关主管部门对农村信用社负有一定管理职责，如同政府对商业银行的管理职责和信用担保一样，但不能由此改变企业所有制性质。委派的主体应限于两类组织：一是刑法明确规定的"国家机关、国有公司、企业、事业单位"；二是"国家出资企业中负有管理、监督国有资产职责的组织"。本案没有充分事实依据表明省联社对于朱某天门联社主任职务的任命具有主导权。省联社是受国家机关委托对辖区内信用社进行管理的组织，由于省政府的委托授权，省联社代为行使了省政府的部分行政职权。然而，受国家机关委托代表国家行使职权的组织本身不能视为国家机关，也并不因为这种授权委托而改变其自身的法律性质。值得注意的是，省联社的工作人员如果在代为行使行政管理职权的过程中有职务犯罪行为的，应当将其视为国家工作人员，但并不因此改变省联社作为企业法人的性质。所谓"从事公务"是指代表国家机关、国有公司、企业、事业单位、人民团体等履行组织、领导、监督、管理等职责。公务主要表现为与职权相联系的公共事务以及监督、管理国有财产的职务活动。"从事公务"是认定国家工作人员的本质特征。公务具有国家代表性、职能性和管理性，三者缺一不可。国家代表性是公务的本质特征，被告人朱某的管理职位不具有国家意志性。因为朱某并非代表国家机关、国有企业行使职权。农村信用社是独立经营、自负盈亏的，以营利为宗旨的股份制企业，服务"三农"、防止金融风险等只是附带责任。任何企业在追求利润的同时都担负一定的社会责任，但不能将这种社会责任一律视为"与职权相联系的公共事务"。从产权结构和历史背景看，省联社的资本构成是由作为发起人的90家市县区信用社共同出资认购的，不存在国有资本成分。而天门联社与湖北省其他市县区联社一样，都是由集体所有制改制而成的股份制金融企业，同样不存在国有资本成分。因此认定朱某代表国家

① 上海市嘉定区人民检察院诉丁某受贿案，载《最高人民法院公报》2014年第9期。

担负经营、监督、管理国有资产，使其保值、增值的职责并无依据。

《刑参》第 1207 号案例"周某、朱某非国家工作人员受贿案——如何认定行政管理职权转委托情形下受托方的滥用职权及收受财物行为"相关论述：根据刑法理论通说，受贿罪保护的法益是国家工作人员职务行为的不可收买性，也可以说是国家工作人员职务行为与财物行为的不可交换性。因此，受贿罪是身份犯，行为主体为国家工作人员。应准确认定"其他依照法律从事公务的人员"。所谓从事公务，是指组织、领导、监督、管理社会公共事务和国家事务。判断是否属于国家工作人员时，最重要的是要看其是否是依照法律，在法律的授权下对包括国家事务、社会事务等在内的公共事务进行管理。如果管理的权限不是源于法律的规定而是源于其他的行为（如委托），则行为人不能认定为国家工作人员。本案中，周某、朱某分别受前期公司委托，担任该标段动迁项目总经理和经理，没有直接接受国家机关的委托，不是国家工作人员，不构成受贿罪。需要指出的是，委托并不等同于委派。"委派"要具有刑法效力必须同时具备有效性、法定性、隶属性和内容特定性四个条件。所谓有效性，就是作出委派意思表示的主体必须是国家机关、国有公司、企业、事业单位而非私人委派，且其意思表示必须明确；同时，被委派人也必须作出明确的接受委派的意思表示。所谓法定性，就是委派单位必须在其法定的权限范围内作出委派的意思表示，不能越权委派。所谓隶属性，是指被委派人必须接受委派单位的领导、管理和监督，被委派人与委派单位之间的关系属于行政隶属关系而非平等委托关系。所谓内容特定性，即被委派人到被委派单位从事的工作限于领导、管理、监督的公务行为，而非诸如生产、服务等一般的劳务活动。

另见《刑法》第 382 条贪污罪、第 384 条挪用公款罪的相关注释。

【拓展关键词】索贿与敲诈勒索

《刑参》第 608 号案例"李某、唐某受贿案——国有媒体记者能否成为受贿罪的主体"相关论述：区别索贿行为与敲诈勒索的关键就是被告人是否利用职务之便实现对他人的要挟。利用职务便利去强索财物，应构成受贿犯罪。

《刑参》第 1431 号案例"吴某受贿案——交易型受贿犯罪数额及索贿的认定"相关论述：索贿中的"索"是指索取、主动索要。将其理解为"勒索"则是不当地限制了索贿的范围，亦会导致轻纵犯罪。由于权力的稀缺资源性，实践中有的行贿人主动围猎国家工作人员，但很多时候"苦于无门"。当被告人主动提出时，行贿人是"心甘情愿"甚至"求之不得"。此种情形与行贿人主动提出，受贿人欣然接受的情形无论从本质上还是从危害性程度而言都没有太大区别。受贿犯罪中应当根据被告人的职务、地位及其影响，是否为行贿人谋取利益，是否主动提起犯意，行贿人的利益是否违法等多个情节来综合判断行贿是否违背了行贿人的意愿，进而确定是否构成索贿。索贿应当是国家工作人员率先通过明示或者暗示的方式向请托人表达了收取财物的意图。索贿的本质是违背了行贿人的意愿，虽然不要求达到被胁迫、勒索的程度，但是应当能够反映出行贿人是出于压力、无奈、不情愿才交付财物。实践中可以根据受贿人给请托人谋取利益的大小、受贿人提出的财物要求是否在请托人心理预期之内、请托人请托的事项是否违法等进行综合判断。

另见《刑法》第 274 条敲诈勒索罪的相关注释。

【拓展关键词】特定关系人　斡旋受贿　利用影响力受贿　受贿罪共犯　共犯与身份

《刑参》第 584 号案例"周某受贿案——特定关系人在受贿案件中的认定问题"相关论述：特定关系人是指"与国家工作人员有近亲属、情妇（夫）以及其他共同利益关系的人"。认定有其他共同利益关系的人，关键在于该人是否与国家工作人员有共同利益关系。共同利益关系主要是指经济利益关系，纯粹的同学、同事、朋友关系不属于共同利益关系。共同利益关系不限于共同财产关系，情妇情夫关系亦属于特定关系。被告人利用职权要求房产销售老板给其表弟优惠，被告人的表弟与被告人并非近亲属关系，被告人也没有从优惠部分中获取什么利益,其表弟不属于被告人的特定关系人,也不属于双方通谋后,对收受财物共同占有的情形,被告人的行为不构成受贿罪。被告人的表弟在一定条件下可以构成利用影响力受贿罪。国家工作人员利用职务便利要求给特定关系人安排工作,但特定关系人实际付出相应劳动的,不属于挂名领取薪酬的情形,不能认定被告人受贿。

《刑参》第585号案例"蒋某、唐某受贿案——如何认定国家工作人员与特定关系人的共同受贿行为"相关论述:国家工作人员和特定关系人共谋后,特定关系人直接接受请托事项并收受财物,国家工作人员利用自己的职务行为以及下属的职务行为为请托人谋取利益的,应当认定为国家工作人员和特定关系人共同受贿。国家工作人员收受财物的方式还可以表现为间接收受。一是特定关系人或其他第三人收受财物后告知国家工作人员,由国家工作人员为请托人谋取利益。二是国家工作人员与特定关系人或第三人共谋后,由特定关系人或其他第三人直接收受财物。利用职务上有隶属、制约关系的其他工作人员的职权属于"利用职务上的便利"而不是"利用职务或地位形成的便利条件",即不属于斡旋受贿。受贿罪的本质是权钱交易,只要国家工作人员的行为符合权钱交易的本质,并不要求利用职务之便为他人谋取利益的行为必须在接受请托人请托事项之后。被告人利用职务为特定关系人与请托人合作的项目提供便利,并由特定关系人获得高额利润的行为符合受贿罪权钱交易的本质,对2人应当认定为受贿共犯。本案中共同受贿的数额应当是唐某在该项目中占有的高于实际出资背离的那部分利润。

《刑参》第884号案例"周某等受贿案——非特定关系人凭借国家工作人员的关系'挂名'取酬并将财物分与国家工作人员的是否构成共同受贿"相关论述:被告人通过授意,使虞某在没有实际出资也未参与经营、管理的情况下以合作承接工程的名义获取利润,且虞某在收取利润后将其中的5万元交给周某的妻子,周某知道后予以默认,因而可认定周某、虞某主观上具有收受贿赂的共同故意,均构成共同受贿罪。认定虞某是否属于周某的特定关系人,要看虞某是否周某有共同利益关系。虞某与周某2人之间无共同财产关系也无其他经济利益关系,不属于"由特定关系人收受贿赂"的情形。因此,周某、虞某的行为符合共同受贿的特征。

《刑参》第1145号案例"朱某受贿案——国家工作人员对特定关系人收受他人财物事后知情且未退还,如何判定其是否具有受贿故意。国家工作人员收受请托人所送房产,后请托人又将该房产用于抵押贷款的,是受贿既遂还是未遂"相关论述:国家工作人员和特定关系人在事先未通谋的情况下,利用职务上的便利为请托人谋取利益,在知道特定关系人索取、收受请托人财物后虽有退还的意思表示,但发现特定关系人未退还并予以默认的,应当认定国家工作人员具有受贿故意,构成受贿罪。国家工作人员和特定关系人没有事前通谋,国家工作人员利用职务上的便利为请托人谋取利益,特定关系人索取或收受请托人财物的,判定国家工作人员是否具有受贿的故意,关键看其对收钱一事是否知情以及知情后的态度。国家工作人员收受请托人所送房产,后请托人又将该房产用于抵押贷款的,应当认定构成受贿的既遂。本案在该房产完成交易过户至被告人实际控制的公司名下之日起受贿已经既遂。即便被告人并不实际居住该房产甚至钥匙亦在行贿人手中,亦不影响对其受贿行为既遂的认定。行贿人因资金周转困难,将该房产用于抵押、获取贷款以解决自己资金周转困难的行为并不影响被告人受贿犯罪的形态。

《刑参》第1143号案例"罗某受贿案——如何认定特定关系人是否成立受贿罪共犯"相关论述:受贿行为由两部分组成,一是为他人谋利,二是收受他人财物。特定关系人只要主观上与国家工作人员形成受贿的通谋,客观上实施了部分受贿行为,对其以受贿共犯论处。国家工作人员的近亲属收受请托人财物向国家工作人员代为转达请托事项构成受贿罪共犯的规定属于注意规定而非创设新的共犯认定标准,不能将此规定作为认定特定关系人受贿共犯的排他性标准。虽不具有代为转达请托事项行为,但特定关系人与国家工作人员具有受贿通谋和行为的,仍构成受贿罪共犯。虽然特定关系人与国家工作人员事先未就为请托人谋利并收受财物形成共同的犯意联络，但其在对国家工作人员利用职务便利为他人谋利的事实明知的情况下仍代为国家工作人员收受财物，应认定与国家工作人员具有通谋。对于特定关系人没有事先与国家工作人员通谋，仅是在请托人给予国家工作人员财物时在场的，一般不宜认定为受贿罪共犯。

【拓展关键词】受贿罪既遂标准

国家工作人员，利用职务上的便利，为他人谋取利益，收受他人的银行卡并改动密码，至案发时虽未实际支取卡中的存款，但主观上明显具有非法占有的故意的，应视为收受钱款的行为已经实施终了，构成受贿罪。①

《刑参》第1089号案例“杨某滥用职权、受贿案——滥用职权造成恶劣社会影响的及供犯罪所用的本人财物如何认定，受贿既、未遂并存的如何处罚”相关论述：被告人提出索贿要求并经对方答应后用自己的60万元作虚假“入股”，其已经着手实行犯罪但由于意志以外的原因——因涉嫌滥用职权被调查——而未得逞。被告人向他人索贿400万元的行为符合受贿犯罪钱权交易的本质特征，构成受贿罪，但系犯罪未遂。受贿犯罪既有既遂又有未遂的可以参照诈骗犯罪司法解释处理。

《刑参》第1266号案例“尹某、李某非国家工作人员受贿案——被告人在缓刑考验期内与行贿人达成贿赂合意，在缓刑执行期满后收取财物的，能否认定‘在缓刑考验期内犯新罪’”相关论述：从受贿罪和非国家工作人员受贿罪的法益分析，该二罪既然侵犯的法益为职务廉洁性，那么对该二罪就应以职务廉清性是否现实性地受到了侵害作为构罪标准进行分析判断。对于受贿犯罪，因利用职务便利为他人谋取利益行为和收受贿赂之间具有因果关联关系，所以不论事前受贿或事后受贿，凡是达成了明确的贿赂合意并就此合意实施了行为，包括为行贿人实施了为他人谋取利益的行为和收受财物行为之一的，其职务廉洁性就受到了侵害，就应认定构成了该二罪，这也是该二罪的罪质构成要件的核心。至于是否现实地收到了贿赂款物只影响评价犯罪是否既遂，并不影响犯罪要件的齐备。在非典型的受贿犯罪中，犯罪的构成要件齐备具体包括以下几种情况：(1)在索贿型犯罪中，凡是行为人索取了他人财物，不论是否为他人谋取利益均构成犯罪，即使行为人和被索取贿赂的一方没有就谋取利益事项进行商谈和承诺也不影响犯罪的成立；(2)在主动行贿型犯罪中，行贿人和受贿人就行贿财物内容达成明确合意后，受贿人为行贿人谋取了利益但尚未收取到财物，或者收到了财物但尚未为行贿人谋取利益的，均构成受贿罪或非国家工作人员受贿罪。实践中，在尚未收取到贿赂款时即案发的，一般可认定为犯罪未遂，并不影响对其行为认定为犯罪的评价。

【拓展关键词】受贿罪与诈骗罪辨析

《刑参》第1147号案例“吴某受贿案——以欺骗方式让行贿人主动交付财物的，应认定为索贿”相关论述：“索贿”即是指“索取他人财物”。吴某虽然采取欺骗手段使徐某某相信自己确有“领导的朋友”介入并“自愿”向“领导的朋友”支付好处费，但吴某在徐某某“自愿”交付之前已向其传递出明确的信号，即徐某某不付出一定代价不可能顺利承揽业务。徐某某面对这种情况并无多少选择余地。在该起受贿事实中，吴某与徐某某的沟通过程符合索贿犯罪中受贿人积极主导权钱交易进程，而行贿人比较被动地按照受贿人的要求给付财物的特点。至于吴某使用欺骗手段，并不改变其主动向徐某某索取巨额贿赂的实质。对索贿行为必须结合行为人利用职务上的便利实施犯罪的背景准确定性。徐某某虽误认为其所送财物交给了“领导的朋友”，但其对送出财物满足吴某的要求，进而借助吴的权力谋取利益有清晰的认识。其关注的重点不在于何人收取贿赂，而在于能否用贿赂换取利益，因此以索贿而不是诈骗来评价吴某的行为性质更为准确。

另见《刑法》第266条诈骗罪的相关注释。

---

① 北京市第二检察分院诉程某受贿案，载《最高人民法院公报》2004年第1期。

第三百八十七条　【单位受贿罪】

国家机关、国有公司、企业、事业单位、人民团体，索取、非法收受他人财物，为他人谋取利益，情节严重的，对单位判处罚金，并对其直接负责的主管人员和其他直接责任人员，处五年以下有期徒刑或者拘役。

前款所列单位，在经济往来中，在帐外暗中收受各种名义的回扣、手续费的，以受贿论，依照前款的规定处罚。

第三百八十八条　【受贿罪】

国家工作人员利用本人职权或者地位形成的便利条件，通过其他国家工作人员职务上的行为，为请托人谋取不正当利益，索取请托人财物或者收受请托人财物的，以受贿论处。

◆ 解读与适用

【拓展关键词】斡旋受贿　谋取不正当利益

《刑参》第754号案例"陆某受贿案——国家工作人员通过其情人职务上的行为收取贿赂，为他人谋取不正当利益的行为如何定性"相关论述：行为人通过上级的职务行为为请托人谋取不正当利益，索取或收受财物，属于利用本人职权或者地位行为的便利条件受贿。在主观要件上，第388条斡旋受贿必须以"谋取不正当利益"为要件。对于索取型受贿而言，第388条斡旋受贿无论是"索取型"还是"收受型"，都必须具备为他人谋取不正当利益的要件才能构成犯罪。行为人既是国家工作人员又与被其利用的其他国家工作人员之间具有不正当男女关系，其利用本人职权或地位形成的便利条件的行为应适用第388条规定的，而不是利用影响力受贿。但确有证据证实国家工作人员仅利用了其与被利用的国家工作人员的密切关系的，应当以利用影响力受贿罪论处。

另见《刑法》第388条之一利用影响力受贿罪的相关注释。

第三百八十八条之一　【利用影响力受贿罪】①

国家工作人员的近亲属或者其他与该国家工作人员关系密切的人，通过该国家工作人员职务上的行为，或者利用该国家工作人员职权或者地位形成的便利条件，通过其他国家工作人员职务上的行为，为请托人谋取不正当利益，索取请托人财物或者收受请托人财物，数额较大或者有其他较重情节的，处三年以下有期徒刑或者拘役，并处罚金；数额巨大或者有其他严重情节的，处三年以上七年以下有期徒刑，并处罚金；数额特别巨大或者有其他特别严重情节的，处七年以上有期徒刑，并处罚金或者没收财产。

离职的国家工作人员或者其近亲属以及其他与其关系密切的人，利用该离职的国家工作人员原职权或者地位形成的便利条件实施前款行为的，依照前款的规定定罪处罚。

---

① 根据《刑法修正案(七)》新增。

◆ 相关规定

最高人民法院　最高人民检察院
关于办理贪污贿赂刑事案件适用法律若干问题的解释（节选）
（法释〔2016〕9号）

详见《刑法》第382条贪污罪的相关规定

第十条　刑法第三百八十八条之一规定的利用影响力受贿罪的定罪量刑适用标准，参照本解释关于受贿罪的规定执行。

第三百八十九条　【行贿罪】

为谋取不正当利益，给予国家工作人员以财物的，是行贿罪。

在经往来中，违反国家规定，给予国家工作人员以财物，数额较大的，或者违反国家规定，给予国家工作人员以各种名义的回扣、手续费的，以行贿论处。

因被勒索给予国家工作人员以财物，没有获得不正当利益的，不是行贿。

◆ 解读与适用

【拓展关键词】消极的构成要件要素　被勒索　罪刑法定原则

“因被勒索给予国家工作人员以财物，没有获得不正当利益的，不是行贿”，此处为消极的构成要件要素。对消极的构成要件要素进行限制解释，意味着扩大处罚范围，可能违反罪刑法定原则。倘若将“被勒索”限制解释为“被严重胁迫的勒索”，或者将“没有获得不正当利益”解释为“没有实际获取不正当利益且没有得到获取不正当利益的承诺”，就会不当扩大处罚范围，进而违反罪刑法定原则。不利于被告人的类推解释违反罪刑法定原则，但对消极构成要件要素进行类推解释，则并不违反罪刑法定原则，此款规定可以类推适用到《刑法》第164条，对非国家工作人员行贿罪中。①

第三百九十条　【行贿罪的处罚规定】②

对犯行贿罪的，处五年以下有期徒刑或者拘役，并处罚金；因行贿谋取不正当利益，情节严重的，或者使国家利益遭受重大损失的，处五年以上十年以下有期徒刑，并处罚金；情节特

① 参见张明楷：《犯罪构成体系与构成要件要素》，北京大学出版社2010年版，第135～136页。

② 根据《刑法修正案（九）》修订。修订前的条文主要内容为：对犯行贿罪的，处五年以下有期徒刑或者拘役；因行贿谋取不正当利益，情节严重的，或者使国家利益遭受重大损失的，处五年以上十年以下有期徒刑；情节特别严重的，处十年以上有期徒刑或者无期徒刑，可以并处没收财产。行贿人在被追诉前主动交待行贿行为的，可以减轻处罚或者免除处罚。

别严重的,或者使国家利益遭受特别重大损失的,处十年以上有期徒刑或者无期徒刑,并处罚金或者没收财产。

行贿人在被追诉前主动交待行贿行为的,可以从轻或者减轻处罚。其中,犯罪较轻的,对侦破重大案件起关键作用的,或者有重大立功表现的,可以减轻或者免除处罚。

◆ 相关规定

最高人民法院　最高人民检察院
关于办理行贿刑事案件具体应用法律若干问题的解释

(法释〔2012〕22号)

为依法惩治行贿犯罪活动,根据刑法有关规定,现就办理行贿刑事案件具体应用法律的若干问题解释如下:

……

第五条　多次行贿未经处理的,按照累计行贿数额处罚。

第六条　行贿人谋取不正当利益的行为构成犯罪的,应当与行贿犯罪实行数罪并罚。

第七条　因行贿人在被追诉前主动交待行贿行为而破获相关受贿案件的,对行贿人不适用刑法第六十八条关于立功的规定,依照刑法第三百九十条第二款的规定,可以减轻或者免除处罚。

单位行贿的,在被追诉前,单位集体决定或者单位负责人决定主动交待单位行贿行为的,依照刑法第三百九十条第二款的规定,对单位及相关责任人员可以减轻处罚或者免除处罚;受委托直接办理单位行贿事项的直接责任人员在被追诉前主动交待自己知道的单位行贿行为的,对该直接责任人员可以依照刑法第三百九十条第二款的规定减轻处罚或者免除处罚。

第八条　行贿人被追诉后如实供述自己罪行的,依照刑法第六十七条第三款的规定,可以从轻处罚;因其如实供述自己罪行,避免特别严重后果发生的,可以减轻处罚。

第九条　行贿人揭发受贿人与其行贿无关的其他犯罪行为,查证属实的,依照刑法第六十八条关于立功的规定,可以从轻、减轻或者免除处罚。

第十条　实施行贿犯罪,具有下列情形之一的,一般不适用缓刑和免予刑事处罚:

(一)向三人以上行贿的;

(二)因行贿受过行政处罚或者刑事处罚的;

(三)为实施违法犯罪活动而行贿的;

(四)造成严重危害后果的;

(五)其他不适用缓刑和免予刑事处罚的情形。

具有刑法第三百九十条第二款规定的情形的,不受前款规定的限制。

第十一条　行贿犯罪取得的不正当财产性利益应当依照刑法第六十四条的规定予以追缴、责令退赔或者返还被害人。

因行贿犯罪取得财产性利益以外的经营资格、资质或者职务晋升等其他不正当利益,建议有关部门依照相关规定予以处理。

第十二条　行贿犯罪中的“谋取不正当利益”,是指行贿人谋取的利益违反法律、法规、规章、政策规定,或者要求国家工作人员违反法律、法规、规章、政策、行业规范的规定,为自己提供帮助或者方便条件。

违背公平、公正原则，在经济、组织人事管理等活动中，谋取竞争优势的，应当认定为“谋取不正当利益”。

第十三条 刑法第三百九十条第二款规定的“被追诉前”，是指检察机关对行贿人的行贿行为刑事立案前。

最高人民法院 最高人民检察院
关于办理贪污贿赂刑事案件适用法律若干问题的解释（节选）

（法释〔2016〕9号）

详见《刑法》第382条贪污罪的相关规定

第七条 为谋取不正当利益，向国家工作人员行贿，数额在三万元以上的，应当依照刑法第三百九十条的规定以行贿罪追究刑事责任。

行贿数额在一万元以上不满三万元，具有下列情形之一的，应当依照刑法第三百九十条的规定以行贿罪追究刑事责任：

（一）向三人以上行贿的；

（二）将违法所得用于行贿的；

（三）通过行贿谋取职务提拔、调整的；

（四）向负有食品、药品、安全生产、环境保护等监督管理职责的国家工作人员行贿，实施非法活动的；

（五）向司法工作人员行贿，影响司法公正的；

（六）造成经济损失数额在五十万元以上不满一百万元的。

第八条 犯行贿罪，具有下列情形之一的，应当认定为刑法第三百九十条第一款规定的“情节严重”：

（一）行贿数额在一百万元以上不满五百万元的；

（二）行贿数额在五十万元以上不满一百万元，并具有本解释第七条第二款第一项至第五项规定的情形之一的；

（三）其他严重的情节。

为谋取不正当利益，向国家工作人员行贿，造成经济损失数额在一百万元以上不满五百万元的，应当认定为刑法第三百九十条第一款规定的“使国家利益遭受重大损失”。

第九条 犯行贿罪，具有下列情形之一的，应当认定为刑法第三百九十条第一款规定的“情节特别严重”：

（一）行贿数额在五百万元以上的；

（二）行贿数额在二百五十万元以上不满五百万元，并具有本解释第七条第二款第一项至第五项规定的情形之一的；

（三）其他特别严重的情节。

为谋取不正当利益，向国家工作人员行贿，造成经济损失数额在五百万元以上的，应当认定为刑法第三百九十条第一款规定的“使国家利益遭受特别重大损失”。

……

第十四条 根据行贿犯罪的事实、情节，可能被判处三年有期徒刑以下刑罚的，可以认定为刑法第三百九十条第二款规定的“犯罪较轻”。

根据犯罪的事实、情节，已经或者可能被判处十年有期徒刑以上刑罚的，或者案件在本省、自治区、直辖市或者全国范围内有较大影响的，可以认定为刑法第三百九十条第二款规定的“重大案件”。

具有下列情形之一的，可以认定为刑法第三百九十条第二款规定的“对侦破重大案件起关键作用”：

（一）主动交待办案机关未掌握的重大案件线索的；
（二）主动交待的犯罪线索不属于重大案件的线索，但该线索对于重大案件侦破有重要作用的；
（三）主动交待行贿事实，对于重大案件的证据收集有重要作用的；
（四）主动交待行贿事实，对于重大案件的追逃、追赃有重要作用的。

☞ 其他相关规定见章后二维码

◆ 解读与适用

【拓展关键词】谋取不正当利益　被追诉前主动交代　自首

行贿罪重于对单位行贿罪和单位行贿罪，向单位行贿的人或者行贿的单位，在被追诉前主动交待行贿行为的，应类推适用《刑法》第 390 条第 2 款的规定。①

《刑参》第 787 号案例“袁某行贿案——配合检察机关调查他人受贿案件时，交代向他人行贿的事实，能否认定为被追诉前主动交代”相关论述：“谋取不正当利益”既包括谋取各种形式的不正当利益，也包括以不正当手段谋取合法利益。既包括实体违规，也包括程序违规。在检察机关对其立案前交代行贿事实，属于被追诉前主动交代的情形。立案侦查是司法机关进行刑事追诉活动的开始。司法机关在立案前的某些紧急情况下依法采取强制措施和讯问犯罪嫌疑人等活动也属于追诉活动的一部分，但这只能视为一种例外情形。即使检察机关已经对受贿人立案查处，行贿人作为证人接受调查，只要对行贿人尚未立案查处，行贿人承认其向受贿人行贿的事实，也应当认定为被追诉前主动交代行贿行为的情形。

《刑参》第 1282 号案例“被告单位成都主导科技有限责任公司、被告人王某单位行贿案——‘在被追诉前主动交待行贿行为’以及揭发他人犯罪行为构成立功的认定”相关论述：据被告人王某的供述，当时其知道有关部门在调查刘某，完全有条件主动向司法机关说明情况，却基于种种考虑没有主动投案，而是等到检察机关在接到上级指定管辖决定书后找其谈话时，才供述其向刘某行贿的事实，是被动接受调查并交代，不具有主动性。尽管从检察机关出具的侦破经过来看，检察机关系在询问王某后立案，但是本案系经最高人民检察院、河南省人民检察院、河南省人民检察院郑州铁路运输分院逐级指定管辖后，由郑州铁路运输检察院立案。根据《人民检察院刑事诉讼规则（试行）》（已失效）第 18 条的规定，郑州铁路运输检察院在接到上级检察机关指定管辖决定书后，就已具备立案条件，也应当依法立案，而不以犯罪嫌疑人是否到案作为立案的条件。刑法规定被告人在被追诉前主动交代行贿事实的可以减轻或者免除处罚，旨在通过行贿人的交代，获取更多证据，帮助破获相关受贿犯罪案件并推进案件进入司法审判。本案是先破获受贿案件，再根据线索侦破行贿案件。因此，若对行贿人从宽处罚，有违立法本意。

第三百九十条之一　【对有影响力的人行贿罪】②

为谋取不正当利益，向国家工作人员的近亲属或者其他与该国家工作人员关系密切的人，或者向离职的国家工作人员或者其近亲属以及其他与其关系密切的人行贿的，处三年以下有期徒刑或者拘役，并处罚金；情节严重的，或者使国家利益遭受重大损失的，处三年以上七年以下有期徒刑，并处罚金；情节特别严重的，或者使国家利益遭受特别重大损失的，处七年以上十年以下有期徒刑，并处罚金。

---

① 参见张明楷：《罪刑法定与刑法解释》，北京大学出版社 2009 年版，第 118 页。
② 根据《刑法修正案（九）》新增。

单位犯前款罪的,对单位判处罚金,并对其直接负责的主管人员和其他直接责任人员,处三年以下有期徒刑或者拘役,并处罚金。

◆ 相关规定

最高人民法院　最高人民检察院
关于办理贪污贿赂刑事案件适用法律若干问题的解释(节选)
(法释〔2016〕9号)

详见《刑法》第382条贪污罪的相关规定

刑法第三百九十条之一规定的对有影响力的人行贿罪的定罪量刑适用标准,参照本解释关于行贿罪的规定执行。

单位对有影响力的人行贿数额在二十万元以上的,应当依照刑法第三百九十条之一的规定以对有影响力的人行贿罪追究刑事责任。

第三百九十一条　【对单位行贿罪】[①]

为谋取不正当利益,给予国家机关、国有公司、企业、事业单位、人民团体以财物的,或者在经济往来中,违反国家规定,给予各种名义的回扣、手续费的,处三年以下有期徒刑或者拘役,并处罚金。

单位犯前款罪的,对单位判处罚金,并对其直接负责的主管人员和其他直接责任人员,依照前款的规定处罚。

◆ 相关规定

最高人民检察院
关于行贿罪立案标准的规定(节选)
(2000年12月22日发布、实施)

二、对单位行贿案(刑法第三百九十一条)

对单位行贿罪是指为谋取不正当利益,给予国家机关、国有公司、企业、事业单位、人民团体以财物,或者在经济往来中,违反国家规定,给予上述单位各种名义的回扣、手续费的行为。

---

① 根据《刑法修正案(九)》修订。修订前条文主要内容为:为谋取不正当利益,给予国家机关、国有公司、企业、事业单位、人民团体以财物的,或者在经济往来中,违反国家规定,给予各种名义的回扣、手续费的,处三年以下有期徒刑或者拘役。

单位犯前款罪的,对单位判处罚金,并对其直接负责的主管人员和其他直接责任人员,依照前款的规定处罚。

涉嫌下列情形之一的,应予立案:

1.个人行贿数额在十万元以上、单位行贿数额在二十万元以上的;

2.个人行贿数额不满十万元、单位行贿数额在十万元以上不满二十万元,但具有下列情形之一的:

(1)为谋取非法利益而行贿的;

(2)向三个以上单位行贿的;

(3)向党政机关、司法机关、行政执法机关行贿的;

(4)致使国家或者社会利益遭受重大损失的。

第三百九十二条 【介绍贿赂罪】①

向国家工作人员介绍贿赂,情节严重的,处三年以下有期徒刑或者拘役,并处罚金。

介绍贿赂人在被追诉前主动交待介绍贿赂行为的,可以减轻处罚或者免除处罚。

◆ 解读与适用

【拓展关键词】介绍贿赂罪与贿赂犯罪共犯

对向犯中的介绍行为同样属于共犯行为。行贿罪的帮助行为与受贿罪的帮助行为,不应当独立成为介绍贿赂罪。受贿罪的帮助行为解释为介绍贿赂罪的施行行为,不仅会导致重罪轻判,还会导致刑法的不协调,只有当立法者为了重处或者轻处某种犯罪的共犯行为时,才可能将其规定为独立的犯罪。介绍贿赂罪是指行为人明知某人欲通过行贿谋求国家工作人员的职务行为,而向国家工作人员提供该信息,在此基础上,情节严重的才成立介绍贿赂罪。②

上诉人孙某在刘某托其帮忙介绍开发单位时,介绍并引荐刘某与朱某相识,促成他们之间的联合开发后,孙某收受了刘某所送的现金,并转送给朱某,同时自己从中扣留部分。孙某事先没有与朱某共谋收取刘某的好处,也没有与刘某共谋给朱某2人送礼。因此其主观上,既不具有与他人共同受贿的故意,也不具有与他人共同行贿的故意;客观上,孙某只是在行贿人与受贿人之间实施了引荐、沟通、撮合的行为,既不是共同行贿,也不是共同受贿,而是介绍贿赂。③

《刑参》第1446号案例"刚某、吴某受贿、伪造国家机关证件案——介绍贿赂罪与行受贿共同犯罪的区分"相关论述:介绍贿赂行为的目的本身不是行贿也不是受贿,而是旨在帮助行受贿双方建立贿赂关系,主观上必须认识到自己处于"中间人"的地位。介绍贿赂上主观上具有独立的故意即介绍贿赂的故意。

---

① 根据《刑法修正案(九)》修订。修订前条文的主要内容为:向国家工作人员介绍贿赂,情节严重的,处三年以下有期徒刑或者拘役。介绍贿赂人在被追诉前主动交待介绍贿赂行为的,可以减轻处罚或者免除处罚。

② 参见张明楷:《刑法分则的解释原理》,中国人民大学出版社2004年版,第127页。

③ 孙某介绍贿赂案,载《最高人民法院公报》2002年第6期。

第三百九十三条 【单位行贿罪】①

单位为谋取不正当利益而行贿,或者违反国家规定,给予国家工作人员以回扣、手续费,情节严重的,对单位判处罚金,并对其直接负责的主管人员和其他直接责任人员,处五年以下有期徒刑或者拘役,并处罚金。因行贿取得的违法所得归个人所有的,依照本法第三百八十九条、第三百九十条的规定定罪处罚。

◆ 相关规定

最高人民检察院
关于行贿罪立案标准的规定(节选)
(2000年12月22日发布、实施)

三、单位行贿案(刑法第三百九十三条)

单位行贿罪是指公司、企业、事业单位、机关、团体为谋取不正当利益而行贿,或者违反国家规定,给予国家工作人员以回扣、手续费,情节严重的行为。

涉嫌下列情形之一的,应予立案:

1. 单位行贿数额在二十万元以上的;

2. 单位为谋取不正当利益而行贿,数额在十万元以上不满二十万元,但具有下列情形之一的:

(1)为谋取非法利益而行贿的;

(2)向三人以上行贿的;

(3)向党政领导、司法工作人员、行政执法人员行贿的;

(4)致使国家或者社会利益遭受重大损失的。

因行贿取得的违法所得归个人所有的,依照本规定关于个人行贿的规定立案,追究其刑事责任。

第三百九十四条 【接收礼物拒不交公的处罚】

国家工作人员在国内公务活动或者对外交往中接受礼物,依照国家规定应当交公而不交公,数额较大的,依照本法第三百八十二条、第三百八十三条的规定定罪处罚。

◆ 解读与适用

【拓展关键词】利用职务便利

该条属于注意规定。行为人"接受礼物"并不具有违法性,"不交公"意味着客观上侵吞了公共财物。该行为完全符合贪污罪的构成要件。"利用职务上的便利"不仅在不同犯罪中具有不同的含义,而且针对同一

---

① 根据《刑法修正案(九)》修订。修订前条文的主要内容为:单位为谋取不正当利益而行贿,或者违反国家规定,给予国家工作人员以回扣、手续费,情节严重的,对单位判处罚金,并对其直接负责的主管人员和其他直接责任人员,处五年以下有期徒刑或者拘役。因行贿取得的违法所得归个人所有的,依照本法第三百八十九条、第三百九十条的规定定罪处罚。

犯罪的不同行为方式亦具有不同要求。贪污罪中如果以诈骗方法非法占有他人占有的财物,则必须利用职务上的便利。如果以侵吞的方式非法占有已经由国家工作人员占有的财物,则不存在利用职务之便的问题。①

第三百九十五条　【巨额财产来源不明罪】②

国家工作人员的财产、支出明显超过合法收入,差额巨大的,可以责令该国家工作人员说明来源,不能说明来源的,差额部分以非法所得论,处五年以下有期徒刑或者拘役;差额特别巨大的,处五年以上十年以下有期徒刑。财产的差额部分予以追缴。

【隐瞒境外存款罪】

国家工作人员在境外的存款,应当依照国家规定申报。数额较大、隐瞒不报的,处二年以下有期徒刑或者拘役;情节较轻的,由其所在单位或者上级主管机关酌情给予行政处分。

◆ 相关规定

最高人民检察院
关于人民检察院直接受理立案侦查案件立案标准的规定(试行)(节选)
(高检发释字〔1999〕2号)

(九)巨额财产来源不明案(第395条第1款)

巨额财产来源不明罪是指国家工作人员的财产或者支出明显超出合法收入,差额巨大,而本人又不能说明其来源是合法的行为。

涉嫌巨额财产来源不明,数额在30万元以上的,应予立案。

全国法院审理经济犯罪案件工作座谈会纪要(节选)
(法发〔2003〕167号)

详见《刑法》第382条贪污罪的相关规定

五、关于巨额财产来源不明罪

(一)行为人不能说明巨额财产来源合法的认定

刑法第三百九十五条第一款规定的"不能说明",包括以下情况:(1)行为人拒不说明财产来源;(2)行为人无法说明财产的具体来源;(3)行为人所说的财产来源经司法机关查证并不属实;(4)行为人所说的财产来源因线索不具体等原因,司法机关无法查实,但能排除存在来源合法的可能性和合理性的。

(二)"非法所得"的数额计算

刑法第三百九十五条规定的"非法所得",一般是指行为人的全部财产与能够认定的所有支出的总和减

---

① 参见张明楷:《刑法分则的解释原理》,中国人民大学出版社2004年版,第279页。

② 根据《刑法修正案(七)》对第一款进行修订。原条文第一款主要内容为:国家工作人员的财产或者支出明显超过合法收入,差额巨大的,可以责令说明来源。本人不能说明其来源是合法的,差额部分以非法所得论,处五年以下有期徒刑或者拘役,财产的差额部分予以追缴。

去能够证实的有真实来源的所得。在具体计算时,应注意以下问题:(1)应把国家工作人员个人财产和与其共同生活的家庭成员的财产、支出等一并计算,而且一并减去他们所有的合法收入以及确属与其共同生活的家庭成员个人的非法收入。(2)行为人所有的财产包括房产、家具、生活用品、学习用品及股票、债券、存款等动产和不动产;行为人的支出包括合法支出和不合法的支出,包括日常生活、工作、学习费用、罚款及向他人行贿的财物等;行为人的合法收入包括工资、奖金、稿酬、继承等法律和政策允许的各种收入。(3)为了便于计算犯罪数额,对于行为人的财产和合法收入,一般可以从行为人有比较确定的收入和财产时开始计算。

◆ 解读与适用

《刑参》第1215号案例"任某受贿、贪污、巨额财产来源不明违法所得没收申请案——关于违法所得没收程序具体操作规范和裁判要点解析"相关论述:巨额财产来源不明违法所得的认定本质上系对明显超过合法收入的财产权属的确认,不涉及对犯罪嫌疑人、被告人的定罪处罚,对巨额财产来源不明犯罪事实的证明标准,可以比照普通刑事案件有所降低。特别是在犯罪嫌疑人、被告人逃匿案件中,犯罪嫌疑人、被告人到案后还可以按照普通刑事诉讼程序重新进行审理。因此,降低证明标准未必最终对犯罪嫌疑人、被告人的合法财产权利造成不当侵害,即使造成不当侵害,也可以有相应的救济机制矫正。

第三百九十六条 【私分国有资产罪】

国家机关、国有公司、企业、事业单位、人民团体,违反国家规定,以单位名义将国有资产集体私分给个人,数额较大的,对其直接负责的主管人员和其他直接责任人员,处三年以下有期徒刑或者拘役,并处或者单处罚金;数额巨大的,处三年以上七年以下有期徒刑,并处罚金。

【私分罚没财物罪】

司法机关、行政执法机关违反国家规定,将应当上缴国家的罚没财物,以单位名义集体私分给个人的,依照前款的规定处罚。

◆ 解读与适用

【拓展关键词】私分国有资产罪与贪污罪、挪用公款罪辨析

《刑参》第122号案例"刘某私分国有资产案——集体私分国有资产行为与共同贪污行为的区分"相关论述:"以单位名义集体私分"是区别私分国有资产罪与贪污罪最本质的特征。私分国有资产罪犯罪对象仅限于国有资产。私分集体所有制财产或其他混合所有制单位财产的行为,不能构成私分国有资产罪。私分国有资产罪是单位犯罪,依法只处罚对私分国有资产直接负责的主管人员和其他直接责任人员,不仅不能追究被动分得国有资产人员的刑事责任,也不能追究单位的刑事责任。不能仅根据参与私分国有资产的人数多少来区分贪污与私分国有资产。私分国有资产的范围是单位的所有人或大多数人,这是构成该罪的一个重要条件。但是不能机械地将此处的"单位"理解为本单位的全体或者大多数职工。以单位名义在一定规模、一定层次以上的多人范围内集体私分国有资产的,应以私分国有资产罪定罪处罚。

《刑参》第293号案例"张某、夏某私分国有资产案——如何区分变相集体私分国有资产犯罪与违反财经纪律超标准、超范围发放奖金、福利等行为的界限"相关论述:可参照单位经营利润情况、单位对所分资产是否具有自主支配、分配权等综合分析。对于在单位财力状况允许的范围内以及将单位具有一定自主支配权的钱款违反规定分配给单位成员，未造成严重社会危害后果的行为，一般不宜认定为私分行为。相反，第一，在单位没有经营效益甚至亏损的情况下变卖分配国有财产等严重违背国有财产的经营管理职责，妨害国有公司正常生产经营活动的；第二，单位将无权自主分配钱款巧立名目、违规做账等手段从财务帐上支出，或者将应依法上缴财务入账的正常或者非正常收入予以截留，变造各种栏目进行私分发放等，严重破坏国家财政收支政策的贯彻落实的，一般可以认定为私分国有资产行为。

《刑参》第313号案例"杨某贪污、受贿案——私分国有资产与共同贪污的区分"相关论述：私分国有资产罪与贪污罪不属于特殊与一般的关系，两者的界限是清楚的。私分国有资产罪是单位犯罪，贪污罪是自然人犯罪。私分国有资产具有行为方式的相对公开性、收益人员广泛性等特征。

《刑参》第377号案例"李某等被控贪污案——国家机关内部科室集体私分违法收入的行为构成私分国有资产罪"相关论述：私分"小金库"资金的行为构成私分国有资产罪。要从资金的来源和私分的依据两个方面进行评价。国有公司依法上缴税金后，将其所获利润部分用于发放奖金、福利的是正当的行为，如果发放超过标准和范围的，认定为违纪行为。因为该资产来源有私分者的劳动报酬的成分在内，不宜使用刑法调整。如果单位没有赢利甚至亏损的情况下，隐匿国有财产的，可以认定为私分国有资产。单位对所分财产是否具有自主支配权也是一个重要的评价要素。被告人取得财产的途径不是个人诚实劳动，而是依赖职权的行使，同时没有依据的，属于私分国有资产行为。私分国有资产的主观故意不是单纯为个人私利而是在单位全体成员或者绝大多数成员的许可或要求的背景下，更多体现了单位的整体犯意和利益归属的团体性。在行为方式上，私分国有资产中大多数分得财产的人对是否私分没有决定权并且在单位往往是公开的。超标准、超范围收取的费用，应属于国有资产。

《刑参》第1401号案例"林某私分国有资产案——国有企业改制过程中隐匿公司财产，转为改制后其个人和部分职工持股的公司所有的行为应如何定性"相关论述：国有企业改制过程中隐匿公司财产，转为其个人和部分职工持股的改制后公司所有的行为，应根据改制后公司的股权情况进行区分定性。区分的关键在于改制后公司的股权情况，即改制后公司是属于职工集体持股还是高管或少数职工持股。在持股比例问题上，还存在一个具体情况具体分析的问题。对职工集体持股的认定不宜太严，要求企业职工必须人人持股、均衡持股，不能以经营层控股、经营者持大股就简单将企业排除在职工集体持股的情形之外。行政划拨的出租车营运牌照等无形资产亦属于国有资产范围。

《刑参》第1313号案例"佟某、牛某私分国有资产，佟某挪用公款、受贿罪——如何认定国企改制期间和国家出资企业中的职务犯罪"相关论述：在企业改制期间隐匿国有资产，转为国家参股、众多经营管理人员和职工持股的改制后企业的行为，应以私分国有资产罪论处。经单位集体研究决定，使用单位定期银行存单质押，贷款供他人使用的行为，不构成挪用公款罪。

另见《刑法》第382条贪污罪和第384条挪用公款罪的相关注释。

本章其他相关规定

第九章 渎 职 罪

◆ 相关规定

全国人大常委会
关于《中华人民共和国刑法》第九章渎职罪主体适用问题的解释

（2002年12月28日起施行）

全国人大常委会根据司法实践中遇到的情况，讨论了刑法第九章渎职罪主体的适用问题，解释如下：

在依照法律、法规规定行使国家行政管理职权的组织中从事公务的人员，或者在受国家机关委托代表国家机关行使职权的组织中从事公务的人员，或者虽未列入国家机关人员编制但在国家机关中从事公务的人员，在代表国家机关行使职权时，有渎职行为，构成犯罪的，依照刑法关于渎职罪的规定追究刑事责任。

最高人民检察院
关于企业事业单位的公安机构在机构改革过程中其工作人员能否构成渎职侵权犯罪主体问题的批复

（高检发释字〔2002〕3号）

陕西省人民检察院：

你院陕检发研〔2001〕159号《关于对企业事业单位的公安机构在机构改革过程中其工作人员能否构成渎职侵权犯罪主体问题的请示》收悉。经研究，批复如下：

企业事业单位的公安机构在机构改革过程中虽尚未列入公安机关建制，其工作人员在行使侦查职责时，实施渎职侵权行为的，可以成为渎职侵权犯罪的主体。

最高人民检察院
关于渎职侵权犯罪案件立案标准的规定（节选）

（高检发释字〔2006〕2号）

三、附则

（三）本规定中的“国家机关工作人员”，是指在国家机关中从事公务的人员，包括在各级国家权力机关、行政机关、司法机关和军事机关中从事公务的人员。在依照法律、法规规定行使国家行政管理职权的组织中从事公务的人员，或者在受国家机关委托代表国家行使职权的组织中从事公务的人员，或者虽未列入国家机关人员编制但在国家机关中从事公务的人员，在代表国家机关行使职权时，视为国家机关工作人员。在乡（镇）以上中国共产党机关、人民政协机关中从事公务的人员，视为国家机关工作人员。

（四）本规定中的“直接经济损失”，是指与行为有直接因果关系而造成的财产损毁、减少的实际价值；“间接经济损失”，是指由直接经济损失引起和牵连的其他损失，包括失去的在正常情况下可以获得的利益和为恢复正常的管理活动或者挽回所造成的损失所支付的各种开支、费用等。

有下列情形之一的，虽然有债权存在，但已无法实现债权的，可以认定为已经造成了经济损失：(1)债务人已经法定程序被宣告破产，且无法清偿债务；(2)债务人潜逃，去向不明；(3)因行为人责任，致使超过诉讼时效；(4)有证据证明债权无法实现的其他情况。

直接经济损失和间接经济损失，是指立案时确已造成的经济损失。移送审查起诉前，犯罪嫌疑人及其亲友自行挽回的经济损失，以及由司法机关或者犯罪嫌疑人所在单位及其上级主管部门挽回的经济损失，不予扣减，但可作为对犯罪嫌疑人从轻处理的情节考虑。

(五)本规定中的"徇私舞弊"，是指国家机关工作人员为徇私情、私利，故意违背事实和法律，伪造材料，隐瞒情况，弄虚作假的行为。

(六)本规定自公布之日起施行。本规定发布前有关人民检察院直接受理立案侦查的国家机关工作人员渎职和利用职权实施的侵犯公民人身权利、民主权利犯罪案件的立案标准，与本规定有重复或者不一致的，适用本规定。

对于本规定施行前发生的国家机关工作人员渎职和利用职权实施的侵犯公民人身权利、民主权利犯罪案件，按照《最高人民法院、最高人民检察院关于适用刑事司法解释时间效力问题的规定》办理。

第三百九十七条　【滥用职权罪；玩忽职守罪】

国家机关工作人员滥用职权或者玩忽职守，致使公共财产、国家和人民利益遭受重大损失的，处三年以下有期徒刑或者拘役；情节特别严重的，处三年以上七年以下有期徒刑。本法另有规定的，依照规定。

国家机关工作人员徇私舞弊，犯前款罪的，处五年以下有期徒刑或者拘役；情节特别严重的，处五年以上十年以下有期徒刑。本法另有规定的，依照规定。

◆ 相关规定

全国人民代表大会常务委员会
关于惩治骗购外汇、逃汇和非法买卖外汇犯罪的决定(节选)

(1998年12月29日起施行)

详见《决定》第1条骗购外汇罪的相关规定

六、海关、外汇管理部门的工作人员严重不负责任，造成大量外汇被骗购或者逃汇，致使国家利益遭受重大损失的，依照刑法第三百九十七条的规定定罪处罚。

最高人民检察院
关于合同制民警能否成为玩忽职守罪主体问题的批复

(高检发研字〔2000〕20号)

辽宁省人民检察院：

你院辽检发诉字〔1999〕76号《关于犯罪嫌疑人李海玩忽职守一案的请示》收悉。经研究，批复如下：

根据刑法第九十三条第二款的规定，合同制民警在依法执行公务期间，属其他依照法律从事公务的人员,应以国家机关工作人员论。对合同制民警在依法执行公务活动中的玩忽职守行为,符合刑法第三百九十七条规定的玩忽职守罪构成条件的,依法以玩忽职守罪追究刑事责任。

最高人民检察院
关于属工人编制的乡(镇)工商所所长能否依照刑法第397条的规定追究刑事责任问题的批复

(高检发研字〔2000〕23号)

江西省人民检察院:

你院赣检研发〔2000〕3号《关于乡(镇)工商所所长(工人编制)是否属于国家机关工作人员的请示》收悉。经研究,批复如下:

根据刑法第93条第2款的规定,经人事部门任命,但为工人编制的乡(镇)工商所所长,依法履行工商行政管理职责时,属其他依照法律从事公务的人员,应以国家机关工作人员论。如果玩忽职守,致使公共财产、国家和人民利益遭受重大损失,可适用刑法第397条的规定,以玩忽职守罪追究刑事责任。

最高人民检察院
关于镇财政所所长是否适用国家机关工作人员的批复

(高检发研字〔2000〕9号)

上海市人民检察院:

你院沪检发(2000)30号文收悉。经研究,批复如下:

对于属行政执法事业单位的镇财政所中按国家机关在编干部管理的工作人员,在履行政府行政公务活动中,滥用职权或玩忽职守构成犯罪的,应以国家机关工作人员论。

全国法院审理经济犯罪案件工作座谈会纪要(节选)

(法〔2003〕167号)

详见《刑法》第382条贪污罪的相关规定

六、关于渎职罪

(一)渎职犯罪行为造成的公共财产重大损失的认定

根据刑法规定,玩忽职守、滥用职权等渎职犯罪是以致使公共财产、国家和人民利益遭受重大损失为构成要件的。其中,公共财产的重大损失,通常是指渎职行为已经造成的重大经济损失。在司法实践中,有以下情形之一的,虽然公共财产作为债权存在,但已无法实现债权的,可以认定为行为人的渎职行为造成了经济损失:(1)债务人已经法定程序被宣告破产;(2)债务人潜逃,去向不明;(3)因行为人责任,致使超过诉讼时效;(4)有证据证明债权无法实现的其他情况;

(二)玩忽职守罪的追诉时效

玩忽职守行为造成的重大损失当时没有发生,而是玩忽职守行为之后一定时间发生的,应从危害结果发生之日起计算玩忽职守罪的追诉期限。

(三)国有公司、企业人员渎职犯罪的法律适用

对于1999年12月24日《中华人民共和国刑法修正案》实施以前发生的国有公司、企业人员渎职行为(不包括徇私舞弊行为),尚未处理或者正在处理的不能按照刑法修正案追究刑事责任。

(四)关于"徇私"的理解

徇私舞弊型渎职犯罪的"徇私"应理解为徇个人私情、私利。国家机关工作人员为了本单位的利益.实施滥用职权、玩忽职守行为,构成犯罪的,依照刑法第三百九十七条第一款的规定定罪处罚。

最高人民检察院
关于渎职侵权犯罪案件立案标准的规定(节选)

(高检发释字〔2006〕2号)

(一)滥用职权案(第三百九十七条)

滥用职权罪是指国家机关工作人员超越职权,违法决定、处理其无权决定、处理的事项,或者违反规定处理公务,致使公共财产、国家和人民利益遭受重大损失的行为。

涉嫌下列情形之一的,应予立案:

1. 造成死亡1人以上,或者重伤2人以上,或者重伤1人、轻伤3人以上,或者轻伤5人以上的;

2. 导致10人以上严重中毒的;

3. 造成个人财产直接经济损失10万元以上,或者直接经济损失不满10万元,但间接经济损失50万元以上的;

4. 造成公共财产或者法人、其他组织财产直接经济损失20万元以上,或者直接经济损失不满20万元,但间接经济损失100万元以上的;

5. 虽未达到3、4两项数额标准,但3、4两项合计直接经济损失20万元以上,或者合计直接经济损失不满20万元,但合计间接经济损失100万元以上的;

6. 造成公司、企业等单位停业、停产6个月以上,或者破产的;

7. 弄虚作假,不报、缓报、谎报或者授意、指使、强令他人不报、缓报、谎报情况,导致重特大事故危害结果继续、扩大,或者致使抢救、调查、处理工作延误的;

8. 严重损害国家声誉,或者造成恶劣社会影响的;

9. 其他致使公共财产、国家和人民利益遭受重大损失的情形。

国家机关工作人员滥用职权,符合刑法第九章所规定的特殊渎职罪构成要件的,按照该特殊规定追究刑事责任;主体不符合刑法第九章所规定的特殊渎职罪的主体要件,但滥用职权涉嫌前款第1项至第9项规定情形之一的,按照刑法第397条的规定以滥用职权罪追究刑事责任。

(二)玩忽职守案(第三百九十七条)

玩忽职守罪是指国家机关工作人员严重不负责任,不履行或者不认真履行职责,致使公共财产、国家和人民利益遭受重大损失的行为。

涉嫌下列情形之一的,应予立案:

1. 造成死亡1人以上,或者重伤3人以上,或者重伤2人、轻伤4人以上,或者重伤1人、轻伤7人以上,或者轻伤10人以上的;

2. 导致20人以上严重中毒的;

3. 造成个人财产直接经济损失15万元以上,或者直接经济损失不满15万元,但间接经济损失75万元以上的;

4. 造成公共财产或者法人、其他组织财产直接经济损失30万元以上,或者直接经济损失不满30万元,但间接经济损失150万元以上的;

5. 虽未达到3、4两项数额标准,但3、4两项合计直接经济损失30万元以上,或者合计直接经济损失不满30万元,但合计间接经济损失150万元以上的;

6. 造成公司、企业等单位停业、停产1年以上,或者破产的;

7. 海关、外汇管理部门的工作人员严重不负责任，造成100万美元以上外汇被骗购或者逃汇1000万美元以上的；

8. 严重损害国家声誉，或者造成恶劣社会影响的；

9. 其他致使公共财产、国家和人民利益遭受重大损失的情形。

国家机关工作人员玩忽职守，符合刑法第九章所规定的特殊渎职罪构成要件的，按照该特殊规定追究刑事责任；主体不符合刑法第九章所规定的特殊渎职罪的主体要件，但玩忽职守涉嫌前款第1项至第9项规定情形之一的，按照刑法第397条的规定以玩忽职守罪追究刑事责任。

最高人民检察院
关于对林业主管部门工作人员在发放林木采伐许可证之外滥用职权玩忽职守致使森林遭受严重破坏的行为适用法律问题的批复

（高检发释字〔2007〕1号）

福建省人民检察院：

你院《关于林业主管部门工作人员滥用职权、玩忽职守造成森林资源损毁立案标准问题的请示》（闽检〔2007〕14号）收悉。经研究，批复如下：

林业主管部门工作人员违法发放林木采伐许可证，致使森林遭受严重破坏的，依照刑法第四百零七条的规定，以违法发放林木采伐许可证罪追究刑事责任；以其他方式滥用职权或者玩忽职守，致使森林遭受严重破坏的，依照刑法第三百九十七条的规定，以滥用职权罪或者玩忽职守罪追究刑事责任，立案标准依照《最高人民检察院关于渎职侵权犯罪案件立案标准的规定》第一部分渎职犯罪案件第十八条第三款的规定执行。

此复。

最高人民法院　最高人民检察院
印发《关于办理职务犯罪案件严格适用缓刑、免予刑事处罚若干问题的意见》的通知

（法发〔2012〕17号）

详见《刑法》第72条缓刑适用条件的相关规定

最高人民法院　最高人民检察院
关于办理渎职刑事案件适用法律若干问题的解释（一）

（法释〔2012〕18号）

为依法惩治渎职犯罪，根据刑法有关规定，现就办理渎职刑事案件适用法律的若干问题解释如下：

第一条　国家机关工作人员滥用职权或者玩忽职守，具有下列情形之一的，应当认定为刑法第三百九十七条规定的“致使公共财产、国家和人民利益遭受重大损失”：

（一）造成死亡1人以上，或者重伤3人以上，或者轻伤9人以上，或者重伤2人、轻伤3人以上，或者重伤1人、轻伤6人以上的；

（二）造成经济损失30万元以上的；

（三）造成恶劣社会影响的；

（四）其他致使公共财产、国家和人民利益遭受重大损失的情形。

具有下列情形之一的，应当认定为刑法第三百九十七条规定的“情节特别严重”：

（一）造成伤亡达到前款第（一）项规定人数3倍以上的；

（二）造成经济损失150万元以上的；

（三）造成前款规定的损失后果，不报、迟报、谎报或者授意、指使、强令他人不报、迟报、谎报事故情况，致使损失后果持续、扩大或者抢救工作延误的；

（四）造成特别恶劣社会影响的；

（五）其他特别严重的情节。

第二条 国家机关工作人员实施滥用职权或者玩忽职守犯罪行为，触犯刑法分则第九章第三百九十八条至第四百一十九条规定的，依照该规定定罪处罚。

国家机关工作人员滥用职权或者玩忽职守，因不具备徇私舞弊等情形，不符合刑法分则第九章第三百九十八条至第四百一十九条的规定，但依法构成第三百九十七条规定的犯罪的，以滥用职权罪或者玩忽职守罪定罪处罚。

第三条 国家机关工作人员实施渎职犯罪并收受贿赂，同时构成受贿罪的，除刑法另有规定外，以渎职犯罪和受贿罪数罪并罚。

第四条 国家机关工作人员实施渎职行为，放纵他人犯罪或者帮助他人逃避刑事处罚，构成犯罪的，依照渎职罪的规定定罪处罚。

国家机关工作人员与他人共谋，利用其职务行为帮助他人实施其他犯罪行为，同时构成渎职犯罪和共谋实施的其他犯罪共犯的，依照处罚较重的规定定罪处罚。

国家机关工作人员与他人共谋，既利用其职务行为帮助他人实施其他犯罪，又以非职务行为与他人共同实施该其他犯罪行为，同时构成渎职犯罪和其他犯罪的共犯的，依照数罪并罚的规定定罪处罚。

第五条 国家机关负责人员违法决定，或者指使、授意、强令其他国家机关工作人员违法履行职务或者不履行职务，构成刑法分则第九章规定的渎职犯罪的，应当依法追究刑事责任。

以“集体研究”形式实施的渎职犯罪，应当依照刑法分则第九章的规定追究国家机关负有责任的人员的刑事责任。对于具体执行人员，应当在综合认定其行为性质、是否提出反对意见、危害结果大小等情节的基础上决定是否追究刑事责任和应当判处的刑罚。

第六条 以危害结果为条件的渎职犯罪的追诉期限，从危害结果发生之日起计算；有数个危害结果的，从最后一个危害结果发生之日起计算。

第七条 依法或者受委托行使国家行政管理职权的公司、企业、事业单位的工作人员，在行使行政管理职权时滥用职权或者玩忽职守，构成犯罪的，应当依照《全国人民代表大会常务委员会关于〈中华人民共和国刑法〉第九章渎职罪主体适用问题的解释》的规定，适用渎职罪的规定追究刑事责任。

第八条 本解释规定的“经济损失”，是指渎职犯罪或者与渎职犯罪相关联的犯罪立案时已经实际造成的财产损失，包括为挽回渎职犯罪所造成损失而支付的各种开支、费用等。立案后至提起公诉前持续发生的经济损失，应一并计入渎职犯罪造成的经济损失。

债务人经法定程序被宣告破产，债务人潜逃、去向不明，或者因行为人的责任超过诉讼时效等，致使债权已经无法实现的，无法实现的债权部分应当认定为渎职犯罪的经济损失。

渎职犯罪或者与渎职犯罪相关联的犯罪立案后，犯罪分子及其亲友自行挽回的经济损失，司法机关或者犯罪分子所在单位及其上级主管部门挽回的经济损失，或者因客观原因减少的经济损失，不予扣减，但可以作为酌定从轻处罚的情节。

第九条 负有监督管理职责的国家机关工作人员滥用职权或者玩忽职守，致使不符合安全标准的食品、有毒有害食品、假药、劣药等流入社会，对人民群众生命、健康造成严重危害后果的，依照渎职罪的规定从严惩处。

第十条 最高人民法院、最高人民检察院此前发布的司法解释与本解释不一致的，以本解释为准。

☞ 其他相关规定见章后二维码

◆ 解读与适用

【拓展关键词】渎职罪的因果关系　渎职犯罪造成重大损失的认定　客观的超过要素

实践中，对滥用职权"造成恶劣社会影响的"，应当依法认定为"致使公共财产、国家和人民利益遭受重大损失"。①

只有当滥用职权或玩忽职守的行为，分别完全符合滥用职权罪或者玩忽职守罪的全部构成要件时，才成立犯罪。不得因为滥用职权罪的行为重于玩忽职守罪，便将滥用职权行为造成的损失计入玩忽职守的损失数额。否则便是将此罪的行为认定为彼罪的行为，将此罪的结果归入彼罪的结果，于是犯罪没有定型而言，犯罪构成就不成其为规格与标准，刑法将丧失安定性。②

滥用职权罪是故意犯罪，故意的内容是：行为人明知自己滥用职权的行为会发生破坏国家机关的正常活动，损害公众对国家机关工作人员职务活动的合法性、客观公正性的信赖的危害结果，并且希望或放任这种结果发生。"致使公共财产、国家和人民利益遭受重大损失"的结果，虽然是本罪的构成要件，但宜作为客观的超过要素，不要求行为人希望或者放任这种结果发生，但对这种物质性的危害结果的预见可能性则是完全可以肯定的。丢失枪支不报罪、违法发放贷款罪、擅自进口固体废物罪都具有这样的特点。③

如果负有监管职责的国家机关工作人员没有认真履行其监管职责，从而未能有效防止危害结果发生，那么，这些对危害结果具有"原因力"的渎职行为，应认定与危害结果之间具有刑法意义上的因果关系。对于国家机关工作人员实施渎职犯罪并收受贿赂，同时构成受贿罪的，除《刑法》第 399 条有特别规定的外，以渎职犯罪和受贿罪数罪并罚。④

《刑参》第 16 号案例"王某玩忽职守案——行政机关的行政罚没款能否认定为玩忽职守造成的直接经济损失"相关论述：玩忽职守罪的经济损失是指玩忽职守行为造成的公共财产的减少或毁损。1986 年 6 月 20 日最高人民检察院二厅《关于正确认定和处理玩忽职守罪的意见》：单位主管人员擅自批准经营、购买国家不允许经营、购买的物资，受到没收、罚款，给国家、集体经济造成重大损失的，应认定玩忽职守罪。

《刑参》第 257 号案例"蒙某受贿案——税务机关工作人员利用职务便利索取他人'赞助费'不征应征税款的行为如何定性"相关论述：徇私即徇个人之私情、私利。徇单位之私不能理解为徇私。不同的渎职犯罪，"损失"的范围、认定方法并不完全一致。"犯罪损失数额"应统一以侦查机关立案时为时间界限，侦查、起诉机关在办案过程中可以根据行为人的主观罪过、认罪态度、数额大小、退赃、退赔情况等综合因素判定，对情节显著轻微的作撤案或不起诉处理。在对被告人量刑时，犯罪损失数额的认定应以人民法院审判时为时间界限。如果在立案时达到"特别重大损失"，但在审判时只达到"重大损失"，应在"重大损失"相应的量刑幅度内追究责任。行为符合徇私舞弊不征税款罪，该罪是选择性罪名，以徇私舞弊不征、少征税款罪起诉是错误的。

《刑参》第 294 号案例"龚某忽职守案——渎职范围的因果关系判断"相关论述：被告人在对蒋某换领驾驶证审核时，既未对蒋某进行体检，也未要求其到指定的医院体检，即自行填写同意意见，致使不符合持证条件的蒋某换领了驾驶证，继续从事汽车驾驶工作，被告人的失职行为客观存在。车管所须对蒋某进行一年一度的审验，且审验时必须检查身体，但无论是体检还是审验，其效力只及于当年度，在此之后的各年度审验中，该体检结论便不具有效力。如果蒋某在当年度发生了交通事故，毫无疑问，该损害后果与被告人之间存

---

① 罗甲、罗乙、朱某、罗丙滥用职权案，最高人民检察院指导性案例第 6 号（高检发研字〔2012〕5 号）。

② 参见张明楷：《刑法分则的解释原理》，中国人民大学出版社 2004 年版，第 314 页。

③ 参见张明楷：《刑法分则的解释原理》，中国人民大学出版社 2004 年版，第 215 页。

④ 杨某玩忽职守、徇私枉法、受贿案，最高人民检察院指导性案例第 8 号（高检发研字〔2012〕5 号）。

在刑法上的因果关系，而在蒋某交通肇事前，其利用其他国家机关工作人员的失职行为多次换领了驾驶证。在判断因果关系时，应以行为时客观存在的一切事实为基础，依据一般人的经验进行判断。在存在介入因素的场合下，判断介入因素是否对因果关系的成立产生阻却影响时，一般是通过是否具有“相当性”的判断来加以确定的。在“相当性”的判断中：(1)最早出现的实行行为导致最后结果发生的概率高低；概率高者，因果关系存在，反之不存在。(2)介入因素异常性的大小；过于异常的，因果关系不存在，反之存在。(3)介入因素对结果发生的影响力；影响力大的因果关系存在，反之不存在。如果介入行为和前行为对结果作用相当或者互为条件，均应视为原因行为，同时成立因果关系。

《刑参》第327号案例“包某受贿、滥用职权案——滥用职权行为与损失后果之间没有必然因果关系的是否构成滥用职权罪”相关论述：被告人为了帮助下属公司解决资金困难而擅自决定以劳动局名义出具了鉴证书，但鉴证不是借款合同成立的必经程序，也不对合同履行起法律上的保证作用。企业作为市场经济的主体，对此应当是明知的。没有证据证实被告人在企业拆借过程中起决定性作用。非法拆借与遭受经济损失之间存在直接的因果关系，与被告人的滥用职权行为之间没有刑法上的因果关系。债务人破产是债权人不能收回借款的直接原因，但债务人破产无力偿还拆借资金系经营不善等多种因素造成，不是被告人帮助促成借款造成的，直接责任人应是该公司的负责人，而不是被告人；况且资金借来后亦用于正常经营活动，与破产无必然的因果关系。鉴证不具有担保性质，不需要承担赔偿责任，所以被告人不构成滥用职权罪。

《刑参》第1089号案例“杨某滥用职权、受贿案——滥用职权造成恶劣社会影响的及供犯罪所用的本人财物如何认定，受贿既、未遂并存的如何处罚”相关论述：国家机关工作人员滥用职权造成的损失可分为有形损失和无形损失。“造成恶劣社会影响”一般从以下方面把握：(1)渎职行为严重损害国家机关形象，致使政府公信力下降的。(2)渎职行为引发新闻媒体广泛关注，引起强烈社会反响的。(3)渎职行为造成大规模上访、暴力冲突等事件，影响国家机关正常职能活动的。(4)渎职行为诱发民族矛盾纠纷，严重影响民族团结、社会稳定的。(5)渎职行为造成其他恶劣社会影响的。

《刑参》第1433号案例“卢某滥用职权案——放弃履行职责致其他行政机关不能行使行政处罚权行为的定性”相关论述：放弃履行“受相关行政机关委托的行政管理职权”的行为性质，属于滥用职权。被告人不履行核查回收煤炭销售票的行为，使得未获得煤炭销售的运煤车辆逃避了本应受到的处罚，导致行政机关无法行使行政处罚权，进而导致行政处罚款的流失；其行为与行政处罚款流失之间有直接因果关系。

【拓展关键词】滥用职权行为　玩忽职守行为　滥用职权与玩忽职守罪辨析　徇私舞弊

《刑参》第31号案例“韩某徇私舞弊、挪用公款案——滥用职权释放犯罪嫌疑人并将公款出借搞‘资产冻结’活动造成重大损失的行为如何定罪”相关论述：从其动机看，韩某释放唐某是上当受骗，误信其是为了搞“资产解冻”这一工作的需要，而不是为了徇私，不构成徇私舞弊罪。被告人释放犯罪嫌疑人、将公款借于他人使用，致使国家遭受重大损失，其行为符合玩忽职守罪的特征。虽然被告人玩忽职守，将公款借给唐某，但该笔款项系被唐某非法占有，并非由韩某占有，依法只能向唐某追缴，而不是向被告人追缴。

《刑参》第46号案例“林某等受贿、玩忽职守案——玩忽职守罪适用法律时效应如何理解”相关论述：“徇私舞弊”，是指国家机关工作人员在公务活动中基于私情，为了谋取私利，而故意弄虚作假或者故意不履行自己应尽的职责，致使公共财产、国家和人民利益遭受重大损失的行为。

《刑参》第196号案例“陆某玩忽职守案——新刑法生效之前实施的滥用职权行为的法律适用”相关论述：滥用职权罪是1997年修订《刑法》的新设罪名，但不能据此认为滥用职权行为在修订前刑法中不受处罚。只不过当时是以玩忽职守罪定罪处罚而已。将故意行为排除于玩忽职守之外是正确的，但将滥用职权认定为故意犯罪不妥当，因为滥用职权主观方面仍然系过失。滥用职权通常表现为故意不正确行使职权或者超越职权，但行为人对行为本身的故意，并不意味着行为人对行为结果所持的态度是希望或者放任。确定罪过形式的基准是行为人对行为结果的态度，而非行为本身。滥用职权中的过失一般表现为轻信过失。基于国家机关工作人员的特殊职责，对其行为所可能造成的危害后果一般均存在明知。行为的客观方面也是区分滥用职权与玩忽职守的一个重要方面。滥用职权在行为形式上一般表现为积极的作为，玩忽职守在行为形式上属消极的不作为。滥用职权、玩忽职守均属结果犯。刑法中犯罪结果的经济损失指的是一种事实性损害后果，只要案发时对被害人来说这种损害后果客观存在即可认定，至于事后救济情况如何，不影响对已经发生的损害后果的认定。唯有行为人确已挽回的部分，可以相互折抵，不再计入实际经济损失。本案虽然担保权利方对担保款项直接扣划违反相关法律规定，国家建材局可以通过民事诉讼途径寻求救济，包括行使追偿权，但作为一种可能性的救济手段并不能与已经发生的客观损失相冲抵。刑法中的因果关系指的是行为与结果之间的客观联系。被告人既为华夏银行直接扣划行为提供了“法律”上的依据，又为其直接扣划提供了客观上的便利，与受害单位190万元经济损失之间存在明显的客观联系，故应当认定为存在因果关系。立法对滥用职权行为作出了较玩忽职守行为程度更高的否定性评价，尽管在两者的法定刑中未予以体现，但从立案标准中可以清楚看到区别。凡是刑法修订前的滥用职权行为，通常情况下均应适用旧法，以玩忽职守罪定罪处罚。

《刑参》第345号案例“王某等过失致人死亡案——交通运输管理站工作人员在稽查路费过程中追赶逃费车辆致人身亡的如何定罪”相关论述：我国法律、法规对逃避检查的逃逸车辆，公路稽查人员能否进行追赶的确没有明确规定。正因为没有明文规定，作为执法的公路稽查人员对逃避检查的车辆就不能“追赶”。因为法律、法规没有授权其可以“追赶”，如“追赶”就是超越职权的滥用职权行为。被告人在执行公务中超越职权的行为构成滥用职权罪而不构成过失致人死亡罪。滥用职权在主观上对滥用职权是故意的，对危害后果是过失的。滥用职权的主体是特殊主体，其擅自追赶逃避检查的车辆，侵犯的客体是国家机关的正常管理活动。

【拓展关键词】国家机关工作人员　渎职主体　滥用职权与挪用公款罪辨析

实践中，一些国有公司、企业和事业单位经合法授权从事具体的管理市场经济和社会生活的工作，拥有一定管理公共事务和社会事务的职权，这些实际行使国家行政管理职权的公司、企业和事业单位工作人员，符合渎职罪主体要求；对其实施的渎职行为构成犯罪的，应当依照刑法关于渎职罪的规定追究刑事责任。①

实践中，对村民委员会、居民委员会等基层组织人员协助人民政府从事行政管理工作时，滥用职权、玩忽职守构成犯罪的，应当依照刑法关于渎职罪的规定追究刑事责任。②

《刑参》第14号案例“翟某受贿、玩忽职守案——银行工作人员玩忽职守的行为如何定罪”相关论述：玩忽职守罪的犯罪主体是“国家机关工作人员”，已比过去的“国家工作人员”范围小的多。本案被告人作为银行工作人员，虽然是国家工作人员，但并不是国家机关工作人员。

《刑参》第563号案例“张某滥用职权案——国家机关工作人员以单位名义擅自出借公款给其他单位使用造成巨大损失的行为如何定罪”相关论述：挪用公款罪的主体是国家工作人员，滥用职权罪的主体是国家机关工作人员，两类人员是包容关系，即国家工作人员包括了国家机关工作人员。挪用公款罪只能由故意构成；滥用职权罪主观方面一般由过失构成，特殊情况下也不排除间接故意的存在。判断故意还是过失，应当以行为人对其事实行为的危害结果所持的心理态度而不是行为人对行为本身的心理态度为标准。滥用职权一般较难认定行为人是希望或积极追求危害结果的发生，但实践中确实存在行为人明知违反职责义务会造成危害结果，但为了某种利益而对危害结果的发生采取放任态度，则其主观心态就不再出于过失，而应当属于故意了。“以个人名义”或者“个人决定以单位名义——谋取个人利益”的规定，其意义在于突出挪用公款

① 崔某环境监管失职案，最高人民检察院指导性案例第4号(高检发研字〔2012〕5号)。
② 陈某、林某、李甲滥用职权案，最高人民检察院指导性案例第5号(高检发研字〔2012〕5号)。

罪"公款私用"的本质,将实践中这两种变相公款私用的行为进行明确解释规定,便于统一司法,但并未突破"归个人使用"的立法定位,更不意味着"归单位使用"也是挪用公款罪的客观构成要件。"以个人名义将公款供其他单位使用",其实质是先将公款挪给自己使用,然后自己再处分公款;"个人决定以单位名义将公款供其他单位使用,谋取个人利益的",实际上是个人将公款作为谋取利益的手段,这两种行为本质上仍属于挪用公款"归个人使用"。

另见《刑法》第384条挪用公款罪的相关注释。

【拓展关键词】滥用职权又受贿 牵连犯 谋取个人利益

《刑参》第652号案例"黄某滥用职权、受贿案——滥用职权同时又受贿是否实行数罪并罚"相关论述:明确国家工作人员的职责是解决滥用职权定性问题的前提条件。行为人在实施滥用职权等渎职犯罪行为的同时又收受贿赂、满足两个犯罪的构成要件,除《刑法》有特别规定的以外,应当数罪并罚。牵连犯数个行为必须触犯不同罪名,如果数行为只触犯一个罪名则不成立牵连犯。牵连犯并非一律从一重罪处断,要考虑罪刑均衡。"为他人谋取利益"仅作为受贿罪主观要件并不能涵盖所有受贿犯罪。受贿与滥用职权之间并不必然存在牵连关系。受贿可分为索取型受贿和收受型受贿。索贿并不要求"为他人谋取利益";滥用职权也不以为他人谋取利益为要件。这一点使受贿滥用职权与受贿挪用公款有本质区别。"谋取个人利益"属于挪用公款罪的构成要件之一,如果把收受贿赂的行为认定为受贿罪,同时又作为挪用公款罪中的"谋取个人利益",属于重复评价。

【拓展关键词】滥用职权与玩忽职守犯罪追诉期 状态犯

《刑参》第46号案例"林某等受贿、玩忽职守案——玩忽职守罪适用法律时效应如何理解"相关论述:被告人在刑法修订前玩忽职守,危害结果发生在刑法修订实施以后,应适用结果发生时的法律。玩忽职守罪是不作为犯罪,适用结果发生时的法律追究行为人的刑事责任,符合适用行为时法的法律适用原则。在犯罪成立之前,即危害结果发生之前,行为人的这种不作为的玩忽职守行为一直处于持续状态,适用结果发生时的法律追究行为人的刑事责任与适用行为时法是一致的。玩忽职守罪是过失犯罪,应当适用结果发生时即犯罪成立时的法律。

《刑参》第1134号案例"沈某某滥用职权案——滥用职权追诉时效期限的起算点应如何认定"相关论述:本案追诉期限应从沈某某滥用职权全部犯罪后果产生之日起算。滥用职权罪属于结果犯。渎职行为造成损害后果的情形较为复杂,有生命损害、健康损害、物质损害等,不同的损害后果,在认定发生时间上也不尽相同。沈某某滥用职权的后果有两个,一是致使张某青的抢劫犯罪事实得不到及时追究;二是张某青应征入伍。如果从"漂白"身份妨害司法机关及时追究张某青刑事责任的角度来看,沈某某渎职行为的危害后果从其违反规定为张某青更改户口登记时就已经开始产生;到张某青应征入伍时,沈某某渎职行为的危害后果已全部产生。滥用职权罪属于状态犯,而非继续犯。滥用职权罪的犯罪行为实行终了后产生不法状态即侵害结果;此后,侵害结果虽然一直存在,但滥用职权行为本身已实行终了,没有持续。因此,追诉期限仍应从滥用职权行为造成的侵害结果发生之日起算,而不能以侵害结果终了之日起算。本案属于超过追诉期限,应裁定终止审理。

另见《刑法》第87条追诉时效期限的相关规定。

【拓展关键词】私分国有资产罪、贪污罪、滥用职权罪辨析 国有公司、企业

《刑参》第1234号案例"工商银行神木支行、童某等国有公司人员滥用职权案——国有控股、参股公司、企业工作人员私分本公司、企业资产行为的认定"相关论述:国有控股、参股公司、企业不属于私分国有资产罪中的"国有公司、企业"。对私分国有资产罪与单位受贿罪中的"国有公司、企业"均应作限制解释,即仅指国有独资公司、企业。从同一罪名罪质分析,私分国有资产罪中单位主体的资产性质应当保持大致统一。本罪中的“国家机关、国有公司、企业、事业单位、人民团体”是并列主体，国家机关的资产是纯国有资产，国有公司、企业、事业单位、人民团体的资产也应当是纯国有资产，而上述单位主体中符合该条件要求的只有国有独资公司、企业。从罪名设置分析，将私分国有资产罪中的“国有公司、企业”作限制解释更符合立法原意。刑法将私分国有资产罪设置在第八章“贪污贿赂罪”中且仅与同章中单位受贿罪的犯罪主体、对单位行贿罪的犯罪对象一样，故对私分国有资产罪中的“国有公司、企业”参照单位受贿罪中的犯罪主体、对单位行贿罪的犯罪对象来解释具有一定立法依据。作为单位受贿罪的犯罪主体、对单位行贿罪的犯罪对象，国有公司、企业仅指国有独资公司、企业，这一点基本无异议。因此，参照单位受贿罪犯罪主体、对单位行贿罪犯罪对象的范围，对私分国有资产罪中的“国有公司、企业”应当限制解释为“国有独资公司、企业”。从法益保护角度分析，将私分国有资产罪中的“国有公司、企业”作限制解释不会影响国有资产的保护。国有控股、参股公司、企业工作人员私分本公司、企业国有资产的行为依法可以构成国有公司、企业人员滥用职权罪，对被告人童某、温某、张某应以国有公司人员滥用职权罪定罪处罚。

另见《刑法》第 382 条贪污罪、第 396 条私分国有资产罪的相关注释。

第三百九十八条 【故意泄露国家秘密罪;过失泄露国家秘密罪】

国家机关工作人员违反保守国家秘密法的规定，故意或者过失泄露国家秘密，情节严重的，处三年以下有期徒刑或者拘役;情节特别严重的，处三年以上七年以下有期徒刑。

非国家机关工作人员犯前款罪的，依照前款的规定酌情处罚。

☞ 相关规定见章后二维码

◆ 解读与适用

【拓展关键词】情节严重　国家秘密

如果某些条文罪状的描述还不足以使行为的社会危害性达到应受刑罚处罚的程度，立法者就会使用“情节严重”等概念，限制构成犯罪的行为外延。“情节严重”中的情节，不是指特定的某一方面的情节，而是包括任何一个方面的情节，只要某一方面情节严重，其行为的社会危害性就达到了应受刑罚处罚的程度，应当认定为犯罪。这种“情节严重”属于犯罪构成的综合性要件。“情节严重”属于构成要件，虽然具有模糊性，但不等于含混性。模糊性是任何法律都不可避免的。即使分则条文没有将“情节严重”规定为构成要件，也要考虑对构成要件的解释是否达到了值得科处刑罚的程度。①

《刑参》第 210 号案例“于某故意泄露国家秘密案——辩护律师将在法院复制的案件证据材料让被告人亲属查阅的行为是否构成犯罪”相关论述：法院复制的刑事案件证据材料不属于国家秘密。检察部门的保密规定（1996 年 1 月 15 日起生效的《检察工作中国家秘密及其密级具体范围规定》及其附件《确定检察诉讼文书密级和保密期限的规定》）将检察机关直接受案案件中“讯问被告人笔录”和“询问证人证言”确定为机密级国家秘密，其目的主要是约束检察人员，禁止其泄露这些材料。根据刑事诉讼法的规定，辩护律师在人民检察院审查起诉阶段可以查阅、摘抄、复制案件的诉讼文书和技术鉴定材料，但不包括“讯问被告人笔录”和“询问证人证言”在内的指控犯罪事实的材料。由于在这一阶段律师不可能接触到涉及犯罪事实的材料，

---

① 参见张明楷：《刑法分则的解释原理》，中国人民大学出版社 2004 年版，第 225 ~ 235 页。

因此,检察部门的保密规定并不适用于辩护律师。除非辩护律师通过非正常渠道知悉这些材料后再将其透漏给他人。当案件移送到法院后,这些材料是否还属于国家秘密取决于该案件是否属于涉及国家秘密的案件,或者该材料是否确定并标明密级和保密期以及法院系统的现行保密规定。法院系统的现行保密规定并未将涉及国家秘密案件以外的案件,包括"讯问被告人笔录"和"询问证人证言"在内的指控犯罪事实的材料规定为国家秘密。检察部门的保密规定将保密期限规定为"庭审前",但是这个规定与刑事诉讼法的规定相背离。案件一旦起诉,包括被告人供述、证人证言等所有的材料都必须在庭上公开出示、宣读并经质证,不再有任何秘密可言,已不再属于国家秘密,法律并不禁止律师或其他辩护人将其交予他人阅知。应当说,一经起诉并移送到法院,即告失密。由于检察部门以及法院系统的保密规定本身都是秘密文件,被告人对这些文件及其内容不可能知悉,根据国家保密法及检察部门的保密规定,各级检察机关应依照规定对文书标明密级和保密期,对不宜直接标明的,须告知应知悉者并作文字记载。①

《刑参》第258号案例"李某等故意泄露国家秘密案——利用中考命题工作的便利将考前辅导内容作为中考试题的行为是否构成故意泄露国家秘密罪"相关论述:先行透漏"命题"内容,使该内容广为传播,后又利用命题人的身份将该内容作为正式命题,造成严重后果。其先行透露加后续命题行为与造成的严重后果具有直接因果关系。上述行为的性质与先命题后透露的典型泄密行为并无实质差异,故构成故意泄露国家秘密罪。

第三百九十九条 【徇私枉法罪】②

司法工作人员徇私枉法、徇情枉法,对明知是无罪的人而使他受追诉、对明知是有罪的人而故意包庇不使他受追诉,或者在刑事审判活动中故意违背事实和法律作枉法裁判的,处五年以下有期徒刑或者拘役;情节严重的,处五年以上十年以下有期徒刑;情节特别严重的,处十年以上有期徒刑。

【民事、行政枉法裁判罪】

在民事、行政审判活动中故意违背事实和法律作枉法裁判,情节严重的,处五年以下有期徒刑或者拘役;情节特别严重的,处五年以上十年以下有期徒刑。

【执行判决、裁定失职罪;执行判决、裁定滥用职权罪】

在执行判决、裁定活动中,严重不负责任或者滥用职权,不依法采取诉讼保全措施、不履行法定执行职责,或者违法采取诉讼保全措施、强制执行措施,致使当事人或者其他人的利益遭受重大损失的,处五年以下有期徒刑或者拘役;致使当事人或者其他人的利益遭受特别重大损失的,处五年以上十年以下有期徒刑。

司法工作人员收受贿赂,有前三款行为的,同时又构成本法第三百八十五条规定之罪的,依照处罚较重的规定定罪处罚。

---

① 河南省沁阳市人民检察院诉于某故意泄露国家秘密案,载《最高人民法院公报》2004年第2期。

② 根据《刑法修正案(四)》修订。原条文主要内容为:司法工作人员徇私枉法、徇情枉法,对明知是无罪的人而使他受追诉、对明知是有罪的人而故意包庇不使他受追诉,或者在刑事审判活动中故意违背事实和法律作枉法裁判的,处五年以下有期徒刑或者拘役;情节严重的,处五年以上十年以下有期徒刑;情节特别严重的,处十年以上有期徒刑。

在民事、行政审判活动中故意违背事实和法律作枉法裁判,情节严重的,处五年以下有期徒刑或者拘役;情节特别严重的,处五年以上十年以下有期徒刑。

司法工作人员贪赃枉法,有前两款行为的,同时又构成本法第三百八十五条规定之罪的,依照处罚较重的规定定罪处罚。

◈ 相关规定

最高人民检察院法律政策研究室
关于非司法工作人员是否可以构成徇私枉法罪共犯问题材的答复

(〔2003〕高检研发第11号)

非司法工作人员与司法工作人员勾结,共同实施徇私枉法行为,构成犯罪的,应当以徇私枉法罪的共犯追究刑事责任。

最高人民检察院
关于渎职侵权犯罪案件立案标准的规定(节选)

(高检发释字〔2006〕2号)

(五)徇私枉法案(第三百九十九条第一款)

徇私枉法罪是指司法工作人员徇私枉法、徇情枉法,对明知是无罪的人而使他受追诉、对明知是有罪的人而故意包庇不使他受追诉,或者在刑事审判活动中故意违背事实和法律作枉法裁判的行为。

涉嫌下列情形之一的,应予立案:

1. 对明知是没有犯罪事实或者其他依法不应当追究刑事责任的人,采取伪造、隐匿、毁灭证据或者其他隐瞒事实、违反法律的手段,以追究刑事责任为目的立案、侦查、起诉、审判的;

2. 对明知是有犯罪事实需要追究刑事责任的人,采取伪造、隐匿、毁灭证据或者其他隐瞒事实、违反法律的手段,故意包庇使其不受立案、侦查、起诉、审判的;

3. 采取伪造、隐匿、毁灭证据或者其他隐瞒事实、违反法律的手段,故意使罪重的人受较轻的追诉,或者使罪轻的人受较重的追诉的;

4. 在立案后,采取伪造、隐匿、毁灭证据或者其他隐瞒事实、违反法律的手段,应当采取强制措施而不采取强制措施,或者虽然采取强制措施,但中断侦查或者超过法定期限不采取任何措施,实际放任不管,以及违法撤销、变更强制措施,致使犯罪嫌疑人、被告人实际脱离司法机关侦控的;

5. 在刑事审判活动中故意违背事实和法律,作出枉法判决、裁定,即有罪判无罪、无罪判有罪,或者重罪轻判、轻罪重判的;

6. 其他徇私枉法应予追究刑事责任的情形。

(六)民事、行政枉法裁判案(第三百九十九条第二款)

民事、行政枉法裁判罪是指司法工作人员在民事、行政审判活动中,故意违背事实和法律作枉法裁判,情节严重的行为。

涉嫌下列情形之一的,应予立案:

1. 枉法裁判,致使当事人或者其近亲属自杀、自残造成重伤、死亡,或者精神失常的;

2. 枉法裁判,造成个人财产直接经济损失10万元以上,或者直接经济损失不满10万元,但间接经济损失50万元以上的;

3. 枉法裁判,造成法人或者其他组织财产直接经济损失20万元以上,或者直接经济损失不满20万元,但间接经济损失100万元以上的;

4. 伪造、变造有关材料、证据,制造假案枉法裁判的;

5. 串通当事人制造伪证,毁灭证据或者篡改庭审笔录而枉法裁判的;

6. 徇私情、私利,明知是伪造、变造的证据予以采信,或者故意对应当采信的证据不予采信,或者故意违反法定程序,或者故意错误适用法律而枉法裁判的;

7. 其他情节严重的情形。

（七）执行判决、裁定失职案（第三百九十九条第三款）

执行判决、裁定失职罪是指司法工作人员在执行判决、裁定活动中，严重不负责任，不依法采取诉讼保全措施、不履行法定执行职责，或者违法采取保全措施、强制执行措施，致使当事人或者其他人的利益遭受重大损失的行为。

涉嫌下列情形之一的，应予立案：

1. 致使当事人或者其近亲属自杀、自残造成重伤、死亡，或者精神失常的；

2. 造成个人财产直接经济损失15万元以上，或者直接经济损失不满15万元，但间接经济损失75万元以上的；

3. 造成法人或者其他组织财产直接经济损失30万元以上，或者直接经济损失不满30万元，但间接经济损失150万元以上的；

4. 造成公司、企业等单位停业、停产1年以上，或者破产的；

5. 其他致使当事人或者其他人的利益遭受重大损失的情形。

（八）执行判决、裁定滥用职权案（第三百九十九条第三款）

执行判决、裁定滥用职权罪是指司法工作人员在执行判决、裁定活动中，滥用职权，不依法采取诉讼保全措施、不履行法定执行职责，或者违法采取保全措施、强制执行措施，致使当事人或者其他人的利益遭受重大损失的行为。

涉嫌下列情形之一的，应予立案：

1. 致使当事人或者其近亲属自杀、自残造成重伤、死亡，或者精神失常的；

2. 造成个人财产直接经济损失10万元以上，或者直接经济损失不满10万元，但间接经济损失50万元以上的；

3. 造成法人或者其他组织财产直接经济损失20万元以上，或者直接经济损失不满20万元，但间接经济损失100万元以上的；

4. 造成公司、企业等单位停业、停产6个月以上，或者破产的；

5. 其他致使当事人或者其他人的利益遭受重大损失的情形。

◆ 解读与适用

【拓展关键词】徇私枉法情节严重

《刑参》第237号案例“李某徇私枉法、接送不合格兵员案——如何认定徇私枉法‘情节严重’”相关论述：徇私枉法罪是行为犯，一般不以是否发生行为人所追究的结果为条件。徇私枉法罪的成立是不以“情节严重”为必要条件的。“情节严重”和“情节特别严重”只是本罪加重处罚的情节，直接影响着对行为人的量刑。

第三百九十九条之一 【枉法仲裁罪】①

依法承担仲裁职责的人员，在仲裁活动中故意违背事实和法律作枉法裁决，情节严重的，处三年以下有期徒刑或者拘役；情节特别严重的，处三年以上七年以下有期徒刑。

---

① 根据《刑法修正案（六）》新增。

◆ 解读与适用

《刑参》第1402号案例"曾某枉法仲裁案——劳动仲裁中的枉法调解行为能否构成枉法仲裁罪"相关论述：劳动争议仲裁员属于枉法仲裁罪的主体。劳动仲裁中的枉法调解行为应纳入枉法仲裁罪的规制范围，劳动仲裁中的调解属于仲裁活动。仲裁调解书与裁决书具有同等法律效力。枉法调解的社会危害性与枉法裁决并无本质差别。

第四百条 【私放在押人员罪】

司法工作人员私放在押的犯罪嫌疑人、被告人或者罪犯的，处五年以下有期徒刑或者拘役；情节严重的，处五年以上十年以下有期徒刑；情节特别严重的，处十年以上有期徒刑。

【失职致使在押人员脱逃罪】

司法工作人员由于严重不负责任，致使在押的犯罪嫌疑人、被告人或者罪犯脱逃，造成严重后果的，处三年以下有期徒刑或者拘役；造成特别严重后果的，处三年以上十年以下有期徒刑。

◆ 相关规定

最高人民检察院
关于工人等非监管机关在编监管人员私放在押人员行为和失职致使在押人员脱逃行为适用法律问题的解释

（高检发释字〔2001〕2号）

为依法办理私放在押人员犯罪案件和失职致使在押人员脱逃犯罪案件，对工人等非监管机关在编监管人员私放在押人员行为和失职致使在押人员脱逃行为如何适用法律问题解释如下：

工人等非监管机关在编监管人员在被监管机关聘用受委托履行监管职责的过程中私放在押人员的，应当依照刑法第四百条第一款的规定，以私放在押人员罪追究刑事责任；由于严重不负责任，致使在押人员脱逃，造成严重后果的，应当依照刑法第四百条第二款的规定，以失职致使在押人员脱逃罪追究刑事责任。

最高人民检察院
关于渎职侵权犯罪案件立案标准的规定（节选）

（高检发释字〔2006〕2号）

（九）私放在押人员案（第四百条第一款）

私放在押人员罪是指司法工作人员私放在押（包括在羁押场所和押解途中）的犯罪嫌疑人、被告人或者罪犯的行为。

涉嫌下列情形之一的，应予立案：

1. 私自将在押的犯罪嫌疑人、被告人、罪犯放走，或者授意、指使、强迫他人将在押的犯罪嫌疑人、被告人、罪犯放走的；

2. 伪造、变造有关法律文书、证明材料，以使在押的犯罪嫌疑人、被告人、罪犯逃跑或者被释放的；

3. 为私放在押的犯罪嫌疑人、被告人、罪犯,故意向其通风报信、提供条件,致使该在押的犯罪嫌疑人、被告人、罪犯脱逃的;

4. 其他私放在押的犯罪嫌疑人、被告人、罪犯应予追究刑事责任的情形。

(十)失职致使在押人员脱逃案(第四百条第二款)

失职致使在押人员脱逃罪是指司法工作人员由于严重不负责任,不履行或者不认真履行职责,致使在押(包括在羁押场所和押解途中)的犯罪嫌疑人、被告人、罪犯脱逃,造成严重后果的行为。

涉嫌下列情形之一的,应予立案:

1. 致使依法可能判处或者已经判处10年以上有期徒刑、无期徒刑、死刑的犯罪嫌疑人、被告人、罪犯脱逃的;

2. 致使犯罪嫌疑人、被告人、罪犯脱逃3人次以上的;

3. 犯罪嫌疑人、被告人、罪犯脱逃以后,打击报复报案人、控告人、举报人、被害人、证人和司法工作人员等,或者继续犯罪的;

4. 其他致使在押的犯罪嫌疑人、被告人、罪犯脱逃,造成严重后果的情形。

☞ 其他相关规定见章后二维码

第四百零一条 【徇私舞弊减刑、假释、暂予监外执行罪】

司法工作人员徇私舞弊,对不符合减刑、假释、暂予监外执行条件的罪犯,予以减刑、假释或者暂予监外执行的,处三年以下有期徒刑或者拘役;情节严重的,处三年以上七年以下有期徒刑。

◆ 相关规定

最高人民检察院
关于渎职侵权犯罪案件立案标准的规定(节选)
(高检发释字〔2006〕2号)

(十一)徇私舞弊减刑、假释、暂予监外执行案(第四百零一条)

徇私舞弊减刑、假释、暂予监外执行罪是指司法工作人员徇私舞弊,对不符合减刑、假释、暂予监外执行条件的罪犯予以减刑、假释、暂予监外执行的行为。

涉嫌下列情形之一的,应予立案:

1. 刑罚执行机关的工作人员对不符合减刑、假释、暂予监外执行条件的罪犯,捏造事实,伪造材料,违法报请减刑、假释、暂予监外执行的;

2. 审判人员对不符合减刑、假释、暂予监外执行条件的罪犯,徇私舞弊,违法裁定减刑、假释或者违法决定暂予监外执行的;

3. 监狱管理机关、公安机关的工作人员对不符合暂予监外执行条件的罪犯,徇私舞弊,违法批准暂予监外执行的;

4. 不具有报请、裁定、决定或者批准减刑、假释、暂予监外执行权的司法工作人员利用职务上的便利,伪造有关材料,导致不符合减刑、假释、暂予监外执行条件的罪犯被减刑、假释、暂予监外执行的;

5. 其他徇私舞弊减刑、假释、暂予监外执行应予追究刑事责任的情形。

第四百零二条 【徇私舞弊不移交刑事案件罪】

行政执法人员徇私舞弊，对依法应当移交司法机关追究刑事责任的不移交，情节严重的，处三年以下有期徒刑或者拘役；造成严重后果的，处三年以上七年以下有期徒刑。

◆ 相关规定

最高人民检察院
关于渎职侵权犯罪案件立案标准的规定(节选)
(高检发释字〔2006〕2号)

(十二)徇私舞弊不移交刑事案件案(第四百零二条)

徇私舞弊不移交刑事案件罪是指工商行政管理、税务、监察等行政执法人员，徇私舞弊，对依法应当移交司法机关追究刑事责任的案件不移交，情节严重的行为。

涉嫌下列情形之一的，应予立案：

1. 对依法可能判处3年以上有期徒刑、无期徒刑、死刑的犯罪案件不移交的；
2. 不移交刑事案件涉及3人次以上的；
3. 司法机关提出意见后，无正当理由仍然不予移交的；
4. 以罚代刑，放纵犯罪嫌疑人，致使犯罪嫌疑人继续进行违法犯罪活动的；
5. 行政执法部门主管领导阻止移交的；
6. 隐瞒、毁灭证据，伪造材料，改变刑事案件性质的；
7. 直接负责的主管人员和其他直接责任人员为牟取本单位私利而不移交刑事案件，情节严重的；
8. 其他情节严重的情形。

☞ 其他相关规定见章后二维码

◆ 解读与适用

【拓展关键词】不作为　可能判处三年以上刑罚

《刑参》第209号案例"丁某徇私舞弊不移交刑事案件案——认定徇私舞弊不移交刑事案件罪是否应以未移交的犯罪嫌疑人已被生效判决确定为有罪为前提"相关论述：徇私舞弊不移交刑事案件罪的客观构成行为是一种复合行为，包含作为与不作为。既实施了"伪造材料、隐瞒情况、弄虚作假"的以作为形式表现的"舞弊"行为，又具有"依法应当移交"而"不移交"的不作为行为，但更主要的是不作为。"依法应当移交"这一要素是认定行为人能否构成该罪的关键要素。判断是否"依法应当移交"的标准只能是依照《行政执法机关移送涉嫌犯罪案件的规定》中规定的刑事实体法律规范的要求，涉案行为的性质必须符合犯罪构成要件的规定。"依法"除指根据刑法及其相关司法解释的规定，某种涉案行为已经触犯了刑律，超出了行政执法机关查处的职权范围，必须实行移送作刑事立案查处外，还包括应当按照刑事诉讼法及相关司法解释的规定，必须是向有刑事侦查管辖权的公安机关或检察机关移送的案件。即"移交"应当是行政执法机关向刑事侦查机关移交而不是向被害人或者其他诉讼主体移交。如果根据有关程序法律的规定，某种案件虽然涉嫌触犯了刑律但法律规定不是必须经由公诉程序追究行为人刑事责任，行政执法人员未移交的，就不应认定其实施了"依法应当移交"而不移交的不作为行为。认定徇私舞弊不移交刑事案件罪不以未移交的犯罪嫌疑人已被生效判决确定为有罪为前提。本罪对“刑事案件”的要求仅是进行实体上的预断,即是否涉嫌构成犯罪而并未要求必须对此作出有罪的生效判决为前提。如果预断涉嫌构成犯罪,该行政执法机关及其工作人员就负有应当移送的义务。对“可能判处三年以上有期徒刑”也应当理解为是该犯罪嫌疑人所涉嫌的犯罪应当适用的量刑档次而不是指实际判处的刑罚。①

第四百零三条 【滥用管理公司、证券职权罪】

国家有关主管部门的国家机关工作人员,徇私舞弊,滥用职权,对不符合法律规定条件的公司设立、登记申请或者股票、债券发行、上市申请,予以批准或者登记,致使公共财产、国家和人民利益遭受重大损失的,处五年以下有期徒刑或者拘役。

上级部门强令登记机关及其工作人员实施前款行为的,对其直接负责的主管人员,依照前款的规定处罚。

◆ 相关规定

最高人民检察院
关于渎职侵权犯罪案件立案标准的规定(节选)
(高检发释字〔2006〕2号)

(十三)滥用管理公司、证券职权案(第四百零三条)

滥用管理公司、证券职权罪是指工商行政管理、证券管理等国家有关主管部门的工作人员徇私舞弊,滥用职权,对不符合法律规定条件的公司设立、登记申请或者股票、债券发行、上市申请予以批准或者登记,致使公共财产、国家和人民利益遭受重大损失的行为,以及上级部门、当地政府强令登记机关及其工作人员实施上述行为的行为。

涉嫌下列情形之一的,应予立案:

1. 造成直接经济损失50万元以上的;

2. 工商管理部门的工作人员对不符合法律规定条件的公司设立、登记申请,违法予以批准、登记,严重扰乱市场秩序的;

3. 金融证券管理机构工作人员对不符合法律规定条件的股票、债券发行、上市申请,违法予以批准,严重损害公众利益,或者严重扰乱金融秩序的;

4. 工商管理部门、金融证券管理机构的工作人员对不符合法律规定条件的公司设立、登记申请或者股票、债券发行、上市申请违法予以批准或者登记,致使犯罪行为得逞的;

5. 上级部门、当地政府直接负责的主管人员强令登记机关及其工作人员,对不符合法律规定条件的公司设立、登记申请或者股票、债券发行、上市申请予以批准或者登记,致使公共财产、国家或者人民利益遭受重大损失的;

6. 其他致使公共财产、国家和人民利益遭受重大损失的情形。

---

① 江苏省宜兴市人民检察院诉丁某徇私舞弊不移交刑事案件案,载《最高人民法院公报》2003年第6期。

第四百零四条 【徇私舞弊不征、少征税款罪】

税务机关的工作人员徇私舞弊，不征或者少征应征税款，致使国家税收遭受重大损失的，处五年以下有期徒刑或者拘役；造成特别重大损失的，处五年以上有期徒刑。

◆ 相关规定

最高人民检察院
关于渎职侵权犯罪案件立案标准的规定（节选）
（高检发释字〔2006〕2号）

（十四）徇私舞弊不征、少征税款案（第四百零四条）

徇私舞弊不征、少征税款罪是指税务机关工作人员徇私舞弊，不征、少征应征税款，致使国家税收遭受重大损失的行为。

涉嫌下列情形之一的，应予立案：

1. 徇私舞弊不征、少征应征税款，致使国家税收损失累计达10万元以上的；
2. 上级主管部门工作人员指使税务机关工作人员徇私舞弊不征、少征应征税款，致使国家税收损失累计达10万元以上的；
3. 徇私舞弊不征、少征应征税款不满10万元，但具有索取或者收受贿赂或者其他恶劣情节的；
4. 其他致使国家税收遭受重大损失的情形。

◆ 解读与适用

《刑参》第809号案例"社某徇私舞弊不征税款、受贿案——如何把握徇私舞弊不征税款罪的构成要件及税收损失数额的认定"相关论述：税法规定的征税对象之财产转让所得包括个人股权转让所得。在实践中应当考察股权转让所得与实际出资之间是否有差额，而非考察股权转让所得与股权本身价值之间是否有差额。明知他人在股权转让中有收益而不征税，构成徇私舞弊不征税款罪。徇私舞弊不征税款罪的对象要件——所涉财产属于应征税款；行为要件——是否利用职务之便徇私舞弊；税收损失数额认定——以实际取得额为计算基础。

第四百零五条 【徇私舞弊发售发票、抵扣税款、出口退税罪】

税务机关的工作人员违反法律、行政法规的规定，在办理发售发票、抵扣税款、出口退税工作中，徇私舞弊，致使国家利益遭受重大损失的，处五年以下有期徒刑或者拘役；致使国家利益遭受特别重大损失的，处五年以上有期徒刑。

【违法提供出口退税凭证罪】

其他国家机关工作人员违反国家规定，在提供出口货物报关单、出口收汇核销单等出口退税凭证的工作中，徇私舞弊，致使国家利益遭受重大损失的，依照前款的规定处罚。

◆ 相关规定

最高人民检察院
关于渎职侵权犯罪案件立案标准的规定(节选)
(高检发释字〔2006〕2号)

(十五)徇私舞弊发售发票、抵扣税款、出口退税案(第四百零五条第一款)

徇私舞弊发售发票、抵扣税款、出口退税罪是指税务机关工作人员违反法律、行政法规的规定,在办理发售发票、抵扣税款、出口退税工作中徇私舞弊,致使国家利益遭受重大损失的行为。

涉嫌下列情形之一的,应予立案:

1. 徇私舞弊,致使国家税收损失累计达10万元以上的;

2. 徇私舞弊,致使国家税收损失累计不满10万元,但发售增值税专用发票25份以上或者其他发票50份以上或者增值税专用发票与其他发票合计50份以上,或者具有索取、收受贿赂或者其他恶劣情节的;

3. 其他致使国家利益遭受重大损失的情形。

(十六)违法提供出口退税凭证案(第四百零五条第二款)

违法提供出口退税凭证罪是指海关、外汇管理等国家机关工作人员违反国家规定,在提供出口货物报关单、出口收汇核销单等出口退税凭证的工作中徇私舞弊,致使国家利益遭受重大损失的行为。

涉嫌下列情形之一的,应予立案:

1. 徇私舞弊,致使国家税收损失累计达10万元以上的;

2. 徇私舞弊,致使国家税收损失累计不满10万元,但具有索取、收受贿赂或者其他恶劣情节的;

3. 其他致使国家利益遭受重大损失的情形。

第四百零六条　【国家机关工作人员签订、履行合同失职被骗罪】

国家机关工作人员在签订、履行合同过程中,因严重不负责任被诈骗,致使国家利益遭受重大损失的,处三年以下有期徒刑或者拘役;致使国家利益遭受特别重大损失的,处三年以上七年以下有期徒刑。

◆ 相关规定

最高人民法院刑二庭
关于签订、履行合同失职被骗犯罪是否以对方当事人的行为构成诈骗犯罪为要件的意见
(2001年4月)

关于刑法第一百六十七条规定的"签订、履行合同失职被骗罪"和第四百零六条规定的"国家机关工作人员签订、履行合同"是否以对方构成诈骗犯罪为要件的问题,最高人民法院刑二庭审判长会议进行了研究,纪要如下:

认定签订、履行合同失职被骗罪和国家机关工作人员签订、履行合同失职被骗罪应当以对方当事人涉嫌诈骗,行为构成犯罪为前提。

但司法机关在办理或者审判行为人被指控犯有上述两罪的案件过程中,不能以对方当事人已经被人民法院判决构成诈骗犯罪作为认定本案当事人构成签订、履行合同失职被骗罪或者国家机关工作人员签订、履行合同失职被骗罪的前提。

也就是说，司法机关在办理案件过程中，只要认定对方当事人的行为已经涉嫌构成诈骗犯罪，就可依法认定行为人构成签订、履行合同失职被骗罪或者国家机关工作人员签订、履行合同失职被骗罪，而不需要搁置或者中止审理，直至对方当事人被人民法院审理并判决构成诈骗犯罪。

最高人民检察院
关于渎职侵权犯罪案件立案标准的规定（节选）
（高检发释字〔2006〕2号）

（十七）国家机关工作人员签订、履行合同失职被骗案（第四百零六条）

国家机关工作人员签订、履行合同失职被骗罪是指国家机关工作人员在签订、履行合同过程中，因严重不负责任，不履行或者不认真履行职责被诈骗，致使国家利益遭受重大损失的行为。

涉嫌下列情形之一的，应予立案：

1. 造成直接经济损失30万元以上，或者直接经济损失不满30万元，但间接经济损失150万元以上的；
2. 其他致使国家利益遭受重大损失的情形。

◆ 解读与适用

赵某担负着管理、经营国有资产的重任，应当知道合同的签订、履行具有一定的风险，应当在签订合同前认真履行审查签约对方的主体资格、履约能力等职责。由于有朋友介绍，赵某就轻信被骗的危害后果可以避免，在这种过失心理的驱使下，赵某放弃履行自己的职责，造成危害后果，构成签订合同失职被骗罪。①

《刑参》第1353号案例"王某等国家工作人员签订、履行合同失职被骗案——国家机关工作人员虽未在合同上签字署名，但在负责签订、履行合同的调查、核实、商谈等工作过程中，严重不负责任被骗的，如何定性"相关论述：玩忽职守类犯罪罪名竞合时应遵循特别法优于普通法的原则。该罪名所要求的诈骗行为必须以构成犯罪为充足条件，而非一般的民事欺诈行为。国家机关工作人员虽未在合同上签字署名，但接受委派在负责签订、履行合同的调查、核实、商谈等工作过程中，严重不负责任被骗的，依法构成国家机关工作人员签订、履行合同失职被骗罪。

第四百零七条 【违法发放林木采伐许可证罪】

林业主管部门的工作人员违反森林法的规定，超过批准的年采伐限额发放林木采伐许可证或者违反规定滥发林木采伐许可证，情节严重，致使森林遭受严重破坏的，处三年以下有期徒刑或者拘役。

① 赵某签订合同失职被骗案，载《最高人民法院公报》2001年第3期。

◆ 相关规定

最高人民法院
关于审理破坏森林资源刑事案件具体应用法律若干问题的解释(节选)
(法释〔2000〕36号)

详见《刑法》第345条盗伐林木罪的相关规定

第十二条　林业主管部门的工作人员违反森林法的规定,超过批准的年采伐限额发放林木采伐许可证或者违反规定滥发林木采伐许可证,具有下列情形之一的,属于刑法第四百零七条规定的"情节严重,致使森林遭受严重破坏",以违法发放林木采伐许可证罪定罪处罚:

(一)发放林木采伐许可证允许采伐数量累计超过批准的年采伐限额,导致林木被采伐数量在十立方米以上的;

(二)滥发林木采伐许可证,导致林木被滥伐二十立方米以上的;

(三)滥发林木采伐许可证,导致珍贵树木被滥伐的;

(四)批准采伐国家禁止采伐的林木,情节恶劣的;

(五)其他情节严重的情形。

最高人民检察院
关于渎职侵权犯罪案件立案标准的规定(节选)
(高检发释字〔2006〕2号)

(十八)违法发放林木采伐许可证案(第四百零七条)

违法发放林木采伐许可证罪是指林业主管部门的工作人员违反森林法的规定,超过批准的年采伐限额发放林木采伐许可证或者违反规定滥发林木采伐许可证,情节严重,致使森林遭受严重破坏的行为。

涉嫌下列情形之一的,应予立案:

1. 发放林木采伐许可证允许采伐数量累计超过批准的年采伐限额,导致林木被超限额采伐10立方米以上的;

2. 滥发林木采伐许可证,导致林木被滥伐20立方米以上,或者导致幼树被滥伐1000株以上的;

3. 滥发林木采伐许可证,导致防护林、特种用途林被滥伐5立方米以上,或者幼树被滥伐200株以上的;

4. 滥发林木采伐许可证,导致珍贵树木或者国家重点保护的其他树木被滥伐的;

5. 滥发林木采伐许可证,导致国家禁止采伐的林木被采伐的;

6. 其他情节严重,致使森林遭受严重破坏的情形。

林业主管部门工作人员之外的国家机关工作人员,违反森林法的规定,滥用职权或者玩忽职守,致使林木被滥伐40立方米以上或者幼树被滥伐2000株以上,或者致使防护林、特种用途林被滥伐10立方米以上或者幼树被滥伐400株以上,或者致使珍贵树木被采伐、毁坏4立方米或者4株以上,或者致使国家重点保护的其他植物被采伐、毁坏后果严重的,或者致使国家严禁采伐的林木被采伐、毁坏情节恶劣的,按照刑法第397条的规定以滥用职权罪或者玩忽职守罪追究刑事责任。

◆ 解读与适用

【拓展关键词】因果关系的判断

《刑参》第694号案例"李某违法发放林木采伐许可证案——如何判断核发林木采伐许可证的行为与森

林遭受严重破坏的后果之间的因果关系"相关论述：刑法中的因果关系体现了我国刑法的基本原则——罪责自负。认定因果关系应当以行为时客观存在的一切事实为基础，依据一般人的经验进行判断，通过考察行为人的行为导致结果发生的可能性大小、介入因素对结果发生的作用大小、介入因素的异常程度等来判断行为人的行为与结果之间是否存在因果关系。被告人核发采伐许可证虽具有一定违法性，但导致林场被滥伐致森林遭受严重破坏的主要因素是被告人核发林木采伐许可证后的其他情况，对结果的发生起了更大作用，故被告人的行为与结果之间不具有刑法上的因果关系。

第四百零八条　【环境监管失职罪】

负有环境保护监督管理职责的国家机关工作人员严重不负责任，导致发生重大环境污染事故，致使公私财产遭受重大损失或者造成人身伤亡的严重后果的，处三年以下有期徒刑或者拘役。

◆ 相关规定

最高人民检察院
关于渎职侵权犯罪案件立案标准的规定（节选）
（高检发释字〔2006〕2号）

（十九）环境监管失职案（第四百零八条）

环境监管失职罪是指负有环境保护监督管理职责的国家机关工作人员严重不负责任，不履行或者不认真履行环境保护监管职责导致发生重大环境污染事故，致使公私财产遭受重大损失或者造成人身伤亡的严重后果的行为。

涉嫌下列情形之一的，应予立案：

1. 造成死亡1人以上，或者重伤3人以上，或者重伤2人、轻伤4人以上，或者重伤1人、轻伤7人以上，或者轻伤10人以上的；
2. 导致30人以上严重中毒的；
3. 造成个人财产直接经济损失15万元以上，或者直接经济损失不满15万元，但间接经济损失75万元以上的；
4. 造成公共财产、法人或者其他组织财产直接经济损失30万元以上，或者直接经济损失不满30万元，但间接经济损失150万元以上的；
5. 虽未达到3、4两项数额标准，但3、4两项合计直接经济损失30万元以上，或者合计直接经济损失不满30万元，但合计间接经济损失150万元以上的；
6. 造成基本农田或者防护林地、特种用途林地10亩以上，或者基本农田以外的耕地50亩以上，或者其他土地70亩以上被严重毁坏的；
7. 造成生活饮用水地表水源和地下水源严重污染的；
8. 其他致使公私财产遭受重大损失或者造成人身伤亡严重后果的情形。

最高人民法院　最高人民检察院
关于办理环境污染刑事案件适用法律若干问题的解释(2016)

(法释〔2016〕29号)

详见《刑法》第338条污染环境罪的相关规定

第四百零八条之一　【食品、药品监管渎职罪】①②

负有食品药品安全监督管理职责的国家机关工作人员,滥用职权或者玩忽职守,有下列情形之一,造成严重后果或者有其他严重情节的,处五年以下有期徒刑或者拘役;造成特别严重后果或者有其他特别严重情节的,处五年以上十年以下有期徒刑:

(一)瞒报、谎报食品安全事故、药品安全事件的;

(二)对发现的严重食品药品安全违法行为未按规定查处的;

(三)在药品和特殊食品审批审评过程中,对不符合条件的申请准予许可的;

(四)依法应当移交司法机关追究刑事责任不移交的;

(五)有其他滥用职权或者玩忽职守行为的。

徇私舞弊犯前款罪的,从重处罚。

◆ 相关规定

最高人民法院　最高人民检察院
关于办理危害食品安全刑事案件适用法律若干问题的解释(节选)

(法释〔2021〕24号)

详见《刑法》第143条生产、销售不符合安全标准的食品罪的相关规定

第二十条　负有食品安全监督管理职责的国家机关工作人员,滥用职权或者玩忽职守,构成食品监管渎职罪,同时构成徇私舞弊不移交刑事案件罪、商检徇私舞弊罪、动植物检疫徇私舞弊罪、放纵制售伪劣商品犯罪行为罪等其他渎职犯罪的,依照处罚较重的规定定罪处罚。

负有食品安全监督管理职责的国家机关工作人员滥用职权或者玩忽职守,不构成食品监管渎职罪,但构成前款规定的其他渎职犯罪的,依照该其他犯罪定罪处罚。

负有食品安全监督管理职责的国家机关工作人员与他人共谋,利用其职务行为帮助他人实施危害食品安全犯罪行为,同时构成渎职犯罪和危害食品安全犯罪共犯的,依照处罚较重的规定定罪从重处罚。

---

① 根据《刑法修正案(八)》新增。

② 根据《刑法修正案(十一)》修订。修订前条文主要内容为:负有食品安全监督管理职责的国家机关工作人员,滥用职权或者玩忽职守,导致发生重大食品安全事故或者造成其他严重后果的,处五年以下有期徒刑或者拘役;造成特别严重后果的,处五年以上十年以下有期徒刑。

徇私舞弊犯前款罪的,从重处罚。

◆ 解读与适用

《刑参》第 1135 号案例“任某等三人食品监管渎职案——食品监管渎职罪的司法认定”相关论述：本案致 79 人食物中毒的严重后果，属于刑法规定的“重大食品安全事故”。“中毒人员死亡”不是认定“重大食品安全事故”的必要条件。三被告人的玩忽职守行为与重大食品安全事故的发生具有刑法上的因果关系。

第四百零九条 【传染病防治失职罪】

从事传染病防治的政府卫生行政部门的工作人员严重不负责任，导致传染病传播或者流行，情节严重的，处三年以下有期徒刑或者拘役。

◆ 相关规定

最高人民法院　最高人民检察院
关于办理妨害预防、控制突发传染病疫情等灾害的刑事案件
具体应用法律若干问题的解释（节选）

（法释〔2003〕8 号）

详见《刑法》第 330 条妨害传染病防治罪的相关规定

第十六条 在预防、控制突发传染病疫情等灾害期间，从事传染病防治的政府卫生行政部门的工作人员，或者在受政府卫生行政部门委托代表政府卫生行政部门行使职权的组织中从事公务的人员，或者虽未列入政府卫生行政部门人员编制但在政府卫生行政部门从事公务的人员，在代表政府卫生行政部门行使职权时，严重不负责任，导致传染病传播或者流行，情节严重的，依照刑法第四百零九条的规定，以传染病防治失职罪定罪处罚。

在国家对突发传染病疫情等灾害采取预防、控制措施后，具有下列情形之一的，属于刑法第四百零九条规定的“情节严重”：

（一）对发生突发传染病疫情等灾害的地区或者突发传染病病人、病原携带者、疑似突发传染病病人，未按照预防、控制突发传染病疫情等灾害工作规范的要求做好防疫、检疫、隔离、防护、救治等工作，或者采取的预防、控制措施不当，造成传染范围扩大或者疫情、灾情加重的；

（二）隐瞒、缓报、谎报或者授意、指使、强令他人隐瞒、缓报、谎报疫情、灾情，造成传染范围扩大或者疫情、灾情加重的；

（三）拒不执行突发传染病疫情等灾害应急处理指挥机构的决定、命令，造成传染范围扩大或者疫情、灾情加重的；

（四）具有其他严重情节的。

最高人民检察院
关于渎职侵权犯罪案件立案标准的规定(节选)
(高检发释字〔2006〕2号)

(二十)传染病防治失职案(第四百零九条)

传染病防治失职罪是指从事传染病防治的政府卫生行政部门的工作人员严重不负责任,不履行或者不认真履行传染病防治监管职责,导致传染病传播或者流行,情节严重的行为。

涉嫌下列情形之一的,应予立案:

1. 导致甲类传染病传播的;
2. 导致乙类、丙类传染病流行的;
3. 因传染病传播或者流行,造成人员重伤或者死亡的;
4. 因传染病传播或者流行,严重影响正常的生产、生活秩序的;
5. 在国家对突发传染病疫情等灾害采取预防、控制措施后,对发生突发传染病疫情等灾害的地区或者突发传染病病人、病原携带者、疑似突发传染病病人,未按照预防、控制突发传染病疫情等灾害工作规范的要求做好防疫、检疫、隔离、防护、救治等工作,或者采取的预防、控制措施不当,造成传染范围扩大或者疫情、灾情加重的;
6. 在国家对突发传染病疫情等灾害采取预防、控制措施后,隐瞒、缓报、谎报或者授意、指使、强令他人隐瞒、缓报、谎报疫情、灾情,造成传染范围扩大或者疫情、灾情加重的;
7. 在国家对突发传染病疫情等灾害采取预防、控制措施后,拒不执行突发传染病疫情等灾害应急处理指挥机构的决定、命令,造成传染范围扩大或者疫情、灾情加重的;
8. 其他情节严重的情形。

◆ 解读与适用

【拓展关键词】工作失误与玩忽职守

《刑参》第1332号案例"黎某传染病防治失职案——多种因素造成传染病传播或者流行时,对从事传染病防治的政府卫生行政部门工作人员失职行为,如何定罪量刑"相关论述:工作失误的主观动机往往是行为人为了做好工作,认真履行工作职责,但主观上仍未预见到危害后果的发生,或者尽责履职中已经预见但因为经验能力有限、政策界限模糊、管理机制缺失等情况出现失误。失职罪在主观上表现为行为人对自身职责的认识偏差,不认真履行职责,违反工作制度,疏忽大意、擅离职守等。被告人在履行传染病防治职责中有指使他人隐瞒疫情的行为,造成了传染范围扩大的严重后果。本罪属于情节犯,情节是否严重是区分罪与非罪的关键。

第四百一十条　【非法批准征收、征用、占用土地罪;非法低价出让国有土地使用权罪】

国家机关工作人员徇私舞弊,违反土地管理法规,滥用职权,非法批准征收、征用、占用土地,或者非法低价出让国有土地使用权,情节严重的,处三年以下有期徒刑或者拘役;致使国家或者集体利益遭受特别重大损失的,处三年以上七年以下有期徒刑。

◆ 相关规定

最高人民法院
关于审理破坏土地资源刑事案件具体应用法律若干问题的解释(节选)
(施行法释〔2000〕14 号)

为依法惩处破坏土地资源犯罪活动,根据刑法的有关规定,现就审理这类案件具体应用法律的若干问题解释如下:

……

第四条 国家机关工作人员徇私舞弊,违反土地管理法规,滥用职权,非法批准征用、占用土地,具有下列情形之一的,属于非法批准征用、占用土地"情节严重",依照刑法第四百一十条的规定,以非法批准征用、占用土地罪定罪处罚:

(一)非法批准征用、占用基本农田十亩以上的;

(二)非法批准征用、占用基本农田以外的耕地三十亩以上的;

(三)非法批准征用、占用其他土地五十亩以上的;

(四)虽未达到上述数量标准,但非法批准征用、占用土地造成直接经济损失三十万元以上;造成耕地大量毁坏等恶劣情节的。

第五条 实施第四条规定的行为,具有下列情形之一的,属于非法批准征用、占用土地"致使国家或者集体利益遭受特别重大损失":

(一)非法批准征用、占用基本农田二十亩以上的;

(二)非法批准征用、占用基本农田以外的耕地六十亩以上的;

(三)非法批准征用、占用其他土地一百亩以上的;

(四)非法批准征用、占用土地,造成基本农田五亩以上,其他耕地十亩以上严重毁坏的;

(五)非法批准征用、占用土地造成直接经济损失五十万元以上等恶劣情节的。

第六条 国家机关工作人员徇私舞弊,违反土地管理法规,非法低价出让国有土地使用权,具有下列情形之一的,属于"情节严重",依照刑法第四百一十条的规定,以非法低价出让国有土地使用权罪定罪处罚:

(一)出让国有土地使用权面积在三十亩以上,并且出让价额低于国家规定的最低价额标准的百分之六十的;

(二)造成国有土地资产流失价额在三十万元以上的。

第七条 实施第六条规定的行为,具有下列情形之一的,属于非法低价出让国有土地使用权,"致使国家和集体利益遭受特别重大损失":

(一)非法低价出让国有土地使用权面积在六十亩以上,并且出让价额低于国家规定的最低价额标准的百分之四十的;

(二)造成国有土地资产流失价额在五十万元以上的。

第八条 单位犯非法转让、倒卖土地使用权罪、非法占有耕地罪的定罪量刑标准,依照本解释第一条、第二条、第三条的规定执行。

第九条 多次实施本解释规定的行为依法应当追诉的,或者一年内多次实施本解释规定的行为未经处理的,按照累计的数量、数额处罚。

最高人民法院
关于审理破坏林地资源刑事案件具体应用法律若干问题的解释
（法释〔2005〕15号）

第二条　国家机关工作人员徇私舞弊，违反土地管理法规，滥用职权，非法批准征用、占用林地，具有下列情形之一的，属于刑法第四百一十条规定的“情节严重”，应当以非法批准征用、占用土地罪判处三年以下有期徒刑或者拘役：

（一）非法批准征用、占用防护林地、特种用途林地数量分别或者合计达到十亩以上；

（二）非法批准征用、占用其他林地数量达到二十亩以上；

（三）非法批准征用、占用林地造成直接经济损失数额达到三十万元以上，或者造成本条第（一）项规定的林地数量分别或者合计达到五亩以上或者本条第（二）项规定的林地数量达到十亩以上毁坏。

第三条　实施本解释第二条规定的行为，具有下列情形之一的，属于刑法第四百一十条规定的“致使国家或者集体利益遭受特别重大损失”，应当以非法批准征用、占用土地罪判处三年以上七年以下有期徒刑：

（一）非法批准征用、占用防护林地、特种用途林地数量分别或者合计达到二十亩以上；

（二）非法批准征用、占用其他林地数量达到四十亩以上；

（三）非法批准征用、占用林地造成直接经济损失数额达到六十万元以上，或者造成本条第（一）项规定的林地数量分别或者合计达到十亩以上或者本条第（二）项规定的林地数量达到二十亩以上毁坏。

第四条　国家机关工作人员徇私舞弊，违反土地管理法规，非法低价出让国有林地使用权，具有下列情形之一的，属于刑法第四百一十条规定的“情节严重”，应当以非法低价出让国有土地使用权罪判处三年以下有期徒刑或者拘役：

（一）林地数量合计达到三十亩以上，并且出让价额低于国家规定的最低价额标准的百分之六十；

（二）造成国有资产流失价额达到三十万元以上。

第五条　实施本解释第四条规定的行为，造成国有资产流失价额达到六十万元以上的，属于刑法第四百一十条规定的“致使国家和集体利益遭受特别重大损失”，应当以非法低价出让国有土地使用权罪判处三年以上七年以下有期徒刑。

第六条　单位实施破坏林地资源犯罪的，依照本解释规定的相关定罪量刑标准执行。

第七条　多次实施本解释规定的行为依法应当追诉且未经处理的，应当按照累计的数量、数额处罚。

最高人民检察院
关于渎职侵权犯罪案件立案标准的规定（节选）
（高检发释字〔2006〕2号）

（二十一）非法批准征用、占用土地案（第四百一十条）

非法批准征用、占用土地罪是指国家机关工作人员徇私舞弊，违反土地管理法、森林法、草原法等法律以及有关行政法规中关于土地管理的规定，滥用职权，非法批准征用、占用耕地、林地等农用地以及其他土地，情节严重的行为。

涉嫌下列情形之一的，应予立案：

1. 非法批准征用、占用基本农田10亩以上的；
2. 非法批准征用、占用基本农田以外的耕地30亩以上的；
3. 非法批准征用、占用其他土地50亩以上的；
4. 虽未达到上述数量标准，但造成有关单位、个人直接经济损失30万元以上，或者造成耕地大量毁坏或者植被遭到严重破坏的；

5. 非法批准征用、占用土地，影响群众生产、生活，引起纠纷，造成恶劣影响或者其他严重后果的；

6. 非法批准征用、占用防护林地、特种用途林地分别或者合计10亩以上的；

7. 非法批准征用、占用其他林地20亩以上的；

8. 非法批准征用、占用林地造成直接经济损失30万元以上，或者造成防护林地、特种用途林地分别或者合计5亩以上或者其他林地10亩以上毁坏的；

9. 其他情节严重的情形。

（二十二）非法低价出让国有土地使用权案（第四百一十条）

非法低价出让国有土地使用权罪是指国家机关工作人员徇私舞弊，违反土地管理法、森林法、草原法等法律以及有关行政法规中关于土地管理的规定，滥用职权，非法低价出让国有土地使用权，情节严重的行为。

涉嫌下列情形之一的，应予立案：

1. 非法低价出让国有土地30亩以上，并且出让价额低于国家规定的最低价额标准的百分之六十的；

2. 造成国有土地资产流失价额30万元以上的；

3. 非法低价出让国有土地使用权，影响群众生产、生活，引起纠纷，造成恶劣影响或者其他严重后果的；

4. 非法低价出让林地合计30亩以上，并且出让价额低于国家规定的最低价额标准的百分之六十的；

5. 造成国有资产流失30万元以上的；

6. 其他情节严重的情形。

最高人民法院
关于审理破坏草原资源刑事案件应用法律若干问题的解释（节选）

（法释〔2012〕15号）

详见《刑法》第342条非法占用农用地罪的相关规定

第三条 国家机关工作人员徇私舞弊，违反草原法等土地管理法规，具有下列情形之一的，应当认定为刑法第四百一十条规定的“情节严重”：

（一）非法批准征收、征用、占用草原四十亩以上的；

（二）非法批准征收、征用、占用草原，造成二十亩以上草原被毁坏的；

（三）非法批准征收、征用、占用草原，造成直接经济损失三十万元以上，或者具有其他恶劣情节的。

具有下列情形之一，应当认定为刑法第四百一十条规定的“致使国家或者集体利益遭受特别重大损失”：

（一）非法批准征收、征用、占用草原八十亩以上的；

（二）非法批准征收、征用、占用草原，造成四十亩以上草原被毁坏的；

（三）非法批准征收、征用、占用草原，造成直接经济损失六十万元以上，或者具有其他特别恶劣情节的。

☞ 其他相关规定见章后二维码

第四百一十一条 【放纵走私罪】

海关工作人员徇私舞弊，放纵走私，情节严重的，处五年以下有期徒刑或者拘役；情节特别严重的，处五年以上有期徒刑。

◆ 相关规定

最高人民法院　最高人民检察院　海关总署
关于印发《办理走私刑事案件适用法律若干问题的意见》
(法〔2002〕139 号)

详见《刑法》第 151 条走私武器、弹药罪的相关规定

最高人民检察院
关于渎职侵权犯罪案件立案标准的规定(节选)
(高检发释字〔2006〕2 号)

(二十三)放纵走私案(第四百一十一条)

放纵走私罪是指海关工作人员徇私舞弊,放纵走私,情节严重的行为。

涉嫌下列情形之一的,应予立案:

1. 放纵走私犯罪的;
2. 因放纵走私致使国家应收税额损失累计达 10 万元以上的;
3. 放纵走私行为 3 起次以上的;
4. 放纵走私行为,具有索取或者收受贿赂情节的;
5. 其他情节严重的情形。

第四百一十二条　【商检徇私舞弊罪】

国家商检部门、商检机构的工作人员徇私舞弊,伪造检验结果的,处五年以下有期徒刑或者拘役;造成严重后果的,处五年以上十年以下有期徒刑。

【商检失职罪】

前款所列人员严重不负责任,对应当检验的物品不检验,或者延误检验出证、错误出证,致使国家利益遭受重大损失的,处三年以下有期徒刑或者拘役。

◆ 相关规定

最高人民检察院
关于渎职侵权犯罪案件立案标准的规定(节选)
(高检发释字〔2006〕2 号)

(二十四)商检徇私舞弊案(第四百一十二条第一款)

商检徇私舞弊罪是指出入境检验检疫机关、检验检疫机构工作人员徇私舞弊,伪造检验结果的行为。

涉嫌下列情形之一的,应予立案:

1. 采取伪造、变造的手段对报检的商品的单证、印章、标志、封识、质量认证标志等作虚假的证明或者出具不真实的证明结论的;

2. 将送检的合格商品检验为不合格,或者将不合格商品检验为合格的;

3. 对明知是不合格的商品,不检验而出具合格检验结果的;

4. 其他伪造检验结果应予追究刑事责任的情形。

(二十五)商检失职案(第四百一十二条第二款)

商检失职罪是指出入境检验检疫机关、检验检疫机构工作人员严重不负责任,对应当检验的物品不检验,或者延误检验出证、错误出证,致使国家利益遭受重大损失的行为。

涉嫌下列情形之一的,应予立案:

1. 致使不合格的食品、药品、医疗器械等商品出入境,严重危害生命健康的;

2. 造成个人财产直接经济损失15万元以上,或者直接经济损失不满15万元,但间接经济损失75万元以上的;

3. 造成公共财产、法人或者其他组织财产直接经济损失30万元以上,或者直接经济损失不满30万元,但间接经济损失150万元以上的;

4. 未经检验,出具合格检验结果,致使国家禁止进口的固体废物、液态废物和气态废物等进入境内的;

5. 不检验或者延误检验出证、错误出证,引起国际经济贸易纠纷,严重影响国家对外经贸关系,或者严重损害国家声誉的;

6. 其他致使国家利益遭受重大损失的情形。

第四百一十三条 【动植物检疫徇私舞弊罪】

动植物检疫机关的检疫人员徇私舞弊,伪造检疫结果的,处五年以下有期徒刑或者拘役;造成严重后果的,处五年以上十年以下有期徒刑。

【动植物检疫失职罪】

前款所列人员严重不负责任,对应当检疫的检疫物不检疫,或者延误检疫出证、错误出证,致使国家利益遭受重大损失的,处三年以下有期徒刑或者拘役。

◆ 相关规定

最高人民检察院

关于渎职侵权犯罪案件立案标准的规定(节选)

(高检发释字〔2006〕2号)

(二十六)动植物检疫徇私舞弊案(第四百一十三条第一款)

动植物检疫徇私舞弊罪是指出入境检验检疫机关、检验检疫机构工作人员徇私舞弊,伪造检疫结果的行为。

涉嫌下列情形之一的,应予立案:

1. 采取伪造、变造的手段对检疫的单证、印章、标志、封识等作虚假的证明或者出具不真实的结论的;

2. 将送检的合格动植物检疫为不合格,或者将不合格动植物检疫为合格的;

3. 对明知是不合格的动植物,不检疫而出具合格检疫结果的;

4. 其他伪造检疫结果应予追究刑事责任的情形。

（二十七）动植物检疫失职案（第四百一十三条第二款）

动植物检疫失职罪是指出入境检验检疫机关、检验检疫机构工作人员严重不负责任，对应当检疫的检疫物不检疫，或者延误检疫出证、错误出证，致使国家利益遭受重大损失的行为。

涉嫌下列情形之一的，应予立案：

1. 导致疫情发生，造成人员重伤或者死亡的；

2. 导致重大疫情发生、传播或者流行的；

3. 造成个人财产直接经济损失15万元以上，或者直接经济损失不满15万元，但间接经济损失75万元以上的；

4. 造成公共财产或者法人、其他组织财产直接经济损失30万元以上，或者直接经济损失不满30万元，但间接经济损失150万元以上的；

5. 不检疫或者延误检疫出证、错误出证，引起国际经济贸易纠纷，严重影响国家对外经贸关系，或者严重损害国家声誉的；

6. 其他致使国家利益遭受重大损失的情形。

第四百一十四条　【放纵制售伪劣商品犯罪行为罪】

对生产、销售伪劣商品犯罪行为负有追究责任的国家机关工作人员，徇私舞弊，不履行法律规定的追究职责，情节严重的，处五年以下有期徒刑或者拘役。

◆ 相关规定

最高人民检察院

关于渎职侵权犯罪案件立案标准的规定（节选）

（高检发释字〔2006〕2号）

（二十八）放纵制售伪劣商品犯罪行为案（第四百一十四条）

放纵制售伪劣商品犯罪行为罪是指对生产、销售伪劣商品犯罪行为负有追究责任的国家机关工作人员徇私舞弊，不履行法律规定的追究职责，情节严重的行为。

涉嫌下列情形之一的，应予立案：

1. 放纵生产、销售假药或者有毒、有害食品犯罪行为的；

2. 放纵生产、销售伪劣农药、兽药、化肥、种子犯罪行为的；

3. 放纵依法可能判处3年有期徒刑以上刑罚的生产、销售伪劣商品犯罪行为的；

4. 对生产、销售伪劣商品犯罪行为不履行追究职责，致使生产、销售伪劣商品犯罪行为得以继续的；

5. 3次以上不履行追究职责，或者对3个以上有生产、销售伪劣商品犯罪行为的单位或者个人不履行追究职责的；

6. 其他情节严重的情形。

第四百一十五条 【办理偷越国(边)境人员出入境证件罪;放行偷越国(边)境人员罪】

负责办理护照、签证以及其他出入境证件的国家机关工作人员,对明知是企图偷越国(边)境的人员,予以办理出入境证件的,或者边防、海关等国家机关工作人员,对明知是偷越国(边)境的人员,予以放行的,处三年以下有期徒刑或者拘役;情节严重的,处三年以上七年以下有期徒刑。

◆ 相关规定

最高人民检察院
关于渎职侵权犯罪案件立案标准的规定(节选)
(高检发释字〔2006〕2号)

(二十九)办理偷越国(边)境人员出入境证件案(第四百一十五条)

办理偷越国(边)境人员出入境证件罪是指负责办理护照、签证以及其他出入境证件的国家机关工作人员,对明知是企图偷越国(边)境的人员,予以办理出入境证件的行为。

负责办理护照、签证以及其他出入境证件的国家机关工作人员涉嫌在办理护照、签证以及其他出入境证件的过程中,对明知是企图偷越国(边)境的人员而予以办理出入境证件的,应予立案。

(三十)放行偷越国(边)境人员案(第四百一十五条)

放行偷越国(边)境人员罪是指边防、海关等国家机关工作人员,对明知是偷越国(边)境的人员予以放行的行为。

边防、海关等国家机关工作人员涉嫌在履行职务过程中,对明知是偷越国(边)境的人员而予以放行的,应予立案。

◆ 解读与适用

【拓展关键词】组织偷越的共犯与放行偷越人员罪辨析

《刑参》第97号案例“张某放行偷越国(边)境人员案——边防检查员伪造入境记录的行为如何定性”相关论述:出入境边防检查站只负责对出境、入境的人员及其行李物品,交通运输工具及其载运的货物实施边防检查,无权办理出入境证件。边防检查机构工作人员在出入境证件上加盖验讫章并作有关记录的行为,不属于办理出入境证件,因此其不具有办理偷越国(边)境人员出入境证件罪的主体身份。被告人负有对出入境人员的证件进行查验核准的职责,却利用职务便利,在无人入境的情况下,在他人提供的护照上加盖入境验讫章、伪造入境记录,致使持该护照的偷越国境人员可不受相关规定的限制,较为顺利地出境,实质上是滥用职权的放行行为,符合放行偷越国(边)境人员罪的构成特征。被告人的放行行为不是直接针对企图偷越边境的人员本身,而是为提供护照的人提供有关的方便,是一种间接放行行为。此种间接放行的行为只有在没有证据证实行为人与提供护照的人存在共同犯组织他人偷越国境罪或运送他人偷越国境罪的前提下才能按照放行偷越国境人员罪定罪处理,否则应该按组织偷越的共犯处理。偷越国(边)境人员是否实际偷越国(边)境是区分放行偷越国(边)境人员罪既遂与未遂的标志。护照的使用者必须持护照入境,才算放行偷越国(边)境行为实施终了。

第四百一十六条　【不解救被拐卖、绑架妇女、儿童罪】

对被拐卖、绑架的妇女、儿童负有解救职责的国家机关工作人员，接到被拐卖、绑架的妇女、儿童及其家属的解救要求或者接到其他人的举报，而对被拐卖、绑架的妇女、儿童不进行解救，造成严重后果的，处五年以下有期徒刑或者拘役。

【阻碍解救被拐卖、绑架妇女、儿童罪】

负有解救职责的国家机关工作人员利用职务阻碍解救的，处二年以上七年以下有期徒刑；情节较轻的，处二年以下有期徒刑或者拘役。

◆ 相关规定

最高人民检察院
关于渎职侵权犯罪案件立案标准的规定(节选)
(高检发释字〔2006〕2号)

(三十一)不解救被拐卖、绑架妇女、儿童案(第四百一十六条第一款)

不解救被拐卖、绑架妇女、儿童罪是指对被拐卖、绑架的妇女、儿童负有解救职责的公安、司法等国家机关工作人员接到被拐卖、绑架的妇女、儿童及其家属的解救要求或者接到其他人的举报，而对被拐卖、绑架的妇女、儿童不进行解救，造成严重后果的行为。

涉嫌下列情形之一的，应予立案：

1. 导致被拐卖、绑架的妇女、儿童或者其家属重伤、死亡或者精神失常的；
2. 导致被拐卖、绑架的妇女、儿童被转移、隐匿、转卖，不能及时进行解救的；
3. 对被拐卖、绑架的妇女、儿童不进行解救3人次以上的；
4. 对被拐卖、绑架的妇女、儿童不进行解救，造成恶劣社会影响的；
5. 其他造成严重后果的情形。

(三十二)阻碍解救被拐卖、绑架妇女、儿童案(第四百一十六条第二款)

阻碍解救被拐卖、绑架妇女、儿童罪是指对被拐卖、绑架的妇女、儿童负有解救职责的公安、司法等国家机关工作人员利用职务阻碍解救被拐卖、绑架的妇女、儿童的行为。

涉嫌下列情形之一的，应予立案：

1. 利用职权，禁止、阻止或者妨碍有关部门、人员解救被拐卖、绑架的妇女、儿童的；
2. 利用职务上的便利，向拐卖、绑架者或者收买者通风报信，妨碍解救工作正常进行的；
3. 其他利用职务阻碍解救被拐卖、绑架的妇女、儿童应予追究刑事责任的情形。

第四百一十七条　【帮助犯罪分子逃避处罚罪】

有查禁犯罪活动职责的国家机关工作人员，向犯罪分子通风报信、提供便利，帮助犯罪分子逃避处罚的，处三年以下有期徒刑或者拘役；情节严重的，处三年以上十年以下有期徒刑。

◆ 相关规定

最高人民检察院
关于渎职侵权犯罪案件立案标准的规定(节选)
(高检发释字〔2006〕2号)

(三十三)帮助犯罪分子逃避处罚案(第四百一十七条)

帮助犯罪分子逃避处罚罪是指有查禁犯罪活动职责的司法及公安、国家安全、海关、税务等国家机关工作人员,向犯罪分子通风报信、提供便利,帮助犯罪分子逃避处罚的行为。

涉嫌下列情形之一的,应予立案:

1. 向犯罪分子泄漏有关部门查禁犯罪活动的部署、人员、措施、时间、地点等情况的;
2. 向犯罪分子提供钱物、交通工具、通讯设备、隐藏处所等便利条件的;
3. 向犯罪分子泄漏案情的;
4. 帮助、示意犯罪分子隐匿、毁灭、伪造证据,或者串供、翻供的;
5. 其他帮助犯罪分子逃避处罚应予追究刑事责任的情形。

☞ 其他相关规定见章后二维码

◆ 解读与适用

查禁犯罪活动职责,不仅是指司法机关依法负有的职责,也包括法律赋予相关行政机关的查禁犯罪活动的职责。烟草专卖局接受有关国家行政机关的委托,代表有关国家行政机关依法行使烟草专卖市场稽查和查处违反烟草专卖行为等行政执法权。具有查禁违反烟草专卖的犯罪活动的职责。被告人黄某虽与蔡某共同销售假冒注册商标的中华卷烟,但这并不影响其向蔡某通风报信的行为构成帮助犯罪分子逃避处罚罪。黄某通风报信的行为,固然有防止自己罪行败露的主观目的,但不能因此否定其具有帮助蔡某逃避刑事处罚的目的。因此,对其不应以销售假冒注册商标的商品罪一罪论处,而应数罪并罚。①

【拓展关键词】"犯罪分子"的认定从事公务徇私枉法罪与帮助犯罪分子逃避处罚罪辨析

《刑参》第126号案例"杨某帮助犯罪分子逃避处罚案——参与案件侦查工作的公安机关借用人员是否属于司法工作人员"相关论述:对国家机关工作人员的认定不应要求必须具有国家干部身份,本质在于"从事公务"。徇私枉法罪的主体是司法工作人员,而帮助犯罪分子逃避处罚罪的主体是负有查禁犯罪活动职责的国家机关工作人员。被告人的行为虽包含为犯罪分子通风报信的成分,但其主要方面仍然是为了个人私利而包庇付某不受追诉,这是一行为触犯两罪名,应按重罪即徇私枉法罪定罪处罚。

《刑参》第186号案例"李某等帮助犯罪分子逃避处罚案——执行法官能否成为帮助犯罪分子逃避处罚罪的主体"相关论述:执行法官一般不能成为帮助犯罪分子逃避处罚罪的主体。由于审判权在刑事程序上的中立性和最后性,人民法院一般不直接参与或担负或履行查禁犯罪活动的职责。法院和检察院虽都属于司法机关,但我们不能说司法机关所有的工作人员都有查禁犯罪活动的职责。渎职罪的前提是必须有"职"可渎。帮助犯罪分子逃避处罚罪的条文中,虽没有明确指出构成本罪必须是利用职务便利,但这是不言而喻的。因此,只有那些直接负有查禁犯罪活动职责或因工作需要临时参与到查禁某项犯罪活动中来的司法机关工作人员,才有帮助犯罪分子逃避处罚而向他们通风报信的可能,也才有构成本罪的余地。帮助犯罪分子

---

① 上海市静安区人民检察院诉黄某帮助犯罪分子逃避处罚、销售假冒注册商标的商品案,载《最高人民法院公报》2009年第6期。

逃避处罚罪和帮助伪造证据罪，都可以表现为帮助对象实施伪造证据的帮助行为。

《刑参》第357号案例"潘某帮助犯罪分子逃避处罚、受贿案——帮助逃避行政处罚的行为能否构成帮助犯罪分子逃避处罚罪"相关论述："犯罪分子"是一个泛指的概念，其含义需要结合具体的条文加以分析。帮助犯罪分子逃避处罚罪中的"犯罪分子"不需要以法院已经作出生效刑事判决为必要条件。在罪刑关系确定以后，负有查禁犯罪活动职责的国家工作人员便无法再帮助其逃避处罚。该罪中的"犯罪分子"只能是正在实行犯罪或者有证据证明涉嫌犯罪的犯罪嫌疑人。被告人在不明知李某存在犯罪活动的前提下，实施通风报信的行为，该行为帮助对象以及实施该行为的主观目的，均与帮助犯罪分子逃避处罚的犯罪构成不同。

第四百一十八条　【招收公务员、学生徇私舞弊罪】

国家机关工作人员在招收公务员、学生工作中徇私舞弊，情节严重的，处三年以下有期徒刑或者拘役。

◆ 相关规定

最高人民检察院
关于渎职侵权犯罪案件立案标准的规定（节选）
（高检发释字〔2006〕2号）

（三十四）招收公务员、学生徇私舞弊案（第四百一十八条）

招收公务员、学生徇私舞弊罪是指国家机关工作人员在招收公务员、省级以上教育行政部门组织招收的学生工作中徇私舞弊，情节严重的行为。

涉嫌下列情形之一的，应予立案：

1. 徇私舞弊，利用职务便利，伪造、变造人事、户口档案、考试成绩或者其他影响招收工作的有关资料，或者明知是伪造、变造的上述材料而予以认可的；

2. 徇私舞弊，利用职务便利，帮助5名以上考生作弊的；

3. 徇私舞弊招收不合格的公务员、学生3人次以上的；

4. 因徇私舞弊招收不合格的公务员、学生，导致被排挤的合格人员或者其近亲属自杀、自残造成重伤、死亡，或者精神失常的；

5. 因徇私舞弊招收公务员、学生，导致该项招收工作重新进行的；

6. 其他情节严重的情形。

第四百一十九条　【失职造成珍贵文物损毁、流失罪】

国家机关工作人员严重不负责任，造成珍贵文物损毁或者流失，后果严重的，处三年以下有期徒刑或者拘役。

◆ 相关规定

最高人民检察院
关于渎职侵权犯罪案件立案标准的规定(节选)
(高检发释字〔2006〕2号)

(三十五)失职造成珍贵文物损毁、流失案(第四百一十九条)

失职造成珍贵文物损毁、流失罪是指文物行政部门、公安机关、工商行政管理部门、海关、城乡建设规划部门等国家机关工作人员严重不负责任,造成珍贵文物损毁或者流失,后果严重的行为。

涉嫌下列情形之一的,应予立案:

1. 导致国家一、二、三级珍贵文物损毁或者流失的;
2. 导致全国重点文物保护单位或者省、自治区、直辖市级文物保护单位损毁的;
3. 其他后果严重的情形。

最高人民法院　最高人民检察院
关于办理妨害文物管理等刑事案件适用法律若干问题的解释(节选)
(法释〔2015〕23号)

详见《刑法》第324条故意损毁文物罪的相关规定

第十条　国家机关工作人员严重不负责任,造成珍贵文物损毁或者流失,具有下列情形之一的,应当认定为刑法第四百一十九条规定的“后果严重”:

(一)导致二级以上文物或者五件以上三级文物损毁或者流失的;

(二)导致全国重点文物保护单位、省级文物保护单位的本体严重损毁或者灭失的;

(三)其他后果严重的情形。

本章其他相关规定

第十章　军人违反职责罪

第四百二十条　【军人违反职责罪的概念】

军人违反职责，危害国家军事利益，依照法律应当受刑罚处罚的行为，是军人违反职责罪。

第四百二十一条　【战时违抗命令罪】

战时违抗命令，对作战造成危害的，处三年以上十年以下有期徒刑；致使战斗、战役遭受重大损失的，处十年以上有期徒刑、无期徒刑或者死刑。

第四百二十二条　【隐瞒、谎报军情罪；拒传、假传军令罪】

故意隐瞒、谎报军情或者拒传、假传军令，对作战造成危害的，处三年以上十年以下有期徒刑；致使战斗、战役遭受重大损失的，处十年以上有期徒刑、无期徒刑或者死刑。

第四百二十三条　【投降罪】

在战场上贪生怕死，自动放下武器投降敌人的，处三年以上十年以下有期徒刑；情节严重的，处十年以上有期徒刑或者无期徒刑。

投降后为敌人效劳的，处十年以上有期徒刑、无期徒刑或者死刑。

第四百二十四条　【战时临阵脱逃罪】

战时临阵脱逃的，处三年以下有期徒刑；情节严重的，处三年以上十年以下有期徒刑；致使战斗、战役遭受重大损失的，处十年以上有期徒刑、无期徒刑或者死刑。

第四百二十五条　【擅离、玩忽军事职守罪】

指挥人员和值班、值勤人员擅离职守或者玩忽职守，造成严重后果的，处三年以下有期徒刑或者拘役；造成特别严重后果的，处三年以上七年以下有期徒刑。

战时犯前款罪的，处五年以上有期徒刑。

第四百二十六条　【阻碍执行军事职务罪】①

以暴力、威胁方法，阻碍指挥人员或者值班、值勤人员执行职务的，处五年以下有期徒刑或者拘役；情节严重的，处五年以上十年以下有期徒刑；情节特别严重的，处十年以上有期徒刑或者无期徒刑。战时从重处罚。

---

① 根据《刑法修正案（九）》修订。修订前条文的主要内容为：以暴力、威胁方法，阻碍指挥人员或者值班、值勤人员执行职务的，处五年以下有期徒刑或者拘役；情节严重的，处五年以上有期徒刑；致人重伤、死亡的，或者有其他特别严重情节的，处无期徒刑或者死刑。战时从重处罚。

第四百二十七条 【指使部属违反职责罪】

滥用职权,指使部属进行违反职责的活动,造成严重后果的,处五年以下有期徒刑或者拘役;情节特别严重的,处五年以上十年以下有期徒刑。

第四百二十八条 【违令作战消极罪】

指挥人员违抗命令,临阵畏缩,作战消极,造成严重后果的,处五年以下有期徒刑;致使战斗、战役遭受重大损失或者有其他特别严重情节的,处五年以上有期徒刑。

第四百二十九条 【拒不救援友邻部队罪】

在战场上明知友邻部队处境危急请求救援,能救援而不救援,致使友邻部队遭受重大损失的,对指挥人员,处五年以下有期徒刑。

第四百三十条 【军人叛逃罪】

在履行公务期间,擅离岗位,叛逃境外或者在境外叛逃,危害国家军事利益的,处五年以下有期徒刑或者拘役;情节严重的,处五年以上有期徒刑。

驾驶航空器、舰船叛逃的,或者有其他特别严重情节的,处十年以上有期徒刑、无期徒刑或者死刑。

第四百三十一条 【非法获取军事秘密罪】①

以窃取、刺探、收买方法,非法获取军事秘密的,处五年以下有期徒刑;情节严重的,处五年以上十年以下有期徒刑;情节特别严重的,处十年以上有期徒刑。

【为境外窃取、刺探、收买、非法提供军事秘密罪】

为境外的机构、组织、人员窃取、刺探、收买、非法提供军事秘密的,处五年以上十年以下有期徒刑;情节严重的,处十年以上有期徒刑、无期徒刑或者死刑。

第四百三十二条 【故意泄露军事秘密罪;过失泄露军事秘密罪】

违反保守国家秘密法规,故意或者过失泄露军事秘密,情节严重的,处五年以下有期徒刑或者拘役;情节特别严重的,处五年以上十年以下有期徒刑。

战时犯前款罪的,处五年以上十年以下有期徒刑;情节特别严重的,处十年以上有期徒刑或者无期徒刑。

第四百三十三条 【战时造谣惑众罪】②

战时造谣惑众,动摇军心的,处三年以下有期徒刑;情节严重的,处三年以上十年以下有期徒刑;情节特别严重的,处十年以上有期徒刑或者无期徒刑。

---

① 根据《刑法修正案(十一)》修订。原条文第二款主要内容为:为境外的机构、组织、人员窃取、刺探、收买、非法提供军事秘密的,处十年以上有期徒刑、无期徒刑或者死刑。

② 根据《刑法修正案(九)》修订。修订前该条文第一款内容为:战时造谣惑众,动摇军心的,处三年以下有期徒刑;情节严重的,处三年以上十年以下有期徒刑。

第四百三十四条　【战时自伤罪】

战时自伤身体，逃避军事义务的，处三年以下有期徒刑；情节严重的，处三年以上七年以下有期徒刑。

第四百三十五条　【逃离部队罪】

违反兵役法规，逃离部队，情节严重的，处三年以下有期徒刑或者拘役。

战时犯前款罪的，处三年以上七年以下有期徒刑。

第四百三十六条　【武器装备肇事罪】

违反武器装备使用规定，情节严重，因而发生责任事故，致人重伤、死亡或者造成其他严重后果的，处三年以下有期徒刑或者拘役；后果特别严重的，处三年以上七年以下有期徒刑。

第四百三十七条　【擅自改变武器装备编配用途罪】

违反武器装备管理规定，擅自改变武器装备的编配用途，造成严重后果的，处三年以下有期徒刑或者拘役；造成特别严重后果的，处三年以上七年以下有期徒刑。

第四百三十八条　【盗窃、抢夺武器装备、军用物资罪】

盗窃、抢夺武器装备或者军用物资的，处五年以下有期徒刑或者拘役；情节严重的，处五年以上十年以下有期徒刑；情节特别严重的，处十年以上有期徒刑、无期徒刑或者死刑。

【盗窃、抢夺枪支、弹药、爆炸物、危险物质罪】

盗窃、抢夺枪支、弹药、爆炸物的，依照本法第一百二十七条的规定处罚。

第四百三十九条　【非法出卖、转让武器装备罪】

非法出卖、转让军队武器装备的，处三年以上十年以下有期徒刑；出卖、转让大量武器装备或者有其他特别严重情节的，处十年以上有期徒刑、无期徒刑或者死刑。

第四百四十条　【遗弃武器装备罪】

违抗命令，遗弃武器装备的，处五年以下有期徒刑或者拘役；遗弃重要或者大量武器装备的，或者有其他严重情节的，处五年以上有期徒刑。

第四百四十一条　【遗失武器装备罪】

遗失武器装备，不及时报告或者有其他严重情节的，处三年以下有期徒刑或者拘役。

第四百四十二条　【擅自出卖、转让军队房地产罪】

违反规定，擅自出卖、转让军队房地产，情节严重的，对直接责任人员，处三年以下有期徒刑或者拘役；情节特别严重的，处三年以上十年以下有期徒刑。

第四百四十三条　【虐待部属罪】

滥用职权，虐待部属，情节恶劣，致人重伤或者造成其他严重后果的，处五年以下有期徒刑或者拘役；致人死亡的，处五年以上有期徒刑。

第四百四十四条　【遗弃伤病军人罪】

在战场上故意遗弃伤病军人，情节恶劣的，对直接责任人员，处五年以下有期徒刑。

第四百四十五条　【战时拒不救治伤病军人罪】

战时在救护治疗职位上，有条件救治而拒不救治危重伤病军人的，处五年以下有期徒刑或者拘役;造成伤病军人重残、死亡或者有其他严重情节的,处五年以上十年以下有期徒刑。

第四百四十六条 【战时残害居民、掠夺居民财物罪】

战时在军事行动地区,残害无辜居民或者掠夺无辜居民财物的,处五年以下有期徒刑;情节严重的,处五年以上十年以下有期徒刑;情节特别严重的,处十年以上有期徒刑、无期徒刑或者死刑。

第四百四十七条 【私放俘虏罪】

私放俘虏的,处五年以下有期徒刑;私放重要俘虏、私放俘虏多人或者有其他严重情节的,处五年以上有期徒刑。

第四百四十八条 【虐待俘虏罪】

虐待俘虏,情节恶劣的,处三年以下有期徒刑。

第四百四十九条 【战时缓刑】

在战时,对被判处三年以下有期徒刑没有现实危险宣告缓刑的犯罪军人,允许其戴罪立功,确有立功表现时,可以撤销原判刑罚,不以犯罪论处。

第四百五十条[①]【本章适用的主体范围】

本章适用于中国人民解放军的现役军官、文职干部、士兵及具有军籍的学员和中国人民武装警察部队的现役警官、文职干部、士兵及具有军籍的学员以及文职人员、执行军事任务的预备役人员和其他人员。

第四百五十一条 【战时的概念】

本章所称战时,是指国家宣布进入战争状态、部队受领作战任务或者遭敌突然袭击时。

部队执行戒严任务或者处置突发性暴力事件时,以战时论。

本章相关规定

① 根据《刑法修正案(十一)》修订。原条文主要内容为:本章适用于中国人民解放军的现役军官、文职干部、士兵及具有军籍的学员和中国人民武装警察部队的现役警官、文职干部、士兵及具有军籍的学员以及执行军事任务的预备役人员和其他人员。

附　　则

第四百五十二条　【施行日期】本法自1997年10月1日起施行。

列于本法附件一的全国人民代表大会常务委员会制定的条例、补充规定和决定,已纳入本法或者已不适用,自本法施行之日起,予以废止。

列于本法附件二的全国人民代表大会常务委员会制定的补充规定和决定予以保留,其中,有关行政处罚和行政措施的规定继续有效;有关刑事责任的规定已纳入本法,自本法施行之日起,适用本法规定。

附件一

全国人民代表大会常务委员会制定的下列条例、补充规定和决定,已纳入本法或者已不适用,自本法施行之日起,予以废止:

1. 中华人民共和国惩治军人违反职责罪暂行条例
2. 关于严惩严重破坏经济的罪犯的决定
3. 关于严惩严重危害社会治安的犯罪分子的决定
4. 关于惩治走私罪的补充规定
5. 关于惩治贪污罪贿赂罪的补充规定
6. 关于惩治泄露国家秘密犯罪的补充规定
7. 关于惩治捕杀国家重点保护的珍贵、濒危野生动物犯罪的补充规定
8. 关于惩治侮辱中华人民共和国国旗国徽罪的决定
9. 关于惩治盗掘古文化遗址古墓葬犯罪的补充规定
10. 关于惩治劫持航空器犯罪分子的决定
11. 关于惩治假冒注册商标犯罪的补充规定
12. 关于惩治生产、销售伪劣商品犯罪的决定
13. 关于惩治侵犯著作权的犯罪的决定
14. 关于惩治违反公司法的犯罪的决定
15. 关于处理逃跑或者重新犯罪的劳改犯和劳教人员的决定

附件二

全国人民代表大会常务委员会制定的下列补充规定和决定予以保留,其中,有关行政处罚和

行政措施的规定继续有效;有关刑事责任的规定已纳入本法,自本法施行之日起,适用本法规定:

1. 关于禁毒的决定
2. 关于惩治走私、制作、贩卖、传播淫秽物品的犯罪分子的决定
3. 关于严禁卖淫嫖娼的决定
4. 关于严惩拐卖、绑架妇女、儿童的犯罪分子的决定
5. 关于惩治偷税、抗税犯罪的补充规定
6. 关于严惩组织、运送他人偷越国(边)境犯罪的补充规定
7. 关于惩治破坏金融秩序犯罪的决定
8. 关于惩治虚开、伪造和非法出售增值税专用发票犯罪的决定

附件三

以下案例因主要内容系回避、管辖、证据采信、非法证据排除、事实认定等刑事诉讼法方面知识或者因法律修改已不具有重要指导意义,本书未予以收录。读者可另行查阅。(详见二维码文件)

索　　引*

刑法基本原理与刑法解释

* 此部分条文序号为对应“解读与适用”知识点拓展位置。

刑法的溯及力

犯罪的概念

犯罪的主观方面

犯罪主体

因果关系

违法性阻却事由

犯罪的停止形态

共同犯罪

刑事附带民事赔偿

量刑

累犯

危害后果

自首和立功

罪数问题

刑罚

加重犯

分则罪名辨析